KB192600

이정 형제 묘소
묘총은 3개가 있다. 가운데에 있는 것이 부친 정백온程伯溫의 묘총이고 이정 형제의 묘총이 양쪽에 있다.
부친의 묘가 뒤에 위치하여 두 아들의 묘를 안고 있는 모습이다.

정명도선생묘(위)와 정이천선생묘(아래)

이정형제상

정사程祠 안에 이정 형제와 부친 정백온의 상이 모셔져 있다.

정문입설程門立雪
묘소 안에 있는 그림으로 다음 이야기를 토대로 한다. 어느 날 제자인 유초游酢와 양시楊時가 정이천을 뵈러 갔다. 정이천은 앉아서 눈을 감고 있었다. 두 사람은 옆에 서서 감히 갈 수가 없었다. 오랜 시간이 흐르자 선생은 그들을 바라보며 말했다. "두 사람은 왜 아직도 여기에 있는가? 날이 저물었으니 가서 쉬어라." 두 사람이 밖에 나와 보니 문 밖에는 눈이 한 척 남짓 쌓여 있었다. 선생의 엄격함이 마치 이와 같았다游定夫, 楊中立來見伊川. 一日先生坐而瞑目. 二者立侍, 不敢去. 久之, 先生乃顧曰, '二者猶在此乎? 日暮矣, 姑就舍.' 二子者退, 則門外雪深尺餘矣. 其嚴厲如此.

주역

일러두기

1. 이 책은 정이천의 『역전易傳』을 완역한 것으로 가능한 한 현대어에 맞게 번역하여 현대적으로 이해될 수 있도록 했다.
2. 정이천의 『역전』 번역이므로 정이천의 의도에 따라서 『주역』 경전을 해석했다.
3. 이종락李鍾洛이 구결口訣을 단 『주역대전周易大全』(學民文化社)과 『이정집二程集』(中華書局)에 수록된 『주역정씨전周易程氏傳』과 『정씨역전程氏易傳』(齊魯書社)를 저본으로 번역했다.
4. 단락의 구성과 표점은 『이정집』에 수록된 『주역정씨전』을 기준으로 했지만, 『주역대전』의 구결본을 참조하여 옮긴이가 재조정한 부분도 있다.
5. 호원胡瑗의 『주역구의周易口義』를 참조하면서 번역했다. 정이천은 『역』을 공부하려면 왕필과 왕안석과 호원의 글을 보면 되고, 나머지는 힘쓸 필요가 없다고 했다. 이런 점에서 호원의 해석은 참조할 만하다.
6. 범례凡例를 통해서 각 괘를 이해할 수 있는 사전 지식을 제공하고, 각 괘가 끝나는 부분에 번역자의 주를 붙여서 이해를 돕도록 했다.
7. 인물사전을 부록으로 수록했다.

의리역의 정수
정이천 『역전』 완역

주역

정이천 주해 | 심의용 옮김

글항아리

차 례

범례 _013

1. 괘卦와 효爻 | 2. 건곤乾坤 | 3. 시時 | 4. 재才와 덕德 | 5. 문명文明 | 6. 위位 | 7. 응비應比와 승승承乘

8. 정리定理, 상리常理, 정리正理, 의리義理 | 9. 중정中正과 시중時中 | 10. 회린悔吝

역전

역전서 _050

1. 건乾괘 _052
2. 곤坤괘 _095
3. 혼돈: 둔屯괘 _125
4. 어리석음과 어린이: 몽蒙괘 _144
5. 성장과 기다림: 수需괘 _163
6. 다툼, 송사: 송訟괘 _180
7. 군중, 군사: 사師괘 _199
8. 친밀한 보좌, 협력: 비比괘 _217
9. 작은 것으로 길들임: 소축小畜괘 _239
10. 예의 실천, 본분의 이행: 이履괘 _258
11. 소통과 안정: 태泰괘 _274
12. 정체와 단절: 비否괘 _294
13. 동지와의 연대: 동인同人괘 _309

14. 수많은 지지자, 풍족한 소유: 대유大有괘 _327
15. 겸손: 겸謙괘 _345
16. 열광과 기쁨: 예豫괘 _363
17. 뒤따름, 열광적인 추종: 수隨괘 _383
18. 부패의 개혁: 고蠱괘 _400
19. 다가감, 군림: 임臨괘 _419
20. 봄과 보임: 관觀괘 _435
21. 형벌의 사용, 깨물어 합함: 서합噬嗑괘 _450
22. 꾸밈, 장식: 비賁괘 _466
23. 깎임, 소멸: 박剝괘 _488
24. 회복: 복復괘 _504
25. 진실무망: 무망無妄괘 _521
26. 큰 것으로 길들임: 대축大畜괘 _540
27. 키움, 배양: 이頤괘 _557
28. 큰 것의 과도함: 대과大過괘 _575
29. 빠짐, 잇단 위험: 감坎괘 _594
30. 밝음, 붙어 의존함: 이離괘 _615
31. 감응, 자극과 반응: 함咸괘 _631
32. 지속적인 항상성, 상도常道: 항恒괘 _651
33. 은둔, 물러남: 돈遯괘 _669
34. 강함의 자라남, 큰 것의 강성함: 대장大壯괘 _684

35. 나아감, 출사: 진晉괘 _699
36. 손상된 밝은 빛, 어둠에 감춰진 빛: 명이明夷괘 _715
37. 가족의 도리: 가인家人괘 _734
38. 대립, 분열: 규睽괘 _750
39. 고난, 시련, 역경: 건蹇괘 _772
40. 풀려남, 해방: 해解괘 _792
41. 덜어냄, 손실, 희생: 손損괘 _812
42. 덧붙임, 증진, 유익함: 익益괘 _834
43. 과감한 척결, 결단: 쾌夬괘 _857
44. 만남: 구姤괘 _878
45. 함께 모임, 집회: 췌萃괘 _896
46. 상승: 승升괘 _918
47. 곤경: 곤困괘 _933
48. 우물, 덕의 원천: 정井괘 _954
49. 근본적인 변혁, 혁명: 혁革괘 _970
50. 가마솥, 안정: 정鼎괘 _990
51. 진동, 진율: 진震괘 _1010
52. 멈춤, 합당한 위치: 간艮괘 _1029
53. 점진적인 진입: 점漸괘 _1046
54. 시집가는 여자: 귀매歸妹괘 _1065

55. 번영, 풍요: 풍豐괘 _1084

56. 유랑하는 나그네: 여旅괘 _1105

57. 공손한 순종: 손巽괘 _1119

58. 기쁨: 태兌괘 _1134

59. 흩어진 민심: 환渙괘 _1148

60. 절제, 절도: 절節괘 _1165

61. 진실한 믿음: 중부中孚괘 _1179

62. 작은 것의 과도함: 소과小過괘 _1195

63. 성취, 완성: 기제旣濟괘 _1213

64. 미성취, 미완성: 미제未濟괘 _1227

인물사전 _1243

해제 _1277

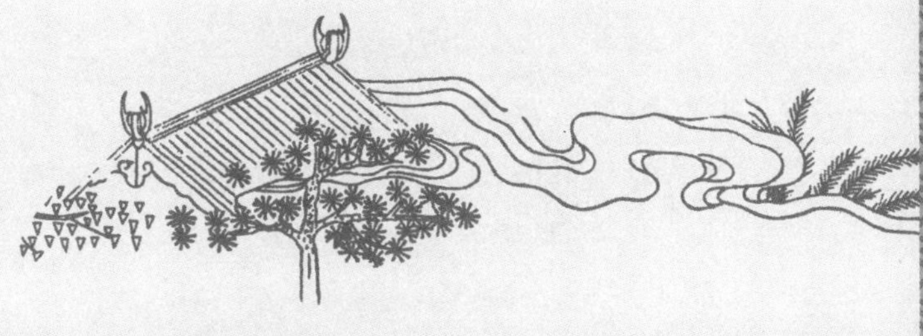

범례

1. 괘卦와 효爻

『역』은 음陰--과 양陽—이 서로 섞여서 이루어진 6획 괘卦로 구성되어 있다. 총 64괘다. 괘는 6효爻로 이루어졌으니 총 384효다. 이 괘와 효에 괘사卦辭와 효사爻辭가 달려 있다. 이 괘와 효를 어떻게 해석할 것인가?

역사적으로 『역』은 점치는 점복占卜으로부터 시작되었다. 점占이란 미래를 예측하려는 욕망이고, 불확실에서 확실성을 구하려는 불안이다. 이 점서占書로서의 『역』은 천문학과 음양오행설 등 자연의 질서를 파악하려는 유사 자연과학적 방법이 결합된다. 오행五行, 간지干支, 율력律曆 등 수數를 배합하여 일종의 '술수[術]'를 만들어 이 술수로 자연의 이상현상인 재이災異를 점치고 판단했던 것이다.

이로부터 하늘의 일과 관련해서 천문 현상이나 자연 현상을 해석하는 방식이 발달한다. 이것이 상수학象數學이라 할 수 있는 과학적 관심이다. 그러면 자연 현상을 왜 관측했는가? 우주의 객관적 원리를 알기 위한 과학적 호기심이었을까? 아니다. 천명天命을 알기 위해서다. 하늘의 뜻을 알기 위한 것이다. 이는 매우 정치적이고 종교적인 관심이다.

이러한 해석이 한漢대 이래로 복잡해졌을 때 이 지리하고 복잡한 방식을 일소한 사람이 있었으니, 바로 의리역학義理易學의 문을 연 왕필이다. 왕필은 괘와 효를 종래와 다른 방식으로 설명한다. "괘란 때이고 효란 그 때에 알맞게 변화하는 것이다夫卦者, 時也, 爻者, 適時之變者也." 나는 이런 시각을 『역』의 사회·정치적 독해라고 말하고 싶다.

정이천 또한 마찬가지다. 그의 『역』 해석 방식은 왕필의 의리역학을 따르고 있다. 정이천은 말한다. "괘란 인간사의 일들과 상황이고 효는 그 일들과 상황 속에서의 다양한 시점時點이다夫卦者, 事也, 爻者, 事之時也." 정이천에게 있어 64개의 괘는 인간이 처한 여러 가지 상황을 상징하고, 괘사는 괘가 상징하는 상황에 대한 전체적인 진단과 방향을 담고 있다. 각 괘에 있는 6개의 효는 전체 괘에서의 특수 상황을 상징하며, 효사는 전체 괘가 의미하는 일반적 상황 안에서의 특수한 지점을 설명하면서 특수한 암시를 준다.

「계사전」에 이르기를 "성인이 괘를 만들고 상象을 보고 말을 붙여서 길흉을 밝혔다聖人設卦觀象, 繫辭焉而明吉凶"라고 했다. 원래 『주역』이라는 텍스트는 어떤 우주의 신비한 진리로 가득한 책이 아니다. 괘상과 괘효사를 통해 인간사의 길흉을 밝히는 책이다. 괘상이란 괘의 모습이다. 괘는 여섯 개의 효, 6획劃으로 구성된다. 획이란 화畫, 즉 그림과 통한다. 그런 의미에서 6획으로 구성된 괘란 하나의 그림, 인간사에 일어날 수 있는 어떤 상황들을 상징하는 그림이다. 그리고 그림에는 말들이 달려 있으니 이것이 괘사와 효사다. 이 괘사와 효사는 괘에 달려있는 시詩라 할 수 있다. 공영달은 단적으로 이렇게 말하고 있다. "역은 '사물의 모습象'으로 이루어졌다. 사물의 모습으로 인간사의 일들을 밝혔다. 마치 시의 비유와 같다易者, 象也. 以物象而明人事. 若詩之比喩也."

그러므로 상象은 그림이고 사辭는 시다. "시 속의 그림이요, 그림 속의 시다詩中畫, 畫中詩." 그러면 괘상과 괘사·효사를 통해 무엇을 독해해낼 것인가? '그림 이면에 담긴 의미象外之意'와 '언어 이면에 담긴 의미言外之意'를 이해해야 한다.

"괘상에 담긴 의미를 터득했다면 그 상을 버리라得意忘象"는 왕필의 말은 이런 맥락에서 이해될 수 있다. 『주역』에 대한 철학적 해설서인 「계사전」에는 이런 말이 있다. "문자는 말을 다 표현하지 못하고 말은 의미를 다 표현하지 못한다書不盡言, 言不盡意." 그래서 "성인은 괘효의 상징을 만들어 의미를 완전하게 표현하고자 했다聖人立象以盡意." 문자와 말로 표현되지 못하는 의미를 다시 그림을 통해서 생생하게 드러내고자 했던 것이다. 결국 성인이 드러내고자 한 의미를 해석해내는 것이 의리역학의 과제다.

그렇다면 '의미意'란 무엇인가? 뜻이다. 의미意味란 곧 뜻意에서 우러나오는 맛味이다. 그 의미의 지향이 의향意向이며 그 의미를 실현하고자 하는 숨은 전략이 의도意圖이며 그 의미를 실현하고자 하는 힘이 의지意志다. 동아시아 문헌 가운데 역사적 경험의 누적 속에서 가장 많은 해석이 쌓여온 『주역』에서 읽어내야 할 것은 바로 사람들이 겪었던 삶의 의미다. 이것이 정이천이 강조하는 의리義理다.

결국 정이천은 괘를 하나의 사회 정치적 상황으로 독해했다고 볼 수 있다. 여기서 상황이란 넓게 말하면 각 괘가 상징하는 64개의 상황이고 좁게 말하면 효가 상징하는 384효의 상황이다. 그러나 64괘의 상황과 384효의 상황이 우주와 삶의 모든 것을 상징할 수는 없다.

정이천은 이렇게 말한다. "한 효 사이에는 항상 수많은 의미가 함축되어 있지만 성인은 그 가운데서 가장 중요한 것만을 취하여 괘효사로 삼았다一爻之間, 常包函數意, 聖人常取其重者而爲之辭." 이 말은 64괘 384효가 하나의 상황에 그치는 것이 아니라 거기에는 그 속에 담지 못한 더 많은 다양한 상황적 맥락이 내포되어 있음을 암시한다. 이는 인간의 삶에는 어떤 틀에 의해서 도식화할 수 없을 정도로 복잡한 층위와 변화의 가능성이 잠재되어 있는 것과 같은 이치일 것이다.

2. 건곤乾坤

『역』은 건괘와 곤괘로부터 시작한다. 건괘와 곤괘 그리고 나머지 62괘, 총 64괘다. 「계사전」에는 이런 말이 있다. "건乾과 곤坤은 역易의 문일 것이다乾坤, 其易之門邪!" 이 말은 두 가지로 해석될 수 있다. 먼저 『역』이라는 문헌이 건괘와 곤괘로부터 시작하므로 『역』이라는 책으로 들어가는 문이라는 의미다. 두 번째는 건과 곤이 변화를 일으키는 시작으로서의 문이라는 뜻이다. 우주에서 일어나는 모든 변화는 건과 곤이라는 두 가지 힘과 이치로부터 비롯된 다양한 양태일 뿐이다.

두 가지 의미는 동일하게 이해할 수 있다. 『역』이라는 책은 건괘와 곤괘로부터 시작한다. 그렇다면 마지막은? 마지막 64번째 괘가 미제未濟괘이고 63번째 괘는 기제旣濟괘다. 기제라는 말은 한자 그대로 풀이한다면 '이미 강을 건넜다' 혹은 '이미 다스려졌다'라고 해석된다. 이는 완성을 뜻한다. 그러나 역易에 최종적인 끝과 완성은 없다. "끝이 곧 새로운 시작이다終則有始." 그래서 마지막 64번째 괘가 미제괘다. '아직 강을 건너지 못했다' 혹은 '아직 다스리지 못했다'는 의미다. 기제가 곧 미제인 것이다. 완성이라고 생각하는 순간 그것은 이미 미완성이다. 끝이라고 생각하는 순간 다시 시작해야 한다. 다시 처음의 건곤으로 돌아가 새로운 창조와 실천으로 혁신해야 한다. 건곤은 모든 변화와 생성을 일으키는 시초다.

역에는 완성과 종말이 없다. 끊임없이 생성하고 다시 생성하는 역동적인 과정만이 있을 뿐이다. 「계사전」에서는 이렇게 표현한다.

> 생성하고 다시 생성하는 것, 그것을 일컬어 변화라고 한다.
> 生生之謂易.

건곤은 『역』이라는 책으로 들어가는 문이면서 동시에 '변화'로 들어가는 문이기도 하다. 그러므로 특히 주목해야 할 것은 두 번째 의미다. 건곤은 변화를 일으키는 어떤 힘이다. 정이천은 건괘에서 건을 이렇게 정의한다. "건은 천天이다. 천은 하늘의 형체를 말하는 것이고, 건은 하늘의 성질이다. 건이란 강건함이니, 강건하여 쉼이 없는 것을 건이라고 한다性情乾, 天也. 天者, 天之形體, 乾者, 天之性情.

乾, 健也, 健而无息之謂乾."[1]

정이천은 형체와 성질을 나누어 말하고 있다. 여기서 말하는 천天을 어떻게 이해할 것인가? 정이천의 제자는 하늘에 제사를 지내는 데 동짓날에 하늘의 뜻을 묻는 점복을 해야 하는지를 묻는다. 해야 할 필요가 없다는 정이천의 답변에 제자는 하느님天과 상제上帝라는 말은 무슨 뜻이냐고 묻는다. 정이천은 답한다. "형체로 말하자면 천天이고 주재하는 측면에서 말하자면 제帝이고, 기능으로 말하자면 귀신鬼神이고, 미묘한 작용으로 말하자면 신神이고, 성질로 말하자면 건乾이다."[2]

제자가 정이천에게 한 질문은 매우 종교적인 의미를 가지고 있다. 하늘의 뜻을 묻는 점복을 할 필요가 없다면 하느님이나 상제는 무슨 의미인지를 묻고 있는 것이다. 그런데 정이천의 답변은 종교적이면서도 과학적인 측면이 강하다. 천天은 초월적인 주재자나 인격적인 신이 아니라, 과학적 대상으로서 형체를 가진 것을 말한다. 그리고 그 하늘이 기능하는 성질이 건乾이며 건健이다. 그렇다면 땅이 기능하는 성질이 곤坤이고 순順이다. 그러므로 건곤이란 천지라는 우주가 작용하는 힘과 기능이다. 이 두 가지 힘이 천지만물의 변화를 일으킨다. 그러므로 건곤은 전체 생명의 궁극적 근원으로서 모든 생명의 원천이라는 뜻이다. 건괘와 곤괘의 「단전彖傳」에서 이러한 점을 언급하고 있다.

크도다, 하늘의 힘이여! 만물은 이에 바탕을 두고 시작되니, 천도天道를 통괄한다.

大哉乾元! 萬物資始, 乃統天.

지극하다, 땅의 힘이여! 만물이 이에 바탕을 두고 생겨나니, 천도를 따라 이어 받은 것이다.

至哉坤元! 萬物資生, 乃順承天.

그러나 건곤은 단지 만물과 분리된 고정적 실체인 것만은 아니다. 건곤은 우주의 변화를 일으키는 근원적인 실재다. 동시에 우주 안에서 일어나는 여러 가지 다양한 사물과 현상에 적용될 수 있는 대립적인 개념쌍이기도 하다. 건곤은 우주, 국가, 가정, 인간에게서 일어나는 모든 현상과 일 속에 내재하는 두 힘이기도 하다. 건은 천天이 되고, 양陽이 되고, 아버지가 되고, 군주가 될 수 있으며, 곤은 지地가 되고, 음陰이 되고, 어머니가 되고, 신하가 될 수 있다. 또 동시에 한 인간에게서 일어나는 모든 일을 생성시키는 두 가지 힘일 수도 있다.

결국 모든 현상을 만들어내는 것은 가장 근원적인 두 가지 힘이다. 이런 맥락에서 전체 64괘가 어떻게 구성되었는가에 대한 정이천의 설명을 이해할 수 있다. 정이천은 64괘의 형성 과정을 기존의 설명과는 다르게 말하고 있다.

건괘☰와 곤괘☷가 변화하여 여섯 자식(兌, 離, 震, 巽, 坎, 艮)이 되었고, 8괘가 중첩되어 64괘가 되었으니, 이는 모두 건과 곤의 변화로부터 유래한 것이다.

乾坤變而爲六子, 八卦重而爲六十四, 皆由乾坤之變也.[3]

여기서 정이천의 괘 이해를 엿볼 수 있다. 정이천은 64괘가 모두 건

(乾☰)과 곤(坤☷)이 변해서 이루어졌다고 본다. 그러므로 건괘䷀와 곤괘䷁를 뺀 62괘는 건이라는 강건한 힘과 곤이라는 유순한 힘이 만들어내는 양태이며, 천과 지 그리고 음과 양이 착종된 변화다.

이는 이전의 유학자들과는 다른 태도로서, 특히 소강절이 음과 양을 하나씩 중첩시켜서 가일배법加一倍法으로 설명하는 방식과 전혀 다르다. 즉 기존의 설명이 태극太極 양의兩儀에서 사상四象, 사상에서 8괘, 8괘에서 16괘, 16괘에서 32괘, 32괘에서 64괘로 형성한다고 본 것과 차이를 보인다. 이는 우주를 바라보는 시각 자체가 다른 것이다.

요약해보자. 건곤이란 우주의 근원적인 힘이지만, 여러 가지 인간사와 인간의 마음에도 적용될 수 있는 개념이다. 옛사람들이 주역을 '세심경洗心經' 즉 마음을 닦는 경전이라 한 데는 이유가 있었던 것이다. 건곤이 상징하는 개념들을 나열해보자면 다음과 같다.

건乾	곤坤
하늘天	땅地
아버지父	어머니母
양陽	음陰
주도적 강직성	부드러운 유연성
강건함健	유순함順
능동적 결단	수동적 순종
지속적 강건함	유연한 적응력
드높은 이상	예민한 현실 감각
완전한 앎	폭넓은 실천력
순수한 사랑	현실적 지혜

위대함大	광대함廣
수직적 높이	수평적 넓이
비강제적 지배	자발적 복종

강함은 유연함으로 보충되어야 하며, 드높은 이상은 예민한 현실감각으로 보충되어야 한다. 순수한 사랑에도 현실적인 지혜가 필요하며 지배하는 힘은 복종하고자 하는 힘에 의존하고 있다. 강함만으로는 폭력이 되고 드높은 이상만 강조한다면 어리석은 옹고집이 될 수 있다. 이렇게 건과 곤은 어떤 실체를 의미하기보다는 상호보완적인 개념이며 다양한 기능의 상징이다. '기능적 개념'이라는 말은 건곤에 해당하는 어떤 고정된 실체를 가정하지 않는다는 말이다.

건은 역동적으로 삶을 이어가고 살리고자 하는 생명력이며 창조력이다. 곤은 그 생명력을 현실에서 실현할 수 있는 폭넓은 포용력을 지닌 실천력이며 구체적인 현실감각이다. 이 두 가지가 균형감 있게 조화를 이룰 때 다양한 변화와 소통이 가능해진다. 「계사전」에서는 이렇게 말한다.

> 건과 곤은 변화의 중핵일 것이다. 건곤乾坤이 배열되어 변화가 그 가운데 서니, 건곤이 무너지면 변화를 볼 수 없다.
>
> 乾坤, 其易之緼邪? 乾坤成列, 而易立乎其中矣, 乾坤毁, 則无以見易.

문제는 땅에 처박히지도 하늘로 너무 높이 올라가지도 않는 균형감이다. 하늘과 땅 사이에서의 고공비행이다. 이 균형감각을 '시중時中'이라고 할 수 있다. 이는 '그 때 그 상황에 가장 적절하고 합당한 행위' 혹은 '시의적절한 행위'라고 풀 수 있다. 너무 늦지도 빠르지도 않고, 너무 과하지도 부족하지도 않은 것이다. 그러므로 『역』은 균형감각을 잃지 않고 고공비행을 하려는 변통의 철학이다. 문제는 때를 아는 능력과 타이밍을 맞추는 감각이다.

3. 시時

정이천은 "때를 알고 시세를 파악하는 것이 역을 배우는 큰 방법이다知時識勢 學易之大方也"라고 말한다. 때란 '시時'다. 이 '시'라는 개념은 단순하지 않다. 그리스인들은 시간을 두 가지로 구분한다. '크로노스chronos'와 '카이로스kairos'다. 크로노스란 단순히 흘러가는 시간, 달력이나 시계로 표현되는 연속적인 시간이다. 우주에서도 흘러가는 시간이 있고 역사에서도 흘러가는 시간이 있다. 연대기를 뜻하는 '크로니클chronicle'도 이런 의미에서 파생된 것이다. '카이로스'는 흘러가는 시간이 아니라 의식적이고 주관적인 시간이다. 구체적인 사건 속에서 의미를 느끼는 시간이기도 하다. 그리스 신화에는 카이로스의 신이 있다. 기회의 신이다. 카이로스는 기회를 의미하기도 한다.

『역』에서의 시時도 이 두 가지 의미를 모두 포함하고 있다. 첫 번째는 기본적으로 사계절의 순환과 같은 흐름으로서의 시간, 우주의 변화 과정으로서의 시간적 흐름이다. 두 번째는 인간사의 시세時勢, 역사적 변화의 과정으로서의 시간적 흐름이다. 세 번째는 이 시세 속에서 구체적인 상황으로 드러나는 사건으로, 시사적인 사건이며 상황이다. 마지막이 중요하다. 적절한 순간을 의미하는 때이다. 타이밍이기도 하다. 이것은 적절한 순간이기 때문에 기회이기도 하다.

왕필은 괘가 시時를 상징하는 것으로 보았고, 정이천은 괘가 사事를 상징한다고 보았다. 둘을 합하면 시사時事인데, 이는 사전적 의미로 '당대에 그 사회에서 일어난 일'을 뜻한다. 이에 따르면 괘란 사회에서 일어난 일들을 상징하는 것이며, 그 자체로 시時를 드러내고 있다.

『주역절중周易折中』에서는 '시時'를 네 가지로 구분하여 괘를 설명하고 있다. 첫째, "줄어들고 늘어나며, 가득차고 텅 비는 것을 시라고 한다消息盈虛之謂時." 태泰괘, 비否괘, 박剝괘, 복復괘와 같은 종류가 그러하다. 둘째, "구체적인 일을 가리켜 말하는 경우도 있다有指事言者." 송訟괘, 사師괘, 서합噬嗑괘, 이頤괘와 같은 종류가 그러하다. 셋째, "이치로서 말하는 경우도 있다有以理言者." 이履괘, 겸謙괘, 함咸괘, 항恒괘의 종류가 그러하다. 넷째, "상으로 점을 치는 경우도 있다有以象占者." 정井괘, 정鼎괘의 종류가 그러하다. 이 네 가지가 모두 '시時'를 말하고 있다고 『주역절중』은 이야기한다. 결국 괘란 시간의 흐름, 시세, 구체적인 상황, 그리고 적절한 타이밍을 의미하는 '때' 곧 '시時'를 드러내는 것이다.

4. 재才와 덕德

때를 알고 시세를 파악하는 것이 역을 배우는 데 가장 핵심적인 요소다. 정이천은 또 이렇게 말한다. "『역』을 볼 때에는 반드시 때를 본 뒤에 각 효의 자질(才)을 보아야 한다觀易, 須看時然後, 觀逐爻之才."[4]

그렇다면 효마다의 자질이란 무엇인가? 각 효는 음효 아니면 양효다. 역에서는 양효를 구九라 하고 음효를 육六이라 한다. 이것은 무엇을 상징하는 것일까? 괘가 사회에서 일어난 일들과 어떤 상황의 때를 상징한다면 효는 그 때에 처한 한 사람의 위치를 상징한다. 이때 재才란 그 사람이 가진 자질과 재능을 말한다.

정이천은 본성과 자질을 구분하여 설명한다. "본성은 천天으로부터 나오고, 자질은 기氣로부터 나온다性出於天, 才出於氣." "자질은 기氣에서 품수받는데, 기에는 청탁淸濁이 있다. 그 청한 것을 품수받은 자는 현자이고, 그 탁한 것을 품수받은 자는 어리석은 사람이다才禀於氣, 氣有淸濁. 禀其淸者爲賢, 禀其濁者爲愚."[5] 주염계의 『통서通書』에 나온 다음과 같은 말도 주목할 필요가 있다.

> 성性이란 강유剛柔와 선악善惡 그리고 중中이 있을 뿐이다. 강剛함의 좋은 측면은 의로움이고 강직함이고 결단력이고 엄격함이고 견고함이며, 강함의 나쁜 측면은 맹렬함이고 협애함이고 강렬함이다. 유柔함의 좋은 측면은 자비로움이고 유순함이고 겸손함이며, 유함의 나쁜 측면은 나약함이며 결단력 없음이며 아첨과 사특함이다. 오직 중中만이 조화를 이루고 절도의 합당함을 이룬 상태다.[6]

주염계의 이러한 구분은 정이천이 각 효의 자질을 설명하는 말들을 이해하는 중요한 단서가 된다. 정이천의 『역전』에서 재才는 음양

陰陽과 강유剛柔를 중심으로 표현된다. 「설괘전」에는 삼재三才라는 말이 나온다. "하늘의 도를 세워 말하니 음과 양이고, 땅의 도를 세워 말하니 강과 유이고, 사람의 도를 세워 말하니 인仁과 의義다."[7]

인간은 하늘과 땅이 합쳐져서 이루어졌다. 그러므로 인간의 자질도 하늘의 부분인 음양과 땅의 부분인 강유가 섞여서 이루어졌다고 볼 수 있다. 자질은 그 사람의 선천적인 경향성이며 기질과 성격을 형성한다고 말할 수 있다. 또 그것은 그의 재능이자 능력이기도 하다.

구체적으로 정이천이 사용하고 있는 자질에 관한 용어를 나열해 보면 이러하다. 양강陽剛, 음유陰柔, 음암陰暗, 음조陰躁, 강명剛明, 강양剛陽, 강중剛中, 강실剛實, 강결剛決, 강과剛果, 강단剛斷, 강폭剛暴, 강직剛直, 강조剛躁, 강강剛強, 강험剛險, 강항剛亢, 유순柔順, 유조柔躁, 유중柔中, 유약柔弱, 유손柔巽, 유화柔和, 유암柔暗 등이다.

이러한 용어는 어떤 상황 속의 시공간에 처한 어떤 사람이 가진 자질과 재능을 표현하는 언어들이다. 하늘의 부분인 음양은 적극적이거나 소극적인 성격과 관련되고 땅의 부분인 강유는 강직하거나 유순한 성격과 관련된다. 그래서 양강陽剛하다는 것은 적극적이면서 강한 자질이고, 음유陰柔하다는 것은 소극적이면서 유순한 자질이며, 음암陰暗하다는 것은 소극적이면서 어리석은 자질이고, 음조陰躁하다는 것은 소극적인데 조급한 자질이다. 강명剛明하다는 것은 강직하면서 현명한 자질이고, 강양剛陽하다는 것은 강직하면서 적극적인 자질이며, 강실剛實하다는 것은 강직하면서 진실한 자질이고, 강결剛決하다는 것은 강직하면서 결단력 있는 자질이고, 강과剛果하다는 것은 강직하며 과감한 자질이고, 강단剛斷하다는 것은 강직하면서 단호한 자질이다. 강폭剛暴하다는 것은 강경하면서 포악한 자질이고, 강직剛直하다는 것은 강하면서 곧은 자질이며, 강조剛躁하다는 것은 강하면서 조급한 자질이고, 강강剛強하다는 것은 강경한 자질을 말하며, 강험剛險하다는 것은 강하면서 험악한 자질이다. 강항剛亢하다는 것은 강하면서 오만한 자질이다. 유순柔順하다는 것은 소극적이면서 유순한 자질이고, 유조柔躁하다는 것은 유순하면서 조급한 자질이며, 유약柔弱하다는 것은 소극적이며 나약한 자질이고, 유손柔巽하다는 것은 유순하면서 겸손한 자질이고, 유화柔和하다는 것은 유순하면서 온순한 자질이며, 유암柔暗하다는 것은 나약하면서 어리석은 자질이다.

사람들이 가진 여러 자질 가운데 가장 좋은 것은 중中을 이룬 것이다. 중을 이룬 것은 덕이라 할 수 있다. 유중柔中하다는 것은 유순하면서 중도를 이룬 능력이고, 강중剛中하다는 것은 강직하면서 중도를 이룬 능력을 말한다. 유중보다 강중이 더 좋은 능력이자 덕이다.

각각의 효가 상징하는 것은 어떤 상황, 특정 시공간에서 개인이 처한 한 측면이다. 그래서 이 개인의 성격과 자질 그리고 재능과 덕을 말하고 있으며, 어떤 상황에서 일어날 수 있는 변화를 상징하고 있다. 때문에 각각의 효사에는 이러한 개인의 자질과 관련하여 부족하거나 지나친 부분을 경계하고 이상적인 상태를 제시해주는 내용이 담겨 있다. 정이천은 췌萃괘 육이효六二爻에서 이렇게 말하고 있다. "모든 효의 사辭는 득실의 양단과 관련된 것은 모범을 세우고 경계했으니, 또한 각기 자질에 따라서 가정하여 말했다凡爻之辭, 關得失二端者, 爲法爲戒, 亦各隨其才而設也."

인간은 음양이라는 기氣의 조합과 배치로 이루어진 몸을 가지고 있다. 그렇기 때문에 이 음양의 기로 이루어진 몸의 자질의 휘둘림과 한계에서 벗어날 수 없다. 외부 사물과 끊임없이 교접할 수밖에 없는 몸에서 일어나는 필연적인 움직임이기 때문이다. 그러나 어떤 자질이 좋고 어떤 자질은 나쁘다고 고정적 선악을 말할 수는 없다. 중요한 점은 주어진 상황 속에서 자신의 자질과 덕을 어떻게 운용하는가의 문제다.

기질을 완전하게 변화시킬 수는 없다. 단지 자질을 운용할 수 있을 뿐이다. 여기서 운용의 핵심적 방식은 기질 자체의 변화가 아닌 이理에 대한 깨달음이다. 정이천은 다음과 같이 말한다.

품수받은 자질은 힘써 노력을 기울이면 단지 조금 나아질 수 있을 뿐이며, 둔감한 자질을 예민하게 만들 수는 없는 법이다. 오직 이理에 대한 깨달음만이 나아질 수 있다.

大凡所受之才, 雖加勉強, 止可少進, 而鈍者不可使利也, 唯理可進.[8]

그렇다면 덕德이란 무엇인가? 정이천은 "마음에서 터득한 것을 덕이 있다得之於心, 謂之有德"[9]고 하며 "덕은 얻음이다德者, 得也"라고 말했다. 기본적으로 덕이란 자질과 달리, 이理를 마음에서 터득하여 자연스러운 경지에 이른 것을 말한다. 그러므로 덕 있는 사람과 자질이 뛰어난 사람은 다르다. 다음의 말에서 자질과 덕의 차이점이 분명하게 드러난다.

덕이 있는 사람은 천리를 터득하여 사용한다. 자신의 몸에 자연스럽게 축적되어 있으므로 그 사용하는 것이 이理에 적중되지 않은 적이 없다. 지혜와 기교를 가진 사람은 스스로 터득하지 못했지만 자질과 지혜가 매우 높아, 또한 그 하나둘을 예측하고 그것을 터득하여 사용할 수 있으니, 스스로 천기를 누설했다고 말한다. 만약 마음을 고르게 하여 사용하면 또한 이理에 적중하지 않음이 없지만, 자신의 몸에 자연스럽게 축적되어 있지 못하기 때문에 반드시 지혜와 기교를 사용하게 되어 도리어 실패하니, 소진蘇秦과 장의張儀 같은 부류다.

有德者, 得天理而用之. 既有諸己, 所用莫非中理. 知巧之士, 雖不自得, 然才知稍高, 亦能窺測見其一二, 得而用之, 乃自謂泄天機. 若平心用之, 亦莫不中理, 但不有諸己, 須用知巧, 反失之, 如蘇·張之類.[10]

『주역절중周易折中』에서는 덕을 다음과 같이 정의하고 있다.

강剛함과 유柔함이 중정中正을 이루거나 중정을 이루지 못한 것을 덕德이라고 한다. 강함과 유함은 각각 선善과 불선不善이 있으니, 그 때가 마땅히 강함을 써야 하면 강함이 좋은 것이 되고, 그 때가 유함을 써야 하면 유함이 좋은 것이 된다. 오직 중中과 정正만이 불선이 없다. 그러나 정은 중의 선보다는 못하므로 정이천은 '정은 반드시 중을 이루지 못한 경우도 있지만 중은 정하지 않은 경우가 없다'고 했다. 각각의 지위에 해당하는 여섯 효는 반드시 모두 길하지는 않지만 이효와 오효의 중은 길함을 점치는 경우가 유독 많은 것이 이러한 이유다.[11]

5. 문명文明

정이천에게 문명文明의 의미는 독특하다. 그것은 한 사람이 가진 자질이나 능력과 관련된 개념이다. 일반적으로 문명은 시빌리제이션civilization이나 컬처culture와 같은 의미로 이해하지만 꼭 그렇지만은 않다. 기본적으로 『역』에 나온 '천하문명天下文明'이라는 말에서 공영달은 문명을 "세상에 문장文章이 있어 밝게 빛난다天下有文章而光明也"라고 풀이한다. 이것은 세상에 문文이라는 문장 제도가 잘 갖추어져서 세상이 밝게 빛난다는 의미다. 호원은 "세상의 모든 것이 문장文章을 가져 밝게 빛나게 한다使天下之物有文章而光明也"고 풀었다. 여기서 문장이란 예악법도禮樂法度를 의미한다. 즉 세상에 예악법도를 갖추도록 하여 밝게 빛나게 한다는 말이다. 그러므로 문명이란 예악법도가 잘 정비되어 밝게 빛나는 것을 의미한다. 그런 의미에서 잘 정비된 시빌리제이션이나 컬처를 갖추어 세상을 밝게 하듯, 지배자가 예악형정을 분명하게 밝혀서 백성의 삶을 윤택하게 한다는 것이다.

그러나 정이천은 지배자가 시행하는 어떤 방도와 같은 것이 아니라 한 개인이 문文, 즉 어떤 현실적인 일들의 이치 구조[事理]를 분명하게 아는 것으로 해석하고 있다. 그래서 한 개인이 "문文에 밝다"는 의미다. 정이천은 『역전』에서 "문명한 덕이 있으면, 이치를 밝힐 수 있다文明則能燭理" "문명文明하면 이치를 완전하게 파악하며 어떤 상황이든 분명하게 관찰할 수 있다文明則理无不盡, 事无不察" "문명하면 사리를 다할 수 있다文明則盡事理"고 말한다. 이런 맥락에서 정이천이 말하는 문명은 사리를 분명하게 파악할 수 있는 능력이

나 자질과 관련된다.

6. 위位

괘란 '시時'와 '사事'를 드러내는 상징이다. 여기에는 시간의 흐름이 있고, 구체적인 때가 있고, 적절한 타이밍이 있다. 괘는 여섯 효로 이루어졌는데 아래에서부터 읽어 올라간다. 즉 가장 아래가 초효初爻이고 그 다음이 이효二爻, 삼효三爻, 사효四爻, 오효五爻, 상효上爻다. 초효는 시작을, 상효는 끝을 의미한다. 시종始終이다. 끝나면 다시 시작하니, '종즉유시終則有始'라고 한다. 그러므로 상효에서 다시 초효로 돌아가는 순환적 시간 구조를 지니고 있다. 모든 인간사의 때와 상황은 이렇게 변화해가는 것이다.

그러나 시간만 있는 것이 아니라 공간도 있다. 괘는 시공간적 구조를 가지고 있다. 공간적 구조에 해당하는 것이 위位다. 위는 공간적 위치이면서 동시에 사회적 지위이기도 하다. 『주역절중』은 이렇게 설명하고 있다.

> 귀천貴賤과 상하上下를 위位라고 한다. 왕필은 가운데 4개의 효는 위가 있으나 초효와 상효는 위가 없다고 말했지만, 이것은 음양의 위치를 말하는 것이 아니라 사회적 작위로서 지위를 말한다.[12]

귀천이란 사회적 신분을 말하고 상하는 윗사람과 아랫사람이라는 지위를 말한다. 일반적으로 오효를 군주로 해석하고 군주라는 권력을 기준으로 가장 가까운 효인 사효는 가까운 신하이고 그 아래로는 점차로 권력에서 먼 사회적 지위를 상징한다고도 볼 수 있다. 대체적으로 여섯 효 가운데 오효가 군주의 지위이고 사효는 군주와 가까운 곳에서 실질적 정치를 펴는 재상과 같은 사람이며, 삼효는 실무 행정을 맡아 사회적 책임과 영향력을 가지고 있는 자이고, 이효는 삼효와 사효처럼 영향력을 가진 지위는 아니지만 오효와 올바름으로 호응하여 정치를 실행할 수 있는 덕 있는 사람이라 할 수 있다.

정이천은 대체로 왕필의 사고를 계승하여 각각의 효는 사회적 지위를 상징한다고 보지만, 초효와 상효에 대해서는 어떤 상황의 시작과 끝이라는 종시終始의 의미가 중요하다고 본다. 때문에 초효와 상효에 음양의 위位가 없다는 왕필의 주장에 대해 실제로 음양의 위가 없는 것이 아니라, 시작과 끝의 의미가 더 중요해서 언급하지 않았다고 했다.[13] 음양의 위치란 초효는 양의 자리, 이효는 음의 자리, 삼효는 양의 자리, 사효는 음의 자리, 오효는 양의 자리, 상효는 음의 자리다. 양의 자리에는 양효가 오고 음의 자리에는 음효가 왔을 때 올바른 지위에 자리한 것이다. 그렇지 않은 경우는 그 자리가 합당하지 않은 위치다.

이렇게 음양의 효가 어떤 위치에 자리하는 것을 정이천은 '거居'나 '처處'라는 용어를 써서 표현한다. 먼저 '거'는 일반적으로 "어디어디에 자리했다"고 해석했다. 정이천은 "강유는 그 자질이고, 거는 그 자질의 작용이다剛柔, 質也, 居, 用也"[14]라 하여, 자질의 작용과 쓰임을 말했다. 예를 들자면 "구는 시초에 자리했다九居初"라는 말이 있다. 이것은 구라는 양효가 초효의 위치, 즉 시작의 위치에 자리했다는 의미로 이해할 수 있다. 기본적으로 어떤 상황이나 때에 어떤 위치에 자리하고, 어떤 사회적 지위를 차지했다는 의미다. 또는 '거강居剛'이라는 말도 있다. 이것은 강한 위치에 자리했다는 말이지만, '강경하게 행동하다' '강하게 입장을 취했다'는 의미로도 해석할 수 있다. '거중居中'이라는 말도 중도의 위치에 자리했다고 해석할 수 있는 동시에 중도의 입장을 취했다는 의미이기도 하다. '처處' 역시 어떤 위치에 처했다는 말이지만, 그것은 일에 어떻게 대처했다, 처신 혹은 처리한다는 의미이기도 하다.

정이천이 말하는 거居와 처處는 기본적으로 어떤 시공간적 위치에 자리했다는 의미이지만, 그 위치에서 어떤 작용을 일으켰는가의 문제이기도 하다. 그래서 '거'는 어떤 입장 및 정치적 태도 등을 취한 것을 뜻하고, '처'는 어떻게 대처하고 일을 처리한다는 뜻이다.

7. 응비應比와 승승承乘

한 사람이 어떤 자질과 재능을 가지고 어떤 시공간적 위치를 점유하여 그 상황에 반응한다. 마치 모든 생명체가 어떤 환경에 처하여 자극을 받고 그 자극에 따라 반응하는 것과 같다. 그러나 시공간적 위치를 점유한다는 것은 동시에 어떤 관계를 갖는다는 것을 의미한다. 이러한 사회적 관계를 괘에서 표현하는 것이 응비應比와 승승承乘이다.

'응비'의 관계를 『주역절중』에서는 이렇게 설명한다. '응應'이란 '괘의 상체와 하체가 서로 짝을 이루어 호응하는 효들의 관계上下體相

對應之爻也'를 말한다. 초효와 사효, 이효와 오효, 삼효와 상효가 그러하다. '비比'란 '각 위치에서 서로 나란히 붙어 있는 효들의 관계逐位相比連之爻也'를 말한다. 초효와 이효, 이효와 삼효, 삼효와 사효, 사효와 오효, 오효와 육효가 그러하다. '승承'이란 아래에서 윗사람을 받들어 잇는 것이고, '승乘'은 위에서 아랫사람을 올라탄 것이다.

음陰이 양陽을 구하고 양이 음을 구하듯이, 음양이 서로 구하는 것이 호응관계다. 그러므로 음과 음, 양과 양은 호응관계가 될 수 없다. '응'의 관계도 음과 음이나 양과 양이 서로 호응하면 올바른 호응관계가 아닌 것이다. '비'의 관계도 마찬가지다.

『역』 가운데 '응'의 관계에서 가장 중요한 것은 오직 이효와 오효이고, '비'의 관계에서는 사효와 오효다. 왜냐하면 오효는 존귀한 지위로 군주이고 사효는 가까이서 그를 받들어 잇는 사람이며, 이효는 멀리서 그와 서로 호응하는 관계이기 때문이다. 이 둘의 관계는 군주와 신하의 관계다. 『주역절중』에서는 이렇게 설명한다.

> 가까이서 받들어 모시는 사람은 공손하고 순종하여 신중하고 조심스런 태도가 중요하므로 강함은 유함의 선함보다 못하다. 멀리서 호응하는 사람은 강하고 의연하며 적극적으로 개입하는 태도가 중요하므로 유함이 강함의 선함보다 못하다. 공자는 「계사전」에서 이렇게 말했다. '이효와 사효는 공로는 동일하지만 지위는 다르다. 이효는 명예가 많고 사효는 근심이 많으니, 군주와 가깝기 때문이다. 유함의 도는 멀리 있는 것이 이롭지 않으니, 그 요체는 허물이 없게 하는 것이고, 그 쓰임은 유연하되 중도를 이루는 방도다.' 유함의 도는 멀리 있는 것이 이롭지 않다고 했으니, 강함의

도는 가까이 있는 것이 이롭지 않음을 알 수 있다. 또 유함의 도는 가까이 있는 것이 이롭고, 강함의 도는 멀리 있는 것이 이로움을 알 수 있다.[15]

정이천은 모든 오효를 군주라고 풀이하지는 않지만, 『주역절중』에서는 대체적으로 그러하다고 본다. 이효와 오효 이외에도 호응관계가 있고, 사효와 오효 이외에도 비의 관계가 있지만 군주와 관련해서 중요한 것들만을 말하면 다음과 같다.

육사효가 구오효를 받들어 모시는 경우의 괘는 16가지가 있는데 대체로 길하다. 비比괘, 소축小畜, 관觀괘, 감坎괘, 가인家人괘, 익益괘, 정井괘, 점漸괘, 손巽괘, 환渙괘, 절節괘, 중부中孚괘는 모두 길하다. 둔屯괘, 수需괘, 건蹇괘는 험난한 상황에서 벗어나고 있으며, 기제旣濟괘는 아직 혼란하지 않은 상황에서 조심하며 경계하고 있으니 대체로 길하다.

구사효가 육오효를 받들어 모시는 경우의 괘 역시 16가지가 있는데 이때는 흉한 경우가 많다. 이離괘, 항恒괘, 진晉괘, 정鼎괘, 진震괘는 모두 흉하다. 대유大有괘, 규睽괘, 해解괘, 귀매歸妹괘, 여旅괘, 소과小過괘는 흉한 것은 아니지만 그렇다고 길한 것도 아니다. 오직 예豫괘, 서합噬嗑괘, 풍豐괘, 대장大壯괘, 미제未濟괘만이 길하고 이로움을 얻어 흉과 허물을 면한다.

구이효가 육오효와 올바른 호응관계를 이룬 경우의 괘는 16가지가 있는데 대부분이 길하다. 몽蒙괘, 사師괘, 태泰괘, 대유大有괘, 고蠱괘, 임臨괘, 항恒괘, 대장大壯괘, 규睽괘, 해解괘, 손損괘, 승升괘, 정鼎괘는 모두 길하다. 대축大畜괘, 귀매歸妹괘, 미제未濟괘 역시 흉한 경우는 아니다.

육이효가 구오효와 올바른 호응관계를 이룬 경우의 괘도 16가지가 있는데 모두 길할 수는 없어 흉한 경우도 있다. 비否괘, 동인同人괘, 수隨괘, 관觀괘, 함咸괘는 모두 길한 경우는 아니다. 둔屯괘, 돈遯괘, 건蹇괘, 기제旣濟괘는 어려움을 만나 올바름을 지키고 이치를 따르라는 경계를 담고 있으며, 비比괘, 무망無妄괘, 가인家人괘, 췌萃괘, 혁革괘, 점漸괘는 모두 상하가 덕을 합했을 때 길한 경우다.

전체적으로 괘가 상징하는 내용은 이러하다. 어떤 자질과 재능과 덕을 가진 한 사람이 시간과 공간이라는 구조와 흐름 속에서 어떤 위치와 지위를 차지하고 수많은 사람과 권력 관계를 가지고 있다. 이렇게 역동적 구조 속에는 다양한 갈림길이 잠재해 있다. 여기에 자신에게 합당한 행위 방향을 선택하여 나아가는 행위가 필요하다.

정이천은 '형통할 이치는 있다有亨之理' '다스릴 수 있는 이치는 없다無可濟之理' '위험이 끝나면 위험으로부터 벗어날 이치는 있다險終有出險之理' '끝까지 행하지 못할 이치는 없다然無終不行之理' '힘써 행할 수 있는 이치는 있다有可爲之理' 등의 표현을 쓰고 있다. 이러한 표현은 역동적 구조 속에 잠재되어 있는 이理의 가능성들을 말한다. 그 잠재된 것들 가운데 자신에게 가장 합당한 것을 의리義理라고 할 수 있다.

8. 정리定理, 상리常理, 정리正理, 의리義理

송대 도학자들에게서 이理의 의미는 단순하지 않다. 서양 학자들은 '理'를 번역할 때 어떤 곤혹을 느꼈다. 대표적으로 A. C. 그레이엄은 '理'가 'law'로 번역되는 것이 오류임을 지적한다. 理는 자연의 법칙이나 '복종해야만 하는 법칙'은 아니기 때문이다. 그것은 자발적인 것이자 스스로 그러한 것이다. 또한 그는 부득이하게 'Principle'이라는 용어를 쓰지만 이것 역시 완전한 번역어는 될 수 없다고 말한다. Principle이라는 말은 보편과 특수의 문제를 떠올리게 만들기 때문이다. 송대 도학자들에게 그러한 문제의식은 없었다. 그렇기 때문에 정이천에게서 이理는 외부로부터 강제되어 복종해야만 하는 것을 의미하지도, 그렇다고 보편과 특수의 문제에서 제기되는 보편자의 지위에 해당하지도 않는다. 또한 단순히 객관적 자연 법칙도 아니지만 또 그렇다고 해서 주관적인 도덕 법칙도 아니다.

그레이엄은 이理를 "전체와 부분의 관계로서 맥락의 네트워크a network of vein as relations of whole and part"라는 말로 설명한다. 그리고 이理와 물物의 차이는 일반성generality에 있는 것이 아니라 오래도록 지속하는 항구성permanence에 있다는 점을 강조한다. 결론적으로 그레이엄은 정이천에게 있어 理는 도덕적인 함의를 많이 함축하고 있다고 하면서 이를 "따라가는 것이 당연한 길"이라고 규정한다. 그것은 자연적 질서 속에서 각자의 위치를 차지하기 위해 수행되어야만 하는 과제다.[16] 그것의 의리義理다.

이와 같은 그레이엄의 정의는 정이천에게서 理가 갖는 가장 중요한 의미가 어떤 것인가에 대해 많은 암시를 던져준다. 이는 고정된 하나의 사물의 속성으로서의 원리도 아니고 주관과 무관한 객관적인 대상의 법칙도 아니며 그렇다고 외적 대상과는 무관한 도덕성이라고 할 수도 없다.

정이천은 理를 몇 가지로 구분한다. 먼저 정리定理에 대해 그는 이렇게 말한다. "아버지와 아들, 군주와 신하의 관계는 천하의 정리이니, 천지 사이에서 도망갈 곳이 없다父子君臣, 天下之定理, 無所逃於天地之間." "정리는 세상에서 바꿀 수 없는 이理이니, 경經이다定理者, 天下不易之理也, 是經也."[17] 정리는 어떤 체계적인 관계망이나 구조와 같아서, 바꿀 수 없다는 것이다.

또 이러한 관계 구조 속에서 일정하게 반복되는 패턴이 있으니 이는 바로 상리常理다. 가장 좋은 예가 사계절의 변화와 삶과 죽음의 순환, 꽃이 피고 지는 것이다. "예를 들어 한 그루의 나무가 있다면, 봄에 꽃피고 가을에 마르는 것이 곧 상리다. 만약 항상 꽃을 피운다면 이러한 이는 없으니, 이는 거짓이다只如一株樹, 春華秋枯, 乃是常理. 若是常華, 則無此理, 却是妄也"[18]

이 상리가 있기 때문에 천지는 오래도록 지속할 수 있다. 군주와 신하의 관계는 정리이고 군주는 높이고 신하는 낮추는 것이 상리이지만, 상리를 불변하는 것으로 여기고 고집하는 것은 어리석다.

> 군주가 존귀하고 신하가 낮은 것은 천하의 상리다. 그러나 백이는 단지 상리를 고집하는 것만 알았지 성인의 변통에 대해서는 알지 못했다. 그래서 그의 도량은 협애하다.[19]

정리는 바꿀 수 없는 구조이지만 상리는 변화와 변통이 가능하다. 군신 관계는 군존신비君尊臣卑로 규정하는 것이 일반적인 원리지만, 군주가 그러한 자격을 잃었을 때에는 현실적으로 변통할 필요가 있다. 그것이 때에 적절한 중도中道다. 정이천은 항恒괘에서 이러한 점에 대해 말하고 있다.

> 항恒은 오래 지속할 수 있는 도를 말하는 것이지, 한 모퉁이만을 고집하여 변통할 줄 모르는 것이 아니다. (…) 하나에 고정해 집착하면 오래 지속할 수 없다.[20]

상리常理는 곧 정리正理와 통한다. 정이천은 "명命을 정리라고 한다命謂正理"고 하고, "인이 천하의 정리仁者, 天下之正理"라 말한다. 정리正理는 정당하고 올바른 이理를 말한다. 정리正理가 '정도正道'라면 중도中道에 해당하는 '중리中理'가 있을 법한데 중리는 많이 쓰이지 않으며, 많이 쓰이는 것은 의리義理다. 정이천은 의義가 곧 중리가 아니냐는 제자의 질문에 대해 다음과 같이 대답했다. "중리는 사事에 있고 의義는 마음 안에 있다. (…) 이理를 따라 행하면 곧 그것이 의다中理在事, 義在心內, (…) 順理而行, 是爲義也."[21] 이렇게 볼 때 중리는 의義라고 하는 마음의 이理가 적절하게 발현된 것이다.

이理의 다양한 변통 가운데 정이천이 가장 중시하는 것이 바로 의리義理다. 정이천은 "사물에 있어서는 이理이고, 사물을 처리하는 것이 의義다在物爲理, 處物爲義"라는 유명한 말을 남겼다. 이 의리는 시중時中과 밀접하게 관련된다. 나와 무관한 객관적인 이理도 아니고, 나의 주관적 감정이나 욕망, 도덕심을 의미하는 것도 아니다. 여기서 이理는 '내'가 '외부'와 접촉했을 때 그 접점에서 발생한다. 즉 물리物理가 사물 자체의 존재론적 입장이라면, 의리義理는 사물을 중심으로 하되 그 사물과 접촉하는 인간의 행위를 고려했을 때 발생하는 것이다. 이러한 접촉의 때에 사물을 올바로 처리하고 현실을 올바로 해결해내는 것이 곧 의리다.

의리는 전체 상황 속에서 인간과 사물의 접촉과 관계를 통해 발생하는 것이니, 현실 상황과 부분적인 요소들에 따라 그 접촉에는 다양한 차이가 있을 수밖에 없다. 전체적인 상황 속에서 특정한 위치와 때에 처한 인간은 그 시간과 공간의 차이에 따라서 그에 합당한 의리를 취해야 한다. 이때 의리는 개인에게 손해가 되는 것일 수도, 이득이 되는 것일 수도 있다. 그러나 본래 의리는 이해득실과는 무관한 것이다. 그것이 손해일지라도 취하는 것이 마땅하다면 취해야 하며 이익일지라도 취하는 것이 마땅하지 않다면 취하지 않아야 한다. 그레이엄이 "자연적 질서 속에서 그의 위치를 차지하기 위해서 수행되어야 하는 과제"라고 말했듯, "사회적 관계 속에서 그것이 해롭건 이롭건 혹은 화禍이건 복福이건 자신에게 마땅하고 합당한 의리를 따라 행해야" 한다.

이는 곧 순리順理라는 말로 이어진다. 정이천에게 '순順'이란 대체로 이理를 따른다는 의미가 강하다. 이렇게 의리는 전체적인 상황 조건과 부분적인 상황 조건이 만나는 '접점'에서 발생하는 이理이고, 부득이하게 따라야 하며, 따를 수밖에 없고, 또 따르고자 욕망하는 이理다.

9. 중정中正과 시중時中

음양陰陽과 강유剛柔는 때와 상황에 따라서 좋을 수도 있고 좋지 않을 수도 있다. 강함을 사용해야 할 때 강함을 사용하면 좋지만,

강함을 사용하지 말아야 할 때 강함을 사용하면 좋지 못하다. 이런 점에서 가장 중시되는 덕은 중정中正을 이루는 것이다.

기본적으로 중정은 괘에서 효의 위치와 관련된다. 그래서 양의 자리에 양효가 오고, 음의 자리에 음효가 올 때 정正이라고 한다. 초효는 양의 자리이므로 양이 올 경우(즉 초구初九) 정正이고, 음이 올 경우(즉 초육初六)에는 부정不正이다. 6효 가운데 초初, 삼三, 오五의 자리가 양의 자리이고 이二, 사四, 육六의 경우가 음의 자리다.

중中은 이효, 오효와 관련된다. 이효는 괘의 하체下體의 가운데이고 오효는 괘의 상체上體의 가운데에 위치하므로 중中이라고 한다. 중을 이루는 것이 가장 중요하므로 이효와 오효가 길한 경우가 많다. 그러나 이효와 오효만이 중을 이루는 것은 아니다.

중中과 정正은 중도中道와 정도正道 혹은 중리中理, 정리正理와 유사하게 설명될 수도 있다. 정이천이 강조하는 것은 정보다는 중이 중요하다는 점이다. 그러나 정도와 중도를 다른 것으로 구분할 수는 없다. 중도가 더 포괄적인 개념이다. 정이천은 이렇게 말한다.

> 마루가 있다면 마루의 한중앙이 중中이다. 그러나 그 마루가 속한 집이라면 마루의 중앙이 중이 아니라 집의 중앙이 중이다. 그러나 한 나라라면 집의 중앙이 중이 아니라 나라의 중앙이 중이다. 이렇게 유추하면 알 수 있다.[22]

중은 설명하기 매우 어려운 개념이다. 특정한 상황 속에서 각 개인의 실천과 관련된 매우 미묘한 문제이기 때문이다. 그러나 중中을 이루었다면 반드시 정正을 이룬 것이지만, 정을 이루었다고 해서 반드시 그것이 중은 아니라는 점을 이해해야 한다.

정은 반드시 중을 이루지는 못하지만, 중은 정하지 않음이 없다.
中則無不正也, 正未必中.[23]

정도正道를 지키는 것은 중요하다. 그러나 상황과 때는 일정치 않다. 그 상황의 합당함과 때의 마땅함을 잃지 않는 것이 중도中道다. 중도란 결코 정도를 잃지 않는 것이다. 다만 정도를 고집하여 상황과 때에 적절하게 변통하지 않으면 중도를 잃는다. 그러므로 정도는 중도가 되지 못할 수도 있지만 중도는 반드시 정도에 맞다. 즉 정도는 "그 때의 마땅함을 잃지 않아야 한다不失時宜之謂正."[24]

여섯 효 가운데 합당하고 올바른 위치에 자리하고 지위를 얻은 사람이라 하여 반드시 모두 길하지는 않지만 이효와 오효의 중中은 길한 경우가 많은 이유도 이 때문이다. 물론 중정中正을 얻었다고 해서 반드시 형통한 것은 아니다. "괘 가운데는 중정하더라도 위험에 빠지는 모습이 있다卦中有中正險陷之象."[25]

중도는 그래서 시중時中이라 할 수 있다. 시중이란 상황과 때에 적절한 도리라 할 수 있지만, 단순히 시대적 흐름이나 대세를 따르는 것을 의미하지는 않는다. 때로는 시대적 가치를 거부하거나 흐름에 거역하는 것이 중도일 수 있다. 또 중도란 반드시 정도여야 한다. 정도를 버리고 시세를 따르는 것은 비겁한 기회주의이거나 현실 추수적 태도일 뿐이다.

다음과 같은 일화가 있다. 정이천 선생이 유배당했던 부주涪州에서 돌아올 때 양주襄州를 지나갔다. 양외楊畏라는 사람이 수령으로 있었는데, 정이천을 매우 후대하였다. 정이천이 그에게 "나는 죄값이 남아 있는 사람인데 이렇게 후대함이 어찌 마땅하겠느냐"고 묻자 양외가 "이제는 세상이 변했다今時事已變"고 대답했다. 그러자 정이천은 이렇게 말했다.

지금 시대가 변했다고 한들 어찌 내가 변할 수 있겠는가.[26]

중도란 이理에 마땅함當과 관련된다. 그러므로 중도를 지킨다는 것은 어느 때 어느 장소에서나 당당하다는 것이요, 그 시대와 때에 적당的當하다는 것이요, 그 상황과 때의 이理에 합당合當하다는 것이다. 그리고 내가 그것을 감당勘當할 수 있다는 것이다. 당당, 합당, 적당, 감당은 곧 중도를 이루는 요소다.

10. 회린悔吝

『역』을 추길피흉追吉避凶이라 하여 길함을 쫓고 흉함을 피하는 것이라고 한다. 길함을 추구하는 것은 누구나 원한다. 그러나 길함을 얻기란 쉽지 않으며, 오히려 허물이 없는 것이 중요하다. 『역』에서 인간의 상황을 평가하는 대표적인 말로 길흉吉凶과 회린悔吝과 무구無咎가 있다. 길흉이란 행복과 불행이지만 아름다움과 추함의 의미도 있다. 회린이란 후회와 인색이며 무구란 허물이 없음이다. 「계사전」에서는 다음과 같이 말한다.

길함과 흉함은 잃음과 얻음을 말하고, 후회와 인색이란 작은 허물을 말한다. 허물이 없는 것은 과실을 잘 보충하는 것이다.
吉凶者, 言乎其失得也, 悔吝者, 言乎其小疵也, 无咎者, 善補過也.

그래서 『역』을 한마디로 말하자면 과실을 잘 보충하는 문헌이라고도 할 수 있다. 작은 허물이란 후회와 인색이다. 어쩌면 이 후회와 인색을 잘 다스리는 문제가 마음을 다스리는 핵심인지도 모른다.

인생에 행불행의 스펙트럼을 만들어본다면 한쪽에 길함이 있고 다른 한쪽에는 흉함이 있다. 그 사이에 후회와 인색이 있다. 주희는 "후회는 흉함에서 길함으로 나아가는 것이고 인색은 길함에서 흉함으로 나아가는 것悔自凶而趨吉, 吝自吉而向"이라고 설명한다. 회悔는 후회로서, 뉘우침을 말한다. 어떤 일에 실패하고 나서 자신의 잘못을 깨닫고 반성하는 과정이다. 한편 인吝은 아직 실패하지 않아 마음이 오만한 상태이거나 실패한 뒤에도 자신의 잘못을 깨닫지 못하고 교만을 부리면서 버티는 것이다. 인색한 것이다.

이 모두는 허물이자 부끄러움이다. 회悔와 인吝의 일차적 의미는 작은 허물이 있는 것이다. 작은 허물이라고 한 것은 아직 길함과 흉함이 명확하게 결정되지는 않았지만, 길함으로 갈 수도 있고 흉함으로 갈 수도 있는 중간에 있는 과실이기 때문이다. 과실을 깨닫고 뉘우쳐 고치려 한다면 길할 수 있지만, 깨닫지도 못하고 뉘우쳐 고치려 하지 않는다면 흉할 수밖에 없다. 인색함이란 자신의 잘못을 깨닫지 못하고 속 좁게 구는 것, 깨달았더라도 인정하지 않으려는 고집, 교만하고 오만한 마음을 말한다. 자신의 부끄러운 과실을 인정하고 싶지 않아 궁지에 몰린 상태에서 가지고 있는 복잡한 심리를 표현하는 말이 인吝이다. 정이천은 그래서 어떤 경우에는 인을 궁린窮吝과 수린羞吝 또는 부족不足으로 설명한다.

본문에서 회悔는 대체로 후회로 번역했고, 인吝은 인색함이나 부끄러움으로 번역했다. '인색함'이라는 것은 적절한 번역어를 찾지 못하여 쓴 궁여지책일 뿐이다. 본래 다양한 함의를 가지고 있다는 점에 유의해야 한다.

---

1 『이정집二程集』 288쪽.

2 『이정집』 78쪽.

3 『역전易傳』, 비賁괘 「단전」.

4 『이정집』 13쪽.

5 『이정집』 204쪽.

6 『통서』 「사師」, "性者, 剛柔善惡中而已矣. 剛善爲義, 爲直, 爲斷, 爲嚴毅, 爲干固, 惡爲猛, 爲隘, 爲強梁. 柔善爲慈, 爲順, 爲巽, 惡爲懦弱, 爲無斷, 爲邪佞. 惟中也者, 和也, 中節也."

7 『주역』 「설괘전」, "立天之道曰陰與陽, 立地之道曰柔與剛, 立人之道曰仁與義."

8 『이정집』 191쪽.

9 『이정집』 147쪽.

10 『이정집』 14쪽.

11 『주역절중』 범례, "剛柔中正不中正之謂德. 剛柔各有善不善, 時當用剛, 則以剛爲善也, 時當用柔, 則以柔爲善也. 唯中與正, 則無有不善者. 然正尤不如中之善, 故程子曰, 正未必中, 中則無不正也. 六爻當位者, 未必皆吉, 而二五之中, 則占者獨多, 以此故爾."

12 『주역절중』 범례, "貴賤上下之謂位. 王弼謂中四爻有位, 而初上兩爻無位, 非謂無陰陽之位也, 乃謂爵位之位."

13 『역전』 서합噬嗑괘, 초구효.

14 『역전』 서합괘, 「단전」.

15 『주역절중』 범례, "然近而承者, 則貴乎恭順小心, 故剛不如柔之善. 遠而應者, 則貴乎強毅有爲, 故柔又不如剛之善. 夫子曰, 二與四, 同功而異位, 二多譽, 四多懼, 近也. 柔之爲道, 不利遠者, 其要無咎, 其用柔中也. 夫言柔之道不利遠, 可見剛之道不利近矣. 又可見柔之道利近, 剛之道利遠矣."

16 A. C. Graham, *Two Chinese Philosophers*, 8~22쪽 참조.

17 『이정집』 77쪽과 160쪽 참조.

18 『이정집』 408쪽.

19 『이정집』 217쪽, "君尊臣卑, 天下之常理, 伯夷知守常理, 而不知聖人之變, 故隘."

20 『역전』 항괘, "夫所謂恒, 謂可恒久之道, 非守一隅而不知變也 (…) 一定則不能常矣."

21 『이정집』 206쪽.

22 『이정집』 214쪽, "一廳則中央爲中, 一家則廳中非中, 而堂爲中. 言一國則堂非中, 而國之中爲中. 推此類可見矣."

23 『이정집』「이정수언二程粹言」.

24 『역전』 소과小過괘 단사彖辭.

25 『역전』 송訟괘 「단전」.

26 『이정집』 445쪽, "時事雖變, 某安敢變."

역전

易傳

역전서易傳序

역易은 변역變易이니 때에 따라 변역하여 도道를 따르는 것이다. 『역』이란 책은 넓고 크게 모든 것을 갖추어, 성性과 명命의 이치를 따르고, 죽음과 삶의 원인을 통달하고, 사물의 실정을 다하여, 모든 것의 뜻을 열어서 모든 일을 성취하는 도를 보였으니, 성인聖人이 후세를 근심하는 것이 지극하다 할 만하다.

지나간 옛날은 비록 멀지만 남아 있는 경전은 아직 보존되어 있다. 그러나 선유先儒들은 뜻을 잃고서 말만 전하여, 후학들은 그 말만 암송하고 의미의 맛을 잃었으니, 진秦나라로부터 그 이후로는 의미의 맛이 전해지지 못했다. 내가 천년 후에 태어나 사문斯文이 없어진 것을 안타깝게 여겨, 후인後人들이 흘러온 것을 거슬러 올라가 근원을 구하게 했으니, 이것이 『역전』을 짓게 된 이유다.

『역』에는 성인의 도道가 네 가지 있다. 이것으로 말하는 자는 괘와 효의 사辭를 숭상하고, 이것으로 움직이려는 자는 괘와 효의 변화를 숭상하고, 이것으로 기물을 만들려는 자는 그 모양을 숭상하고, 이것으로 점을 치려는 자는 점괘를 숭상한다. 길흉吉凶·소장消長의 이치와 진퇴進退·존망存亡의 도리가 괘와 효의 사辭에 갖추어져 있으니, 그 사를 미루어 괘를 고찰하면 변화를 알 수 있고, 상象과 점占이 그 가운데에 들어 있다.

군자가 거처할 때에는 그 상象을 관찰하여 그 괘와 효의 사辭를 살펴보고 움직이려 할 때에는 변화를 관찰하여 점占을 살펴본다. 그 괘와 효의 사辭를 이해하고서도 그 속에 담긴 의미를 통달하지 못하는 사람은 있을 수 있지만, 괘효의 사辭를 이해하지 못하고서 그 속에 담긴 의미를 통달할 수 있는 사람은 없다.

지극히 은미한 것은 이理이고 지극히 드러난 것은 상象이다. 형체體와 작용用이 하나의 근원이고, 드러남과 은미함에 틈이 없으니, 모이고 통하는 곳을 보아서 전례典禮를 행하는 것은 괘효의 사에 갖추어지지 않음이 없다.

잘 배우는 사람은 말을 이해할 때 반드시 스스로 가장 가까운 자신의 경험 속에서 이해한다. 그 가까운 자신의 경험을 소홀히 하는 사람은 말을 아는 것이 아니다. 내가 전하는 것은 말인 사辭다. 사로부터 의미를 이해하는 것은 바로 인간 자신에게 달려 있다.

송宋나라 원부元符 2년(1099) 기묘己卯 정월正月 경신일庚申日에 하남河南의 정이程頤 정숙正叔이 쓰다.

易, 變易也, 隨時變易以從道也. 其爲書也, 廣大悉備, 將以順性命之理, 通幽明之故, 盡事物之情, 而示開物成務之道也, 聖人之憂患後世, 可謂至矣. 去古雖遠, 遺經尙存. 然而前儒失意以傳言, 後學誦言而忘味, 自秦而下, 蓋无傳矣. 予生千載之後, 悼斯文之湮晦, 將俾後人, 沿流而求源, 此傳所以作也. 易有聖人之道四焉. "以言者尙其辭, 以動者尙其變, 以制器者尙其象, 以卜筮者尙其占." 吉凶消長之理, 進退存亡之道, 備於辭. 推辭考卦, 可以知變, 象與占在其中矣. 君子居則觀其象而玩其辭, 動則觀其變而玩其占. 得於辭, 不達其意者, 有矣, 未有不得於辭, 而能通其意者也. 至微者, 理也, 至著者, 象也. 體用一源, 顯微无間, 觀會通, 以行其典禮, 則辭无所不備. 故善學者, 求言, 必自近, 易於近者, 非知言者也. 予所傳者, 辭也, 由辭以得其意, 則在乎人焉.

有宋元符二年己卯正月庚申, 河南程頤正叔, 序.

1. 건乾괘䷀

중천건重天乾이라고 읽는다. 괘의 모습이 건乾☰괘가 위에 있고, 다시 건☰괘가 아래에 있기 때문이다.

건乾[1]은 만물을 시작케 하는 근원이고, 만물을 형통하게 성장시키고, 만물을 촉진시켜 이롭게 하고, 만물을 곧게 완성시킨다.

乾, 元, 亨, 利, 貞.

상고시대에 성인이 8괘를 그리니, 천·지·인 삼재三才[2]의 도가 갖춰졌다. 이 8괘를 바탕으로 해서 괘를 중첩시켜 세상의 변화를 다 표현했기 때문에 6획이 되어 64괘를 이루었다. 8괘 가운데 하나인 건乾☰을 중첩해서 건乾䷀괘가 된다. '건乾'이란 '천天'이다. 천은 하늘의 형체를 뜻하고 건은 하늘의 성정性情(타고난 자질의 경향성)[3]을 뜻한다. 건은 강건함을 뜻하니, 강건하여 쉼이 없는 것을 건이라 한다.

천이란 단순하게 말하면 '도道'이니, "하늘 또한 어기지 않는다"[4]는 말이 이 뜻이다. 구분해서 말하자면 형체로 말할 때에는 '천'이라고 하고, 주재하는 측면에서 말하자면 '상제上帝'라 하고, 기능功用으로 말하자면 '귀신鬼神'(움츠러들고 펼쳐지는 작용)이라 하고, 신묘한 작용

妙用으로 말하자면 '신神'이라 하고, 성정으로 말하자면 강건함을 뜻하는 '건乾'이라 한다. 건은 모든 것의 시초이므로 하늘이 되고, 양陽이 되고, 아버지가 되고, 군주가 된다.

'원元·형亨·이利·정貞'은 우주의 네 가지 덕德(능력, 역량)을 말하니, '원'은 만물의 시초이고, '형'은 만물의 성장이고, '이'는 만물의 촉진 과정이고, '정'은 만물의 완성이다. 오직 건괘와 곤괘만 이 네 가지 덕이 모두 있고, 다른 괘에서는 상황에 따라서 이 네 가지 덕이 다르게 변하여 드러난다. 그러므로 '원'은 한결같이 선善하며 위대하고, '이'는 올바름을 견고하게 지키는 것을 주도하고, '형'과 '정'의 모습은 상황에 따라서 그에 걸맞게 각각 칭해지니, 네 가지 덕의 뜻이 넓고 크다.

上古聖人始畫八卦, 三才之道備矣. 因而重之, 以盡天下之變, 故六畫而成卦. 重乾爲乾. 乾, 天也. 天者, 天之形體, 乾者, 天之性情. 乾, 健也, 健而无息之謂乾. 夫天, 專言之則道也, 天且弗違是也, 分而言之, 則以形體謂之天, 以主宰謂之帝, 以功用謂之鬼神, 以妙用謂之神, 以性情謂之乾. 乾者萬物之始, 故爲天, 爲陽, 爲父, 爲君. 元亨利貞謂之四德. 元者萬物之始, 亨者萬物之長, 利者萬物之遂, 貞者萬物之成. 唯乾坤, 有此四德, 在他卦則隨事而變焉. 故元專爲善大, 利主於正固, 亨貞之體, 各稱其事, 四德之義, 廣矣大矣.

초구효는 잠긴 용이니 쓰지 말라.

初九, 潛龍勿用.

가장 아래의 효가 초효初爻다. '구九'란 양수陽數 가운데 가장 성대한 수이므로, 그것으로 양효陽爻를 상징했다. '이치理'란 형체가 없으므로, 어떤 상징을 빌려서 그 의미를 드러내었다. 건乾은 용龍으로 상징했다. 용은 신묘하게 변화하여 예측할 수가 없기 때문에 용으로 건도乾道가 변화하는 모습, 양의 기운이 소멸하고 자라나는 모습, 성인이 나아가고 물러나는 모습을 상징했다.

초구효는 한 괘의 가장 아랫자리에 있어서 어떤 것이 시작되는 단서가 되니, 양의 기운이 이제 막 싹트려는 것이다. (초구효에서) 성인은 아직 사회적으로 미천한 신분에 있기 때문에 마치 용이 물속에 잠겨 있는 것과 같아서 아직 쓸 수가 없으니,[5] 마땅히 자신의 능력을 감추고 수양하면서 때를 기다려야 한다.

下爻爲初. 九, 陽數之盛, 故以名陽爻. 理无形也, 故假象以顯義. 乾以龍爲象. 龍之爲物, 靈變不測, 故以象乾道變化, 陽氣消息, 聖人進退. 初九在一卦之下, 爲始物之端, 陽氣方萌. 聖人側微, 若龍之潛隱, 未可自用, 當晦養以俟時.

구이효는 드러난 용이 밭에 있으니 대인大人을 만나는 것이 이롭다.

九二, 見龍在田, 利見大人.

밭은 인간 세상을 말한다. 인간 세상에 나타나서 그 덕이 드러났다. 성인의 경우를 예로 들어 말한다면 순舜이 사냥을 하고 물고기를 낚던 때다.[6] 큰 덕을 가진 군주를 만나서 자신의 도道를 행하는 것이 이롭다. 군주 역시 큰 덕을 가진 신하를 만나서 그 공功을 함께 이루는 것이 이롭다. 세상도 큰 덕德을 가진 사람을 만나서 그 은택을 받는 것이 이롭다. 큰 덕을 가진 군주는 구오효를 말한다. 건괘와 곤괘는 순수한 형체이니, 강剛함과 유柔함으로 나뉘지 않고 같은 덕으로 서로 호응한다.[7]

田, 地上也. 出見於地上, 其德已著. 以聖人言之, 舜之田漁時也. 利見大德之君, 以行其道. 君亦利見大德之臣, 以共成其功. 天下利見大德之人, 以被其澤. 大德之君, 九五也. 乾坤純體, 不分剛柔, 而以同德相應.

구삼효는 군자가 종일토록 그침이 없이 힘쓰고, 저녁에는 두려운 듯이 하면, 위태롭더라도 허물은 없다.

九三, 君子終日乾乾, 夕惕若, 厲, 無咎.

구삼효는 천·지·인 삼재 가운데 사람의 자리[8]이지만, 하체下體[9]의 가장 위의 위치에 자리했으니 아직 아래 지위에서 완전히 벗어나지 못했으나 존경할 만하고 이름난 사람이다. 순舜의 현덕玄德[10]이 세상에 소문나기 시작하던 때를 말한다. 밤낮으로 나태하지 않고 힘쓰고 두려워하면 위태로운 곳에 있더라도 허물이 없다. 아래 지위에 있는 사람이지만 군주가 될 만한 덕이 드러나서 세상 사람들의 마음이 그에게로 모이니, 그 위태로움과 두려움을 알 수가 있다. 성인聖人의 일을 말하더라도 경계의 말을 하지 않는다면 무엇으로 가르침을 삼겠는가? 이것이 『역』을 지은 뜻이다.

三雖人位, 已在下體之上, 未離於下而尊顯者也. 舜之玄德升聞時也. 日夕不懈而兢惕, 則雖處危地而无咎. 在下之人而君德已著, 天下將歸之, 其危懼可知. 雖言聖人事, 苟不設戒, 則何以爲教? 作易之義也.

구사효는 설혹 뛰어올라 연못에 있어도,[11] 허물이 없다.

九四, 或躍在淵, 無咎.

연못이란 용이 편안해하는 곳이다. '혹或'이란 의문사이니 반드시 그러하지는 않다는 말이다. 뛰어오르느냐 뛰어오르지 않느냐 하는 문제는 오직 때에 맞추어 편안한 곳을 취할 뿐이다. 성인의 움직임은 그 때에 적합하지 않은 것이 없다. 순이 여러 가지 시험을 거친 것[12]이 이 때다.[13]

淵, 龍之所安也. 或, 疑辭, 謂非必也. 躍不躍, 唯及時以就安耳. 聖人之動, 無不時也. 舜之歷試, 時也.

구오효는 날아 오른 용이 하늘에 있으니, 대인을 만나는 것이 이롭다.

九五, 飛龍在天, 利見大人.

하늘의 지위로 나아가 자리했다. 성인이 하늘의 지위를 얻었다면 아래에서 큰 덕을 가진 사람을 만나는 것이 이로우니, 그와 함께 세상의 일을 이룬다. 세상은 실로 큰 덕을 가진 군주를 만나는 것이 이롭다.

進位乎天位也. 聖人既得天位, 則利見在下大德之人, 與共成天下之事. 天下固利見夫大德之君也.

상구효는 너무 높이 올라간 용이니, 후회가 있다.

上九, 亢龍, 有悔.

구오효는 지위가 지극한 중정中正[14]을 이룬 자다. 지극한 때를 얻었는데, 여기에서 더 나아간다면 지나친 것이다. 상구효는 매우 과도한 데에까지 이르렀기 때문에 후회가 있다. 과도함이 지나치면 후회가 있다. 오직 성인만이 나아가고 물러나며 보존하고 잃는[15] 이치를 알아서 과도함이 없으니, 후회하는 지경에까지 이르지 않는다.

九五者, 位之極中正者. 得時之極, 過此則亢矣. 上九至於亢極, 故有悔也. 有過則有悔. 唯聖人知進退存亡而無過, 則不至於悔也.

용구用九효는 여러 용을 보지만 우두머리가 되려하지 않으면 길하다.

用九, 見群龍, 無首, 吉.

구九[16]를 사용하는 것은 굳세고 강한 도리를 처리하여 양陽한 자질로 건괘의 형체에 자리하였으니 순전히 강한 것이다. 강함과 유함이 서로 보완하고 조화해야 중도中道를 이루는데, 모두 순전히 강함으로 이루어졌으니 강함이 과도하다. "여러 용을 본다"는 것은 여러 양의 마땅한 의리義理[17]를 본다는 것을 말하니, 우두머리가 되려 하지 않으면 길하다. 강함으로 천하에 앞서려 하면 흉한 도다.[18]

用九者, 處乾剛之道, 以陽居乾體, 純乎剛者也. 剛柔相濟爲中, 而乃以純剛, 是過乎剛也. 見群龍, 謂觀諸陽之義, 無爲首則吉也. 以剛爲天下先, 凶之道也.

「단전」에서 말했다. 크구나, 건원乾元이여! 만물이 이를 바탕으로 시작하니 천도天道를 통괄한다. 구름이 모여들고 비가 내려서 모든 종류의 것이 형체를 완성한다. 천도의 시작과 끝을 크게 밝히면 괘의 여섯 자리가 각각의 때를 이루니, 각각의 때에 따라 여섯 마리 용이 올라타고서 하늘의 운행을 제어한다. 건도乾道가 변화하여 모든 것이 각각 본성과 천명을 바르게 하니, 큰 조화를 오래도록 보존하고 화합해서 만물을 이롭게 하면서도 올바르다. 그래서 모든 것 가운데 가장 뛰어나 모든 나라가 모두 편안하다.

彖曰: 大哉乾元! 萬物資始乃統天. 雲行雨施, 品物流形. 大明終始, 六位時成, 時乘六龍以御天. 乾道變化, 各正性命, 保合太和, 乃利貞. 首出庶物, 萬國咸寧.

괘 밑에 달린 말은 '단彖'이다. 공자가 괘 밑에 달린 말을 따라 해석한 것을 통상적으로 「단전彖傳」이라고 한다. '단'이란 한 괘의 뜻을 말한다. 그러므로 지혜로운 자는 「단전」의 글만 보고도 괘의 내용 절반을 이해한다. "크구나, 건원이여"라는 말은 건원乾元[19] 모든 것을 시작하게 하는 도가 크다는 점을 찬미한 것이다. '원元' '형亨' '이利' '정貞' 네 가지 덕에서 '원元'이란 '인의예지신仁義禮智信' 오상五常에서의 인仁과 같으니, 한편으로만 말하면 한 가지 일이지만, 전체적으로 말하면 네 가지를 포괄한다.

"만물이 이를 바탕으로 시작하니 천도를 통괄한다"는 것은 건원을 말한다. 건원은 천도天道[20]를 통칭해서 말한 것이다. 천도는 만물을 시작하게 하니, 만물은 천도를 바탕으로 시작된다. "구름이 모여들고 비가 내려서 모든 종류의 것이 형체를 완성한다"는 것은 '형통함'을 말한다. 천도가 운행하여 만물이 생겨나고 길러진다. 사람이 천도의 시작과 끝을 크게 깨달으면, 괘의 여섯 자리가 각각 때에 따라서 이루어졌음을 알게 된다. 괘의 처음과 끝이 곧 천도의 처음과 끝이다.

이 여섯 효의 때를 타는 것이 곧 하늘의 운행이다. "하늘의 운행을 제어한다"는 말은 하늘의 운행을 담당한다는 말이다. 건도乾道가 변화하여 만물을 생성하고 길러서, 크고 작거나 높고 낮은 것이 각기 그 부류에 따라 각각 '본성性'과 '천명命'을 바르게 한다. 하늘이 부여한 것이 천명이고 사물이 받은 것이 본성이다. "큰 조화를 오래도록 보존하고 화합해서 만물을 이롭게 하면서도 올바르다"에서 '보保'는 오래 지속적으로 보존한다는 말이고, '합合'은 오래 지속적으로 화합한다는 말이다. 큰 조화를 오래도록 보존하고 화합하니, 그래서 이롭게 하면서 또 올바름을 굳게 지킨다. 천지天地의 도가 오래도록 지속하고 그침이 없는 것은 큰 조화가 오래도록 보존되고 화합되기 때문이다.

하늘은 모든 것의 조상이고, 왕은 모든 나라의 '종가宗'다. 건도乾道가 모든 것 가운데 가장 뛰어나 모든 종류의 것이 형통하고, 군주의 도리가 천자天子의 지위에 존귀하게 임하여 세상 모든 사람이 복종한다. 왕이 하늘의 도를 몸으로 체득하면 모든 나라가 모두 편안하다.

卦下之辭爲彖. 夫子從而釋之, 通謂之彖. 彖者, 言一卦之義. 故知者觀其彖辭, 則思過半矣. 大哉乾元, 贊乾元始萬物之道大也. 四德之元, 猶五常之仁, 偏言則一事, 專言則包四者. 萬物資始乃統天, 言元也. 乾元統言天之道也. 天道始萬物, 物資始於天也. 雲行雨施, 品物流形, 言亨也. 天道運行, 生育萬物也. 大明天道之終始, 則見卦之六位, 各以時成. 卦之初終, 乃天道終始. 乘此六爻之時, 乃天運也. 以御天, 謂以當天運. 乾道變化, 生育萬物, 洪纖高下, 各以其類, 各正性命也. 天所賦爲命, 物所受爲性. 保合大和乃利貞, 保謂常存, 合謂常和. 保合大和, 是以利且貞也. 天地之道, 常久而不已者, 保合大和也. 天爲萬物之祖, 王爲萬邦之宗. 乾道首出庶物而萬彙亨, 君道尊臨天位而四海從. 王者體天之道則萬國咸寧也.

「상전」에서 말했다. 하늘의 운행은 강건하니, 군자는 이것을 본받아 스스로 강건하기를 그침이 없다.

象曰, 天行健, 君子以自彊不息.

괘 아래의 「상전象傳」은 한 괘의 모습을 해석하는 것이고, 효 아래의 「상전」은 한 효의 모습을 해석하는 것이다. 모든 괘는 어떤 모습의 상징을 취하여 모범으로 삼았다. 건도가 모든 것을 덮고 기르는 모습은 지극히 거대하여 성인이 아니라면 체득할 수 없으나 모든 사람이 모두 이 모범을 취할 수 있게 하려고 한 까닭에 그 하늘의 운행이 강건한 점만을 취했을 뿐이니, 지극히 강건한 모습이 천도를 드러내기에 충분하다. "군자는 이것을 본받아 스스로 강건하기를 그침이 없다"는 말은 하늘의 운행이 강건하다는 점을 본받는 것이다.

卦下象解一卦之象, 爻下象解一爻之象. 諸卦皆取象以爲法. 乾道覆育之象至大, 非聖人莫能體, 欲人皆可取法也. 故取其行健而已, 至健固足以見天道也. 君子以自彊不息, 法天行之健也.

"잠겨 있는 용은 쓰지 말라"는 것은 양이 아랫자리에 있기 때문이다.

潛龍勿用, 陽在下也.

양의 기운이 아랫자리에 있으니, 군자는 미천한 자리에 처하여 자신의 덕을 함부로 써서는 안 된다.

陽氣在下, 君子處微, 未可用也.

"드러난 용이 밭에 있다"는 것은 그 덕이 널리 베풀어진 것이다.

見龍在田, 德施普也.

세상에 드러나니, 그 덕의 영향력이 모든 것에 미쳐서 그 시혜가 널리 퍼진 것이다.

見於地上, 德化及物, 其施已普也.

"종일토록 그침이 없이 힘쓴다"는 것은 거듭하여 실천하기를[21] 도를 따라서 행하는 것이다.

終日乾乾, 反復道也.

나아가고 물러서며 행동하고 멈추는 일을 반드시 도로써 한다.[22]

進退動息, 必以道也.

"설혹 뛰어올라 연못에 있어도"라는 것은 나아가는 행위에 허물이 없는 것이다.

或躍在淵, 進无咎也.

가능한지를 헤아리고 나아가서, 그 때에 적합하게 행하면 허물이 없다.

量可而進, 適其時則无咎也.

"날아오른 용이 하늘에 있다"는 것은 대인의 일이다.

飛龍在天, 大人造也.

대인의 행위는 성인의 일이다.

大人之爲, 聖人之事也.

"너무 높이 올라간 용이니 후회가 있다"는 것은 가득 찬 것은 오래 지속될 수 없다는 것이다.

亢龍有悔, 盈不可久也.

가득 차면 변해야 하는데, 그렇지 못했으니 후회가 있다.

盈則變, 有悔也.

용구用九는 하늘의 덕德은 우두머리가 되어서는 안 된다는 뜻이다.

用九, 天德不可爲首也.

구九를 사용하는 것은 하늘의 덕을 상징한다. 하늘의 덕은 양강陽剛[23]한 것인데, 다시 강剛함을 쓰면서 먼저 앞장서기를 좋아하는 것은 과도한 것이다.

用九, 天德也. 天德, 陽剛, 復用剛而好先, 則過矣.

「문언전」에서 말했다. 원元이란 모든 선善 가운데 으뜸이고, 형亨이란 아름다움이 모인 것이고, 이利란 마땅함이 조화를 이룬 것이고, 정貞이란 모든 일의 핵심이다.

文言曰, 元者, 善之長也, 亨者, 嘉之會也, 利者, 義之和也, 貞者, 事之幹也.

다른 곳에는 「단전」과 「상전」뿐인데 오직 건괘와 곤괘에만 「문언전」을 덧붙여서 그 뜻을 분명하게 밝혔으니, 건乾의 도리를 미루어 인간사의 일들에 적용했다. '원元' '형亨' '이利' '정貞'이란 '건'의 네 가지 덕이니, 인간사에서 말하자면 원元이란 모든 '선함善'의 으뜸[24]이고, 형亨이란 모든 '아름다움美'이 모인 것이고, 이利란 모든 일이 마땅한 '의리義'에서 조화를 이룬 것이며, 정貞[25]이란 모든 일을 처리하는 핵심적 기능이다.

他卦, 彖象而已, 獨乾坤更設文言以發明其義, 推乾之道, 施於人事. 元亨利貞, 乾之四德, 在人則元者衆善之首也, 亨者嘉美之會也, 利者和合於義也, 貞者幹事之用也.

군자가 인仁을 체득한 것이 모든 사람을 지배하기에 충분하다.

君子體仁, 足以長人.

건乾의 인仁을 모범으로 체득한 것이 곧 지도자와 우두머리가 되는 길이니, 모든 사람을 지배하기에 충분하다. 인을 체득한 것은 건원乾元을 체득한 것이다. 견주어 본받는 것을 체득한다고 한다.

體法於乾之仁, 乃爲君長之道, 足以長人也. 體仁, 體元也. 比而效之, 謂之體.

사람들을 아름답게 모이게 한 것이 예에 부합하기에 충분하다.

嘉會, 足以合禮.

모든 것을 모이게 하고 통하게 할 수 있는 아름다움을 얻음이 곧 예禮에 부합하는 것이다. 예에 부합하지 않는다면 천리天理가 아니니, 어떻게 아름다울 수 있겠는가? 천리가 아니라면 어떻게 형통할 수 있겠는가?

得會通之嘉, 乃合於禮也. 不合禮則非理, 豈得爲嘉? 非理安有亨乎?

모든 것을 이롭게 하는 것이 마땅한 의리에 따라 모든 것을 조화시키기에 충분하다.

利物, 足以和義.

마땅함에 따라 모든 것을 조화시키는 것이 곧 모든 것을 이롭게 할 수 있다.[26] 어찌 그 마땅함을 얻지 않고서 모든 것을 이롭게 할 수 있겠는가?

和於義乃能利物. 豈有不得其宜, 而能利物者乎?

올바름을 굳게 견지하는 것이 모든 일을 수행하기에 충분하다.

貞固, 足以幹事.

올바름을 굳게 지키는 것[27]이 모든 일을 수행할 수 있는 이유다.

貞固, 所以能幹事也.

군자는 이 네 가지 덕을 실천하는 사람이다. 그러므로 "건乾은 모든 것을 시작케 하는 근원이고, 모든 것을 형통하게 성장시키고, 모든 것을 촉진시켜 이롭게 하고, 모든 것을 완성시킨다"고 했다.

君子行此四德者. 故曰乾元亨利貞.

이 네 가지 덕을 실천하는 것이 곧 하늘의 강건함에 부합하는 것이다.

行此四德, 乃合於乾也.

———

초구효는 "잠긴 용이니 쓰지 말라"고 했는데 무슨 말인가? 공자가 말했다. 이는 군주의 능력인 용의 덕을 지니고 있지만 그의 빛을 감추고 있는 것이다. 세상의 변화에 따라 변하지 않고, 명성을 이루려 하지도 않으며, 세상에 은둔하고 있어도 괴로워하지 않고, 세상으로부터 인정받지 못해도 괴로워하지 않아서, 도를 즐겨하는 세상이라면 자신의 도를 행하지만 근심스러운 세상이라면 떠나가니, 그 뿌리깊은 뜻을 아무도 뽑아낼 수 없는 것이 곧 잠긴 용이다.

初九曰潛龍勿用, 何謂也? 子曰, 龍德而隱者也. 不易乎世, 不成乎名, 遯世無悶, 不見是而無悶, 樂則行之, 憂則違之, 確乎其不可拔, 潛龍也.

여기서부터는 건乾의 마땅한 쓰임을 말한 것으로, 양陽을 상징하는 구九를 현실에 적용하는 방도다. 초구효는 양의 세력이 미세하여 용의 덕이 물속에 잠긴 듯이 감추어진 것이니, 성현이 홀로 미천할 때다. 자신의 도를 지키면서 세속에 따라 변화하지 않고, 행동을 감추며, 그 시대가 알아주기를 구하지 않는다. 자신의 신념을 지키고 스스로의 도를 즐거워하여, 옳다고 생각되면 행동하고, 어려움을 알면 피한다. 그의 신념을 아무도 빼앗을 수 없을 만큼 확고하게 지키는 것이 잠긴 용의 덕이다.

自此以下, 言乾之用, 用九之道也. 初九陽之微, 龍德之潛隱, 乃聖賢之在側陋也. 守其道, 不隨世而變, 晦其行, 不求知於時. 自信自樂, 見可而動, 知難而避, 其守堅不可奪, 潛龍之德也.

구이효는 "드러난 용이 밭에 있으니 대인을 만나는 것이 이롭다"고 했는데 무슨 말인가? 공자가 말했다. 용의 덕을 가지고 올바르게 중中의 위치에 자리하고 있는 자다. 평상시의 말이 신뢰할 만하고 평상시의 행동이 신중하여, 사특한 마음을 막고 자신의 진실함을 보존하려고 하며, 세상을 좋게 만들려고 헌신하면서도 공로를 자랑하지 않으니, 그의 덕이 광범위하게 베풀어져 모든 사람에게 영향을 미친다. 『역』에서 '드러난 용이 밭에 있으니 대인을 만나는 것이 이롭다'고 했으니, 군주의 덕이다.

九二曰見龍在田, 利見大人, 何謂也? 子曰, 龍德而正中者也. 庸言之信, 庸行之謹, 閑邪存其誠, 善世而不伐, 德博而化. 易曰見龍在田, 利見大人, 君德也.

용의 덕을 가지고 올바르게 중中의 위치〔正中〕에 처한 자[28]다. 괘에서 올바르게 중中의 위치에 있는 것은 곧 올바르게 중의 위치에서 마땅한 의리를 얻었다는 뜻이다. 평상시의 말들이 신뢰할 만하고 평상시의 행동이 신중하다는 것은 "황급한 때에도 반드시 인과 더불어 한다"[29]는 말이다. 과도함이 없는 곳에 처했으니, 오직 자신의 마음속에 사특함을 막으면 된다. 사특한 마음을 막으면, 진실함〔誠〕은

보존된다.[30]

"세상을 좋게 만들려고 헌신하지만 공로를 자랑하지 않는다"는 말은 세상을 좋게 만든 공로를 자신의 것으로 소유하려 하지 않는 것이다. "그의 덕이 광범위하게 베풀어져 모든 사람에게 영향을 미친다"는 것은 자신을 바르게 하여 모든 것이 바르게 된다는 말이다. 이는 모두 대인의 일이니, 군주의 지위에 있지 않지만 군주의 덕이라고 할 수 있다.

以龍德而處正中者也. 在卦之正中, 爲得正中之義. 庸信庸謹, 造次必於是也. 旣處无過之地, 則唯在閑邪. 邪旣閑, 則誠存矣. 善世而不伐, 不有其善也. 德博而化, 正己而物正也. 皆大人之事, 雖非君位, 君之德也.

구삼효는 "군자가 종일토록 그침이 없이 힘쓰고 저녁에는 두려운 듯이 하면 위태롭더라도 허물은 없다"고 했는데 무슨 말인가? 공자가 말했다. 군자는 덕을 증진시키면서 공업功業을 닦으니, 충심과 신뢰는 덕을 증진시킬 수 있는 근거이고, 신중하게 말을 가려 해서 그의 진실함을 굳건하게 세우는 것은 그 공업을 닦을 수 있는 토대다. 이르러야 할 곳을 알아서 거기에 이르면 미세한 기미를 알 수 있고, 끝내야 할 곳을 알아서 거기서 끝마치면 마땅한 의리를 보존할 수 있다. 그래서 높은 지위에 자리하면서도 교만하지 않고, 낮은 지위에 있으면서도 근심하지 않는다. 그러므로 종일토록 그침이 없이 힘써서 그 때의 요구에 따라서 근심하면, 위태로운 상황일지라도 허물이 없을 수 있다.

九三曰君子終日乾乾, 夕惕若, 厲, 無咎, 何謂也? 子曰, 君子進德修業,忠信, 所以進德也, 修辭立其誠, 所以居業也. 知至至之, 可與幾也, 知終終之, 可與存義. 是故居上位而不驕, 在下位而不憂. 故乾乾因其時而惕, 雖危無咎矣.

구삼효는 아랫자리에서 위에 자리하여 군주의 덕이 드러났으니, 앞으로 무엇을 할 것인가? 오직 자신의 덕을 증진시키고 공업을 닦을 뿐이다. 안으로 충심과 신뢰를 쌓는 것이 덕을 증진시키는 것이고, 신중하게 말을 가려서 하며[31] 뜻을 굳세게 하는 것이 공업을 닦는 것이다.

"이르러야 할 곳을 알아서 거기에 이른다"는 것은 『대학』에서 말하는 "지극한 선에 대한 앎에 이르는 것致知"[32]이다. 이는 이르러야만 하는 곳에 대한 앎을 구한 후에 그곳에 이르는 것이니, 지극한 선을 아는 것이 앞서 있으므로, 미세한 기미幾를 알 수 있다. 이를 "조리條理를 시작하는 것이니, 앎의 일이다"[33]라고 한 것이다. "끝내야 할 곳을 알아서 거기서 끝마친다"는 것은 『중용』에서 말하는 "힘써 실천함力行"[34]이다. 끝내야 할 곳을 알았다면 힘써 증진하여 마쳐야만 하니, 그것을 지키는 것이 나중의 일이므로 마땅한 의리를 보존할 수 있다. 이를 "조리를 끝마치는 것이니, 성聖의 일이다"[35]라고 한 것이다.

이것이 배움의 시작과 끝이다. 군자의 학문이 이와 같으므로 윗자리와 아랫자리에서 처신하는 방도를 알면 교만과 근심이 없으며, 게으르지 않고 두려움을 아니 위태로운 상황에 있을지라도 허물이 없을 수 있다.

三居下之上, 而君德已著, 將何爲哉? 唯進德修業而已. 內積忠信, 所以進德也, 擇言篤志, 所以居業也. 知至至之, 致知也. 求知所至而後至之, 知之在先, 故可與幾. 所謂始條理者, 知之事也. 知終終之, 力行也. 旣知所終, 則力進而終之, 守之在後, 故可與存義, 所謂終條理者, 聖之事也. 此學之始終也. 君子之學如是, 故知處上下之道而无驕憂, 不懈而知懼, 雖在危地而无咎也.

구사효는 "설혹 뛰어올라 연못에 있어도 허물이 없다"고 했는데 무슨 말인가? 공자가 말했다. 올라가거나 내려가는 데에 일정한 규칙이 없다고 해서 올바르지 않은 행위가 아니며, 나아가고 물러서는 데에 지속적인 원칙이 없다고 해서 동지를 배반하는 행위가 아니다. 군자가 덕을 증진하고 공업을 쌓는 것은 때에 적절하게 행동하려 함이다. 그래서 허물이 없다.

九四曰或躍在淵, 無咎, 何謂也. 子曰, 上下無常, 非爲邪也. 進退無恒, 非離群也. 君子, 進德修業, 欲及時也. 故無咎.

어떤 경우에는 뛰어오르거나 어떤 경우에는 연못에 처하여, 위로 올라가거나 아래로 내려가는 데에 일정한 규칙이 없으며, 어떤 경우에는 나아가고 어떤 경우에는 물러서서, 떠나고 취하는 데에 그 때의 마땅함을 따른다. 이는 올바르지 않아 정도正道에 부합되지 않는 행위가 아니고, 동지를 배반하는 행위가 아니다.[36] 덕을 증진하고 공업을 쌓는 것은 때에 적절하게 행동하려는 것일 뿐이다. 행할 만한 때라면 행하고 그쳐야 할 때라면 그쳐서 일정한 모습일 수 없는 것이다. 그러므로 '설혹'이라고 했다.

깊은 연못은 용이 편안히 있는 곳이다. 연못에 있다는 것은 뛰어 올라 편안한 곳을 취한 것을 말한다. 연못은 깊은 곳에 있는데 뛰어 오른다고 말한 것은 단지 나아가 편안한 곳을 취했다는 의미를 말한 것이다. '혹或'은 의문사이니, 때에 따라서는 반드시 그렇지는 않다는 말이다. 군자가 때를 따르는 것은 그림자가 형체를 따르는 것과 같으니, 벗어날 수 있다면 도가 아니다.

或躍或處, 上下无常, 或進或退, 去就從宜. 非爲邪枉, 非離群類. 進德修業, 欲及時耳. 時行時止, 不可恒也. 故云或. 深淵者, 龍之所安也. 在淵謂躍就所安. 淵在深而言躍, 但取進就所安之義. 或, 疑辭, 隨時而未可必也. 君子之順時, 猶影之隨形, 可離非道也.

구오효는 "날아 오른 용이 하늘에 있으니 대인을 만나면 이롭다"고 했는데 무슨 말인가? 공자가 말했다. 동일한 곡조의 음성은 서로 호응하고, 동일한 자연의 기운이 서로 구하여, 물은 축축한 곳으로 흘러가고, 불은 건조한 곳에서 타오르며, 구름이 용을 따르고, 바람이 호랑이를 따르니, 성인은 진작시키고 모든 사람은 우러러본다. 하늘에 근본을 둔 것은 위와 친하고, 땅에 근본을 둔 것은 아래와 친하니, 각각 그 부류를 따른다.

九五曰飛龍在天, 利見大人, 何謂也? 子曰, 同聲相應, 同氣相求, 水流濕, 火就燥, 雲從龍, 風從虎, 聖人作而萬物覩. 本乎天者親上, 本乎地者親下, 則各從其類也.

인간은 성인과 같은 부류다. 구오효는 용의 덕으로 존귀한 지위에 올라서 사람들 가운데 우러러 귀의하지 않는 자가 없으니, 동일한 덕을 지닌 사람은 어떠하겠는가? 윗사람이 아랫사람에 호응하고 아랫사람이 윗사람을 따르니, 동일한 음성이 서로 호응하고 동일한 기운이 서로 구한다. 축축한 곳으로 흘러가고 건조한 곳에서 타오르며, 용을 따르고 호랑이를 따른다는 것은 모두 같은 기氣의 부류이기 때문에 그러한 것이므로, 성인이 진작시키고 모든 사람이 우러러본다. 윗사람이 아랫사람을 보았으니, 아랫사람 역시 윗사람을 본다.

'물物'이란 사람을 말한다. 옛말에 인물人物이라 하고 물론物論이라고 했는데 이는 모두 사람을 말한다. 『역』 가운데에서 "대인을 만나면 이롭다"는 말은 그 말이 모두 같지만 의미는 차이가 있다. 예를 들어 송訟괘에서 "대인을 만나면 이롭다"는 것은 마땅히 공명정대한 덕과 중정中正을 이룬 덕을 가진 사람을 만나야 그 소송의 판결이 공명정대할 수 있다는 말이니, 그 말은 만나기 이전 상황에서 한 것이다. 건乾괘의 구이효와 구오효는 성인이 세상에 나오고 윗사람과 아랫사람이 서로 만나 그 일을 함께 완성해서 이로움이 대인을 만났다는 점에 있다는 것이니, 그 말은 서로 만난 후의 상황에서 한 것이다. 하늘에 근본을 둔 것은 해와 달과 별과 별자리이고, 땅에 근본을 둔 것은 벌레와 짐승과 풀과 나무다. 음과 양은 각각 같은 부류를 따르니, 사람이건 사물이건 그렇지 않은 것이 없다.

人之與聖人, 類也. 五以龍德升尊位, 人之類莫不歸仰, 況同德乎? 上應於下, 下從於上, 同聲相應, 同氣相求也. 流濕就燥, 從龍從虎, 皆以氣類, 故聖人作而萬物皆覩. 上旣見下, 下亦見上. 物, 人也, 古語云人物物論, 謂人也. 易中利見大人, 其言則同, 義則有異. 如訟之利見大人, 謂宜見大德中正之人, 則其辨明, 言在見前. 乾之二五, 則聖人旣出, 上下相見, 共成其事,所利者見大人也, 言在見後. 本乎天者, 如日月星辰. 本乎地者, 如蟲獸草木. 陰陽各從其類, 人物莫不然也.

상구효는 "너무 높이 올라간 용이니 후회가 있다"고 했는데 무슨 말인가? 공자가 말했다. 존귀하지만 지위가 없고, 높은 자리에 있지만 따르는 백성이 없고, 현명한 사람이 아랫자리에 있지만 보좌하지 않으니, 그러므로 어떤 일을 행해도 후회가 있다.

上九曰亢龍有悔, 何謂也? 子曰, 貴而無位, 高而無民, 賢人在下位而無輔, 是以動而有悔也.

상구효는 윗자리에 있지만 존귀한 지위가 합당하지 않다. 그래서 따르는 백성도 없고 보좌해주는 현자도 없으니, 어떤 일을 행해도 후회가 있다.

九居上而不當尊位. 是以无民无輔, 動則有悔也.

"잠긴 용이니 쓰지 말라"는 것은 지위가 낮은 것이다.

潛龍勿用, 下也,

이 아래에서는 건乾이 처한 각기 다른 '때時'를 말하고 있다. "쓰지 말라"는 것은 아랫자리에 있어 쓸 수가 없다는 말이다.

此以下言乾之時. 勿用, 以在下未可用也.

———

"드러난 용이 밭에 있다"는 것은 때에 따라 머무는 것이다.

見龍在田, 時舍也.

때에 따라서 멈춘다.[37]

隨時而止也.

———

"종일토록 그침이 없이 힘쓴다"는 것은 해야 할 일을 행하는 것이다.

終日乾乾, 行事也.

덕을 증진시키고 공업을 쌓는다.

進德修業也.

———

"설혹 뛰어올라 연못에 있다"는 것은 스스로 시도해보는 것이다.

或躍在淵, 自試也.

때에 따라서 스스로 행하는 것이다.[38]

隨時自用也.

———

"날아 오른 용이 하늘에 있다"는 것은 윗사람의 다스림이다.

飛龍在天, 上治也.

정치적 지위를 얻어 도를 행하니, 윗사람의 다스림이다.

得位而行, 上之治也.

"너무 높이 올라간 용이니 후회가 있다"는 것은 궁지에 몰린 재앙이다.

亢龍有悔, 窮之災也.

궁지에 몰리면 재앙이 이른다.

窮極而災至也.

건원이 구를 사용하는 것이 세상의 다스림이다.

乾元用九, 天下治也.

구九를 사용하는 방도[39]는 하늘과 성인이 같으니, 그 사용 방식을 체득하면 세상을 다스릴 수 있다.

用九之道, 天與聖人同, 得其用則天下治也.

"잠긴 용이니 쓰지 말라"는 것은 양의 기운이 잠겨서 감추어져 있는 것이다.

潛龍勿用, 陽氣潛藏.

이 아래에서는 건乾의 마땅한 '의리義'를 말하고 있다. 양의 기운이 미세하게 잠겨 감추어져 있는 때에는 군자도 마땅히 자신을 감추어야 하고, 함부로 자신의 능력을 써서는 안 된다.

此以下言乾之義. 方陽微潛藏之時, 君子亦當晦隱, 未可用也.

"드러난 용이니 밭에 있다"는 것은 세상이 문명한 것[40]이다.

見龍在田, 天下文明.

용의 덕이 세상에 드러나면, 세상은 그의 문명文明한 덕의 교화를 보게 된다.

龍德見於地上, 則天下見其文明之化也.

"종일토록 그침이 없이 힘쓴다"는 것은 때에 따라서 행하는 것이다.

終日乾乾, 與時偕行.

때에 따라서 나아간다.

隨時而進也.

"설혹 뛰어올라 연못에 있어도"라는 것은 건도乾道가 변혁하는 것이다.

或躍在淵, 乾道乃革.

아랫자리에서 벗어나 윗자리로 상승하려는 것이니, 위와 아래가 변혁한다.

離下位而升上位, 上下革矣.

"날아오른 용이 하늘에 있다"는 것은 마침내 하늘의 덕에 자리한 것이다.

飛龍在天, 乃位乎天德.

위에서 바르게 자리하니, 그 지위가 하늘의 덕에 해당한다.

正位乎上, 位當天德.

"너무 높이 올라간 용이니 후회가 있다"는 것은 때와 함께 종극에 이른 것이다.

亢龍有悔, 與時偕極.

때가 극한에 이르렀다면, 이러한 때에 처한 자 역시 종극에 이른다.

時旣極, 則處時者亦極矣.

건원이 구를 사용하는 것이니, 이를 통해 하늘의 법칙[41]을 볼 수 있다.

乾元用九, 乃見天則.

양인 '구'를 사용하는 방도가 하늘의 법칙이다. 하늘의 법칙이란 천도天道를 말한다. 어떤 사람은 이렇게 묻는다. "건괘의 여섯 효는 모두 성인의 일인가?" 이렇게 답하겠다. 그 도를 다 실현할 수 있는 사람이 성인이다. 완전하게 실현하지 못하고 득실이 있다면 거기에 길함과 흉함이 있으니, 어찌 단지 건괘만 그러하겠는가? 모든 괘가 다 그러하다.

用九之道, 天之則也. 天之法則謂天道也. 或問, 乾之六爻皆聖人之事乎? 曰, 盡其道者聖人也. 得失則吉凶存焉, 豈特乾哉? 諸卦皆然也.

건원이란 시작하여 형통할 수 있는 것이다.

乾元者, 始而亨者也.

또 반복해서 자세하게 설명하여 그 뜻을 다하고 있다. 시작했다면 반드시 형통하고, 형통하지 않다면 그칠 것이다.

又反覆詳說以盡其義. 旣始則必亨, 不亨則息矣.

만물을 이롭게 하면서 오래도록 올바름을 지키는 것이 건원의 성정이다.

利貞者, 性情也.

건원의 성정이다. 시작했다면 형통하니, 모든 것을 이롭게 하면서도[42] 올바름을 오래 지키지 않는다면,[43] 그것이 그치지 않을 수 있겠는가?

乾之性情也. 旣始而亨, 非利貞, 其能不息乎?

건도乾道의 시작이 아름다운 이로움으로 세상을 이롭게 할 수 있다. 그 이로움을 말하지 않았으니, 크구나!

乾始能以美利利天下. 不言所利, 大矣!

건원乾元이 시작하는 도道는 모든 종류의 것이 생겨나고 완성하게 해서, 세상이 그 아름다운 이로움의 혜택을 받도록 할 수 있지만, 혜택을 받는 이로움을 말하지 않은 것은 이롭지 않은 것이 없어서 가리켜 이름 지을 수 없기 때문이다. 그래서 그 이로움의 거대함을 찬미하여 "크구나!"라고 했다.

乾始之道, 能使庶類生成, 天下蒙其美利, 而不言所利者, 蓋无所不利, 非可指名也. 故贊其利之大曰, 大矣哉.

크구나, 건乾이여! 강직함과 강건함과 중도를 이룸과 올바른 것과 순수함과 아름다운 것이 정밀하다. 여섯 효로 펼쳐진 것이 실정을 두루 곡진하게 드러내었다. 때에 따라서 여섯 용을 타고서 하늘을 제어한다. 구름이 몰려들어 비가 내리니, 세상이 평화롭다.

大哉乾乎! 剛健中正純粹, 精也. 六爻發揮, 旁通情也. 時乘六龍, 以御天也. 雲行雨施, 天下平也.

"크구나!"라는 말은 건원의 작용 방식이 거대함을 찬미한 것이다.

강직하면서 강건하고, 중도를 이루었으면서 올바르고, 순수하면서 아름다운 것, 이 여섯 가지는 건원의 작용 방식을 형용한 것이다. "정밀하다"는 것은 여섯 가지가 매우 정밀하다는 뜻이다. 여섯 효로 펼쳐서 각기 다른 상황에 두루 통하여, 그 실정과 뜻을 곡진하게 다 드러내었다. 여섯 효의 때에 올라타서 하늘의 운행을 담당하면, 하늘의 기능이 드러난다. 그러므로 구름이 몰려들어 비가 내리는 것을 보니, 음과 양이 막힘없이 골고루 퍼져, 세상이 조화를 이루고 평화를 얻는 도道다.

大哉, 贊乾道之大也. 以剛健中正純粹六者, 形容乾道. 精謂六者之精極. 以六爻發揮旁通, 盡其情義. 乘六爻之時以當天運, 則天之功用著矣. 故見雲行雨施, 陰陽溥暢, 天下和平之道也.

군자는 내면의 덕을 완성하여 행하니, 사람들이 매일 볼 수 있는 것이 그의 행위다. 잠겼다고 한 것은 감추어져 드러나지 않으며, 행했으나 아직 이루어지지 않은 것이다. 그러므로 군자는 쓰지 않는다.

君子以成德爲行, 日可見之行也. 潛之爲言也, 隱而未見, 行而未成, 是以君子弗用也.

덕이 이루어졌다면, 그 덕이 이루어진 것을 볼 수 있는 곳은 행위다. 덕은 이루어진 뒤에야 쓸 수 있다. 초구효는 잠겨서 감추어져 드러나지 않았고, 그 행위도 아직 이루어지지 않았다. '이루어지지 않았다'는 것은 세상에 아직 드러나지 않았다는 것이다. 그래서 군자는 함부로 쓰지 않는다.

德之成, 其事可見者行也. 德成而後可施於用. 初方潛隱未見, 其行未成. 未成, 未著也. 是以君子弗用也.

군자는 배워서 지식을 쌓고, 질문하여 판별하고, 너그럽게 그 지위에 자리하고, 인仁으로 행한다. 『역』에서 "드러난 용이 밭에 있으니 대인을 만나는 것이 이롭다"고 한 것은 군주의 덕이다.

君子學以聚之, 問以辨之, 寬以居之, 仁以行之. 易曰, 見龍在田, 利見大人, 君德也.

성인이 아랫자리에 있어 그 덕이 세상에 드러났지만 아직 지위를 얻지 못했다면, 덕을 증진시키고 공업功業을 닦을 뿐이다. 배워서 지식을 모으고 질문하여 옳고 그름을 판별하는 것은 덕을 증진시키는 것이다. 너그럽게 그 지위에 자리하고 인仁으로 행하는 것은 공업을 쌓는 것이다. 군주의 덕이 드러났다면 대인을 만나는 것이 이롭고, 나아가 그 덕을 행할 뿐이다. 나아가 그 마땅한 지위에 자리한 사람은 순舜[44]과 우禹[45]이고, 나아가 그 도를 행한 자는 이윤伊尹[46]과 부열傅說[47]이다.

聖人在下, 雖已顯而未得位, 則進德修業而已. 學聚問辨, 進德也. 寬居仁行, 修業也. 君德已著, 利見大人, 而進以行之耳. 進居其位者, 舜禹也. 進行其道者, 伊傅也.

구삼효는 중복된 강함이며 중도를 이루지 못하여, 위로 하늘에

있지 않고 아래로 밭에 있지 않다. 그러므로 그침이 없이 힘쓰고 때에 따라서 두려워하면, 위태로운 상황일지라도 허물이 없다.

九三重剛而不中, 上不在天, 下不在田, 故乾乾因其時而惕, 雖危无咎矣.

구삼효는 중복된 강함[48]이니 강함이 극성하다. 중간을 지나서 하체下體의 가장 위에 자리하여, 위로는 하늘에 이르지 못했고 아래로는 밭에서 벗어났으니, 위태롭고 두려운 곳이다.[49] 때에 따라 순조롭게 처신하여 그침이 없이 힘쓰고 근심하여 위기를 대비하므로, 위태로운 상황일지라도 허물에 이르지 않는다. 군자는 때에 따라서 근심하므로 태평할 수 있다.

三重剛, 剛之盛也. 過中而居下之上, 上未至於天, 而下已離於田, 危懼之地也. 因時順處, 乾乾兢惕以防危, 故雖危而不至於咎. 君子順時兢惕, 所以能泰也.

구사효는 중복된 강함으로 중도를 이루지 못하여, 위로 하늘에 있지 않고, 아래로 밭에 있지 않으며, 가운데로 사람에 있지 않다. 그러므로 '설혹'이라고 했다. 설혹이란 말은 의심하고 있기 때문이니 그러므로 허물이 없다.

九四, 重剛而不中, 上不在天, 下不在田, 中不在人, 故或之. 或之者, 疑之也, 故无咎.

구사효는 하늘에 있지도 않고, 밭에 있지도 않고, 사람들이 사는 곳 위로 나왔으니, 위태로운 곳이다.[50] 의심한다는 것은 아직 결단하지 않았다는 말이다. 처신하는 데에 반드시 그렇게 하는 것이 아니고, 어떤 경우는 나아가고 어떤 경우는 물러나서, 오직 편안한 곳에 처할 뿐이다. 그래서 허물이 없다.

四不在天, 不在田而出人之上矣, 危地也. 疑者未決之辭. 處非可必也, 或進或退, 唯所安耳. 所以无咎也.

대인은 하늘과 땅과 그 덕을 합치하고, 해와 달과 그 밝음을 합치하며, 사계절과 그 순서를 합치하고, 귀신과 그 길흉을 합치하여, 하늘보다 앞서 하더라도 하늘이 어기지 않으며, 하늘보다 뒤에 하더라도 하늘의 때를 받든다. 하늘 또한 어기지 않는데 하물며 사람은 어떠하겠는가? 귀신은 어떠하겠는가?

夫大人者與天地合其德, 與日月合其明, 與四時合其序, 與鬼神合其吉凶, 先天而天弗違, 後天而奉天時. 天且弗違, 而況於人乎? 況於鬼神乎?

대인이 하늘과 땅, 해와 달, 사계절, 귀신과 합치한다는 것은 도에 합치한다는 것이다.[51] 하늘과 땅이란 도이고, 귀신이란 조화의 흔적이다. 성인은 하늘보다 앞서 하더라도 하늘이 그와 동일하게 행하고, 하늘보다 뒤에 하더라도 하늘을 따를 수 있는 자이니[52] 도에 합치할 뿐이다. 도에 합치하는데 사람과 귀신이 어떻게 어길 수 있겠는가?

大人與天地日月四時鬼神合者, 合乎道也. 天地者道也, 鬼神者造化之跡也. 聖人先於天而天同之, 後於天而能順天者, 合於道而已. 合於道, 則人與鬼神, 豈能違也.

"너무 높이 올라갔다"는 말은 나아갈 줄만 알고 물러설 줄은 모르는 것이고, 보존하는 것만 알고 잃는 것은 모르며, 얻는 것만 알고 잃는 것은 모르는 것이다. 오직 성인뿐인가? 나아가고 물러서는 것과 보존하고 잃는 것을 모두 알면서 그 올바름을 잃지 않는 자는 오직 성인뿐이다!

亢之爲言也, 知進而不知退, 知存而不知亡, 知得而不知喪. 其唯聖人乎? 知進退存亡而不失其正者, 其唯聖人乎!

극단에 이른 것이 "너무 높이 올라갔다"는 말인 '항亢'이다. '항'에 이른 자는 진퇴와 존망과 득실의 이치를 알지 못한다. 그러나 성인은 그것을 알고 대처하여 모든 일에 올바름을 잃지 않는다. 그러므로 '항'에 이르지 않는다.

極之甚爲亢. 至於亢者, 不知進退存亡得喪之理也. 聖人則知而處之, 皆不失其正, 故不至於亢也.

1 건乾: 「범례」의 건곤乾坤 항목 참조.

2 삼재三才: 삼재는 천天, 지地, 인人을 말한다. "옛날에 성인이 역易을 지은 것은 장차 성명性命의 이치를 따르려고 했기 때문이다. 이 때문에 하늘의 도를 세웠으니 음과 양이요, 땅의 도를 세웠으니 유柔와 강剛이요, 사람의 도를 세웠으니 인仁과 의義다昔者聖人之作易也, 將以順性命之理, 是以立天之道曰陰與陽, 立地之道曰柔與剛, 立人之道曰仁與義(『주역周易』「설괘전說卦傳」)."

3 성정性情: 사람의 품성과 기질, 혹은 성질을 의미한다. 건乾괘 「문언전」에 "만물을 이롭게 하면서 오래 올바름을 지속시키는 것이 건원의 성정이다利貞者, 性情也"라는 글이 나오는데 공영달은 "성性은 타고난 자질로서 바르고 사특하지 않고, 정情이란 타고난 자질이 욕구하는 것이다性者, 天生之質, 正而不邪, 情者, 性之欲也"라고 설명하고 있다. 정이천은 '성정'을 '자질의 양태資質體段'라고 설명한다.

4 『주역』 건괘에서 "하늘 또한 어기지 않는데, 하물며 사람은 어떠하겠는가? 귀신은 어떠하겠는가天且弗違, 而況於人乎? 況於鬼神乎"라고 했다. 이는 하늘도 어기지 않는 근본적인 원리라는 의미를 가지고 있다. 근본적인 원리라는 의미는 대체로 '도리'에 해당하고, 방법적·작용적인 측면은 '방도'에 해당한다.

5 아직 쓸 수가 없으니: 왜 아직 쓸 수가 없다고 했을까? 공영달은 이때에는 소인의 도가 극성해져서 도를 시행하고 쓰게 되면 소인들에게 해를 당하기 때문에 함부로 써서는 안 된다고 했는데, 호원은 이것은 성인의 본래 뜻이 아니라고 비판하고 있다. 소인의 피해가 두려워서 자신의 능력을 쓰지 않고 은둔한다면 혼란한 세상을 다스릴 수 없다. 그러니 물속에 잠긴 용을 미덕으로 여기고 세상에서 물러나 은둔해서는 안 된다는 말이다. 정이천 역시 '쓰지 말라'는 것을 소인에게 해를 당할 것을 염려해서 세상으로부터 은둔하라는 말로 읽지 않는다. 중요한 것은 자신의 능력을 수양하면서 때를 기다리는 적극적인 태도다.

6 물고기를 낚던 때: "순은 기주 사람이다. 순은 역산에서 농사를 짓고, 뇌택에서 고기를 잡고, 하빈에서 그릇을 굽고, 수구에서 그릇을 만들고, 때때로 부하로 나갔다舜, 冀州之人也. 舜耕曆山, 漁雷澤, 陶河濱, 作什器於壽丘, 就時於負夏(『사기』「오제본기五帝本紀」)."

7 서로 호응한다: 건괘는 모두 양효로 이루어졌고 곤괘는 모두 음효로 이루어졌기 때문에 순수한 형체다. 원래는 음과 양이 서로 호응해야 하지만, 건괘와 곤괘의 경우는 모두 양효 혹은 음효로 이루어졌기 때문에 음과 양이 서로 호응할 수가 없다. 그래서 음양을 따지지 않고 같은 덕을 가진 초구효와 구오효가 서로 호응하여 음과 음이, 양과 양이 서로 호응할 수 있다는 점을 말한 것이다.

8 사람의 자리: 괘는 6획(6개의 효)으로 되어 있는데 초효와 이효는 지위地位, 삼효와 사효는 인위人位, 오효와 육효는 천위天位로 해석되기도 한다. '신하의 지위臣位'라고 되어 있는 판본도 있는데, 예컨대 호원은 이 효를 신하의 지위로 해석하여 신하가 해야 할 일들을 가지고 설명한다. 그러나 정이천은 여기서 순舜의 삶의 역정을 예로 들고 있듯이 건괘의 6효를 성인의 일로 해석하고 있다. "건괘의 여섯 효는 모두 성인이 걸어온 인생 역정을 드러내려고 했으니, 순임금의 경우를 보면 알 수 있다. 순임금이 누추한 곳에 있었을 때가 물에 잠긴 때이고, 그릇을 굽고 고기를 잡았던 때가 밭에 드러난 때이며, 덕이 소문났을 때가 그침이 없이 힘쓸 때이고, 큰 산 기슭에 들어가셨을 때가 도약하는 때였다乾六爻, 如欲見聖人曾履處, 當以舜可見. 在側陋便是潛, 陶漁時便是見, 升聞時便是乾乾, 納于大麓時便是躍(『이정집』 19권 250쪽)."

9 하체下體: 괘는 6획으로 이루어졌지만 3획으로 이루어진 8개의 괘가 합쳐진 것이기도 하다. 아래의 3획 괘를 하체 혹은 내괘內卦라고 하고, 위의 3획 괘를 상체上體 혹은 외괘外卦라 한다. 그래서 삼효의 경우 하체에서 가장 위의 위치에 자리하고 있다.

10 현덕玄德: 감추어져서 밖으로 드러나지 않은 덕을 말한다. "숨은 덕이 위에까지 알려져, 직책의 지위를 맡도록 명했다玄德升聞, 乃命以位(『서書』「순전舜典」)." 공영달은 이렇게 설명한다. "현玄은 감춰져 잠겨 있는 것이니, 도와 덕을 드러나지 않게 행하는 것이다玄謂幽潛, 潛行道德." 또한 공을 이루고서도 아무도 그것을 알지 못하고 또 자신도 그 공을 자랑하지 않는 덕을 말한다. 자연무위自然無爲한 덕

이다. "낳고도 소유하지 않고, 행하고도 자랑하지 않으며, 자라게 하면서도 주재하지 않으니, 이것이 현덕이다生而不有, 爲而不恃, 長而不宰, 是謂玄德(『노자』)." 이에 대해 왕필은 이렇게 설명한다. "현덕이라고 하는 것은 덕을 가지고 있으면서도 아무도 그것의 주인을 알지 못하니, 그윽하고 어두운 곳에서 나왔다凡言玄德, 皆有德而不知其主, 出乎幽冥."

11 설혹 뛰어올라 연못에 있어도: 일반적으로 "뛰어오르거나 혹은 연못에 있으면"이라고 해석한다. 그러나 「문언전」에 나온 정이천의 다음과 같은 설명을 주의깊게 읽어보면 정이천은 다르게 해석하고 있음을 알 수 있다. "깊은 연못은 용이 편안히 있는 곳이다. 연못에 있다는 것은 뛰어 올라 편안한 곳을 취한 것을 말한다. 연못은 깊은 곳에 있는데 뛰어오른다고 말한 것은 단지 나아가 편안한 곳을 취했다는 의미다. '혹或'은 의문사이니, 때에 따라서는 반드시 그렇지는 않다는 말이다深淵者, 龍之所安也. 在淵謂躍就所安. 淵在深而言躍, 但取進就所安之義. 或, 疑辭, 隨時而未可必也."

12 시험을 거친 것: '역시歷試'에 대한 설명이다. 요임금은 순을 제위에 오르게 하기 전에 여러 가지 시험을 거치게 했다. "옛 순임금을 상고해보건대, 이름은 중화重華이고 그의 덕은 요임금과 합치했다. 뛰어나게 명철하고 문文이 밝았으며, 온화하고 공손하며 진실하고 성실했다. 그 현덕玄德이 소문이 나서 알려지니, 요임금이 직위를 명하셨다. 요임금이 순에게 오전五典(오상五常)을 아름답게 하라 하니 오전이 순조롭게 되었고, 백규百揆조정의 관리를 맡기니 백관들을 때에 맞게 관리했으며, 사문四門에서 빈객을 영접하는 직책을 맡기니 사방이 화목해졌고, 큰 산기슭에 들어가게 하니 세찬 바람과 천둥 번개가 치는 빗속에서도 길을 잃지 않았다曰若稽古帝舜. 曰重華協于帝. 濬哲文明, 溫恭允塞, 玄德升聞, 乃命以位. 愼徽五典, 五典克從, 納于百揆, 百揆時敍, 賓于四門, 四門穆穆, 納于大麓, 烈風雷雨弗迷(『서』「순전」)."

13 이 때다: 호원은 이 효를 태자太子의 상황에 빗대어 이해하고 있다. "구사효는 인신人臣의 지위에서 벗어나 지극히 존귀한 지위에 근접하게 다가왔다. 군주가 아니고 또한 왕의 관리가 아니니 태자의 모습이다九四出人臣之上, 切近至尊之位. 既非人君, 又非王官, 是儲貳之象也." 한편 정이천은 한 가지로 고정할 필요는 없다는 입장이다. 호원 선생이 구사효를 태자로 해석한 것에 대해서 질문했을 때 정이천은 이렇게 답했다. "또한 상관없지만, 단지 어떻게 사용해야 하는지를 보아야 한다. 태자에 해당하는 것으로 보았다면 태자로 해라. 구사효가 군주에 가깝다면 태자로 삼아도 또한 상관없지만 하나에 얽매일 필요는 없다. 만약 한 가지 일만 집착한다면 384효는 단지 384가지 일로 삼는 데 그칠 것이다亦不妨, 只看如何用. 當儲貳, 則做儲貳. 使九四近君, 便作儲貳亦不害, 但不要拘一. 若執一事, 則三百八十四爻只作得三百八十四件事便休也(『이정집』 19권 249쪽)."

14 중정: 「범례」 9번 중정中正과 시중時中 항목 참조.

15 보존하고 잃는: "잡으면 보존되고 놓으면 잃어서, 나가고 들어옴이 정한 때가 없으며, 그 방향을 알 수 없는 것은 오직 사람의 마음을 두고 말한 것이다操則存, 舍則亡, 出入無時, 莫知其鄕, 惟心之謂與(『맹자』「고자상」)."

16 구九: 왕필은 "구는 하늘의 덕이다九, 天之德也"라고 설명한다. 구란 양陽의 수로서 양의 덕을 상징한다. 권위나 위세나 권력을 포함하여 모든 강한 힘을 말한다.

그래서 용구用九효란 이러한 강한 힘을 사용하는 방도를 말하는 효다.

17 마땅한 의리: 의義에 대한 번역이다. 대체로 마땅한 의리로 번역했다. '마땅함' 혹은 '뜻'으로 번역한 경우도 있다. 「범례」 8번 정리定理, 상리常理, 정리正理, 의리義理 항목 참조.

18 흉한 도다: 앞서려고 한다는 의미는 사람들의 뜻을 무시하고 독단적으로 행하려고 하는 것이다. 그것은 강한 힘만 믿고 폭력을 휘두르는 것과 같다. 강한 힘과 자신이 옳다고 믿는 것만으로 사람들을 다스리고 억압하려고 한다면 폭력이 될 것이다. 왕필은 이렇게 표현한다. "강건한 힘만으로 사람들의 우두머리가 되려고 한다면 사람들은 함께하지 않으려 할 것이고, 유순한 태도로 사람들의 비위를 맞추면서 올바르게 행동하지 못한다면 아첨과 사특한 도리가 될 것이다夫以剛健而居人之首, 則物之所不與也, 以柔順而爲不正, 則佞邪之道也." 한편 정이천은 이렇게 말한다. "왕안석은 용구用九는 상구효 한 효에만 해당한다고 말하지만 잘못되었다. 여섯 효가 모두 구를 사용하는 것에 해당한다. 그래서 '여러 용을 보지만 우두머리가 되려 하지 않으면 길하다'고 했다. 구를 사용하는 것은 강건한 힘을 시행하는 것이다. '하늘의 덕은 우두머리가 되어서는 안 된다'고 했으니 건이 지극히 강건한 힘을 이미 가지고 있는데, 또 어떻게 다시 세상에 앞서려고 하겠는가? 세상에 앞서려고 하면 재앙이 있으니, '감히 세상에 앞서려고 하지 않는다'라고 하는 것이다. 건은 때에 따라서 움직여 과도하지 않은 것이 곧 우두머리가 되려 하지 않는 것이니, 여섯 효가 모두 그러하다荊公言, 用九只在上九一爻, 非也. 六爻皆用九, 故曰, '見群龍无首吉.' 用九便是行健處. '天德不可爲首', 言乾已至剛健, 又安可更爲物先? 爲物先則有禍, 所謂'不敢爲天下先'. 乾順時而動, 不過處, 便是不爲首, 六爻皆同(『이정집』 19권 248쪽)." 이렇게 본다면 용구효에서 말하는 '강한 힘으로 많은 사람을 지배하는 방도'란 폭력적인 강제는 아니다. 오히려 많은 사람의 뜻을 보고 그들의 뜻을 따르는 방식으로 그들을 지배하는 것을 말한다. 그리고 이러한 지배 방식은 단지 용구효에만 적용되는 것이 아니라 건괘의 여섯 효가 모두 그러하다. 그런 의미에서 건乾의 지배 방식은 '앞서지 않는 지배' 즉 비강제적 지배라고 할 수 있다.

19 건원乾元: 「범례」 2번 건곤乾坤 항목 참조.

20 천도天道란 자연의 이치[理]를 말한다. 이는 하늘을 종교적으로 이해하는 것이 아니라 합리적으로 이해한 것이다. 정이천은 이렇게 말하고 있다. "체棣가 물었다. '선을 행하면 복을 받고 사악함을 행하면 재앙을 받는다는 것은 어떻습니까?' 대답했다. '이것은 저절로 그러한 이치다. 선을 행하면 복이 있고, 사악함을 행하면 재앙이 있다.' 또 물었다. '천도는 어떠합니까?' 대답했다. '단지 이치[理]일 뿐이다. 이치가 곧 천도다. 예를 들어 황천皇天께서 진노했다고 한다면 이것이 사람이 저 위에 있어 진노했다는 의미는 아니다. 단지 이치가 그렇다는 말이다'棣問, '福善禍淫如何? 曰, 此自然之理, 善則有福, 淫則有禍. 又問, 天道如何? 曰, 只是理, 理便是天道也. 且如說皇天震怒, 終不是有人在上震怒. 只是理如此(『이정집』 22상권 290쪽)."

21 거듭하여 실천하기를: '반복反復'의 의미를 주희는 '거듭해서 실천한다重複踐行'고 해석한다.

22 정이천은 이렇게 설명한다. "'거듭하여 실천하기를 도를 따라서 행한다'라는 말

은 종일토록 그침이 없이 힘쓰고 왕래하는 것이 모두 도로 말미암는 것이다. 삼효의 지위는 상하 두 체의 중간에 있으므로 나아가 올라갈 수도 있고 물러나 내려갈 수도 있기 때문에 거듭해서 실천한다고 했다反復道也, 言終日乾乾往來, 皆由於道也. 三位在二體之中, 可進而上, 可退而下, 故言反復(『이정집』 19권 248쪽)."

23 양강陽剛: 적극적이고 강한 자질을 의미한다. 「범례」 4번 재才와 덕德 항목 참조.

24 으뜸: 정이천은 원元을 생의生意나 인仁과 같은 것으로 본다. "만물의 생의는 가장 볼 만하다. 원元이란 모든 선善 가운데 으뜸이라는 말은 곧 인仁을 말한다. 사람과 천지는 하나인데 사람들이 유독 스스로를 작게 여는 것은 어째서인가!萬物之生意最可觀, 此元者, 善之長也, 斯所謂仁也. 人與天地一物也, 而人特自小之, 何哉!(『이정집』 11권 120쪽)"

25 정貞: 뒤에 "貞者, 事之幹"라는 「문언전」의 말에서 정이천은 '정貞'을 '올바름正'으로만 이해했는데, 주희는 "올바르면서도 굳게 지킬 수 있는 것正而固"이라고 해야 더욱 분명하다고 주장한다.

26 이롭게 할 수 있다: 정이천은 이로움을 일괄적으로 나쁜 것이라고 보지 않는다. "음이 소인이고 이로움이 불선이라고 일괄적으로 논할 수는 없다. 음이 양을 도와서 사물을 이루면 군자이고 양을 해치면 소인이다. 이로움이 마땅한 의리와 조화를 이루면 선이고 마땅한 의리를 해치면 불선이다陰爲小人, 利爲不善, 不可一概論. 夫陰助陽以成物者君子也, 其害陽者小人也. 夫利和義者善也, 其害義者不善也(『이정집』 19권 249쪽)." "공자가 이로움을 드물게 말했다는 것은 사람들이 이로움을 버리고 해로움을 취해야 한다는 말이 아니다. 사람이 이로움을 마음에 두는 것은 마땅치 않기 때문에 그런 것이다. 『역』에서 이로움은 마땅함의 조화라 했으니 마땅한 의리로 이로움을 구하면 좋은 것이다子罕言利, 非使人去利而就害也. 蓋人不當以利爲心. 易曰利者, 義之和, 以義而致利, 斯可矣(『이정집』 외서 6권 383쪽)."

27 굳게 지키는 것: 이에 대한 주희의 설명은 경청할 만하다. "인仁을 체득하면 사랑하지 않는 것은 하나도 없게 되므로 사람들의 지도자가 되기에 충분하다. 모이기를 아름답게 하면 예에 합치되지 않는 것이 없다. 모든 것이 각기 이로운 바를 얻게 한다면 합당하여 조화를 이루게 된다. '정고貞固'란 올바름의 소재를 알고서 그것을 굳게 지키는 것이다. 이것이 맹자가 말한 '그것을 분명하게 알고서 그것으로부터 벗어나지 않는 것'이다. 그러므로 모든 일의 핵심이 될 수 있다以仁爲體, 則无一物不在所愛之中, 故足以長人. 嘉其所會, 則无不合禮. 使物各得其所利, 則義无不和. 貞固者, 知正之所在而固守之, 所謂知而弗去者也, 故足以爲事之幹." 여기서 "그것을 분명하게 알고서 그것으로부터 벗어나지 않는 것知而弗去"은 맹자에 나오는 말이다. 인과 의를 분명하게 알고서 그것을 굳게 지키는 것을 말한다. "인仁의 실상은 부모를 섬기는 것이 그것이고, 의義의 실상은 형을 따르는 것이 그것이다. 지智의 실상은 이 두 가지를 알아서 여기서 벗어나지 않는 것이고, 예禮의 실상은 이 두 가지를 조절하여 꾸미는 것이고, 악樂의 실상은 이 두 가지를 즐거워하는 것이다. 즐거워하면 이 마음이 생겨나고, 이 마음이 생겨나면 이런 일들을 어찌 그만둘 수 있겠는가? 그만둘 수 없다면 자기도 모르게 발로 뛰고 손으로 춤을 출 것이다仁之實, 事親是也, 義之實, 從兄是也. 智之實, 知斯二者弗去是也, 禮之實, 節文斯二者是也, 樂之實, 樂斯二者. 樂則生矣, 生則惡可已也? 惡可已, 則不知足之蹈之手之舞之(『맹자』 「이루상」)."

28 올바르게 중中의 위치에 처한 자: 정중正中을 말하는 것으로, 중정中正과는 의미가 다르다. 정중은 중中이라는 위치에 자리했다는 의미다. 이효와 오효의 위치가 그러하다. 그래서 올바르게 중中의 위치에 자리한 것이다. 중정이란 중中과 정正으로 분리해서 해석해야 한다. 비比괘에서 이렇게 말하고 있다. "'정중'이라고 말한 것은 그 처함이 중의 위치를 올바르게 얻은 것이니, 비比괘와 수隨괘가 그러하다. 중정이라고 말한 것은 중中과 정正을 얻은 것이니, 송訟괘와 수需괘가 그러하다凡言正中者, 其處正得中也, 比與隨是也. 言中正者, 得中與正也, 訟與需是也."

29 인과 더불어 한다: "부귀는 사람들이 다 원하는 것이다. 그러나 정당한 방법으로 얻는 것이 아니라면 그것에 처하지 않는다. 빈천은 누구나 다 싫어하는 것이다. 그러나 그것이 비록 정당한 방법으로 얻은 것이 아니라 해도, 부당한 방법으로 벗어나려고 하지 않는다. 군자가 인을 떠나 있다면 어떻게 명예로운 이름을 이를 수 있겠는가? 군자는 한 끼니를 마칠 시간 동안에도 인을 어기는 법이 없다. 황급한 때에도 반드시 인과 더불어 하며, 실족할 때에도 반드시 인과 더불어 할 뿐이다富與貴, 是人之所欲也, 不以其道得之, 不處也. 貧與賤, 是人之所惡也, 不以其道得之, 不去也. 君子去仁, 惡乎成名? 君子無終食之間違仁, 造次必於是, 顚沛必於是(『논어』「이인里仁」)."

30 진실함은 보존된다: "경敬이란 사특함을 막는 방도다. 사특함을 막으면 그 진실함[誠]이 보존된다. 이것이 두 가지 일인 듯하지만 또한 한 가지 일일 뿐이다. 사특함을 막으면 진실함은 저절로 보존된다. 세상에는 한 가지 선함과 한 가지 악함이 있다. 선함을 버리면 악함이 되고, 악함을 버리면 선함이 된다. 마치 문에서 나가지 않으면 들어온 것과 같으니, 어찌 나가고 들어가는 일 외에 또 다른 일이 있겠는가?敬是閑邪之道. 閑邪存其誠. 雖是兩事, 然亦只是一事. 閑邪則誠自存矣. 天下有一箇善, 一箇惡. 去善卽是惡, 去惡卽是善. 譬如門, 不出便入, 豈出入外, 更別有一事也?(『이정집』 18권 185쪽)" 곤괘 육이효 「문언전」의 "경이직내, 의이방외敬以直內, 義以方外" 설명 참조. 곤괘 육이효와 건괘 구이효는 서로 짝이 된다. 건괘의 구이효는 '사특함을 막아 진실함을 보존하는 것[閑邪存其誠]'을 말하여 성誠을 강조하고, 곤괘의 육이효는 '경이직내'를 말하여 경敬을 강조한다.

31 말을 가려서 하며: 수사修辭에 대한 해석이다. 호원은 "안으로 마음을 다하는 것을 충심이라 하고, 사람들을 속이지 않는 것을 신뢰라고 한다"고 하고, 수사에 대해서는 "밖으로 문교를 닦는 것外以修其文敎"이라 하여 문화적 가르침을 닦는 것으로 풀이한다. 반면 정명도는 언사言辭를 반성하는 일로 해석한다. "'신중하게 말을 가려서 하여 그의 진실함을 굳건하게 세우는 것'을 자세하게 이해하지 않을 수 없다. 언사를 닦고 반성하면 진실함을 세울 수 있다는 말이다. 만약 단지 언사를 수식하려고만 마음 쓴다면 거짓이 될 뿐이다修辭立其誠, 不可不子細理會. 言能修省言辭, 便是要立誠. 若只是修飾言辭爲心, 只是爲僞也." 정명도에게 수사란 문장과 말을 세련되고 아름답게 하는 것이 아니다. 정이천도 "말을 가려서 하는 것擇言"이라고 했으니, 말을 세련되게 꾸미고 수식하는 것을 의미하는 것이 아니라 헛되고 거짓된 말을 함부로 하지 않고, 진실한 말을 신중하게 하여 언행을 일치시켜서 사람들에게 신뢰를 얻는 것을 말한다. 이에 대한 주희의 해석이 명확하다. "충심과 신뢰는 마음을 주로 한 것이니 진실하지 않은 생각이 하나도 없으며, 언사를 닦는다는 것은 구체적인 상황 속에 드러난 것이니 진실하지 않은 말이 하나도 없다. 그러나 충심과 신뢰의 마음을 가지고 있더라도 언사를 닦아서 진실을 현실 속에서

인정받지 못하면 입지를 세울 곳이 없다忠信, 主於心者, 无一念之不誠也, 修辭, 見於事者, 无一言之不實也. 雖有忠信之心, 然非修辭立誠, 則无以居之."

32 지극한 선에 대한 앎에 이르는 것: 지극한 선에 대한 앎은 자신이 처한 상황에서 마땅히 해야 할 도리를 아는 것이다. "앎에 이르는 것은 단지 지극한 선에 이르는 것을 아는 것이니, 자식이 효에 이르고 아버지가 자애에 이르는 것이다致知, 但知止於至善, 爲人子止於孝, 爲人父止於慈之類(『이정집』 7권 100쪽)." 정이천은 왕안석의 견해를 비판한다. "왕안석은 '구삼효는 구오효의 지위에 이를 수 있음을 알고 이른다'고 말했다. 이는 크게 일을 해치는 것이다. 만일 신하가 이러한 마음을 품고 있다면 큰 혼란을 일으킬 수 있는 도리이니, 또한 스스로 탕왕과 무왕의 일을 알지 못하는 것이다. 이르러야 할 곳을 알아서 거기에 이른다는 것은 단지 자신의 도리에 이르는 것이다王荊公云九三知九五之位可至而至之. 大煞害事. 使人臣常懷此心, 大亂之道, 亦自不識湯·武. 知至至之, 只是至其道也."

33 『맹자』「만장하」.

34 "학문을 좋아하는 것은 지知에 가깝고, 힘써 행하는 것은 인仁에 가깝고, 부끄러움을 아는 것은 용기에 가깝다好學近乎知, 力行近乎仁, 知恥近乎勇(『중용』 19장)."

35 "공자는 집대성集大成이라고 이른다. 집대성이란 음악을 연주할 때 금으로 소리를 내고 옥으로 거두는 것이다. 금으로 소리를 내는 것은 조리條理를 시작하는 것이고, 옥으로 거두는 것은 조리를 끝내는 것이다. 조리를 시작하는 것은 지智의 일이고, 조리를 끝내는 것은 성聖의 일이다孔子之謂集大成. 集大成也者, 金聲而玉振之也. 金聲也者, 始條理也, 玉振之也者, 終條理也. 始條理者, 智之事也, 終條理者, 聖之事也(『맹자』「만장하」)." 이에 대해서 정이천은 이렇게 말한다. "이르러야 할 것을 알면 당연히 거기에 이르고, 마쳐야 할 곳을 알면 당연히 그것을 수행하여 마치니, 당연히 아는 일을 근본으로 삼아야 한다. 앎이 깊으면 행함도 반드시 거기에 이르게 되니, 알고 있는데도 행할 수 없는 경우란 없다. 알면서도 행할 수가 없는 것은 단지 앎이 얕기 때문이다. 배가 고파도 독을 먹지 않고 사람이 불과 물에 뛰어들지 않는 것은 단지 앎이 있기 때문이다. 이르러야 할 것을 알고서 거기에 이르는 것은 기미를 아는 일이므로, 미세한 기미를 알 수 있다. 마쳐야 할 곳을 알고 거기서 마치므로 마땅한 의리를 보존할 수 있다. 이르러야 할 것을 아는 것은 지극한 선에 대한 앎에 이르는 것이니 널리 배우고, 명석하게 분별하고, 살펴서 질문하고, 신중하게 생각하는 것은 모두 앎에 이르는 것으로서 '이르러야 할 것을 아는 일'이며, 독실하게 실행하는 것은 곧 '마쳐야 할 곳에서 마치는 일'이다. 마치 맹자가 말한 '조리를 시작하고 조리를 마치는 것'과 같으니, 그 조리를 시작하는 것을 바탕으로 하므로 조리를 마칠 수 있다. 이는 이르러야 할 것을 알면 곧 그것을 끝마칠 수 있는 것과 같다知至則當至之, 知終則當遂終之, 須以知爲本. 知之深, 則行之必至, 無有知之而不能行者. 知而不能行, 只是知得淺. 飢而不食烏喙, 人不蹈水火, 只是知. 人爲不善, 只爲不知. 知至而至之, 知幾之事, 故可與幾. 知終而終之, 故可與存義. 知至是致知, 博學·明辨·審問·愼思·皆致知, 知至之事, 篤行便是終之. 如始條理, 終條理, 因其始條理, 故能終條理, 猶知至卽能終之(『이정집』 15권 164쪽)."

36 행위가 아니다: 점漸괘 구삼효의 「상전」에 "남자는 가면 돌아오지 않는다는 것은 무리를 벗어나 추한 것이고象曰, 夫征不復, 離群, 醜也"라는 말이 있다. 여기

서 '이군離群'이라는 말이 나온다. 이에 대해서 정이천은 "욕심을 따라서 올바름을 잃는 것은 같은 부류의 동지들을 배반하여 추하게 될 수 있는 것이다從欲而失正, 離叛其群類, 爲可醜也"라고 주석하고 있다. 그래서 '이군류離群類'도 이러한 맥락에서 해석했다.

37 때에 따라서 멈춘다: '시사時舍'는 버려졌다고 해석하기도 하고 멈춘다고 해석하기도 한다. 주희는 "쓰일 때가 되지 못했다"라고 해석하고, 호원은 "시대에 의해 버려졌다棄舍"는 의미로 해석한다. 즉 '사舍'를 거성去聲으로 읽어서 '기棄(버려졌다)'로 해석하는 것이다. 그러나 정이천은 다르다. 정井괘 초효의 「상전」은 "(…) '옛 우물에는 짐승들도 찾아오지 않는다'는 것은 시대가 버린 것이다象曰, 井泥不食, 下也, 舊井无禽, 時舍也"인데, 여기도 '시사時舍'라는 말이 나온다. 여기서 정이천은 "초육효가 사람들에게 도움을 줄 수 없어서 시대에 버려져 사용되지 못함을 나타낸 것이니, 짐승과 새들에게 영향을 미칠 수 있다면 또한 도움을 주는 바가 있는 것이다. '사舍'는 상성上聲이니, 건乾괘의 '시사時舍'와는 음이 같지 않다見其不能濟物, 爲時所舍置不用也, 若能及禽鳥, 是亦有所濟也. 舍, 上聲, 與乾之時舍, 音不同"라고 했다. 정이천은 정괘 초효의 '시사'는 시대에 의해 버려졌다는 말이지만, 건괘에서의 '사舍'는 머문다는 뜻으로 해석하고 있다.

38 스스로 행하는 것이다: 주희의 설명이 좋다. "성급하게 일을 벌이려 하지 않고, 그 가능성을 스스로 시험하는 것이다未遽有爲, 姑試其可."

39 구를 사용하는 방도: 호원은 성인이 세상의 현자를 써서 세상을 다스리는 것으로 말하고 있다. "성인에게 강명한 도가 있더라도, 자기 혼자 세상의 다스림을 완전하게 실현할 수 없으니, 주변에 대신과 소신이 있으므로, 모두 강하고 올바른 군자를 등용할 있다면 그후에 세상의 다스림을 얻을 수 있다在聖人, 則有剛明之道, 以一己不能盡天下之治, 固在左右前後大臣小臣, 皆能用剛正之君子, 然後得天下治矣."

40 문명文明한 것: '천하문명天下文明'을 공영달은 "세상에 문장이 있어 밝게 빛난다天下有文章而光明也"라고 풀고 있고, 호원은 "세상의 모든 것으로 하여금 문장이 있어 밝게 빛나게 한다使天下之物有文章而光明也"고 풀었다. 여기서 문장文章이란 '예악법도禮樂法度'를 의미한다. 주희는 "비록 높은 지위에 있지는 않지만 세상이 그의 교화를 받게 되었다雖不在上位, 然天下已被其化"고 해석한다. 세상이 덕이 있는 사람에 의해서 교화를 받아 문장이 있고 밝게 되었다는 뜻이다. 정이천이 해석하는 문명에 대해서는 「범례」 5번 문명 항목 참조.

41 하늘의 법칙: 주희의 설명이 좋다. "강직하면서도 현실에 맞게 유연하게 행동할 수 있는 것이 하늘의 법칙이다剛而能柔, 天之法也." 오징吳澄 또한 유사하게 설명한다. "강함과 유함이 적절하게 중도를 이루는 것이 하늘의 법칙이다. 법칙이란 이치에 한도와 절제가 있는 것이니 과도하지도 않고 모자라지도 않는 것이다剛柔適中, 天之則也. 則者, 理之有限節, 而无過无不及者也(『주역전의대전』)."

42 이롭게 하면서도: 정이천은 이利를 의義와 대립되는 부정적인 것으로 보지 않는다. "'만물을 이롭게 하면서 오래 올바름을 지속시키는 것이 건원의 성정이다'라는 것은 만물을 이롭게 하면서도 오래 올바름을 지속시키는 것이 곧 건원의 성정이라는 말이다. 이어서 물었다. 이로움이란 '이로움을 근본으로 한다'는 말의 이로움과 다릅니까? 선생이 말했다. 글자는 한 가지이지만 그 글자의 용도는 다르니, 어

떠한 맥락에서 사용되는지를 보아야 한다. 이치를 따라서 해로움이 없는 것이 바로 이로움이니, 군자는 이롭게 하려고 하지 않음이 없었다. 그러나 맹자가 '하필 왜 이로움을 말하십니까?'라고 한 것은 이로움만을 마음에 두면 해롭기 때문이다. 예를 들어 맹자가 '윗사람과 아랫사람이 이로움을 서로 다툰다면 나라가 위태롭다'고 한 것은 해로움이 있는 것이다. 그러나 '인仁하면서 친족을 소홀히 하는 경우는 없고, 의義하면서 군주를 뒤로 하는 경우는 없다'고 한 것은 그 친족을 소홀히 하고 군주를 뒤로 하지 않으니, 곧 이로움이다. 인과 의는 이롭지 않았던 적이 없다利貞者性情也, 言利貞便是乾之性情. 因問, 利與以利爲本之利同否? 先生曰, 凡字只有一箇, 用有不同, 只看如何用. 凡順理無害處便是利, 君子未嘗不欲利. 然孟子言, 何必曰利者, 蓋只以利爲心則有害. 如上下交征利而國危, 便是有害. 未有仁而遺其親, 未有義而後其君. 不遺其親, 不後其君, 便是利. 仁義未嘗不利(『이정집』 19권 249쪽)."

43 올바름을 오래 지키지 않는다면: 정이천은 정貞을 올바름이라는 뜻과 함께 그것을 오래도록 지속시키는 것으로 강조하고 있다. "'건원乾元이란 시작하여 형통할 수 있는 것이고, 만물을 이롭게 하면서 오래도록 올바름을 지키는 것이 건원의 성정이다'라고 했는데, 여기서 말하는 성정이란 자질의 양태와 같다. 형통하고 독을 주고 변화하고 양육하는 것은 모두 이롭다. 그러나 그 공을 소유하지 않으면서도, 오래도록 지속시키면서 그치지 않는 것이 정貞이다乾元者, 始而亨者也. 利貞者, 性情也. 性情, 猶言資質體段. 亨毒化育皆利也. 不有其功, 常久而不已者, 貞也(『이정집』 11권 129쪽)."

44 순舜은 미천한 신분이었지만 총명한 능력이 소문이 나서 사악四岳의 천거를 받았다. 요임금은 순에게 시험으로 여러 가지 난관을 겪도록 한 후 제위에 오르게 했다. 사악이 천거하는 장면은 『서』「순전」에 나와 있다. "제요帝堯가 말했다. '아! 사악들아, 짐이 재위한 지 70년인데, 네가 나의 명령을 잘 따르니, 짐의 지위를 선양하겠다.' 사악이 말했다. '저는 덕이 없어 제위를 욕되게 할 것입니다.' 제요가 말했다. '현명한 자를 밝히고 미천한 자를 천거하라.' 여럿이 제요에게 말했다. '홀아비가 아래에 있으니, 우순虞舜이라고 합니다.' 제요가 말했다. '아! 너의 말이 옳다. 나도 들었으니, 어떠한가?' 사악이 말했다. '소경의 아들이니, 아버지는 완악하고 어머니는 어리석으며, 상象은 오만한데도 능히 효孝로 화합하여, 점점 다스려 간악한 데 이르지 않게 했습니다.' 제요가 말했다. '내가 시험해보겠으니, 딸을 시집보내어 그 법을 두 딸에게 관찰하도록 하겠다.' 두 딸을 치장하여 위수의 북쪽에 시집보내 우순의 아내가 되게 하고 제요는 딸에게 '공경하라'고 했다帝曰, 咨四岳, 朕在位七十載, 汝能庸命, 巽朕位. 岳曰, 否德忝帝位. 曰, 明明, 揚側陋. 錫帝曰, 有鰥在下, 曰虞舜. 帝曰, 兪, 予聞, 如何? 岳曰, 瞽子, 父頑, 母嚚, 象傲, 克諧以孝, 烝烝乂, 不格姦. 帝曰, 我其試哉, 女于時, 觀厥刑于二女, 釐降二女于嬀汭, 嬪于虞. 帝曰, 欽哉." 인물사전 참조.

45 우禹가 여러 공적을 쌓아 순으로부터 선양받는 장면은 『서』「대우모大禹謨」에 나와 있다. "제순帝舜이 말했다. 이리 오너라, 우禹야! 홍수가 나를 경계했는데, 믿음을 두고서 공을 이룬 것은 너의 현명함이며, 나랏일에 부지런 하고 집안에 검소하여 자만하고 큰 체하지 않는 것은 너의 어짊이다. 네가 자랑하지 않으나 천하에 너와 더불어 능력을 다툴 자가 없으며, 네가 자랑하지 않으나 천하에 너와 더불어 공을 다툴 자가 없으니, 내가 너의 덕을 성대하게 여기며 너의 아름다운 공적을 가

상하게 여긴다. 하늘의 역수曆數가 너의 몸에 있으니, 네가 마침내 원후元后의 자리에 오를 것이다舜帝曰, 來禹, 降水儆予, 成允成功, 惟汝賢, 克勤于邦, 克儉于家, 不自滿假, 惟汝賢, 汝惟不矜, 天下莫與汝爭能, 汝惟不伐, 天下莫與汝爭功, 予懋乃德, 嘉乃丕績, 天之歷數在汝躬, 汝終陟元后." 인물사전 참조.

46 이윤伊尹: 탕왕은 이윤이 걸왕을 도와 공을 세우기를 바라면서 걸왕에게 보냈지만 걸왕이 그를 등용하지 않았고, 이윤도 그가 천하를 바로잡을 인물이 아니라는 것을 알고 다시 탕왕이 있던 박亳 땅으로 돌아왔다. 일설에는 그가 요리 실력이 좋아서 요리로 탕왕의 마음을 얻었고 한다. 이런 내용을 맹자는 분명하게 분별하고 있다. "만장이 물었다. '사람들이 말하기를 이윤이 고기를 베어 요리해서 탕왕에게 등용되기를 요구했다고 하는데 그런 일이 있습니까?' 맹자가 말했다. 아니다. 그렇지 않다. 이윤은 유신有莘의 들에서 요순의 도를 즐거워하여, 그 의義가 아니고 그 도道가 아니면 천하로 녹을 준다고 해도 돌아보지 않고, (…) 탕왕이 사람을 시켜 폐백을 가지고 가서 이윤을 초빙하자 느긋하게 말하기를 '내가 어찌 탕왕이 초빙하는 폐백을 쓰겠는가? 내 어찌 밭도랑에 처하여 그대로 즐기는 것만 하겠는가?' 했다. (…) 그래서 탕왕에게 나아가 설득하여 하나라를 정벌하여 백성을 구제한 것이다. 나는 자신을 굽히고 남을 바로잡았다는 자를 들어보지 못했으니, 하물며 자신을 욕되게 하고 천하를 바로잡는 것은 어떻겠는가? 성인의 행위는 같지 않다. 어떤 경우는 멀리 떠나가고, 어떤 경우는 가까이 군주를 모시며, 어떤 경우는 떠나가고 어떤 경우는 떠나가지 않으니, 귀결은 그 몸을 깨끗이 하는 것일 뿐이다. 나는 요순의 도로 탕왕에게 등용되기를 요구했다는 말은 들었어도, 고기를 베어 요리해서 구했다는 말은 듣지 못했다萬章問曰, 人有言伊尹以割烹要湯, 有諸? 孟子曰, 否, 不然. 伊尹耕於有莘之野, 而樂堯舜之道焉. 非其義也, 非其道也, 祿之以天下, 弗顧也 (…) 湯使人以幣聘之, 囂囂然曰, 我何以湯之聘幣爲哉? 我豈若處畎畝之中, 由是以樂堯舜之道哉? (…) 故就湯而說之以伐夏救民. 吾未聞枉己而正人者也, 況辱己以正天下者乎? 聖人之行不同也, 或遠或近, 或去或不去, 歸潔其身而已矣. 吾聞其以堯舜之道要湯, 未聞以割烹也(『맹자』「만장상」)." 인물사전 참조.

47 부열傅說: 『맹자』「고자하」에 "부열은 부암이라는 곳에서 담장을 쌓고 있었는데 등용되었다傅說擧於版築之間"라는 말이 나온다. 부열은 은나라 때 무정武丁의 재상이었다. 그는 부암傅巖이라는 곳에서 담장을 쌓고 있었는데 무정이 초빙하여 재상으로 삼았다고 한다. 『사기』「은본기殷本紀」에 따르면 무정은 꿈속에서 성인을 만났는데 그의 이름이 열說이라서 찾아보라고 해서 그를 재상으로 맞이했다는 신화와 같은 이야기가 있다. 『서』「열명說命」편은 고종高宗이 부열에게 명한 말을 기록한 것이다. 인물사전 참조.

48 중복된 강함: '중복된 강함'을 주희는 "양효이면서 양의 위치에 있다陽爻陽位"는 의미로 풀고 있다. 구삼九三이란 양을 상징하는 구九와 세 번째三 자리라는 의미다. 따라서 양효이면서 양의 자리에 있는 것이 된다.

49 위태롭고 두려운 곳이다: 호원은 이를 대신의 지위라고 설명한다. "위로 하늘에 있지 않다는 것은 구오효인 군주가 아니라는 것이고, 아래로 밭에 있지 않다는 것은 구이효인 신하가 아니라는 것이다. 바로 대신의 지위를 담당했으니, 위로 받들어야 할 한 사람이 있고 아래로 백관과 백성을 다스려야 할 책무가 있다上不在天, 非九五之君也, 下不在田, 非九二之臣也. 正當大臣之位, 上有一人之奉, 下有百官萬民之責."

50 위태로운 곳이다: 호원은 이를 태자의 위치라고 설명한다. "태자의 위치에 있으니 나아가건 물러나건, 위로 올라가건 아래로 내려가건, 모두 의심을 받는다. 그러므로 나아가 위로 올라가는 것은 덕을 수양하는 것이고, 물러나 아래로 가는 것은 지위를 지키는 일이다既爲儲貳, 則進退上下, 皆有疑惑. 故所進而上者, 修德也, 所退而下者, 守位也."

51 합치한다는 것이다: 도란 천도天道이며 이理를 말한다. 도에 합치한다는 것은 모든 일을 이치에 따라 공명정대한 도에 근거하여 처리한다는 의미다.

52 하늘을 따를 수 있는 자이니: 하늘보다 앞서 하고 하늘보다 뒤에 한다는 것의 구체적인 의미는 무엇일까. 양만리楊萬里는 그 구체적인 예로 요순과 탕무를 들고 있다. "요순은 천명이 바뀌지 않았는데도 선양했으니, 하늘보다 앞서 행한 자다. 문왕은 상나라를 섬겼고 무왕은 군사를 물러나게 했으니, 하늘보다 뒤에 한 자이며, 탕왕은 앞서 하지도 뒤에 하지도 않고서 천명을 따른 자다堯舜, 天命未改而禪, 先天者也. 文之事商, 武之退師, 後天者也, 湯之伐, 不先不後而順天者也(『성재역전誠齋易傳』)." 즉 천명이 드러나기 전에 행한 것이 앞서 한 것이고, 천명이 드러난 후에 행한 것이 뒤에 한 것이다.

2. 곤坤괘䷁

중지곤重地坤이라고 읽는다. 괘의 모습이 곤坤☷괘가 위에 있고, 다시 아래에 곤☷괘가 있기 때문이다.

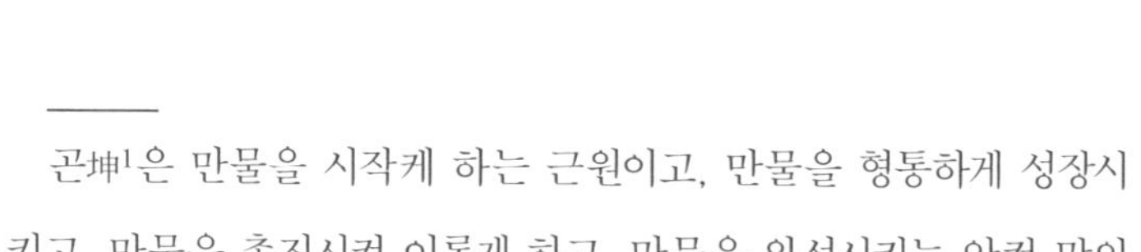

곤坤[1]은 만물을 시작케 하는 근원이고, 만물을 형통하게 성장시키고, 만물을 촉진시켜 이롭게 하고, 만물을 완성시키는 암컷 말의 올바름이다.

坤, 元, 亨, 利, 牝馬之貞.

곤괘는 건괘의 짝이다. 원형이정元亨利貞이라는 네 가지 덕은 같지만, 올바름貞의 형체가 다르다. 건괘는 강직하고 굳센 것이 올바름이지만, 곤괘는 유순柔順[2]하면서도 올바름을 굳게 지킨다. 암컷 말은 유순하면서도 강건하게 달리므로 그 모습을 취하여 암컷 말의 올바름이라고 했다.

坤, 乾之對也. 四德同, 而貞體則異. 乾以剛固爲貞, 坤則柔順而貞. 牝馬柔順而健行, 故取其象曰牝馬之貞.

군자는 나아갈 바가 있다.

君子有攸往.

군자의 행함이 유순하여 세상을 이롭게 하면서도 올바름을 굳게 지키니, 곤덕坤德에 합치한다.[3]

君子所行, 柔順而利且貞, 合坤德也.

앞서서 주도하면 미혹하고 뒤이어 따르면 얻으니, 이로움을 주관한다.

先迷, 後得, 主利.

음陰은 양陽을 따르는 것이니, 양의 부름을 기다려 화합한다. 음이면서 양을 앞서서 주도하면 미혹되고 착각하니, 앞서지 않고 뒤에 자리한다면 그 상도常道[4]를 얻는다. "이로움을 주관한다"는 말은 만물을 이롭게 함을 곤도坤道에서 주관한다는 것이니, 만물을 생겨나게 하고 완성시키는 것은 모두 땅의 공로다. 신하의 도리 역시 이와 같으니, 군주가 명령하고 신하는 수행하여 구체적인 일에 힘쓰는 것이 신하의 직무다.

陰, 從陽者也, 待唱而和. 陰而先陽, 則爲迷錯, 居後乃得其常也. 主利, 利萬物則主於坤, 生成皆地之功也. 臣道亦然, 君令臣行, 勞於事者, 臣之職也.

서남쪽은 동류를 얻고 동북쪽은 동류를 잃으니, 안정되면서 올바르게 해야 길하다.

西南得朋, 東北喪朋, 安貞, 吉.

서남쪽은 음의 방위이고 동북쪽은 양의 방위다. 음은 반드시 양을 따라서 그 동류들을 멀리해야[5] 화육化育의 공로를 이룰 수 있고, 안정되고 올바른 길함이 있다. 그 상도를 얻으면 안정되고, 상도에 마음이 안정되면 올바르니, 그러므로 길하다.

西南陰方, 東北陽方. 陰必從陽, 離喪其朋類, 乃能成化育之功, 而有安貞之吉. 得其常則安, 安於常則貞, 是以吉也.

「단전」에서 말했다. 지극하구나, 곤원[6]이여! 만물이 이를 바탕으로 해서 생겨나니, 하늘의 이치를 유순하게 이어받는다. 곤원이 만물을 풍성하게 담는 것은 그 덕이 그치지 않는 하늘의 덕에 부합한다.

彖曰, 至哉, 坤元! 萬物資生, 乃順承天. 坤厚載物, 德合無疆.

바탕으로 해서 생겨나는 도道는 크다고 할 수 있다. 다만 건도乾道를 크다고 칭했기 때문에 곤도坤道는 지극하다고 칭했다. '지극하다'는 뜻은 조금 느슨하여 '크다'는 말이 가진 성대한 의미보다는 못하다. 존귀하고 낮은 차이를 성인이 분별하는 것이 이렇게 조심스럽고 엄격하다. 모든 것이 건도를 바탕으로 시작하고 곤도를 바탕으로 생겨나니, 이것이 아버지와 어머니의 도다. 하늘이 시행하는 뜻을 유순하게 이어받아 그 하늘이 이루려던 공을 완성하니, 곤도의 두터운 덕은 모든 것을 지탱하고 실어서 건도의 그치지 않는 덕에 부합한다.

資生之道, 可謂大矣. 乾既稱大, 故坤稱至. 至義差緩, 不若大之盛也. 聖人於尊卑之辨, 謹嚴如此. 萬物資乾以始, 資坤以生, 父母之道也. 順承天施, 以成其功, 坤之厚德, 持載萬物, 合於乾之无疆也.

포용력이 있고 관대하고 현명하고 거대하여〔含·弘·光·大〕, 다양한 것이 모두 형통하다. 암컷 말은 땅의 부류이니 땅을 달리는 것에 끝이 없으며, 유순하고 모든 것을 이롭게 하면서도 올바름을 굳게 지키니, 이것이 군자가 행하는 바다.

含弘光大, 品物咸亨. 牝馬地類, 行地無疆, 柔順利貞, 君子攸行.

'함含' '홍弘' '광光' '대大' 네 가지로 곤도坤道를 형용했으니 건도乾道를 강직함剛·강건함健·중도를 이룸中·올바름正·순수함純·아름다움粹으로 형용한 것과 같다. '함'이란 포용력이 있다는 것이고, '홍'은 관대함이며 '광'은 밝게 빛나는 것이고 '대'는 넓고 두터운 것[7]이다. 이 네 가지를 가지고 있으므로 하늘을 받드는 공을 이룰 수 있어, 다양한 것들이 모두 형통하고 성숙하게 된다. 암컷 말을 상징으로 취한 것은 유순하면서도 강건하게 달리는 것이 땅의 부류이기 때문이다.

"땅에서 달리는 것에 끝이 없다"는 것은 강건함을 말한다. 어떤 사람은 이렇게 묻는다. "건도는 강건함을 상징하고 곤도는 유순함을 상징하는데, 왜 곤도도 강건하다고 했는가?" 이렇게 답하겠다. 강건하지 않다면 어떻게 건도와 짝이 될 수 있겠는가? 건도가 운행하는데 곤도가 멈춘 경우는 없다. 그 움직임이 강직하지만 유순하게 행하는 것을 방해하지는 않는다. 그래서 유순하고 만물을 이롭게 하면서도 올바름을 유지하는 것이 곧 곤도의 덕이니, 군자가 행하는 바다. 그래서 군자의 도는 곤도의 덕과 합치한다.

以含弘光大四者, 形容坤道, 猶乾之剛健中正純粹也. 含, 包容也, 弘, 寬裕也, 光, 昭明也, 大, 博厚也. 有此四者, 故能成承天之功, 品物咸得亨遂. 取牝馬爲象者, 以其柔順而健行, 地之類也. 行地无疆, 謂健也. 乾健坤順, 坤亦健乎? 曰, 非健何以配乾? 未有乾行而坤止也. 其動也剛, 不害其爲柔也. 柔順而利貞, 乃坤德也, 君子之所行也. 君子之道合坤德也.

앞서서 주도하면 미혹하여 도를 잃고, 뒤이어 따르면 상도常道를 얻는다. "서남쪽은 동류를 얻는다"는 말은 같은 종류의 사람과 함께 가는 것이고, "동북쪽은 동류를 잃는다"는 말은 결국에는 좋은 일이 있다는 것이다. "안정되면서 올바르게 해야 길하다"는 것은 끝없는 땅의 도에 호응하는 것이다.

先迷失道, 後順得常. 西南得朋, 乃與類行, 東北喪朋, 乃終有慶. 安貞之吉, 應地無疆.

건도의 작용은 양이 하는 것이고, 곤도의 작용은 음이 하는 것이다. 형체가 생겨나기 이전을 천지의 도라 하고 형체가 생겨난 이후를 음양의 공功이라 한다. "앞서서 주도하면 미혹하고 뒤이어 따르면 얻는다"는 말 이하는 음陰의 도를 말한다. 앞서서 주장하고 주도하려 하면 미혹하게 되어 음의 도를 잃고, 뒤이어 화답하면 유순하면서 그 상리常理[8]를 얻는다.

서남쪽은 음의 방위이니 그 부류를 따르는 것이 "동류를 얻음"이다. 동북쪽은 양의 방위이니 그 부류에서 벗어나는 것이 "동류를 잃음"이다. 그 부류에서 벗어나서 양을 따른다면 만물을 생겨나게 하는 공을 이룰 수 있어 결국에는 길하고 좋은 일이 있다. 같은 부류의 사람과 함께 가는 것이 근본이지만, 양을 따르는 것은 현실의 때에 알맞게 적용하는 것이다. 음의 체질은 유조柔躁[9]하므로 양을 따르면 안정되고 올바르게 행할 수 있어서 길하고, 끝없는 땅의 도에 호응한다. 음한 체질이면서 안정되고 올바르지 못하다면 어떻게 땅의 도에 호응할 수 있겠는가?

「단전」에서는 '무강無疆'이라는 표현이 세 번 나오는데 모두 뜻이 같지 않다. "그치지 않는 하늘의 덕에 부합한다德合無疆"는 말에서는 하늘의 운행이 그치지 않는다는 뜻이다. "끝없는 땅의 도에 호응한다應地無疆"는 말에서는 땅에 끝이 없다는 뜻이다. "땅을 달리는 것에 끝이 없다行地無疆"는 말에서는 말이 강건하게 달린다는 뜻이다.

乾之用, 陽之爲也. 坤之用, 陰之爲也. 形而上曰天地之道, 形而下曰陰陽之功. 先迷後得以下, 言陰道也. 先唱則迷失陰道, 後和則順而得其常理. 西南陰方, 從其類, 得朋也. 東北陽方, 離其類, 喪朋也. 離其類而從陽, 則能成生物之功, 從有吉慶也. 與類行者本也, 從於陽者用也. 陰體柔躁, 故從於陽則能安貞而吉, 應地道之无疆也. 陰而不安貞, 豈能應地之道? 彖有三无疆, 蓋不同也. 德合无疆, 天之不已也. 應地无疆, 地之无窮也. 行地无疆, 馬之健行也.

「상전」에서 말했다. 땅의 형세가 곤괘의 모습이니, 군자는 이 모습을 본받아 덕을 두텁게 하여 모든 것을 담는다.

象曰, 地勢坤. 君子, 以厚德載物.

곤도坤道의 위대함은 건도乾道와 같으니,[10] 성인이 아니라면 어떻게 이 위대함을 체득할 수 있겠는가? 땅은 두터우면서 그 형세는 순조롭다가도 가파르므로, 그 순조로움과 두터움의 모습을 상징으로 취하여 땅의 형세가 곤괘의 모습이라고 한 것이다. 군자는 이 두터운 땅의 형세를 관찰하여 깊고 두터운 덕으로 모든 것들을 너그럽게 담는다.

坤道之大猶乾也, 非聖人孰能體之? 地厚而其勢順傾, 故取其順厚之象, 而云地勢坤也. 君子觀坤厚之象, 以深厚之德, 容載庶物.

초육효는 서리를 밟으면 단단한 얼음이 이른다.

初六, 履霜, 堅氷至.

음효를 육六이라고 칭한 이유는 음의 세력이 성대해지려고 하기 때문이다. 팔八이라고 하면 양의 세력이 생겨났기 때문에 음의 세력만이 순전히 성대해지는 상황이 아니다.[11] 음이 처음 아래에서 생겨나니, 매우 미세하다. 그러나 성인은 음이 처음 생겨날 때에 그것이 앞으로 크게 성장할 것을 경계했다. 음이 처음 생겨나서 응결되면 서리가 되니, 서리를 밟았다면 당연히 음의 세력이 점차 성대해져서 단단한 얼음이 된다는 점을 알아야만 한다. 이는 소인이 처음에는 세력이 매우 미약하지만 성장하도록 내버려둘 수만은 없으니, 성장하면 성대한 세력에 이르는 것과 같다.

陰爻稱六, 陰之盛也. 八則陽生矣, 非純盛也. 陰始生於下, 至微也. 聖人於陰之始生, 以其將長, 則爲之戒. 陰之始凝而爲霜, 履霜則當知陰漸盛而至堅冰矣. 猶小人始雖甚微, 不可使長, 長則至於盛也.

「상전」에 말했다. "서리를 밟으면 단단한 얼음이 이른다"는 것은 음이 처음 응결한 것이니, 이러한 자연적인 도리를 따라 단단한 얼음이 이른다.

象曰, 履霜堅氷, 陰始凝也, 馴致其道, 至堅氷也.

음이 처음 응결되어 서리가 되니, 점차로 성대해지면 단단한 얼음이 된다. 소인의 세력은 처음에는 미약하지만 성장하면 점차로 성대한 세력에 이르므로, 시작부터 경계했다. '순馴'은 따른다는 뜻의 '습習'을 말하니, 자연의 이치를 따라 성대하게 이른다는 말이다. '습'이란 자연의 이치대로 따른다는 말이다.

陰始凝而爲霜, 漸盛則至於堅冰. 小人雖微, 長則漸至於盛, 故戒於初. 馴謂習, 習而至於盛. 習因循也.

육이효는 곧고 강하고 크니, 익히지 않아도 이롭지 않음이 없다.

六二, 直方大, 不習無不利.

육이효는 음의 지위로서 아랫자리에 있으므로 곤도의 주체로서, 곤도를 통괄해서 말하면 중정中正을 이룬 것이 아래의 자리에 있는 것이니, 땅의 도다. '곧은 올바름直' '강함方' '큰 포용력大'[12] 세 가지로 그 덕의 작용을 형용했으니, 땅의 도를 다 말한 것이다. 곧은 올바름, 강함, 큰 포용력을 가지고 있으므로 익히지 않더라도 이롭지 않음이 없다. "익히지 않는다"는 말은 그것이 저절로 자연스럽게 작동하는 것을 말하며, 곤도에서는 "억지로 하려고 하지 않아도 저절로 그렇게 되는 것"[13]을 의미하고, 성인에게서는 "편안하게 행하는데 도에 적중하는 것"[14]을 의미한다.

곧은 올바름, 강함, 큰 포용력은 맹자가 호연지기浩然之氣를 "지극히 크고 지극히 강하며 곧다"[15]고 설명한 것과 같다. 그러나 이것이 곤도의 형체에 있으므로 '강剛'이란 말을 '방方'으로 바꾸었으니, 건괘의 '굳셈貞'을 곤괘에서는 '암컷 말의 굳셈牝馬貞'이라 덧붙인 것과 같은 경우다. 맹자가 호연지기에 대해 "크다"는 것을 먼저 말했는데, 이는 호연지기의 형체를 말한 것이다. 곤괘에서는 "곧다"와 "강하다"를 먼저 말했으니, 곧은 올바름과 강함이라는 능력을 통해서 큰 포용력을 얻게 되기 때문이다.

곧은 올바름과 강함과 큰 포용력은 땅의 도를 충분하게 실현할 수 있으니, 사람이 그것을 깨닫는 데 달려 있을 뿐이다. 순수한 형체인 건괘와 곤괘는 지위로서 서로 호응하지만, 육이효가 곤괘의 주인이므로 육오효와 호응한다는 뜻을 취하지 않았으니, 군주의 도로써 육오효를 처리하지 않았다. 그러나 건괘에서는 구이효와 구오효가 서로 호응한다.

二, 陰位在下, 故爲坤之主, 統言坤道中正在下, 地之道也. 以直方大三者形容其德用, 盡地之道矣. 由直方大, 故不習而无所不利. 不習謂其自然, 在坤道則莫之爲而爲也, 在聖人則從容中道也. 直方大, 孟子所謂至大至剛以直也. 在坤體, 故以方易剛, 猶貞加牝馬也. 言氣, 則先大. 大, 氣之體也. 於坤, 則先直方, 由直方而大也. 直方大足以盡地道, 在人識之耳. 乾坤純體, 以位相應. 二, 坤之主, 故不取五應, 不以君道處五也. 乾則二五相應.

「상전」에서 말했다. 육이효의 움직임은 곧은 올바름으로써 강하게 처신하니, 익히지 않아도 이롭지 않음이 없는 것은 땅의 도가 빛나는 것이다.

象曰, 六二之動, 直以方也, 不習無不利, 地道光也.

하늘의 뜻을 이어서 움직이니 곧은 올바름으로써 강직하게 행할 뿐이다. 평소에 올바름을 곧게 지키고 강직하면 큰 포용력으로 모든 것에 영향력을 미친다. 곧은 올바름과 강직함을 지키는 의리는 그 큰 포용력이 끝이 없으니, 땅의 도가 빛처럼 드러나, 그 공이 순조롭게 완성된다. 어찌 익숙하게 익힌 후에야 모든 것을 이롭게 하겠는가?[16]

承天而動, 直以方耳. 直方則大矣. 直方之義, 其大无窮, 地道光顯, 其功順成. 豈習而後利哉?

육삼효는 안으로 아름다움을 머금어 올바름을 굳게 지킬 수 있으니, 혹 왕의 일에 종사하더라도, 자신의 공을 자랑하지 않으면서

끝마침이 있어야 한다.

六三, 含章可貞, 或從王事, 無成有終.

육삼효는 하체에서 가장 높은 위치에 있으니 지위를 얻는 자다. 신하의 도리는 마땅히 그 아름다운 능력을 안으로 감추어 좋은 일이 있으면 군주에게 그 공을 돌려야, 오래도록 직분을 유지하면서 올바름을 얻을 수가 있다. 그래야 윗사람이 시기하고 미워하는 마음이 없고, 아랫사람은 유순한 도리를 얻는다.

"올바름을 지킬 수 있다"는 말은 올바름을 굳게 지킴으로써 오래도록 직분을 유지하면서도 후회와 허물이 없을 수 있다는 말이다. 혹은 윗사람의 일에 종사해서, 자신의 성공을 감히 자신의 것으로 해당시키지 않고, 오직 윗사람을 받들어 모시어 그 일의 결말을 지켜낼 뿐이다. 직분의 도리를 지켜 그 일을 잘 끝마치는 것이 신하의 도리다.

三居下之上, 得位者也. 爲臣之道, 當含晦其章美, 有善則歸之於君, 乃可常而得正. 上无忌惡之心, 下得柔順之道也. 可貞謂可貞固守之, 又可以常久而无悔咎也. 或從上之事, 不敢當其成功, 唯奉事以守其終耳. 守職以終其事, 臣之道也.

「상전」에서 말했다. 안으로 아름다움을 머금어 올바름을 지킬 수 있으나, 때에 따라서 능력을 발휘해야 한다.

象曰, 含章可貞, 以時發也.

공자는 사람들이 글에 집착하여 그 뜻을 이해하지 못할 것을 걱정하여, 또 이어서 그 의미를 밝혔다. 신하가 되어 아래 지위에서 처신하는 도리는 그가 이룬 공과 선을 자신이 소유해서는 안 되고, 반드시 그 아름다운 능력을 감추어야 올바르고 그 지위를 오래 지속할 수 있다. 그러나 의리상 마땅히 행해야 할 바가 있다면 때에 따라서 능력을 발휘하되, 자신이 이룬 공을 자신의 것이라 여기지 않을 뿐이다. 그 마땅함을 잃지 않는 것이란 때에 따라 행하는 것이지, 속으로 감추어 끝까지 자신의 능력을 행하지 않는 것이 아니다. 능력을 감추고서 일을 처리하려 하지 않는다면 충심을 다한 것이 아니다.

夫子懼人之守文而不達義也, 又從而明之. 言爲臣處下之道, 不當有其功善, 必含晦其美, 乃正而可常, 然義所當爲者, 則以時而發, 不有其功耳. 不失其宜, 乃以時也, 非含藏終不爲也. 含而不爲, 不盡忠者也.

혹은 왕의 일에 종사하는 것은 그 지혜가 빛나고 크다.

或從王事, 知光大也.

「상전」에서 다만 앞 구절만 들어서 뜻을 해석한 것은 아래 구절까지 아울러 말한 것이다. 다른 괘에서도 모두 마찬가지다. 혹 왕의 일에 종사하여, 자신이 이룬 공을 자신의 것으로 소유하지 않고 유종의 미를 거둘 수 있는 자는 그 지혜가 빛나고 큰 것이다. 오직 그 지혜가 빛나고 크기 때문에 자신의 능력을 감추고 드러내지 않을 수 있다. 천박하고 어리석은 사람은 선한 일을 하면 사람들이 그 공을 알아주지 않는 것을 근심하니, 어찌 그 아름다움을 감출 수 있겠는가!

象只擧上句解義, 則幷及下文. 他卦皆然. 或從王事, 而能无成有終者, 是其知之光大也. 唯其知之光大, 故能含晦. 淺暗之人有善唯恐人之不知, 豈能含章也.

———

육사효는 주머니를 묶으면[17] 허물이 없고 영예가 없다.

六四, 括囊, 無咎, 無譽.

육사효는 육오효와 가까운 위치에 자리했으나 서로 얻으려는 뜻이 없으니, 윗사람과 아랫사람의 교류가 닫히고 막힌 때라 할 수 있다. 육사효는 올바름을 지키면서 자처하니, 위태롭고 의심을 받는 처지다. 만약 그 지혜를 어둡게 감추기를 마치 주머니의 입을 동여매는 것 같이 하여 드러내지 않으면 허물이 없으며, 그렇게 하지 않으면 해롭다. 지혜를 어둡게 감추고 드러내지 않았으므로 영예도 없다.[18]

四居近五之位, 而无相得之義, 乃上下閉隔之時. 其自處以正, 危疑之地也. 若晦藏其知, 如括結囊口而不露, 則可得无咎, 不然則有害也. 旣晦藏, 則无譽矣.

———

「상전」에서 말했다. 주머니를 묶으면 허물이 없는 것은 신중하게 행동하여 해가 없다는 말이다.

象曰, 括囊無咎, 愼無害也.

이와 같이 신중하게 행동한다면 해로움은 없다.

能愼如此, 則无害也.

육오효는 노란 치마라면 크게 좋고 길하다.

六五, 黃裳, 元吉.

곤도坤道는 신하의 도리이지만 오효의 자리는 실제로 군주의 지위이므로, 경계하여 "노란 치마라면 크게 좋고 길하다"고 했다. '노랑'은 오행五行 가운데 중앙인 토土의 색이며, '치마'란 아래에 입는 옷이다. 중도中道를 지키고 스스로를 낮추어 낮은 곳에 자리하면 크게 좋고 길하다는 것이니, 이것은 그 본분을 지키라는 말이다.[19] '원元'이란 크고 좋다는 말이다.

효사 「상전」에서는 오직 중도를 지키고 낮은 곳에 자리하면 크게 좋고 길하다고 말했지만, 그 의미를 완전하게 드러내지 못했다. '노란 치마'가 이미 크게 좋고 길하지만, 음陰이 존귀한 지위에 자리하면 세상이 크게 흉하게 될 것이라는 점을 알 수 있다. 후세 사람들은 이런 의미를 깨닫지 못하여 이 뜻이 모호하게 되었다. 그래서 분별하지 않을 수 없다. 오五라는 자리는 존귀한 지위다. 다른 괘에서는 음을 상징하는 육六이 오의 지위에 자리하면 어떤 경우는 '유순하다柔順'고 하고 어떤 경우는 '문명文明하다'고 하고 어떤 경우는 '어리석고 나약하다暗弱'고 했지만, 곤괘에서는 존귀한 지위에 자리한 것이다.

음陰이라는 것은 신하의 도리이며 부인의 도리다. 신하 가운데 존귀한 지위에 자리했던 사람은 후예后羿[20]와 왕망王莽[21]이 그러하여, 말할 수 있다. 그러나 부인 가운데 존귀한 지위에 자리했던 사람은 여와女媧[22]와 측천무후則天武后[23]가 그러하니, 정상적이지 않은 변고라서 함부로 다 말할 수가 없으므로 '노란 치마'라는 경계를 두어 완전하게 표현하지 않았다. 어떤 사람은 의심하여 이렇게 묻는다. "혁괘에서는 탕왕과 무왕의 일을 다 말로 드러냈는데 유독 이 괘에서는 다 말하지 않은 것은 무슨 이유입니까?" 이렇게 답하겠다. 왕이 폐위되고 흥성하는 것은 천리天理의 정상적인 과정이지만, 음으로서 존귀한 지위에 자리하는 것은 정상적이지 않은 변고이기 때문이다.

坤雖臣道, 五實君位, 故爲之戒云, 黃裳元吉. 黃, 中色. 裳, 下服. 守中而居下, 則元吉, 謂守其分也. 元, 大而善也. 爻象唯言守中居下則元吉, 不盡發其義也. 黃裳旣元吉, 則居尊爲天下大凶可知. 後之人未達, 則此義晦矣. 不得不辨也. 五, 尊位也. 在他卦, 六居五, 或爲柔順, 或爲文明, 或爲暗弱, 在坤, 則爲居尊位. 陰者臣道也, 婦道也. 臣居尊位, 羿莽是也, 猶可言也. 婦居尊位, 女媧氏武氏是也, 非常之變, 不可言也, 故有黃裳之戒而不盡言也. 或疑在革, 湯武之事猶盡言之, 獨於此不言, 何也? 曰, 廢興, 理之常也, 以陰居尊位, 非常之變也.

「상전」에서 말했다. 노란 치마라면 크게 좋고 길하다는 것은 문채文가 중中에 있기 때문이다.

象曰, 黃裳元吉, 文在中也.

노란색은 중中의 문채이니, 중中에 있다는 것(중도를 지키는 것)은 과도하지 않다는 것이다. 안으로 지극히 아름다운 덕을 쌓고서 자신을 낮추므로, 크게 좋고 길하다.

黃中之文, 在中不過也. 內積至美而居下, 故爲元吉.

상육효는 용이 광야에서 싸우니, 그 피가 검고 누렇다.

上六, 龍戰于野, 其血玄黃.

음은 양을 따르는 것이지만 세력이 매우 성대해지면 오만해져서 다투게 된다. 육六이 극한에 이르렀으니 다시 나아가 그치지 않으면, 반드시 싸우게 되므로, '광야에서 싸운다'고 했다. '광야'란 나아가서 밖에 이른 것을 말한다. 이미 대적했다면 반드시 모두 피해를 당하므로, 그 피가 검고 누렇다.

陰從陽者也, 然盛極則抗而爭. 六旣極矣, 復進不已, 則必戰, 故云戰于野. 野, 謂進至於外也. 旣敵矣, 必皆傷, 故其血玄黃.

「상전」에서 말했다. 용이 광야에서 싸우는 것은 그 도가 궁극에 이른 것이다.

象曰, 龍戰于野, 其道窮也.

음의 세력이 성대해져 궁극에 이르면, 반드시 싸워서 상하게 된다.

陰盛至於窮極, 則必爭而傷也.

———

용륙은 올바름을 오래도록 굳게 지키는 것이 이롭다.

用六, 利永貞.

곤괘의 용륙用六은 건도乾道의 용구用九와 같으니 이는 곧 음陰을 현실에 사용하는 방도다. 음의 도는 유약하여 오래도록 지속하기가 힘들기 때문에, 음인 육을 현실에 사용하는 방도는 그 이로움이 오래도록 올바름을 굳게 지키는 데 달려 있다.

坤之用六, 猶乾之用九, 用陰之道也. 陰道柔而難常, 故用六之道, 利在常永貞固.

———

「상전」에서 말했다. 용륙이 올바름을 오래도록 지키는 것은 끝에 성대한 결말을 맺음으로써 가능하다.

象曰, 用六永貞, 以大終也.

음은 올바름을 굳게 지키는 힘이 부족하므로 오래도록 지켜서 끝마칠 수가 없다. 그러므로 육을 사용하는 방도는 끝까지 성대하게 유종의 미를 거두는 것에 그 이로움이 달려 있으니, 끝에 가서 성대한 결말을 이루는 것이 곧 올바름을 오래도록 지키는 것이다.

陰既貞固不足, 則不能永終. 故用六之道, 利在盛大於終, 能大於終, 乃永貞也.

「문언전」에서 말했다. 곤은 지극히 유순하지만 그 움직임은 강직하고, 지극히 고요하지만 그 덕은 방정하다. 뒤이어 따르면 얻어서, 이로움을 주관하면서도 올바른 상도常道를 지키며, 만물을 포용하면서 영향력이 빛난다. 곤도는 유순하구나! 하늘의 뜻을 이어받아 때에 맞게 행한다.

文言曰, 坤, 至柔而動也剛, 至靜而德方. 後得, 主而有常, 含萬物而化光. 坤道, 其順乎, 承天而時行.

곤도坤道는 지극히 유순하면서도 그 움직임은 강직하고, 곤의 체질은 지극히 고요하지만 그 덕은 방정하다. 움직임이 강직하기 때문에 건도乾道에 호응하여 때에 어긋나지 않고, 덕이 방정하기 때문에 만물을 낳는 데 상도常道가 있다. 음의 도는 양이 부르기를 기다린 후에 화답하기 때문에, 뒤에 자리하면서 지도자를 얻고 이로움을 주관하여 만물을 완성시키니, 이것이 곤도의 상도다.

여러 부류의 것들을 모두 포용하여, 그 공과 영향력이 빛나고 크다. '주主'라는 글자 아래에는 '이利'라는 글자가 빠졌다.[24] "곤도는 유순하구나! 하늘의 뜻을 이어받아 때에 맞게 행한다"는 말은 천도天道의 베풂을 이어받아 행함이 때에 어긋나지 않는 것이니, 곤도의 유순함을 찬미한 것이다.

坤道至柔, 而其動則剛, 坤體至靜, 而其德則方. 動剛故應乾不違, 德方故生物有常. 陰之道待唱而和, 故居後爲得, 而主利成萬物, 坤之常也. 含容萬類, 其功化光大也. 主字下脫利字. 坤道其順乎, 承天而時行, 承天之施, 行不違時, 贊坤道之順也.

선을 쌓은 집안에는 반드시 풍성한 기쁨이 있고 불선을 쌓은 집안에는 반드시 충분한 재앙이 있다. 신하가 군주를 시해하고 자식이 아버지를 죽이는 것은 일조일석에 일어나는 일이 아니라, 그 원인이 점차적으로 누적되는 과정을 통해서 일어나니, 이는 그것을 일찍부터 분별하지 않았기 때문에 생긴 일이다. 『역』에서 "서리를 밟으면 단단한 얼음이 이른다"고 했으니, 그 말은 재앙이 이치를 따라서 커지는 것을 말한다.[25]

積善之家, 必有餘慶, 積不善之家, 必有餘殃. 臣弑其君, 子弑其父, 非一朝一夕之故, 其所由來者漸矣, 由辯之不早辯也. 易曰, 履霜堅氷至, 蓋言順也.

세상의 일 가운데 사소한 일이 누적되어 이루어지지 않는 것은 없다. 집안에서 쌓은 것이 선하면 복과 경사가 자손에까지 미치고, 쌓은 것이 불선하면 재앙이 후세에까지 미친다. 크게는 시해와 역모의 재앙에까지 이르니, 모두 사소한 일들이 오랫동안 누적되고 연루된 것이지 하루아침에 이루어질 수 있는 것이 아니다.

현명한 자는 사소한 것들이 점차 자라서는 안 된다는 점을 알고, 사소한 것이 쌓여 큰 것이 된다는 점을 일찍부터 분별하여, 그것들이 이치를 따라서 커지지 못하게 한다. 그러므로 세상의 악이 사소한 일로부터 이루어지지 못하니, 서리가 얼음이 되는 경계를 아는 것이다. 서리가 얼음이 되는 것과 사소한 악이 큰 재앙에 이르는 것은 모두 상황의 형세가 이치에 따라서 자라난 것이다.

天下之事, 未有不由積而成. 家之所積者善, 則福慶及於子孫, 所積不善, 則災殃流於後世. 其大至於弑逆之禍, 皆因積累而至, 非朝夕所能成也. 明者則知漸不可長, 小積成大, 辨之於早, 不使順長, 故天下之惡无由而成, 乃知霜冰之戒也. 霜而至於冰, 小惡而至於大, 皆事勢之順長也.

곧음直이란 그 올바름을 가리키고, 반듯함方[26]이란 그 마땅한 의리義를 가리킨다. 군자는 경건敬하여 마음을 곧게 하고, 마땅한 의리를 행하여 세상을 반듯하게 하니, 경건과 마땅한 의리가 세워진 후에 덕이 외롭지 않다. '곧고 반듯하며 크니 익히지 않아도 이롭지 않음이 없다'는 것은 그 행하는 바를 의심하지 않는 것이다.

直其正也, 方其義也. 君子敬以直內, 義以外方, 敬義立而德不孤. 直方大, 不習無不利, 則不疑其所行也.

'곧음直'이란 그 올바름을 말하고, '반듯함方'은 그 마땅한 의리를 말한다. 군자는 경건敬에 집중하여 마음을 바르게 하고[27] 마땅한 의리를 지켜서 바깥을 반듯하게 한다.[28] 경건을 세우면 마음이 곧게 되며, 마땅한 의리가 드러나면 바깥이 반듯하게 된다. 마땅한 의리가 겉으로 드러나는 것은 마땅한 의리가 바깥에 있다는 말이 아니다. 경건과 마땅한 의리를 세우게 되면 그 덕의 세력이 성대해져서, 포용력을 키우려고 하지 않아도 커져서 영향력이 커지니, 그 덕이 반드시 외롭지 않다. 덕을 쓰는 데에 두루 보편적이지 않음이 없고, 덕을 베푸는 데에 이롭게 하지 않음이 없다. 그러니 어찌 의심할 것인가?

直言其正也, 方言其義也. 君子主敬以直其內, 守義以方其外. 敬立而內直, 義形而外方. 義形於外, 非在外也. 敬義旣立, 其德盛矣, 不期大而大矣, 德不孤也. 无所用而不周, 无所施而不利. 孰爲疑乎?

음이 아름다운 능력이 있지만, 가슴에 품고서 왕의 일을 따르되 이룬 공을 감히 자신의 것으로 가지려 하지 않는다. 이것이 땅의 도리이며, 아내의 도리이며, 신하의 도리다. 땅의 도리는 이룬 공을 가지지는 않지만 대신하여 끝마침이 있다.

陰雖有美, 含之以從王事, 弗敢成也. 地道也, 妻道也, 臣道也. 地道無成而代有終也.

아랫자리에 처하는 도리는 그 공을 자신의 것으로 차지하지 않으니, 아름다운 능력을 감추고, 왕의 일에 종사하되, 윗사람을 대신하여 그 일을 끝마치고서 감히 그가 이룬 공을 자신의 것으로 소유하지 않는 것이다. 마치 땅의 도가 하늘을 대신하여 모든 것을 끝마치고 공을 이루지만 그 공을 하늘에게 맡기는 것과 같다. 아내의 도리도 그러하다.

爲下之道, 不居其功, 含晦其章美, 以從王事, 代上以終其事而不敢有其成功也. 猶地道代天終物而成功, 則主於天也. 妻道亦然.

하늘과 땅이 변화하면 초목이 번성한다. 하늘과 땅이 닫히면 현인이 숨는다. 『역』에서 "주머니를 묶으면 허물이 없으며 영예가 없다"고 한 것은 신중함을 말한 것이다.

天地變化, 草木蕃. 天地閉, 賢人隱. 易曰, 括囊無咎無譽, 蓋言謹也.

사四의 위치는 상체에 자리하여 군주와 가깝지만 서로를 얻으려는 뜻이 없으므로, 막히고 단절되는 모습이다. 하늘과 땅이 교류하여 감응하면 모든 것을 변화시켜서 초목이 번성하고, 군주와 신하가 서로 교류하면 도가 형통하다. 하늘과 땅이 닫히고 막히면 모든 것이 이루어지지 못하고, 군주와 신하의 도가 단절되면 현자들이 은둔한다. 사四의 위치는, 막히고 단절되는 때에 주머니 입을 꼭 틀어막고 속으로 자신의 능력을 감추면 비록 영예는 없지만 허물이 없을 수 있으니, 마땅히 신중하게 스스로 지켜야 함을 말하고 있다.

四居上, 近君而无相得之義, 故爲隔絶之象. 天地交感, 則變化萬物, 草木蕃盛, 君臣相際而道亨. 天地閉隔, 則萬物不遂, 君臣道絶, 賢者隱遯. 四於閉隔之時, 括囊晦藏, 則雖无令譽, 可得无咎, 言當謹自守也.

군자는 노란 문채가 중中에 있고 이치에 통하여, 올바른 지위에서 자신의 체통에 자리하고, 아름다움이 그 마음에 있고, 온몸에 펼쳐 있으며, 모든 일에 드러나니, 아름다움의 극치다.

君子, 黃中通理, 正位居體, 美在其中, 而暢於四支, 發於事業, 美之至也.

'황중黃中'이란 문채文가 중中에 있는 것(중도中道를 지키는 것)이다. 군자가 문채를 중에 두고 이치에 통달하여, 올바른 위치에 자리하여 아랫사람으로서의 체통을 잃지 않았다. 오五는 존귀한 지위이지만 곤괘의 경우에는 오직 중정中正의 뜻만을 취했다. 아름다운 능력이 마음속에 쌓이고 온몸에 통하고 뻗쳐서 모든 일에 드러나니, 아름다운 덕이 지극히 성대한 것이다.

黃中, 文居中也. 君子文中而達於理, 居正位而不失爲下之體. 五, 尊位, 在坤則惟取中正之義. 美積於中, 而通暢於四體, 發見於事業, 德美之至盛也.

음이 양을 의심하면 반드시 싸우니, 양을 무시하는 듯한 혐의가 있는 것이므로 '용'이라고 칭했고, 그 부류에서 벗어나지 못하므로 '피'라고 말했다. '검고 누르다'라고 한 것은 하늘과 땅이 뒤섞인 것이니, 하늘은 검고 땅은 누르기 때문이다.

陰疑於陽必戰, 爲其嫌於無陽也, 故稱龍焉, 猶未離其類也, 故稱血焉. 夫玄黃者, 天地之雜也, 天玄而地黃.

양은 크고 음은 작으니, 음은 반드시 양을 쫓는다. 음의 세력이 매우 성대해져서 양과 맞서니, 자신이 마치 양인 듯 생각하는 것이다. 서로 따르지 않으면 반드시 싸운다. 괘의 효는 모두 순수한 음이지만, 양이 없는 듯이 생각하므로 용龍이라고 일컬은 것이니, 음이 양과 더불어 싸우는 것을 나타낸다. '들에서'라는 말은 나아감을 그치지 않아서 밖에까지 이른 것이다. 세력이 매우 성대해져서 나아감에 그침이 없으면, 싸운다.

매우 성대하지만 음의 부류에서 벗어나지 못했는데 양과 다투니, 그 손상됨을 알 수 있으므로 '피'라고 했다. 음이 매우 성대해져서 양과 다투는 지경에 이르렀다면 양일지라도 손상이 없을 수 없기 때문에 그 피가 '검고 누르다玄黃'고 했다. 현황玄黃은 하늘과 땅의 색으로, 모두 손상되었음을 의미한다.

陽大陰小. 陰必從陽. 陰旣盛極, 與陽偕矣, 是疑於陽也. 不相從則必戰. 卦雖純陰, 恐疑无陽, 故稱龍, 見其與陽戰也. 于野, 進不已而至於外也. 盛極而進不已, 則戰矣. 雖盛極, 不離陰類也, 而與陽爭, 其傷可知, 故稱血. 陰旣盛極, 至與陽爭, 雖陽不能无傷, 故其血玄黃. 玄黃, 天地之色, 謂皆傷也.

---

1 호원은 곤坤을 이렇게 설명한다. "곤坤은 유순한 덕이다. 위로 하늘을 이어서 만물을 생성하니, 마치 신하가 유순한 덕으로 위로 군주를 받들어 만민을 생성하는 것과 같다坤, 柔順之德. 上承于天, 以生成萬物, 猶臣以柔順之德, 上奉于君, 以生成萬民也." 「범례」 2번 건곤 항목 참조.

2 유순柔順: 유연하고 순종적인 자질을 말한다. 「범례」 4번 재才와 덕德 항목 참조.

3 곤덕坤德에 합치한다: 곤덕이란 유순하면서도 올바름을 지킨다는 것이다. 호원은 신하의 도리를 설명하면서 이렇게 말한다. "오직 지극히 순종하면서 지극히 올바름을 지킨 뒤에야 그 상도常道를 잃지 않는다. 신하의 본분은 또한 그 올바름을 지키면서 순종함으로써 일을 처리해야만 한다. 만약 순종만 하고 올바름을 지키지 못했다면 그 실책은 아첨에 빠지는 데에 있고, 올바름만을 지키고 순종하지 못한다면 그 실책은 거칠게 군주를 대하면서 군주의 일을 앞서 주도하게 되는 데에 있다. 그래서 오직 군자는 온전한 덕을 가지고 있어서 이러한 도를 따라서 시종일관 그 본분을 잃지 않을 수가 있다. 이런 방식으로 행한다면 이롭지 않음이 없으므로 '군자의 나아갈 바가 있다'라고 했다唯至順至正然後, 不失其常道. 人臣之分, 亦當執其正而濟之以順. 若順而不正, 則失于諂媚, 若正而不順, 則失于悍愎而有先君之事. 是故惟君子有全德, 乃能循此道, 始終不失其分. 以此而往, 无所不利, 故曰君子有攸往也." 결국 유연하면서도 올바름을 지키는 행위란 올바름을 잃고 군주에게 아첨하지도 않고, 올바름만을 내세우면서 신하로서의 본분을 넘어선 일을 하지 않는 것을 말한다.

4 상도常道: 삼강三綱은 군위신강君爲臣綱, 부위자강父爲子綱, 부위부강夫爲婦綱이고, 오상五常은 인의예지신仁義禮智信이다. 삼강오상은 변하지 않는 것, 즉 정리定理다. 정이천은 "군주는 존귀하고 신하는 낮은 것이 천하의 상리다君尊臣卑, 天下之常理也"라고 한다. 상리常理가 곧 상도常道다. 「범례」 8번 정리定理, 상리常

理, 정리正理, 의리義理 항목 참조.

5 동류들을 멀리해야: 정이천은 동류를 같은 음陰의 부류로 이해한다. 호원은 구체적으로 스승과 친구를 떠나 조정에 들어가는 것으로 설명한다. "예를 들어 군자는 스승과 친구와 함께 도덕을 강론하다가, 그 학업을 성취하고, 그 본성을 밝히고 그 도를 힘써 행하여 조정에 천거되어 군주를 보필하고 백성에게 은택을 베푸는 일을 구하니, 이것이 그 동류를 잃는 것이다如君子之人與師友講成道德, 及其業已就, 其性已明, 務行其道, 而薦身於朝廷之間, 以求致君澤民之事, 是喪失其朋類者也"라고 설명한다. 그러나 정이천은 조정에 들어가는 것만을 특칭하지 않고 같은 음의 부류들과의 사사로운 이해관계를 떠나서 공명정대하고 본분에 맞게 행동하는 것으로 해석하고 있다.

6 곤원坤元: 「범례」 2번 건곤乾坤 항목 참조.

7 넓고 두터운 것: 박후博厚를 해석한 것이다. 『중용』 26장에 다음과 같은 구절이 있다. "그러므로 '지극한 진실과 정성至誠'은 쉼이 없으니, 쉬지 않으면 오래도록 지속하고, 오래도록 지속하면 징험이 있고, 징험이 있으면 여유 있게 오래 할 수 있고, 여유 있게 오래 할 수 있으면 넓고 두텁게 되고, 넓고 두텁게 되면 고명高明하다. 넓고 두터운 것은 모든 것을 실어주고, 고명한 것은 모든 것을 덮으며, 여유 있게 오래도록 지속하는 것은 모든 것을 완성시킨다. 넓고 두터운 것은 땅과 짝하고, 고명한 것은 하늘과 짝하며, 여유 있게 오래 지속하는 것은 한계가 없다故至誠無息. 不息則久, 久則徵, 徵則悠遠, 悠遠則博厚, 博厚則高明. 博厚, 所以載物也, 高明, 所以覆物也, 悠久, 所以成物也. 博厚配地, 高明配天, 悠久無疆."

8 상리常理: 「범례」 8번 정리, 상리, 정리, 의리 항목 참조.

9 유조柔躁: 유약하고 조급한 자질을 말한다. 주희는 이 말을 이렇게 설명한다. "'음의 체질은 유조하다'는 것은 그것이 유약하므로 그래서 조급한 것이다. 강剛함은 조급하지 않다. 조급이란 움직이려고 하지만 움직일 수 없다는 뜻이니 강함은 곧 움직인다. 유약하고 조급한 자는 스스로를 지킬 수가 없으므로 '안정되면서 올바르게 해야 길하다'고 했다陰體柔躁, 只爲他柔, 所以躁, 剛便不躁. 躁是那欲動而不得動之意, 剛則便動矣. 柔躁不能自守, 所以說安貞吉(『주역전의대전』)." 「범례」 4번 재와 덕 항목 참조.

10 건도乾道와 같으니: 건乾은 하늘, 군주, 아버지, 남자를 뜻하고 곤坤은 땅, 신하, 어머니, 여자를 뜻하지만, 그것이 현실에서는 단순하게 이분법적으로 적용되지 않는다. 정이천은 이렇게 말한다. "역을 볼 때는 또한 때를 알아야만 한다. 여섯 효는 사람마다 쓰임이 있다. 성인에게는 성인의 쓰임이 있고, 현인에게는 현인의 쓰임이 있고, 보통사람에게는 보통사람의 쓰임이 있고, 군주에게는 군주의 쓰임이 있고, 신하에게는 신하의 쓰임이 있어서 통하지 않는 곳이 없다. 어떤 사람이 물었다. '곤괘는 신하의 일인데 군주에게도 쓰임이 있습니까?' 선생이 말했다. '어째서 쓰임이 없겠는가? 예를 들어 곤괘 「상전」의 깊고 두터운 덕으로 모든 것을 너그럽게 담는다는 말이 군주에게 어찌 쓰임이 없을 수가 있겠는가?'看易, 且要知時. 凡六爻, 人人有用. 聖人自有聖人用, 賢人自有賢人用, 衆人自有衆人用, 學者自有學者用, 君有君用, 臣有臣用, 無所不通. 因問: '坤卦是臣之事, 人君有用處否?' 先生曰, '是何無用? 如厚德載物, 人君安可不用?'(『이정집』 19권 249쪽)" 이러한 정이천의 말을 보면 호원이 생각하듯이 건괘는 군주의 일을, 곤괘는 신하의 일을 상징한다고 단순

하게 이분법적으로 이해할 수는 없다. 정이천에게 건과 곤은 군주와 신하, 아버지와 아들, 남편과 아내라는 사회적 지위 관계와는 무관한 좀 더 추상적인 차원의 원리이자 힘이다. 「범례」 2번 건곤 항목 참조.

11 순전히 성대해지는 상황이 아니다: 이 '팔즉양생의八則陽生矣'라는 구절 때문에 후대에 논란이 많다. 정이천이 팔八을 사상四象 가운데 하나인 소음少陰으로 해석했다고 여겨지기 때문이다. 그러나 주희는 정이천이 사상, 즉 태양太陽, 태음太陰, 소양少陽, 소음少陰과 관련된 9, 6, 7, 8의 수리數理를 받아들이지 않고 있다고 비판하고(『주역전의대전』「범례·괘변도」), 정이천도 사상과 관련된 언급을 『역전』에서는 한 번도 거론하지 않기 때문에 이 구절을 수리론으로 해석하는 것은 무리가 있다. 정이천은 소강절과는 달리 64괘의 형성과정을 가일배법加一倍法으로 이해하지 않는다. "건괘와 곤괘가 변화하여 여섯 자식이 되었고 8괘가 중첩되어 64괘가 되었으니, 이는 모두 건과 곤의 변화로부터 유래한 것이다乾坤變而爲六子, 八卦重而爲六十四, 皆由乾坤之變也(비賁괘 「단전」)." 정이천은 이렇게 말한다. "선유들은 육을 노음으로 하고 팔을 소음으로 생각했는데, 분명 그렇지 않다. 왕안석은 군자를 나아가게 하고 소인을 물러서게 하는 것은 성인이 의리를 조금 안배한 것으로 여겼다. 이것 또한 음양의 수를 정한 것이니, 어찌 의리를 말한 것이겠는가? 구와 육은 단지 순음과 순양이라는 의미를 취한 것이다. 오직 육만이 순음인 것은 하도의 수를 취해 알 수 있다. 육을 지나면 일양이 생겼으니, 팔에 이르면 그것은 순음이 아니다先儒以六爲老陰, 八爲少陰, 固不是. 介甫以爲進君子而退小人, 則是聖人旋安排義理也. 此且定陰陽之數, 豈便說得義理. 九六只是取純陰純陽. 惟六爲純陰, 只取河圖數見之, 過六則一陽生, 至八便不是純陰." 정이천의 이 말은 왕안석의 입장과 연결해서 해석되어야 한다. 정이천이 말한 것은 하도낙서 류의 수리론이 아니라, 자연의 수인 음양이 소장消長하는 이치와 군자와 소인이 진퇴進退하는 도리의 차이를 구별하기 위해서 곤괘 초육효가 팔의 의미가 아니라 육이라는 순음의 의미를 가진 것이라고 주장한 것이다. 이 차이를 알기 위해서는 곤괘 초육효를 음이 아래에서 처음 자라나는 구姤괘 초육효와 비교할 수 있다. 정이천은 구괘 초육효에 대해서 이렇게 설명한다. "구괘는 음陰이 처음 생겨나 자라나려는 괘다. 하나의 음이 생겨나면 점차로 자라나서 성대해지고, 음이 자라나면 양陽이 소멸되니, 소인의 도가 자라나는 것이다. 마땅히 음의 세력이 미약하여 성대해지지 않았을 때 저지해야만 한다姤, 陰始生而將長之卦. 一陰生, 則長而漸盛, 陰長則陽消, 小人道長也. 制之當於其微而未盛之時." 구괘 초육효도 음의 세력이 성장하려는 때이고 곤괘 초육효도 음의 세력이 성장하려는 때다. 이 두 상황은 어떻게 다른가? 곤괘 초육효에서는 이제 막 성장하려는 음의 세력을 저지할 수 없는 상황이다. 그것은 바로 순음으로서 필연적인 상황이기 때문이다. 순음이라는 것은 노음老陰이라는 뜻이 아니다. 육이 태음, 즉 노음이라면 변효變爻이기 때문에 양으로 변화하게 된다. 그리고 팔이라면 이미 양이 생겨난 것이기 때문에 순음이 아니다. 그래서 육이나 팔이라는 태음과 소음으로 말하지 않고 순음이라고 말한 것이다. 순음이기 때문에 음의 세력이 성장하는 것을 인위적으로 제지할 수 없는 필연적인 시세인 것이다. 그래서 곤괘의 초효에서 정이천은 구괘처럼 소인을 물러서게 하거나 제지할 수 있다고 주석하지 않고, 그저 경계하라고 말하고 있다. 그리고 이와는 달리 해석하고 있는 왕안석을 비판하고 있는 것이다.

12 곤은 올바름直, 강함方, 큰 포용력大: 공영달은 이렇게 구별한다. "만물을 낳는

데에 사특함이 없는 것이 직直이고, 땅의 형체가 안정되고 고요한 것이 방方이고, 모든 사물을 실으니 대大다生物不邪, 謂之直也, 地體安靜, 是其方也, 无物不載是其大也." 호원은 조금 다른 방식으로 설명한다. "'직直'이란 올바름으로 양이 오기를 기다린 후에 발하여 모든 것을 낳고 이룬다. 이것은 그 형체가 안정되고 고요하며 올바름을 지켜서 다른 것보다 앞서서 주도하지 않는다. '방方'이란 '의義'이고 '의'란 마땅함이다. 만물을 낳음에 사사로움이 없어서 각각 그 마땅함을 얻게 한다. '대大'란 땅의 형체가 지극히 커서 포용하지 않음이 없고 허용하지 않음이 없는 것을 말한다直, 正也, 待夫陽之至, 然後發而生成萬物. 是其體安静守正而不爲物之先也. 方, 義也, 義, 宜也. 言生物无私, 使各得其宜也. 大者, 言地體至大, 无所不包, 无所不容也." 정이천은 이전 학자들과는 다르게 호연지기와 연결하여 설명한다. 독특한 점은 방方을 강剛과 연결해서 설명한다는 점이다. 그러나 「문언전」에서는 "곧음直이란 그 올바름을 말한다. 반듯함方은 그 의로움을 말한다. 군자는 경敬에 집중하여 마음을 바르게 하고, 의로움을 지켜서 세상을 반듯하게 한다直其正也, 方其義也. 君子敬以直內, 義以外方"라 하여 호원처럼 방方을 의義와 관련하여 설명하고 있다.

13 억지로 하려고 하지 않아도 저절로 그렇게 되는 것: "순·우·익이 재상을 지낸 기간에 많은 차이가 있고 그 아들의 현·불초에 차이가 있는 것은 모두 하늘의 뜻이니, 사람이 인위적으로 할 수 있는 것이 아니다. 억지로 하려고 하지 않아도 저절로 그렇게 되는 것을 천天이라 하고, 인위적으로 오게 하지 않았는데도 나에게 오는 것을 명命이라 한다舜·禹·益相去久遠, 其子之賢不肖, 皆天也, 非人之所能爲也. 莫之爲而爲者, 天也, 莫之致而至者, 命也(『맹자』「만장상」)."

14 편안하게 행하는데 도에 적중하는 것: '종용중도從容中道'를 해석한 것이다. "성誠은 하늘의 도이고 성하게 되려는 것은 인간의 도다. 성誠이란 힘쓰지 않아도 중도에 적중하고, 사려하지 않아도 얻는 것이니, 편안하게 행하는데 도에 적중하는 것이 성인이다誠者, 天之道也, 誠之者, 人之道也. 誠者不勉而中, 不思而得, 從容中道, 聖人也(『중용』 20장)."

15 지극히 크고 지극히 강하며 곧다: "감히 묻겠습니다. 호연지기란 무엇입니까? 맹자가 말했다. 말하기가 매우 어렵다. 그 기 됨은 지극히 크고 지극히 강하여, 굳센 올바름으로 길러서 해치지 않으면 하늘과 땅 사이에 가득 찬다. 그 기 됨은 항상 합당한 의義와 배합되고 도와 더불어 하니, 이것이 없다면 시들어버린다敢問何謂浩然之氣? 曰, 難言也. 其爲氣也, 至大至剛, 以直養而無害, 則塞于天地之間. 其爲氣也, 配義與道, 無是, 餒也(『맹자』「공손추상」)."

16 익힌 후에야 모든 것을 이롭게 하겠는가?: "익히지 않아도 이롭지 않음이 없다"를 호원은 평소에 축적했기 때문에 익힐 필요가 없다는 의미로 푼다. "인간사로 말하자면 군자는 그 덕을 평소에 축적하고 그 행위를 평소에 드러나게 하니, 성현의 사업이 이미 시초에서부터 익혀져 있다. 이런 경지에 이르러야 조정에 등용되어 때에 적합하게 시행하니, 또한 일에 당면하고 나서야 그 일에 적합한 능력을 경영하고 익히는 것이 아니다以人事言之, 則君子之人, 其德素蘊, 其行素著, 聖賢之事業, 已習之于始. 至此, 用之朝廷之上, 隨時而行之, 且非臨事而乃營習."

17 주머니를 묶으면: 정이천은 "괄낭括囊이면 무구무예無咎無譽라"라고 풀고 주희는 "괄낭이니 무구무예다"라고 풀고 있다. 정이천은 육사효 자체를 여러 가지 가능성이 있는 것으로 풀고 그 가운데에서 가장 이상적인 행위가 '괄낭'이므로 괄낭

을 실천하면 '무구무예'라는 가장 좋은 결과를 얻을 수 있다고 본 것이다. 반면 주희는 상사象辭와 점사占辭를 구분한다. 그래서 이미 괄낭의 상象이므로 그 결과로서의 점占괘가 무구무예라고 풀고 있는 것이다. 이는 주희가 『역』을 철저하게 점서, 즉 미래를 예측하는 문헌으로 해석하기 때문이다.

18 영예도 없다: 제자 가운데 육사효를 '조정에 숨은 은둔자'로 생각하는 이들이 있다. 그러나 정이천은 여기에 반대한다. "물었다. '주머니를 묶는 일은 다시 지위를 얻으려고 그러한 것입니까?' 선생이 말했다. '64괘의 지위는 모두 상체에 있지만, 곤괘의 육사효는 중복된 음효이므로 「문언전」에서 현인은 숨는다고 말했던 것이니, 지위를 얻지 못한 것이다.' 물었다. '아마도 후대 사람들은 이 효에 근거하여 조정에 숨은 은둔자朝隱가 있다고 말했던 것 같습니다.' 선생이 말했다. '어찌 그럴 리가 있겠는가? 예전에 임희林希가 그러한 학설이 있어서 양웅이 녹봉을 받으며 은둔했다고 말했다. 그러나 양웅은 후대 사람들이 그의 저서를 보고 그가 그러했다고 했지만, 어떻게 양웅이 그러했겠는가?問, 括囊事還做得在位使否? 先生曰, 六四位是在上, 然坤之六四却是重陰, 故云賢人隱, 便做不得在位. 又問, 恐後人緣此, 謂有朝隱者. 先生曰, 安有此理? 向林希嘗有此說, 謂揚雄爲祿隱. 揚雄後人只爲見他著書, 便須要做他是, 怎生做得是(『이정집』 19권 251쪽)"

19 그 본분을 지키라는 말이다: 호원은 이 효를 공경公卿의 지위로 해석하고 있다. "윗도리는 군주를 상징하고 치마는 신하를 비유한다. 육오효는 상괘의 가운데에 자리하니 공경의 지위에 해당한다. 그가 중도를 지켜서 아름다운 이로움을 세상에 시행하고 사방에 펼치므로, 크게 길함을 얻는다衣, 譬其君, 裳, 喻其臣, 以六五居上卦之中, 而當公卿之位. 是能執中道施美利而暢於四方, 故獲元大之吉也." 그래서 황상黃裳, 즉 노란 치마란 군주를 대신하여 권력을 행사하더라도 신하로서의 직분을 지켜야 한다는 의미다. 정이천도 이 육오효를 신하로서 왕이 된 경우 혹은 신하로서 군주의 지위에 올라 섭정을 하는 경우로 해석하고 있다.

20 후예后羿는 중국의 각종 전설에 나오는 활 잘 쏘는 사람인데, 여기서는 하나라의 인물을 말한다. 인물사전 참조.

21 왕망王莽은 신新나라의 창건자로, 자는 거군巨君이다. 전한前漢의 제11대 황제 원제元帝의 황후였던 원후元后의 동생 왕만王曼의 차남이다. 인물사전 참조.

22 여와女媧는 중국 고대 신화에서 인간을 창조한 여신으로 등장한다. 인물사전 참조.

23 측천무후則天武后는 중국에서 유일하게 황제가 되었던 여성이다. 인물사전 참조.

24 '이利'라는 글자가 빠졌다: 호원은 이利라는 글자를 넣어서 해석하지는 않았다. "신하의 도리는 반드시 군주가 불러주기를 기다린 후에 화답하고 군주가 명령한 후에 따라서, 감히 일을 처리하기 이전에 먼저 주도하려고 하지 않으니, 지키는 바를 얻고 신하로서의 상도를 잃지 않는다凡爲人臣之道, 必待君倡而後和, 君令而後從, 不敢居事之先, 則得所守而不失臣子之常也."

25 커지는 것을 말한다: 정이천은 순順을 이치에 따라서 성장한다는 뜻으로 풀지만 주희는 '순順'을 신중함을 뜻하는 '신愼'으로 해석한다. "옛 글자에서 순順과 신愼은 통용되는 글자였다. 이에 따르면 당연히 신愼이 되어야 하니, 마땅히 미세한 곳에서 분별해야만 한다는 말이다古字, 順愼通用. 按此, 當作愼, 言當辨之於微也."

26 반듯함方: 정이천은 곤괘 육이효의 '직방대直方大'를 해석할 때 방方을 호연지기와 연결하여 강剛으로 해석했지만, 여기서 말하는 방이란 의義와 관련되므로 반듯함이라고 해석했다. 여기서 방方은 "경이직내, 의이방외敬以直內, 義以方外"와 관련된 말로서, 마땅한 의리로 외적인 일들을 반듯하고 올바르게 처리하는 것을 의미한다.

27 마음을 바르게 하고: 건괘 구이효의 「문언전」에 "한사존기성閑邪存其誠"이라는 표현과 연결시켜 이해할 수 있다. 정이천은 '경이직내敬以直內'에서 경건敬을 주일主一과 관련하여 설명한다. "일一에 집중한다는 것이란 경건敬을 말하고, 일一이란 성誠을 말한다. 집중한다는 것은 뜻이 있는 것이다主一者謂之敬, 一者謂之誠. 主則有意在." 그래서 주일主一이 곧 '한사閑邪'의 문제와 연결되는 것이다. 정이천은 '경건하여 마음을 곧게 한다敬以直內'를 '경건함으로써 마음을 곧게 한다以敬直內'로 이해해서는 안 된다고 강조했다. "경건하여 마음을 곧게 하고 마땅한 의리를 행하여 바깥을 반듯하게 한다는 것은 인仁이다. 그러나 경건함으로써 마음을 곧게 하고 마땅한 의리로써 바깥을 반듯하게 한다고 말해서는 안 된다. 그것을 경건과 마땅한 의리라고 말하는 것은 인과 의를 행하는 것과 같을 뿐이니 어떻게 곧음直이 있을 수 있겠는가? 곧음이라고 하는 것은 맹자가 말하는 반드시 일삼음이 있되 마음에서 기대하지 않게 하는 것을 말한다. 경건하여 마음을 곧게 하고 마땅한 의리를 행하여 바깥을 반듯하게 한다는 것은 사물과 같아지는 것이다敬以直內, 義以方外, 仁也. 不可曰以敬直內, 以義方外. 謂之敬義者, 猶曰行仁義云耳, 何直之有? 所謂直也者, 必有事而勿正心是也. 敬以直內, 義以方外, 與物同矣." 정이천의 이러한 표현은 경건과 마땅한 의리를 의식하고 나서 그것을 실천하는 것이 아니라, 경건과 마땅한 의리를 의식하지 않으면서도 그것을 실행하는 상태를 말하려는 것이다. 그래서 정이천은 '익히지 않아도 이롭지 않음이 없다不習無不利'를 '저절로 자연스럽게 작동하는 것其自然'으로 해석했던 것이다.

28 바깥을 반듯하게 한다: 정이천은 경건敬과 마땅한 의리義를 어떻게 구별하는가에 대한 질문에 대해서 "경건은 자신을 보존하는 방도이지만 마땅한 의리는 옳음과 그름이 있다는 점을 아는 것이다. 이치를 따라서 행하는 것이 곧 마땅한 의리다敬只是持己之道, 義便知有是有非. 順理而行, 是爲義也"라고 대답하고 있다. 그런 점에서 바깥을 반듯하게 한다는 것은 마땅한 의리를 깨달으면 외적인 모습이 저절로 올바르게 된다는 의미다. 그렇게 함으로써 외적 사물을 마땅하게 처리한다는 의미이기도 하다. 이에 대해 양구산의 설명이 좋다. 양구산은 주로 외적인 일을 처리하는 것으로 설명한다. "경건敬이란 그 진실한 마음을 다하여 조금의 거짓도 없는 것을 말하니, 그것이 곧음直이다. 만약 그 곧은 마음을 일을 처리하는 데에 시행하면, 두텁게 하고 박하게 하며 융성하게 대하고 살벌하게 대하는 데에 일정하여 원칙을 바꾸지 않게 되니, 반듯한 것이다. 주인 삼는 것이 경건敬이고 마땅한 의리義는 이것으로부터 저절로 나오므로 안과 밖의 분별이 있다盡其誠心而無僞焉, 所謂直也. 若施之於事則厚薄隆殺, 一定而不可易, 爲有方矣. 所主者敬而義則自此出焉, 故有內外之辨(『주역전의대전』)." 주희의 설명도 좋다. "주자가 말했다. '경건敬이 세워지면 마음은 저절로 곧게直 되고, 마땅한 의리義가 형성되면 밖은 저절로 반듯해진다. 그러나 만약 경건으로 마음을 곧게 하려고 하거나, 마땅한 의리로 밖을 반듯하게 하려고 하면 잘못이다.' 물었다. '마땅한 의리가 형성되어 바깥이 반듯하다는 것이 무슨 뜻입니까?' 대답했다. '마땅한 의리는 마음에서 일을 결단

하는 것이니, 마음이 안에서 결단하면 바깥은 방정方正하게 되어, 만물이 각각 그 마땅함을 얻는다.'朱子曰, 敬立而內自直, 義形而外自方. 若欲以敬要去直內, 以義要去方外, 則非矣. 問, 義形而外方. 曰, 義是心頭斷事底, 心斷於內而外便方正, 萬物各得其宜(『주역전의대전』)."

3. 혼돈: 둔屯괘䷂

수뢰둔水雷屯이라고 읽는다. 괘의 모습이 감坎☵괘가 위에 있고 진震☳괘가 아래에 있기 때문이다.

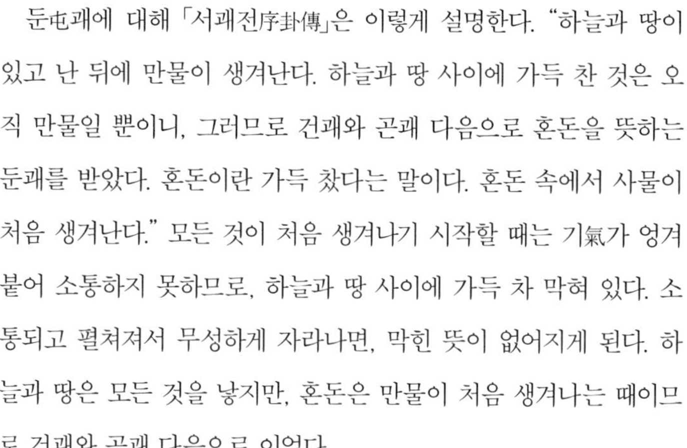

둔屯괘에 대해 「서괘전序卦傳」은 이렇게 설명한다. "하늘과 땅이 있고 난 뒤에 만물이 생겨난다. 하늘과 땅 사이에 가득 찬 것은 오직 만물일 뿐이니, 그러므로 건괘와 곤괘 다음으로 혼돈을 뜻하는 둔괘를 받았다. 혼돈이란 가득 찼다는 말이다. 혼돈 속에서 사물이 처음 생겨난다." 모든 것이 처음 생겨나기 시작할 때는 기氣가 엉겨 붙어 소통하지 못하므로, 하늘과 땅 사이에 가득 차 막혀 있다. 소통되고 펼쳐져서 무성하게 자라나면, 막힌 뜻이 없어지게 된다. 하늘과 땅은 모든 것을 낳지만, 혼돈은 만물이 처음 생겨나는 때이므로 건괘와 곤괘 다음으로 이었다.

감坎☵괘와 진震☳괘 이 두 괘의 모습으로 말하면, 감괘가 상징하는 구름과 진괘가 상징하는 우레가 함께 일어나니, 음과 양이 비로소 교류한다. 감괘와 진괘, 이 두 괘의 형체로 말하면, 진괘의 첫번째 양효가 밑에서 교류하기 시작하고 감괘의 두번째 양효가 가운데에서 교류하기 시작하니, 음과 양이 서로 교류하여 구름과 우레가 일어나는 것이다. 음과 양이 교류하기 시작해서 구름과 우레가 호응하지만, 아직 연못을 이루지 못했으므로 혼돈이다. 만약 연못을 이루었다면 막힌 것이 풀어져 소통한 것이다. 또 감괘는 험난한 위험을 상징하고 진괘는 움직임을 상징하니, 험난한 가운데에서 움직이는 것도 혼돈의 뜻이다. 음과 양이 교류하지 않는 것이 비否괘이고, 교류하기 시작했지만 아직 소통되어 펼쳐지지는 못했으니 둔괘이다. 인간사의 때로 말하자면 세상이 혼란과 고난에 빠져 형통하고 태평하지 못한 때다.

屯, 序卦曰, "有天地, 然後萬物生焉. 盈天地之間者惟萬物, 故受之以屯. 屯者盈也, 屯者物之始生也." 萬物始生, 鬱結未通, 故爲盈塞於天地之間. 至通暢茂盛, 則塞意亡矣. 天地生萬物, 屯, 物之始生, 故繼乾坤之後. 以二象言之, 雲雷之興, 陰陽始交也. 以二體言之, 震始交於下, 坎始交於中, 陰陽相交, 乃成雲雷. 陰陽始交, 雲雷相應而未成澤, 故爲屯. 若已成澤, 則爲解也. 又動於險中, 亦屯之義. 陰陽不交則爲否, 始交而未暢則爲屯. 在時, 則天下屯難, 未亨泰之時也.

혼돈은 크게 형통하고 올바름이 이롭다. 함부로 일을 진행해나가지 말고, 제후를 세우는 것이 이롭다.

屯, 元亨利貞. 勿用有攸往, 利建侯.

혼돈의 때에는 크게 형통할 수 있는 길이 있지만, 이로운 처신은 올바름을 굳게 지키는 데에 있다. 올바름을 굳게 지키지 않는다면 어떻게 혼돈을 구제할 수 있겠는가? 혼돈이 막 시작하려 할 때는 함부로 일을 진행해나가서는 안 된다.[1] 세상의 혼돈을 어떻게 혼자 힘으로 구제할 수 있겠는가? 반드시 도와줄 수 있는 세력을 넓게 구해야 하므로, 제후를 세우는 것이 이롭다고 했다.

屯有大亨之道, 而處之利在貞固. 非貞固何以濟屯? 方屯之時, 未可有所往也. 天下之屯, 豈獨力所能濟? 必廣資輔助, 故利建侯也.

「단전」에서 말했다. 혼돈이니, 강함과 유함이 교류하기 시작했으나 어려움이 생겨나서, 험난함 속에서 움직인다.

彖曰, 屯, 剛柔始交而難生, 動乎險中.

감坎괘가 상징하는 구름과 진震괘가 상징하는 우레 두 괘의 모습으로 말하자면, 강함과 유함이 교류하기 시작한 것이다. 감괘와 진괘, 이 두 괘의 형체로 말하자면, 감괘는 험난함을 상징하고 진괘는 움직임을 상징하니, 험난함 속에서 움직이는 모습이다. 그래서 강함과 유함이 교류하기 시작했지만, 서로 소통하여 뜻을 펼치지 못하니, 어렵고 혼란스럽다. 그래서 어려움이 생겨난다고 했다. 또 험난함 속에서 움직이는 것도 어렵고 혼란스러운 뜻이 된다.

以雲雷二象言之, 則剛柔始交也. 以坎震二體言之, 動乎險中也. 剛柔始交, 未能通暢, 則艱屯, 故云難生. 又動於險中, 爲艱屯之義.

크게 형통할 수 있지만 올바름을 지켜야 하는 것은 우레와 비의 움직임이 세상에 가득 차 있기 때문이다.

大亨貞, 雷雨之動滿盈.

크게 형통할 수 있지만 올바름을 지켜야 한다는 말은 우레와 비의 움직임이 혼돈 속에 가득 찼기 때문이다. 음양이 비로소 교류하기 시작했지만 어려움과 혼돈 속에서 서로 소통하고 뜻을 펼치지 못하다가, 서로 화합과 융합을 이루면 우레가 치고 비가 내려서 하늘과 땅 사이에 가득 차고, 사물을 낳고 이어 완성하게 되니, 혼돈 속에서도 크게 형통할 수 있는 길이 있다. 크게 형통할 수 있는 까닭은 올바름을 굳게 지켰기 때문이다. 올바름을 굳게 지키지 못했다면 어떻게 혼돈에서 벗어날 수 있겠는가? 혼돈에 처한 사람이 크게 형통하는 길이 있으니, 또한 올바름을 굳게 지키는 데에 달려 있다.

所謂大亨而貞者, 雷雨之動滿盈也. 陰陽始交, 則艱屯未能通暢, 及其和洽, 則成雷雨, 滿盈於天地之間, 生物乃遂, 屯有大亨之道也. 所以能大亨, 由夫貞也. 非貞固安能出屯? 人之處屯, 有致大亨之道, 亦在夫貞固也.

———

시세의 흐름이 혼란하고 어두운 때에는 제후를 세우되 안일하게 행동하지 말아야 한다.

天造草昧, 宜建侯而不寧.

앞의 글에서 하늘과 땅이 만물을 낳는 뜻을 말했고, 이 글에서는 구체적인 때의 일을 말했다. '천조天造'란 시세의 흐름을 말한다. '초草'란 혼란하여 질서가 없는 것이다. '매昧'란 어두워 밝지 못한 것이다. 이러한 시세의 흐름에 처했을 때는 마땅히 도와줄 수 있는 세력을 만들어야만 혼돈을 해결할 수 있다. 도와줄 수 있는 세력을 세워서 힘을 빌렸더라도, 또한 근심하고 노력하고 신중하고 두려워하며, 성급하고 안일하게 처신해서는 안 되니, 성인이 깊게 경계한 것이다.

上文言天地生物之義, 此言時事. 天造謂時運也. 草, 草亂无倫序. 昧, 冥昧不明. 當此時運, 所宜建立輔助, 則可以濟屯. 雖建侯自輔, 又當憂勤兢畏, 不遑寧處, 聖人之深戒也.

「상전」에서 말했다. 구름과 우레가 둔괘의 모습이니, 군자는 이것을 본받아 천하를 경영한다.

象曰, 雲雷屯, 君子以經綸.

물을 상징하는 감坎괘를 비라고 말하지 않고서 구름이라고 말한 것은 구름은 비가 되지만 아직 비가 되지 않았기 때문이다. 아직 비를 이룰 수가 없기 때문에 혼돈이다. 군자는 이 혼돈의 모습을 관찰하고서, 세상의 일들을 경륜하여 혼돈과 고난을 해결한다. '경위經緯'나 '윤집綸緝'은 모두 일을 경영한다는 말이다.

坎不云雨而云雲者, 雲爲雨而未成者也. 未能成雨, 所以爲屯. 君子觀屯之象, 經綸天下之事, 以濟於屯難. 經緯, 綸緝, 謂營爲也.

초구효는 주저하고 머뭇거리는 모습이니, 올바름을 지키는 것이 이롭고, 제후를 세우는 것이 이롭다.

初九, 磐桓, 利居貞, 利建侯.

초구효는 양효로서 아랫자리에 있으니, 강명剛明[2]한 재능으로 혼돈과 고난의 세상을 당하여, 낮은 위치에 자리한 사람이다. 그래서 지금 당장 가서 혼돈을 해결할 수 없으므로 "주저하고 머뭇거린다"고 했다. 혼돈이 시작될 때에 주저하고 머뭇거리지 않고, 성급하고 경솔하게 일을 진행해나간다면 어려움에 빠진다. 그러므로 마땅히 올바름을 지키고 자신의 뜻을 고수해야만 한다.

그러나 혼돈과 고난에 처해서 올바름을 지킬 수 있는 사람[3]은 아주 드물다. 올바름을 굳게 지키지 못한다면 마땅한 의리를 잃게 되니, 어떻게 그 시대의 혼돈을 해결할 수가 있겠는가? 혼돈의 세상에 처하여 낮은 위치에서 어려움에 빠져 있으니, 마땅히 도와줄 수 있는 세력이 있어야만 혼돈에 처하여 혼돈을 해결할 수 있는 길이다. 그래서 제후를 세우는 뜻을 취했으니, 도와줄 수 있는 세력을 구하라는 말이다.

初以陽爻在下, 乃剛明之才. 當屯難之世, 居下位者也. 未能便往濟屯, 故磐桓也. 方屯之初, 不磐桓而遽進, 則犯難矣. 故宜居正而固其志. 凡人處屯難, 則鮮能守正. 苟无貞固之守, 則將失義, 安能濟時之屯乎? 居屯之世, 方屯於下, 所宜有助, 乃居屯濟屯之道也. 故取建侯之義, 謂求輔助也.

「상전」에서 말했다. 주저하고 머뭇거리고 있지만 뜻은 올바름을 행하려 한다.

象曰, 雖盤桓, 志行正也.

현인이 낮은 위치에 자리하고 때가 이롭지 못하여, 주저하고 머뭇거리며 지금 당장 성급하게 가서 세상의 혼돈을 해결할 수는 없지만, 혼돈을 해결하려는 뜻과 혼돈을 해결할 수 있는 능력은 있으니, 뜻은 올바름을 행하려는 데에 있다.

賢人在下, 時苟未利, 雖盤桓未能遂往濟時之屯, 然有濟屯之志與濟屯之用, 志在行其正也.

귀한 몸으로 낮은 사람들에게 몸을 낮춰 가니, 크게 민심을 얻는다.

以貴下賤, 大得民也.

초구효는 혼돈과 고난의 때를 당하여 양陽한 자질로 음陰한 자질의 사람들 아래로 와서 자리했으니, 귀한 몸으로 낮은 사람들에게 몸을 낮추어 가는 모습이다. 혼돈이 시작되었을 때 음유陰柔[4]한 자질로는 스스로 보존할 수 없는데, 강양剛陽[5]한 재능을 가진 한 사람이 있으니, 대중들이 그를 따르고 복종한다. 게다가 그가 스스로 겸손하게 처신하기 때문에 크게 민심을 얻는 것이다.

어떤 사람은 의심하여 이렇게 묻는다. "혼돈의 때에 낮은 자리에 처했는데 무슨 귀한 몸인가?" 이렇게 대답하겠다. 강명한 재능으로 음유한 사람들에게 자신을 낮추고, 혼돈을 해결할 수 있는 재능을 가지고 능력이 없는 사람에게 자신을 낮춰 겸손하니, 귀한 이가 낮은 사람들에게 몸을 낮추는 것이다. 하물며 양이 음에 비해 본래 귀한 것인데 어찌할 것인가?

九當屯難之時, 以陽而來居陰下, 爲以貴下賤之象. 方屯之時, 陰柔不能自存, 有一剛陽之才, 衆所歸從也. 更能自處卑下, 所以大得民也. 或疑方屯於下, 何有貴乎? 夫以剛明之才而下於陰柔, 以能濟屯之才而下於不能, 乃以貴下賤也. 況陽之於陰, 自爲貴乎?

육이효는 혼돈스러워서 나아가지 못하며, 말을 탔다가 내리니, 도적이 아니라면 혼인을 한다. 여자가 올바름을 지켜 아이를 잉태하지 않다가,[6] 10년 만에 아이를 잉태한다.

六二, 屯如邅如, 乘馬班如, 匪寇, 婚媾. 女子貞不字, 十年乃字.

육이효는 음유한 자질로 혼돈의 세상에 처하여, 올바른 호응 상대(구오효를 말한다)가 위에 있는데 강한 초구효가 가까이서 압박하고 있으므로, 혼돈과 어려움에 처해있다. '전邅'은 돌아간다는 말이고, '여如'는 어조사다. "말을 탔다"는 것은 행하려는 것이다. 올바른 호응 상대를 좇아가려고 하지만, 다시 말에서 내려 나아갈 수가 없다. '반班'은 나누어진다는 의미다. 말에서 내리는 것이 나누어지는 것으로 말과 다른 곳에 처하는 것이다.

육이효는 혼돈의 세상에 처하여, 스스로 혼돈의 세상을 구제할 수는 없더라도 중中의 위치에 자리하고[7] 올바름을 얻었으며, 위로 올바른 호응 상대가 있어서 마땅한 의리義理는 잃지 않은 자이지만, 가까이에서 초구효가 핍박한다. 음은 양이 구하려는 것이며, 유柔한 사람은 강剛한 자가 능멸하려고 하니, 나약한 자가 혼돈의 상황에 처하여 본래 스스로 해결하기가 어렵고, 또 강양한 사람에게 핍박을 당하므로 고난에 처하게 된다.

만약 도적이 압박하는 어려움으로 핍박을 받지 않았다면 가서 혼인을 구할 것이다. 혼인을 구하는 것이란 올바른 호응 상대를 말한다. 도적이란 아무런 이유도 없이 닥친 사람이다. 육이효는 중정中正을 지키고 구차하게 초구효와 결합하지 않았기 때문에, 아이를 잉태하지 않았던 것이다. 올바름을 굳게 지켜 지조를 바꾸지 않고서 10년이 지나면, 혼돈은 극에 달해서 반드시 통하게 되니, 그때 올바른 호응 상대를 얻어 아이를 낳고 잘 기른다. 여자의 음유함으로 그 지조와 절개를 지킬 수 있다면 오래되어 반드시 통함을 얻는데, 군자가 도를 지켜서 배반하지 않는 것이야 당연히 통함을 얻지 않겠는가?

어떤 사람은 이렇게 묻는다. "초구효는 현명하고 강직하며 올바른 사람이라고 말해놓고서 도적이 되어 사람을 핍박한다고 하는 것은 어째서인가?" 이렇게 답하겠다. 이것은 육이효가 유함으로써 강함에 가까이 있는 상황에 근거하여 의미를 취한 것이니, 초구효의 덕이 어떠한지는 고려하지 않은 것이다. 『역』이 의미를 취하는 방식이 이와 같다.

二以陰柔居屯之世, 雖正應在上, 而逼於初剛, 故屯難. 邅回, 如辭也. 乘馬, 欲行也. 欲從正應, 而復班如, 不能進也. 班, 分布之義. 下馬爲班, 與馬異處也. 二當屯世, 雖不能自濟, 而居中得正, 有應在上, 不失義者也, 然逼近於初. 陰乃陽所求, 柔者剛所陵, 柔當屯時, 固難自濟, 又爲剛陽所逼, 故爲難也. 設匪逼於寇難, 則往求於婚媾矣. 婚媾, 正應也. 寇, 非理而至者. 二守中正, 不苟合於初, 所以不字. 苟貞固不易, 至於十年, 屯極必通,乃獲正應而字育矣. 以女子陰柔, 苟能守其志節, 久必獲通, 況君子守道不回乎? 初爲賢明剛正之人, 而爲寇以侵逼於人, 何也? 曰, 此自據二以柔近剛而爲義, 更不計初之德如何也. 易之取義如此.

「상전」에서 말했다. 육이효의 고난은 강함을 타고 있기 때문이다. 10년 만에 아이를 잉태했다는 것은 상도常道로 돌아갔다는 것이다.

象曰, 六二之難, 乘剛也. 十年乃字, 反常也.

육이효가 혼돈의 상황에 처했고 또 강함을 타고 있어서 강양한 자에게 핍박을 당하니, 이것이 근심과 고난이다. 10년에 이르면 어려움이 오래되어서 반드시 통하게 되니, 그 상도常道로 돌아가 올바른 호응 상대와 결합하게 된다. 10이란 수의 끝이다.

六二居屯之時, 而又乘剛, 爲剛陽所逼, 是其患難也. 至於十年, 則難久必通矣, 乃得反其常, 與正應合也. 十數之終也.

육삼효는 사슴을 쫓는데 안내자虞人[8]가 없어 깊은 숲속에 들어갈 뿐이다. 군자가 기미를 보고 그만두는 것만 못하니 그대로 가면 인색해진다.[9]

六三, 即鹿无虞, 惟入于林中. 君子幾不如舍, 往吝.

육삼효는 음유한 자질로 강한 위치에 자리했다.[10] 유한 자질을 가진 사람이 혼돈의 상황에서 안정을 이루지 못하고 강한 위치에 자리하여 중정中正을 이루지 못했으니, 성급하고 경망스럽게 행동한다. 혼돈을 해결하여 명예를 구하려고 탐욕을 부리지만, 혼자서 혼돈을 구제하기에는 역부족이고 또 도움을 줄 수 있는 호응자도 없으니, 어디로 갈 수 있겠는가? 마치 사슴을 잡으러 가는데 안내자가 없는 것과 같다. 깊은 산속에 들어간 사람은 반드시 안내자의 인도를 받아야 한다. 인도해주는 사람이 없으면, 오직 깊은 산속에 빠져 길을 잃을 뿐이다. 군자가 상황의 기미를 보고 그만두어 쫓아가지 않는 것보다도 못한 행동이니, 가면 도리어 궁색하고 인색해질 뿐이다.

六三, 以陰柔居剛, 柔既不能安屯, 居剛而不中正, 則妄動. 雖貪於所求, 既不足以自濟, 又无應援, 將安之乎? 如即鹿而无虞人也. 入山林者, 必有虞人以導之. 無導之者, 則惟陷入于林莽中. 君子見事之幾微, 不若舍而勿逐, 往則徒取窮吝而已.

「상전」에서 말했다. 사슴을 쫓되 안내자가 없는 것은 날짐승을 쫓았기 때문이고 군자가 그만둔 것은 가면 인색하고 궁색해지기 때문이다.

象曰, 即鹿无虞, 以從禽也. 君子舍之, 往吝窮也.

가능하지 않은 상황인데도 성급하고 경망스럽게 행동하는 것은 욕심을 부리기 때문이다. 안내자 없이 사슴을 쫓는 것은 날짐승을 탐하기 때문이다.[11] 혼돈의 때를 당하여 움직여서는 안 되는데도 경망스럽게 행동하는 것은 안내자 없이 사슴을 쫓는 것과 같으니, 날

짐승을 잡으려는 욕심이 있기 때문이다. 군자는 기미를 파악하고 그만두어 쫓지 않는다. 만약 쫓아가면 인색하고 곤궁해질 수 있다.

事不可而妄動, 以從欲也. 无虞而即鹿, 以貪禽也. 當屯之時, 不可動而動, 猶无虞而即鹿, 以有從禽之心也. 君子則見幾而舍之不從, 若往則可吝而困窮也.

육사효는 말을 탔다가 내리는 모습이니, 혼인을 구하여 가면 길하고 이롭지 않음이 없다.

六四, 乘馬班如, 求婚媾, 往吉, 无不利.

육사효는 유순한 자질로 군주와 가까운 위치에 자리하여, 윗사람의 신임을 얻은 자이지만 그 재능이 혼돈을 구제하기에는 역부족이므로, 나아가려고 하다가 다시 멈추니, 말을 탔다가 내리는 모습이다.[12] 자신이 세상의 혼돈을 구제하기에는 역부족이라는 것을 알고, 현자를 구하여 자신을 돕게 한다면, 세상의 혼돈을 해결할 수 있다.

초구효는 양강陽剛한 재능을 가진 현자이고 올바른 호응 상대이니, 혼인해야 할 사람이다. 만약 이 양강한 사람과의 혼인을 구하고, 나아가 함께 양강한 재능을 가지고 중정中正을 이룬 군주를 보필하여 세상의 혼돈을 구제한다면, 길하고 이롭지 않음이 없다. 공경公卿의 지위에 처하여 자신의 재능이 세상의 혼돈을 구제하기엔 부족하지만, 아래 지위에 있는 현자를 구하여 친히 그를 등용하면, 어찌 세상의 혼돈을 해결하지 못하겠는가?

六四以柔順居近君之位, 得於上者也, 而其才不足以濟屯, 故欲進而復止, 乘馬班如也. 己既不足以濟時之屯, 若能求賢以自輔, 則可濟矣. 初陽剛之賢, 乃是正應, 己之婚媾也. 若求此陽剛之婚媾, 往與共輔陽剛中正之君, 濟時之屯, 則吉而无所不利也. 居公卿之位, 己之才雖不足以濟時之屯, 若能求在下之賢親而用之, 何所不濟哉?

「상전」에서 말했다. 현자를 구하여 나아가는 것이 현명하다.

象曰, 求而往, 明也.

자신의 부족함을 알고서 현자를 구하여 자신을 돕게 한 후에 나아가면, 현명하다고 할 수 있다. 현자를 데려올 수 있는 지위에 자리하면서 자신이 할 수 없다고 포기한다면 매우 어리석은 사람이다.

知己不足, 求賢自輔而後往, 可謂明矣. 居得致之地, 己不能而遂已, 至暗者也.

구오효는 은택이 베풀어지기 어려우니, 조금씩 바로잡으면 길하고 크게 바로잡으려고 하면 흉하다.

九五, 屯其膏, 小貞吉, 大貞凶.

구오효는 존귀한 지위에 자리하여 올바름을 얻었지만 혼돈의 상황에 처했다. 강명한 재능을 가진 현자가 있어 도움을 받는다면 혼돈을 해결할 수 있다. 그러나 그런 신하가 없기 때문에 은택이 베풀어지기 어렵다. 군주의 존귀함은 혼돈과 고난의 세상일지라도 그 명예로운 지위가 훼손되는 것이 아니다. 오직 시행 조치가 행해지지 않고 은택이 백성들에게 내려가지 않는 것이 바로 은택이 베풀어지기 어려운 모습이니, 군주의 혼돈이다. 은택이 백성들에게 미치지 못한다면, 이것은 위엄과 권세가 자신에게 있지 않은 것이다.

위엄과 권세가 자신에게 없다고 서둘러서 성급하게 바로잡으려 하는 것은 흉함을 불러들이는 방도이니, 노나라 소공昭公[13]과 고귀향공高貴鄕公[14]의 일이 바로 이에 해당한다. 그래서 조금씩 바로잡으면 길하다고 했다. "조금씩 바로잡는다"는 것은 점차적으로 바로잡는 것이다.[15] 예를 들면 반경盤庚[16]과 주나라 선왕宣王[17]이 덕을 수양하고 현자를 등용하여 선왕先王의 정치를 회복해서 제후들이 다시 조회朝會하게 하는 것과 같다. 이것이 도道로써 잘 따르도록 한다는 것이니,[18] 강압적으로 하지 않는 것이다. 또 그렇다고 해서 넋 놓고 조용히 아무런 조치도 취하지 않아서도 안 된다. 예를 들어 당나라 희종僖宗[19]과 소종昭宗[20]이 그러했다. 아무런 조치도 취하지 않으면 혼란이 계속되어 결국에는 망한다.

五居尊得正, 而當屯時, 若有剛明之賢爲之輔, 則能濟屯矣. 以其无臣也, 故屯其膏. 人君之尊, 雖屯難之世, 於其名位, 非有損也. 唯其施爲有所不行, 德澤有所不下, 是屯其膏, 人君之屯也. 旣膏澤有所不下, 是威權不在己也. 威權去己, 而欲驟正之, 求凶之道, 魯昭公高貴鄕公之事是也. 故小貞則吉也. 小貞, 則漸正之也. 若盤庚周宣修德用賢, 復先王之政, 諸侯復朝. 謂以道馴致, 爲之不暴也. 又非恬然不爲, 若唐之僖昭也. 不爲則常屯, 以至於亡矣.

「상전」에서 말했다. 은택이 베풀어지기 어렵다는 것은 베풂이 빛나지 않은 것이다.

象曰, 屯其膏, 施未光也.

은택이 백성들에게 널리 미치지 못했다. 그래서 덕을 베푸는 데에 빛나고 클 수가 없으니, 군주의 혼돈이다.

膏澤不下及. 是以德施未能光大也, 人君之屯也.

상육효는 말을 탔다가 내려서 피눈물을 줄줄 흘린다.

上六, 乘馬班如, 泣血漣如.

상육효는 음유한 자질로 혼돈의 막바지에 자리하고, 험난함의 끝에 있으면서도 호응하여 도와주는 사람이 없다. 그래서 그 자리에 있으면 안정을 이루지 못하고 움직여도 갈 곳이 없어서 말을 타고 가려고 하지만 다시 말에서 내려 나아가지 못하니, 궁색함과 곤궁함이 매우 심하고 심지어 피눈물을 줄줄 흘리는 지경에까지 이르러, 혼돈의 극한이다. 양강한 자질을 가진 사람이 도움을 주면, 혼돈이 종극에 이르러서 구제할 수 있을 것이다.

六以陰柔, 居屯之終, 在險之極, 而无應援. 居則不安, 動无所之, 乘馬欲往, 復班如不進, 窮戹之甚, 至於泣血漣如, 屯之極也. 若陽剛而有助, 則屯既極可濟矣.

「상전」에서 말했다. 피눈물을 줄줄 흘리니 어찌 오래갈 수 있겠는가!

象曰, 泣血漣如, 何可長也!

혼돈과 고난의 극한에 이르러 어찌할 바를 모르므로 피눈물을 흘린다. 이렇게 엎어지고 나자빠지니, 어떻게 오랫동안 지속할 수 있겠는가? 괘란 전체의 상황이고 효는 그 상황에서 여러 가지 다양한 때를 나타낸다. 삼재三才로 나누고 또 두 가지로 나누어서 6획을 만들면[21] 온갖 이치를 포괄할 수 있고, 8괘를 가지고 이끌고 펴서 온갖 종류의 상황에 적용하여 확대하면 세상의 모든 일을 다 마칠 수 있을 것이다.[22]

屯難窮極, 莫知所爲, 故至泣血. 顚沛如此, 其能長久乎? 夫卦者, 事也, 爻者, 事之時也. 分三而又兩之, 足以包括衆理, 引而伸之, 觸類而長之, 天下之能事畢矣.

1 일을 진행해나가서는 안 된다: 호원은 '함부로 일을 진행해나가지 말라'는 말을 구체적으로 해석한다. "혼돈의 시대에 천하는 안정되지 않고 백성은 편안하지 못한데, 거듭해서 번거롭고 요란스런 일을 해는 안 되니, 함부로 일을 진행시키면 요란스럽게 된다. 만약 다시 함부로 일을 진행해가서 요란스럽게 하면 더욱더 혼란스럽게 된다. 반드시 형벌을 생략하고, 전쟁을 그만두고, 요역을 가볍게 하고, 세금을 줄이는 것이 좋다屯難之世, 天下未定, 萬民未安, 不可重爲煩擾之事, 往而撓之. 若復往而撓之, 是益屯也. 必在省其刑罰, 措其甲兵, 輕其傜役, 薄其稅斂, 以安息之, 可也." 주희도 "형통할 수 있지만 위험에 처해 있으니 올바름을 지키고 성급하게 진행해나가서는 안 된다雖可以亨而在險, 則宜守正而未可遽進"라고 해석하고 있다.

2 강명剛明: 강직하면서도 현명한 자질을 말한다. 「범례」 4번 재才와 덕德 항목 참조.

3 올바름을 지킬 수 있는 사람: 자기 직분의 정도正道와 상도常道를 지킬 수 있는 사람을 말한다.

4 음유陰柔: 소극적이고 나약한 자질을 말한다. 「범례」 4번 재와 덕 항목 참조.

5 강양剛陽: 강하고 적극적인 자질을 말한다. 「범례」 4번 재와 덕 항목 참조.

6 여기서 '아이를 잉태하지 않다가'는 '자字'의 해석이다. 일반적으로 '자字'를 '결혼하지 않는다'는 의미로 푼다. 그러나 이정조李鼎祚의 『주역집해周易集解』에서는 우번虞翻이 "자字는 임신한 것이다字, 妊娠也"라는 말을 인용하고 있다. '자'를 '잉孕'으로 푼 것이다. 정이천은 주석에서 '자육字育'이라는 말을 쓰고 있다. 『역』 경문에서는 '잉孕'이라는 글자가 두 번 나오는데 점漸괘의 구삼효와 구오효다. 점괘는 시집가는 것을 상징한다. 구삼효의 효사는 다음과 같다. "구삼효는 기러기가 육지로 점차적으로 나아가는 것이니, 남자는 가면 돌아오지 않고, 부인婦人은 잉태하더라도 기르지 못하여 흉하니 도적을 막는 것이 이롭다九三, 鴻漸于陸, 夫征不復, 婦孕不育, 凶, 利禦寇." 여기서 정이천은 이렇게 주석한다. "만일 정도가 아닌 방식으로 연합하면 아이를 잉태하더라도 기르지 못하니, 마땅한 도리가 아니기 때문이다. 이렇게 하면 흉하다若以不正而合, 則雖孕而不育, 蓋非其道也, 如是則凶也." 여기에서 '수잉이불육雖孕而不育'이라는 표현이 나오는데 이 표현이 '자육字育'이라는 표현과 유사하다고 본다. 정이천은 '자字'를 '잉孕'으로 해석한 것이다. 주희는 정이천의 해석을 비판하고 있다. 이전 학자들이 경전을 해석한 것보다 지금 학자들이 해석한 것이 더 좋다고 하면서 이렇게 말한다. "예를 들어 근래에 경남중耿南仲이 『역』에서 '여자정불자女子貞不字'를 해석했다. 정이천은 아이를 '낳아 기른다字育'는 자字로 해석했다. 그러나 경남중은 '시집가는 것을 허락하여 비녀를 꽂고 자字를 짓는다'는 자字로 해석하여 '여자정불자女子貞不字'를 아직 시집가는 것을 승낙하지 않았다는 의미로 말하니, 결혼한다는 의미와 상통한다. 또한 그 말이 이치를 얻었다如近來耿氏說易女子貞不字. 伊川說作'字育'之字. 耿氏說作'許嫁笄而字'之字, 言女子貞不字者, 謂其未許嫁也, 卻與昏媾之義相通, 亦說得有理(『주자어류』 37권 「논어19·자한편 하」)." 주희는 정이천의 해석보다는 경남중의 해석이 옳다고 보는 것이다. 그래서 『본의』에서도 "자字는 시집감을 허락하는 것이니, 『예기』에서 '여자는 시집가기를 허락하여 비녀를 꽂고 자字를 짓는다'고 했다字, 許嫁也, 禮曰女子許嫁, 笄而字"라고 주석하고 있다. 이런 점을 살펴볼 때 정이천은 '자字'를 '잉孕'으로 풀이하고 있음이 분명하다.

7 중中의 위치에 자리하고: 거중居中을 해석한 말로, 중도의 입장을 취한 것이다. 「범례」 6번 위位 항목 참조.

8 안내자: '우인虞人'에 대한 해석이다. 산의 정원을 관리하는 관리, 즉 안내자를 말한다. 옛날에 산과 연못의 동산을 지키는 관리를 말한다. 『주례』 「하관夏官·대사마大司馬」에서 "숲을 관리하는 사람은 사냥할 들에 풀을 베어 표시를 한다虞人萊所田之野爲表"라고 했는데, 이에 대해 가공언賈公彦은 이렇게 소疏를 달고 있다. "숲을 관리하는 사람은 사냥할 때 연못에 있으면 택우澤虞라고 하고, 사냥할 때 산에 있으면 산우山虞라고 한다虞人者, 若田在澤, 澤虞, 若田在山, 山虞."

9 인색해진다: '인吝'에 대한 해석이다. 경우에 따라 '인색하다' 또는 '부끄럽다'로 번역했다. 「범례」 10번 회린悔吝 항목 참조.

10 강한 위치에 자리한다: 거강居剛의 해석으로, 강한 태도를 취한 것이다. 「범례」

6번 위位 항목 참조.

11 날짐승을 탐하기 때문이다: 호원은 '사슴'이 상징하는 것은 간록干祿과 재리財利라고 한다. 즉 정치적 권력과 돈을 탐한다는 것이다.

12 말을 탔다가 내리는 모습이다: 왜 말을 탔다가 내렸을까? 정이천은 세상을 구제할 수 있는 역량이 부족하기 때문에 말을 타고 세상을 구제하려고 했다가 다시 내려서 올바른 호응 상대의 도움을 기다린다는 의미로 푼다. 호원은 역량이 부족하기보다는 그 상황의 기미에 대처를 잘하는 사람으로 해석한다. "이 효에서 기미를 아는 군자를 말할 수가 있다. 초구효와 올바른 호응관계이지만 육이효가 초구효와 가깝게 있어서 그 육이효가 초구효와 함께 뜻을 얻어 자신의 길을 가로막지 않을까를 의심하므로, 말을 탔다가 내려서 성급하게 나아가지 않는다. 그러나 자신은 올바름을 지켜서 성급하게 양을 구하지 않으므로, 초구효가 와서 자신에게서 뜻을 구하여 혼인하려고 한 후에 가서 호응하면 길함을 얻고 이롭지 않음이 없다此一爻, 誠可謂知幾之君子也. 然雖與初九爲正應而二近于初, 疑其與初相得而隔已之路, 故乘馬班旋而不敢進也. 然已守正而无求于陽, 故待初九之來求于已, 以爲婚媾, 然後往而應之, 則獲吉而无所不利也."

13 소공은 노나라 24대 군주로 기원전 542년 즉위했으나 겨우 열아홉 살 어린 나이였기 때문에 세상 물정을 모르는 상태였고, 실질적인 정권은 모두 계손, 숙손, 맹손이라 하는 삼환三桓의 수중에 장악되어 있었다. 계평자季平子의 만행에 소공은 계손씨 가문을 축출하고 군주의 권위를 세울 수 있다고 생각하고 계평자를 죽이려 했으나, 숙손씨와 맹손씨의 반격으로 제나라로 망명했다. 인물사전 참조.

14 고귀향공은 위나라 조모曹髦를 말한다. 위나라 문제 조비曹조의 손자이자 동해정왕東海定王 조임曹霖의 아들이다. 당시 위나라의 대권은 사마사司馬師와 사마소司馬昭의 수중에 있었는데 사마사는 당시 제왕齊王 조방曹芳을 폐위시키고 조모를 군주로 옹립했다. 어린 나이의 조모는 사마씨 형제의 전횡과 만행에 불만을 품고 사마소를 토벌하려고 했지만 사마소의 모사였던 가충賈充이 이끄는 군사들에 의해 20살 나이에 피살되었다. 인물사전 참조.

15 점차적으로 바로잡는 것이다: '점차적으로 바로잡는다'라고 풀이한 '소정小貞'에 대해 호원은 정이천과는 달리 작고 좁은 은혜를 베푼다는 뜻으로 풀고 있다. "지금 구오효는 지극히 존귀한 지위에 자리하면서 도리어 은택이 베풀어지기 어렵고 오로지 육이효에 호응하고 대중들에게 미치지 못하고 있으니, 이는 단지 좁은 인이고, 좁은 의이며, 사사로운 친애이고, 편협한 호응이다. 그러하니 만약 한 집안에 베풀면 한 집안을 은혜롭게 할 수 있고 한 나라에 시행하면 한 나라를 은혜롭게 할 수 있지만, 만약 천하에 베풀면 천하를 구제할 수 없다. 은택이 넓고 멀리 베풀어지지 못하여 천하의 사람들이 그 바라는 것을 위로받지 못한다. 그래서 작게 바로잡으면 길하고 크게 바로잡으면 흉하다. 베푸는 은택이 광대하게 이르지 못함을 알 수 있다今九五據至尊之位而反屯難其膏澤, 專應在二, 不及于衆, 是但能煦煦之仁, 孑孑之義, 私已之親, 偏已之應. 若施之一家. 則可以澤一家, 若施之一國, 則可以澤一國, 若施之天下, 則無以濟. 是恩澤不及于廣遠, 使天下之人, 無以慰其望, 是以小貞則吉, 而大貞則凶也. 是所施膏澤不至光大也, 可知."

16 반경은 상나라의 20대 군주다. 나라의 불안정한 국면을 변혁시키기 위해 대다수 귀족들의 반대를 뚫고 황하를 건너 수도를 은殷으로 옮겼고 쇠락해가던 상나

라를 다시 부흥시켰다. 그래서 상나라를 은상殷商이라고도 한다. 인물사전 참조.

17 선왕은 서주西周 11대 군주로 선왕 재위 때에 몰락했던 서주의 국력이 단기간 회복되었는데 이를 역사가들은 '선왕중흥宣王中興'이라고 칭한다. 그는 즉위 후에 정공定公, 소목공召穆公을 등용하여 정치를 보좌하게 했고, 또 윤길보尹吉甫, 중산보仲山甫 등 현자들을 등용하여 조정을 다스리도록 했다. 인물사전 참조.

18 도道로써 잘 따르도록 한다는 것이니: '이도순치以道馴致'를 번역한 말이다. '순치'라는 말은 곤괘 상전에 "이러한 자연적인 도리를 따라 단단한 얼음이 이른다馴致其道, 至堅氷也"는 말에 나온다. '순치'에 대해서 정이천은 이렇게 설명하고 있다. "순馴은 따른다는 뜻의 '습習'을 말하니, 자연의 이치를 따라 성대하게 이른다는 말이다. '습'이란 자연의 이치대로 따른다는 말이다馴謂習, 習而至於盛. 習因循也."

19 희종은 당나라 제18대 황제로 의종懿宗의 아들이다. 873년 부친이 죽자 환관들에 의해 옹립되어 즉위했다. 인물사전 참조.

20 소종은 당나라 제19대 황제로 의종의 아들이자 희종의 동생이다. 인물사전 참조.

21 6획을 만들면: "『역』이란 책은 광대하여 모두 갖추어서 천도天道가 있고 인도人道가 있고 지도地道가 있으니, 삼재三才를 겸하고 두 가지로 나누었다. 그러므로 육六효이니, 육은 다름이 아니라 삼재의 도다易之爲書也, 廣大悉備, 有天道焉, 有人道焉, 有地道焉, 兼三才而兩之. 故六, 六者, 非他也, 三才之道也(『역』「계사하」)." '삼재를 겸하고 두 가지로 나누었다'는 것을 주희는 다음과 같이 설명한다. "3획에 삼재가 이미 갖추어졌는데, 거듭했으므로 6획괘다. 6획에서 위의 두 효는 천天이 되고, 가운데 두 효는 인人이 되고, 아래의 두 효는 지地가 된다三畫已具三才, 重之, 故六. 而以上二爻爲天, 中二爻爲人, 下二爻爲地." 또 『역』「설괘전」에서는 이렇게 말하고 있다. "옛날에 성인이 역을 지은 것은 성명性命의 이치를 따르려고 했기 때문이다. 그래서 하늘의 도를 세웠으니 음陰과 양陽이고, 땅의 도를 세웠으니 유柔와 강剛이고, 사람의 도를 세웠으니 인仁과 의義이니, 삼재를 겸하여 두 가지로 나누었기 때문에 역이 여섯 번 그어 괘卦가 이루어졌고, 음으로 나뉘고 양으로 나뉘며, 유와 강을 차례로 쓰기 때문에 역이 여섯 자리에 문장文章을 이룬 것이다昔者聖人之作易也, 將以順性命之理. 是以立天之道曰陰與陽, 立地之道曰柔與剛, 立人之道曰仁與義, 兼三才而兩之, 故易六而成卦, 分陰分陽, 迭用柔剛, 故易六位而成章."

22 다 마칠 수 있을 것이다: "8괘를 가지고 소성괘를 만들고 이것을 이끌어 펴서 온갖 종류의 상황에 적용하여 확대하면, 세상의 모든 일이 다할 것이다八卦而小成, 引而伸之, 觸類而長之, 天下之能事畢矣(『역』「계사상」)." 이 구절에 대해 주희는 다음과 같이 설명한다. "이미 육효를 이루고 그 효의 변함과 변하지 않음을 보아 동정動靜을 삼으면, 한 괘가 변하여 64괘가 되어 길흉을 정함을 이르니, 무릇 4096괘다已成六爻而視其爻之變與不變, 以爲動靜, 則一卦可變而爲六十四卦以定吉凶, 凡四千九十六卦也."

4. 어리석음과 어린이: 몽蒙괘䷃

산수몽山水蒙이라고 읽는다. 괘의 모습이 간艮☶괘가 위에 있고 감坎☵괘가 아래에 있기 때문이다.

몽蒙괘에 대해 「서괘전」은 이렇게 설명했다. "혼돈은 가득 차 있는 것이고, 혼돈은 사물이 생겨나기 시작하는 시초다. 사물이 생겨나기 시작할 때에는 반드시 어리므로, 혼돈을 상징하는 둔괘 다음에 몽괘로 받았다. '몽'이란 어리석음이고, 사물의 어린 싹이다." '둔'은 사물이 처음 생겨나는 것이니, 사물이 처음 생겨날 때에는 어리고 작아서, 어리석고 아직 깨우치지 못했기 때문에 몽괘가 둔괘 다음이 된다.

괘의 모습은 간艮괘가 위에 있고 감坎괘가 아래 있다. 간괘는 산이고 멈춤을 상징하며, 감괘는 물이고 위험한 장애를 상징한다. 그래서 산 아래에 위험이 있는 모습이니, 위험을 만나 멈추어 서서 갈 바를 모르는 것이 바로 몽괘의 모습이다. 물은 멈추지 않고 반드시 흘러나가는 것인데, 처음 나와서 아직 갈 곳을 모르므로 이는 어린이의 어리석음이다. 그러나 나아가게 되면, 형통할 수 있는 뜻이 있다.

蒙, 序卦, "屯者盈也, 屯者物之始生也. 物生必蒙, 故受之以蒙. 蒙者蒙也, 物之穉也." 屯者, 物之始生, 物始生穉小, 蒙昧未發, 蒙所以次屯也. 爲卦, 艮上坎下. 艮爲山, 爲止, 坎爲水, 爲險. 山下有險, 遇險而止, 莫知所之, 蒙之象也. 水必行之物, 始出未有所之, 故爲蒙. 及其進, 則爲亨義.

어리석음은 형통할 수 있으니, 내가 어리석은 어린아이를 구하는 것이 아니라, 어리석은 어린아이가 나를 찾는 것이다. 처음 묻거든 알려주고, 두 번 세 번 물으면 모독하는 것이다. 모독하면 알려주지 않으니, 올바름을 굳게 지키는 것이 이롭다.

蒙, 亨, 匪我求童蒙, 童蒙求我. 初筮告, 再三瀆, 瀆則不告. 利貞.

어린이는 어리석음을 깨우쳐 계몽할 수 있는 이치가 잠재되어 있으니,[1] 형통할 수 있는 뜻이 있다. 괘의 자질 구조가 시중時中을 이루니, 형통에 이를 수 있는 길이 있다. 육오효가 어리석음의 주체이고, 구이효가 그 어리석음을 깨우쳐줄 수 있는 사람이다. '나我'란 구이효를 말한다. 구이효는 어리석음의 주체가 아니고, 육오효가 겸손하게 구이효를 따르니, 구이효가 어리석음을 깨우쳐주는 사람이므로, 구이효를 중심으로 해서 말하고 있다. 그래서 "내가 어리석은 어린아이를 구하는 것이 아니라, 어리석은 어린아이가 나를 찾는 것이다"라고 했다.

육오효가 존귀한 지위에 있으면서도 유순한 덕을 지녔지만, 아직 어리석은 아이로서 구이효와 올바른 호응 상대가 되고 중도中道를 이룬 덕이 또 구이효와 같아서, 구이효의 방도에 의지하여 자신의 어리석음을 깨우칠 수가 있다. 구이효는 강중剛中[2]의 덕으로 낮은 위치에 자리하지만 군주가 신임하고 의지하는 사람이 되었으니, 마땅히 도리를 스스로 굳게 지켜서 군주가 지극한 진실과 정성[3]으로 자신을 찾아 온 후에 그에 응하면, 자신의 도를 쓸 수 있다. 이것이 내가 어리석은 어린아이를 구하는 것이 아니라 어리석은 어린아이가 나를 찾는다는 말이다.

'서筮'란 결단하는 것이다. "처음 묻거든 알려준다"는 말은 지극한 진실과 정성으로 한 가지 뜻을 가지고 나를 찾아온다면 자신의 도道로 충고해준다는 말이다. 그러나 두 번 세 번 다시 찾아 묻는다면 나를 모독하고 믿지 않는 오만함이므로, 충고해주지 않는다. 어리석음을 깨우치는 방도는 올바름을 굳게 지켜나가는 것이 이롭고, 또 구이효는 강중의 덕을 가지고 있지만, 음의 위치에 자리하기 때문에 마땅히 경계가 있는 것이다.

蒙, 有開發之理, 亨之義也. 卦才時中, 乃致亨之道. 六五爲蒙之主, 而九二發蒙者也. 我謂二也. 二非蒙主, 五旣順巽於二, 二乃發蒙者也, 故主二而言. 匪我求童蒙, 童蒙求我. 五居尊位, 有柔順之德, 而方在童蒙, 與二爲正應, 而中德又同, 能用二之道以發其蒙也. 二以剛中之德在下, 爲君所信嚮, 當以道自守, 待君至誠求己, 而後應之, 則能用其道. 匪我求於童蒙, 乃童蒙來求於我也. 筮, 占決也. 初筮告, 謂至誠一意以求己則告之. 再三則瀆慢矣, 故不告也. 發蒙之道, 利以貞正, 又二雖剛中, 然居陰, 故宜有戒.

「단전」에서 말했다. 몽괘는 산 아래에 위험이 있는 모습이니, 위험이 있어 멈추는 것이 어린이의 어리석음이다. "어리석음은 형통할

수 있다"는 것은 형통할 수 있는 도道로 가니, 때를 얻고 중도를 이루었기 때문이다. "내가 어리석은 어린아이를 구하는 것이 아니라 어리석은 어린아이가 나를 찾는다"는 것은 뜻이 응했기 때문이다.

彖曰, 蒙, 山下有險, 險而止, 蒙. 蒙亨, 以亨行時中也. 匪我求童蒙, 童蒙求我, 志應也.

"산 아래에 위험이 있다"는 말은 안으로는 위험을 느껴 처신할 수가 없고 밖으로는 멈추어 서서 나아갈 수가 없어, 어찌할 바를 모르기 때문에 어둡고 어리석다는 의미다. "어리석음은 형통할 수 있다는 것은 형통할 수 있는 도로 가니, 때를 얻고 중도中道를 이루었기 때문이다." 어리석음이 형통할 수 있는 이유는 바로 형통할 수 있는 도로 가기 때문이니, 형통할 수 있는 도란 바로 때를 얻고 중도를 이룬 것이다.[4] 여기서 '때를 얻었다'는 시時는 군주의 호응을 얻은 것을 말하고, '중도를 이루었다'는 중中은 처신하는 데에 마땅한 중도를 이루었다는 말이지만, 때에 마땅한 중도를 이루는 것이 곧 때를 얻는 것이다.

"내가 어리석은 어린아이를 구하는 것이 아니라 어리석은 어린아이가 나를 찾는다는 것은 뜻이 서로 호응했기 때문이다." 구이효는 강명剛明한 현자로서 낮은 지위에 처했고, 육오효는 어리석은 어린이로서 높은 지위에 자리했다. 이는 구이효가 육오효를 구하려 하는 것이 아니니, 육오효가 자신의 어리석음을 깨우치려는 뜻이 구이효에 응했기 때문이다.[5] 현자가 낮은 지위에 있을 때 어찌 스스로 경솔하게 먼저 군주에게 나아가 구하겠는가? 구차하게 먼저 구한다면, 결코 신뢰를 받을 수 없다.

옛날 사람들이 반드시 군주가 공경을 다하고 예를 다하여 먼저 오기를 기다린 다음에 그 군주에게로 나아간 것은 스스로 존귀하고 위대하다고 생각하는 오만 때문이 아니라 덕을 존중하고 도를 즐겼기 때문이니, 이와 같이 행하지 않는 군주와는 함께 정치를 펼칠 수 없기 때문이다.

山下有險, 內險不可處, 外止莫能進, 未知所爲, 故爲昏蒙之義. 蒙亨, 以亨行時中也. 蒙之能亨, 以亨道行也, 所謂亨道時中也. 時謂得君之應, 中謂處得其中, 得中則時也. 匪我求童蒙, 童蒙求我, 志應也. 二以剛明之賢處於下, 五以童蒙居上. 非是二求於五, 蓋五之志應於二也. 賢者在下, 豈可自進以求於君? 苟自求之, 必無能信用之理. 古之人所以必待人君致敬盡禮而後往者, 非欲自爲尊大, 蓋其尊德樂道, 不如是不足與有爲也.

"처음 묻거든 알려주라"는 말은 강하면서도 중도를 이루었기 때문이고, "두 번 세 번 물으면 모독하는 것이니 모독하면 알려주지 않는다"는 것은 자신이 어리석은 사람을 모독하는 것이기도 하다.

初筮告, 以剛中也. 再三瀆, 瀆則不告, 瀆蒙也.

처음 묻는 것은 진실하고 한결같은 마음으로 와서 그 어리석음을 깨우쳐주기를 바라는 것이니, 마땅히 강중剛中의 방도로 알려주어 일깨운다. 두 번 세 번이란 빈번한 것이다. 와서 물으려는 뜻이 빈번해서 진실하고 한결같을 수가 없으면, 모독하는 것이니 마땅히 알려주지 말아야 한다. 알려준다고 해도 반드시 신임을 받을 수 없을 뿐 아니라 도리어 모독하게 되므로, 어리석은 사람을 모독하는 것이라고 했다. 묻는 이와 알려주는 이가 모두 모독을 당한다.

初筮謂誠一而來求決其蒙, 則當以剛中之道, 告而開發之. 再三, 煩數也. 來筮之意煩數, 不能誠一, 則瀆慢矣, 不當告也. 告之必不能信受, 徒爲煩瀆, 故曰瀆蒙也. 求者告者皆煩瀆矣.

어린아이일 때 올바름을 기르는 것이 성인이 되는 공부다.

蒙以養正, 聖功也.

괘사에서 "올바름을 기르는 것이 이롭다"라고 했는데 「단전」에서는 다시 그 뜻을 펴서 구이효를 경계했을 뿐 아니라, 실제로 어리석음을 기르는 방도를 밝혔다. 아직 깨우치지 못한 것을 어리석음이라고 하니, 순수하고 깨우치지 못한 어리석은 어린아이일 때 그 올바름을 기르는 것이 성인聖人을 이루는 공부가 된다. 뭔가를 안 뒤에 금지하면 저항하여 감당할 수가 없게 된다. 어리석은 어린아이일 때 올바름을 기르는 것이 가장 좋은 배움이다. 몽괘의 여섯 효에서 구이효와 상구효 두 양효는 어리석음을 다스리는 자들이고 나머지 네 음효는 어리석음에 처한 사람들이다.

卦辭曰利貞, 彖復伸其義, 以明不止爲戒於二, 實養蒙之道也. 未發之謂蒙, 以純一未發之蒙而養其正, 乃作聖之功也. 發而後禁, 則扞格而難勝. 養正於蒙, 學之至善也. 蒙之六爻, 二陽爲治蒙者, 四陰皆處蒙者也.

「상전」에서 말했다. 산 아래에서 샘물이 나오는 모습이 몽괘의 모

습이니, 군자는 이것을 본받아 과감하게 행동하고 덕을 기른다.

象曰, 山下出泉, 蒙, 君子以果行育德.

"산 아래에서 샘물이 나온다"는 말은 샘물이 나오지만 위험을 만나서 나갈 길이 없는 것이니, 어리석은 모습이다. 사람의 경우라면 어리석고 어려서, 적절한 길을 알지 못하는 것이다. 군자는 이 어리석은 어린이의 모습을 관찰하여 과감하게 행동하고 자신의 덕을 기르며, 샘물이 나와 통하여 나아갈 수 없음을 관찰하여 과감하게 갈 바를 결단하며, 샘물이 비로소 나왔는데 갈 방향을 알지 못함을 관찰하여 밝은 덕을 수양한다.

山下出泉, 出而遇險, 未有所之, 蒙之象也. 若人蒙穉, 未知所適也. 君子觀蒙之象, 以果行育德, 觀其出而未能通行, 則以果決其所行, 觀其始出而未有所向, 則以養育其明德也.

초육효는 어리석음을 깨우치되, 형벌을 주고 질곡을 벗겨주는 것이 이로우니, 지나치게 행하면 인색해진다.

初六, 發蒙, 利用刑人, 用說桎梏, 以往, 吝.

초육효는 음암陰暗[6]한 자질로 낮은 위치에 자리하고 있으니, 아래 백성의 어리석음이다. 이 효는 아래 백성을 계몽하는 방도를 말하고 있다. 아래 백성의 어리석음을 계몽하려면 마땅히 형벌과 금지조항을 먼저 밝혀 제시하여, 백성들이 두려움을 갖게 한 후에 그것을 따라서 교화하고 인도해야만 한다. 옛날 성왕聖王이 정치를 할 때는 형벌을 만들어 백성의 질서를 잡았고, 교화를 통해 풍속을 좋게 만들되 형벌이 갖추어진 후에야 교화가 시행되었다. 성인은 덕을 숭상하고 형벌은 숭상하지 않았다고 해도 한쪽을 없애고 한쪽을 치우치게 시행하지는 않았다. 그래서 정치를 시행하는 초기에는 법을 세우는 것이 최우선과제다.

어린아이의 어리석음을 다스릴 때도 처음에는 형벌로서 위엄을 보여야 한다. 이것은 어리석음의 질곡을 없애기 위해서이다. 질곡은 얽매여 묶여 있는 것을 말한다. 그 어리석음의 질곡을 벗어버리지 못하면, 좋은 가르침일지라도 받아들일 수가 없다. 형벌과 금지조항으로 인도하면, 마음을 깨우치지는 못하더라도 위엄을 두려워하여 복종하므로 함부로 어리석은 욕망에 따라 행동하지 못한다. 그런 뒤에 점차로 좋은 것을 알 수 있고 그 잘못된 마음을 혁파할 수 있으니, 풍속을 바꿀 수 있을 것이다. 그러나 오로지 형벌만 사용하여 다스리려고 하면 어리석은 사람들이 두려워하지만 끝내 깨우치지 못할 것이고, 구차하게 형벌만 피하려고 하면서 부끄러움이 없게 되어[7] 정치와 교화를 시행해도 성공할 수 없으므로, 지나치게 행하면 인색해진다.

初以陰暗居下, 下民之蒙也. 爻言發之之道. 發下民之蒙, 當明刑禁以示之, 使之知畏, 然後從而敎導之. 自古聖王爲治, 設刑罰以齊其衆, 明敎化以善其俗, 刑罰立而後敎化行, 雖聖人尙德而不尙刑, 未嘗偏廢也. 故爲政之始, 立法居先. 治蒙之初, 威之以刑者, 所以說去其昏蒙之桎梏. 桎梏謂拘束也. 不去其昏蒙之桎梏, 則善敎无由而入. 旣以刑禁率之, 雖使心未能喩, 亦當畏威以從, 不敢肆其昏蒙之欲. 然後漸能知善道而革其非心, 則可以移風易俗矣. 苟專用刑以爲治, 則蒙雖畏而終不能發, 苟免而无恥, 治化不可得而成矣, 故以往則可吝.

「상전」에서 말했다. 형벌을 주는 것의 이로움은 법을 바로잡는 것이다.

象曰, 利用刑人, 以正法也.

어리석음을 다스리는 초기에 금지와 한계를 세워 죄와 벌을 밝히는 것이 법을 바르게 하는 것이니, 이를 통하여 백성들 스스로 이것을 따르게 해서 점차로 교화되도록 한다. 어떤 사람은 의심하여 묻는다. "어리석음을 다스리는 초기에 갑작스럽게 형벌을 사용하는 것은 가르치지 않고 벌만 주는 것이 아닌가?" 그러나 이는 법을 세우고 형벌을 제도화하는 것이 곧 교화라는 점을 모르는 것이다. 후에 형벌을 논하는 사람들은 교화가 그 가운데에 있음을 다시 알지 못했다.

治蒙之始, 立其防限, 明其罪罰, 正其法也, 使之由之, 漸至於化也. 或疑發蒙之初, 遽用刑人, 无乃不教而誅乎? 不知立法制刑, 乃所以教也. 蓋後之論刑者, 不復知教化, 在其中矣.

구이효는 어리석음을 포용해주면 길하고, 부인을 받아들이면 길할 것이니, 자식이 집안일을 다스린다.

九二, 包蒙, 吉, 納婦, 吉, 子克家.

'포包'는 관대한 포용력을 말한다. 구이효는 어리석은 세상에 처하여 강명한 재능을 가지고 육오효의 군주와 서로 호응하면서 중도를 이룬 덕 또한 동일하니, 곧 그 시대의 소임을 맡은 자다. 반드시 관대한 포용력을 넓게 갖고서 어리석은 사람들을 긍휼히 여긴다면, 천하의 어리석음을 계몽하고 어리석은 세상을 다스리는 공을 이룰 수 있다. 그 도가 광대하고 그 시행 방식이 폭넓으니, 이와 같이 하면 길할 것이다.

괘에는 오직 두 양효가 있는데 상구효는 강하지만 과도하고, 오직 구이효만이 강중의 덕을 지녀서 육오효와 호응하여, 그 때에 등용되어 홀로 현명한 사람이다. 그러나 자신의 현명함만을 믿고 홀로 자임하여 전횡한다면, 그 덕이 넓지 못할 것이다. 그러므로 부인의 유암柔闇[8]한 덕일지라도 그 좋은 점을 받아들인다면, 그 현명한 지혜가 광대해질 것이다. 또 나머지 효가 모두 음이므로 부인이라고 상징했다. 요순 같은 성인은 세상 사람들이 미칠 수 있는 자는 아니지만, 오히려 "아래 백성들에게 잘 묻고서"[9] 타인으로부터 취하여 선을 행했다고 한다.

구이효가 포용력을 가지고 받아들인다면 군주의 일을 해결할 수가 있으니, 자식이 그 집안을 잘 다스리는 것과 같을 것이다. 육오효는 음유하기 때문에 어리석음을 깨우치는 공이 모두 구이효에 달려 있다. 집안으로 말하자면 육오효는 아버지이고 구이효는 자식이다. 구이효가 어리석음을 깨우치는 공을 주도할 수 있으니, 자식이 집안을 잘 다스릴 수 있는 것이다.

包, 含容也. 二居蒙之世, 有剛明之才, 而與六五之君相應, 中德又同, 當時之任者也. 必廣其含容, 哀矜昏愚, 則能發天下之蒙, 成治蒙之功. 其道廣, 其施博, 如是則吉也. 卦唯二陽爻, 上九剛而過, 唯九二有剛中之德, 而應於五, 用於時而獨明者也. 苟恃其明, 專於自任, 則其德不弘. 故雖婦人之柔闇, 尙當納其所善, 則其明廣矣. 又以諸爻皆陰, 故云婦. 堯舜之聖, 天下所莫及也, 尙曰淸問下民, 取人爲善也. 二能包納, 則克濟其君之事, 猶子能治其家也. 五旣陰柔, 故發蒙之功, 皆在於二. 以家言之, 五父也, 二子也. 二能主蒙之功, 乃人子克治其家也.

「상전」에서 말했다. 자식이 집안을 다스리는 것은 강함과 유함이 접했기 때문이다.

象曰, 子克家, 剛柔接也.

자식이 그 집안을 다스릴 수 있는 것은 아버지의 신임이 전폭적이기 때문이다. 구이효가 어리석음을 깨우치는 공을 주도할 수 있는 것은 육오효의 신임이 전폭적이기 때문이다. 구이효는 육오효와 함께 강함과 유함의 감정이 서로 이어졌기 때문[10]에 강중한 방도를 행하여, 어리석음을 깨우치는 공을 이룬다. 위와 아래의 감정이 서로 이어지지 않았다면, 구이효가 강중한 덕을 가지고 있더라도 어떻게 그 일을 주관할 수 있었겠는가?

子而克治其家者, 父之信任專也. 二能主蒙之功者, 五之信任專也. 二與五, 剛柔之情相接, 故得行其剛中之道, 成發蒙之功. 苟非上下之情相接, 則二雖剛中, 安能尸其事乎?

육삼효는 여자를 취해 쓰지 말아야 한다. 돈 많은 남자를 보고 자기 몸을 가누지 못하니, 이로운 바가 없다.

六三, 勿用取女, 見金夫不有躬, 无攸利.

육삼효는 음유한 자질로 어리석고 어두운 곳에 처하여 중도를 이루지도 못했고 올바르지도 않으니, 여자의 경거망동한 행동과 같다. 위로 올바른 호응 상대가 있지만, 멀리 가서 그를 좇아 갈 수가 없고, 모든 어리석은 사람이 구이효에게 모여들어 성대한 상황이 연출되는 모습을 가까이에서 보기 때문에, 자신의 올바른 호응 상대를 버리고서 구이효를 좇아가니, 이는 마치 여자가 돈 많은 부자를 보고서 좇아가는 것과 같다. 여자가 사람을 좇아가는 것은 마땅히 올바른 예禮를 따라 행하는 것이지, 그 사람이 많은 돈을 가졌다고 기뻐서 좇아간다면, 그 자신의 몸조차 보존할 수가 없다. 가서 이로울 것이 없다.

三以陰柔處蒙闇, 不中不正, 女之妄動者也. 正應在上, 不能遠從, 近見九二爲群蒙所歸, 得時之盛, 故捨其正應而從之, 是女之見金夫也. 女之從人, 當由正禮, 乃見人之多金, 說而從之, 不能保有其身者也. 无所往而利矣.

「상전」에서 말했다. 여자를 취해 쓰지 말라고 한 것은 그 행실이 이치에 따르지 않기 때문[11]이다.

象曰, 勿用取女, 行不順也.

여자가 이와 같다면 그 행실이 간사하고 사악하여 이치를 따르지 못하니, 취할 수가 없다.

女之如此, 其行邪僻不順, 不可取也.

육사효는 어리석음 때문에 곤란을 겪게 되니 부끄럽다.

六四, 困蒙, 吝.

육사효는 음유한 재능으로 어리석고 어두운 곳에 처했으며, 또 강명한 사람이 친히 도와주지 않고 스스로 그 어리석음을 깨우칠 수도 없기에 어리석음으로 곤란을 겪게 되는 자이니, 매우 부끄러울 만하다. 부끄럽다는 것은 부족함이니, 가소롭게 여길 만하다는 말이다.

四以陰柔而蒙闇, 无剛明之親援, 无由自發其蒙, 困於昏蒙者也, 其可吝甚矣. 吝, 不足也, 謂可少也.

「상전」에서 말했다. 어리석음에 곤란을 겪는 부끄러움이란 홀로 실實한 사람과 멀리 떨어져 있기 때문이다.

象曰, 困蒙之吝, 獨遠實也.

어리석음에 빠져 있을 때는 양강陽剛한 사람이 그 어리석음을 깨우쳐주는 사람이다. 육사효는 음유陰柔한 자질이면서 강한 사람으로부터 가장 멀리 떨어져 있으니 어리석고 어두운 사람인데, 가까이 지혜로운 자와 친밀하지도 못하여 밝은 지혜를 얻을 수가 없으므로 어리석음 때문에 곤란을 겪는다. 부끄러울 수 있는 것은 그가 홀로 현명한 사람으로부터 멀리 떨어져 있기 때문이다. 지혜로운 사람과 친할 수가 없어 곤란에 이른 것은 아주 부끄러워할 만한 일이다. '실實'이란 양강한 사람을 말한다.

蒙之時, 陽剛爲發蒙者. 四, 陰柔而最遠於剛, 乃愚蒙之人, 而不比近賢者, 无由得明矣, 故困於蒙. 可羞吝者, 以其獨遠於賢明之人也. 不能親賢以致困, 可吝之甚也. 實謂陽剛也.

육오효는 어리석은 어린아이이니 길하다.

六五, 童蒙, 吉.

육오효는 유순한 자질이면서 군주의 지위에 자리하고, 아래로 구이효와 호응하여 유중柔中[12]한 덕으로 강명한 재능을 가진 사람에게 일을 맡기니, 세상의 어리석음을 다스리기에 충분하므로 길하다. 어린아이란 어리석음이 계몽되지 않아서 타인의 도움을 받는 뜻을 취하여 말한 것이다. 군주로서 지극한 진실과 정성으로 현자에게 일을 맡겨서 공을 이룰 수 있다면, 그것이 자기로부터 나오는 것과 무엇이 다르겠는가?

五以柔順居君位, 下應於二, 以柔中之德, 任剛明之才, 足以治天下之蒙, 故吉也. 童, 取未發而資於人也. 爲人君者, 苟能至誠任賢以成其功, 何異乎出於己也?

「상전」에서 말했다. 어린아이의 어리석음이 길한 것은 순종하여 겸손하기 때문이다.

象曰, 童蒙之吉, 順以巽也.

자신을 버리고 사람들을 따르는 것[13]이 이치에 순종하는 것이다. 뜻을 낮추어 아랫사람에게서 구하는 것이 자신을 낮추는 겸손함이다. 이와 같이 할 수 있다면 세상에서 가장 뛰어난 것이다.

舍己從人, 順從也. 降志下求, 卑巽也, 能如是, 優於天下矣.

상구효는 어리석음을 쳐서 일깨워주는 것이니, 도적이 되어 폭력적으로 행하는 것은 이롭지 않고, 도적을 막는 것이 이롭다.

上九, 擊蒙, 不利爲寇, 利禦寇.

상구효가 어리석음의 종극에 자리하니, 이는 어리석음이 극한에 이른 때에 해당한다. 사람이 극한의 어리석음에 이르러 마치 묘苗족의 백성이 다스려지지 않고 도적이 되어 난을 일으킨 것과 같다면, 마땅히 그것을 정벌해야만 한다. 그러나 상구효는 높은 지위에 자리하여, 강함이 극한에 이르러 중도를 이루지 못했으므로 도적처럼 폭력적으로 행동하면 이롭지 않다고 경계한 것이다. 백성의 어리석음을 다스리는 것은 곧 도적을 막는 일이다. 그러나 함부로 탐욕을 부리고 폭력을 행사하는 것은 곧 도적이 되는 일이다. 순임금이 묘족을 정벌한 것[14]과 주공이 삼감三監을 주벌한 것[15]은 도적을 막은

것이고, 진시황과 한 무제가 병사를 모두 동원하여 주벌한 것은 도적이 된 것이다.[16]

九居蒙之終, 是當蒙極之時. 人之愚蒙旣極, 如苗民之不率, 爲寇爲亂者, 當擊伐之. 然九居上, 剛極而不中, 故戒不利爲寇. 治人之蒙, 乃禦寇也. 肆爲貪暴, 乃爲寇也. 若舜之征有苗, 周公之誅三監, 禦寇也, 秦皇漢武, 窮兵誅伐, 爲寇也.

「상전」에서 말했다. 도적을 막는 것이 이로운 것은 위와 아래가 모두 이치를 따르기 때문이다.

象曰, 利用禦寇, 上下順也.

도적을 막는 것이 이롭다는 것은 위와 아래가 모두 이치를 따르는 유순함을 얻었기 때문이다.[17] 윗사람은 과도하게 폭력을 행사하지 않고 아랫사람은 어리석음을 쳐서 없애니, 이는 도적을 막는 마땅한 의리다.

利用禦寇, 上下皆得其順也. 上不爲過暴, 下得擊去其蒙, 禦寇之義也.

---

1 괘의 자질 구조가 시중時中을 이루니: 정이천은 이렇게 말하고 있다. "대체로 『역』의 괘는 괘의 자질 구조로 의미를 취하는 경우가 있고, 또 괘를 이루는 두 형체를 들어서 그 의미를 얻는 경우가 있다. 수隨괘에서 '강함이 와서 유함에 자신을 낮추고 움직이되 기뻐하는 것이 뒤따름이다'라고 하니, 이것이 괘의 자질 구조를 취하여 수괘의 의미를 취한 것이다. 또 수괘의 「상전」에서 '연못 가운데에 우레가 있는 것이 수괘의 모습이다'라고 하니, 이것이 두 형체의 모습에서 수괘의 의미를 얻은 것이다凡易卦, 有就卦才而得其義者, 亦有擧兩體便得其義者. 隨剛來而下柔, 動而說隨. 此是就卦才而得隨之義. 澤中有雷隨, 此是就象上得隨之義也(『이정집』

17권 179쪽)." 이에 근거한다면 괘의 자질 구조는 강함과 유함이라는 각 효의 자질과 그것이 어떤 자리에 위치하여 어떤 내용과 의미 구조를 가지고 있는가를 보는 것이다.

2 강중剛中: 강직하면서도 중도를 이룬 덕을 말한다. 「범례」 4번 재才와 덕德 항목 참조.

3 지극한 진실과 정성: 지성至誠을 번역한 말이다. 진실무망함이 성誠이다. 또한 그침이 없는 지극한 정성과 성실을 말하기도 한다. 이후 모두 이렇게 번역했다.

4 때를 얻고 중도를 이룬 것이다: '시중時中'을 해석한 말이다. 여기서는 일반적인 의미의 시중과는 달리 「단전」의 '시중'을 정이천이 해석한 방식대로 번역한 것이다. 정이천은 군주의 호응을 얻은 것을 '시時'로 풀고 처신하는 데에 중도를 이룬 것을 '중中'으로 풀고 있다. 하지만 호원은 "이형행시중야以亨行時中也"라는 구절을 "그래서 형통하고 행함이 모두 때의 중中을 얻는다是以亨通而行皆得時之中也"로 풀고 있다. 정이천이 말하는 시중에 대해서는 「범례」 9번 중정中正과 시중時中 항목 참조.

5 구이효에 응했기 때문이다: 동래 여씨東萊呂氏(여조겸呂祖謙)는 재미난 지적을 하고 있다. 일반적으로 가르치는 사람이 자신을 먼저 굽히지 말고 배우는 사람이 먼저 자신을 찾아와야 가르침을 주어야지 성급하게 가르침을 강제해서는 먹혀들어가지 않는다는 의미라고 전제하면서, 사람들이 이 말을 착각하고서 가르치는 사람들이 오만하게도 배우려는 사람에게 다가가려 하지 않거나 배우는 사람들은 두려워 가지도 못하는 폐단을 지적하며 이렇게 말하고 있다. "많은 사람이 이렇게 말한다. 어리석은 사람을 깨우쳐 주는 자는 스스로 낮출 수가 없으니, 반드시 어린아이가 먼저 나를 찾아오기를 기다려야 하고 그 뜻이 나와 서로 호응한 뒤에야 가르칠 수 있다. 그러나 사람을 가르치려는 마음이 조급하여 학자가 뜻을 가지기를 기다리지 않고 억지로 가르치려고 하면 반드시 먹혀들어갈 수가 없다. 이것은 분명 정리正理다. 그러나 사람들은 이런 말을 잘못 이해하고서, 거만하게 배우는 사람들과 접촉하지 않고 배우는 사람도 멀리서 감히 나아가지 않으니, 제자는 줄고 함께하는 사람은 적어져서 도는 결국 밝힐 수가 없게 된다. 그러므로 반드시 뜻이 응했다는 말을 상세하게 음미해야만 한다. 이곳에서 자극하지 않는다면 저곳에서 어떻게 반응이 있겠는가? 반응은 자극에서 생겨난다. 옛사람들이 사람을 가르칠 때에는 구차하게 먼저 배우는 사람을 찾아가지 않았지만, 그러나 구하지 않는 가운데에 본래 자극하여 일깨워주는 이치가 있었다. 그렇지 않는다면 배우는 사람의 뜻이 어디로부터 반응하겠는가?說者, 多謂發蒙者, 不可自屈, 必待童蒙先來求我, 志與我相應, 然後可教. 苟急於教人, 不待學者有志而強告之, 必不能入也. 此固是正理. 然人或錯會此說, 亢然不復與學者相接, 學者亦望風不敢進, 少徒寡與, 道卒不明. 要須詳玩志應二字. 此无以感之, 彼安得而應之. 應生於感也. 古之教人, 雖不區區先求學者, 然就不求之中自有感發之理. 不然學者之志, 何自而應乎?(『주역전의대전』)"

6 음암陰暗: 어리석고 어두운 자질을 말한다. 「범례」 4번 재와 덕 항목 참조.

7 구차하게 형벌만 피하려고 하면서 부끄러움이 없게 되어: 『논어』 「위정」, "백성을 법과 명령으로 이끌고, 형벌로써 다스리면, 구차하게 형벌을 피하려고 하면서 부끄러움이 없게 된다. 덕으로 인도하고, 예로 다스리면, 부끄러워할 줄 알고 선함

에 이를 것이다道之以政, 齊之以刑, 民免而無恥. 道之以德, 齊之以禮, 有恥且格."

8 유암柔闇: 나약하고 어리석은 자질을 말한다. 「범례」 4번 재와 덕 항목 참조.

9 "아래 백성들에게 잘 묻고서": 『서』 「여형呂刑」에 다음과 같은 말이 있다. "황제가 아래 백성에게 맑게 물으시니, 홀아비와 과부들이 묘苗에게 말을 두거늘, 덕으로 위협하시니 두려워하고 덕으로 밝히시니 밝아졌다皇帝淸問下民, 鰥寡有辭于苗, 德威惟畏, 德明惟明."

10 강剛함과 유柔함의 감정이 서로 이어졌기 때문: 호원은 강함과 유함의 감정이 이어졌다는 것을 구체적으로 설명한다. "육오효와 구이효는 올바른 호응 상대다. 윗사람이 유순한 태도로 아랫사람을 대접하니 아버지의 자애이고, 아랫사람은 강명한 덕으로 윗사람을 모시니 자식의 효다. 아버지와 아들의 마땅한 의리가 서로 교류하니 집안의 도가 이루어지고, 군주와 신하의 마땅한 의리가 서로 교류하면 천하가 다스려진다. 이것은 육오효의 군주가 유순한 도로 구이효의 신하에게 겸손하게 위임하고, 구이효의 신하는 강명한 덕으로 그 육오효의 군주를 받들어 모시니, 강함과 유함이 서로 이어져 그 다스림을 이룰 수 있다六五與九二爲正應. 上以柔順而接于下, 父之慈也, 下以剛明而奉于上, 子之孝也. 父子之義相交, 則家道成也, 君臣之義相交, 則天下治也. 是六五之君, 能以柔順之道, 下委于九二之臣, 九二之臣, 能以剛明之德, 上奉其六五之君, 是則剛柔相接而克成其治也."

11 이치에 따르지 않기 때문: 여기서 '이치에 따르지 않는 것'을 주희는 '순順'이 아닌 '신愼'이어야 한다고 한다. 옛날에는 이 두 글자가 통용되었다는 것이다. 결국 신중하지 못했다는 의미로 풀고 있다.

12 유중柔中: 유순하면서도 중도를 이룬 덕을 말한다. 「범례」 4번 재와 덕 항목 참조.

13 자신을 버리고 타인을 따르는 것: 사기종인舍己從人을 번역한 말인데 이 말은 『역전』에 반복적으로 나온다. 자신의 사적인 이익과 견해를 버리고 공적인 견해와 공동선을 따르라는 말이다. "여러 사람에게 의논하여, 자신을 버리고 남을 좇는다稽于衆, 舍己從人(『서』 「대우모大禹謨」)." 여기에 공영달은 이렇게 소疏를 달고 있다. "여러 사람의 말을 살펴서 그 시비를 보고, 자신의 그름을 버리고 사람들의 옳음을 따른다考於衆言, 觀其是非, 舍己之非, 從人之是." 또 맹자는 이렇게 말한다. "위대한 순임금은 더 위대했으니, 좋은 일이 있으면 사람들과 함께하고, 자신을 버리고 타인의 좋은 점을 따라서, 남의 좋은 점을 취하여 자신의 좋은 점으로 만드는 것을 즐거워하셨다大舜有大焉, 善與人同, 舍己從人, 樂取於人以爲善(『맹자』 「공손추상」)."

14 순임금이 묘족을 정벌한 것: 『서』 「대우모」에서 순임금이 우에게 다음과 같이 말하고 있다. "임금께서 말씀하시기를, 아! 우여, 오직 묘족만이 다스려지지 않고 있으니 그대는 가서 정벌하시오帝曰咨禹, 惟時有苗弗率, 汝徂征."

15 주공이 삼감三監을 주벌한 것: 무왕武王은 폭군 주紂를 죽이고 상나라 유민들을 다스리기 위해 주紂의 아들 무경武庚, 즉 '녹보祿父'에게 은殷에 머물러 그곳을 다스리게 했다. 또한 그가 반란을 일으키지 못하도록 감시하기 위해 무왕은 자신의 세 동생, 관숙·채숙·곽숙을 주변 지역에 분봉했다. 이들을 '삼감'이라고 한다. 무왕이 죽고 어린 성왕成王이 즉위하자 주공이 섭정했는데, 관숙과 채숙은 주공이 성왕을 폐하고 왕위에 오를 것을 의심했다. 이에 무경과 함께 난을 일으켰는데 주

공은 이를 주벌했다.

16 도적이 된 것이다: 도적이 된다는 것은 무력을 동원하여 사람들을 폭력적으로 다스리려 하는 것이다. 호원도 진시황과 한 무제를 예로 들어 설명하고 있다. 몽괘 초육효의 경우는 어리석음이 작기 때문에 형벌로 다스릴 수 있지만 상구효의 경우에는 어리석음이 매우 커졌기 때문에 군사를 동원하여 정벌해야 한다고 설명한다. "지금 상구효는 어리석음이 큰 것이다. 예를 들어 제후나 신하가 천자를 보좌해야 하는데 도리어 역모를 일으키는 추한 일과 오랑캐들이 중국에 복종해야 하는데 도리어 반란을 일으키는 일 등은 그 죄악이 깊고 크니 오형五刑으로 다스릴 수가 없으므로 반드시 군사를 일으켜 많은 사람을 움직여서 정벌해야만 한다. 그러므로 어리석음을 친다고 했다. 도적이 되는 것은 이롭지 않다는 말은 병기는 흉한 것이고 전쟁은 위험한 일이기 때문이다. 만약 흉한 병기를 함부로 쓰고 위험한 일을 저질러서 사람들에게 도적이 된다면, 반드시 이롭지 않을 것이다今上九, 乃是蒙之大者. 若諸侯群臣所以佐天子, 而反爲叛逆之醜, 若夷狄所以柔服于中國, 而反爲叛亂之孽, 罪深惡大, 非五刑所能制, 必在興師動衆以征伐之. 故曰擊蒙也. 不利爲寇者, 夫兵, 凶器也, 戰, 危事也. 若逞其凶器, 肆其危事, 以自寇于人, 往必不利."

17 모두 이치를 따르는 유순함을 얻었기 때문이다: '순順'을 이치를 따른다고 번역했다. 정이천은 다른 사람들과 다르게 윗사람은 과도하게 폭력을 행사하지 않으면서 어리석음을 깨우치는 것이 윗사람의 마땅한 도리이기 때문에 그 도리를 따랐고, 아랫사람은 자신의 어리석음을 깨우치는 것이 아랫사람의 마땅한 도리이기 때문에 그 도리를 따랐다고 본다. 그러므로 윗사람과 아랫사람이 그들의 마땅한 도리를 따르기 때문에 도적을 막는 행위가 마땅한 행위가 된다. 이는 다른 사람들의 주석과 비교하면 분명해질 수 있다. 왕필은 이렇게 주석을 달고 있다. "어리석음의 종극에 처하여 강함으로 상효에 자리하니 어린아이의 어리석음을 쳐서 그 몽매함을 일깨울 수 있는 사람이다. 어리석은 어린아이는 깨닫기를 바랄 뿐이다. 윗사람과 아랫사람의 원함이 서로 합치되므로 따르지 않음이 없다處蒙之終, 以剛居上, 能擊去童蒙, 以發其昧者也.故曰擊蒙也. 童蒙, 願發而已, 能擊去之. 合上下之願, 故莫不順也." 왕필은 윗사람이 바라는 것과 아랫사람이 바라는 것이 합치한 것을 '순'이라고 본다. 호원은 이렇게 주석을 달고 있다. "위와 아래가 따랐다는 말은 제후의 반역과 오랑캐들의 불복종은 천인공노할 일이므로, 성인이 군사를 선발하고 장군을 간택하여 공격하니, 위와 아래의 마음이 모두 그 뜻을 받들어 따랐다는 말이다上下順也者, 言諸侯之叛逆, 四夷之不賓服, 人神之所共怒也, 故聖人選兵簡將以擊之, 則上下之心, 无不承順也." 호원은 성인이 행한 일에 대해서 위와 아래가 모두 순종했다는 뜻으로 풀고 있다.

5. 성장과 기다림: 수需괘䷄

수천수水天需라고 읽는다. 괘의 모습이 감坎☵괘가 위에 있고 건乾☰괘가 아래에 있기 때문이다.

수需괘에 대해 「서괘전」에서는 이렇게 설명했다. "몽은 어리석음으로, 어린 것이다. 어린 것은 기르지 않을 수 없으므로 몽蒙괘 다음으로 수괘를 받았다. 수需란 음식의 도다." 어린 것은 반드시 길러진 후에 성장한다. 어린 것을 기르는 데에 필요한 것이 음식이므로, "수란 음식의 도"라고 했다. 감괘가 상징하는 구름이 건괘가 상징하는 하늘 위로 올라가서, 수증기와 김이 꽉 찬 모습이다. 음식이 사물을 더욱 윤기 있게 해주므로 수괘는 음식의 도가 되니, 그래서 몽괘 다음이 된다.

괘의 큰 뜻은 기다림인데, 「서괘전」에서는 기다리는 것 중에 큰 것을 취했을 뿐이다. 건괘의 강건한 성질은 반드시 앞으로 나아가려고 하는데, 마침 감괘가 상징하는 위험 아래에 처하여 위험에 가로막혀 있으므로 기다린 후에 나아가는 것이다.

需, 序卦, "蒙者蒙也, 物之穉也. 物穉不可不養也, 故受之以需, 需者飮食之道也." 夫物之幼穉, 必待養而成. 養物之所需者飮食也, 故曰, "需者飮食之道也." 雲上於天, 有蒸潤之象. 飮食所以潤益於物, 故需爲飮食之道, 所以次蒙也. 卦之大意, 須待之義, 序卦取所須之大者耳. 乾健之性, 必進者也, 乃處坎險之下, 險爲之阻, 故須待而後, 進也.

기다림은 믿음을 가지고 있어 빛나고 형통하며, 올바름을 지키고 있어 길하니, 큰 강을 건너면 이롭다.

需, 有孚, 光亨, 貞吉, 利涉大川.

수需란 성장의 기다림이다. 감괘와 건괘, 이 두 괘의 형체로 말하면, 건乾의 강건함이 위로 나아가려 하지만 위험을 만나서 나아갈 수가 없는 모습이므로, 기다린다는 뜻이다. 괘의 자질 구조로 말하면, 구오효가 군주의 지위에 자리하여 기다림의 주체가 되고 강건하고 중정中正을 이룬 덕을 가지고 있으면서도 진실과 믿음이 마음에 충만하고 견고하니, 마음속에 진실한 믿음이 꽉 찬 것이다.

진실한 믿음이 있으면 매우 지혜롭고 형통할 수가 있고, 올바름을 굳게 지니고 있어 길하다. 이것으로서 기다린다면 무엇을 이루지 못하겠는가? 위험이 앞을 가로막고 있더라도 어려움이 없으므로 큰 강을 건너면 이롭다고 했다. '정길貞吉'에는 "올바름을 지키고 있어 길하다"는 의미와 "올바름을 지켜야만 길하다"는 의미가 있으니 분별해야만 한다.[1]

需者須待也. 以二體言之, 乾之剛健上進, 而遇險未能進也, 故爲需待之義. 以卦才言之, 五居君位, 爲需之主, 有剛健中正之德, 而誠信充實於中, 中實有孚也. 有孚則光明而能亨通, 得貞正而吉也. 以此而需, 何所不濟? 雖險无難矣, 故利涉大川也. 凡貞吉, 有旣正且吉者, 有得正則吉者, 當辨也.

「단전」에서 말했다. 수需란 기다림으로 위험이 앞에 있는 모습이다. 강건하나 위험에 빠지지는 않으니, 그 의리가 곤란과 궁핍에 빠지지는 않는다.

彖曰, 需須也, 險在前也. 剛建而不陷, 其義不困窮矣.

수의 뜻은 기다림이다. 위험이 앞에 있어 성급하게 나아갈 수가 없으므로, 기다린 후에 행한다. 건乾의 강건한 자질을 갖고도 기다리면서 경솔하게 행동하지 않을 수 있기 때문에 위험에 빠지지 않으니, 그 의리가 곤란과 궁핍에 빠지지 않는다. 강건한 자질을 가진 사람은 그 마음의 움직임이 반드시 조급한데도 기다렸다가 움직일 수 있으니, 이는 가장 좋게 처신하는 자다. 그래서 공자가 그 의리상 곤란과 궁핍에 빠지지 않을 것이라 칭찬했다.

需之義, 須也. 以險在於前, 未可遽進, 故需待而行也. 以乾之剛健而能需待, 不輕動, 故不陷於險, 其義不至於困窮也. 剛健之人, 其動必躁, 乃能需待而動, 處之至善者也. 故夫子贊之云其義不困窮矣.

"기다림은 믿음을 가지고 있으니 빛나고 형통하며 올바름을 지키고 있으니 길하다"고 한 것은 천자의 지위에 처하여 정正과 중中을 을 이루었기 때문이다.[2]

需有孚, 光亨, 貞吉, 位乎天位以正中也.

구오효는 강실剛實[3]한 자질로서 중中의 위치에 자리하여 믿음을 가진 모습이고, 기다리는 것을 얻었으니 또한 진실한 믿음의 뜻이다. 강건한 자질을 가지고 지극한 진실과 정성으로 행하므로 그 덕이 크게 빛나고 형통할 수 있고, 올바름을 굳게 지키고 있어서 길하다. 그렇게 할 수 있는 까닭은 천자의 지위에 자리하여 정과 중을 얻었기 때문이다. 천자의 지위에 자리한 것은 구오효를 가리킨다. 정중正中은 구이효를 겸하여 말하므로 정중이라고 했다.[4]

五以剛實居中, 爲孚之象, 而得其所需, 亦爲有孚之義. 以乾剛而至誠, 故其德光明而能亨通, 得貞正而吉也. 所以能然者, 以居天位而得正中也. 居天位, 指五. 以正中, 兼二言, 故云正中.

"큰 강을 건너는 것이 이롭다"는 것은 가면 공을 세우기 때문이다.

利涉大川, 往有功也.

마음속에 진실한 믿음을 가지고 올바름을 굳게 지키고 있어서, 어려움과 고난일지라도 헤치고 나가면 공을 이루니, 이는 기다림의 방도가 가져올 수 있는 최선이다. 강건하면서도 기다릴 수 있으니, 어떤 것인들 이롭지 않겠는가?

旣有孚而貞正, 雖涉險阻, 往則有功也, 需道之至善也. 以乾剛而能需, 何所不利?

「상전」에서 말했다. 구름이 하늘로 올라가는 것이 수괘의 모습이니, 군자는 이것을 본받아 음식을 먹으며 기뻐하고 즐거워한다.

象曰, 雲上於天, 需, 君子以飮食宴樂.

구름의 기운이 끓어올라 위로 하늘로 올라가, 반드시 음양이 서로 조화하고 섞인 뒤에 비가 온다. 구름이 막 하늘로 올라갔는데 비가 아직 내리지 않았으므로 기다림을 의미한다. 음과 양의 기운이 서로 교감했으나 아직 비를 이루지 못하니, 군자가 자신의 재능과 덕을 길렀으나 사회적으로 쓰이지 못한 것과 같다.

군자는 구름이 하늘로 올라가 음양이 조화되기를 기다린 뒤에 비가 되는 모습을 보고서, 자신의 도와 덕을 가슴에 품고 편안하게 때를 기다리고, 음식으로 자신의 몸을 기르면서 기쁨과 즐거움으로 마음과 뜻을 조화롭게 하니, 이것이 『중용』에서 말하는 "편안한 곳에 거하여 천명을 기다린다"[5]는 말이다.[6]

雲氣蒸而上升於天, 必待陰陽和洽, 然後成雨. 雲方上於天, 未成雨也, 故爲須待之義. 陰陽之氣交感而未成雨澤, 猶君子畜其才德而未施於用也. 君子觀雲上於天, 需而爲雨之象, 懷其道德, 安以待時, 飮食以養其氣體, 宴樂以和其心志, 所謂居易以俟命矣.

초구효는 교외에서 기다리는 모습이다. 항심恒心[7]을 유지하는 것이 이로우니, 허물이 없을 것이다.

初九, 需于郊, 利用恒, 無咎.

기다림이란 위험에 직면하여 기다리고 성장한 후에 나아가는 것이다. 초구효는 위험에서 가장 멀리 떨어진 곳에 자리하므로[8] 교외郊에서 기다린다고 했다. 교외란 넓고 먼 곳이다. 넓고 먼 곳에 자리하므로 이로움은 그 상도常道를 편안히 지키는 것에 달려 있으니,[9] 이렇게 하면 허물이 없다. 상도에 편안할 수 없다면 조급하게 움직여서 어려운 일을 범하니, 어떻게 먼 곳에서 기다리면서 허물이 없을 수가 있겠는가?

需者, 以遇險, 故需而後進. 初最遠於險, 故爲需于郊. 郊, 曠遠之地也. 處於曠遠, 利在安守其常, 則无咎也. 不能安常, 則躁動犯難, 豈能需於遠而无過也?

「상전」에서 말했다. 교외에서 기다리는 것은 어려움을 범하여 행하지 않는 것이고, 항심을 유지하는 것이 이로우니 허물이 없는 것은 상도를 잃지 않았기 때문이다.

象曰, 需于郊, 不犯難行也. 利用恒無咎, 未失常也.

넓고 먼 곳에 자리한 자는 함부로 위험하고 어려운 일을 범하여 행하지 않는다. 양陽의 성질은 강건하여 위로 나아가려고만 한다. 초구효는 넓고 먼 곳에서 기다리고 인내하니, 위험과 어려운 일을 범하면서 나아가지 않고 다시 자신이 자리한 곳에 마음을 편안히 하고 처하여 그 자리에 마땅한 상도를 잃지 않는다면, 허물이 없을 수 있다.

비록 겉으로는 나아가지 않지만 속뜻은 나가고 싶다는 욕심으로 요동하면, 그 상도에 편안하게 안정을 이룰 수가 없다. 군자가 때를 기다림에 있어 편안하고 고요하여 스스로의 뜻을 지켜서, 기다림에 뜻을 두고도 태연하게 죽을 때까지 이대로 살아도 좋다는 마음을 가지니, 이로써 상도를 지킬 수 있는 것이다.

處曠遠者, 不犯冒險難而行也. 陽之爲物, 剛健上進者也. 初能需待於曠遠之地, 不犯險難而進, 復宜安處不失其常, 則可以无咎矣. 雖不進, 而志動者不能安其常也. 君子之需時也, 安靜自守, 志雖有須, 而恬然若將終身焉, 乃能用常也.

구이효는 모래사장에서 기다리는 모습이다. 구설수가 조금 있지만 결국에는 길하다.

九二, 需于沙. 小有言, 終吉.

감坎은 물로서 위험을 상징하니, 물 가까운 곳에 모래사장이 있다. 구이효는 위험에 점차로 가까워지므로 모래사장에서 기다린다고 했다. 위험과 어려움에 점차 가까워지니, 근심과 해로움에는 이르지 않았지만 자신에게 구설수가 떠돈다. 근심과 어려움이란 말에는 크고 작은 차이가 있다. 작게는 구설수가 있는 것이지만,[10] 말로 다치는 것은 지극히 작은 것이다.

구이효는 양강한 자질로 유柔한 위치에 자리하여 중도를 지키며 관대하고 여유롭게 처신하는 자이니, 기다림의 최선이다. 위험에 점차 가까워졌지만 아직 위험에 이르지는 않았으므로 구설수가 조금 있어 말로 해를 입는 경우가 있지만, 큰 해로움은 없고 결국에는 그 길함을 얻을 것이다.

坎爲水, 水近則有沙. 二去險漸近, 故爲需于沙. 漸近於險難, 雖未至於患害, 已小有言矣. 凡患難之辭, 大小有殊. 小者至於有言, 言語之傷, 至小者也. 二以剛陽之才, 而居柔守中, 寬裕自處, 需之善也. 雖去險漸近, 而未至於險, 故小有言語之傷, 而无大害, 終得其吉也.

「상전」에서 말했다. 모래사장에서 기다리는 것은 너그러움으로 중中에 있는 것이니, 다소 구설수가 있으나 길함으로 끝날 것이다.

象曰, 需于沙, 衍在中也, 雖小有言, 以吉終也.

'연衍'이란 너그럽다는 것이다. 구이효는 위험에 가깝지만 관대하고 여유로워 중中의 위치에 자리했으므로 구설수의 피해가 조금 있지만, 결국에는 길함을 얻으니 잘 처신하는 자다.

衍, 寬綽也. 二雖近險, 而以寬裕居中, 故雖小有言語及之, 終得其吉, 善處者也.

구삼효는 진흙탕에서 기다리는 모습이니, 스스로 도적을 부른다.

九三, 需于泥, 致寇至.

진흙은 물에 가장 가까운 곳이다. 위험에 아주 가깝게 나아갔으니, 당연히 도적과 같은 어려움이 이르게 된다. 구삼효는 강剛하여 중도를 이루지 못했고 또 강건한 형체의 가장 위에 있으니, 나아가려고 움직이는 모습이므로 도적을 자초한다. 진실로 경건한 마음가짐과 신중한 사려가 없다면 낭패를 본다.

泥, 逼於水也. 旣進逼於險, 當致寇難之至也. 三, 剛而不中, 又居健體之上, 有進動之象, 故致寇也. 苟非敬愼, 則致喪敗矣.

「상전」에서 말했다. 진흙탕에서 기다리는 것은 재앙이 밖에 있는 것이다. 내가 도적을 자초했으니, 경건한 마음가짐을 가지고 신중하게 사려한다면 낭패를 당하지 않을 것이다.

象曰, 需于泥, 災在外也. 自我致寇, 敬愼不敗也.

구삼효는 상체의 위험과 어려움[11]에 가장 가깝기 때문에 재앙이 밖에 있다고 했다. 재앙이란 근심과 어려움의 통칭으로 '생眚'과 대조해서 말하면 구분이 있다. 구삼효가 도적을 자초한 것은 자신이 앞으로 나아가 위험에 접근하였으므로 "내가 자초했다"고 했다. 도적을 자초했으니 경건한 마음가짐과 신중한 사려를 가지고 마땅함을 헤아려서 나아갈 수 있다면 낭패를 보지는 않을 것이다.

기다림의 때에는 기다린 뒤에 나아가야 한다. 그 마땅한 의리는 때를 살펴서 움직이는 데 있지 나아가지 못함을 경계한 것은 아니니, 오직 경건한 마음가짐과 신중한 사려를 가지고 그 마땅함을 잃지 않도록 할 뿐이다.

三切逼上體之險難, 故云災在外也. 災, 患難之通稱, 對眚而言則分也. 三之致寇, 由己進而迫之, 故云自我. 寇自己致, 若能敬愼, 量宜而進, 則无喪敗也. 需之時, 須而後進也. 其義在相時而動, 非戒其不得進也, 直使敬愼毋失其宜耳.

육사효는 피를 흘리며 기다리는 모습이니, 스스로 동굴에서 나온다.

六四, 需于血, 出自穴.

육사효는 음유한 자질로 위험에 처해 있으니, 아래에 세 양陽이 전진해오는 것을 당하여 위험과 어려움 속에서 상처입고 있는 자이므로 "피를 흘리며 기다린다"고 했다. 위험과 어려움 속에서 상처를 입어 자신이 처한 곳에서 편안하게 안정을 누릴 수가 없으니 반드시 자신이 처할 곳을 잃게 되므로 "동굴에서 나오게 된다"[12]고 했다. 동굴이란 사물이 편안히 처하는 곳이다.

이치에 따라 유순하게 때를 따르고 위험과 어려움 속에서 다투어 경쟁하지 않으니, 흉함에 이르지 않을 수 있다. 유약한 자질로 음한 위치에 자리하니, 다툴 수 있는 자가 아니다. 그러나 만약 양한 태도로 강경하게 대처했다면, 반드시 흉하게 될 것이다. 중정中正의 덕이 없는데 오히려 강경한 태도로 위험 속에서 다투어 경쟁하면, 흉함에 이를 뿐이다.

四以陰柔之質, 處於險, 而下當三陽之進, 傷於險難者也, 故云需于血. 旣傷於險難, 則不能安處, 必失其居, 故云出自穴. 穴, 物之所安也. 順以從時, 不競於險難, 所以不至於凶也. 以柔居陰, 非能競者也. 若陽居之, 則必凶矣. 蓋无中正之德, 徒以剛競於險, 適足以致凶耳.

「상전」에서 말했다. 피를 흘리며 기다리는 것은 이치에 순종하여 시세의 흐름에 따르는 것이다.

象曰, 需于血, 順以聽也.

육사효는 음유한 자질로 위험과 어려움의 한복판에 자리하여, 그 장소를 고집할 수가 없으므로 물러나 그 동굴에서 나오게 된다. 음유한 자질은 그 때와 함께 다투어 경쟁할 능력이 없기 때문에, 그 곳에 처할 수가 없으니 물러난다. 이것은 이치를 따라 순종하고 그 때의 흐름에 따르는 것이니,[13] 그래서 흉함에 이르지 않는다.

四以陰柔居於險難中, 不能固處, 故退出自穴. 蓋陰柔不能與時競, 不能處則退, 是順從以聽於時, 所以不至於凶也.

구오효는 술과 음식으로 기다리니, 올바름을 굳게 지켜 길하다.

九五, 需于酒食, 貞吉.

구오효는 양강한 자질로 중中에 자리하고 정正을 얻어 천자의 지위에 자리하니,[14] 기다림의 도리를 다한 것이다. 이렇게 기다린다면 무엇을 기다려서 얻지 못하겠는가? 술과 음식으로 편안히 잔치하면서 기다리니, 기다리는 것을 반드시 얻는다. 올바름을 굳게 지켜서 기다리는 바를 반드시 이루니,[15] 길하다고 말할 만하다.

五以陽剛居中得正, 位乎天位, 克盡其道矣. 以此而需, 何需不獲? 故宴安酒食以俟之, 所須必得也. 旣得貞正而所需必遂, 可謂吉矣.

「상전」에서 말했다. 술과 음식으로 기다리는 모습이니 올바름을 굳게 지키고 길한 것은 중정을 얻었기 때문이다.

象曰, 酒食貞吉, 以中正也.

술과 음식으로 기다리며 올바름을 굳게 지키고 또 길하다는 것은 구오효가 중정을 얻어 그 도를 다했기 때문이다.

需于酒食而貞且吉者, 以五得中正而盡其道也.

상육효는 동굴에 들어가는 모습이라, 부르지 않은 손님 세 사람이 올 것이니, 공경하며 맞이하면 끝내는 길할 것이다.

上六, 入于穴, 有不速之客三人來, 敬之終吉.

기다림이란 위험이 앞에 있어서 때를 기다린 후에 나아가는 것인데 상구효는 위험의 끝에 자리했으니 위험이 끝나면 변할 것이고, 기다림의 끝에 있으니 오래되어 구하는 것을 얻을 것이다. 음陰으로서 육六의 자리에 멈추었으니, 그 거처에 편안히 안정을 이루므로 동굴에 들어가는 것이다. 동굴이란 편안히 안정을 이루는 곳이다. 편안하고 거기에 멈추었다면, 뒤따르는 자가 반드시 이른다.

'부르지 않은 손님 세 사람'이란 아래의 세 양효를 말한다. 건괘의 세 양은 성질상 아래에 있는 것들이 아니라, 때를 기다려서 앞으로 나아가려는 자들이다. 기다림이 극도에 달했으므로 모두 위로 올라가려고 한다. 부르지 않았다는 것은 재촉하지 않았는데도 스스로 오는 것이다. 상구효는 기다렸다가 자신이 편안히 안정을 이룰 수 있는 거처를 얻으니, 많은 강剛한 자가 오더라도 시기와 질투와 분노와 경쟁심을 일으키지 않고, 지극한 진실과 정성을 다하고 공경하는 마음을 다하여 그들을 대한다면, 매우 강폭한 사람들일지라도 어찌 함부로 침해하고 능욕할 수 있겠는가? 그래서 끝내는 길하다.

어떤 사람이 의심하여 "두 음이 세 양효의 위에 자리하는 것이 어찌해서 편안합니까?"라고 하는데, 이렇게 대답하겠다. 세 양효는 건괘의 강건한 형체로 그 뜻이 앞으로 나아가는 데에 있지만, 음인 육六의 지위는 멈춰야 할 올바른 자리가 아니므로 세 양이 그 자리를 빼앗으려는 의도가 없으니, 공경하면 길할 것이다.

需以險在前, 需時而後進, 上六居險之終, 終則變矣, 在需之極, 久而得矣. 陰止於六, 乃安其處, 故爲入于穴. 穴, 所安也. 安而旣止, 後者必至. 不速之客三人, 謂下之三陽. 乾之三陽, 非在下之物, 需時而進者也. 需旣極矣, 故皆上進. 不速, 不促之而自來也. 上六旣需得其安處, 群剛之來, 苟不起忌疾忿競之心, 至誠盡敬以待之, 雖甚剛暴, 豈有侵陵之理? 故終吉也. 或疑二陰居三陽之上, 得爲安乎? 曰, 三陽乾體, 志在上進, 六陰位, 非所止之正, 故无爭奪之意, 敬之則吉也.

「상전」에서 말했다. 부르지 않은 손님 세 사람이 오는 것을 공경하며 맞이하면 끝내는 길한 것은 지위가 합당하지는 않지만 큰 실수는 없기 때문이다.

象曰, 不速之客來敬之終吉, 雖不當位, 未大失也.

지위가 합당하지 않다는 것은 음陰이 윗자리에 있는 것을 말한다. 효사에서는 음효인 육六이 음의 위치에 자리하여 편안한 곳이 되었다고 했는데, 「상전」에서 다시 그 뜻을 다하여, 음은 마땅히 아랫자리에 있어야 하는데 위에 거했으므로, 지위가 합당하지 않다는 점을 밝혔다. 그러나 공경하고 신중한 마음으로 처신할 수 있다면 양효들이 능멸하지 못해서 마침내 길함을 얻을 것이니, 기다리는 때에 지위가 합당하지는 않지만, 큰 실수를 하는 데까지 이르지는 않는다.[16]

不當位, 謂以陰而在上也. 爻以六居陰爲所安, 象復盡其義, 明陰宜在下, 而居上, 爲不當位也.然能敬愼以自處, 則陽不能陵, 終得其吉, 需不當位, 而未至於大失也.

1 분별해야만 한다: 정이천이 '정길貞吉'을 이렇게 구분하는 것은 현재의 상태가 어떠냐에 따라 달라지기 때문이다. '올바름을 지키고 있어 길하다'는 말은 지금 현재 올바름을 지키고 있어서 길하다는 것이고, '올바름을 지켜야만 길하다'는 것은 지금 올바름을 지키고 있지 못하고 있으니, 올바름을 지켜야만 길하다는 뜻이다. 호원은 만약 올바름을 지킨다면 이런 결과가 나올 것이라는 의미로 푼다. "지위에 있는 사람은 올바름과 믿음의 도리로 아랫사람을 대하면 아랫사람 역시 그를 신뢰하고 올바름을 따른다. 부자 사이에도 올바른 믿음으로 서로 접촉하면 불선에 빠지지 않고, 친구 간에도 올바른 믿음으로 서로 대하면 불의에 빠지지 않는다. 모든 사람이 마음속으로부터 우러나온 믿음이 있어서 마땅히 올바르게 행동하면 곧 길함을 얻는다. 그렇게 올바른 믿음으로 사람을 대하면 사람들도 올바른 믿음으로 나에게 돌아온다若凡在位者, 能以正信之道, 接于下, 則下亦信之而從正也. 若父子之間, 以正信相接, 則不陷于不善, 朋友之間, 以正信相接, 則不陷于不義. 是凡爲人者, 有由中之信, 皆當正而行之, 乃得吉也. 然旣以正信接于人, 而人亦以正信歸于己."

2 이루었기 때문이다: 비比괘 구오효 「상전」에서 정이천은 "'정중正中'이라고 말한 것은 그 처함이 중中을 얻은 것이니, 비比괘와 수隨괘가 그러하다. '중정'이라고 말한 것은 '중'과 '정'을 얻은 것이니, 송訟괘와 수需괘가 그러하다"고 했다. 이에 따르면 수需괘의 '정중'을 중정中正의 의미로 해석하고 있다. 『주역대전』 구결도 그렇게 토를 달고 있다.

3 강실剛實: 강하면서 진실한 자질을 말한다. 「범례」 4번 재才와 덕德 항목 참조.

4 정중이라고 했다: 호원은 이를 구오효의 중정中正으로 풀고 있다. "구오효의 지위는 강명의 덕을 가지고 지극히 존귀한 위치에 자리하여 양으로 양에 자리했으니, 정이다. 또 상괘의 가운데에 있으니, 중이다. 안으로 마음속으로부터 연유하는 믿음이 있고 밖으로 올바름을 얻었으므로 크게 빛나고 형통하니, 이것이 지극히 존귀한 지위에 처하여 중정을 이룬 자다九五之位, 有剛明之德, 居至尊之極, 以陽居陽, 是正也. 又在上卦之中, 是中也. 既內有由中之信而外得其正, 故得光明而亨通, 是處至尊之位而以中正者也."

5 『중용』 14장, "군자는 그 자리에 처하여 그 자리에 마땅한 행동을 할 뿐, 그 자리에서 벗어난 것을 원하지 않는다. 부귀에 처해서는 부귀에 마땅한 대로 행하며, 빈천에 처해서는 빈천에 마땅한 대로 행하며, 오랑캐에 처해서는 오랑캐에 마땅한 대로 행하며, 환난에 처해서는 환난에 마땅한 대로 행한다. 군자는 들어가는 곳마다 스스로 얻지 못함이 없다. 윗자리에 있을 때는 아랫사람을 능멸하지 않고, 아랫자리에 있을 때는 윗사람을 끌어내리지 않는다. 오직 자신을 바르게 할 뿐, 타인에게 나의 삶의 원인을 구하지 않으니 원망이 있을 수 없다. 위로는 하늘을 원망하지 않고, 아래로는 사람을 허물하지 않는다. 그러므로 군자는 편안한 곳에 자리하여 천명을 기다리고, 소인은 위험한 일을 하면서 요행을 바란다君子素其位而行, 不願乎其外. 素富貴, 行乎富貴; 素貧賤, 行乎貧賤; 素夷狄, 行乎夷狄; 素患難, 行乎患難; 君子無入而不自得焉. 在上位不陵下, 在下位不援上, 正己而不求於人則無怨. 上不怨天, 下不尤人. 故君子居易以俟命, 小人行險以徼幸."

6 말이다: 호원은 「상전」의 내용에 대해 "어리석음이 계몽되어 성대한 덕이 빛나고 형통하니 음식으로 잔치를 벌이며 즐거워한다童蒙已發, 盛德光亨, 飮食宴樂"라고 주석한 왕필과 공영달을 비판한다. 단지 음식을 먹고 즐기라는 것이 아니라 덕을 기르면서 때를 기다리라는 의미다. 즉, 호원의 생각은 세상 사람들이 어떤 좋은 일이 있기 때문에 음식을 먹고 잔치를 벌이며 즐기는 것이 아니라는 것이다. 음식을 먹고 잔치를 벌이는 것은 몸과 정신을 배양하기 위해서다. 이것이 '낙천지명樂天知命'하며 때를 기다리는 행위다. 정이천도 호원과 같은 맥락에서 해석하고 있다.

7 항심恒心: '항심'은 맹자의 말로 '항산恒產'과 함께 쓰이는 개념이다. 이에 대한 주희의 설명은 다음과 같다. "항恒은 상도常道이고, 산產은 생업生業이다. 항산은 오래도록 삶을 떳떳하게 살 수 있는 생업이고, 항심은 사람이 항상 가지고 있는 선한 마음이다. 선비는 일찍이 학문을 해서 의리를 안다恒, 常也, 產, 生業也. 恒產, 可常生之業也, 恒心, 人所常有之善心也. 士嘗學問, 知義理."

8 위험에서 가장 멀리 떨어진 곳에 자리하므로: 위험이란 상체인 감坎괘가 상징하는 물을 말한다. 여기서 가장 멀리 떨어진 효가 초구효다.

9 달려 있으니: 호원은 '이용항利用恒'을 '항심을 지키는 것'으로 해석한다. "지위가 없는 곳에 자리하고 또 험난한 아랫자리에 처해서 본래 허물이 있는 것이다. 그러나 초구효가 만약 그 항심恒心을 지켜서 곤궁한데도 그 절도를 바꾸지 않고 빈천하더라도 그 뜻을 변화시키지 않으면서 때의 가부를 살펴서 나아갈 만하면 나아가므로 그 허물을 면할 수 있다居无位之地, 又處險難之下, 本有咎也. 然初九, 若能守其恒心, 不爲困窮而易其節, 不以貧賤而渝其志, 相時之可否, 可進則進, 故得免其咎也." 그러나 정이천은 자신이 처한 직분과 상도常道를 잃지 않았기에 항심

을 지킬 수 있다고 여긴다.

10 작게는 구설수가 있는 것이지만: 호원은 구체적으로 위험을 소인의 음험한 행동으로 해석하고, 구설수를 소인들의 비방으로 설명한다. "위험과 어려움은 소인들의 음험한 행동이다. 자신은 군자의 도리로 그 중정中正을 지키면서 소인들과 구차하게 야합하지 않으니 소인들이 헐뜯는 말을 일으켜서 자기를 비방한다. 그러나 구이효는 강직한 덕으로 움직이고 중도로 행하여, 속류들의 헐뜯는 말을 신경 쓰지 않으니, 소인들의 헐뜯는 말이 있더라고 결국에는 자신에게 해가 될 수 없다夫險難者, 小人陰險之行也. 已以君子之道, 守其中正, 不與小人苟合, 則小人興讒構之言以謗于己. 然九二, 動以剛德, 行以中道, 不顧流俗之毀訾, 雖有小人讒構之言, 終不能爲害于己."

11 상체는 곧 감坎괘를 말한다. 감괘는 물이니 위험을 상징한다.

12 동굴에서 나오게 된다: 호원은 동굴에서 나오는 것을 자신이 자리한 지위에서 물러나는 것으로 푼다. 아래의 세 양효가 올라오는데, 육사효는 이 양효들의 세력을 제어할 능력이 없다. 그런데도 강경하게 양효들의 전진을 막으려고 한다면 해를 입게 된다. 만약 그들과 다투지 않고 지위에서 물러나서 양효들의 전진을 방해하지 않으면 해를 당하지 않는다는 말이다. "만약 자신의 힘으로 양효들의 세력을 제어할 수 없음을 헤아리면, 자신의 자리에서 물러나 여러 현자의 전진을 감히 방해할 수 없다. 이렇게 하면 해를 피할 수 있다若能度己之力不能禦, 則退其所居, 而不敢妨衆賢之進. 如此, 則庶可以免害也." 정이천도 「상전」에서 '물러난다退'고 말하고 있으니 호원과 같은 맥락으로 보고 있다. 그러나 주희는 '위험한 곳險陷之所'이라고 풀고 있다. 위험으로부터 벗어났다는 말이다.

13 그 때의 흐름에 따르는 것이니: 호원은 '때時'가 아니라 '명命'을 따르는 것이라고 한다. "소인은 군자와 대적할 수 없다. 지금 세 양효가 위로 전진하니, 자신은 반드시 유순하게 그 천명을 따른다夫小人, 不能與君子敵. 今三陽上進, 己必柔順以聽從其所命也."

14 중국판본은 "五以陽剛居中, 得正位乎天位"라고 읽지만 『주역대전』 구결은 "五以陽剛居中得正, 位乎天位"로 읽는다. 의미 맥락상 『주역대전』 구결이 옳다. 『주역대전』 구결을 따랐다.

15 기다리는 바를 반드시 이루니: 호원은 구오효에 대해 "이미 천자의 지위를 얻어 중정中正을 창달시켜서, 다시 기다릴 것이 없으므로 술과 음식을 먹고 즐길 뿐이니, 곧고 길함을 얻었다已得天位, 暢其中正, 無所複須, 故酒食而已獲貞吉也"라고 주석을 단 왕필과 공영달의 견해를 비판한다. 호원은 평화롭게 다스려졌더라도 위험과 혼란을 잊지 않고 대비하는 태도를 성왕은 가지고 있다고 하면서, 혼돈을 해결하고 공경의 태도로 천하의 현자들이 즐겁게 오기를 기다린다는 뜻으로 푼다. 그의 해석에 따르면 혼돈을 해결했다는 목적을 구한 후에 술과 음식으로 즐기는 것이 아니라 혼돈을 해결한 후에 술과 음식을 준비하고서 현자들이 찾아오는 것을 구하면서 기다린다는 의미다. 정이천도 "기다리는 것을 반드시 얻는다"고 했는데 여기서 기다리는 것이란 바로 현자들이 몰려오는 것이라고 볼 수 있다.

16 큰 실수를 하는 데까지 이르지는 않는다: 대체적으로 상육효에 대해서 정이천과 호원은 견해가 유사하다. 호원은 육사효가 아래 세 양효가 전진하는 것을 방해하지 않고, 구오효도 술과 음식으로 접대하고 있으므로 상육효도 공경하면서 세

양효를 맞이하고 있다고 하면서 이렇게 정리하고 있다. “상육효는 지위가 없는 자리에 있으면서 공경하여 세 양의 군자들을 받아들이고 있으니 이는 천하의 현자를 맞이할 수 있는 자다. 지위가 부당하여 과실이 있을 수 있지만, 큰 데에까지 이르지 않는 것은 어째서인가? 현자들을 맞이하고 선善을 좋아하면서 천하를 근심하는 것이 천하의 지극히 아름다움이다. 이렇게 지극히 아름다움을 가지고 있는데 과실이 있다 한들 어찌 클 수 있겠는가?上六既當无位之地而能恭敬以接納三陽之君子, 是能來天下之賢者也. 位雖不當而有所過失, 然亦不至于大也, 何哉? 夫納賢好善, 優于天下, 天下之至美者也. 有此至美, 雖有過失, 又何大哉?”

6. 다툼, 송사: 송訟괘☰☵

천수송天水訟이라고 읽는다. 괘의 모습이 건乾☰괘가 위에 있고 감坎☵괘가 아래에 있기 때문이다.

송訟괘에 대해서 「서괘전」에서는 이렇게 설명했다. "음식이 있으면 반드시 다툼이 생기게 마련이므로 음식을 상징하는 수需괘 다음 다툼을 상징하는 송訟괘로 받았다." 사람에게 필요한 것이 음식이니, 기다리는 것이 있다면, 반드시 이로부터 다툼이 생겨난다. 그래서 송괘는 수괘 다음이 된다.[1] 괘의 모습은 위로 건괘와 아래로 감괘로 이루어졌다. 이 두 괘의 상징으로 말하자면 건괘가 상징하는 하늘의 양陽은 위로 올라가려고 하고 감괘가 상징하는 물水의 성질은 아래로 내려가려 하니, 그들이 가는 방향이 서로 어긋나므로 다툼이 생기는 것이다. 건괘와 감괘, 이 두 괘의 형체로 말하자면 윗사람은 강폭하고 아랫사람은 막힌 것이 있어서 강폭함과 막힌 것이 서로 접하니, 다툼이 없을 수 있겠는가? 또한 한 사람의 경우를 보더라도, 마음속에 막힌 것이 있으면서 겉으로 강경하게 나오므로 다툼이 생기는 것이다.

訟, 序卦, 飮食必有訟, 故受之以訟. 人之所需者飮食, 旣有所須, 爭訟所由起也. 訟所以次需也. 爲卦, 乾上坎下, 以二象言之, 天陽上行, 水性就下, 其行相違, 所以成訟也. 以二體言之, 上剛下險, 剛險相接, 能无訟乎? 又人, 內險阻而外剛強, 所以訟也.

다툼은 믿음이 있으나 막혀서 두려우니, 중中하면 길하고 끝가지 가면 흉하다.

訟, 有孚, 窒惕, 中吉, 終凶.

다툼의 도리는 반드시 믿음이 마음속에 가득 차 있어야 한다. 마음속에 확신이 차 있지 않다면 기만과 거짓이니 이는 흉한 도리다. 괘의 가운데가 꽉 찬 것이 믿음의 모습이다.[2] 다툼이란 타인과 언쟁하고 변론하면서 다른 사람이 결정 내려주기를 기다리는 것이니, 자신이 확신을 가지고 있더라도 또한 반드시 사람들에게 막혀 통하지 않는다.[3] 막히지 않았다면 이미 뚜렷하게 밝혀졌으므로 다툼이 없을 것이다. 송사가 분별되지 못했다면 길흉을 기필할 수 없으므로 두려워하고 근심하게 된다. "중하면 길하다"는 것은 중도中道를 얻으면 길하다는 것이고, "끝까지 가면 흉하다"는 말은 그 사안을 끝까지 밀고 나가 극단에 이르면 흉하게 된다는 말이다.

訟之道, 必有其孚實. 中無其實, 乃是誣妄, 凶之道也. 卦之中實, 爲有孚之象. 訟者與人爭辯, 而待決於人, 雖有孚, 亦須窒塞未通. 不窒, 則已明无訟矣. 事既未辯, 吉凶未可必也, 故有畏惕. 中吉, 得中則吉也, 終凶, 終極其事則凶也.

대인을 만나면 이롭고 큰 강을 건너면 이롭지 않다.

利見大人, 不利涉大川.

다툼이란 그 시비곡직의 분별을 구하는 것이므로, 대인을 만나면 이롭다. 대인은 그 강명하고 중정中正한 능력으로 송사를 판단해줄 수 있다. 다툼은 화평한 일이 아니니 마땅히 안정된 곳을 택하여 처신해야지 위험한 곳에 빠져서는 안 되므로, 큰 강을 건너면 이롭지 않다고 했다.

訟者, 求辯其曲直也, 故利見於大人. 大人則能以其剛明中正, 決所訟也. 訟非和平之事, 當擇安地而處, 不可陷於危險, 故不利涉大川也.

「단전」에서 말했다. 송괘는 위는 강하고 아래는 위험하여, 위험한 데도 강건한 것이 다툼이다.

彖曰, 訟, 上剛下險, 險而健, 訟.

송괘의 모습은 위는 강剛하고 아래는 막힌 것이 있으니[4] 막힌 것이 있는데도 또 강건한 것이다. 또 막힌 것과 강건함이 서로 접해 있는 것과 안으로 막힌 것이 있는데 겉으로는 강건한 것이 모두 다툼이 될 수 있다.[5] 강건하면서 장애가 없다면 다툼이 생겨나지 않고, 아랫사람이 음험하지만 윗사람이 강건하지 못하면 다툴 수가 없다. 막힘이 있고 또 강건하므로 다툼이 된다.

訟之爲卦, 上剛下險, 險而又健也. 又爲險健相接, 內險外健, 皆所以爲訟也. 若健而不險, 不生訟也, 險而不健, 不能訟也. 險而又健, 是以訟也.

"다툼은 믿음이 있으나 막혀서 두려우니 중中하면 길하다"는 것은 강함이 와서 중을 얻는 것이다.

訟有孚窒惕中吉, 剛來而得中也.

다툼의 방도는 분명 이와 같다. 또 괘의 자질 구조로 말하면 구이효는 강함으로 밖으로부터 와서 다툼을 이루니, 구이효가 다툼의 주된 효다. 구이효는 강함으로서 중中의 위치에 처했으니, 마음이 확신으로 꽉 찬 모습이므로 믿음이 있다고 했다. 다툼에 휘말릴 때에는 믿음을 지녔다고 해도 반드시 어려움과 막힘이 있으니, 따라서 두려움과 근심이 있다. 막히지 않았다면 다툼이 이루어지지 않는다. 또 험난함 가운데에 자리하니, 역시 막히고 두려워하고 근심함을 뜻한다.

구이효는 양강한 자질로 밖으로부터 와서 중도中道를 이루니, 강함이 와서 다투지만 과도하게 다투지는 않는다는 뜻이므로 길하다. 괘에는 그 괘가 이루어진 이유를 다시 취하여 뜻을 삼는 경우가 있는데, 이 괘가 그러하다. 괘의 뜻에 괘가 이루어진 이유를 취하지 않으면 변한 효를 다시 말하지 않는다. 괘사에 근거하면 구이효는 좋은 것이지만, 효 가운데에는 그 좋음을 볼 수가 없다. 괘사는 "믿음을 가지고 중中을 얻었다"는 것을 취하여 말했으니 바로 그것이 좋은 것이고, 효사에서는 아랫사람으로서 윗사람과 다투는 것을 가지고 뜻을 삼았으니 이는 취한 바가 다르기 때문이다.

訟之道固如是. 又據卦才而言, 九二以剛自外來而成訟, 則二乃訟之主也. 以剛處中, 中實之象, 故爲有孚. 處訟之時, 雖有孚信, 亦必艱阻窒塞而有惕懼. 不窒則不成訟矣. 又居險陷之中, 亦爲窒塞惕懼之義. 二以陽剛, 自外來而得中, 爲以剛來訟而不過之義, 是以吉也. 卦有更取成卦之由爲義者, 此是也. 卦義不取成卦之由, 則更不言所變之爻也. 據卦辭, 二乃善也, 而爻中不見其善. 蓋卦辭取其有孚得中而言, 乃善也, 爻則以自下訟上爲義, 所取不同也.

"끝가지 가면 흉하다"고 한 것은 다툼은 끝까지 가서는 안 되는 일이기 때문이다.

終凶, 訟不可成也.

송사訟事는 좋은 일이 아니라 부득이한 일이니 어찌 그 일로 끝까지 갈 수 있겠는가? 그 일로 끝까지 가려는 의도가 있다면 흉하게 되므로, 끝까지 가서는 안 된다고 했다. '성成'이라는 말은 그 송사를 끝까지 다한다는 것이다.

訟非善事, 不得已也, 安可終極其事? 極意於其事則凶矣, 故曰不可成也. 成謂窮盡其事也.

"대인을 만나면 이롭다"고 한 것은 숭상하는 것이 중정이기 때문이다.

利見大人, 尙中正也.

송사는 그 옳고 그름의 분별을 구하는 것이다. 분별함의 마땅한 기준이 바로 중中과 정正이므로 대인을 만나는 것이 이로우니, 그 대인이 숭상하는 것이 바로 중정中正이기 때문이다. 송사를 판결하는 사람이 적절한 사람이 아니면 중정을 얻지 못할 수도 있다. 중정한 대인이란 곧 구오효가 그러하다.

訟者求辯其是非也. 辯之當, 乃中正也, 故利見大人, 所尚者中正也. 聽者非其人, 則或不得其中正也. 中正大人, 九五是也.

"큰 강을 건너면 이롭지 않다"고 한 것은 깊은 연못으로 들어가기 때문이다.

不利涉大川, 入于淵也.

타인과 다툴 때에는 반드시 자신이 안정되고 편안한 곳에 처해야 하는데, 만약 위험한 곳에 발을 들여놓게 되면 그 위험에 빠질 수 있으니, 이것이 깊은 연못에 빠지는 것이다. 괘 가운데는 중정을 이루더라도 위험에 빠지는 모습이 있다.

與人訟者, 必處其身於安平之地, 若蹈危險, 則陷其身矣, 乃入于深淵也. 卦中有中正險陷之象.

「상전」에서 말했다. 하늘과 물이 어긋나게 가는 것이 송괘의 모습이니, 군자는 이것을 본받아 일을 시작하되, 시작할 때 신중하게 도모한다.

象曰, 天與水違行, 訟, 君子以作事謀始.

하늘은 위로 향하고 물은 아래로 향하여[6] 서로 어긋나게 가니, 이 두 괘의 형체가 서로 어긋나는 것이 다툼이 일어나게 된 원인이다. 만약 위와 아래가 서로 따른다면 다툼이 어디로부터 일어나겠는가? 군자는 이 모습을 관찰하여 인간의 감정 속에 다툼이 일어날 가능성이 있음을 알기 때문에, 일을 할 때에는 반드시 그 시작을 신중하게 도모하여 일의 시작에서부터 다툼이 일어날 씨앗을 끊어버리면, 다툼이 일어날 이유가 없게 된다. 그 시작을 신중하게 도모함은 그 뜻이 넓으니, 교제를 신중하게 하고 계약 문서를 명확하게 하는 종류가 바로 이것이다.

天上水下, 相違而行, 二體違戾, 訟之由也. 若上下相順, 訟何由興? 君子觀象, 知人情有爭訟之道, 故凡所作事, 必謀其始, 絶訟端於事之始, 則訟无由生矣. 謀始之義廣矣, 若愼交結, 明契券之類是也.

초육효는 다투는 일을 끝까지 하지 않는다면 다소 다투는 말이 있겠지만[7] 결국에는 길하다.

初六, 不永所事, 小有言, 終吉.

초육효는 유약한 자질로서 가장 낮은 위치에 자리하니, 다툼을 끝까지 해나갈 수가 없다. 그러므로 다툼의 처음에서부터 초육효의 자질 때문에 다음과 같이 경계했다. "다투는 일을 끝까지 하지 않는다면 다소 말은 있겠지만 결국에는 길하다." 다툼은 오래 끌어서 좋은 일이 아니니, 음유한 자질로 가장 낮은 위치에서 다투게 되면 길하기가 어렵다. 위의 자리에서 호응하여 도움을 주려는 사람이 있어 다툼을 끝까지 하지 않을 수 있으므로, 다소 다투는 말들이 있겠지만 결국에는 길하게 된다. 다투는 말들이 있는 것은 아주 작은 재앙이다. 다툼을 끝까지 하지 않아 흉함에 이르지 않는 것이 곧 다툼의 길함이다.

六以柔弱居下, 不能終極其訟者也. 故於訟之初, 因六之才, 爲之戒曰, 若不長永其事, 則雖小有言, 終得吉也. 蓋訟非可長之事, 以陰柔之才而訟於下, 難以吉矣. 以上有應援, 而能不永其事, 故雖小有言, 終得吉也. 有言, 災之小者也. 不永其事而不至於凶, 乃訟之吉也.

「상전」에서 말했다. 끝까지 일삼지 않는 것은 다툼이란 오래 지속해서는 안 되기 때문이다.

象曰, 不永所事, 訟不可長也.

초육효는 유약한 자질로 낮은 위치에서 다투니, 그 합당한 의리의 마땅함은 오래 지속해서는 안 된다는 것이다. 그 다툼을 끝까지 하면 이기지 못하고 재난과 어려움이 닥친다. 그래서 다툼의 처음에 다툼은 오래 해서는 안 되는 일이라 경계했다.

六以柔弱而訟於下, 其義固不可長永也. 永其訟, 則不勝而禍難及矣. 又於訟之初, 卽戒訟非可長之事.

다소 말다툼은 있으나 분별은 명확하다.

雖小有言, 其辯明也.

유약한 자질로 낮은 위치에 자리하여, 그러한 자질로는 다툴 수가 없으니 다툼을 끝까지 하지 않았지만, 다투었다면 반드시 작은 재난은 있으므로 다소 말은 있다. 다툼을 끝까지 하지 않았고, 또 위로 양강한 자질을 가진 올바른 호응 상대가 있어서 이치를 명확하게 분별해주기 때문에 결국에는 길함을 얻는다. 그렇지 않았다면 그 상황을 면할 수 있었겠는가? 다툼의 의리에서는 위치가 같고 서로 호응하면 서로 돕는 자이므로, 초육효는 구사효로부터 그것을 명확하게 분별해주는 도움을 얻고, 위치는 같은데 서로 맞지 않으면 서로 다투게 되므로, 구이효와 구오효는 서로 대적하는 것이다.

柔弱居下, 才不能訟, 雖不永所事, 既訟矣, 必有小災, 故小有言也. 既不永其事, 又上有剛陽之正應, 辯理之明, 故終得其吉也. 不然, 其能免乎? 在訟之義, 同位而相應, 相與者也, 故初於四爲獲其辯明, 同位而不相得, 相訟者也, 故二與五爲對敵也.

구이효는 다툼을 할 수가 없으니, 돌아가 도망가서 고을 사람이 3백 호인 것처럼 하면 과실은 없다.

九二, 不克訟, 歸而逋, 其邑人, 三百戶, 無眚.

구이효와 구오효는 서로 호응하는 위치이지만, 둘 모두 강剛하여 서로 함께 하지 못하고 서로 다툰다. 구이효는 밖으로부터 와서[8] 강함으로 막힌 것에 대처하여 다툼을 일으키는 주체이니, 구오효와 대적한다. 그러나 구오효는 중정의 덕으로 군주의 지위에 자리하고 있으니, 구이효가 대적할 수 있겠는가? 이것이 다툼이 일어나지만 의리상 다투어 이길 수 없다는 것이다.

의리상 이길 수 없다는 점을 알고 물러나 피해 돌아가서 절제하고 스스로 반성하며 겸손하게 처신한다면, 과실과 재앙은 없을 것이다. 반드시 피해야 하는 것은 대적을 이루는 자리다. 3백 호는 아주 작은 고을이다. 강하고 크게 대처하면 경쟁하려는 것처럼 보이니 재앙이 없을 수가 있겠는가? '생眚'은 과실로서[9] 마땅하지 않은 자리에 처하는 것이니, 나쁜 것을 알면서도 행동하는 것과는 차이가 있다.

二五相應之地, 而兩剛不相與, 相訟者也. 九二自外來, 以剛處險, 爲訟之主, 乃與五爲敵. 五以中正處君位, 其可敵乎? 是爲訟而義不克也. 若能知其義之不可, 退歸而逋避, 以寡約自處, 則得无過眚也. 必逋者, 避爲敵之地也. 三百戶, 邑之至小者. 若處強大, 是猶競也, 能无眚乎? 眚, 過也, 處不當也, 與知惡而爲有分也.

「상전」에서 말했다. 다툼을 할 수가 없어서 돌아가 숨는다.

象曰, 不克訟, 歸逋竄也.

의리상 대적이 되지 않으므로, 다툴 수가 없으니 돌아가 숨어 그 자리를 피해 떠난다.

義既不敵, 故不能訟, 歸而逋竄, 避去其所也.

아랫사람으로서 윗사람과 다투니, 근심이 마치 주워 담듯이 온다.

自下訟上, 患至, 掇也.

아랫사람으로서 윗사람과 다투면 마땅한 의리에 어긋나고 세력이 움츠러들어 재앙과 근심이 이르는데 마치 쓸어 담듯이 자초한 일이니, 이는 재앙과 근심을 쉽게 얻는다는 말이다.

自下而訟其上, 義乖勢屈, 禍患之至, 猶拾掇而取之, 言易得也.

육삼효는 옛 은덕을 먹고서 올바름을 굳게 지키면, 위태롭지만 결국에는 길하다.

六三, 食舊德, 貞, 厲終吉.

육삼효는 강한 위치에 자리하여 윗사람과 호응하지만 그 자질이 본래 음유하고 막힌 곳에 처하여 강한 두 사람 사이에 끼어 있으므로 위태롭고 근심스러우니, 다툴 수 있는 자가 아니다. '녹祿'이란 덕에 맞게 주는 것이다. "옛 은덕을 먹었다"는 말[10]은 그 지위에서 마땅한 본분에 처한 것을 말한다. '정貞'이란 스스로 올바름을 오래도록 굳게 지키는 것이다.

"위태롭지만 결국에는 길하다"는 것은 위험한 자리에 처했지만 위태로움과 근심스러움을 알 수 있다면 결국에는 반드시 길함을 얻는다는 말이다. 그 자리에 마땅한 본분을 지키고 그 이상을 구하지 않는다면, 다투지 않는다. 위험에 처했다는 것은 막힌 곳에 있으면서 윗사람을 이어받고承 아랫사람을 올라타는乘 것이[11] 모두 강직하고, 다툼의 때에 자리했다는 말이다.

三雖居剛而應上, 然質本陰柔, 處險而介二剛之間, 危懼, 非爲訟者也. 祿者稱德而受. 食舊德, 謂處其素分. 貞, 謂堅固自守. 厲終吉, 謂雖處危地, 能知危懼, 則終必獲吉也. 守素分而无求, 則不訟矣. 處危, 謂在險而承乘皆剛, 與居訟之時也.

혹 왕의 일에 종사하여도 공을 세울 수 없다.

或從王事, 無成.

유柔한 것은 강剛한 것을 따르고, 아래 있는 자는 위의 자리에 있는 자를 따른다. 육삼효는 다투지 않고 상구효가 하는 것을 따르므로 "혹 왕의 일에 종사하여도 공을 세울 수 없다"고 했으니, 그것은 상구효를 따르지만 공을 이루는 것은 자신에게 달려 있지 않다는 말이다. 다툼이란 강건한 자질을 가진 사람들이 할 수 있는 일이므로, 초육효는 끝까지 다투지 않고 육삼효는 윗사람을 따르니, 모두 다툼을 할 수 있는 자가 아니다. 두 효 모두는 음유한 자질로 다툼을 끝까지 하지 않으니 길할 수 있고, 구사효 또한 다툼을 할 수가 없어서 변하여 길하니, 다툼은 마땅한 때에 그치는 것이 가장 좋다.

柔從剛者也, 下從上者也. 三不爲訟, 而從上九所爲, 故曰或從王事无成, 謂從上而成不在己也. 訟者剛健之事, 故初則不永, 三則從上, 皆非能訟者也. 二爻皆以陰柔不終而得吉, 四亦以不克而渝得吉, 訟以能止爲善也.

「상전」에서 말했다. 옛 은덕을 먹었으니, 윗사람을 따르더라도 길하다.

象曰, 食舊德, 從上, 吉也.

그 자리에 마땅한 본분을 지켜서 윗사람이 하는 바를 따르더라도, 그것의 결과는 자기로부터 말미암은 것이 아니므로, 공을 이루지는 못하지만 결국에는 길하게 된다.

守其素分, 雖從上之所爲, 非由己也, 故无成而終得其吉也.

구사효는 다툴 수가 없으니, 돌아와 명命에 나아가고, 마음을 바꾸어 안정을 이루고 올바름을 굳게 지키면 길하다.

九四, 不克訟, 復卽命, 渝安貞, 吉.

구사효는 양강한 자질로 건괘가 상징하는 강건한 형체에 자리하여 중정을 이루지 못했으니, 본래 다투려고 하는 사람이다. 위로는 구오효를 이어받고承, 아래로는 육삼효를 올라타고서乘, 초육효와 호응하고 있다. 구오효는 군주로서 의리義理상 다툴 수가 없다. 구삼효는 아래 위치에 자리하고 자질이 유약해서, 그와 함께 다투지 않는다. 초육효는 올바른 호응관계라서 순종하니 함께 다툴 자가 아니다. 이렇게 구사효는 강건하여 다투려고 하지만 함께 대적할 상대가 없으니, 다툼이 발생할 이유가 없으므로 다툴 수 없다.[12] 또한 유한 위치에 자리하면서 유한 자와 호응하고 있으니, 또한 다툼을 그칠 수 있는 뜻이다.

의리상 다툴 수가 없으니 강하게 분노하고 다투려는 마음을 극복할 수 있어, 돌아와 명命을 취하여 그 마음을 바꾸고 기분을 편안하게 해서, 변화하여 안정을 이루고 올바름을 굳게 지키면 길하다. 여기서 '명命'이란 정리正理[13]를 말한다. 정리를 잃는 것이 명을 거스르는 것이므로 명에 나아간 것을 회복했다고 했다. '방方'이란 따르지 않는 것으로, 『서書』에서 "왕명을 거역하고 종족을 무너뜨린다"[14]고 한 것이나 『맹자』에서 "왕명을 거역하고 백성을 학대한다"[15]고 한 것과 같은 뜻이다.

강건한 자질을 가지고 중정을 이루지 못하면, 초초하고 조급하게 행동하기 때문에 안정을 이루지 못하고, 처한 곳이 중정한 자리가 아니기 때문에 올바르지 못하다. 안정을 이루지 못하고 올바르지 못한 것이 다툼을 좋아하는 이유다. 의리상 다툴 수 없다면 다투지 않고 도리어 정리로 돌아가, 그 안정을 이루지 못함과 올바르지 못함을 바꾸어 안정과 올바름을 굳게 지키면 길하다.

四以陽剛而居健體, 不得中正, 本爲訟者也. 承五, 履三, 而應初. 五, 君也, 義不克訟. 三居下而柔, 不與之訟. 初, 正應而順從, 非與訟者也. 四雖剛健欲訟, 无與對敵, 其訟无由而興, 故不克訟也. 又居柔以應柔, 亦爲能止之義. 旣義不克訟, 若能克其剛忿欲訟之心, 復卽就於命, 革其心, 平其氣, 變而爲安貞, 則吉矣. 命謂正理, 失正理, 爲方命, 故以卽命爲復也. 方, 不順也, 書云, '方命圮族', 孟子云, '方命虐民', 夫剛健而不中正, 則躁動, 故不安, 處非中正, 故不貞. 不安貞, 所以好訟也. 若義不克訟而不訟, 反就正理, 變其不安貞爲安貞, 則吉矣.

「상전」에서 말했다. 돌아와 명命에 나아가고, 마음을 바꾸어 안정을 이루고 올바름을 굳게 지키는 것은 과실이 없는 것이다.

象曰, 復卽命渝安貞, 不失也.

이와 같이 할 수 있다면 과실이 없으니, 그래서 길하다.

能如是, 則爲无失矣, 所以吉也.

구오효는 다투지만, 크게 길하다.

九五, 訟, 元吉.

중정中正의 도로 존귀한 지위에 자리하여 다툼을 다스리는 자다. 다툼을 다스리는 데에 그 중정을 얻었으니 크게 길하다. '원길元吉'은 크게 길하고 최선을 다한 것이다. 길함이 크지만 최선을 다하지 못한 경우도 있다.

以中正居尊位, 治訟者也. 治訟得其中正, 所以元吉也. 元吉, 大吉而盡善也. 吉大而不盡善者有矣.

「상전」에서 말했다. 다투지만 크게 길한 것은 중정을 이루었기 때문이다.

象曰, 訟元吉, 以中正.

중정의 도인데 무엇을 시행한들 크게 길하지 않겠는가?

中正之道, 何施而不元吉?

상구효는 혹 큰 띠를 하사받더라도, 하루아침이 끝나기도 전에 세 번 빼앗긴다.

上九, 或錫之鞶帶, 終朝三褫之.

상구효는 양한 자질로 가장 위에 자리하니 강건함의 극한이고, 또 다툼의 끝에 처했으니 그 다툼을 끝까지 밀고 나간 자다. 사람이 자신의 강한 성질을 참지 못하고 모두 터뜨려 다툼을 끝까지 밀고 나가면 재앙을 입고 몸을 상하니, 이는 실로 당연한 이치다. 설령 그가 다툼을 잘하여 이기고, 끝까지 밀고 나가 그치지 않아서 상으로 벼슬을 받을지라도, 이것은 또한 다른 사람과 원수로 다투어서 얻은 것이니 편안히 보존할 수 있겠는가? 그래서 하루아침이 끝나기도 전에 세 번 빼앗긴다.

九以陽居上, 剛健之極, 又處訟之終, 極其訟者也. 人之肆其剛強, 窮極於訟, 取禍喪身, 固其理也. 設或使之善訟能勝, 窮極不已, 至於受服命之賞, 是亦與人仇爭所獲, 其能安保之乎? 故終一朝而三見褫奪也.

「상전」에서 말했다. 다툼으로 관복을 얻을지라도 공경할 만한 사

람이 아니다.

象曰, 以訟受服, 亦不足敬也.

다툼을 끝까지 밀고 나가서 설령 총애로 벼슬을 얻었을지라도 또한 공경하기에 부족하고, 천시하고 미워할 만한데, 하물며 재난과 근심이 따라서 온다면 어찌하겠는가?

窮極訟事, 設使受服命之寵, 亦且不足敬而可賤惡, 況又禍患, 隨至乎.

---

1 송괘는 수괘 다음이 된다: 운봉 호씨雲峯胡氏(호병문胡炳文)의 송괘에 대한 설명이 재미있다. "둔괘와 몽괘 뒤에 수괘와 송괘를 이었다. 기다림이란 혼돈에서 연유하니, 세상이 혼돈하지 않다면 기다림도 없다. 다툼은 어리석음으로부터 연유하니 사람이 어리석지 않으면 다툼도 없다屯蒙之後, 繼以需訟. 需由於屯, 世不屯无需, 訟由於蒙, 人不蒙无訟(『주역전의대전周易傳義大全』)."

2 믿음의 모습이다: 가운데가 꽉 찼다는 말은 하체인 감坎괘 구이효를 말한다. 「단전」에서 설명하고 있다.

3 사람들에게 막혀 통하지 않는다: 다툼이란 자신의 마음속에 믿음이 굳게 있는데 그 믿음이 타인에 의해서 막혔을 때 발생한다. 호원은 이렇게 설명한다. "다툼이 일어나는 것은 반드시 마음속의 견실한 믿음이 자신에게 있는데 사람들에게 가로막혔기 때문이다. 부득이하게 다툼이 일어나는 것은 자신은 곧은데 타인은 굽었고, 자신은 옳은데 타인은 그르기 때문이다. 그 사이에 사실과 거짓 그리고 이로움과 해로움이 있으니 반드시 양측을 모두 구비하여 지위에 있는 사람이 듣고 결단해야 한다. 그러나 자신에게 견실한 믿음이 있지만 사람들에게 가로막혔다면, 또한 두려워하면서 근심하여 스스로 편안해 하지 않는다면 흉함과 재앙을 거의 면할 수 있다所以興訟, 必有由中之信實于己而爲他人之所窒塞. 不得已而興訟, 蓋己直而彼曲, 己是而彼非. 其間情僞利害雖存, 則必具兩造, 以聽斷于在位之人. 然雖已有信實而爲人之窒塞, 亦須恐懼兢愼, 而不敢自安, 則庶幾免于凶禍."

4 위는 강剛하고 아래는 막힌 것이 있으니: 험險하다는 것은 산세가 험하다는 말이 있듯이 평탄하지가 않아 울퉁불퉁하고 삐뚤삐뚤하고 막혀 있다는 의미다. 왕필은 막힐 '색塞'으로 풀고 있다. 호원은 상강하험上剛下險을 윗사람과 아랫사람의 관계로 구체적으로 설명한다. 참조할 만하다. "대체로 윗사람이 강하고 아랫사람이 유순하면 불화에 이르지 않고, 윗사람이 겸손하고 아랫사람이 막힌 것이 있으면 또한 다툼에 이르지 않는다. 지금은 윗사람이 강경한데 아랫사람이 또 막힌 것이 있으니 다툼이 반드시 일어나므로 송괘의 모습은 위는 강하고 아래는 막힌 것이 있다고 했다大凡在上者剛, 在下者柔, 則不至于不和, 在上者巽, 在下者險, 亦不至

于爲訟. 今在上者旣剛, 爲下者又險, 其訟必興, 故曰訟上剛下險." 정이천은 윗사람과 아랫사람의 관계로 풀기도 하면서 동시에 한 사람의 상태로 풀기도 한다.

5 모두 다툼이 될 수 있다: 정이천은 두 가지로 나누어 설명했다. 하나는 윗사람과 아랫사람의 관계이고 하나는 한 사람의 상태다. 이에 대해서는 다음을 참조할 수 있다. 숭산 조씨嵩山晁氏는 이렇게 설명한다. "윗사람은 강폭한 태도로 아랫사람을 누르지만 아랫사람이 막히지 않았다면 반드시 다툼이 일어나는 것은 아니고, 아랫사람이 음험한 태도로 윗사람을 위험에 빠뜨리지만 윗사람이 강하지 않으면 반드시 다툼이 일어나는 것은 아니다. 겉으로는 강건하지만 안으로는 막히지 않았다면 반드시 송사가 일어나는 것은 아니고, 안으로는 막혔는데 밖으로는 강건하지 않다면 반드시 송사를 할 수 있는 것은 아니다上以剛陵下, 下不險, 則未必訟. 下以險陷上, 上不剛, 則未必訟. 外健而內不險, 未必生訟, 內險而外不健, 未必能訟." 그러나 운봉 호씨는 분명하게 이렇게 설명한다. "상하로 나누어 말하면 본래 다툼은 합당하지 않다. 윗사람이 강하여 권세로 아랫사람을 누르고, 아랫사람이 음험하면 그 정황을 처음에는 예측할 수 없기 때문이다. 한 사람으로 말하면 마음은 막혔는데 겉으로는 강한 것이고 두 사람으로 말하면 자신은 막혔는데 상대는 강건한 것이다上下以分言, 本不當訟. 上剛以勢陵下也, 下險其情始不可測矣. 以一人言, 內險而外健, 以二人言, 己險而彼健也(『주역전의대전』)."

6 물은 아래로 향하여: 하늘과 물이 어긋나는 이유를 호원은 다르게 설명한다. "하늘의 운행은 왼쪽으로 돌아 서쪽으로 가고, 물의 동쪽으로 흐르지 않음이 없다天之運行, 則左旋而西, 水之流行, 則无不東流." 정이천이 생각하는 방식과는 완전히 다르다. 유념해 볼 필요가 있다.

7 호원은 '유소언有小言'을 "성내고 다투는 말이 다소 있지만雖小有忿爭之言"이라고 해석하고 있다. '유소언'은 『역』에서 2번 나온다. 수需괘 구이효와 송괘 초육효다. 수괘의 구이효는 다른 소인들로부터 받는 비방과 같은 것이라서 구설수라고 번역했지만 송괘 초육효의 「단전」에 "다소 말다툼은 있으나 분별은 명확하다雖小有言, 其辯明也"라는 말이 있으므로 다투는 사람끼리의 말다툼의 의미가 크다. 호원은 분명 그렇게 해석했고, 정이천도 수괘 구이효와는 다른 방식으로 설명하고 있으니, 다투는 사람끼리의 말다툼이라고 해석했다.

8 구이효는 밖으로부터 와서: 정이천은 이렇게 말한다. "건괘와 곤괘가 변화하여 여섯 자식이 되었고 8괘가 중첩되어 64괘가 되었으니, 이는 모두 건과 곤의 변화로부터 유래한 것이다乾坤變而爲六子, 八卦重而爲六十四, 皆由乾坤之變也(비賁괘 「단전」)." 정이천은 64괘가 모두 건乾☰과 곤坤☷의 변화로부터 형성되었다고 본다. 이는 소강절이 가일배법加一倍法으로 64괘가 형성되었다고 보는 것과는 다른 사유 방식이다. 상체 건乾☰의 양효가 와서 하체 곤坤☷의 이二효에 자리하여 감坎☵괘가 되었으므로, 밖에서 왔다고 했다.

9 '생眚'은 과실로서: 호원은 '생眚'과 '재災'를 이렇게 구분하고 있다. "밖으로부터 온 것은 '재'이고 스스로 자초한 것이 '생'이다自外來謂之災自已召謂之眚災." 정이천도 수需괘 구이효에서 "재는 근심과 어려움의 통칭이니 생과 짝하여 말하면 구분이 있다災, 患難之通稱, 對眚而言則分也"고 하여 구분하고 있다. 정이천도 '생'을 스스로의 과실로 자초한 재앙이라고 보았다.

10 "옛 은덕을 먹었다"는 말: 이 부분을 정이천은 그 지위에 마땅한 본분을 다하

는 모습으로 풀었지만, 호원은 구체적으로 풀고 있다. "육삼효는 그 성질이 온화하여 잘 어울려서 사람들을 침범하지 않으나 위로 상구효와 호응관계에 있다. 상구효의 성질은 강폭하여 와서 자신과 다투려 하지만 그와 말다툼을 하지 않으므로 사람들이 뒤집어엎을 수가 없다. 그때 군주는 미워하고 화를 내지 않으니, 그래서 옛 덕을 보전한다. 이 작위와 녹봉을 먹는 것은 상구효가 침탈할 수 있는 것이 아니므로 옛 은덕을 먹는다고 했다其性和同, 不犯于物, 然而上應于上九. 上九之性, 剛暴, 乃來訟于己, 已不與之辯爭, 故衆人莫克傾覆, 時君不爲憎忿, 所以保全舊德, 是所食爵祿, 不爲上九之侵奪也, 故曰食舊德."

11 윗사람을 이어받고 아랫사람을 올라타는 것: 승승承乘을 해석한 말이다. 「범례」 7번 응비와 승승 항목 참조.

12 다툴 수 없다: 구사효의 '다툴 수 없다'는 것에 대한 운봉 호씨의 설명이 좋다. "구사효의 '다툴 수 없다'는 것은 구이효와 다르다. 구이효는 감체坎體에 자리하여 그 마음에 본래 막힘이 있고, 구사효는 건체乾體에 자리하니 그 마음이 천리의 올바름에 편안할 수 있겠는가? 그러나 '돌아간다'고 하고 '변했다'라고 했으니 돌아옴을 아는 자다. 구이효는 시세를 파악하여 돌아와 그 본분의 작음에 편안할 수 있지만, 구사효는 의리에 밝아서 변화하여 천명의 올바름에 편안할 수가 있다. 성인은 과실이 없음을 귀하게 생각하지 않고 과실을 고치는 것을 귀하게 여기는 것이 또한 이러하다四之不克訟, 與二不同. 九二坎體, 其心本險, 九四乾體, 其心, 能安乎天理之正? 然曰歸曰渝, 皆知反者. 九二識時勢, 能反而安其分之小, 九四明義理, 能變而安於命之正. 聖人不貴无過, 而貴改過又如此(『주역전의대전』)."

13 정리正理: 직분에 마땅한 올바른 이치다. 「범례」 8번 정리, 상리, 정리, 의리 항목 참조.

14 왕명을 거역하고 종족을 무너뜨린다: '방명비족方命圮族'에 대한 번역이다. 『서』 「요전堯典」에 다음과 같은 내용이 있다. "제가 말했다. '아! 사악四岳아, 넘실대는 큰물이 나라에 사방으로 해를 끼쳐 산을 품고 넘실대고 구릉을 넘어, 물이 가없이 드넓어 아득히 하늘에 닿을 듯하고, 아래에 백성들이 그에 탄식하니, 능히 이 홍수를 다스릴 수 있는 자가 있으면 다스리게 하라.' 모두가 말했다. '아아, 곤이 있습니다!' 제가 말했다. '아니다. 너희 말이 옳지 않다! 그는 명을 거역하여 백성을 무너뜨려 망하게 한다'帝曰, 咨四岳, 湯湯洪水方割, 蕩蕩懷山襄陵, 浩浩滔天, 下民其咨, 有能俾乂. 僉曰, 於鯀哉! 帝曰, 吁, 咈哉! 方命圮族."

15 왕명을 거역하고 백성을 학대한다: '방명학민方命虐民'에 대한 번역이다. 『맹자』 「양혜왕상」에 다음과 같은 내용이 있다. "지금에는 그렇지 않아서, 군대를 데리고 다니면서 양식을 징발하여, 굶주린 자가 먹지 못하고 수고로운 자가 쉬지 못해서 눈을 흘기며 서로 비방하여, 백성이 마침내 원망을 하는데도 선왕의 명을 거역하고 백성을 학대해서, 술 마시고 음식 먹기를 마치 물 흐르듯이 하여, 떠돌아다니며 허황되게 삶으로 제후들의 근심거리가 되고 있습니다今也, 不然, 師行而糧食, 飢者弗食, 勞者弗食, 睊睊胥讒, 民乃作慝, 方命虐民, 飮食若流, 流連荒亡, 爲諸候憂."

7. 군중, 군사: 사師괘䷆

지수사地水師라고 읽는다. 괘의 모습이 곤坤☷괘가 위에 있고 감坎☵괘가 아래에 있기 때문이다.

사師괘에서 대해서 「서괘전」에서는 이렇게 설명했다. "다툼에는 반드시 군중들이 일어나는 일이 있으므로 군중을 뜻하는 사괘로 받았다." 군중이 일어나는 것은 다툼이 있기 때문이므로 다툼을 상징하는 송괘 다음이다. 괘의 모습은 곤坤괘가 위에 있고 감坎괘가 아래에 있다. 곤괘와 감괘, 이 두 괘의 형체로 말하자면, 곤괘가 상징하는 땅 가운데에 감괘가 상징하는 물이 있어서 군중이 모이는 모습이다. 이 두 괘의 의미를 가지고 말하면, 내괘는 감괘이고 외괘는 곤괘이므로, 안으로는 험난하고 밖으로는 순종하여 위험한 길이지만 이치에 따라서 나아가니, 군사의 뜻이다.

효의 구조로 말하면, 하나의 양陽효가 여러 군중인 음陰효의 주인이 되어 군중을 통솔하는 모습이다. 비比괘는 하나의 양효가 여러 군중인 음효의 주인이 되어 윗자리에 있으니, 군주의 모습이다. 그러나 사師괘는 하나의 양효가 여러 군중인 음효의 주인이 되지만 아랫자리에 있으니, 장군의 모습이다.

師, 序卦, "訟必有衆起, 故受之以師." 師之興, 由有爭也, 所以次訟也. 爲卦, 坤上坎下. 以二體言之, 地中有水, 爲衆聚之象. 以二卦之義言之, 內險外順, 險道而以順行, 師之義也. 以爻言之, 一陽而爲衆陰之主, 統衆之象也. 比以一陽爲衆陰之主而在上, 君之象也. 師以一陽爲衆陰之主而在下, 將帥之象也.

군중을 이끄는 방식은 올바름을 굳게 지켜야 하니, 장인이라야 길하고 허물이 없다.

師, 貞, 丈人吉, 無咎.

군중을 이끄는 방식은 올바름을 근본으로 한다. 군사를 일으키고 군중을 동원하여 천하를 고통스럽게 하는 데 올바름으로 시행하지 않는다면 백성은 따르지 않으니, 강제로 몰고 가는 것일 뿐이다. 그러므로 군중을 이끄는 방식은 올바름을 원칙으로 한다. 군중의 동원이 올바르더라도 군중을 인솔하는 자는 반드시 '장인丈人'[1]이어야만 길하고 허물이 없다. 왜냐하면 길하지만 허물이 있을 수도 있고, 허물은 없어도 길하지 못한 경우도 있기 때문이다. 길하고 또 허물이 없어야 최선을 다한 것이다. '장인'이란 존경을 받으며 위엄이 있는 사람을 칭하는 말이다. 군사를 이끌고 군중을 통솔하는 데에 군중들의 존경과 신임, 경외심과 복종심이 없다면 어떻게 사람의 마음을 복종시킬 수 있겠는가?

그래서 사마양저司馬穰苴[2]가 미천한 신분으로 발탁되어 군중을 통솔하게 되었으나 군사들의 마음이 복종하지 않았기 때문에, 장가

莊賈를 부장으로 삼기를 청한 것이다. 이른바 장인이란 반드시 높고 귀한 자리에 있는 사람일 필요가 없고, 다만 그의 재능과 모략과 덕과 공이 군중들이 두려워하고 복종할 만하면 된다. 마치 사마양저가 장가를 베어 죽이자 군사들이 두려워하며 복종하게 되어 그가 장인이 된 것과 같다. 또 회음후淮陰侯[3]가 미천한 신분에서 일어나 대장이 된 것과 같으니, 그 모략과 행위가 사람들이 존경하고 두려워하게 만드는 점이 있었다.

師之道, 以正爲本. 興師動衆以毒天下, 而不以正, 民弗從也, 強驅之耳. 故師以貞爲主. 其動雖正也, 帥之者必丈人, 則吉而无咎也. 蓋有吉而有咎者, 有无咎而不吉者. 吉且无咎, 乃盡善也. 丈人者, 尊嚴之稱. 帥師總衆, 非衆所尊信畏服, 則安能得人心之從? 故司馬穰苴擢自微賤, 授之以衆, 乃以衆心未服, 請莊賈爲將也. 所謂丈人, 不必素居崇貴, 但其才謀德業, 衆所畏服, 則是也. 如穰苴旣誅莊賈, 則衆心畏服, 乃丈人矣. 又如淮陰侯起於微賤, 遂爲大將, 蓋其謀爲有以使人尊畏也.

「단전」에서 말했다. 사師란 군중이다. 정貞은 올바름이다. 올바름으로 군중을 이끌 수 있다면 왕이 될 수 있다.

彖曰, 師, 衆也. 貞, 正. 能以衆正, 可以王矣.

군중들을 모두 올바르게 만든다면, 천하의 왕이 될 수가 있다. 군중의 마음이 복종하고 올바름으로 돌아오게 하니, 왕도정치는 여기에서 그친다.

能使衆人皆正, 可以王天下矣. 得衆心服從而歸正, 王道止於是也.

강하면서도 중中을 얻고 올바른 상대와 호응하며, 험난한 길을 가지만 이치를 따른다.

剛中而應, 行險而順.

구이효를 말한다. 강剛함으로 중中의 위치에 처하니, 강직하면서도 중도中道를 얻었다.[4] 구이효는 육오효의 군주가 올바른 호응 상대이니, 그로부터 전적인 신임을 얻었다. 험난한 길을 갈지라도 이치를 따라 움직이니,[5] 이른바 '의로운 군대'로서 왕의 군사다. 위의 곤괘는 이치를 따르는 순종을 상징하고 아래의 감괘는 험난한 길을 상징하므로 험난한 길을 가지만 이치를 따른다는 의미가 된다.[6]

言二也. 以剛處中, 剛而得中道也. 六五之君爲正應, 信任之專也. 雖行險道, 而以順動, 所謂義兵, 王者之師也. 上順下險, 行險而順也.

천하를 고통스럽게 하는데도 백성은 복종하니 길하다. 또 무슨 허물이 있겠는가?

以此毒天下而民從之, 吉, 又何咎矣?

군사를 일으키는 일은 재물을 손상시키고 사람을 해치지 않을 수가 없으니 천하에 고통을 주는 것이지만, 그럼에도 불구하고 백성들의 마음이 그것에 복종하는 것은 그것이 마땅한 의리로 움직이기 때문이다. 옛날에 동쪽에서 정벌하면 서쪽에서 원망한다는 것은 백성의 마음이 따르는 것이었다. 이와 같기 때문에 길하고 허물이 없다. "길하다"는 말은 반드시 승리한다는 것이고, "허물이 없다"는 말은 마땅한 의리에 합치함을 말한다. "또한 무슨 허물이 있겠는가?"라는 말은 그것이 마땅한 의리이기 때문에 허물이 없는 것이다.

師旅之興, 不无傷財害人, 毒害天下. 然而民心從之者, 以其義動也. 古者東征西怨, 民心從也. 如是故吉而无咎. 吉謂必克, 无咎謂合義. 又何咎矣, 其義故无咎也.

「상전」에서 말했다. 땅 가운데에 물이 있는 것이 사괘의 모습이니, 군자는 이를 본받아 백성을 포용하고 군중을 모아 기른다.

象曰, 地中有水, 師, 君子以容民畜衆.

땅 가운데 물이 있는 것은 물이 땅 가운데에 모이는 것으로 이는 군중이 모이는 모습이므로 사괘가 된다. 군자는 땅 가운데에 물이 있는 모습을 관찰하여 그 백성을 포용하고 보호하며, 군중을 기르고 모은다.

地中有水, 水聚於地中, 爲衆聚之象, 故爲師也. 君子觀地中有水之象, 以容保其民, 畜聚其衆也.

초육효는 규율로써 군사를 일으키니, 그렇지 않다면 승리하더라도 흉하다.

初六, 師出以律, 否臧凶.

초初의 위치는 군사를 일으키는 시작이므로 군사를 일으키는 의리義理를 말하고 군사를 행하는 도리를 언급했다. 나라에서 군사를 일으키는 것으로 말한다면 의리에 합당해야 하니, 이는 규율과 법으로써 일으킨 것으로, 혼란을 금지하고 폭력을 없애기 위해 출병하는 것을 말한다. 하지만 마땅한 의리로 군사를 동원하지 않았다면, 선한 의도를 가지고 최선을 다했다고 해도 흉한 방도다. 최선을 다했다는 것은 승리할 수 있다는 말이고, 흉하다는 것은 백성에게 재앙을 주고 마땅한 의리에 위배된다는 말이다.

군사를 행하는 것으로 말하면, 규율은 명령과 통제를 가리킨다. 군사를 행하는 방식은 명령과 통제를 근본으로 하니, 이로써 군중을 통제하는 것이다. 규율로써 하지 않는다면, 그것이 비록 선한 의도를 가지고 최선을 다했더라도 또한 흉하며,[7] 승리할지라도 흉한 길이다. 군사를 통제하는 데에 법도가 없는데도 요행히 패하지 않고 승리하는 경우가 있지만, 이는 성인이 경계하는 바다.

初, 師之始也, 故言出師之義, 及行師之道. 在邦國興師而言, 合義理, 則是以律法也, 謂以禁亂誅暴而動. 苟動不以義, 則雖善亦凶道也. 善謂克勝, 凶謂殃民害義也. 在行師而言, 律謂號令節制. 行師之道, 以號令節制爲本, 所以統制於衆. 不以律, 則雖善亦凶, 雖使勝捷, 猶凶道也. 制師无法, 幸而不敗且勝者時有之矣, 聖人之所戒也.

「상전」에서 말했다. 규율로써 군사를 일으키는 것이니, 규율을 잃는다면 흉하다.

象曰, 師出以律, 失律, 凶也.

군사는 마땅히 규율로써 일으켜야만 하니, 규율을 잃으면 흉하다. 규율을 잃고서 요행히 승리하더라도 또한 흉한 길이다.

師出當以律, 失律則凶矣. 雖幸而勝, 亦凶道矣.

구이효는 군사의 일에서 중中을 얻어서 길하고 허물이 없으니, 왕이 세 번이나 명령을 내렸다.

九二, 在師中吉, 無咎, 王三錫命.

사괘에서 단 하나의 양효인 구이효는 다른 모든 음효의 군중이 모여드는 자이고 육오효는 군주의 지위에 자리하여 구이효와 올바른 호응 상대가 되니, 구이효는 군사의 장수로서 군사적인 일을 전권으로 통제하는 사람이다. 아래 지위에 자리하면서도 일을 전권으로 통제하는 것은 오직 군사적인 일이기 때문에 가능하다. 옛날부터 장군을 임명할 때는 도성 밖의 일들을 전권으로 통제할 수 있게 했다. 군사적인 일에서 전권으로 통제하면서도 중도中道를 얻었기 때문에 길하고 허물이 없다. 왜냐하면 전권으로 통제하는 것만을 과신하면서 오만하면 아랫사람으로서 지켜야할 도리를 잃을 수가 있고, 그렇다고 전권으로 통제하지 못하면 공을 이룰 수 없기 때문에, 중도를 얻어야 길하다.

모든 군사적인 일에서는 위엄과 온화함이 함께 이루어지면 길하다. 일을 처리하는 데에 최선을 다했으니, 공을 이루고 천하를 안정시킬 수 있으므로, 왕이 세 번에 걸쳐 총애를 표하는 명령을 내렸다. 세 번에 이른 것은 최고 예우의 표시다. 육오효는 윗자리에서 구이효를 전적으로 믿어 군사적인 일의 전권을 위임하고, 다시 총애와 예우를 후하게 내렸다. 예우에 걸맞지 않게 하면, 구이효의 위엄이 중후하지 않게 되어 아랫사람이 그를 신뢰하지 않는다. 다른 괘들에서 구이효를 육오효가 신임하는 경우는 있지만, 오직 사괘에서만 군사적인 일을 전적으로 주도하게 하여 다른 모든 음효의 군중이 모여들게 하니, 그 의미가 가장 크다.

신하의 도리는 일을 처리함에 있어 감히 혼자 전권으로 처리할 수 없지만 오직 도성 밖의 일에 대해서는 전권으로 통제할 수 있게 하니, 비록 전권으로 통제하는 권한이 자기에게 있더라도 군사의 힘을 바탕으로 공을 이룰 수 있는 것은 모두 군주가 부여해준 권력이고 직분상 마땅히 해야 할 일일 뿐이다. 세상의 유학자들 가운데 노나라가 주공周公을 천자의 예악으로 제사 지낸 것[8]을 논함에 있어 주공이 신하로서 이룰 수 없는 공을 이루었으니 신하가 쓸 수 없는 예악을 사용해도 괜찮다고 여기는 자들이 있지만, 이것은 신하의 도리를 모르는 것이다. 주공의 지위에 자리했다면 주공의 일을 해야 하니, 그 지위로부터 할 수 있는 것은 모두 당연히 해야만 했던 것이다. 주공은 그 직분이 할 수 있는 모든 일에 대하여 최선을 다했던 것일 뿐이다.

자식의 도리 또한 그러하니, 오직 맹자만이 이런 뜻을 알고 있었으므로 "부모를 섬기는 데에는 증자와 같이 함이 옳다"[9]고 했으나, 증자의 효를 충분하다고 여기지는 않았다.[10] 왜냐하면 자식의 몸으로 할 수 있는 것이라면 당연히 해야 할 바이기 때문이다.[11]

師卦唯九二一陽, 爲衆陰所歸, 五居君位, 是其正應, 二乃師之主, 專制其事者也. 居下而專制其事, 唯在師則可. 自古命將, 閫外之事得專制之.

在師專制而得中道, 故吉而无咎. 蓋恃專則失爲下之道, 不專則无成功之理, 故得中爲吉. 凡師之道, 威和竝至則吉也. 旣處之盡其善, 則能成功而安天下, 故王錫寵命至于三也. 凡事至于三者, 極也. 六五在上, 旣專倚任, 復厚其寵數. 蓋禮不稱, 則威不重而下不信也. 他卦九二爲六五所任者有矣, 唯師專主其事, 而爲衆陰所歸, 故其義最大. 人臣之道, 於事无所敢專, 唯閫外之事則專制之, 雖制之在己, 然因師之力而能致者, 皆君所與而職當爲也. 世儒有論魯祀周公以天子禮樂, 以爲周公能爲人臣不能爲之功, 則可用人臣不得用之禮樂, 是不知人臣之道. 夫居周公之位, 則爲周公之事, 由其位而能爲者, 皆所當爲也, 周公乃盡其職耳. 子道亦然, 唯孟子爲知此義, 故曰, '事親若曾子者可也.' 未嘗以曾子之孝爲有餘也, 蓋子之身所能爲者, 皆所當爲也.

「상전」에서 말했다. 군사의 일에서 중을 얻었으니 길한 것은 하늘의 총애를 받는 일이고, 왕이 세 번이나 명령을 내린 것은 온 나라를 어루만지고 달랬던 것이다.

象曰, 在師中吉, 承天寵也, 王三錫命, 懷萬邦也.

군사적인 일에서 중도를 얻어 길한 것은 그가 하늘의 총애와 신임을 얻었기 때문이다. 하늘은 곧 왕을 말한다. 군주가 총애하고 신임하지 않는다면 신하가 어떻게 전권을 가지고 정벌하는 권한을 얻어 공을 이루는 길함이 있겠는가? 「상전」에서는 구이효가 군사적인 일을 전권으로 주관하기 때문에 이러한 의미를 밝혔으니, 이는 앞에서 말한 세상의 유학자들의 견해와는 다르다. 왕이 세 번 은혜로운 명령을 내려서 공을 이룬 것을 포상하니, 이는 온 나라를 어루만지고 달래기 위해서다.

在師中吉者, 以其承天之寵任也. 天謂王也. 人臣非君寵任之, 則安得專征之權, 而有成功之吉? 象以二專主其事, 故發此義, 與前所云世儒之見異矣. 王三錫以恩命, 褒其成功, 所以懷萬邦也.

육삼효는 군사적인 일을 여러 사람이 주장하게 하면 흉하다.

六三, 師或輿尸, 凶.

육삼효는 아래 괘에서 가장 높은 위치에 자리하니, 지위를 차지하여 책임을 맡은 사람이다. 그러나 그 자질이 음유할 뿐 아니라 중정을 이루지도 못했다. 군사적인 일은 전권을 한사람에게 책임지게 해야 한다. 구이효가 강중剛中한 재능을 가져서 윗사람이 신임하고 의지하니, 반드시 군사적인 일에서 전권을 홀로 책임지고 공을 이룰 것인데, 만약 다시 여러 사람이 그 일을 맡게 하면 흉한 길이다. '여시輿尸'란 여러 사람이 주관한다는 것으로 육삼효를 가리킨다. 육삼효는 아래 괘에서 가장 높은 지위를 차지했으므로 이러한 뜻을 밝혔다. 군사적인 일의 전권을 홀로 책임지지 않으면, 패배는 필연적이다.

三居下卦之上, 居位當任者也. 不唯其才陰柔, 不中正. 師旅之事, 任當專一. 二旣以剛中之才, 爲上信倚, 必專其事, 乃有成功, 若或更使衆人主之, 凶之道也. 輿尸, 衆主也. 蓋指三也. 以三居下之上, 故發此義. 軍旅之事, 任不專一, 覆敗必矣.

「상전」에서 말했다. 군사적인 일을 여러 사람이 주관하게 하면 공을 크게 이루지 못한다.

象曰, 師或輿尸, 大無功也.

구이효와 육삼효에게 동시에 책임을 맡긴다면 어떻게 공을 이룰 수 있겠는가? 어찌 또 공만이 없겠는가? 이 때문에 흉하게 된다.

倚付二三, 安能成功? 豈唯无功? 所以致凶也.

육사효는 군대가 후퇴하여 머무니, 허물이 없다.

六四, 師左次, 無咎.

군대는 강함과 용맹으로 나아간다. 육사효는 유柔한 자질로 음陰의 위치에 자리했으니, 나아가 승리할 수 있는 자는 아니다. 나아갈 수 없음을 알고서 후퇴했으므로, 물러나 머문다. '좌차左次'란 말은 물러나 머무는 것이니, 마땅함을 헤아려서 나아가고 물러남이 곧 당연한 것이므로 허물이 없다. 가능한지 여부를 보고서 전진하고, 어려움을 알고서 후퇴하는 것이 군대의 상도常道다. 오직 그 후퇴가 마땅함을 얻었다는 점만을 취하고, 그 자질의 능력 여부는 논하지 않았다. 승리할 수 없음을 헤아려서 군사를 온전하게 후퇴시킨다면, 선불리 전진하여 패하는 것보다 훨씬 낫다. 그러나 또 전진할 수 있는데도 후퇴하는 것은 허물이 된다. 『역』에서는 이런 뜻을 밝혀서 후세에게 보였으니 그 인자함이 깊다.

師之進, 以強勇也. 四以柔居陰, 非能進而克捷者也. 知不能進而退, 故左次. 左次, 退舍也, 量宜進退, 乃所當也, 故无咎. 見可而進, 知難而退, 師之常也. 唯取其退之得宜, 不論其才之能否也. 度不能勝而完師以退, 愈於覆敗遠矣. 可進而退, 乃爲咎也. 易之發此義以示後世, 其仁深矣.

「상전」에서 말했다. 물러나 머물러 허물이 없는 것은 상도를 잃지 않은 것이다.

象曰, 左次無咎, 未失常也.

군사를 행하는 도리는 때에 따라서 그 마땅함을 시행하는 것이니, 그것이 곧 상도다. 그래서 물러나 머무는 것이 반드시 과실이 되지 않는 것이다. 육사효처럼 물러나 머문다면 곧 그 마땅함을 얻으니, 그래서 허물이 없다.

行師之道, 因時施宜, 乃其常也. 故左次未必爲失也. 如四退次, 乃得其宜, 是以无咎.

육오효는 밭에 짐승이 들어오면 명령을 받들어 잡는 것이 이로우니 허물이 없다. 맏아들이 군사를 거느렸으니, 동생들 여럿이 주장하게 하면 올바르더라도 흉하다.

六五, 田有禽, 利執言, 無咎. 長子帥師, 弟子輿尸, 貞凶.

육오효는 군주의 지위이며 군사를 일으키는 주체이므로, 군사를 일으키고 장군을 임명하는 도리를 말했다. 군사를 일으킬 때에는 반드시 오랑캐가 중원을 괴롭히고 도적들이 나쁜 짓을 저질러 백성들이 해를 입게 되므로 더 이상 회유할 수 없을 때, 명령을 받들어 토벌해야만 한다. 이는 마치 짐승들이 밭 가운데 들어와 농작물을 침해할 때 그 의리상 마땅히 사냥해서 잡아야 한다면 사냥해 잡는 것과 같으니, 이렇게 군대를 일으키면 허물이 없다. 그러나 경솔하게 군대를 움직여 세상에 고통을 주면, 그 허물은 매우 크다.

'집언執言'이란 명령을 받드는 것이니, 그 죄를 밝혀서 토벌하는 것이다. 진시황이나 한 무제 같은 이들은 모든 산림을 샅샅이 다 뒤져서 짐승을 잡아들였던 자이지, 밭에 짐승이 있어서 잡은 사람이 아니다. 장군을 임명하여 군사를 맡기는 도리는 마땅히 맏아들이 군사를 거느리게 해야 한다. 구이효가 아래의 지위에서 군사의 주인이 되니, 맏아들이다. 그러나 만약 동생들 여럿이 주도하게 되면, 하는 일이 올바르더라도 또한 흉하다. '제자弟子'란 맏아들이 아닌 이들이다. 예로부터 장군을 임명할 때 전권을 주지 않아서 패망을 이룬 것은 진晉나라 순임보荀林父[12]의 필邲땅의 전투와 당唐나라 곽자의郭子儀[13]가 상주相州에서 패한 것이 이런 경우다.

五, 君位, 興師之主也, 故言興師任將之道. 師之興, 必以蠻夷猾夏, 寇賊姦宄, 爲生民之害, 不可懷來, 然後奉辭以誅之. 若禽獸入于田中, 侵害稼穡, 於義宜獵取, 則獵取之, 如此而動, 乃得无咎. 若輕動以毒天下, 其咎大矣. 執言, 奉辭也, 明其罪而討之也. 若秦皇漢武皆窮山林以索禽獸者也, 非田有禽也. 任將授師之道, 當以長子帥師. 二在下而爲師之主, 長子也. 若以弟子衆主之, 則所爲雖正, 亦凶也. 弟子, 凡非長者也. 自古任將不專而致覆敗者, 如晋荀林父邲之戰, 唐郭子儀相州之敗是也.

「상전」에서 말했다. 맏아들이 군사를 거느린 것은 중中으로 행하는 것이고, 동생들 여럿이 주관하게 하는 것은 군사를 부리는 것이 합당하지 않은 것이다.

象曰, 長子帥師, 以中行也, 弟子輿尸, 使不當也.

맏아들은 구이효를 말하는 것으로, 중정의 덕으로 윗사람과 합하여 책임을 맡고 군대를 이끌었다. 만약 다시 동생들 여럿이 군사의 일을 주장하도록 한다면 이것은 군사적 책임을 맡겨 군사를 부리게 함이 합당하지 않은 것이니, 흉한 것이 당연하다.

長子, 謂二以中正之德合於上, 而受任以行. 若復使其餘者衆尸其事, 是任使之不當也, 其凶宜矣.

상육효는 대군이 명을 내리는 것이니, 제후를 봉하고 경대부를 삼을 때에 소인은 쓰지 말라.

上六, 大君有命, 開國承家, 小人勿用.

상上은 군사적인 일이 끝나는 위치이고, 공을 이룬 때다. 그래서 '대군大君'이 작위를 명하여 공을 세운 사람에게 상을 준다. '개국開國'이란 봉하여 제후로 임명하는 것이다. '승가承家'란 경대부로 삼는 것이다. '승承'은 받는 것이다. 소인은 공이 있더라도 등용해서는 안 되므로, 그래서 "쓰지 말라"고 경계했다. 군사가 일어났을 때 공을 이루는 방식은 한 가지가 아니니, 반드시 모두 군자가 이루는 것은 아니다. 때문에 소인이 공이 있더라도 등용해선 안 된다고 경계했고, 금과 비단 또는 녹봉과 벼슬로 상을 주는 것은 좋지만, 나라와 가문을 소유하게 하고 정치를 하게 해서는 안 된다.

소인은 평상시에 쉽게 교만하고 오만해지는데, 하물며 그 공을 잡고 있을 때에는 어떠하겠는가? 한漢나라의 영포英布[14]와 팽월彭越[15]이 이 때문에 망했다. 성인이 깊게 사려하여 멀리 경계한 것이다. 이는 오로지 군사적인 일이 끝났을 때의 뜻을 말했지, 효의 의미를 취하지 않았는데, 그것은 그 큰 뜻을 취했기 때문이다. 만약 효로 말한다면, 상육효는 유한 자질로 순종하는 끝의 위치에 자리했고 군사적인 일이 끝나 지위가 없는 곳에 있으니, 잘 처신하여 허물이 없는 사람이다.

上, 師之終也, 功之成也. 大君, 以爵命賞有功也. 開國, 封之爲諸侯也. 承家, 以爲卿大夫也. 承, 受也. 小人者, 雖有功不可用也, 故戒使勿用. 師旅之興, 成功非一道, 不必皆君子也, 故戒以小人有功不可用也, 賞之以金帛祿位可也, 不可使有國家而爲政也. 小人平時易致驕盈, 況挾其功乎? 漢之英彭, 所以亡也. 聖人之深慮遠戒也. 此專言師終之義, 不取爻義, 蓋以其大者. 若以爻言, 則六以柔居順之極, 師旣終而在无位之地, 善處而无咎者也.

「상전」에서 말했다. 대군이 명을 내린 것은 공을 올바로 하기 위해서이고, 소인을 쓰지 말라는 것은 반드시 나라를 혼란하게 만들기 때문이다.

象曰, 大君有命, 以正功也. 小人勿用, 必亂邦也.

대군은 은혜로운 상을 줄 수 있는 권력을 가지고, 군사적인 일에서 올린 공을 바르게 한다. 군사적인 일이 끝났을 때, 공을 이룬 자에게는 상을 주지만, 그가 소인이라면 공이 있더라도 그를 요직에 등용해서는 안 되니, 등용한다면 반드시 나라를 혼란하게 할 것이다. 소인이 공을 뽐내면서 나라를 혼란케 하는 경우는 옛날부터 있었다.

大君持恩賞之柄, 以正軍旅之功. 師之終也, 雖賞其功, 小人則不可以有功而任用之, 用之必亂邦. 小人恃功而亂邦者, 古有之矣.

---

1 장인에 대해 공영달은 "장인은 엄숙하고 장중하며 존경스럽고 중후한 사람을 말한다丈人, 謂嚴莊尊重之人"고 주석하고 있다. 이에 비해 호원은 "장인은 법도로 사람을 지배하는 자를 말한다丈人者, 言能以法度長于人也"고 설명하면서, "장인이라는 것이 장중하며 엄숙한 사람을 말하여 반드시 위세의 맹렬함으로써 강성한 뒤에야 군사를 배치하고 군대를 길러서 군사들을 부릴 수 있다고 하는데 이것은 그 뜻을 다하지 못한 것이다. 왜 그러한가? 군대를 사용하는 도리는 반드시 강함과 유함이 서로 도와야 하고 은혜와 위엄이 서로 의지한 뒤에야, 어려움을 평정하고 공을 이룰 수 있으니, 그 안색을 장엄하고 엄숙하게 하고 그 위엄 있는 풍모를 두렵게 한들 무슨 이득이겠는가?夫所謂丈人者, 莊嚴之稱, 言必須以威猛剛強, 然後可以陳師鞠旅而役毒師衆. 此未盡其旨, 何? 則凡用兵之道, 必剛柔相濟, 恩威相須, 然後可以戡難成功, 或第莊嚴其色, 悚其威貌, 夫何益哉?"라고 비판한다. 정이천은 '존엄'이라 하여 호원보다는 공영달에 가깝다. 호원은 올바른 원칙으로 군중들을 다스리는 것을 중요시했고, 정이천은 올바름으로 영향을 미쳐 군중들을 심복케 하고 군중들도 올바름을 견지하게 만드는 것을 중요시했다.

2 사마양저는 춘추시대 제나라의 장군이다. 재상 안영晏嬰의 추천으로 등용된 뒤 제나라의 번영에 공적을 올리자 제나라 경공은 그를 대사마로 임명했고, 사마씨로 칭하여 사마양저로 불렸다. 인물사전 참조.

3 회음후 한신韓信은 한나라의 장수다. 유방의 부하로 수많은 싸움에서 승리해, 유방의 패권을 결정지었다. 『사기』에 따르면 그는 옛 초楚의 영토였던 회음淮陰의 백정 출신이다. 『사기』「회음후열전淮陰侯列傳」, 인물사전 참조.

4 강剛함으로 중中의 위치에 처하니 강직하면서도 중도中道를 얻었다: 호원의 설명이 자세하다. "만약 강하기만 하고 중도를 얻지 못하면 그 과실은 폭력적인 데에 있으니, 폭력적으로 행하면 반드시 사람들이 손상을 당한다. 지나치게 현명하여 중도를 이루지 못하면 그 과실이 지나치게 살피는 데에 있으니, 지나치게 살피면 사람들을 넓게 포용할 수가 없어 군사들이 복종하지 않는다. 이 모두는 장수와 병사의 도리를 잃는 것이다. 그러므로 이렇게 중정의 덕과 강명한 재능과 또 군주의

총애와 신임이 있어야 하니, 이러한 장점을 겸비했으므로 전쟁의 공을 반드시 이룰 수 있고, 세상이 협력하여 복종한다若剛而不中, 則失于暴, 暴必傷物. 明而不中則失于太察, 太察, 則不能容民, 而士不附. 皆失所以將兵之道也. 故此有中正之德, 有剛明之才, 又爲君之所寵任, 兼此數長, 故可以成必戰之功, 而協從于天下也."

5 이치를 따라 움직이니: '순동順動'을 이치를 따라 움직인다고 해석했다. '순順'이라는 말 자체가 원래 '순리'의 의미가 강하다. 이치에 따라 행하기 때문에 유순하게 행하는 것이다. 이에 대한 호원의 설명이 좋다. "험난한 길을 행하면서 이치를 따른다는 것은 두 괘의 형체를 가지고 말한 것이다. 감괘는 위험이고 곤괘는 순종이다. 군사를 일으키는 도는 세상에서 가장 위험하니 어째서인가? 군사는 흉한 기물이고 전쟁은 위험한 일이다. 군사를 일으켜 한번 정벌을 나서면 안정과 위험이 따르니 어찌 지극히 험난한 일이 아니겠는가? 그러나 사물의 이치를 따르고 민심에 협력한 뒤에 군사의 도리를 얻는다行險而順者, 此據二體而言也. 坎爲險, 坤爲順. 以興師之道, 天下之至險也. 何哉? 夫兵凶器也, 戰危事也. 其征伐一出, 則安危隨之, 豈非至險乎? 然而行此危險之事, 必須順于物理, 協于民心, 然後得爲師之道也."

6 의미가 된다: 이 「단전」의 구절의 의미에 대한 진재 서씨進齋徐氏(서기徐幾)의 설명이 좋다. "이것은 장군의 도다. 강직하지 못하면 위세와 위엄이 없어서 군중을 복종시키기에는 부족하고, 과도하게 강직하면 포악하여 군중을 마음으로 품을 수 없다. 그러나 강직하면서도 중도를 이룬 재능이 있더라도 군주의 전폭적인 신임을 얻지 못했다면 또한 공을 이룰 수가 없다. 이것이 사괘에서 강직하면서도 중도를 얻고 올바른 상대와 호응한다剛中而應는 점을 중요시하는 것이다. 군사는 흉한 것이고, 전쟁은 위험한 일이다. 부득이해서 군사를 일으키고 군중을 동원하는 것이니, 폭력을 금하고 혼란을 없애야 한다. 이것이 사괘에서 험난한 길을 가지만 이치를 따른다는 점을 귀하게 여기는 것이다此爲將之道. 蓋不剛, 則无威嚴而不足以服衆, 過剛, 則暴而无以懷之. 有剛中之才而信任不專, 亦不能有成功. 此師所以貴乎剛中而應也. 兵凶器, 戰危事, 不得已而興師動衆, 禁暴除亂, 此師所以貴乎行險而順也(『주역전의대전』)."

7 '부장흉否臧凶'에 대한 호원과 정이천의 해석은 조금 다르다. 호원은 법률로 통제하는 것을 매우 강조하고 있다. 이렇게 말한다. "부否는 아닐 불이고 장은 선한 것이니 장군이 한 순간의 동정動靜 사이에서 군중을 통제하는 데에 법률을 버리면 안 된다. 법률을 버린다면 대열이 가지런하게 될 수 없고 군중의 마음도 따르지 않는다否不也, 臧善也, 言爲將, 統衆于一動一止之間, 捨法律, 則不可. 苟不以法律, 則行伍無以齊一, 衆心无所適從." 호원은 '부장흉'을 '잘하지 못하면 흉하다' 즉 '법률을 잘 사용하지 못하면 흉하다'라고 해석한다. 그러나 정이천은 규율로 통제하는 것을 강조하지만, 규율을 제대로 지키지 못하면 전쟁에서 승리하더라도 흉하다고 푼다.

8 주공을 천자의 예악으로 제사 지낸 것: 주공은 어린 성왕을 대신 섭정하여 예악을 일으킨 사람이다. 인물사전 참조. 주공을 천자의 예악으로 제사 지낸 것을 비난하는 공자의 말들은 『논어』에 나온다. "공자가 계씨를 두고 말했다. '천자의 팔일무를 뜰에서 추니, 이 일을 한다면 무엇을 차마 하지 못하겠는가?'孔子謂季氏, 八佾舞於庭, 是可忍也, 孰不可忍也?(『논어』「팔일」)" 이 말도 노나라 제후인 계씨가 천자의 예악을 행하는 것을 비난한 것이다. "삼가三家에서 제사를 마치고 『시』의 '옹'을 노래하며 철상을 했는데, 공자가 말했다. '제후들이 제사를 돕거늘 천자는 엄숙히 계시다'라는 노래 가사를 어찌 삼가三家의 마당에서 취해 쓰는가?三家者以雍

徹. 子曰, 相維辟公, 天子穆穆, 奚取於三家之堂?(『논어』「팔일」)" 이에 대해 정이천은 이렇게 말한다. "주공의 공로가 지대하나 모두 신하의 직분으로서 당연히 해야 할 것인데, 노나라가 어찌 홀로 천자의 예악을 사용하겠는가? 성왕이 하사하신 것과 백금이 받은 것이 모두 잘못이다. 그러한 인습의 폐단이 드디어 계씨로 하여금 팔일무를 참람되게 사용하고, 삼가로 하여금 참람되게 옹의 시를 부르며 제기를 거두도록 했다. 그러므로 중니께서 그것을 꾸짖은 것이다周公之功固大矣, 皆臣子之分所當爲, 魯安得獨用天子禮樂哉? 成王之賜, 伯禽之受, 皆非也. 其因襲之弊, 遂使季氏僭八佾, 三家僭雍徹, 故仲尼譏之."

9 부모를 섬기는 데에는 증자와 같이 함이 옳다: 『맹자』「이루상」 19에서, 증자는 아버지인 증석曾晳을 섬기는 데에 아버지께서 진지를 다 드시고 상을 물릴 때 남은 음식이 있으면 누구에게 줄까를 물었고, 아버지께서 남은 음식이 있냐고 하면 무조건 있다고 말하여 아버지의 마음을 헤아려 행동했지만, 증자의 아들인 증원曾元은 누구에게 줄 것인지를 묻지도 않았고 남은 음식이 있어도 없다고 했으니, 아버지의 마음을 헤아리지 않고 입맛과 배만을 채워드린 것에 불과하다고 맹자는 평가한다. 결국 증자의 효도란 아버지의 심지心志를 봉양할 줄 알았다는 것이다.

10 증자의 효를 충분하다고 여기지는 않았다: 『맹자』의 이 구절에 대해서 정이천은 이렇게 주석한다. "자식의 몸이 할 수 있는 것은 모두 당연히 하는 일이니, 본분에 넘치는 일이 아니다. 그러므로 '부모를 섬기는 데에는 증자와 같이 함이 옳다'고 한 말은 지극하다고 할 수 있지만, 맹자는 단지 옳다고만 했으니 어찌 증자의 효가 충분하다고 여긴 것이겠는가?子之身所能爲者, 皆所當爲, 無過分之事也. 故事親若曾子可謂至矣, 而孟子止曰可也, 豈以曾子之孝爲有餘哉?"

11 당연히 해야 할 바이기 때문이다: 정이천은 이렇게 말하고 있다. "맹자가 '부모를 섬기는 데에 증자와 같이 해야 옳다'고 했는데, 나는 군주를 섬기는 데에 주공과 같이 해야 옳다고 말한다. 자식이 부모를 섬기고, 신하가 군주를 섬기는 데에 스스로 부족하다는 점을 안다고 말하는 경우는 들어보았어도, 충분하다고 여기는 경우는 들어보지 못했기 때문이다孟子曰, 事親若曾子可也. 吾以謂事君若周公可也. 蓋子之事父, 臣之事君, 聞有自知其不足者矣, 未聞其爲有餘也(『이정집』 4권 71쪽)." 정이천은 군사적 일을 처리하는 장군이 전권을 쓰지만, 그것은 그 지위에 마땅한 일을 하는 것이라는 점을 강조한다. 그래서 주공도 천자의 공을 세웠더라도 천자의 예악을 받는 것은 마땅한 일이 아니다. 주공은 천자가 아니기 때문이다.

12 순임보는 춘추시대 진晉나라의 정치가다. 6경卿의 일원으로 관위는 중군원수에 이르렀다. 필 전투에서 대장을 맡아 패하여, 진나라가 쥐고 있던 패권을 초 장왕에게 헌납했다. 진나라는 장수들 간에 명령 계통과 화합이 이루어지지 않아 패했다. 인물사전 참조.

13 곽자의는 당나라 때의 장군이자 정치가다. 현종, 숙종, 대종, 덕종 4대 황제에 걸쳐 벼슬을 하며 안사의 난과 번진의 반란을 평정한 막대한 공을 세웠다. 인물사전 참조.

14 영포英布는 한나라 초기의 개국공신이다. 인물사전 참조.

15 팽월彭越은 한나라를 세운 한 고조 유방의 개국공신이다. 『사기』「위포팽월열전魏豹彭越列傳」, 인물사전 참조.

8. 친밀한 보좌, 협력: 비比괘䷇

수지비水地比라고 읽는다. 괘의 모습이 감坎☵괘가 위에 있고 곤坤☷괘가 아래에 있기 때문이다.

비比괘에 대해서 「서괘전」에서는 이렇게 설명했다. "군중들은 반드시 친밀하게 협력하므로 비괘로 받았다." '비比'란 친밀하게 보좌하는 것을 말한다. 사람이라는 부류는 반드시 서로 친밀하게 도움을 주고받은 다음에야 안정을 이룰 수가 있다. 군중들이 있으면 반드시 친밀하게 보좌하니, 그래서 비괘가 사師괘 다음이 된다.[1] 괘의 모습은 물을 상징하는 감坎괘가 위에 있고 땅을 상징하는 곤坤괘가 아래에 있다.

이 두 괘의 형체로 말하면, 물이 땅위에 있는 모습이다. 사물들이 서로 친밀하게 협력하여 틈이 없으니, 이러한 모습은 물이 땅위에 있는 것 만한 것이 없으므로, 친밀한 협력의 모습이다. 또한 많은 효가 모두 음陰효지만 오직 구오효만이 양강陽剛한 자질로 군주의 지위에 자리하고, 군중들이 그에 친밀하게 의존하며 윗사람도 아랫사람과 친밀하므로 협력의 모습이 된다.

比, 序卦, "衆必有所比, 故受之以比." 比, 親輔也. 人之類, 必相親輔

然後能安. 故旣有衆, 則必有所比, 比所以次師也. 爲卦, 上坎下坤. 以二體言之, 水在地上. 物之相切比无間, 莫如水之在地上, 故爲比也. 又衆爻皆陰, 獨五以陽剛居君位, 衆所親附, 而上亦親下, 故爲比也.

친밀한 협력은 길하니, 근원적으로 판단하되 성숙한 지도력과 지속적인 일관성과 도덕적 확고함[2]을 갖추었다면 허물이 없다.

比, 吉, 原筮, 元永貞, 無咎.

친밀하게 협력하는 것은 길한 방도다. 사람들이 서로 친밀하게 협력하니, 본래 길한 방도다. 그래서 「잡괘전雜卦傳」에서는 '비괘는 즐겁지만 사괘는 근심스럽다'고 했다. 사람들이 서로 친밀하게 협력하는 데에는 반드시 그것에 합당한 방도가 있다. 합당한 방도로 협력하지 않는다면 후회와 허물이 있게 되므로 반드시 근원적으로 판단하고 결단해서, 보좌할 만한 사람과 친밀하게 협력해야 한다. '서筮'란 추측하여 결단하고 헤아리는 것을 말하지, 시초와 거북점으로 점치는 것을 말하는 것이 아니다.

협력하는 데에 성숙한 지도력〔元〕과 지속적인 일관성〔永〕, 도덕적 확고함〔貞〕을 가진 사람을 얻으면 허물이 없다. '원元'이란 군주나 지도자가 될 수 있는 성숙한 지도력이 있음을 말하고, '영永'이란 지속적인 일관성으로 예측이 가능하도록 일정하게 지속하는 성질을 말하며, '정貞'은 올바름을 굳게 지켜 어떤 상황에서도 변하지 않는 도덕적 확고함을 체득한 것을 말한다. 윗사람이 아랫사람과 협력할 때 반드시 이 세 가지 능력이 있어야만 하고, 아랫사람이 윗사람을 따를 때 반드시 이 세 가지를 갖춘 사람인가를 판단해야만 허물이 없다.

比, 吉道也. 人相親比, 自爲吉道. 故雜卦云, '比樂師憂.' 人相親比, 必有其道, 苟非其道, 則有悔咎, 故必推原占決, 其可比者而比之. 筮謂占決卜度, 非謂以蓍龜也. 所比得元永貞則无咎. 元謂有君長之道, 永謂可以常久, 貞謂得正道. 上之比下, 必有此三者, 下之從上, 必求此三者, 則无咎也.

편안하지 못해야 비로소 올 것이니, 미적거리며 늦춘다면, 대장부일지라도 흉하다.

不寧方來, 後, 夫凶.

사람들은 스스로 안정을 보존할 수가 없을 때 비로소 와서 친밀한 협력을 구한다. 협력을 얻으면 안정을 보존할 수가 있다. 그러나 안정을 이루지 못할 경우를 당했을 때에는 마땅히 서둘러 도움을 받을 수 있는 조력자를 찾아야 한다. 만약 홀로 서서 자신만을 믿고, 협력을 구하려는 뜻을 신속하게 표시하지 않고 미적거리며 늦춘다면, 대장부일지라도 흉하게 된다. 대장부도 흉하게 되는데 하물며 나약한 사람은 어떻게 되겠는가? '부夫'란 강직하게 홀로 설 수 있는 사람을 칭한다. 『춘추좌씨전』에서 "자남子南은 대장부다"라고 했고 또 "이는 내가 대장부가 아니라고 말하는 것이다"[3]라고 했다. 천지 사이에 사는 것 가운데 서로 친밀하게 협력하지 않고서 유아독존할 수 있는 자는 없다. 매우 강건한 사람일지라도 홀로 설 수 있는 자는 없다.

친밀하게 협력하는 도는 두 사람의 뜻이 서로 구했기 때문에 이루어진다. 두 사람의 뜻이 서로 구하지 않았다면 반목하며 헤어진다. 군주는 아랫사람들을 품고 어루만지며, 아랫사람들은 윗사람들을 친밀하게 보좌하여 협력하니, 친척·친구·이웃사람이 모두 그러하다. 그러므로 마땅히 위와 아래가 뜻을 합하여 서로 따라야 한다. 실로 서로 구하려는 뜻이 없다면 떨어져 흉하다. 사람의 감정이란 서로 구하면 합치되고, 서로 버티면 반목하여 헤어진다. 서로 버틴다는 것은 서로 상대가 먼저 하기를 기다리고서 하지 않는 것이다. 사람이 서로 친밀하게 협력하는 데에는 진실로 도道가 있지만, 무엇보다도 협력하고자 하는 뜻을 표시하기를 미적거리며 늦춰서는 안 된다.

人之不能自保其安寧, 方且來求親比, 得所比則能保其安. 當其不寧之時, 固宜汲汲以求比. 若獨立自恃, 求比之志不速而後, 則雖夫亦凶矣. 夫猶凶, 況柔弱者乎? 夫, 剛立之稱. 傳曰, '子南, 夫也.' 又曰, '是謂我非夫.' 凡生天地之間者, 未有不相親比而能自存者也. 雖剛強之至, 未有能獨立者也. 比之道, 由兩志相求. 兩志不相求, 則睽矣. 君懷撫其下, 下親輔於上, 親戚朋友鄕黨皆然. 故當上下合志以相從. 苟无相求之意, 則離而凶矣. 大抵人情相求則合, 相持則睽. 相持, 相待莫先也. 人之相親固有道, 然而欲比之志, 不可緩也.

「단전」에서 말했다. 친밀한 협력은 길하며, 친밀한 협력이란 보좌하는 것이니, 아랫사람이 이치에 따라 복종하는 것이다.

彖曰, 比吉也, 比輔也, 下順從也.

“친밀한 협력은 길하다”는 말은 친밀한 협력은 길할 수 있는 방도라는 말이다. 사람들이 서로 친밀하게 협력하는 것이 곧 길한 방도다. “친밀한 협력이란 보좌하는 것이다”라는 말은 협력의 뜻을 풀이한 것으로, 협력이란 서로 친밀하게 보좌하는 일이다. “아랫사람이 이치에 따라 복종한다”는 말은 괘가 친밀한 협력이 되는 이유를 해석한 것이다. 구오효는 양의 자질로 존귀한 지위에 자리하고, 많은 아랫사람들이 순종하여 그를 친밀하게 보좌하니, 이 때문에 친밀한 협력이 된다.

比吉也, 比者吉之道也. 物相親比, 乃吉道也. 比輔也, 釋比之義, 比者相親輔也. 下順從也, 解卦所以爲比也. 五以陽居尊位, 群下順從以親輔之, 所以爲比也.

“근원적으로 판단하되 성숙한 지도력과 지속적인 일관성과 도덕적 확고함을 갖추었다면, 허물이 없다”고 한 것은 강剛하면서 중中을 이루었기 때문이다.

原筮元永貞無咎, 以剛中也.

근원적으로 판단하여 서로 협력하는 방도를 결정하되, 성숙한 지도력과 지속적인 일관성과 도덕적 확고함을 가진 사람을 얻은 뒤에야 허물이 없을 수 있다. 성숙한 지도력과 지속적인 일관성, 도덕적 확고함을 가진 사람이란 구오효와 같은 사람이니, 양강한 자질로 중정中正에 자리하고, 친밀한 협력의 방식에 최선을 다하는 사람이다. 양강한 자질로 존귀한 지위에 자리하여 군주의 덕을 이루는 것이 성숙한 지도력이다. 중中의 위치에 자리하여 올바름을 얻으니 지속적인 일관성을 유지하면서 그 올바름을 굳세게 지킬 수 있는 것이다. 괘사는 친밀한 협력의 방도를 폭넓게 말했고 「단전」에서는 성숙한 지도력과 지속적인 일관성과 도덕적 확고함을 가진 사람을 말했으니 구오효가 강한 자질로 중정에 처한 것이 바로 그러하다.

推原筮決相比之道, 得元永貞而後可以无咎. 所謂元永貞, 如五是也, 以陽剛居中正, 盡比道之善者也. 以陽剛當尊位爲君德, 元也. 居中得正, 能永而貞也. 卦辭本泛言比道, 彖言元永貞者, 九五, 以剛處中正是也.

"편안하지 못해야 비로소 온다"는 것은 위와 아래가 호응하기 때문이다.

不寧方來, 上下應也.

사람은 자신의 안녕을 보존할 수 없어야 비로소 와서 의지하면서 친밀한 협력을 구한다. 백성은 스스로 보존할 수 없으므로 군주를 추대하여 안녕을 구하고, 군주는 혼자 설 수 없으므로, 백성을 보호하여 안정을 이룬다. 편안하지 못해서 와서 협력을 구하는 것은 위와 아래가 서로 호응하는 것이다. 성인의 공심公心으로 말하자면, 지극한 진실과 정성으로 세상의 협력을 구하여 백성을 안정시킨다. 후왕後王의 사의私意로 말하자면, 백성의 도움을 구하지 않으면 위험과 패망에 이른다. 그러므로 위와 아래의 뜻이 반드시 서로 호응하는 것이다. 괘의 모양으로 말하자면 위와 아래의 모든 음효가 구오효에게로 와서 친밀하게 보좌하고 구오효는 그 군중들과 협력하여 도우니, 위와 아래가 서로 호응한다.

人之生, 不能保其安寧, 方且來求附比. 民不能自保, 故戴君以求寧. 君不能獨立, 故保民以爲安. 不寧而來比者, 上下相應也. 以聖人之公言之, 固至誠求天下之比, 以安民也. 以後王之私言之, 不求下民之附, 則危亡至矣. 故上下之志, 必相應也. 在卦言之, 上下群陰比於五, 五比其衆, 乃上下應也.

"미적거리며 늦춘다면 대장부일지라도 흉하다"는 말은 그러한 방도는 결국 곤궁해지기 때문이다.

後夫凶, 其道, 窮也.

군중은 반드시 서로 협력한 후에 그 삶을 이룰 수 있다. 하늘과 땅 사이에 서로 친밀하게 협력하지 않고서 삶을 이룰 수 있는 방법은 있지 않다. 서로 협력하려는 뜻을 신속하게 표시하지 않고 미적거리며 늦춘다면 친밀한 협력을 이룰 수 없고, 대장부일지라도 흉하게 된다. 친밀한 협력을 이룰 수가 없으면 곤궁하고 비굴하게 되어 흉함을 자초하니, 궁지에 몰리는 방도다.

衆必相比, 而後能遂其生. 天地之間, 未有不相親比而能遂者也. 若相從之志不疾而後, 則不能成比, 雖夫亦凶矣. 无所親比, 困屈以致凶, 窮之道也.

「상전」에서 말했다. 땅위에 물이 있는 것이 비괘의 모습이니, 선왕은 이것을 본받아 만국을 세우고 제후들과 친밀하게 지낸다.

象曰, 地上有水, 比, 先王以建萬國, 親諸侯.

사물이 서로 친밀하게 협력해서 틈이 벌어지지 않는 모습으로 물이 땅 위에 있는 것 만한 것이 없으니, 이것이 친밀한 협력의 모습이다. 선왕은 비괘의 모습을 관찰하여 만국을 세우고 제후와 친밀하게 협력한다. 만국을 세우는 것은 백성과 친밀하게 협력하는 것이고, 제후들을 친밀하게 어루만지는 것은 천하와 협력하는 것이다.

夫物相親比而无間者, 莫如水在地上, 所以爲比也. 先王觀比之象, 以建萬國親諸侯. 建立萬國, 所以比民也. 親撫諸侯, 所以比天下也.

초육효는 믿음을 가지고 친밀하게 협력해야 허물이 없다.

初六, 有孚比之, 無咎.

초육효는 비괘의 시작이다. 서로 친밀하게 협력하는 도리는 진실과 신뢰를 근본으로 한다. 마음속에서 진실로 신뢰하지 않으면서 타인과 친밀한 척 관계한다면, 어느 누가 함께하겠는가? 그래서 친밀한 협력의 시작은 반드시 믿음과 진실이 있어야만 허물이 없다. '부孚'란 믿음이 마음속에 있는 것이다.

初六, 比之始也. 相比之道, 以誠信爲本. 中心不信而親人, 人誰與之? 故比之始, 必有孚誠, 乃无咎也. 孚, 信之在中也.

믿음을 질그릇에 가득 채우면, 결국에는 뜻하지 않은 길함이 온다.

有孚盈缶, 終來有他吉.

진실과 신뢰가 마음속에 가득 찼으니, 마치 질그릇 속에 사물이 가득 찬 것과 같다. '부缶'란 꾸미지 않은 질박한 그릇이다. 마치 질그릇 속에 물건이 가득 찬 것과 같아서, 겉으로 더 꾸미지 않더라도 결국에는 뜻하지 않은 길함이 올 수 있다고 한 것이다. '타他'는 여기가 아니라 바깥에 있는 것이다. 진실함이 마음속에 가득 찼다면 신뢰하지 않는 사람이 없으니, 어찌 겉을 꾸미면서까지 친밀한 협력을 구하겠는가? 진실과 신뢰가 마음속에 가득 차면 그밖의 것들이 모두 당연스레 감동하여 와서 따른다. 믿음과 신뢰는 친밀한 협력의 근본이다.

誠信充實於內, 若物之盈滿於缶中也. 缶, 質素之器. 言若缶之盈實其中, 外不加文飾, 則終能來有他吉也. 他, 非此也, 外也. 若誠實充於內, 物无不信, 豈用飾外以求比乎? 誠信中實, 雖他外皆當感而來從. 孚信, 比之本也.

「상전」에서 말했다. 비괘의 초육효는 뜻하지 않은 길함이 있을 것이다.

象曰, 比之初六, 有他吉也.

비괘의 초육효는 친밀한 협력의 도리가 처음 시작하는 순간이다. 처음에 믿고 신뢰한다면 결국에는 뜻하지 않은 길함이 온다. 그 시작이 진실하지 못한데, 어떻게 끝에 가서 길함을 얻겠는가? 상육효의 흉함은 처음에 신뢰를 가지고 관계를 시작하지 않았기 때문이다.

言比之初六者, 比之道在乎始也. 始能有孚, 則終致有他之吉. 其始不誠, 終焉得吉? 上六之凶, 由无首也.

육이효는 친밀한 협력을 스스로 선택하니, 올바름을 지켜서 길하다.
六二, 比之自內, 貞吉.

육이효는 구오효와 올바른 호응 상대가 되어 모두 중정中正을 얻어서, 중정의 도道로 서로 친밀하게 협력하는 자들이다. 육이효는 안에 처하는데, '자내自內'라는 말은 자신이 스스로 선택한다는 말이다. 훌륭한 재능을 가진 사람을 간택하여 등용하는 것은 윗사람에게 달려 있는 일이지만, 자신의 몸을 나라에 허락하는 것은 반드시 자신이 결정하는 일이다. 자신이 군주를 선택하고 도道가 합치하여 조정에 나갔으니, 올바름을 얻어 길한 것이다. 중정의 도로 윗사람의 요구에 호응하니, 스스로 선택하여 자신의 지조를 잃지 않는다. 조급하게 친밀한 협력을 먼저 구하려는 것은 군자가 자신을 존중하는 도리가 아니니, 스스로 지조를 잃는다.

二與五爲正應, 皆得中正, 以中正之道相比者也. 二處於內, 自內謂由己也. 擇才而用, 雖在乎上, 而以身許國, 必由於己. 己以得君, 道合而進, 乃得正而吉也. 以中正之道應上之求, 乃自內也, 不自失也. 汲汲以求比者, 非君子自重之道, 乃自失也.

「상전」에서 말했다. 친밀한 협력을 스스로 선택한 것은 스스로

지조를 잃지 않은 것이다.

象曰, 比之自內, 不自失也.

자신의 중정의 도를 지키면서 윗사람의 요구를 기다리니, 스스로 지조를 잃지 않는다. 『역』에서 경계함이 이렇게 엄밀하다. 육이효가 중정을 이루었지만 그 자질이 나약하고 체질이 유순하므로, 올바름을 굳게 지켜야 길하고 스스로 지조를 잃지 말라고 경계한 것이다. 어떤 사람은 이렇게 묻는다. "스스로 지켜서 윗사람의 요구를 기다리라고 경계한다면 이는 너무 미적거리다가 늦어서 흉한 것이 아니냐?" 이렇게 답하겠다. 지식인이 자신을 수양하는 것은 윗사람을 구하는 방도이니, 자신의 뜻을 낮추어 몸을 욕되게 하는 것은 자신을 존중하는 도리가 아니다. 그래서 이윤[4]과 제갈량[5]은 천하를 구하려는 마음이 절실하지 않은 것은 아니었지만, 반드시 군주가 예를 갖추고 찾아오기를 기다린 후에 출사했던 것이다.

守己中正之道, 以待上之求, 乃不自失也. 易之爲戒嚴密. 二雖中正, 質柔體順, 故有貞吉自失之戒. 戒之自守, 以待上之求, 无乃涉後凶乎? 曰士之修己, 乃求上之道, 降志辱身, 非自重之道也. 故伊尹武侯救天下之心非不切, 必待禮至, 然後出也.

육삼효는 적절하지 않은 사람과 친밀하게 협력한다.

六三, 比之匪人.

육삼효는 중정을 이루지 못했고, 친밀하게 협력하는 이들도 모두 중정을 이루지 못했다. 육사효는 자질이 음유하여 중中을 이루지 못했고, 육이효는 올바른 호응 상대가 있는데 초육효와 친밀하게 관계하였다. 모두 중정을 이룬 것이 아니니, 적절한 사람이 아니다. 적절하지 않은 사람과 친밀하게 협력하면 그 과실을 알 수 있고, 후회와 궁색함은 말할 필요도 없으므로 해로운 것이다. 육이효가 중정을 얻었는데도 적절한 사람이 아니라고 하는 것은 때에 따라 의미를 취하는 것이니, 각각 차이가 있다.

三不中正, 而所比皆不中正. 四, 陰柔而不中, 二, 存應而比初, 皆不中正, 匪人也. 比於匪人, 其失可知, 悔吝不假言也, 故可傷. 二之中正, 而謂之匪人, 隨時取義, 各不同也.

「상전」에서 말했다. 적절하지 않은 사람과 친밀하게 협력하는 것은 또한 해롭지 않겠는가!

象曰, 比之匪人, 不亦傷乎!

사람이 서로 친밀하게 협력하는 것은 안정과 길함을 구하기 위해서인데, 적절하지 않은 사람과 친밀하게 협력하면 반드시 도리어 후회하고 궁색하게 될 것이니, 그것은 또한 해로울 수 있다. 이는 친밀하게 협력해야 할 사람을 잃게 됨을 깊이 경계한 것이다.

人之相比, 求安吉也, 乃比於匪人, 必將反得悔吝, 其亦可傷矣. 深戒失所比也.

육사효는 밖으로 친밀하게 협력하니, 올바르게 행해서 길하다.

六四, 外比之, 貞吉.

육사효는 초육효와 서로 호응하지 않고 구오효와 친밀하게 관계하니, 밖으로 구오효를 친밀하게 보좌하는 것이 곧 올바름을 굳게 지켜서 길한 것이다. 군주와 신하는 서로 친밀하게 협력하는 것이 올바른 도리이며, 서로 협력하고 서로 함께하는 것이 마땅하다. 구오효는 그 자질이 양강하고 중정을 이루었으니 현자이고, 위에서 존귀한 지위에 자리하니 윗사람이다. 현자와 친밀하게 관계하고 윗사람에 순종하는 것이 친밀한 협력의 올바른 도리이므로 올바르게 행해서 길하다.

음陰인 육六이 사四라는 음의 지위에 자리했으니, 또한 올바름을 얻은 뜻이다. 또 음유한 자질과 중을 이루지 못한 사람이 강명剛明한 자질을 가지고 중정을 이룬 현자를 친밀하게 보좌하므로, 올바름을 얻어 길한 것이다. 또 현자와 친밀하게 관계하고 윗사람에게 순종하는 것은 반드시 정도正道로 대처하면 길하다. 이러한 여러 가지 말이 서로 연결되어야 그 의미가 비로소 갖추어진다.

四與初不相應, 而五比之, 外比於五, 乃得貞正而吉也. 君臣相比, 正也. 相比相與, 宜也. 五剛陽中正, 賢也, 居尊位, 在上也. 親賢從上, 比之正也, 故爲貞吉. 以六居四, 亦爲得正之義. 又陰柔不中之人, 能比於剛明中正之賢, 乃得正而吉也. 又比賢從上, 必以正道則吉也. 數說相須, 其義始備.

「상전」에서 말했다. 밖으로 현자와 친밀하게 협력하는 것은 윗사람을 따르는 것이다.

象曰, 外比於賢, 以從上也.

밖으로 협력한다는 것은 구오효를 따르는 것을 말한다. 구오효는 강명한 자질을 가지고 중정을 이룬 현자이고 또 군주의 지위에 자리하는데, 육사효가 그를 친밀하게 보좌하니 이것은 현자와 친밀하게 관계하고 또 윗사람에게 복종하는 것이므로 길하다.

外比謂從五也. 五, 剛明中正之賢, 又居君位, 四比之, 是比賢且從上, 所以吉也.

구오효는 친밀한 협력의 도리를 드러나게 하니, 왕이 세 방향으로 몰아서 앞으로 뛰어가는 짐승을 놓아주며 마을 사람들을 경계하지 않으니, 길하다.

九五, 顯比, 王用三驅, 失前禽, 邑人不誡, 吉.

구오효는 군주의 지위에 자리하여 중中의 위치에 처해 정正을 얻었으니, 친밀하게 협력하는 도리에 최선을 다한 자다. 군주가 세상과 친밀하게 협력하는 도리는 마땅히 협력하는 도를 밝혀서 드러낼 뿐이다. 진실한 의도로 사물을 대하고 자신을 미루어 남을 이해하며, 정치를 일으켜 인仁한 정치를 시행해서 세상이 모두 그 혜택을 입도록 하니, 이것이 바로 군주가 세상과 친밀하게 협력하는 도다. 이와 같이 한다면, 세상의 어느 누가 윗자리에 있는 사람과 친밀하게 협력하지 않겠는가? 작은 사랑과 은택을 강제하고 도리에 어긋나게 명예를 구하여 아랫사람의 협력을 구하려고 한다면 그 방도는 매우 협애한 것이니, 이렇게 해서 세상 사람들의 협력을 얻을 수 있겠는가? 그래서 성인은 구오효가 친밀하게 협력하는 도리의 올바름에 최선을 다하는 것을 세 방향에서 날짐승을 모는 것으로 비유하여, "왕이 세 방향으로 몰아서 앞으로 뛰어가는 짐승을 놓아주며 마을 사람들을 경계하지 않으니, 길하다"고 했다.

선왕先王은 사계절의 사냥을 없앨 수 없다. 그래서 그 어진 마음을 미루어서 세 방향에서 모는 예의로 삼았으니, 그것이 『예禮』에서 말하는 "천자가 사방을 완전하게 에워싸지 않는다"는 것이다. 성탕成湯이 그물을 쳐놓고 축원한 것[6]이 바로 이러한 뜻이다. 천자가 사냥할 때 세 방향만을 에워싸되, 앞으로 한 길을 터놓아 도망갈 수 있도록 하여 짐승을 모두 잡지 않도록 하니, 곧 생명을 살려주기를 좋아하는 인仁이다. 이는 다만 명령을 따르지 않는 자와 나가지 않고 도리어 들어오는 자만을 뜻으로 취하는 것이다. 이로써 앞으로 도망가는 새와 짐승은 모두 잡히지 않고 모면하니, "앞으로 뛰어가는 짐승을 놓아준다"고 했다. 왕이 친밀하게 협력하는 도리를 밝혀서 드러내면, 세상 사람들은 저절로 와서 친밀하게 협력한다. 들어온 사람은 위무하되, 억지로 온화한 모습을 취하여 구차하게 친밀한 협력을 구하지 않는다. 이는 마치 사냥할 때에 세 방향에서 짐승을 몰되, 도망가는 짐승은 쫓아가서 추적하지 않고 다가온 것만을 취하는 것과 같다. 이것은 위대한 왕도王道이니, 그 백성들이 여유롭고 만족하면서도[7] 그 이유를 알지 못하는 것이다.

"고을 사람들에게는 경계하지 않으니 길하다"는 말은 그것이 지극히 공정하여 사사롭지 않아서, 멀고 가깝고 친하고 소원한 관계의 구별이 없다는 말이다. '읍邑'이란 거주하는 고을로서 『역』에서 말하는 고을은 모두 같다. 이 고을은 왕이 도읍으로 정한 곳과 제후국의 수도이다. '계誡'는 기약함이다. 어떤 사람이든 일관되게 대하여 거주하는 고을에게만 기약하지 않는 것이니, 이와 같이 하면 길하다. 성인은 모두에게 공명정대하고 사사로움이 없는 방도로 세상을 다스렸으니, "친밀한 협력의 도리를 드러나게 한다"는 말에서 이를 볼 수 있다.

단지 군주가 세상과 협력하는 도리만 이러한 것이 아니라, 모든 사람이 서로 친밀하게 협력하는 것도 이러하지 않음이 없다. 신하가 군주를 보좌하는 것으로 말하자면, 충심과 정성을 다하고 재능과 능력을 다하는 것이 곧 군주와 친밀하게 협력하는 도리를 드러내는 것이다. 등용되느냐 아니냐의 여부는 군주에게 달려 있을 뿐이라서, 아첨하고 비위를 맞추어 자신과 친밀하게 협력해주기를 구해서는 안 된다. 친구와의 관계에서도 마찬가지이니, 자신을 수양하면서 마음을 진실하게 하여 그를 상대하는 것이다. 친밀해지느냐 아니냐의 여부는 친구에게 달려 있을 뿐이라서, 말을 잘 하고 얼굴빛을 좋게 하며 마음을 왜곡하면서 따르고 구차하게 영합하여 친구가 자신과 친밀해지기를 구해서는 안 된다. 이웃사람과 친척, 그리고 여러 사람과의 관계에서도 이와 같지 않음이 없다. 이것이 곧 "왕이 세 방향으로 몰아서 앞으로 뛰어가는 짐승을 놓아준다"는 말의 뜻이다.

五居君位, 處中得正, 盡比道之善者也. 人君比天下之道, 當顯明其比道而已. 如誠意以待物, 恕己以及人, 發政施仁, 使天下蒙其惠澤, 是人君親比天下之道也. 如是, 天下孰不親比於上? 若乃暴其小仁, 違道干譽, 欲以求下之比, 其道亦狹矣, 其能得天下之比乎? 故聖人以九五盡比道之正, 取三驅爲喩, 曰, '王用三驅, 失前禽, 邑人不誡, 吉' 先王以四時之畋, 不可廢也. 故推其仁心, 爲三驅之禮, 乃禮所謂天子不合圍也. 成湯祝網, 是其義也. 天子之畋, 圍合其三面, 前開一路, 使之可去, 不忍盡物, 好生之仁也. 只取其不用命者, 不出而反入者也. 禽獸前去者皆免矣, 故曰失前禽也. 王者顯明其比道, 天下自然來比. 來者撫之, 固不呴呴然求比於物, 若田之三驅, 禽之去者從而不追, 來者則取之也. 此王道之大, 所以其民皥皥, 而莫知爲之者也. 邑人不誡吉, 言其至公不私, 无遠邇親疏之別也. 邑者居邑, 易中所言邑皆同. 王者所都 ,諸侯國中也. 誡, 期約也. 待物之一, 不期誡於居邑, 如是則吉也. 聖人以大公无私治天下, 於顯比見之矣. 非唯人君比天下之道如此, 大率人之相比莫不然. 以臣於君言之, 竭其忠誠, 致其才力, 乃顯其比君之道也. 用之與否, 在君而已, 不可阿諛逢迎, 求其比己也. 在朋友亦然, 修身誠意以待之. 親己與否, 在人而已, 不可巧言令色, 曲從苟合, 以求人之比己也. 於鄉黨親戚, 於衆人, 莫不皆然, 三驅失前禽之義也.

「상전」에서 말했다. 친밀한 협력의 도리를 드러내는 것이 길한 것은 지위가 올바르게 중中을 얻었기 때문이다.

象曰, 顯比之吉, 位正中也.

친밀한 협력의 도리를 드러내는 것이 길한 이유는 그가 자리하는 지위가 올바르게 중中을 얻었기 때문이다. '정중正中'의 자리에 처하는 것은 '정중'의 도로 말미암는다. 친밀한 협력은 편벽되지 않는 것을 최선으로 여기므로 '정중'이라고 했다. '정중'이라고 말한 것은 그 처함이 올바르게 중을 얻은 것이니, 비比괘와 수隨괘가 그러하다.[8] 중정中正이라고 말한 것은 중中과 정正을 얻은 것이니, 송訟괘와 수

需괘가 그러하다.[9]

顯比所以吉者, 以其所居之位得正中也. 處正中之地, 乃由正中之道也. 比以不偏爲善, 故云正中. 凡言正中者, 其處正得中也, 比與隨是也. 言中正者, 得中與正也, 訟與需是也.

거스르는 자는 버리고 순종하는 자는 취하는 것이 앞으로 뛰어가는 짐승을 놓아주는 것이다.

舍逆取順, 失前禽也.

예禮에서 "명령을 듣지 않는 것을 취한다"고 했는데 이것은 명령을 따르는 것은 버리고 거스르는 자는 취하는 것이니, 명령을 따라 도망가는 자는 모두 잡히지 않고 모면한다. 그러나 비괘에서는 향하는 것과 등지는 것으로 말했으니, 도망가는 자는 거스르는 자이고, 오는 자는 순종하는 자다. 그래서 놓아주는 것은 앞으로 도망가는 짐승이니, 이는 오는 자는 어루만지고 가는 자는 좇지 않는다는 말이다.

禮取不用命者, 乃是舍順取逆也, 順命而去者皆免矣. 比以向背而言, 謂去者爲逆, 來者爲順也. 故所失者前去之禽也, 言來者撫之, 去者不追也.

고을 사람들을 경계하지 않는 것은 윗사람이 부리는 것이 중中에 맞기 때문이다.

邑人不誡, 上使中也.

친하고 가까운 사람들에게 경계하지 않은 것은 윗사람이 아랫사람을 부리는 것이 중도에 맞아 공평하고 치우치지 않아서, 먼 곳이나 가까운 곳이나 일관되게 대하는 것이다.

不期誡於親近, 上之使下, 中平不偏, 遠近如一也.

상육효는 친밀하게 협력하는 데 있어 시작할 때에 신중함이 없으니, 흉하다.

上六, 比之無首, 凶.

상육효[10]는 가장 위에 자리하니, 친밀한 협력의 끝이다. '수首'는 시작을 말한다.[11] 친밀한 협력의 도는 그 시작이 좋으면 끝이 좋다. 그 시작이 좋은데 끝이 좋지 않은 경우는 있을 수 있지만, 그 시작이 좋지 않은데 끝이 좋은 경우란 없다. 그러므로 친밀하게 협력하는 데에 시작할 때 신중함이 없으면, 그 끝에 이르러서 흉하게 된다. 이것은 친밀한 협력의 끝에 근거하여 말한 것이다. 그러나 상육효는 음유한 자질로 중도를 이루지 못했고, 매우 험난한 상황에 처해서 그 끝을 잘 해낼 수 있는 사람이 아니다. 처음에 협력할 때 정도正道로서 하지 못하여, 마지막에 틈이 벌어지는 사람이 세상에 무척 많다.

六居上, 比之終也. 首謂始也. 凡比之道, 其始善則其終善矣. 有其始而无其終者, 或有矣, 未有无其始而有終者也. 故比之无首, 至終則凶也. 此據比終而言. 然上六陰柔不中, 處險之極, 固非克終者也. 始比不以道, 隙於終者, 天下多矣.

「상전」에서 말했다. 친밀한 협력에서 시작이 좋지 못하다는 것은 좋은 끝이 없다는 것이다.

象曰, 比之無首, 無所終也.

친밀하게 협력하는 데에 시작을 좋게 하지 못했으니, 어떻게 좋게 끝마치겠는가? 서로 협력하는 데에 시작이 좋더라도 끝에 가서는 어그러짐이 있다. 시작에서부터 정도로 하지 않았는데, 그 끝이 어떻게 유지되겠는가? 그래서 좋은 끝이 없다고 했다.

比旣无首, 何所終乎? 相比有首, 猶或終違. 始不以道, 終復何保? 故曰无所終也.

1 사괘 다음이 된다: 동래 여씨는 비괘를 사괘와 비교하여 적절하게 설명하고 있다. "사괘는 구이효가 주인이 되니, 구이효가 장수다. 하나의 양효가 장수가 되어 많은 음효가 명을 받드는 것이다. 비괘는 구오효가 주인이 되니, 하나의 양을 여러 음효가 친밀하게 보좌하는 것이다. 비괘가 사괘의 다음이 되는 것은 여러 음효가 장수로부터 명령을 받지만 마음은 응당 군주를 친밀하게 보좌하는 것을 말한다師以二爲主, 二將帥也. 以一陽而爲衆陰之所聽命者. 比以五爲主, 以一陽而爲衆陰之所親輔者也. 比所以次師者, 言衆雖聽命於將帥而心當親輔於君也(『주역전의대전』)."

2 성숙한 지도력과 지속적인 일관성과 도덕적 확고함: 호원은 원元을 선善으로, 영永을 장長으로, 정貞을 정正으로 풀고 있다. 주희도 원선元善, 장영長永, 정고正固라고 해석한다. 모두 '원'을 도덕적인 선함으로, '영'을 이 선함을 오래 지속시켜 변하지 않는 일관성으로, '정'을 그 도덕적 선함을 굳세게 지키는 것으로 해석한다. 정이천은 '원'을 단순하게 선함으로 풀지 않고 '군주와 지도자의 도리君長之道'라고 푼다. 이것을 나는 지도자의 덕목으로서 성숙한 지도력으로 해석했다.

3 대장부가 아니라고 말하는 것이다: 『춘추좌씨전』「소공昭公」에 나온다. 후부後夫에 대해서 주희는 정이천과는 달리 '미적거리며 늦추면 대장부일지라도'라고 해석하지 않고, '늦게 온 사람後夫'이라고 해석한다.

4 이윤은 하나라 말기부터 상나라 초기에 활동한 정치가로 탕왕을 보좌하여 상

왕조 성립에 큰 공을 세운 사람이다. 건괘 주 46번 및 인물사전 참조.

5 제갈량은 삼고초려하고서 출사했다. 인물사전 참조.

6 성탕成湯이 그물을 쳐놓고 축원한 것: 『사기』「은본기殷本紀」 권3, "탕이 나갔다가 사냥꾼이 야외에서 사면에 그물을 넓게 치고 축원하기를 '천하사방의 모든 것이 내 그물에 들어오기를'하고 말하는 것을 보았다. 탕이 말했다. '아, 다 잡으려고 하다니!' 그리고 그 삼면을 제거하면서 축원하여 '왼쪽으로 가고자 하면 왼쪽으로 가고, 오른쪽으로 가자 하면 오른쪽으로 가라, 이 명을 듣지 않는 자만이 나의 그물로 들어오도록 하라!'고 했다. 제후들이 그것을 듣고 말했다. '탕의 덕은 금수에게까지 미치는구나!'湯出, 見野張網四面, 祝曰, 自天下四方皆入吾網. 湯曰, 嘻, 盡之矣! 乃去其三面, 祝曰, 欲左, 左. 欲右, 右. 不用命, 乃入吾網. 諸侯聞之曰, 湯德至矣, 及禽獸" 인물사전 성탕 항목 참조.

7 그 백성들이 여유롭고 만족하면서도: 호호皞皞에 대한 번역이다. 『맹자』「진심상」에 나온다. "패도를 쓰는 군주의 백성은 매우 즐거워하고, 왕도를 쓰는 군주의 백성은 여유롭고 만족스럽다. 죽여도 원망하지 않고, 이롭게 해도 공으로 여기지 않는다. 그러므로 백성들이 날로 선으로 향하는데도 누가 그렇게 했는지를 알지 못한다. 군자는 지나가는 곳이 교화되고, 마음에 보존된 것이 신묘하다. 그래서 위와 아래가 천지와 더불어 흐르니, 어찌 조금 보탬이 된다고 말할 수 있겠는가?霸者之民, 驩虞如也, 王者之民, 皞皞如也. 殺之而不怨, 利之而不庸, 民日遷善而不知爲之者. 夫君子所過者化, 所存者神, 上下與天地同流, 豈曰小補之哉?"

8 비比괘와 수隨괘가 그러하다: 비괘 구오효 「상전」과 수괘 구오효 「상전」 참조.

9 송訟괘와 수需괘가 그러하다: 송괘 구오효와 수괘 「단전」 참조.

10 상육효: 정이천은 경敬을 설명하는 대목에서 이 비比괘 상육효를 언급하면서 설명하고 있다. "경敬이란 자신을 단속하여 유지하는 것이고 공손함은 사람들과 교제하는 것이다. 사람들과 교제하는 데에 공경하면서 예가 있는 것은 사람과 교제하는 데에 마땅히 이와 같아야 한다는 말이다. 근세의 천박한 사람들은 서로 기뻐하면서 친근한 것을 서로 함께 교제하는 것이라고 생각하고, 비판적인 언사를 삼가는 것을 서로 기뻐하면서 아껴주는 것이라고 생각하는데 이렇게 하면 그 관계가 어찌 오래갈 수 있겠는가? 관계를 오래 지속하려면 반드시 공경하면서도 경敬해야만 한다. 군주와 신하, 친구들끼리도 모두 경을 위주로 해야만 한다. 비괘의 상육효는 '친밀하게 협력하는 데에 시작할 때에 신중함이 없으니, 흉하다'라고 했고, 「상전」에서는 '친밀한 협력에서 시작이 좋지 못하다는 것은 좋은 끝이 없다는 것이다'라고 했다. '친밀하게 협력하는 데에 시작할 때 신중함이 없다'는 것은 기뻐하면서 그 관계가 유종의 미를 거두지 못하는 것이다. 처음부터 신중하지 못했으니 어찌 끝이 좋을 수 있겠는가? 그러므로 '좋은 끝이 없다'고 했다. 친밀하게 관계하는 일은 반드시 시작하는 데에 신중함이 있어야 한다敬是持己, 恭是接人. 與人恭而有禮, 言接人當如此也. 近世淺薄, 以相懽狎爲相與, 以無圭角爲相懽愛, 如此者安能久? 若要久, 須是恭敬. 君臣朋友, 皆當以敬爲主也. 比之上六曰, '比之无首凶.' 象曰, '比之无首, 无所終也.' 比之有首, 尙懼无終, 旣无首, 安得有終? 故曰, '无所終也.' 比之道, 須當有首(『이정집』 18권 184쪽)."

11 시작을 말한다: '수首'를 정이천은 협력하는 시초의 신중함로 해석하지만, 호원은 건乾괘의 '무수無'와 연결해서 먼저 하지 않는 것으로 해석한다. "비괘는 '무수

無首'하여 흉하고 건괘는 '무수'하여 길하다고 하니 어째서인가? 건괘는 지극히 강건하여 만약 사물에 앞서서 행동하면 반드시 위세를 부리고 사물을 폭력적으로 대할 수 있어서, 반드시 사물이 와서 침범한 뒤에 좇아 형벌을 가하니, 길함을 얻는다. 비괘의 친밀하게 협력하는 도리는 반드시 사람에게 먼저 가서 친밀하게 대해야 하니, 예를 들어 아래에 있는 사람은 윗사람에게 친밀하게 대하고 낮은 자는 존귀한 자에게 친밀하게 대하고 어리석은 자는 현명한 자에게 친밀하게 대하되, 또 그 성정을 탐구하고 선악을 결단하며 그 사람이 원元·영永·정貞이라는 덕을 지닌 사람인지를 관찰하여 그를 좇아 협력하면, 낮은 사람은 존귀한 지위에 오를 수 있고, 어리석은 자는 현명한 자에 이를 수 있으니 반드시 먼저 가서 친밀하게 협력해야만 길함을 얻을 수 있다比言无首凶而乾言无首吉者, 何也? 蓋乾之爲道至剛至健, 若爲事物之先, 必至玩威而暴物, 是必待物之來犯, 然後從而加之, 所以得吉也. 此親比之道, 必先往比于人, 如在下者比于上, 卑者比于尊, 愚者比于賢, 又原究其情性, 筮決其善惡, 觀其有元永貞三德之人, 從而附之, 如是卑可升于尊, 愚可至于賢, 是必先往而比, 則可獲其吉也." 정이천은 이러한 해석을 받아들이지 않는다.

9. 작은 것으로 길들임: 소축小畜괘䷈

풍천소축風天小畜이라고 읽는다. 괘의 모습이 손巽☴괘가 위에 있고 건乾☰괘가 아래에 있기 때문이다.

소축小畜괘를 「서괘전」에서는 이렇게 설명했다. “친밀하게 협력하면 반드시 키우는 것이 있다. 그래서 비比괘 다음에 소축괘로 받았다.” 사물들이 서로 협력하고 의지하면 모이니, 모이는 것은 키우는 것이다. 또한 서로 친밀하게 협력하면 뜻이 서로 키워지니, 소축괘가 비괘 다음이 된다. ‘축畜’은 제지하여 키우는 것이니, 어떤 것이든 제지하여 키우면 응축된다. 괘의 모습은 공손함을 상징하는 손巽괘가 위에 있고, 강건함을 상징하는 건乾괘가 아래에 있다. ‘건’은 위로 향하는 성질을 가진 것인데 ‘손’ 아래에 자리했다. 강건한 성질을 길들이고 제지하는 데에는 공손하게 따르는 것보다 좋은 방식이 없으니, 공손함에 의해 강건함이 제지당하므로 강함을 길들여 키우는 것이 된다.

그러나 손괘는 음陰이고 그 체질이 유순하여 오직 공손하고 순종함으로써 강건함을 회유할 수 있을 뿐이지 힘으로 강건함을 저지할 수 있는 것은 아니니, 이것은 키우는 방도 가운데 작은 방식이다. 또한 육사효는 단 하나의 음효로 지위를 얻어 나머지 다섯 양효가 기뻐하는 상대가 되었으니, 지위를 얻고도 유손柔巽[1]한 도리를 얻어서[2] 여러 양陽효의 의지를 제지할 수 있으니 그래서 길들여 키우게 된다. '소축小畜'이라는 것은 작은 것인 음으로 큰 것인 양을 길들여 키운다는 뜻으로, 키워서 모은 것이 작다. 키우는 일이 작은 것은 음으로써 했기 때문이다. 「단전彖傳」에서는 육사효가 여러 양효를 키우는 것을 괘가 이루어진 뜻으로 여기고 소축괘를 구성하는 두 괘의 형체 구조에 대해서 설명하지 않았는데, 그 중요한 것만을 거론했기 때문이다.

小畜, 序卦, "比必有所畜, 故受之以小畜." 物相比附則爲聚, 聚, 畜也. 又相親比, 則志相畜, 小畜所以次比也. 畜, 止也, 止則聚矣. 爲卦, 巽上乾下. 乾在上之物, 乃居巽下. 夫畜止剛健, 莫如巽順, 爲巽所畜, 故爲畜也. 然巽, 陰也, 其體柔順, 唯能以巽順柔其剛健, 非能力止之也, 畜道之小者也. 又四以一陰得位, 爲五陽所說, 得位得柔, 巽之道也. 能畜群陽之志, 是以爲畜也. 小畜謂以小畜大, 所畜聚者小, 所畜之事小, 以陰故也. 彖專以六四畜諸陽爲成卦之義, 不言二體, 蓋擧其重者.

작은 것으로 길들이는 것은 형통하니, 구름이 빽빽이 모였지만 비가 내리지 않는 것은 나의 서쪽 교외로부터 왔기 때문이다.

小畜, 亨, 密雲不雨, 自我西郊.

구름은 음양의 기氣다. 두 기가 교류하여 조화하면 서로 축적하여 응고되어 구름이 되니, 양陽이 먼저 부르면 음陰이 화답하는 것이 순리이므로, 조화한다. 만약 음이 먼저 양을 부르면 순리가 아니므로 조화하지 못하니, 조화하지 못하면 비를 내릴 수가 없다. 구름이 엉겨 모이는 것이 비록 빽빽할지라도 비를 내리지 못하는 것은 서쪽 교외로부터 오기 때문이다.

동북쪽은 양의 방위이고 서남쪽은 음의 방위다. 음에서 먼저 부르기 때문에 조화하지 못하고 비를 내릴 수가 없다. 사람으로 보면 구름의 기운이 일어나는 것이 모두 육사효로부터 멀기 때문에 교외라고 했다. 육사효에 근거해서 말했기 때문에 '나의 서쪽으로부터'라고 말했다. 양陽을 제지하여 키우는 것이 육사효이니 곧 길들여 키우는 주체다.[3]

雲, 陰陽之氣. 二氣交而和, 則相畜固而成雨, 陽倡而陰和, 順也, 故和. 若陰先陽倡, 不順也, 故不和, 不和則不能成雨. 雲之畜聚雖密, 而不成雨者, 自西郊故也. 東北, 陽方. 西南, 陰方. 自陰倡, 故不和而不能成雨. 以人觀之, 雲氣之興, 皆自四遠, 故云郊. 據四而言, 故云自我. 畜陽者四, 畜之主也.

「단전」에서 말했다. 소축은 유함이 지위를 얻어 위와 아래가 호응하기 때문에 작은 것으로 길들여 키움이라고 한다.

彖曰, 小畜, 柔得位而上下應之, 曰小畜.

괘가 성립한 뜻을 말했다. 음의 자질로 사四의 위치에 자리 잡고 또 윗자리에 처했으니 유한 자가 지위를 얻은 것이고, 위아래 다섯 양효가 모두 그것에 호응하니, 제지하여 키우는 것이 된다. 하나의 음이 다섯 양을 제지하여, 묶어놓을 수는 있지만 견고하게 묶어놓을 수는 없으므로, 작은 것으로 길들여 키우는 것이 된다. 「단전」에서 괘가 성립한 뜻을 해석하면서 '왈曰'이라는 글자를 덧붙인 것은 모두 괘의 이름을 중복한 것이니, 문장의 흐름이 당연히 그러하다. 한글자로 된 괘 가운데 오직 혁革괘에 '왈'자가 있으니, 또한 문장의 흐름이 그러하기 때문이다.

言成卦之義也. 以陰居四, 又處上位, 柔得位也, 上下五陽皆應之, 爲所畜也. 以一陰而畜五陽, 能係而不能固, 是以爲小畜也. 彖解成卦之義, 而加曰字者, 皆重卦名, 文勢當然. 單名卦, 惟革有曰字, 亦文勢然也.

강건하고 공손하며, 강剛하면서 중中을 이루고 행하는 것에 뜻을 두니, 마침내 형통하다.

健而巽, 剛中而志行, 乃亨.

괘의 자질 구조로 말했다. 내괘인 건괘는 강건하고 외괘인 손괘는 공손하니, 강건하면서도 공손할 수가 있다. 구이효와 구오효는 중中의 위치에 자리하고 있으니, 강중剛中의 덕을 이루었다. 양陽의 성질은 위로 올라가려 하는데 아래로 내려와 다시 건乾의 형체를 이루었으니, 나아가 행하려는 데에 뜻이 있다. 강함이 중中의 위치에 자리한 것은 강하면서도 중도를 이룬 것이니, 또 중도를 이룬 강함〔中剛〕[4]이다. 양을 길들여 키우는 것으로 말하자면 유손한 태도를 지녔기 때문이고, 형통할 수 있는 것으로 말하자면 강중한 덕 때문이다. 괘가 성립한 뜻으로 말하자면 음이 양을 제지하는 것이고, 괘의 자질 구조로 말하자면 양이 강중한 것이니, 자질이 이와 같기 때문에 길들이고 키우는 것이 비록 작지만 형통할 수 있다.

以卦才言也. 內健而外巽, 健而能巽也. 二五居中, 剛中也. 陽性上進, 下復乾體, 志在於行也. 剛居中爲剛而得中, 又爲中剛. 言畜陽則以柔巽, 言能亨則由剛中. 以成卦之義言, 則爲陰畜陽, 以卦才言, 則陽爲剛中, 才如是, 故畜雖小而能亨也.

구름이 빽빽이 모였지만 비가 내리지 않는 것은 여전히 양이 가려고 하기 때문이고, 나의 서쪽 교외로부터 왔기 때문에 공의 베풂을 시행할 수 없다.

密雲不雨, 尙往也, 自我西郊, 施未行也.

길들이는 도가 크게 이루어질 수 없으니, 빽빽한 구름이 비를 내리지 못하는 것과 같다. 음과 양이 교류하여 조화하면 서로 엉기어 비가 내린다. 두 기氣가 조화를 이루지 못하면, 양은 여전히 올라가려고 하므로 비가 내리지 않는다. 내 쪽의 음의 기가 먼저 부르기 때문에 조화를 이루지 못하여 비를 내리지 못하니, 그 공의 베풂을 모두에게 시행하지 못한다. 작은 것에 의해서 길들여짐이 크게 이룰 수가 없는 것은 서쪽 교외에서 온 구름이 비를 내리지 못하는 것과 같다.

畜道不能成大, 如密雲而不成雨. 陰陽交而和, 則相固而成雨. 二氣不和, 陽尙往而上, 故不成雨. 蓋自我陰方之氣先倡, 故不和而不能成雨, 其功施未行也. 小畜之不能成大, 猶西郊之雲不能成雨也.

「상전」에서 말했다. 바람이 하늘 위로 부는 것이 소축괘의 모습이니, 군자는 이것을 본받아 문덕을 아름답게 한다.

象曰, 風行天上, 小畜, 君子, 以懿文德.

건의 강건함은 공손함에 의해 제지당하여 길들여진다. 강건한 성질은 오직 유순한 방식으로 제지하여 길들일 수 있지만, 제지하여 길들일 수 있다고 해도 그 강건함을 견고하게 제어할 수 있는 것이 아니라, 단지 유순한 방식으로 길들여 묶어둘 수 있을 뿐이다.[5] 그래서 작은 것으로 길들여 키우는 것이 된다. 군자는 소축괘의 의미를 관찰하여, 그 문덕文德을 아름답게 한다. 축畜이란 모은다는 것으로 쌓는다는 뜻이다. 군자가 쌓는 것 가운데 큰 것으로는 도덕과 나라를 경륜하는 일이 있고, 작은 것으로는 문장文章과 예술이 있다. 군자는 소축괘의 모습을 관찰하여 그 문덕을 아름답게 하지만, 문덕은 도의道義와 비교한다면 작은 것이다.[6]

乾之剛健, 而爲巽所畜. 夫剛健之性, 惟柔順爲能畜止之, 雖可以畜止之, 然非能固制其剛健也, 但柔順以擾係之耳, 故爲小畜也. 君子觀小畜之義, 以懿美其文德. 畜聚爲蘊畜之義. 君子所蘊畜者, 大則道德經綸之業, 小則文章才藝. 君子觀小畜之象, 以懿美其文德, 文德方之道義爲小也.

초구효는 회복함이 스스로의 올바른 도로 행한 것이니, 무슨 허물이 있겠는가? 길하다.

初九, 復自道, 何其咎? 吉.

초구효는 양효이면서 건괘의 형체 속에 있다. 양은 위에 올라가려는 성질이 있는데 또 강건한 자질이므로, 위로 올라가 회복해서 윗자리에 있는 사람과 뜻을 같이할 수 있다.[7] 위로 나아가 회복하는 것이 그의 올바른 도이므로, "회복함이 스스로의 올바른 도로 행한 것"[8]이라고 했다. 회복하는 데에 올바른 도로서 했으니 무슨 허물이 있겠는가? 허물이 없고 또한 길함이 있다.

여러 효에서 '허물이 없다'고 말한 것은 '이와 같이 하면 허물이 없다'는 뜻이므로, 「계사전」에서 "허물이 없다는 것은 과실을 잘 보완하는 것이다"라고 했다. 설령 효의 뜻이 본래 좋은 것일지라도 이와 같이 하지 않으면 허물이 있다는 뜻으로 보아야 할 것이다. 초구효는 그 올바른 도에 따라 행했으므로 허물과 과실이 없으니 "무슨 허물이 있겠는가?"라고 했다. 허물이 없음이 매우 분명한 것이다.

初九陽爻而乾體. 陽, 在上之物, 又剛健之才, 足以上進而復, 與在上同志, 其進復於上, 乃其道也, 故云復自道. 復既自道, 何過咎之有? 无咎而又有吉也. 諸爻言无咎者, 如是則无咎矣, 故云无咎者, 善補過也. 雖使爻義本善, 亦不害於不如是則有咎之義. 初九乃由其道而行, 无有過咎, 故云何其咎? 无咎之甚明也.

「상전」에서 말했다. 복귀함이 스스로의 도로써 행한 것은 그 의리에서 볼 때 길하다.

象曰, 復自道, 其義吉也.

양강陽剛한 자질이 그 도로 말미암아 복귀하는 것이니, 그 마땅한 의리에서 보자면 길하다. 초구효는 육사효와 올바른 호응관계에 있는데, 기르는 때에 있어서는 서로 기르는 것이다.

陽剛之才, 由其道而復, 其義吉也. 初與四爲正應, 在畜時乃相畜者也.

구이효는 서로 이끌어 회복함이니 길하다.

九二, 牽復, 吉.

구이효는 양陽한 성질로 하체의 중中의 위치에 자리 잡았고, 구오효는 양한 성질로 상체의 중中의 위치에 자리 잡았으니, 모두 양강한 자질로 중中의 위치에 자리 잡아 음陰에 의해서 제지당하여 길들여지지만, 모두 위로 올라가 회복하려고 한다. 구오효는 육사효의 위에 있지만 음에 의해 제재당하는 것은 구이효와 같으니, 구이효와 뜻을 같이하는 자다. 환난을 함께 당하여 서로 걱정해주니 구이효와 구오효는 뜻을 같이하므로, 서로 이끌어 연합해서 회복하는 것이다. 두 양이 함께 나아가면 음이 이길 수가 없으니, 그 회복을 이루기 때문에 길하다.

어떤 사람은 이렇게 묻는다. "그 회복을 이루면 제지당하는 상황에서 벗어나는 것입니까?" 이렇게 답하겠다. 효사는 모두 "이와 같이 하면 이렇게 할 수 있다"고 말한 것이다. 만약 이와 같이 했다면 이미 상황은 변한 것이니 무슨 교훈과 경계함이 있겠는가? 또 이렇게 묻는다. "구오효는 손괘의 형체 속에 있으니 공손한 태도로 강건함을 제지하여 길들이는 것인데, 도리어 구이효와 함께 서로 이끌어주는 것은 왜 그렇습니까?" 이렇게 답하겠다. 위와 아래의 두 괘의 형체로 말한다면 공손한 것이 강건한 것을 제지하여 길들이는 것이지만, 전체 괘의 형체를 가지고 말한다면 하나의 음이 다섯 양을 길들이는 것이다. 『역』이 상황에 따라서 의미를 취하는 것이 이와 같다.

二以陽居下體之中, 五以陽居上體之中, 皆以陽剛居中, 爲陰所畜, 俱欲上復. 五雖在四上, 而爲其所畜則同, 是同志者也. 夫同患相憂, 二五同志, 故相牽連而復. 二陽竝進, 則陰不能勝, 得遂其復矣, 故吉也. 曰遂其復則離畜矣乎? 曰凡爻之辭, 皆謂如是則可以如是, 若已然, 則時已變矣, 尙何敎誡乎? 五爲巽體, 巽畜於乾, 而反與二相牽, 何也? 曰擧二體而言, 則巽畜乎乾, 全卦而言, 則一陰畜五陽也. 在易, 隨時取義, 皆如此也.

「상전」에서 말했다. 서로 이끌어 회복함은 중中에 있기 때문이니, 또한 스스로 중도를 잃지 않았기 때문이다.

象曰, 牽復, 在中, 亦不自失也.

구이효는 중中의 위치에 자리 잡고서 올바름을 얻은 자이니, 강하게 행하거나 유하게 행하여 나아가거나 물러나는 데에 중도를 잃지 않은 것이다. 양陽의 회복은 그 형세가 반드시 강하다. 구이효는 중의 위치에서 처신했기 때문에 나아감이 강하더라도 또한 과도하게 강한 처신에는 이르지 않으니, 과도하게 강하게 되면 스스로 중도를 잃는다. 효사에서는 단지 서로 이끌어 복귀하여 길한 뜻만을 말했고, 「상전」에서는 다시 중도로 처신하는 아름다움을 밝힌 것이다.

二, 居中得正者也, 剛柔進退, 不失乎中道也. 陽之復, 其勢必強. 二以處中, 故雖強於進, 亦不至於過剛, 過剛乃自失也. 爻止言牽復而吉之義, 象復發明其在中之美.

구삼효는 수레에 바퀴살[9]이 빠진 것이니, 남편과 부인이 반목한다.

九三, 輿說輻, 夫妻反目.

구삼효는 양효로서 중中의 위치에 자리 잡지 못하고 육사효와 몰래 친밀하게 협력하고 있으니, 음과 양의 실정은 서로 구하는 것이다. 또 몰래 친밀하게 협력하여 중도를 얻지 못하고 음에 의해 제지되고 길들여지는 것이므로 앞으로 나아가지 못하니, 마치 수레에 바퀴살이 빠진 것과 같아서 뜻을 행할 수가 없다는 말이다.

"남편과 부인이 서로 반목한다"는 것은 음이 양에게 제지를 받아야 하는데 지금은 오히려 반대로 음이 양을 제지하고 있어서, 남편과 부인이 서로 반목하는 것과 같다. '반목反目'이란 성난 눈으로 서로 바라보는 것을 말하니, 그 남편에게 순종하지 않고 오히려 그를 제지하는 것이다. 부인은 남편에게 총애를 받아서 미혹되면 마침내 도리어 남편을 제지하니, 남편이 남편으로서 도리를 잃지 않았는데 부인이 남편을 제지할 수 있는 경우는 없다. 그래서 수레바퀴살이 빠져 반목하게 된 것은 구삼효가 스스로 자초한 것이다.

三以陽爻, 居不得中, 而密比於四, 陰陽之情, 相求也. 又暱比而不中, 爲陰畜制者也, 故不能前進, 猶車輿說去輪輻, 言不能行也. 夫妻反目, 陰制於陽者也, 今反制陽, 如夫妻之反目也. 反目謂怒目相視, 不順其夫, 而反制之也. 婦人爲夫寵惑, 旣而遂反制其夫, 未有夫不失道而妻能制之者也. 故說輻反目, 三自爲也.

「상전」에서 말했다. 남편과 부인이 반목하게 된 것은 집안을 올바르게 다스리지 못했기 때문이다.

象曰, 夫妻反目, 不能正室也.

남편과 부인이 반목하게 된 것은 남편이 그 집안을 올바르게 다스릴 수 없었기 때문에 벌어진 일이다. 구삼효가 정도正道로써 스스로 처신하지 못했기 때문에 육사효가 그를 제지하여 나아가지 못하게 하니, 남편이 그 집안을 올바르게 다스리지 못해서 반목하는 데 이른 것과 같다.

夫妻反目, 蓋由不能正其室家也. 三自處不以道, 故四得制之不使進, 猶夫不能正其室家, 故致反目也.

육사효는 진정한 믿음을 가지고 하면 피해를 없애고 두려움에서 벗어나, 허물이 없다.

六四, 有孚, 血去惕出, 無咎.

육사효는 강함을 제지하여 길들이는 때에 군주와 가까운 지위에 처하여 군주를 제지하고 길들이는 자다. 마음속에 진정한 믿음과 정성이 있다면 구오효의 뜻이 그를 신임하여, 그의 제지와 길들임을 따를 것이다. 소축괘의 이 유일한 음효가 여러 양효를 제지하고 길들이는 자이니, 여러 양효의 뜻이 육사효에 묶여 있다.

그러나 육사효가 억지로 힘으로 그들을 제지하고 길들이려고 욕심을 부린다면, 하나의 유柔함이 여러 강剛함과 대적하게 되어 반드시 피해를 입을 것이니, 오직 진정한 믿음과 정성으로 그들에게 반응해야 그들을 감동시킬 수 있다. 이로써 그 피해를 멀리하고, 그 위험과 근심을 면할 수 있다. 이와 같이 하면, 허물이 없다. 그렇게 하지 않는다면, 피해를 면할 수 없다. 이것이 유함이 강함을 제지하고 길들이는 방도다. 위엄을 지닌 군주일지라도 미력한 신하가 군주의 욕심을 제지하고 길들일 수 있는 것은 진정한 믿음과 정성으로 감동시키기 때문이다.

四於畜時處近君之位, 畜君者也. 若內有孚誠, 則五志信之, 從其畜也. 卦獨一陰, 畜衆陽者也, 諸陽之志係于四. 四苟欲以力畜之, 則一柔敵衆剛, 必見傷害, 惟盡其孚誠以應之, 則可以感之矣. 故其傷害遠, 其危懼免也. 如此, 則可以无咎. 不然, 則不免乎害矣. 此以柔畜剛之道也. 以人君之威嚴, 而微細之臣有能畜止其欲者, 蓋有孚信以感之也.

「상전」에서 말했다. 진정한 믿음이 있어 두려움에서 벗어나는 것은 위와 뜻이 합치했기 때문이다.

象曰, 有孚惕出, 上合志也.

육사효가 진정한 믿음이 있다면 구오효가 그를 신임하여 그와 뜻을 함께하니, 두려움에서 벗어나 허물이 없게 된다. 두려움에서 벗어나면 피해가 없어짐을 알 수 있으니, 그 가벼운 것을 들어 말했다. 구오효가 뜻을 합했으니, 여러 양효가 모두 그를 따른다.

四既有孚, 則五信任之, 與之合志, 所以得惕出而无咎也. 惕出則血去可知, 擧其輕者也. 五既合志, 衆陽皆從之矣.

구오효는 진정한 믿음이 있다. 사람들을 이끌어 부자가 이웃들을 도와준다.

九五, 有孚, 攣如, 富以其鄰.

소축小畜이란 여러 양이 음에 의해 제지당하고 길러지는 때다. 구오효는 중정의 덕으로 존귀한 지위에 자리하고 진정한 믿음을 가지고 있어서, 그 부류들의 사람이 모두 그에게 응하기 때문에 "이끈다" 했으니, 서로 이끌고 연합하여 서로 따르는 것을 말한다. 구오효는 반드시 사람들을 이끌어 서로 도와 문제를 해결할 것이니, 이것이 "부자가 이웃들을 도와준다"는 말의 의미다. 구오효가 존귀한 지위에 자리한 세력이니 부자가 그 재력을 써서 이웃사람과 함께 나누는 것과 같다.

군자가 소인에 의해서 곤란을 당하고 올바른 사람이 사악한 무리들에 의해서 곤혹을 당하면, 아랫자리에 있는 사람은 반드시 윗사람에게 도움을 청하여 함께 나아가려고 하고, 윗자리에 있는 사람은 반드시 아랫사람을 이끌어서 함께 힘을 다하려고 하니, 홀로 자신의 힘만 가지고 타인에게 영향을 미치려는 것이 아니라 아랫사람의 도움을 바탕으로 해서 그 힘을 이루는 것이다.

小畜, 衆陽爲陰所畜之時也. 五以中正居尊位, 而有孚信, 則其類皆應之矣, 故曰攣如, 謂牽連相從也. 五必援挽, 與之相濟, 是富以其鄰也. 五以居尊位之勢, 如富者推其財力與鄰比共之也. 君子爲小人所困, 正人爲群邪所厄, 則在下者必攣挽於上, 期於同進, 在上者必援引於下, 與之戮力, 非獨推己力以及人也, 固資在下之助以成其力耳.

「상전」에서 말했다. 진정한 믿음이 있어 사람들을 이끄는 것은 재력을 독점하지 않는 것이다.

象曰, 有孚攣如, 不獨富也.

신뢰가 있어 사람들을 이끄는 것은 그 이웃들이 모두 이끌려 따르는 것이니, 군중들과 함께하고자 하는 일을 같이 하여 그 부귀를 독점적으로 소유하지 않는다. 군자는 어려움과 곤란에 처했을 때 오직 지극한 진실과 정성을 다하기 때문에, 군중들의 힘의 도움을 얻어서 그 군중들을 도와줄 수가 있다.

有孚攣如, 蓋其鄰類皆牽攣而從之, 與衆同欲, 不獨有其富也. 君子之處難厄, 惟其至誠, 故得衆力之助, 而能濟其衆也.

상구효는 비가 내려 조화를 이루어 제자리에 멈춘 것으로 덕을 숭상하여 오래도록 쌓인 것이니, 부인이 올바름을 고집하면 위태롭다.

上九, 旣雨旣處, 尙德載, 婦貞厲.

상구효는 매우 공손하고 순종하는 태도로 괘의 가장 높은 위치에 자리하고 제지하여 길들이는 때의 끝에 처했으니, 길들여짐에 따라 멈추는 자로서 육사효에 의해 제지를 당한다. 비가 내렸으니 조화를 이루었다. 스스로 처했으니 멈추었다. 음이 양을 제지하여 길들이는 데 있어서는 조화를 이루지 못하면 멈추게 할 수 없지만, 조화를 이루었다면 멈추게 하니, 길들이는 도가 완성된 것이다. 대축大畜은 길들이는 것이 크기 때문에 극한에 이르면 흩어진다.[10] 소축小畜은 길들이는 것이 작기 때문에 극한에 이르면 완성된다.

"덕을 숭상하여 오래도록 쌓는다"는 것은 육사효가 유손柔巽한 덕을 사용하여 오래도록 가득 쌓아 완성에 이른 것이다. 음유한 것이 강한 것을 제지하는 일은 하루아침에 이루어지는 것이 아니라 오랫동안 누적하여 이루는 것이니, 경계하지 않을 수 있겠는가! '재載'란 가득 쌓는 것이다. 『시』에서 "그 소리가 길에 가득하다"고 했다. "부인이 올바름을 고집하면 위태롭다"는 말에서 '부인'은 음을 말한다. 음으로 양을 길들이고 유함으로 강함을 제지하는 도리는 부인이 굳게 고집하여 지키면 위태로운 도리다. 어찌 부인이 남편을 제지하고 신하가 군주를 제지하고서 안정을 이룰 수 있는 경우가 있겠는가?

九以巽順之極, 居卦之上, 處畜之終, 從畜而止者也, 爲四所止也. 旣雨, 和也. 旣處, 止也. 陰之畜陽, 不和則不能止, 旣和而止, 畜之道成矣. 大畜畜之大, 故極而散. 小畜畜之小, 故極而成. 尙德載, 四用柔巽之德, 積滿而至於成也. 陰柔之畜剛, 非一朝一夕能成, 由積累而至, 可不戒乎! 載, 積滿也. 詩云'厥聲載路', 婦貞厲, 婦謂陰. 以陰而畜陽, 以柔而制剛, 婦若貞固守此, 危厲之道也. 安有婦制其夫, 臣制其君, 而能安者乎?

———

달이 거의 차니, 군자가 움직이면 흉하다.

月幾望, 君子征凶.

달이 거의 차서 보름달이면 해와 대적할 것이다. 거의 보름달에 가깝다는 것은 그 성대한 세력이 양陽과 대적한다는 말이다. 어떤 사람은 이렇게 묻는다. "음陰이 양을 제지하여 길들일 수 있었는데 거의 보름달에 가깝다고 말한 것은 왜입니까?" 이렇게 답하겠다. 이것은 유손柔巽한 태도로 강한 뜻을 제지하고 길들이는 것이지, 힘으로 제어할 수 있는 것이 아니다. 그러나 적절한 선에서 그치지 않는다면, 양보다 세력이 커져서 흉하게 된다. 그래서 거의 보름달인 때를 경계하여, 부인이 남편을 대적할 정도로 세력이 커졌을 때 군자가 함부로 경거망동하면 흉하다고 한 것이다. 군자는 양陽을 말한다. '정征'은 함부로 움직이는 것이다. 거의 보름달에 가깝다는 것은 조만간 가득 차려고 하는 때다. 만약 보름달이 되면 양이 사라졌을 것이니, 무엇을 경계하겠는가?

月望, 則與日敵矣. 幾望, 言其盛將敵也. 陰已能畜陽, 而云幾望, 何也? 此以柔巽畜其志也, 非力能制也. 然不已, 則將盛於陽而凶矣. 於幾望而爲之戒曰, 婦將敵矣, 君子動則凶矣. 君子謂陽. 征, 動也. 幾望將盈之時. 若已望, 則陽已消矣, 尙何戒乎?

———

「상전」에서 말했다. 비가 내려 조화를 이루어 제자리에 멈춘 것은 덕이 누적되어 쌓인 것이고, 군자가 움직이면 흉한 것은 의심하는 바가 있는 것이다.

象曰, 旣雨旣處, 德積載也, 君子征凶, 有所疑也.

비가 내려 조화를 이루어 제자리에 멈춘 것은 길들이는 도가 쌓여서 이루어졌음을 말한다. 음의 세력이 매우 성대해지려 할 때, 군자가 함부로 움직이면 흉하게 된다. 음이 양을 대적하면 반드시 양을 소멸시키고, 소인이 군자에 대항하면 반드시 군자를 해칠 것이니, 어떻게 의심하고 사려하지 않을 수가 있겠는가? 그러나 사전에 의심하고 염려할 줄 알아서 경계하고 두려워하여 제어할 수 있는 방법을 구한다면, 흉한 곳에 이르지 않는다.

旣雨旣處, 言畜道積滿而成也. 陰將盛極, 君子動則有凶也. 陰敵陽則必消陽, 小人抗君子則必害君子, 安得不疑慮乎? 若前知疑慮而警懼, 求所以制之, 則不至於凶矣.

1 유손柔巽: 유순하고 공손한 태도를 말한다. 범례 4번 재才와 덕德 항목 참조.

2 유손한 도리를 얻어서: 중국판본은 대체로 "得位得柔, 巽之道也"라고 끊어 읽는데, 『주역대전』 구결은 "得位, 得柔巽之道也"라고 읽는다. 정이천은 '유손'이라는 표현을 자주 사용한다. 그래서 『주역대전』 구결을 따랐다.

3 양陽을 제지하여 키우는 것이 육사효이니 곧 길들여 키우는 주체다: 호원은 구체적으로 다음과 같이 설명하고 있다. "건乾은 본래 강건하여 위에 자리하는 것인데 아래에 처해 있으니, 반드시 올라가려고 할 것이고, 손巽은 유순한 자질로 위에 처했으니 반드시 강건한 것을 제지할 수가 없을 것이다. 예를 들어 윗사람의 올바르지 않은 욕망이 드러났는데 순종하고 올바른 덕을 가지고 있더라도 분명히 그것을 제지하여 길들일 수가 없는 것이다. 그래서 소축이라고 이름한 것이다. (…) 인간사로 예를 들자면 군주가 올바르지 못하고 악한 마음이 드러났는데 또 아첨하는 신하가 좌우에서 그 악한 뜻을 받들어 모셔서, 그 사이에 한두 명의 현명하고 올바른 사람이 있더라도 분명히 그것을 제지할 수 없는 것과 같다. 군주가 욕심을 부리고 있는데 신하들이 옆에서 아첨하며 복돋우고 있고 신하가 그것을 제지할 수 없으니, 은택이 어떻게 백성들에게 미치겠는가!乾, 本剛健而居上, 處于下, 則必務于

進, 而巽以柔順處上, 必不能止禦之也. 亦猶在上之邪欲, 已形, 然雖有順正之德, 必不能止畜之也, 故得小畜之名. (…) 以人事言之, 則猶君之邪惡, 已形, 而又有便佞之臣, 左右逢迎其志, 其間, 雖有一二賢正之人, 亦必不能止矣. 君欲旣行而諂諛以滋之, 臣又不能止畜, 則膏澤何從而下哉!" 호원은 군주가 올바르지 못한 욕망을 행하려 할 때 모든 신하가 그것을 제지하지 못하는 가운데 한 신하가 조금 제지하는 상황으로 독해하고 있다.

그러나 정이천은 이렇게 말한다. "어떤 사람들은 소축小畜괘를 신하가 군주를 길들여 키우는 것으로 생각하고, 대축大畜괘를 군주가 신하를 길들여 키우는 것으로 생각한다. 선생이 말했다. '꼭 그렇게 볼 필요는 없다. 대축이란 길러 축적하는 것이 큰 것이고, 소축이란 길러 축적하는 것이 작은 것일 뿐이다. 꼭 한 가지 일에 고정시켜서 군주가 신하를 길들여 키우고, 신하가 군주를 길들여 키운다고 볼 필요는 없다. 모두 이러한 도리가 있으니, 크고 작은 것에 따라 작용한다'或以小畜爲臣畜君, 以大畜爲君畜臣. 先生云, 不必如此. 大畜, 只是所畜者, 大, 小畜, 只是所畜者, 小. 不必指定一件事便是君畜臣臣畜君. 皆是這箇道理, 隨大小用(『이정집』 19권 250쪽)."

4 중도를 이룬 강함: 여기서 '중도를 이룬 강함'은 중강中剛을 해석한 것으로 강중剛中과는 다른 의미다. 강중에 대해서는 「범례」 4번 재와 덕 항목 참조.

5 길들여 묶어둘 수 있을 뿐이다: 요계擾係를 해석한 말로, 동물을 길들인다는 의미다. "복불씨가 맹수를 키워서 길들였다服不氏掌養猛獸而教擾之(『주례』 「하관夏官·복불씨服不氏」)." 이에 대해 정현은 "요擾는 길들인다는 뜻으 훈련을 시켜서 복종하게 하는 것이다"라고 주석을 달고 있다. 그래서 야생동물을 훈련시켜서 길들여 복종하게 한다는 의미가 있다. 이런 점에서 볼 때 양陽이란 야생성을 의미하고 소축이란 완전하게 길들여 복종시킬 수는 없다는 의미를 가지고 있다.

6 비교한다면 작은 것이다: 호원은 정이천과 달리 문덕을 도의道義보다 못한 것으로 해석하지 않는다. "지금 두 괘의 형체로 말하자면 손괘는 건괘 위에 있으니 바람이 하늘 위에서 부는 모습으로 그 공이 모든 것에 미치지 못한 것이 바로 소축괘의 모습이다. 군자는 이러한 때를 당하여 함부로 나아가 자신의 능력을 사용해서는 안 되는 때라는 점을 알고서 인의를 가슴에 품고 기르고, 문덕을 아름답게 하면서, 천명을 즐겁게 받아들이고, 때를 기다려 움직이면서도, 그 뜻은 군주를 보좌하여 세상의 백성들에게 은택을 주려는 데에 있을 뿐이다今以二體言之, 則巽在乾上, 則是風行于天之上, 其功不及于物, 是小畜之象也. 君子當此之時, 知其未可以進用, 則懷畜仁義, 懿美文德, 樂天知命, 待時而動, 其志在于佐君, 以澤天下之民物而已." 호원은 소축괘를 작은 것, 즉 음陰이나 문덕으로 길들여 키운다는 의미로 해석하지 않고, '키운 것이 작다'는 의미로 해석하고 있다. 즉 혜택이 모든 것에 미치지 못하여 작다는 의미로 해석하는 것이다. 그래서 효사들을 해석하는 데에도 정이천과 차이점이 있다.

7 위로 올라가 회복해서, 위의 자리에 있는 사람과 뜻을 같이할 수 있다: 중국판본은 대체로 "足以上進, 而復與在上同志"라고 읽지만, 『주역대전』 구결에서는 "足以上進而復, 與在上同志"라고 끊어 읽는다. 『주역대전』 구결을 따랐다. 초구효는 건체乾體의 양효이니 원래 위에 있는 것이므로 원래 자리로 회복한다는 의미가 있는 것이다. 효사에서도 회복을 말하고 있다.

8 회복함이 스스로의 올바른 도로 행한 것: 호원은 이것을 양효가 육사효의 제지를 받지 않고 다시 원래의 자리로 돌아온다는 의미로 푼다. “건체乾體는 위에 있는 것인데 지금은 아래에 있으니, 반드시 위로 올라가려고 힘쓴다. 이 초구효는 강건한 자질로 건체의 처음에 자리했으니, 그 세가 반드시 위로 올라가려고 힘쓰는데 또 육사효와 호응하고 있다. 육사효도 유약한 자질로 손체巽體의 시초에 자리하니 반드시 초구효를 제지할 수는 없고, 단지 그 나아감을 듣고 거부하지 않으며, 그 본성을 따라서 어기지 않는다. 이것이 스스로 옛 도로 회복하여 강한 뜻을 행하는 것이니, 편안하게 과실을 범하지 않고 저절로 길하게 된다乾體在上, 今居于下, 必務上進也. 此初九以剛健之質, 居乾之初, 勢必務進而又應在六四, 六四又以柔弱居巽始, 是必不能爲之制畜, 但聽其進而不拒, 順其性而不違. 此所以得復自故道而剛志得行, 安然不犯咎過而自以爲吉也.” 그러나 정이천은 다시 원래의 자리로 돌아온다는 점보다는 올바른 도리를 지키면서 회복한다는 의미가 강하다고 본다. 그래서 주희도 정이천의 해석을 따라서 이렇게 해석한다. “그러나 초구효는 그 강건한 형체에 속해 있고 아래 위치에 자리하여 올바름을 얻었으며 앞으로 음과 멀리 떨어져 있으므로, 육사효와 올바른 호응관계에 있다. 하지만 스스로 정도로 지켜서 제지를 당하지 않으므로, 나아가 스스로 올바른 도로 복귀하는 모습이다然初九體乾, 居下得正, 前遠於陰, 雖與四爲正應, 而能自守以正, 不爲所畜, 故有進復自道之象(『주역전의대전』).”

9 평암 항씨平菴項氏는 복輻을 수레굴대를 묶는 끈으로 해석한다. “복輻은 육덕명의 『경전석문』에서는 다른 판본에는 또한 복輹으로 되어 있다. 복輻은 수레바퀴살이고 복輹은 수레굴대를 묶는 끈이다. 복輻은 수레를 잘 돌아가게 하고 복輹은 수레굴대를 잘 굴러가게 한다. 그러니 복輻은 빠질 리가 없고, 반드시 수레가 파열된 뒤에 빠질 수 있다. 복輹의 경우는 빠질 때가 있는데 수레가 가지 않을 때 뺀다. 대장괘와 대축괘에서는 모두 복輹으로 되어 있다輻, 陸氏釋文 云本亦作輹. 按輻車轑也, 輹車軸轉也. 輻以利輪之轉, 輹以利軸之轉. 然輻无說理, 必輪破轂裂而後可說. 若輹則有說時, 車不行則說之矣. 大畜大壯. 皆作輹字.”

10 극한에 이르면 흩어진다: 대축괘 상구효 참조.

10. 예의 실천, 본분의 이행: 이履괘䷉

천택리天澤履라고 읽는다. 괘의 모습이 건乾☰괘가 위에 있고 태兌☱괘가 아래에 있기 때문이다.

이履괘에 대해 「서괘전」은 이렇게 설명했다. "사물은 제지하여 길들여진 후에 예禮가 있으므로 이괘로 받았다." 사물들이 모이면, 크고 작은 것의 구별과 높고 낮은 것의 차등과 아름답고 추한 것의 구분이 있으니, 이것이 사물이 제지당해 길들여진 후에 예가 있는 것이며, 이괘가 소축小畜괘를 잇는 이유다. 밟는다는 뜻인 '이履'란 곧 예다. 예란 인간이 본분을 이행履行하는 것이다. 괘의 모습은 건乾괘가 상징하는 하늘이 위에 있고 태兌괘가 상징하는 연못이 아래에 있다. 하늘은 위에 있고 연못은 그 아래에 처하는 것이 위와 아래의 구분과 높음과 낮음의 마땅함이니, 이치의 당연함이며, 예의 근본이며, 일정하게 이행되어야 할 도리이므로 이괘가 된다.

'이履'란 밟는 것이면서 동시에 깔리는 것이다. 사물을 밟는 것이 밟는 것이고, 사물에 의해서 밟힘을 당하는 것이 깔리는 것이다. 유柔함이 강剛함에게 깔려 있으므로 '이履'가 된다.[1] "강함이 유함을 밟는다"라고 말하지 않고, "유함이 강함에게 깔렸다"라고 말한 것은 강함이 유함을 타는 것은 상리常理라서 말할 필요가 없기 때문으로, 『역』에서는 오직 "유함이 강함을 탄다"고 말하고 "강함이 유함을 탄다"고 말하지 않았다. "강함에 의해서 밟히고 깔린다"고 말한 것은 자신을 낮추고 순종하여 기쁘게 호응하는 뜻을 나타낸 것이다.

履, 序卦, "物畜然後有禮, 故受之以履." 夫物之聚, 則有小大之別, 高下之等, 美惡之分, 是物畜然後有禮, 履所以繼畜也. 履, 禮也. 禮, 人之所履也. 爲卦, 天上澤下. 天而在上, 澤而處下, 上下之分, 尊卑之義, 理之當也, 禮之本也, 常履之道也, 故爲履. 履, 踐也, 藉也. 履物爲踐, 履於物爲藉. 以柔藉剛, 故爲履也. 不曰剛履柔, 而曰柔履剛者, 剛乘柔, 常理不足道, 故易中唯言柔乘剛, 不言剛乘柔也. 言履藉於剛, 乃見卑順說應之義.

호랑이 꼬리를 밟더라도 사람을 물지 않으니, 형통하다.

履虎尾, 不咥人, 亨.

예란 인간이 이행하는 도리다. 하늘이 위에 있고 연못이 아래에 있으니 유함이 강함에 의해 밟히고 깔린 것이다. 위아래가 각각 그 마땅한 의리義理를 얻었으니, 일의 지극히 순조로운 이행이자 이치의 지극한 당연함이다.[2] 사람이 이렇게 예를 실천할 수 있다면, 지극히 위험한 곳을 밟더라도 해로운 바가 없을 것이다.[3] 그래서 호랑이 꼬리를 밟더라도 물리지 않아서 형통할 수가 있다.

履, 人所履之道也. 天在上而澤處下, 以柔履藉於剛, 上下各得其義. 事之至順, 理之至當也. 人之履行如此, 雖履至危之地, 亦无所害. 故履虎尾而不見咥嚙, 所以能亨也.

「단전」에서 말했다. 이履는 유함이 강함에게 밟히는 것이니, 강건한 것을 기뻐하면서 호응한다. 그래서 호랑이 꼬리를 밟더라도 사람을 물지 않으니, 형통하다.

彖曰, 履, 柔履剛也, 說而應乎乾. 是以履虎尾, 不咥人, 亨.

아래 태兌괘가 음유陰柔한 성질로 위 건乾괘의 양강陽剛한 것 아래에 밟혀 깔렸으니, 유함이 강함에게 밟혔다. 태괘가 기뻐서 순종하는 태도로 건괘의 강함에 호응하여 밟히고 깔리니, 아랫사람이 윗사람을 따르고 음이 양을 잇는 세상의 지극한 이치다. 도리를 이행하는 것이 이와 같다면 지극히 순조롭고 지극히 마땅하니, 호랑이 꼬리를 밟더라도 손상을 당하거나 피해를 입지 않는다. 이렇게 도리를 이행하면 형통하다는 것을 알 수 있다.

兌以陰柔, 履藉乾之陽剛, 柔履剛也. 兌以說順應乎乾剛而履藉之, 下順乎上, 陰承乎陽, 天下之至理也. 所履如此, 至順至當, 雖履虎尾, 亦不見傷害. 以此履行, 其亨可知.

강하되 중정을 지킨 태도로 제왕의 지위를 이행하여 허물이 없으면, 그 덕이 빛나리라.

剛中正, 履帝位, 而不疚, 光明也.

구오효는 양강한 자질로 중정中正을 이루고서 제왕의 지위를 존귀하게 이행하여 진실로 병폐가 없으며 지극히 훌륭하게 도리를 이

행했으니, 그 덕이 빛나는 자다. '구疚'란 흠과 병폐를 말하니, 구오효의 '쾌리夬履'가 그러하다. '광명光明'이란 덕이 성대하여 밝게 빛나는 것이다.

九五以陽剛中正, 尊履帝位, 苟无疚病, 得履道之至善, 光明者也. 疚謂疵病, 夬履是也, 光明, 德盛而輝光也.

「상전」에서 말했다. 위로 하늘이 있고 아래로 연못이 있는 것이 이괘의 모습이니, 군자는 이것을 본받아 위와 아래를 분별해서 백성의 뜻을 안정시킨다.

象曰, 上天下澤, 履, 君子以辯上下, 定民志.

하늘이 위에 있고 연못이 아래에 있으니, 곧 위와 아래의 정리正理다. 사람이 이행하는 예도 마땅히 이와 같아야만 하므로, 그 모습을 취하여 이履괘가 되었다. 군자는 이괘의 모습을 보고 위와 아래의 본분을 분별하여 백성의 뜻을 안정시킨다. 위와 아래의 본분이 분명하게 된 다음에 백성의 뜻이 안정을 이룬다. 백성의 뜻이 안정을 이룬 뒤에야 다스림을 말할 수 있다. 백성의 뜻이 안정되지 못하면, 세상은 다스려질 수가 없다. 옛날에는 공·경·대부 이하는 그 지위가 그 덕에 걸맞아서, 죽을 때까지 그 지위에 자리하니, 그 본분을 얻은 것이다. 그러나 그 지위가 덕에 걸맞지 않으면, 군주가 그에 걸맞은 인물을 발탁해서 등용시켰다.

선비가 학문을 수양하여 학문이 지극한 경지에 이르면 군주가 그를 구했으니, 이는 모두 선비에게 예비되어 있던 일은 아니다. 농農·

공·工·상商·가賈가 모두 그 맡은 일에 힘쓰지만 그 향유하는 바에는 한계가 있으므로, 뜻을 안정시켜야 세상의 마음이 하나로 조화될 수 있었다. 그런데 후세에는 서민과 선비에서부터 공公·경卿에 이르기까지 날로 높은 지위와 영달에만 뜻을 두고, 농·공·상·가도 날로 부귀와 사치에 뜻을 두어 모든 백성의 마음이 이익에만 몰두해 천하가 혼란하게 되었으니, 이래서야 어떻게 세상의 마음이 하나로 조화될 수 있겠는가? 혼란스럽게 만들지 않으려 해도 어려울 것이다. 이것은 위와 아래에 안정된 뜻이 없기 때문이다. 군자는 이괘의 모습을 보고서 위와 아래를 분별하여 각각 그 본분에 합당하도록 만들어서 백성의 마음과 뜻을 안정시킨다.

天在上, 澤居下, 上下之正理也. 人之所履當如是, 故取其象而爲履. 君子觀履之象, 以辯別上下之分, 以定其民志. 夫上下之分明, 然後民志有定. 民志定, 然後可以言治. 民志不定, 天下不可得而治也. 古之時, 公卿大夫而下, 位各稱其德, 終身居之, 得其分也. 位未稱德 則君擧而進之. 士修其學, 學至而君求之, 皆非有預於己也. 農工商賈勤其事, 而所享有限, 故皆有定志而天下之心可一. 後世自庶士至于公卿, 日志于尊榮, 農工商賈日至于富侈, 億兆之心, 交騖於利, 天下紛然, 如之何其可一也? 欲其不亂, 難矣. 此由上下无定志也. 君子觀履之象, 而分辯上下, 使各當其分, 以定民之心志也.

초구효는 평소의 도의에 따라 밟아, 나아가면 허물이 없다.

初九, 素履, 往無咎.

이괘는 처하지 않는 것이라 했으니,[4] 나아가 행하려는 뜻이다. 초구효는 가장 낮은 위치에 처하여 본래 아래에 있는 자이지만 양강한 자질을 가져서 위로 나아갈 수도 있으니, 만약 그 본래 낮은 지위의 소박한 본분을 편안히 여기면서 일을 하며 나아간다면 허물이 없다. 사람이 빈천한 본래 지위의 소박함에 스스로 편안해하지 못하면 그 나아감이 탐욕스럽고 조급하여 경거망동하게 되고, 빈천함에서 벗어나려고만 할 뿐 세상을 위해서 어떤 일을 도모하려 하지 않는다. 그렇다면 정치에 나아갔더라도 교만하고 오만하게 될 것이 분명하므로, 나아가면 허물이 있다.

현자라면 그 본래의 지위에 편안해하면서 본분의 도리를 이행하여[5] 그 빈천한 지위에 처하면 즐거워하고 정치권에 나아가면 세상을 위해 일을 도모하려 하므로, 정치권에 나아가게 되면 일을 도모하여 선하지 않음이 없으니, 이는 본분을 이행하는 도리를 지키는 것이다.

履不處者, 行之義. 初處至下, 素在下者也, 而陽剛之才, 可以上進, 若安其卑下之素而往, 則无咎矣. 夫人不能自安於貧賤之素, 則其進也, 乃貪躁而動, 求去乎貧賤耳, 非欲有爲也. 旣得其進, 驕溢必矣, 故往則有咎. 賢者則安履其素, 其處也樂, 其進也將有爲也, 故得其進則有爲而无不善, 乃守其素履者也.

「상전」에서 말했다. 평소의 도의에 따라 밟아 나아가는 것은 오로지 자신이 원하는 바를 이행하는 것이다.

象曰, 素履之往, 獨行願也.

그 본래 지위에 편안해하면서 본분의 도리를 이행해 나아가는 사람은 구차하게 자신의 이익을 구하려고 하지 않고, 오로지 자신의 뜻한 바를 이행할 뿐이다. '독獨'은 오로지의 뜻이다. 만약 자신이 존귀하게 되려는 욕심과 도리를 행하려는 마음이 마음속에서 싸운다면, 어떻게 본래 지위에 편안해하면서 도리를 이행할 수 있겠는가?

安履其素而往者, 非苟利也, 獨行其志願耳. 獨, 專也. 若欲貴之心與行道之心, 交戰于中, 豈能安履其素也?

구이효는 이행하는 도리가 탄탄하니, 마음이 그윽하게 안정된 사람이라야 올바르고 길하다.

九二, 履道坦坦, 幽人貞吉.

구이효는 양강한 자질인데도 유한 위치에 자리하여 관대하고 너그러움이 중도를 얻으니, 그 본분을 이행하는 바가 탄탄하여, 평탄하고 쉬운 도리다. 이행하는 바가 탄탄하고 평이한 도리를 얻었더라도 또한 반드시 마음이 그윽하게 안정되어 이욕을 추구하지 않는 사람이 처신해야 올바름을 굳게 지켜서 길할 수 있다.[6] 구이효는 양陽한 자질로서, 그 뜻이 위로 올라가려고 하므로 마음이 그윽하게 안정된 사람이어야 한다고 경계했다.

九二居柔, 寬裕得中, 其所履坦坦然, 平易之道也. 雖所履得坦易之道, 亦必幽靜安恬之人處之, 則能貞固而吉也. 九二陽, 志上進, 故有幽人之戒.

「상전」에서 말했다. 마음이 그윽하게 안정된 사람이라야 올바르고 길한 것은 마음이 스스로 혼란되지 않기 때문이다.

象曰, 幽人貞吉, 中不自亂也.

본분을 이행하는 도리는 마음이 편안하고 안정을 이룬 데에 달려 있다. 그 마음이 안정되고 올바르면 이행하는 방도가 편안하고 여유롭다. 그러나 마음이 조급하고 욕심에 차 있다면 어떻게 안정된 마음으로 본분을 이행할 수 있겠는가? 그래서 반드시 그윽하게 안정된 사람이라야 뜻을 견고하게 지켜서 길할 수 있다. 마음속이 안정되고 고요하여 이해관계와 욕심으로 혼란스럽지 않다.

履道在於安靜. 其中恬正, 則所履安裕. 中若躁動, 豈能安其所履? 故必幽人, 則能堅固而吉. 蓋其中心安靜, 不以利欲自亂也.

육삼효는 애꾸눈이 보고, 절름발이가 걷는 것이다. 호랑이 꼬리를 밟아 사람을 무니 흉하고, 무인武人이 대군大君이 되었다.

六三, 眇能視, 跛能履. 履虎尾, 咥人凶, 武人爲于大君.

육삼효는 그 자질이 음인데 양의 위치에 자리하여 그 뜻은 강하고자 하지만 체질이 본래 음유하니, 어떻게 본분을 이행하는 도리를 굳게 지킬 수 있겠는가? 그러므로 장님과 애꾸눈이 보는 것과 같아서 보는 것이 분명하지 못하고, 절름발이가 걸어가는 것과 같아서 걸어가더라도 멀리 가지 못한다. 재능이 이미 부족하고 또 그 처신하는 데에 중도를 얻지 못했으며, 이행하는 것도 정도가 아니다. 유약한 자질이면서도 강해지려고 애쓰니 그 이행하는 방도가 이와 같으면 위험한 곳을 밟는 것이므로 "호랑이 꼬리를 밟는다"고 했다.

좋지 못한 이행 방식으로 위험한 곳을 밟으면 반드시 재앙과 근심에 이르므로, "사람을 무니 흉하다"고 했다. "무인이 대군이 된다"는 말은 마치 무력과 폭력을 행사하는 사람이 사람들 위에 자리한 것과 같으니, 조급하고 경솔하게 마음대로 행동할 뿐이라 이치를 따라 본분을 이행하여 멀리 영향력을 미칠 수 없다. 중정을 이루지 못했으면서 뜻만 강하여 곧 여러 양陽과 함께하는 바가 되니, 그래서 강하고 조급하게 행동하여 위험에 빠지고 흉하게 된다.

三以陰居陽, 志欲剛而體本陰柔, 安能堅其所履? 故如盲眇之視, 其見不明, 跛躄之履, 其行不遠. 才既不足, 而又處不得中, 履非其正, 以柔而務剛, 其履如此, 是履於危地, 故曰履虎尾. 以不善履履危地, 必及禍患, 故曰咥人凶. 武人爲于大君, 如武暴之人而居人上, 肆其躁率而已, 非能順履而遠到也. 不中正而志剛, 乃爲群陽所與, 是以剛躁蹈危而得凶也.

「상전」에서 말했다. 애꾸눈이 보는 것은 밝게 볼 수가 없고, 절름발이가 걷는 것은 함께 갈 수가 없다.

象曰, 眇能視, 不足以有明也, 跛能履, 不足以與行也.

음유한 사람은 그 재능이 부족하여 보는 것이 밝을 수 없고 가더라도 멀리 갈 수 없는데도 강하려고만 하니, 이와 같이 본분을 이행하는데 해로움을 면할 수 있겠는가?

陰柔之人, 其才不足, 視不能明, 行不能遠, 而乃務剛, 所履如此, 其能免於害乎?

사람을 물어서 흉한 것은 지위가 합당하지 못하기 때문이고, 무인이 대군이 되는 것은 뜻만 강하기 때문이다.

咥人之凶, 位不當也, 武人爲于大君, 志剛也.

유한 자질로서 삼三의 위치에 자리하여 본분을 이행하는 방도가 올바르지 못하니, 재앙과 피해가 이르게 되고 호랑이에게 물려서 흉한 것이다. 무인으로 비유한 것은 그가 양의 위치에 처하여 재능이 약한데 뜻만 강하기 때문이다. 뜻만 강하면 경거망동하여 본분을 이행함에 있어 도를 따르지 않으니, 이는 무인이 대군이 된 것과 같다.

以柔居三, 履非其正, 所以致禍害, 被咥而凶也. 以武人爲喩者, 以其處陽, 才弱而志剛也. 志剛則妄動, 所履不由其道, 如武人而爲大君也.

구사효는 호랑이 꼬리를 밟으니, 두려워하고 근심하면 결국에는 길하다.

九四, 履虎尾, 愬愬, 終吉.

구사효는 양강한 자질이고 건괘의 형체 속에 있어서, 비록 사四의 위치에 자리했지만 강함이 우세한 자다. 군주와 가까운 위치에 있어 근심이 많은 자리지만, 서로 얻으려는 뜻이 없다. 구오효인 군주는 다시 강결剛決[7]함이 과도하므로, '호랑이의 꼬리를 밟은 것'이 된다. '삭삭愬愬'은 두려워하며 근심하는 모습이다. 만약 두려워하고 근심할 수 있다면 결국에는 길하다. 구九라는 자질이 비록 강하지만 뜻은 유순하게 하고, 사四라는 지위는 군주와 가깝지만 자처하려하지 않으므로, 신중하게 두려워하면서 근심하면 결국에는 위험을 면하고 길함을 얻는다.

九四陽剛而乾體, 雖居四, 剛勝者也. 在近君多懼之地, 无相得之義. 五復剛決之過, 故爲履虎尾. 愬愬, 畏懼之貌. 若能畏懼, 則當終吉. 蓋九雖剛而志柔, 四雖近而不處, 故能兢愼畏懼, 則終免於危而獲吉也.

「상전」에서 말했다. 두려워하고 근심하면 결국에는 길한 것은 뜻이 행하려고 한다는 말이다.

象曰, 愬愬終吉, 志行也.

두려워하고 근심할 수 있다면 결국에는 길하다는 말은 뜻은 행하려는 데에 있지만 그 일을 자처하여 떠맡으려 하지 않는 것이다. 위험을 제거하면 길함을 얻는다. 양강한 자질은 시행할 수 있는 능력이 있는 것이지만 유한 위치에 자리하는 것은 이치를 따라서 스스로 처신하는 것이다.

能愬愬畏懼, 則終得其吉者, 志在於行而不處也. 去危則獲吉矣. 陽剛, 能行者也, 居柔, 以順自處者也.

구오효는 강경하고 과감하게 이행하니, 올바르더라도 위태롭다.

九五, 夬履, 貞厲.

'쾌夬'란 강결剛決한 것이다.[8] 구오효는 양강한 자질과 건괘가 상징하는 강건한 체질로 지극히 존귀한 지위에 자리하면서, 자신의 강결한 성질에 따라 행하는 자다. 이렇게 행하면 올바름을 얻었을지라도 위태롭다. 옛 성인은 세상의 존귀한 지위에 자리하여, 밝은 지혜로 세상을 충분하게 비출 수 있었고 강직함으로 확고하게 결단할 수 있었으며 그 세력은 전권을 휘두를 수 있었지만, 세상의 모든 논의를 다 취합하지 않음이 없어서 비록 미천하고 무식한 사람의 시시한 말일지라도 반드시 취했으니 이것이 성인이 된 이유이며 제왕의 지위를 이행하면서도 그 덕이 밝게 빛났다.

만약 자신의 강명剛明함만을 믿고서 과감하게 행동하면서 주위를 돌아보지 않으면, 비록 올바름을 얻더라도 위태로운 방도이니, 자신의 도를 굳게 지킬 수가 있겠는가? 강명한 재능이 있더라도 오로지 자신만을 믿는다면 오히려 위태로운 방도인데 하물며 강명한 재능이 부족한 사람이야 어떻겠는가! 『역』에서 "올바르더라도 위태롭다"고 말한 것은 그 의미가 각각 다르니, 괘에 따라서 보아야 한다.

夬, 剛決也. 五以陽剛乾體, 居至尊之位, 任其剛決而行者也. 如此則雖得正, 猶危厲也. 古之聖人, 居天下之尊, 明足以照, 剛足以決, 勢足以專, 然而未嘗不盡天下之議, 雖芻蕘之微必取, 乃其所以爲聖也, 履帝位而光明者也. 若自任剛明, 決行不顧, 雖使得正, 亦危道也, 可固守乎? 有剛明之才, 苟專自任, 猶爲危道, 況剛明不足者乎! 易中, 云貞厲, 義各不同, 隨卦可見.

「상전」에서 말했다. 강경하고 과감하게 이행하니, 올바르더라도 위태로운 것은 그 지위에 해당하기 때문이다.

象曰, 夬履貞厲, 位正當也.

강경하고 과감하게 이행하는 것을 경계한 것은 그가 바로 존귀한 지위에 해당하기 때문이다. 지극히 존귀한 지위에 자리하여 함부로 전권을 휘두를 수 있는 세력만을 믿고 자신의 강결한 성질에 따라 자임하여 다시 두려워하지 않는다면, 설령 올바를지라도 위태로운 도리다.

戒夬履者, 以其正當尊位也. 居至尊之位, 據能專之勢, 而自任剛決, 不復畏懼, 雖使得正, 亦危道也.

상구효는 이행한 바를 반성하여 미래의 조짐을 고찰하되, 그 주선周旋함이 완비되었다면 크게 길하다.

上九, 視履考祥, 其旋元吉.

상上은 이괘의 끝으로, 그 끝에서 그동안 이행했던 일들을 바라보며 그 선악과 화복을 고찰해보았을 때 만약 그것이 완벽하게 두루 영향력을 미쳤다면, 선하고 또한 길하다. '선旋'이란 주선이 완비되어 주도면밀했다는 것이다. 사람이 이행한 것은 그 끝을 고찰하고 살펴보아 만약 처음부터 끝까지 두루 완비되어 허물이 없다면 뛰어남의 극치이므로, 크게 길하다. 사람의 길흉은 자신이 이행한 바에 달려 있으니, 선과 악의 많고 적음은 곧 길흉의 작고 큼이다.

上處履之終, 於其終視其所履行, 以考其善惡禍福, 若其旋, 則善且吉也. 旋謂周旋完備, 无不至也. 人之所履, 考視其終, 若終始周完无疚, 善之至也, 是以元吉. 人之吉凶, 係其所履, 善惡之多寡, 吉凶之小大也.

「상전」에서 말했다. 끝에서 크게 길한 것은 크게 경사가 있다는 말이다.

象曰, 元吉在上, 大有慶也.

상上은 이괘의 끝이다. 사람이 이행한 바가 선하고 길함이 이르고, 그 끝에 주선하는 방식이 완비되어 어그러짐이 없는 것이 곧 경사와 복이 많이 있는 사람이다. 사람의 행위는 그 끝이 좋은 것을 귀하게 여긴다.

上, 履之終也. 人之所履, 善而吉至, 其終周旋无虧, 乃大有福慶之人也. 人之行, 貴乎有終.

---

1 이履괘는 태兌괘가 건乾괘에 깔려 있는 모습이다.

2 이치의 지극한 당연함이다: 호원의 경우 위계적 질서를 좀더 강조하고 있다. "이괘는 상체가 건괘로서 하늘이고 강함이니 이는 군주이고 아버지이고 남편의 도다. 하체는 태괘로서 연못이고 순종이니, 신하이고 아들이며 아내의 도다. 건괘의 강함이 위에 있으니 존엄하게 아랫사람에게 임하고, 태괘의 기쁨이 아래에 있으니 기쁘게 순종하면서 윗사람을 섬긴다. 위와 아래서 서로 뜻을 이으므로 군신, 부자, 부부 모두 절제가 있으니, 상하의 본분이 정해지고 존비의 이치가 구별되고 천하의 예가 시행된다此卦上乾爲天爲剛, 是爲君爲父爲夫之道也. 下兌爲澤爲順, 是爲臣爲子爲婦之道也. 乾剛在上是, 能以尊嚴臨于下也, 兌說在下, 是能以說順奉于上也. 上下相承, 故得君臣父子夫婦皆有其節制, 則上下之分定, 而尊卑之理別, 天下之禮

行矣."

3 해로운 바가 없을 것이다: '해로운 바가 없다'에 대해 호원은 구체적인 예를 들어서 설명한다. "포악하고 사나운 것이라도 범할 수가 없다. 군자가 예를 다하여 본분을 이행하면 결국에는 또한 상해를 입지 않는다. 왜 그러한가? 세상에서 가장 존엄한 이로는 군주만 한 사람이 없으니, 생살生殺의 권한이 그에게 달려 있다. 만약 신하가 안으로 충심을 다하고 밖으로 예를 다하여 온유하고 장중하고 엄숙하며 신중하게 윗사람을 섬기면 군주가 청천벽력과 같은 위엄이 있더라도 또한 온유한 안색으로 대할 것이다. 한 집안에 가장 존엄한 이로는 아버지만 한 사람이 없으니, 한 가정의 희로애락이 달려 있다. 만약 자식이 안으로 효를 다하고 밖으로 예를 다하여 온유하고 공손하게 아버지를 섬기면 아버지가 매우 엄격하더라도 유순하게 대할 것이다暴猛之物, 不可以犯. 若君子能盡禮以履之, 終亦不見其傷也. 何則? 夫以天下之尊, 莫尊于君, 生殺之權繫之也. 若爲臣者, 能內盡其忠, 外盡其禮, 柔莊肅愼以事于上, 則君雖有雷霆之威嚴, 亦將溫顔柔色而接之矣. 一家之尊, 莫尊于父, 一家之喜怒繫焉. 若爲子者, 內盡其孝, 外盡其禮, 溫柔恭順以事其父, 則父雖至嚴, 亦將柔順而接之."

4 처하지 않는 것이라 했으니: 『역』「잡괘전雜卦傳」에 다음과 같은 문장이 있다. "소축괘는 적다는 것이고, 이괘는 처하지 않는 것이다小畜, 寡也, 履, 不處也." 처하지 않고 행한다는 뜻이다.

5 그 본래의 지위에 편안해 하면서 본분의 도리를 이행하여: '소리素履'에 대해서는 왕필이 화려하지 않은 질박한 예의를 실천하는 것으로 해석했고, 호원도 "예의 근본은 질박함夫禮之本, 本于質"이라고 하여 화려한 예의가 아닌 질박한 예의로 해석했다. 그러나 정이천은 화려한 예의와 반대되는 소박한 예의만으로 해석하지 않고, 그 지위에 합당한 의무와 도리를 실천하는 것을 말하고 있다. 이는 『중용』의 "군자는 그 지위에 자리하여 그 지위에 합당한 것을 행하지 그 이상의 것을 원하지 않는다君子素其位而行, 不願乎其外"는 말과 관련되는 것이다. 그래서 그 지위에 합당한 본분에서 벗어난 것을 욕심내지 않는다는 의미를 가진 것이다.

6 올바름을 굳게 지켜서 길할 수 있다: 호원은 '유인幽人'을 도를 즐겨하고 신독愼獨할 줄 아는 사람으로 해석하여 구이효를 매우 상찬하고 있다. 그리고 예를 행하는 모습을 구분하고 있는데 참조할 만하다. "사람들이 예를 행하는데 공경하고 엄숙하고 자긍하고 장엄하여 중도를 지나친 경우도 있고, 간단하고 쉽고 게으르고 태만하게 해서 중도에 미치지 못한 경우도 있으며, 겉으로는 공경하고 장엄한데 안으로는 실제로 공경하지 않는 경우도 있고, 안으로는 공경하는데 겉으로는 엄숙하지 못한 경우도 있으며, 공개적인 자리에서는 중도를 행할 수 있는데 집에서는 속이는 경우가 있고, 집에서는 속이지 않는데 동년배들에게는 오만한 경우가 있으니, 이는 모두 예를 행하는 데 근본을 잃어 중도를 얻지 못한 것이다. 그러므로 오직 이 구이효의 도를 즐겨하고 신독할 줄 아는 사람만이 예를 행하니, 정도에서 행하여 길함을 얻는 자다且凡人之爲禮, 有恭肅矜莊而過其中者, 有簡易惰慢而不及其中者, 有外能恭莊而內實不敬者, 有內能恭敬而外不整肅者, 有顯然能行中道而欺于闇室者, 有不欺于闇室而傲于等夷者, 是皆爲禮失其本而不得其中. 故唯此樂道愼獨之人能行之, 是于正道而得其吉者也."

7 강결剛決: 강경하고 과감한 것이다. 「범례」 4번 재와 덕 항목 참조.

8 강결한 것이다: 정이천은 이를 주변 사람들의 말을 듣지 않고 강경하고 과감하게 전권을 휘두르는 경우로 상정하지만 호원은 예를 제정하여 결정하는 군주로 해석한다. 즉 '쾌夬'의 의미를 '결정決'으로 해석한 것이다. "구오효는 양의 성질로 양의 위치에 자리하여 강명한 덕을 가지고 존귀한 지위에 자리하여 전례를 제정하는 군주다九五以陽居陽, 有剛明之德而居尊位, 爲臨制典禮之主也."

11. 소통과 안정: 태泰괘䷊

지천태地天泰라고 읽는다. 괘의 모습이 곤坤☷괘가 위에, 건乾☰괘가 아래에 있기 때문이다.

태泰괘에 대해 「서괘전」에서는 이렇게 설명한다. "예禮를 실천하여 서로의 뜻이 소통된 후에 안정을 이루므로 태괘로 받았다." 각각 본분을 이행하여 합당한 자리를 얻으면 마음이 편안해지고, 편안해지면 안정되니, 태괘가 이履괘 다음에 오는 이유다. 괘의 모습은 곤坤인 음陰이 위에 있고 건乾인 양陽이 아래에 있다. 하늘과 땅 그리고 음과 양의 기운이 서로 교류하여 조화를 이루면 모든 것이 생겨나고 번성하게 되므로, 소통하여 안정된다.

泰, 序卦, "履而泰, 然後安, 故受之以泰." 履得其所則舒泰, 泰則安矣, 泰所以次履也. 爲卦, 坤陰在上, 乾陽居下. 天地陰陽之氣相交而和, 則萬物生成, 故爲通泰.

소통의 때에는 작은 것이 가고 큰 것이 오니, 길하여 형통하다.

泰, 小往大來, 吉亨.

'작은 것'은 음陰을 말하고, 큰 것은 양陽을 말한다. '간다'는 것은 밖으로 나간다는 것이고, '온다'는 것은 안으로 들어와 자리 잡는다는 것이다. 양기가 아래로 내려오고 음기가 올라가서 서로 교접한다. 음양이 조화를 이루어 펼쳐지면 만물이 생성되고 이루어지니, 하늘과 땅의 소통이다.

인간세상의 일로 말하면, 큰 것은 군주로 위에 있고 작은 것은 신하로 아래에 있어서, 군주가 진실한 정성을 다해서 아랫사람을 신임하고 신하는 진실한 정성을 다해서 군주를 섬기니 위와 아래의 뜻이 통하여 조정의 소통이며, 양은 군자이고 음은 소인으로, 군자가 와서 안에 처하고 소인이 물러가서 밖에 처하여 군자가 지위를 얻고 소인이 아래에 있으니 세상의 안정이다.

소통의 도道는 길하고 또 형통하다. 크게 길하고 크게 형통하다고 말하지 않은 것은 때에는 침체된 때와 융성한 때가 있고 다스림에는 작게 다스려지고 크게 다스려지는 때가 있으니, 비록 안정되더라도 어떻게 그 안정을 일괄적으로 말하겠는가? 길하고 형통하다고 말하면 모두 포괄할 수 있다.

小謂陰, 大謂陽. 往, 往之於外也. 來, 來居於內也. 陽氣下降, 陰氣上交也. 陰陽和暢, 則萬物生遂, 天地之泰也. 以人事言之, 大則君上, 小則臣下, 君推誠以任下, 臣盡誠以事君, 上下之志通, 朝廷之泰也. 陽爲君子, 陰爲小人, 君子來處於內, 小人往處於外, 是君子得位, 小人在下, 天下之泰也. 泰之道, 吉而且亨也. 不云元吉元亨者, 時有汚隆, 治有小大, 雖泰, 豈一槩哉? 言吉亨則可包矣.

「단전」에서 말했다. "소통의 때는 작은 것이 가고 큰 것이 오니, 길하여 형통하다"는 것은 하늘과 땅이 교류하여 모든 것이 소통하고, 위와 아래가 교류하여 그 뜻이 같아지는 것이다.

彖曰, 泰小往大來吉亨, 則是天地交而萬物通也, 上下交而其志同也.

"작은 것이 가고 큰 것이 온다"는 것은 음이 가고 양이 오는 것이니, 하늘과 땅 그리고 음과 양의 기운이 서로 교류하여 모든 것이 소통과 안정을 이룬다는 것이다. 인간사에서는 위와 아랫사람들의 정情이 서로 교류하고 소통하여, 그 뜻이 같게 되는 것이다.

小往大來, 陰往而陽來也, 則是天地陰陽之氣相交, 而萬物得遂其通泰也. 在人, 則上下之情交通, 而其志意同也.

양이 안에서 자리 잡고 음이 밖에서 자리 잡으며, 강함이 안에 있고 유함이 밖에 있으니, 군자의 도가 자라나고 소인의 도가 줄어든다.

內陽而外陰, 內健而外順, 內君子而外小人, 君子道長, 小人道消也.

양이 와서 안에 자리 잡고, 음이 가서 밖에 자리 잡으니, 양은 나아가고 음은 물러난다. 건乾의 강건함이 안에 있고 곤坤의 유순함이 밖에 있으니, 안으로 강건하고 밖으로는 이치를 따르면서 유순하므로 이것이 군자의 도리다. 군자가 안에 있고 소인이 밖에 있으니,[1] 이는 군자의 도가 자라나고 소인의 도가 줄어들어서 안정을 이루는 것이다. 음양이 교류하여 조화를 이루는 의미를 이미 취했고, 또 군자의 도가 자라나는 것을 취했다. 음과 양이 교류하여 조화를 이루는 것이 바로 군자의 도가 자라나는 것이다.

陽來居內, 陰往居外, 陽進而陰退也. 乾健在內, 坤順在外, 爲內健而外順, 君子之道也. 君子在內, 小人在外, 是君子道長, 小人道消, 所以爲泰也. 旣取陰陽交和, 又取君子道長. 陰陽交和, 乃君子之道長也.

「상전」에서 말했다. 하늘과 땅이 교류하는 것이 태괘의 모습이니, 군주는 이것을 본받아 천지의 도道를 마름질하여 완성하고, 천지의 마땅함을 법제화하여 백성들의 생활을 돕는다.

象曰, 天地交, 泰, 后, 以財成天地之道, 輔相天地之宜, 以左右民.

하늘과 땅이 교류하고 음과 양이 조화하면 모든 것이 무성하게 자라나니, 세상이 안정되는 이유다. 군주는 하늘과 땅이 소통하여 안정을 이루는 모습을 체득하여 천지가 시행하는 방도를 마름질하여 완성하고, 천지의 마땅함을 법제화하여 백성들의 생활을 돕는다. "마름질하고 완성한다"는 것은 천지가 교류하여 소통하는 도를 체득하고, 천지가 시행하는 방도를 마름질하여 이룬다는 말이다. "천지의 마땅함을 법제화한다"는 것은 천지가 소통하여 안정을 이루면 모든 것이 무성하게 자라나니, 군주가 이것을 체득하여 법제화시켜서 백성들이 천시天時를 이용하고 지리地利를 따라서, 모든 것을 변화시켜 번성하는 공을 도와 풍부하고 아름다운 이로움을 이루게 하는 것을 말한다.

예를 들어 봄의 기운이 만물을 발생하게 하므로 그것에 따라서 씨앗을 뿌리고 심는 법을 만들고, 가을의 기운은 만물을 이루고 열매를 맺게 하므로 그것에 따라서 거두어들이는 법을 만드니, 이는 천지의 마땅함을 도와서 그것으로 백성들의 생활을 돕는 것이다. 백성의 생활은 반드시 군주가 그들을 위해서 법제화하여 가르치고 인도하고 돕는 것에 의지해야 비로소 그 생장과 양육을 이룰 수 있으니, 이것이 "돕는다"는 말이다.

天地交而陰陽和, 則萬物茂遂, 所以泰也. 人君當體天地通泰之象, 而以財成天地之道, 輔相天地之宜, 以左右生民也. 財成, 謂體天地交泰之道, 而財制成其施爲之方也. 輔相天地之宜, 天地通泰, 則萬物茂遂, 人君體之而爲法制, 使民用天時, 因地利, 輔助化育之功, 成其豐美之利也. 如春氣發生萬物, 則爲播植之法, 秋氣成實萬物, 則爲收斂之法, 乃輔相天地之宜, 以左右輔助於民也. 民之生, 必賴君上爲之法制以教率輔翼之, 乃得遂其生養, 是左右之也.

초구효는 띠풀 하나를 뽑으면 다른 뿌리들도 함께 뽑히는 모습으로, 그 동류와 함께 나아가니, 길하다.

初九, 拔茅茹, 以其彙征, 吉.

초구효는 양효로서 가장 아래 위치에 자리했으니, 강명剛明의 재능을 가졌으면서도 아래 지위에 자리한 자다. 그 때가 도가 막혀 정체된 때라면 군자는 물러나서 궁핍한 곳에 처하지만, 그 때가 도가 소통되는 때이므로 그 뜻이 정치권력으로 나아가려는 데에 있다.

그러나 군자의 나아감은 반드시 그 뜻을 같이하는 동류들과 함께 서로 이끌고 연대하는 것이 마치 띠풀의 뿌리와 같아서, 하나를 뽑으면 함께 연결되어서 일어난다.

'여茹'란 뿌리가 서로 얽혀서 연결된 것이므로 그 모습을 취해서 상징했다. '휘彙'는 같은 부류의 동지들이다. 현자들은 동지들과 연대하여 나아가 뜻을 같이해서 그 정치적 이념을 실천하니, 그래서 길하다. 군자는 나아감에 있어 반드시 동지들과 연대하니, 이는 자신의 뜻을 서로 앞세워 주장하려고만 하는 것이 아니라 함께 선善을 즐겁게 실천하려 하는 것으로, 진실로 서로 신뢰하고 의지하여 어려움을 헤쳐 나가는 것이다. 그래서 군자건 소인이건 독불장군처럼 홀로 서서 동지들의 도움에 의지하지 않는 자는 없다.

옛날부터 군자가 정치적 지위를 얻으면 세상의 현자들이 조정에 몰려들어 뜻을 함께하고 힘을 합하여 세상의 안정과 진보를 이루지만, 소인이 정치적 지위를 얻으면 불초한 사람들이 함께 몰려든 후에 그 붕당이 기승을 부려서 세상의 도가 막혀 정체되어버리니, 각각이 당파적 이해득실만을 따르기 때문이다.

初以陽爻居下, 是有剛明之才而在下者也. 時之否, 則君子退而窮處, 時既泰, 則志在上進也. 君子之進, 必與其朋類相牽援, 如茅之根然, 拔其一則牽連而起矣. 茹, 根之相牽連者, 故以爲象. 彙, 類也. 賢者以其類進同志以行其道, 是以吉也. 君子之進, 必以其類, 不唯志在相先, 樂於與善, 實乃相賴以濟. 故君子小人, 未有能獨立不賴朋友之助者也. 自古君子得位, 則天下之賢萃於朝廷, 同志協力, 以成天下之泰, 小人在位, 則不肖者竝進, 然後其黨勝而天下否矣, 蓋各從其類也.

「상전」에서 말했다. 띠풀 하나를 뽑으면 다른 뿌리들도 함께 뽑혀져가니 길한 것은 뜻이 밖에 있기 때문이다.

象曰, 拔茅征吉, 志在外也.

소통하고 진보하려는 때에는 여러 현자가 모두 정치권에 나아가려고 한다. 세 양陽의 뜻이 모두 정치권으로 나아가고자 하니, 모두 함께하므로 띠 뿌리가 함께 뽑혀져 그 동지들과 함께 가는 모습을 취해서 상징했다. 뜻이 밖에 있다는 것은 정치권에 나아가려는 것이다.

時將泰, 則群賢皆欲上進. 三陽之志欲進, 同也, 故取茅茹彙征之象. 志在外, 上進也.

구이효는 더러운 것을 포용하고, 맨몸으로 바다를 건너며, 먼 것을 버리지 않고, 파벌을 없애면, 중中을 시행하는 것에 합치된다.

九二, 包荒, 用馮河, 不遐遺, 朋亡, 得尙于中行.

구이효는 양강陽剛한 자질을 가지고 중도를 얻어서 위로는 구오효와 호응하며, 구오효는 유순한 자질로 중도를 얻어서 아래로 구이효와 호응해서, 군주와 신하가 덕을 함께한다. 이는 강중剛中의 재능으로 군주의 전적인 신임을 얻은 것이므로, 구이효는 신하의 지위에 자리하고 있지만 소통과 안정을 이루는 때를 다스리는 주된 사람이다. 이것이 「단전」에서 "위와 아래가 교류하여 그 뜻이 같아진다"는 것이다. 그러므로 소통과 안정을 이룬 때를 다스리는 방도를 주로 구이효를 중심으로 말했다.

"더러운 것을 포용하고, 맨몸으로 바다를 건너며, 먼 것을 버리지 않고, 파벌을 없앤다."[2] 이 네 가지는 소통과 안정을 이룬 상황에 대처하는 방도다. 사람의 감정이 안일하여 방심하게 되면, 정치가 태만하고 엄밀하지 못하며 법도가 무너지고 해이해져서 모든 일에 절도가 없게 된다. 그것을 다스리는 방도에 반드시 더러운 것(荒穢: 정치적 차이)을 포용하는 도량을 가지고 있다면, 그 정치를 시행함에 있어 관대하고 여유롭되 상세하고 치밀하여, 폐단을 개혁하고 모든 일을 질서 있게 다스려 사람들이 안정되도록 한다. 만약 넓게 포용하는 도량이 없이 분노하고 질시하는 마음만 있다면, 깊고 멀리 사려하지 못하기 때문에 폭력과 소란의 근심이 생겨서 깊은 폐단이 없어지기도 전에 가까운 근심이 생겨날 것이므로, "더러운 것을 포용하는" 데에 달렸다.

"맨몸으로 바다를 건넌다"는 말은 이러하다. 소통과 안정을 이룬 세상에서 인지상정은 오래도록 편안했던 습관에 익숙해져 평상시에 지켰던 관례를 고집하는 안일함에 빠지고 관습을 따르는 타성에 젖어서 새롭게 혁신하는 것을 기피하게 되기 때문에, 맨몸으로 바다를 건너는 용기가 아니라면 이러한 상황에서 정치적인 일을 도모할 수가 없다. 맨몸으로 바다를 건너는 것은 강과剛果[3]한 덕이 깊은 곳을 건너고 위험을 뛰어넘을 수 있다는 말이다. 옛날부터 소통이 이루어져 태평한 세상은 반드시 점차로 쇠멸해가는데, 이는 익숙한 습관과 관례의 안일함과 관습적 타성에 빠졌기 때문에 그러한 것이다. 강단剛斷[4]의 능력을 가진 군주와 지혜롭고 용기 있는 신하의 도움이 아니라면, 맹렬하고 신속하게 그 폐단을 혁신할 수가 없기 때문에 "맨몸으로 바다를 건넌다"고 했다. 어떤 사람은 의문을 가지며 이렇게 묻는다. "'더러운 것을 포용하라'는 말은 포용과 관대함을 말하는 것인데 여기서 '맨몸으로 바다를 건넌다'고 말하는 것은 맹렬하고 신속하게 개혁하라는 것이니 서로 반대되는 것 같습니다." 그러나 이런 생각은 넓게 포용하는 도량으로 강과剛果한 덕을 쓰는 것이 곧 성인과 현자의 행위라는 점을 알지 못하는 것이다.

"먼 것을 버리지 않는다"는 말은 이러하다. 소통과 안정의 때에 사람의 마음이 그 태평스러움에 길들여진다면 안일함에 빠질 뿐이니, 어떻게 다시 깊게 사고하고 멀리 고려하여, 먼 미래의 일에까지 미칠 수가 있겠는가? 소통과 안정의 때를 다스리는 자는 마땅히 모든 일에 대하여 치밀하고 주도면밀하게 고려해야 하니, 비록 먼 일일지라도 소홀히 해서는 안 된다. 아직 감추어져 있거나 의식되지 못하여 드러나지 않은 사소한 일들이나 현명하고 재능 있는 사람이 궁핍하고 누추한 곳에 있는 일들은 모두 먼 일에 해당하는 것이니, 소통과 안정의 때에 실로 소홀하게 넘기기 쉬운 일이다.

"파벌을 없앤다"는 말은 이러하다. 때가 안정되고 태평스럽다면 편안함에 익숙해져 그 마음이 안일해지고 절도를 잃게 되니, 단속하여 바로 잡으려고 할 때 그 파벌의 사사로운 감정을 끊지 않는다면 그 일은 불가능하므로, "파벌을 없앤다"고 했다. 옛날부터 법을 세워서 일을 제어함에 있어 사사로운 인정에 끌려 결국 그 법을 실행하지 못하는 경우가 많았다. 사치를 금하면 가까운 친척이 해를 입을 수 있고 농토와 재산을 제한하면 귀족들에게 해로우니, 이런 것들에 대해 공명정대한 원칙으로 과감하게 결단하여 반드시 시행하지 못한다면, 파벌의 이해관계에 끌려 다니게 된다. 소통과 안정의 때를 다스리는 데에 파벌의 이해관계를 없앨 수 없다면 어떠한 개혁도 어렵다. 소통과 안정의 때를 다스리는 방도에 이 네 가지가 있다면, 구이효의 덕과 합치할 수 있기 때문에 "중을 시행하는 것에 합치된다"고 했으니 중도中道를 시행하는 의리에 합치될 수 있다는 말이다. '상尙'이란 배합한다는 말이다.

二以陽剛得中, 上應於五, 五以柔順得中, 下應於二, 君臣同德. 是以剛中之才, 爲上所專任, 故二雖居臣位, 主治泰者也. 所謂上下交而其志同也. 故治泰之道, 主二而言. 包荒, 用馮河, 不遐遺, 朋亡, 四者處泰之道也. 人情安肆, 則政舒緩而法度廢弛, 庶事无節. 治之之道, 必有包含荒穢之量, 則其施爲寬裕詳密, 弊革事理而人安之. 若无含弘之度, 有忿疾之心, 則无深遠之慮, 是暴擾之患, 深弊未去, 而近患已生矣, 故在包荒也. 用馮河, 泰寧之世, 人情習於久安, 安於守常, 惰於因循, 憚於更變, 非有馮河之勇, 不能有爲於斯時也. 馮河, 謂其剛果足以濟深越險也. 自古泰治之世, 必漸至於衰替, 蓋由狃習安逸, 因循而然. 自非剛斷之君, 英烈之輔, 不能挺特奮發以革其弊也, 故曰用馮河. 或疑, 上云包荒, 則是包含寬容, 此云用馮河, 則是奮發改革, 似相反也. 不知以含容之量, 施剛果之用, 乃聖賢之爲也. 不遐遺, 泰寧之時, 人心狃於泰, 則苟安逸而已, 惡能復深思遠慮, 及於遐遠之事哉? 治夫泰者, 當周及庶事, 雖遐遠不可遺. 若事之微隱, 賢才之在僻陋, 皆遐遠者也, 時泰則固遺之矣. 朋亡, 夫時之旣泰, 則人習於安, 其情肆而失節, 將約而正之, 非絕去其朋與之私, 則不能也, 故云朋亡. 自古立法制事, 牽於人情, 卒不能行者多矣. 若夫禁奢侈則害於近戚, 限田產則妨於貴家, 如此之類, 旣不能斷以大公而必行, 則是牽於朋比也. 治泰不能朋亡, 則爲之難矣. 治泰之道, 有此四者, 則能合於九二之德, 故曰得尙于中行, 言能配合中行之義也. 尙, 配也.

「상전」에서 말했다. 더러운 것을 포용하여 중中을 시행하는 것에 합치된 것은 그 도가 밝게 빛나고 크게 드러난다.

象曰, 包荒得尙于中行, 以光大也.

「상전」에서는 "더러운 것을 포용한다"는 한 구절을 들어서 네 가지 의미를 두루 해석했다. 이와 같이 한다면 중도中道를 시행하는 덕에 합치할 수가 있어서, 그 도가 밝게 빛나고 거대하게 영향력을 미칠 것이다.

象擧包荒一句, 而通解四者之義. 言如此, 則能配合中行之德, 而其道光明顯大也.

구삼효는 평평한 모든 것은 기울어지고 나아간 모든 것은 되돌아오니, 어려움을 알면서 올바름을 지키면 허물이 없어서, 근심하지 않아도 믿음직하여, 먹는 데에 복이 있다.

九三, 無平不陂, 無往不復, 艱貞無咎, 勿恤其孚, 于食有福.

구삼효는 태괘의 중간에 자리를 잡고 여러 양효의 가장 위에 있으니, 가장 태평스러운 때다. 그러나 사물의 이치는 원이 순환하는 것과 같아서 아래에 있는 것은 반드시 올라가고, 위에 있는 것은 반드시 내려간다. 마찬가지로 소통과 안정의 상황은 오래 지속되면 반드시 정체되므로, 가장 태평스러운 때와 양이 나아갈 때에 경계하여 '안정과 태평이 항상 계속되어 위험하고 기울어지지 않는 것은 없다'고 하니 이는 태평한 안정이 계속해서 유지되지는 않는다는 말이고, '항상 나아가기만 하여 되돌아오지 않는 것은 없다'고 하니 이는 음陰이 당연히 되돌아온다는 말이다. 평평한 것이 기울고 나아간 것이 되돌아오면 정체하게 된다. 마땅히 천리天理의 필연을 알아서, 안정과 태평의 시대에 감히 안일하게 행하지 않고 항상 어려움과 위험을 신중하게 사려하며 그 일을 시행하는 데에 올바르고 견고하게 하니, 이렇게 하면 허물이 없을 수 있다.

안정과 태평의 시대에 처신하는 방도가 어려움을 알고서 신중하고 올바르게 행동하면 안정과 태평의 상황을 오래도록 지속할 수 있고, 근심과 우려를 하지 않더라도 구하려는 바를 얻을 수 있다. 기대하는 바를 잃지 않는 것이 믿음직스러움이니, 이와 같으면[5] 녹祿을 먹는 것에 복됨과 유익함이 있게 된다. "녹을 먹는다"는 것은 행복하게 된다는 말이다. 안정과 태평한 때에 잘 처신하는 사람은 행복을 누릴 수가 있다. 덕과 선을 날로 누적하면 행복이 날로 이르고, 덕이 녹보다 넘치면 성대하더라도 차서 넘치지 않는다. 옛날부터 지나치게 융성하면서 도를 잃고 패망하지 않았던 경우는 없었다.

三居泰之中, 在諸陽之上, 泰之盛也. 物理如循環, 在下者必升, 居上者必降. 泰久而必否, 故於泰之盛與陽之將進, 而爲之戒曰, 无常安平而不險陂者, 謂无常泰也, 无常往而不返者, 謂陰當復也. 平者陂, 往者復, 則爲否矣. 當知天理之必然, 方泰之時, 不敢安逸, 常艱危其思慮, 正固其施爲, 如是則可以无咎. 處泰之道, 旣能艱貞, 則可常保其泰, 不勞憂恤, 得其所求也, 不失所期爲孚, 如是則於其祿食有福益也. 祿食謂福祉. 善處泰者, 其福可食也. 蓋德善日積, 則福祿日臻, 德踰於祿, 則雖盛而非滿. 自古隆盛, 未有不失道而喪敗者也.

「상전」에서 말했다. 나아간 모든 것이 되돌아오는 것은 하늘과 땅이 교제하는 것이다.

象曰, 無往不復, 天地際也.

"나아간 모든 것은 되돌아온다"는 것은 하늘과 땅이 서로 교류하는 것을 말한다. 양이 아래로 내려오면 반드시 다시 위로 올라가고, 음이 위로 올라가면 반드시 다시 아래로 내려오니, 움츠러들고 펼쳐지는 것과 가고 오는 것의 상리常理다. 하늘과 땅이 교류하는 도를 따라서 정체의 때와 소통의 때가 반드시 오래 지속되지는 않는 이치를 밝혀서 경계로 삼았다.

无往不復, 言天地之交際也. 陽降于下, 必復于上, 陰升于上, 必復于下, 屈伸往來之常理也. 因天地交際之道, 明否泰不常之理, 以爲戒也.

육사효는 빠르게 아래로 내려가서, 부유하지 않은데도 그 이웃과 함께하니, 경계하지 않아도 믿음직스럽다.

六四, 翩翩, 不富以其鄰, 不戒以孚.

육사효는 태평한 시대의 중간을 지나간 때에 처하여 음의 자질로 위 자리에 있으니, 그 뜻은 아래로 다시 내려가려고 하고, 위의 두 음효 역시 그 뜻이 아래로 가려고 한다. '편편翩翩'이라는 말은 빠르게 나는 모습이다. 육사효가 빠르게 아래로 내려가서, 그 이웃과 함께 하려는 것이다. '이웃'이란 그와 같은 동류이니 육오효와 상육효를 말한다. 사람이 부유해서 그 부류가 따르는 것은 이익 때문이다. 그러나 부유하지 않은데도 따르는 것은 그 뜻이 같기 때문이다. 세 음은 모두 아래 위치에 있어야 하는 것들인데 위의 자리에 있으니, 실제의 자리[6]를 잃은 것이라 그 뜻이 모두 아래로 내려가려고 하므로, 부유하지 않은데도 서로 따르니, 경계하고 권고하지 않더라도 진실한 뜻이 서로 합치한 것이다.

음과 양이 올라가거나 내려가는 것은 천시天時의 운행이 정체되거나 소통되는 것이니, 어떨 때는 교류하고 어떨 때는 흩어지는 것이 변치 않는 이치다. 소통의 때가 중간을 지나면 변화하게 마련이다. 구삼효에서 성인은 "어려움을 알고서 올바름을 굳게 지키면 복이 있다"고 말한 것은 구삼효는 중간이 되므로 경계하여 보존할 수 있기 때문이다. 그러나 육사효는 중간이 지났으므로 이치상 반드시 변하게 될 것이기 때문에, 오로지 시종일관 반복하는 도를 말했다. 육오효는 태괘의 주효이므로 소통과 안정의 시대에 대처하는 의리를 다시 말했다.

六四處泰之過中, 以陰在上, 志在下復, 上二陰亦志在趍下. 翩翩, 疾飛之貌. 四翩翩就下, 與其鄰同也. 鄰, 其類也, 謂五與上. 夫人富, 而其類從者, 爲利也. 不富而從者, 其志同也. 三陰皆在下之物, 居上乃失其實, 其志皆欲下行, 故不富而相從, 不待戒告而誠意相合也. 夫陰陽之升降, 乃時運之否泰, 或交或散, 理之常也. 泰旣過中, 則將變矣. 聖人於三, 尙云艱貞則有福, 蓋三爲將中, 知戒則可保. 四已過中矣, 理必變也, 故專言始終反復之道. 五, 泰之主, 則復言處泰之義.

「상전」에서 말했다. 빠르게 아래로 내려가서, 부유하지 않아도 그 이웃으로 삼은 것은 실제의 자리를 잃었기 때문이고, 경계하지 않아도 믿음직스러운 것은 마음속에서 원한 것이다.

象曰, 翩翩不富, 皆失實也, 不戒以孚, 中心願也.

'편편翩翩'이란 아래로 빠르게 내려가는 모습이다. 부유하지 않아도 이웃들이 따른다는 것은 세 음효가 모두 윗자리에 있어 모두 그 실제의 자리를 잃었기 때문이다. 음은 본래 아래 위치에 자리하는 것인데 지금은 윗자리에 있으니, 이는 진실한 실상을 잃은 것이다. 경계하여 알리지 않았는데도 진실한 의도로 서로 함께하는 것은 그 마음이 원했기 때문이다. 이치 상 당연한 것이 하늘〔天〕이고, 사람들이 모두 동의하는 것이 그 때의 마땅함〔時〕이다.

翩翩, 下往之疾. 不待富而鄰從者, 以三陰在上, 皆失其實故也. 陰本在下之物, 今乃居上, 是失實也. 不待告戒而誠意相與者, 蓋其中心所願故也. 理當然者, 天也, 衆所同者時也.

육오효는 제을이 딸을 시집보내니, 복을 얻고 크게 길하다.

六五, 帝乙歸妹, 以祉, 元吉.

『사기』에서는 "탕왕이 '천을天乙'이고 그 뒤에 '조을祖乙'이라는 군주가 있었으니 또한 현명한 왕이며, 뒤에 또 '제을帝乙이 있었다"고 했고 『서書』 「주서周書·다사多士」에서는 "성탕으로부터 제을까지 덕을 밝히고 제사를 공경하지 않음이 없었다"고 했는데, 제을이라고 한 것이 누구인지는 모르겠다. 그러나 효의 의미를 살펴보면, 제을이란 왕의 딸이 시집가는 예법을 만든 사람일 것이다. 고대로부터 왕의 딸은 모두 지위가 낮은 사람들에게 시집을 갔지만, 제을에 이른 후에 예법을 만들어, 그 존귀한 지위를 낮추어 그 남편에게 순종하게 했다.

육오효는 음유한 자질로 군주의 지위에 자리하고 있지만 아래로 구이효인 강명한 현자에게 호응하고 있다. 육오효가 그 현명한 신하를 의지하고 신임하여 그를 따를 수 있다면, 마치 제을이 딸을 시집보내는 것처럼 그 존귀함을 낮추고 양陽에 순종하는 것이니, 이렇게 하면 그 복을 지킬 수 있고, 또 크게 길하다. '원길元吉'이란 크게 길하여 그 선함을 모두 실현한 것을 말하니, 소통과 안정의 때를 다스리는 공로를 이룬 것을 말한다.

史謂湯爲天乙, 厥後有帝祖乙, 亦賢王也, 後又有帝乙. 多士曰, '自成湯至于帝乙, 罔不明德恤祀.' 稱帝乙者, 未知誰是. 以爻義觀之, 帝乙, 制王姬下嫁之禮法者也. 自古帝女, 雖皆下嫁, 至帝乙然後制爲禮法, 使降其尊貴, 以順從其夫也. 六五以陰柔居君位, 下應於九二剛明之賢. 五能倚任其賢臣而順從之, 如帝乙之歸妹然, 降其尊而順從於陽, 則以之守祉, 且元吉也. 元吉, 大吉而盡善者也, 謂成治泰之功也.

「상전」에서 말했다. 복을 얻고 크게 길한 것은 중도를 가지고 원

하는 것을 시행했기 때문이다.

象曰, 以祉元吉, 中以行願也.

복을 얻고 크게 길할 수 있는 까닭은 육오효가 중도로써 구이효와 화합하여 그가 바라던 뜻을 행했기 때문이다. 육오효는 '중도를 이룬 덕中德'을 가지고 있어서 강중한 덕을 가진 현자에게 정치적인 일을 위임할 수 있지만, 그가 듣고 따르는 것은 모두 그의 뜻이 원하는 것이다. 그가 원하지 않는 것을 어떻게 따를 수가 있겠는가?

所以能獲祉福且元吉者, 由其以中道合而行其志願也. 有中德, 所以能任剛中之賢, 所聽從者皆其志願也. 非其所欲, 能從之乎?

상육효는 성城이 옛터로 다시 돌아간다. 군사를 쓰지 말고, 자신의 고을로부터 명을 고하는 것이니, 올바름을 굳게 지키더라도 부끄럽다.

上六, 城復于隍, 勿用師. 自邑告命, 貞吝.

터를 파서 흙을 쌓아올려 성을 이루는 것은 마치 다스리는 방식이 누적되어서 태평의 때를 이루는 것과 같다. 태평의 때가 끝에 이르러 도리어 정체의 때로 돌아가는 것은 마치 성이 무너져서 흙으로 돌아가는 것과 같다. 상육上六효에서 '상上'이란 태평의 때가 끝에 이른 상황을 말하고, '육六'이란 소인의 도리로 처신하는 것이니, 행하면 정체된다. 그래서 "군사를 쓰지 말라"는 말은 다음과 같은 뜻이다. 군주가 대중을 동원하고 사용할 수 있는 까닭은 위와 아래의 진정이 서로 소통하여 마음으로 따르기 때문인데, 지금은 태평의 때가 끝에 이르렀고, 태평의 때를 대처하는 방도도 잃었으며, 윗사람과 아랫사람의 진정이 소통되지 않아서 민심이 흩어지고 단절되어 그 윗사람을 따르지 않는데, 어떻게 군사를 사용할 수 있겠는가! 사용하게 되면 혼란이 일어날 것이다.

군중들의 지지를 얻어 쓸 수가 없어서, 가장 가깝고 친근한 사람들에게 명령을 고하니, 설령 명령을 고하는 데에 올바름을 얻었더라도, 부끄럽고 인색할 수 있다.[7] '고을'이란 거주하는 곳으로, 가깝고 친근한 사람들을 말하니, 대체로 명을 고하는 데에 반드시 가까운 곳부터 시작한다. '정흉貞凶' 혹은 '정린貞吝'이란 말은 각각 두 가지 뜻이 있다. '올바름을 굳게 지키면 흉하고 인색하다'는 뜻이 그 하나이고, '올바름을 얻더라도 흉하고 인색하다'는 뜻이 그 하나이다. 여기서 "올바름을 지키더라도 흉하다"라고 하지 않고 "올바름을 지키더라도 인색하다"라고 말한 것은 때가 곧 정체되려고 하는데 명령을 고하면 수치스럽고 인색하게 될 수 있기 때문이지, 때가 정체된 것이 명령을 고해서 일어난 일은 아니기 때문이다.

掘隍土積累以成城, 如治道積累以成泰. 及泰之終, 將反於否, 如城土頹圮, 復反于隍也. 上, 泰之終, 六以小人處之, 行將否矣. 勿用師, 君之所以能用其衆者, 上下之情通而心從也, 今泰之將終, 失泰之道, 上下之情不通矣, 民心離散, 不從其上, 豈可用也! 用之則亂. 衆旣不可用, 方自其親近而告命之, 雖使所告命者得其正, 亦可羞吝. 邑, 所居, 謂親近, 大率告命必自近始. 凡貞凶貞吝, 有二義, 有貞固守此則凶吝者, 有雖得正亦凶吝者. 此不云貞凶, 而云貞吝者, 將否而方告命, 爲可羞吝, 否不由於告命也.

「상전」에서 말했다. 성이 옛터로 돌아간 것은 그 명령이 분란을 일으키는 것이다.

象曰, 城復于隍, 其命亂也.

성이 다시 옛터로 돌아왔으니, 그 명령이 분란을 일으키더라도 그 혼란해진 상황을 멈출 수가 없다.

城復于隍矣, 雖其命之亂, 不可止也.

1 군자가 안에 있고 소인이 밖에 있으니: 호원은 구체적으로 이렇게 설명한다. "군자는 등용하여 책임을 맡겨 쓰고, 소인은 축출하여 물러나게 하면 천하의 일들이 모두 거론되지 않음이 없고 백성들의 생업이 안정된다登君子而任用之, 抑小人而黜退之, 則天下之事无不擧, 萬民之業无不安."

2 더러운 것을 포용하고 (…) 파벌을 없앤다: 이 네 가지에 대해 호원은 정이천과는 조금 다르게 해석했다. "세상이 비록 태평한 시대이지만 그 사이에 더러운 문제가 없는 것은 아니다. 구이효는 강함으로 중의 위치에 자리했으니, 반드시 그 마음을 관대하고 크게 하여 그 더러운 문제들을 포용해야만 한다. 그러므로 '더러운 것을 포용한다'고 했다. '맨몸으로 바다를 건넌다'는 것은 포악하고 사나운 사람을 말한다. 구이효가 중요한 지위에 자리하고 중요한 권력을 잡았고, 천자로부터 신임을 받아 그 기량을 넓게 펼 수 있으니, 이렇게 맨몸으로 바다를 건널 만큼 포악하고 사나운 사람일지라도 또한 등용해야 한다. 왜 그러한가? 좋은 장인은 재료를 버리지 않고 그 장단과 대소에 따라서 그것을 적절하게 사용하니 하물며 세상이 널리 태평한 시대에는 어떠하겠는가? 비록 이렇게 포악하고 사나운 사람일 지라도 또한 등용한다. 그러므로 '맨몸으로 바다를 건넌다'고 했다. '먼 것을 버리지 않는다'고 했는데 '하遐'는 멀다는 뜻이고 '유遺'는 버린다는 뜻이다. 이 구이효의 군자는 황폐한 문제를 포용하고, 포악하고 사나운 사람을 등용할 수 있으니, 모두 광대하고 관대한 지극한 마음으로 그러한 것이다. 그러므로 비록 먼 곳에 있는 것일지라도 버리지 않는다. '친구를 버리는 것이 중도를 시행하는 것에 합치한다'고 했는데 구이효가 강명한 덕으로 육오효로부터 신임을 받고 있고 그 기량을 널리 펼쳐서 모든 것을 포용할 수 있으므로, 반드시 자신에게 친한 사람에게 친하지 않고 그 동료들에게도 친하게 한다. 이렇게 하면 중도에 합치되어 행할 수 있다天下雖泰, 其間不无荒穢. 而九二旣以剛居中, 則必寬弘廣大其心, 以包藏其荒垢也. 故曰包荒. 用馮河者, 馮河, 是暴猛之人也. 九二旣居重位, 柄重權, 爲天子之見任, 而能遠大其

器量, 雖此馮河暴猛之人, 亦能用之. 何則? 夫良匠无棄材, 隨其長短大小, 而皆適其用, 況天下之廣當泰之時? 雖此暴猛之人, 亦有以用. 故曰用馮河. 不遐遺者, 遐遠也, 遺棄也. 言此九二之君子, 荒穢者, 包藏之, 暴猛者, 能用之, 是皆由其廣大寬厚之至. 故雖遐遠者, 亦不遺棄之也. 朋亡得尙于中行者, 言九二旣以剛明之德, 見任于六五, 而又廣大其量, 以容于物, 故必不親己之所親, 而親其朋類. 如此所以得尙于中道而行也."

3 강과剛果: 강직하고 과감한 덕을 말한다.「범례」4번 재才와 덕德 항목 참조.

4 강단剛斷: 강직하고 결단력 있는 자질을 말한다.「범례」4번 재와 덕 항목 참조.

5 믿음직스러움이니, 이와 같으면: 중국판본에서는 "不失所期. 爲孚如是"라고 읽지만『주역대전』구결은 "不失所期爲孚, 如是則"으로 읽는다. 정鼎괘 구사효「상전」은 "象曰, 覆公餗, 信如何也"인데, 여기서 정이천은 "기대한 바를 잃지 않는 것을 믿음이라고 한다不失所期, 乃所謂信也"라고 해석하고 있다.『주역대전』구결의 해석을 따랐다.

6 실제의 자리: 실實을 번역한 말이다. 호원은 '거처居處'라고 설명한다. 즉 음은 아래 자리에 있는 것이고 양은 위의 자리에 있는 것이 실제의 자리다.

7 부끄럽고 인색할 수 있다: 호원은 태평의 시대에 위험과 혼란을 대비하지 않고 안일함에 빠져 민심도 잃고 정체된 때에 이르러서는, 정도를 지키려고 해보았자 비루하게 될 뿐이라는 점을 경고하고 있다. "이것은 모두 안정과 태평을 과도하게 믿어 방비하고 예비할 수가 없어서 이 지경에까지 이르고 나서, 정도正道로 말해보았자 실로 비루하고 인색할 뿐이다. 그러므로 '자신의 고을로부터 명을 고하는 것이니, 올바르더라도 부끄럽다'고 했다此皆由恃安泰之過, 而不能防閑以至于此, 以正道言之, 誠足以鄙吝者也. 故曰自邑告命貞吝."

12. 정체와 단절: 비否괘䷋

천지비天地否라고 읽는다. 괘의 모습이 건乾☰괘가 위에 있고, 곤坤☷괘가 아래에 있기 때문이다.

비否괘에 대해 「서괘전」에서는 이렇게 설명한다. "태泰괘는 소통이지만 어떤 것이든 끝까지 소통을 유지할 수는 없으므로, 그 다음에 정체를 상징하는 비괘로 받았다." 사물의 이치는 가고 오니, 소통과 안정의 때가 극한에 이르면 반드시 정체되므로 비괘가 태괘 다음이 된다. 괘의 모습은 하늘을 상징하는 건乾괘가 위에 있고 땅을 상징하는 곤坤괘가 아래에 있다. 하늘과 땅이 서로 교류하고, 음과 양이 조화하여 펼쳐지면 소통된다. 그러나 하늘이 위에 처하고 땅이 아래에 처하면, 이는 하늘과 땅이 단절되어 서로 교류하며 소통하지 못하는 것이니, 그래서 정체된다.

否, 序卦, "泰者通也, 物不可以終通, 故受之以否." 夫物理往來, 通泰之極則必否, 否所以次泰也. 爲卦, 天上地下. 天地相交, 陰陽和暢, 則爲泰. 天處上, 地處下, 是天地隔絕, 不相交通, 所以爲否也.

정체는 인간의 길이 아니다.

否之匪人.

하늘과 땅이 교류하여 만물이 그 가운데 생겨난 후에 삼재三才가 갖추어지는데, 인간이 가장 영특하므로 만물의 우두머리가 된다. 하늘과 땅 사이에서 생겨나는 것은 모두 인간이 살아갈 수 있는 길이다. 하늘과 땅이 교류하지 않으면 만물이 생겨나지 않으니, 이것은 인간이 살아갈 수 있는 길이 없는 것이므로 '비인匪人'이라 했다. 인간의 길이 아니라는 말이다. 하늘과 땅 사이에서 줄어들고 자라나며 열리고 닫히는 작용은 서로 원인이 되어 그치지 않는다. 소통의 때가 극한에 이르면 되돌아가고 정체의 때가 극한에 이르면 기울어져서, 영원히 계속해서 변하지 않는 이치는 없으니, 정체의 때일지라도 인간이 살 길이 어찌 없을 수 있겠는가? 정체의 때가 되었다면 소통하게 된다.

天地交而萬物生於中, 然後三才備. 人爲最靈, 故爲萬物之首. 凡生天地之中者, 皆人道也. 天地不交, 則不生萬物, 是无人道. 故曰匪人, 謂非人道也. 消長闔闢, 相因而不息. 泰極則復, 否終則傾, 无常而不變之理, 人道豈能无也? 既否則泰矣.

군자가 올바름을 지키기에 이롭지 않으니, 큰 것이 가고 작은 것이 온다.

不利君子貞, 大往小來.

윗사람과 아랫사람이 교류하여 소통하고, 강剛함과 유柔함이 조화하고 만나는 것이 군자의 도이다. 정체의 때라면 이와는 반대이므로 군자가 올바름을 지키기에 이롭지 않다.[1] 군자의 정도가 막혀서 시행되지 못한다. "큰 것이 가고 작은 것이 온다"는 것은 양이 가고 음이 오는 것이다. 소인의 도가 자라나고 군자의 도가 줄어드는 모습이므로 정체의 때다.

夫上下交通, 剛柔和會, 君子之道也. 否則反是, 故不利君子貞. 君子正道否塞不行也. 大往小來, 陽往而陰來也. 小人道長, 君子道消之象, 故爲否也.

「단전」에서 말했다. "정체는 인간의 길이 아니고, 군자가 올바름을 지키기에 이롭지 않으니, 큰 것이 가고 작은 것이 온다"는 것은 하늘과 땅이 교류하지 않아 만물이 소통되지 않으며, 위와 아래가 교류하지 않아 세상에 나라가 없다는 말이다. 안에는 음이 자리하고 밖에 양이 자리하며, 안에는 유함이 자리하고 밖에 강함이 자리하며, 안에 소인이 자리하고 밖에 군자가 자리하니, 소인의 도는 자라나고 군자의 도는 줄어든다.

彖曰, 否之匪人不利君子貞大往小來, 則是天地不交而萬物不通也, 上下不交而天下無邦. 內陰而外陽, 內柔而外剛, 內小人而外君子, 小人道長, 君子道消也.

하늘과 땅의 기운이 교류하지 않으니, 만물이 생성될 이치가 없다. 윗사람과 아랫사람의 뜻이 교류하지 않으니, 세상에 나라의 도리가 없다. 나라를 세우는 것은 세상을 다스리기 위해서다. 윗사람이 정치를 시행하여 백성을 다스리고, 백성은 군주를 모시고 명령을 따라서, 위와 아래가 교류해야 다스려져 안정을 이룬다. 그러나 지금은 위와 아래가 교류하지 않으니, 이것은 세상에 나라의 도리가 없는 것이다. 음유陰柔한 것이 안에 자리하고, 양강陽剛한 것은 밖에 자리하며, 군자는 나가서 밖에 자리하고, 소인은 와서 안에 처하니, 소인의 도가 자라나고 군자의 도는 줄어드는 때다.

夫天地之氣不交, 則萬物无生成之理. 上下之義不交, 則天下无邦國之道. 建邦國所以爲治也. 上施政以治民, 民戴君而從命, 上下相交, 所以治安也. 今上下不交, 是天下无邦國之道也. 陰柔在內, 陽剛在外, 君子往居於外, 小人來處於內, 小人道長, 君子道消之時也.

「상전」에서 말했다. 하늘과 땅이 교류하지 않는 것이 비괘의 모습이니, 군자는 이것을 본받아 덕을 단속하고 어려움을 피하여, 녹봉으로써 영화를 누려서는 안 된다.

象曰, 天地不交, 否, 君子, 以儉德辟難, 不可榮以祿.

하늘과 땅이 서로 교류하여 소통하지 않으므로 정체다. 정체되고 막힌 때에 군자의 도는 줄어드니, 정체되고 막힌 모습을 보고 군자는 그의 덕을 수렴하고 드러내지 않음으로써 재앙과 환난을 피해야 하지, 정치적 지위를 차지하여 영화를 누려서는 안 된다. 정체의 때란 소인들이 득세하는 때이므로, 군자가 드러나고 영화로운 곳에 있으면 재난과 근심이 반드시 자신에게 미치게 되므로, 마땅히 자신을 감추고 궁핍하고 검약하게 지내야 한다.

天地不相交通, 故爲否. 否塞之時, 君子道消, 當觀否塞之象, 而以儉損其德, 避免禍難, 不可榮居祿位也. 否者, 小人得志之時, 君子居顯榮之地, 禍患必及其身, 故宜晦處窮約也.

초육효는 띠풀 하나를 뽑으면 다른 뿌리들도 함께 뽑히는 모습이다. 동지와 함께하여 올바름을 지키니, 길하고 형통하다.

初六, 拔茅茹, 以其彙貞, 吉亨.

태괘와 비괘가 모두 띠 뿌리를 취하여 상징한 것은 여러 양과 여러 음이 함께 아래 위치에 자리하여 함께 이끄는 모습이 있기 때문이다. 소통과 안정의 때에는 함께 연대하여 나아가는 것을 길하다고 했다. 정체의 때에는 함께 연대하여 올바름을 지키는 것을 형통하다고 했다. 처음에 소인이 안에 자리하고 군자는 밖에 자리하는 것을 정체의 뜻으로 삼았는데, 다시 초육효가 정체의 때에 아래 위치에 자리하고 있는 것을 군자의 도로 해석했다. 『역』은 때에 따라 뜻을 취하니, 변하고 움직여 일정함이 없다.

정체의 때에는 아래 위치에 자리한 것이 군자다. 비괘의 세 음효는 위로 모두 호응하는 사람이 있지만, 정체되고 막힌 때라 단절되어 서로 소통하지 못하기 때문에, 서로 호응하는 뜻이 없다. 초육효가 그 동지와 함께 절도를 올바르게 지킬 수 있다면, 정체의 때를 대처하는 길함을 이루어 그 도가 형통하다. 정체의 때에 처해서 나아갈 수 있는 자는 소인이고, 군자는 도를 펼치면서도 재앙을 면할 뿐이다. 군자의 진퇴進退는 그 동지와 연대하지 않았던 적이 없다.

泰與否皆取茅爲象者, 以群陽群陰同在下, 有牽連之象也. 泰之時, 則以同征爲吉. 否之時, 則以同貞爲亨. 始以內小人外君子爲否之義, 復以初六否而在下, 爲君子之道. 易隨時取義, 變動无常. 否之時, 在下者君子也. 否之三陰, 上皆有應, 在否隔之時, 隔絶不相通, 故无應義. 初六能與其類貞固其節, 則處否之吉, 而其道之亨也. 當否而能進者小人也, 君子則伸道免禍而已. 君子進退, 未嘗不與其類同也.

「상전」에서 말했다. 띠풀 하나를 뽑으면 다른 뿌리들도 함께 뽑히는 모습으로 올바름을 지키면 길한 것은 그 뜻이 군주에게 있다.

象曰, 拔茅貞吉, 志在君也.

효사는 초육효가 아래 위치에서 절도를 지키는 것으로 군자가 아래 위치에 처하는 도리를 밝혔고, 「상전」에서는 다시 군자의 마음을 미루어 밝혀 그 마음을 형상화했다. 군자가 그 절도를 굳게 지키면서 아래 위치에 처하는 것은 정치권에 나아가지 않고 홀로 도덕적 선을 지키는 것을 즐거워해서가 아니라 자신의 도가 막히고 정체되어 나아갈 수 없기 때문에 그 운명에 마음을 편안히 할 뿐이지, 그 마음은 세상을 향해 있지 않았던 적이 없다. 그 뜻은 항상 군주를 얻어 정치에 나아가 세상을 편안하게 하고 혼란을 구제하려는 데에 있으므로 "그 뜻이 군주에게 있다"고 했다.

爻以六自守於下, 明君子處下之道, 象復推明以象君子之心. 君子固守其節以處下者, 非樂於不進, 獨善也, 以其道方否, 不可進, 故安之耳, 心固未嘗不在天下也. 其志常在得君而進, 以康濟天下, 故曰志在君也.

육이효는 마음에 품고 있는 것이 윗사람의 뜻을 따르는 것이니, 소인은 길하고 대인은 정체되지만 형통하다.

六二, 包承, 小人吉, 大人否亨.

육이효는 자질이 음유하고 자리한 위치는 중정을 이루었다. 음유한 소인으로 말하자면, 아래 위치에서 정체의 때에 처하여 마음속에 품고 있는 뜻은 윗사람의 뜻을 이어 순종해서 정체의 때를 구제하는 것을 자신의 이로움으로 삼는 것이니,[2] 소인의 길함이다. 대인은 정체의 때에 정도로써 자처하니, 어찌 자신의 뜻을 굽히고 정도를 굽혀 윗사람의 뜻을 따르고 순종하겠는가?

오직 스스로 자신의 뜻이 단절된 상황을 지킬 뿐이니, 몸은 막히고 단절되었지만, 그것이 바로 자신의 도가 형통한 것이다. 어떤 사람은 이렇게 묻는다. "위와 아래가 교류하지 않는데 어떻게 윗사람을 따른다는 것입니까?" 이렇게 답하겠다. 정도가 막힌 것이니, 소인이 윗사람에게 순종하려는 마음이 없던 적은 없었다.

六二, 其質則陰柔, 其居則中正. 以陰柔小人而言, 則方否於下, 志所包畜者, 在承順乎上, 以求濟其否, 爲身之利, 小人之吉也. 大人當否, 則以道自處, 豈肯枉己屈道, 承順於上? 唯自守其否而已, 身之否, 乃其道之亨也. 或曰, 上下不交, 何所承乎? 曰, 正則否矣, 小人順上之心, 未嘗无也.

「상전」에서 말했다. 대인은 정체되지만 형통한 것은 소인의 무리와 어지럽게 섞이지 않았기 때문이다.

象曰, 大人否亨, 不亂群也.

대인이 정체의 때에 자신의 올바른 절도를 지켜서 소인의 무리와 혼잡하게 섞이지 않으니, 몸은 비록 막히고 정체되지만 도는 형통한 것이므로 "정체되지만 형통하다"고 했다. 그러나 정도로써 행하지 않고 단지 몸만 형통한 것은 그 도가 막히는 것이다. 군자라고 말하지 않고 대인이라고 말한 것은 이렇게 할 수 있다면 그 도가 크기 때문이다.

大人於否之時, 守其正節, 不雜亂於小人之群類, 身雖否而道之亨也, 故曰否亨. 不以道而身亨, 乃道之否也. 不云君子而云大人, 能如是則其道大也.

육삼효는 마음에 품고 있는 것이 부끄럽다.

六三, 包羞.

육삼효는 음유한 자질로 중도를 이루지 못했고 올바름을 지키지도 못하면서, 정체의 때에 자리했다. 또 윗사람과 매우 가까워서, 정도를 지키면서 자신의 운명에 편안해할 수 없으므로 궁색해지면 이에 온갖 욕심이 끓어 넘칠 것이니, 소인의 모습의 극치다. 그 마음속에 품은 모략과 사려들이 올바르지 못하고 욕심에 차서 하지 못할 일이 없으니, 수치스러울 만하다.

三以陰柔, 不中不正而居否, 又切近於上, 非能守道安命, 窮斯濫矣, 極小人之情狀者也. 其所包畜謀慮, 邪濫无所不至, 可羞恥也.

「상전」에서 말했다. 마음에 품고 있는 것이 부끄러운 것은 지위가 합당하지 않기 때문이다.

象曰, 包羞, 位不當.

음유한 자질의 사람이 정체의 때에 자리하여 중도를 이루지 못하고 올바르지도 못하여 하는 일들이 부끄러울 정도인 것은, 그에게 합당하지 않은 지위에 처했기 때문이다. 합당하지 않은 지위에 처하면 하는 일이 모두 도를 따르지 않는다.

陰柔居否, 而不中不正, 所爲可羞者, 處不當故也. 處不當位, 所爲不以道也.

구사효는 군주의 명령으로 행하면 허물이 없어, 동지가 복을 누린다.

九四, 有命無咎, 疇離祉.

구사효는 양강한 자질과 건괘가 상징하는 강건한 체질로 군주와 가까운 지위에 있으니, 이는 정체의 때를 구제할 수 있는 재능을 가지고 높은 지위를 얻은 자다. 군주를 보좌하고 정체의 때를 구제할 수 있지만, 군주의 도가 막히려고 하는 때에 군주를 핍박할 수 있는 가까운 자리에 있으므로, 조심해야할 점은 자신이 공을 세웠다고 뽐내서 타인의 시기와 질투를 받는 일뿐이다.

만약 모든 행동이 반드시 군주의 명령으로부터 나오도록 하여[3] 권위와 위엄을 한결같이 군주에게 돌리면, 허물이 없고 자신의 뜻을 행할 수 있다. 어떤 일이든지 군주의 명령으로부터 나오도록 한다면, 정체의 때를 구제할 있어서 동지들이 모두 그 복을 누릴 것이다. '이離'란 붙는다는 뜻으로 복을 누린다는 말이다. 군자의 도가 시행되면, 동지와 연대하여 나아가서 세상의 정체의 때를 구제하고, 동지들이 복을 누린다. 소인들이 나아갈 때도 물론 그 동지들과 연대하여 나아간다.

四以陽剛健體, 居近君之位, 是以濟否之才, 而得高位者也. 足以輔上濟否, 然當君道方否之時, 處逼近之地, 所惡在居功取忌而已. 若能使動必出於君命, 威柄一歸於上, 則无咎, 而其志行矣. 能使事皆出於君命, 則可以濟時之否, 其疇類皆附離其福祉. 離, 麗也. 君子道行, 則與其類同進, 以濟天下之否, 疇離祉也. 小人之進, 亦以其類同也.

「상전」에서 말했다. 군주의 명령으로 행하면 허물이 없는 것은 그 뜻이 시행된다는 것이다.

象曰, 有命無咎, 志行也.

군주의 명령으로 행하면 허물이 없으니, 정체의 때를 구제할 수 있고, 그 뜻이 시행될 수 있다.

有君命則得无咎, 乃可以濟否, 其志得行也.

구오효는 정체의 때를 그치게 하니, 대인의 길함이다. 망할까, 망할까 염려해야, 뽕나무 뿌리 무더기에 묶어놓은 듯할 것이다.

九五, 休否, 大人吉. 其亡其亡, 繫于苞桑.

구오효는 양강하면서 중정中正을 이룬 덕을 지니고서 존귀한 지위에 자리하므로, 세상의 정체의 때를 그치게 할 수 있으니, 대인의 길함이다. 대인이 지위를 감당하여 그 정도正道로써 세상의 정체의 때를 그치게 해서, 소통과 안정의 때로 점차 이르게 한다. 그러나 아직 정체의 때에서 벗어나지 못했기 때문에 "망할까"라는 경계가 있는 것이다.

정체의 때가 그치게 되었다면 점차로 다시 소통과 안정의 때로 되돌아가겠지만, 그렇다고 안일하고 방자하게 행동해서는 안 되고, 응당 깊이 사려하고 멀리 경계하여, 항상 정체의 때가 다시 돌아오지 않을까를 근심하며 "망할까, 망할까" 염려해야 한다. "뽕나무 뿌리 무더기에 묶어놓다"라는 것은 견고하게 안정시키는 방법을 말하니, 뽕나무 뿌리 무더기처럼 견고한 데에 묶어둔 것과 같다. 뽕나무는 그 뿌리가 깊고 견고하며, '포苞'란 무더기로 자라나는 것으로 더욱더 견고하니, 성인의 경계가 매우 깊은 것이다.

한漢나라 왕윤王允[4]과 당唐나라 이덕유李德裕[5]는 이러한 경계를 알지 못했기 때문에, 재앙과 실패를 불러들였다. 그래서 「계사전」에서 "위태로울까 근심하는 것은 그 지위를 안정시키는 것이고, 망할까 염려하는 것은 그 마음을 지키는 것이며, 혼란스러울까 우려하는 것은 그 질서를 유지하는 것이다. 그래서 군자는 안정을 이루어도 위태로워질 것을 잊지 않고, 그 마음을 보존하여도 없어질 것을 잊지 않으며, 질서가 유지되더라도 혼란스러워질 것을 잊지 않는다"고 했다.

五以陽剛中正之德, 居尊位, 故能休息天下之否, 大人之吉也. 大人當位, 能以其道休息天下之否, 以循致於泰. 猶未離於否也, 故有其亡之戒. 否旣休息, 漸將反泰, 不可便爲安肆, 當深慮遠戒, 常虞否之復來, 曰其亡矣, 其亡矣. 其繫于苞桑, 謂爲安固之道, 如維繫于苞桑也. 桑之爲物, 其根深固, 苞謂叢生者, 其固尤甚. 聖人之戒深矣. 漢王允·唐李德裕, 不知此戒, 所以致禍敗也. 繫辭曰, "危者安其位者也, 亡者保其存者也, 亂者有其治者也. 是故君子安而不忘危, 存而不忘亡, 治而不忘亂, 是以身安而國家可保也."

「상전」에서 말했다. 대인의 길함은 지위가 올바르고 합당하기 때문이다.

象曰, 大人之吉, 位正當也.

대인의 덕을 가지고 있으면서 지극히 존귀한 올바른 지위를 얻었으므로, 세상의 정체의 때를 그치게 할 수 있고, 그래서 길하다. 그 지위가 없다면, 아무리 도를 가지고 있더라도 무엇을 할 수 있겠는가? 그래서 성인의 지위는 큰 보배라고 한다.[6]

有大人之德, 而得至尊之正位, 故能休天下之否, 是以吉也. 无其位, 則雖有其道, 將何爲乎? 故聖人之位, 謂之大寶.

상구효는 정체가 기울어지니, 먼저는 정체의 때이고 나중은 기쁜 때다.

上九, 傾否, 先否, 後喜.

상구효는 정체의 끝이다. 사물의 이치는 극한에 이르면 다시 되돌아가므로, 소통과 안정의 때가 극한에 이르면 정체의 때로 돌아가고, 정체의 때가 극한에 이르면 소통과 안정의 때로 되돌아간다. 상구효는 정체의 때가 극한에 이르렀기 때문에, 정체의 도가 기울어지고 전복되어 변하는 것이다. 먼저는 극한에 이르렀으니 정체의 때이고, 나중에 기울었으니 기쁜 때다. 정체의 때가 기울어지면 소통의 때로 나아가게 되어, 나중에 기쁜 것이다.

上九, 否之終也. 物理極而必反, 故泰極則否, 否極則泰. 上九否旣極矣, 故否道傾覆而變也. 先極, 否也, 後傾, 喜也. 否傾則泰矣, 後喜也.

상전에서 말했다. 정체의 때가 끝나면 기울어지니, 어찌 오래 지속할 수 있겠는가?

象曰, 否終則傾, 何可長也?

정체의 때가 끝나면 반드시 기울어지니, 어찌 오래도록 정체의 때가 지속될 이치가 있겠는가? 극한에 이르면 반드시 되돌아오는 것이 변하지 않는 이치다. 그러나 위태로움을 돌이켜 안정시키고, 혼란을 바꿔 질서를 유지하는 일은 반드시 강양剛陽한 재능을 가진 사람이 있어야만 가능하다. 그러므로 비괘의 상구효는 정체의 때를 기울게 만들 수 있지만, 둔屯괘의 상육효는 강양한 재능을 가진 사람이 아니기 때문에 혼돈의 때를 변화시킬 수가 없다.

否終則必傾, 豈有長否之理? 極而必反, 理之常也. 然反危爲安, 易亂爲治, 必有剛陽之才而後能也. 故否之上九則能傾否, 屯之上六則不能變屯也.

---

1 군자가 올바름을 지키기에 이롭지 않다: 왜 이롭지 않을까? 호원은 이렇게 설명한다. "'군자가 올바름을 지키기에 이롭지 않다'고 했는데, 정체의 때에는 천지가 서로 교류하지 않고, 군주와 신하가 서로 교제하지 않아, 소인들이 등용되어 그 도가 자라난다. 소인들의 도가 자라나면 군자를 헐뜯고 질시한다. 군자가 정도正道를 행하려고 하면 반드시 소인들에게 피해를 입는다. 그러므로 도와 덕을 감추고 인의를 마음속에 품고서 물러나 자처하고 그 정도를 드러내지 않는 것이 좋다不利君子貞者, 夫否之時, 天地不相交, 君臣不相接, 小人見用而其道長. 小人之道長, 則讒疾于君子, 爲君子者, 苟欲以正道而行, 則必爲小人之所害. 故韜晦道德, 卷懷仁義, 退而自處, 不露其正則可也."

2 자신의 이로움으로 삼는 것이니: 『주역대전』 구결에서는 "在承順乎上以求濟其否, 爲身之利"이라고 끊어 읽는데, 중국판본은 "在承順乎上以求濟, 其否爲身之利"라고 끊어 읽는다. 『주역대전』 구결을 따랐다. 소인일지라도 중도中道를 지켜서 정체의 때를 구제하려 하기 때문이다. 호원은 소인이라도 정체의 때에 등용되어 중정을 얻어 군주를 보좌하니 소인으로서 소인의 길함을 얻은 것이라고 평가한다. "육이효는 정체의 때에 소인으로서 등용된 자다. 그러나 음유한 자질로 음의 자리에 처했지만 중정中正을 얻었다. 이것은 소인의 중도로 그 유순하고 상대의 비위를 잘 맞추는 마음으로 윗사람들 받들고 모시니, 이것이 소인으로서 소인의 길함을 얻은 것이다六二居否之時, 小人而見用者也. 然而以陰居陰處, 得中正, 是于小人之中, 能包其柔順便佞之心, 以奉承于上, 是以小人而得小人之吉者也."

3 군주의 명령으로부터 나오도록 하여: 이 부분을 정이천은 구사효가 어떤 일이든 군주의 명령에 근거하여 행하면 허물이 없다는 의미로 풀지만 호원은 구사효의 천명이 초구효에게 달려 있다는 뜻으로 푼다. 그래서 강명한 덕을 가진 초구효를 등용하면 허물이 없다는 뜻으로 푼다. 즉 정체의 때에 정치권에 있는 구사효가 자신의 뜻을 지키며 은둔한 초구효를 등용하면 동지들도 복을 받는다는 것이다. 주희는 '유명有命'에서 '명命'을 '천명天命'으로 푼다. 정체의 때를 구제할 수 있는 천명의 기회가 있어서 허물이 없을 수도 있지만 아직은 길흉이 정해지지는 않았다는 말이다.

4 왕윤은 중국 후한 말의 정치가다. 여포를 움직여 전횡을 일삼던 동탁을 죽였으나, 반격해온 동탁의 잔당에게 패하여 목숨을 잃었다. 인물사전 참조.

5 이덕유는 그 아버지 이길보李吉甫와 함께 만당晩唐의 명재상이었다. 인물사전 참조.

6 성인의 지위는 큰 보배라고 한다: 『역』「계사하繫辭下」, "천지의 큰 덕은 살리는 것[生]이라 하고, 성인의 큰 보배는 지위[位]라 한다. 어떻게 지위를 지키는가? 인仁이다. 어떻게 사람을 모으는가? 재물이다. 재물을 다스리고 말을 바르게 하고 백성이 그릇된 것을 행하는 것을 금하는 것을 의義라 한다天地之大德曰生, 聖人之大寶曰位. 何以守位? 曰仁. 何以聚人? 曰財. 理財正辭禁民爲非曰義."

13. 동지와의 연대: 동인同人괘䷌

천화동인天火同人이라고 읽는다. 괘의 모습이 건乾☰괘가 위에 있고, 이離☲가 아래에 있기 때문이다.

동인同人괘에 대해 「서괘전」에서는 이렇게 설명한다. "어떤 것도 끝까지 정체되고 단절될 수는 없으므로, 동지와의 연대를 상징하는 동인괘로 받았다." 하늘과 땅이 교류하지 못하면 정체가 되지만, 위와 아래가 서로 함께 하면 동지들이 연대하니, 비否괘와는 서로 상반되므로 다음 순서가 된다. 또 세상이 정체되고 단절되면 반드시 사람들이 함께 힘을 합쳐야 단절된 세상을 구제할 수 있으므로, 동인괘가 비괘 다음이 된다.

괘의 모습은 건乾괘가 위에 있고 이離괘가 아래에 있다. 이 두 괘의 상징으로 말하자면, 건괘가 상징하는 하늘은 위에 있는 것인데, 이괘가 상징하는 불의 성질이 타올라가서 하늘과 함께하므로, 동지끼리 연대하는 모습이다. 이 두 괘의 형체로 말하자면, 구오효가 올바른 지위에 자리하여 건괘의 주효가 되고 육이효가 이괘의 주효가 되어, 두 효가 중정中正으로 서로 호응하여 위와 아래가 서로 연대하니, 동지와의 연대를 뜻한다. 또 괘에는 오직 하나의 음이 있는데,

다른 모든 양이 이 음과 연대하려고 하므로, 또한 동지와의 연대를 뜻한다. 다른 괘에서도 하나의 음이 있는 경우가 있지만, 동지와 연대할 때에는 육이효와 구오효가 서로 호응하고 하늘과 불이 서로 함께 하므로, 그 의미가 큰 것이다.

同人, 序卦, "物不可以終否, 故受之以同人." 夫天地不交則爲否, 上下相同則爲同人, 與否義相反, 故相次. 又世之方否, 必與人同力乃能濟, 同人所以次否也. 爲卦, 乾上離下. 以二象言之, 天在上者也, 火之性炎上, 與天同也, 故爲同人. 以二體言之, 五居正位, 爲乾之主, 二爲離之主, 二爻以中正相應, 上下相同, 同人之義也. 又卦唯一陰, 衆陽所欲同, 亦同人之義也. 他卦固有一陰者, 在同人之時而二五相應, 天火相同, 故其義大.

동지와의 연대는 광야에서 이루면 형통하니, 큰 강을 건너는 것이 이롭고, 군자는 올바름을 굳게 지키는 것이 이롭다.

同人于野, 亨, 利涉大川, 利君子貞.

'야野'란 광야를 말하여 먼 곳과 바깥의 뜻을 취했다. 동지와의 연대가 세상이 모두 대동大同[1]하는 방도로 이루어지면, 그것이 성현의 공명정대한 마음이다. 보통 사람들의 연대는 사사로운 의도로 결합하니, 친한 사람끼리 어울리는 감정일 뿐이다. 그래서 반드시 광야에서 해야 하니, 친하고 가까운 사람들끼리의 사사로운 감정으로 연대하지 않고 광야의 드넓은 곳에서 연대하는 것이다. 사사로운 감정에 얽매이지 않았다면 매우 공정하게 대동하는 방식이므로 연대하지 않는 자가 없을 것이니, 그 형통함을 알 수 있다. 모든 세상과 함께 대동할 수 있다면, 이는 세상 사람들이 모두 연대하는 것이다. 세상 사람들이 모두 연대한다면, 어떤 험난한 장애인들 건너지 못하겠으며 어떤 어려운 위험인들 형통하지 못하겠는가? 그래서 "큰 강을 건너는 것이 이로우며 군자가 올바름을 굳세게 지키는 것이 이롭다"고 했다.

위에서 광야에서 이루어야 한다는 점을 말한 것은 단지 친하고 가까운 사람들끼리 어울리지 말아야 한다는 것이고, 여기서 다시 군자의 정도로써 해야 한다고 말했다. 군자의 올바름이란 모든 세상이 지극히 공평무사하게 대동하는 도다. 그러므로 천 리 밖 먼 곳에 있는 사람이나 천 년 후에 태어나는 사람일지라도 부절符節이 합치하듯이 일치하고, 이것을 미루어서 행한다면 드넓은 사해四海의 동포들과 수많은 백성이 연대하지 않음이 없을 것이다. 소인은 오직 사사로운 의도를 가지고 행하여, 친한 사람들은 옳지 않더라도 연대하고 미워하는 사람은 옳더라도 배제하므로, 그 연대하는 바가 편파적으로 파벌을 이룰 뿐이니, 그 마음이 올바르지 못하기 때문이다. 그래서 동지와 연대하는 방도는 그 이로움이 군자가 정도를 굳게 지키는 데에 달려 있다.

野謂曠野, 取遠與外之義. 夫同人者, 以天下大同之道, 則聖賢大公之心也. 常人之同者, 以其私意所合, 乃暱比之情耳. 故必于野, 謂不以暱近情之所私, 而于郊野曠遠之地. 旣不繫所私, 乃至公大同之道, 无遠不同也, 其亨可知. 能與天下大同, 是天下皆同之也. 天下皆同, 何險阻之不可濟, 何艱危之不可亨? 故利涉大川, 利君子貞. 上言于野, 止謂不在暱比, 此復言宜以君子正道. 君子之貞, 謂天下至公大同之道. 故雖居千里之遠, 生千歲之後, 若合符節, 推而行之, 四海之廣, 兆民之衆, 莫不同. 小人則唯用其私意, 所比者雖非亦同, 所惡者雖是亦異, 故其所同則爲阿黨, 蓋其心不正也. 故同人之道, 利在君子之貞正.

「단전」에서 말했다. 동인은 유함이 올바른 지위를 얻었고, 중도를 얻고서 강건함에 호응하니, 동지와의 연대라고 한다.

彖曰, 同人, 柔得位, 得中而應乎乾, 曰同人.

괘가 이루어진 뜻을 말했다. "유柔함이 올바른 지위를 얻었다"는 말은 육이효가 음陰한 자질이면서 음의 위치에 자리했기 때문에 그에 걸맞은 올바른 지위를 얻었다는 말이다. 구오효는 중정을 이루었는데, 육이효가 중정으로써 구오효에 호응하니, 중도를 이루어 강건함에 호응하는 것이다. 구오효는 강건하면서도 중정을 이루었고, 육이효는 유순하면서도 중정을 이루어 그에 호응하니, 각각 그 올바름을 얻어 그 덕을 함께하므로 동지와의 연대다. 구오효는 위 건괘의 주효이므로 "강건함에 호응한다"고 했다. 「상전」에서는 하늘과 불의 상징을 취하고, 「단전」에서는 두 효의 관계로써 말했다.

言成卦之義. 柔得位, 謂二以陰居陰, 得其正位也. 五, 中正, 而二以中正應之, 得中而應乎乾也. 五, 剛健中正, 而二以柔順中正應之, 各得其正, 其德同也, 故爲同人. 五, 乾之主, 故云應乎乾. 象取天火之象, 而彖專以二言.

동인괘에서 말했다.

同人曰.

이 세 글자는 잘못 연결된 글이다.

此三字, 羨文.

"동지와의 연대는 광야에서 이루면 형통하다. 큰 강을 건너는 것이 이롭다"는 것은 건乾의 행함이다.

同人于野, 亨, 利涉大川, 乾行也.

지극한 진실과 정성으로 행하여 사사로운 의도가 없어 장애와 어려움을 극복할 수 있는 것은 건乾이 행한 것이다.[2] 사사로운 의도가 없는 것은 하늘의 덕이다.

至誠无私, 可以蹈險難者, 乾之行也. 无私, 天德也.

문명하면서 강건하고, 중정의 도로 호응하니, 군자의 올바름이다.

文明以建, 中正而應, 君子正也.

또 두 괘의 형체 구조로 그 의미를 말했다. (이괘가 상징하듯이) 문명文明[3]한 덕을 가지고 있고, (건괘가 상징하듯이) 강건하면서도 중정의 도로 서로 호응하니, 군자의 정도正道다.

又以二體言其義. 有文明之德, 而剛健以中正之道相應, 乃君子之正道也.

오직 군자라야 천하의 뜻과 통할 수 있다.

唯君子, 爲能通天下之志.

세상 사람들이 지향하는 뜻은 매우 다양하지만, 그것의 이치理는 하나로 연결되어 있다. 군자는 그 이치에 밝기 때문에 세상 사람들의 뜻을 이해할 수 있다. 성인이 수많은 사람의 마음을 하나의 마음처럼 보는 것은 이 이치에 통달했기 때문일 뿐이다. 문명한 덕이 있으면 이치를 밝힐 수 있기 때문에 대동의 의리義理를 밝힐 수가 있으며, 강건하면 자신을 극복할 수 있기 때문에 대동의 도를 현실에서 모두 실현할 수가 있다. 그런 연후에 중정을 이루어 건乾의 행함에 부합할 수 있다.

天下之志萬殊, 理則一也. 君子明理, 故能通天下之志. 聖人視億兆之心猶一心者, 通於理而已. 文明則能燭理, 故能明大同之義, 剛健則能克己, 故能盡大同之道, 然後能中正合乎乾行也.

「상전」에서 말했다. 하늘이 불과 함께하는 것이 동인괘의 모습이니, 군자는 이것을 본받아 같은 무리를 분류하여 사물을 변별한다.

象曰, 天與火, 同人. 君子以類族辨物.

불이 하늘 아래에 있다거나 하늘 아래에 불이 있다고 말하지 않고 '하늘이 불과 함께한다'고 말한 것은, 하늘은 원래 위에 있고 불의 성질은 타올라서 불과 하늘이 함께하기 때문에 동지와의 연대라는 뜻이 있다. 군자는 이 동인괘의 모습을 보고서 같은 무리를 분류하여 사물을 분별하니, 각기 그 같은 종류로 사물의 같은 점과 다른 점을 분별한다.[4] 예를 들어 군자와 소인의 당파 차이, 선악·시비의 이치, 사물의 정情이 분리되고 합치되는 것, 상황이 돌아가는 이치의 다른 점과 같은 점과 같은 것을 말하니, 차이점과 같은 점을 군자가 분명하게 분별하므로 어떤 일이든 대처함에 있어 그 적절한 방도를 잃지 않는다.

不云火在天下, 天下有火, 而云天與火者, 天在上, 火性炎上, 火與天同, 故爲同人之義. 君子觀同人之象, 而以類族辨物, 各以其類族辨物之同異也. 若君子小人之黨, 善惡是非之理, 物情之離合, 事理之異同, 凡異同者君子能辨明之, 故處物不失其方也.

초구효는 동지들과 문을 나가서 연대하니, 허물이 없다.

初九, 同人于門, 無咎.

초구효는 동지와 연대하는 초기에 자리하여, 사사롭게 연계된 호응 상대가 없어 편벽되고 사사로운 마음이 없으니, 동지와의 연대에서 공평무사를 이루었으므로 문을 나가서 동지들과 연대한다. 문을 나갔다는 것은 밖에서 연대했다는 것을 말하고, 밖에서 연대했다는 것은 사사롭고 친밀한 편벽된 관계에서 벗어나 그 연대가 폭넓고 공정한 것이니, 이렇게 하면 잘못과 허물이 없다.

九居同人之初, 而无係應, 是无偏私, 同人之公者也, 故爲出門同人. 出門謂在外, 在外則无私昵之偏, 其同博而公, 如此則无過咎也.

「상전」에서 말했다. 문을 나가서 동지와 연대하는 것을 또 누가 허물하겠는가?

象曰, 出門同人, 又誰咎也?

문을 나가서 밖에서 동지와 연대하니, 그 연대가 폭넓어 치우치고 사사로운 점이 없다. 사람과 연대하는 데에 두텁거나 얇고 친하거나 소원한 차이가 있으면 허물이 이로 말미암아 생기니, 치우친 파벌이 없다면, 누가 허물하겠는가?

出門同人于外, 是其所同者廣, 无所偏私. 人之同也, 有厚薄親疏之異, 過咎所由生也. 旣无所偏黨, 誰其咎之?

육이효는 같은 집안사람끼리 연대하니 인색하다.

六二, 同人于宗, 吝.

육이효와 구오효는 올바른 호응관계이므로 "집안사람끼리 연대한다"고 했다. '종宗'이란 종족과 고향 친족이다. 연관되고 호응관계에 있는 사람과 연대하면 그것은 사사로운 감정에 치우쳐 관계하는 것이니, 동지와의 연대 방식에 사사롭고 편협함이 있는 것이므로 인색하다 할 만한 일이다. 육이효가 만약 양효였다면 강중의 덕이 있으므로 중도로써 서로 연대하니, 사사로운 관계가 되지 않았을 것이다.

二與五爲正應, 故曰同人于宗. 宗謂宗黨也. 同於所係應, 是有所偏與,在同人之道爲私狹矣, 故可吝. 二若陽爻, 則爲剛中之德, 乃以中道相同, 不爲私也.

「상전」에서 말했다. 집안사람끼리 연대하는 것은 인색한 도다.

象曰, 同人于宗, 吝道也.

다른 괘에서는 중정으로 서로 호응하면 매우 좋은 것인데, 동인괘에서는 인색하다 할 만한 것이 되므로, 구오효에서는 군주의 뜻을 취하지 않았다. 왜냐하면 사사롭게 친밀한 관계를 맺는 것은 군주의 도리가 아니니, 서로 사사로움으로 연대하는 것은 인색하다 할 만하기 때문이다.

諸卦以中正相應爲善, 而在同人則爲可吝, 故五不取君義. 蓋私比非人君之道, 相同以私爲可吝也.

구삼효는 병사를 숲속에 감추어두고 높은 언덕에 올라가서, 3년 동안 일으키지 않는다.

九三, 伏戎于莽, 升其高陵, 三歲不興.

구삼효는 양陽한 자질로 강剛한 위치에 자리하고서 중도를 이루지 못했으니, 강폭剛暴[5]한 사람이다. 동지와 연대할 때에 그의 뜻은 사람과 함께하려는 데에 있다. 그러나 괘에는 오직 하나의 음효만 있어서, 모든 양효의 뜻이 이 하나의 음과 연대하려고 하고 구삼효도 이 음효와 친하게 관계하려고 하지만 육이효는 중정의 도로 구오효와 서로 호응하니, 구삼효는 강강剛強[6]한 자질을 가지고 육이효와 구오효 사이에 자리하고서, 질투심이 일어나 육이효를 빼앗아 함께 하려고 한다.

그러나 그렇게 하려는 이치가 올바르지 못하고 의리상 이길 수가 없으므로,[7] 그 마음을 겉으로 드러내지 못하고 병사를 숲속에 감추어둔 것처럼 증오심을 마음속에 숨기고 안으로 올바르지 못한 생각을 품고 있다. 그러므로 또 두려워하고 근심하면서 때때로 높은 언덕에 올라서 살피고 관망하니,[8] 이와 같이 하기를 3년 동안 지속하나 끝내 감히 그 마음을 드러내 일으키지 못한다. 이 효는 소인의 실상을 깊게 드러내었으나, 흉하다고 말하지 않은 것은 감히 속마음을 드러내지 못했으므로 흉함에는 이르지 않기 때문이다.

三以陽居剛而不得中, 是剛暴之人也. 在同人之時, 志在於同. 卦唯一陰, 諸陽之志皆欲同之, 三又與之比, 然二以中正之道與五相應, 三以剛強居二五之間, 欲奪而同之. 然理不直, 義不勝, 故不敢顯發, 伏藏兵戎于林莽之中, 懷惡而內負不直. 故又畏懼, 時升高陵以顧望, 如此至於三歲之久, 終不敢興. 此爻深見小人之情狀, 然不曰凶者, 旣不敢發, 故未至凶也.

「상전」에서 말했다. 병사를 숲속에 감춘 것은 적이 강하기 때문이고, 3년 동안 흥하지 못했으니 어떻게 행하겠는가?

象曰, 伏戎于莽, 敵剛也, 三歲不興, 安行也.

대적하는 것은 구오효인데 구오효는 강하고 또 올바르니, 빼앗을 수가 있겠는가? 그러므로 두려워하고 분노하면서 증오심을 마음속에 감추고 있다. 3년 동안 실행하지 못하는 지경에 이르니, 결국 어떻게 행할 수 있겠는가?

所敵者五, 旣剛且正, 其可奪乎? 故畏憚伏藏也. 至於三歲不興矣, 終安能行乎?

구사효는 담장에 올라가지만 공격할 수가 없으니, 길하다.

九四, 乘其墉, 不克攻, 吉.

구사효는 강剛하되 중정을 이루지 못했고, 그 뜻은 육이효와 함께하려고 하지만, 또한 구오효와 적수가 되었다. '담장'이란 경계로 가로막는 것이다. 구사효는 구오효와 매우 가까운 위치에 있지만, 담장에 가로막혀 있는 것과 같다. 그 담장에 올라가 공격하려고 하지만, 의리義理상 올바르지 못하여 공격할 수 없다. 스스로 의리가 올바르지 못하다는 것을 알아서 공격하지 않을 수 있다면 길하다. 그러나 올바르지 못한 욕심을 함부로 부리고 의리를 돌이켜 사려할 수 없어서 경거망동하여 공격해 빼앗으려고 한다면, 그 흉함이 클 것이다.

구삼효는 강한 자질로 강한 위치에 자리했으므로 결국에는 그 강한 성질로 스스로 돌이켜 사려할 수 없다. 그러나 구사효는 강한 자질로 유연한 위치에 자리했으므로 곤란해져서 스스로 돌이켜 사려할 수 있는 의리가 있으니, 스스로 돌이켜 사려할 수 있다면 길하다. 그 의리를 두려워하여 스스로 고칠 수 있다면 그 길함은 당연하다.[9]

四剛而不中正, 其志欲同二, 亦與五爲仇者也. 墉垣所以限隔也. 四切近於五, 如隔墉耳. 乘其墉, 欲攻之, 如義不直而不克也. 苟能自知義之不直而不攻, 則爲吉也. 若肆其邪欲, 不能反思義理, 妄行攻奪, 則其凶大矣. 三以剛居剛, 故終其強而不能反. 四以剛居柔, 故有困而能反之義, 能反則吉矣. 畏義而能改, 其吉宜矣.

「상전」에서 말했다. 담장에 올라간 것은 의리상 공격할 수가 없기 때문이고, 길하게 된 것은 곤란해져서 규범으로 돌아왔기 때문이다.

象曰, 乘其墉, 義不克也, 其吉, 則困而反則也.

담장에 올라갔는데도 공격할 수가 없었던 것은 그 의리로 볼 때 공격할 수 없었기 때문이다. 올바르지 못한 것이 올바름을 공격하는 것은 의리상 이길 수 없다. 길함을 얻는 것은 의리상 이길 수 없으므로 곤궁해져서 합당한 규범[10]으로 돌아오기 때문이다. 육이효는 모든 양효가 연대하고 싶어하는 사람이다. 오직 구삼효와 구사효만이 쟁탈의 뜻이 있는 것은 이 두 효가 육이효와 구오효 사이에 있기 때문이니, 초효와 마지막 상효는 멀기 때문에 그 뜻을 취한 것이 다른 효와 구별된다.

所以乘其墉而弗克攻之者, 以其義之弗克也. 以邪攻正, 義不勝也. 其所以得吉者, 由其義不勝, 困窮而反於法則也. 二者, 衆陽所同欲也. 獨三四有爭奪之義者, 二爻居二五之間也, 初終遠, 故取義別.

구오효는 동지와 연대함에 있어 먼저는 울부짖지만 나중에 웃으니, 큰 군사로 이겨야 서로 만난다.

九五, 同人, 先號咷而後笑, 大師克, 相遇.

구오효는 육이효와 연대하려고 하지만, 구삼효와 구사효 두 양효가 그 사이를 가로막고 있다. 그래서 구오효는 본래 자신의 의리가 올바르고 이치가 우세하기 때문에, 분함과 억울함을 이기지 못해서 울부짖게 된다. 그러나 올바르지 못한 것은 올바른 것을 이기지 못하니, 두 양효에 의해서 가로막혔더라도 결국에는 반드시 합치하게 되므로, 나중에는 웃게 된다.

"큰 군사로 극복해야 서로 만난다"는 말은, 구오효와 육이효가 올바른 호응관계이지만 두 양효가 이치가 아닌데도 가로막고 뺏으려 하니, 반드시 큰 군사를 동원하여 이겨야 서로 만날 수 있다는 말이다. "큰 군사"라고 하고 "극복한다"라고 말한 것은 두 양효가 강함을 나타낸 것이다. 구오효는 군주의 자리인데 이 효에서는 군주가 동지와 연대하는 의미를 취하지 않은 것은 구오효는 오로지 사사로운 친밀함으로 육이효와 호응하여 중정의 덕을 잃었기 때문이다. 군주는 마땅히 천하와 공명정대하고 공평무사하게 연대해야 하는데, 한 사람과 홀로 사사롭게 친밀하게 관계하는 것은 군주의 도리가 아니다.

또 먼저 가로막혔을 때는 울부짖다가 나중에 만나서 웃으니, 이는 사사롭게 친밀하려는 감정이지 대동大同의 체통이 아니다. 육이효는 아래의 위치에 있는데도 집안사람끼리 사사롭게 연대하여 인색하게 되었는데, 하물며 군주는 어떻겠는가? 구오효는 군주의 도리에서 취할 것이 없으므로 다시 군주의 도리를 말하지 않았고, 두 사람이 마음을 함께하는 데에 틈이 벌어질 수 없다는 뜻을 밝혔다.

「계사전」에서 "군자의 도리는 정치권에 나아가건 물러나건, 침묵하건 말을 하건, 두 사람이 마음을 함께하면 그 날카로움이 쇠도 자른다"고 했다. 진실하고 정성스러운 마음으로 합치하면, 나아가건 물러나건 혹은 말을 하건 침묵하건 함께하지 않음이 없어서, 세상이 둘 사이를 벌어지게 만들 수 없다는 것이다. 함께 연대한다는 것은 하나로 됨을 말하니, 하나로 된 것은 나눌 수가 없어서, 나뉘게 되면 둘인 것이다. 하나로 된 것은 쇠와 돌을 뚫고 불과 물도 헤쳐 나가 들어가지 못하는 것이 없으므로, 그 날카로움이 쇠도 자른다고 했다. 그 이치는 지극히 은미하므로, 성인이 그것을 찬미하여 "마음을 함께한 사람의 말은 그 향기가 난초와 같다"고 했으니, 그 말이 가진 의미가 매우 깊음을 말한 것이다.

九五同於二, 而爲三四二陽所隔. 五自以義直理勝, 故不勝憤抑, 至於號咷. 然邪不勝正, 雖爲所隔, 終必得合, 故後笑也. 大師克相遇, 五與二正應, 而二陽非理隔奪, 必用大師克勝之, 乃得相遇也. 云大師云克者, 見二陽之強也. 九五君位, 而爻不取人君同人之義者, 蓋五專以私暱應於二, 而失其中正之德. 人君當與天下大同, 而獨私一人, 非君道也. 又先隔則號咷, 後遇則笑, 是私暱之情, 非大同之體也. 二之在下, 尙以同於宗爲吝, 況人君乎? 五旣於君道无取, 故更不言君道, 而明二人同心, 不可間隔之義. 繫辭云, "君子之道, 或出或處, 或黙或語, 二人同心, 其利斷金." 中誠所同, 出處語黙, 无不同, 天下莫能間也. 同者一也, 一不可分, 分乃二也. 一可以通金石, 冒水火, 无所不能入, 故云其利斷金. 其理至微, 故聖人贊之曰, "同心之言, 其臭如蘭." 謂其言意味深長也.

「상전」에서 말했다. 동지와의 연대에서 먼저 울부짖음은 진실하고 올바르기 때문이고, 큰 군사로 이겨야 서로 만나는 것은 결국에는 이길 수 있다는 말이다.

象曰, 同人之先, 以中直也, 大師相遇, 言相克也.

먼저 울부짖는 이유는 마음이 진실하고 정성스러우며 이치가 올바르기 때문에, 분함과 절박함을 이기지 못해서 그런 것이다. 그 상대가 매우 강하여 큰 군사를 동원하지만, 의리가 올바르고 이치가 우세하여 결국에는 이길 수가 있으므로, '상극相克'이라고 했다. '상극'이란 능히 이길 수 있다는 말이니, 두 양효의 강함을 드러냈다.

先所以號咷者, 以中誠理直, 故不勝其忿切而然也. 雖其敵剛強, 至用大師, 然義直理勝, 終能克之, 故言能相克也. 相克謂能勝, 見二陽之強也.

상구효는 교외에서 동지와 연대하니, 후회가 없다.

上九, 同人于郊, 無悔.

교외란 밖에 있어서 먼 곳이다. 연대를 구하는 것은 반드시 서로 친하고 서로 함께하는데, 상구효는 밖에 자리하고서 호응하는 사람이 없으니, 결국에는 함께 연대하는 사람이 없는 자다. 처음에 함께 연대하는 사람이 있었다면 끝에 가서 혹시 어그러져 후회가 있었을

지 모르나, 먼 곳에 자리하여 함께하는 사람이 없으므로, 연대하는 사람이 없을지라도 후회는 없다. 연대하려는 뜻을 이루지 못했지만, 결국에는 후회할 것이 없다.[11]

郊, 在外而遠之地. 求同者必相親相與, 上九居外而无應, 終无與同者也. 始有同則至, 終或有睽悔. 處遠而无與, 故雖无同, 亦无悔. 雖欲同之志不遂, 而其終无所悔也.

「상전」에서 말했다. 교외에서 동료와 연대하는 것은 뜻을 이루지 못한 것이다.

象曰, 同人于郊, 志未得也.

먼 곳에 자리하여 함께 연대하는 사람이 없기 때문에 결국에는 후회도 없다. 그러나 동지와 연대하는 도리에서 연대를 구하려는 뜻을 이루지 못했기 때문에, 후회는 없을지라도 최선의 처신은 아니다.

居遠莫同, 故終无所悔. 然而在同人之道, 求同之志不得遂, 雖无悔, 非善處也.

---

1 대동大同: 『예기』 「예운禮運」, "큰 도가 행해짐에 천하가 공평무사[公]하게 되어 어진 자가 선발되고 능력 있는 자와 함께하여, 믿음을 익히고 화목함을 닦는다. 그러므로 사람들이 오직 그 어버이만을 어버이로 여기지 아니하고, 오직 그 자식만을 자식으로 여기지 아니하여, 늙은이는 편안히 돌아가실 수 있게 하고, 장정은 적재적소에 쓰이게 하고, 어린이는 잘 자라게 하고, 과부와 고아와 독거노인과 장애자들은 모두 길러지게 하고, 남자는 직분이 있게 하고, 여자는 시집가게 하고, 재물이 그 땅에서 헛되이 낭비되는 것을 미워했으나 반드시 자기 것으로 쌓아두지 아니하고, 힘을 직접 쓰지 않는 것을 미워했으나 반드시 자기만을 위하여 쓰지는

않는다. 그러므로 간사한 꾀가 막혀서 일어나지 못했고, 도둑이 훔치거나 도적들이 난을 일으키지 못했다. 그래서 바깥문을 여닫지 않았으니, 이를 일러 대동大同이라고 한다大道之行也, 天下爲公, 選賢與能, 講信修睦, 故人不獨親其親, 不獨子其子, 使老有所終, 壯有所用, 幼有所長, 矜寡孤獨廢疾者皆有所養, 男有分, 女有歸, 貨惡其棄於地也, 不必藏於己, 力惡其不出於身也, 不必爲己, 是故謀閉而不興, 盜竊亂賊而不作, 故外戶而不閉, 是謂大同."

2 건乾이 행한 것이다: 호원은 '건행乾行'에 대해서 다음과 같이 설명한다. "광야에서 이루면 형통해서 어떤 험난과 어려움도 구제할 수 있는 것은 군자가 근면하고 강건한 덕과 중정의 도로 천하 사람들을 동화시켜서 천하 사람들이 마음을 합쳐서 귀일하게 한 것이니, 그래서 건의 도로 행했다.所以得于野亨而險難无不濟者, 由君子以勤健之德, 中正之道, 以同天下之人, 使天下之人同心而歸之, 是以乾之道而行也." 호원은 '건행乾行'을 근면하고 강건한 덕과 중정의 도로 해석한다. 정이천은 주로 공평무사한 것에 초점을 맞추고 있다.

3 문명文明: 「범례」 4번 문명文明 항목 참조.

4 사물의 같은 점과 다른 점을 분별한다: 호원은 다소 정치적인 측면을 드러내고 있다. "그 무리를 분류하고, 그 사물을 분별한다. 무리란 붕당이고, 사물이란 사물의 성질이다. 붕당을 분별해서 각각 그 파벌에 따라 행동하고, 그 사물의 성질을 분명하게 분멸하여 각각 그 마땅한 자리에 있게 하니, 선한 자는 선한 자와 연대하고, 불선한 자는 불선한 자와 연대하며, 군자는 군자와 도를 함께하고 소인은 소인과 도를 함께한다. 이것이 천하를 분별하여 각각 그 같음을 얻게 하는 것이다類其族, 辨其物. 族即族黨也, 物即物性也. 言其分別族黨, 使各以其類, 明辨其物性, 使各得其所, 善者同于善, 不善者同于不善, 君子則與君子同道, 小人則與小人同道, 是類別天下使各得其同也." 정이천은 오히려 이런 붕당에 따라 움직이는 파벌적인 정치보다는 공명정대하고 공평무사한 공심公心에 따라 연대하는 것을 강조하고 있다. 그래서 사물의 같은 점과 차이점을 동시에 분별하라고 말하고 있는 것이다.

5 강폭剛暴은 강하면서 포악한 자질을 말한다. 「범례」 4번 재才와 덕德 항목 참조.

6 강강剛強은 과도하게 강경한 자질을 말한다. 「범례」 4번 재와 덕 항목 참조.

7 의리상 이길 수가 없으므로: 왜 이길 수가 없을까? 구오효의 세력이 너무 강하여 두려워하기 때문에 이길 수가 없다.

8 때때로 높은 언덕에 올라서 살피고 관망하니: 무엇을 관망하면서 살필까? 동곡정씨東谷鄭氏는 이렇게 설명한다. "병사를 숲속에 감추고 구오효의 결점을 엿보고, 육이효의 움직임을 살핀다伏戎于莽, 以伺五之隙, 升其高陵, 以窺二之動." 아마도 정이천은 구삼효는 마음속으로 질투심과 증오심을 가지고 공격할 틈을 엿보았지만 그 세력이 감당할 수 없어서 공격하지 못하는 것으로 해석하고 있는 듯하다. 이 구절에 대한 해석은 매우 미묘하다. 구사효와 마찬가지로 모두 연대하려는 것이 아니라 쟁탈하려는 모습이지만 상황과 심리적 상태가 다르다. 이 점에서 주희는 정이천의 해석을 비판하고 있다. "어떤 사람이 물었다. '병사를 숲속에 감추어두고 높은 언덕에 올라갔다는 것은 어떤 뜻입니까?' 주자가 대답했다. '단지 높은 언덕의 풀숲에 감추어두고 3년 동안 일으키지 못했다는 것이니, 구사효가 그 담장에 올라갔다는 것과 함께 모두 강함이 성대하여 높아졌다는 것이다. 그러나 구삼효는 육이효와 연대하려고 하지만 구오효의 공격을 받을까 걱정하므로, 높은 언덕에 올

라 병사를 감추어두고 대적하려고 했다가 양효인 구오효의 세력이 강하여 빼앗을 수가 없기 때문에 3년 동안 일으키지 못한 것이므로, 「상전」에서 행할 수가 없다고 했다. 구사효는 육이효와 연대하려고 하지만 구삼효에 의해서 막혀 있으므로 담장에 올라가 공격하려 하지만 자신이 약한 위치에 자리하고 있어서 스스로 돌이켜 공격하지 못하는 것이므로, 「상전」에서 의리상 공격할 수 없다고 했다. 『정전程傳』에서는 높은 언덕에 올라간 것에 높은 언덕에 올라가 살피고 관망한다는 뜻이 있다고 말하고 있는데 이 주장은 매우 정교한 것 같지만 본래의 의미는 아니다或問伏戎于莽升其高陵如何. 朱子曰, 只是伏于高陵之草莽中, 三歲不敢出, 興九四乘其墉, 皆爲剛盛而高. 三欲同於二而懼九五之見攻, 故升高伏戎欲敵之, 而五陽方剛則不可奪, 故三歲不興, 而象曰不能行也. 四欲同於二而爲三所隔, 故乘墉攻之, 而以居柔遂自反而弗克, 而象曰義弗克也. 程傳謂升高陵有升高顧望之意, 此說雖巧, 恐非本意(『주역전의대전』)."

9 운봉 호씨雲峯胡氏는 구삼효와 구사효의 차이를 이렇게 말하고 있다. "구삼효는 강한 자질로 강한 위치에 자리했더라도 오히려 구오효에게 공격을 당할 것을 두려워하는 자이니, 구오효의 세력에 굴복하여 대적할 수가 없다. 구사효는 강한 자질로 유柔한 위치에 자리하여 담장을 올라타고서 공격하려고 하지만 결국에는 공격할 수가 없는 자이니, 이는 의리에 굴복하여 대적하지 않을 수 있는 것이다三雖以剛居剛, 猶懼五之見攻者, 屈於勢而不可敵也. 四以剛居柔, 欲乘墉以攻, 終不克攻者, 是能屈於義而不敢敵也(『주역전의대전』)." 구삼효는 구오효의 세력이 크기 때문에 대적하지 않는 것이고, 구사효는 힘이 부족한 것이 아니라 의리가 합당하지 않기 때문에 공격하지 않는다는 말이다.

10 '칙則'에 대한 운봉 호씨의 설명이 좋다. "힘이 부족하여 공격하지 않는 것은 세력에 굴복하는 것이고, 싸울 힘이 있지만 공격하지 않는 것은 이치에 굴복하는 것이다. '칙'이란 넘을 수 없는 이치이다力不足而不攻者, 屈於勢也, 力有餘而不攻者, 屈於理也. 則者, 理之不可踰者也(『주역전의대전』)."

11 후회할 것이 없다: 운봉 호씨는 이 효를 은둔자에 해당한다고 본다. 그래서 후회가 없는 것이다. "초구효와 상구효는 모두 호응하는 사람이 없다. 초구효에서 '문을 벗어나서 사람들과 연대한다'고 한 것은, 집안의 밖에 나가서 나라 사람들과 연대하는 것이니, 아래 위치에서 사사롭게 응하는 자가 없는 것이다. 상구효는 나라 사람과 연대하지 않아서 나라 밖으로 나가 거칠고 외지며 사람이 없는 곳에서 함께 응하는 사람이 없는 자이니, 은둔하는 사람과 같다. 그러므로 흉하다고 말하지 않고 후회가 없다고 했다初上, 皆無應. 初出門同人, 出乎家之外而同乎國之人也, 在下而无私應者也. 上九不同乎國之人, 乃出乎國之外, 見荒僻无人之所在外而无與應者, 如荷蕢之徒是也. 故不謂之凶, 但謂之无悔(『주역전의대전』)."

14. 수많은 지지자, 풍족한 소유: 대유大有괘䷍

화천대유火天大有라고 한다. 괘의 모습이 이離☲괘가 위에 있고, 건乾☰괘가 아래에 있기 때문이다.

대유大有괘에 대해 「서괘전」에서는 이렇게 설명한다. "사람들과 연대한 후에는 사람들이 반드시 모여들므로, 대유괘로 받았다." 사람들과 연대하는 것은 모든 것이 모이는 것이기 때문에 풍족한 소유를 상징하는 대유괘가 동인同人괘 다음이 된다. 괘의 모습은 이離괘가 상징하는 불이 건乾괘가 상징하는 하늘 위에 있다. 불이 하늘의 가장 높은 곳에 있다면 그 밝은 빛은 멀리에까지 미치기 때문에 다양한 모든 군중을 비쳐주지 않음이 없으니, 풍족한 소유의 모습이다. 또 하나의 음효가 존귀한 지위에 자리하고 모든 양효가 함께 호응하는데, 높은 지위에 있으면서도 오만하지 않고 유柔한 태도를 지니고 있기 때문에, 모든 것이 모여든다. 위와 아래가 서로 호응하는 것이 풍족한 소유의 뜻이다. 대유란 성대하고 풍성하게 소유한 것이다.[1]

大有, 序卦, "與人同者, 物必歸焉, 故受之以大有." 夫與人同者, 物之所歸也, 大有所以次同人也. 爲卦, 火在天上. 火之處高, 其明及遠, 萬物之衆, 无不照見, 爲大有之象. 又一柔居尊, 衆陽竝應, 居尊執柔, 物之所歸

也. 上下應之, 爲大有之義. 大有, 盛大豐有也.

풍족한 소유는 크게 형통하다.

大有, 元亨.

괘의 자질 구조가 크게 형통할 수 있다. 괘의 덕德은 괘의 이름에 그 의미가 담겨 있는 경우가 있는데, "친밀한 협력은 형통하다"와 "겸손함은 형통하다"는 것이 그러하고, 괘의 의리義理에 따라서 훈계를 삼은 경우도 있는데 "군중을 다루는 방식은 올바름을 지켜야 하니 장인丈人이라야 길하다"와 "동지와의 연대는 광야에서 이루면 형통하다"는 것이 그러하고, 괘의 자질 구조로 말하는 경우가 있는데 "풍족한 소유는 크게 형통하다"는 것이 그러하다. 그 자질이 건괘처럼 강건剛健하며 이괘처럼 문명文明하고, 하늘에 호응하고 때에 맞게 행하므로, 크게 형통할 수 있다.

卦之才可以元亨也. 凡卦德, 有卦名自有其義者, 如比吉謙亨是也, 有因其卦義便爲訓戒者, 如師貞丈人吉同人于野亨是也, 有以其卦才而言者, 大有元亨是也. 由剛健文明, 應天時行, 故能元亨也.

「단전」에서 말했다. 대유大有괘는 유한 것이 존귀한 지위를 얻고, 위대한 중도의 덕을 얻어 위와 아래가 호응하므로 풍족한 소유라고 했다.

彖曰, 大有, 柔得尊位, 大中而上下應之, 曰大有.

괘가 왜 대유인지를 말했다. 육오효가 음陰한 자질로 군주의 지위에 자리하니 유한 것이 존귀한 지위를 얻은 것이고, 중의 위치에 처하니 큰 중도를 얻은 것이며, 여러 양효의 종주宗主가 되니 위와 아래가 호응하는 것이다. 존귀한 지위에 자리하면서도 유한 태도를 지니면 실로 군중들이 모이게 되고 또 마음을 텅 비우고 문명하며 큰 중도의 덕을 지녔기 때문에 위와 아래가 뜻을 함께하면서 호응하니, 풍족한 소유가 되는 것이다.

言卦之所以爲大有也. 五以陰居君位, 柔得尊位也, 處中得大中之道也, 爲諸陽所宗, 上下應之也. 夫居尊執柔, 固衆之所歸也, 而又有虛中文明大中之德, 故上下同志應之, 所以爲大有也.

그 덕이 강건하면서도 문명하고, 하늘에 호응하고 때에 맞게 행하여, 크게 형통하다.

其德, 剛健而文明, 應乎天而時行, 是以元亨.

괘의 덕은 안으로는 강건하고 밖으로는 문명하다.[2] 육오효의 군주는 아래로 강건한 구이효에 호응하고 있다. 육오효의 성질은 유순하고 현명하여, 구이효를 따르고 호응할 수 있다. 구이효는 건乾의 주인이니, 이는 곧 건에 호응하는 것이다. 육오효가 건의 행함에 따르고 호응하는 것은 천시天時를 따르는 것이므로 "하늘에 호응하고 때에 맞게 행한다"고 했다. 그 덕이 이와 같으므로 크게 형통한다.

왕필은 "크게 통하지 않는데, 어떻게 풍족한 소유를 얻을 수 있는가? 풍족하게 소유하면 반드시 크게 형통하다"라고 했다. 이런 생각은 불을 상징하는 이괘와 강건함을 상징하는 건괘가 합쳐져서 풍족한 소유라는 괘의 의미가 이루어졌다는 점을 알지 못하는 것이다.[3] 이는 풍족한 소유라는 괘의 의리에 크게 형통한 것이 있는 것이 아니라, 그 자질의 구조 때문에 크게 형통할 수 있다는 말이다. 왜냐하면 풍족하게 소유하면서도 선하지 않은 경우와 형통할 수 없는 경우도 있기 때문이다.

여러 괘에서 '원형이정元亨利貞'이 보이면 「단전」에서는 '원형'을 모두 크게 형통하다고 해석했으니, 아마도 건괘와 곤괘의 '원형이정'의 의미와 같다고 의심할까 염려했기 때문이다. '이정利貞'이라는 말을 겸하지 않았다면, 크게 형통하다는 뜻으로 해석하여 '원元'이라는 뜻을 다했으니, '원'에는 크게 좋다는 의미가 있다. '원형元亨'이라는 말이 들어간 괘는 4개가 있는데, 대유大有괘, 고蠱괘, 승升괘, 정鼎괘다. 오직 승괘 「단전」에만 여느 괘와는 달리 '원형'이 아니라 '대형大亨'이라고 적혀 있다.

어떤 사람은 이렇게 묻는다. "다른 괘의 '원元'의 의미가 건乾괘의 '원'과 다른 이유는 무엇입니까?" 이렇게 답하겠다. 건괘에서의 원은 시작의 의미가 있고 "여러 사물 가운데 으뜸으로 출중하다"는 의미도 있어서, 다른 괘에서는 이런 뜻을 가질 수가 없고, 좋고 크다는 의미를 가질 뿐이다. 또 이렇게 묻는다. "원이라는 말이 크다는 의미는 가능하지만, 선善함의 의미가 되는 것은 무슨 이유입니까?" 이렇게 대답하겠다. 원이라는 말은 사물의 처음이니, 사물의 시초에 어찌 불선不善이 있겠는가? 일이 이루어진 후에 어그러짐이 있으니 어그러짐은 시초에서 먼저 이루어진 것이 아니다. 홍함이 있고 난 후에 쇠락이 있으니, 쇠락이란 분명 홍함보다 뒤에 있다. 얻은 후에야 잃음이 있으니, 얻지 않는다면 어찌 잃을 것이 있겠는가? 선과 악, 질서와 혼란, 옳음과 그름 등 세상의 모든 일은 모두 그렇지 않음이 없으니 반드시 선함이 먼저다. 그래서 「문언전」에서 "원이란 선함의 으뜸이다"라고 했던 것이다.

卦之德, 內強健而外文明. 六五之君, 應於乾之九二. 五之性柔順而明, 能順應乎二. 二, 乾之主也, 是應乎乾也. 順應乾行, 順乎天時也, 故曰, 應乎天而時行. 其德如此, 是以元亨也. 王弼云, "不大通, 何由得大有乎? 大有則必元亨矣." 此不識卦義離乾成大有之義. 非大有之義便有元亨, 由其才故得元亨. 大有而不善者, 與不能亨者, 有矣. 諸卦見元亨利貞, 則彖皆釋爲大亨, 恐疑與乾坤同也. 不兼利貞, 則釋爲元亨, 盡元義也, 元有大善之義. 有元亨者四卦, 大有·蠱·升·鼎也. 唯升之彖, 誤隨他卦, 作大亨. 曰, 諸卦之元與乾不同, 何也? 曰, 元之在乾, 爲元始之義, 爲首出庶物之義, 他卦則不能有此義, 爲善爲大而已. 曰, 元之爲大可矣, 爲善何也? 曰, 元者物之先也, 物之先豈有不善者乎? 事成而後有敗, 敗非先成者也. 興而後有衰, 衰固後於興也. 得而後有失, 非得則何以有失也? 至於善惡治亂是非, 天下之事莫不皆然, 必善爲先. 故文言曰, "元者善之長也."

「상전」에서 말했다. 불이 하늘 위에 있는 것이 대유괘의 모습이니, 군자는 이를 본받아 악을 막고 선을 드날려서, 하늘의 아름다운 명을 따른다.

象曰, 火在天上, 大有. 君子以遏惡揚善, 順天休命.

불이 높이 하늘 위에서 수많은 만물을 비춰 드러내므로, 풍족한 소유가 된다. 풍족한 소유란 많다는 뜻이다. 군자는 대유괘의 모습을 관찰하여 여러 악을 막아 없애고, 선한 종류를 밝혀, 하늘의 아름다운 명을 받들어 따른다. 만물이 많으니, 선함과 악함의 차이가 있다. 군자는 풍족한 소유의 풍성함을 향유하되, 하늘의 일〔天工〕[4]을 대신하여 여러 종류를 다스리고 길러야 한다. 군중을 다스리는 방식은 악함을 막고 선함을 드날리는 데에 달려 있을 뿐이다. 악을 징계하고 선을 권면하는 것은 천명을 따라서 여러 생명을 편안하게 하는 것이다.

火高在天上, 照見萬物之衆多, 故爲大有. 大有, 繁庶之義. 君子觀大有之象, 以遏絶衆惡, 揚明善類, 以奉順天休美之命. 萬物衆多, 則有善惡之殊. 君子享大有之盛, 當代天工, 治養庶類. 治衆之道, 在遏惡揚善而已. 惡懲善勸, 所以順天命而安群生也.

초구효는 해로움과 관련되지 않으니, 아직 허물이 있지 않으며 어려움을 알면 허물이 없을 것이다.

初九, 無交害, 匪咎, 艱則無咎.

초구효는 풍족한 소유의 시초에 자리하고서 아직 풍성함에 이르지 못했고, 낮은 위치에 처하여 호응하고 함께하는 사람들도 없어서 아직 교만이나 오만함의 과실은 없으므로 "해로움과 관련되지 않았다"고 했으니, 아직 해로움에 이르지 않았다.[5] 풍족하게 소유하면 해로움이 있지 않기가 드물다. 자공子貢[6]의 현명함으로써도 해로움을 피할 수가 없는데, 아래 위치에 있는 사람은 어떻겠는가?

"아직 허물이 있지 않으며 어려움을 알면 허물이 없다"라고 했으니, 풍족한 소유는 본래 허물이 있는 것은 아니지만, 사람이 풍족하게 소유하게 되면 스스로 허물을 자초할 뿐이다. 풍족한 소유를 향유하면서 어려움을 알 수 있다면, 저절로 허물이 없게 된다. 풍족한 소유에 처하여 어려움을 생각하면서 두려워할 수 없다면 교만하고 사치스런 마음이 생기니,[7] 그래서 허물이 있게 된다.

九居大有之初, 未至於盛, 處卑无應與, 未有驕盈之失, 故无交害, 未涉於害也. 大凡富有, 鮮不有害. 以子貢之賢, 未能盡免, 況其下者乎? 匪咎, 艱則无咎, 言富有本匪有咎也, 人因富有自爲咎耳, 若能享富有而知難處, 則自无咎也. 處富有而不能思艱兢畏, 則驕侈之心生矣, 所以有咎也.

「상전」에서 말했다. 풍족한 소유의 초구효는 해로움과 관련되지 않는다.

象曰, 大有初九, 無交害也.

풍족한 소유의 시초에 있으면서 어려움을 생각할 줄 알면 교만하고 넘치는 마음이 생겨나지 않으니, 이로써 해로운 것에 이르지 않는다.

在大有之初, 克念艱難, 則驕溢之心, 无由生矣, 所以不交涉於害也.

구이효는 거대한 수레가 무거운 물건을 실은 모습이니, 나아갈 바가 있어서 허물이 없을 것이다.

九二, 大車以載, 有攸往, 無咎.

구이효는 양강한 재능으로 이二의 위치에 자리하고서, 육오효 군주의 절대적인 신임을 받았다. 강건하니 재능이 뛰어나고, 유한 위치에 자리하니 겸손하고 순종할 줄 알며, 중도를 얻었으니 과도함이 없다. 그 자질이 이와 같아 풍족한 소유의 소임을 감당할 수 있으니, 마치 거대한 수레의 재질이 강건하고 장대하여 무거운 물건을 능히 실을 수 있는 것과 같다. 막중한 임무를 가지고 먼 곳을 갈 수 있으므로, 나아갈 바가 있어서 허물이 없다.[8] 풍족하게 소유하여 풍성한 때에, 소유하되 극한에 이르지는 않았으므로, 육이효의 재능으로 일을 진행해나가기 때문에 허물이 없을 수 있는 것이니, 성대함이 극한에 이르면 일을 진행해나갈 수가 없다.

九以陽剛居二, 爲六五之君所倚任. 剛健則才勝, 居柔則謙順, 得中則无過. 其才如此, 所以能勝大有之任, 如大車之材強壯, 能勝載重物也. 可以任重行遠, 故有攸往而无咎也. 大有豐盛之時, 有而未極, 故以二之才可往而无咎, 至於盛極, 則不可以往矣.

「상전」에서 말했다. 거대한 수레가 물건을 싣는 것은 수레의 중심〔中〕에 실어서 무너지지 않는 것이다.

象曰, 大車之載, 積中不敗也.

거대한 수레가 무거운 물건을 수레의 중심〔中〕에 실어서 무너지지 않으니, 마치 구이효의 재능과 역량의 강함이 풍족한 소유의 시대의 소임을 감당할 수 있는 것과 같다.

壯大之車, 重積載於其中而不損敗, 猶九二材力之强, 能勝大有之任也.

구삼효는 공公이 자신의 부를 써서 천자를 형통하게 하니, 소인은 가능하지 않다.

九三, 公用享于天子, 小人弗克.

구삼효는 하체에서 가장 높은 지위에 있으니, 아래 위치에 자리하면서도 사람들의 윗자리에 있으므로 제후와 군주의 모습이다. 공公과 제후는 위로 천자를 받들고, 천자는 세상의 가장 존귀한 지위에 자리하여 온 세상에 왕의 신하가 아닌 사람이 없으니, 아래 지위에 있는 사람이 어떻게 그의 소유를 함부로 전유하겠는가? 풍부한 토지와 수많은 백성 모두가 왕의 소유이니 이것이 이치의 올바름이다.

그래서 구삼효는 풍족한 소유의 때에 제후의 지위에 자리하여 그 풍성한 부를 소유했더라도 이를 반드시 천자를 형통하게 하는 데에 써야 하니, 자신의 소유를 천자의 소유로 여기는 것이 곧 신하의 상도常道로서의 의리義理임을 말한다. 소인이 이런 경우에 처했다면 풍성한 부를 전유하고 사적인 것으로 생각할 뿐이지 자신을 공적인 존재로 여기고 윗사람을 받드는 도리를 알지 못한다. 그래서 소인은 그렇게 할 수 없다고 했다.

三居下體之上, 在下而居人上, 諸侯人君之象也. 公侯上承天子, 天子居天下之尊, 率土之濱, 莫非王臣, 在下者何敢專其有? 凡土地之富, 人民之衆, 皆王者之有也, 此理之正也. 故三當大有之時, 居諸侯之位, 有其富盛,必用亨通乎天子, 謂以其有爲天子之有也, 乃人臣之常義也. 若小人處之, 則專其富有以爲私, 不知公己奉上之道, 故曰小人不克也.

「상전」에서 말했다. 공公이 자신의 부를 써서 천자를 형통하게 하는 것은 소인들에게는 해롭다.

象曰, 公用亨于天子, 小人, 害也.

공후公侯는 항상 자신의 부를 써서 천자를 형통하게 하지만, 소인이 그런 경우에 처한다면, 그런 행동이 해롭다고 생각한다. 옛날부터 제후들 가운데 신하의 절도를 지켜서 충직하고 순종하면서 윗사람을 받드는 자는 그 백성을 번성하게 해서 왕의 울타리로 삼고, 재물을 증식하여 윗사람의 세금 징수에 대비했다. 그러나 소인이 그러한 경우를 당하면 신하가 윗사람을 받드는 도리를 알지 못하고 자신의 사사로운 이익만을 생각하며, 백성이 많고 재물이 풍부하면 도리어 그 부강함을 독차지하여 더욱더 불순한 행위를 하니, 소인들이 풍족하게 소유하면 세상이 피해를 입을 것이고 또한 풍족한 소유가 소인들의 해로움이 된다.[9]

公常用亨于天子, 若小人處之, 則爲害也. 自古諸侯能守臣節, 忠順奉上者, 則蕃養其衆, 以爲王之屛翰, 豐殖其財, 以待上之徵賦. 若小人處之, 則不知爲臣奉上之道, 以其爲己之私, 民衆財豐, 則反擅其富強, 益爲不順, 是小人大有則爲害, 又大有爲小人之害也.

구사효는 지나치게 성대하지 않으면 허물이 없다.

九四, 匪其彭, 無咎.

구사효는 풍족한 소유의 때에 처하여 중간을 지났으니, 이는 풍족한 소유가 풍성한 것이다. 그러나 지나치게 성대하면 흉함과 허물이 생겨나게 마련이다. 즉 처신하는 도리가 지나치게 성대하지 않으면 허물이 없을 수 있으니, 겸손하고 소유한 것을 베풀어서 지나친 성대함에 처하지 않으면 허물이 없다. 구사효는 군주와 가까운 높은 지위이므로 지나친 성대함에 처하게 되면, 흉함과 허물이 이른다. '팽彭'이란 성대하고 많은 모양이다. 『시詩』「재구載驅」 편에 "문수汶水가 넘실넘실 흐르는데 행인이 많고 많다"라고 했는데 이는 행인이 성대하고 많은 모습이며, 「대아大雅·대명大明」 편에 "네 필의 말이 건장하다"라고 했는데, 이는 무왕의 군마軍馬가 성대한 것을 말한다.

九四居大有之時, 已過中矣, 是大有之盛者也. 過盛則凶咎所由生也. 故處之之道, 匪其彭則得无咎, 謂能謙損, 不處其太盛, 則得无咎也. 四近君之高位, 苟處太盛, 則致凶咎. 彭, 盛多之貌. 詩載驅云, "汶水湯湯, 行人彭彭." 行人盛多之狀, 雅大明云, "駟騵彭彭." 言武王戎馬之盛也.

「상전」에서 말했다. 지나치게 성대하지 않으면 허물이 없는 것은 분명하게 분별한 지혜이기 때문이다.

象曰, 匪其彭無咎, 明辨晳也.[10]

그 성대함에 처하지 않아서 허물이 없을 수 있는 자는 분명하게 분별하는 지혜를 가지고 있기 때문이다. '석晳'은 밝은 지혜다. 지혜로운 사람은 사물의 이치를 분명하게 분별하여, 지나치게 성대해지면 허물이 이를 수 있다는 점을 알기 때문에, 덜어내고 억제하여 함부로 꽉 찬 데에 이르지 않는다.

能不處其盛而得无咎者, 蓋有明辨之智也. 晳, 明智也. 賢智之人, 明辨物理, 當其方盛, 則知咎之將至, 故能損抑, 不敢至於滿極也.

육오효는 믿음을 가지고 서로 교류하니, 위엄이 있으면 길하다.

六五, 厥孚交如, 威如, 吉.

육오효는 풍족한 소유의 때에 군주의 지위에 자리하여 마음을 비우니, 진실한 믿음을 지닌 모습이다. 군주로서 유한 태도를 유지하고 중도를 지키면서 진실한 믿음을 가지고 아랫사람과 접촉하면, 아랫사람도 그의 진심어린 믿음과 정성을 다하여 윗사람을 섬기니, 윗사람과 아랫사람이 믿음을 가지고 서로 교류하는 것이다. 유한 태도로 존귀한 지위에 자리하여 풍족한 소유의 때에 당면하면 사람들의 마음이 안정되면서 이완되는데, 만약 오로지 유순한 태도로 그들을 대한다면 사람들에게는 오만하고 태만한 마음이 생겨나게 되니, 반드시 위엄이 있는 태도를 지닌다면 길하다.

'위여威如'라는 말은 위엄이 있다는 말이다. 유화柔和[11]한 태도와 진실한 믿음으로 아랫사람과 접촉하면 군중의 뜻이 기뻐하면서 따르고 또 위엄이 있어서 그들이 두려워하게 하면 풍족한 소유의 때에 잘 처신하는 방식이니, 길함을 알 수 있다.

六五當大有之時, 居君位, 虛中, 爲孚信之象. 人君執柔守中, 而以孚信接於下, 則下亦盡其信誠以事於上, 上下孚信相交也. 以柔居尊位, 當大有之時, 人心安易, 若專尙柔順, 則陵慢生矣, 故必威如則吉. 威如, 有威嚴之謂也. 旣以柔和孚信接於下, 衆志說從, 又有威嚴使之有畏, 善處有者也, 吉可知矣.

「상전」에서 말했다. 믿음을 가지고 서로 교류한 것은 신뢰로써 뜻을 일으키는 것이다. 위엄이 있으면 길한 것은 그렇지 않으면 아랫사람이 소홀히 하여 대비함이 없게 되기 때문이다.

象曰, 厥孚交如, 信以發志也. 威如之吉, 易而無備.

아랫사람의 뜻은 윗사람을 따르는 것이다. 윗사람이 진실한 믿음을 가지고 아랫사람과 접촉하면 아랫사람 역시 정성과 믿음으로 윗사람을 따르므로, "믿음을 가지고 서로 교류한다"고 했다. 윗사람이 진실한 믿음을 가지고 아랫사람의 진실한 믿음의 뜻을 일으켰기 때문에, 아랫사람이 윗사람을 따르니, 마치 메아리가 소리에 응하는 것과 같다. 위엄이 있다면 길한 것은, 만약 위엄이 없다면 아랫사람이 쉽게 오만하여 경계하고 대비함이 없게 된다는 것을 말하니, 공손하고 두려워하여 윗사람을 대비하는 도리가 없음을 말한다.[12] '비備'란 윗사람의 요구와 문책에 대비하는 것을 말한다.

下之志, 從乎上者也. 上以孚信接於下, 則下亦以誠信事其上, 故厥孚交如. 由上有孚信以發其下孚信之志, 下之從上, 猶響之應聲也. 威如之所以吉者, 謂若无威嚴, 則下易慢而无戒備也, 謂无恭畏備上之道. 備, 謂備上之求責也.

상구효는 저절로 하늘이 도와주니, 길하여 이롭지 않음이 없다.

上九, 自天祐之, 吉無不利.

상구효는 괘의 끝에 있고 지위가 없는 위치에 자리하니 이는 대유괘의 끝으로, 자신의 소유를 독차지하지 않는 자다. 이離괘의 가장 위에 처하여 현명함이 지극하다. 오직 지극히 현명한 지혜를 가졌기 때문에 자신의 소유를 독차지하지 않을 수 있어서, 과도하여 극단에 이르지 않는다. 소유함이 극한에 이르렀는데도 자처하지 않는다면, 가득 차서 오만해질 때 발생할 수 있는 재앙이 없으니, 천리天理를 따를 수 있는 자다.

육오효가 신뢰하고 있는데 그 위를 밟고 있으니, 정성과 신뢰를 밟고 있는 뜻이 된다. 육오효는 문명文明한 덕을 가지고 윗사람으로서 뜻을 낮추고 그에게 호응하니, 현자를 존중하고 선함을 높이는 뜻이 된다. 그 처신함이 이와 같으니, 길한 도가 지극하고, 저절로 그 복을 응당 향수하고, 저절로 하늘이 도와준다. 행함이 천리天理를 따르고 하늘의 도움을 얻으므로, 진행하는 일마다 모두 길하여 이롭지 않음이 없다.

上九在卦之終, 居无位之地, 是大有之極, 而不居其有者也. 處離之上, 明之極也. 唯至明所以不居其有, 不至於過極也. 有極而不處, 則无盈滿之災, 能順乎理者也. 五之孚信, 而履其上, 爲蹈履誠信之義. 五有文明之德,上能降志以應之, 爲尙賢崇善之義. 其處如此, 吉道之至也, 自當亨其福慶, 自天祐之. 行順乎天而獲天祐, 故所往皆吉, 无所不利也.

「상전」에서 말했다. 풍족한 소유에서 가장 높은 자리가 길한 것은 저절로 하늘이 돕는 것이다.

象曰, 大有上吉, 自天祐也.

풍족한 소유의 가장 높은 위치는 소유가 극한에 이르면 응당 변하게 마련이다. 그러나 행함이 천리를 따르고 도리에 합치하므로, 하늘이 도와주어서 길한 것이다. 군자는 가득 차도 넘치지 않으니, 하늘이 돕는다. 「계사전」에서 다시 뜻을 펴서 말했다. "하늘이 돕는 것은 천리를 따랐기 때문이고, 사람이 돕는 것은 신뢰가 있기 때문이다. 신뢰를 밟고서 천리를 따르는 것을 생각하고 또 현자를 숭상하니, 저절로 하늘이 돕고 길하여 이롭지 않음이 없다."

「계사전」에서 "신뢰를 밟고 있다"는 것은 구오효를 밟고 있는 것이니, 구오효는 마음을 비워서 믿음을 가지고 있다. "천리를 따르는 것을 생각한다"는 것은 겸손하게 물러나 소유물을 혼자 독차지하지 않는 것이다. "현자를 숭상한다"는 것은 뜻이 구오효를 따르는 것을 말한다. 풍족한 소유의 세상에서는 가득 차서 오만하거나 혼자 독차지해서는 안 되니, 풍족하면서도 또 가득 찬 데에 처하면 마땅한 일이 아니다. 여섯 효 모두가 권세와 지위를 차지하는 것을 좋아하지만 오직 초구효와 상구효만이 그 지위를 독차지하지 않으므로, 초구효는 허물이 없고 상구효는 이롭지 않음이 없다. 상구효는 가장 높은 위치에 있으면서 신뢰를 밟고 천리를 따르는 것을 생각하므로[13] 가장 높은 위치에 있으면서도 길함을 얻는데, 이는 하늘이 돕기 때문이다.

大有之上, 有極當變. 由其所爲順天合道, 故天祐助之, 所以吉也. 君子滿而不溢, 乃天祐也. 繫辭復申之云, "天之所助者順也, 人之所助者信也. 履信思乎順, 又以尙賢也, 是以自天祐之, 吉无不利也." 履信謂履五. 五虛中, 信也. 思順謂謙退不居. 尙賢謂志從於五. 大有之世, 不可以盈, 豐而復處盈焉, 非所宜也. 六爻之中, 皆樂據權位, 唯初上不處其位, 故初九无咎, 上九无不利. 上九在上, 履信思順, 故在上而得吉, 蓋自天祐也.

---

1 성대하고 풍성하게 소유한 것이다: 호원은 군중 속에서 많은 지지자를 소유한 것이라고 해석한다. "군자는 인의의 마음을 미루어 사람들에게 미치고 충서의 도를 행하여 모든 사람과 연대하니 세상 사람이 모두 마음을 함께하면서 모여든다. 이것이 세상에서 크게 소유한 것이다. 그러하니, 풍족하게 소유한 것은 군중 속에서 거대한 지지자들을 가진 것이다蓋言君子推仁義之心, 以及于人, 行忠恕之道, 以同于物, 則天下之人, 皆同心而歸. 是大有于天下也. 然則大有者, 大有于衆也." 풍족하게 소유했다는 의미보다는 하나의 음효가 많은 양효를 소유했다는 의미로 풀고 있다. 유柔한 것이 강剛한 것을 소유했다는 것이다. 즉 유연하고 지혜로운 자가 강직하고 강한 사람들을 지지자로 가졌다는 것이다.

2 안으로는 강건하고 밖으로는 문명하다: 속수 사마씨涑水司馬氏(사마광司馬光)는 이 내용과 관련하여 흥미로운 대비를 하고 있다. "유연하지만 현명하지 못하면 앞에 아첨이 있어도 알지 못하고, 뒤에 도적이 있어도 알지 못하며, 현명하지만 강건하지 못하면 선을 알면서도 행동하지 못하고 악을 알면서도 제거하지 못한다. 이 두 가지는 혼란의 단서다. 현명한 지혜로써 현실의 이치를 밝히고, 강건한 의지로써 과감하게 결단하여, 어떤 자리에서도 중도中道를 이룬 행위를 잃지 말고 때를 잃지 않은 후에야 그 군중의 지지자들을 보존할 수가 있으니, 크게 형통하다柔而不明, 則前有讒而不見, 後有賊而不知, 明而不健, 則知善而不能擧, 知惡而不能去. 二者皆亂亡之端也. 明以燭之, 健以決之, 居不失中行, 不失時, 然後能保有其衆, 元亨也(『주역전의대전』)." 결국 강건한 의지와 현실의 이치에 대한 밝은 지혜로 구분하고 있다.

3 알지 못하는 것이다: 정이천은 왕필이 무엇을 알지 못한다고 비판한 것일까? 왕필은 이 대유괘가 지천태地天泰괘처럼 하늘이 아래 있고 땅이 위에 있어 서로 크

게 소통하지 않는데 어떻게 풍족한 소유를 얻는가라고 질문하고서 풍족한 소유이기 때문에 크게 형통하다고 이해한 것이다. 그러나 풍족한 소유라고 해서 반드시 형통한 것이 아니라, 대유괘의 자질 구조가 크게 형통할 수 있다는 말이다. 그 자질 구조가 안으로는 강건하고 밖으로는 문이 밝을 뿐 아니라 하늘에 호응하고 때에 맞게 행하는 것이다.

4 하늘의 일〔天工〕: 하늘의 직임을 말한다. 옛날에는 왕이 하늘을 본받아 관직을 세워, 하늘을 대신하여 하늘의 직임을 대행한다고 생각했다. "모든 관직을 없애지 말아야 한다. 하늘의 일을 사람이 대신하기 때문이다.無曠庶官, 天工人其代之(『서書』「고요모皐陶謨」)."

5 왜 아직 해로움에 이르지 않았는가를 생각해볼 필요가 있다. 정이천은 풍족한 소유의 시초에 아직 세력이 성대하지 않은 때인데 호응하고 함께하는 사람들이 많아져서 교만하고 오만한 지경에까지 이르지 않았으므로 해로움에 이르지 않았으니, 그 때가 어려운 시기임을 알고 신중하게 처신하면 허물이 없을 것이라고 판단한다. 그러나 호원은 다른 맥락으로 설명한다. "'교해交害'란 이해관계로 서로 교제하는 것이다. 대체로 사람들은 친하다는 마음으로 사람들과 교제하면 반드시 그 사람을 소홀하게 대하기가 쉽고, 기쁨으로 사람들과 교류하면 반드시 원한이 있기 마련이며, 이해관계로 사람들과 교류하면 반드시 해로움이 있게 마련이다. 그러나 군자는 그 마음 씀이 넓고 커서, 친함이나 기쁨이나 이해관계를 의식하고 교제하지 않는다. 지금 초구효는 풍족한 소유의 시작에 자리하고 괘의 가장 아래에 처했으니 사람들에게 무심한 것이다交害者, 相交以利害者也. 大凡以親而交于人, 則必有疏之者矣, 以喜而交于人則必有怒之者矣, 以利而交于人則必有害之者矣. 唯君子爲能用心廣大, 故无意于交也. 今初九居大有之始, 處卦之下, 是无心于物者也."

6 자공子貢은 중국 춘추시대 위나라 사람으로 성은 단목端木 이름은 사賜다. 공문십철孔門十哲의 한 사람으로 재아宰我와 함께 언어에 뛰어났다. 정치적 수완이 뛰어나 노나라·위나라의 재상을 지냈고 경제적인 감각 또한 좋아서 공자를 경제적으로 많이 도와주었다. 인물사전 참조.

7 『논어』「학이」편 참조. "자공이 말했다. '가난하면서 아첨하지 않고 부자이면서 교만하지 않다면 어떠합니까?' 공자가 말했다. '좋다. 그러나 가난하면서 그 삶을 즐거워하고 부자이면서 예를 좋아하는 것만은 못하다.'子貢曰, 貧而無諂, 富而無驕, 何如? 子曰, 可也. 未若貧而樂, 富而好禮者也."

8 나아갈 바가 있어서 허물이 없다: 호원은 구체적으로 이렇게 해석한다. "일을 진행해가서 허물이 없다는 것은 이런 것이다. 군자는 재능과 도를 품고서 그 정치적 지위를 얻지 못함을 근심하며, 정치적 지위를 얻었다면 현명한 군주를 얻지 못함을 근심한다. 현명한 군주를 얻었다는 것은 무엇인가? 자신의 말이라면 군주가 경청하고, 자신의 간언을 군주가 따르고, 자신이 일으킨 일들을 군주가 순종하는 것이 그것이다. 지금 구이효는 강명하고 중정의 재능으로 육오효의 신임을 얻었으므로 행하는 것이나 일을 진행시키는 것이 이롭지 않음이 없다有攸往无咎者, 夫君子懷才抱道, 患不得其位, 旣得其位, 患不得其君. 所謂得君者, 何? 若己言則君聽之, 己諫則君從之, 已有所興爲則君順之, 是也. 今二以剛明中正之才, 爲六五之所委任, 故所行所往, 无不利也."

9 풍족한 소유가 소인들의 해로움이 된다: 이러한 정이천의 설명은 호원의 말을

통해 이해할 수 있다. 호원은 해가 된다는 구절을 그 때가 해롭게 된다고 해석한다. "소인이 이러한 때에 처하면 소임을 감당할 수가 없어서 왕의 일들을 망쳐버리게 되어 그 시대가 피해를 입는다.以小人處之, 則不能克勝其任, 以至壞敗王事, 而爲害于時也."

10 『주역대전』 구결은 절晢 중국판본은 석晳으로 되어 있다.

11 유화柔和: 부드럽고 조화로운 태도를 말한다. 「범례」 4번 재才와 덕德 항목 참조.

12 호원은 "이이무비易而無備"에 관해 정이천과는 달리 왕필과 공영달의 해석을 그대로 따라 '평이해서 대비할 것이 없다'고 풀고 있다. "'위엄이 있어 길한 것은 평이해서 어렵게 대비할 것이 없다'고 했다. 이易란 평이하다는 뜻이고, 비備는 대비한다는 뜻이다. 이미 진실한 믿음으로 사람들과 교제했고, 또 위엄과 덕이 있어 세상에 미쳤으니, 현자에게 상을 주어서 세상의 현자들이 권면함을 알고, 죄를 지은 자에게 벌을 주어 세상의 죄를 지은 자는 두려움을 알아서 이러한 위엄과 덕이 드러남이 있으므로, 세상이 모두 평이하여 대비할 것이 없다는 말이다威如之吉, 易而无備也者. 易, 平易也, 備, 戒備也. 言已既有孚信交于人, 又有威德以及于天下, 賞一賢而天下之賢知勸, 罰一罪而天下之罪知懼, 有此威德之著, 故天下皆平易而无所戒備也." 정이천은 세상이 안정되고 평화로워서 대비할 것이 없다는 것이 아니라, 사람들이 태만하고 오만해져서 윗사람들이 요구에 대비하지 않는다는 의미로 풀고 있다. 주희는 정이천과 유사하게 좀더 일반적인 의미로 해석한다. "지나치게 유연하게 되면 사람들은 모든 일을 소홀하게 여겨서 두려워하고 대비하는 마음이 없게 된다太柔, 則人將易之而无畏備之心."

13 신뢰를 밟고 천리를 따르는 것을 생각하므로: 「계사전」에 나온 '이신사순履信思順'에 대한 해석은 정이천과 호원이 조금 다르다. 정이천은 군주의 신뢰를 밟고 천리를 따르는 것으로 해석하고 있지만 호원은 군주의 신임을 밟고 군주에게 순종하는 것으로 해석하고 있다. "상구효는 홀로 육오효의 유순함을 타니, 이것이 순종을 생각함이고, 육오효가 신뢰하고 자신은 그것을 밟고 있으니 믿음을 밟는다는 것이고, 또 강하면서 위로 지위가 없는 자리에 있으니 이것이 현자를 숭상한다는 것이다. 유순의 도리를 생각하고 믿음의 덕을 밟고 있으면서 현자를 숭상한다. 이러하면 하늘로부터 아래에 이르기까지 돕지 않는 자가 없으니 어찌 이롭지 않을 리가 있겠는가?上九獨乘六五之柔, 是思順也, 六五有孚信而已履之, 是履信也, 又以剛而居上處无位之地, 是能崇尚于賢者. 既能思乎柔順之道, 履乎孚信之德, 又以尙賢. 如此則自天而下无有不助之者, 又何不利之有?"

15. 겸손: 겸謙괘䷎

지산겸地山謙이라고 읽는다. 괘의 모습이 곤坤☷괘가 위에 있고, 간艮☶괘가 아래에 있기 때문이다.

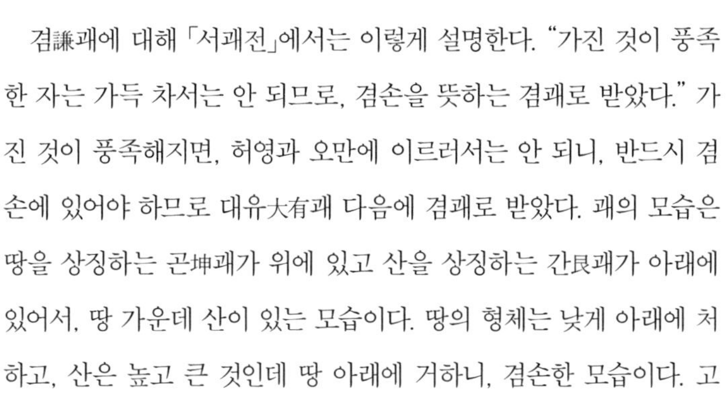

겸謙괘에 대해 「서괘전」에서는 이렇게 설명한다. “가진 것이 풍족한 자는 가득 차서는 안 되므로, 겸손을 뜻하는 겸괘로 받았다.” 가진 것이 풍족해지면, 허영과 오만에 이르러서는 안 되니, 반드시 겸손에 있어야 하므로 대유大有괘 다음에 겸괘로 받았다. 괘의 모습은 땅을 상징하는 곤坤괘가 위에 있고 산을 상징하는 간艮괘가 아래에 있어서, 땅 가운데 산이 있는 모습이다. 땅의 형체는 낮게 아래에 처하고, 산은 높고 큰 것인데 땅 아래에 거하니, 겸손한 모습이다. 고귀하고 높은 덕을 가지고 낮은 아래에 처했으니 겸손의 뜻이다.

謙, 序卦. “有大者不可以盈, 故受之以謙.” 其有旣大, 不可至於盈滿, 必在謙損, 故大有之後, 受之以謙也. 爲卦, 坤上艮下, 地中有山也. 地體卑下, 山高大之物, 而居地之下, 謙之象也. 以崇高之德, 而處卑之下, 謙之義也.

겸손은 형통하니, 군자는 끝마침이 있다.

謙, 亨, 君子有終.

겸손에는 형통할 수 있는 길이 있다. 자신이 덕이 있으면서도 그 덕에 대한 인정과 대가를 바라지 않는 것을 겸손[1]이라고 한다. 사람이 겸손함에 스스로 처한다면, 어떤 일을 진행해나가건 형통하지 않겠는가? "군자는 끝마침이 있다"고 했다. 군자는 뜻이 겸손에 있으니, 이치에 통달했으므로 천명을 즐거워하면서 다투지 않고, 안으로 충만하므로 물러나 양보하면서 자만하지 않고서, 겸손함을 안정되게 실천하여 죽을 때까지 바꾸지 않아서, 스스로 낮출수록 사람들은 더욱더 존경하게 되고 스스로 감출수록 덕은 더욱더 빛이 나니, 이것을 "군자는 끝마침이 있다"라고 한다. 소인의 경우는 욕심이 있어서 반드시 다투고 덕이 있으면 반드시 자랑하여, 설령 힘써 겸손하려고 애를 써도 또한 안정되게 실천할 수 없고 오래도록 굳게 지킬 수도 없으니, 끝마침이 있을 수가 없다.

謙有亨之道也. 有其德而不居, 謂之謙. 人以謙巽自處, 何往而不亨乎? 君子有終. 君子志存乎謙巽, 達理, 故樂天而不競, 內充, 故退讓而不矜, 安履乎謙, 終身不易, 自卑而人益尊之, 自晦而德益光顯, 此所謂君子有終也. 在小人則有欲必競, 有德必伐, 雖使勉慕於謙, 亦不能安行而固守, 不能有終也.

「단전」에서 말했다. "겸손은 형통하다"는 것은 하늘의 도는 아래로 교류하여 빛이 밝게 빛나고, 땅의 도는 스스로를 낮추어 위로 행하는 것이다.

彖曰, 謙亨, 天道下濟而光明, 地道卑而上行.

'제濟'는 응당 '제際'여야 한다. 여기서 겸손하여 형통할 수 있는 의리를 밝히고 있다. 하늘의 도는 그 기운이 아래와 교류하므로 만물을 변화시켜 기르니, 그 도가 밝게 빛난다. '하제下際'란 아래와 교제한다는 말이다. 땅의 도는 낮은 곳에 처하여 그 기가 위로 행하여 하늘과 교류하니, 모두 낮게 내려와 형통한 것이다.

濟當爲際. 此明謙而能亨之義. 天之道, 以其氣下際, 故能化育萬物, 其道光明. 下際, 謂下交也. 地之道, 以其處卑, 所以其氣上行, 交於天, 皆以卑降而亨也.

하늘의 도는 가득 찬 것을 덜어내서 겸손한 것에 보태준다.

天道, 虧盈而益謙.

하늘의 운행으로 말하면, 가득 찬 것을 덜어내고 겸손한 것에 보태주니, 해와 달[2] 그리고 음과 양이 그러하다.

以天行而言, 盈者則虧, 謙者則益, 日月陰陽是也.

땅의 도는 가득 찬 것을 변화시켜 겸손한 것으로 흐르게 한다.

地道, 變盈而流謙.

땅의 형세를 가지고 말하면, (예를 들어 물은) 가득 찬 것은 기울어져서 변화해서 움푹 파인 곳으로 돌아가고, 낮은 것은 흘러들어가게 해서 더욱더 증가시킨다.[3]

以地勢而言, 盈滿者傾變而反陷, 卑下者流注而益增也.

귀신은 가득 찬 것을 해치고 겸손한 것에 복을 준다.

鬼神, 害盈而福謙.

귀신이란 음양이 조화한 흔적이다. 가득 찬 것은 재앙을 주어 해치고 겸손한 것은 복을 주어 도우니, 지나치면 덜어내고 부족하면 더해주는 것이 모두 이것이다.

鬼神謂造化之跡. 盈滿者禍害之, 謙損者福祐之, 凡過而損, 不足而益者, 皆是也.

사람의 도는 가득 찬 것을 미워하고 겸손한 것을 좋아한다.

人道, 惡盈而好謙.

인간의 감정은 가득 찬 것을 미워하고, 겸손한 것을 좋아한다. 겸손이란 인간의 지극한 덕이므로 성인은 상세하게 말했으니, 이는 가득 참을 경계하고 겸손을 권면한 것이다.

人情疾惡於盈滿, 而好與於謙巽也. 謙者人之至德, 故聖人詳言, 所以戒盈而勸謙也.

겸손은 높고 빛나며, 낮지만 넘을 수가 없으니, 군자의 끝마침이다.

謙, 尊而光, 卑而不可踰, 君子之終也.

겸손은 낮추고 공손한 것이지만 그 도가 높고 커 빛이 환하게 드러나며, 스스로 낮추고 굽혀서 처신하지만 그 덕이 꽉 차고 높아 더 덧붙일 수 없으니, 넘을 수 없는 것이다. 군자는 겸손함에 지극히 진실하고 정성스러워서, 항상 그러하여 변하지 않는다면, 끝마침이 있으므로 높고 빛난다.

謙爲卑巽也, 而其道, 尊大而光顯, 自處雖卑屈, 而其德實高不可加尙, 是不可踰也. 君子至誠於謙, 恒而不變, 有終也, 故尊光.

「상전」에서 말했다. 땅속에 산이 있는 것이 겸괘의 모습이니, 군자는 이것을 본받아 많은 것을 취하여 적은 것에 더해주며, 사물을 저울질하여 고르게 분배를 시행한다.

象曰, 地中有山, 謙. 君子, 以裒多益寡, 稱物平施.

땅의 형체는 낮고 아래에 처하는데, 산은 높고 크면서도 땅속에 있어 겉으로는 낮추지만 안으로는 크고 거대함을 축적하고 있는 모습이므로, 겸손이다. 산이 땅속에 있다고 하지 않고 땅속에 산이 있다고 한 것은 낮추는 모습 가운데에 그 숭고함을 안으로 축적하고 있는 것을 말한다. 숭고함이 낮추는 모습 안에 있다고 말하면, 말의 조리가 순하지 않다. 여러 모습이 모두 그러하니, 그 말의 조리를 보면 알 수가 있다.

"군자는 이것을 본받아 많은 것을 취하여 적은 것에 더해주며, 사물을 저울질하여 고르게 분배를 시행한다"고 했다. 군자가 겸괘의 모습을 관찰하건대 산이 땅 아래에 있으니 이는 높은 것을 낮추고 낮은 것을 높이는 것으로, 높은 것을 누르고 낮은 것을 들며 많은 것을 덜어서 부족한 것에 더해주는 뜻을 본다. 그래서 일을 시행하는 데에 많은 것을 취하여 적은 것에 보태어주며, 사물의 많고 적음을 저울질하여 분배의 시행을 데에 고르게 해서 그 공정함을 유지하도록 한다.

地體卑下, 山之高大而在地中, 外卑下而內蘊高大之象, 故爲謙也. 不云山在地中, 而曰地中有山, 言卑下之中蘊其崇高也. 若言崇高蘊於卑下之中, 則文理不順. 諸象皆然, 觀文可見. 君子以裒多益寡, 稱物平施. 君子觀謙之象, 山而在地下, 是高者下之, 卑者上之, 見抑高擧下損過益不及之義. 以施於事, 則裒取多者, 增益寡者, 稱物之多寡以均其施與, 使得其平也.

초육효는 겸손하고 겸손한 군자이니 큰 강을 건너도 길하다.

初六, 謙謙君子, 用涉大川, 吉.

초육효는 유순한 태도로 겸손하게 처신하고 또 한 괘의 가장 아래 위치에 자리했으니, 지극히 낮은 곳에 자처하여 겸손하고 또 겸손하므로 '겸겸謙謙'이라고 했다. 이와 같을 수 있는 자는 군자다. 지극히 겸손하게 스스로 처신하면 사람들이 모두 함께하고자 하니 험난한 시기를 지내더라도 근심과 해로움이 없는데, 하물며 평이한 시기에는 어떠하겠는가? 어찌 길하지 않겠는가? 어떤 이는 이렇게 묻는다. "초육효는 겸손하게 자처하면서 또 유한 자질로 낮은 곳에 자리하니 지나치게 겸손한 것은 아닌가?" 이렇게 답하겠다. 유한 것이 낮은 곳에 자리하는 것은 바로 유한 것의 상도이니, 그 겸손함의 지극함을 볼 뿐이므로, 겸손하고 겸손한 것이지, 그 잘못을 볼 수 없다.

初六以柔順處謙, 又居一卦之下, 爲自處卑下之至, 謙而又謙也, 故曰謙謙. 能如是者, 君子也. 自處至謙, 衆所共與也, 雖用涉險難, 亦无患害, 況居平易乎? 何所不吉也? 初處謙而以柔居下, 得無過於謙乎? 曰, 柔居下, 乃其常也, 但見其謙之至, 故爲謙謙, 未見其失也.

「상전」에서 말했다. 겸손하고 겸손한 군자이니 스스로를 낮추어 처신한다.

象曰, 謙謙君子, 卑以自牧也.

겸손하고 겸손함은 겸손함의 지극함이다. 군자가 겸손하고 자신을 낮추는 방식으로 스스로를 수양하는 것을 말한다. 스스로 수양하는 것은[4] 스스로 처신하는 것이다. 『시詩』에서 "스스로 수양하기를 띠싹처럼 부드럽게 한다"[5]고 했다.

謙謙, 謙之至也. 謂君子以謙卑之道自牧也. 自牧, 自處也. 詩云, 自牧歸荑.

육이효는 소리를 내는 겸손이니, 올바르고 길하다.

六二, 鳴謙, 貞吉.

육이효는 유순한 태도로 중中의 위치에 자리하니, 겸손한 덕목이 마음속에 쌓인 것이다. 겸손한 덕이 마음속에 충만하게 쌓이니 겉으로 발현되어 목소리와 안색에 드러나므로, 소리를 내는 겸손[6]이라고 했다. 중의 위치에 자리하고서 정도를 얻었으니, 중정의 덕이 있으므로 올바르고 길하다고 했다. 올바르고 길하다는 말은 올바르고 또 길한 경우가 있고 올바름을 얻으면 길한 경우가 있는데 육이효의 올바르고 길함은 그것을 본래 지니고 있다는 것이다.

二以柔順居中, 是爲謙德積於中. 謙德充積於中, 故發於外, 見於聲音顏色, 故曰鳴謙. 居中得正, 有中正之德也, 故云貞吉. 凡貞吉, 有爲貞且吉者, 有爲得貞則吉者, 六二之貞吉, 所自有也.

「상전」에서 말했다. 소리를 내는 겸손이니, 올바르고 길한 것은 마음속 깊은 곳에서 얻은 것이다.

象曰, 鳴謙貞吉, 中心得也.

육이효의 겸손한 덕은 지극한 진실과 정성이 마음속 깊은 곳에 쌓여 목소리로 발현되는 것이니, 마음속 깊은 곳에서 얻은 것이지, 힘써 노력해서 그러한 것이 아니다.[7]

二之謙德, 由至誠積於中, 所以發於聲音, 中心所自得也, 非勉爲之也.

구삼효는 공로가 있는데도 겸손한 사람이니, 군자가 끝마침을 이루어서, 길하다.

九三, 勞謙, 君子有終, 吉.

구삼효는 양강陽剛한 덕으로 하체에 자리 잡아서 여러 음효의 종주宗主가 되고, 본분을 이행함으로 올바른 지위를 얻어 아래 위치에서 가장 높은 지위에 자리하니, 이는 위로 군주의 신임을 얻고 아래로 군중의 복종을 얻었으며 공로가 있으면서도 겸손한 덕을 유지하는 자이므로, 공로가 있는데도 겸손한 사람이라고 했다.[8]

옛사람들 가운데 이에 해당하는 자가 있으니, 주공周公[9]이 그러하다. 몸소 세상의 큰 소임을 맡고서 위로 어리고 나약한 군주를 섬기면서도, 겸손하고 공손함으로 자처하여 조심하고 조심하기를 두려운 듯이 했으니, 공로가 있으면서도 겸손했다고 할 수 있다. 공로가 있으면서도 겸손할 수 있고, 또 군자가 행동함에 있어 끝마침을 이루면 길하다. 높은 지위를 즐기고 승리를 기뻐하는 것이 사람의 일반적인 감정이다. 그러니 평상시에 겸손할 수 있는 경우도 드문데 존경할 만한 공로가 있는 경우는 어떻겠는가?

설사 겸손의 좋은 점을 알아서 힘써 노력해서 겸손하더라도, 긍지와 자부심을 잊지 않으면 그 겸손을 오래도록 지속할 수가 없어 끝마침을 이루려고 해도 그럴 수가 없다. 오직 군자는 겸손과 천리天理를 따르는 것을 안정된 마음으로 이행하니, 그것이 상도常道의 행위다. 그러므로 오래도록 지속하여도 변치 않는 것이 곧 끝마침을 이루는 것이니, 끝마침을 이루면 길하다. 구삼효는 강한 자질로 올바른 자리에 있어서 끝마칠 수 있는 자다. 이 효의 덕은 지극히 성대하므로 「상전」의 말이 특히 중대하다.

三以陽剛之德而居下體, 爲衆陰所宗, 履得其位, 爲下之上, 是上爲君所任, 下爲衆所從, 有功勞而持謙德者也, 故曰勞謙. 古之人有當之者, 周公是也. 身當天下之大任, 上奉幼弱之主, 謙恭自牧, 夔夔如畏然, 可謂有勞而能謙矣. 旣能勞謙, 又須君子行之有終, 則吉. 夫樂高喜勝, 人之常情. 平時能謙, 固已鮮矣, 況有功勞可尊乎? 雖使知謙之善, 勉而爲之, 若矜負之心不忘, 則不能常久, 欲其有終, 不可得也. 唯君子安履謙順, 乃其常行. 故久而不變, 乃所謂有終, 有終則吉也. 九三以剛居正, 能終者也. 此爻之德最盛, 故象辭特重.

「상전」에서 말했다. 공로가 있는데도 겸손한 군자에게는 모든 백성이 복종한다.

象曰, 勞謙君子, 萬民服也.

공로가 있는데도 겸손할 수 있는 군자에게는 모든 백성이 존경하고 복종한다. 「계사전」에서는 이렇게 말했다. "공로가 있으면서도 자랑하지 않고 공이 있으면서도 자신의 덕택이라고 여기지 않으니, 매우 후덕한 사람으로, 공로를 가지고도 남에게 스스로를 낮추는 자를 말한다. 덕으로 말하면 성대하고 예로 말하면 공손하다. 겸손함이란 지극한 공손함으로 그 지위를 보전하는 것이다." 공로가 있는데도 스스로 자랑하지 않고, 공이 있으면서도 스스로 자신의 덕택이라고 생각하지 않으니, 이것은 그 덕이 매우 넓고 두터운 것이다. 이는 자신의 공로가 있으면서도 스스로 겸손하면서 남에게 낮추는 것을 말한다. "덕으로 말하면 성대하고 예로 말하면 공손하다"고 했으니, 그의 덕으로 말하면 매우 성대하고 그가 자처하는 예로 말하면 매우 공손하니, 이것을 겸손이라고 한다. 겸손이란 공손하게 섬겨서 그 지위를 보전하는 것이다. "보전한다"는 것은 지키는 것이다. 공손함을 다하여 그 지위를 지키므로, 높은 지위에 있으면서도 위태롭지 않고 가득차도 넘치지 않아서, 끝마침을 이루어 길할 수 있다.

그러나 군자가 겸손을 이행하는 것은 상도의 행위이지, 그 자리를 보전하기 위해서 겸손하게 행동하는 것은 아니다. 그런데 그 지위를 보전하는 것이라고 말한 이유는 공손함을 지극히 할 수 있어야 그 지위를 보전할 수 있기 때문이니, 겸손의 도리가 이와 같음을 말한 것이다. 예를 들면 선을 행하면 훌륭한 명성이 있다고 말하는 것이니, 군자가 어찌 훌륭한 명성을 얻기 위해서 선을 행하겠는가? 이 또한 훌륭한 명성은 선을 행했기 때문에 생긴 것임을 말한 것이다.

能勞謙之君子, 萬民所尊服也. 繫辭云, '勞而不伐, 有功而不德, 厚之至也. 語以其功下人者也. 德言盛, 禮言恭. 謙也者, 致恭以存其位者也.' 有勞而不自矜伐, 有功而不自以爲德, 是其德弘厚之至也. 言以其功勞而自謙, 以下於人也. 德言盛, 禮言恭, 以其德言之, 則至盛, 以其自處之禮言之, 則至恭, 此所謂謙也. 夫謙也者, 謂致恭以存其位者也. 存, 守也. 致其恭巽以守其位, 故高而不危, 滿而不溢, 是以能終吉也. 夫君子履謙, 乃其常行, 非爲保其位而爲之也. 而言存其位者, 蓋能致恭所以能存其位, 言謙之道如此. 如言爲善有令名, 君子豈爲令名而爲善也哉? 亦言其令名者, 爲善之故也.

육사효는 두루 겸손을 베푸는 데에 이롭지 않음이 없다.

六四, 無不利撝謙.

육사효는 상체에 자리하고 군주의 지위에 가장 가까이 있다. 육오효의 군주는 또 겸손함과 유순함으로 자처하며, 구삼효는 또 큰 공과 덕을 가지고 있으니, 위로 신임을 얻고 군중의 존경을 받는다. 하지만 자신은 구삼효보다 높은 지위에 자리하고 있으니 응당 겸손한 덕을 지닌 군주를 공경심과 두려움을 가지고 받들어야 하고, 공로를 세우고도 겸손한 신하인 구삼효에게는 자신을 낮추는 공손함을 가지고 양보해야 한다. 그러니 모든 행동거지가 겸손을 두루 베푸는 데에 이롭지 않음이 없는 것이다. '휘撝'란 두루 베푸는 모습으로 마치 사람의 손을 휘젓는 것과 같다. 모든 행동과 진퇴에 반드시 겸손을 베풀어야 하니, 두려움이 많은 지위에 자리하고 또한 현명한 신하보다 높은 지위에 있기 때문이다.

四居上體, 切近君位, 六五之君又以謙柔自處, 九三又有大功德, 爲上所任衆所宗, 而己居其上, 當恭畏以奉謙德之君, 卑巽以讓勞謙之臣, 動作施爲, 无所不利於撝謙也. 撝, 施布之象, 如人手之撝也. 動息進退, 必施其謙, 蓋居多懼之地, 又在賢臣之上故也.

「상전」에서 말했다. 두루 겸손을 베푸는 데에 이롭지 않음이 없는 것은 법칙을 어기지 않았기 때문이다.

象曰, 無不利撝謙, 不違則也.

사람의 겸손은 마땅히 시행해야 할 것이 있지만, 그 마땅함을 벗어나서는 안 된다. 예를 들어 육오효가 어떤 경우는 무력을 사용하는 것이 그러하다. 오직 육사효가 군주와 가까운 위치에 처하고 공로를 세운 신하보다 높은 지위에 자리하고 있으므로, 모든 행동이 두루 겸손을 베푸는 데에 이롭지 않음이 없는 것이다. 이와 같이 한 뒤에야 법칙에 적중하므로 "법칙을 어기지 않는다"고 한 것이니, 그 마땅함을 얻었다는 말이다.

凡人之謙, 有所宜施, 不可過其宜也. 如六五或用侵伐是也. 唯四以處近君之地, 據勞臣之上, 故凡所動作, 靡不利於撝謙, 如是然後中於法則, 故曰不違則也, 謂得其宜也.

육오효는 부유하지 않아도 이웃을 얻으나, 무력을 사용하는 것이 이로우니, 이롭지 않음이 없다.

六五, 不富以其鄰, 利用侵伐, 無不利.

부유함이란 군중이 모이는 것이니, 오직 재물이 사람을 모을 수가 있다. 그러나 육오효는 존귀한 군주의 지위로 겸손한 태도를 유지하면서 아랫사람을 대하여 군중이 모여드니, 부유하지 않아도 이웃들을 가질 수 있다. '인鄰'이란 가까운 이웃이다. 부유하지 않아도 사람들의 친근함을 얻는 것은 군주이면서도 겸손하고 순종하는 태도를 지녀, 세상 사람들이 그 마음에 모이는 것이다.

그러나 군주의 도리는 오로지 겸손과 유순함을 숭상할 수만은 없으니 반드시 위엄과 무력으로 상호 조절해야만 한다. 그런 뒤에야 세상을 품고 복종시킬 수 있으므로, 무력을 사용하는 것이 이롭다고 했다. 위엄과 덕이 함께 드러난 뒤에 군주의 도리가 마땅함을 다하니 이롭지 않음이 없다. 육오효의 겸손하고 유순한 태도가 지나치게 될 것을 예방하고자 이러한 뜻을 말했다.

富者衆之所歸, 唯財爲能聚人. 五以君位之尊, 而執謙順以接於下, 衆所歸也, 故不富而能有其鄰也. 鄰, 近也. 不富而得人之親也, 爲人君而持謙順, 天下所歸心也. 然君道不可專尙謙柔, 必須威武相濟, 然後能懷服天下. 故利用行侵伐也. 威德竝著, 然後盡君道之宜, 而无所不利也. 蓋五之謙柔, 當防於過, 故發此義.

「상전」에서 말했다. 무력을 사용하는 것이 이로운 것은 복종하지 않는 자를 정벌하는 것이다.

象曰, 利用侵伐, 征不服也.

그 문덕文德과 겸손으로 복종시킬 수 없는 자를 정복하는 것이다. 문덕으로 복종시킬 수 없는데 위엄과 무력을 사용하지 않는다면, 어떻게 세상을 평정하여 다스리겠는가? 무력과 위엄을 사용하지 않는 것은 군주의 중도가 아니며, 지나친 겸손이다.

征其文德謙巽所不能服者也. 文德所不能服, 而不用威武, 何以平治天下? 非人君之中道, 謙之過也.

상육효는 소리를 내는 겸손이니, 군대를 출동하여 읍국邑國을 정

벌하는 것이 이롭다.

上六, 鳴謙, 利用行師, 征邑國.

상육효는 유순한 자질로 유순한 위치에 처했으니 유순함의 극치이고, 또 겸괘의 끝에 처했으니 지극하게 겸손한 자다. 그러나 지극하게 겸손한 태도를 지녔는데 도리어 높은 위치에 자리하고 있어 그 겸손한 뜻을 이행할 수가 없으므로 목소리에서 드러나고, 또 유약함이 겸손의 극단에 처하여 또한 반드시 목소리와 안색에 드러나므로, '소리를 내는 겸손'[10]이라고 했다. 지위가 없는 자리에 있어서 세상의 일을 책임진 것은 아니지만, 자신을 행하는 데에는[11] 반드시 강함과 유함이 서로 조절해야만 한다.

상上의 자리는 겸손의 끝으로, 지나치게 심한 겸손에 이르면 오히려 과도하게 된다. 그래서 강한 무력으로 스스로를 다스리는 것이 이롭다. '읍국邑國'이란 자신의 사적인 소유이다. "군사를 출동한다"는 것은 강한 무력을 사용하는 것이다. "읍국을 정벌한다"는 것은 사사로운 것을 스스로 다스리는 것을 말한다.

六以柔處柔, 順之極, 又處謙之極, 極乎謙者也. 以極謙而反居高, 未得遂其謙之志, 故至發於聲音, 又柔處謙之極, 亦必見於聲色, 故曰鳴謙. 雖居无位之地, 非任天下之事, 然人之行己, 必須剛柔相濟. 上, 謙之極也, 至於太甚, 則反爲過矣. 故利在以剛武自治. 邑國, 己之私有. 行師, 謂用剛武. 征邑國, 謂自治其私.

「상전」에서 말했다. 소리를 내는 겸손은 뜻을 얻지 못함이니, 군

대를 사용하여 읍국을 정벌해야 한다.

象曰, 鳴謙, 志未得, 可用行師, 征邑國也.

겸손함이 지극하나 높은 지위에 자리하여 겸손하려는 뜻을 이루지 못하므로, 그 간절함을 참지 못하고 소리를 내는 데까지 이른다. 합당한 지위가 아닌데도 겸손함이 과도하니 마땅히 강한 무력으로 자신의 사사로움을 다스려야 하므로, "군사를 사용하여 읍국을 정벌하는 것이 이롭다"고 했다.

謙極而居上, 欲謙之志未得, 故不勝其切, 至於鳴也. 雖不當位, 謙既過極, 宜以剛武自治其私, 故云利用行師征邑國也.

1 겸손: 정이천은 겸손한 덕을 스스로 의식하고 자만하지 않는 태도로 설명하는 데 반해서 호원이 설명하는 겸손은 괘를 구성하는 간괘와 곤괘, 두 괘의 형체와 체질로 설명하고 있다. "두 괘의 형체와 체질로 말하자면, 간괘는 아래에서 강직하면서 멈추어 있고, 곤괘는 위에서 유연하면서 순종하고 있다. 대체로 안으로 강직하면서 멈춰 있으면서 밖으로는 유순하지 못하면 오만할 수 있는 과실을 범하고, 밖으로는 유순한데 안으로는 강직하게 멈추어 있지 못하면 아첨에 가깝다以二體言之, 則艮下剛而止也, 坤上柔而順也. 大凡內剛止而外不柔順, 則失于亢, 外柔順而內不剛止, 則近于佞." 과도한 겸손은 오만이라는 말이 있다. 겸손은 한편으로는 오만이 될 수도 있고, 한편으로는 비굴한 아첨이 될 수도 있다. 그래서 "끝마침이 있다"는 말을 호원은 오래도록 실천하여 변하지 않는 태도로 해석한다.

2 호원은 "해는 중천에 뜨면 기울어지고, 달은 가득 차면 먹혀들어간다日中則昃, 月盈則蝕"고 설명한다.

3 호원은 이를 물에 비유하여 설명하고 있다. 정이천의 말도 물과 관련하면 이해할 수 있다. "예를 들어 물은 가득 차면 반드시 터져서 흘러내려 여러 갈래로 흩어지고, 그것이 아래로 흘러간 것은 더욱더 흘러 증감시킨다如水既盈滿, 則必決泄而虧散之, 其卑下者, 則流布而增盈之."

4 스스로 수양하는 것은: '자목自牧'을 호원은 이렇게 해석한다. "목은 수양하고 지키는 것이다. 대인군자가 겸손하고 또 겸손한 것은 안으로 그 본성을 밝히고 밖으로 그 경건함을 돈독하게 하여 스스로를 낮추어 지키지 때문이다牧, 養也, 守也. 言大人君子所以謙而又謙者, 蓋內明其性, 外篤其敬, 以卑而自守故也."

5 스스로 수양하기를 띠싹처럼 부드럽게 한다: 『시』의 「패풍邶風·정녀靜女」에 나오는 구절이다. 정이천은 이렇게 말한다. "'자목귀이自牧歸荑'란 스스로 낮추어 수양하는 뜻이다. 띠 싹을 뜻하는 '이荑'란 유순하다는 뜻이다自牧歸荑, 卑以自牧之意, 荑, 柔順意(『이정집』「이정외서」 1권 356쪽)." 이 구절을 해석하는 정이천의 입장은 스스로를 수양하는 마음가짐이 부드럽고 겸손해야 한다는 것이다. 또한 남헌장씨南軒張氏(장식張栻)는 이렇게 설명한다. "오늘날 사람들은 종종 오히려 교만과 자긍심으로 기를 배양하는데 이는 객기지 호연지기가 아니다今人, 往往反以驕矜爲養氣, 此特客氣, 非浩然之氣(『주역전의대전』)." 교만과 자긍심이 아니라 유순함과 겸손함으로 스스로를 수양하라는 말이다.

6 소리를 내는 겸손: 상육효도 '소리를 내는 겸손'이라고 한다. 호원은 소리를 낸다는 '명鳴'을 왕필처럼 "명성이 밖으로 전해졌다鳴者, 聲聞流傳于外也"는 말로 해석하고 있다. 그러나 정이천은 겸손의 덕이 쌓여서 안색과 목소리로 그 덕이 드러났다고 해석한다. 겸괘 상육효의 주 참조.

7 힘써 노력해서 그러한 것이 아니다: 호원은 마음속 깊은 곳에서 얻은 것이라는 점을 이렇게 설명한다. "이 겸손하고 겸손한 것은 모두 마음속에서 얻어 그 명성과 소문이 사람들에게 흘러들어가 지극히 올바른 길함을 얻은 것이다此謙謙, 皆由中心得之, 以至于聲聞流傳于人, 而獲至正之吉也." 정이천의 해석은 겸손한 덕을 가진 사람 중에서도 억지로 꾸며서 그렇게 보이는 사람이 있고, 저절로 그러하게 자연스러운 사람이 있다는 차이를 의식하는 것이다. 타인의 시선을 의식하지 않고 마음으로부터 우러나오는 겸손함을 타인들이 의식하고 인정해주는 것이다.

8 공로가 있는데도 겸손한 사람이라고 했다: 호원은 '노겸勞謙'을 정이천처럼 공로가 있는데도 겸손하다는 의미로 해석하지 않고 겸손하게 힘써 노력한다는 의미로 푼다. "'노겸'이란 겸손하게 힘써 일한다는 말이다. 구삼효는 양한 자질로 양한 위치에 자리하고, 아래 괘의 지도자가 되어 여러 음효가 복종하니 그 지위가 매우 중요하므로, 위로는 겸손하게 군주를 섬기고, 아래로는 겸손하게 백성을 다스려서 힘써 노력하여 그치지 않으면서도 싫증을 내는 마음이 없다. 이것이 바로 '노겸'이다勞謙者, 言勤勞于謙也, 九三以陽居陽, 爲下卦之長, 衆陰所歸, 而其位至重, 故上則謙以奉于君, 下則謙以治于民, 勤勤不已, 无有厭斁之心. 是謂勞謙者也."

9 주공은 주周 무왕武王의 동생으로 이름은 단旦이다. 무왕이 죽자 성왕成王이 어린 까닭에 그가 대신 섭정했다. 어린 성왕을 도와 왕실의 기초를 세우고 여러 문물제도와 예악을 정했다. 성왕이 장성한 후 주공은 정권을 성왕에게 돌려주고 신하를 자처하면서 제후의 예를 갖추었다. 인물사전 참조.

10 소리를 내는 겸손: 육이효도 동일하게 '명겸鳴謙'이다. 이를 '소리를 내는 겸손'이라고 동일하게 번역했지만, 의미는 동일하지 않다. 육이효는 겸손의 덕이 겉으로 드러난 것이지만, 상구효는 마음속의 불안이 겉으로 드러나는 것으로 정이천은 해석하고 있다. 그러나 호원은 육이효와 유사하게 겸손함이 소문났다는 의미로 해석하면서 상육효는 공을 이루는 실효성이 없는 것으로 본다. "겸손의 도리는 이미 얻었지만 지위가 없는 위치에 자리했다. 그러나 본래 그 행동이 겸손하므로 역시 그 명성이 밖으로 흘러 전해진다. 그러므로 '소리를 내는 겸손'이라고 했다. '군대를 출동하여 읍국을 정벌하는 것이 이롭다'고 한 것은 상육효는 그 행동이 겸손하여 명성이 세상에 드러났지만 지위가 없는 위치에 자리하고 공로의 실효성이 없으므로, 단지 군대를 출동하여 자신의 읍국을 정벌할 수 있을 뿐이다謙道已得, 而處于无

位. 然本以其行謙, 故亦有聲名流傳于外, 故曰鳴謙. 利用行師, 征邑國者, 言上六雖行謙而聲名既著矣, 然而居无位之地无, 功實之效, 故但可行師征己之邑國而已." 정이천은 호원처럼 세상에 겸손의 덕목이 소문났다는 의미로 해석하지 않고, 지나치게 겸손하여 그 감정적 불안정이 목소리와 안색으로 드러났다는 의미로 풀고 있다. 그래서 '군대를 출동하여 읍국을 정벌한다'는 의미도 스스로의 감정을 다스리는 것이 이롭다는 의미로 해석하는 것이다.

11 '행기行己'라는 말은 『논어』「공야장」에 나온다. "공자가 자산을 평하여 말했다. 군자의 도는 네 가지가 있으니, 자신을 행하는 데에는 공손하며, 윗사람을 섬기는 데에는 공경스러우며, 백성을 기르는 데에는 은혜로우며, 백성을 부리는 데에는 의로운 것이다子謂子產, 有君子之道四焉, 其行己也恭, 其事上也敬, 其養民也惠, 其使民也義." 자신을 행한다는 것은 처신이나 몸가짐, 일상적인 행동을 모두 포함한다.

16. 열광과 기쁨: 예豫괘䷏

뇌지예雷地豫라고 읽는다. 괘의 모습이 진震☳괘가 위에 있고, 곤坤☷괘가 아래에 있기 때문이다.

예豫괘에 대해 「서괘전」에서는 이렇게 설명한다. "소유함이 큰데도 겸손할 수가 있다면, 반드시 사람들이 열광하므로, 열광을 상징하는 예괘로 받았다." 대유大有괘와 겸謙괘, 두 괘의 뜻을 이어서 다음이 된다. 풍족하게 소유했는데도 겸손할 수 있다면, 사람들이 열광하고 즐겁다. '예豫'란 안정되고 조화를 이루어 열광하고 즐겁다는 뜻이다.[1] 괘의 모습은 움직임을 상징하는 진震괘가 위에 있고 순종을 상징하는 곤坤괘가 아래 있어서, 순종하면서 움직이는 모습이다. 움직이면서도 조화를 이루고 순종하니, 그래서 열광한다.

구사효가 움직임의 주체가 되어 위아래 모든 음효가 함께 호응하고 곤괘도 그것을 이어서 순종한다. 이는 위에서 진동하면 위와 아래가 순종하고 호응함이니, 조화를 이루고 열광한다는 뜻이다. 두 괘의 상징으로 말하자면 진괘가 상징하는 우레가 곤괘가 상징하는 땅 위로 나오는 모습니다. 양陽이 땅속에 잠재해 감춰졌다가 진동하여 움직여 땅속에서 나와 그 소리를 떨쳐 일으키니, 소통하여 펼쳐져서 조화를 이루어 즐겁기 때문에 열광이다.

豫, 序卦, '有大而能謙, 必豫, 故受之以豫.' 承二卦之義而爲次也, 有旣大而能謙, 則有豫樂也. 豫者, 安和悅樂之義. 爲卦, 震上坤下, 順動之象. 動而和順, 是以豫也. 九四爲動之主, 上下群陰所共應也, 坤又承之以順, 是以動而上下順應, 故爲和豫之義. 以二象言之, 雷出於地上. 陽始潛閉於地中, 及其動而出地, 奮發其聲, 通暢和豫, 故爲豫也.

열광이니, 제후를 세워 군사를 동원하는 것이 이롭다.

豫, 利建侯行師.

열광은 순종하면서 움직이는 것이다.[2] 열광의 의리義理는 그 이로움이 제후를 세워 군사를 동원하는 데에 있다. 제후를 세워 병영을 만드는 것은 세상을 함께 안정시키는 것이니, 제후들이 조화롭고 순종하면 모든 백성이 열광하며 복종하고, 군대를 일으켰을 때 사람들의 마음이 조화롭고 기쁘면 순종하여 공이 있으므로, 열광의 도리는 제후를 세우고 군사를 동원하는 것이 이롭다. 또 위에서 진동하고 아래에서 순종하니, 제후들이 왕을 따르고 군사들과 군중이 명령에 순종하는 모습이다. 만방에 군주노릇을 하고 군중을 모으는 데 있어 조화로운 동조와 열광적인 기쁨이 아니라면 그들을 복종시킬 수가 없다.

豫, 順而動也. 豫之義, 所利在於建侯行師. 夫建侯樹屛, 所以共安天下, 諸侯和順則萬民悅服, 兵師之興, 衆心和悅, 則順從而有功, 故悅豫之道, 利於建侯行師也. 又上動而下順, 諸侯從王, 師衆順令之象. 君萬邦, 聚大衆, 非和悅不能使之服從也.

「단전」에서 말했다. 예괘는 강함이 호응을 얻어서 뜻이 실행되고 순종하여 움직이는 것이니, 열광이다.

彖曰, 豫, 剛應而志行, 順以動, 豫.

"강함이 호응을 얻는다"는 것은 구사효가 모든 음효에게 호응을 얻는 것이니, 강함이 군중의 호응과 지지를 얻는 것이다. "뜻이 실행된다"는 것은 양효의 뜻이 위로 나아가 행동하여 위와 아래가 순종하니, 그 뜻이 실행되는 것이다. "순종하여 움직이는 것이니, 열광이다"라는 말은 진괘는 움직임을 뜻하고 곤괘는 순종을 뜻하니 움직이는 데에 천리天理를 따르는 것이고, 천리를 따라서 행동하며 또 행동하여 군중들이 순종하는 것이니, 그래서 열광이다.

剛應, 謂四爲群陰所應, 剛得衆應也. 志行, 謂陽志上行, 動而上下順從, 其志得行也. 順以動豫, 震動而坤順, 爲動而順理, 順理而動又爲動而衆順, 所以豫也.

열광해서 순종하여 움직이므로, 천지도 이와 같은데, 하물며 제후를 세우고 군사를 동원하는 것은 어떠하겠는가?

豫順以動, 故天地如之, 而況建侯行師乎?

열광해서 순종하여 움직이니, 천지도 이처럼 그 이치를 어기지 않는데 하물며 제후를 세워 군사를 동원하는 데에 어찌 순종하지 않겠는가? 천지의 도와 만물의 이치는 오직 지극히 순종할 뿐이다. 대인이 하늘을 앞서거나 뒤따르더라도 어긋나지 않는 것[3]도 천리에 순종하기 때문일 뿐이다.

以豫順而動, 則天地如之而不違, 況建侯行師, 豈有不順乎? 天地之道, 萬物之理, 唯至順而已. 大人所以先天後天而不違者, 亦順乎理而已.

천지는 이치에 순종하면서 움직이므로 해와 달이 어긋남 없이 운행하고 사계절이 한 치의 오차 없이 순환하니, 성인이 이치에 순종하면서 움직인다면 형벌이 명백하여 백성들이 복종한다.

天地以順動, 故日月不過而四時不忒, 聖人順以動則刑罰淸而民服.

천리에 순종하여 움직이는 도를 다시 상세하게 말했다. 천지의 운행이 이치에 순종하여 움직이므로 해와 달의 도수가 어긋나지 않고 사계절의 운행은 어그러지지 않으며, 성인은 이치에 순종하여 움직이므로 법도가 바르게 이루어져 백성들이 선을 행하는 데에 흥이 나고,[4] 형벌은 명백하고 간략해져서 모든 백성이 복종한다.

復詳言順動之道. 天地之運, 以其順動, 所以日月之度不過差, 四時之行不愆忒, 聖人以順動, 故經正而民興於善, 刑罰淸簡而萬民服也.

열광의 때와 의리가 위대하구나!

豫之時義, 大矣哉!

앞서 열광해서 순종하는 도리에 대해서 말했는데, 그 의미가 매우 깊어 말은 다했지만 여운이 남아 있으므로 다시 "열광의 때와 의리가 위대하구나!"라고 찬미했으니, 사람들이 그 이치를 연구하고 음미하여 조용히 탐색하고 깊이 젖어들어 깨닫게 하기 위함이다. '시의時義'란 열광의 때와 의리를 말한다. 여러 괘에서 때와 의리와 작용이 큰 경우 모두 그 거대함을 찬미했으니, 예괘 이외에도 열한 괘에서 그러하다. 예豫괘·돈遯괘·구姤괘·여旅괘에서는 때와 의리를 말했고, 감坎괘·규睽괘·건蹇괘는 때와 쓰임을 말했고, 이頤괘·대과大過괘·해解괘·혁革괘에서는 때를 말하여 각각 그 거대함을 찬미했다.

既言豫順之道矣, 然其旨味淵永, 言盡而意有餘也, 故復贊之云, '豫之時義大矣哉.' 欲人硏味其理, 優柔涵泳而識之也. 時義, 謂豫之時義. 諸卦之時與義用大者, 皆贊其大矣哉, 豫以下十一卦是也. 豫遯姤旅, 言時義, 坎睽蹇, 言時用, 頤大過解革, 言時, 各以其大者也.

「상전」에서 말했다. 우레가 땅에서 진동하는 것이 예괘의 모습이니, 선왕은 이것을 본받아 음악을 짓고 덕을 높여 성대하게 상제께 올려서, 조상에게 배향한다.

象曰, 雷出地奮, 豫, 先王以作樂崇德, 殷薦之上帝, 以配祖考.

우레란 양의 기운이 맹렬하게 발출되어 음양이 서로 부딪쳐 소리를 이룬 것이다. 양은 처음에 땅속에 잠겨 있다가 동요하게 되면 땅에서 나와 맹렬하게 진동한다. 처음에는 꽉 막혀 있다가 맹렬하게 발출되면 소통하고 펼쳐져서 조화하고 기뻐하게 되므로, 열광이다. 곤괘는 순종을 상징하고 진괘는 발출되는 것을 상징한다. 이치에 조화하고 순종하여 마음속에서 쌓여 소리로 발현되니, 음악의 모습이다.

선왕은 우레가 땅에서 나와 맹렬하게 진동하고, 조화되어 펼쳐져서 소리로 발현되는 모습을 관찰하고, 음악을 지어 공덕을 포상하고 높여, 그 성대함이 상제께 올리고 조상에게 배향하는 데에 이른 것이다. '은殷'은 성대함이다. 예禮에는 큰 제사가 있는데 성대함을 말한다. 상제께 올리고 조상에게 배양하는 것은 매우 성대한 것이다.

雷者, 陽氣奮發, 陰陽相薄而成聲也. 陽始潛閉地中, 及其動, 則出地奮震也. 始閉鬱, 及奮發則通暢和豫, 故爲豫也. 坤順震發. 和順積中而發於聲, 樂之象也. 先王觀雷出地而奮, 和暢發於聲之象, 作聲樂以褒崇功德, 其殷盛至於薦之上帝, 推配之以祖考. 殷, 盛也. 禮有殷奠, 謂盛也. 薦上帝, 配祖考, 盛之至也.

초육효는 소리를 내는 기쁨이니, 흉하다.

初六, 鳴豫, 凶.

초육효는 음유陰柔한 자질로 가장 아래 위치에 자리하고, 구사효는 열광을 일으키는 주체로서 초육효와 호응하고 있다. 이 초육효는 중정中正하지 못한 소인으로 열광의 때에 처하여 윗사람에게 총애를 받으니, 그의 뜻과 생각이 매우 오만하여 그 기쁨을 감당하지 못하고 소리로 드러나는 데에까지 이르렀다. 그 천박함이 이와 같아서, 반드시 흉함에 이른다. '명鳴'이란 소리로 드러나는 것이다.

初六以陰柔居下, 四, 豫之主也, 而應之. 是不中正之小人處豫, 而爲上所寵, 其志意滿極, 不勝其豫, 至發於聲音, 輕淺如是, 必至於凶也. 鳴, 發於聲也.

「상전」에서 말했다. 초육효는 소리를 내는 기쁨이니, 뜻이 궁색하게 되어 흉하다.

象曰, 初六鳴豫, 志窮, 凶也.

「상전」에서 초육효라고 되풀이해서 말한 것은 음유한 자질로 아래 위치에 처했으면서도 뜻과 생각이 극한에 이르러 그 기쁨을 억제하지 못하고 소리를 내는 데까지 이른 것을 말하니, 반드시 교만하고 방자하게 되어 흉함에 이른다.

云初六, 謂其以陰柔處下, 而志意窮極, 不勝其豫, 至於鳴也, 必驕肆而致凶矣.

육이효는 절도가 돌과 같아 하루를 기다리지 않고 단호하게 행동하니, 올바르고 길하다.

六二, 介于石, 不終日, 貞吉.

안락安樂의 도는 방만하게 되면 올바름을 잃으므로, 예괘의 대부분의 효가 올바름을 얻지 못했다. 이는 음효의 자질이 때와 부합하는 것이다. 그러나 오직 육이효 한 효만이 중정을 이루었고 또 호응하는 사람이 없어 스스로 자신의 절도를 지키고 있는 모습이다. 열광의 때에 처하여 홀로 중정의 덕으로 스스로 지킬 수 있어서 굳세게 정립한 모습[5]이라 할 만하니, 그 절도가 마치 돌처럼 견고한 것이다. '개우석介于石'이란 말은 그 절도가 돌과 같은 것이다. 사람은 기쁨과 즐거움 가운데 있으면 반드시 열광하므로, 점차로 천천히 탐욕과 미혹에 빠져 그칠 수가 없게 된다. 육이효는 중정의 덕으로 스스로를 지키는데 절도가 마치 돌과 같아, 그 열광의 도가니에서 신속하게 떠나기가 하루가 끝나기를 기다리지 않으므로, 굳세고 올바르며 길하다. 기쁨에 처했을 때는 안일에 빠져서도 안 되고 더욱이 오래 빠져 있어서도 안 되니, 오래 지속하면 탐욕에 빠진다.

육이효의 경우는 기미幾微[6]를 보고 떠나는 사람이라고 할 수 있다. 공자는 육이효가 기미를 보는 모습을 가지고, 기미를 보는 도리를 「계사전」에서 다음과 같이 극진하게 말했다. "기미를 아는 것은 신묘하구나! 군자는 윗자리의 사람과 교제하는 데에 아첨하지 않고 아래 지위의 사람과 교제하는 데에 함부로 대하지 않으니, 기미를 아는 것이다. 기미란 동요의 은미함이니 길함이 먼저 드러나는 것이다. 군자는 기미를 보고 실행에 옮기기를, 하루가 지나가기를 기다리지 않는다. 『역』에서 말하기를 '절도가 돌과 같아 하루를 기다리지 않으니, 굳세고 길하다'고 했다. 절도가 돌과 같으니, 어찌 하루가 가기를 기다리겠는가. 단호함을 알 수 있다. 군자는 은미함을 알고서 드러남을 알며, 유함을 알고서 강함을 아니, 모든 사람의 바람이다."

일의 기미를 보는 것은 신묘하다! 군자가 윗사람과 교제하는 데에 아첨에 이르지 않고 아랫사람과 교제하는 데에 함부로 대하는 지경에 이르지 않는 것은 기미를 알기 때문이다. 기미를 알지 못하면, 과도함에 이르렀는데도 그치지 않는다. 그래서 윗사람과 교제하는 데에 공손하게 대하는 것이 과도해지면 아첨이 되고, 아랫사람과 교제하는 데에 온화하고 쉽게 대하는 것이 과도해지면 함부로 대하여 모독이 된다.

군자는 기미를 보기 때문에 과도함에 이르지 않는다. 기미란 처음 동요하는 낌새인데, 길흉의 단서를 먼저 볼 수 있지만 아직 현실로 드러나지는 않은 것이다. 오직 길함만을 말했으니, 현실에 드러나기 전에 보았다면 어찌 다시 흉함에 이르겠는가? 군자는 명철하여 일의 기미를 보기 때문에, 그 절도가 돌과 같을 수가 있다. 그것을 지키는 데에 견고할 수 있다면 미혹되지 않고 현명하게 기미를 보고 행동하니, 어찌 하루가 가기를 기다리겠는가? 단호함이란 판별하는 것이다. 그것이 판이하게 구별됨을 볼 수 있는 것이다. 은미함과 드러남, 유함과 강함은 서로 대립되는 것이다. 군자는 은미함을 보고서 드러남을 알며 유함을 보고서 강함을 아니, 기미를 보는 것이 이와 같아서 군중이 우러러보므로 '모든 사람의 바람'이라고 칭찬했다.

逸豫之道, 放則失正, 故豫之諸爻, 多不得正, 才與時合也. 唯六二一爻處中正, 又無應, 爲自守之象. 當豫之時, 獨能以中正自守, 可謂特立之操, 是其節介如石之堅也. 介于石, 其介如石也. 人之於豫樂, 必悅之, 故遲遲遂致於耽戀不能已也. 二以中正自守, 其介如石, 其去之速, 不俟終日, 故貞正而吉也. 處豫不可安且久也, 久則溺矣. 如二, 可謂見幾而作者也. 夫子因二之見幾, 而極言知幾之道, 曰, "知幾其神乎, 君子上交不諂, 下交不瀆, 其知幾乎! 幾者動之微, 吉之先見者也. 君子見幾而作, 不俟終日. 易曰, '介于石, 不終日, 貞吉.' 介如石焉, 寧用終日, 斷可識矣. 君子知微知彰, 知柔知剛, 萬夫之望.” 夫見事之幾微者, 其神妙矣乎! 君子上交不至於諂, 下交不至於瀆者, 蓋知幾也. 不知幾, 則至於過而不已. 交於上以恭巽, 故過則爲諂, 交於下以和易, 故過則爲瀆. 君子見於幾微, 故不至於過也. 所謂幾者, 始動之微也, 吉凶之端可先見而未著者也. 獨言吉者, 見之於先, 豈復至有凶也? 君子明哲, 見事之幾微, 故能其介如石, 其守旣堅, 則不惑而明, 見幾而動, 豈俟終日也? 斷, 別也. 其判別可見矣. 微與彰, 柔與剛, 相對者也. 君子見微則知彰矣, 見柔則知剛矣, 知幾如是, 衆所仰也, 故贊之曰萬夫之望.

「상전」에서 말했다. 하루를 기다리지 않고 단호하게 행동하니, 올바르고 길한 것은 중정을 이루었기 때문이다.

象曰, 不終日貞吉, 以中正也.

하루를 기다리지 않고 단호하게 행동할 수 있어 올바르고 길한 것은 중정의 덕이 있기 때문이다. 중정을 이루었으므로 그것을 견고하게 지키고 빠르게 판별할 수 있기 때문에, 신속하고 단호하게 결단하여 행동한다. 효에서 육이효가 기쁨에 대처하는 도리를 말했으니, 가르치는 뜻이 깊다.

能不終日而貞且吉者, 以有中正之德也. 中正故其守堅, 而能辨之早, 去之速. 爻言六二處豫之道, 爲敎之意深矣.

육삼효는 위를 우러러 보며 기뻐하니 회한이 있고, 머뭇거려도 후

회가 있다.

六三, 盱豫, 懷, 遲有悔.

육삼효는 음한 자질인데 양의 위치에 자리하니, 중中의 위치에 있지도 못하고 올바른 자리에 있지도 못한 사람이다. 중정을 이루지 못하면서 열광에 처하여, 모든 움직임에 후회가 있다. '우盱'란 위를 보는 것이다.[7] 위로 구사효를 멀리서 부러워하면서 바라보고 있으나 중정을 이루지 못해 구사효에게 취함을 받지 못했으므로, 후회가 있다.

구사효는 열광을 일으키는 주체로서 육삼효가 이 구사효와 매우 가까이 있어서, 만일 머뭇거리며 지체하여 앞으로 나가지 못하면 버림을 당할 것이니, 또한 후회가 있게 된다. 처신이 올바르지 못하면 나아가건 물러나건 모두 후회와 부끄러움이 있다. 그렇다면 어떻게 해야 하는가? 몸을 올바르게 할 뿐이다. 군자는 처신하는 데에 정도正道가 있으니, 예禮로서 마음을 제어하여 비록 열광에 처했을지라도 중정을 잃지 않으므로, 후회가 없다.

六三陰而居陽, 不中不正之人也. 以不中正而處豫, 動皆有悔. 盱, 上視也. 上瞻望於四, 則以不中正不爲四所取, 故有悔也. 四, 豫之主, 與之切近, 苟遲遲而不前, 則見棄絕, 亦有悔也. 蓋處身不正, 進退皆有悔吝. 當如之何? 在正身而已. 君子處己有道, 以禮制心, 雖處豫時, 不失中正, 故無悔也.

「상전」에서 말했다. 위를 우러러 보아 후회가 있는 것은 지위가

합당하지 못하기 때문이다.

象曰, 盱豫有悔, 位不當也.

자처함이 합당하지 못하고 중정을 잃었으니, 나아가건 물러나건 후회가 있다.

自處不當, 失中正也, 是以進退有悔.

구사효는 열광을 일으키는 원인이므로 크게 얻음이 있으니, 의심받지 않게 하면 친구들이 모인다.

九四, 由豫, 大有得, 勿疑, 朋盍簪.

예괘가 열광이 될 수 있는 것은 구사효로부터 연유하니, 곧 움직임의 주체다. 움직이면 모든 음효가 기뻐하면서 순종하니, 열광의 뜻이다. 구사효는 대신의 지위이나 육오효의 군주가 순종하고, 양강한 자질로 군주의 일을 책임지니, 열광이 이로부터 일어나므로 "열광을 일으키는 원인이다"라고 했다. "크게 얻음이 있다"는 것은 그의 뜻을 크게 행할 수 있다는 말이니, 세상이 모두 열광에 이른다.

"의심받지 않게 하면 벗들이 모인다"[8]라고 했으니, 구사효가 대신의 지위에 자리하고 유약한 군주를 받들어 세상의 소임을 담당했기 때문에, 위태롭고 의심을 일으킬 수 있는 자리다. 홀로 윗사람의 신임을 감당하면서도 아래로 덕이 같은 사람들의 도움이 없기 때문에 의심을 받게 되지만, 오직 마땅히 그 지극한 진실과 정성을 다하여 의심과 우려를 없게 하면 동료들이 저절로 모여들 것이다. 윗사람과 아랫사람의 신임을 얻고자 하면 오직 지극한 진실과 정성을 다할 뿐이다. 지성至誠을 다한다면 도움이 없는 것을 어찌 근심하겠는가? '잠簪'이란 모이는 것이다. '잠'이 비녀를 뜻하는 것은 머리를 묶기 때문이다.

어떤 사람이 이렇게 묻는다. "괘에는 오직 하나의 양이 있는데 어떻게 덕이 같은 사람의 도움을 얻을 수 있겠습니까?" 이렇게 답하겠다. 위의 지위에 자리하여 '지극한 진실과 정성'으로 도움을 구하면, 이치상 반드시 그런 사람을 얻는다. 구姤괘 구오효에서 "하늘로부터 떨어진다"고 했으니 이것이다. 구사효는 양강한 자질로 군주의 지위에 매우 가까이 있으면서 열광의 때를 홀로 주관하니 성인이 당연히 경계를 할 터인데, 그렇게 하지 않은 것은 열광이란 조화와 순종의 도리이니 조화와 순종의 도리를 따른다면 신하로서의 올바름을 잃지 않기 때문이다. 이렇게 하면서 열광을 홀로 주관한다면 세상의 일을 책임지고 그 때를 열광에 이르게 하는 자이므로, 오직 지극한 진실과 정성으로 행하면서 의심을 받지 않게 하라고 경계한 것이다.

豫之所以爲豫者, 由九四也, 爲動之主. 動而衆陰悅順, 爲豫之義. 四, 大臣之位, 六五之君順從之, 以陽剛而任上之事, 豫之所由也, 故云由豫. 大有得, 言得大行其志, 以致天下之豫也. 勿疑, 朋合簪, 四居大臣之位, 承柔弱之君, 而當天下之任, 危疑之地也. 獨當上之倚任, 而下无同德之助, 所以疑也, 唯當盡其至誠, 勿有疑慮, 則朋類自當盍聚. 夫欲上下之信, 唯至誠而已. 苟盡其至誠, 則何患乎其无助也? 簪, 聚也. 簪之名簪, 取聚髮也. 或曰, 卦唯一陽, 安得同德之助? 曰, 居上位而至誠求助, 理必得之. 姤之九五曰有隕自天是也. 四以陽剛, 迫近君位, 而專主乎豫, 聖人宜爲之戒, 而不然者, 豫和順之道也, 由和順之道, 不失爲臣之正也. 如此而專主於豫, 乃是任天下之事而致時於豫者也, 故唯戒以至誠勿疑.

「상전」에서 말했다. 열광을 일으키는 원인이라 크게 얻는다는 것은 뜻이 크게 실행된다는 말이다.

象曰, 由豫大有得, 志大行也.

자신으로부터 세상을 열광에 이르게 하므로 크게 얻음이 있는 것이니, 그 뜻이 크게 시행되는 것을 말한다.[9]

由己而致天下於樂豫, 故爲大有得, 謂其志得大行也.

육오효는 올바르되 질병이 있어, 항상 앓지만 죽지는 않는다.

六五, 貞疾, 恒不死.

육오효는 음유한 자질로 군주의 지위에 자리하는데, 열광의 때를 당하여 기쁨에 빠져서 스스로 설 수 없는 자다. 권력을 주도하고 군중들의 마음이 모이는 것은 모두 구사효에 있다. 구사효는 양강한 자질로 군중의 마음을 얻었으니, 탐욕과 미혹에 빠진 유약한 군주가 통제할 수 있는 사람이 아니다. 유약하고 스스로 자립할 수 없는 군주는 권력을 주도하는 신하에게 통제를 받으니, 군주의 지위의 올바름을 얻지만 아랫사람의 통제를 받아 고통스럽다. 육오효는 존귀한 지위에 자리하여, 권력을 잃었지만 지위를 잃지는 않았으므로, "올바르되 질병이 있어, 항상 앓지만 죽지는 않는다"[10]고 했다. 이 말은 올바르지만 병이 있으니 항상 앓지만 죽지 않는다는 뜻이다. 예를 들어 한나라와 위나라 때 말세의 군주와 같다.

군주가 위험과 패망에 이르는 방식은 하나가 아니지만, 기쁨에 빠졌기 때문인 경우가 많다. 구사효에서는 정도正道를 잃었다고 말하지 않고, 육오효에서 구사효가 강하여 핍박하는 자임을 드러냈지만 구사효에게는 본래 잘못이 없다. 그러므로 구사효에서는 대신이 천하의 일을 책임졌다는 뜻을 말했고, 육오효는 유약한 자질로 존귀한 지위에 자리하여 스스로 설 수 없고 위엄과 권력을 잃었다는 뜻을 말했으니, 각각의 효에 근거하여 의미를 취했으므로 다른 것이다.

만약 육오효가 군주의 도리를 잃지 않고 구사효가 열광의 때를 주도했다면, 그 적합한 사람에게 책임을 맡겨서 그 공로를 편안하게 향유했을 것이니, 예들 들어 태갑太甲[11]과 성왕成王[12]의 경우와 같다. 몽蒙괘 역시 음陰한 자질로 존귀한 지위에 자리하여 구이효가 양한 자질로 어리석음을 주도하는 자가 되지만, 몽괘의 경우는 길하고 예豫괘의 경우는 고통스러운 질병이 있는 것은 때가 다르기 때문이다. 어린아이가 어리석을 경우 타인에게 의지하는 것은 당연하지만, 탐욕과 향락에 빠져 타인에게 권력을 잃는 것은 위태로워 패망할 수 있는 길이다. 그러므로 몽괘에서는 서로 호응하여 위임하는 자이지만, 예괘의 경우는 서로 핍박하니 권력을 잃을 자다. 또 그래서 위와 아래의 마음이 오로지 구사효에게로 돌아가는 것이다.

六五以陰柔居君位, 當豫之時, 沈溺於豫, 不能自立者也. 權之所主, 衆之所歸, 皆在於四. 四之陽剛得衆, 非眈惑柔弱之君所能制也. 乃柔弱不能自立之君, 受制於專權之臣也, 居得君位貞也, 受制於下有疾苦也. 六居尊位, 權雖失而位未亡也, 故云貞疾, 恒不死. 言貞而有疾, 常疾而不死. 如漢魏末世之君也. 人君致危亡之道非一, 而以豫爲多. 在四不言失正, 而於五乃見其強逼者, 四本無失. 故於四言大臣任天下之事之義, 於五則言柔弱居尊, 不能自立, 威權去己之義, 各據爻以取義, 故不同也. 若五不失君道, 而四主於豫, 乃是任得其人, 安享其功, 如太甲成王也. 蒙亦以陰居尊位, 二以陽爲蒙之主, 然彼吉而此疾者, 時不同也. 童蒙而資之於人, 宜也, 眈豫而失之於人, 危亡之道也. 故蒙相應, 則倚任者也, 豫相逼, 則失權者也. 又上下之心專歸於四也.

「상전」에서 말했다. 육오효는 올바르되 병이 있는 것은 강함을 탔기 때문이고, 항상 앓지만 죽지는 않는 것은 중中을 아직 잃지 않았기 때문이다.

象曰, 六五貞疾, 乘剛也, 恒不死, 中未亡也.

올바르되 병이 있는 것은 강剛을 타고 강에 의해서 핍박을 받기 때문이다. 항상 앓지만 죽지 않는 것은 중中의 위치인 존귀한 지위를 아직 잃지 않았기 때문이다.

貞而疾, 由乘剛爲剛所逼也. 恒不死, 中之尊位未亡也.

상육효는 기쁨에 빠졌으니, 어리석더라도 변하면 허물이 없다.

上六, 冥豫, 成有渝, 無咎.

상육효는 음유한 자질로 중정의 덕이 없으며, 음유한 자질로 가장 위의 위치에 자리하여 올바르지 않다. 기쁨의 끝에 당하였으니, 군자라도 이런 때에 자리한다면 경계하고 두려워해야 하는데, 하물며 음유한 자질을 가진 사람은 어떠해야 하겠는가? 그러나 상육효는 기쁨의 때에 탐욕과 방자함에 빠져, 혼미하여 스스로를 돌이킬 줄 모르는 사람이다. 기쁨의 끝에 처했으므로 혼미한 어리석음이 이미 이루어진 것이다. 만약 변화할 수 있다면, 허물이 없을 수 있다.

기쁨의 끝에 있어서 변화의 뜻이 있다. 사람이 실수했더라도 스스로 변화할 수 있다면 허물이 없을 수 있으므로, 기쁨에 빠졌더라도 변화할 수 있다면 선하다. 성인이 이러한 뜻을 일으켜 개과천선을 권면했으므로, 다시 어리석음의 흉함을 말하지 않고, 오로지 변하면 허물이 없다고 말했던 것이다.

上六陰柔, 非有中正之德, 以陰居上, 不正也. 而當豫極之時, 以君子居斯時, 亦當戒懼, 況陰柔乎? 乃躭肆於豫, 昏迷不知反者也. 在豫之終, 故爲昏冥已成也. 若能有渝變, 則可以无咎矣. 在豫之終, 有變之義. 人之失, 苟能自變, 皆可以无咎, 故冥豫雖已成, 能變則善也. 聖人發此義, 所以勸遷善也, 故更不言冥之凶, 專言渝之无咎.

「상전」에서 말했다. 어두운 기쁨이 가장 위에 있으니, 어떻게 오래갈 수 있겠는가?

象曰, 冥豫在上, 何可長也?

기쁨에 혼미하게 빠져서 그 종극에 이르렀으니, 재앙이 미친다. 그것이 오래갈 수 있을 것인가? 마땅히 속히 변해야 한다.

昏冥於豫, 至於終極, 災咎行及矣. 其可長然乎? 當速渝也.

---

1 열광하고 즐겁다는 뜻이다: 안정과 조화를 이루며 열광하고 즐거울 수 있는 것은 미리 사전에 만반의 준비를 하고 대비했기 때문이다. 정명도는 '예豫'의 뜻을 이렇게 설명한다. "'예豫'란 방비한다는 뜻과 안락하다는 뜻이 있는데, 사전에 대비하므로 편안하고 즐거운 것이다. 그 뜻은 하나다豫者, 備豫也, 逸豫也, 事豫, 故逸樂. 其義一也." 이렇게 예괘는 사전에 대비하고 방비하여 편안하고 즐겁다는 뜻이다. 그래서 많은 군중들이 열광적으로 호응하고 동조하는 것이다. 그래서 예豫괘는 기쁨의 뜻이 있지만 동시에 예비豫備라는 의미도 가지고 있다.

2 순종하면서 움직이는 것이다: 무엇에 순종하는가에 대해, 호원은 '민심을 따라서 행동한다'고 풀이한다. "성인이 행동하는 것은 모두 민심에 순종하면, 백성들이 순종하여 열광하지 않음이 없다聖人所動, 皆順于民心, 則民无有不順而悅豫也." 한편 주희는 윗사람에 순종한다는 의미로 푼다. "예는 조화롭고 즐거운 것이니, 사람의 마음이 조화롭고 즐거우면서 윗사람에 호응하는 것이다豫, 和樂也, 人心和樂以應其上也." 그러나 정이천에게서 순종한다는 것은 단순히 민심에 따르는 것이나 윗사람에 대한 복종이 아니라, 천리天理를 따라서 열광하는 것이다. 정이천에게 '순順'은 '순리順理'의 의미가 강하다. 이치를 따르기 때문에 유순柔順한 것이고, 화순和順한 것이다. 「단전」에서 이 점을 분명하게 밝히고 있다. 또한 운봉 호씨는 이렇게 설명하고 있다. "만국을 세우고 많은 군중을 모이게 하는 데에, 천리를 따라서 움직여, 사람의 마음이 모두 조화롭고 즐거워 복종하게 하지 않는다면 불가능하다建萬國, 聚大衆, 非順理而動, 使人心皆和樂而從, 不可也(『주역전의대전』)."

3 대인이 (…) 어긋나지 않는 것: 이 내용은 건乾괘 「문언전」의 "대인은 하늘과 땅과 그 덕을 합치하고, 해와 달과 그 밝음을 합치하며, 사계절과 그 순서를 합치하며, 귀신과 그 길흉을 합치하여, 하늘을 앞서더라도 하늘이 어기지 않으며, 하늘을 뒤따르더라도 하늘의 때를 받든다. 하늘 또한 어기지 않는데 하물며 사람은 어떠하겠는가? 귀신은 어떠하겠는가?夫大人者與天地合其德, 與日月合其明, 與四時合其序, 與鬼神合其吉凶, 先天而天弗違, 後天而奉天時. 天且弗違, 而況於人乎? 況於鬼神乎?"라는 구절을 말한다.

4 법도가 바르게 이루어져 (…) 흥이 나고: '법도가 바르게 이루어져'라는 말은 '경정經正'을 해석한 것이다. 이는 맹자의 말이다. "공자가 말했다. 사이비를 미워하니, 가라지를 미워하는 것은 벼싹을 어지럽힐까 두렵기 때문이고, 말재주가 있는 사람을 미워하는 것은 의義를 어지럽힐까 두려워하기 때문이고, 말 잘하는 입을 가진 사람을 미워하는 것은 신信을 어지럽힐까 두려워하기 때문이고, 정나라 음악을 미워하는 것은 정악正樂을 어지럽힐까 두려워하기 때문이고, 자주색을 미워하는 것은 붉은색을 어지럽힐까 두려워하기 때문이고, 향원을 미워하는 것은 덕德을

어지럽힐까 두려워해서이다'라고 했다. 군자는 경經으로 돌아갈 뿐이다. 경이 바르게 되면 백성들은 선행을 하는 데에 흥이 나고, 백성들이 흥이 나면 사특함이 없어진다孔子曰, '惡似而非者, 惡莠, 恐其亂苗也, 惡佞, 恐其亂義也, 惡利口, 恐其亂信也, 惡鄭聲, 恐其亂樂也, 惡紫, 恐其亂朱也, 惡鄉原, 恐其亂德也.' 君子反經而已矣. 經正, 則庶民興; 庶民興, 斯無邪慝矣(『맹자』「진심하」)." 여기서 주희는 '경經'을 '상常'이라 풀고 만세토록 변하지 않는 상도常道라고 해석한다. 정이천은 상도를 상리常理와 동일한 의미로 해석한다.

5 굳세게 정립한 모습: '특립特立'을 번역한 말이다. 이 말은 『예기』에 나온다. "유자는 재화를 맡겨 그 즐거움에 빠지게 하더라도, 이익을 보고 의義를 저버리지 않는다. 군중이 몰려와서 겁을 주고 병사를 풀어 막을지라도, 비록 죽음을 보고 자신이 지키는 것을 바꾸지 않는다. 맹수들이 후려쳐도 용기를 헤아리며 따지지 않는다. 무거운 것으로 끌어당겨도 그 힘을 헤아려 따지지 않는다. 지나간 일에 대해서는 후회하지 않고, 다가올 미래의 일들은 미리 예단하지 않는다. 잘못된 말은 다시 하지 않고, 떠도는 말은 추궁하지 않는다. 그 위엄을 단절시키지 않고 지속하며 그 도모함을 미리 연습하지 않는다. 그 굳세게 정립한 모습이 이와 같다儒有委之以貨財, 淹之以樂好, 見利不虧其義. 劫之以衆, 沮之以兵, 見死不更其守. 鷙蟲攫搏不程勇者. 引重鼎不程其力. 往者不悔, 來者不豫. 過言不再, 流言不極. 不斷其威, 不習其謀. 其特立有如此者(『예기』「유행儒行」)."

6 기미幾微: 낌새 혹은 징후라고도 할 수 있다. 미세한 흔적이나 낌새를 통해 앞으로 일어날 일들에 대하여 파악하는 것이다.

7 위를 보는 것이다: 위를 본다는 것은 부러워하면서 아첨하려는 의미가 있다. 호원은 이런 점을 분명하게 드러내고 있다. "'우盱'라는 것은 우러러 보면서 아첨하는 것을 말하고 '치遲'란 늦추는 것이다. 중을 이루지도 못하고 올바르지도 않은 자질을 가지고 위로 구사효와 가까이 있다. 권력을 쥔 신하가 우러러보며 아첨하면서 구사효에게 기쁨을 구하려 한다면 반드시 후회가 있다. 또 늦추고 머뭇거리면서 구사효에게서 기쁨을 구하지 않아도 역시 반드시 후회가 있다盱者盱睢諂媚之謂也, 遲, 緩也. 以不中不正之質, 而上近于九四. 操權之臣, 若盱睢諂媚以求悅于四, 則必有悔也. 若遲緩而不求于四, 亦必有悔也."

8 의심받지 않게 하면 벗들이 모인다: 정이천은 열광의 때에 전권을 휘두르는 중요한 지위를 차지하고서 군주와 사람들의 의혹을 받는 태도를 갖지 말아야 뜻있는 동지들이 모인다고 해석하지만 호원은 세상의 재능 있는 사람들을 신임하여 의심하지 말아야 한다고 푼다. "구사효는 열광의 권세를 가지고 군중들이 자기에게 와서 따르지만, 반드시 천하의 여러 재능 있는 사람을 의지하여 세상의 사업을 함께 이루어야 한다. 여러 재능 있는 사람이 자신을 따랐다면 자신은 반드시 '지극한 진실과 정성至誠'을 다해서 신임하되 조금도 의혹하는 마음을 가지지 않는다면, 그들은 동지들을 이끌고 귀한 사람들과 합치하러 올 것이다四秉悅豫之權, 衆來附己, 然而必藉天下群才, 共成天下之事業. 群材既已從己, 己必盡誠以信任之, 不有疑貳之心, 則彼將引其朋類, 合其簪纓而來也."

9 그 뜻이 크게 시행되는 것을 말한다: 성재誠齋 양만리는 이렇게 신하의 지위로서 세상의 열광을 가져오게 하는 사람의 구체적인 예로 우禹왕이 치수 사업을 하기 위해서 백성들을 크게 동원한 일과 이윤伊尹이 걸桀왕을 정벌한 큰 일과 주공周公이 동쪽을 정벌하기 위해서 크게 모의한 일을 말하고 있다.

10 올바르되 질병이 있어, 항상 앓지만 죽지는 않는다: 호원은 이를 권세를 잃고 지위와 이름만을 유지하는 군주를 상징하는 말로 해석한다. "육오효는 유약한 자질로 지극히 존귀한 지위에 자리하여 군주의 직분을 이행하는 데에 정도를 잃었고, 또 아래로 구사효라는 강양한 권신權臣을 타고 있다. 이것이 군주의 정도에 질병이 있는 것이다. '항불사恒不死'라는 말은 육오효가 유약한 자질로 군주의 직분을 이행하는 데에 정도를 잃으니 질병이 있는 것이지만, 그러나 항상 죽지 않는 것은 그가 중中에 자리하고 존귀한 지위에 처해서, 오히려 끝까지 끊어지지 않고 이어져 망하는 데에 이르지 않는 말이다. 보존하고 있는 것은 단지 지위와 이름뿐이므로 마치 주나라 평왕이 동천東遷한 이후에 천하의 권세가 모두 강신強臣들에게 귀속되어 천왕天王이 보존한 것은 지위와 이름뿐이었던 것과 같다六五以柔弱之質, 居至尊之位, 而履失其正, 又下乘九四剛陽之權臣. 是於正道, 有所疾也. 恒不死者, 言六五以柔弱之質, 而履失其正, 是有疾病者也, 然而得常不死者, 以其居中處尊, 猶且綿綿不絕而未至于亡也. 然所存者, 但位號而已, 故若周平東遷之後, 天下之權, 盡屬強臣而天王所存者, 位與號爾."

11 태갑은 상나라의 5대 군주다. 탕왕湯王의 맏아들로서 탕왕 사후 이윤이 그를 황제로 옹립했으나 폭정을 일삼고 법을 준수하지 않아 3년 만에 추방당했다. 동궁에서 3년을 보내며 반성한 태갑은 다시 재위에 올랐고 그후 덕을 쌓아 백성들의 존경을 받았다. 인물사전 참조.

12 성왕은 주나라 제2대 군주다. 무왕武王의 아들로 무왕이 죽었을 때 성왕이 어렸기 때문에 무왕의 아우 주공 단周公旦이 섭정했고 7년 만에 주공에게 정사를 넘겨받았다. 인물사전 참조.

17. 뒤따름, 열광적인 추종: 수隨괘☱☳

택뢰수澤雷隨라고 읽는다. 괘의 모습이 태兌☱괘가 위에 있고, 진震☳괘가 아래에 있기 때문이다.

수隨괘에 대해 「서괘전」에서는 이렇게 설명한다. "열광이 있으면 반드시 사람들이 따르므로 뒤따름을 상징하는 수괘로 받았다." 열광의 도는 만물이 뒤따르므로, 수괘가 예豫괘 다음이다. 괘의 모습은 태兌괘가 위에 있고 진震괘가 아래에 있다. 태괘는 기쁨을 상징하고 진괘는 움직임을 상징하니, 기뻐하면서 움직이고 움직이면서 기뻐하여 모두 뒤따른다는 뜻이다. 여자는 사람을 뒤따르는 자인데, 어린 여자가 나이 든 남자를 따르니,[1] 뒤따른다는 뜻이다. 또 진괘는 우레를 상징하고 태괘는 연못을 상징하니, 우레가 연못 속에서 진동하고 연못이 잇따라 움직이므로 뒤따름의 모습이다.

또 괘의 변화로 말하자면, 건乾☰괘에서 가장 위에 있는 효가 아래로 내려와 곤坤☷괘의 가장 아래 위치에 자리하여 진震☳괘가 되고, 곤괘에서 가장 아래의 효가 위로 가서 건괘의 가장 위의 위치에 자리하여 태兌☱괘가 되니, 양효가 아래로 내려가 음의 자리로 가서 양으로서 음에게 낮추어 내려가면 음이 모두 기뻐서 따르므로,

뒤따름의 의미가 된다. 괘가 이루어지는 데에는 두 괘의 형체의 뜻을 취하고 또 효의 의리를 취한 경우가 있고, 다시 괘의 변화의 뜻을 취한 경우도 있으니, 수괘에서 의미를 취하는 것은 이 모두가 더욱더 상세하게 구비되었다.

隨, 序卦, "豫必有隨, 故受之以隨." 夫悅豫之道, 物所隨也, 隨所以次豫也. 爲卦, 兌上震下, 兌爲說, 震爲動, 說而動, 動而說, 皆隨之義. 女隨人者也, 以少女從長男, 隨之義也. 又震爲雷, 兌爲澤, 雷震於澤中, 澤隨而動, 隨之象也. 又以卦變言之, 乾之上來居坤之下, 坤之初往居乾之上, 陽來下於陰也, 以陽下陰, 陰必說隨, 爲隨之義. 凡成卦, 旣取二體之義, 又有取爻義者, 復有更取卦變之義者, 如隨之取義, 尤爲詳備.

뒤따름은 크게 형통할 수 있으니, 올바름을 굳게 지켜야 이롭고 허물이 없다.

隨, 元亨, 利貞, 無咎.

뒤따름의 도道는 크게 형통할 수가 있다. 군자의 도는 군중이 뒤따르는 것과 자신이 타인을 뒤따르는 것과 어떤 일에 임했을 때 따라야 할 것을 선택하는 것이니, 모두 어떤 것을 뒤따르는 것이다. 뒤따르는 데에 그 도를 얻으면 크게 형통할 수가 있다. 대체로 군주가 선善을 뒤따르고, 신하가 명령을 받들고, 배우는 사람이 마땅한 의리義를 따르고, 일에 임해서는 어른을 따르는 것은 모두 뒤따름이다. 뒤따름의 도는 그 이로움이 올바름을 굳게 지키는 것에 달려 있으니, 뒤따름에 그 올바름을 얻은 후에야 크게 형통하여 허물이 없을 수가 있다. 올바름을 잃으면 허물이 있게 되니, 어떻게 형통할 수 있겠는가?

隨之道, 可以致大亨也. 君子之道, 爲衆所隨, 與己隨於人, 及臨事擇所隨, 皆隨也. 隨得其道, 則可以致大亨也. 凡人君之從善, 臣下之奉命, 學者之從義, 臨事而從長, 皆隨也. 隨之道, 利在於貞正, 隨得其正, 然後能大亨而无咎. 失其正則有咎矣, 豈能亨乎!

「단전」에서 말했다. 수괘는 강함이 와서 유함에 자신을 낮추고, 움직이되 기뻐하는 것이 뒤따름의 모습이다. 크게 형통하고 올바르고 허물이 없어서, 천하가 때를 따른다.

彖曰, 隨, 剛來而下柔, 動而說, 隨. 大亨貞, 無咎, 而天下隨時.

괘가 수괘가 된 까닭은 강剛함이 내려와서 유柔함에 낮추며, 움직이되 기뻐하기 때문이니, 건괘의 상구효가 내려와서 곤괘의 가장 아랫자리에 있고(진괘가 된다) 곤괘의 초육효가 올라가서 건괘의 가장 높은 자리에 있어서(태괘가 된다), 양강陽剛이 와서 음유陰柔에게 낮추는 것을 말한다. 이는 윗사람으로서 아랫사람에게 낮추는 것이고 귀한 사람으로서 천한 사람에게 낮추는 것이니, 이와 같이 할 수 있다면 사람들이 기뻐하며 뒤따른다. 또 하체는 움직이고 상체는 기뻐하여, 움직여서 기뻐하게 할 수 있으니, 뒤따름이 된다.

이와 같다면 크게 형통하고 올바름을 얻을 수 있는데, 크게 형통하고 올바름을 얻을 수 있다면, 허물이 없다. 형통할 수 없고 올바를 수 없다면 뒤따를 수 있는 길이 아니니, 어떻게 세상 사람들을 뒤따르게 할 수 있겠는가? 세상 사람들이 따르는 것은 때이므로 "천하가 때를 따른다"고 했다.

卦所以爲隨, 以剛來而下柔, 動而說也, 謂乾之上九來居坤之下, 坤之初六往居乾之上, 以陽剛來下於陰柔. 是以上下下, 以貴下賤, 能如是, 物之所說隨也. 又下動而上說, 動而可說也, 所以隨也. 如是則可大亨而得正, 能大亨而得正, 則爲无咎. 不能亨, 不得正, 則非可隨之道, 豈能使天下隨之乎? 天下所隨者時也, 故云天下隨時.

때를 따르는 의리는 크도다!

隨時之義, 大矣哉!

군자의 도는 때에 따라서 움직이되 마땅함을 따르면서 상황에 적합하게 변화하니 고정된 모범이 없어서, 도를 몸 속 깊이 단련하고 기미를 알며 주도면밀하게 헤아리는 자가 아니라면 이런 경지에 이를 수가 없다. 그래서 "때를 따르는 의리는 크도다"라고 찬미했다. 그렇게 찬미한 것은 사람이 그 의리의 위대함을 알고서, 음미하여 깨닫게 하기 위함이다. 여기서 "때를 따르는 의리는 크도다"라는 찬미는 예괘 등 다른 괘들과는 다른데, 다른 괘에서는 때의 의리가 아니라 때와 의리 두 가지 일을 말한다.[2]

君子之道, 隨時而動, 從宜適變, 不可爲典要, 非造道之深, 知幾能權者, 不能與於此也. 故贊之曰隨時之義大矣哉. 凡贊之者, 欲人知其義大, 玩而識之也. 此贊隨時之義大, 與豫等諸卦不同, 諸卦時與義是兩事.

「상전」에서 말했다. 연못 가운데에 우레가 있는 것이 수괘의 모습이니, 군자는 이것을 본받아 어둠이 내리면 들어가 휴식을 취한다.

象曰, 澤中有雷, 隨, 君子以嚮晦入宴息.

우레가 연못 가운데에서 진동하니, 연못이 우레를 따라서 요동하는 것이 수괘의 모습이다. 군자는 이러한 모습을 관찰하여 때에 따라서 움직인다. 때를 따르는 마땅함은 모든 일이 다 그러하지만, 가장 분명하고 비근한 것을 취하여 말했다. "군자는 이것을 본받아 어둠이 내리면 들어가 휴식을 취한다"[3]는 것은 군자는 낮에는 쉬지 않고 스스로 힘쓰다가 어둠이 내리면 집에 들어가서 휴식을 취하면서 그 몸을 편안하게 하니, 모든 행동거지를 때에 따라 마땅함에 적합하게 한다. 『예기』에 "군자는 낮에 집 안에 거하지 않고 밤에 집 밖에 있지 않는다"[4]라 했으니, 때를 따르는 도다.

雷震於澤中, 澤隨震而動, 爲隨之象. 君子觀象, 以隨時而動. 隨時之宜, 萬事皆然, 取其最明且近者言之. 君子以嚮晦入宴息, 君子晝則自強不息, 及嚮昏晦, 則入居於內, 宴息以安其身, 起居隨時, 適其宜也. 禮, 君子晝不居內, 夜不居外, 隨時之道也.

초구효는 책임을 맡아 지키는 것에 변화가 있으니, 올바르면 길하므로, 문을 나가 교제하면 공이 있다.

初九, 官有渝, 貞吉, 出門交有功.

초구효는 뒤따르는 때에 진괘의 형체에 속해 있고 또 움직임의 주체가 되어, 뒤따라야 할 것이 있는 사람이다. '관官'이란 책임을 맡아 지키는 것이다. 뒤따라야 할 것이 있다면 이는 기존에 책임을 맡아 지키는 것에 변화가 있는 것[5]이므로, "책임을 맡아 지키는 것에 변화가 있으니, 올바르면 길하다"고 했다. 뒤따르는 것에 올바름을 얻으면 길하다. 변화한 것이 올바름을 얻지 못하면, 과도한 움직임이다.

"문을 나가 교제하면 공이 있다"고 한 것은 사람의 마음은 친한 것과 아끼는 것을 뒤따르는 경우가 많기 때문이다. 보통 사람의 감정은 어떤 것을 아끼면 그것의 옳은 것만 보고 어떤 것을 미워하면 그것의 그른 것만 보기 때문에, 처와 자식의 말은 잘못되었더라도 따르는 경우가 많고 미워하는 사람의 말은 옳더라도 싫어한다. 친하고 아껴서 그를 따르면 이는 사사로운 감정이 개입된 것이니, 어찌 정리正理[6]에 합치하겠는가? 그러므로 문을 나가 교제하면 공이 있다고 했다. 문을 나간다는 것은 사사롭게 가까워지는 것이 아니니, 교제하는 데에 사사로운 감정으로 하지 않으므로 그 뒤따름이 마땅하고 공이 있다.

九居隨時而震體且動之主, 有所隨者也. 官, 主守也. 旣有所隨, 是其所主守有變易也, 故曰, '官有渝. 貞吉', 所隨得正則吉也. 有渝而不得正, 乃過動也. 出門交有功, 人心所從, 多所親愛者也. 常人之情, 愛之則見其是, 惡之則見其非, 故妻孥之言雖失而多從, 所憎之言雖善爲惡也. 苟以親愛而隨之, 則是私情所與, 豈合正理, 故出門而交則有功也. 出門謂非私暱, 交不以私, 故其隨當而有功.

「상전」에서 말했다. 책임을 맡아 지키는 것에 변화가 있는데 올바름을 따르면 길하다.

象曰, 官有渝, 從正, 吉也.

따라야 할 것을 선택해서 변화했으니, 반드시 따르는 것이 올바름을 얻으면 길하고, 올바름을 얻지 못하면 후회와 인색함이 있다.

旣有隨而變, 必所從得正則吉也. 所從不正, 則有悔吝.

문을 나가 교제하면 공이 있다는 것은 과실이 없는 것이다.

出門交有功, 不失也.

문을 나서서 교제한다는 것은 교제하는 데에 사사로운 감정에 얽매이지 않음이니, 그 사귐이 반드시 올바르다. 올바르다면 잘못이 없고 공이 있다.

出門而交, 非牽於私, 其交必正矣, 正則无失而有功.

육이효는 작은 사람과 관계하면 장부를 잃는다.

六二, 係小子, 失丈夫.

육이효는 구오효와 호응하는데 초구효와 친밀하여 가까운 사람을 먼저 따르려고 하고, 자질이 유약해서 굳게 자신의 위치를 지킬 수가 없으므로[7] 이를 경계하여 "작은 사람과 관계하면 장부를 잃게 된다"고 했다. 초구효는 양효지만 아래에 있으니 작은 사람이고, 구오효는 위에 있는 올바른 호응관계이니 장부다. 만약 육이효가 초구효와 관계하려고 한다면 올바른 호응관계인 구오효를 잃게 되니, 장부를 잃는 것이다. 작은 사람과 관계하고 장부를 잃는다면 올바른 호응관계를 버리고 올바르지 못한 것을 따르는 것이니, 그 허물이 크다. 육이효가 중정의 덕을 지니고 있다면[8] 반드시 이런 지경에까지 이르지는 않을 것이니, 뒤따르는 때에 마땅히 경계해야 한다.

二應五而比初, 隨先於近, 柔不能固守, 故爲之戒云, 若係小子, 則失丈夫也. 初陽在下, 小子也, 五正應在上, 丈夫也. 二若志係於初, 則失九五之正應, 是失丈夫也. 係小子而失丈夫, 捨正應而從不正, 其咎大矣. 二有中正之德, 非必至如是也, 在隨之時, 當爲之戒也.

「상전」에서 말했다. 작은 사람과 관계하면 두 가지를 겸하여 함께할 수 없다.

象曰, 係小子, 不兼與也.

사람들이 어떤 것을 따를 때에 올바름을 얻으면 올바르지 않은 것을 멀리하고, 그른 것을 따르면 옳은 것을 잃게 되니, 두 가지를 모두 따를 수 있는 이치는 없다. 육이효가 초구효와 관계하면 구오효를 잃게 되니, 두 가지를 겸하여 함께할 수는 없다. 그래서 올바름을 따르는 데에 마땅히 하나에 집중해야만 한다.

人之所隨, 得正則遠邪, 從非則失是, 无兩從之理. 二苟係初, 則失五矣,不能兼與也. 所以戒人從正當專一也.

육삼효는 장부와 관계하고 작은 사람을 잃으니, 따르는 것으로 구하는 바를 얻지만, 올바름에 자리하는 것이 이롭다.

六三, 係丈夫, 失小子, 隨有求得, 利居貞.

장부는 구사효이고, 작은 사람은 초구효다. 위의 지위에 있는 양陽한 자질의 사람이 장부이고, 아래 지위에 자리한 사람이 작은 사람이다. 육삼효는 초구효와 함께 같은 하체에 있지만 구사효와 매우 가까우므로, 구사효에 관계한다. 대체로 음유한 자질은 스스로 설 수가 없어서, 항상 가까운 데에 있는 사람과 친밀하게 관계하기 마련이다. 위로 구사효와 관계하므로 아래의 초구효를 잃고, 초구효를 버리고 위를 따르니, 뒤따름의 마땅함을 얻는다. 위를 따르면 선하다. 예를 들어 어리석은 사람이 현명한 사람을 따르고, 일을 하는 데에 선함을 따르는 것은 위를 따르는 것이다. 옳은 것을 버리고 그른 것을 따르며 현명한 사람을 버리고 어리석은 사람을 따르는 것은 아래를 따르는 것이다.

구사효 역시 호응하는 자가 없고 그를 따르는 자도 없어서, 가까이 육삼효가 따르면 반드시 그와 더불어 친밀하고 우애하게 된다. 그러므로 육삼효가 구사효를 따르면 구하는 것이 있으니 반드시 얻는다. 사람이 위를 따르고 윗사람이 함께하면 이것이 구하는 바를 얻는 것이다. 또 대체로 구하는 바를 얻을 수 있다. 그렇지만 이치가 아닌 것을 행하고 도리에 어긋나게 하면서 윗사람을 따르거나, 구차하게 사랑과 기쁨을 취하기를 구해서는 안 된다. 이렇게 하는 것은 바로 소인들이 간사하게 아첨하여 이익을 따르는 행위이므로, 올바름에 자리하는 것이 이롭다고 했다. 올바름에 자처하면 구하는 것을 반드시 얻는 것이 곧 올바른 일이니,[9] 군자의 뒤따름이다.

丈夫九四也, 小子初也. 陽之在上者丈夫也, 居下者小子也. 三雖與初同體, 而切近於四, 故係於四也. 大抵陰柔不能自立, 常親係於所近者. 上係於四, 故下失於初, 舍初從上, 得隨之宜也, 上隨則善也. 如昏之隨明, 事之從善, 上隨也. 背是從非, 舍明逐暗, 下隨也. 四亦无應, 无隨之者也, 近得三之隨, 必與之親善. 故三之隨四, 有求必得也. 人之隨於上, 而上與之, 是得所求也. 又凡所求者可得也. 雖然, 固不可非理枉道以隨於上, 苟取愛說以遂所求. 如此, 乃小人邪諂趍利之爲也, 故云利居貞. 自處於正, 則所謂有求而必得者, 乃正事, 君子之隨也.

「상전」에서 말했다. 장부와 관계하는 것은 뜻이 아래를 버리는 것이다.

象曰, 係丈夫, 志舍下也.

위를 따른다면, 그의 뜻은 아래를 버리고 따르지 않는 것이다. 아래를 버리고 위를 따르며 낮은 것을 버리고 높은 것을 따르니, 뒤따르는 때에 최선의 행동이다.

旣隨於上, 則是其志舍下而不從也. 舍下而從上, 舍卑而從高也, 於隨爲善矣.

구사효는 뒤따름에 얻음이 있으면, 올바르더라도 흉하다. 신뢰가 있고 도에 자리하며 명철하게 처신하면, 무슨 허물이 있겠는가?

九四, 隨有獲, 貞凶. 有孚, 在道, 以明, 何咎?

구사효는 양강한 재능을 가지고 신하의 가장 높은 지위에 처하는데, 만약 뒤따름의 때에 얻은 것이 있다면 올바르더라도 또한 흉하다. "얻음이 있다"는 말은 세상 민심이 자기를 따르는 것을 말한다. 신하된 도리는 마땅히 은혜와 위엄이 일관되게 군주로부터 나와서, 군중의 마음이 모두 군주를 따르도록 해야만 한다. 그런데 사람들의 마음이 자신을 따른다면 이는 위태로우며 의심을 받을 가능성이 있으므로, 흉하다. 이러한 상황에 처한 사람은 어떻게 해야 하는가? 오직 마음속에 신뢰와 진실을 쌓고 모든 행동과 일처리를 도리에 부합하도록 해서 명철하게 처신하면, 무슨 허물이 있겠는가?

옛날에 이렇게 행동한 사람은 이윤伊尹, 주공周公, 공명孔明이 그러했으니, 모두 덕이 백성들에게 미쳐서 백성이 그들을 추종했다. 이렇게 백성들의 열광적인 추종을 얻는 것은 군주의 공을 이루고 나라의 안정을 이루었기 때문이다. 그 지극한 진실과 정성이 마음속에 있는 것은 '신뢰가 있는 것'이고, 시행한 바가 도리에 적중하지 않음이 없었던 것은 '도에 자리했기' 때문이다. 오직 그가 명철하기 때문에 이렇게 현명하게 행동할 수 있었던 것이니, 무슨 허물이 있겠는가? 그래서 아래로 신임을 얻고 위로는 의심을 받지 않고, 지위가 매우 높지만 윗사람을 핍박한다는 혐의가 없으며, 세력이 막강해도 마음대로 전횡하는 과실이 없다. 성인과 위대한 현자가 아니라면

할 수 없는 일이다.

그 다음이 당나라의 곽자의郭子儀다. 그는 위세가 군주의 자리를 뒤흔들 정도였지만 군주가 의심하지 않았고, 또한 마음속에 신뢰와 진실이 있고 처신하는 데에 심한 과실이 없었다. 명철한 사람이 아니라면 이와 같을 수가 있겠는가?

九四以陽剛之才, 處臣位之極, 若於隨有獲, 則雖正亦凶. 有獲, 謂得天下之心隨於己. 爲臣之道, 當使恩威一出於上, 衆心皆隨於君. 若人心從己, 危疑之道也, 故凶. 居此地者奈何? 唯孚誠積於中, 動爲合於道, 以明哲處之, 則又何咎? 古之人有行之者, 伊尹周公孔明是也, 皆德及於民, 而民隨之. 其得民之隨, 所以成其君之功, 致其國之安, 其至誠存乎中, 是有孚也, 其所施爲无不中道, 在道也, 唯其明哲, 故能如是以明也, 復何過咎之有? 是以下信而上不疑, 位極而无逼上之嫌, 勢重而无專強之過. 非聖人大賢, 則不能也. 其次如唐之郭子儀. 威震主而主不疑, 亦由中有誠孚而處无甚失也. 非明哲能如是乎.

「상전」에서 말했다. 뒤따름에 얻음이 있는 것은 그 의리상 흉하다. 신뢰가 있고 도에 자리한 것은 명철한 공이다.

象曰, 隨有獲, 其義凶也. 有孚在道, 明功也.

군주와 가까운 지위에 자리하면서 백성들의 마음을 얻게 되면, 그 의리가 분명 흉하다. 신뢰가 있고 도에 자리할 수 있다면 허물이 없으니, 이는 명철한 공이다.

居近君之位而有獲, 其義固凶. 能有孚而在道, 則无咎, 蓋明哲之功也.

구오효는 선함에 대한 신뢰를 가지고 있으니 길하다.

九五, 孚于嘉, 吉.

구오효는 존귀한 지위에 자리하고 올바름을 얻었으며 마음속이 진실로 가득하다. 이는 그 마음의 진실이 선함을 따르는 데에 있는 것이니, 길함을 알 수 있다. '가嘉'란 선함이다.[10] 군주로부터 서인에 이르기까지, 뒤따름의 도의 길함은 오직 선함을 뒤따르는 데 있다. 아래로 정중正中의 덕을 지닌 육이효에 호응하는 것이 선함을 따르는 뜻이다.

居尊得正而中實. 是其中誠在於隨善, 其吉可知. 嘉, 善也. 自人君至於庶人, 隨道之吉, 唯在隨善而已. 下應二之正中, 爲隨善之義.

「상전」에서 말했다. 선에 대한 신뢰를 가지고 있으니 길한 것은 지위가 정중하기 때문이다.

象曰, 孚于嘉吉, 位正中也.

정중의 지위에 처한 것은 정중의 도로 말미암은 것이니, 신뢰와 정성으로 따르는 것이 정중의 도다. 그래서 선하다고 했으니, 길함을 알 수 있다. 신뢰하고 있는 선함은 육이효를 말한다. 뒤따름은 중도를 얻는 것을 최선으로 여기고, 뒤따름에서 막아야 할 것은 과도함이니, 마음이 열광하면서 따르게 되면, 그것이 과도한 것임을 알지 못한다.

處正中之位, 由正中之道, 孚誠所隨者正中也. 所謂嘉也, 其吉可知. 所孚之嘉, 謂六二也. 隨以得中爲善, 隨之所防者過也, 蓋心所說隨則不知其過矣.

상육효는 붙잡아 묶어놓고 따라서 동여매니, 왕이 서산에서 번성했다.

上六, 拘係之, 乃從維之, 王用享于西山.

상육효는 유순한 자질로 수괘의 끝에 자리하니, 뒤따름의 지극함에 이른 자다. "붙잡아 묶어놓는다"[11]는 것은 뒤따름의 지극함을 말하니, 마치 붙잡아서 묶어놓은 것과 같다. 또 "따라서 동여맨다"는 것은 또 뒤따라서 밧줄로 동여매는 것으로 뒤따름이 견고하게 결속된 것이 이와 같다는 말이다.[12] "왕이 서산에서 번성했다"는 것은 뒤따름의 지극함이 이와 같다는 말이다.

옛날에 태왕太王[13]이 이러한 도를 써서 서산西山에서 왕업을 형통하게 했다. 태왕이 오랑캐의 난을 피해 빈豳땅을 버리고 기산으로 가자, 빈땅의 노인과 어린아이가 부축하고 붙들면서 그를 뒤따르기를 마치 시장으로 가는 것 같이 했으니, 그 사람들이 태왕을 뒤따르는 마음이 이와 같이 굳게 결속되었으므로 서산에서 왕업이 번성할 수 있었다. '서산'이란 기산岐山을 말한다. 주왕周王의 왕업이 여기에서 일어났다. 상육효는 수괘의 끝에 자리하여 과도함이 있지만, 백성의 뒤따름을 얻는 일과 선함을 따르기를 견고하게 하는 일에 있어서는 이와 같이 해야 최선이 되며, 이것을 다른 일에 시행하면 과도함이 된다.

上六以柔順而居隨之極, 極乎隨者也. 拘係之, 謂隨之極, 如拘持縻係之. 乃從維之, 又從而維繫之也, 謂隨之固結如此. 王用亨于西山, 隨之極如是. 昔者太王用此道, 亨王業于西山. 太王避狄之難, 去豳來岐, 豳人老稚扶携以隨之如歸市, 蓋其人心之隨, 固結如此, 用此故能亨盛其王業於西山. 西山, 岐山也. 周王之業, 蓋興於此. 上居隨極, 固爲太過, 然在得民之隨, 與隨善之固, 如此乃爲善也, 施於他則過矣.

「상전」에서 말했다. 붙잡아 묶어놓는 것은 뒤따름의 궁극이다.

象曰, 拘係之, 上窮也.

견고하게 뒤따름이 마치 붙잡아서 묶어놓는 것과 같으니, 뒤따름의 도의 궁극이다.

隨之固如拘係維持, 隨道之窮極也.

---

1 어린 여자가 나이 든 남자를 따르니: 어린 여자와 나이 든 남자와의 관계를 융산 이씨隆山李氏는 함咸괘와 비교하면서 재미있게 설명하고 있다. "함咸괘는 나이 어린 남자少男와 나이 어린 여자少女의 관계로서, 음양의 기가 서로 대등하여 서로 호응하기 때문에 감응咸이고, 수隨괘는 나이 많은 남자長男와 나이 어린 소녀少女의 관계로서, 양이 음보다 더 장성하여 음을 제약할 수 있고, 음은 스스로 양을 따르기 때문에 뒤따름隨이다. 즉 군자는 양강의 덕德을 가지고 이 세상에 서 있는 것이니, 마땅히 나로 하여금 사물을 바꾸게 하여 사물이 저절로 나를 따르는 것이지, 사물로 하여금 나를 바꾸게 하여 내가 도리어 사물을 뒤따르는 것이 아니다. 이것이 세상에 나와서 세상을 대응하는 데에 사람을 이끄는 것에 마음을 두지 않았지만 저절로 세상의 열광적인 추종을 얻는 것이다隆山李氏曰咸隨二卦, 皆男下女者也. 咸, 少男少女, 陰陽之氣相等而相應, 故謂之咸. 隨長男少女, 陽上於陰, 可以相制而陰自隨之, 故謂之隨. 君子體陽剛之德, 以立斯世, 要當使我能轉物而

物自隨我, 不可使物得以轉我而我反隨物. 此所以出而應世, 雖无心於致人而自得於一世之說隨也(『주역전의대전』)."

2 때와 의리 두 가지 일을 말한다: 주희는 이러한 정이천의 견해에 반대하고 있다. "왕숙본에 따르면 시時라는 글자는 지之라는 글자 아래에 있으니, 지금 마땅히 따랐다王肅本, 時字在之字下, 今當從之."

3 어둠이 내리면 들어가 휴식을 취한다: 호원은 「상전」의 말을 두 가지 의미로 해석한다. 첫번째 의미는 추종할 만한 사람인지 아닌지를 잘 살펴야 한다는 뜻으로 해석한다. "드러내놓고 추종할 만하지 않으면, 마땅히 어두운 곳에 숨어 빛을 감추고 올바름을 길러 스스로 편안히 휴식을 취하면서 그 사람됨을 상세하게 살펴서, 추종할 만한 사람이라면 가서 추종하면 그 도리를 얻는다未可以顯然而從之, 固當韜光養正向于隱晦之中, 以自安息而詳審其人, 使可以隨然後往而隨之, 則得其道也." 두 번째 뜻은 덕을 갖추어야 사람들이 저절로 추종한다는 뜻이다. "만약 군자가 사람들이 자신을 따르게 하고자 한다면 또한 마땅히 어둠 속에서 빛을 감추고 덕을 숨겨 원형이정이라는 덕을 완전히 갖추면 천하 사람들이 저절로 추종한다若君子欲人隨于己, 亦當韜光潛德, 向于冥晦之中, 使其元亨利貞四德之備, 則天下之人自然隨之也."

4 『예기』「단궁상」, "대저 낮에 집안에 있으면 병이 들었느냐고 물을 수 있으며, 밤에 밖에 나와 있으면 그를 조문할 수 있다. 그래서 군자는 큰 사고가 있지 않으면 밖에서 자지 않으며, 치재致齋가 아니거나 병이 아니면 밤낮으로 집안에 있지 않는다夫晝居於內, 問其病, 可也, 夜居於外, 弔之可也. 是故君子非有大故, 不宿於外, 非致齋, 非疾也, 不晝夜居於內." 엄릉 방씨嚴陵方氏는 이를 이렇게 설명한다. "낮은 양이고, 밤은 음이니, 군자는 양을 따라서 움직이므로, 낮에 나가서 밖에서 사람들과 교접하고, 음을 따라서 고요하므로, 밤에 들어와 안에서 몸을 편안하게 한다. 이것이 예의 상도다晝爲陽, 夜爲陰, 君子順陽而動, 故晝出而接物於外, 順陰而靜, 故夜入而安身於內, 此禮之常也."

5 책임을 맡아 지키는 것에 변화가 있는 것: 앞의 「단전」에 대한 주석에서 정이천은 "군자의 도는 군중들이 뒤따르는 것과 자신이 타인을 뒤따르는 것과 어떤 일에 임했을 때 따라야 할 것을 선택하는 것은 모두 어떤 것을 뒤따르는 것이다"라고 말하고 있다. 이 모든 일에서 기존에 지켜온 생각들과 주장을 바꿔서 다른 선택을 하는 일과 관련해서 설명하고 있다. 구산 양씨龜山楊氏(양시楊時)는 이런 맥락을 이렇게 설명한다. "뒤따름의 시초에 자리했으므로, 때를 가장 중대한 것으로 여겨야 하니, 마땅히 변해야 하는 것이다. 자신의 주장을 지킬 줄만 알고, 때에 따라서 변화할 줄 모르면 때를 잃는다. 초구효는 양강한 자질로 진동하는 형체에 자리하므로 변화할 수 있는 자이지만, 변화하는 데에 올바른 정도正道로 하지 않거나, 자신에게 친근한 사사로움에 빠진다면 잃는 것이 많을 것이다. 그러므로 문을 나가 교제하고 난 후에 공이 있어 잃지 않을 것이다居隨之初, 以時爲大, 宜有渝者也. 知守而不知變, 則失時矣. 初九陽剛而震體, 能有渝者也, 然而渝不以正, 咎孰大焉. 故正乃吉也. 夫體隨時之義, 而蔽於暱己之私, 則所失多矣. 故出門交, 而後有功不失也."

6 정리正理: 직분에 합당한 올바른 이치. 「범례」 8번 정리定理, 상리常理, 정리正理, 의리義理 항목 참조.

7 자질이 유약해서 굳게 자신의 위치를 지킬 수가 없으므로: 중국판본은 "隨先於近柔, 不能固守"라고 읽고 있지만, 『주역대전』 구결은 "隨先於近, 柔不能固守"라고 읽고 있다. 논리상 『주역대전』 구결이 더 옳기 때문에 『주역대전』 구결을 따라 번역했다.

8 중정의 덕을 지니고 있다면: 육이효는 대체로 중정中正을 이룬 것으로 해석하는데 정이천은 이 효를 중정을 이루지 못한 사람으로 해석한다. 호원도 이런 의문을 품고 있다. "육이효는 중정을 밟고 있는데 어째서 호응상대가 아닌 사람과 관계를 맺는가? 나약해서 오래도록 상도를 지키지 못하기 때문이다六二履于中正, 何係乎非應? 蓋陰弱而无常守故也."

9 올바른 일이니: 중국판본은 "乃正事君子之隨也"로 읽지만, 『주역대전』 구결은 "乃正事, 君子之隨也"로 읽는다. 중국판본에 따라 번역하면 "바로 군자를 섬기는 뒤따름이다" 정도이겠지만 의미상 어색하다. '정사正事'라는 말도 해解괘 육삼효의 주석에도 나오고 있기 때문에 『주역대전』 구결을 따랐다.

10 '가嘉'란 선함이다: 이런 대목도 정이천과 호원의 차이가 분명하게 드러나는 대목이다. 정이천은 모든 사람이 지향해야 할 선함으로 '가嘉'를 해석하지만, 호원은 군주가 따라야 할 아름답고 어진 신하로 해석한다. "구오효는 뒤따름의 때에 자리하여 강양한 자질로 지극히 존귀한 지위에 자리하여 그 지위를 이행하는 데에 그 올바름을 얻었고 대중大中의 자리에 처했다. 그러므로 세상 사람들이 춤추며 그를 추종하지 않는 자가 없다. 그러하니 어떻게 세상 사람들이 추종하는 희망에 부합할 수 있을까? 그러므로 마땅히 그 마음을 비우고 그 진실을 다하여 재능이 큰 사람과 위대한 현자와 아름답고 선한 사람을 신임하여 세상의 큰 다스림을 함께 이르면 길함이 이보다 더 성대할 수가 없다九五居隨之時, 以剛陽居至尊, 而履得其正, 處于大中. 故天下之人莫不鼓舞而隨之. 然則如何以副天下所隨之望? 故當虛其心, 盡其誠, 以信任大才大賢嘉善之人, 以共成天下之大治, 則吉莫與盛."

11 붙잡아 묶어놓는다: 상육효에 대한 호원의 해석은 정이천과 전혀 다르다. "지금 상육효는 괘의 가장 끝에 처했고, 가장 위에 자리했으니 이는 흉악하여 뒤따르지 않는 사람이다. 흉악한 사람은 비록 왕이 일어나더라도 뒤따르지 않고 성인이 일어나더라도 복종하지 않는다. 반드시 잡아 가둬 묶어둔 뒤에야 복종한다今上六, 處卦之終最, 居于上極, 是其凶頑而不從之人也. 夫凶頑之人, 雖王者興而不從, 聖人起而不服. 必待其拘囚縶係之後, 乃從也."

12 뒤따름이 견고하게 결속된 것이 이와 같다는 말이다: 정이천은 이렇게 말하고 있다. "수괘의 상육효는 자질과 위치가 모두 음이니 유柔하게 따르는 극한이다. 그러므로 '잡아 묶어놓고, 따라서 동여매니, 왕이 서산西山에서 번성했다'고 했다. 오직 태왕의 일만이 백성의 마음을 견고하게 붙잡아 놓고 풀어질 수가 없었던 것이니, 다른 일들은 이렇게 견고하게 해서는 안 된다隨之上六, 才與位皆陰, 柔隨之極也. 故曰, 拘繫之, 乃從維之, 又從而維之, 王用亨于西山. 唯太王之事, 民心固結而不可解者也, 其佗皆不可如是之固也(『이정집』 11권 128쪽)."

13 태왕은 주周 태왕 고공단보古公亶父를 말한다. 문왕文王의 할아버지다. 융적의 압박을 받고 주周족이 빈에서 기산岐山 남쪽 주원周原으로 이주했을 때 기산 아랫자리를 잡아 통치했다. 그 덕을 기려 주의 태왕으로 추존되었다. 인물사전 참조.

18. 부패의 개혁: 고蠱괘䷑

산풍고山風蠱라고 읽는다. 괘의 모습이 간艮☶괘가 위에 있고, 손巽☴괘가 아래에 있기 때문이다.

고蠱괘에 대해 「서괘전」은 이렇게 설명한다. "기쁨을 가지고 사람을 따르니 반드시 어떤 일을 도모하게 된다. 그래서 고괘로 받았다." 예豫괘와 수隨괘, 두 괘의 뜻을 이어서 다음 순서가 되었다. 기쁨과 열광을 가지고 사람들이 따르는 자는 반드시 일을 도모하게 되어 있다. 아무런 일도 없다면 왜 기뻐하고 무엇을 따르겠는가? 이것이 고괘가 수괘 다음에 오는 이유다. '고蠱'란 일을 도모한다는 뜻이다. '고'라는 글자에 일을 도모한다는 뜻이 있는 것이 아니라, 부패되고 혼란하므로 일을 도모하는 것이다.

괘의 모습은 산을 상징하는 간艮괘와 바람을 상징하는 손巽괘로 이루어졌으니, 산 아래에 바람이 있는 모습이다. 바람이 산 아래에서 산을 만나 산 주위를 휘돌아가므로 산속의 만물이 요란하게 흔들리니, 이것이 바로 고괘의 모습이다. '고蠱'라는 글자에는 부패되어 혼란하다는 뜻이 있다. 글자의 모양을 보면 벌레 충蟲과 그릇 명皿으로 이루어졌으니, 그릇에 벌레가 있는 것은 좀먹어 부패하게 된다는 뜻이다. 『춘추좌씨전』에서 "바람이 산의 잎을 떨어뜨리고 여자는 남자를 홀린다"[1]라고 했다. 손괘가 상징하는 나이 든 여자가 간괘가 상징하는 나이 어린 남자에게 몸을 낮추어 그 감정을 요동시키는 것이다. 바람이 산을 만나 휘돌아가면 만물이 요란하게 흔들리니, 이것이 일을 도모하는 모습이다. 그래서 '고'가 일을 도모하는 것이라고 했다. 혼란이 와서 다스리게 되니, 또한 일을 도모하는 때다.[2] 괘의 상징으로 말하면 부패하게 되는 것이고 괘의 자질 구조로 말하면 부패를 다스리는 것이다.

蠱, 序卦, "以喜隨人者必有事, 故受之以蠱." 承二卦之義以爲次也. 夫喜悅以隨於人者, 必有事也. 无事則何喜, 何隨? 蠱所以次隨也. 蠱, 事也. 蠱非訓事, 蠱乃有事也. 爲卦, 山下有風. 風在山下, 遇山而回則物亂, 是爲蠱象. 蠱之義, 壞亂也. 在文, 爲蟲皿, 皿之有蟲, 蠱壞之義. 左氏傳云, "風落山, 女惑男." 以長女下於少男, 亂其情也. 風遇山而回, 物皆撓亂, 是爲有事之象. 故云蠱者事也. 旣蠱而治之, 亦事也. 以卦之象言之, 所以成蠱也, 以卦之才言之, 所以治蠱也.

부패의 개혁은 크게 형통할 수 있으니, 큰 강을 건너면 이롭다.

蠱, 元亨, 利涉大川.

부패되었다면 다시 다스릴 수 있는 이치가 있다. 옛날부터 다스림은 반드시 혼란한 상황을 바탕으로 시작하니, 혼란은 다스림을 시작하게 하는 계기로서, 이것이 바로 이치의 저절로 그러함이다. 괘의 자질 구조와 같이 부패를 다스리면, 크게 형통함에 이를 수 있다. 부패의 개혁 가운데 가장 큰 것은 시대의 고난과 험난한 장애를 구제하는 것이므로, 큰 강을 건너는 것이 이롭다고 한 것이다.

旣蠱則有復治之理. 自古治必因亂, 亂開治, 理自然也. 如卦之才以治蠱, 則能致元亨也. 蠱之大者, 濟時之艱難險阻也, 故曰利涉大川.

선갑 3일 하며, 후갑 3일 해야 한다.

先甲三日, 後甲三日.

'갑甲'이란 숫자의 첫번째로 어떤 일의 시작이니, 일진日辰의 갑을甲乙과 같다. 과거시험에서 1등을 뜻하는 갑제甲第나 첫번째 명령을 뜻하는 갑령甲令이라는 말에서도 모두 첫번째를 뜻하니, 일을 도모하는 단서다. 부패를 다스리는 방도는 그 앞뒤 3일을 사려해야만 하니, 선후관계를 근본에서부터 연구하면 폐단을 구제하여 오래 지속할 수 있는 방도가 된다. '선갑先甲'이란 이것보다 앞선 것을 말하니, 어떤 일이 일어나게 된 원인을 연구하는 것을 말한다. '후갑後甲'이란 이것보다 뒤선 것을 말하니, 앞으로 일어날 일을 처리하는 것을 말한다. 1일, 2일에서 3일까지 이르는 것은 깊이 사려하고 멀리 추측하라는 말이다. 일어난 원인을 연구하면 부패를 구제할 방도를 알게 되고, 앞으로 일어날 일을 사려하면 예비할 수 있는 방도를 알게 된다.

잘 구제하면 앞선 폐단을 개혁할 수 있고, 잘 대비하면 뒤에 생기는 이로움이 오래 지속될 수 있으니, 이것이 옛날 성왕聖王이 천하를 혁신하여 후세에 가르침을 드리운 까닭이다. 후세에 부패를 개혁하는 자는 성인이 말하는 '선갑후갑先甲後甲'[3]의 경계를 깨닫지 못하여 사려함이 얕고 눈앞의 일만 처리하므로, 세상을 구제하려고 힘을 쓰지만 혼란을 혁파하지 못하여 공을 이루지도 못했는데 폐단이 생기게 되었다. '갑甲'은 일의 첫번째이고 '경庚'은 변혁의 첫번째다. 정치와 교육을 만드는 종류는 '갑'이라고 하니, 그 첫번째를 든 것이다. 시행 명령을 발하는 일은 '경庚'이라고 하니, 고친다는 뜻의 '경更'과 같아서, 변경함이 있는 것이다.

甲, 數之首, 事之始也, 如辰之甲乙. 甲第, 甲令, 皆謂首也, 事之端也. 治蠱之道, 當思慮其先後三日, 蓋推原先後, 爲救弊可久之道. 先甲謂先於此, 究其所以然也. 後甲謂後於此, 慮其將然也. 一日二日至於三日, 言慮之深, 推之遠也. 究其所以然, 則知救之之道, 慮其將然, 則知備之之方. 善救則前弊可革, 善備則後利可久, 此古之聖王所以新天下而垂後世也. 後之治蠱者, 不明聖人先甲後甲之誡, 慮淺而事近, 故勞於救世而亂不革, 功未及成而弊已生矣. 甲者事之首, 庚者變更之首. 制作政教之類, 則云甲, 擧其首也. 發號施令之事, 則云庚, 庚猶更也, 有所更變也.

「단전」에서 말했다. 고괘에서는 강함이 올라가고 유함이 내려가며, 공손하게 따라서 멈추는 것이 부패의 개혁이다.

彖曰, 蠱, 剛上而柔下, 巽而止, 蠱.

괘의 변화와 두 괘의 형체의 뜻으로 말했다. "강함이 올라가고 유함이 내려온다"는 말은 아래 건괘에서 초구효가 올라가서 위의 간艮괘 상구효가 되고, 위의 곤괘 상육효가 내려가서 손巽괘 초육효가 되는 것을 말한다. 양강한 것은 존귀하여 윗자리에 있는 것인데 지금 위로 가서 자리하고, 음유한 것은 자신을 낮추어 아랫자리에 있는 것인데 지금 아래로 와서 아랫자리에 있다.

남자는 나이가 어리지만 위에 자리하고, 여자는 나이가 많지만 아래에 있어서, 존귀함과 낮음이 올바름을 얻고 위와 아래가 이치를 따르니, 부패를 다스리는 길이다. 강함이 올라가고 유함이 내려갔기 때문에 변하여 간괘와 손괘가 되었다. 위의 간괘는 멈춤을 뜻하고 아래의 손괘는 순종을 뜻한다. 아래에서 공손하게 순종하고 위에서 합당한 위치에서 멈추니, 공손하게 순종하는 데에 멈추는 것이다. 공손하게 이치를 따르는 도리로 부패를 개혁하니 크게 형통할 수가 있다.

以卦變及二體之義而言. 剛上而柔下, 謂乾之初九上而爲上九, 坤之上六下而爲初六也. 陽剛, 尊而在上者也, 今往居於上. 陰柔, 卑而在下者也, 今來居於下. 男雖少而居上, 女雖長而在下, 尊卑得正, 上下順理, 治蠱之道也. 由剛之上柔之下, 變而爲艮巽. 艮, 止也. 巽, 順也. 下巽而上止, 止於巽順也. 以巽順之道, 治蠱, 是以元亨也.

부패의 개혁은 크게 형통할 수 있고 세상이 다스려진다.

蠱, 元亨而天下治也,

부패를 다스리는 방도가 괘의 자질 구조와 같다면[4] 크게 형통하여 세상이 다스려진다. 혼란을 다스리는 자가 존비상하尊卑上下의 뜻을 올바르게 할 수 있다면 아랫사람들이 공손하게 순종하고 위에 있는 자는 합당한 자리에 멈추어 가지런히 하고 안정시킬 수 있으니, 모든 일이 이치에 따르는 것에 합당하게 멈춘다면 무슨 부패인들 다스려지지 않겠는가? 그 방도가 크게 좋고 형통하니, 이와 같다면 세상이 다스려진다.

治蠱之道, 如卦之才, 則元亨而天下治矣. 夫治亂者, 苟能使尊卑上下之義正, 在下者巽順, 在上者能止齊安定之, 事皆止於順, 則何蠱之不治也? 其道大善而亨也, 如此則天下治矣.

"큰 강을 건너는 것이 이롭다"는 것은 가서 일을 도모하는 것이다.

利涉大川, 往有事也,

천하가 부패하고 혼란할 때는 마땅히 어려움과 장애를 건너 일을 행하면서 다스려야 하니, 이것이 가서 일을 도모하는 것이다.

方天下壞亂之際, 宜涉艱險以往而濟之, 是往有所事也.

"선갑 3일 하며, 후갑 3일 해야 한다"는 것은 끝마치면 시작이 있는 것으로, 하늘의 운행이다.

先甲三日後甲三日, 終則有始, 天行也.

시작이 있다면 반드시 그 끝이 있고, 그 끝이 있으면 또 다시 새로운 시작이 있으니, 이것이 하늘의 도다. 성인은 이러한 시작과 끝의 도리를 알기 때문에 시작을 근원적으로 탐구하여 어떤 일이 일어나게 된 원인을 궁구하고, 그 끝을 예측하여 앞으로 일어날 일을 대비한다. '선갑후갑'을 통해서 사려하게 하니, 부패를 다스려 크게 형통할 수 있는 이유다.

夫有始則必有終, 旣終則必有始, 天之道也. 聖人知終始之道, 故能原始而究其所以然, 要終而備其將然. 先甲後甲而爲之慮, 所以能治蠱而致元亨也.

「상전」에서 말했다. 산 아래에 바람이 있는 것이 고괘의 모습이니, 군자는 이것을 본받아 백성을 진작시키고 자신의 덕을 기른다.

象曰, 山下有風, 蠱, 君子以振民育德.

산 아래에 바람이 있어 바람이 산을 만나 휘돌아가면 만물이 모두 요란하게 흔들리므로, 일을 도모하는 모습이 된다. 군자는 일을 도모하는 모습을 관찰하여 백성들을 진작시키고 구제하며, 자신의 덕을 배양한다. 자신에게서는 덕을 기르고 세상에 대해서는 백성을 구제하니, 군자가 하는 일 가운데 이 두 가지보다 큰일은 없다.

山下有風, 風遇山而回, 則物皆散亂, 故爲有事之象. 君子觀有事之象, 以振濟於民, 養育其德也. 在己則養德, 於天下則濟民, 君子之所事, 无大於此二者.

초육효는 아버지의 일을 주관하니, 훌륭한 아들이 있으면 선친이 허물이 없을 것이다. 위태롭게 여겨야 결국에 길하다.

初六, 幹父之蠱, 有子, 考無咎. 厲終吉.

초육효는 가장 낮은 위치에 자리하지만 이로 말미암아 괘가 이루어졌으니, 주관하는 뜻이 있다. 내괘의 가장 낮은 위치에 자리하여 주관하는 자가 되니, 아들이 아버지의 일을 주관하는 것이다. 아들이 아버지의 일을 주관하는 방도는 아버지의 일을 계승하여 감당할 수 있으면, 훌륭한 아들로서 선친이 허물이 없게 될 수 있다.[5] 그렇지 못하다면 아버지에게 누를 끼치게 되므로, 반드시 두려워하고 신중하면 마침내 길함을 얻을 것이다. 낮은 곳에 처하여 존귀한 사람의 일을 대신하니, 스스로 두려워하고 신중해야만 한다.

초육효의 자질은 공손하게 순종할 수 있지만, 체질이 음유陰柔하고 낮은 위치에 자리하며 호응하는 사람이 없는데 일을 주관하므로, 일을 구제할 수 있는 의리義理가 없다. 그러나 만약 주관할 수 없다는 점을 가지고 말하면 그 의리가 매우 협소해지므로 오로지 아들이 아버지의 일을 주관하는 도리로만 말했다. 반드시 구제할 수 있으면 아버지에게 누를 끼치지 않고, 위태롭게 여기며 두려워하면 결국에는 길할 수 있으니, 자식으로서 아버지 일을 주관하는 큰 방법을 갖추어 드러낸 것이다.

初六雖居最下, 成卦由之, 有主之義. 居內在下而爲主, 子幹父蠱也. 子幹父蠱之道, 能堪其事則爲有子, 而其考得无咎. 不然, 則爲父之累, 故必惕厲, 則得終吉也. 處卑而尸尊事, 自當兢畏. 以六之才, 雖能巽順, 體乃陰柔, 在下无應而主幹, 非有能濟之義. 若以不克幹而言, 則其義甚小, 故專言爲子幹蠱之道. 必克濟則不累其父, 能厲則可以終吉, 乃備見爲子幹蠱之大法也.

「상전」에서 말했다. 아버지의 일을 주관하는 것은 그 뜻이 선친의 일을 계승하는 것이다.

象曰, 幹父之蠱, 意承考也.

아들이 아버지의 일을 주관하는 도리는 그 뜻이 아버지의 일을 계승하여 담당하는 데에 있다. 그러므로 그 일을 공경하여 아버지가 허물이 없게 만드는 것이니, 항상 두려워하고 신중한 생각을 품으면 결국에는 길함을 얻는다. 아버지의 일을 성실하게 정성을 다하는 것이 길하게 될 수 있는 방도다.

子幹父蠱之道, 意在承當於父之事也. 故祗敬其事, 以置父於无咎之地, 常懷惕厲, 則終得其吉也. 盡誠於父事, 吉之道也.

구이효는 어머니의 일을 주관하니, 지나치게 곧으면 안 된다.

九二, 幹母之蠱, 不可貞.

구이효는 양강陽剛한 자질로서 육오효의 호응을 받으니, 이는 양강한 재능으로 아래 위치에 자리하면서 윗자리의 음유한 사람의 일을 주관하는 것이므로, 아들이 어머니의 일을 주관하는 것을 취하여 뜻으로 삼았다. 양강한 신하가 음유한 군주를 보필하는 것도 그 의미가 유사하다. 구이효는 공손을 상징하는 손巽괘의 형체에 자리하고 유한 위치에 처했으니 순종하는 의미가 많아서, 어머니의 일을 주관하는 도리다. 아들은 어머니에게는 응당 유손柔巽[6]한 태도로 보필하고 이끌어서, 마땅한 의리에 맞도록 해야 한다. 그렇지 않고 불손하게 행동하여 일을 망친다면 이는 자식의 죄다. 부드럽고 편안히 순종하는 데에 어찌 방도가 없겠는가? 부인婦人으로 말하자면, 그 음유함을 알 수 있다.

그런데도 강양剛陽한 태도로 자신의 강한 주장을 내세우면서 함부로 어머니를 바로잡으려고만 하고 거역하려 든다면, 모자간의 은혜를 상하여 그 해로움이 클 것이니, 어떻게 설득할 수 있겠는가? 오직 자신을 굽히고 뜻을 낮추는 데에 달려 있으니, 겸손하게 순종하면서 어머니의 뜻을 이어 그가 몸을 바르게 하여 일을 다스릴 수 있도록 할 뿐이다. 그래서 "지나치게 곧으면 안 된다"고 했다. 이는 옳음을 강하게 고집하여, 강직剛直[7]한 도리를 지나치게 드러내서는 안 된다는 말이다. 이렇게 하는 것이 곧 중도이니, 어떻게 어머니에게 매우 고원한 일을 하도록 강제할 수 있겠는가?

만약 유약한 군주라면, 진실한 정성을 다하고 충심을 다하여 중도에 이르도록 하면 옳지만, 또 어떻게 유약한 군주에게 크고 이상적인 일을 하도록 강제할 수 있겠는가? 주공같이 성인다운 능력을 가진 사람도 성왕成王을 보필할 때에, 성왕이 그렇게 심하게 유약한 사람은 아니었지만 성왕 그 자체의 능력에 맞게 정치를 하게 했을 뿐이니, 앞사람의 성취를 지켜서 도를 잃지 않으면 되었지 성왕이 복희, 황제, 요, 순 같은 이상적인 군주의 일을 하도록 강제할 수 없었다. 구이효는 공손을 상징하는 손괘의 형체에 자리하여 중도를 이루었으니, 이는 공손하게 순종하면서도 중도를 얻어서, "지나치게 곧으면 안 된다"는 뜻에 부합하여 어머니의 일을 주관하는 도리를 얻은 것이다.

九二陽剛, 爲六五所應, 是以陽剛之才在下, 而幹夫在上, 陰柔之事也, 故取子幹母蠱爲義. 以剛陽之臣, 輔柔弱之君, 義亦相近. 二巽體而處柔, 順義爲多, 幹母之蠱之道也. 夫子之於母, 當以柔巽輔導之, 使得於義. 不順而致敗蠱, 則子之罪也. 從容將順, 豈无道乎? 以婦人言之, 則陰柔可知. 若伸己剛陽之道, 遽然矯拂則傷恩, 所害大矣, 亦安能入乎? 在乎屈己下意, 巽順將承, 使之身正事治而已, 故曰不可貞. 謂不可貞固, 盡其剛直之道. 如是乃中道也, 又安能使之爲甚高之事乎? 若於柔弱之君, 盡誠竭忠, 致之於中道則可矣, 又安能使之大有爲乎? 且以周公之聖輔成王, 成王非甚柔弱也, 然能使之爲成王而已, 守成不失道則可矣, 固不能使之爲羲黃堯舜之事也. 二巽體而得中, 是能巽順而得中道, 合不可貞之義, 得幹母蠱之道也.

「상전」에서 말했다. 어머니의 일을 주관하는 것은 중도를 얻은 것이다.

象曰, 幹母之蠱, 得中道也.

구이효는 중도를 얻어 지나치게 강직하지 않으니, 어머니의 일을 잘 주관하는 자다.

二得中道而不過剛, 幹母蠱之善者也.

구삼효는 아버지의 일을 주관하니, 작은 후회가 있지만, 큰 허물은 없다.

九三, 幹父之蠱, 小有悔, 無大咎.

구삼효는 강양한 재능으로 아래에서 가장 높은 위치에 자리하여 주관하는 자이니, 자식이 아버지의 일을 주관하는 것이다. 양한 자질로 강한 위치에 자리하여 중도를 이루지 못했으니, 강함이 과도한 사람이다. 그러나 공손을 상징하는 손괘의 형체에 자리하여, 강함이 과도하지만 순종하는 마음이 없는 것은 아니다. 순종이란 부모를 섬기는 근본이다. 또 올바른 위치에 자리하므로, 큰 허물은 없다. 강양한 재능으로 그 일을 주관할 수 있어서, 강함이 과도하여 소소한 후회는 있더라도[8] 결국에는 큰 잘못과 허물이 없다. 그러나 작은 후회가 있으니, 어버이를 잘 섬기는 것은 아니다.

三以剛陽之才, 居下之上, 主幹者也, 子幹父之蠱也. 以陽處剛而不中, 剛之過也. 然而在巽體, 雖剛過而不爲无順. 順, 事親之本也. 又居得正, 故无大過. 以剛陽之才, 克幹其事, 雖以剛過, 而有小小之悔, 終无大過咎也. 然有小悔, 已非善事親也.

「상전」에서 말했다. 아버지의 일을 주관하는 것은 결국에 허물이 없다.

象曰, 幹父之蠱, 終無咎也.

구삼효의 재능으로 아버지의 일을 주관하면, 작은 후회는 있지만 결국에는 큰 허물은 없다. 강직하고 과감하여 일을 주관할 수 있고 올바름을 잃지 않으면서도 순종하는 마음이 있으니, 그래서 결국에는 허물이 없다.

以三之才, 幹父之蠱, 雖小有悔, 終无大咎也. 蓋剛斷能幹, 不失正而有順, 所以終无咎也.

육사효는 아버지의 일을 너그럽게 처리하는 것이니, 계속해나가면 인색해진다.

六四, 裕父之蠱, 往見吝.

육사효는 음한 자질로 음의 위치에 자리하여 유순한 재능이지만 처신하는 데에 올바름을 얻었으므로, 관대하고 너그러운 태도로 아버지의 일을 처리하는 자다. 유순한 재능으로 올바른 자리에 처했으면, 단지 상도를 따라서 스스로를 지킬 수 있을 뿐이다. 그러나 만약 더 나아가 상도에서 벗어난 일을 주관하면, 그 일을 감당하지 못하고 인색해질 것이다. 음유한 자질로 호응하여 도와주는 사람도 없으니, 감당하지 못할 일을 계속해나가면 어떻게 일을 해결할 수 있겠는가?

四以陰居陰, 柔順之才也, 所處得正, 故爲寬裕以處其父事者也. 夫柔順之才而處正, 僅能循常自守而已. 若往幹過常之事, 則不勝而見吝也. 以陰柔而无應助, 往安能濟?

「상전」에서 말했다. 아버지의 일을 여유롭게 처리하는 것은 감당하지 못할 일을 계속해나가서 결실을 얻지 못하는 것이다.

象曰, 裕父之蠱, 往未得也.

육사효의 재능으로 상도를 지키면서 관대하고 여유로운 때에 처해 있는 것은 좋지만, 욕심을 부려서 일을 해나가려고 하면 결실을 얻지 못한다. 거기에 자신의 소임을 덧붙이면 더욱더 감당하지 못한다.

以四之才, 守常居寬裕之時則可矣, 欲有所往, 則未得也. 加其所任則不勝矣.

육오효는 아버지의 일을 주관하여, 명예를 얻는다.

六五, 幹父之蠱, 用譽.

육오효는 존귀한 지위에 자리하지만 음유한 자질로 군주의 지위를 맡고서 아래로 구이효에 호응하고 있으니, 이는 강양한 신하를 등용할 수 있는 자다. 강양한 현자에게 자신을 낮추어 호응하고 그를 의지하고 신임하지만, 자신의 실제 자질은 음유하여 왕조를 개창하는 일은 할 수가 없으니, 옛 가업을 계승하는 것이 좋으므로 아버지의 일을 주관한다. 왕조를 창조하고 왕통을 후세에 내리는 일은 강명한 자질을 가진 사람이 아니라면 할 수 없다. 대를 잇는 군주의 자질이 유약할지라도, 강명한 현자를 등용하여 신임하면 왕조를 잘 계승하여 아름다운 명예를 이룰 수 있다. 태갑太甲[9]과 성왕[10]은 모두 훌륭한 신하를 써서 명예를 얻은 자다.

五居尊位, 以陰柔之質, 當人君之幹, 而下應於九二, 是能任剛陽之臣也. 雖能下應剛陽之賢而倚任之, 然己實陰柔, 故不能爲創始開基之事, 承其舊業則可矣, 故爲幹父之蠱. 夫創業垂統之事, 非剛明之才則不能. 繼世之君, 雖柔弱之資, 苟能任剛賢, 則可以爲善繼而成令譽也. 太甲成王, 皆以臣而用譽者也.

「상전」에서 말했다. 아버지의 일을 주관하여 명예를 얻은 것은 덕으로써 계승했기 때문이다.

象曰, 幹父用譽, 承以德也.

아버지의 일을 주관하여 아름다운 명예를 얻은 자는 아래의 현명한 신하가 강중剛中[11]한 덕으로 받들어 보좌했기 때문이다.

幹父之蠱, 而用有令譽者, 以其在下之賢承輔之以剛中之德也.

상구효는 왕후의 일을 섬기지 않으면서도, 자신의 일을 고결하게 숭상한다.

上九, 不事王候, 高尙其事.

상구효는 고괘의 끝에 자리하여 아래로 얽매이거나 호응하는 사람이 없고, 일의 밖에 처하여 일해야 할 자리도 없다. 강명한 재능을 가지고서 호응하여 도와주는 사람도 없고 일도 없는 곳에 처했으니, 이는 현인군자가 때를 만나지 못해 고결하게 스스로를 지키면서 세속의 일들에 얽매이지 않는 것이다.[12] 그래서 "왕후를 섬기지 않으면서도, 자신의 일을 고결하게 숭상한다"고 했다. 옛사람 가운데 이렇게 행한 자들이 있는데, 이윤伊尹, 태공망太公望으로부터 시작하여 증자曾子와 자사子思의 무리들이다. 자신의 도를 굽혀서 시류를 따르지 아니하며, 천하에 자신의 도를 시행할 수 있는 기회를 얻지 못하면 스스로 자신의 몸을 잘 지켜서 자신의 일을 높이고 돈독히 숭상하며 지조와 절개를 지킬 따름이다.

이렇게 스스로 고결한 자존감을 가진 자는 한 가지 방도가 있는 것이 아니라, 다양한 부류가 있다. 첫째, 가슴속에 도와 덕을 품고서, 때를 만나지 못하여 고결하게 스스로를 지키는 자가 있다. 둘째, 할 수 있는 능력이 있지만 멈추고 만족하는 도를 알아서, 물러나 스스로 보존하는 사람이 있다. 셋째, 자신의 능력을 헤아리고 분수를 알아서, 타인이 자신을 알아줄 것을 구하지 않는 사람이 있다. 넷째, 맑은 절개를 스스로 지켜서 천하의 일을 달갑게 여기지 않고, 홀로 그 몸을 깨끗하게 지키는 사람이 있다. 이들의 처세 방식에는 얻고 잃거나 크고 작은 차이는 있지만, 모두 그 자신의 일을 높이고 숭상하는 자들이다. 「상전」에서 "뜻이 본받을 만하다"고 말한 것은 그들의 나아가고 물러남이 도에 합하기 때문이다.

上九居蠱之終, 无係應於下, 處事之外, 无所事之地也. 以剛明之才, 无應援而處无事之地, 是賢人君子不偶於時, 而高潔自守, 不累於世務者也, 故云不事王侯, 高尚其事. 古之人有行之者, 伊尹太公望之始, 曾子子思之徒是也. 不屈道以徇時, 旣不得施設於天下, 則自善其身, 尊高敦尙其事, 守其志節而已. 士之自高尙, 亦非一道, 有懷抱道德, 不偶於時, 而高潔自守者. 有知止足之道, 退而自保者. 有量能度分, 安於不求知者. 有淸介自守, 不屑天下之事, 獨潔其身者. 所處雖有得失小大之殊, 皆自高尙其事者也. 象所謂志可則者, 進退合道者也.

상전에서 말했다. 왕후의 일을 섬기지 않는 것은 뜻이 본받을 만하다.

象曰, 不事王候, 志可則也.

상구효와 같이 일의 바깥에 처하여 세상일에 얽매이지 않고, 왕후의 일을 신하로서 섬기지 않는 것은, 도로써 나아가고 물러나며 때에 따라서 등용되고 버리는 것이니, 현명한 자가 아니라면 가능하겠는가? 가슴에 있는 뜻이 세속의 법칙이 될 만하다.

如上九之處事外, 不累於世務, 不臣事於王候, 蓋進退以道, 用捨隨時, 非賢者能之乎? 其所存之志, 可爲法則也.

1 "바람이 산의 잎을 떨어뜨리고 여자는 남자를 홀린다": "풍락산風落山, 여혹남女惑男"을 해석한 말로 『춘추좌씨전』「노魯 소공昭公·원년元年」 조목에 나온다. "조맹이 물었다. '무엇을 고蠱라 하는가?' 의화醫和가 대답했다. '어떤 일에 지나치게 빠지고 홀려서 정신이 어지러워 생기는 병입니다. 글자로 말하면 그릇에 벌레가 있는 것이고, 곡물에 생기는 날벌레 또한 고蠱라고 합니다. 『주역』에서 여자가 남자를 홀리고, 바람이 산의 잎을 떨어뜨리는 것을 고라고 한다고 했으니, 모두 같은 종류입니다.' 조맹은 '훌륭한 의사다'라고 하고 그에게 예물을 후하게 주어 돌려보냈다趙孟曰, 何謂蠱? 對曰, 淫溺惑亂之所生也. 於文, 皿蟲爲蠱, 穀之飛亦爲蠱. 在周易, 女惑男, 風落山, 謂之蠱, 皆同物也. 趙孟曰, 良醫也. 厚其禮而歸之."

2 일을 도모하는 때다: 고蠱괘를 '부패의 개혁'으로 번역했지만 본래 부패한 일들을 수선하고 꾸며서 다스린다는 의미다. 그래서 '수修'와 '식飾'의 의미가 있다. 호원은 이렇게 말한다. "곡식이 오래도록 쌓여 부패한 것은 변질되어 벌레가 날리니 또한 부패의 모습이다. 그러므로 곡식에서 날리는 것도 고다. 사물이 부패하면 반드시 수선하고 꾸며야 한다. 그러므로 「잡괘전」에서는 '고蠱란 식飾이다'라고 한 것이 이것이다. 인간사로 말하자면, 풍속이 나빠지고 교화가 쇠락하여 기강이 없어지니, 이러한 때에 성인과 현자들은 반드시 인의의 도로 정치와 교육을 시행하여 부패한 때를 다스린다穀之積久腐壞者, 則變而爲飛蟲, 亦蠱敗之象. 故云穀之飛者, 亦爲蠱. 夫物既蠱敗, 則必當修飾之. 故雜卦曰, 蠱則飾也, 是矣. 以人事言之, 則是風俗薄惡, 敎化陵遲, 而不綱不紀也, 方此之時, 聖賢之人, 必以仁義之道, 施爲

而拯治之也." 소동파는 이렇게 말한다. "기구가 오래되어 쓰지 않으면 벌레가 생기는 것을 '고'라고 하고, 사람이 오랫동안 향락과 안일에 빠져 있으면 병이 생기는 것을 '고'라고 하며, 세상이 오랫동안 편안하여 아무런 일도 벌이지 않으면 폐단이 생기는 것을 '고'라고 한다器久不用, 而蠱生之謂之蠱, 人久宴溺, 而疾生之謂之蠱, 天下久安无爲, 而弊生之謂之蠱." 이런 맥락에서 사회가 안일하게 기존의 질서를 유지하면서 기득권을 즐길 때 사회는 부패한다는 것이다. 그래서 '고'괘란 부패가 생기게 되는 것과 부패를 개혁하는 일들을 뜻한다. 주희는 "'고'란 부패가 극한에 이르러 일을 도모하는 것이다蠱, 壞極而有事也"라고 말하고 있다.

3 선갑후갑先甲後甲: 정이천은 이렇게 말한다. "'선갑 3일 한다'는 것은 그렇게 된 이유를 궁리하여 그 일을 처리하는 것이고, '후갑 3일 한다'는 것은 앞으로 어떻게 될지를 궁구하여 미리 예방하는 것이다. 갑甲이란 일의 시작이고 경庚이란 변혁이 있는 것이다. 갑으로부터 무기戊己에 이르러 봄과 여름에 만물을 낳는 기운이 이미 갖추어진다. 경庚은 가을과 겨울에 만물을 이루는 기다. 그러므로 변혁이 있다. 일반적인 기와는 구별된다先甲三日, 以窮其所以然而處其事, 後甲三日, 以究其將然而爲之防. 甲者, 事之始也, 庚者, 有所革也. 自甲至于戊己, 春夏生物之氣, 已備. 庚者, 秋冬成物之氣也. 故有所革. 別一般氣(『이정집』 11권 128쪽)."

4 괘의 자질 구조와 같다면: 위는 간괘로 멈춤이고 아래는 손괘로 공손이다. 그것을 '공손하게 순종하는 데에 멈추는 것'이라고 정이천은 설명한다. 윗사람은 합당한 위치에서 멈추고 아랫사람은 공손하게 순종한다. 그리고 공손하면서 이치를 따르는 도리로 다스린다는 의미가 있다. 호원은 정이천과는 조금 다르게 설명하고 있다. "위의 괘의 형체는 간괘로 강剛함이 되고, 아래 괘의 형체는 손괘로 유柔함이 된다. 세상의 일이 부패하게 되는 까닭은 윗사람이 강명剛明한 덕으로 아랫사람들을 과감하게 제어하지 못하고, 아랫사람이 유순한 마음으로 윗사람의 명령에 복종하지 않았기 때문이다. 지금 이 괘는 위로 강명한 덕을 지녀서 아랫사람들을 단호하게 다스릴 수 있고, 아래로 또 유순한 마음으로 명령을 받들기 때문에 부패한 일들을 다스릴 수가 있다上體艮爲剛, 下體巽爲柔. 夫天下之事, 所以弊壞者, 由上无剛明之德以斷制于下, 下无柔順之心以從令于上耳. 今此卦, 上既剛明而能斷, 下又柔順以奉令, 故蠱敗之事, 可以得治也."

5 선친이 허물이 없게 될 수 있다: 정이천은 선친이라고 해서 죽은 부친의 일을 아들이 계승하는 것으로 해석하고 있으나, 호원은 살아있는 아버지의 부패한 일들을 이어 해결하고 아버지가 죽어서도 허물을 없애고 좋은 이름을 남게 한다는 뜻으로 풀고 있다. "아버지가 집안일을 처리할 수가 없어 부패하는 지경에 이르러 허물이 막대하다. 실로 현명한 자식을 얻어 그 소임을 대신하여 집안일을 이루면 아버지가 허물이 없는 곳에 있게 할 수 있다. 지금 초육효는 권변權變의 능력을 써서 집안일을 해결하여 아버지가 허물이 없게 할 수 있다. 그러나 선친이 허물이 없다고 했는데, 살아계시면 아버지 어머니라 하지만 돌아가시면 '고考' '비妣'라고 한다. 초육효는 아버지의 부패한 일들을 해결하여 아버지가 허물이 없게 할 수 있을 뿐 아니라, 아울러 아버지가 죽었을지라도 그 허물을 면하고 아름다운 이름을 남겨 후세에 빛나게 할 수 있기 때문이다父有不能幹家之事, 而至于蠱敗, 咎莫大焉. 苟得賢明之子, 以代其任而成其事, 則可使其父立于无過之地矣. 今初六能用其權變以幹濟其事, 使其父得无咎也. 然謂之考无咎者, 夫生曰父曰母, 死曰考曰妣. 蓋言初六不唯能幹父之蠱而致父于无過, 兼使其父雖至于終沒, 亦免其咎而致其令名, 以光于後也."

6 유손柔巽: 유순하고 공손한 태도를 말한다. 「범례」 4번 재才와 덕德 항목 참조.

7 강직剛直: 강하면서 정직한 자질이다. 「범례」 4번 재와 덕 항목 참조.

8 소소한 후회는 있더라도: 이 '작은 후회'에 대해서 호원은 구체적으로 지적하고 있다. "구삼효는 양한 자질로 양의 위치에 자리하니, 강명한 덕이 있고, 지극히 올바른 자리를 밟고 있으므로 아버지의 일을 주관할 수 있다고 했다. 어째서인가? 강직하니, 과감하게 처리할 수 있는 재능이 있고, 올바르니, 공명정대하여 사사롭게 행동하지 않는다. 이러한 태도로 행하면 그 일을 주관할 수 있고 해결하지 못하는 일이 없다. '작은 후회가 있으나 큰 허물이 없다'는 것은 구삼효는 강직한 과감성만을 사용하여 그 집안일을 주관하니 반드시 화목한 도리를 손상시키고 친족 사이에 반드시 회한을 가지는 자가 조금이라도 있게 된다는 말이다九三以陽居陽, 有剛明之德, 履于至正, 故能幹父之蠱. 何則? 夫剛則有能斷之才, 正則公而不私. 以此而行, 則克幹其事, 而无所不濟也. 小有悔无大咎者, 言九三全用剛斷, 以幹其家事, 則必傷于和睦之道, 而親族之間, 必小有悔恨之者." 구삼효는 강명한 재능이 있지만 지나치게 강하여 중도를 얻지 못한 사람이다.

9 태갑은 이윤을 등용하여 이윤의 보좌를 받았다. 인물사전 참조.

10 어린 성왕은 주공의 보좌를 받았다. 인물사전 참조.

11 강중剛中: 강하면서도 중도를 이룬 덕을 말한다. 「범례」 4번 재와 덕 항목 참조.

12 세속의 일들에 얽매이지 않는 것이다: 정이천은 은둔하는 사람들로 설명하지만 호원은 집안일이건 나라일이건 자식으로서 신하로서 충심과 전력을 다해 공을 이루었다면 물러나 쉬어야 한다고 해석한다. "반드시 멈춰 만족하는 마음을 가지고 세속적 지위에 얽매이지 않고서 관직을 버리고 물러나 귀향한다必有止足之心, 而不累其位, 退休歸老."

19. 다가감, 군림: 임臨괘䷒

지택임地澤臨이라고 읽는다. 괘의 모습이 곤坤☷괘가 위에 있고, 태兌☱괘가 아래에 있기 때문이다.

임臨괘에 대해 「서괘전」은 이렇게 설명한다. "일을 도모하고 난 후에 대업을 이룰 수 있으므로 임괘로 받았다." '임臨'은 큰 것이고 '고蠱'는 일을 도모하는 것이니, 일을 도모하면 대업을 이룰 수 있으므로 임괘로 이었다. 한강백韓康伯은 "크게 될 수 있는 사업은 일을 도모함으로써 생겨난다"고 말했다. 두 양효가 아래에서 자라나 성대해지려고 하므로 큰 것이 된다.

괘의 모습은 태兌괘가 상징하는 연못의 물 위에 곤坤괘가 상징하는 땅이 있다. 물 위에 있는 땅은 절벽이니, 물과 서로 인접하여 물에 가까이 접근한 것이므로 임괘가 된다. 세상의 사물 가운데 가장 밀접하게 서로 접근해 있는 것은 땅과 물만 한 것이 없으므로, 땅 위에 물이 있으면 비比괘가 되고, 연못 위에 땅이 있으면 임괘가 된다. 그래서 '임臨'이란 백성들에게 다가가는 것이고 어떤 일에 임하는 것이니, 다가가서 임하는 모든 것이 이에 해당한다. 이 괘에서는 위에서 아래에 임했으니, 백성에게 다가감을 의미한다.

臨, 序卦, "有事而後可大, 故受之以臨." 臨者大也, 蠱者事也, 有事則可大矣, 故受之以臨也.韓康伯云, "可大之業, 由事而生." 二陽方長而盛大, 故爲臨也. 爲卦, 澤上有地. 澤上之地, 岸也, 與水相際, 臨近乎水, 故爲臨. 天下之物, 密近相臨者, 莫若地與水, 故地上有水則爲比, 澤上有地則爲臨也. 臨者, 臨民臨事, 凡所臨皆是. 在卦, 取自上臨下, 臨民之義.

다가감은 크게 형통하니, 올바름이 이롭다.

臨, 元亨, 利貞.

괘의 자질 구조를 말한 것이니, 다가가는 방도가 괘의 자질처럼 이루어지면 크게 형통하고 올바르다.

以卦才言也, 臨之道, 如卦之才, 則大亨而正也.

8월에 이르면, 흉함이 있다.

至于八月, 有凶.

두 양효가 아래에서 자라나 양의 도가 성대해지려는 때이니, 성인이 미리 경계해서 다음과 같이 말했다. "두 양효가 이제 성대해지려 하지만, 8월에 이르면 그 도가 줄어들 것이니, 흉함이 있는 것이다." 성인이 경계하는 것은 반드시 이제 막 성대해지기 시작하려는 때에 하니, 성대해지려고 할 때에 쇠락할 것을 염려하면 가득 차는 것을 예방하여 오래도록 지속 가능하도록 도모할 수 있다. 하지만 쇠락한 후에 경계하면, 해결할 수 없다.

옛날부터 세상이 안정되게 다스려졌다고 해도, 오래도록 혼란을 일으키지 않는 경우가 없으니, 이는 성대한 때에 경계하지 못했기 때문이다. 성대할 때에 경계할 줄을 몰라 편안하고 부유한 데에 길들여지면 교만과 사치가 생기고, 늘어지고 방자함을 즐기면 기강이 무너지며, 재앙과 혼란을 잊어버리면 위기의 틈새가 움트게 되니, 그래서 점차적으로 혼란이 오는 줄을 모른다.

二陽方長於下, 陽道嚮盛之時, 聖人豫爲之戒曰, 陽雖方長, 至於八月, 則其道消矣, 是有凶也. 大率聖人爲戒, 必於方盛之時, 方盛而慮衰, 則可以防其滿極, 而圖其永久. 若旣衰而後戒, 亦无及矣. 自古天下安治, 未有久而不亂者, 蓋不能戒於盛也. 方其盛而不知戒, 故狃安富則驕侈生, 樂舒肆則剛紀壞, 忘禍亂則釁孽萌, 是以浸淫不知亂之至也.

「단전」에서 말했다. 다가감은 강함이 점차로 나아가 자라나며, 기뻐하며 순종하고 강하면서 중中을 이루어 호응하여 크게 형통하고 올바르니, 하늘의 도다.

彖曰, 臨, 剛浸而長, 說而順, 剛中而應, 大亨以正, 天之道也.

'침浸'이란 점차로 스며드는 것을 뜻한다. 두 양효가 아래에서 자라나 점차로 나아간다.[1] 아래가 태괘이고 위가 곤괘이므로, 기뻐하면서 순종하는 모습이다.[2] 강함이 중도를 얻어 호응과 도움을 얻으니[3] 이는 크게 형통하여 올바름을 얻을 수 있는 것으로, 하늘의 도에 부합한다. 강함이 올바르게 조화하며 순종하니, 하늘의 도다. 변화하고 자라나게 하는 공로가 끊이지 않는 것은 강함이 올바르고 조화롭게 순종하기 때문일 뿐이다. 이것으로 사람들에게 임하고, 사업에 임하고, 세상에 임한다면, 크게 형통하여 올바름을 얻지 않음이 없다. 태괘란 기쁨이며 기쁨이 곧 조화이니, 쾌夬괘 「단전」에서 "마음이 툭 터져 조화한다"라고 했다.

浸, 漸也. 二陽長於下而漸進也. 下兌上坤, 和說而順也. 剛得中道而有應助, 是以能大亨而得正, 合天之道. 剛正而和順, 天之道也. 化育之功所以不息者, 剛正和順而已. 以此臨人, 臨事, 臨天下, 莫不大亨而得正也. 兌爲說, 說乃和也, 夬彖云, "決而和."

"8월에 이르면 흉함이 있다"는 것은 오래지 않아 양의 기운이 줄어든다는 말이다.

至于八月有凶, 消不久也.

임괘는 아래에서 두 양효가 생겨나니 양이 점차로 성대해질 때이므로, 성인이 미리 경계해서 "양이 자라나고 있지만, 8월에 이르면 줄어들어 흉하게 된다"고 했다. 8월이란 양이 생겨난 지 8개월이 되었음을 말한다. 양이 처음 복復괘에서 생겨나고, 복괘에서 돈遯괘에 이르는 것[4]이 8개월이니, 건자월建子月(11월)부터 건미월建未月(6월)에 이르러 두 음이 자라나고 양이 줄어들므로, "오래지 않아 양의 기운이 줄어든다"고 했다. 음양의 기운으로 말하자면, 줄어들고 자라나는 것이 순환하므로 바꿀 수는 없다. 그러나 인간사로 말하자면, 양은 군자이고 음은 소인이니 군자의 도가 자라날 때 성인이 미리 경계해서 극한에 이르면 흉해질 수 있는 이치가 있다는 점을 알아 미리 근심하고 방비하게 한 것이니, 항상 꽉 찬 극한에 이르지 않는다면 흉함이 없을 것이다.

臨, 二陽生, 陽方漸盛之時, 故聖人爲之戒云, 陽雖方長, 然至于八月, 則消而凶矣. 八月, 謂陽生之八月. 陽始生於復, 自復至遯凡八月, 自建子至建未也, 二陰長而陽消矣, 故云消不久也. 在陰陽之氣言之, 則消長如循環, 不可易也. 以人事言之, 則陽爲君子, 陰爲小人, 方君子道長之時, 聖人爲之誡, 使知極則有凶之理而虞備之, 常不至於滿極, 則无凶矣.

「상전」에서 말했다. 연못 위에 땅이 있는 것이 임괘의 모습이니, 군자는 이것을 본받아 교화하려는 생각이 끝이 없고, 백성을 포용하고 보호하려는 마음이 드넓다.

象曰, 澤上有地, 臨, 君子以敎思無窮, 容保民無疆.

못 위에 땅이 있는 모습이다. 못 위의 언덕은 물가다. 사물이 서로 가까이 접근하여 함께 포용하고 용인하고 있는 것은 물이 땅에 스며드는 것만 한 것이 없으므로, 못 위에 땅이 있는 모습이 임괘다. 군자는 친히 다가가는 모습을 관찰하면 교화하려는 생각이 끝없이 일어나니, 백성에게 친히 다가가는 것은 교화하여 인도하려는 뜻이 있기 때문이다. "끝이 없다"는 말은 지극한 진실과 정성으로 끝이 없다는 것이다. 포용하고 용인하는 모습을 관찰하면, 백성을 포용하고 보호하려는 마음이 있게 된다. "드넓다"는 말은 광대하고 한계가 없다는 것이다. 포용하고 용인한다는 것은 광대하다는 뜻이 있어서

"끝이 없다" "드넓다"는 뜻이 된 것이다.

澤之上有地. 澤岸也, 水之際也. 物之相臨與含容, 无若水之在地, 故澤上有地爲臨也. 君子觀親臨之象, 則敎思無窮, 親臨於民, 則有敎導之意思也. 無窮, 至誠无斁也. 觀含容之象, 則有容保民之心. 无疆, 廣大无疆限也. 含容, 有廣大之意, 故爲无窮无疆之義.

초구효는 감동시켜 다가감이니, 바르게 해서 길하다.

初九, 咸臨, 貞吉.

'함咸'이란 느낀다感는 의미다. 양이 자라나는 때에 초구효는 음을 자극하여 감동시킨다. 육사효는 초구효에 반응하므로, 초구효는 감동을 주는 자다. 이 괘는 다른 괘보다 서로 호응하는 것이 더욱 중요하다. 육사효는 군주와 가까운 자리이고 초구효는 올바른 지위를 얻어서 육사효와 서로 자극을 주고 반응하는 관계이니, 이것은 정도正道로써 지위를 담당한 사람에게 신임을 받아 그의 뜻을 행할 수 있게 된 것이므로, 윗사람의 신임을 얻어 자신의 정도를 행할 수 있기 때문에 길하다.

다른 괘에서는 초효와 상효에서는 지위를 얻었는지 잃었는지 말하지 않았는데, 이는 처음과 마지막의 의미가 중요하기 때문이다. 그러나 임괘는 초효가 지위를 얻고 올바른 위치에 자리한 뜻을 중요하게 생각했다. '정길貞吉'이라고 말한 경우는 올바르고 또 길한 경우도 있고, 올바름을 얻으면 길한 경우도 있고, 올바름을 굳게 지키면 길한 경우도 있으니, 각각 그 상황과 때에 따라서 다르다.

咸, 感也. 陽長之時, 感動於陰. 四應於初, 感之者也. 比他卦相應尤重. 四, 近君之位, 初得正位, 與四感應, 是以正道爲當位所信任, 得行其志, 獲乎上而得行其正道, 是以吉也. 他卦初上爻不言得位失位, 蓋初終之義爲重也. 臨則以初得位居正爲重. 凡言貞吉, 有旣正且吉者, 有得正則吉者, 有貞固守之則吉者, 各隨其事也.

「상전」에서 말했다. 감동시켜 다가감이니, 바르게 해서 길한 것은 뜻이 올바른 도를 행하려는 것이다.

象曰, 咸臨貞吉, 志行正也.

"바르게 해서 길하다"는 말은 초구효의 뜻이 올바른 도를 행하려는 데에 있다는 것이다. 초구효는 양의 자리에 있고, 또 육사효의 올바름에 호응했으니, 그 뜻이 올바르다.

所謂貞吉, 九之志在於行正也. 以九居陽, 又應四之正, 其志正也.

구이효는 감동시켜 다가감이니, 길하여 이롭지 않음이 없다.

九二, 咸臨, 吉無不利.

구이효는 양이 자라나서 점차로 성대해지려는 때에 중도를 얻고 유순한(中順)[5] 군주인 육오효를 자극하여 감동시키니, 그 교제가 친밀하다. 그러므로 신임을 얻어 그 뜻을 행할 수 있으니, 다가가는 것이 길하고 이롭지 않음이 없다.[6] "길하다"는 것은 이미 그러하다는 것이니, 이와 같기 때문에 길하다. "이롭지 않음이 없다"는 것은 앞으로 그러하다는 것이니, 시행하는 바가 이롭지 않음이 없다.

二方陽長而漸盛, 感動於六五中順之君, 其交之親. 故見信任, 得行其志, 所臨吉而无不利也. 吉者已然, 如是故吉也. 无不利者將然, 於所施爲, 无所不利也.

「상전」에서 말했다. 감동시켜 다가감이니 길하여 이롭지 않음이 없는 것은 단지 명령에 순종하는 것만은 아니기 때문이다.

象曰, 咸臨吉無不利, 未順命也.

'미未'라는 말[7]은 단적으로 확정할 수 없다는 말이다. 맹자는 어떤 사람이 연燕을 정벌해도 좋다고 권한 적이 있느냐는 물음에 "아니다"라고 대답했다. 또 맹자는 "중자仲子가 먹은 곡식은 백이가 심은 나무에서 나는 것인가? 아니면 도척이 심은 나무에서 나는 것인가? 이것을 알 수가 없지 않은가?"라고 했다. 『사기』에서 후영侯嬴이 말하기를 "사람은 진실로 알기가 쉽지 않다"라고 했다. 옛사람들이 사용하는 글자의 뜻은 모두 이와 같으나, 지금 사람들은 대체로 "이미 했다"는 뜻으로서 '이已'라는 글자와 상대하여 사용하므로, 뜻이 다른 듯하지만 실제로는 다르지 않다.

구이효는 육오효와 감응하여 아랫사람들에게 임한다. 강한 덕이 자라나고 또 중도를 얻어서 지극한 진실과 정성으로 서로 감동하니, 단지 윗사람의 명령에 순종하는 것만은 아니므로, 그래서 길하고 이롭지 않음이 없다. 육오효는 순종을 상징하는 곤괘의 형체에 있고 구이효는 기쁨을 상징하는 태괘의 형체에 있으므로, 「상전」에서는 특히 기쁘게 순종하기 때문만은 아니라는 점을 밝힌 것이다.

未者, 非遽之辭. 孟子, 或問勸齊伐燕有諸, 曰, "未也." 又云, "仲子所食之粟, 伯夷之所樹歟? 抑亦盜跖之所樹歟? 是未可知也." 史記侯嬴曰, "人固未易知." 古人用字之意皆如此, 今人大率用對已字, 故意似異, 然實不殊也. 九二與五感應以臨下, 蓋以剛德之長, 而又得中, 至誠相感, 非由順上之命也, 是以吉而无不利. 五順體而二說體, 又陰陽相應, 故象特明其非由說順也.

육삼효는 기쁜 낯으로 다가감이니, 이로운 것이 없지만 근심하고 있으므로 허물이 없다.

六三, 甘臨, 無攸利, 旣憂之, 無咎.

육삼효는 하체에서 가장 위의 지위에 자리하니, 사람들에게 다가가는 자다. 음유한 자질이고 태괘가 상징하는 기뻐하는 체질인데 처신하는 데에 중정中正을 이루지 못하니, 아첨하며 기쁜 낯으로 사람에게 다가가는 자다. 윗자리에 있으면서 아첨과 기쁜 낯으로 아랫사람에게 다가가면 덕을 잃기가 매우 쉽기 때문에, 이로운 바가 없다.

태괘의 성질은 기뻐하는 것인데, 또 두 양효 위에 타고 있고 양이 자라나 위로 올라오려고 하므로, 불안을 느껴 더욱더 기쁜 낯으로 대하게 되지만 위태로움과 두려움을 알고서 근심하니, 겸손하고 올바른 태도를 지켜서 지극한 진실과 정성으로 자처할 수 있다면 허물이 없을 것이다. 간사하게 기뻐하는 것이 자신으로부터 일어났지만 근심하면서 고칠 수 있다면 다시 무슨 허물이 되겠는가?

三居下之上, 臨人者也. 陰柔而說體, 又處不中正, 以甘說臨人者也. 在上而以甘說臨下, 失德之甚, 无所利也. 兌性既說, 又承二陽之上, 陽方長而上進, 故不安而益甘. 既知危懼而憂之, 若能持謙守正, 至誠以自處, 則无咎也. 邪說由己, 能憂而改之, 復何咎乎?

「상전」에서 말했다. 기쁜 낯으로 다가가는 것은 지위가 합당하지 않은 것이나 근심하고 있으므로, 허물이 오래가지 않는다.

象曰, 甘臨, 位不當也, 既憂之, 咎不長也.

음유한 자질의 사람이 처신하는 데에 중정을 이루지 못하면서, 하체에서 가장 위의 지위에 자리하고 다시 두 양을 탔으니, 이는 합당하지 못한 지위에 처한 것이다. 그러나 두려워하면서 근심할 수 있다면 반드시 힘써 노력하여 고칠 것이므로, 그 허물이 오래가지 않는다.

陰柔之人, 處不中正, 而居下之上, 復乘二陽, 是處不當位也. 既能知懼而憂之, 則必強勉自改, 故其過咎不長也.

육사효는 지극한 다가감이니, 허물이 없다.

六四, 至臨, 無咎.

육사효는 상체에서 제일 아래 지위에 자리하고 하체와 서로 밀접하게 관계하므로, 이것은 아랫사람들과 절실하게 임하는 것이니 다가감의 지극함이다. 다가가는 도리는 가까움을 숭상하므로, 친밀함을 지극한 것으로 여긴다. 육사효는 올바른 지위에 자리하고 아래로 강양剛陽한 자질의 초구효와 호응하면서 군주와 가까운 지위에 처하고, 정도를 지키면서 현자를 신임하여 아랫사람에게 친밀하게 다가간다. 그래서 허물이 없으니, 처신함이 합당하다.

四居上之下, 與下體相比, 是切臨於下, 臨之至也. 臨道尙近, 故以比爲至. 四居正位, 而下應於剛陽之初, 處近君之位, 守正而任賢, 以親臨於下. 是以无咎, 所處當也.

「상전」에서 말했다. 지극한 다가감이니, 허물이 없는 것은 지위가 합당하기 때문이다.

象曰, 至臨無咎, 位當也.

군주와 가까운 지위에 있으면서 신임하는 현자를 얻었고, 음유한 자질로 군주와 가까운 사四의 지위에 처했으니 그 올바름을 얻었고, 초구효와 서로 호응하여 현자에 대해 겸손하게 자신을 낮추기 때문에 허물이 없으니, 지위가 합당하기 때문이다.

居近君之位, 爲得其任, 以陰處四, 爲得其正, 與初相應, 爲下賢, 所以无咎, 蓋由位之當也.

육오효는 밝은 지혜로 다가감이니, 위대한 군주의 마땅함이라, 길

하다.

六五, 知臨, 大君之宜, 吉.

육오효는 유중柔中한 덕과 곤괘가 상징하는 유순한 체질로, 존귀한 지위에 자리하고 아래로 강중剛中한 덕을 이룬 신하인 구이효에 호응하니, 이는 구이효를 의지하고 신임하여 힘들이지 않고서도 다스릴 수 있어서, 아랫사람에게 임하는 방도를 아는 자다. 한사람의 몸으로 넓은 세상에 임하는 데에 구구절절 모든 것을 스스로 자임하여 처리하려고 한다면, 어찌 모든 일을 두루 해낼 수 있겠는가? 자신의 지혜만을 자임하는 자는 오히려 알지 못하는 자가 될 뿐이다.

오직 세상의 선함을 취하고 세상의 총명함을 신임할 수 있다면, 모든 일을 두루 해낼 수 있다. 이것이 자신의 지혜를 자임하지 않으면 그 지혜가 크게 되는 것이다. 육오효는 강중한 방도를 이룬 현자인 구이효에 순종하며 호응하고, 그를 신임하여 아랫사람에게 임하는 것이다. 이는 곧 자신이 밝은 지혜로 세상을 대면하는 것이니, 위대한 군주의 마땅함이므로, 그 길함을 알 수가 있다.

五以柔中順體, 居尊位, 而下應於二剛中之臣, 是能倚任於二, 不勞而治, 以知臨下者也. 夫以一人之身, 臨乎天下之廣, 若區區自任, 豈能周於萬事? 故自任其知者, 適足爲不知. 唯能取天下之善, 任天下之聰明, 則无所不周. 是不自任其知, 則其知大矣. 五順應於九二剛中之賢, 任之以臨下. 乃己以明知臨天下, 大君之所宜也, 其吉可知.

「상전」에서 말했다. 위대한 군주의 마땅함은 중도를 행하는 것을

말한다.

象曰, 大君之宜, 行中之謂也.

군주와 신하의 도道가 합치하는 것은 뜻이 같아서 서로 구했기 때문이다. 육오효가 중도의 덕을 가지고 있으므로 강중의 덕을 이룬 현자를 신임할 수 있어서 위대한 군주의 마땅함을 이루고 지혜로 다가가는 공을 이룰 수 있었으니, 이것은 그 중도의 덕을 행했기 때문이다. 군주가 현명한 재능을 가진 사람을 쓰는데 도가 같고 덕이 합치하지 않는다면, 어떻게 등용할 수 있겠는가?

君臣道合, 蓋以氣類相求. 五有中德, 故能倚任剛中之賢, 得大君之宜, 成知臨之功, 蓋由行其中德也. 人君之於賢才, 非道同德合, 豈能用也?

상육효는 돈독하게 다가감이니, 길하여 허물이 없다.

上六, 敦臨, 吉, 無咎.

상육효는 곤괘의 끝에 자리하니 순종의 지극함이면서, 임괘의 끝에 자리하니 다가가는 데에 성실하고 관대하다. 상육효는 초구효나 구이효와 올바른 호응관계는 아니지만, 대체로 음이 양을 구하고 또 그 태도가 지극히 순종적이므로 뜻이 두 양효를 따르는 데에 있고, 존귀한 지위이지만 낮은 지위에 호응하고 높은 자리이지만 낮은 자리를 따르며 현자를 존중하여 선함을 취하니, 지극히 도탑고 성실하여 "돈독하게 다가감이다"라고 했다. 그래서 길하여 허물이 없다.

음유한 자질로 윗자리에 있으니, 잘 다가갈 수 있는 자가 아니라면 당연히 허물이 있다. 그러나 강한 사람에게 순종함에 있어 도탑고 성실하므로, 길하고 허물이 없다. 상육효는 임괘의 끝에 있는데도 극한의 뜻을 취하지 않았으니, 다가가는 데에 과도함이 없기 때문에 단지 도탑다는 뜻을 취했을 뿐이다. '상上'이란 지위가 없는 자리이므로, 다만 위에 있음을 말한 것이다.

上六, 坤之極, 順之至也, 而居臨之終, 敦厚於臨也. 與初二雖非正應, 然大率陰求於陽, 又其至順, 故志在從乎二陽, 尊而應卑, 高而從下, 尊賢取善, 敦厚之至也, 故曰敦臨, 所以吉而无咎. 陰柔在上, 非能臨者, 宜有咎也. 以其敦厚於順剛, 是以吉而无咎. 六居臨之終, 而不取極義, 臨无過極, 故止爲厚義. 上, 无位之地, 止以在上言.

「상전」에서 말했다. 돈독하게 다가감이 길한 것은 뜻이 안을 향하기 때문이다.

象曰, 敦臨之吉, 志在內也.

"뜻이 안을 향한다"는 말은 초구효와 구이효에 호응하려는 것이다. 뜻이 강직한 사람에게 순종하여 도탑고 성실하게 임한다면, 그 길함을 알 수 있다.

志在內, 應乎初與二也. 志順剛陽而敦篤, 其吉可知也.

1 두 양효가 아래에서 자라나 점차로 나아간다: 정이천은 추상적인 차원에서 얘기했지만 호원은 구체적으로 이렇게 묘사하고 있다. "군자가 때를 얻고 현명한 군주를 만나서 점차로 정치적인 지위로 나아가서 사업을 일으켜 세상에 임하는 것이다君子得其時, 遇其君, 以漸而進于位, 興立事業, 以臨于天下也." 또 이렇게 묘사한다. "성인과 현자들이 세상에 임하는 데에 지극히 존귀한 세력과 지극히 엄격한 위엄이 있다. 그 세력이 존귀하고, 그 위엄이 엄격하면 비천한 속류들이 멀리한다聖賢之人, 臨于天下, 有至尊之勢, 至嚴之威也. 其勢至尊, 其威至嚴, 則卑賤之俗, 疏遠之."

2 기뻐하면서 순종하는 모습이다: 호원은 이렇게 묘사하고 있다. "반드시 인의의 교화가 있어서 민심을 기쁘게 따라, 세상이 그 혜택을 받지 않는 곳이 없고 그 은덕을 주지 않는 곳이 없으면, 그들은 모두 기쁘게 윗사람에게 복종한다必有仁義之化, 以悅順于民心, 使天下无不被其澤, 无不受其賜, 彼皆悅然以順于上也."

3 강함이 중도를 얻어 호응과 도움을 얻으니: 호원은 이렇게 설명한다. "구이효가 강명한 덕으로 아래 괘의 중심에 처했다. 사람에게 임하는 도리는 반드시 자신을 낮추고, 신하와 백성을 앞세워서 아랫사람들과 교제하면, 아랫사람들의 뜻이 모두 윗사람과 통하게 된다九二, 以剛明之德而處下卦之中也. 凡臨人之道, 必須下其身, 先于臣民, 以交接于下, 則下之志, 皆得上通也."

4 복괘에서 돈괘에 이르는 것: 한漢나라의 맹희孟喜는 괘기설卦氣說을 주장했는데, 주역의 괘로 1년 절기의 변화를 해설하면서 64괘를 1년의 4계절, 12월, 24절기, 72후에 배당했다. 이것이 괘기卦氣다. 맹희는 또 12벽괘辟卦를 말했다. 12벽괘는 1년의 12달을 역의 64괘 중 12괘로서 구분하여 나타내는 방법이다. 아래의 표와 같다. 복괘에서 돈괘까지가 8개월이다.

復䷗	臨䷒	泰䷊	大壯䷡	夬䷪	乾䷀	姤䷫	遯䷠	否䷋	觀䷓	剝䷖	坤䷁
子월	丑월	寅월	卯월	辰월	巳월	午월	未월	申월	酉월	戌월	亥월

5 중도를 얻고 유순한: 중순中順을 해석한 말이다. 「범례」 4번 재才와 덕德 항목 참조.

6 다가가는 것이 길하고 이롭지 않음이 없다: 호원은 정이천처럼 군주와 감응하는 것으로 해석하지 않고 초구효와 동일하게 백성들과 접촉하여 다가가는 사람으로 해석한다. "초구효는 사람들을 기쁘게 감동시켜 따르게 했지만 중도를 얻지 못했으므로 올바름을 얻어야 길할 뿐이다. 구이효는 강명의 덕으로 하괘의 가운데에 처하여 과도함과 모자람이 없어서 중도를 얻었고 또 여러 음의 아래에 자리하여 그 몸을 낮추어 백성들과 접촉하니 길함을 얻고 이롭지 않음이 없다初九, 雖能使人感悅而從之, 然未得其中, 故但得貞吉而已. 九二以剛明之德, 處下卦之中, 則所爲无過與不及, 皆得中道, 而又居衆陰之下, 能下其身以接于民, 則獲其吉而无所不利矣."

7 '미未'라는 말: 호원은 이 '미未'라는 글자가 잘못 들어간 연문이라고 생각한다. "「상전」에서 '명령에 순종하는 것은 아니다'라는 말에서 '미未'라는 말은 당연히 연문이다. 구이효는 강명한 덕으로 사람들에게 임하여 세상 사람들이 모두 감동하고

기뻐하면서 그에게 모여들었으니, 명령에 순종하지 않는 사람이 없는데, 경문에서 '명령에 순종하는 것은 아니다'라고 말했으니, 어찌 세상이 그에게 모여들면서 명령에 순종하지 않는 사람이 있겠는가? 『역』의 경문이 오래도록 전해지니, 그 사이에 탈자와 오자가 없을 수가 없기 때문이다象曰, 未順命也者, 此未字, 當爲羨文. 夫九二, 有剛明之德, 以臨于人, 天下皆感悅而歸之, 无有不順其命者也, 而經文言未順命, 豈天下率歸而有未順命者乎? 蓋易經傳之久, 其間不能无脫誤."

20. 봄과 보임: 관觀괘䷓

풍지관風地觀이라고 읽는다. 괘의 모습이 손巽☴괘가 위에 있고, 곤坤☷괘가 아래에 있기 때문이다.

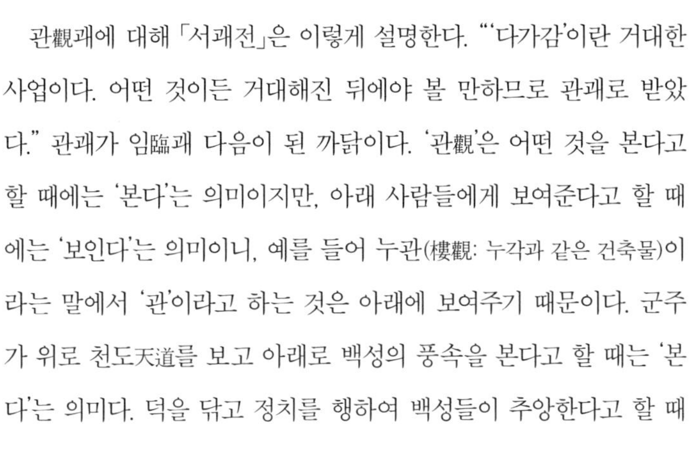

관觀괘에 대해 「서괘전」은 이렇게 설명한다. "'다가감'이란 거대한 사업이다. 어떤 것이든 거대해진 뒤에야 볼 만하므로 관괘로 받았다." 관괘가 임臨괘 다음이 된 까닭이다. '관觀'은 어떤 것을 본다고 할 때에는 '본다'는 의미이지만, 아래 사람들에게 보여준다고 할 때에는 '보인다'는 의미이니, 예를 들어 누관(樓觀: 누각과 같은 건축물)이라는 말에서 '관'이라고 하는 것은 아래에 보여주기 때문이다. 군주가 위로 천도天道를 보고 아래로 백성의 풍속을 본다고 할 때는 '본다'는 의미다. 덕을 닦고 정치를 행하여 백성들이 추앙한다고 할 때는 '보인다'는 의미다.

손巽괘가 상징하는 바람이 곤坤괘가 상징하는 땅 위에서 행하면서 온갖 종류의 것을 두루 접촉하는 것이 두루두루 보는 모습이다. 두 양효가 위에 있고 네 음효가 아래에 있으니, 양강한 것이 존귀한 지위에 있어 아래에 있는 모든 사람이 볼 때에 우러러본다는 뜻이다. 여러 효에서는 오직 '본다'는 의미만을 취했으니 때에 따라서 뜻을 삼았다.

觀, 序卦, "臨者大也, 物大然後可觀, 故受之以觀." 觀所以次臨也. 凡觀視於物則爲觀, 爲觀於下則爲觀, 如樓觀謂之觀者, 爲觀於下也. 人君上觀天道, 下觀民俗, 則爲觀. 修德行政, 爲民瞻仰, 則爲觀. 風行地上, 徧觸萬類, 周觀之象也. 二陽在上, 四陰在下, 陽剛居尊, 爲群下所觀, 仰觀之義也. 在諸爻, 則惟取觀見, 隨時爲義也.

관觀은 손만 씻고 제사음식을 올리지 않았을 때처럼 하면, 신뢰를 가지고 우러러본다.

觀, 盥而不薦, 有孚, 顒若.

내가 호익지胡翼之(호원) 선생에게서 이런 말을 들었다. "군자는 높은 지위에 자리하여 세상 사람들의 법도가 되니, 반드시 장중함과 엄숙함을 지극히 한다면, 아랫사람들이 우러러보면서 교화된다. 그러므로 세상이 우러러보는 것이니, 장중하고 엄숙하게 행동하는 것을 종묘의 제사 때 처음 손을 씻을 때처럼 해야 하고, 손을 씻고 제수를 올린 후처럼 해서는 안 된다. 그렇게 해야만 백성들이 정성을 다하여 흠모하면서 우러러본다."[1] '관盥'이란 제사를 올리기 시작할 때 손을 씻고 울창주를 땅에 뿌리며 신을 구하는 때를 말한다. '천薦'이란 날고기를 올리고 익은 고기를 올리는 때를 말한다.

'관盥'이란 일의 시작이니, 마음이 정성을 다하려고 하여, 매우 엄숙한 때다. 제사 음식을 올리고 난 후의 예법들이 번잡해지면, 마음이 산란하여 집중하는 마음이 처음 제사를 올리기 시작할 때보다도 못해진다. 높은 지위에 있는 자는 그 법도를 올바르게 하여, 아래 백성이 우러러보는 자가 되는 데 있어 마땅히 장중함과 엄숙함을 처음 제사를 올리기 시작할 때처럼 하고 정성스런 뜻이 조금이라도 흩어져서 마치 제사 음식을 올린 후처럼 하지 말아야 한다. 그렇게 한다면 세상 사람들이 그 믿음과 정성을 다해 흠모하고, 우러러 보지 않는 자가 없을 것이다. '옹顒'이란 흠모하면서 우러러 본다는 뜻이다.

予聞之胡翼之先生曰, "君子居上, 爲天下之表儀, 必極其莊敬, 則下觀仰而化也. 故爲天下之觀, 當如宗廟之祭, 始盥之時, 不可如旣薦之後, 則下民盡其至誠, 顒然瞻仰之矣." 盥, 謂祭祀之始, 盥手酌鬱鬯於地, 求神之時也. 薦, 謂獻腥獻熟之時也. 盥者事之始, 人心方盡其精誠, 嚴肅之至也. 至旣薦之後, 禮數繁縟, 則人心散, 而精一不若始盥之時矣. 居上者, 正其表儀, 以爲下民之觀, 當莊嚴如始盥之初, 勿使誠意少散, 如旣薦之後, 則天下之人莫不盡其孚誠, 顒然瞻仰之矣. 顒, 仰望也.

「단전」에서 말했다. 크게 보이는 것이 위에 있어, 유순하면서 겸손하고, 중정을 이룬 덕으로 세상에 보인다.

彖曰, 大觀在上, 順而巽, 中正以觀天下.

구오효는 존귀한 지위에 있으면서 양강하고 중정을 이룬 덕으로 아랫사람들이 우러러보는 자이니, 그 덕이 매우 크므로 "크게 보이는 것이 위에 있다"고 했다. 하체는 곤괘이고 상체는 손괘이니, 유순하면서 공손할 수 있다.[2] 구오효는 중정의 위치에 자리하고, 유순하면서 중정을 이룬 덕으로 세상에 보여주는 모습이 된다.

五居尊位, 以剛陽中正之德, 爲下所觀, 其德甚大, 故曰大觀在上. 下坤而上巽, 是能順而巽也. 五居中正, 以巽順中正之德爲觀於天下也.

"관觀은 손만 씻고 제사음식을 올리지 않았을 때처럼 하면 신뢰를 가지고 우러러본다"는 말은 아랫사람들이 우러러보고서 교화되는 것이다.

觀盥而不薦有孚顒若, 下觀而化也.

세상에 보이는 도리는 엄숙하고 공경하기를 제사를 올리기 시작하는 때처럼 하면, 백성들이 지극한 진실과 정성으로 우러러보면서 따르고 교화된다. "제사음식을 올리지 않았을 때처럼 한다"는 것은 정성스런 뜻이 조금도 흩어지지 않게 한다는 말이다.

爲觀之道, 嚴敬如始盥之時, 則下民至誠瞻仰而從化也. 不薦, 謂不使誠意少散也.

하늘의 신묘한 도를 보면 사계절이 어긋나지 않으니, 성인이 이 신묘한 도로 가르침을 세워서 세상이 복종한다.

觀天之神道而四時不忒, 聖人, 以神道設敎而天下服矣.

천도天道는 지극히 신묘하므로, 신도神道라고 했다. 하늘의 운행을 보면 사계절이 조금도 어그러지지 않고 운행되니, 그 신묘함을 본다. 성인은 천도의 신묘함을 보고서 그 신묘한 도를 체득하여 가르침을 펼치므로, 세상 사람이 모두 복종한다. 천도가 지극히 신묘하므로, 사계절을 운행하고 만물을 낳고 기르는 데에 조금의 오차도 없다.

지극히 신묘한 도리는 말로 규정할 수 없다. 오직 성인이 묵묵히 그에 부합하고 신묘한 작용을 체득하여 정치와 가르침을 세웠으므로, 세상 사람들이 그 덕에 푹 젖어들면서도 그 효과가 어떻게 이루어졌는지를 모르고, 그 교화에 고무되면서도 그것이 어떻게 작용했는지를 추측하지 못하니, 저절로 우러러보고 탄복한다. 그래서 "신묘한 도로 가르침을 세우니 세상이 복종한다"고 말했다.

天道至神, 故曰神道. 觀天之運行, 四時无有差忒, 則見其神妙. 聖人見天道之神, 體神道以設教, 故天下莫不服也. 夫天道至神, 故運行四時, 化育萬物, 无有差忒. 至神之道, 莫可名言, 唯聖人默契, 體其妙用, 設爲政教, 故天下之人涵泳其德而不知其功, 鼓舞其化而莫測其用, 自然仰觀而戴服, 故曰, "以神道設教而天下服矣."

「상전」에서 말했다. 바람이 땅 위에서 부는 것이 관괘의 모습이니, 선왕은 이를 본받아 지방을 순행하여 백성을 보고 가르침을 베푼다.

象曰, 風行地上, 觀, 先王以省方觀民, 設教.

바람이 땅 위에서 불어 모든 것에 두루 영향을 미치니, 여러 곳을 경유해 두루 둘러보는 모습이므로, 선왕은 이 모습을 체득하여 지방을 살펴보는 예禮를 행하고 백성의 풍속을 관찰하고 정치와 가르침을 베푼다. 천자가 사방을 순행하며 백성의 풍속을 관찰하여 정치와 가르침을 베푸니, 사치하면 검소함으로 단속하고 검소하면 예를 보여주는 것이 바로 이것이다. "지방을 순행한다"는 것은 백성을 보는 것이고 "가르침을 베푼다"는 것은 백성을 위해서 보여주는 것이다.

風行地上, 周及庶物, 爲由歷周覽之象, 故先王體之, 爲省方之禮, 以觀民俗而設政教也. 天子巡省四方, 觀視民俗, 設爲政教, 如奢則約之以儉, 儉則示之以禮是也. 省方, 觀民也. 設教, 爲民觀也.

초육효는 어린아이가 보는 것이니, 소인은 허물이 없지만 군자라면 부끄럽다.

初六, 童觀, 小人無咎, 君子吝.

초육효는 음유한 자질로 양으로부터 멀리 떨어져 자리했으니, 보는 것이 얕고 근시안적이어서 어린아이처럼 유치하므로, "어린아이가 보는 것이다"라고 했다. 양강한 자질과 중정을 이룬 덕으로 윗자리에 있는 자가 성현聖賢의 군주이니, 가까이서 보면 그의 도덕이 성대하여 보이는 바가 깊고 심원한데도, 초육효는 구오효와 멀리 떨어져 있어 보는 바가 분명하지 못하므로 마치 어리석은 어린아이가 보는 것과 같다. 소인은 일반 백성이니, 보는 바가 어리석고 얕아서 군자의 도를 깨달을 수 없는 것은 그들의 일반적인 한계이므로 잘못과 허물이라고 말할 수 없지만,[3] 만약 군자가 이렇다면, 치욕스러울 만하다.

六以陰柔之質, 居遠於陽, 是以觀見者淺近, 如童稚然, 故曰童觀. 陽剛中正在上, 聖賢之君也, 近之則見其道德之盛, 所觀深遠, 初乃遠之, 所見不明, 如童蒙之觀也. 小人, 下民也, 所見昏淺, 不能識君子之道, 乃常分也, 不足謂之過咎, 若君子而如是, 則可鄙吝也.

「상전」에서 말했다. 초육효는 어린아이가 보는 것이니, 소인의 도다.

象曰, 初六童觀, 小人道也.

보는 바가 밝지 못한 것이 마치 유치한 어린아이와 같으니, 그것이 소인의 한계이므로 소인의 도라고 했다.

所觀不明, 如童稚, 乃小人之分, 故曰小人道也.

육이효는 문틈으로 엿보는 것이니, 여자의 올바름이 이롭다.

六二, 闚觀, 利女貞.

육이효는 구오효와 호응하니 구오효를 보고 있다. 구오효는 양강한 자질과 중정을 이룬 도를 지니고 있는데, 음암陰暗[4]하고 유약한 음효인 육이효는 구오효의 이러한 도를 볼 수 있는 자가 아니므로, 문틈으로 엿보는 것과 같을 뿐이다. 문틈으로 엿보아서는 조금 볼 수는 있으나 아주 분명하게는 볼 수가 없다. 육이효는 강양한 자질과 중정을 이룬 덕을 분명하게 볼 수가 없으니, 여자와 같은 올바름이 이롭다. 보는 것이 매우 분명하지는 못할지라도 순종할 수 있는 것이 여자의 도리이니, 여자에게서 올바름이 된다. 육이효는 구오효의 도를 분명하게 볼 수 없으나 여자가 순종하는 것처럼 할 수 있다면 중정을 잃지 않으니, 그것이 곧 이로운 것이다.

二應於五, 觀於五也. 五, 剛陽中正之道, 非二陰暗柔弱所能觀見也, 故但如窺覘之觀耳. 窺覘之觀, 雖少見而不能甚明也. 二旣不能明見剛陽中正之道, 則利如女子之貞. 雖見之不能甚明, 而能順從者, 女子之道也, 在女子爲貞也. 二旣不能明見九五之道, 能如女子之順從, 則不失中正, 乃爲利也.

「상전」에서 말했다. 문틈으로 엿보는 것이 여자의 올바름이니 또한 부끄러울 만하다.

象曰, 闚觀女貞, 亦可醜也.

군자가 강양한 자질과 중정의 덕을 이룬 큰 도를 볼 수가 없고 그와 유사한 것만을 엿본다면, 순종할 수는 있지만 이는 여자의 올바름과 같으니 또한 부끄럽고 추할 수 있다.

君子不能觀見剛陽中正之大道, 而僅窺覘其彷彿, 雖能順從, 乃同女子之貞, 亦可羞醜也.

육삼효는 나에게서 생겨난 것을 보고서 나아가고 물러난다.

六三, 觀我生, 進退.

육삼효는 자신에게 걸맞은 지위가 아닌 위치에 자리하지만, 순종의 끝에 처하여서 때에 순응하여 나아가고 물러설 수 있는 자다. 그에게 합당한 지위에 자리했다면, 나아가거나 물러서려는 뜻이 없었을 것이다. "나에게서 생겨난 것을 본다"에서 '나에게서 생겨난 것'이란 나의 모든 행동거지가 그 자신에게서 나온 것을 말한다.[5] 내가 행한 모든 것을 보고서 마땅함에 따라 나아가고 물러나니, 처신하는 것이 정도正道가 아니더라도 도를 잃는 데까지 이르지는 않는다. 때에 따라서 나아가고 물러나서 구하려는 것에 도를 잃지 않으므로, 후회와 허물이 없이 순종할 수 있다.

三居非其位, 處順之極, 能順時以進退者也. 若居當其位, 則无進退之義也. 觀我生, 我之所生, 謂動作施爲出於己者, 觀其所生而隨宜進退, 所以處雖非正, 而未至失道也. 隨時進退, 求不失道, 故无悔咎以能順也.

「상전」에서 말했다. 내가 저지른 것을 보고 나아가고 물러나면 도를 잃는 데까지 이르지는 않는다.

象曰, 觀我生進退, 未失道也.

자신이 행한 모든 행동을 보고 마땅함에 순종하여 나아가고 물러나므로, 도를 잃는 데까지 이르지는 않는다.

觀己之生, 而進退以順乎宜, 故未至於失道也.

육사효는 나라의 빛남을 보니, 왕에게 극진하게 대우받는 것이 이

롭다.

六四, 觀國之光, 利用賓于王.

가장 가까이에서 보아야 가장 분명하게 볼 수 있다. 구오효는 강양한 자질과 중정을 이룬 덕으로 존귀한 지위에 자리했으니, 성현聖賢의 군주다. 육사효는 구오효와 가장 가까운 자리에 있으면서 그의 도를 보기 때문에 "나라의 빛남을 본다"고 하였으니, 나라의 성대한 덕이 빛나는 것을 본다. 군주를 직접 가리키지 않고 나라라고 말한 이유는, 군주라 하면 다만 한 사람의 행동만을 보는 것에 그칠 뿐이 아니기 때문이다. 마땅히 그 세상의 정치와 교화를 보아야만 하니, 그러면 군주의 도덕을 볼 수가 있다. 육사효는 음유한 자질이지만, 위의 손巽괘의 형체에서 올바른 위치에 자리하면서 구오효와 가장 가까이 있으므로, 친히 보면서 순종할 수 있는 자다.

"왕에게 손님으로 대우받는 것이 이롭다"고 했으니, 현명한 성인이 윗자리에 있다면 재능과 덕을 지닌 사람을 포용하여 그들이 모두 조정에 나아가 군주를 보필하게 해서 세상을 건강하게 구제하기를 바란다. 육사효는 군주의 덕과 국가의 정치가 빛을 내며 번영하고 성대하게 아름다운 것을 보았으니, 왕에게 극진하게 대우를 받으면서 그의 지혜와 힘을 다하여 위로 군주를 보좌하고 세상에 혜택을 베푸는 것이 마땅하므로 "왕에게 극진하게 대우받는 것이 이롭다"고 했다. 옛날에 현명한 덕이 있는 사람이 있으면 군주가 손님의 예를 극진하게 갖추어 대우했으므로, 사대부가 왕조에서 벼슬을 하면 손님이라고 했다.

觀莫明於近. 五以剛陽中正, 居尊位, 聖賢之君也, 四切近之, 觀見其道,故云觀國之光, 觀見國之盛德光輝也. 不指君之身而云國者, 在人君而言, 豈止觀其行一身乎? 當觀天下之政化, 則人君之道德可見矣. 四雖陰柔, 而巽體居正, 切近於五, 親見而能順從者也. 利用賓于王, 夫聖明在上, 則懷抱才德之人, 皆願進於朝廷, 輔戴之以康濟天下. 四旣觀見人君之德, 國家之治, 光華盛美, 所宜賓于王朝, 效其智力, 上輔於君, 以施澤天下, 故云利用賓于王也. 古者有賢德之人, 則人君賓禮之, 故士之仕進於王朝, 則謂之賓.

「상전」에서 말했다. 나라의 빛남을 본 것은 손님이 되고 싶은 것이다.

象曰, 觀國之光, 尙賓也.

군자가 재능과 학문을 가슴에 품는 것은 천하를 모두 좋게 만들려는 뜻을 가졌기 때문이지만, 그 재능과 학문을 가슴속에 숨기면서 스스로 지키는 것은, 자신이 처한 때에 현명한 군주가 없어 그 도를 사용할 수 없으니 부득이하게 숨긴 것이다. 그러나 어찌 그것이 군자의 뜻이겠는가! 그래서 맹자가 말하기를 "세상의 중심에 서서 사해의 백성을 안정시키는 것을 군자는 즐거워한다"[6] 고 했다.

국가의 성대한 덕과 화려한 빛을 보았다는 것은 옛사람들이 말하는 매우 흔치 않은 대단한 기회이므로 그 뜻이 왕조에 등용되어 도를 행하기를 원한다. 그래서 "나라의 빛남을 본 것은 손님이 되고 싶은 것이다"라고 했다. '상尙'이란 뜻은 숭상한다는 것이니, 그 뜻이 왕조에서 벼슬하기를 원하고 바라는 것이다.

君子懷負才業, 志在乎兼善天下, 然有卷懷自守者, 蓋時无明君, 莫能用其道, 不得已也, 豈君子之志哉! 故孟子曰, "中天下而立, 定四海之民, 君子樂之." 旣觀見國之盛德光華, 古人所謂非常之遇也, 所以志願登進王朝, 以行其道, 故云觀國之光尙賓也. 尙謂尙志, 其志意願慕賓于王朝也.

구오효는 자신이 시행한 것을 보고, 군자다우면 허물이 없다.

九五, 觀我生, 君子無咎.

구오효는 군주의 지위에 자리했으니, 그 시대의 질서와 혼란, 풍속의 아름다움과 추함이 모두 자신에게 달려 있을 뿐이다. 자신으로부터 나온 것을 보고 세상의 풍속이 모두 군자같이 아름답다면 자신이 행한 정치와 교화가 선한 것이니 허물이 없을 것이지만, 세상의 풍속이 군자의 도에 합치하지 못한다면 자신이 행한 정치가 선하지 못한 것이니, 허물을 면할 수 없다.

九五居人君之位, 時之治亂, 俗之美惡, 係乎己而已. 觀己之生, 若天下之俗皆君子矣, 則是己之所爲政化善也, 乃无咎矣, 若天下之俗未合君子之道, 則是己之所爲政治未善, 不能免於咎也.

「상전」에서 말했다. 자신이 행한 것을 보는 것은 백성을 보는 것이다.

象曰, 觀我生, 觀民也.

'자신의 행한 것'이란 말은 자기로부터 나온 것이다. 군주가 자신이 시행한 것이 선한 결과를 낳았는지 여부를 보고 싶다면 백성을 보아야 하니, 백성의 풍속이 아름답다면 정치와 교화가 아름다운 것이다. 왕필이 "백성을 보아서 자신의 도를 본다"고 한 것이 바로 이것이다.

我生, 出於己者. 人君欲觀己之施爲善否, 當觀於民, 民俗善則政化善也. 王弼云, "觀民以察己之道." 是也.

상구효는 자신에게서 나온 것을 보아, 군자다우면 허물이 없다.

上九, 觀其生, 君子無咎.

상구효는 현명하고 양강한 덕으로 가장 끝의 위치에 처해서 아랫사람들이 우러러보지만 그 위치가 합당하지 않으니, 곧 현명한 군자가 지위에 있지 못하지만 그 도덕을 세상 사람들이 우러러보는 경우다. '관기생觀其生'이라는 말은 자신에게서 나온 것을 보라는 것이니, 자기로부터 나온 것은 덕과 공적 그리고 품행을 말한다. 그것들을 세상 사람들이 우러러보므로, 자신에게서 나온 것을 스스로 보았을 때 모두 군자답다면 잘못과 허물이 없지만, 군자답지 못하다면 어떻게 사람들이 우러러보아 공경하며 본받게 할 수 있겠는가? 이는 그의 허물이다.

上九以陽剛之德處於上, 爲下之所觀, 而不當位, 是賢人君子不在於位, 而道德爲天下所觀仰者也. 觀其生, 觀其所生也, 謂出於己者, 德業行義也. 旣爲天下所觀仰, 故自觀其所生, 若皆君子矣, 則无過咎也, 苟未君子,則何以使人觀仰矜式? 是其咎也.

「상전」에서 말했다. 자신에게서 나온 것을 보는 이유는 마음이 편치 못해서다.

象曰, 觀其生, 志未平也.

비록 지위에 자리하고 있지는 않지만 사람들이 그 덕을 우러러보고서 모범으로 삼을 수 있기 때문에, 스스로 신중하게 살펴서 자신에게서 나온 것을 본다. 항상 군자다움을 잃지 않는다면 사람들이 실망하지 않고 교화된다. 그러나 책임을 진 지위에 있지 않다고 해서, 편안히 방심하여 아무런 일도 도모하지 않아서는 안 된다. 이는 뜻과 마음이 편안하지 못한 것이니, 그래서 "마음이 편치 못해서다"라고 했다. '평平'이란 안녕한 것을 말한다.

雖不在位, 然以人觀其德, 用爲儀法, 故當自愼省, 觀其所生, 常不失於君子, 則人不失所望而化之矣. 不可以不在於位故, 安然放意无所事也. 是其志意未得安也, 故云志未平也. 平謂安寧也.

---

1 호원의 『주역구의』에서는 이런 말이 나오지는 않지만 의미는 동일하게 해석하고 있다. "이 괘의 형체에서 두 양이 위에 있으니 이것은 성현이 강명의 덕으로 천하에 임해 보여서, 사람들이 우러러 보아 교화되지 않음이 없는 것이다此卦之體, 二陽在上, 是聖賢之人, 有剛明之德, 以臨觀于天下, 使天下之人, 莫不仰觀而化之也."

2 유순하면서 공손할 수 있다: 호원의 설명이 흥미롭다. "유순하면서 공손한 것은 두 괘의 형체로 말한 것이다. 아래 곤괘는 유순하고, 아래 손괘는 권도權道를 쓰는 것이다. 성현은 강명剛明한 덕으로 세상에 임하지만 스스로 존대하다고 뻐기지 않고 스스로 높다고 오만하게 굴지도 않는다. 그래서 모든 행동에 유순한 도를 써서

백성보다 스스로를 낮추니 백성들이 기뻐하며 따르면서도 나태해지지 않고, 또 권변權變의 도를 보여주어 백성들이 그로 말미암아 행하게 되지만 어떻게 해서 그렇게 되었는지를 알지 못한다順而巽者, 此以二體而言. 下坤爲順, 上巽爲權也. 夫聖賢之人, 雖有剛明之德以臨于下, 然在乎不自尊大, 不自高抗. 凡所作爲, 皆用柔順之道以下于民, 則天下之民悅而從之, 无所懈倦, 而又示之以權變之道, 使民由之而不知其所以然也."

3 잘못과 허물이라고 말할 수 없지만: 호원은 소인이 허물이 없는 이유를 이렇게 설명한다. "어째서인가? 소인은 세상의 일에 대해 책임을 물을 수가 없고, 단지 일신을 편안하게 할 뿐이다. 그러므로 나아가서 성현의 도와 위기爲己의 법도를 볼 수가 없으니, 종신토록 그 어리석음을 깨우칠 수가 없고 단지 어린아이의 소견일 뿐이다. 이것이 소인이 허물이 없는 이유다何則? 夫小人之人, 天下之事无所歸責, 但營保一身而已. 故不能進而觀聖賢之道, 爲己之法, 則以至終身, 愚懵无能開發, 止爲兒童之見. 此于小人所以无咎也."

4 음암陰暗: 소극적이고 어리석은 자질을 말한다. 「범례」 4번 재才와 덕德 항목 참조.

5 나의 모든 행동거지가 나에게서 나온 것을 말한다: 호원은 괘효의 내용을 관료들의 행위 방식으로 읽고 있다. 그래서 일반적인 사대부들의 행위 방식으로 해석하는 정이천과는 좀 다르다. 호원은 이렇게 해석한다. "'생生'은 풍속의 가르침이 나오는 것을 말한다. 육삼효는 아래 괘의 가장 높은 위치에 자리하니, 일반사람들의 어른이다. 일반사람들의 어른이므로, 풍속의 가르침과 명령이 모두 자기로부터 나온다. 그래서 육삼효는 반드시 아래로 백성을 보고 자신의 도를 살펴서, 그 풍속의 가르침이 중도에서 과도하게 지나친 것이 있으면, 내려다보아 취하고, 그 풍속의 가르침이 중도에 미치지 못하는 점이 있으면, 힘써 그에 미치게 하니, 나아가고 물러서며 내려다보고 우러르는 것이 모두 도에 이른다生, 謂風教之所自出也. 六三, 處下卦之上, 爲衆人之長者也. 既爲衆人之長, 則風教號令, 皆自己出也. 是以六三, 必下觀于民, 而察己之道, 其風教, 有過于中者, 則俯而就之, 其風教有不及于中者, 則勉而及之, 使進退俯仰, 皆至于道也."

6 『맹자』「진심상」, "영토를 넓히고 백성을 많게 하는 것은 군자가 욕심내는 것이지만, 그가 즐거움으로 삼는 것에는 들어가지 않는다. 천하의 중심에 서서 사해의 백성을 안정시키는 것을 군자는 즐거워하지만, 그 자신의 본래 성性에는 들어가지 않는다廣土衆民, 君子欲之, 所樂不存焉. 中天下而立, 定四海之民, 君子樂之, 所性不存焉. 君子所性, 雖大行不加焉, 雖窮居不損焉, 分定故也.君子所性, 仁義禮智根於心. 其生色也, 睟然見於面, 盎於背, 施於四體, 四體不言而喩."

21. 형벌의 사용, 깨물어 합함: 서합噬嗑괘䷔

화뢰서합火雷噬嗑이라고 읽는다. 괘의 모습이 이離☲괘가 위에 있고 진震☳괘가 아래에 있기 때문이다.

서합噬嗑괘에 대해서 「서괘전」은 다음과 같이 설명한다. "우러러볼 만한 것이 있은 뒤에 합치하는 바가 있으므로, 서합괘로 받았다. '서噬'란 합한다는 뜻이다." 우러러볼 만한 것이 있은 뒤에야 와서 합치하려는 자가 있으니, 서합괘가 관觀괘 다음이 된다. '서噬'란 씹는다는 뜻이다. '합嗑'이란 합한다는 뜻이다. 입속에 어떤 것이 있으면, 씹은 다음에 입이 꼭 합해진다. 괘의 구조는 위아래에 두 개의 강剛한 효가 있고 가운데 유柔한 효들이 있으니, 밖으로는 강하고 안으로는 텅 비어 있는 것이 사람 턱과 입의 모습이고, 가운데 빈 곳에 또 하나의 강한 효가 있으니, 턱 사이에 어떤 것이 들어 있는 모습이다. 입속에 어떤 것이 있으면, 위와 아래가 틈이 생겨 합치하지 못하니, 반드시 깨물어 부순 뒤에야 합치하므로 서합괘가 된다.

성인은 괘의 모습으로 세상의 일들을 추론한다. 입속에 어떤 것이 가로막아 합치하지 못하는 것처럼 세상에서 강경한 사람이나 간사한 사람이 그 사이를 가로막고 있다. 그러므로 세상의 일이 화합을 이루지 못하니, 마땅히 형법刑法을 사용하여 작은 일은 징계하고 큰일은 베어 죽여 제거한 뒤에야 세상의 질서가 이루어진다. 세상에서부터 한 나라, 한 집안 그리고 모든 일에 이르기까지 화합이 안 되는 것은 모두 틈이 있기 때문이니, 틈이 없어지면 화합하게 된다. 천지가 만물을 낳고 만물이 완성되는 것은 모두 화합을 이룬 뒤에 수행될 수 있으니, 화합되지 못한 것은 모두 틈이 있다. 군주와 신하, 아버지와 아들, 친척들, 친구들과의 관계에서도 떨어져 분리되고 원망과 틈이 있는 것은 간사한 자가 그 사이에 끼어들어 이간질하기 때문이니, 그들을 제거하면 화합한다. 그래서 관계의 단절이 세상에서 가장 큰 해로움이다.

성인은 서합괘의 모습을 관찰하여 세상의 일을 추론한다. 그 모든 관계의 단절을 제거해서 화합시키면, 화합하고 다스려지지 않는 일이 없다. '서합'이란 세상을 다스리는 큰 쓰임이다. 세상의 틈을 제거하는 것은 형벌에 맡기는 것이 좋으므로, 이 괘에서는 형벌을 사용하는 것으로 뜻을 삼았다. 불을 상징하는 이離괘와 우레를 상징하는 진震괘, 두 괘의 형체로 말하자면 밝게 비추고 위엄으로 진동하는 모습이니, 형벌을 사용하는 모습이다.

噬嗑, 序卦, "可觀而後有所合, 故受之以噬嗑, 嗑者合也." 旣有可觀, 然後有來合之者也, 噬嗑所以次觀也. 噬, 齧也. 嗑, 合也. 口中有物間之, 齧而後合之也. 卦, 上下二剛爻而中柔, 外剛中虛, 人頤口之象也, 中虛之中, 又一剛爻, 爲頤中有物之象. 口中有物, 則隔其上下, 不得嗑, 必齧之, 則得嗑, 故爲噬嗑. 聖人以卦之象, 推之於天下之事. 在口則爲有物隔而不得合, 在天下則爲強梗或讒邪間隔於其間, 故天下之事不得合也, 當用刑罰, 小則懲戒, 大則誅戮以除去之, 然後天下之治得成矣. 凡天下至於一國一家, 至於萬事, 所以不和合者, 皆由有間也, 无間則合矣. 以至天地之生, 萬物之成, 皆合而後能遂, 凡未合者皆有間也. 若君臣父子親戚朋友之間, 有離貳怨隙者, 蓋讒邪間於其間也, 除去之則和合矣. 故間隔者, 天下之大害也. 聖人觀噬嗑之象, 推之於天下萬事, 皆使去其間隔而合之, 則无不和且治矣. 噬嗑者, 治天下之大用也. 去天下之間, 在任刑罰, 故卦取用刑爲義. 在二體, 明照而威震, 乃用刑之象也.

깨물어 합하는 것은 형통하니, 송사訟事를 사용하는 것이 이롭다.

噬嗑, 亨, 利用獄.

"깨물어 합하는 것은 형통하다"라는 말은 괘 자체에 형통한 의미가 있는 것이다. 세상의 일들이 형통하지 못한 이유는 틈이 있기 때문인데, 깨물어서 합치니, 형통하게 된다. "송사를 사용하는 것이 이롭다"는 것은 깨물어 합치하는 방도로는 마땅히 형벌과 송사를 사용해야 한다는 말이다. 세상을 이간질하는 틈을 형벌과 송사가 아니라면 어떻게 제거하겠는가? '형벌刑'을 사용하는 것이 이롭다고 말하지 않고 '송사獄'를 사용하는 것이 이롭다고 한 것은 괘에 이離괘가 상징하는 밝게 비추는 모습 즉 명철함이 있으니, 시비를 분명하게 살피는 송사가 이롭기 때문이다. 송사는 진위를 규명하고 다스리는 것이다. 그래서 진실한 실정을 얻으면 틈이 생겨난 원인을 알게 되니, 그런 뒤에야 방비를 세우고 형벌을 적용할 수가 있다.

噬嗑亨, 卦自有亨義也. 天下之事所以不得亨者, 以有間也, 噬而嗑之, 則亨通矣. 利用獄, 噬而嗑之之道, 宜用刑獄也. 天下之間, 非刑獄何以去之?

不云利用刑, 而云利用獄者, 卦有明照之象, 利於察獄也. 獄者所以究治情僞. 得其情則知爲間之道, 然後可以設防與致刑也.

「단전」에서 말했다. 턱 사이에 사물이 있으므로 서합이라고 했다. 깨물어 합하여 형통한 것이다.

彖曰, 頤中有物曰噬嗑. 噬嗑而亨.

턱 사이에 사물이 있으므로 서합이다. 사물이 턱 사이에 있으면 해가 되는데, 깨물어 합하면 그 해로움이 없어져 형통하게 되므로, "깨물어 합하여 형통한 것이다"라고 했다.

頤中有物, 故爲噬嗑. 有物間於頤中則爲害, 噬而嗑之, 則其害亡, 乃亨通也, 故云噬嗑而亨.

강함과 유함이 나뉘고, 진동하여 밝으며, 우레와 번개가 합하여 빛난다.

剛柔分, 動而明, 雷電合而章.

괘의 자질 구조로 말한 것이다. 강한 효가 유한 효와 서로 사이에 있고 강함과 유함이 나뉘어 서로 뒤섞이지 않으니, 분명하게 분별할 수 있는 모습이다. 분명하게 분별하는 것은 송사를 살피는 근본태도다. "진동하여 밝다"는 것은 하체가 우레를 상징하는 진震괘이고 상체가 불을 상징하는 이離괘이므로 진동하여 밝은 것이다. "우레와 번개가 합하여 빛난다"는 것은 우레가 진동하고 번개가 빛나는 것이니, 서로 함께 드러나서 합하여 빛난다. 밝게 비추는 명철함과 위엄이 함께 드러나니 송사를 처리하는 도道다. 밝게 비출 수 있으면 감추어진 실정이 없게 되고, 위엄이 있으면 두려워하지 않는 자가 없게 된다. 위에서 두 괘의 상징으로 진동하여 밝다고 말했으므로, 다시 위엄과 밝게 비추는 명철함이 함께 작용하는 뜻을 말했다.

以卦才言也. 剛爻與柔爻相間, 剛柔分而不相雜, 爲明辨之象. 明辨, 察獄之本也. 動而明, 下震上離, 其動而明也. 雷電合而章, 雷震而電耀, 相須並見, 合而章也. 照與威並行, 用獄之道也. 能照則无所隱情, 有威則莫敢不畏. 上旣以二象言其動而明, 故復言威照並用之意.

유柔함이지만 중中을 얻어서 위로 행하니, 비록 합당한 지위는 아니지만 송사를 사용하는 것이 이롭다.

柔得中以上行, 雖不當位, 利用獄也.

육오효는 유한 자질로 중의 위치에 자리했으니, 유연하게 행하며 중도를 얻은 뜻이다. "위로 행한다"라는 것은 존귀한 지위에 자리했다는 말이다. "합당한 지위가 아니다"라는 것은 유약한 자질로 군주의 자리에 있으므로 합당하지 않다는 말이다. 송사를 사용하는 것이 이로운 이유는 다음과 같다. 송사를 처리하는 도가 오로지 강경하기만 하면 엄격하고 포악한 태도에서 문제가 발생하고, 과도하게 유연하기만 하면 관대하고 허술한 태도에서 실수를 일으킬 수 있다.[1] 하지만 육오효는 송사를 처리하는 주체로서 유한 자질로 강한 위치에 처하여 중도를 얻었으니, 송사를 처리하는 마땅함을 얻은 것이다.

이렇게 물을 수도 있다. "유한 자질로 강한 위치에 자리하여 송사를 처리하는 것은 이롭고, 강한 자질로 유한 위치에 자리하여 송사를 처리하는 것은 이롭지 않다는 것입니까?" 이렇게 대답하겠다. 강하거나 유한 것은 자질이고, 어떤 위치에 자리하느냐 하는 것은 그 자질이 현실적으로 작용한 것이니,[2] 유연한 태도를 보이는 것은 송사를 처리하는 합당한 태도가 아니다.

六五以柔居中, 爲用柔得中之義. 上行, 謂居尊位. 雖不當位, 謂以柔居五爲不當. 而利於用獄者, 治獄之道, 全剛則傷於嚴暴, 過柔則失於寬縱. 五爲用獄之主, 以柔處剛而得中, 得用獄之宜也. 以柔居剛爲利用獄, 以剛居柔爲利否? 曰, 剛柔, 質也, 居, 用也, 用柔非治獄之宜也.

「상전」에서 말했다. 우레와 번개가 서합괘이니, 선왕은 이것을 본받아 형벌을 밝히고 법을 신칙했다.

象曰, 雷電, 噬嗑, 先王, 以明罰勅法.

다른 어떤 괘에서도 상징이 도치된 경우는 없으니,[3] 아마도 이 문장은 바꾸어 쓴 것 같다. 우레와 번개는 서로 이어져 함께 드러나는 것이니 또 합치하는 모습이 있고, 번개는 밝고 우레는 위엄이 있다. 선왕은 우레와 번개의 모습을 관찰하여 그 밝은 빛과 위엄을 본받아서 그 형벌을 분명하게 하고 법령을 엄격히 갖추었다. 법이라는 것은 일의 이치를 밝혀서 예방하는 것이다.

象无倒置者, 疑此文互也. 雷電, 相須並見之物, 亦有噬象, 電明而雷威. 先王觀雷電之象, 法其明與威, 以明其刑罰, 飭其法令. 法者, 明事理而爲之防者也.

초구효는 차꼬를 채워 발을 손상시키니, 허물이 없다.

初九, 屨校滅趾, 無咎.

초구효는 시작의 위치에 자리하고 가장 아래에서 지위가 없는 자이므로, 일반 백성의 모습이자 형벌을 받는 사람이다. 형벌을 사용하는 시초는 죄가 작고 형벌이 가볍다. '교校'란 나무로 만든 차꼬이니, 허물이 적기 때문에 발에 차꼬를 채워, 그 발을 손상시킨다. 사람에게 작은 잘못이 있을 때에 나무로 만든 차꼬를 채워 발을 손상시키면, 징계가 되고 두려워하여 감히 악행을 하지 못하므로, 허물이 없게 된다. 「계사전」에서 "작게 징계하여 크게 경계하는 것이 소인의 복이다"라고 했다. 이는 허물이 적을 때와 초기에 징계를 하기 때문에 허물이 없게 되는 것이다.

초효와 상효는 지위가 없으니 형벌을 받는 사람이고, 나머지 네 효는 모두 형벌을 사용하는 사람이다. 초구효는 가장 아래에 자리하여 지위가 없는 자다. 상구효는 존귀한 지위의 위에 처하여, 존귀한 지위를 넘어섰으니, 또한 지위가 없는 자다. 왕필은 초효와 상효는 "음양의 지위가 없다"고 여기지만 음양이란 짝수와 홀수에 관계된 것이니 어떻게 지위가 없을 수 있겠는가? 그러나 여러 괘의 초효와 상효에서 합당한 지위와 부당한 지위를 말하지 않은 것은 시초와 끝의 의미가 중대하기 때문이다. 임臨괘의 초구효 같은 경우는 지위가 올바르다고 했다. 수需괘의 상육효에서는 합당하지 않은 지위라고 말했고, 건乾괘의 상구효에서는 지위가 없다고 했으니, 이는 정치적 위치로서의 지위이지 음양으로서의 지위가 아니다.

九居初, 最下无位者也, 下民之象, 爲受刑之人. 當用刑之始, 罪小而刑輕. 校, 木械也, 其過小, 故屨之於足, 以滅傷其趾. 人有小過, 校而滅其趾, 則當懲懼, 不敢進於惡矣, 故得无咎. 繫辭云, "小懲而大誡, 此小人之福也." 言懲之於小與初, 故得无咎也. 初與上无位, 爲受刑之人, 餘四爻皆爲用刑之人. 初居最下, 无位者也. 上處尊位之上, 過於尊位, 亦无位者也. 王弼以爲无陰陽之位, 陰陽係於奇偶, 豈容无也? 諸卦初上不言當位不當位者, 蓋初終之義爲大. 臨之初九, 則以位爲正. 若需上六云不當位, 乾上九云无位, 爵位之位, 非陰陽之位也.

「상전」에서 말했다. 차꼬를 채워 발을 손상시킨 것은 가지 못하게 하는 것이다.

象曰, 屨校滅趾, 不行也.

차꼬를 채워 발을 손상시키면, 징계를 당한 것을 알고서 감히 그 악행을 키우지 못하므로 "가지 못하게 한다"고 했다. 옛사람이 형벌을 제정할 때에 작은 죄가 있으면 발에 차꼬를 채웠으니, 그 행위를 금지하여 더 큰 악행을 행하지 못하게 한 것이다.

屨校而滅傷其趾, 則知懲誡而不敢長其惡, 故云不行也. 古人制刑, 有小罪, 則校其趾, 蓋取禁止其行, 使不進於惡也.

육이효는 피부를 깨물되 자신의 코가 푹 빠질 정도이니, 허물이 없다.

六二, 噬膚滅鼻, 無咎.

육이효는 육오효와 호응하는 자리이니, 형벌을 사용하는 자다. 초효와 상효를 뺀 네 효가 모두 깨무는 것을 취하여 뜻을 삼았다. 육이효는 중中의 위치에 자리하고 올바름을 얻었으니, 이는 형벌을 사용하는 데에 중정을 얻은 것이다. 형벌을 사용하는 데에 중정을 얻었다면 죄악을 저지른 자가 쉽게 복종하므로, 피부를 깨무는 것을 취하여 상징했다. 사람의 피부를 깨물면 쉽게 들어간다. '멸滅'이란 빠진다는 뜻이니, 깊게 들어가서 자신의 코가 빠진다는 말이다.

육이효는 중정의 도로 형벌을 사용하여 사람들을 쉽게 복종시키며 초효의 강함을 타고 있으니, 이는 매우 강한 사람에게 형벌을 쓰는 것이다. 매우 강한 사람에게 형벌을 쓰려면 반드시 깊고 통렬하게 반성하도록 사용해야 하므로, 자신의 코가 푹 빠질 정도로 깨물어야 허물이 없다. 중정의 도로 쉽게 사람을 복종시키는 것과 엄격한 형벌로 매우 강한 사람을 대하는 것은 그 의리義理가 서로 모순되지 않는다.

二, 應五之位, 用刑者也. 四爻皆取噬爲義, 二居中得正, 是用刑得其中正也. 用刑得其中正, 則罪惡者易服, 故取噬膚爲象. 噬齧人之肌膚, 爲易入也. 滅, 沒也, 深入至沒其鼻也. 二以中正之道, 其刑易服, 然乘初剛, 是用刑於剛強之人. 刑剛強之人, 必須深痛, 故至滅鼻而无咎也. 中正之道, 易以服人, 與嚴刑以待剛強, 義不相妨.

「상전」에서 말했다. 피부를 깨물되, 자신의 코가 푹 빠질 정도인 것은 강한 자를 탔기 때문이다.

象曰, 噬膚滅鼻, 乘剛也.

자신의 코가 푹 빠질 정도로 심하게 깨무는 것은 강한 사람을 탔기 때문이다. 강한 사람을 탔다는 것은 곧 매우 강한 사람에게 형벌을 사용하는 것이니, 매우 엄격하게 하지 않을 수 없다. 매우 엄격하게 하면 마땅함을 얻으니, 그것이 곧 중도라고 했다.

深至滅鼻者, 乘剛故也. 乘剛乃用刑於剛強之人, 不得不深嚴也. 深嚴則得宜, 乃所謂中也.

육삼효는 말린 고기를 씹다가 독을 만났으니, 조금 부끄럽지만 허물은 없다.

六三, 噬腊肉, 遇毒, 小吝, 無咎.

육삼효는 아래 괘의 가장 높은 자리에 있으니, 형벌을 쓰는 자다. 육六이라는 음의 자질로 삼三이라는 양의 위치에 자리하였으므로 합당한 지위에 처한 것이 아니니, 자기 처신이 합당함을 얻지 못하고서 다른 사람에게 형벌을 가하면 사람들이 복종하지 않고 원망과 원한을 품고 어기며 저항하는 것이 마치 말린 포처럼 단단하고 질긴 것을 씹다가 독하고 싫은 맛을 만나, 도리어 입을 상하는 것과 같다. 형벌을 사용하는데도 사람들이 복종하지 않고 도리어 원망하고 상처를 입히는 데에 이른다면, 이는 부끄럽다고 평가받을 만한 일이다.

그러나 형벌을 사용할 때에 가장 중요한 것은 틈에 낀 것을 깨물어 합하는 것이니, 그 처신과 지위가 부당하고 처벌을 받는 사람이 강경하고 복종시키기 어려워 독을 만나기에 이르렀지만 형벌을 사용하는 것이 부당한 것은 아니므로, 비록 부끄러울 수 있지만 또한 하찮은 부끄러움이니, 깨물어 합하면, 허물이 있지는 않다.

三居下之上, 用刑者也. 六居三, 處不當位, 自處不得其當, 而刑於人, 則人不服而怨懟悖犯之, 如噬齧乾腊堅韌之物, 而遇毒惡之味, 反傷於口也. 用刑而人不服, 反致怨傷, 是可鄙吝也. 然當噬嗑之時, 大要噬間而嗑之, 雖其身處位不當, 而強梗難服, 至於遇毒, 然用刑非爲不當也, 故雖可吝而亦小, 噬而嗑之, 非有咎也.

「상전」에서 말했다. 독을 만난 것은 지위가 부당하기 때문이다.

象曰, 遇毒, 位不當也.

육삼효는 음한 자질로 양의 위치에 자리하여 지위에 처함이 합당하지 않다. 합당하지 않은 지위에 자처하므로, 형벌을 받는 사람을 복종시키기 어려워 도리어 해독을 입는다.

六三以陰居陽, 處位不當, 自處不當, 故所刑者, 難服而反毒之也.

구사효는 말린 갈비를 깨물어 금과 화살을 얻으나, 어렵다고 생

각하고 올바름을 굳게 지키면 이로우니, 길하다.

九四, 噬乾胏, 得金矢, 利艱貞, 吉.

구사효는 군주와 가까운 위치에 자리하면서 형벌을 실행하는 책임을 담당하는 자다. 구사효는 중中의 위치를 지났으니, 이것은 틈이 더욱 커져서 사용하는 형벌이 더욱 심각한 상황이므로 "말린 갈비를 깨물었다"고 했다. '자胏'란 고기에서 뼈가 연결된 부위이므로, 말린 고기에 뼈까지 있어서, 매우 단단하여 깨물기가 힘든 것이다. 매우 단단한 것을 깨물어 금과 화살을 얻었다고 했으니, '금'은 강한 뜻을 취했고, '화살'은 곧은 뜻을 취한 것이다. 구사효는 양한 덕과 강한 곧음으로 강직한 도를 얻었는데, 강직한 도를 쓸 때에 그 일을 어렵게 여기고 굳건하게 절도를 지키는 것이 이로우니, 이러면 길하다.

구사효는 강하지만 이離괘가 상징하는 명철한 체질이고, 양효이지만 유한 위치에 자리하였다. 그래서 강명하게 행하면, 지나치게 과감한 데에서 실수를 하기 쉽기 때문에 어려움을 알라고 경계한 것이고, 유한 위치에 자리하여 유연하게 행동하면, 절도를 지키는 것이 굳건하지 못할 수 있기 때문에 올바름을 견고하게 유지하라고 경계한 것이다. 강하면서도 올바르지 않은 경우가 있지만, 강함을 잃으면 모든 경우가 올바르지 못하니, 형법을 실행하는 데에는 구사효가 가장 좋다.[4]

九四居近君之位, 當噬嗑之任者也. 四已過中, 是其間愈大而用刑愈深也, 故云噬乾胏. 胏, 肉之有聯骨者, 乾肉而兼骨, 至堅難噬者也. 噬至堅而得金矢, 金取剛, 矢取直. 九四陽德剛直, 爲得剛直之道, 雖用剛直之道,利在克艱其事而貞固其守, 則吉也. 九四剛而明體, 陽而居柔. 剛明則傷於果, 故戒以知難, 居柔則守不固, 故戒以堅貞. 剛而不貞者有矣, 凡失剛者皆不貞也. 在噬嗑, 四最爲善.

「상전」에서 말했다. 어렵게 생각해서 올바르게 행동해야 이로우니, 길한 것은 아직 빛나지 못한 것이다.

象曰, 利艱貞吉, 未光也.

"아직 빛나지 못했다"고 한 것은 그 도리가 아직 크게 빛나지 못한 것이다. "어렵게 생각하고 올바름을 굳게 지키라"는 것은 견고함이 부족한 것이니 중정을 얻지 못했기 때문이다.

凡言未光, 其道未光大也. 戒於利艱貞, 蓋其所不足也, 不得中正故也.

육오효는 말린 고기를 깨물어 황금을 얻으니, 올바름을 굳게 지키고 위태롭게 여기면 허물이 없다.

六五, 噬乾肉, 得黃金, 貞厲無咎.

육오효는 괘에서 높은 자리에 있고 말린 고기를 깨무는 것이다. 도리어 구사효에서 말린 갈비를 깨무는 것보다 쉽게 행하는 것은 육오효가 존귀한 지위에 있어, 윗자리의 세력을 타서 아랫사람에게 형벌을 가하므로, 그 세력 때문에 쉬운 것이다. 괘에서 점차로 끝에 이르러, 그 틈이 더욱 크게 벌어져서, 쉽게 합할 수 있는 것이 아니므로, 말린 고기를 깨무는 것이 된다.

"황금을 얻는다"는 말에서 '황黃'이란 중앙의 색이고 '금金'은 강한 것이다. 육오효는 중中의 위치에 자리하여 중도中道를 얻었고, 강함에 처하고 구사효가 강함으로 보좌하니, 황금을 얻은 것이다. 육오효는 호응하는 자는 없지만, 구사효가 대신의 지위에 자리하여 도움을 얻는다. "올바름 굳게 지키고 위태롭게 여기면 허물은 없다"고 한 것은 육오효가 중의 위치와 강함에 처했지만 실제로는 유약한 체질이므로, 반드시 올바름을 견고하게 지키고 위태롭게 여기는 마음을 가져야 허물이 없다는 말이다. 유약한 자질로 존귀한 지위에 자리하면서 형벌을 시행하는 때이니, 어찌 올바름을 굳게 지키고 위태롭게 여기는 마음을 가지지 않을 수가 있겠는가?

五在卦愈上, 而爲噬乾肉, 反易於四之乾胏者, 五居尊位, 乘在上之勢, 以刑於下, 其勢易也. 在卦將極矣, 其爲間甚大, 非易嗑也, 故爲噬乾肉也. 得黃金, 黃中色, 金剛物. 五居中爲得中道, 處剛而四輔以剛, 得黃金也. 五无應, 而四居大臣之位, 得其助也. 貞厲无咎, 六五雖處中剛, 然實柔體, 故戒以必正固而懷危厲, 則得无咎也. 以柔居尊而當噬嗑之時, 豈可不貞固而懷危懼哉?

「상전」에서 말했다. 올바름을 굳게 지키고 위태롭게 여기면 허물이 없는 것은 합당함을 얻었기 때문이다.

象曰, 貞厲無咎, 得當也.

허물이 없을 수 있는 이유는 그의 행동이 마땅함을 얻었기 때문이다. 마땅함이라는 것은 중中의 위치에 자리하면서 강하게 행동하고, 정도를 지키면서 위태로움을 염려할 수 있는 것이다.

所以能无咎者, 以所爲得其當也. 所謂當, 居中用剛, 而能守正慮危也.

상구효는 차꼬를 목에 차서 귀를 손상시키니, 흉하다.

上九, 何校滅耳, 凶.

상구효는 존귀한 지위를 지나쳐 지위가 없는 자이므로, 형벌을 받는 사람이다. 괘의 끝에 있으니 그 틈이 커서, 깨무는 것의 극한이다. 「계사전」에서 "죄악이 쌓여 가릴 수가 없고, 죄가 커서 용서할 수가 없는 자다"라 하였으므로, 차꼬를 목에 써서 귀를 손상시키니, 흉함을 알 수 있다. '하何'란 짊어지는 것으로 차꼬가 목에 있는 것이다.

上過乎尊位, 无位者也, 故爲受刑者. 居卦之終, 是其間大, 噬之極也. 繫辭所謂惡積而不可掩, 罪大而不可解者也, 故何校而滅其耳, 凶可知矣. 何, 負也, 謂在頸也.

「상전」에서 말했다. "차꼬를 목에 차서 귀를 손상시킨다"는 것은 귀가 밝지 못하기 때문이다.

象曰, 何校滅耳, 聰不明也.

사람이 귀먹고 어리석어 깨닫지 못하니, 그 죄악을 쌓아 극한에까지 이른 것이다. 옛사람들이 법을 제정할 때 죄가 큰 자는 차꼬를 목에 씌웠으니, 이는 듣고 아는 바가 없어 그 죄악이 쌓였기 때문이다. 그래서 차꼬를 가지고 그 귀를 손상시킨 것이니, 귀가 밝지 못함을 경계한 것이다.

人之聾暗不悟, 積其罪惡, 以至於極. 古人制法, 罪之大者, 何之以校, 爲其无所聞知, 積成其惡. 故以校而滅傷其耳, 誡聰之不明也.

---

1 송사를 처리하는 도는 (…) 일으킬 수가 있다: 이와 유사한 논리를 호원은 이렇게 표현하고 있다. "강한 위엄의 자질이 있지만 밝게 살필 수가 없으면, 폭력적으로 대하여 상대를 상하게 하고, 밝게 살피는 자질이 있지만 강하게 위엄을 드러낼 수 없다면, 나약하여 일을 처리할 수 없으니, 반드시 위엄과 밝은 명철함이 아울러 가지면 처리하지 못할 일이 없다夫有剛威之才而不能明察, 則暴而傷于物, 有明察之才而不能剛威, 則柔懦而不能立事, 是必威明兼濟, 則事无不立也."

2 어떤 위치에 자리하느냐 하는 것은 그 자질이 현실적으로 작용한 것이니: '거용居用'을 해석한 말이다. 「범례」 6번 위位 항목 참조.

3 다른 어떤 괘에서도 상징이 도치된 경우는 없으니: 서합괘는 화뢰서합火雷噬嗑으로 먼저 번개인 화火를 말했는데 「상전」에서는 먼저 우레를 말했으니 도치된 것이다.

4 구사효가 가장 좋다: 정이천은 구사효를 형법을 실행하는 데에 최선의 인물로 평가하지만, 「상전」에서는 중정中正의 도를 잃은 사람으로 판단하고 있다. 호원은 이 점을 이렇게 설명하고 있다. "군자로서 높은 지위에 처하여 군주를 보필하여 세상의 일을 주관하는 자라면, 반드시 중정의 덕이 있어야만 한다. 그 덕이 중정을 이루었다면 한 사람을 형벌에 처해도 세상 사람들이 그 죄를 굴복할 것이고, 한 사람에게 상을 주면 세상 사람들이 그 선을 권면할 것이다. 그러나 지금 구사효는 상괘의 시초에 처했으니 중中의 위치가 아니고, 양효로서 음의 위치에 자리했으니, 올바른 것이 아니다. 중의 위치도 아니고 올바르지도 않은 도로 사람에게 형벌을 가하니, 말린 고기를 깨무는 육삼효의 어려운 상황보다도 더 심한 것이다夫君子, 處得高位, 而進輔于君, 以幹天下之事者, 必有中正之德. 德既中正, 則刑一人而天下服其罪, 賞一人而天下勸其善. 今九四, 處上卦之初, 是不中也, 以陽居陰, 是不正也. 以不中不正之道, 而刑于人, 則甚于噬腊肉之難也."

22. 꾸밈, 장식: 비賁괘☶☲

산화비山火賁라고 읽는다. 괘의 모습이 간艮☶괘가 위에 있고 이離☲괘가 아래에 있기 때문이다.

비賁괘에 대해서 「서괘전」은 이렇게 설명한다. "합嗑이란 합한다는 것이니, 사물은 구차하게 합할 수 없을 뿐이므로 비괘로 받았다. '비賁'란 꾸미고 장식한다는 뜻이다." 사물이 합치하는 데에는 반드시 꾸밈이 필요하다. 꾸밈은 곧 장식이다. 예를 들어 사람이 합하여 모일 때에는 위엄 있는 행위 방식과 응대하는 예의 및 상하의 구분과 같은 것이 필요하고, 사물들이 합하여 모일 때에도 순서와 배열이 있으니, 합하면 반드시 꾸밈이 있으므로 비괘가 서합噬嗑괘 다음이 된다.

괘의 모습은 위로 간艮괘가 상징하는 산 아래에 이離괘가 상징하는 불이 있다. 산은 풀과 나무 등 온갖 사물이 모여 있는 곳이니, 그 아래에 불이 있다면 산 위를 모두 비추어 풀과 나무 등 온갖 사물이 모두 광채가 난다. 꾸미고 장식하는 모습이 있으므로, 장식을 상징하는 비괘가 된다.

賁, 序卦, "嗑者合也, 物不可以苟合而已, 故受之以賁. 賁者, 飾也." 物之合則必有文, 文乃飾也. 如人之合聚, 則有威儀上下, 物之合聚, 則有次序行列, 合則必有文也, 賁所以次噬嗑也. 爲卦, 山下有火. 山者, 草木百物之所聚也, 下有火, 則照見其上, 草木品彙皆被其光彩, 有賁飾之象, 故爲賁也.

장식으로 꾸미는 것은 형통하니, 나아갈 바가 있는 것이 조금 이롭다.

賁, 亨, 小利有攸往.

어떤 것이든 꾸민 장식이 있고 난 뒤에 형통할 수 있으므로, "근본적인 바탕이 없다면 예의를 세울 수 없지만 꾸민 장식이 없다면 예의를 실행할 수가 없다"[1]고 한 것이다. 진실한 바탕이 있어 장식으로 꾸민다면 형통할 수가 있다. 장식으로 꾸미는 방식은 바탕에 광채를 더할 수 있을 뿐이므로, 일을 진행해 나아가는 데에는 작은 이로움일 수밖에 없다.[2]

物有飾而後能亨, 故曰, "无本不立, 无文不行." 有實而加飾, 則可以亨矣. 文飾之道, 可增其光彩, 故能小利於進也.

「단전」에서 말했다. "꾸미는 것은 형통하다"는 것은 유함이 와서 강함을 꾸미니 그러므로 형통하다. 강함이 나뉘어 위로 올라가 유함을 꾸미므로 "나아갈 바가 있는 것이 조금 이롭다"고 했으니 천문天文이고, 문명文明하여 적절한 데에 멈추는 것은 인문人文이다.

彖曰, 賁亨, 柔來而文剛, 故亨, 分剛上而文柔, 故小利有攸往, 天文也. 文明以止, 人文也.

이 괘가 꾸민 장식의 모습이 되는 것은 위와 아래 두 괘의 형체 구조로 보면 강함과 유함이 교류하여 서로 꾸민 장식이 되기 때문이다. 하체는 본래 건乾☰괘인데 유함이 와서 그 가운데를 꾸며주어 이離☲괘가 되었고, 상체는 본래 곤坤☷괘인데 강함이 가서 그 위를 꾸며주어 간艮☶괘가 되었으니, 이는 산 아래 불이 있는 모습으로 문명의 덕에 멈추어서 꾸미는 장식이 되었다. 세상의 모든 일은 꾸밈이 없다면 실행되지 못하므로, 장식으로 꾸미면 형통할 수 있다.

"유함이 와서 강함을 꾸며주므로 형통하다"[3]라는 말은 유함이 와서 강함을 꾸며주니 문명文明한 모습이 되었고, 문명한 것이 꾸민 장식을 상징하는 비괘가 된 것이다. 장식으로 꾸미는 도가 형통할 수 있는 것은 진실한 바탕이 꾸민 장식으로 인하여 형통하게 된 것이다. "강함이 나뉘어 위로 올라가 유함을 꾸며주므로 나아갈 바가 있는 것이 조금 이롭다"고 했는데, 이는 본래 건괘의 가운데 효가 나뉘어 간괘의 가장 위의 자리에 가서 꾸며준다는 말이다. 어떤 일이든 꾸밈으로 인하여 성대해지고 꾸밈으로 인하여 실행될 수 있으므로, "나아갈 바가 있는 것이 조금 이롭다"고 했다.

그러나 일을 진행해 나아가서 이로울 수 있는 것은 본래적인 진실이 있기 때문이다. 장식으로 꾸미는 도는 그 본래적인 진실을 증가시킬 수는 없고 단지 거기에 아름다운 문채를 더해줄 수 있을 뿐이다. 어떤 일이든 꾸민 장식을 통하여 겉으로 성대함이 드러나므로

"나아갈 바가 있는 것이 조금 이롭다." '형亨'이란 형통하다는 말이다. '나아간다'는 말은 일을 더 진행해나간다는 뜻이다.

두 괘의 변화가 모두 꾸밈의 뜻이 되니 「단전」에서는 상괘와 하괘로 나누어 말해, 각각 한 가지 일을 주도했다. 이離괘가 상징하는 밝음이 형통함에 이를 수 있고, 유함을 꾸며주는 것도 조금 더 일을 진행하여 나아갈 수 있게 하기 때문이다. "천문이고, 그 문명하여 적절한 데에 멈추는 것이 인문이다"라고 했으니, 윗글을 이어서 음양과 강유가 서로 꾸미는 것이 천문이라면 문명하여 적절한 데에 멈추는 것은 인문이라는 말이다.

"적절한 데에 멈춘다"는 것은 문명한 덕에 처한다[4]는 말이다. 본래적 자질에는 반드시 그것을 꾸미는 장식이 있는 것이 자연의 이치다. 이 자연의 이치에는 대대待對[5]하는 바가 있으니 이것이 살리고 또 살리려는 근본이다.[6] 위가 있으면 아래가 있고, 이것이 있으면 저것이 있고, 본래적 바탕이 있으면 꾸미는 장식이 있으니, 하나로는 홀로 설 수가 없고 둘이 되어 서로 무늬를 이룬다. 도를 아는 사람이 아니라면 이런 점을 누가 깨달을 수가 있겠는가? '천문'은 하늘의 이치이고 '인문'은 사람의 길이다.

卦爲賁飾之象, 以上下二體, 剛柔交相爲文飾也. 下體本乾, 柔來文其中而爲離, 上體本坤, 剛往文其上而爲艮, 乃爲山下有火, 止於文明而成賁也. 天下之事, 无飾不行, 故賁則能亨也. 柔來而文剛故亨, 柔來文於剛, 而成文明之象, 文明所以爲賁也. 賁之道能致亨, 實由飾而能亨也. 分剛上而文柔, 故小利有攸往, 分乾之中爻, 往文於艮之上也. 事由飾而加盛, 由飾而能行, 故小利有攸往. 夫往而能利者, 以有本也. 賁飾之道, 非能增其實也, 但加之文彩耳. 事由文而顯盛, 故爲小利有攸往. 亨者, 亨通也. 往者, 加進也.

二卦之變, 共成賁義, 而象分言上下, 各主一事者, 蓋離明足以致亨, 文柔又能小進也. 天文也, 文明以止, 人文也, 此承上文言陰陽剛柔相文者, 天之文也, 止於文明者, 人之文也. 止謂處於文明也. 質必有文, 自然之理. 理必有對待, 生生之本也. 有上則有下, 有此則有彼, 有質則有文, 一不獨立, 二則爲文. 非知道者, 孰能識之? 天文, 天之理也, 人文, 人之道也.

천문을 관찰하여 때가 변화하는 것을 살핀다.

觀乎天文, 以察時變.

천문이란 해와 달과 별과 별자리가 섞여 배열되고, 추위와 더위 및 음과 양이 교대하면서 변하는 것을 말한다. 그 운행을 관찰하여, 사계절이 바뀌는 것을 살핀다.

天文謂日月星辰之錯列, 寒暑陰陽之代變. 觀其運行, 以察四時之遷改也.

인문을 관찰하여 세상의 일들에 영향을 미쳐 이룬다.

觀乎人文, 以化成天下.

'인문人文'이란 사람의 이치가 갖는 조리와 순서다. 인문을 관찰해서 세상을 교화하여 세상이 그 예교와 풍속을 완성하니, 성인이 꾸민 장식을 사용하는 방도다. 비괘의 모습은 산 아래에 불이 있는 모습을 취했고, 또 괘의 변화를 취하면, 유함이 와서 강함을 꾸미고 강함이 위로 올라가 유함을 꾸민다.

대체로 괘에는 두 괘의 형체의 뜻과 두 괘의 상징으로 이루어진 것이 있으니, 예를 들어 둔屯괘는 험난함 가운데에서 움직인다는 것과 구름과 우레의 상징을 취했고, 송訟괘는 위는 강하고 아래는 험난하다는 것과 하늘과 물이 따로 간다는 상징을 취했다. 한 효가 괘를 이룬 이유를 취한 경우도 있으니, 유함이 지위를 얻어 위와 아래가 호응하는 것을 취한 것을 소축小畜괘라고 하고, 유함이 존귀한 지위를 얻어 크게 중도를 이루어 위와 아래가 호응하는 것을 취한 것을 대유大有괘라고 한다.

또 두 괘의 형체의 뜻과 줄어들고 자라나는 뜻을 취한 경우가 있으니, 우레가 땅속에 있는 것이 복復괘가 되고, 산이 땅에 붙어 있는 것이 박剝괘가 되는 것이 이것이다. 두 괘의 상징을 취하고 아울러 두 효가 교류하여 변한 것으로 뜻을 취한 경우가 있으니, 바람과 우레가 상징하는 익益괘는 위를 덜어 아래를 보태주는 뜻을 아울러 취했고, 산 아래에 연못이 있는 모습을 상징하는 손損괘는 아래를 덜어서 위를 보태주는 뜻을 아울러 취했다. 두 괘의 상징으로 괘를 이룬 것과 다시 효의 뜻을 취한 경우가 있으니, 쾌夬괘의 강함이 유함을 제거하는 것과 구姤괘의 유함이 강함을 만나는 것이 이것이다.

각 요소의 작용으로써 괘를 이룬 경우가 있으니, 물에 들어가 우물에서 물을 퍼 올리는 작용이 우물을 뜻하는 정井괘이고, 나무 위에서 불이 타오르는 작용이 솥을 뜻하는 정鼎괘다. 정괘는 또 괘의 형체 자체가 솥의 모습이다. 형체가 괘의 모습이 되는 경우가 있으니, 산 아래에 우레가 있는 것이 턱의 모습인 이頤괘이고, 턱 안에 사물 있는 것이 서합噬嗑괘인 것이 이런 경우다. 이것이 괘가 이루어진 뜻이다.

예를 들어 "강함이 올라가고 유함이 내려간다"는 말이나 "위를 덜어서 아래를 보태준다"는 말은 강함이 위에 자리하고 유함이 아래에 있는 것이고, 위에서 덜어서 아래에 보태주는 것이니, 괘가 이루어지는 것에 근거하여 말한 것이지, 괘 가운데에서 음양이 올라가고 내려가는 뜻을 취하여 말한 것은 아니다. 예를 들어 송訟괘나 무망無妄괘에서 "강함이 온다"고 한 것이 어찌 위의 괘의 형체로부터 오는 것이겠는가? 유함이 오五의 자리에 있는 것에 대해서 모두 유함이 나아가 위의 자리로 간다고 했으니, 유함은 본래 아랫자리에 있는 것인데 존귀한 지위인 오의 자리에 있다면 이는 나아가 위의 자리로 간 것이지 하체로부터 올라간 것을 말하는 것이 아니다. 괘의 변화는 모두 건괘와 곤괘로부터 왔는데 이전의 유학자들은 이러한 점을 깨닫지 못하고 비賁괘는 본래 태泰괘였다고 말한다. 어찌 건乾괘와 곤坤괘가 중첩되어 태괘를 이루었는데 다시 태괘로부터 변화할 이치가 있겠는가?[7]

비괘의 아래 이離괘는 본래 건괘의 가운데 효가 변화하여 이괘가 된 것이고, 위의 간艮괘는 본래 곤괘의 상효가 변화하여 간괘가 된 것이다. 이괘가 아래의 내괘로 자리했으므로 유함이 온다고 했고, 간괘가 위의 외괘로 자리했으므로 강함이 올라간다고 한 것이지, 아래 괘의 형체로부터 올라간 것은 아니다. 건괘와 곤괘가 변화하여 여섯 자식이 되었고 8괘가 중첩되어 64괘가 되었으니, 이는 모두 건괘와 곤괘의 변화로부터 유래한 것이다.[8]

人文, 人理之倫序. 觀人文以敎化天下, 天下成其禮俗, 乃聖人用賁之道也. 賁之象, 取山下有火, 又取卦變, 柔來文剛, 剛上文柔. 凡卦, 有以二體之義及二象而成者. 如屯取動乎險中, 與雲雷訟取上剛下險與天水違行是也. 有取一爻者, 成卦之由也, 柔得位而上下應之, 曰小畜, 柔得尊位, 大中而上下應之, 曰大有, 是也. 有取二體, 又取消長之義者, 雷在地中復, 山附於地剝, 是也. 有取二象兼取二爻交變爲義者, 風雷益兼取損上益下, 山下有澤損兼取損下益上, 是也. 有旣以二象成卦, 復取爻之義者, 夬之剛決柔, 姤之柔遇剛, 是也. 有以用成卦者, 巽乎水而上水井, 木上有火鼎, 是也. 鼎又以卦形爲象. 有以形爲象者, 山下有雷頤, 頤中有物曰噬嗑, 是也. 此成卦之義也. 如剛上柔下, 損上益下, 謂剛居上, 柔在下, 損於上, 益於下, 據成卦而言, 非謂就卦中升降也. 如訟无妄云剛來, 豈自上體而來也? 凡以柔居五者, 皆云柔進而上行, 柔居下者也, 乃居尊位, 是進而上也, 非謂自下體而上也. 卦之變, 皆自乾坤, 先儒不達, 故謂賁本是泰卦. 豈有乾坤,重而爲泰, 又由泰而變之理? 下離, 本乾中爻變而成離, 上艮, 本坤上爻變而成艮. 離在內, 故云柔來, 艮在上, 故云剛上, 非自下體而上也. 乾坤變而爲六子, 八卦重而爲六十四, 皆由乾坤之變也.

「상전」에서 말했다. 산 아래에 불이 있는 모습이 비괘이니, 군자는 이것을 본받아 여러 정치를 밝히되, 송사를 함부로 판결하지 않는다.

象曰, 山下有火, 賁. 君子, 以明庶政, 無敢折獄.

산은 풀과 나무 등 온갖 것들이 모여 사는 곳이니, 불빛이 그 아래에서 위로 비추면 모든 종류의 것이 모두 밝은 불빛을 받게 되어, 꾸민 장식의 모습이다. 군자는 산 아래에 불이 있어 밝게 비추는 모습을 관찰하여 여러 정치를 신칙하고 밝혀 문명한 정치를 이루되, 송사를 판결함에 있어 지나치게 경솔하지 않게 한다. 송사의 판결은 군주가 매우 신중하게 다루어야 할 사안이니, 어찌 자신의 밝은 지혜만을 자부하면서 경솔하게 제멋대로 사용할 수 있겠는가?

이것이 성인의 마음 씀이니, 그 경계함이 깊다. 상징이 취한 것은 오직 산 아래에 불빛이 있는 것이니, 여러 사물을 밝게 비추고 밝은 지혜를 사용하는 것을 경계로 삼았지만, 장식으로 꾸미는 것에도 원래 송사를 경솔하게 판결하지 않는다는 뜻이 있다. 송사의 판결은 오로지 객관적인 실정을 가지고 판단해야지, 겉으로 꾸민 장식이 있다면 그 실정의 진실을 없애버릴 수 있으므로, 꾸밈을 사용하여 경솔하게 송사를 판단해서는 안 된다.

山者草木百物之所聚生也. 火在其下而上照, 庶類皆被其光明, 爲賁飾之象也. 君子觀山下有火明照之象, 以修明其庶政, 成文明之治, 而无果敢於折獄也. 折獄者, 人君之所致愼也, 豈可恃其明而輕自用乎? 乃聖人之用心也, 爲戒深矣. 象之所取, 唯以山下有火, 明照庶物, 以用明爲戒, 而賁亦自有无敢折獄之義. 折獄者, 專用情實, 有文飾則沒其情矣. 故无敢用文以折獄也.

초구효는 발을 꾸미니, 수레를 버리고 걷는다.

初九, 賁其趾, 舍車而徒.

초구효는 강양剛陽한 자질로 이離괘가 상징하는 현명한 형체에 자리하고 가장 낮은 곳에 처했으니, 군자가 강명剛明한 덕이 있지만 아래의 지위에 있는 것이다. 군자가 지위가 없는 곳에 있어서 세상에 자신의 도를 시행할 기회가 없다면, 오직 스스로 자신의 행위를 꾸미고 장식할 뿐이다. '발'이란 아래의 지위에서 걸어가는 모습을 취한 것이다. 군자가 스스로를 수양하면서 꾸미는 방식은 행위를 바르게 하고 절도를 지키며 마땅한 의리에 따라 처신하여 그 행위가 구차스럽지 않아야 하니, 의리에 비추어 마땅하지 않다면 값비싼 수레일지라도 버리고 차라리 걸어간다. 이런 행위를 군중은 부끄러워하겠지만 군자는 오히려 그것을 자신의 꾸밈으로 생각한다.

수레를 버리고 차라리 걸어간다는 의미는 비응比應의 관계[9]를 취한 것이다. 즉 초구효는 육이효와 나란히 있고[比] 육사효와 호응관계[應]에 있는데, 육사효에 호응하는 것은 올바르지만 육이효와 함께하는 것은 올바르지 못하다. 초구효는 강명한 자질을 가지고 마땅한 의리를 지켜, 가까운 육이효와 함께하지 않고 멀리 있는 육사효와 호응하니, 쉬운 길을 버리고 어려운 길을 따라서 가는 것이 마치 수레를 버리고 차라리 걷는 모습과 같다. 절도와 의리를 지키는 것이 군자의 꾸밈이니, 그래서 군자가 꾸미는 것을 세속 사람들은 부끄럽게 여기고, 세속 사람들이 귀하게 여기는 것을 군자는 천하게 여긴다.[10] 수레와 걷는 것으로 말한 것은 발과 가는 것을 가지고 의미를 삼은 것이다.

初九以剛陽居明體而處下, 君子有剛明之德而在下者也. 君子在无位之地, 無所施於天下, 唯自賁飾其所行而已. 趾取在下而所以行也. 君子修飾之道, 正其所行, 守節處義, 其行不苟, 義或不當, 則舍車輿而寧徒行, 衆人之所羞, 而君子以爲賁也. 舍車而徒之義, 兼於比應取之. 初比二而應四, 應四正也, 與二非正也. 九之剛明守義, 不近與於二而遠應於四, 舍易而從難, 如舍車而徒行也. 守節義, 君子之賁也, 是故君子所賁, 世俗所羞, 世俗所貴, 君子所賤. 以車徒爲言者, 因趾與行爲義也.

「상전」에서 말했다. 수레를 버리고 걷는 것은 의리로 보아 탈 수 없는 것이기 때문이다.

象曰, 舍車而徒, 義弗乘也.

수레를 버리고 걷는 것은 의리상 탈 수 없는 것이다. 초구효는 육사효와 호응관계를 갖는 것이 올바르고 육이효를 따르는 것은 올바르지 않다. 가까운 육이효의 쉬운 길을 버리고 멀리 육사효의 어려운 길을 따르니, 수레를 버리고 걷는다. 군자의 꾸밈은 그 올바른 의리를 지킬 뿐이다.

舍車而徒行者, 於義不可以乘也. 初應四正也, 從二非正也. 近舍二之易, 而從四之難, 舍車而徒行也. 君子之賁, 守其義而已.

육이효는 수염을 꾸민다.

六二, 賁其須.

괘가 비괘가 되는 까닭은 두 효의 변화 때문이지만[11] 문명文明하다는 의미가 중요하다. 육이효는 실제 꾸밈의 주체이므로, 여기서는 주로 꾸밈의 도에 대해서 말했다. 사물을 꾸미는 것은 그 본바탕은 크게 변화시킬 수는 없어서, 그 본바탕을 따라서 꾸밈을 장식하는 것이므로, 수염의 뜻을 취했다. 수염이란[12] 턱을 따라서 움직이는 것이므로 그 움직임과 멈춤이 오직 붙어 있는 턱에 달려 있으니, 선과 악이 꾸민 장식으로부터 말미암지는 않는 것과 같다. 육이효가 문명한 것은 오직 꾸민 장식이 될 뿐이고, 선과 악은 그 본바탕에 달려 있다.

卦之爲賁, 雖由兩爻之變, 而文明之義爲重. 二實賁之主也, 故主言賁之道. 飾於物者, 不能大變其質也, 因其質而加飾耳, 故取須義. 須, 隨頤而動者也, 動止唯係於所附, 猶善惡不由於賁也. 二之文明, 惟爲賁飾, 善惡則係其質也.

「상전」에서 말했다. 수염을 꾸민 것은 위와 함께 시작하는 것이다.

象曰, 賁其須, 與上興也.

수염을 상징으로 삼은 것은 윗사람과 함께 시작하는 것을 말한다.[13] 위의 턱에 따라 움직이니, 움직임과 멈춤이 붙어 있는 것에 달려 있다. 사물에 장식을 가하는 일은 그 본바탕을 따라서 꾸미는 것이니, 선과 악은 그 꾸민 장식이 아니라 그 본바탕에 있다.

以須爲象者, 謂其與上同興也. 隨上而動, 動止惟係所附也. 猶加飾於物, 因其質而賁之, 善惡, 在其質也.

구삼효는 꾸미는 것이 윤택하니, 오래도록 유지하고 올바름을 지키면 길하다.

九三, 賁如濡如, 永貞吉.

구삼효는 문명한 이괘의 끝에 처하여 육이효와 육사효의 두 음효 사이에서 서로 꾸며주니,[14] 꾸밈이 성대한 자이므로 "꾸민다賁如"라고 했다. '여如'란 어조사다. 장식으로 꾸며냄이 성대하여 광채가 윤택하므로 "윤택하다濡如"라고 했다. 빛과 색이 성대하니, 윤택하다. 『시詩』에서 "암사슴과 숫사슴이 살찌고 윤택하다"[15]고 했다. "오래도록 유지하고 올바름을 지키면 길하다"는 것은 구삼효는 육이효 및 육사효와 올바른 호응관계는 아니지만 서로 나란히 놓여 서로 꾸며주고 있으므로, 오래도록 지속하고 올바름을 지켜야 한다고 경계한 것이다.

꾸민다는 것은 장식함이다. 장식으로 꾸미는 일은 오래도록 지속하기가 힘들기 때문에, 오래도록 유지하고 올바름을 지키면 길하다고 했다. 구삼효와 육사효는 서로 꾸며주고, 또 아래로 육이효와 나란히 있으니, 유柔한 두 효가 강한 하나의 효를 꾸며주어 위와 아래가 서로 꾸미고 있으므로 꾸밈이 성대한 것이다.

三處文明之極, 與二四二陰, 間處相賁, 賁之盛者也, 故云賁如. 如, 辭助也. 賁飾之盛, 光彩潤澤, 故云濡如. 光彩之盛, 則潤澤. 詩云, "麀鹿濯濯." 永貞吉, 三與二四非正應, 相比而成相賁, 故戒以常永貞正. 賁者飾也, 賁飾之事, 難乎常也, 故永貞則吉. 三與四相賁, 又下比於二, 二柔文一剛, 上下交賁, 爲賁之盛也.

「상전」에서 말했다. 오래도록 유지하고 올바름을 지켜 길한 모습

은 끝까지 아무도 능멸하지 않는다.

象曰, 永貞之吉, 終莫之陵也.

장식으로 꾸미는 것이 오래도록 지속하지 못하고 또 올바르지 않으면 사람들이 능멸하고 무시하므로, 오래도록 유지하고 올바름을 지키면 길하다고 경계했다. 그 꾸밈이 오래도록 지속하면서 올바르다면 누가 능멸할 수 있겠는가?

飾而不常, 且非正, 人所陵侮也, 故戒能永正則吉也. 其賁旣常而正, 誰能陵之乎.

육사효는 꾸미는 것이 희며, 흰 말이 나는 듯하니, 도적이 아니면 청혼한다.

六四, 賁如皤如, 白馬翰如, 匪寇婚媾.

육사효는 초구효와 올바른 호응관계이니, 서로 꾸며주는 자다. 본래 마땅히 서로 꾸며야 하는데 구삼효에 의해서 막혀 있으므로, 서로 꾸며주지 못하여 무늬가 없이 희다. '파皤'는 흰 것으로, 꾸미지 못한 것이다.[16] '말[馬]'이란 아래에서 움직이는 것이고, 서로 꾸밈을 얻지 못해서 흰 말이라고 했다. 올바른 호응관계를 따르려는 뜻이 날아가는 것과 같으므로, "나는 듯하다"라고 했다. 원수인 구삼효에 의해서 막히지 않았다면, 청혼을 해서 서로 그 친밀함을 이룬다. 자기가 타는 것과 아래에서 움직이는 것은 모두 말로 상징한다. 초구효와 육사효는 올바른 호응관계이므로 결국에는 반드시 친밀함을 이룬다. 단지 처음이 막히게 되었을 뿐이다.

四與初爲正應, 相賁者也. 本當賁如, 而爲三所隔, 故不獲相賁而皤如. 皤, 白也, 未獲賁也. 馬, 在下而動者也, 未獲相賁, 故云白馬. 其從正應之志如飛, 故云翰如. 匪爲九三之寇讎所隔, 則婚媾遂其相親矣. 己之所乘與動於下者, 馬之象也. 初四正應, 終必獲親, 第始爲其間隔耳.

「상전」에서 말했다. 육사효는 당면한 지위가 의심스러우니, 도적이 아니면 청혼하는 모습은 결국에는 원망할 것이 없다.

象曰, 六四, 當位疑也, 匪寇婚媾, 終無尤也.

육사효와 초구효는 서로 멀리 있고 구삼효가 그 사이에서 개입하니, 당면한 위치가 의심스럽다. 비록 원수인 구삼효에 의해서 가로막혀 있어서 혼인할 사람과 친할 수 없지만, 올바른 호응관계라면 이치가 올바르고 의리義理가 우세하여 결국에는 반드시 합치하게 되므로, 결국에는 원망할 것이 없다고 했다. '우尤'라는 말은 원망한다는 것이니, 결국에는 서로 꾸며주게 되므로 원망할 것이 없게 된다.

四與初相遠, 而三介於其間, 是所當之位爲可疑也. 雖爲三寇讎所隔, 未得親於婚媾, 然其正應, 理直義勝, 終必得合, 故云終无尤也. 尤, 怨也, 終得相賁, 故无怨尤也.

육오효는 언덕의 정원에서 꾸미는 것이니, 묶인 비단이 재단되어 있는 듯이 하면 부끄럽지만 결국에는 길하다.

六五, 賁于丘園, 束帛戔戔, 吝, 終吉.

육오효는 음유한 자질로 강양한 현자인 상구효와 은밀하게 관계한다. 음은 양과 친밀하게 지내는 것인데, 지금 관계하고 호응하는 사람이 없어서 호응관계가 아닌 상구효를 따르는 자이므로, 상구효에게서 꾸밈을 받는다. 옛날부터 험난한 시설을 설치하여 나라를 지켰는데, 성채는 구판丘坂을 많이 사용하니, '구丘'란 밖에 있으면서 가깝고 높은 것을 말한다. 정원의 땅은 성읍에서 가장 가까운데, 또한 밖에 있으면서 가깝다. 그래서 언덕의 정원을 뜻하는 '구원丘園'[17]이란 밖에 있으면서 가까운 것을 말하니 상구효를 가리킨다. 육오효는 군주의 지위에 자리하지만 음유한 자질이라서 스스로 지키기에는 역량이 부족하여, 강명한 덕을 지닌 상구효와 서로 친밀하게 관계하면서 뜻을 따르니, 밖에서 친밀하게 관계하는 현자로부터 꾸밈을 얻으므로 "언덕의 정원에서 꾸민다"고 했다.

만약 상구효에게서 꾸밈을 받고, 그의 제재를 받아서 마치 묶어놓은 비단이 재단되어 있는 듯이 행한다면, 그 자질이 유약하여 스스로 정치적 능력을 펼치지 못해서 부끄러움이 조금 있을 수 있지만, 타인을 따라 꾸밈의 공을 이룰 수 있으니 결국에는 길함을 얻는다. '전전戔戔'이란 잘라서 나누어놓은 모습이다. 비단은 사용하지 않으면 둘둘 말아서 묶어놓기 때문에 묶인 비단이라고 했는데, 그것을 재단하여 옷을 만들 때는 반드시 잘라 나누어놓는다. '묶인 비단'은 육오효의 본래적 자질을 비유한 것이고 '전전'이란 타인의 재단을 받아서 그 쓰임을 완성하는 것을 말한다. 타인에게서 도움을 받는 것은 몽蒙괘와 같지만, 몽괘에서는 부끄럽다는 말을 하지 않은 것은 어리석은 어린아이가 타인에게 도움을 의뢰하는 것은 당연하기 때문이다. 그런데 어린아이가 아닌데도 타인에게서 꾸밈을 받는 것은 부끄러울 만하지만, 그 공을 누릴 수 있어서 결국에는 길하다.

六五以陰柔之質, 密比於上九剛陽之賢. 陰比於陽, 復无所係應, 從之者也, 受賁於上九也. 自古設險守國, 故城壘多依丘坂, 丘謂在外而近且高者. 園圃之地, 最近城邑, 亦在外而近者. 丘園謂在外而近者, 指上九也. 六五雖居君位, 而陰柔之才, 不足自守, 與上之剛陽相比而志從焉, 獲賁於外比之賢, 賁于丘園也. 若能受賁於上九, 受其裁制, 如束帛而戔戔, 則雖其柔弱, 不能自爲, 爲可吝少, 然能從於人, 成賁之功, 終獲其吉也. 戔戔, 翦裁分裂之狀. 帛未用則束之, 故謂之束帛, 及其制爲衣服, 必翦裁分裂戔戔然. 束帛喩六五本質, 戔戔謂受人翦製而成用也. 其資於人, 與蒙同, 而蒙不言吝者, 蓋童蒙而賴於人, 乃其宜也, 非童幼而資賁於人爲可吝耳, 然享其功, 終爲吉也.

「상전」에서 말했다. 육오효의 길함은 기쁨이 있다.

象曰, 六五之吉, 有喜也.

타인을 따라 꾸밈의 공을 이루어 길함과 아름다움을 누릴 수 있으니, 이것이 기쁨이 있는 것이다.

能從人以成賁之功, 享其吉美, 是有喜也.

상구효는 꾸밈을 희게 하면 허물이 없다.

上九, 白賁, 無咎.

상구효는 꾸밈의 끝이다. 꾸며 장식함이 극에 이르러 과도하면, 지나친 화려함과 거짓된 꾸밈에 빠질 수 있다. 오직 꾸밈을 질박하게 한다면 그러한 과도한 실수의 허물이 없다. '백白'이란 바탕을 말한다. 질박한 바탕을 좋아하면, 그 본바탕의 진실을 잃지 않는다. 질박한 바탕을 좋아한다는 말은 꾸밈이 없는 것이 아니라, 과도한 화려함이 본바탕의 진실을 없애지 않게 하는 것이다.

上九, 賁之極也. 賁飾之極, 則失於華僞. 惟能質白其賁, 則无過失之咎. 白, 素也. 尙質素, 則不失其本眞. 所謂尙質素者, 非无飾也, 不使華沒實耳.

「상전」에서 말했다. 꾸밈을 희게 하면 허물이 없는 것은 위에서 뜻을 얻었기 때문이다.

象曰, 白賁無咎, 上得志.

"꾸밈을 희게 하면 허물이 없다"는 것은 상구효가 가장 위에 있으면서도 뜻을 얻었기 때문이다. 상구효는 가장 높은 자리에 있으면서 유약한 사람을 꾸며주어 꾸밈의 공을 이루고, 육오효의 군주가 또 그 꾸밈을 받기 때문에 비록 정치적 지위가 없는 자리에 있지만 실제로 꾸미는 공을 주도하여 뜻을 얻은 것이다. 다른 괘에서 가장 끝의 자리에 있는 것과는 다르다. 가장 높은 자리에서 뜻을 얻고 꾸밈의 극한에 처하였으니, 과도한 화려함과 거짓된 꾸밈에 빠져 본바탕의 진실을 잃는 허물이 있을 수 있으므로, 질박한 바탕을 좋아하면 허물이 없다고 경계한 것이다. 꾸밈이 과도하게 되어서는 안 된다.

白賁无咎, 以其在上而得志也. 上九爲得志者, 在上而文柔成賁之功, 六五之君, 又受其賁, 故雖居无位之地, 而實尸賁之功爲得志也. 與他卦居極者異矣. 旣在上而得志, 處賁之極, 將有華僞失實之咎, 故戒以質素則无咎, 飾不可過也.

---

1 "선왕이 예를 세우는 데에 근본이 있고 꾸밈이 있다. 충심과 신뢰는 예의 근본이고, 의義와 이理는 예의 꾸밈이다. 근본이 없다면 예를 세울 수 없고, 꾸밈이 없다면 예를 실행할 수 없다先王之立禮也, 有本有文, 忠信禮之本也, 義理禮之文也, 無本不立, 無文不行(『예기』「예기禮器」)." 또 공영달은 이렇게 말한다. "충심이란 안으로 마음에서 진심을 다한다는 것이므로 타인과 원한이 없고, 신뢰란 밖으로 타인을 속이지 않는 것이므로 타인과 서로 조화된다. 예란 충심과 신뢰를 근본으로 하지만 또한 반드시 의義와 이理를 가지고 꾸미고 장식해야 합리적이고 마땅함을 얻으니, 이것이 꾸밈이다. 충심과 꾸밈이 없다면 예를 세울 수 없고, 꾸밈이 없다면 예를 실행할 수 없다忠者, 內盡於心也, 信者, 外不欺於物也, 內盡於心, 故與物無怨, 外不欺物, 故與物相諧也. 禮雖用忠信爲本, 而又須義理爲文飾, 得理合宜, 是其文也. 無忠信則禮不立, 行禮若不合宜得理則禮不行也."

2 작은 이로움일 수밖에 없다: 정이천은 문식 자체가 근본적인 것을 바꾸는 것이 아니기 때문에 조금 이롭다는 논리를 펴지만 호원은 "소리유유왕小利有攸往"을 정이천과 다르게 해석한다. "천하를 다스리는 데에는 반드시 현명한 자질이 있고 중정의 위치에 처해야만, 다스림을 일으켜서 일들을 세울 수 있다. 지금 비괘의 상구효는 양陽으로 한 괘의 가장 높은 곳에 자리하여 지위가 없는 위치다. 이것은 큰 일을 할 수 없는 것이므로 나아가는 데에 조금 이롭다夫治天下, 必有賢明之才, 處中正之位, 乃能興治立事. 今賁之上九, 以陽居一卦之上, 在无位之地. 是不能大有所爲, 故小利有攸往而已."

3 유함이 와서 강함을 꾸며주므로 형통하다: 호원이 이 구절을 해석하는 내용은 구체적이므로 참조할 만하다. "나라를 다스리는 도는 오로지 강剛함만 사용해서는 안 되니, 오로지 강하기만 하면 폭력이 되고, 오로지 유柔함만 사용해서도 안 되니, 오로지 유하기만 하면 나약해진다. 강함과 유함이 서로 도운 뒤에야 다스리는 도가 완성될 수 있다. 왜 그러한가? 전쟁은 깔보는 적들을 제어할 수 있지만 오래 즐길 수는 없고, 형벌은 간사함을 제지할 수 있지만 그것만 홀로 사용할 수 없다. 반드시 인의와 예악과 문장과 교화로 꾸미면 천하는 크게 소통한다夫治國之道, 不可專于剛, 剛則暴, 不可專于柔, 柔則懦. 剛柔相濟, 然後治道可成. 何則兵革所以禦侮而不可久玩, 刑罰所以止姦而不可獨用. 必有仁義禮樂文章教化以文飾之, 則天下大通矣."

4 문명한 덕에 처한다: 주희는 '멈춘다'는 것을 "각각 자신의 본분을 얻는다各得其分"라고 푼다. 잠재 호씨潛齋胡氏는 이를 이렇게 설명한다. "군주와 신하, 아버지와 아들, 남편과 아내, 친구들 사이는 분명하게 예가 있어서 서로 교제하는 것이 문명文明한 덕이다. 분명하게 각각의 본분이 있어서 서로 그것을 지키는 것이 문의 멈춤이다. 이것이 괘에서 이괘의 밝음이고 간괘의 그침이다君臣父子兄弟夫婦朋友, 粲然有禮以相接者, 文之明也, 截然有分以相守者, 文之止也. 是則卦中離明而艮止者也(『주역전의대전』)." 문명文明에 대해서는 「범례」 5번 문명文明 항목 참조.

5 대대待對: 짝이 되어 의지하는 것을 의미한다. 즉 상생相生하면서도 상극相剋하는 관계다.

6 살리고 또 살리려는 근본이다: 끊임없이 생성이 이루어지며 변화가 일어나는 것을 의미하니, 그것이 바로 역易이다. "한번 음하고 한번 양하는 것을 도라고 한다. 그것을 잇는 것이 선이고 그것을 이루는 것이 성性이다. 인자는 그것을 보고 인仁이라 하고, 지자는 그것을 지知라고 하지만 일반 백성은 매일 그것을 사용하면서도 알지 못하므로, 군자의 도가 드물다. 인에서 드러나지만, 작용 속에서 감추어져서, 만물을 고무하지만 성인과 함께 근심하지는 않으니, 그 성대한 덕과 위대한 일들은 지극하구나! 풍부하게 소유한 것이 위대한 일이고, 매일 새롭게 하는 것이 성대한 덕이다. 끊임없이 살리고 또 살리려는 것이 역易이며, 그 모습을 이룬 것이 건乾이고, 그 모범을 본받는 것이 곤坤이며, 수數를 극진하게 하여 다가올 일을 아는 것이 점占이며, 변통하는 것이 사업이고, 음양을 예측할 수 없는 것이 신神이다一陰一陽之謂道. 繼之者善也, 成之者性也. 仁者見之謂之仁, 知者見之謂之知, 百姓日用而不知, 故君子之道鮮矣. 顯諸仁, 藏諸用, 鼓萬物而不與聖人同憂, 盛德大業至矣哉! 富有之謂大業, 日新之謂盛德. 生生之謂易, 成象之謂乾, 效法之謂坤, 極數知來之謂占, 通變之謂事, 陰陽不測之謂神(『역』「계사상」)."

7 호원도 태괘로부터 비괘가 이루어졌다고 설명하고 있다.

8 여기서 괘를 이해하는 정이천의 방식을 엿볼 수 있다. 정이천은 64괘가 모두 건乾☰과 곤坤☷이 변해서 이루어졌다고 본다. 그러므로 건괘와 곤괘를 뺀 62괘는 건이라는 강건한 힘과 곤이라는 유순한 힘이 만들어내는 양태이며, 천과 지 그리고 음과 양이 착종된 변화다. 이는 이전의 유학자들과는 다른 태도인데, 특히 소강절처럼 음과 양을 하나씩 중첩시켜서 가일배법加一倍法으로 태극에서 양의, 양의에서 사상, 사상에서 8괘, 8괘에서 16괘, 16괘에서 32괘, 32괘에서 64괘로 형성하는 설명 방식과 다르다. 그러나 주희는 이러한 정이천의 이해 방식을 비판하면서 소강절의 공로를 더 인정하고 있다. "곧 이러한 부분의 설명이 막힌다. 또 『정전程傳』의 비괘賁卦에서 말하기를 '어찌 건乾괘와 곤坤괘가 중첩되어 태泰괘를 이루었는데 다시 태괘로부터 변화하여 비괘가 될 이치가 있겠는가?' 했다. 만약 그 말이 옳다면 이른바 '건乾·곤坤이 변하여 육자六子가 되었다'는 것과 '8괘가 중첩하여 64괘가 되었다'는 것이 모두 건乾·곤坤으로 말미암아 변한 것일 테니, 그 말은 통할 수 없다. 괘가 있다면 모두 함께 있는 것이니, 한 획으로부터 2가 되고 2에서 4가 되고 4에서 8이 되어 8괘가 이루어지고, 8에서 16이 되고 16에서 32가 되고 32에서 64가 되어 중괘重卦가 갖추어졌다. 그러므로 8괘가 있으면 64괘가 함께 있는 것이니, 이는 강절康節의 이른바 선천先天이라는 것이다. (…) 이로써 강절이 선천先天·후천後天을 말한 것이 가장 공功이 있음을 알 수 있다朱子曰, 便是此處說得有. 且程傳賁卦所云, 豈有乾坤重而爲泰, 又自泰而變爲賁之理? 若其說果然, 則

所謂乾坤變而爲六子, 八卦重而爲六十四, 皆由乾坤而變者, 其說不得而通矣. 蓋有則俱有, 自一而二, 二而四, 四而八而八卦成, 八而十六, 十六而三十二, 三十二而六十四而重卦備. 故有八卦則有六十四矣, 此康節所謂先天者也. (…) 凡今易中所言, 皆是後天之易耳. 以此見得康節先天後天之說, 最爲有功(『주역전의대전』「범례·괘변도」)."

9 비응比應의 관계: 「범례」 7번 응비應比와 승승承乘 항목 참조.

10 세속 사람들이 귀하게 여기는 것을 군자는 천하게 여긴다: 귀하게 여기고 천하게 여기는 것이 아니라 귀한 것이라도 마땅하지 않으면 버리고 천한 것일지라도 마땅하다면 취하는 것이다. 호원은 이렇게 설명한다. "군자는 도의道義로 자신을 꾸미므로 수레가 매우 귀한 것이지만 마땅한 의리에 비추어 볼 때 타는 것이 부당하다면 버리고, 걷는 것은 매우 천한 것이지만 마땅한 의리에 비추어 볼 때 걷는 것이 마땅하다면 따라서 걷는다. 이 걷고 멈추는 것이 모두 오직 마땅한 의리에 있을 뿐이다君子之人, 能以道義飾于身, 故車雖至貴, 若義不當乘, 則舍之, 徒雖至賤, 若義當行, 則從而行之. 是所行所止, 皆惟義之所在也."

11 두 효의 변화 때문이지만: 정이천이 설명했듯이 아래 괘의 형체는 본래 건괘인데 위 곤괘 가장 위의 음효가 와서 그 가운데를 꾸며주어 이괘가 되었고, 위 괘의 형체는 본래 곤괘인데 아래 곤괘의 가운데 양효가 가서 가장 위를 꾸며주어 간괘가 되었다는 말이니, 음효와 양효가 서로 가고 오는 변화를 말한다.

12 수염이란: 정이천은 육이효가 꾸밈의 도를 전체적으로 설명하는 것으로 해석하지만, 호원은 그렇게 보지 않는다. 그래서 '수須'를 수염으로 해석하지 않는다. "'수須'란 기다리는 것이다. 군자의 나아감은 조급해서는 안 되니, 반드시 그 때를 기다리고 군주다운 군주가 있다면 나아가 자신의 도를 행하니, 결연하게 얽매이는 바가 없다. 지금 육이효는 위로 올바른 호응관계가 없으니, 이는 아직 나아갈 수 없는 때다. 반드시 물러나 때를 기다린 후에 나아갈 만하면 나아가므로 단지 도의道義로 자신을 꾸미고 장식할 뿐이다須者, 待也. 夫君子之進, 不可以躁, 必待其時, 有其君, 往而可以行己之道, 則決然而進无累矣. 今六二之爻, 上无正應, 是未可以往, 必退而待其時候, 可進而進之, 故但以道義賁飾其身."

13 윗사람과 함께 시작하는 것을 말한다: 호원의 설명에서는 윗사람이나 동지와 함께 사업을 일으키는 것을 말한다. "조정에 있을 때에는 그 현자와 친하여 그 다스림을 함께 이루고, 친구 사이에도 지혜로운 사람과 함께할 수 있어서 그 사업을 이룰 수 있는 자다居朝廷之間, 親其賢而共成其治, 朋友之間, 亦能比其賢而能成其事業者也."

14 육이효와 육사효 두 음효 사이에서 서로 꾸며주니: 정이천은 육이효와 육사효 사이에 있는 구삼효의 상황에 주목하지만 호원은 육이효와 연관해서 해석하고 있다. "육이효는 올바른 호응관계가 없어서 나아갈 수가 없으므로 자신을 꾸며서 때를 기다리니, 구삼효도 위로 올바른 호응관계가 없어서 나아갈 수가 없다. 그러므로 육이효와 같은 뜻을 가지고 서로 꾸며주고 윤택하게 해주면서 때를 기다리면 조정에 나아가 군주를 보좌하여 세상의 다스림을 이룬다夫六二, 以无正應, 未可以進, 故賁飾其身以須其時, 而九三亦, 上无正應, 亦未可進. 故與六二同志, 交相文飾, 交相濡潤, 候其時, 則進于朝, 輔其君, 以贊成天下之治也."

15 『시』「대아大雅·문왕지십文王之什·영대靈臺」.

16 꾸미지 못한 것이다: 호원의 해석은 다르다. '파皤'를 결백潔白한 모습으로 푼다. "육사효는 음으로 음의 위치에 자리하고, 올바른 지위를 얻고 정도를 행하니, 오상의 도로 그 몸을 꾸미고 그 행위를 닦고 그 뜻을 결백하게 하여 군자의 덕으로 완성하여 조금의 흠결도 없게 할 수 있다. 그러므로 '꾸미는 것이 결백하다'고 했다 六四以陰居陰, 履得正位, 而行得正道, 能以五常之道, 飾其身, 修其行, 潔白其志, 使君子之德成而无有玷缺也. 故曰賁如皤如."

17 구원丘園: 호원의 해석은 정이천과 다르다. "구원이란 돈실한 곳을 말하니 농사에 힘쓰고 근본을 중시하는 것과 같다. 육오효는 유중柔中의 덕을 쥐고 지극히 존귀한 지위에 자리하니 꾸밈의 주체다. 초구효는 발꿈치를 꾸미고 육이효는 때를 기다려 몸을 꾸미지만 여기에 이르러 꾸미는 것을 끝마쳤으니, 다시 화려한 장식에 힘쓸 필요가 없고 오히려 돈실한 것을 꾸며서 천하가 근본을 알아서 농사일에 힘쓰도록 해야 한다丘園謂敦實之地, 若務農重本之類也. 六五秉柔中之德, 居至尊之位而爲賁之主. 在初九則賁飾其趾, 二又能待時而飾身, 至此則是賁飾已至, 即不可更務文華而反賁飾于敦實之地, 使天下知其本而務于農桑之事."

23. 깎임, 소멸: 박剝괘䷖

산지박山地剝으로 읽는다. 괘의 모습이 간艮☶괘가 위에 있고 곤坤☷괘가 아래에 있기 때문이다.

박剝괘에 대해서 「서괘전」은 이렇게 설명한다. "비賁란 꾸미는 것이니, 어떤 것이든 꾸민 뒤에 형통하게 되면 꾸민 것의 효과는 다하므로, 박괘로 받았다." 사물은 꾸미고 장식하면 매우 형통하게 되지만, 형통함이 극한에 이르면 반드시 반대로 전환되므로, 꾸미는 것이 끝나면 꾸밈이 퇴색되어 없어지니 소멸이다. 괘의 모습은 다섯 개의 음효와 하나의 양효로 이루어졌는데, 음이 아래에서부터 생겨나 점차로 자라서 극성한 형세로 발전하여 여러 음이 양을 없애버리므로 소멸이다. 두 괘의 형체로 말하자면 간艮괘가 상징하는 산이 곤坤괘가 상징하는 땅에 붙어 있다. 산은 원래 땅 위에 높이 솟아 있는 것인데, 오히려 땅에 붙어 있으니, 산이 무너져 내린 모습이다.

剝, 序卦, "賁者, 飾也, 致飾然後亨則盡矣, 故受之以剝." 夫物至於文飾, 亨之極也, 極則必反, 故賁終則剝也. 卦五陰而一陽, 陰始自下生, 漸長至於盛極, 群陰消剝於陽, 故爲剝也. 以二體言之, 山附於地. 山高起地上, 而反附著於地, 頹剝之象也.

깎아 없애버리는 때이므로 함부로 나아가면 이롭지 않다.

剝, 不利有攸往.

소멸은 여러 음이 자라 성대해져서, 양을 깎아 없애버리는 때다. 여러 소인이 군자를 깎아 없애버리므로 군자가 함부로 행동하는 것은 이롭지 않고, 오직 말을 조심스럽게 하고 자취를 감추어, 때에 따라서 나아가고 물러나 소인들이 입히는 해로움을 피해야 한다.

剝者, 群陰長盛, 消剝於陽之時. 衆小人剝喪於君子, 故君子不利有所往, 唯當巽言晦迹, 隨時消息, 以免小人之害也.

「단전」에서 말했다. 박이란 소멸하는 것이니, 유함이 강함을 변화시킨다. "함부로 나아가는 것은 이롭지 않다"는 것은 소인의 세력이 자라나기 때문이다.

彖曰, 剝, 剝也, 柔變剛也. 不利有攸往, 小人, 長也.

"박이란 소멸하는 것이다"라는 말은 깎아 없앤다는 말이다. "유함이 강함을 변화시킨다"는 것은 유함이 자라서 강함이 변한다는 말이다. 하지夏至에 하나의 음이 생겨나 점차로 자라니, 하나의 음이 자라면 하나의 양이 소멸되어 술월戌月(9월)에 극한에 이르러 박괘가 된다.[1] 이것이 음유함이 강양함을 변화시키는 것이다. 음은 소인의 도인데 자라서 성대해지면 양을 깎아 없애므로, 군자가 함부로 행동하면 이롭지 않다.

剝, 剝也, 謂剝落也. 柔變剛也, 柔長而剛變也. 夏至一陰生而漸長, 一陰長則一陽消, 至於建戌, 則極而成剝, 是陰柔變剛陽也. 陰, 小人之道方長盛, 而剝消於陽, 故君子不利有所往也.

때에 따라서 적절하게 멈추는 것은 박괘의 모습을 관찰했기 때문이다. 군자가 자라남과 줄어듦, 가득 참과 텅 빔의 과정을 중요시하는 것은 하늘의 운행이기 때문이다.

順而止之, 觀象也, 君子尙消息盈虛, 天行也.

군자가 소멸의 때에 처하여 함부로 행동하는 것이 이롭지 않다는 점을 안다면 때를 따르면서 행동을 적절하게 멈추니, 이것은 박괘의 모습을 관찰한 것이다.[2] 괘에는 때를 따르는 모습과 적절하게 멈추는 모습이 있으니, 이것이 소인들이 군자를 소멸시키려는 때에 대처하는 방도이므로 군자는 그것을 잘 관찰하여 체득해야만 한다. "군자가 자라남과 줄어듦, 가득 참과 텅 빔의 과정을 중요시하는 것은 하늘의 운행이기 때문이다"라는 말은 군자는 자라나고 줄어들며 가득 차고 텅 비는 과정의 이치를 명심하고 그것에 따를 수 있으니, 그것이 곧 하늘의 운행에 부합한다는 말이다. 이치에는 줄어들어 없어지는 경우도 있고, 번성하여 자라나는 경우도 있고, 가득 차는 경우도 있고, 텅 비는 경우도 있으니, 그것에 순행하면 길하고, 그것에 역행하면 흉하다. 군자가 때를 따라서 하늘의 이치에 부합하도록 성실하게 행하는 것이 바로 하늘을 섬기는 것[3]이다.

君子當剝之時, 知不可有所往, 順時而止, 乃能觀剝之象也. 卦有順止之象, 乃處剝之道, 君子當觀而體之. 君子尙消息盈虛, 天行也, 君子存心消息盈虛之理而能順之, 乃合乎天行也. 理有消衰, 有息長, 有盈滿, 有虛損, 順之則吉, 逆之則凶, 君子隨時敦尙, 所以事天也.

「상전」에서 말했다. 산이 땅에 붙어 있는 것이 박괘의 모습이니, 윗사람은 그것을 본받아 아래를 두텁게 하고 집을 안정시킨다.

象曰, 山附於地, 剝, 上以厚下安宅.

간괘가 곤괘에 중첩되어 있으니, 간괘가 상징하는 산이 곤괘가 상징하는 땅에 붙어버린 모습이다. 산은 땅보다 높이 솟아 있는 것인데 도리어 땅에 붙어 있으니, 무너져 내린 모습을 상징한다. '윗사람'이란 군주와 백성 위에 자리한 사람을 말하니, 박괘의 모습을 관찰하여 그 아래를 두텁고 견고하게 해서 그 거처를 안정시킨다. '아래'란 위의 근본이니, 토대의 뿌리가 견고한데 그것을 무너뜨릴 수 있는 경우는 없다.

그래서 위가 무너지는 것은 반드시 아래부터 시작되니, 아래가 깎이면 위가 위태롭다. 백성 위에 있는 자가 이러한 이치를 안다면 아래에 있는 백성을 안정시키고 길러서 그 근본을 두텁게 할 것이니,[4] 이는 곧 자신의 거처를 안정시키는 것이다. 『서』에서 "백성은 나라의 근본이니, 근본이 견고하면 나라가 편안하다"[5]고 했다.

艮重於坤, 山附於地也. 山高起於地, 而反附著於地, 圮剝之象也. 上, 謂人君與居人上者, 觀剝之象而厚固其下, 以安其居也. 下者, 上之本, 未有基本固而能剝者也. 故上之剝必自下, 下剝則上危矣. 爲人上者, 知理之如是,則安養人民, 以厚其本, 乃所以安其居也. 書曰, "民惟邦本, 本固邦寧."

초구효는 침상을 깎되 다리로부터 하니, 올바름을 없애서 흉하다.

初九, 剝牀以足, 蔑貞凶.

음이 양을 깎아 없애버리는 것이 아래로부터 올라간다. 침상으로 상징한 것은 몸이 처한 곳을 취한 것이다. 아래로부터 깎여서 점차로 몸에 이른다. "침상을 깎되 다리로부터 한다"는 말은 침상의 다리를 깎는 것이다. 깎이는 것이 아래로부터 시작하므로, 침상의 다리가 된다. 음은 아래로부터 나아가 점차로 곧은 올바름을 소멸시키니,[6] 흉한 도다. '멸蔑'이란 없앤다는 뜻으로, 정도正道를 소멸시킨다는 말이다. 음이 양을 깎아 없애고 유함이 강함을 변화시킨다. 이는 올바르지 않은 것이 올바른 것을 침범하고 소인이 군자를 소멸시키는 것이니,[7] 그 흉함을 알 수 있다.

陰之剝陽, 自下而上. 以牀爲象者, 取身之所處也. 自下而剝, 漸至於身也. 剝牀以足, 剝牀之足也. 剝始自下, 故爲剝足. 陰自下進, 漸消蔑於貞正, 凶之道也. 蔑, 无也, 謂消亡於正道也. 陰剝陽, 柔變剛, 是邪侵正, 小人消君子, 其凶可知.

「상전」에서 말했다. 침상을 깎되 다리로부터 하는 것은 아래로부터 없애는 것이다.

象曰, 剝牀以足, 以滅下也.

침상의 다리를 취하여 상징한 것은 음이 아래에서 양을 침범하여 없애버리기 때문이다. '멸滅'이란 없앤다는 것이다. 정도를 침해하여 없애면서 아래로부터 올라가는 것이다.

取牀足爲象者, 以陰侵沒陽於下也. 滅, 沒也. 侵滅正道, 自下而上也.

육이효는 침상을 깎아 침상의 뼈대까지 이르니, 올바름을 없애서 흉하다.

六二, 剝牀以辨, 蔑貞凶.

'변辨'이란 침상의 위와 아래를 나누어 막는 것으로서 침상의 뼈대다. 음이 점차로 위로 깎으며 나아감이 위와 아래가 나뉘는 지점에까지 이르러[8] 더욱더 정도를 없애니, 그 흉함이 한층 심하다.

辨, 分隔上下者, 牀之幹也. 陰漸進而上剝至於辨, 愈蔑於正也, 凶益甚矣.

「상전」에서 말했다. 침상을 깎아 침상의 뼈대까지 이른 것은 함께하는 사람이 없기 때문이다.

象曰, 剝牀以辨, 未有與也.

음이 양을 침범하여 없애고 더욱더 성대해져서, 침상의 위와 아래가 나뉘는 지점을 깎아 없애는 지경에까지 이른 것은 양에 호응하여 도와주는 자가 없기 때문이다. 소인이 군자를 침해하여 없앨 때, 군자에게 호응하여 도와주는 자가 있다면 소인을 이기므로 해칠 수가 없을 텐데, 오직 도와주는 사람이 없기 때문에 피해를 당하여 흉한 것이다. 깎아 없애버리는 때에 도와주는 동지가 없다면 어떻게 스스로 보존할 수 있겠는가? "함께하는 사람이 없다"고 한 것은 깎아 없애버리는 형세가 성대하지 않을 때, 함께하여 도와주는 사람이 있다면 이길 수 있기 때문이니, 사람들에게 보여준 뜻이 깊다.

陰之侵剝於陽, 得以益盛, 至於剝辨者, 以陽未有應與故也. 小人侵剝君子, 若君子有與, 則可以勝小人, 不能爲害矣, 唯其无與, 所以被蔑而凶. 當消剝之時而无徒與, 豈能自存也? 言未有與, 剝之未盛, 有與猶可勝也, 示人之意深矣.

육삼효는 깎아 없애는 때에 허물이 없다.

六三, 剝之無咎.

여러 음효가 양효를 깎아 없앨 때 육삼효만이 강한 위치에 자리하여 강한 사람과 호응을 이루니, 위와 아래의 음효들과 차이가 있다. 육삼효의 뜻은 정도를 따르니, 소멸의 때에 허물이 없는 자다. 어떤 사람은 이렇게 묻는다. "육삼효의 행위는 선善하다고 말할 만한데, 길하다고 말하지 않은 이유는 무엇인가?" 이렇게 대답하겠다. 여러 음효가 양효를 깎아 없애고 여러 소인이 군자에게 피해를 주니, 육삼효가 정도를 따르려고 해도 그 세력이 고립되어 미약하고, 호응하는 사람이 정치적 지위가 없는 위치에 자리하고 있으니, 이러한 때에는 화를 면하기도 어려운데 어떻게 길하겠는가? 그 마땅한 의리는 허물이 없는 행동을 취할 뿐이다. 허물이 없다고 말한 것은 선한 행동을 권면하려는 것이다.

衆陰剝陽之時, 而三獨居剛應剛, 與上下之陰異矣. 志從於正, 在剝之時, 爲无咎者也. 三之爲, 可謂善矣, 不言吉, 何也? 曰, 方群陰剝陽, 衆小人害君子, 三雖從正, 其勢孤弱, 所應在无位之地, 於斯時也, 難乎免矣, 安得吉也? 其義爲无咎耳. 言其无咎, 所以勸也.

「상전」에서 말했다. 깎아 없애는 때에 허물이 없는 것은 위아래의 여러 음과 다르기 때문이다.

象曰, 剝之無咎, 失上下也.

육삼효가 소멸의 때에 자리하지만 허물이 없는 것은 그 처신이 위와 아래의 여러 음효와 다르기 때문이니, 그 같은 부류들과 서로 잃는다. 소멸의 때에 처신하는 방도에 허물이 없는 것이니, 예를 들어 후한의 여강呂強[9]과 같은 경우가 그러하다.

三居剝而无咎者, 其所處與上下諸陰不同, 是與其同類相失, 於處剝之道爲无咎, 如東漢之呂強是也.

육사효는 침상을 깎아 피부에까지 이르니, 흉하다.

六四, 剝牀以膚, 凶.

침상의 다리를 깎아 없애기 시작해서 점차 잠자는 사람의 피부에까지 이르렀다. 피부는 몸 밖이지만 장차 그 몸을 없애버리게 될 것이므로, 그 흉함을 알 수 있다. 음이 자라나 성대해지고 양이 깎여 없어지는 것이 더욱 심하여 정도正道가 사라지게 되므로, 육이효와 같이 다시 "올바름을 없앤다"고 말하지 않고 곧바로 흉하다고 했다.

始剝於牀足, 漸至於膚. 膚, 身之外也, 將滅其身矣, 其凶可知. 陰長已盛, 陽剝已甚, 貞道已消, 故更不言蔑貞, 直言凶也.

「상전」에서 말했다. 침상을 깎아 피부에까지 이른 것은 재앙이 매우 가까운 것이다.

象曰, 剝牀以膚, 切近災也.

육오효가 군주의 지위인데 깎여 없어짐이 육사효까지 이르렀으니, 사람으로 치면 피부를 깎는 것이다. 깎여 없어지는 것이 피부에까지 미쳐서 몸이 거의 망하는 데에 이르렀으니, 재앙이 매우 가까운 것이다.

五爲君位, 剝已及四, 在人則剝其膚矣. 剝及其膚, 身垂於亡矣, 切近於災禍也.

육오효는 물고기를 꿰듯이 하여 궁인宮人이 총애를 받듯이 하면 이롭지 않음이 없다.

六五, 貫魚, 以宮人寵, 無不利.

깎여 없어지는 것이 군주의 지위에까지 이른 것은 소멸의 극한이니, 그 흉함을 알 수 있으므로 깎아 없앤다고 하지 않고 따로 뜻을 세워 소인이 개과천선할 수 있는 길을 열어주었다. 육오효는 여러 음효의 주인이다. 물고기는 음陰의 사물이므로, 상징으로 삼았다.

육오효는 여러 음효가 순종하여 질서를 이루기를 마치 물고기를 꿰듯이 할 수 있지만, 도리어 위의 양효인 상구효에게 총애를 얻기를 궁인들처럼 한다면,[10] 이롭지 않음이 없다. '궁인'이란 궁중의 사람들이니, 처와 첩 그리고 시중을 드는 자를 말한다. 음으로 말하여 총애를 얻는 뜻을 취했으니, 하나의 양효가 위에 있어서 여러 음효가 순종하는 도리가 있으므로, 이러한 의미를 말한 것이다.

剝及君位, 剝之極也, 其凶可知, 故更不言剝, 而別設義以開小人遷善之門. 五, 群陰之主也. 魚, 陰物, 故以爲象. 五能使群陰順序, 如貫魚然, 反獲寵愛於在上之陽如宮人, 則无所不利也. 宮人, 宮中之人, 妻妾侍使也. 以陰言, 且取獲寵愛之義, 以一陽在上, 衆陰有順從之道, 故發此義.

「상전」에서 말했다. 궁인들이 총애를 받듯이 하는 것은 결국에는 허물이 없다.

象曰, 以宮人寵, 終無尤也.

여러 음효가 양효를 깎아 없애버리는 것이 극한에 이르렀으니, 육오효가 여러 음효를 통솔하여 머리를 나란히 하듯이 이치를 따르고 질서를 이루게 하여, 도리어 양효에게서 총애를 얻는다면 결국에는 허물이 없게 된다. 소멸의 때가 끝나려고 하므로 이러한 의미를 말했으니, 성인이 개과천선하기를 권면하는 뜻이 매우 깊고도 간절하다.

群陰消剝於陽, 以至於極, 六五若能長率群陰, 騈首順序, 反獲寵愛於陽, 則終无過尤也. 於剝之將終, 復發此義, 聖人勸遷善之意, 深切之至也.

상구효는 큰 과실은 먹히지 않는 것이니, 군자는 수레를 얻고 소인은 그의 집을 없앤다.

上九, 碩果不食, 君子得輿, 小人剝廬.

여러 양이 깎여 거의 다 소멸되었으나 오직 상구효 한 효만이 여전히 생존해 있으니, 마치 거대한 열매가 먹히지 않는 것과 같아서 다시 소생할 이치를 본다. 상구효 역시 변한다면, 순전한 음이 된다. 그러나 양이 다 없어질 이치는 없으니, 위에서 변하면 아래에서 소생하여 조금의 멈춤도 허용될 수 있는 틈이 없다. 성인이 이러한 이치를 분명하게 말하여 양과 군자의 도는 소멸될 수 없음을 드러내었다.

어떤 사람은 이렇게 묻는다. "깎여 소멸되는 것이 다했다면 모두 음효로 이루어진 곤괘가 되니, 어떻게 양이 다시 있을 수 있는가?" 이렇게 대답하겠다. 괘를 달에 배당하면 곤괘는 10월에 해당한다. 기운이 줄어들고 자라나는 과정으로 말한다면 양이 모두 깎이면 곤괘☷가 되고, 양이 아래에서 오면 복괘☷가 된다. 양이 모두 사라지지는 않으니, 깎여 소멸되는 것이 위에서 모두 다하면 다시 아래에서 소생한다. 그래서 10월을 양陽의 달이라고 하니, 이는 양이 없다는 의심을 걱정했기 때문이다. 음陰 역시 모두 소멸되는 경우는 없으니, 성인이 말하지 않았을 뿐이다. 음의 도가 극도로 성대해질 때 그 혼란함을 알 수 있다.

그러나 혼란이 극한에 이르면 저절로 마땅히 다스려 질서를 이루어야 한다고 생각하므로, 군중들의 마음은 혼란을 다스릴 군자를 모시기를 원하니, "군자가 수레를 얻는다"고 했다. 『시』의 '비풍匪風'과 '하천下泉'이 「변풍變風」의 마지막 위치에 자리한 이유[11]도 그러하다. 이치가 이와 같으니, 이 괘에서도 역시 여러 음이 마지막에 양을 종주宗主로 삼아 함께 모시려는 모습이다. "소인이 집을 없앤다"는 말은 소인이라면 소멸의 끝에 처해서 그 집을 깎아 없앤다는 것이니, 몸을 둘 곳이 없게 된다. 이는 효의 음양을 가지고 다시 논하지 않고, 단지 소인이 소멸의 극한 상황에 처하면 그 깎아 없애는 것이 자신의 집에까지 미친다는 점을 말한 것이다. '여廬'는 위에 있는 모습을 취하여 상징했다.

어떤 사람은 이렇게 말한다. "음과 양이 소멸될 때는 반드시 모두 없어진 뒤에야 다시 아래에서 소생하는데, 여기서는 가장 위에서 다시 소생하는 뜻이 있는 이유는 무엇인가? 이와 달리 쾌夬괘䷪의 상육효는 어째서 '마침내 흉하다'고 했는가?" 이렇게 대답하겠다. 이 괘의 상구효는 소멸의 끝에 처하여 단지 하나의 양효가 있는 상황인데, 양은 완전히 다 없어질 리가 없으므로 그것이 다시 소생한다는 뜻을 밝혀 군자의 도는 완전히 소멸될 수 없음을 드러낸 것이다. 쾌괘는 양이 음을 소멸시키는 것을 상징하는 괘인데, 음이란 소인의 도이므로 다만 그것이 소멸되는 것을 말했을 뿐이니, 어찌 다시 소생할 리가 있음을 말할 필요가 있겠는가?

諸陽消剝已盡, 獨有上九一爻尙存, 如碩大之果, 不見食, 將見復生之理. 上九亦變, 則純陰矣. 然陽无可盡之理, 變於上則生於下, 无間可容息也. 聖人發明此理, 以見陽與君子之道, 不可亡也. 或曰, 剝盡則爲純坤, 豈復有陽乎? 曰, 以卦配月, 則坤當十月. 以氣消息言, 則陽剝爲坤, 陽來爲復, 陽未嘗盡也, 剝盡於上, 則復生於下矣. 故十月謂之陽月, 恐疑其无陽也. 陰亦然, 聖人不言耳. 陰道盛極之時, 其亂可知. 亂極則自當思治, 故衆心願載於君子, 君子得輿也. 詩匪風下泉所以居變風之終也. 理旣如是, 在卦亦衆陰宗陽, 爲共載之象. 小人剝廬, 若小人, 則當剝之極, 剝其廬矣. 无所容其身也. 更不論爻之陰陽, 但言小人處剝極, 則及其廬矣. 廬, 取在上之象. 或曰, 陰陽之消, 必待盡而後復生於下, 此在上便有復生之義, 何也? 夬之上六, 何以言終有凶? 曰, 上九居剝之極, 止有一陽, 陽无可盡之理, 故明其有復生之義, 見君子之道, 不可亡也. 夬者, 陽消陰, 陰, 小人之道也, 故但言其消亡耳, 何用更言却有復生之理乎?

「상전」에서 말했다. 군자가 수레를 얻는 것은 백성들이 받들어 모시는 것이고, 소인이 그 집을 없앤 것은 결국에는 쓸 수 없는 것이다.

象曰, 君子得輿, 民所載也, 小人剝廬, 終不可用也.

정도正道가 소멸되는 때가 극한에 이르면 사람들은 다시 다스려 질서를 잡고자 하므로, 양강한 군자를 백성들이 받들어 모시게 된다. 그러나 소인은 소멸되는 때의 극한에 처하면 궁색해질 뿐이니, 결국에는 쓸 수 없게 된다. 상구효가 소인이라는 말이 아니라, 소멸되는 상황의 극한의 때에 소인이 이렇게 된다는 점을 말한 것이다.

正道消剝旣極，則人復思治，故陽剛君子爲民所承載也．若小人處剝之極，則小人之窮耳，終不可用也．非謂九爲小人，但言剝極之時，小人如是也．

---

1 박괘가 된다: 임괘 주 4번의 12벽괘 참조. 하지는 구姤괘다. 구괘에서 하나의 음이 생겨나서 술戌월에 박괘가 된다.

2 때를 따르면서 행동을 적절하게 멈추니 이것은 박괘의 모습을 관찰한 것이다: '순이지지, 관상야順而止之, 觀象也'에 대한 호원의 설명은 정이천과는 다르지만 유사한 측면도 있다. "'순이지지, 관상야'라는 말은 두 괘의 형체를 가지고 말한 것이다. 간艮괘는 멈춤이고, 곤坤는 유순함이다. 소인의 세력이 성대해질 때 군자가 말하면 반드시 위태롭게 되고 움직이면 반드시 피해를 보게 되므로, 그 모습을 관찰하고 형세를 헤아리며 때를 먼저 파악하고 기미를 알아서 본래 지위에 따라 행하며, 편안한 곳에서 천명을 기다리되 겉으로는 소인들에게 유순하게 대하면서 안으로는 멈추어 행하지 않는다. 그러므로 몸을 온전히 하고 피해를 멀리할 수 있다順而止之, 觀象也者, 此以二體而言. 艮爲止, 坤爲順. 言小人道盛, 君子言必見危, 動必見害, 故當觀其象, 量其勢, 先時知幾, 素位而行, 居易俟命, 而外順小人, 內則止而不行, 故可以全身遠害也."

3 하늘을 섬기는 것: '사천事天'을 번역한 것으로 맹자가 한 말이다. "마음속에 있는 이치를 온전하게 이해하는 것이 그 본성을 아는 것이다. 그 본성을 알면 하늘을 안다. 그 본성의 마음을 잡고 그 본성을 기르는 것이 하늘을 섬기는 것이다盡其心者, 知其性也. 知其性, 則知天矣. 存其心, 養其性, 所以事天也(『맹자』「진심상」)."

4 그 근본을 두텁게 할 것이니: 아래를 두텁게 한다는 것을 호원은 구체적으로 설명하고 있다. "'아래를 두텁게 한다'는 것은 인의仁義의 도로써 농사에 힘써 근본을 중시하고 요역과 세금을 가볍게 해서, 세상 사람들이 먹을 것과 입을 것을 충족시키고 재화를 풍성하고 가득 차게 하며 또 그 거처를 안정시켜서 각각 사는 곳이 있게 하니, 이러한 것이 소멸의 때를 다스리는 방도다. 어째서인가? 나라는 백성을 근본으로 하니, 근본이 세워지지 않는다면 나라를 어떻게 다스릴 수 있겠는가?所謂厚下者, 蓋以仁義之道, 務農重本, 輕徭薄賦, 天下之人, 衣食充足, 財用豐實, 而又安其所居, 使各得其所, 如此, 是可謂治剝之道也. 何哉? 蓋國以民爲本, 本旣不立, 則國何由而治哉?"

5 『서』「하서夏書·오자지가五子之歌」.

6 아래로부터 나아가 점차로 곧은 올바름을 소멸시키니: 중국판본은 대체로 "陰自下進漸, 消蔑於貞正"로 읽는데, 『주역대전』 구결은 "陰自下進, 漸消蔑於貞正"이라고 읽는다. 『주역대전』 구결을 따랐다.

7 소인이 군자를 소멸시키는 것이니: 호원은 소인이 군자를 소멸시킨다고 초구효의 의미를 해석하는 것이 아니라, 소인들이 높은 지위에서 권력을 빙자하여 백성들

의 삶을 피폐하게 만드는 것이라고 해석한다. "초육효는 한 괘의 가장 아래에 자리하고 있으니 백성의 모습이다. 소인들이 지위를 차지하고 세력을 빙자하여 간악한 행위를 자행하여 세상 사람들의 삶을 깎아 먹는 것을 말한다. 그러나 깎아 먹는 것은 또한 점차적으로 진행되므로, 미세한 곳에서부터 드러난 곳에 이르고, 아래에서부터 위에까지 이르니, 깎아먹는 것의 시초는 먼저 백성을 깎아먹는다初六, 最處一卦之下, 民之象也. 言小人得位, 乘時藉勢, 恣其姦惡, 以剝削于天下. 然爲剝亦有漸, 故自微而至于著, 自下以至于上, 剝之始先剝于民."

8 위와 아래가 나뉘는 지점에까지 이르러: 호원은 위와 아래가 나뉘는 지점을 군주와 백성 사이라고 하여 신하의 지위를 의미한다고 해석하여 신하들이 소인들에 의해서 피해를 입는 것으로 해석한다. "인간사로 말하자면 이는 군주와 백성의 사이이니, 신하의 위치다以人事言之, 則是居君民之間, 臣之位也."

9 여강은 후한시대의 환관이다. 아마도 정이천은 다른 환관들과 함께하지 않으며 영제에게 벼슬을 사양하면서 직언을 했던 여강의 행위가 다른 사람과 달랐다는 점을 든 것 같다. 인물사전 참조.

10 궁인들처럼 한다면: 호원은 상구효에게 총애를 받는 것이 아니라 여러 무리의 소인들을 총애하는 것으로 해석한다. "지금 육오효는 지극히 존귀한 지위에 있어서 소인들이 많기를 물고기가 꿰인 듯하지만, 그들에게 전택田宅을 후하게 주고, 금백金帛을 주어서 세상의 권력을 훔쳐 함부로 사용하지 못하게 하기를, 마치 궁인을 총애하듯이 총애한다면 이롭지 않음이 없다今六五, 當至尊之位, 雖小人衆多, 如貫魚然, 但厚之田宅, 加之金帛, 而不使竊天下之權, 如寵宮人而寵之, 則无所不利也."

11 『시』의 '비풍匪風'과 '하천下泉'이 「변풍變風」의 마지막 위치에 자리한 이유: 일반적으로 『시』는 국풍國風, 아雅, 송頌으로 분류하는데 국풍 가운데에서 주남周南·소남召南은 주周나라 초기의 태평시대에 지어진 노래로 '정풍正風'이라 하고, 나머지 국풍은 왕도王道가 쇠미해지고 기강이 무너진 때의 노래라 하여 '변풍變風'이라고 한다. 변풍 가운데 끝부분이 회풍檜風·조풍曹風·빈풍豳風이다. '비풍'은 회풍의 끝에 위치하고, '하천'은 조풍의 끝에 위치한다. '비풍'에 대해서 「모서毛序」는 이렇게 설명한다. "'비풍'은 주나라 도를 생각한 시다. 나라가 작고 정사가 혼란하니, 재앙과 난리에 미칠까를 근심하여 주나라 도를 생각한 것이다.匪風, 思周道也. 國小政亂, 憂及禍難, 而思周道焉." '비풍'의 내용은 이렇다. "바람이 몰아쳐서도 아니요, 수레가 급히 달려서도 아니다. 주나라로 가는 길 돌아보고는, 마음속에서 서글퍼하노라匪風發兮, 匪車偈兮. 顧瞻周道, 中心怛兮." "바람이 몰아쳐서도 아니요, 수레가 흔들려서도 아니다. 주나라로 가는 길 돌아보고는, 마음속에서 서글퍼하노라匪風飄兮, 匪車嘌兮. 顧瞻周道, 中心弔兮." "누가 고기를 요리하는고, 작은 가마솥과 큰가마솥을 씻어주리라. 누가 장차 서쪽으로 돌아갈꼬. 그를 목소리로 위로하리라誰能亨魚, 漑之釜鬵. 誰將西歸, 懷之好音." '하천'에 대해서 「모서」는 이렇게 설명한다. "'하천'은 다스림을 생각한 시다. 조나라 사람들은 공인共人이 아래 백성들을 침해하여 살 곳을 얻지 못한 것을 미워해서, 근심하여 현명한 왕과 어진 제후를 생각한 것이다下泉, 思治也. 曹人, 疾共公侵刻下民, 不得其所, 憂而思明王賢伯也." '하천'의 내용은 이렇다. "차가운 저 하천이여, 우북이 자라는 잡초를 잠기게 하도다. 개연히 내 잠 깨어 탄식하여, 저 주나라 서울을 생각하노라冽彼下泉, 浸彼苞稂. 愾我寤嘆, 念彼周京. 차가운 저 하천이여, 우북이 자라는 쑥을 잠기게 하도

다. 개연히 내 잠깨어 탄식하여, 저 주나라 서울을 생각하노라洌彼下泉, 浸彼苞蕭. 愾我寤嘆, 念彼京周. 차가운 저 하천이여, 우북이 자라는 시초를 잠기게 하도다. 개연히 내 잠깨어 탄식하여, 저 경사京師를 생각하노라洌彼下泉, 浸彼苞蓍. 愾我寤嘆, 念彼京師. 무성히 자라는 기장 싹을, 음우陰雨가 적셔주도다. 사국에 왕이 계시거늘, 순백郇伯이 또 위로하셨더라芃芃黍苗, 陰雨膏之. 四國有王, 郇伯勞之(『시경집전詩經集傳』, 성백효 역, 전통문화연구회)."

24. 회복: 복復괘䷗

지뢰복地雷復이라고 읽는다. 괘의 모습이 곤坤☷괘가 위에 있고, 진震☳괘가 아래에 있기 때문이다.

복復괘에 대해서 「서괘전」은 이렇게 설명한다. "어떤 것이건 결국에 가서 모두 소진될 수는 없으니, 소멸하는 것이 위에서 극한에 이르면 다시 아래에서 소생하므로, 회복을 상징하는 복괘로 받았다." 어떤 것이건 모두 깎여 없어질 리는 없으므로, 소멸하는 것이 극한에 이르면 다시 아래에서 올라오고, 음陰이 극한에 이르면 양陽이 소생한다. 양이 위에서 끝가지 깎여 없어져서 다시 아래에서 소생하니, 위에서 궁극에 이르러 다시 아래로 돌아온 것이므로 복괘가 박剝괘 다음이 된다.

괘의 모습은 하나의 양효가 다섯 음효 아래에서 소생하니, 음이 극한에 이르러 양이 다시 회복되는 것이다. 10월에 음이 성대하여 극한에 이르러 동지가 되면 하나의 양이 땅속에서 다시 소생하므로, 복괘가 된다. 양은 군자의 도다. 양의 소멸이 종극에 이르면 다시 돌아오니, 군자의 도가 소멸하다가 극한에 이르면 다시 자라나므로, 선으로 돌아오는 뜻이 된다.

復, 序卦, "物不可以終盡, 剝窮上反下, 故受之以復." 物无剝盡之理, 故剝極則復來, 陰極則陽生. 陽剝極於上而復生於下, 窮上而反下也, 復所以次剝也. 爲卦, 一陽生於五陰之下, 陰極而陽復也. 歲十月, 陰盛旣極, 冬至則一陽復生於地中, 故爲復也. 陽, 君子之道. 陽消極而復反, 君子之道消極而復長也, 故爲反善之義.

회복은 형통하니, 나가고 들어오는 데에 병이 없어서, 친구가 와야 허물이 없다.

復, 亨, 出入無疾, 朋來無咎.

"회복은 형통하다"는 것은 회복했다면 형통하다는 말이다. 양의 기운이 아래에서 다시 생겨나면 점차로 형통하고 성대해져서 만물을 낳고 육성하고, 군자의 도가 회복되었다면 점차로 형통하여 세상을 윤택하게 하므로, 회복하면 형통하여 성대해질 수 있는 이치가 있다. "나가고 들어오는 데에 병이 없다"에서 "나가고 들어온다"는 것은 생기고 자라나는 것을 말하니, 안에서 다시 생겨나는 것이 '들어오는 것'이고, 자라나 밖으로 나아가는 것이 '나가는 것'이다. 그런데 먼저 나간다고 말한 것은 어순이 그러하기 때문일 뿐이다. 양이 생겨나는 것은 밖으로부터 오는 것이 아니라 안으로부터 오므로, 들어온다고 했다.

사물이 처음 생겨날 때는 그 기운이 매우 미약하므로 혼란스런 어려움이 많다. 양이 처음 생겨날 때도 그 기운이 매우 미약하여 좌절되는 경우가 많다. 봄날 양의 기운이 발현했을 때, 차가운 음기에 의해서 꺾이는 것은 새벽과 저녁에 초목을 보면 알 수 있다.

"나가고 들어오는 데에 병이 없다"[1]는 것은 미약한 양의 기운이 생겨나 자랄 때에 그것을 해치는 것이 없음을 말한다. 해치는 것이 없어 그 동지들이 점차로 나아가 몰려오면 형통하고 성대해지므로, 허물이 없다. 허물이라는 것은 기氣의 측면에서는 오차가 생겨 어긋나는 것이고, 군자의 측면에서는 억압되고 막혀서 그 이치를 현실 속에 완전히 실현하지 못하는 것이다. 양이 회복할 때에는 설령 그것을 병들게 할 수는 있다 해도 그 회복을 완전히 그치게 할 수는 없으니, 단지 저지하고 막을 수 있을 뿐이다. 그래서 괘의 자질 구조에 병이 없다는 뜻이 있으니, 바로 회복하는 도의 선함이다.

하나의 양이 생길 때는 지극히 미약한 세력이라서, 여러 음을 능가하여 만물을 발생시킬 수는 없다. 그러므로 반드시 여러 양이 오기를 기다린 뒤에야 만물을 생성시키는 공을 이루어 한 치의 어그러짐도 없을 수 있으므로, 친구가 와야 허물이 없다. 세 양인 자子·축丑·인寅의 기운이 만물을 생성하는 것은 여러 양의 공이다. 군자의 도가 소멸되었다가 다시 미약하게 회복하는데 어떻게 소인의 세력을 능가할 수 있겠는가? 반드시 그 동지들의 세력이 점차로 성대해지기를 기다리면, 협력하여 소인들의 세력을 이길 수 있다.

復亨, 旣復則亨也. 陽氣復生於下, 漸亨盛而生育萬物, 君子之道旣復, 則漸以亨通, 澤於天下, 故復則有亨盛之理也. 出入无疾, 出入謂生長, 復生於內入也, 長進於外出也. 先云出, 語順耳. 陽生非自外也, 來於內, 故謂之入. 物之始生, 其氣至微, 故多屯艱. 陽之始生, 其氣至微, 故多摧折. 春陽之發, 爲陰寒所折, 觀草木於朝暮, 則可見矣. 出入无疾, 謂微陽生長, 微害之者也. 旣無害之, 而其類漸進而來, 則將亨盛, 故无咎也. 所謂咎, 在氣則爲差忒, 在君子則爲抑塞不得盡其理. 陽之當復, 雖使有疾之, 固不能止其復也, 但爲阻礙耳. 而卦之才有无疾之義, 乃復道之善也. 一陽始生, 至微, 固未能勝群陰而發生萬物, 必待諸陽之來, 然後能成生物之功而无差忒, 以朋來而无咎也. 三陽子丑寅之氣生成萬物, 衆陽之功也. 若君子之道, 旣消而復, 豈能便勝於小人? 必待其朋類漸盛, 則能協力以勝之也.

그 도가 되돌아와 회복하기를 반복해서, 7일 만에 와서 회복하니, 나아갈 바를 두는 것이 이롭다.

反復其道, 七日來復, 利有攸往.

줄어들고 자라나는 도가 되돌아와 회복해서 번갈아 이른다는 것을 말했다. 양이 줄어들다가, 7일에 이르러 다시 회복한다. 구姤괘는 양이 처음 줄어드는 것이니, 7번 변하여 복괘를 이루기 때문에 7일이라고 했고, 7번 바뀜을 말한다.[2] 임臨괘에 "8월에 흉함이 있다"고 했는데, 이는 양이 자라나서 음이 자라나는 데에 이르기까지 8개월이 걸리는 것을 말한다. 양이 나아가면 음은 물러나고, 군자의 도가 자라나면 소인의 도는 줄어들므로 "나아갈 바를 두는 것이 이롭다"고 했다.

謂消長之道, 反復迭至. 陽之消, 至七日而來復. 姤陽之始消也, 七變而成復, 故云七日, 謂七更也. 臨云八月有凶, 謂陽長至於陰長, 歷八月也. 陽進則陰退, 君子道長則小人道消, 故利有攸往也.

「단전」에서 말했다. "회복은 형통하다"는 것은 강함이 돌아왔기 때문이다. 움직여서 이치에 순종함으로써 행하기 때문에 나가고 들어오는 데에 병이 없어서, 친구들이 와야 허물이 없다.

彖曰, 復亨, 剛反. 動而以順行, 是以出入無疾, 朋來無咎.

"회복은 형통하다"는 것은 강함이 되돌아와 형통하다는 말이다. 양강함이 소멸되어 극한에 이르러 다시 돌아오니, 돌아오면 점차로 자라나서 세력이 성대해져 형통하다. "움직여서 이치에 순종함으로써 행하기 때문에 나가고 들어오는 데에 병이 없어서, 친구들이 와야 허물이 없다"고 했으니, 이것은 괘의 자질 구조에 근거하여 그것이 그렇게 된 원인을 말한 것이다. 괘의 자질 구조는 진震괘가 상징하듯이 아래에서 움직이고, 곤坤괘가 상징하듯이 위에서 순종하니, 이것이 "움직여서 이치에 순종함으로써 행한다"[3]는 말이다. 양강함이 되돌아오고 이치에 순종하면서 움직이기 때문에, 그래서 나가고 들어오는 데에 병이 없고 친구들이 와야 허물이 없다. 친구가 온다는 것 역시 이치에 순종하면서 유순하게 움직이는 것이다.

復亨, 謂剛反而亨也. 陽剛消極而來反, 旣來反, 則漸長盛而亨通矣. 動而以順行, 是以出入无疾, 朋來无咎, 以卦才言其所以然也. 下動而上順, 是動而以順行也. 陽剛反而順動, 是以得出入无疾, 朋來而无咎也. 朋之來, 亦順動也.

"그 도가 되돌아와 회복하기를 반복해서, 7일 만에 와서 회복한다"는 것은 하늘의 운행이고, "나아갈 바를 두는 것이 이롭다"는 것은 양이 자라기 때문이니, 회복하는 곳에서 천지의 마음을 볼 것이다!

反復其道七日來復, 天行也, 利有攸往, 陽長也, 復, 其見天地之心乎!

그 도는 되돌아와 회복하여 가고 오며, 줄어들었다가 자라난다. 7일 만에 와서 회복한다는 것은 천지의 운행이 이와 같다는 것이다. 줄어들고 자라나는 것이 서로 바탕으로 삼으니, 하늘의 이치다. 양강한 군자의 도가 자라나므로, 갈 바를 두는 것이 이롭다. 하나의 양이 아래에서 회복되는 것이 곧 천지가 만물을 낳는 마음이다. 이전의 유학자들은 모두 "고요함〔靜〕에서 천지의 마음을 볼 수 있다"[4]고 했으니, 마음의 동요〔動〕가 일어난 단서가 곧 천지의 마음임을 알지 못했기 때문이다. 도를 아는 자가 아니라면 누가 이것을 깨닫겠는가?

其道反復往來, 迭消迭息. 七日而來復者, 天地之運行如是也. 消長相因, 天之理也. 陽剛君子之道長, 故利有攸往. 一陽復於下, 乃天地生物之心也. 先儒皆以靜爲見天地之心, 蓋不知動之端乃天地之心也. 非知道者, 孰能識之?

「상전」에서 말했다. 우레가 땅속에 있는 것이 복괘의 모습이니, 선왕은 이것을 본받아 동짓날에 모든 문을 걸어 잠그고 상인과 여행자들이 다니지 못하게 했으며, 군주는 사방을 시찰하지 않는다.

象曰, 雷在地中, 復. 先王以至日閉關, 商旅不行, 后不省方.

우레란 음과 양이 서로 부딪쳐서 소리를 내는 것이니, 양이 미약할 때에는 아직 그 소리를 낼 수가 없다. 우레가 땅속에 있는 것은 양이 비로소 회복하려는 때다. 양이 아래에서 처음 생겨났지만 매우 미약하여, 안정과 평정을 이룬 후에 자라날 수가 있다. 선왕先王은 하늘의 도에 순종하여 동짓날 양이 처음 생길 때에 안정과 평정을 이루어서 미약한 양의 기운을 길러야 하므로, 모든 문을 걸어 잠그고 상인과 여행자들이 들어오지 못하게 하고, 군주는 사방을 시찰하지 않으니, 이는 복괘의 모습을 보고 하늘의 도에 순응하는 것이다. 개인에게서도 이러한 원리는 마찬가지이니, 마땅히 안정과 평정을 이루어서 처음 생겨난 양의 기운을 길러야 한다.

雷者, 陰陽相薄而成聲, 當陽之微, 未能發也. 雷在地中, 陽始復之時也. 陽始生於下而甚微, 安靜而後能長. 先王順天道, 當至日陽至始生, 安靜以養之. 故閉關, 使商旅不得行, 人君不省視四方, 觀復之象而順天道也. 在一人之身亦然, 當安靜以養其陽也.

초구효는 멀리 가지 않고 회복하는 것이니, 후회에 이르지 않아서, 크게 길하다.

初九, 不遠復, 無祇悔, 元吉.

회복이란 양이 되돌아와서 회복함을 말한다. 양은 군자의 도이니, 회복은 선함으로 되돌아가는 뜻이다. 초구효는 강양剛陽함이 되돌아와 회복하여 괘의 초효 자리에 처했으니, 회복을 가장 먼저 한 자로, 멀리 가지 않고서 회복한 것이다. 과실이 있고 난 뒤에 회복이 있으니, 과실이 없었다면 무엇을 회복하겠는가? 오직 과실이 있고 나서 오래지 않아 회복하면 후회에 이르지 않으니, 크게 선하고 길하다. '지祇'의 음은 '저柢'여야 하며, 그 뜻은 '이른다'는 의미의 '저抵'와 같다. '저'의 뜻을 『옥편玉篇』에서는 도달한다는 의미의 '적適'이라고 했으니 같은 뜻이다. 그러므로 "무지회无祇悔"라는 말은 "후회에 이르지 않는다"는 뜻이다. 감坎괘에서 "평평함에 이르니 허물이 없다祇既平无咎"[5]는 말에 나온 '지祇'라는 글자도 평평함에 '이르렀다'는 말이다.

안연은 겉으로 드러난 과실이 없으므로 공자가 "거의 도에 가깝다"[6]고 했으니, 이것이 "후회에 이르지 않는다"는 뜻이다. 과실이 아직 현실 속에서 드러나지 않았을 때 고친다면 무슨 후회가 있겠는가? 힘쓰지 않아도 적중할 수 있는 경지이나 하고자 하는 것이 법도를 넘지 않을 수 있는 경지에 이르지 못했다면, 과실이 있는 것이다. 하지만 초구효는 명철하고 의지가 강하므로 불선한 것이 하나라도 있다면 알지 못함이 없고, 그것을 알았다면 주저하지 않고 고치므로 후회에 이르지 않으니, 이것이 "멀리 가지 않고 회복한다"는 것이다. '지祇'라는 말에 대해 육덕명陸德明은 음이 '지支'라 했고 『옥편』 『오경문자五經文字』 『군경음변群經音辨』에는 모두 '의부衣部'에 나온다.

復者, 陽反來復也. 陽, 君子之道, 故復爲反善之義. 初剛陽來復, 處卦之初, 復之最先者也, 是不遠而復也. 失而後有復, 不失則何復之有? 唯失之不遠而復, 則不至於悔, 大善而吉也. 祇宜音柢, 抵也. 玉篇云, 適也. 義亦同. 无祇悔, 不至於悔也. 坎卦曰祇既平无咎, 謂至既平也. 顔子无形顯之過, 夫子謂其庶幾, 乃无祇悔也. 過既未形而改, 何悔之有? 既未能不勉而中, 所欲不踰矩, 是有過也. 然其明而剛, 故一有不善未嘗不知, 旣知未嘗不遽改, 故不至於悔, 乃不遠復也. 祇, 陸德明音支, 玉篇, 五經文字, 群經音辨, 並見衣部.

「상전」에서 말했다. 멀리 가지 않고 회복하니, 이것으로 자신을 수양하는 것이다.

象曰, 不遠之復, 以修身也.

멀리 가지 않고 회복하는 것은 군자가 자신을 수양하는 도다. 학문의 도란 다른 것이 아니라, 오직 불선함을 알았다면 즉시 고쳐서 선을 따르는 일일 따름이다.

不遠而復者, 君子所以脩身之道也. 學問之道无他也, 唯其知不善則速改以從善而已.

육이효는 아름다운 회복이니, 길하다.

六二, 休復, 吉.

육이효는 음효이지만 중정中正에 처했고, 초구효와 가까이 친밀하게 지내면서 그 뜻이 양을 따르려고 하니, 인仁한 사람에게 자신을 겸손하게 낮출 수가 있어서, 회복함이 아름다운 자다. 회복이란 예禮로 돌아가는 것이니, 예로 돌아가면 인을 이룬다. 초구효 양의 회복은 인을 회복하는 것이다. 육이효는 초구효와 가깝게 지내며 자신을 낮추어 그를 본받고자 하니, 아름답고 길한 것이다.

二雖陰爻, 處中正而切比於初, 志從於陽, 能下仁也, 復之休美者也. 復者, 復於禮也, 復禮則爲仁. 初陽復, 復於仁也. 二比而下之, 所以美而吉也.

「상전」에서 말했다. 아름다운 회복의 길함은 인仁한 사람에게 자신을 낮춘 것이다.

象曰, 休復之吉, 以下仁也.

회복의 아름다움을 이루어 길한 것은 그가 인仁한 사람에게 자신을 낮출 수 있기 때문이다. 인이란 천하의 공정함이고 선함의 근본이다. 초구효는 스스로 인으로 회복했고, 육이효는 그와 친밀한 관계를 맺으면서 자신을 낮추었기 때문에 길한 것이다.

爲復之休美而吉者, 以其能下仁也. 仁者, 天下之公, 善之本也. 初復於仁, 二能親而下之, 是以吉也.

육삼효는 자주 회복함이니, 위태로우나 허물은 없다.

六三, 頻復, 厲無咎.

육삼효는 음조陰躁[7]한 자질로 동요의 끝에 처해서, 자주 회복하려고 하지만 그것을 굳게 지킬 수 없는 자다. 회복에는 안정된 마음과 굳은 의지가 중요한데, 자주 회복했다가 또 자주 잃게 되어 회복하는 데에 안정을 이루지 못한다. 선함을 회복하려고 하지만 자주 실패하니, 위태로운 도다. 그러나 성인은 개과천선하는 길을 열어놓아서, 그가 회복하려는 것을 인정하되 자주 실패하는 것을 위태롭게 여겼으므로, "위태로우나 허물은 없다"고 했다. 그가 자주 실패한다고 해서 그의 회복하려는 마음까지 징계할 수는 없으므로, 자주 실패하여 위태롭다 해도 다시 또 회복하려고 노력하니 무슨 허물이 있겠는가? 허물은 실수하는 것에 있지 회복하려는 데에 있지 않다.

三以陰躁, 處動之極, 復之頻數而不能固者也. 復貴安固, 頻復頻失, 不安於復也. 復善而屢失, 危之道也. 聖人開遷善之道, 與其復而危其屢失, 故云厲无咎. 不可以頻失而戒其復也, 頻失則爲危, 屢復何咎? 過在失而不在復也.

「상전」에서 말했다. 자주 회복하는 위태로움은 그 의리義理로 보자면 허물이 없다.

象曰, 頻復之厲, 義無咎也.

자주 회복하고 또 자주 실패하여 비록 위태롭지만, 선함을 회복하려는 의리에는 허물이 없다.

頻復頻失, 雖爲危厲, 然復善之義則无咎也.

육사효는 음효들 사이에서 행하지만 홀로 회복한다.

六四, 中行, 獨復.

이 효의 뜻은 가장 잘 자세하게 음미해보아야만 한다. 육사효는 여러 음효 가운데에서 행동하지만 홀로 회복할 수가 있어서, 스스로 올바름에 자처하고 아래로 양강한 초구효에 호응하니, 그 의지가 선하다고 할 만하다. '길하다' 혹은 '흉하다'라고 말하지 않은 것은 육사효가 유한 자질로 여러 음효 사이에 자리하고 올바른 호응관계인 초구효가 매우 미약하여 서로 도움을 주기에는 부족하니, 세상을 구제할 수 있는 이치가 아직 드러나지 않았기 때문이다. 그래서 성인은 단지 그는 홀로 회복할 수 있다고 칭찬만 했지, 그가 홀로 도를 따르다가 반드시 흉하게 되었다고 말하려 하지 않았다.

이렇게 물을 수 있다. "그렇다면 허물이 없다고 말하지 않은 이유는 무엇인가?" 이렇게 대답하겠다. 음한 자질로 음의 위치에 자리하여 매우 나약하기 때문에, 양을 따르려는 의지가 있다고 해도 결국에는 세상을 구제할 수가 없으니, 허물이 없는 것은 아니기 때문이다.

此爻之義, 最宜詳玩. 四行群陰之中, 而獨能復. 自處於正, 下應於陽剛, 其志可謂善矣. 不言吉凶者, 蓋四以柔居群陰之間, 初方甚微, 不足以相援, 無可濟之理. 故聖人但稱其能獨復, 而不欲言其獨從道而必凶也. 曰, 然則不言无咎, 何也? 曰, 以陰居陰, 柔弱之甚, 雖有從陽之志, 終不克濟, 非无咎也.

「상전」에서 말했다. 음효들 사이에서 행하지만 홀로 회복하는 것은, 그 뜻이 도를 따르고자 하기 때문이다.

象曰, 中行獨復, 以從道也.

그가 홀로 회복함을 성인이 칭찬한 것은 그가 양강한 군자의 선한 도를 따르고자 하기 때문이다.

稱其獨復者, 以其從陽剛君子之善道也.

육오효는 회복을 돈독하게 하는 자로서, 후회가 없다.

六五, 敦復, 無悔.

육오효는 중도를 지켜서 유순한[8] 덕으로 군주의 지위에 처하여, 선함을 회복함에 근면하고 성실한 자이므로 후회가 없다. 본래 선하지만 경계함이 그 가운데에 있다. 양의 회복이 미약한 때에 유약한 자질로 존귀한 지위에 자리하며 아래로 다시 도움을 줄 사람이 없으니, 형통하고 길함에 이르지는 못하고 단지 후회만 없을 뿐이다.

六五以中順之德, 處君位, 能敦篤於復善者也, 故无悔. 雖本善, 戒亦在其中矣. 陽復方微之時, 以柔居尊, 下復无助, 未能致亨吉也, 能无悔而已.

「상전」에서 말했다. 회복을 돈독하게 하는 자로서 후회가 없는 것은 중中으로써 스스로 이루는 것이다.

象曰, 敦復無悔, 中以自考也.

중도로써 스스로 이룬다. 육오효는 음한 자질로 존귀한 지위에 자리하고 중中의 위치에 처했으며 그 체질이 유순하니, 그 뜻을 근면하고 성실하게 할 수 있어서, 중도로써 스스로 이루면 후회가 없을 수 있다. 스스로 이룬다는 것은 그 중도를 지켜서 유순한 덕을 이룬다는 말이다.

以中道自成也. 五以陰居尊, 處中而體順, 能敦篤其志, 以中道自成, 則可以无悔也. 自成謂成其中順之德.

상육효는 혼미한 회복이라 흉하니 천재와 재앙이 있어서, 군사를 동원하는 데 쓰면 결국에는 크게 패하고, 나라를 다스리게 되면 군주는 흉하게 되어, 10년이 되도록 나아갈 수가 없다.

上六, 迷復凶, 有災眚, 用行師, 終有大敗, 以其國君凶, 至于十年不克征.

음유한 자질로 회복의 끝에 자리해서, 결국에는 혼미해져서 회복하지 못하는 자다. 혼미해져서 회복하지 못하니, 그 흉함을 알 수 있다. "천재와 재앙이 있다有災眚"라는 말에서 '재災'는 천재天災로서 외부로부터 오는 것이고 '생眚'은 자신의 허물로서 스스로 만드는 것이다. 혼미해져서 선함을 회복하지 못했으니, 행하는 모든 것이 과실이고 외부로부터 재앙이 오므로, 이것은 모두 스스로 자초한 것이다.

도道에 혼미하여 회복하지 못하면 어떤 일을 시행해도 좋을 수 없으니, 그런 마음으로 군사를 행하면 결국 크게 패배하고, 그런 마음으로 나라를 다스리면 군주의 흉함이다. 10년이란 수의 끝이다.

10년이 되어서도 나아갈 수 없다는 것은 끝내 시행할 수 없다는 말이다. 도에 혼미하니 어떤 상황, 어느 때에 시행할 수 있겠는가?

以陰柔居復之終, 終迷不復者也. 迷而不復, 其凶可知. 有災眚, 災, 天災, 自外來, 眚, 己過, 由自作. 既迷不復善, 在己則動皆過失, 災禍亦自外而至, 蓋所招也. 迷道不復, 无施而可, 用以行師, 則終有大敗, 以之爲國, 則君之凶也. 十年者, 數之終. 至於十年不克征, 謂終不能行. 既迷於道, 何時而可行也?

「상전」에서 말했다. 혼미한 회복의 흉함은 군주의 도와 상반된다.

象曰, 迷復之凶, 反君道也.

회복하면 도와 합치되지만, 회복하는 도에 미혹되었으니, 도道와 서로 반대되어, 그 흉함을 알 수 있다. "나라를 다스리게 되면 군주는 흉하게 된다"는 말은 군주의 도에 상반된다는 것이다. 군주는 위의 자리에 있으면서 군중을 다스리는 데에 마땅히 세상의 선함을 따라야 하는데, 회복하는 도에 혼미하면 군주의 도에 상반되는 것이다. 단지 군주만이 그러한 것이 아니다. 모든 사람이 회복의 도에 혼미하게 되면 모두 도에 반하므로 흉하다.

復則合道, 既迷於復, 與道相反也, 其凶可知. 以其國君凶, 謂其反君道也. 人君居上而治衆, 當從天下之善, 乃迷於復, 反君之道也. 非止人君, 凡人迷於復者, 皆反道而凶也.

1 나가고 들어오는 데에 병이 없다: 호원의 설명은 분명하다. "양기陽氣는 사물을 낳는 마음이 있으니 땅속으로 들어갔다가 땅위로 나오면 어떤 사물도 어기거나 해를 끼칠 수 없다. 마치 군자가 오상의 자질과 강명한 덕을 가지고 시세를 헤아려 지위에 복귀하면 세상 사람들이 어기거나 해를 끼칠 수 없는 것과 같다陽氣有生物之心, 入于地中, 出于地上, 物无違之疾之者. 猶君子有五常之質, 剛明之德, 量時復位, 天下之人无有違之而疾害者." 호원과 정이천은 질疾을 해로움을 해석하지만 양만리楊萬里는 '조급하게 빠르게 한다'는 의미로 푼다. "진震괘의 하나의 양이 움직여 나아가고 곤괘의 여러 음은 순종하면서 물러난다. 양이 들어와서 아래에 처했고 또 장차 나와 위로 나아가니 어찌 반드시 조급하게 빠르게 할 필요가 있겠는가? 질疾이란 빠르게 하는 것이다. 회복하여 세상에 임하고 임하여 태평하다. 세 양의 동지들이 오면 회복하여 외롭지 않으니 어찌 허물이 있을 것을 근심하겠는가? 그러므로 '움직이되 이치를 따라서 행한다'는 것은 자연스러움이고, '나가고 들어옴에 막힘이 없다. 친구가 와야 허물이 없다'는 것은 기다리라는 말이다震一陽動而進, 坤群陰順而退. 陽既入而處於下, 又將出而進於上, 何必欲速? 疾, 速也. 復而臨, 臨而泰. 三陽朋來, 則復不孤, 何患有咎? 故動而以順行, 則自然, 出入无疾, 朋來无咎, 俟之之辭也(『성재역전』)."

2 7번 바뀜을 말한다: 임괘 주 4번의 12벽괘 참조. 구괘에서 복괘까지는 7번 바뀌어서 변한다.

3 움직여서 이치에 순종함으로써 행한다: 호원의 설명은 경청할 만하다. "움직이되 그 유순한 태도를 잃지 않는다. 이를 통해서 모든 것이 생겨나고 완성된다. 이는 군자가 움직이되 망령되게 행동하지 않고 폭력적으로 행동하지 않고서 그 때를 관찰하여 나아갈 만하면 나아갈 수 있다면, 나아가고 들어가는 사이에 그를 해칠 사람은 아무도 없다는 말이다. 이는 모두 유순한 태도를 통해서 움직이기 때문이다動而不失其柔順. 由是所以萬物以生以成也. 言君子動而不妄行而不暴, 能觀其時, 可進則進, 是以出入之間, 无有疾害之者. 皆由順而動之之故也." 호원의 말에서도 알 수 있듯이, 양강함이 다시 미세하게 회복했을 때에, 폭력적으로 행동할 것이 아니라 겸손하게 주변 사람들의 심기를 자극하지 않고, 주변 상황을 신중하게 검토하여 조심스럽게 행동하는 것이 '순동順動'이다. 그럴 때 주변 사람들로부터 지나친 질시와 경계를 받지 않으며, 자신과 뜻을 같이하는 동류들도 자신에게 모일 수 있는 것이다. 박괘에서도 '순이지지順而止之'라는 말이 나온다. 군자의 세력이 미약할 때는 함부로 경거망동해서는 안 되는 것이다. 그러나 정이천에게서 '순順'은 '순리順理'의 의미가 강하다. 이치에 따르기 때문에 유순하게 된 것이다. 여기서 말하는 '순'이 유순한 태도로서 현실을 고려한 유연한 태도이지만 단지 현실 추수적인 태도가 아니라 이치를 따른다는 의미가 강조되어야 하기 때문에 '이치에 순종함으로써 행한다'고 번역했다.

4 고요함〔靜〕에서 천지의 마음을 볼 수 있다: 왕필은 이렇게 설명하고 있다. "복귀란 근본으로 돌아가는 것을 말한다. 천지는 근본을 마음으로 삼는다. 움직이는 것이 그치면 고요해진다. 그러나 고요함이 움직임과 짝하는 것은 아니다. 말이 그치면 침묵한다. 그러나 침묵이 말과 짝하는 것은 아니다. 그러한즉 천지가 커서 만물을 풍부하게 가지고 있어서 우레가 치고, 바람이 행하여 운행하며 변화하고 다양

하게 변하여, 적연하고 무無에 이르니, 이것이 그 근본이다. 그러므로 움직임이 땅 속에서 그치면, 이에 천지의 마음이 드러난다復者, 反本之謂也. 天地以本爲心者也. 凡動息, 則靜, 靜非對動者也. 語息, 則黙, 黙非對語者也. 然則天地雖大, 富有萬物, 雷動風行, 運化萬變, 寂然至无, 是其本矣. 故動息地中, 乃天地之心見也(왕필, 『주역주周易注』)." 정이천은 움직임이 그치고 난 뒤의 고요함에서 천지의 마음을 볼 수 있다고 하는 것이 아니라 움직임이 새롭게 시작하는 그 미세한 곳에서 천지의 마음을 볼 수 있다고 하는 것이다.

5 『역』 감坎괘 구오효.

6 "공자가 말했다. 안씨의 자식은 거의 도에 가깝다. 불선함이 있으면 알지 못한 적이 없고, 알았다면 다시 행하지 않았던 적이 없었다. 그래서 『역』에서 '멀리 가지 않고 회복하는 것이니, 후회에 이르지 않아서, 크게 길하다'고 했다子曰, 顔氏之子其殆庶幾乎 有不善 未嘗不知 知之 未嘗復行也 易曰不遠復 无祇悔 元吉(『역』「계사하」 5장)."

7 음조陰躁: 어리석고 조급한 자질을 말한다. 「범례」 4번 재才와 덕德 항목 참조.

8 중도를 지켜서 유순한: 중순中順을 번역한 말이다.

25. 진실무망: 무망無妄괘䷘

천뢰무망天雷無妄이라고 읽는다. 괘의 모습이 건乾☰괘가 위에 있고, 진震☳괘가 아래에 있기 때문이다.

무망無妄괘에 대해서 「서괘전」은 이렇게 설명한다. "회복되면 거짓됨이 없으므로 진실함을 상징하는 무망괘로 받았다." 회복이란 도로 돌아가는 것이니, 도로 회복했다면 정리正理에 합치되어 거짓됨이 없으므로, 복復괘 뒤에 무망괘로 이었다. 괘의 모습은 건乾괘가 위에 있고 진震괘가 아래로 있다. 진괘는 움직임을 상징하는데, 하늘로써 움직이면 진실함이 되고, 인간의 욕심으로 움직이면 거짓됨[妄][1]이 있다. 무망이라는 뜻이 위대하구나!

无妄, 序卦, "復則不妄矣, 故受之以无妄." 復者反於道也, 旣復於道, 則合正理而无妄, 故復之後, 受之以无妄也. 爲卦, 乾上震下. 震, 動也, 動以天爲无妄, 動以人欲則妄矣. 无妄之義大矣哉!

진실무망이란 크게 형통하고 올바름을 굳게 지키는 것이 이로우니, 그것이 올바르지 않으면 재앙이 있고, 함부로 가면 이롭지 않다.

无妄, 元亨, 利貞, 其匪正有眚, 不利有攸往.

무망이라는 것은 지극한 진실과 정성이니, 지성至誠이 하늘의 도다. 하늘이 만물을 변화시켜 길러내고 끊임없이 살리고 살려서 각 사물의 본성과 명命을 바르게 했으니[2] 이것이 곧 진실무망이다. 인간이 진실무망의 도에 합치한다면, "천지와 그 덕을 합치한다"[3]고 할 수 있다. 진실무망은 크게 형통할 수 있는 이치가 있으니, 군자가 진실무망한 도를 수행하면, 크게 형통함에 이를 수 있다. 진실무망이란 하늘의 도이지만, 이 괘에서는 인간이 이 진실무망으로 말미암는 도리를 말하고 있다.

"올바름을 굳게 지키는 것이 이롭다"는 것은 진실무망한 도를 본받을 때에 이로움은 올바름을 굳게 지키는 데에 달려 있다는 말이니, 올바름을 굳게 지키지 못한다면 허망한 거짓[妄]이다. 올바르지 않은 마음[邪心]이 없더라도 정리에 부합하지 않는다면 곧 거짓된 것이니, 그것이 곧 올바르지 않은 마음이므로,[4] 올바르지 않으면 허물이 된다. 진실했다면 마땅히 거기서 더 과도하게 가서는 안 되니, 과도하게 가면 거짓이 된다.

无妄者至誠也, 至誠者天之道也. 天之化育萬物, 生生不窮, 各正其性命, 乃无妄也. 人能合无妄之道, 則所謂與天地合其德也. 无妄有大亨之理, 君子行无妄之道, 則可以致大亨矣. 无妄, 天之道也, 卦言人由无妄之道也. 利貞, 法无妄之道, 利在貞正, 失貞正則妄也. 雖无邪心, 苟不合正理, 則妄也, 乃邪心也, 故有匪正則爲過眚. 旣已无妄, 不宜有往, 往則妄也.

「단전」에서 말했다. 진실함은 강함이 밖에서 와서 안에서 주인이 된다.

彖曰, 无妄, 剛自外來, 而爲主於內.

이것은 초구효를 말한다. 곤坤☷괘의 초효가 변화하여 진震☳괘가 되었으니, 강함이 밖에서부터 온 것이다. 진괘는 초효를 주효로 하여, 이것으로 말미암아 괘가 이루어졌으므로 초효가 무망괘의 주효다. 마음의 동요가 하늘로부터 일어나는 것이 진실함이니, 마음이 천도天道로써 움직이는 것이 움직임의 주인이 된다. 강함으로 유함을 변화시켰으니, 올바름으로써 올바르지 않은 것을 제거하는 모습이다. 또 강하고 올바른 것이 안에서 주인이 되었으니, 진실무망의 뜻이다. 양을 상징하는 구九가 첫번째 위치인 초효에 자리하는 것은 올바르다.

謂初九也. 坤初爻變而爲震, 剛自外而來也. 震, 以初爻爲主, 成卦由之, 故初爲无妄之主. 動以天爲无妄, 動而以天, 動爲主也. 以剛變柔, 爲以正去妄之象. 又剛正爲主於內, 无妄之義也. 九居初, 正也.

움직이되 강건하고, 강하면서 중中을 이루어 호응해서 올바름으로 크게 형통하니, 하늘의 명이다.

動而健, 剛中而應, 大亨以正, 天之命也.

아래에서 움직이고 위에서 강건하니, 그 움직임이 강건한 것이다.

강건하다는 것은 진실무망의 체질이다. "강하면서 중中을 이루어 호응한다"는 말은 구오효가 강한 자질로 중정中正의 위치에 자리하고 구이효가 다시 중정으로 서로 호응하니, 이치를 따라서 경거망동한 거짓을 행하지 않는 것이다. 그래서 그 도가 크게 형통하고 올바름을 굳게 지키니, 이는 하늘의 명이다. 천명이란 하늘의 도를 말하니, 진실무망이다.

下動而上健, 是其動剛健也. 剛健, 无妄之體也. 剛中而應, 五以剛居中正, 二復以中正相應, 是順理而不妄也. 故其道大亨通而貞正, 乃天之命也. 天命謂天道也, 所謂无妄也.

"그것이 올바르지 않으면 재앙이 있고 함부로 가면 이롭지 않다"고 했는데, 진실무망에서 벗어나면 어디로 가겠는가? 천명이 돕지 않는 것을 어찌 행할 수 있겠는가?

其匪正有眚, 不利有攸往. 无妄之往何之矣? 天命不祐行矣哉.

진실무망이란 올바름일 뿐이다. 올바름에서 조금이라도 잃는 것이 있다면 허물이 있게 되고, 그것이 곧 허망한 거짓이다. "올바르지 않다"는 것은 과도하게 갔기 때문이다. 진실무망하여 경거망동하게 함부로 행동하지 않는다면, 어째서 올바르지 않겠는가? 진실무망은 이치의 올바름이다. 올바름에서 벗어나 더 나아가 행하면 어디로 가겠는가? 경거망동한 거짓된 마음에 빠지게 된다. 거기서 벗어나 가면 천리天理에 어긋나게 되니, 하늘의 도가 돕지 않는 것을 어떻게 행할 수 있겠는가?

所謂无妄, 正而已. 小失於正, 則爲有過, 乃妄也. 所謂匪正, 蓋由有往. 若无妄而不往, 何由有匪正乎? 无妄者, 理之正也. 更有往, 將何之矣? 乃入於妄也. 往則悖於天理, 天道所不祐, 可行乎哉?

「상전」에서 말했다. 하늘 아래 우레가 쳐서 만물마다 진실무망을 주니, 선왕이 이를 본받아 천시天時에 성대하게 맞추어, 만물을 양육한다.

象曰, 天下雷行, 物與无妄, 先王以茂對時, 育萬物.

우레가 하늘 아래에서 일어나 음과 양이 교류하고 화합해 서로 부딪쳐 소리를 내니, 이에 숨고 동면하는 것들을 놀라게 하고 싹트는 조짐을 진작시켜 만물을 발생시킨다. 만물에게 부여한 것이 큰 것이건 작은 것이건 높은 것이건 낮은 것이건, 모두 각각 그 본성〔性〕과 명命을 바르게 해서 어그러지고 거짓된 점이 없으니, 이는 사물에게 진실무망을 부여한 것이다. 선왕은 하늘 아래 우레가 발생하여 사물에게 부여하는 모습을 관찰하여, 천시天時에 힘써 부합하고 만물을 양육해서 각각 그 마땅함을 얻게 하니, 마치 하늘이 사물에게 진실무망을 부여하는 것과 같다.

'무茂'란 성대함이니, '무대茂對'라는 말의 뜻은 광범위하게 유행한다는 뜻인 '성행盛行'이나 길게 내뱉는 말이라는 뜻인 '영언永言'에 비교할 수 있다. '대시對時'라는 말은 천시에 순종하여 부합한다는 말이다. 천도天道가 만물을 낳아서 각각 그 본성과 명을 바르게 하여 거짓되지 않게 하듯이, 왕이 된 자는 하늘의 도를 체득해 백성들을 양육하고 곤충과 초목에 이르기까지 각각 그 마땅함을 얻게 하니, 이것이 바로 천시에 순종하고 부합해서 만물을 양육하는 도다.

雷行於天下, 陰陽交和, 相薄而成聲, 於是驚蟄藏, 振萌芽, 發生萬物, 其所賦與, 洪纖高下, 各正其性命, 无有差妄, 物與无妄也. 先王觀天下雷行發生賦與之象, 而以茂對天時, 養育萬物, 使各得其宜, 如天與之无妄也. 茂, 盛也. 茂對之爲言, 猶盛行永言之比. 對時, 謂順合天時. 天道生萬物, 各正其性命而不妄, 王者體天之道, 養育人民, 以至昆蟲草木, 使各得其宜, 乃對時育物之道也.

초구효는 거짓됨이 없으니, 가면 길하다.

初九, 无妄, 往吉.

초구효는 양강陽剛한 자질로 내괘에서 주효가 되었으니 진실무망한 모습이고, 강실剛實[5]한 재능으로 유柔를 변화시키고 내괘에 자리했으니, 마음이 진실무망하여 거짓되지 않은 자다. 진실무망으로 행해 나아가면[6] 어느 곳인들 길하지 않겠는가? 괘사에서 "함부로 가면 이롭지 않다"고 말한 것은 이미 진실무망한데 다시 거기서 더 나아가서는 안 되니, 과도하게 행동하면 거짓이 된다는 점을 말한 것이다. 그러나 효사에서는 "가면 길하다"고 말했는데 이는 진실무망한 도로 행해나가면 길하다는 말이다.

九以陽剛爲主於內, 无妄之象, 以剛實變柔而居內, 中誠不妄者也. 以无妄而往, 何所不吉? 卦辭言不利有攸往, 謂旣无妄, 不可復有往也, 過則妄矣. 爻言往吉, 謂以无妄之道而行, 則吉也.

「상전」에서 말했다. 진실무망한 마음으로 가는 것은 뜻을 이룬다.

象曰, 无妄之往, 得志也.

진실무망한 도로 행해나가면, 어떤 일에서든지 그 뜻을 이루지 못함이 없다. 사물을 대하는 데 진실하게 정성을 다하면 감동하지 않을 수 없고, 그런 마음가짐으로 자신을 수양하면 자신의 몸이 바르게 되며, 그런 마음가짐으로 일을 처리하면 그 일 처리에 이치를 얻고, 그런 마음가짐으로 사람을 대하면 그 사람이 감동하여 변화하게 되니, 어떤 일에서든지 그 뜻을 이루지 못함이 없다.

以无妄而往, 无不得其志也. 蓋誠之於物, 无不能動, 以之修身則身正, 以之治事則事得其理, 以之臨人則人感而化, 无所往而不得其志也.

육이효는 밭을 갈려고 하지 않았는데도 거두며 땅을 묵히려 하지 않았는데도 옥토가 되니, 나아갈 바가 있는 것이 이롭다.

六二, 不耕穫, 不菑畬, 則利有攸往.

이치가 그러한 것은 거짓이 아니고, 사람이 욕심내려고 하는 것이 곧 망령된 거짓이므로, '밭을 가는 일'과 '밭을 묵히는 일'로 비유했다. 육이효는 중中의 위치에 자리하고 올바름을 얻었고, 또 구오효의 중정의 덕과 호응하며, 진震괘가 상징하는 움직임의 형체에 자리하면서 유순하여 움직일 때에 중정한 덕에 순종할 수 있으니, 바로 진실무망한 자이므로 진실무망의 뜻을 극진하게 말했다. '밭을 간다'는 것은 농사의 시작이고, '거둔다'는 것은 그 결실을 맺는 것이다. 밭이 1년 묵은 것을 '치菑'라고 하고 3년 묵은 것을 '여畬'라고 한다. 밭을 갈지 않았는데 수확하고, 1년 묵은 밭을 만들려고 하지 않았는데 3년 묵은 밭이 된다는 것은 먼저 어떤 일을 조장하지 않고서, 그 일의 당연한 이치를 따르는 것을 말한다.[7]

먼저 어떤 일을 조장하려고 하면, 이것은 사람의 마음이 조작하여 행한 것이니, 망령된 거짓이다. 일의 당연함을 따른다면, 이치에 순응하고 사물에 호응해서, 망령된 거짓이 아니니, 수확과 3년 동안 묵힌 밭이 그것이다. 밭을 갈면 반드시 수확이 있게 되고, 1년 묵은 밭을 만들면 반드시 3년 묵은 밭이 있으니, 이것은 일의 당연한 이치이지, 마음의 의도가 조작한 것이 아니다. 이와 같이 진실무망하고 망령되지 않으면 어떤 일을 진행해나가도 이롭고 해로움이 없다.

어떤 사람은 이렇게 묻는다. "성인이 예악제도를 제작하여 세상을 이롭게 한 것은 모두 어떤 단서를 통해 조장한 것인데 이는 망령된 거짓이 아닌가?" 이렇게 답하겠다. 성인이 때에 따라서 예악제도를 제작한 것은 풍속의 마땅함에 부합했던 것이라서, 때를 앞서서 그런 빌미를 열어놓았던 적은 없었다. 때를 기다리지 않았다면 한 사람의 성인이 모든 예악제도를 다 만들었을 것이니, 어찌 여러 성인이 계속 나와 제작하기를 기다렸겠는가? 때가 곧 일을 벌이는 단서이니, 성인은 때의 변화에 따라서 행한다.

凡理之所然者非妄也, 人所欲爲者乃妄也, 故以耕穫菑畬譬之. 六二居中得正, 又應五之中正, 居動體而柔順, 爲動能順乎中正, 乃无妄者也, 故極言无妄之義. 耕, 農之始, 穫, 其成終也. 田一歲曰菑, 三歲曰畬. 不耕而穫, 不菑而畬, 謂不首造其事, 因其事理所當然也. 首造其事, 則是人心所作爲, 乃妄也. 因事之當然, 則是順理應物, 非妄也, 穫與畬是也. 蓋耕則必有穫, 菑則必有畬, 是事理之固然, 非心意之所造作也. 如是則爲无妄, 不妄則所往利而无害也. 或曰, 聖人制作以利天下者, 皆造端也, 豈非妄乎? 曰, 聖人隨時制作, 合乎風氣之宜, 未嘗先時而開之也. 若不待時, 則一聖人足以盡爲矣. 豈待累聖繼作也? 時乃事之端, 聖人隨時而爲也.

「상전」에서 말했다. 밭을 갈려 하지 않았는데도 거두는 것은 부자가 되려고 미리 계산하지 않은 것이다.

象曰, 不耕穫, 未富也.

'미未'란 반드시 그렇지는 않다는 말이다. 임臨괘에서 "명령에 순종하는 것만은 아니다"라고 한 것이 이것이다. 밭을 갈지 않고서 수확하고, 밭을 1년 묵히지 않고 3년 묵은 밭이 되는 것은 그 일의 당연함을 따라서 그렇게 된 것이니, 밭을 갈았다면 반드시 수확이 있고 밭을 1년 묵었다면 반드시 3년 묵은 밭이 되는 것이지, 반드시 수확과 3년 묵은 비옥한 땅이라는 풍부함의 결과를 얻을 것이라 의식하고서 행한 것은 아니다. 그 처음에 밭을 갈고 밭을 1년 묵히려고 할 때에서부터 수확과 비옥한 땅을 구하려고 마음먹었다면, 이것은 그러한 풍부함의 결과를 얻으려고 한 것이니, 마음속에 욕심이 있으면서 행한 것은 곧 망령된 거짓이다.

未者, 非必之辭, 臨卦曰未順命是也. 不耕而穫, 不菑而畬, 因其事之當然, 旣耕則必有穫, 旣菑則必成畬, 非必以穫畬之富而爲也. 其始耕菑, 乃設心在於求穫畬, 是以其富也, 心有欲而爲者則妄也.

육삼효는 진실무망의 재앙이니, 설혹 소를 매어놓았더라도 지나가는 행인이 얻는 것이 마을 사람들의 재앙이다.

六三, 无妄之災, 或繫之牛, 行人之得, 邑人之災.

육삼효는 음유한 자질이고 중정을 이루지 못했으니 망령스럽게 행하는 자다. 또 그런데도 뜻이 상구효와 호응관계를 가지려고 하니, 이는 욕심이고 또한 망령된 거짓이므로 진실무망한 도리에서는 재앙과 피해를 입는다.[8] 사람이 경거망동하는 것은 마음속에 욕심이 있기 때문이다. 망령되게 행동하여 어떤 결과를 얻었을지라도, 또한 반드시 잃게 마련이다. 설령 이로운 바를 얻었더라도 그 행동이 망령되었다면 그 잃음이 큰데, 하물며 다시 흉하고 후회할 일이 뒤따른다면 무슨 말을 하겠는가! 지혜로운 자는 망령되게 행동하여 뭔가를 얻었다면 그에 상응해서 뭔가를 잃을 것이라는 점을 안다. 그러므로 성인은 육삼효에 망령된 거짓이 있는 모습을 통해서 그 이치를 분명하게 밝혀서 "진실무망의 재앙이니, 설혹 소를 매어놓았더라도 지나가는 행인이 얻는 것이 마을 사람들의 재앙이다"라고 했다.

육삼효처럼 망령된 행동을 하는 것은 바로 진실무망의 재앙이며 피해임을 말한 것이니, 설령 얻은 것이 있더라도 그에 상응하는 손실이 따른다. 마치 묶어놓은 소와 같다. '혹或'은 '설혹'이라는 말로서, 설혹 소를 묶어놓았더라도 지나가는 행인이 그것을 얻어 뭔가를 얻었다고 생각하는 것은 곧 동시에 마을 사람들이 소를 잃어버린 것이니, 이것이 바로 재앙이다. 설사 마을 사람들이 말을 묶어놓았다면, 지나가는 사람이 말을 잃어버린 것이 되니 이것이 바로 재앙이다. 얻음이 있다면 잃음이 있으니, 그것을 얻었다고 생각할 수 없다. 지나가는 사람과 마을 사람이라는 것은 단지 얻음이 있으면 잃음이 있다는 점을 말한 것이지, 타인과 자신을 말한 것은 아니다. 망령되게 얻은 행복에는 또한 재앙이 그에 수반하여 뒤따르고, 망령되게 얻은 소득에는 또한 손실이 그에 상응하니, 실로 얻었다고 생각할 수 없다. 사람들이 이런 점을 안다면 망령되게 행동하지 않을 것이다.

三以陰柔而不中正, 是爲妄者也, 又志應於上, 欲也, 亦妄也, 在无妄之道, 爲災害也. 人之妄動, 由有欲也. 妄動而得, 亦必有失, 雖使得其所利, 其動而妄, 失已大矣, 況復凶悔隨之乎? 知者見妄之得, 則知其失必如與稱也. 故聖人因六三有妄之象, 而發明其理云, 无妄之災, 或繫之牛, 行人之得, 邑人之災. 言如三之爲妄, 乃无妄之災害也, 設如有得, 其失隨至. 如或繫之牛. 或謂設或也, 或繫得牛, 行人得之以爲有得, 邑人失牛乃是災也. 借使邑人繫得馬, 則行人失馬, 乃是災也. 言有得則有失, 不足以爲得也. 行人邑人, 但言有得則有失, 非以爲彼己也. 妄得之福, 災亦隨之, 妄得之得, 失亦稱之, 固不足以爲得也. 人能知此, 則不爲妄動矣.

「상전」에서 말했다. 지나가는 행인이 소를 얻은 것은 마을 사람들의 재앙이다.

象曰, 行人得牛, 邑人災也.

지나가는 행인이 소를 얻는 것이 곧 마을 사람들의 재앙이다. 소득이 있으면 손실이 있으니, 어찌 이득이라고 생각할 수 있겠는가?

行人得牛, 乃邑人之災也. 有得則有失, 何足以爲得乎?

구사효는 올바를 수 있으니, 허물이 없다.

九四, 可貞, 無咎.

구사효는 강양한 자질로 건乾괘의 형체에 자리하고, 다시 호응하여 함께하는 사람이 없으니, 진실무망한 자다. 강직하면서도 사사로움이 없으니 어찌 망령된 거짓이 있겠는가? 올바르고 굳세어 그것을 지킬 수 있다면, 저절로 허물이 없다. 어떤 사람은 이렇게 묻는다. "구九라는 양의 자질이 음의 자리에 있는데 어떻게 올바름을 얻은 것인가?" 이렇게 대답하겠다. 양의 자질로 건괘의 형체에 자리했는데 다시 강함에 처한다면 과도한 것이다. 과도하면 망령되게 마련이다. 음의 자리인 사四의 자리에 거하는 것은 강함을 숭상하는 뜻이 없는 것이다.[9] "올바를 수 있다"는 말과 "올바르게 해야 이롭다"는 말은 다르니, "올바를 수 있다" 함은 그 처신하는 것이 올바르고 굳세어 그것을 지킬 수 있다는 말이고, "올바르게 해야 이롭다" 함은 올바르게 행하는 것이 이롭다는 말이다.

四剛陽而居乾體, 復无應與, 无妄者也. 剛而无私, 豈有妄乎? 可貞固守此, 自无咎也. 九居陰, 得爲正乎? 曰, 以陽居乾體, 若復處剛, 則爲過矣, 過則妄也. 居四, 无尙剛之志也. 可貞與利貞不同, 可貞謂其所處可貞固守之, 利貞謂利於貞也.

「상전」에서 말했다. 올바를 수 있으니, 허물이 없는 것은 굳게 지키고 있기 때문이다.

象曰, 可貞無咎, 固有之也.

올바르고 굳세게 지키면 허물이 없다.

貞固守之, 則無咎也.

구오효는 진실무망함의 질병은 약을 쓰지 않으면, 기쁜 일이 있다.

九五, 无妄之疾, 勿藥, 有喜.

구오효는 중정의 덕으로 존귀한 지위를 담당하고, 아래로는 다시 중정의 덕으로 순종하면서 호응하여, 진실무망함이 지극한 자라고 말할 수 있으니, 그 도리가 여기에서 더 덧붙일 것이 없다.[10] '질疾'이란 병이 걸리는 것이다. 구오효의 진실무망함으로 만약 병이 있을 때, 약으로 치료하지 않으면 기쁨이 있다. 사람에게 질병이 있으면, 약과 침으로 그 나쁜 기운을 다스려 그 올바른 기운을 보양해야 한다. 만약 몸이 평온하고 조화로워 본래 질병이 없는데 약과 침으로 다스리면 도리어 그 올바른 기운을 해치므로, 약을 쓰지 않으면 기쁨이 있다고 한 것이다.

"기쁨이 있다"는 것은 질병이 저절로 없어지는 것을 말한다. 무망괘에서 말하는 질병이란 것은 다스리려 하면 다스려지지 않고, 인도하려고 하면 복종하지 않고, 변화시키려 하면 개혁되지 않으니, 망령된 의도로써 진실무망함의 병이 된 것이다. 순임금의 유묘有苗[11]와 주공의 관숙管叔·채숙蔡叔[12]과 공자의 숙손무숙叔孫武叔[13]의 경우가 그러하다. 이미 진실무망한데 그것을 해치려는 자가 있다면, 무망의 병과 같으니 근심할 필요가 없다. 만약 성급하게 스스로 고치려고 하면 이는 그 진실무망함을 변하게 해서 망령된 거짓으로 가게 한다. 구오효는 진실무망함의 끝에 처했으므로, 오직 경계함이 함부로 움직이는 데에 있으니, 함부로 움직이면 망령되게 된다.

九以中正當尊位, 下復以中正順應之, 可謂无妄之至者也, 其道无以加矣. 疾, 爲之病者也. 以九五之无妄, 如其有疾, 勿以藥治, 則有喜也. 人之有疾, 則以藥石攻去其邪, 以養其正. 若氣體平和, 本无疾病而攻治之, 則反害其正矣, 故勿藥則有喜也. 有喜謂疾自亡也. 无妄之所謂疾者, 謂若治之而不治, 率之而不從, 化之而不革, 以妄而爲无妄之疾, 舜之有苗, 周公之管蔡, 孔子之叔孫武叔是也. 旣已无妄, 而有疾之者, 則當自如无妄之疾, 不足患也. 若遂自攻治, 乃是渝其无妄而遷妄也. 五旣處无妄之極, 故唯戒在動, 動則妄矣.

「상전」에서 말했다. 진실무망함의 약은 조금도 맛보면 안 된다.

象曰, 无妄之藥, 不可試也.

사람에게 망령된 거짓이 있다면, 이치상 반드시 고쳐야 한다. 그러나 이미 진실무망한데 또 다시 약으로 다스리면 이는 도리어 망령된 것이니, 어떻게 약을 쓸 수 있겠는가? 그래서 "조금도 맛보면 안 된다"고 말한 것이다. '시試'란 잠시 쓰는 것이니, 조금 맛본다는 말과 같다.

人之有妄, 理必修改. 旣无妄矣, 復藥以治之, 是反爲妄也, 其可用乎? 故云不可試也. 試, 暫用也, 猶曰少嘗之也.

상구효는 진실무망한데, 더 나아가면 재앙이 있어 이로운 바가 없다.

上九, 无妄, 行, 有眚, 無攸利.

상구효는 괘의 끝에 자리하여, 진실무망함의 극한이다. 극한에 이르렀는데 다시 더 나아가면 이치에서 과도하게 벗어난 것이니, 이치에서 과도하게 벗어나면 망령된 것이다. 그러므로 상구효이면서 더 진행해나가면 허물과 재앙이 있어서 이로울 바가 없다.

上九居卦之終, 无妄之極者也. 極而復行, 過於理也, 過於理則妄也. 故上九而行, 則有過眚, 而无所利矣.

「상전」에서 말했다. 진실무망함에서 더 나아가는 것은 궁색함의 재앙이다.

象曰, 无妄之行, 窮之災也.

진실무망함이 극한에 달했는데 다시 더 나아가면 망령되니, 이는 궁색한 것이 극한에 이르러 재앙과 해가 되는 것이다.

无妄旣極, 而復加進, 乃爲妄矣, 是窮極而爲災害也.

1 거짓됨[妄]: 망妄의 반대말은 진眞이다. 진은 진짜이고 망은 가짜이며 허망한 것이다. 정이천은 이렇게 말하다. "보고 듣고 사려하고 행동하는 모든 것은 하늘의 자연스러움이다. 사람은 단지 그 가운데에서 진짜와 가짜를 식별해내야 할 뿐이다視聽思慮動作皆天也, 人但於其中要識得眞與妄爾(『이정집』 11권 131쪽)." 『열자列子』「주 목왕周穆王」에서는 "한번 깨어나고 한번 잠이 드니 깨어나서 하는 것이 진실한 것이고, 꿈속에서 보는 것이 허망한 것이다一覺一寐, 以爲覺之所爲者實, 夢之所見者妄"이라는 설명도 있다. 허망한 것이고 진실하지 못한 것이다. 주희는 무망無妄을 독특하게 해석한다. "무망은 실리의 저절로 그러함을 말한다. 『사기』에서는 무망無望이라고 하는데, 바라지 않았는데 얻음이 있는 것을 말하니, 의미가 또한 통한다无妄, 實理自然之謂. 史記作无望, 謂无所期望而有得焉者, 其義亦通." 결국 무망이란 어떤 사사로운 목적이나 의도 혹은 그것에 대한 기대를 가지고 행하지 않는 것을 말한다. 그래서 망妄이란 망령됨으로 번역될 수 있는데 그것은 본래적인 본성 혹은 진실함으로부터 벗어난 것을 말한다. 그래서 거짓됨으로 번역했다. 정이천은 충忠과 관련시켜 이렇게 말한다. "충忠, 충심은 진실무망을 말한다. 충忠은 천도다忠者, 无妄之謂也. 忠, 天道也(『이정집』 21권下 274쪽)." "진眞은 성誠과 가깝다. 성誠이란 무망을 말한다眞近誠, 誠者无妄之謂(『이정집』 21권下 274쪽)." "자신을 다하는 것이 충忠이고 사물을 다하는 것이 신信이다. 자신을 다한다는 것은 자신의 본성을 온전하게 실현하는 것이고 사물을 다한다는 것은 사물의 본성을 온전히 다하는 것이다. 신信이란 거짓이 없는 것일 뿐이다. 천성天性에 더하거나 빼는 것이 조금이라도 있다면 그것은 거짓이다盡己爲忠, 盡物爲信. 極言之, 則盡己者盡己之性也, 盡物者盡物之性也. 信者, 無僞而已, 於天性有所損益, 則爲僞矣(『이정집』 24권 315쪽)."

2 각 사물의 본성과 명命을 바르게 했으니: '각정기성명各正其性命'에 대해서는 건괘 「단전」의 내용 참조.

3 『역』 건괘 「문언전」, "夫大人者, 與天地合其德, 與日月合其明, 與四時合其序, 與鬼神合其吉凶, 先天而天弗違, 後天而奉天時, 天且弗違, 而況於人乎, 況於鬼神乎?"

4 올바르지 않은 마음[邪心]이 없더라도, (…) 그것이 곧 올바르지 않은 마음이므로: 논란이 있는 대목이다. 호원은 "그것이 올바르지 않으면 허물이 있고, 함부로 행동하면 이롭지 않다"는 말을 세상에 올바르지 않은 사람이 하나라도 있어서 망령된 행동을 하게 되면 이로울 바가 없다는 뜻으로 정이천과 전혀 다르게 해석한다. 정이천은 한 사람의 마음에서 일어나는 심리현상에 대해서 말하고 있다. 이러한 심리현상에 대해 주희의 제자가 이렇게 질문한다. "엄숙하고 공경하며 절도를 지키며 수양하는 데에 이 마음이 있다면 또한 거짓된 마음이 없다고 말할 수 있습니다. 그러나 지知에서 이르지 못한 부분이 있고 이理에서 궁리하지 못한 부분이 있으면, 일을 처리하고 사람을 접대하는 때에 그 합당함에 맞게 처신할 수가 없으므로 분란을 면치 못하고 경敬 역시 시행할 수 없습니다. 비록 방자하여 알지 못하는 자와는 다를 지라도, 정리正理에 합치하지 못하면 거짓되고 올바르지 않은 마음을 면치 못할 것입니다莊敬持養, 此心既存, 亦可謂之无邪心矣. 然知有未至, 理有未窮, 則於應事接物之際, 不能處其當, 則未免於紛擾, 而敬亦不得行焉. 雖與流放而不知者, 異然, 苟不合正理則亦未免爲妄與邪心也." 이에 대해서 주희는 이

렇게 대답한다. "논의한 바가 매우 좋다. 그러나 '올바르지 않은 마음〔邪心〕이 없더라도, 정리正理에 부합하지 않는 것'이란 말은 동정動靜을 아울러 말한 것이다. 고요히 홀로 있을 때 어떤 것이 자극을 주면, 이치상 응당 호응해야만 하는데, 자신의 마음은 완고하게 고집하여 움직이지 않으니, 사심邪心이 없더라도 이렇게 움직이지 않는 것 자체가 정리가 아니다. 또 예를 들어 어떤 일을 처리하고 어떤 사물에 접촉해야 할 때 처신의 이치가 응당 저러해야만 하는데, 내가 호응하는 것이 이러하다면, 비록 어떤 의도가 있는 사심에서 나온 것이 아닐지라도 이것 역시 정리에 부합하는 것은 아니다所論甚善. 但所謂雖无邪心而不合正理者, 實該動靜而言. 然燕居獨處之時, 物有來感, 理所當應, 而此心, 頑然固執不動, 則雖无邪心, 而只此不動處, 便非正理. 又如應事接物, 處理當如彼, 而吾所以應之者, 乃如此, 則雖未必出於有意之私, 然只此亦是不合正理(『주역전의대전』)."

5 강실剛實: 강직하고 진실한 것을 말한다. 「범례」 4번 재才와 덕德 항목 참조.

6 진실무망함으로 행해나가면: 정이천은 진실무망한 마음가짐으로 어떤 일을 진행해 나아가건 길하다는 의미로 풀고 있는데, 호원은 구체적으로 강명剛明한 자질을 가진 신하인 초구효가 강명한 자질을 가진 군주인 구오효를 만나러 간다는 뜻으로 해석한다.

7 그 일의 당연한 이치를 따르는 것을 말한다: 잠실 진씨潛室陳氏는 이 부분에 대한 정이천의 해석을 문제 삼고 있지만 "정이천이 말하고자 하는 전체적인 대의는 수확을 위해서 밭을 갈지 않고, 옥토를 얻기 위해 묵히지 않는다는 말이니, 의도적으로 하려고 하는 마음을 가지고 어떤 일을 하는 것은 모두 이익을 계산하는 사사로운 마음이니 망령된 거짓이다伊川大意, 只謂不爲穫而耕, 不爲畬而菑, 凡有所爲而爲者, 皆計利之私心, 即妄也"라고 정리하고 있다. 그래서 잠실 진씨는 정이천이 말하는 '먼저 어떤 일을 조장하지 않는다'는 말은 "어떤 일을 하려고 할 때 결과나 공로를 계산하려는 마음이 싹터서는 안 된다作事之始, 不可萌計較課功意(『주역전의대전』)"는 말이라고 설명한다. 그러나 호원은 유순한 신하가 군주의 권력을 함부로 사용하지 않고서, 군주의 일을 대신하여 결국에는 군주의 아름다운 명예를 이루어준다는 뜻으로 해석하고 있다.

8 재앙과 피해를 입는다: 호원은 신하와 군주 사이의 관계에서 일어나는 행위들로 설명한다. 즉, 육삼효는 중정을 이루지 못한 신하이고 지나가는 행인이다. 행인이 밭을 갈 때 쓰는 도구인 소를 얻었다는 것은 군주의 권력을 농단하고 군주의 권위를 훔쳐서, 군주의 명령을 기다리지 않고 함부로 권력을 남용하는 모습으로 묘사하고 있다. 그래서 결국 주변 사람들에게까지 피해를 입히는 것이다. 그러나 정이천은 한 사람의 행위가 가져오는 심리적인 현상과 결과들을 가지고 설명한다. 이 효는 진실무망한 마음을 가졌더라도 올바르게 행하지 못하면 재앙을 입는다는 의미다. 이것이 괘사에서 "진실무망이란 크게 형통하고, 올바름을 굳게 지키는 것이 이로우니, 그것이 올바르지 않으면 재앙이 있다"라고 한 말의 의미다. 쌍호 호씨雙湖胡氏는 이렇게 말한다. "구삼효는 진실무망함의 재앙이다. 그러나 또한 올바르지 않았기 때문에 자초한 것이니, 구삼효가 올바름을 얻었다면 어찌 이런 재앙이 있겠는가?三固是无妄之災. 然亦其不正之所致, 使九三得正寧有是乎(『주역전의대전』)"

9 강직함을 숭상하는 뜻이 없는 것이다: 호원은 이렇게 설명한다. "구사효는 양의 자질로 음의 위치에 자리하여 지위로 말하자면 그 올바른 위치에 자리한 것은 아

니다. 그러나 강건한 자질로 유순한 위치에 자리하니, 이는 겸손함을 숭상하는 것이다. 이렇게 하면 그 정도正道를 지켜서 허물을 면할 수 있다九四, 以陽居陰, 以位言之, 未居其正也. 然而以剛健而履以柔順之位, 是尙謙也. 如此, 則是可守其正道而得免其咎也." 참조해볼 만하다.

10 도리가 여기에서 더 덧붙일 것이 없다: 진실무망함이 지극한 자인데 왜 병에 걸린 것일까? 이것은 그가 자초한 것이 아니라 생각하지도 않았는데 생긴 것이다. 백운 곽씨白雲郭氏는 이렇게 말한다. "『역』에서 강함을 탄 것이 병이 된 것 중 예豫괘의 육오효 같은 경우는 스스로 자초한 것이니 진실무망함이 아니다. 무망괘의 구오효는 강함으로 강함을 탔고 중의 위치에 자리하여 올바름을 얻었으니 스스로 자초한 도는 아니므로 진실무망함의 질병이 된다. 사람에게 병이 있으면 약과 침으로 사기邪氣를 다스려야 한다. 그러나 예괘처럼 올바르되 병이 있는 경우는 다스려도 좋지만, 진실무망함의 질병은 다스리면 안 된다易以乘剛爲疾, 如豫六五自取之也, 非无妄也. 九五以剛乘剛, 居中得正, 非自取之道, 故爲无妄之疾也. 人之有疾以藥石攻邪. 然以治豫之貞疾, 則可, 治无妄之疾, 則不可也(『주역전의대전』)."

11 순임금이 우禹에게 유묘를 정벌하라고 명령했다가 다시 문덕文德을 펴는 모습은 『서』「우서虞書·대우모大禹謨」에 나와 있다. "제순帝舜이 말씀하셨다. '아! 우야, 이 유묘의 군주가 나의 가르침을 따르지 않으니, 네가 가서 정벌하라.' 우가 마침내 여러 제후를 불러 모아놓고 군사들에게 다음과 같이 맹세했다. '잘 정돈된 많은 군사들이여, 모두들 나의 명령을 들어라. 무지한 이 유묘의 군주가 어둡고 미혹하며 공경스럽지 못하여, 남을 업신여기고 스스로 어진 체하며 정도를 어기고 덕을 무너뜨렸으니 군자가 초야에 묻혀 있고 소인이 높은 지위에 오른다. 백성들이 그를 버리고 보호하지 않으며, 하늘이 그에게 재앙을 내리신다. 그러므로 마침내 내가 너희 여러 군사를 거느리고 황제의 말씀을 받들어 죄를 지은 자를 치려 하니, 너희는 부디 마음을 함께하고 힘을 합쳐야 능히 공을 세울 수 있을 것이다.' 30일 동안을 유묘의 백성들이 명을 거역하자, 익益이 우에게 조언을 하여 말했다. '덕은 하늘을 감동시키니 아무리 먼 곳이라도 미치지 않음이 없습니다. 가득하면 줄어들게 되고 겸손하면 보태지게 되니, 이것이 바로 천도입니다. 제순이 처음 역산歷山에 계실 때 밭에 나아가 날마다 하늘과 부모를 향하여 울부짖으시어 부모의 죄를 떠맡고 그 악을 자신에게 돌리셨으며, 공경히 자식의 직분을 다하여 고수瞽瞍를 뵙되 엄숙히 공경하고 두려워하시니, 고수 또한 마침내 믿고 따르게 되었습니다. 지극한 정성은 신명을 감동시키는 법이거늘, 하물며 이 유묘야 말할 나위가 있겠습니까?' 우가 익의 훌륭한 말에 절하면서, '아! 너의 말이 옳다' 하고는 군대를 거두어 돌아왔다. 제순이 마침내 문덕의 교화를 크게 펴시어 방패를 잡고 추는 춤과 일산日傘을 잡고 추는 춤을 빈주賓主의 뜰에서 추게 하시니, 70일 만에 유묘가 와서 항복했다帝曰'咨禹, 惟時有苗弗率, 汝徂征.' 禹乃會群后, 誓于師曰'濟濟有衆, 咸聽朕命. 蠢玆有苗, 昏迷不恭, 侮慢自賢, 反道敗德, 君子在野, 小人在位, 民棄不保, 天降之咎, 肆予以爾衆士, 奉辭伐罪, 爾尙一乃心力, 其克有勳.' 三旬, 苗民逆命, 益贊于禹曰'惟德動天, 無遠弗屆, 滿招損, 謙受益, 時乃天道. 帝初于歷山, 往于田, 日號泣于旻天, 于父母, 負罪引慝, 祗載見瞽瞍, 夔夔齊慄, 瞽亦允若, 至誠感神, 矧玆有苗.' 禹拜昌言曰'兪.' 班師振旅, 帝乃誕敷文德, 舞干羽于兩階, 七旬, 有苗格."

12 주공의 관숙管叔·채숙蔡叔: 관숙과 채숙은 주나라 문왕의 아들로서 주공 단의 바로 아래 동생이다. 무왕이 은나라를 정벌하고, 그 영토에 주왕紂王의 아들인

무경武庚 녹보祿父를 봉했다. 그리고 은나라 영토를 용鄘, 패邶 위衛 셋으로 나누어 관숙과 채숙 및 곽숙霍叔 세 아우를 그곳의 감국監國으로 삼아 무경 녹보를 감시하게 했다. 이를 삼감三監이라 한다. 무왕이 죽고 성왕이 나이가 어려 주공이 섭정의 자리에 올라 주나라를 통치하자 관숙은 무경 녹보를 부추겨 반란을 일으키도록 했다. 그래서 삼감의 반란이라 한다. 주공이 반란을 진압한 다음 관숙은 죽이고 채숙과 곽숙은 나라 밖으로 추방했다. 정이천은 순과 주공의 일에 대해서 이렇게 설명하고 있다. "'동생 상이 근심하면 순 역시 근심했고, 동생 상이 기뻐하면 순 역시 기뻐했다.' 천리와 인정이란 이와 같이 지극한 것이다. 순이 동생 상을 대한 것과 주공이 관숙을 대한 것은 그 마음씀이 한 가지였다. 관숙에게 아직 악행이 없었는데 주공이 그가 앞으로 모반을 할 것이라고 미리 짐작했다면 과연 그것은 어떤 마음이겠는가? 오직 관숙이 모반할 것이라는 점을 주공이 알 수 있는 것이 아니었으니, 그의 허물을 면할 수 없다. 그래서 맹자가 '주공의 허물은 또한 마땅한 것이 아닌가?'라고 했다'象憂亦憂, 象喜亦喜', 蓋天理人情, 於是爲至. 舜之於象, 周公之於管叔, 其用心一也. 夫管叔未嘗有惡也, 使周公逆知其將畔, 果何心哉? 惟其管叔之畔, 非周公所能知也, 則其過有所不免矣. 故孟子曰, '周公之過, 不亦宜乎?'(『이정집』 4권 71쪽)"

13 숙손무숙은 성은 희姬로 숙손씨叔孫氏이고 이름은 주구州仇, 시호는 무武다. 그래서 숙손주구叔孫州仇라고도 한다. 동주東周 시기 제후국인 노나라의 사마司馬였고 삼환三桓 가운데 하나다. 숙손성자叔孫成子의 아들인데, 아버지가 죽자 즉위했다. 공자를 헐뜯은 사람이다. "숙손무숙이 중니를 헐뜯자, 자공이 말했다. '그러지 말라, 중니는 헐뜯을 수 없다. 다른 사람의 어진 자는 언덕과 같아 넘을 수 있지만, 중니는 해와 달과 같아 넘을 수 없다. 사람들이 스스로 관계를 끊고자 하여도 어찌 해와 달에 해가 되겠는가! 다만 자기의 분수를 알지 못함을 보일 뿐이다.' 叔孫武叔毁仲尼. 子貢曰, 無以爲也! 仲尼不可毁也. 他人之賢者, 丘陵也, 猶可踰也, 仲尼, 日月也, 無得而踰焉. 人雖欲自絶, 其何傷於日月乎? 多見其不知量也(『논어』「자장」)"

26. 큰 것으로 길들임: 대축大畜괘䷙

산천대축山天大畜이라고 한다. 괘의 모습이 간艮☶괘가 위에 있고, 건乾☰괘가 아래에 있기 때문이다.

대축大畜괘에 대해서 「서괘전」은 이렇게 설명한다. "진실무망한 뒤에 기를 수 있으므로, 대축괘로 받았다." 거짓됨이 없으면 진실함이 있는 것이므로, 기르고 축적할 수가 있으니, 대축괘가 무망無妄괘를 이은 것이다. 괘의 모습은 산을 상징하는 간艮괘가 위에 있고 하늘을 상징하는 건乾괘가 아래에 있어 하늘이 산 가운데에 있는 것이니, 축적된 바가 지극히 큰 모습이다. '축畜'이란 그친다는 의미가 있고 또 축적한다는 의미가 있으니, 그치면 쌓기 때문이다. 하늘이 산 가운데 있는 모습을 취하면 축적한다는 의미가 되고, 산이 하늘을 멈추게 하면 그친다는 의미가 된다. 멈춘 뒤에 축적하므로, 그침이 축적한다는 뜻이다.

大畜, 序卦, "有无妄然後可畜, 故受之以大畜." 无妄則爲有實, 故可畜聚, 大畜所以次无妄. 爲卦, 艮上乾下, 天而在於山中, 所畜至大之象. 畜爲畜止, 又爲畜聚, 止則聚矣. 取天在山中之象, 則爲蘊畜, 取艮之止乾, 則爲畜止. 止而後有積, 故止爲畜義.

크게 축적함은 바르게 해야만 이롭고, 집에서 밥을 먹지 않으면 길하니, 큰 강을 건너는 것이 이롭다.

大畜, 利貞, 不家食吉, 利涉大川.

하늘보다 큰 것이 없는데 하늘이 산 가운데에 있고, 간괘가 위에 있으면서 건괘를 아래에서 그치게 했으니, 모두 축적함이 매우 큰 모습이다.[1] 사람으로 보자면 학문과 기술 그리고 도와 덕을 안으로 충만하게 축적하니, 축적함이 큰 것이다. 대체로 축적하는 일이 모두 이러하지만, 여기서는 큰 것만을 말했다. 사람이 마음속에 축적할 때에는 마땅히 정도正道를 얻어야 하므로, "바르게 해야만 이롭다"[2]고 했다. 이단과 편벽된 학문 같은 경우는 아무리 많이 축적하더라도 올바르지 못한 것이 분명히 있다. 도와 덕을 마음속에 충만하게 축적했다면, 마땅히 윗자리의 지위에서 천록天祿을 향유하여 그 도와 덕을 천하에 시행하면, 단지 한 개인에게만 길한 것이 아니라 천하가 길하게 된다.

그러나 궁벽한 곳에 처하여 홀로 집에서 밥을 먹으면 도가 막혀 정체되므로, "집에서 밥을 먹지 않으면 길하다"고 했다. 도와 덕을 축적한 바가 크다면 마땅히 그 시대에 그것을 시행하여 세상의 고난을 구제하는 것이 곧 크게 축적한 사람의 쓰임이므로, "큰 강을 건너는 것이 이롭다." 이것은 큰 축적의 뜻에 근거하여 말한 것이고, 「단전」에서는 다시 괘의 자질과 덕으로 말했으며 여러 효에서는 오직 그치고 축적하는 뜻만이 있다. 『역』은 도를 체득하고 마땅함을 따라서, 분명하고 가까운 것을 취했기 때문이다.

莫大於天, 而在山中, 艮在上而止乾於下, 皆蘊畜至大之象也. 在人, 爲學術道德充積於內, 乃所畜之大也. 凡所畜聚皆是, 專言其大者. 人之蘊畜, 宜得正道, 故云利貞. 若夫異端偏學, 所畜至多, 而不正者固有矣. 旣道德充積於內, 宜在上位以亨天祿, 施爲於天下, 則不獨於一身之吉, 天下之吉也. 若窮處而自食於家, 道之否也, 故不家食則吉. 所畜旣大, 宜施之於時, 濟天下之艱險, 乃大畜之用也, 故利涉大川. 此只據大畜之義而言, 彖更以卦之才德而言, 諸爻則惟有止畜之義. 蓋易體道隨宜, 取明且近者.

「단전」에서 말했다. 크게 축적함은 강건하며, 순박하여 진실하며 빛이 나서, 그 덕을 날로 새롭게 한다.

彖曰, 大畜剛健篤實輝光, 日新其德.

괘의 자질 구조와 덕으로 말했다. 아래 건괘의 체질은 강건하고 위의 간괘의 체질은 순박하고 진실하다. 사람의 자질이 강건하고 순박하여 진실하면 축적하는 바가 클 수가 있어서, 마음속에 진실이 충만하여 빛을 발하니, 마음속에 축적하는 것이 그치지 않으면, 그 덕이 날로 새로워진다.

以卦之才德而言也. 乾體剛乾, 艮體篤實. 人之才剛健篤實, 則所畜能大, 充實而有輝光, 畜之不已, 則其德日新也.

강한 것이 위에 있고 현명한 자를 숭상하여, 강건한 것을 멈출 수 있으니 크게 올바른 것이다.

剛上而尙賢, 能止健, 大正也.

"강한 것이 위에 있다"는 것은 양이 상체에 자리한다는 것이다. 양강한 것이 위의 존귀한 지위에 자리하니, 현자를 숭상하는 뜻이 된다.[3] 멈춤을 뜻하는 간괘가 강건함을 뜻하는 건괘 위에 자리하므로, 강건한 것을 멈추게 할 수 있다는 뜻이다. 강건한 것을 멈추게 하는 자가 올바르지 않다면, 어떻게 능히 해낼 수 있겠는가? 강양한 자질로 가장 위의 자리에 있는 것과 현명한 덕을 가진 사람을 존숭할 수 있는 것과[4] 지극히 강건한 사람을 멈추게 할 수 있는 것은 모두 공명정대한 도다.

剛上, 陽居上也. 陽剛居尊位之上爲尙賢之義. 止居健上, 爲能止健之義. 止乎健者, 非大正則安能以剛陽在上與尊尙賢德? 能止至健, 皆大正之道也.

"집에서 밥을 먹지 않으면 길하다"는 것은 현명한 자를 양성하는 것이다. "큰 강을 건너는 것이 이롭다"는 것은 하늘에 순응하는 것이다.

不可食吉, 養賢也. 利涉大川, 應乎天也.

크게 도와 덕을 축적한 사람은 마땅히 그 축적한 바를 세상에 시행하여 세상의 문제들을 해결해야 하므로 "집에서 밥을 먹지 않으면 길하다"고 했으니, 천자의 지위에 있으면서 천록天祿을 향유한다는 말이다. 국가가 현자를 양성하면, 현자는 그 도를 세상에 시행할 수 있다. "큰 강을 건너면 이롭다"는 말은 도와 덕을 크게 온축한 사람은 마땅히 세상의 어려움을 해결해야 한다는 말이다.

「단전」에서는 괘의 자질 구조를 분명하게 밝혀 "큰 강을 건널 수 있는 것은 하늘에 순응하는 것이다"라고 했다. 육오효는 군주로서 아래 건괘의 가운데 구이효와 호응하니, 곧 크게 덕을 축적한 군주가 하늘에 호응하여 행하는 것이다. 행하는 바가 하늘에 순응할 수 있으면 험난한 것일지라도 건너지 못할 것이 없으니, 하물며 다른 것은 어떻겠는가!

大畜之人, 所宜施其所畜以濟天下, 故不食於家則吉, 謂居天位享天祿也. 國家養賢, 賢者得行其道也. 利涉大川, 謂大有蘊畜之人, 宜濟天下之艱險也. 彖更發明卦才云, 所以能涉大川者, 以應乎天也. 六五君也, 下應乾之中爻, 乃大畜之君, 應乾而行也. 所行能應乎天, 无艱險之不可濟, 況其他乎.

「상전」에서 말했다. 하늘이 산 가운데에 있는 것이 대축괘의 모습이니, 군자는 이를 본받아 앞선 성현들의 말과 행동을 많이 듣고서 그 덕을 축적한다.

象曰, 天在山中, 大畜, 君子以多識前言往行, 以其畜德.

하늘은 지극히 큰 것이지만 산 가운데에 있으니, 축적함이 매우 큰 모습이다. 군자는 이 모습을 관찰하여 도와 덕을 크게 축적한다. 사람의 축적함은 배움으로부터 커지니, 옛 성현의 말과 행동을 많이 듣고, 그들의 행적을 살펴서 그들이 현실에서 행한 작용을 관찰하고, 그들의 말을 살펴서 그들의 마음을 구하여, 깨닫고 체득하며 그 덕을 축적해나가는 것이 대축괘의 뜻이다.

天爲至大而在山之中, 所畜至大之象. 君子觀象以大其蘊畜. 人之蘊畜, 由學而大, 在多聞前古聖賢之言與行, 考跡以觀其用, 察言以求其心, 識而得之, 以畜成其德, 乃大畜之義也.

초구효는 위태로움이 있으니, 멈추는 것이 이롭다.

初九, 有厲利已.

대축괘는 괘의 모습으로 보면 간괘가 건괘를 저지하여 멈추게 하는 것이므로, 아래의 건괘 세 효는 모두 저지를 당하여 멈추는 것을 취하여 뜻으로 삼았고, 위의 간괘 세 효는 모두 저지하는 것을 취하여 뜻으로 삼았다. 초구효는 양강陽剛한 자질이고, 또 건乾괘가 상징하는 강건한 형체에 속해 있지만 아래 위치에 자리했으니, 반드시 위로 올라가려는 자이지만, 육사효가 위에 있으면서 자신을 저지하므로, 어떻게 위의 지위에 있는 세력에 대적할 수 있겠는가? 만약 함부로 침범하고 나아가면 위태로움이 있으므로, 이로움은 멈추어 나아가지 않는 데에 있다.

다른 괘의 경우 사四효와 초初효가 서로 올바른 호응관계로 서로 도와주는 자인데, 대축괘에서는 호응관계가 곧 서로 저지하는 관계다. 상구효와 구삼효는 모두 양효이므로 뜻을 합치하니, 양의 성질은 모두 위로 올라가려는 것이기 때문에 뜻을 함께하는 동지의 모습이고 서로 저지하려는 뜻은 없다.

大畜, 艮止畜乾也, 故乾三爻, 皆取被止爲義, 艮三爻皆取止之爲義. 初以陽剛, 又健體而居下, 必上進者也, 六四在上, 畜止於己, 安能敵在上得位之勢? 若犯之而進, 則有危厲, 故利在已而不進也. 在他卦, 則四與初, 爲正應, 相援者也, 在大畜, 則相應乃爲相止畜. 上與三皆陽, 則爲合志, 蓋陽皆上進之物, 故有同志之象, 而无相止之義.

「상전」에서 말했다. 위태로움이 있으니, 멈추는 것이 이로운 것은 재앙을 범하지 않는 것이다.

象曰, 有厲利已, 不犯災也.

위태로움이 있으면 마땅히 멈춰야 하니, 재앙과 위험을 침범하면서 나아가서는 안 된다. 그 형세를 헤아리지도 않고서 나아간다면, 재난이 반드시 있다.

有危則宜已, 不可犯災危而行也, 不度其勢而進, 有災必矣.

구이효는 수레에서 바퀴통이 빠졌다.

九二, 輿說輹.

구이효는 육오효에 의해서 저지되어 멈추니, 형세상 나아갈 수 없다. 육오효는 높은 지위에서 세력을 잡고 있으니, 어떻게 침범할 수 있겠는가? 구이효는 건乾괘가 상징하는 강건한 체질이지만 그 처신이 중도를 얻었으므로 나아가고 멈춤에 실수가 없어서, 나아가는 데에 뜻을 두지만 그 형세가 불가능하다는 점을 헤아리고서, 멈추어 나아가지 않는다. 마치 수레에 수레 바퀴통이 빠진 것과 같으니, 나아가지 않는 것을 말한다.

二爲六五所畜止, 勢不可進也. 五據在上之勢, 豈可犯也? 二雖剛健之體, 然其處得中道, 故進止无失, 雖志於進, 度其勢之不可, 則止而不行. 如車輿脫去輪輹, 謂不行也.

「상전」에서 말했다. 바퀴통이 빠진 것은 중도를 이루어 허물이 없는 것이다.

象曰, 輿說輹, 中無尤也.

바퀴통이 빠져서 가지 않는 것은 그 처신함에 중도를 얻어 움직이는 데에 마땅함을 잃지 않았으므로, 과실과 허물이 없다. 선한 것 가운데에서 강중剛中한 것보다 더 좋은 것은 없다. 유중柔中한 것은 과도한 나약함에 이르지 않았을 뿐이지만, 강중한 것은 중도를 얻었으면서도 재능이 있는 것이다. 초구효는 처신함에 중도를 얻지 못했으므로 위태로우니 그치는 것이 마땅할 뿐이라고 경계했다. 구이효는 중도를 얻어서 나아가고 멈춤에 스스로 과실과 오차가 없으므로 다만 "수레에 바퀴통이 빠졌다"고 말했으니, 이는 그가 나아가지 않을 수 있는 것을 말한 것으로 나아가지 않으면 허물이 없다.

초구효와 구이효는 건괘의 체질에 속하여 강건하지만 아직 나아가기에는 충분하지 않고, 육사효와 육오효는 음유한 자질이라서 그들을 저지할 수가 있다. 때가 흥성하고 쇠락하는 것, 형세가 강해지고 약해지는 것을 『역』을 배우는 자는 마땅히 깊게 깨달아야 한다.

輿說輹而不行者, 蓋其處得中道, 動不失宜, 故无過尤也. 善莫善於剛中. 柔中者不至於過柔耳. 剛中, 中而才也. 初九處不得中, 故戒以有危宜已. 二得中, 進止自无過差, 故但言輿說輹, 謂其能不行也, 不行則无尤矣. 初與二乾體, 剛健而不足以進, 四與五陰柔而能止. 時之盛衰, 勢之強弱, 學易者所宜深識也.

구삼효는 좋은 말이 달려가는 것으로 어려움을 알아서 올바름을 굳게 지키는 것이 이로우니, 날마다 수레 타는 것과 방위하는 것을 연습하면, 가는 바를 두는 것이 이롭다.

九三, 良馬逐, 利艱貞, 日閑輿衛, 利有攸往.

구삼효는 건괘가 상징하는 강건한 형체의 끝에 자리했는데, 양효인 상구효는 또한 위로 나아가려는 것이며, 또 저지하는 극한에 처해 변화를 생각해서, 구삼효와 서로 저지하지 않고, 뜻이 서로 같아 서로 호응하면서 나아가려는 자다. 구삼효는 강건한 재능으로 위의 자리에 있는 자와 뜻을 함께하여 나아가니, 그 나아감이 좋은 말이 달려가는 것과 같아서 그 속도가 빠른 것을 말한다. 그 나아감의 형세가 매우 빠르지만 자신의 재능의 강건함과 위에 호응하는 사람만을 의지하고 대비하고 신중히 하는 일을 잊어서는 안 되므로, 마땅히 그 일이 어렵고 험난하다는 점을 알고서 올바름을 굳게 지키는 방도를 따라야 한다.

'수레'는 길을 갈 때 쓰는 것이고 '방위'는 스스로 방위하는 것이다. 매일 평상시에 그 수레를 타는 것과 스스로를 방위하는 것을 연습하면, 어떤 일이건 진행해나가는 것이 이롭다. 구삼효는 건괘가 상징하는 강건한 형체에 속해 올바른 위치에 자리하여 올바름을 굳게 지킬 수 있는 자이지만, 당연히 빨리 나아가려는 조바심이 있기 때문에 험난함을 알고 그 올바름을 잃지 말라고 경계한 것이다. 뜻이 빨리 나아가려고 한다면 강명剛明하더라도 때때로 실수할 수 있으니, 경계하지 않을 수가 없다.

三剛健之極, 而上九之陽亦上進之物, 又處畜之極而思變也, 與三乃不相畜, 而志同相應以進者也. 三以剛健之才, 而在上者與合志而進, 其進如良馬之馳逐, 言其速也. 雖其進之勢速, 不可恃其才之健與上之應而忘備與慎也, 故宜艱難其事, 而由貞正之道. 輿者用行之物, 衛者所以自防. 當自日常閑習其車輿與其防衛, 則利有攸往矣. 三, 乾體而居正能貞者也, 當有銳進, 故戒以知難與不失其貞也. 志旣銳於進, 雖剛明, 有時而失, 不得不誡也.

「상전」에서 말했다. 나아갈 바를 두는 것이 이로운 것은 윗사람과 뜻을 합했기 때문이다.

象曰, 利有攸往, 上合志也.

일을 진행해 나아감이 이로운 것은 위의 자리에 있는 자와 뜻을 합하기 때문이다. 상구효는 양의 성질을 가져서 위로 나아가려고 하고 또 저지하는 것이 극한에 이르렀으므로, 아래로 구삼효를 저지하지 않고 뜻을 합하여 위로 나아간다.

所以利有攸往者, 以與在上者合志也. 上九陽性上進, 且畜已極, 故不下畜三, 而與合志上進也.

육사효는 어린 송아지에게 우리를 쳐두는 것이니, 크게 길하다.
六四, 童牛之牿, 元吉.

지위를 가지고 말한다면, 육사효는 아래로 초구효와 호응관계를 이루니, 초구효를 제지하여 길들이는 자다. 초구효는 가장 아래의 위치에 자리하여 가장 미약한 양효이므로, 미약할 때 제지하면 쉽게 저지되니, 마치 어린 송아지를 우리에 가두는 것과 같아서 크게 선하고 길하다. 제지하는 도를 개괄하여 말하자면, 육사효는 간괘의 형체에 속하고 위의 지위에 있으면서 올바름을 얻었으니, 이것이 올바른 덕으로 대신의 지위에 자리해서, 제지하는 책임을 맡은 자다. 대신의 책임은 위로 군주의 사악한 마음을 제지하여 그치게 하고, 아래로는 세상의 악한 사람들을 제지하여 그치게 하는 것이다.

사람들의 악함은 초기에 그치게 하면 쉽지만 그것이 번성한 후에 금지하면 저항하므로 이기기가 어렵다. 그래서 윗사람의 악행이 매우 성대해지면 성인이 구제하더라도 어기고 거스르는 것을 면하기 어렵고, 아랫사람들의 악행이 매우 성대해지면 성인이 다스리더라도 형벌과 살육을 면할 수가 없다. 미약한 싹이 트는 시초에 그것을 제지하기를 마치 어린 송아지에게 우리를 쳐두는 것처럼 한다면, 크게 길하다. 소의 본성은 뿔로 치받기 때문에, 우리를 쳐서 제어하는 것이다. 어린 송아지가 처음 뿔이 났을 때에 우리를 쳐두어 뿔로 치받는 성질이 일어나지 않게 한다면 쉽게 제지되어 다치지 않는데, 하물며 육사효가 위아래의 악행이 아직 발현되기 전에 제지하여 그치게 할 수 있다면 크게 선하여 길한 것이다.

以位而言, 則四下應於初, 畜初者也. 初居最下, 陽之微者, 微而畜之則易制, 猶童牛而加牿, 大善而吉也. 槪論畜道, 則四艮體居上位而得正, 是以正德居大臣之位, 當畜之任者也. 大臣之任, 上畜止人君之邪心, 下畜止天下之惡人. 人之惡, 止於初則易, 旣盛而後禁, 則扞格而難勝. 故上之惡旣甚, 則雖聖人救之, 不能免違拂, 下之惡旣甚, 則雖聖人治之, 不能免刑戮. 莫若止之於初, 如童牛而加牿, 則元吉也. 牛之性觝觸以角, 故牿以制之. 若童犢始角, 而加之以牿, 使觝觸之性不發, 則易而无傷, 以況六四能畜止上下之惡於未發之前, 則大善之吉也.

「상전」에서 말했다. 육사효는 크게 길하여 기쁨이 있다.

象曰, 六四元吉, 有喜也.

세상의 악덕이 성대해진 다음에 그치게 하려면, 윗사람은 금지하여 제지하는 데에 힘이 들고, 아랫사람은 형벌과 살육으로 손상을 당한다. 미약하여 세력이 자라나기 전에 제지하여 그치게 하면 크게 선하고 길해서, 힘을 들이지도 않고 손상을 당하지 않으므로 기뻐할 수가 있다. 육사효가 초구효를 제지하여 그치게 하는 것이 이러하니, 위를 제지하여 그치게 하는 것 역시 이러하다.

天下之惡, 已盛而止之, 則上勞於禁制, 而下傷於刑誅, 故畜止於微小之前, 則大善而吉, 不勞而无傷, 故可喜也. 四之畜初是也, 上畜亦然.

육오효는 거세한 멧돼지의 이빨이니, 길하다.

六五, 豶豕之牙, 吉.

육오효는 군주의 지위에 자리하여 세상의 사악함을 제지하여 멈추게 한다. 수많은 군중이 사악하고 욕심에 찬 마음을 일으키니, 군주는 힘으로 이것을 제지하려고 하지만 엄밀한 법과 엄격한 형벌로도 감당할 수가 없다. 어떤 것이건 통제하는 요령이 있고 어떤 상황에건 적절한 기회가 있으니, 성인이 그 요령을 잡으면 수많은 군중의 마음을 하나의 마음처럼 보게 된다. 인도하면 그들은 따라오고 그치게 하면 그들은 멈추므로, 힘들이지 않고서도 다스린다.

그래서 그 성인의 마음 씀이 멧돼지를 거세하여 이빨을 쓰지 못하게 하는 것과 같다. 멧돼지는 강하고 조급한 동물이고 이빨은 사납고 날카로우니, 그 이빨을 억지로 제지하면 힘을 들여 애를 써도 그 조급함과 맹렬함을 제지할 수가 없어서 동여매더라도 변하게 할 수가 없다. 그러나 만약 멧돼지를 거세하듯이 그 기세를 제거하면 이빨이 있더라도 강하고 조급한 성질은 저절로 멈추게 되니, 그 마음 씀이 이와 같아서 길하다.

군자는 거세한 멧돼지의 이빨의 뜻을 깨달아서 세상의 악행은 힘으로 제지할 수 없음을 알았으니, 그 적절한 기회를 살피고 요령을 잡아서 근본적인 곳에서 막고 단절시키므로, 준엄한 형법[5]을 사용하지 않더라도 악행이 저절로 멈추었다. 또한 도둑을 그치게 하는 것과 같아서, 백성은 욕심이 있어서 이익을 보면 마음이 동요하니 성인의 가르침을 알지 못하고, 배고픔과 추위에 절박해지면 형벌과 사형이 날마다 시행된다 한들 이익을 탐하는 욕심을 감당할 수 있겠는가!

성인이라면 그것을 그치게 하는 도리를 알아서, 위엄과 형벌을 숭상하지 않고 정치와 교화를 닦아 농사짓고 누에고치 짓는 생업을 갖게 하고 염치의 도리를 알게 하여, 백성들에게 상을 주어도 백성들은 도둑질하지 않는다. 그러므로 악행을 제지하는 방도는 그 근본을 알고 그 요령을 터득하는 데에 달려 있을 뿐이다. 저들에게 형벌을 엄격하게 가하지 않고서도 정치가 여기에서 잘 수행되게 하는 것이니, 이것이 이빨의 날카로움을 근심하되, 그 이빨을 억지로 제지하지 않으면서도 그 기세와 형세를 제거하는 것과 같다.

六五居君位, 止畜天下之邪惡. 夫以億兆之衆, 發其邪欲之心, 人君欲力以制之, 雖密法嚴刑, 不能勝也. 夫物有總攝, 事有機會, 聖人操得其要, 則視億兆之心猶一心. 道之斯行, 止之則戢, 故不勞而治. 其用若豶豕之牙也. 豕, 剛躁之物, 而牙爲猛利, 若強制其牙, 則用力勞而不能止其躁猛, 雖縶之維之, 不能使之變也. 若豶去其勢, 則牙雖存, 而剛躁自止, 其用如此, 所以吉也. 君子發豶豕之義, 知天下之惡, 不可以力制也, 則察其機, 持其要, 塞絕其本原, 故不假刑罰嚴峻而惡自止也. 且如止盜, 民有欲心, 見利則動, 苟不知教而迫於飢寒, 雖刑殺日施, 其能勝億兆利欲之心乎? 聖人則知所以止之之道, 不尙威刑, 而脩政教, 使之有農桑之業, 知廉恥之道, 雖賞之不竊矣. 故止惡之道, 在知其本, 得其要而已. 不嚴刑於彼, 而脩政於此, 是猶患豕牙之利, 不制其牙而豶其勢也.

「상전」에서 말했다. 육오효의 길함은 기쁜 일이 있다.

象曰, 六五之吉, 有慶也.

위의 자리에 있는 자가 악행을 제지하는 방도를 알지 못하고 형벌을 엄격하게 하여 백성의 욕심을 대적하고자 하면, 그 손상은 매우 심하면서도 공은 없게 된다. 그러나 그 근본을 알고서 제지하는 데에 방도가 있다면, 힘을 들이지 않고 손상을 입히지 않으면서도 풍속이 개혁될 것이니, 세상의 복된 경사다.

在上者不知止惡之方, 嚴刑以敵民欲, 則其傷甚而无功. 若知其本, 制之有道, 則不勞无傷而俗革, 天下之福慶也.

상구효는 하늘의 길이니 형통하다.

上九, 何天之衢, 亨.

나는 호원 선생[6]이 "'하늘의 거리이니 형통하다'는 말에 '하何'자가 잘못 덧붙여졌다"[7]고 말씀하시는 것을 들었다. 어떤 상황이든지 극한에 이르면 반대로 되돌아가는 것이 정상적인 이치이므로, 제지하여 그치게 하는 것이 극한에 이르면 형통하다. 작은 축적을 상징하는 소축괘는 제지하여 그치게 하는 것이 작으므로 극한에 이르면 완성되지만, 큰 축적을 상징하는 대축괘는 제지하여 그치게 하는 것이 크므로 극한에 이르면 흩어져 두루 형통하다. 극한에 이르면 당연히 변하고 또 양의 성질은 위로 나아가므로, 마침내 흩어진다.

'하늘의 거리'는 하늘의 길로 허공의 가운데를 가리켜, 구름과 새가 왕래하므로 하늘의 길이라고 한다. 하늘의 길이 형통한 것은 그 형통함이 광활하여 막힘과 장애가 없기 때문이다. 축적하는 도리에서는 변하는 것이므로, 축적한 것이 극한에 이르러 변화하면 형통한 것이지 축적하는 도리가 형통한 것은 아니다.

予聞之胡先生曰, 天之懼亨, 誤加何字. 事極則反, 理之常也, 故畜極而亨. 小畜畜之小, 故極而成, 大畜畜之大, 故極而散. 極旣當變, 又陽性上行, 故遂散也. 天衢, 天路也, 謂虛空之中, 雲氣飛鳥往來, 故謂之天衢. 天衢之亨, 謂其亨通曠闊, 无有蔽阻也. 在畜道則變矣, 變而亨, 非畜道之亨也.

「상전」에서 말했다. 어찌 하늘의 길이라고 하는가? 길이 크게 통행할 수 있기 때문이다.

象曰, 何天之衢, 道大行也.

어째서 하늘의 길이라고 했는가? 제지와 장애가 없어서 도로가 크게 뚫려 통행할 수 있기 때문이다. 하늘의 길은 일상적인 말은 아니기 때문에, 「상전」에서는 특별히 가정적인 질문처럼 "어찌하여 하늘의 길이라고 했는가? 길이 크게 통행할 수 있기 때문이다"라고 했으니 광활한 모양을 취한 것이다. 「상전」에서 '하何'라는 글자가 있으므로 효사에서도 잘못해서 '하'를 덧붙인 것이다.

何以謂之天衢? 以其无止礙, 道路大通行也. 以天衢非常語, 故象特設問曰, 何謂天之衢? 以道路大通行, 取空豁之狀也. 以象有何字, 故爻下亦誤加之.

1 모두 축적함이 매우 큰 모습이다: 소축小畜은 강함을 완전하게 제지하지 못하지만 대축大畜은 강함을 완전하게 제지한다는 의미가 있다. 공영달은 이렇게 설명한다. "「단전」에서 강건함을 멈출 수 있는 것이 큰 올바름이라 했으니, 이는 강건함을 멈추게 할 수 있는 것이므로, 대축이라고 했다. 소축괘는 손괘가 건괘의 위에 있어서 그 공손함으로 순종하여 건괘의 강건함을 제지할 수가 없다. 그래서 소축이라고 했다象曰能止健大正也, 是能止健, 故爲大畜也. 小畜則巽在乾上以其巽順, 不能畜止乾之剛, 故云小畜也." 호원은 소축괘에서 강함을 제지하는 손巽괘가 음陰이고, 대축괘에서 강함을 제지하는 간艮괘가 양陽이라는 점을 강조한다. 그래서 이렇게 설명한다. "군자는 그 성性을 회복시키고 그 마음을 밝힐 수 있어서 잘못과 거짓을 행하지 않고 정도正道를 따른 뒤에야 축적한 것을 크게 소유하여 거짓되고 삐뚤어진 사람을 그치게 한다. 그러나 소축괘는 손괘가 위에 있고 건괘가 아래에 있으니, 손괘는 음으로 그 성질이 유순하여 시작에서 길러서 끝에서 멈추게 할 수 없으므로 소축의 모습이다. 대축은 간괘가 위에 있고 건괘가 아래에 있으니, 간괘는 양으로 그 성질이 정정正靜하여 시작에서 제지하여 기르고 끝에 가서 하늘의 길이라는 형통함이 있다. 이것이 대축의 괘다夫君子之人, 既能復其性, 明其心, 不爲非妄, 而從于正道, 然後可以大有所畜, 止于邪曲之人也. 然小畜則巽在上乾在下, 巽爲陰, 其性柔順, 故不能畜之于始而終止之, 故爲小畜之象. 大畜則艮在上乾在下, 艮爲陽, 其性正靜, 故能止畜于始而終有天衢之亨. 是爲大畜之卦也."

2 바르게 해야만 이롭다: 정이천은 일반적인 차원에서 해석하고 있지만 호원은 철저히 군주와 신하의 관계에서 해석하고 있다. 군주를 바르게 한다는 의미로 푼다. 그래서 다음과 같이 해석한다. "군주가 비록 존귀한 사람이지만 거짓되고 왜곡된 욕심이 없을 수가 없으므로 신하가 그것을 멈추게 할 수가 있으니, 반드시 공명정대한 덕을 가진 뒤에야 보필하여 정도正道로 돌아가게 할 수 있다夫以君雖尊, 不能无邪曲之欲, 而臣下能止畜之者, 必有大正之德, 然後可以輔歸于正道也."

3 현자를 숭상하는 뜻이 된다: 호원은 이렇게 설명한다. "강함이란 간괘다. 간괘는 강양의 덕을 지녔다. 그러나 건괘는 지극히 강하여 본래 위에 자리하는데 지금은 반대로 아래에 자리했다. 이것은 군주가 지극히 존귀한 세력과 지극히 엄격한 위세를 가지고 있으면서도 덕이 있는 사람을 숭상하여 현인에게 예를 갖추어 스스로를 낮추어 자신의 사특한 욕심을 그치게 하여 자신의 치도治道를 이루게 할 줄 아는 것이다剛, 艮也. 蓋艮有剛陽之德. 夫乾爲至剛, 本居于上, 今反居下, 是猶人君有至尊之勢, 至嚴之威, 而能崇尙有德, 及禮下賢人, 使之畜己之邪欲, 成己之治道."

4 사람을 존숭할 수 있는 것과: 『주역대전』 구결에서는 "非大正則安能? 以剛陽在上與尊尙賢德"으로 끊어 읽지만 중국판본은 "非大正則安能以剛陽在上與尊尙賢德?"으로 읽고 있다. 의미상 『주역대전』 구결이 옳다. 『주역대전』 구결을 따랐다.

5 형법刑法: 중국판본은 대체로 형벌刑罰로 되어 있지만, 『주역대전』 구결은 형법刑法으로 되어 있다. 『주역대전』 구결을 따랐다.

6 호원 선생: 북송 시대의 유학자로서 정이천의 스승이다. 인물사전 참조.

7 잘못 덧붙여졌다: 호원은 『주역구의』 대축괘, 상구효에서 '하何'라는 글자가 잘못 들어갔다고 설명하고 있다.

27. 키움, 배양: 이頤괘䷚

산뢰이山雷頤라고 한다. 괘의 모습이 간艮☶괘가 위에 있고, 진震☳괘가 아래에 있기 때문이다.

이頤괘에 대해서 「서괘전」은 이렇게 설명한다. "어떤 것이든 축적한 후에 키울 수가 있으므로, 이괘로 받았다." 어떤 것이든 축적하여 모였다면 반드시 그것을 배양시켜야 하니, 배양하지 못하면 생존하고 번식할 수가 없으므로 배양을 상징하는 이괘가 대축大畜괘 다음이 된다.[1] 괘의 모습은 위로 멈춤을 상징하는 간艮괘가 있고 아래로 움직임을 상징하는 진震괘가 있으니, 가장 위와 아래의 두 양효가 가운데 네 음효를 머금고 있어서, 위는 멈추어 있고 아래는 움직이며, 밖은 꽉 차있고 가운데는 텅 비어 있으므로, 사람 턱의 모습이다. '이頤'란 배양하는 것이다. 사람의 입은 먹고 마셔서 몸을 기르는 곳이므로, '이'라고 이름했다.

성인이 이 괘를 만들어서 배양의 뜻을 추론했으니, 크게는 천지가 만물을 배양하는 것과 성인이 현자를 배양하여 백성에게까지 그 혜택이 미치는 데 이르고, 아울러 사람이 생명을 배양하고, 형체를 배양하며, 덕을 배양하고, 사람을 배양하는 것이 모두 키워서 배양하는 도다. 행동거지를 절도에 맞게 하는 것이 생명을 배양하고, 음식과 의복은 형체를 배양하고, 위엄 있는 의식과 마땅한 의리를 행하는 것은 덕을 배양하고, 자신을 미루어 타인에게 미치는 것은 사람을 배양한다.

頤, 序卦, "物畜然後可養, 故受之以頤." 夫物旣畜聚, 則必有以養之, 无養則不能存息, 頤所以次大畜也. 卦, 上艮下震, 上下二陽爻, 中含四陰, 上止而下動, 外實而中虛, 人頤頷之象也. 頤, 養也. 人口所以飮食養人之身, 故名爲頤. 聖人設卦, 推養之義, 大至於天地養育萬物, 聖人養賢以及萬民, 與人之養生養形養德養人, 皆頤養之道也. 動息節宣, 以養生也, 飮食衣服, 以養形也, 威儀行義, 以養德也, 推己及物, 以養人也.

배양은 올바름을 지키면 길하니, 타인이 배양하는 것과 스스로 음식을 구하는 것을 관찰해야 한다.

頤, 貞吉, 觀頤, 自求口實.

배양의 도는 정도正道로써 하면 길하다. 사람이 몸을 배양하고 덕을 배양하고 타인을 배양하며 타인에 의해서 배양되는 것은 모두 정도로써 하면 길하다. 천지가 조화하고, 만물을 배양하여 각각 그 마땅함을 얻는 것은 역시 올바름일 뿐이다. "배양하며 스스로 음식을 구하는 것을 관찰해야 한다"는 말은 타인이 배양하는 것과 스스로 음식을 구하는 도리를 관찰하면, 선함과 악함 및 길함과 흉함을 볼 수 있다는 말이다.

頤之道, 以正則吉也. 人之養身養德養人養於人, 皆以正道則吉也. 天地造化, 養育萬物, 各得其宜者, 亦正而已矣. 觀頤自求口實, 觀人之所頤, 與其自求口實之道, 則善惡吉凶可見矣.

「단전」에서 말했다. "배양은 올바름을 지키면 길하다"고 한 것은 올바름을 배양하면 길하다는 말이다. "타인이 배양하는 것을 관찰하라"는 것은 그가 배양하는 것을 관찰하라는 말이다. "스스로 음식을 구하는 것을 관찰해야 한다"는 말은 스스로 배양하는 것을 관찰하라는 말이다.

彖曰, 頤貞吉, 養正則吉也. 觀頤, 觀其所養也. 自求口實, 觀其自養也.

"올바름을 지키면 길하다"는 것은 배양하는 것이 올바르면 길하다는 것이다. 배양하는 것은 배양하는 사람과 배양하는 방도를 말한다. 스스로 음식을 구하는 것은 스스로 자신의 몸을 기르는 방도를 말하니, 모두 정도로써 하면 길하다.

貞吉, 所養者正則吉也. 所養, 謂所養之人與養之之道. 自求口實, 謂其自求養身之道, 皆以正則吉也.

천지는 만물을 배양하고 성인은 현자를 배양하여 모든 백성에게 영향을 미치니, 배양의 때가 크구나!

天地養萬物, 聖人養賢以及萬民, 頤之時大矣哉!

성인은 배양의 방도를 극진하게 말하고 그 거대함을 찬미했다. 천지의 도는 만물을 배양하고, 만물을 배양하는 방도는 정도正道일 뿐이다. 성인은 현자와 재능 있는 사람을 배양하여 하늘이 부여한 지위를 그들과 함께하고, 그들이 하늘이 내려준 녹봉을 먹게 하여 세상에 은택을 베풀도록 한다. 이는 현자를 길러 백성들에게 그 영향력을 미치는 것이니, 현자를 기르는 것이 곧 모든 백성을 기르는 일이다. 천지 가운데에 다양한 무리들을 배양하지 않으면, 살아가지 못한다.

성인은 천지가 시행하는 방도를 마름질 하여 완성하고 천지의 마땅함을 법제화하여[2] 세상을 배양함으로써 새와 짐승 및 초목에까지 영향을 미치게 하니, 모두 배양하는 정치가 있는 것이다. 그 도가 천지에 짝하므로, 공자가 배양의 도를 미루어 천지와 성인의 공을 찬미하여 "배양의 때가 크구나"라고 했다. 찬미를 할 때 어떤 경우는 '의리義'라고 하고 어떤 경우는 '쓰임用'이라고 하고 어떤 경우는 단지 '때時'라고만 한 것은 그것이 큰 것을 가지고 말한 것이다. 만물을 살리는 것과 배양함에 있어 때가 가장 위대하므로 때라고 말했다.

聖人極言頤之道, 而贊其大. 天地之道, 則養育萬物, 養育萬物之道, 正而已矣. 聖人則養賢才, 與之共天位, 使之食天祿, 俾施澤於天下. 養賢以及萬民也, 養賢所以養萬民也. 夫天地之中, 品物之衆, 非養則不生. 聖人裁成天地之道, 輔相天地之宜, 以養天下. 至於鳥獸草木, 皆有養之之政, 其道配天地, 故夫子推頤之道, 贊天地與聖人之功曰, "頤之時大矣哉." 或云, "義." 或云, "用." 或止云, "時," 以其大者也. 萬物之生與養, 時爲大, 故云時.

「상전」에서 말했다. 산 아래에 우레가 있는 것이 이괘의 모습이니, 군자는 이를 본받아 말을 신중하게 하고 음식을 절제한다.

象曰, 山下有雷, 頤, 君子以愼言語, 節飮食.

이괘를 이루는 두 괘의 형체를 가지고 말하면, 간괘가 상징하는 산 아래에 진괘가 상징하는 우레가 있으니, 우레가 산 아래에서 진동할 때 산에서 자라는 것들이 모두 그 뿌리가 동요하고 그 싹이 돋아나와 배양되는 모습이다. 위와 아래 괘의 뜻을 가지고 말하면, 위의 간괘는 멈춤이고 아래 진괘는 움직임이니, 위는 멈추고 아래는 움직이는 것이 턱의 모습이다. 전체 괘의 형체를 가지고 말하면, 가장 위와 아래에 두 양효가 있고, 가운데에 네 음효를 머금고 있어 밖은 꽉 찼는데 가운데는 텅 비었다. 이는 턱과 입의 모습인데, 입은 몸을 기르는 것이다. 그러므로 군자는 이 모습을 관찰하여 자신의 몸을 기르고, 말을 신중하게 하여 덕을 기르며, 음식을 조절하여 자신의 몸을 기른다.

입을 취한 것은 단지 기르는 뜻이 있어서뿐만 아니라, 일상생활에서 가장 비근하고 일상생활과 관계되는 것 가운데 가장 중요한 것이 말과 음식만 한 것이 없기 때문이다. 자신의 몸에서는 단순히 말이지만, 세상에서는 모든 명령과 정치 및 가르침이 모두 몸에서 나오는 말에 해당하니, 신중하게 하면 반드시 합당하여 실수가 없을 것이다. 또한 자신의 몸에서는 단순히 음식이지만, 세상에서는 재화와 재용으로 사람을 배양하는 것이 모두 이 음식에 해당하니, 절제하면 합당하게 조절되어 손상이 없을 것이다. 배양의 도리를 미루어

보면, 덕을 기르고 세상을 기르는 일에서 그렇지 않은 바가 없다.

以二體言之, 山下有雷, 雷震於山下, 山之生物, 皆動其根荄, 發其萌芽, 爲養之象. 以上下之義言之, 艮止而震動, 上止下動, 頤頷之象. 以卦形言之, 上下二陽, 中含四陰, 外實中虛, 頤口之象, 口所以養身也. 故君子觀其象以養其身, 愼言語以養其德, 節飮食以養其體. 不唯就口取養義, 事之至近而所係至大者, 莫過於言語飮食也. 在身爲言語, 於天下則凡命令政敎出於身者皆是, 愼之則必當而无失, 在身爲飮食, 於天下則凡貨資財用養於人者皆是, 節之則適宜而无傷. 推養之道, 養德養天下, 莫不然也.

초구효는 너의 신령스런 거북을 버리고 나를 보고서 턱을 늘어뜨리니 흉하다.

初九, 舍爾靈龜, 觀我朶頤, 凶.

몽괘의 초육효는 어리석은 자이니, 몽괘 초육효 효사에서는 주로 어리석은 자를 깨우치는 내용을 말하고 있다. 이頤괘의 초구효 역시 외부의 시점을 빌려서 말했으니, 너를 뜻하는 '이爾'는 초구효 자신을 말한다. "너의 신령스런 거북을 버리고 나를 보고서 턱을 늘어뜨린다"는 말에서 '나'는 '너'를 상대해서 가정한 것이다. 초구효가 턱을 늘어뜨리는 것은 육사효를 바라보기 때문이지만, 여기서 '나'라고 하는 것은 육사효가 이렇게 말한 것이 아니라 가정하여 말한 것일 뿐이다. 초구효는 양의 체질로 강명剛明하여 그 재능과 지혜가 올바름을 기르기에 충분한 사람이다. 거북은 목구멍으로 숨만 쉬고 먹지 않을 수 있으니, '신령한 거북'은 초구효가 현명하고 지혜롭기 때문에 밖에서 배양을 구하지 않을 수 있다는 점을 비유한 것이다.

재능이 이와 같은데도 양陽의 조급한 성질로 움직이는 형체에 자리하여 배양의 때에 있어서 남이 자신을 길러주기를 바라니, 사람들이 흔히 갖는 욕심이다. 그래서 위로 육사효에 호응하여 스스로를 지킬 수가 없고 뜻이 위로 나아가려는 데에 있으니, 남이 자신을 길러주기를 바라는 욕심에 빠져서 턱을 늘어뜨리고 있는 자다. 마음이 동요했기 때문에 스스로 자기를 잃을 것이 분명하다. 자신의 욕심에 미혹되어서 자신을 잃고서 양의 자질로서 음을 쫓는다면, 어찌 못할 짓이 없는 지경에 이르지 않겠는가? 그래서 흉한 것이다. "턱을 늘어뜨린다"는 것은 턱을 늘어뜨리고 움직이는 것이니, 사람이 음식을 보고서 욕심을 내면 턱을 움직이면서 침을 흘리므로, 이렇게 상징했다.

蒙之初六, 蒙者也, 爻乃主發蒙而言. 頤之初九, 亦假外而言, 爾謂初也. 舍爾之靈龜, 乃觀我而朶頤, 我對爾而設. 初之所以朶頤者四也, 然非四謂之也, 假設之辭爾. 九, 陽體剛明, 其才智足以養正者也. 龜能咽息不食, 靈龜喩其明智, 而可以不求養於外也. 才雖如是, 然以陽居動體, 而在頤之時, 求頤, 人所欲也. 上應於四, 不能自守, 志在上行, 說所欲而朶頤者也. 心旣動, 則其自失必矣. 迷欲而失己, 以陽而從陰, 則何所不至? 是以凶也. 朶頤爲朶動其頤頷, 人見食而欲之, 則動頤垂涎, 故以爲象.

「상전」에서 말했다. 나를 보고서 턱을 늘어뜨리니 또한 귀하게 여길 만하지 못하다.

象曰, 觀我朶頤, 亦不足貴也.

초구효는 진괘가 상징하는 움직임의 체질이다. "턱을 늘어뜨린다"는 말은 음을 기뻐하면서 뜻이 동요한 것이니, 욕심에 의해서 움직이면 강건하고 현명한 지혜의 재능이 있다고 해도 결국에는 반드시 자기를 잃을 것이므로, 그 재능 역시 귀하게 여길 만하지 못하다. 사람이 강직함〔剛〕을 귀하게 여기는 것은 세상 한 가운데 우뚝 서서 욕심에 굴하지 않을 수 있기 때문이고, 현명한 지혜〔明〕를 귀하게 여기는 것은 두루 현실을 비추어 알아서 올바름을 잃지 않을 수 있기 때문이다. 그러나 욕심에 미혹되어 올바름을 잃었다면, 강직함과 현명함이 있다고 해서 무엇을 할 것인가? 천하게 여길 만하다.

九, 動體. 朶頤, 謂其說陰而志動, 旣爲欲所動, 則雖有剛健明智之才, 終必自失, 故其才亦不足貴也. 人之貴乎剛者, 爲其能立而不屈於欲也, 貴乎明者, 爲其能照而不失於正也. 旣惑所欲而失其正, 何剛明之有? 爲可賤也.

육이효는 뒤집혀진 배양이라 상도常道에 어긋나니, 언덕에서 배양을 구하여 가면 흉하다.

六二, 顚頤, 拂經, 于丘頤, 征凶.

여자는 스스로 처신할 수 없어서 반드시 남자를 따르고, 음은 홀로 설 수 없어서 반드시 양을 따른다. 육이효는 음유陰柔한 자질로 스스로를 배양할 수 없어서, 타인에게서 배양을 받기를 기다리는 자다. 천자는 천하를 배양하고, 제후는 한 나라를 배양하며, 신하는 군주의 녹봉을 먹고, 백성은 지도자의 배양에 의지하는 것은 모두 윗사람이 아랫사람을 배양하는 것으로 이치의 올바름이다. 육이효는 스스로 배양할 수가 없으니, 반드시 강양剛陽한 사람에게서 배양을 구해야 하지만, 만약 도리어 초구효에게 배양을 구하면 이는 위아래가 전도된 것이므로, "뒤집혀진 배양이다"라고 했다. 뒤집혀지면 상도常道에 위배되어 행할 수 없다.

그러나 만약 언덕에서 배양을 구하려고 하여 그대로 가면, 반드시 흉하게 된다. '언덕'이란 밖에 높이 있는 것으로, 상구효를 말한다. 괘에는 딱 두개의 양효가 있는데 초구효에게 뒤집혀진 배양을 구할 수 없다고 해서 상구효에게 배양을 구하여 가면, 흉하다. 배양의 때에 서로 호응하면 서로 배양하는 자이지만, 상구효는 올바른 호응관계가 아닌데도 가서 배양을 구하는 것은 정도正道가 아니라 경거망동한 행위이므로 흉하다. 뒤집히면 상도에 위배되니 배양을 받지 못할 뿐이고, 상구효에게 경거망동하게 배양을 구하려 가면 흉하게 된다. 지금 어떤 사람이 그 재능이 스스로를 배양하기에는 부족하다고 해서, 위에 있는 자가 그 세력이 사람을 충분히 배양할 수 있다는 점을 보고 같은 부류의 사람이 아닌데도 경거망동하게 가서 배양을 구하니, 치욕을 얻고 흉하게 되는 것이 분명하다.

어떤 사람은 이렇게 묻는다. "대체로 육이효는 중정을 이루어 다른 괘에서는 길한 경우가 많은데 왜 이 효는 이렇게 흉한가?" 이렇게 답하겠다. 때가 그러하기 때문이다. 음유한 자질로 스스로 자신을 배양하기에는 부족하고, 초구효와 상구효 두 효는 모두 자신과 올바른 호응관계가 아니므로, 가서 배양을 구하면 이치에 어긋나서 흉하게 된다.

女不能自處, 必從男, 陰不能獨立, 必從陽. 二, 陰柔, 不能自養, 待養於人者也. 天子養天下, 諸侯養一國, 臣食君上之祿, 民賴司牧之養, 皆以上養下, 理之正也. 二既不能自養, 必求養於剛陽, 若反下求於初, 則爲顚倒, 故云顚頤. 顚則拂違經常, 不可行也. 若求養於丘, 則往必有凶. 丘, 在外而高之物, 謂上九也. 卦止二陽, 既不可顚頤于初, 若求頤于上九, 往則有凶. 在頤之時, 相應則相養者也, 上非其應而往求養, 非道妄動, 是以凶也. 顚頤則拂經, 不獲其養爾, 妄求於上, 往則得凶也. 今有人, 才不足以自養, 見在上者勢力足以養人, 非其族類, 妄往求之, 取辱得凶必矣. 六二中正, 在他卦多吉, 而凶, 何也? 曰, 時然也. 陰柔既不足以自養, 初上二爻皆非其與, 故往求則悖理而得凶也.

「상전」에서 말했다. 육이효가 가면 흉한 것은 나아가면 같은 부류의 사람을 잃기 때문이다.

象曰, 六二征凶, 行失類也.

가서 상구효를 따르면 흉한 것은 그 사람이 같은 부류의 사람이 아니기 때문이다. 가서 배양을 구하는데 같은 부류의 사람을 잃는다면 흉하게 되는 것은 당연하다. '행行'이란 나아간다는 말이다.

往而從上則凶者, 非其類故也. 往求而失其類, 得凶宜矣. 行, 往也.

육삼효는 배양의 올바름에 위배되어 흉하며, 10년 동안 사용하지 못하니, 이로운 바가 없다.

六三, 拂頤貞, 凶, 十年勿用, 无攸利.

배양의 도는 오직 정도로써 해야 길하다. 육삼효는 음유한 자질로 처신하는 데에 중정을 이루지 못했고 또 동요의 극한에 있으니, 이것이 나약하고 사특하여 올바르지 못하면서 움직이는 자다. 그 배양함이 이와 같다면, 배양의 정도에 위배되어 흉한 것이다. 배양의 정도를 얻으면 배양하는 것이 모두 길하다. 타인에게 배양을 구하거나 타인을 배양하면 모두 마땅한 의리義理에 합치하고, 스스로를 배양하면 그 덕을 완성한다. 육삼효는 정도에 위배되었으므로, 10년 동안 사용하지 못한다고 경계를 주었다. 10이란 수의 끝이니 결국에는 사용할 수 없다는 말로서, 무엇을 하든지 이로운 바가 없다.

頤之道, 唯正則吉. 三以陰柔之質, 而處不中正, 又在動之極, 是柔邪不正而動者也. 其養如此, 拂違於頤之正道, 是以凶也. 得頤之正, 則所養皆吉, 求養養人則合於義, 自養則成其德. 三乃拂違正道, 故戒以十年勿用. 十, 數之終, 謂終不可用, 无所往而利也.

「상전」에서 말했다. 10년 동안 사용하지 못한다는 것은 도리에서 크게 벗어났기 때문이다.

象曰, 十年勿用, 道大悖也.

결국에는 사용할 수 없다고 경계한 것은 그것을 따르는 방도가 크게 의리에서 벗어났기 때문이다.

所以戒終不可用, 以其所由之道, 大悖義理也.

육사효는 뒤집힌 배양이지만 길하니, 호랑이가 위엄스럽게 바라보듯이 하고 바라는 것을 분주하게 이어가면 허물이 없다.

六四, 顚頤, 吉. 虎視耽耽, 其欲逐逐, 无咎.

육사효는 사람들 위에 있으니 대신의 지위다. 육사효는 음유한 자질로 대신의 지위에 자리하고 있어서 자질로는 스스로를 배양하기에도 부족한데, 세상을 배양할 수 있겠는가? 초구효는 강양한 자질로 아랫자리에 있으니 아래에 있는 현자인데, 육사효와 호응관계를 이루고 육사효 역시 유순하고 올바르니, 초구효에 순응하여 초구효의 배양에 의지할 수 있다. 윗사람이 아랫사람을 배양하는 것이 순리인데 지금은 반대로 아랫사람의 배양을 구하니, 전도된 것이므로 '뒤집혀진 배양'이라고 했다.

그러나 자신의 소임을 감당하지 못할 때에 아래의 현자에게 배양을 구하고 그에게 순종해서 맡은 일을 이룬다면, 세상이 배양의 혜택을 얻으니 자신의 소임을 방치하거나 실패하는 허물이 없으므로 길하다. 위의 지위에 있는 자가 반드시 재능과 덕과 위엄과 명망이 있어서 백성들이 존경하고 두려워하면, 모든 일이 순조롭게 진행되고 군중의 마음이 복종한다. 만약 아랫사람이 윗사람을 업신여기면, 정치적 명령이 나오더라도 사람들이 위반하고 형벌이 시행되더라도 원망이 일어나 능멸하고 침범하는 것을 가볍게 여기니, 혼란의 원인이 된다.

육사효는 강양한 현자에게 순종하여 그 직책을 태만히 하지 않을 수 있지만,[3] 자질이 본래 유약하여 타인에게 의지해서 일을 이루니 사람들이 가볍게 본다. 반드시 위엄과 엄격함을 배양하여 호랑이의 매서운 눈빛처럼 위엄스럽게 바라본다면, 그 체통과 모습을 무겁게 할 수 있어 아랫사람이 감히 업신여기지 못한다. 또 타인을 따르는 자는 반드시 지속적인 일관성이 있어야 하니, 간혹 계속해서 잇지 못하면 그 정치는 실패할 것이다. '바라는 것'이라는 말은 반드시 필요한 것을 말한다. 필요한 것을 반드시 분주하게 계속 이어가서 궁핍해지지 않으면 그 일을 해결하지만, 남에게서 빌리기만 해서 계속 잇지 못하면 곤란하고 궁색하게 된다. 위엄이 있고 또 시행하는 바가 궁색하지 않으므로 허물이 없다.

어떤 사람은 이렇게 묻는다. "육이효는 뒤집혀진 배양이라서 상도에 위배된다고 하고서, 육사효는 길하다고 하는 이유는 무엇인가?" 이렇게 대답하겠다. 육이효는 위의 자리에 있으면서 도리어 아랫사람에게 배양을 구하니, 아랫사람이 그와 같은 부류의 사람이 아니므로 상도에 위배된다. 그러나 육사효는 위의 지위에 자리한 귀한 신분으로 천한 사람에게 자신을 낮추어, 아래에 있는 현자가 자신을 통하여 그 도를 세상에 행하도록 하므로 위와 아래의 뜻이 서로 호응하여 백성에게 시행되니, 어떤 것이 이처럼 길하겠는가? 육삼효 이하로는 입과 몸을 배양하는 것이고 육사효 이상은 덕과 의리를 배양하는 것이다. 군주로서 신하에게 배양을 의뢰하고, 위의 지위로서 아랫사람에게 배양을 의지하니, 모두 덕을 배양하는 것이다.

四在人上, 大臣之位, 六以陰居之, 陰柔不足以自養, 況養天下乎? 初九以剛陽居下, 在下之賢也, 與四爲應, 四又柔順而正, 是能順於初, 賴初之養也. 以上養下則爲順, 今反求下之養, 顚倒也, 故曰顚頤. 然己不勝其任, 求在下之賢而順從之, 以濟其事, 則天下得其養, 而己无曠敗之咎, 故爲吉也. 夫居上位者, 必有才德威望, 爲下民所尊畏, 則事行而衆心服從. 若或下易其上, 則政出而人違, 刑施而怨起, 輕於陵犯, 亂之由也. 六四雖能順從剛陽, 不廢厥職, 然質本陰柔, 賴人以濟, 人之所輕, 故必養其威嚴, 耽耽然如虎視, 則能重其體貌, 下不敢易. 又從於人者必有常, 若間或无繼, 則其政敗矣. 其欲, 謂所須用者, 必逐逐相繼而不乏, 則其事可濟, 若取於人而无繼, 則困窮矣. 旣有威嚴, 又所施不窮, 故能无咎也. 二顚頤則拂經, 四則吉, 何也? 曰, 二在上而反求養於下, 下非其應類, 故爲拂經. 四則居上位, 以貴下賤, 使在下之賢由己以行其道, 上下之志相應而施於民, 何吉如之? 自三以下, 養口體者也, 四以上, 養德義者也. 以君而資養於臣, 以上位而賴養於下, 皆養德也.

「상전」에서 말했다. 뒤집혀진 배양이 길한 것은 윗사람의 베풂음이 빛나기 때문이다.

象曰, 顚頤之吉, 上施光也.

뒤집혀져 배양을 구하지만 길한 것은 강양한 자의 호응을 얻어서 그 일을 해결하고, 윗자리에 있는 자신의 덕을 시행하게 해서 세상에 그 빛을 밝게 비추게 하기 때문이니, 이보다 더 큰 길함이 어디 있는가?

顚倒求養, 而所以吉者, 蓋得剛陽之應以濟其事, 致己居上之德施, 光明被于天下, 吉孰大焉?

육오효는 상도에 위배된다. 올바름에 거하면 길하지만, 큰 강을

건너서는 안 된다.

六五, 拂經, 居貞吉, 不可涉大川.

육오효는 배양의 때에 군주의 지위에 자리하고서 세상을 배양하는 자다. 그러나 자질이 음유하여 그 재능이 세상을 배양하기에는 부족하고, 위로는 강양한 현자인 상구효가 있으므로, 그에게 순종하여 자신의 배양을 의뢰해서 세상을 구제한다. 군주는 사람을 배양하는 자인데 반대로 타인에게 자신의 배양을 의뢰하니, 이것이 상도에 위배된다. 그러나 자신의 재능이 부족하여 현자인 스승에게 순종하니 상구효가 스승의 지위에 있으므로, 반드시 올바름을 굳게 지키면서 그에게 일을 위임하고 신임하기를 도탑게 하면 도움을 얻고 보조를 받아서 세상에 은택이 미치므로 길하다. 음유한 자질은 곧고 강직한 성질이 없으므로, 올바름에 자리할 수 있다면 길하다고 경계한 것이다.

음유한 재능으로서 강한 현자에게 의지하지만, 이러한 의존은 평상시에 의지하고 따를 수 있을 뿐이고 험난하거나 변고가 있을 때에는 대처할 수 없기 때문에 "큰 강을 건너서는 안 된다"고 했다. 성왕成王의 자질이 크게 유약하지 않았음에도 관숙管叔과 채숙蔡叔의 난리를 당하여 주공을 거의 보호하지 못했는데 하물며 그 아랫사람이야 어떠하겠는가? 그래서 『서』에서는 "왕 역시 감히 공을 꾸짖지 못했다"[4]고 했으니, 두 공[5]에 의지하여 결국에는 신뢰를 얻은 것이므로, 험난할 때에는 강명한 군주가 아니라면 의지할 수가 없는 것이다. 그러나 유약한 군주일지라도 부득이하여 험난한 상황을 구제한 경우도 있다. 이러한 뜻을 말한 것은 군주 된 자를 깊게 조심시키려는 것이다. 상구효에서는 신하로서 몸을 다해서 충성을 다하는 도에 근거하여 말했으므로 경우가 다르다.

六五頤之時, 居君位, 養天下者也, 然其陰柔之質, 才不足以養天下, 上有剛陽之賢, 故順從之, 賴其養己以濟天下. 君者, 養人者也, 反賴人之養, 是違拂於經常. 旣以己之不足而順從於賢師傅. 上, 師傅之位也, 必居守貞固, 篤於委信, 則能輔翼其身, 澤及天下, 故吉也. 陰柔之質, 无貞剛之性, 故戒以能居貞則吉. 以陰柔之才, 雖倚賴剛賢, 能持循於平時, 不可處艱難變故之際, 故云不可涉大川也. 以成王之才, 不至甚柔弱也, 當管蔡之亂, 幾不保於周公, 況其下者乎? 故書曰, "王亦未敢誚公." 賴二公得終信, 故艱險之際, 非剛明之主, 不可恃也. 不得已而濟艱險者則有矣. 發此義者, 所以深戒於爲君也. 於上九, 則據爲臣致身盡忠之道言, 故不同也.

「상전」에서 말했다. 올바름에 거하면 길한 것은 상구효에게 순종하기 때문이다.

象曰, 居貞之吉, 順以從上也.

올바름에 거하면 길한 것은 견고하게 자신을 지키면서 상구효의 현자에게 순종하여 세상을 배양하는 것을 말한다.

居貞之吉者, 謂能堅固順從於上九之賢, 以養天下也.

상구효는 자신으로부터 배양이 이루어지니, 위태롭게 여기면 길하다. 큰 강을 건너는 것이 이롭다.

上九, 由頤, 厲吉, 利涉大川.

상구효는 강양한 덕으로 스승의 책임을 맡았고 육오효의 군주가 유순하게 순종하여 자신의 배양을 의뢰했으니, 이는 천하의 책임을 맡은 것으로서 세상이 자신을 통하여 배양된다. 신하로서 이러한 책임을 맡았으니, 반드시 위태로운 마음을 항상 품고 있다면 길하다. 이윤伊尹과 주공[6]과 같은 사람들이 어찌 근심하고 힘쓰며 신중하고 두려워하지 않았겠는가? 그러므로 결국에는 길했다.

군주가 재능이 부족하여 자신에게 의뢰하므로 몸소 천하의 큰 소임을 맡았으니, 마땅히 그 재주와 능력을 다하여 세상의 위험과 혼란을 해결하고 세상의 질서와 안정을 이루어야 하므로 "큰 강을 건너는 것이 이롭다"고 했다. 군주로부터 이와 같은 전권을 얻고 이와 같은 막중한 책임을 받았는데 세상의 위험과 혼란을 해결하지 못한다면, 어떻게 군주가 위임하고 예우해주는 것에 걸맞은 현자라고 말할 수 있겠는가? 마땅히 정성과 능력을 다하여 몸을 돌보거나 딴 생각을 품지 말되, 그러나 신중하고 두려워하는 마음을 잊어서는 안 된다.

上九以剛陽之德, 居師傅之任, 六五之君, 柔順而從於己, 賴己之養, 是當天下之任, 天下由之以養也. 以人臣而當是任, 必常懷危厲則吉也. 如伊尹周公, 何嘗不憂勤兢畏? 故得終吉. 夫以君之才不足, 以倚賴於己, 身當天下大任, 宜竭其才力, 濟天下之艱危, 成天下之治安, 故曰利涉大川. 得君如此之專, 受任如此之重, 苟不濟天下艱危, 何足稱委遇而謂之賢乎? 當盡誠竭力, 而不顧慮, 然惕厲則不可忘也.

「상전」에서 말했다. 자신으로부터 배양이 이루어지니, 위태롭게 여기면 길한 것은 큰 경사가 있기 때문이다.

象曰, 由頤厲吉, 大有慶也.

상구효가 이렇게 큰 책임을 맡고 또 이렇게 신중하고 두려워하여서 세상이 그 덕택을 입는다면, 이는 큰 경사다.

若上九之當大任如是, 能兢畏如是, 天下被其德澤, 是大有福慶也.

1 대축괘 다음이 된다: 호원은 이렇게 설명한다. "올바르지 않은 마음과 욕심을 제지했으니 반드시 정도正道로 배양해야 한다蓋旣止畜于邪欲, 必正道以養之也."

2 천지가 시행하는 방도를 마름질하여 완성하고, 천지의 마땅함을 법제화하여: 태泰괘 「상전」 참조.

3 직책을 태만히 하지 않을 수 있지만: '폐궐직廢厥職'을 해석한 것이다. 이 말은 『서』「윤정胤征」에 나온다. "희씨와 화씨가 그 직책을 태만히 하고 그 마을에서 술에 빠져 지냈다羲和廢厥職, 酒荒於厥邑."

4 왕 역시 감히 공을 꾸짖지 못했다: "무왕이 돌아가신 뒤, 관숙과 그의 여러 아우가 나라에 헛소문을 퍼뜨리기를, '주공은 장차 어린 아이에게 이롭지 않은 짓을 할 것이다'라고 했다. 주공은 이에 두 공(강태공과 소공)에게 아뢰기를, '내가 피하지 않는다면, 나는 우리 옛 임금님들께 아뢸 말이 없게 될 것입니다.' 주공이 동쪽에 산 지 2년 만에 죄인들이 잡혔다. 그 뒤 주공은 곧 시를 지어 임금님께 바쳤는데 그 이름이 '치효鴟鴞'였으니, 왕 역시 감히 주공을 꾸짖을 수가 없었다武王旣喪, 管叔及其群弟, 乃流言於國, 曰公將不利於孺子. 周公乃告二公曰, 我之弗辟, 我無以告我先王. 周公居東二年, 則罪人斯得, 于後, 公乃爲詩以貽王, 名之曰鴟鴞, 王亦未敢誚公(『서』「주서周書·금등金縢」)."

5 두 공: 강태공姜太公과 소공召公을 말한다.

6 이윤은 탕왕을 보좌하여 상 왕조 성립에 큰 공을 세웠고 주공은 어린 성왕을 보좌하여 주나라를 일으켰으니, 모두 신하로서 중책을 맡아 공을 이룬 사람들이다. 인물사전 참조.

28. 큰 것의 과도함: 대과大過괘䷛

택풍대과澤風大過라고 한다. 괘의 모습이 태兌☱괘가 위에 있고 손巽☴괘가 아래에 있기 때문이다.

대과大過괘에 대해서 「서괘전」은 이렇게 설명한다. "'이頤'라는 말은 배양한다는 뜻이니, 배양하지 않으면 움직일 수 없으므로 대과괘로 이었다." 어떤 것이든 배양한 뒤에 성장할 수가 있고, 성장하면 움직일 수 있고, 움직이면 지나침이 있으니, 큰 것의 과도함을 뜻하는 대과괘가 이頤괘의 다음이 된다. 괘의 모습은 연못을 상징하는 태兌괘가 위에 있고 나무를 상징하는 손巽괘가 아래에 있으니, 연못이 나무 위에 있어서 나무를 침수시킨다. 연못이란 나무를 윤택하게 길러주는 것인데 오히려 나무를 침수시키는 지경에까지 이르렀으니, 큰 것의 과도함이라는 뜻이 된다. '대과'란 양陽이 과도한 것이므로, 큰 것이 과도한 것, 과도함이 큰 것, 큰 일이 과도한 것을 의미한다. 성인과 현자의 도덕과 공업功業이 일반 사람들보다 크게 뛰어나거나 어떤 일이 일상적인 일보다 크게 과도한 것이 모두 이런 것에 해당한다.

성인은 사람의 도를 실현시키기 위해서 최선을 다하지만 이치를 벗어나 과도하게 행하는 것은 아니다. 그러나 세상의 정리正理로써 일을 제어하되 잘못을 바로잡는 작용에서 중도보다 조금 과도한 경우가 있으니, 행하는 데에 공손함이 과도하거나 상례喪禮에서 과도하게 슬퍼하거나 어떤 것을 쓰는 데에 과도하게 검소한 것이 이런 경우다. 왜냐하면 잘못을 바로잡을 때는 조금 과도하게 한 뒤에야 중도에 이를 수 있으니, 이러한 과도함은 곧 중도를 얻으려는 작용이다. '큰 것의 과도함'이란 평상시의 일보다 큰 것을 말할 뿐이니, 이치에서 벗어나는 과도함은 아니다. 다만 그것이 크기 때문에 평상시에 볼 수 있는 것은 아니고, 평상시에 보는 것에 비해서 크기 때문에 큰 것의 과도함이라고 한다. 예를 들어 요임금과 순임금이 천하를 선양한 것과 탕왕과 무왕이 정벌한 경우와 같은 것으로 모두 도를 따라 행한 것이다. 도는 중도가 아닌 것이 없고 상도가 아닌 것이 없지만, 세상 사람들이 항상 보지는 못하는 일이기 때문에 상도보다 크게 과도하다고 말하는 것이다.

大過, 序卦曰, "頤者養也, 不養則不可動, 故受之以大過." 凡物養而後能成, 成則能動, 動則有過, 大過所以次頤也. 爲卦, 上兌下巽, 澤在木上, 滅木也. 澤者潤養於木, 乃至滅沒於木, 爲大過之義. 大過者, 陽過也, 故爲大者過, 過之大, 與大事過也. 聖賢道德功業, 大過於人, 凡事之大過於常者皆是也. 夫聖人盡人道, 非過於理也. 其制事以天下之正理, 矯失之用, 小過於中者則有之, 如行過乎恭, 喪過乎哀, 用過乎儉是也. 蓋矯之小過, 而後能及於中, 乃求中之用也. 所謂大過者, 常事之大者耳, 非有過於理也. 唯其大, 故不常見, 以其比常所見者大, 故謂之大過. 如堯舜之禪讓, 湯武之放伐, 皆由道也. 道无不中, 无不常, 以世人所不常見, 故謂之大過於常也.

큰 것의 과도함이란 들보기둥이 휘어진 것이니, 나아갈 바가 있는 것이 이롭고, 형통하다.

大過, 棟橈, 利有攸往, 亨.

소과小過괘䷽의 모습은 음효가 위와 아래에 과도하게 많다면 대과괘의 모습은 양효가 가운데에 과도하게 몰린 것으로 위와 아래가 약하니, 들보기둥이 휘어진 모습이다. 들보기둥으로 상징한 것은 무거운 것을 감당하는 의미를 취한 것으로, 네 양효가 가운데에 집중해 있으므로 무겁다고 할 만하다. 구삼효와 구사효는 모두 들보기둥의 모습을 취한 것으로, 막중한 책임을 진 것을 말한다. 들보기둥이 휘어졌다는 것은 뿌리와 끝이 약하다는 의미를 취한 것이니, 가운데가 강하고 뿌리와 끝이 약하므로 휘어졌다.[1] 음이 약하고 양이 강하여 군자의 세력이 번성하고 소인의 세력이 쇠락하므로, 일을 진행해나가는 것이 이롭고 형통하다고 했다.[2] 대들보를 뜻하는 '동棟'이라는 말은 지금 사람들이 들보기둥이라고 하는 '늠檁'을 말한다.

小過, 陰過於上下. 大過, 陽過於中. 陽過於中, 而上下弱矣, 故爲棟橈之象. 棟取其勝重, 四陽聚於中, 可謂重矣. 九三九四, 皆取棟象, 謂任重也. 橈取其本末弱, 中強而本末弱, 是以橈也. 陰弱而陽強, 君子盛而小人衰, 故利有攸往而亨也. 棟, 今人謂之檁.

「단전」에서 말했다. 큰 것의 과도함이란 큰 것이 과도한 것이다.

彖曰, 大過, 大者過也.

큰 것이 과도하다는 것은 양이 과도하다는 것이다. 인간사에서는 큰 일이 과도한 것과 과도함이 큰 것이 이에 해당한다.

大者過, 謂陽過也. 在事爲事之大者過, 與其過之大.

들보기둥이 휘어졌다는 것은 뿌리와 끝이 약하다는 말이다.

棟橈, 本末弱也.

괘의 모습에서 위와 아래의 두 음효가 쇠락하여 약해졌음을 말한다. 양의 세력이 번성하면 음의 세력은 쇠락하므로, 큰 것이 과도한 것이다. 소과괘에서는 "작은 것이 과도하다"라고 했는데 이는 음이 과도한 것이다.

謂上下二陰衰弱. 陽盛則陰衰, 故爲大者過. 在小過, 則曰小者過, 陰過也.

강함이 과도하지만 중中을 이루었고 공손하면서 기쁘게 행동하므로 나아가는 바가 있는 것이 이롭고, 형통하다.

剛過而中, 巽而說行, 利有攸往, 乃亨,

괘의 자질 구조가 좋음을 말하고 있다. 강함이 과도하지만 구이효와 구오효 모두 중도中道를 이루었으니, 이는 처신하는 데에 중도를 잃지 않은 것이다. 괘의 모습은 하체는 공손을 상징하는 손巽괘이고 상체는 기쁨을 상징하는 태兌괘이니, 이것이 공손함과 순종으로 조화하고 기뻐하는 방식으로 행동하는 것을 상징한다. 큰 것이 과도한 때에 중도로써 공손하고 기뻐하면서 행동하므로 일을 진행해나가면 이롭고, 이것이 형통할 수 있는 이유다.

言卦才之善也. 剛雖過, 而二五皆得中, 是處不失中道也. 下巽上兌, 是以巽順和說之道而行也. 在大過之時, 以中道巽說而行, 故利有攸往, 乃所以能亨也.

큰 것이 과도한 때는 크구나!

大過之時, 大矣哉!

큰 것이 과도한 때는 그 일이 매우 크기 때문에, 찬미하기를 크다고 한 것이다. 예를 들어 비범하고 큰일을 세우고, 세상에 보기 드문 큰 공을 일으키고, 세속에서 보기 드문 큰 덕을 이루는 것 모두 큰 것이 과도한 일이다.

大過之時, 其事甚大, 故贊之曰大矣哉. 如立非常之大事, 興不世之大功, 成絶俗之大德, 皆大過之事也.

「상전」에서 말했다. 연못이 나무를 침수시키는 것이 대과괘의 모습이니, 군자는 이것을 본받아 세상에서 홀로 우뚝 서서 두려움이 없고, 세상에서 벗어나 은둔하여도 근심이 없다.

象曰, 澤滅木, 大過, 君子以獨立不懼, 遯世无悶.

연못이란 나무를 윤택하게 기르는 것인데 나무를 침수시키는 데에까지 이르렀으니, 과도함이 심하므로, 큰 것의 과도함이다. 군자는 이 대과괘의 모습을 관찰하여 보통 사람보다 크게 비범한 행동을 한다. 군자가 보통 사람보다 크게 비범한 것은 세상에 홀로 서서 두려워하지 않고 세상에서 벗어나 은둔하여도 근심이 없기 때문이다. 세상이 비난하지만 비난을 개의치 않고 홀로 서서 두려워하지 않는다. 온 세상이 인정해주지 않아도 후회하지 않고, 세상에서 벗어나 은둔하여도 근심이 없다. 이러한 뒤에야 자신의 신념을 지킬 수가 있으니, 보통 사람보다 비범한 사람이다.

澤, 潤養於木者也, 乃至滅沒於木, 則過甚矣, 故爲大過. 君子觀大過之象, 以立其大過人之行. 君子所以大過人者, 以其能獨立不懼, 遯世无悶也. 天下非之而不顧, 獨立不懼也. 擧世不見知而不悔, 遯世无悶也. 如此, 然後能自守, 所以爲大過人也.

초육효는 흰 띠 깔개를 사용하니, 허물이 없다.

初六, 藉用白茅, 无咎.

초육효는 음유陰柔하고 공손한 체질로 아래 지위에 처하여, 과도하게 두려워하고 신중해하는 자다. 유약한 자질로 아래 지위에서 자리한 것은 띠 깔개를 사용하는 모습이다. 맨땅에 물건을 놓지 않고 띠로 깔개를 만들어 놓는 것은 신중함이 과도한 것이니, 그래서 허물이 없다. '띠'라는 것은 하찮은 물건이지만, 그것을 신중하게 사용할 수 있는 자는 그것을 사용하여 마음의 공경과 신중함의 도를 이룰 수 있다. 신중하게 이러한 방법을 지키며 행한다면 어찌 실수가 있겠는가? 과도함이 큰 마음 씀씀이다.

「계사전」에서 이렇게 말했다. "만일 맨땅에 물건을 놓아도 좋은데, 띠를 사용하여 깔았다면 무슨 허물이 있겠는가? 신중함이 지극한 것이다. 띠라는 것은 하찮은 물건이지만, 그것을 신중하게 사용할 수 있으니, 이러한 방법으로 신중하게 일을 진행해가면 실수하는 바가 없을 것이다." 이것은 공경과 신중함이 지극한 것을 말한다. 띠라는 것은 매우 하찮은 것이지만 그것을 아주 신중하게 사용할 수 있다. 그것으로 깔개를 삼는다면 매우 신중한 도리가 되니, 즉 마음을 쓰는 도리가 중요한 것이다. 사람이 과도하게 공경하고 신중하기는 실천하기 어려운 일은 아니다. 그것을 통해서 안정을 보존하여 허물이 없을 수가 있으니, 만약 이러한 도리를 신중하게 하고 그것을 다른 일에서도 확장해서 행할 수 있다면 실수하는 바가 없을 것이다.

初以陰柔巽體而處下, 過於畏愼者也. 以柔在下, 用茅藉物之象. 不錯諸地, 而藉以茅, 過於愼也, 是以无咎. 茅之爲物雖薄而用可重者, 以用之能成敬愼之道也. 愼守斯術而行, 豈有失乎? 大過之用也. 繫辭云, "苟錯諸地而可矣, 藉之用茅, 何咎之有? 愼之至也. 夫茅之爲物薄而用可重也, 愼斯術也以往, 其无所失矣." 言敬愼之至也. 茅雖至薄之物, 然用之可甚重. 以之藉薦, 則爲重愼之道, 是用之重也. 人之過於敬愼, 爲之非難, 而可以保其安而无過, 苟能愼斯道, 推而行之於事, 其无所失矣.

「상전」에서 말했다. 흰 띠 깔개를 사용하는 것은 유함이 아래에

있기 때문이다.

象曰, 藉用白茅, 柔在下也.

음유한 자질로 낮은 위치에 자리하여, 처신하는 방도가 오직 과도하게 공경하고 신중할 뿐이다. 유약한 자질로 아랫자리에 있는 것을 물건을 띠 깔개로 까는 모습으로 상징했으니, 공경함과 신중함의 도리다.

以陰柔處卑下之道, 唯當過於敬愼而已. 以柔在下, 爲以茅藉物之象, 敬愼之道也.

구이효는 마른 버드나무에 새로운 뿌리가 생긴다. 늙은 남자가 젊은 아내를 얻는 것이니, 이롭지 않음이 없다.

九二, 枯楊生稊, 老夫得其女妻, 无不利.

양이 크게 과도한데 음에게 친밀하게 다가가면 화합하므로, 구이효와 구오효는 모두 새로운 것을 낳는 모습이 있다. 구이효는 큰 것의 과도함이라는 상황이 시작하는 때에 중도를 얻고 유한 위치에 자리하면서, 초육효와 친밀하게 관계하여 서로 함께한다. 초육효는 구이효와 친밀하게 관계하고 구이효는 또 위로 호응하는 상대가 없으므로, 서로 함께하는 것을 알 수 있다. 이는 강함이 지나친 사람이지만 중도로 자처할 수가 있고, 유연한 태도로 서로 구제하는 것이다. 강함이 과도하면 어떤 정치적인 일도 행할 수가 없으니, 구삼효가 그러하다. 중도를 얻고 유연한 태도를 지니면 매우 비범한 공을 이룰 수가 있으니, 구이효가 그러하다.

'버드나무'란 양기陽氣가 쉽게 영향을 미치는 것으로, 양의 기운이 과도하면 마른다. 그런데 버드나무가 말랐다가 다시 새로운 뿌리가 생기면, 양이 과도해도 아직 극한에 이르지는 않은 것이다. 구이효는 양이 과도하지만 초육효와 함께하니, 늙은 남자가 젊은 처자를 얻는 모습이다. 늙은 남자가 젊은 처자를 얻으면 낳고 기르는 공을 이룰 수가 있다.[3] 구이효는 중도를 얻고 유연한 위치에 자리하면서 초육효와 함께하므로, 다시 뿌리가 생길 수가 있어 지나치게 과도한 실수가 없고, 이롭지 않은 바가 없다.

대과괘에서 양효가 음의 자리에 있는 것이 좋으니, 구이효와 구사효가 그러하다. 구이효를 길하다고 말하지 않고 "이롭지 않음이 없다"고 한 것은 급작스럽게 길함에 이를 수는 없기 때문이다. '제稊'라는 것은 뿌리다.[4] 유곤劉琨의 「권진표勸進表」[5]에서 "화려한 꽃이 마른 뿌리에서 난다生繁華於枯荑"고 했는데, 여기서의 '고제枯荑'도 마른 뿌리를 말하는 것이다. 정현鄭玄[6]의 『주역주』에서도 '제荑'라는 글자로 되어 있으니 '제稊'와 같다.

陽之大過, 比陰則合, 故二與五皆有生象. 九二當大過之初, 得中而居柔, 與初密比而相與. 初旣切比於二, 二復无應於上, 其相與可知. 是剛過之人, 而能以中自處, 用柔相濟者也. 過剛則不能有所爲, 九三是也. 得中用柔, 則能成大過之功, 九二是也. 楊者, 陽氣易感之物, 陽過則枯矣. 楊枯槁而復生稊, 陽過而未至於極也. 九二陽過而與初, 老夫得女妻之象. 老夫而得女妻, 則能成生育之功. 二得中居柔而與初, 故能復生稊, 而无過極之失, 无所不利也. 在大過, 陽爻居陰則善, 二與四是也. 二不言吉, 方言无所不利, 未遽至吉也. 稊, 根也. 劉琨「勸進表」云, "生繁華於枯荑." 謂枯根也.

鄭玄易亦作荑字, 與稊同.

「상전」에서 말했다. 늙은 남자와 젊은 여자는 과도함으로 서로 함께하는 것이다.

象曰, 老夫女妻, 過以相與也.

늙은 남자가 젊은 여자를 좋아하고 젊은 여자가 늙은 남자에게 순종해 서로 함께하는 것은 상도常道의 본분보다 과도한 것이니, 구이효와 초육효라는 음과 양이 서로 함께 하는 화합이 상도를 넘은 것이다.

老夫之說少女, 少女之順老夫, 其相與過於常分, 謂九二初六陰陽相與之和, 過於常也.

구삼효는 들보기둥이 휘어지는 것이니 흉하다.

九三, 棟橈, 凶.

큰 것이 과도한 때에 자리하면서 매우 비범한 공을 일으키고 매우 비범한 일을 세우는 일은, 강함과 유함이 중도를 얻어 타인에게 도움을 취해 스스로를 보좌하지 않으면 불가능하다. 강직하고 강한 태도가 지나치면 사람들과 함께할 수가 없으니, 보통의 공도 홀로 세울 수가 없는데 어떻게 매우 비범한 일을 세울 수 있겠는가? 성인의 재능은 작은 일에서도 반드시 타인의 도움을 취하니, 세상의 큰 책임을 맡았다면 어떻게 해야 하는지를 알 수가 있다.

구삼효는 크게 과도한 양으로서 다시 강함을 자처하여 중도를 얻지 못했으니, 강함이 과도한 자다.[7] 지나치게 강한 태도로 행동하면 중도와 조화에 어긋나서 군중들의 마음을 거스르니, 어떻게 비범한 책임을 감당할 수 있겠는가? 그 책임을 감당하지 못하는 것이 마치 들보기둥이 휘어져서 그 집안이 기울어지는 것과 같으니, 그러므로 흉하다. 들보기둥을 취하여 상징한 것은 도움을 주는 사람이 없어 중대한 책임을 감당할 수 없다는 뜻이다.

어떤 사람은 이렇게 묻는다. "구삼효는 손괘의 형체에 있어 공손한 체질이고 윗사람에게 호응하는데 어찌 유연한 태도의 모습이 없는가?" 이렇게 대답하겠다. 『역』을 말하는 자는 돌아가는 시세의 경중과 흘러가는 때의 변화를 파악하는 것을 가장 중요하게 생각한다. 구삼효는 과도한 위치에 자리하면서 강한 태도를 쓰고, 겸손한 것이 끝나고 또 변하게 되었으니, 어떻게 다시 유연한 태도라는 의미가 있겠는가? 호응하는 것은 뜻이 서로 따르는 것을 말한다. 구삼효는 이미 과도하게 강하니, 상육효가 그의 뜻을 붙잡아 맬 수 있겠는가?

夫居大過之時, 興大過之功, 立大過之事, 非剛柔得中, 取於人以自輔, 則不能也. 旣過於剛強, 則不能與人同, 常常之功尙不能獨立, 況大過之事乎? 以聖人之才, 雖小事必取於人, 當天下之大任, 則可知矣. 九三以大過之陽, 復以剛自居而不得中, 剛過之甚者也. 以過甚之剛, 動則違於中和而拂於衆心, 安能當大過之任乎? 故不勝其任, 如棟之橈, 傾敗其室, 是以凶也. 取棟爲象者, 以其无輔, 而不能勝重任也. 或曰, 三, 巽體而應於上, 豈无用柔之象乎? 曰, 言易者, 貴乎識勢之重輕, 時之變易. 三居過而用剛,巽旣終而且變, 豈復有用柔之義? 應者, 謂志相從也. 三方過剛, 上能繫其志乎?

「상전」에서 말했다. 들보기둥이 휘어지는 흉함은 도움을 주는 이가 있을 수 없기 때문이다.

象曰, 棟橈之凶, 不可以有輔也.

지나치게 강하면 타인으로부터 도움을 취할 수가 없고 사람들도 친밀하게 도와줄 수 없으니, 들보기둥이 부러져서 지탱하고 도와줄 수 없는 모습이다. 들보기둥은 집안의 중앙에 해당하여 도움을 줄 수가 없으니, 도와주는 사람이 있을 수가 없다는 말이다.

剛強之過, 則不能取於人, 人亦不能親輔之, 如棟橈折, 不可支輔也. 棟當室之中, 不可加助, 是不可以有輔也.

구사효는 들보기둥이 높아지는 것이니 길하지만, 다른 마음을 가지면 부끄럽다.

九四, 棟隆吉, 有它吝.

구사효는 군주와 가까운 지위에 자리하고서 매우 비범한 소임을 맡은 자다. 유한 위치에 자리하여 유연한 태도로 서로 구제할 수 있고, 과도하게 강직하지 않으므로 그 책임을 감당할 수 있으니, 들보기둥이 높아지는 것과 같아서 길하다. '높아진다'는 말은 아래가 휘어지지 않는 뜻을 취한 것이다.

매우 비범한 일을 맡은 때는 양강한 자가 아니라면 구제할 수가 없고, 강직한 신념으로 유연성 있는 태도를 취했으니 마땅함을 얻은 것이지만 만약 또 초육의 음효와 서로 호응하면, 과도한 것이다. 강함과 유함이 마땅함을 얻었는데 뜻이 다시 음효에 호응하면, 이는 달리 사심이 있는 것이다. 사심이 있으면 강직함에 해로울 수가 있으니, 큰 해로움에 이르지는 않았지만 또한 부끄러운 일이다. 비범한 책임을 맡은 때에, 함부로 행동하면 과도함이 된다. '유타有它'란 말은 다시 다른 뜻이 있다는 것이고, '부끄럽다'란 부족하다는 뜻으로 사람들이 가소롭게 본다는 말이다.

어떤 사람은 이렇게 말한다. "구이효가 초육효와 친밀하게 관계하면 이롭지 않음이 없는데, 구사효가 초육효와 호응한다면 부끄러운 것은 왜 그러한가?" 이렇게 대답하겠다. 구이효는 중도를 얻어서 초육효와 친밀하게 관계하니 유연한 태도로 서로 구제하는 뜻이지만, 구사효는 초육효와 올바른 호응관계가 되니 이는 뜻이 서로 얽매이게 되는 것이다. '구九'라는 양효가 군주와 가까운 '사四'의 자리에 있는 것은 강직함과 유연성이 서로 마땅함을 얻은 것인데, 다시 초육효의 음효와 복잡하게 얽히면 군주와 가까운 자리에 있는 강직함에 해를 입을 수 있기 때문에 부끄러운 일이다.

四居近君之位, 當大過之任者也. 居柔爲能用柔相濟, 既不過剛, 則能勝其任, 如棟之隆起, 是以吉也. 隆起, 取不下橈之義. 大過之時, 非陽剛不能濟, 以剛處柔, 爲得宜矣, 若又與初六之陰相應, 則過也. 既剛柔得宜, 而志復應陰, 是有它也. 有它則有累於剛, 雖未至於大害, 亦可吝也. 蓋大過之時, 動則過也. 有它謂更有它志, 吝爲不足之義, 謂可少也. 或曰, 二比初則无不利, 四若應初則爲吝, 何也? 曰, 二得中而比於初, 爲以柔相濟之義, 四與初爲正應, 志相繫者也. 九旣居四, 剛柔得宜矣, 復牽繫於陰, 以害其剛, 則可吝也.

「상전」에서 말했다. 들보기둥이 높아져서 길한 것은 아래에서 휘어지지 않기 때문이다.

象曰, 棟隆之吉, 不橈乎下也.

들보기둥이 높아지면 길한 것은 신념을 굽히면서 아랫사람을 취하지 않기 때문이니, 이것이 아래로 초육효에 얽매이지 않는다는 말이다.

棟隆起則吉, 不橈曲以就下也, 謂不下繫於初也.

구오효는 마른 버드나무가 꽃을 피우며, 늙은 부인이 젊은 남자를 얻는 것이니, 허물도 없지만 영예도 없다.

九五, 枯楊生華, 老婦得其士夫, 无咎, 无譽.

구오효는 큰 것이 과도한 때에 본래 중정의 덕으로써 존귀한 지위에 자리하지만 아래로 호응하여 도움을 주는 이가 없어 매우 비범한 공을 이룰 수가 없고, 위로 지나치게 과도한 음과 친밀하게 관계하니, 서로 도와주는 바가 마른 버드나무가 꽃을 피우는 것과 같다.[8] 마른 버드나무는 아래에 뿌리가 자라면 다시 소생할 수가 있으니, 마치 매우 비범한 양효가 공을 일으키고 완성한 것 같지만, 위에서 꽃이 피면 발현되는 것이 있더라도 마른 나무에는 유익할 것이 전혀 없다.

상육효는 과도한 음효이니, 늙은 부인을 상징한다. 구오효는 나이가 젊지는 않지만 늙은 부인과 비교하면 건장한 사람이니, 구오효에게는 의지할 것이 없기 때문에 반대로 늙은 부인이 젊은 남편을 얻었다고 칭한 것이다. 지나치게 과도한 음효가 서로 도움을 주는 양을 얻는 것은 무익하지는 않다. 그러나 젊은 남자가 늙은 부인을 얻는 것은 죄와 허물은 없더라도 아름다운 일은 아니므로 허물은 없지만 영예로운 것은 아니라고 했으며, 「상전」에서는 다시 "추하게 여길 만하다"고 했다.

九五當大過之時, 本以中正居尊位, 然下无應助, 固不能成大過之功, 而上比過極之陰, 其所相濟者, 如枯楊之生華. 枯楊下生根稊, 則能復生, 如大過之陽興成事功也, 上生華秀, 雖有所發, 无益於枯也. 上六過極之陰, 老婦也. 五雖非少, 比老婦則爲壯矣, 於五无所賴也, 故反稱婦得. 過極之陰, 得陽之相濟, 不爲无益也. 以士夫而得老婦, 雖无罪咎, 殊非美也, 故云无咎无譽, 象復言其可醜也.

「상전」에서 말했다. 늙은 버드나무가 꽃을 피운 것이 어떻게 오래 지속되겠는가! 늙은 부인이 젊은 남자를 얻는 것 역시 추하게 여길 만하다.

象曰, 枯楊生華, 何可久也! 老婦士夫, 亦可醜也.

마른 버드나무가 뿌리가 생기지 않고 꽃을 피우는 것은 곧바로 다시 마르게 되는 것이니, 어떻게 오래 지속될 수 있겠는가? 늙은 부인이 젊은 남자를 얻는데, 어떻게 낳고 양육하는 공을 이룰 수 있겠는가? 또한 추하게 여길 만하다.

枯楊不生根而生華, 旋復枯矣, 安能久乎? 老婦而得士夫, 豈能成生育之功? 亦爲可醜也.

상육효는 과도하게 건너다가 이마까지 빠져 흉하니, 탓할 곳이 없다.

上六, 過涉滅頂凶, 无咎.

상육효는 음유한 자질로 지나치게 극한에 처했으니, 이는 소인으로서 상도의 본분을 지나치게 넘어선 자다. 소인에게서 큰 것의 과도함이란 비범한 일을 할 수 있는 능력도 없으면서 곧장 상도와 이치에서 벗어나 위태로움과 멸망을 근심하지 않고 위험을 감행하여 재앙을 자초하는 일일 뿐이다. 마치 물을 과도하게 건너다가 이마가 빠지는 지경에까지 이르니, 그 흉함을 알 수 있다. 소인이 미친 듯이 조급하게 행동하여 스스로 재앙을 자초하는 것은 당연한 것이니, 다시 누구를 허물하겠는가? 그래서 "탓할 곳이 없다"고 했으니, 이는 스스로 자초한 것이므로, 원망하고 탓할 곳이 없다는 것이다. 태괘에 연못의 상징이 있기 때문에 물을 건넌다는 뜻을 취했다.

上六以陰柔處過極, 是小人過常之極者也. 小人之所謂大過, 非能爲大過人之事也, 直過常越理, 不恤危亡, 履險蹈禍而已. 如過涉於水, 至滅沒其項, 其凶可知. 小人狂躁以自禍, 蓋其宜也, 復將何尤? 故曰无咎. 言自爲之, 无所怨咎也. 因澤之象而取涉義.

「상전」에서 말했다. 과도하게 건너다가 흉하게 되는 것은 아무도 탓할 수가 없다.

象曰, 過涉之凶, 不可咎也.

과도하게 건너다가 물에 빠지게 된 것은 스스로 자초한 것이라서 누구를 허물할 수 없으므로 원망하고 탓할 곳이 없다고 한 것이다.

過涉至溺, 乃自爲之, 不可以有咎也, 言无所怨咎.

1 뿌리와 끝이 약하므로 휘어졌다: 뿌리와 끝이 약하다는 말은 대과괘의 초육효와 상육효의 음효를 말한다. 초육효는 뿌리이고 상육효가 끝이다. 호원은 이러한 상황이 천하의 기강이 무너진 때라고 본다. 이러한 때에 성인이 비범한 능력을 발휘하여 세상을 바르게 한다는 의미다. "대과는 성현이 큰 재능과 큰 덕이 있어서 상도常道의 본분을 과도하게 초월하여 세상의 쇠락과 폐단을 바로잡는 것이다大過者, 言聖賢之人, 有大才大德而過越于常分, 以正天下之衰弊."

2 형통하다고 했다: 호원은 이러한 상황을 성인이 비범한 능력을 발휘하여 쇠락해가는 세상을 구제하는 것으로 묘사하고 있다. "성현은 인의와 도덕을 본래 가지고 있어서 그것을 누적하면서 익혀서 그 마음에 온축한 뒤에 그것을 세상에 확충하여, 세상의 쇠락과 폐단을 구제한다. 이것이 이頤괘 다음이 되는 이유이다. 그러나 큰 것의 과도함이라고 한 것은 성현은 큰 재능과 큰 덕을 가지고 있어서 상도常道의 본분을 초월하여 세상이 쇠락과 폐단을 바로잡으므로 큰 것의 과도함이라고 했다. '들보기둥이 휘어졌다'는 것은 대과大過의 상황에서는 정치와 교화가 쇠락하고 기강이 무너져서 본말本末이 모두 약하여, 마치 큰 집이 무너지려고 하여 대들보 기둥이 지탱할 수 없는 것과 같아서 휘어지게 된 것이다. 일을 진행해나가는 것이 이롭고 형통하다는 것은 성현은 큰 재능과 큰 지혜를 가지고 있어서 이러한 때에 상도의 본분을 초월하여 세상의 쇠락과 폐단을 구제하니 세상이 모두 이로움을 얻고, 이로움을 얻으니 형통할 수 있는 것이다蓋聖賢之人, 仁義道德素有以積習之, 而蘊畜其心, 然後擴而充之, 天下以救天下之衰弊. 此所以次于頤. 然謂之大過者, 言聖賢之人, 有大才大德, 而過越于常分, 以正天下之衰弊, 故謂之大過也. 棟撓者, 言大過之時, 政教陵遲, 紀綱衰壞, 本末皆弱, 若大厦之將顚而梁棟不能支持, 故

致傾撓. 利有攸往亨者, 聖賢之人, 有大才大智, 當此之時, 則過越常分而拯天下之衰弊, 以此而往, 則天下皆獲其利, 獲其利則得其亨通."

3 낳고 기르는 공을 이룰 수가 있다: 정이천은 마른 버드나무에 뿌리가 생겼다고 해석하여 지나치게 극단적으로 행하지 않으면서 공을 이룬다는 의미로 풀지만 호원은 마른 버드나무에 꽃이 피었다는 의미로 해석한다. "이것은 양이 음의 위치에 자리한 것이니 군자가 그의 일상적인 분수를 초월하고 일을 과도하게 행하는 것이다. 대과의 때에 성현군자는 강명剛明한 재능과 부지런하고 강건한 덕으로 일을 과도하게 행하여, 세상의 공업을 세워서 쇠락한 정치와 교화를 일으키고 무너진 기강을 일으키므로, 마른 버드나무에서 다시 아름다운 꽃이 생기고, 늙은이가 어리고 나약한 여자를 얻어 다시 아이를 낳는 모습과 같다此以陽居陰, 是君子之人, 越其常分而過行其事者也. 夫大過之時, 聖賢君子, 能過行其事以剛明之才勤健之德, 立天下之功業, 使陵遲者, 得以興起之, 隳壞者, 得以振舉之, 故如枯槁之楊, 復生秀美之稊, 衰老之夫, 而得少懦之女, 復有生息之象也."

4 뿌리다: '제稊'는 오래된 뿌리에서 새로운 잎이 나오는 것을 말한다. 왕필王弼은 '버드나무의 꽃楊之秀也'라고 했는데 공영달孔穎達은 '버드나무의 이삭楊柳之穗'이라고 푼다. 여기서 '수穗'는 모를 심어 싹이 웃자라면 이삭 대가 올라와 눈을 내고 벼꽃을 피우는데 이 벼꽃을 말한다. 호원도 왕필과 동일하게 해석한다. 그러나 정이천은 뿌리라고 풀고 있다. 대과괘 구오효에 "마른 버드나무가 꽃을 피운다枯楊生華"는 구절이 있는데 여기서 '화華'를 정이천은 '수秀', 즉 꽃으로 해석한다. 구오효 참조.

5 유곤의 「권진표」: 유곤劉琨은 중국 진晉나라의 시인으로 자는 월석越石이다. 작품집으로 『유월석집劉越石集』 등이 있다.

6 정현鄭玄(127~200)은 중국 후한시대의 경학자다. 자는 강성康成으로 북해北海 고밀高密 사람이다. 44세 때 '당고黨錮의 화'로 인해 금고禁錮 14년에 처해진 이후 저술에 전념했다. 고문경설古文經說을 위주로 삼고 금문경설今文經說도 받아들여 여러 경서에 주석을 달아 한대 경학을 집대성했다.

7 강함이 과도한 자다: 호원도 정이천과 유사하게 비범하게 행동하지 못하는 사람으로 해석한다. "대과의 때에 군자가 정치적인 일을 시행해야 할 때이므로 상도의 본분을 초월하여 행하면 세상의 공로를 세울 수 있지만, 단지 상도의 본분만을 지킨다면 그가 세상의 사업을 이룰 수 있는 것을 보지 못한다. 구이효는 상도의 본분을 초월하여 행했으므로 모두 이롭지만, 구삼효는 강명한 재능과 덕을 가지고 있으면서도 여전히 양陽한 자질로 양한 위치에 자리했으니, 상도의 본분만을 지켜서 그 일을 과도하게 행할 수가 없는 것이다. 재능이 있으면서 세상에 시행할 수가 없고, 덕이 있으면서 굳게 지켜나갈 수가 없으니, 필부의 식견만을 홀로 사용하고, 상육효의 호응에 얽매여서, 그 정치와 교화를 더욱 쇠락시키고 기강을 더욱 무너지게 하여 마치 큰 집의 동량이 무너져 큰 집을 지탱할 수 없는 것과 같으니 흉한 도다大過之時, 君子有爲之際, 故若過其分而行, 則可以立天下之功, 若但守常之人, 則未見其能成天下之事業也. 九二能過分行之, 故所行皆利, 此九三, 有剛明之才德, 而乃以陽居陽, 則是守常之人, 不能過行其事. 如有才而不能施用, 有德而不能操致, 獨用匹夫之見, 而係上六之應, 使其政教愈敗, 綱紀愈頹, 若大厦之梁傾撓, 而不能扶持, 是凶之道也."

8 꽃을 피우는 것과 같다: 호원도 정이천과 전체적인 의미는 유사하게 풀고 있지만, 비범한 행위를 하지 못하고 상도의 본분만을 지키는 평범한 사람으로 묘사하고 있다. 또 여기서 '화華'는 '농염하게 피어 쇠락하는 꽃잎〔葩華〕'으로 풀고 있다. "지금은 반대로 그 본분을 넘어서는 비범한 행동을 할 줄 모르고, 단지 자신의 책임만을 고집하니 또한 상도를 지킬 줄만 아는 사람이다. 상도를 지킬 줄만 하는 사람이 세상의 쇠락과 폐단을 일으키니, 마치 마른 버드나무에서 쉽게 쇠락하는 꽃잎을 피우는 것과 같아서, 구이효가 무성한 결실을 낳는 것보다 못하다. 늙은 부인이 젊은 사람을 얻으니 도움을 얻을 것이 없고 번식할 수도 없으니, 늙은 남자가 젊은 처자를 얻는 것보다 못하다今反不能過越其分, 而但固守己任, 是亦守常之人也. 以守常之人而拯天下之衰弊, 故如枯朽之楊生其葩華易落之物, 不若九二生稊之茂實. 老婦得其士夫, 无所補助, 不能滋息, 不若老夫之得其女妻也."

29. 빠짐, 잇단 위험: 감坎괘䷜

중수감重水坎이라고 한다. 괘의 모습이 감坎☵괘가 위에 있고, 또 감☵괘가 아래에 있기 때문이다.

습감習坎괘에 대해서 「서괘전」에서는 이렇게 설명한다. "어떤 것도 끝내 상도를 넘어 과도하게 행할 수가 없으므로 감괘로 받았으니, 감坎이란 빠진다는 뜻이다." 과도하여 그치지 않을 리는 없으므로 과도함이 지나치면 반드시 위험에 빠지니, 감괘가 대과大過괘 다음이 된다. '습習'이란 중복된 것을 말한다. 다른 괘는 괘가 중복되어도 그 말을 덧붙이지 않았는데 유독 감괘에만 '습'이라는 말을 덧붙인 것은 중복된 위험이라는 것을 드러낸 것이니, 위험 가운데 다시 위험이 있으므로 잇단 위험이라는 의미가 크다![1] 괘 가운데 하나의 양효가 있고 위아래 두 음효가 있으니, 양은 꽉 찼고 음은 텅 비어 위아래로 의지할 곳이 없어 하나의 양효가 두 음효 가운데에 빠졌으므로 위험에 빠졌다는 의미가 된다. 양효가 두 음효 사이에 자리하면 빠지는 것이 되고, 음효가 두 양효 사이에 있으면 걸려 있는 것이 된다.

양효가 가장 위의 위치에 있으면 멈추는 모습〔艮☶〕이고, 가운데 위치에 있으면 빠지는 모습〔坎☵〕이며, 가장 아래 위치에 있으면 움직이는 모습〔震☳〕이다. 음효가 가장 위의 위치에 있으면 기뻐하는 모습〔兌☱〕이고, 가운데 위치에 있으면 걸려 있는 모습〔離☲〕이며, 가장 아래 위치에 있으면 공손한 모습〔巽☴〕이다. 빠졌으므로 위험이 된다. '습'이란 중복되는 것으로, '학습學習'이란 배움을 거듭해서 반복한다는 뜻이고 '온습溫習'이란 배운 것을 반복해서 익힘을 말하니 모두 중복의 뜻이다. '감坎'이란 함정에 빠지는 것을 상징한다. 괘에서 말하는 것은 험난함에 대처하는 도리다. '감'이란 물을 상징한다. 양효 하나가 가운데에서 비로소 생겨나니, 생겨나는 데에 가장 먼저인 것이 있으므로, 물이다.[2] '빠진다'는 말은 감괘가 물의 형체이기 때문이다.

習坎, 序卦, "物不可以終過, 故受之以坎. 坎者陷也." 理无過而不已, 過極則必陷, 坎所以次大過也. 習謂重習. 他卦雖重, 不加其名, 獨坎加習者, 見其重險, 險中復有險, 其義大也. 卦中一陽上下二陰, 陽實陰虛, 上下无據, 一陽陷於二陰之中, 故爲坎陷之義. 陽居陰中則爲陷, 陰居陽中則爲麗. 凡陽, 在上者止之象, 在中陷之象, 在下動之象. 陰, 在上說之象, 在中麗之象, 在下巽之象. 陷則爲險. 習, 重也, 如學習溫習, 皆重複之義也. 坎, 陷也. 卦之所言, 處險難之道. 坎, 水也. 一始於中, 有生之最先者也, 故爲水. 陷, 水之體也.

잇단 위험에는 진실과 믿음이 있어서, 오직 마음이 형통하니, 나아가면 가상함이 있다.

習坎有孚, 維心亨, 行有尙.

양효의 실함이 가운데에 있으니, 마음속에 진실과 믿음이 있다. "오직 마음이 형통하다"는 것은 그 마음이 진실하고 하나이므로 형통할 수 있다는 말이다. 지극한 진실과 정성은 금과 돌을 뚫고 물과 불을 헤쳐나갈 수 있으니, 어떤 위험인들 형통하지 않을 수 있겠는가? "나아가면 가상함이 있다"는 것은 진실하고 하나인 마음으로 나아가면 위험에서 벗어날 수 있어 가상하게 여길 수가 있다는 것이니, 공이 있음을 말한다. 나아가지 않는다면 항상 위험 속에 있을 것이다.

陽實在中, 爲中有孚信. 維心亨, 維其心誠一, 故能亨通. 至誠可以通金石, 蹈水火, 何險難之不可亨也? 行有尙, 謂以誠一而行, 則能出險, 有可嘉尙, 謂有功也. 不行則常在險中矣.

「단전」에서 말했다. 습감은 잇단 위험이다. 물이 아래로 흘러가되 가득 차지 않았으며, 위험 속에서 행하지만 진실한 신념을 잃지 않는다.

彖曰, 習坎, 重險也. 水流而不盈, 行險而不失其信,

습감은 잇단 위험을 말한다. 위와 아래가 모두 감괘이니, 두 가지 위험이 서로 중첩된 것이다. 초육효는 '깊은 구덩이'라 했는데, 이는 위험 가운데 위험이 있는 것으로 잇단 위험이다. "물이 아래로 흘러가되 가득 차지 않았다"는 말은 양효가 위험 속에서 움직이지만 아직 위험에서 빠져 나오지 못한 것을 상징한다. 즉 물의 성질은 흘러내려가지만 아직 구덩이에 가득 차지 않은 것이니, 가득 차면 구덩이에서 나온다. "위험 속에서 행하지만 진실한 신념을 잃지 않는다"는 것은 강양한 자질과 마음속의 진실이 위험 가운데에 있어, 위험 속에서 행하지만 그 신념을 잃지 않는 것이다. 감괘의 가운데가 꽉 찬 것과 물이 아래로 내려가는 성질은 모두 신념을 뜻하니 진실이 있는 것이다.

習坎者, 謂重險也. 上下皆坎, 兩險相重也. 初六云坎窞, 是坎中之坎, 重險也. 水流而不盈, 陽動於險中, 而未出於險, 乃水性之流行而未盈於坎, 旣盈則出乎坎矣. 行險而不失其信, 剛陽中實, 居險之中, 行險而不失其信者也. 坎中實, 水就下, 皆爲信義有孚也.

"오직 마음이 형통하다"는 것은 강하면서도 중中을 이루었기 때문이다.

維心亨, 乃以剛中也,

오직 그 마음이 형통할 수 있다는 것은 강중剛中하기 때문이다. 가운데가 꽉 찬 것은 진실과 신념이 있는 모습이니, 지극한 진실과 정성의 도가 어찌 통하지 않겠는가? 강중한 방도로 행하면 험난한 위험을 해결하여 형통할 수가 있다.

維其心可以亨通者, 乃以其剛中也. 中實爲有孚之象. 至誠之道, 何所不通? 以剛中之道而行, 則可以濟險難而亨通也.

"나아가면 가상함이 있다"는 것은 나아가면 공이 있다는 말이다.

行有尙, 往有功也.

강중한 재능으로 나아가면 공이 있으므로 가상하게 여길 수 있지만, 만약 멈추어서 행하지 않으면 항상 위험 속에 있게 된다. 위험한 상황 속에는 행할 수 있는 것이 공을 이루는 것이다.

以其剛中之才而往, 則有功, 故可嘉尙, 若止而不行, 則常在險中矣. 坎以能行爲功.

하늘의 험난함은 넘어설 수 없고, 땅의 험난함은 산과 강 그리고 언덕과 구릉이다. 왕공은 위험물을 설치하여 나라를 지키니, 위험물을 사용하는 때와 그 작용이 크구나!

天險不可升也, 地險山川丘陵也. 王公設險以守其國, 險之時用大矣哉!

높아서 올라갈 수 없는 것이 하늘의 험난함이다. 산과 강 그리고 언덕과 구릉이 땅의 험난함이다. 왕공은 군주이니, 감괘의 모습을 관찰하여 위험물을 무시할 수 없음을 알게 되므로 성곽과 성을 보호하는 연못을 설치하여 나라를 지키고 백성을 보호하니, 위험한 방어 시설을 설치할 때가 있고 그 사용이 매우 크므로 "그것이 크구나!"라고 찬미했다. 산과 강 그리고 성과 못은 설치한 위험물 가운데 큰 것들이다. 존귀함과 비천함을 구별하고 귀함과 천함을 구분하는 데에, 등급과 위엄을 밝히고 사물의 색채를 다르게 해서, 능멸하고 참월하는 행위를 막아 단절하고 상하를 한계 지어 막으니, 이것들은 모두 위험한 방어 시설을 사용하는 것을 본받은 것이다.

高不可升者, 天之險也. 山川丘陵, 地之險也. 王公, 君人者, 觀坎之象, 知險之不可陵也, 故設爲城郭溝池之險, 以守其國, 保其民人, 是有用險之時, 其用甚大, 故贊其大矣哉! 山河城池, 設險之大端也. 若夫尊卑之辨, 貴賤之分, 明等威, 異物采, 凡所以杜絶陵僭, 限隔上下者, 皆體險之用也.

「상전」에서 말했다. 물이 거듭해서 이르는 것이 습감의 모습이니, 군자는 이것을 본받아 덕행을 일정하게 지속하고, 가르치는 일을 반복해서 익힌다.

象曰, 水洊至, 習坎, 君子以常德行, 習教事.

'감'이란 물을 상징하니, 물이 흘러 계속 잇달아 이른다. 두 가지 위험이 서로 중첩된 것은 물이 흘러 계속 잇달아 흐르는 모습이다. 물은 한 방울 한 방울로부터 흐르기 시작하여 수십 미터의 개울에 이르고 다시 강과 바다에 이르러 계속 거듭해서 흐르지, 급작스럽게 이르지는 않는다. 그것은 지세地勢에 따라서 아래로 내려가기를 믿음직스럽고 일정하게 지속하므로, 군자는 물이 흘러가는 모습을 관찰하여 물에서 일정하게 지속한다는 의미를 취하고, 자신의 덕행을 오래도록 일정하게 지속한다. 사람의 덕행이 일정하게 지속되지 않는다면 그것은 인위적인 허위일 수 있으므로, 마땅히 물이 일정하게 지속하는 것처럼 해야 한다.

또 물이 계속 거듭해서 흘러 이어지지 급작스럽게 이르지 않는 모습을 취하니, 그것을 본받아 성현의 가르침과 법률적 명령과 같은 일들을 반복해서 익힌다. 정치를 시행하고 교육을 실행할 때에는 반드시 백성이 먼저 익숙하게 들어 알게 한 후에야 그것을 따를 수 있으므로, 세 번 명령하고 다섯 번 반복해서 시행해보아야 하는 것이다. 만약 아무런 사전 예고도 없이 급작스럽게 공표하고서 백성들이 깨닫지 못했다고 해서 곧바로 그것에 복종하도록 문책한다면, 아무리 엄격한 형벌을 시행하여 재촉하더라도 능히 해낼 수가 없다. 그래서 마땅히 물이 계속 거듭해서 이르는 모습처럼 반복적으로 시행해야 한다.

坎爲水, 水流仍洊而至. 兩坎相習, 水流仍洊之象也. 水自涓滴至於尋丈, 至於江海, 洊習而不驟者也. 其因勢就下, 信而有常. 故君子觀坎水之象, 取其有常, 則常久其德行. 人之德行, 不常則僞也, 故當如水之有常. 取其洊習相受, 則以習熟其敎令之事. 夫發政行敎, 必使民熟於聞聽, 然後能從, 故三令五申之, 若驟告未喩, 遽責其從, 雖嚴刑以驅之不能也. 故當如水之洊習.

초육효는 잇단 위험에서 깊은 구덩이로 들어가니, 흉하다.

初六, 習坎, 入于坎窞, 凶.

초육효는 음유陰柔한 자질로 위험한 구덩이 속에 자리하여 나약하고 도움을 줄 사람이 없으며 처신이 합당하지 못하니, 위험으로부터 나올 수 있는 자가 아니고 오직 더 깊은 위험에 빠질 뿐이다. '담窞'은 구덩이 가운데 깊이 파인 곳이다. 이미 잇달아 구덩이 속에 있는데 다시 그 구덩이에서 더 깊은 곳으로 들어가니, 그 흉함을 알 수 있다.

初以陰柔居坎險之下, 柔弱无援, 而處不得當, 非能出乎險也, 唯益陷於深險耳. 窞, 坎中之陷處. 已在習坎中, 更入坎窞, 其凶可知.

「상전」에서 말했다. 잇단 구덩이의 위험에서 더 깊은 구덩이로 들어가는 것은 길을 잃었음이니 흉하다.

象曰, 習坎入坎, 失道凶也.

잇단 구덩이의 위험으로부터 다시 더 깊은 구덩이로 들어가니, 길을 잃은 것이다. 그래서 흉하다. 위험에서 나올 수 있어야 길을 잃지 않는다.

由習坎而更入坎窞, 失道也. 是以凶. 能出於險, 乃不失道也.

구이효는 구덩이의 위험이 있지만, 구하면 조금이나마 얻는다.

九二, 坎有險, 求小得.

구이효는 구덩이의 위험에 빠졌을 때 위아래 두 음효 속에 빠져서 매우 위험한 자리이니, 이것이 위험에 있는 것이다. 그러나 강중剛中한 재능으로 아직 위험에서 벗어날 수는 없지만 조금이나마 스스로 어려움을 해결할 수 있어서, 초육효처럼 구덩이에 빠져 더 깊은 위험에 들어가는 지경에까지는 이르지 않으므로, 이것이 구하는 바를 조금이나마 얻은 것이다.[3] 군자가 위험과 어려움에 처해서 스스로를 보존할 수 있는 것은 오직 강중한 능력 때문이다. 강하면 그 재능이 스스로를 방위하기에 충분하고, 중도를 이루면 행하여 마땅함을 잃지 않는다.

二當坎險之時, 陷上下二陰之中, 乃至險之地, 是有險也. 然其剛中之才, 雖未能出乎險中, 亦可小自濟, 不至如初益陷入于深險, 是所求小得也. 君子處險難而能自保者, 剛中而已. 剛則才足自衛, 中則動不失宜.

「상전」에서 말했다. 구하여 조금이나마 얻었으나 아직 위험 속에서 나오지 못했다.

象曰, 求小得, 未出中也.

두 음효 사이에 빠져서 위험한 곳에 있지만 강중한 재능으로 더 깊은 위험에 빠지는 지경에까지는 이르지 않으니 구하는 바를 조금이나마 얻은 것이지만, 아직 구덩이 속의 위험으로부터 빠져나올 수 있는 것은 아니다.

方爲二陰所陷, 在險之地, 以剛中之才, 不至陷於深險, 是所求小得, 然未能出坎中之險也.

육삼효는 오고가는 때에 빠지고 빠지며, 위험한데 또 타인의 도움에만 의존하여 더 깊은 웅덩이로 들어가니, 쓰지 말라.

六三, 來之坎坎, 險且枕, 入于坎窞, 勿用.

육삼효는 구덩이에 빠졌을 때 음유한 자질로 중정中正을 이루지 못한 위치에 자리하여 그 처신하는 바가 선하지 않아서, 나아가고 물러나는 것과 자리에 있는 것이 모두 가능하지 않은 자다. 아래로 내려가면 위험 속으로 들어가고 위로 올라가면 잇단 위험에 빠지니, 물러나는 것과 나아가는 것 모두가 위험하므로 "오고가는 때에 빠지고 빠진다"고 했다. 나아가거나 물러나는 것이 모두 위험한데, 그 자리에 있는 것 역시 위험하다.

'침枕'은 의지하여 기대는 것이다. 위험에 자리하여 타인에게 의존하고 기대어 처신하는 것은 마음이 매우 불안한 것이다. 처신하는 바가 이와 같다면 더욱더 깊은 위험에 빠질 뿐이므로, "깊은 웅덩이에 들어간다"고 했다. 육삼효와 같이 처신하는 도리는 쓸 수가 없으므로 "쓰지 말라"고 경계했다.

六三在坎陷之時, 以陰柔而居不中正, 其處不善, 進退與居, 皆不可者也. 來下則入于險之中, 之上則重險也, 退來與進之皆險, 故云來之坎坎. 既進退皆險, 而居亦險. 枕謂支倚. 居險而支倚以處, 不安之甚也. 所處如此, 唯益入於深險耳, 故云入于坎窞. 如三所處之道, 不可用也, 故戒勿用.

「상전」에서 말했다. 오고가는 때에 빠지고 빠지니 끝내 공이 없다.

象曰, 來之坎坎, 終无功也.

나아가고 물러나는 것이 모두 위험하고 처신하는 것 또한 불안하니, 만약 이런 도리로 행하면 당연히 더 큰 위험에 빠질 것인데, 어떻게 끝내 공이 있을 수가 있겠는가? 음유한 자질로 처신하는 바가 중정을 이루지 못했으니 평이한 곳에 있더라도 후회와 잘못에 이를 것인데, 위험한 곳에서는 어떠하겠는가? 위험이란 사람들이 벗어나고자 하는 곳이지만, 반드시 정도를 얻어야 벗어날 수 있다. 벗어나기를 바라면서 정도를 잃는다면, 더욱 곤궁해질 뿐이다. 그래서 성인이 육삼효와 같은 처신은 쓸 수가 없다고 경계한 것이다.

進退皆險, 處又不安, 若用此道, 當益入于險, 終豈能有功乎? 以陰柔處不中正, 雖平易之地, 尙致悔咎, 況處險乎? 險者, 人之所欲出也, 必得其道, 乃能去之. 求去而失其道, 益困窮耳. 故聖人戒如三所處, 不可用也.

———

육사효는 한 동이의 술과 두 그릇의 밥을 질그릇에 담고 마음을 결속시키는 것을 창문을 통해서 하면 결국에는 허물이 없다.

六四, 樽酒簋貳, 用缶, 納約自牖, 終无咎.

육사효는 음유한 자질로 아래로 도움을 주는 사람이 없으니, 세상의 위험을 구제할 수 없는 자다. 이 사람이 높은 지위에 있으므로, 신하로서 위험에 대처하는 도리를 말하고 있다. 대신으로서 위험과 어려움에 직면했을 때는 오직 지극한 진실과 정성으로 군주에게 신임을 보이고 군주와의 교류를 견고하게 해서 신뢰에 금이 가게 해서는 안 되고, 또 군주의 마음을 열어 밝히면 허물이 없는 상태를 보존할 수 있다. 윗사람의 두터운 신임을 바란다면, 오직 질박한 진실을 다해야 한다. 허례허식을 많이 하고 꾸밈을 번잡스럽게 하는 데는 음식을 차린 잔치만 한 예가 없으므로 음식을 차린 잔치로 비유했으니, 마땅히 번잡하게 꾸미지 말고 오직 진실함과 질박함으로 군주를 대해야 한다. 한 동이의 술과 두 그릇의 밥을 사용하되 소박한 질그릇을 집기로 사용하는 것은 매우 질박한 태도를 상징한다.

그 진실의 질박함이 이와 같고, 또 반드시 "마음을 결속시키는 것을 창문을 통해서 해야" 한다. "마음을 결속시킨다"는 것은 군주에게 나아가 군주의 마음을 결속시키는 방도를 말한다. '창문牖'이란 열어서 빛을 통하게 한다는 뜻이다. 방은 어둡기 때문에 창문을 설치해 빛을 통하게 해서 밝힌다. "창문을 통해서 한다"는 것은 빛이 통하는 밝은 곳으로부터 먼저 한다는 말이니, 군주의 마음이 밝은 곳을 비유한 것이다. 『시』에서 "하늘이 백성을 인도하는 데에 질나팔같이 하고 긴 대같이 한다天之牖民, 如壎如篪"고 했는데 모공毛公[4]은 '유牖'를 인도한다는 의미로 풀었으니, 또한 열어서 통하게 한다는 뜻이다.

신하는 충심과 신뢰의 방도로[5] 군주의 마음을 결속시킬 때에, 반드시 군주가 밝게 알고 있는 곳으로부터 먼저 하면 쉽게 이해시킬 수가 있다. 사람의 마음에는 가려져 막힌 곳이 있고 쉽게 통하는 곳이 있다. 가려져 막힌 부분이 어두운 곳이고, 쉽게 통하는 부분이 밝게 알고 있는 곳이다. 당연히 그가 밝게 알고 있는 부분을 취하여 설명하고 이해시켜서 신뢰를 구하면 쉽기 때문에 "마음을 결속시키는 것을 창문을 통해서 한다"고 했다. 이렇게 할 수 있다면 위험하고 어려운 때에 처하더라도 결국에는 허물이 없을 수 있다. 또 군주의 마음이 환락에 빠져 가려져 있다면, 그것은 마음이 가려졌기 때문일 뿐이다.[6] 그런데 강력하게 그 환락의 잘못됨만을 비판하여 군주가 마음을 반성하지 않는다면 어찌하겠는가? 반드시 가려지지 않은 일에서부터 차근차근 미루어 가려진 부분을 언급하면 그 마음을 깨닫게 할 수 있다.

예로부터 군주에게 간언을 잘 했던 자는 군주가 밝게 알고 있는 것을 바탕으로 하지 않았던 적이 없었다. 그래서 직접적으로 폭로하고 강경하게 비난하는 자는 대부분 군주의 마음을 거스르게 되었고, 온후한 태도로 명석하게 변론하는 자는 그의 말이 대부분 실행되었다. 한나라 고조가 척희戚姬[7]를 아껴서 태자를 바꾸려 한 것은 사랑에 눈이 가려진 경우다. 이에 대해 여러 신하들이 간쟁하였는데 적자와 서자의 의리와 어른과 아이의 순서를 분명하게 밝히지 않음이 없었지만 사랑에 눈이 가려져 그러한 점을 살펴보지 않았으니, 어찌할 것인가?

'네 노인四老'[8]에 대해서 고조는 평소에 그 현자들의 능력을 알고서 소중하게 대우했는데, 이것은 가려지지 않은 밝게 아는 마음이므로, 그 밝게 아는 곳을 바탕으로 하여 그 일을 언급하니, 그를 깨우치는 것이 손바닥을 뒤집는 것처럼 쉬웠다. 또 네 노인의 역량이 어찌 장량張良[9] 등 여러 공경公卿과 세상의 선비만 하겠는가? 그 말의 간절함이 또 어찌 주창周昌[10]과 숙손통叔孫通[11]만 하겠는가? 그러나 고조가 저들에게는 복종하지 않고 이 네 노인에게 복종한 이유는 군주에게 가려진 곳을 직접적으로 공격하는 방법과 군주가 밝게 아는 곳을 바탕으로 깨우치는 방법상의 차이 때문이다.

또 조왕趙王의 태후[12]가 장안군長安君[13]을 아껴서 제나라에 인질로 보내려 하지 않았으니, 이는 사사로운 사랑에 눈이 가려진 것이다. 대신들이 간언하기를 매우 강력하게 했으나, 이미 마음이 가려졌으니, 그 말을 듣기나 했겠는가? 자식을 사랑하여 그 자식이 오래도록 부귀를 누리게 하고자 한다면 그것은 그 어미가 밝게 아는 것이다. 그래서 좌사左師 촉룡觸龍[14]이 그 밝게 아는 것을 바탕으로 자식을 오래도록 부귀하게 할 수 있는 계책을 가지고 설득해서 유도했으므로, 그 말을 듣는 것이 마치 메아리가 울리는 것처럼 빨랐다. 단지 군주에게 간언하는 데에만 이러한 방도로 할 것이 아니라 가르치는 데에도 그러해야 한다. 사람을 가르칠 때는 반드시 그 사람의 장점을 먼저 취해야 하니, 그가 잘하는 일은 그의 마음이 밝게 알고 있는 것이므로, 그 마음이 밝게 아는 것으로부터 이해시킨 뒤에 그 나머지 것을 같은 원리로 미루어 언급할 수 있다. 이것이 맹자가 "덕을 이루고 재주를 통달하게 한다"[15]고 말한 것이다.

六四陰柔而下无助, 非能濟天下之險者. 以其在高位, 故言爲臣處險之道. 大臣當險難之時, 唯至誠見信於君, 其交固而不可間, 又能開明君心, 則可保无咎矣. 夫欲上之篤信, 唯當盡其質實而已. 多儀而尙飾, 莫如燕享之禮, 故以燕享喩之, 言當不尙浮飾, 唯以質實. 所用一樽之酒, 二簋之食, 復以瓦缶爲器, 質之至也. 其質實如此, 又須納約自牖. 納約謂進結於君之道. 牖, 開通之義. 室之暗也, 故設牖所以通明. 自牖, 言自通明之處, 以況君心所明處. 詩云, "天之牖民, 如壎如篪," 毛公訓牖爲道, 亦開通之謂. 人臣以忠信之道結於君心, 必自其所明處乃能入也. 人心有所蔽, 有所通. 所蔽者暗處也, 所通者明處也. 當就其明處而告之, 求信則易也, 故云納約自牖. 能如是, 則雖艱險之時, 終得无咎也. 且如君心蔽於荒樂, 唯其蔽也故爾. 雖力詆其荒樂之非, 如其不省何? 必於所不蔽之事, 推而及之, 則能悟其心矣. 自古能諫其君者, 未有不因其所明者也. 故訐直強勁者率多取忤, 而溫厚明辯者其說多行. 且如漢祖愛戚姬, 將易太子, 是其所蔽也. 群臣爭之者衆矣. 嫡庶之義, 長幼之序, 非不明也, 如其蔽而不察何? 四老者, 高祖素知其賢而重之, 此其不蔽之明心也, 故因其所明而及其事, 則悟之如反手. 且四老人之力, 孰與張良群公卿及天下之士? 其言之切, 孰與周昌叔孫通? 然而不從彼而從此者, 由攻其蔽與就其明之異耳. 又如趙王太后愛其少子長安君, 不肯使質於齊, 此其蔽於私愛也. 大臣諫之雖強, 既曰蔽矣, 其能聽乎? 愛其子而欲使之長久富貴者, 其心之所明也. 故左師觸龍因其明而導之以長久之計, 故其聽也如響. 非惟告於君者如此, 爲教者亦然. 夫教必就人之所長, 所長者心之所明也, 從其心之所明而入, 然後推及其餘, 孟子所謂成德達才是也.

「상전」에서 말했다. 한 동이의 술과 두 그릇의 밥이라는 효사의 말은 강함과 유함이 교류하기 때문이다.

象曰, 樽酒簋貳, 剛柔際也.

「상전」에서는 단지 첫 구절만은 언급했으니 이와 같은 예가 많다. '한 동이의 술과 두 그릇의 밥'은 질박한 성실함이 지극한 것이니, 강함과 유함이 서로 교류하는 방식이 이와 같을 수 있다면 결국에는 허물이 없음을 유지할 수 있다. 군주와 신하의 교류가 견고하면서도 오래도록 지속할 수 있는 방도는 오직 정성과 진실에 있다. 강함과 유함은 육사효와 구오효를 가리키므로 군주와 신하가 교류하는 것이다.

象只擧首句, 如此比多矣. 樽酒簋貳, 質實之至, 剛柔相際接之道能如此, 則可終保无咎. 君臣之交, 能固而常者, 在誠實而已. 剛柔指四與五, 謂君臣之交際也.

구오효는 구덩이가 가득 차지 않았으니, 평평함에 이르면 허물이 없다.

九五, 坎不盈, 祗旣平, 无咎.

구오효는 구덩이 속에 있으니 이것은 가득 차지 않은 것으로, 가득 차면 물이 고르게 차서 구덩이에서 흘러나올 것이다. '지祗'의 음은 '저柢'이니 그 의미는 '이른다'는 '저抵'와 같아서, 복괘에서 "후회에 이르지 않는다"고 했다. 반드시 물이 평평함에 이르면 허물이 없다. "가득차지 않았다"고 한 것은 아직 평평함에 이르지 않고 위험 속에 있어, 허물이 없는 상태가 되지 못한 것이다. 구오효는 강중한 재능으로 존귀한 지위에 있으니 마땅히 위험을 해결할 수 있지만, 아래로 도움을 주는 사람이 없다. 구이효는 위험에 빠져 아직 나올 수가 없고, 나머지 효들은 모두 음유한 자질이라서 위험을 해결할 재능이 없으니, 군주가 재능이 있다고 해도 어떻게 홀로 세상의 위험을 해결할 수 있겠는가? 군주의 지위에 자리하면서 세상을 위험으로부터 벗어나도록 하지 못했다면 허물이 있는 것이니, 반드시 평평하게 되어야 허물이 없을 것이다.

九五在坎之中, 是不盈也, 盈則平而出矣. 祗宜音柢, 抵也, 復卦云, "无祗悔." 必抵於已平, 則无咎. 旣曰不盈, 則是未平而尙在險中, 未得无咎也. 以九五剛中之才, 居尊位, 宜可以濟於險, 然下无助也. 二陷於險中未能出, 餘皆陰柔, 无濟險之才, 人君雖才, 安能獨濟天下之險? 居君位而不能致天下出於險, 則爲有咎, 必祗旣平, 乃得无咎.

「상전」에서 말했다. 구덩이가 가득차지 않은 것은 중中을 이룬 도가 크게 빛나지 못한 것이다.

象曰, 坎不盈, 中未大也.

구오효는 강중한 재능으로 존귀한 지위를 얻어 세상의 위험과 어려움을 해결해야 하는 때이지만 구덩이가 아직 차지 않아 여전히 위험과 어려움을 평평하게 할 수 없으니, 그 강중의 도가 크게 빛나지 못한 것이다. 위험과 어려움의 때에 군주와 신하가 협력하지 않는다면, 어떻게 위험과 어려움을 해결할 수 있겠는가? 구오효의 도가 아직 크게 빛나지 못한 것은 신하가 없기 때문이다. 군주의 도가 세상의 위험과 어려움을 해결할 수 없다면 크게 빛나지 못하니, 그 지위에 걸맞지 않은 것이다.

九五剛中之才, 而得尊位, 當濟天下之險難, 而坎尙不盈, 乃未能平乎險難, 是其剛中之道未光大也. 險難之時, 非君臣協力, 其能濟乎? 五之道未大, 以无臣也. 人君之道, 不能濟天下之險難, 則爲未大, 不稱其位也.

상육효는 동아줄로 결박하여 가시 숲속에 가둔 것을 3년이 지나도 면하지 못하니 흉하다.

上六, 係用徽纆, 寘于叢棘, 三歲不得, 凶.

상육효는 음유한 자질로 위험의 끝에 자리했으니, 위험에 매우 깊이 빠진 것이다. 매우 깊은 위험에 빠진 것을 감옥을 취하여 비유했다. 이는 마치 동아줄로 결박하여 가시 숲속에 가두어둔 것과 같으니, 음유한 자질이 매우 깊은 위험에 빠져 벗어나지 못하는 것이다. 그래서 3년이라는 오랜 세월이 지나도 면할 수가 없다고 했으니, 그 흉함을 알 수 있다.

上六以陰柔而居險之極, 其陷之深者也. 以其陷之深, 取牢獄爲喩. 如係縛之以徽纆, 囚寘於叢棘之中. 陰柔而陷之深, 其不能出矣. 故云至于三歲之久, 不得免也, 其凶可知.

「상전」에서 말했다. 상육이 도를 잃어 그 흉이 3년에 이른다.

象曰, 上六失道凶, 三歲也.

음유한 자질로 매우 위험한 곳에 자처했으니 도를 잃은 것이므로, 그 흉함이 3년에까지 이른다. 3년이라는 오랜 세월이 지나도록 위험에서 면하지 못했으니 끝내 흉하다는 말이다. 오래 지속되는 것을 말할 때 10이라 하는 경우도 있고 3이라 하는 경우도 있으니, 그 일에 따라 다르다. 감옥에 빠져 3년이나 되니, 매우 오랜 세월이 지난 것이다. 다른 괘에서도 햇수를 말한 것이 있는데 또한 각각 그 일에 따라 다른 것이니, 예를 들어 동인同人괘의 "3년 동안 일으키지 않는다" 혹은 둔屯괘의 "10년 만에 아이를 잉태한다"는 것이 이것이다.

以陰柔而自處極險之地, 是其失道也, 故其凶至于三歲也. 三歲之久, 而不得免焉, 終凶之辭也. 言久, 有曰十, 有曰三, 隨其事也. 陷于獄, 至于三歲, 久之極也. 他卦以年數言者, 亦各以其事也, 如三歲不興, 十年乃字是也.

1 잇단 위험이라는 의미가 크다: 다른 괘에서는 '습習'이라는 글자를 덧붙이지 않았는데 감괘에만 덧붙인 이유를 호원도 정이천과 동일하게 설명하고 있다. "이 괘는 위와 아래가 모두 위험이다. 그래서 위험이 중첩된 때에 군자는 마땅히 이 위험에 빠진 세상에 직면하여 세상에서 일을 도모하려고 하지만 반드시 미리 덕과 학문을 쌓고 익힌 후에야 그 위험을 해결할 수 있다. 미리 쌓고 익히지 않으면 재능이 작고 역량이 없어서 몸을 다치게 된다. 그래서 성인은 습이라는 글자를 덧붙인 것이다此卦, 上下皆險, 以是爲險難重疊之際, 君子之人, 當此重險之世, 欲行事于天下, 必當預積習之, 然後可以濟其險阻. 若不能預習之, 則才小力薄, 致滅其身, 故聖人加習字者此也."

2 생겨나는 데에 가장 먼저인 것이 있으므로, 물이다: 송대 포운룡鮑雲龍의 『천원발미天原發微』 권2 '분이分二'에 "정자가 말했다. '감은 물이다. 하나가 가운데에서 비로소 생겨나니, 생겨나는 데에 가장 먼저인 것이다程子曰, 坎, 水也. 一始於中, 有生之最先者也"라는 항목이 있다. 여기서 이렇게 설명한다. "하늘의 하나는 물을 낳으므로 물이 오행 가운데 가장 앞선 것이다. 사물이 처음 생겨날 때 그 형체는 물이다天一生水, 故水居五行之先. 物之初生, 其形皆水."

3 조금이나마 얻은 것이다: 호원은 설명은 조금 구체적이다. "군자는 재능이 있고 덕을 품고, 때를 얻고 지위에 자리하여, 그 도를 세상에 시행하면 구하는 것을 얻지 못함이 없다. 그러나 구이효는 재능과 덕은 있지만 때와 지위를 얻지 못했고 또 위험에서 벗어나지 못했으므로, 그래서 구하는 데에 조금 얻는 것에 그칠 뿐이다夫君子有才懷德, 得時居位, 行其道于天下, 无所求而不得. 今九二, 雖有才德, 然不得其時與位, 而又未出于險中, 是以所求止小得而已."

4 모공(모장毛萇)은 조趙나라 사람으로 그가 전한 시를 가리켜 모시毛詩라 한다.

5 신하는 충심과 신뢰의 방도로: 중국판본은 "人臣以忠信之道"로 되어 있으나 『주역대전』 구결에서는 "人臣以忠信善道"로 되어 있다. 중국판본을 따랐다.

6 가려졌기 때문일 뿐이다: 『주역대전』 구결에서는 "唯其蔽也故爾. 雖力詆其荒樂之非"라고 구두를 끊고 있지만 중국판본에서는 "唯其蔽也, 故爾雖力詆其荒樂之非"라고 끊는다. 『주역대전』 구결을 따랐다.

7 척희戚姬는 한 고조가 아꼈던 애첩이다. 고조황제가 죽은 후 여태후에게 두 눈이 뽑히고 혀가 잘리고 다음에는 수족까지 절단당하여 죽었다.

8 네 노인[四老]: 사호四皓라고도 한다. 진秦나라 말기에 상산商山에 은거했던 동원공東園公, 녹리선생甪里先生, 기리계綺里季, 하황공夏黃公을 말한다. 네 사람은 수염과 눈썹이 모두 하얗기 때문에 상산 사호商山四皓라고 칭한다. 한 고조가 초빙했으나 응하지 않았다. 후에 고조가 척희와 사랑에 빠져 태자를 폐하자, 여태후가 장량의 계책을 사용하여 사호를 불러 태자를 보좌하게 했다. 이에 고조는 '태자에게는 이미 날개가 생겼구나.'라고 하여 태자를 폐위하려는 뜻을 고쳐먹었다. 『사기史記』 「유후세가留侯世家」와 『한서漢書』 「장량전張良傳」 참조.

9 장량은 한나라의 정치가이자 책략가로, 소하·한신과 함께 한나라 건국의 3걸로 불린다. 소하와 한신은 결국 한 고조에게 죽임을 당했지만, 장량만은 모든 것을 버리고 은거하여 죽임을 당하지 않았다. 인물사전 참조.

10 주창은 한나라 고조高祖 때 어사대부였다. 한 고조가 여태후 소생의 태자太子를 폐하고 척희戚姬의 아들 여의如意를 태자로 삼으려고 했을 때에 대신大臣들이 강력히 반대했지만, 누구도 한 고조의 뜻을 돌리게 하지는 못했다. 그때 그것이 불가함을 간언했던 인물이다. 인물사전 참조.

11 숙손통은 전한 말 노나라 설薛 사람이다. 진나라 말에 박사가 되었고 시호는 직사군稷嗣君이다. 항량項梁과 항우項羽를 따랐다. 나중에 유방에게 귀순하여 박사가 되었다. 고조가 태자를 폐하려고 하자 간언하여 막으려 했던 인물이다. 인물사전 참조.

12 조왕趙王의 태후: 조나라 태후가 섭정하자 진나라가 공격해 왔을 때 제나라에 도움을 청했으나 제나라는 그의 아들 장안군을 인질로 보낼 것을 요구했다.

13 장안군은 조나라 태후의 아들이다.

14 촉룡은 촉섭觸讋이라고도 한다. 조나라 태후를 설득하여 장안군을 제나라 인질로 보내게 만들었다. 이 내용은 『전국책』「조책편」에 나온다. "좌사인 촉섭이 태후를 만나보고자 하자, 태후는 노기를 띠고 그를 기다렸다. 촉섭은 천천히 태후의 앞으로 다가가서 사과하며 말했다. '신은 발에 병이 나서 빨리 걸을 수 없습니다. 그래서 오랫동안 뵙지 못했습니다. 신이 가만히 생각해보니, 태후께서 건강이 전과 같지 못하신 것 같아 걱정이 됩니다. 그래서 신이 와서 뵙고자 했습니다.' (…) 그제야 태후의 안색이 조금 풀렸다. 촉섭이 말했다. '신에게 아들 서기가 있는데 아직 어리고 불초합니다. 신이 비록 늙기는 했으나, 아들을 무척 사랑합니다. 그에게 위사가 되어 왕실을 지키게 했으면 합니다. 그래서 죽음을 무릅쓰고 아뢰는 바입니다.' 태후가 말했다. '좋소.' (…) 태후가 말했다. '남자도 어린아이를 사랑합니까?' 대답했다. '여자들보다 더 사랑합니다.' 이에 태후가 말했다. '여자가 더 사랑합니다.' 촉섭이 대답했다. '신은 태후께서 연후를 사람함이 장안군보다 더 하신다고 생각합니다.' 태후가 말했다. '그대가 틀렸소. 장안군을 더 사랑합니다.' 촉섭이 말했다. '부모가 자식을 사랑하면, 자식을 위하여 원대한 계획을 세워야 합니다. (…) 지금 그에게 나라를 위해 공을 세우지 못하도록 하고 계십니다. 하루 아침에 태후께서 돌아가시면, 장안군을 위한 원대한 계획을 세우시지 않는다고 생각합니다. 장안군께서 무엇을 믿고 조나라에 발을 붙이겠습니까? 그래서 태후께서 장안군보다 연후를 더 사랑하고 있다고 생각되는 것입니다.' 이에 태후가 '좋습니다. 당신이 보내고 싶은 곳으로 그를 보내시오'라고 했다. 이에 장안군을 위해 수레 100승을 준비하여 제나라에 인질로 보내자 이에 제나라가 출병했다左師觸讋願見, 太後盛氣而揖之. 入而徐趨, 至而自謝曰, '老臣病足, 曾不能疾走. 不得見久矣. 竊自恕, 恐太後玉體之有所郄也. 故願望見.' (…) 太後之色少解. 左師公曰, '老臣賤息舒祺, 最少, 不肖. 而臣衰, 竊愛憐之. 願令補黑衣之數, 以衞王宫. 沒死以聞.' 太後曰, '敬諾.' (…) 太後曰, '丈夫亦愛憐其少子乎?' 對曰, '甚於婦人.' 太後曰, '婦人異甚.' 對曰, '老臣竊以爲媼之愛燕後賢於長安君.' 曰, '君過矣. 不若長安君之甚.' 左師公曰, '父母之愛子, 則爲之計深遠. (…) 而不及今令有功於國. 一旦山陵崩, 長安君何以自託於趙. 老臣以媼爲長安君計短也. 故以爲其愛不若燕後.' 太後曰, '諾, 恣君之所使也.' 於是爲長安君約車百乘, 質於齊, 齊兵乃出."

15 『맹자』「진심상」 편에 나온다. "군자가 사람을 교육하는 방법에는 다섯 가지가 있다. 때에 맞추어 비가 내려 만물을 화육하는 것이 있고, 덕을 이루는 것이 있고, 재능을 통달하게 하는 것이 있고, 질문에 답하는 것이 있고, 간접적으로 터득하게

하는 사숙의 방법이 있다君子之所以教者五, 有如時雨化之者, 有成德者, 有達財者, 有答問者, 有私淑艾者." 정이천은 '성덕달재成德達才'라고 했으나, 맹자에는 '달재達材'라고 되어 있다.

30. 밝음, 붙어 의존함: 이離괘䷝

중화리重火離라고 읽는다. 괘의 모습이 이離☲괘가 위에 있고 또 이☲괘가 아래에 있기 때문이다.

이離괘에 대해서 「서괘전」에서는 이렇게 설명한다. "감坎이란 빠진다는 것이다. 빠지면 반드시 붙잡는 것이 있으므로 이괘로 받았으니, '이離'란 매달려 있는 것이다." 위험과 어려움 속에 빠지면 반드시 지푸라기라도 붙잡는 것이 자연스러운 이치이므로, 이괘가 감坎괘 다음이 된다. '이'란 붙잡음과 밝음을 뜻한다. 음효가 위아래의 양효를 붙잡는 것을 취하여 붙어 의지한다는 의미가 되고, 그 가운데가 텅 비어 있는 것을 취하여 밝음의 뜻이 된다. '이'란 불을 뜻하고, 불의 형체는 텅 비어 심지에 붙어서 밝게 빛난다. 또 태양을 뜻하니, 역시 텅 비어 밝게 빛나는 모습이다.

離, 序卦, "坎者陷也, 陷必有所麗, 故受之以離, 離者麗也." 陷於險難之中, 則必有所附麗, 理自然也, 離所以次坎也. 離, 麗也, 明也. 取其陰麗於上下之陽, 則爲附麗之義, 取其中虛, 則爲明義. 離爲火, 火體虛, 麗於物而明者也. 又爲日, 亦以虛明之象.

붙어 의지하는 데에는 올바름을 굳게 지키는 것이 이롭고 형통하니, 암소를 기르듯이 하면 길하다.

離, 利貞, 亨. 畜牝牛, 吉.

'이'란 붙잡음을 뜻한다. 어떤 것일지라도 모두 붙어 의지하니, 형체를 가졌다면 서로 붙어 의지한다. 사람에게서는 친밀하게 의지하는 사람과 말미암아 따르는 도와 주관하는 일이 모두 붙어 의지하는 것이다. 사람이 붙어 의지하는 데에는 올바름을 굳게 지키는 것이 이롭다. 정도를 얻으면 형통할 수가 있기 때문에 붙잡아 의지하는 데에는 올바름을 지키는 것이 이롭고 형통하다고 했다.

"암소를 기르듯이 하면 길하다"는 말은 소의 성질은 유순하고 또 암소이므로, 유순함의 지극함이다. 정도에 붙었으니, 반드시 정도에 순종하기를 암소처럼 한다면 길하다. 암소를 기른다는 것은 유순한 덕을 기르는 것이다. 유순한 덕은 배양함으로써 이루어지니, 정도에 붙었다면 마땅히 기르고 익혀서 그 유순한 덕을 이루어야만 한다.

離, 麗也. 萬物莫不皆有所麗, 有形則有麗矣. 在人則爲所親附之人, 所由之道, 所主之事, 皆其所麗也. 人之所麗, 利於貞正, 得其正則可以亨通. 故曰離利貞亨. 畜牝牛吉, 牛之性順, 而又牝焉, 順之至也. 旣附麗於正, 必能順於正道如牝牛, 則吉也. 畜牝牛, 謂養其順德. 人之順德, 由養以成, 旣麗於正, 當養習以成其順德也.

「단전」에서 말했다. '이'란 붙어 있음이다. 해와 달이 하늘에 붙어 있고 오곡백과와 초목이 땅에 붙어 있다.

彖曰, 離麗也. 日月麗乎天, 百穀草木麗乎土,

'이'란 붙어 있음이니, 붙어 의지한다는 말이다. 마치 해와 달이 하늘에 붙어 있고 오곡백과와 초목이 땅에 붙어 있는 것과 같다. 만물은 각각 붙어 의지하지 않음이 없으니 하늘과 땅 사이에서 서로 붙어 의지하지 않는 사물은 없다. 사람은 마땅히 그가 붙어 의지하는 것을 살펴야 하며, 붙어 의지하는 데에 그 정도를 얻으면 형통할 수 있다.

離, 麗也, 謂附麗也. 如日月則麗於天, 百穀草木則麗於土. 萬物莫不各有所麗, 天地之中, 无无麗之物. 在人當審其所麗, 麗得其正則能亨也.

잇단 밝음으로 올바름에 붙어서 세상을 교화하여 완성한다.

重明以麗乎正, 乃化成天下.

괘의 자질 구조로 말했다. 위와 아래가 모두 이離괘이므로 잇단 밝음이다.[1] 육이효와 구이효는 모두 처신하는 데에 중정中正을 이루어서 올바름에 붙어 있는 것이다. 군주와 신하 및 윗사람과 아랫사람이 모두 현명한 덕을 가지고 처신하는 데에 중정을 이루니 세상을 교화하여 문명文明한 세속을 완성한다.

以卦才言也. 上下皆離, 重明也. 五二皆處中正, 麗乎正也. 君臣上下皆有

明德, 而處中正, 可以化天下, 成文明之俗也.

유함이 중정에 붙어 의지하므로 형통하니, 그래서 "암소를 기르듯이 하면 길하다."

柔, 麗乎中正, 故亨, 是以畜牝牛吉也.

육이효와 육오효는 유순한 자질로 중정의 덕에 붙었기 때문에 형통할 수 있다. 사람이 지극히 유순한 덕을 배양하여 중정을 이루는 데에 붙을 수 있다면 길하므로, "암소를 기르듯이 하면 길하다"고 했다. 어떤 사람은 이렇게 묻는다. "육이효는 중정의 덕을 이루었지만, 육오효는 음의 자질로 양의 위치에 있는데 어떻게 올바름을 얻겠는가?" 이렇게 답하겠다. 이離괘는 주로 붙어 의지하는 것을 말한다. '오五'라는 위치는 중정을 이루어야 할 지위인데 '육六'이라는 음효가 올바른 위치에 붙어 의지하고 있으니, 그것이 바로 올바름이다. 배우는 사람이 때와 의리를 알아서 경중을 잃지 않는다면, 『역』을 말할 수 있다.

二五以柔順麗於中正, 所以能亨. 人能養其至順, 以麗中正, 則吉, 故曰畜牝牛吉也. 或曰, 二則中正矣, 五以陰居陽, 得爲正乎? 曰, 離主於所麗. 五中正之位, 六麗於正位, 乃爲正也. 學者知時義而不失輕重, 則可以言易矣.

「상전」에서 말했다. 밝음이 이어져 둘인 것이 이괘의 모습이니,

대인이 이를 본받아 밝음을 계승하여 온 세상에 비춘다.

象曰, 明兩作離, 大人以繼明, 照于四方.

만약 '양명兩明'이라고 했다면, 이것은 두 개의 밝음이라는 뜻으로 "밝음을 잇는다"는 뜻을 드러낼 수 없으므로 '명양明兩'이라고 한다. 밝고 잇달아서 둘이라는 것은 서로 그 밝음을 계승한다는 말이다. '작리作離'는 밝음이 이어져 둘이 되어 이離괘가 되니, 밝음을 계승한다는 뜻이다. 진震괘나 손巽괘의 경우도 거듭해서 따른다는 뜻을 취하지만, 이괘의 뜻이 더욱 중요하다.

대인이란 덕으로 말하면 성인이고, 지위로 말하면 왕이다. 대인이 이괘가 밝음을 서로 계승하는 모습을 관찰하여 대대로 그 명덕明德을 이어 온 세상에 비추어 임한다. 밝음으로 서로 잇는다는 것은 모두 밝음을 계승한다는 말이다. 그 큰 것을 들어 군주의 지위를 세습하고 계승하여 세상을 비춘다고 말했다.

若云兩明, 則是二明, 不見繼明之義, 故云明兩, 明而重兩, 謂相繼也. 作離, 明兩而爲離, 繼明之義也. 震巽之類, 亦取洊隨之義, 然離之義尤重也. 大人, 以德言則聖人, 以位言則王者. 大人觀離明相繼之象, 以世繼其明德, 照臨于四方. 大凡以明相繼, 皆繼明也. 擧其大者, 故以世襲繼照言之.

초구효는 발자국이 어지러우니, 신중하면 허물이 없다.

初九, 履錯然, 敬之无咎.

양陽은 움직이기를 좋아하고 또 아래 위치에 자리하여 이離괘의 형체에 속해 있다. 양이 아래에 있으면 나아가려고 한다. 이괘의 성질은 불이라서 불타오르니, 뜻이 위로 붙으려고 하여 조급하게 행동하는 것에 가깝다. "그 발자국이 어지럽다"는 말은 마음이 갈등을 일으켜 혼란스럽다는 말이다.[2] 아직 나아가지는 않았지만 마음의 흔적은 이미 동요했으니, 동요했다면 아래 위치에 자리한 본분을 잃어 허물이 있다. 그러나 강명剛明한 자질이라서, 그 의리를 알고서 공경하고 신중하면 허물에 이르지 않는다.

初初라는 위치는 가장 아래에 있으니, 정치적 지위가 없는 것이다. 자신의 진퇴를 분명하게 밝히는 것이 곧 붙어 의존하는 도리다. 그 뜻이 동요했는데 공경하고 신중할 수가 없다면 경거망동하게 되니, 이는 붙어 의지하는 도리를 분명하게 하지 못한 것이므로 그것이 바로 허물이다.

陽固好動, 又居下而離體. 陽居下, 則欲進. 離性炎上, 志在上麗, 幾於躁動. 其履錯然, 謂交錯也. 雖未進, 而跡已動矣, 動則失居下之分而有咎也. 然其剛明之才, 若知其義而敬愼之, 則不至於咎矣. 初在下, 无位者也. 明其身之進退, 乃所麗之道也. 其志旣動, 不能敬愼則忘動, 是不明所麗, 乃有咎也.

「상전」에서 말했다. 발자국이 어지러워서 신중한 것은 허물을 피하려는 것이다.

象曰, 履錯之敬, 以辟咎也.

마음의 발자국이 어지럽게 동요하려 하지만, 공경함과 신중함을 알고서 함부로 나아가지 않는 것은 허물을 피하기 위함이다. 밝음에 거하고 강하므로 능히 알고 피할 수 있지만, 강명하지 못하다면 경거망동하게 될 것이다.

履錯然欲動, 而知敬愼, 不敢進, 所以求辟免過咎也. 居明而剛, 故知而能辟, 不剛明則妄動矣.

육이효는 황색에 붙어 의지하니 크게 길하다.

六二, 黃離, 元吉.

육이효는 중中에 위치하여 올바름을 얻었으니, 중정에 붙어 의지하는 것이다. '황黃'은 가운데 색이며 문文의 아름다움이다. 문명文明하고 중정을 이루었으니 성대한 아름다움이므로 "황색에 붙어 의지한다"고 했다. 문명하고 중정을 이룬 덕으로서 위로 문명하고 중도를 이루어 순종할 줄 아는 군주와 함께하니, 그 밝음이 이와 같고 붙어 의지하는 바가 이와 같다면, 크게 선하여 길하다.

二居中得正, 麗於中正也. 黃, 中之色, 文之美也. 文明中正, 美之盛也, 故云黃離. 以文明中正之德, 上同於文明中順之君, 其明如是, 所麗如是, 大善之吉也.

상전에서 말했다. 황색에 붙어 의지하여 크게 길한 것은, 중도를 얻었기 때문이다.

象曰, 黃離元吉, 得中道也.

크게 길할 수 있는 것은 중도를 얻었기 때문이다. 정도라고 하지 않고 중도라고 한 것은 붙어 의지하는 데는 중도가 더 중요하다고 보기 때문이다. 문명한 덕을 이룬 것은 중도를 통해서이니, 올바름은 그 가운데 있다.

所以元吉者, 以其得中道也. 不云正者, 離以中爲重. 所以成文明, 由中也, 正在其中矣.

구삼효는 기운 해가 걸려 있는 것이다. 질그릇을 두드리고 노래하지 않는다면 늙은이의 서글픔이니, 흉하다.

九三, 日昃之離, 不鼓缶而歌, 則大耋之嗟, 凶.

8개의 순수한 괘는 모두 동일한 괘 두 개가 합쳐진 형체의 뜻이 있다. 건乾☰괘는 내외가 모두 강건함이고, 곤坤☷괘는 상하가 모두 유순함이고, 진震☳괘는 위엄과 진동이 서로 잇는 것이고, 손巽☴괘는 상하가 순종하여 따르는 것이고, 감坎☵괘는 잇단 위험이 거듭되는 것이고, 이離☲괘는 두 개의 밝음이 계승하여 세상을 비추는 것이고, 간艮☶괘는 내외가 모두 멈춤이고, 태兌☱괘는 나와 상대가 모두 기뻐하는 것이다. 그런데 이괘의 뜻이 인간사에서 가장 중대하다.

구삼효는 하체의 끝에 자리했다. 이것은 이전의 밝음이 거의 다 해서 뒤의 밝음이 그것을 이으려고 하는 때이니 한 사람이 죽고 한 사람이 시작을 이어가는 것이고, 때가 변혁하는 것이므로 기울어진 해가 하늘에 걸려 있는 것으로 상징했다. 해가 중천에서 아래로 기울 때의 밝음이니, 기울어진 것은 일몰의 때다. 이치로 말하자면 성대하면 반드시 쇠락하고, 시작하면 반드시 끝나는 것이 상도다. 이치를 통달한 자는 이러한 이치에 순종하여 즐거워한다.

질그릇을 뜻하는 '부缶'란 항상 사용하는 기물이다. 질그릇을 치면서 노래하는 것은 그 상도를 즐거워하는 것이다. 이처럼 할 수 없다면 몰락의 죽음을 슬퍼하고 근심하게 되니, 결국 흉하다. 여든이 넘은 고령자를 뜻하는 '대질大耋'은 곧 죽음을 의미한다. 사람이 삶을 마칠 때 이치에 통달한 자는 그 상리를 알아 천명을 즐거워할 뿐이니, 상도를 만났으면 모두 즐거워하기를 질그릇을 두드리며 노래하듯 한다. 이치에 통달하지 못한 자는 항상 죽음의 비애를 두려워하니 이는 곧 늙은이의 서글픔으로, 흉함이 된다.[3] 이것이 생사에 대처하는 도리다. 늙은이를 뜻하는 '질耋'은 해가 기울어진다는 뜻인 '질昳'과 같다.

八純卦皆有二體之義. 乾, 內外皆健, 坤, 上下皆順, 震, 威震相繼, 巽, 上下順隨, 坎, 重險相習, 離, 二明繼照, 艮, 內外皆止, 兌, 彼己相說. 而離之義, 在人事最大. 九三居下體之終. 是前明將盡, 後明當繼之時, 人之始終, 時之革易也, 故爲日昃之離. 日下昃之明也, 昃則將沒矣. 以理言之, 盛必有衰, 始必有終, 常道也. 達者順理爲樂. 缶, 常用之器也. 鼓缶而歌, 樂其常也. 不能如是, 則以大耋爲嗟憂, 乃爲凶也. 大耋, 傾沒也. 人之終盡, 達者則知其常理, 樂天而已, 遇常皆樂, 如鼓缶而歌. 不達者則恐恒有將盡之悲, 乃大耋之嗟, 爲其凶也. 此處死生之道也. 耋與昳同.

「상전」에서 말했다. 기운 해가 걸려 있는 것이 어찌 오래갈 수 있겠는가!

象曰, 日昃之離, 何可久也!

해가 기울어졌으니, 그 밝은 빛이 오래갈 수 있겠는가? 현명한 자는 그러한 이치를 알기 때문에 사람을 구하여 일을 잇게 하고 자신은 물러나 몸을 쉬게 하여[4] 상도에 마음을 안정시킨다. 처신하는 바가 모두 이치에 순종하니, 어떻게 흉할 수가 있겠는가?

日既傾昃, 明能久乎? 明者知其然也, 故求人以繼其事, 退處以休其身, 安常處順, 何足以爲凶也.

구사효는 갑작스럽게 오는 것이다. 불타오르는 듯하니, 죽게 되고 버림을 받는다.

九四, 突如其來如, 焚如, 死如, 棄如.

구사효는 하체의 형체에서 벗어나서 상체의 형체로 상승하니, 밝음을 잇는 시초이므로 계승하는 뜻을 말했다. 위에 있으면서 군주와 가까워 계승하는 위치다. 양의 자질로 이괘의 형체에 있으면서 '사四'의 위치에 자리하니, 강조剛躁[5]하여 중정을 이루지 못했고 또 중첩된 강함이다. 올바르지 못한 채로 갑작스레 강하고 성대한 세력으로 오므로, 잘 계승하는 자가 아니다. 잘 계승하는 자는 반드시 공송하고 겸양하는 정성과 순종하면서 받드는 도리가 있어야 하니, 순舜과 계啓[6]와 같아야 한다. 지금 구사효가 갑작스럽게 오므로 잘 계승하는 도리를 잃었다.

또 육오효인 음유한 자질의 군주를 받들고서 그 강하고 성대하며 능멸하는 세력이 불타오르는 듯하므로 "불타오르는 듯하다"고 했다. 구사효가 행하는 것은 이처럼 잘 계승하지 못하여 반드시 재앙과 피해를 입게 되므로, "죽는다"고 했다. 계승하는 의리와 윗사람을 받드는 도리를 잃은 것은 모두 거스르는 덕이라서 사람들이 외면하므로, "버림을 받는다"고 했다. 죽고 버림을 받는 지경에 이르니 재앙의 극치이므로, 흉하다고 말할 필요가 없다.

九四, 離下體而升上體, 繼明之初, 故言繼承之義. 在上而近君, 繼承之地也. 以陽居離體而處四, 剛躁而不中正, 且重剛. 以不正而剛盛之勢, 突如而來, 非善繼者也. 夫善繼者, 必有巽讓之誠, 順承之道, 若舜啓然. 今四突如其來, 失善繼之道也. 又承六五陰柔之君, 其剛盛陵爍之勢, 氣焰如焚然, 故云焚如. 四之所行, 不善如此, 必被禍害, 故曰死如. 失繼紹之義, 承上之道皆逆德也, 衆所棄絕, 故云棄如. 至於死棄, 禍之極矣, 故不假言凶也.

「상전」에서 말했다. 갑작스럽게 오는 것은 받아들일 곳이 없다.

象曰, 突如其來如, 无所容也.

위로 군주를 능멸하여 계승하는 바에 순종하지 못하니, 사람들이 싫어하고 버려서, 세상이 받아들이지 않는다.

上陵其君, 不順所承, 人惡衆棄, 天下所不容也.

육오효는 눈물을 줄줄 흘리고 슬퍼하는 것이니, 길하다.

六五, 出涕沱若, 戚嗟若, 吉.

육오효는 존귀한 지위에 자리하여 중도를 지키면서 문명한 덕을 가지고 있으니, 선하다고 할 만하다. 그러나 유함으로 높은 지위에 자리하고 아래로 도움을 주는 사람이 없이 홀로 강강剛強한 사람들 틈에 붙어 의지하고 있으니, 위험과 두려움에 빠진 형세다. 그러나 그는 현명하여 두려움과 근심이 깊어 눈물을 흘리고, 우려하여 슬픔에 이르니, 이로써 그 길함을 유지할 수 있다.

눈물을 흘리고 슬퍼하는 것은 그 우려와 두려움이 매우 깊다는 점을 극적으로 표현한 것으로서, 때에 합당한 일이다. 존귀한 지위에 자리하여 문명하고, 이처럼 두려워하고 근심할 줄을 알았으므로 길하다. 만약 자신의 문명한 덕과 붙어 의지하고 있는 바가 중정을 얻었다는 점만을 믿고서 태연자약하게 두려워하지 않는다면, 그 길함을 보존할 수 있겠는가?

六五居尊位而守中, 有文明之德, 可謂善矣. 然以柔居上, 在下无助, 獨附麗於剛強之間, 危懼之勢也. 唯其明也, 故能畏懼之深, 至於出涕, 憂慮之深, 至於戚嗟, 所以能保其吉也. 出涕戚嗟, 極言其憂懼之深耳, 時當然也. 居尊位而文明, 知憂畏如此, 故得吉. 若自恃其文明之德, 與所麗中正, 泰然不懼, 則安能保其吉也?

「상전」에서 말했다. 육오효의 길함은 왕공의 자리에 붙어 있기 때문이다.

象曰, 六五之吉, 離王公也.

육오효의 길함은 붙어 있는 곳이 왕공의 올바른 지위이기 때문이다. 위의 세력을 차지하면서 상황의 이치를 분명하게 살피고 두려워하고 근심하면서 세력을 유지하므로, 길할 수 있다. 그렇지 않다면 어떻게 안정을 이룰 수 있겠는가?

六五之吉者, 所麗得王公之正位也. 據在上之勢, 而明察事理, 畏懼憂虞以持之, 所以能吉也. 不然, 豈能安乎.

상구효는 왕이 정벌을 나아가는 데에 쓰는 것이니 아름다움이 있고, 괴수를 죽이고 잡아들인 자들이 추악한 부류가 아니라면, 허물은 없다.

上九, 王用出征, 有嘉, 折首, 獲匪其醜, 无咎.

상구효는 양의 자질로 가장 높은 위치에 자리하여 이괘의 끝에 있으니, 매우 강명한 자다. 현명하면(明) 모든 일을 밝게 비추어 알 수 있고, 강하면(剛) 결단할 수 있다. 올바르지 못한 것과 악한 것을 충분하게 살필 수 있을 정도로 세상의 이치를 분명하게 비추어 알 수 있고 위엄과 형벌을 단호하게 행할 수 있을 정도로 결단할 수 있으므로, 왕이 마땅히 사용하는 것이다. 이처럼 강함과 현명함으로 세상의 올바르지 못한 것과 악한 것을 분별하여 정벌을 행하면, 아름다운 공이 있게 된다. '정벌'이란 형벌의 사용 가운데 가장 큰 것이다.

현명함이 지나치면 사소한 일까지도 비추어 이리저리 따지게 되며 결단이 지나치면 너그럽게 용서함이 없게 되니, 중도로써 단속하지 않으면 엄격함과 분명하게 살피는 태도가 손상을 입는다. 세상의 악을 제거할 때에 악인에게 물들어서 잘못되고 그릇된 사람들의 죄까지 하나하나 다 규명한다 해도 이 모든 사람을 다 죽일 수가 있겠는가? 사람들이 다치고 해를 입는 것이 또한 매우 심하게 되므로, 단지 그 괴수魁首를 죽이고 잡아들인 자들이 괴수처럼 추악한 부류가 아니라면, 잔악하고 포악해지는 허물은 없다. 그러므로 『서』에서 말하기를 "큰 괴수를 섬멸하고, 위협에 따른 자들은 다스리지 말라"[7]고 했다.

九以陽居上, 在離之終, 剛明之極者也. 明則能照, 剛則能斷. 能照足以察邪惡, 能斷足以行威刑. 故王者宜用. 如是剛明以辨天下之邪惡, 而行其征伐, 則有嘉美之功也. 征伐, 用刑之大者. 夫明極則无微不照, 斷極則无所寬宥, 不約之以中, 則傷於嚴察矣. 去天下之惡, 若盡究其漸染詿誤, 則何可勝誅? 所傷殘亦甚矣, 故但當折取其魁首, 所執獲者非其醜類, 則无殘暴之咎也. 書曰, "殲厥渠魁, 脅從罔治."

「상전」에서 말했다. 왕이 정벌을 나가는 데에 쓴다는 말은 나라를 바로잡는 것이다.

象曰, 王用出征, 以正邦也.

왕은 이 상구효의 덕을 사용하여 주도면밀하고 밝게 비추며 또한 강하게 결단하여 세상의 악행들을 살펴서 제거하니, 이는 그 나라를 올바르게 다스리는 것으로, 강명한 자가 위의 지위에 있는 도리다.

王者用此上九之德, 明照而剛斷, 以察除天下之惡, 所以正治其邦國, 剛明, 居上之道也.

---

1 잇단 밝음이다: '중명重明'에 대해서 호원은 두 가지로 설명하고 있다. "성현聖賢의 군주가 세대를 이어서 천하를 소유하되, 정도正道로 다스린 뒤에 세상이 이로움을 얻고 형통함을 얻는다. 그러므로 옛날에 요임금이 늙자 순임금이 계승했고, 순임금이 늙자 우임금이 계승했으며, 우임금이 늙자 계啓임금이 계승했다. 이것이 성현의 군주는 모두 정도로써 서로 계승하여 그 형통함을 얻지 않음이 없었다. 또 아래에 있는 자는 위에 붙어 의존하고 위에 있는 자는 아래로 붙어 의존하니, 모두 정도로 한 후에 그 형통함을 다할 수가 있다聖賢之君, 繼世以有天下, 必皆以正道而爲治, 然後天下獲其利, 而得亨通矣. 故古之堯老而舜繼, 舜老而禹繼, 禹老而啓繼, 是其聖賢之君, 皆以正道相繼, 而无不得其亨通. 又若下之者, 麗于上, 上之者, 麗于下, 皆以正道, 然後可盡得其亨通矣." 즉 '중重'을 군주가 세대를 이어서 정도로 통치하는 것과 신하와 군주가 서로 의존하여 정도로 다스리는 것으로 설명하고 있다. 정이천은 전자에 대해서는 언급하지 않고 후자에 대해서 설명하고 있지만, 「상전」에서 전자의 의미를 설명하고 있기 때문에 '잇단 밝음'이라고 번역했다.

2 혼란스럽다는 말이다: 호원은 정이천과 다르게 '착연錯然'이라는 말을 공경하는 모습으로 해석한다. "착연이란 공경하는 모습이다錯然者, 敬之之貌也."

3 늙은이의 서글픔으로, 흉함이 된다: 정이천에게는 이러한 일화가 있다. "한지국韓持國이 이천과 함께 앉아서 탄식하면서 말했다. 오늘 또 해가 지는군요. 정이천이 답했다. 해가 지는 것은 예나 지금이나 항상 그러했던 이치인데 왜 탄식합니까? 한공이 말했다. 늙어서 죽을 것을 생각하니 저절로 탄식이 나옵니다. 정이천이 말했다. 그러면 죽지 않으면 되겠네요. 한공이 말했다. 어떻게 죽지 않을 수 있습니까? 정이천이 말했다. 죽지 않을 수 없다면 죽으면 될 것을요韓公持國與程子語, 歎曰, 今日又暮矣. 程子對曰, 此常理從來如是, 何歎爲? 公曰, 老者行去矣. 曰, 公勿去可也. 公曰, 如何能勿去? 子曰, 不能則去可也(『이정집』 21상권 272쪽, 1186쪽)." 이 일화는 분명히 이 이괘 구삼효의 내용과 관련된다.

4 자신은 물러나 몸을 쉬게 하여: 『서』「대우모大禹謨」에 이러한 내용이 있다. "순임금이 말했다. 그대 우禹에게 고합니다. 내가 임금 자리에 있은 지 30년이 지났고, 나이도 벌써 90을 지나 100살이 되어가고, 일에도 싫증이 나니, 그대는 게을리 하지 말고 나의 백성들을 다스려주시오帝曰, 格汝禹, 朕宅帝位, 三十有三載, 耄期, 倦于勤, 汝惟不怠, 總朕師." 여기에 '모기耄期'라는 말은 90살 100살이 된 노인을 말한다. 구삼효에 나온 '질耋'도 80살의 노인을 말한다. 이 『서』의 내용과 관련하여 호원은 이렇게 설명하고 있다. "예를 들어 요임금이 90을 지나 100살이 되어 일에 싫증이 나서 순에게 대신하게 하고, 순임금이 90을 지나 100살이 되어 일에 싫증이 나서 우에게 대신하게 하여, 교화가 크게 행해지고 태평의 시대가 오래 지속되었으니 늙은이의 서글픔을 면할 것이다若堯之耄期, 倦于勤, 以舜代之, 舜之耄期, 倦于勤, 以禹代之, 故得教化大行, 致太平之久, 所以免大耋之嗟矣."

5 강조剛躁는 강하면서 조급한 성질을 말한다. 「범례」 4번 재才와 덕德 항목 참조.

6 계啓는 하나라 2대 군주로, 우禹는 아들 익益이 아니라 계啓에게 왕위를 물려주었다. 인물사전 참조.

7 『서』 「윤정胤政」.

31. 감응, 자극과 반응: 함咸괘䷞

택산함澤山咸이라고 읽는다. 괘의 모습이 태兌☱괘가 위에 있고 간艮☶괘가 아래에 있기 때문이다.

함咸괘에 대해서 「서괘전」은 다음과 같이 설명한다. "하늘과 땅이 있고 난 뒤에 만물이 있고, 만물이 있고 난 뒤에 남자와 여자가 있고, 남자와 여자가 있고 난 뒤에 남편과 아내가 있고, 남편과 아내가 있고 난 뒤에 아버지와 아들이 있고, 아버지와 아들이 있고 난 뒤에 군주와 신하가 있고, 군주와 신하가 있고 난 뒤에 위와 아래가 있고, 위와 아래가 있고 난 뒤에 예의와 의리가 바로 잡힌다." 하늘과 땅은 만물의 뿌리이고 남편과 아내는 인륜의 시작이니, 『역』의 상上권[1]은 하늘을 상징하는 건괘와 땅을 상징하는 곤괘로 시작하고 하下권은 남자와 여자가 교감하는 것을 상징하는 함괘로 시작해서 관계의 지속을 상징하는 항恒괘로 이었다. 하늘과 땅은 근본이 되는 두 가지이므로 건괘와 곤괘 두 괘로 나누어 하늘과 땅의 도가 되고, 남자와 여자는 교류하고 합하여 남편과 아내를 이루므로 함괘와 항괘[2]는 모두 두 가지 괘의 형체가 합하여 부부의 의리가 된다.

'함咸'이란 교감한다는 뜻이니 기쁨을 주로 하고, '항恒'이란 오래도록 지속한다는 뜻이니 올바름을 근본으로 한다. 그런 기쁨의 도리에는 본래 올바름이 있고, 올바름의 도리에는 원래 기쁨이 있다. 공손하면서 움직이고, 강함과 유함이 모두 호응하는 것이 기쁨이다. 함괘의 모습은 위로 태兌괘가 있고 아래로 간艮괘가 있으니, 태괘는 젊은 여자이고 간괘는 젊은 남자다. 남자와 여자가 서로 교감할 때 교감이 깊은 것은 젊은 사람만 한 것이 없으므로, 두 젊은 사람이 감응한 것이다. 간괘의 체질은 돈후하고 진실하니, 간괘가 상징하는 멈춤은 정성스럽고 성실한 뜻이다. 남자의 뜻이 돈후하고 진실해서 아래로 내려가 교류하면 여자의 마음이 기뻐하면서 위로 가서 호응하니, 남자가 먼저 자극해서 교감한다. 남자가 먼저 진실한 정성으로 자극하면, 여자는 기뻐하면서 반응한다.

咸, 序卦, "有天地然後有萬物, 有萬物然後有男女, 有男女然後有夫婦, 有夫婦然後有父子, 有父子然後有君臣, 有君臣然後有上下, 有上下然後禮義有所錯." 天地萬物之本, 夫婦人倫之始, 所以上經首乾坤, 下經首咸繼以恒也. 天地二物, 故二卦分爲天地之道, 男女交合而成夫婦, 故咸與恒皆二體合爲夫婦之義. 咸, 感也, 以說爲主, 恒, 常也, 以正爲本. 而說之道自有正也, 正之道固有說焉. 巽而動, 剛柔皆應, 說也. 咸之爲卦, 兌上艮下, 少女少男也. 男女相感之深, 莫如少者, 故二少爲咸也. 艮體篤實, 止爲誠慤之義. 男志篤實以下交, 女心說而上應, 男感之先也. 男先以誠感, 則女說而應也.

감응하는 것은 형통하니 올바름을 지키는 것이 이롭고, 여자를 취하면 길하다.

咸, 亨, 利貞, 取女吉.

'함咸'이란 감응한다는 뜻이다. 감응한다는 '감感'자를 쓰지 않은 것은[3] '함'이라는 글자에는 '모두 함께'라는 뜻이 있어, 남자와 여자가 교제하여 서로 감응함을 의미하기 때문이다. 사물이 서로 감응하는 데에 남자와 여자만 한 것이 없고, 젊은 사람은 더욱 심하다. 군주와 신하, 위와 아래 그리고 만물에 이르기까지 서로 감응하는 도리를 가지고 있다. 사물이 서로 감응하면 형통할 수 있는 이치가 있다. 군주와 신하가 서로 감응할 수 있으면 군주와 신하의 도가 서로 통하고, 위와 아래가 서로 감응할 수 있으면 위와 아래의 뜻이 서로 통하니, 아버지와 아들, 남편과 아내, 친척들과의 관계, 친구와의 관계에 이르기까지 모두 정情과 의도意가 서로 감응하면 조화하고 순종하여 형통하게 된다. 모든 일이 다 그러하므로, 감응에는 형통할 수 있는 이치가 있다.

"올바름을 지키는 것이 이롭다"는 것은 서로 감응하는 도리는 그 이로움이 정도正道에 달려 있다는 말이다. 정도로 감응하지 않으면, 사악함에 빠진다. 예를 들어 남편과 아내가 과도하고 요사스럽게 감응하고, 군주와 신하는 아첨으로 기뻐하면서 감응하며, 위와 아래는 거짓과 편벽됨으로 감응하니, 서로 감응하는 것이 올바르지 못하다. "여자를 얻으면 길하다"는 것은 괘의 자질 구조로 말한 것이다. 괘에는 "유함이 올라가고 강함이 내려와서, 두 기운이 자극하고 반응하여 서로 함께하고 멈추면서 기뻐하니, 남자가 여자에게 내려간다"는 의리가 있다. 이러한 의리로 여자를 얻으면 정도를 얻어 길하다.

咸, 感也. 不曰感者, 咸有皆義, 男女交相感也. 物之相感, 莫如男女, 而少復甚焉. 凡君臣上下, 以至萬物, 皆有相感之道. 物之相感, 則有亨通之理. 君臣能相感, 則君臣之道通, 上下能相感, 則上下之志通, 以至父子夫婦親戚朋友, 皆情意相感, 則和順而亨通. 事物皆然, 故咸有亨之理也. 利貞, 相感之道利在於正也. 不以正, 則入於惡矣. 如夫婦之以淫姣, 君臣之以媚說, 上下之以邪僻, 皆相感之不以正也. 取女吉, 以卦才言也. 卦有柔上剛下, 二氣感應相與, 止而說, 男下女之義. 以此義取女, 則得正而吉也.

「단전」에서 말했다. 함괘는 감응하는 것이다. 유함이 올라가고 강함이 내려와, 두 기운이 서로 자극하고 반응하여 서로 함께하고 멈추면서 기뻐한다. 남자가 여자에게 내려가니, 그래서 "형통하니 올바름을 굳게 지키는 것이 이롭고 여자를 취하면 길하다"고 했다.

彖曰, 咸, 感也. 柔上而剛下, 二氣感應以相與, 止而說, 男下女, 是以亨利貞, 取女吉也.

'함咸'의 뜻은 감응이다. 괘에서 유한 효가 위로 올라가고 강한 효가 아래로 내려와서, 유함이 올라가 강함을 변화시켜서 태兌괘가 되고 강함이 내려와 유함을 변화시켜 간艮괘가 되었으니, 음과 양이 서로 교감하고 남자와 여자가 교제하여 감응하는 뜻이다. 또 여자인 태괘가 위에 있고, 남자인 간괘가 아래에 자리하니, 역시 유함이 올라가고 강함이 내려오는 것이다. 음과 양 두 기운이 서로 자극하고 반응하여 조화하고 화합하니 곧 '서로 함께하는 것'이다.

"멈추면서 기뻐한다"는 것은 기뻐하는 데에서 멈추는 것이니, 굳세고 정성스러운 뜻이다. 간괘가 아래에서 멈춤은 돈후한 정성으로 서로 낮추는 것이고, 태괘가 위에서 기뻐함은 화합하여 기뻐함으로 서로 호응하는 것이다. 남자로써 여자에게 자신을 낮추어 내려가는 것은 화합의 지극함이다. 서로 감동하는 도리가 이와 같으므로 형통하여 정도를 얻을 수 있으니, 여자를 취할 때에 이와 같이 한다면 길하다. 괘의 자질 구조가 이와 같으니 대체로 감응하는 도리는 그 이로움이 올바름에 있다.

咸之義感也. 在卦, 則柔爻上而剛爻下, 柔上變剛而成兌, 剛下變柔而成艮, 陰陽相交, 爲男女交感之義. 又兌女在上, 艮男居下, 亦柔上剛下也. 陰陽二氣, 相感相應而和合, 是相與也. 止而說, 止於說, 爲堅慤之意. 艮止於下, 篤誠相下也. 兌說於上, 和說相應也. 以男下女, 和之至也. 相感之道如此, 是以能亨通而得正, 取女如是則吉也. 卦才如此, 大率感道利於正也.

하늘과 땅이 감응하여 만물이 변화하여 생겨나고 성인이 사람들의 마음을 감동시켜서 세상이 화평해지니, 그 감응하는 것을 관찰하면 천지 만물의 실정을 볼 수 있다.

天地感而萬物化生, 聖人感人心而天下和平, 觀其所感, 而天地萬物之情可見矣.

남자와 여자가 서로 감응하는 뜻을 말했고, 다시 감응하는 도리를 지극하게 넓혀서 천지의 이치와 성인의 작용을 모두 말했다. 천지의 두 기운이 교감하여 만물을 변화시켜 생겨나게 하고, 성인은 지극한 진실과 정성으로 세상 사람들의 마음을 감동시켜서 세상을 조화롭고 평온하게 만든다. 세상 사람들의 마음이 조화롭고 평온하게 된 것은 성인이 감동시켰기 때문이다. 하늘과 땅이 교감하여 만물을 변화시켜 낳는 이치와 성인이 사람의 마음을 감동시켜 조화롭고 평온한 세상을 만드는 도리를 관찰하면, 천지 만물의 실정을 볼 수 있다. 감동시켜 사람의 마음에 통하게 하는 이치는 도를 아는 자라야 묵묵히 관찰할 수 있다.

既言男女相感之義, 復推極感道, 以盡天地之理聖人之用. 天地二氣交感而化生萬物, 聖人至誠以感億兆之心而天下和平. 天下之心所以和平, 由聖人感之也. 觀天地交感化生萬物之理, 與聖人感人心致和平之道, 則天地萬物之情可見矣. 感通之理, 知道者黙而觀之可也.

「상전」에서 말했다. 산 위에 연못이 있는 것이 함괘의 모습이니, 군자는 이것을 본받아 마음을 텅 비워 타인의 마음을 받아들인다.

象曰, 山上有澤, 咸, 君子以虛受人.

연못의 성질은 촉촉이 아래로 스며들어 적시고, 흙의 성질은 촉촉한 물기를 받아들이니, 연못이 산 위에 있어 점차로 산을 촉촉이 적셔서 통하게 하는 것은 두 가지 기운이 서로 감응하여 통하는 것이다. 군자는 산과 연못이 기운을 소통하는 모습을 관찰하여 그 마음을 텅 비워 사람을 받아들인다. 사람이 마음을 텅 비우면 상대의 마음을 받아들일 수 있고, 마음이 꽉 차면 받아들일 수가 없다. 마음을 텅 비우는 것은 내가 없는 것이다. 마음속에 사사로운 주인이 없으면, 감응하여 통하지 못할 것이 없다. 계산하여 수용하고, 합치할 것을 선택하여 받아들이는 것은 감응이 있으면 반드시 소통하는 성인의 도리가 아니다.

澤性潤下, 土性受潤, 澤在山上而其漸潤通徹, 是二物之氣相感通也. 君子觀山澤通氣之象, 而虛其中以受於人. 夫人中虛則能受, 實則不能入矣. 虛中者, 无我也. 中无私主, 則无感不通. 以量而容之, 擇合而受之, 非聖人有感必通之道也.

초육효는 엄지발가락에서 감동한다.

初六, 咸其拇.

초육효는 아래 괘의 제일 아래 위치에 있으면서, 구사효와 서로 감응한다. 미약한 힘으로 시초에 자리하여 감동을 깊게 받지 않았으니, 어떻게 상대의 마음을 움직일 수 있겠는가? 그래서 사람의 엄지발가락이 움직이는 것과 같아서 나아가기에는 충분하지 않다. '무拇'란 엄지발가락이다. 사람이 서로 감응하는 데에 얕고 깊은 차이와 가볍고 무거운 차이가 있으니, 그 때의 형세를 파악하면 처신하는 데에 마땅함을 잃지 않는다.

初六在下卦之下, 與四相感. 以微處初, 其感未深, 豈能動於人? 故如人拇之動, 未足以進也. 拇, 足大指. 人之相感, 有淺深輕重之異, 識其時勢, 則所處不失其宜矣.

「상전」에서 말했다. 엄지발가락에서 감동하지만 뜻은 밖에 있다.

象曰, 咸其拇, 志在外也.

초육효의 뜻이 움직인 것은 구사효에게 감응한 것이므로, 밖에 있다고 했다. 뜻이 동요했지만 감동을 깊게 받지 못하여 엄지발가락이 움직이는 것 같으니, 나아가기에는 충분하지 않다.

初志之動, 感於四也, 故曰在外. 志雖動而感未深, 如拇之動, 未足以進也.

육이효는 장딴지에서 감동하면 흉하고, 그 자리에 있으면 길하다.

六二, 咸其腓, 凶, 居吉.

육이효는 음의 자질로 아래 위치에 자리하면서 구오효와 호응관계를 이루므로, 장딴지에서 느낀다는 경계를 세워서 말했다. '비腓'는 장단지로서, 걸으려 하면 가장 먼저 장단지가 움찔하면서 움직이고, 발은 그때서야 들리니, 장단지가 저절로 움직이는 것과는 같지 않다. 육이효가 자신의 도를 지키면서 윗사람이 구하려는 것을 기다리지 않고, 장딴지가 움찔하는 것처럼 제멋대로 행동하면 조급한 경거망동으로 스스로를 잃을 것이니, 흉하다.

그 자리에 마음을 안정시키면서 동요하지 않고 냉정하게 윗사람이 구하는 것을 기다리면, 나아가고 물러나는 도리를 얻어서 길하다. 육이효는 중정을 이룬 사람이지만, 감응하는 때에는 구오효와 호응하고 있기 때문에, 이러한 경계를 준 것이다. 다시 "그 자리에 있으면 길하다"고 말한 것은 자신의 본분에 마음을 안정시켜서 조급하게 먼저 움직이지 않으면 길하기 때문이다.

二以陰居下, 與五爲應, 故設咸腓之戒. 腓, 足肚, 行則先動, 足乃擧之, 非如腓之自動也. 二若不守道, 待上之求, 而如腓之動, 則躁妄自失, 所以凶也. 安其居而不動, 以待上之求, 則得進退之道而吉也. 二, 中正之人, 以其在咸而應五, 故爲此戒. 復云居吉, 若安其分, 不自動, 則吉也.

「상전」에서 말했다. 흉하지만 그 자리에 있으면 길한 것은, 이치에 따르면 해롭지 않기 때문이다.

象曰, 雖凶, 居吉, 順不害也.

육이효는 중中의 위치에 자리하여 올바름을 얻었고 호응하는 사람도 중정을 이루었으니, 그 재능이 본래 좋다. 그러나 감응하는 때에는 자질이 유약한데 윗사람과 호응하고 있으므로, 먼저 조급하게 동요하여 군주의 마음을 구하려고 하면 흉하고, 스스로 자신을 지키면서 자리를 지키면 길하다고 경계한 것이다. 「상전」에서 다시 분명하게 밝혀 말한 것은 서로 감응하지 말라고 경계한 것이 아니라 오직 이치에 따르면 해롭지 않다는 것이니, 도리를 지키면서 먼저 조급하게 동요하지 말라는 말이다.

二居中得正, 所應又中正, 其才本善. 以其在咸之時, 質柔而上應, 故戒以先動求君則凶, 居以自守則吉. 象復明之云, 非戒之不得相感, 唯順理則不害, 謂守道不先動也.

구삼효는 넓적다리에서 감동한다. 따르는 것만 고집하니, 가면 부끄럽다.

九三, 咸其股, 執其隨, 往吝.

구삼효는 양의 자질로 강한 위치에 자리해 강양한 재능을 가지고 내괘의 주인이 되며 아래 위치에서 가장 위에 자리했다. 그러니 마땅히 정도를 스스로 얻어야 하는데, 외물에 자극을 받아서 상육효에게 반응한다. 양은 위로 올라가기를 좋아하고 음을 기뻐하는데 상육효가 감동시켜 기뻐하는 태兌괘의 끝에 자리했으므로,[4] 구삼효는 상육효에 감응하면서 뒤따른다.

넓적다리는 몸의 아랫부분이면서 발의 위에 있어서 스스로 움직일 수가 없고 몸의 움직임에 따라서 움직이는 것이므로, 이것으로 상징했다. 구삼효는 스스로 주체가 될 수 없고 사물에 따라서 움직이는 것이 마치 넓적다리와 같아서, 고집하고 지키는 것이 다른 사람을 따라가는 것이다. 강양의 재능을 가졌으면서 기뻐하는 것에 감응하여 따라가니, 이와 같이 가면 부끄러울 수 있다.

九三以陽居剛, 有剛陽之才, 而爲主於內, 居下之上, 是宜自得於正道, 以感於物, 而乃應於上六. 陽好上而說, 陰上居感說之極, 故三感而從之. 股者, 在身之下, 足之上, 不能自由, 隨身而動者也, 故以爲象. 言九三不能自主, 隨物而動, 如股然, 其所執守者隨於物也. 剛陽之才, 感於所說而隨之, 如此而往, 可羞吝也.

「상전」에서 말했다. 넓적다리에서 감동하는 것은 또한 마땅한 자리에 처하지 않고 뜻이 타인을 따르는 데에 있으니, 고집하는 바가 낮다.

象曰, 咸其股, 亦不處也, 志在隨人, 所執下也.

'또한'이라고 말한 것은 「상전」의 말이 본래 『역』의 경문經文과 원래 서로 나란히 붙어 있는 것이 아니고 따로 써진 것이라서 모든 효의 「상전」에 뜻이 연속된 경우가 있기 때문이다. 여기에서 '또한'이라고 말한 것은 앞 효의 말을 이은 것이다. 앞에서 "엄지발가락에서 감동하지만 뜻은 밖에 있다"라고 했고 "흉하지만 그 자리에 있으면 길하다는 것은 이치를 따르면 해롭지 않기 때문이다"라고 했다. 그래서 "넓적다리에서 느낀 것은 또한 마땅한 자리에 처하지 않는다"는 것은 앞의 두 음효가 모두 자극을 받아서 동요했는데 양효인 구삼효 또한 그러하므로 '또한 마땅한 자리에 처하지 않았다'고 했다. 마땅한 자리에 처하지 않는다는 말은 성급하게 먼저 움직인다는 말이다. 강양한 자질을 가지고 스스로 주체가 되지 못하고 뜻이 오히려 타인을 따르는 데에 있으니, 고집하는 바가 매우 비소하고 저급하다.

云亦者, 蓋象辭本不與易相比, 自作一處, 故諸爻之象辭, 意有相續者. 此言亦者, 承上爻辭也. 上云, 咸其拇, 志在外也, 雖凶居吉, 順不害也. 咸其股, 亦不處也. 前二陰爻皆有感而動, 三雖陽爻亦然, 故云亦不處也. 不處謂動也. 有剛陽之質, 而不能自主, 志反在於隨人, 是所操執者卑下之甚也.

구사효는 올바름을 굳게 지키면 길하여, 후회가 없어진다. 왕래하기를 끊임없이 하면, 친구만이 너의 생각을 따른다.

九四, 貞吉, 悔亡. 憧憧往來, 朋從爾思.

감응이란 사람 마음이 움직이는 것이므로, 모두 사람의 몸을 취하여 상징했다. 엄지발가락은 아래 위치에서 움직이는 것이 미약함을 취하여 상징했고, 장단지는 먼저 동요하는 것을 취하여 상징했고, 넓적다리는 타인을 따르는 것을 취하여 상징했다. 그러나 구사효는 사람의 몸에서 상징을 취하지 않고 직접 감응의 도리를 말했고, 마음에서 느낀다고 말하지 않았으니, 감응이 곧 마음이기 때문이다.

구사효는 중간에 있으면서 높은 위치에 자리하여 심장의 위치에 해당하므로 감응의 주체가 되니, 감응의 도리를 말했다. 올바름을 굳게 지키면 길하고 후회가 없어지니, 감응하는 데에 정도正道로 하지 않으면 후회가 있다. 또 구사효는 기쁨의 체질에 속해 음의 위치에 자리하면서 초육효와 호응관계를 이루고 있으므로 올바름을 굳게 지키라고 경계했다. 감응하는 도는[5] 통하지 않는 바가 없으나, 사사롭게 관계하는 바가 있으면 감응하여 통하는 데에 해로우니 후회가 있게 된다. 성인이 세상의 마음을 감동시키는 것은 마치 춥고 더우며 비 오고 해 뜨는 것과 같아 통하지 않음이 없고, 반응하지 않는 것이 없으니, 역시 올바름을 굳게 지켰기 때문일 뿐이다. 올바름이란 마음을 비워서 아집이 없는 것을 말한다.

"왕래하기를 끊임없이 하면, 친구만이 너의 생각을 따른다"는 말은 이런 뜻이다. 올바르고 한결같은 마음으로 대하면 감동이 통하지 않음이 없겠지만, 만약 끊임없이 마음이 갈팡지팡 왕래하면서 사사로운 마음으로 상대를 감동시키면, 생각이 미치는 사람은 감동시켜 마음을 움직일 수 있으나 생각이 미치지 못하는 사람은 감동시킬 수가 없으니, 이것이 같은 부류의 친구들만이 너의 생각을 따른다는 말이다. 관계가 얽혀 있는 사람과의 사사로운 마음을 가지고 하나의 측면과 한 가지 일만을 주장한다면, 어찌 확연하게 통하지 않는 것이 없을 수 있겠는가? 「계사전」에서는 이렇게 말했다. "세상이 무엇을 생각하며 무엇을 우려하겠는가? 세상이 돌아가는 것은 같지만 길은 다르며, 이치는 하나이지만 생각은 백 가지이니, 세상이 무엇을 생각하며 무엇을 우려하겠는가?" 공자가 함괘를 바탕으로 해서 감동하여 통하는 도를 지극하게 논한 것이다.

계산하고 사려하는 사사로운 마음으로 타인을 감동시키면 감동하는 것이 협소하다. 세상의 이치는 하나이니 길은 비록 다르지만 돌아가는 곳은 동일하고, 사려하는 것이 백 가지이지만 그것이 이르는 결과는 하나이니, 모든 사물에는 만 가지 차이가 있고 어떤 상황에도 만 가지 변화가 있지만, 하나로 통일하면 어길 수가 없는 것이다. 그래서 그 뜻을 올바르게 하면 온 세상에 감동하여 통하지 않음이 없다. 그래서 「계사전」에서 "세상이 무엇을 생각하며 무엇을 우려하겠는가?"라고 했으니, 사사로운 마음으로 사려하면 어떻게 세상을 감동시키겠는가?

「계사전」은 이렇게 말한다. "해가 가면 달이 오고 달이 가면 해가 오니, 해와 달이 서로 밀쳐서 밝음이 생겨난다. 추위가 가면 더위가 오고 더위가 가면 추위가 오니, 추위와 더위가 서로 밀쳐서 한 해가 이루어진다. 가는 것은 움츠러듦이고 오는 것은 펼쳐짐이니, 움츠러들고 펼쳐지는 것이 서로 감응하여 이로움이 생긴다." 가고 오며, 움츠러들고 펼쳐지는 작용을 통해서 감응의 이치를 밝혔다. 움츠러들면 펼쳐짐이 있고 펼쳐지면 움츠러듦이 있으니, 감응[6]이라는 것이다. 그러므로 해와 달이 서로 밀쳐서 밝음이 생기고 추위와 더위가 서로 밀쳐서 한 해가 이루어지니, 자연의 기능이 이로부터 이루어지므로 "움츠러들고 펼쳐지는 것이 서로 감응하여 이로움이 생긴다"고 했다. '감感'이란 감동하는 것으로 감동하면 반드시 그에 상응하는 반응이 있다. 모든 움직이는 것은 모두 감동을 받으니, 감동을 받으면 반드시 그에 상응하는 반응이 있고, 그 반응은 다시 타인을 감동하게 만들고, 감동하면 다시 그에 상응하는 반응이 있으니, 그러므로 끊임이 없다.

「계사전」에서 이렇게 말했다. "자벌레가 움츠러드는 것은 펼쳐지기 위해서이고, 용과 뱀이 칩거하는 것은 몸을 보존하기 위해서다. '마땅한 의리義'를 정밀하게 해서 신묘한 경지에 들어가는 것은 작용을 지극하게 만들기 위해서다. 작용을 예리하게 해서 몸을 안정시키는 것은 덕을 높이기 위해서다. 이 이상의 것에 대해서는 알지 못하겠다." 앞에서는 움츠러들고 펼쳐지는 이치에 대해서 말했고, 다시 사물을 취하여 그 이치를 구체적으로 설명하였다. 자벌레가 움직일 때는 먼저 움츠러든 다음에 펼치니, 움츠러들지 않으면 펼칠 수가 없고 펼친 후에 다시 움츠러듦이 있으므로 자벌레의 움직임을 보면 감응하는 이치를 알 수 있다. 용과 뱀이 겨울잠을 자기 위해 숨는 것은 그 몸을 보존하고 쉬기 위한 것이니, 그 뒤에 기세를 떨치며 빠르게 날 수가 있으며 숨어있지 않으면 기세를 떨칠 수가 없다.

움직임과 휴식이 서로 감응하는 것이 곧 움츠러듦과 펼쳐짐이다.

군자가 정밀하고 미묘한 의리義에 마음을 집중하여 잠김으로써 신묘한 경지에 들어가니, 이것은 그 작용을 극치에 이르게 하기 위함이다. 정밀하고 미묘한 의리에 마음을 집중하여 잠기는 것은 마음에 축적하는 것이고 작용을 극치에 이르게 하는 것은 그 마음을 세상에 펼치는 것이다. 축적하는 것과 펼치는 것이 바로 움츠러듦과 펼쳐짐이다. "작용을 예리하게 해서 몸을 안정시키는 것은 덕을 높이기 위함이다"라는 말은 위 문장의 "작용을 지극하게 만들기 위해서"라는 말을 이은 것이다. 세상에 펼치는 작용을 섬세하게 만들어 그 몸을 안정되게 처신하는 것은 그 덕과 공적을 높이고 크게 하기 위해서다. 행동이 이치에 부합하면 일이 올바르게 처리되고 몸은 안정되니, 성인이 할 수 있는 일을 여기에서 다하는 것이다. 그래서 "이것 이상의 것에 대해서는 알지 못하겠다"고 했다. 「계사전」에서 "신묘한 이치를 궁구하고 변화를 아는 것은 덕의 성대함이다"라고 했고 이미 "이것 이상의 것에 대해서는 알지 못하겠다"고 했으니, 다시 이 말로 끝을 맺어 지극히 신묘한 것을 궁구하고 변화와 배양의 도를 아는 것이 덕의 지극히 성대함이니 이보다 더할 수 없다고 했다.

感者, 人之動也, 故皆就人身取象. 拇取在下而動之微, 腓取先動, 股取其隨. 九四无所取, 直言感之道, 不言咸其心, 感乃心也. 四在中而居上, 當心之位, 故爲感之主, 而言感之道. 貞正則吉而悔亡, 感不以正, 則有悔也. 又四說體, 居陰而應初, 故戒於貞. 感之道, 无所不通, 有所私係, 則害於感通, 乃有悔也. 聖人感天下之心, 如寒暑雨暘, 无不通, 无不應者, 亦貞而已矣. 貞者, 虛中无我之謂也. 憧憧往來, 朋從爾思, 夫貞一則所感无不通, 若往來憧憧然, 用其私心以感物, 則思之所及者有能感而動, 所不及者不能感也, 是其朋類則從其思也, 以有係之私心, 旣主於一隅一事, 豈能廓然无所不通乎? 繫辭曰, "天下何思何慮? 天下同歸而殊塗, 一致而百慮, 天下何思何慮?" 夫子因咸極論感通之道. 夫以思慮之私心感物, 所感狹矣. 天下之理一也, 塗雖殊而其歸則同, 慮雖百而其致則一. 雖物有萬殊, 事有萬變, 統之以一, 則无能違也. 故貞其意, 則窮天下无不感通焉, 故曰"天下何事何慮?" 用其思慮之私心, 豈能无所不感也? "日往則月來, 月往則日來, 日月相推而明生焉. 寒往則暑來, 暑往則寒來, 寒暑相推而歲成焉. 往者屈也, 來者信也, 屈信相感而利生焉." 此以往來屈信明感應之理. 屈則有信, 信則有屈, 所謂感應也. 故日月相推而明生, 寒暑相推而歲成, 功用由是而成, 故曰屈信相感而利生焉. 感, 動也, 有感必有應. 凡有動皆爲感, 感則必有應, 所應復爲感, 感復有應, 所以不已也. "尺蠖之屈, 以求信也. 龍蛇之蟄, 以存身也. 精義入神, 以致用也. 利用安身, 以崇德也. 過此以往, 未之或知也." 前云屈信之理矣, 復取物以明之. 尺蠖之行, 先屈而後信, 蓋不屈則无信, 信而後有屈, 觀尺蠖則知感應之理矣. 龍蛇之藏, 所以存息其身, 而後能奮迅也, 不蟄則不能奮矣. 動息相感, 乃屈信也. 君子潛心精微之義, 入於神妙, 所以致其用也. 潛心精微, 積也, 致用, 施也. 積與施乃屈信也. "利用安身, 以崇德也." 承上文致用而言. 利其施用, 安處其身, 所以崇大其德業也. 所爲合理, 則事正而身安, 聖人能事盡於此矣, 故云, "過此以往, 未之或知也." "窮神知化, 德之盛也." 旣云"過此以往, 未之或知." 更以此語終之, 云窮極至神之妙, 知化育之道, 德之至盛也, 无加於此矣.

「상전」에서 말했다. 올바름을 굳게 지키면 길하여 후회가 없는 것은 사사로운 감동에 해를 당하지 않은 것이다. 왕래하기를 끊임없

이 하면 크게 빛나지 못한다.

象曰, 貞吉悔亡, 未感害也, 憧憧往來, 未光大也.

올바름을 굳게 지키면 길하고 후회가 없어지는 것은 사사로운 감동에 해를 당하지 않은 것이니, 사사로운 반응에 얽매이면 감동하는 데에 해가 된다. "왕래하기를 끊임없이 한다"는 것은 사사로운 마음으로 서로 감응하는 것이니, 감응하는 도리가 좁기 때문에 크게 빛나지 못한다고 했다.

貞則吉而悔亡, 未爲私感所害也, 係私應則害於感矣. 憧憧往來, 以私心相感, 感之道狹矣, 故云未光大也.

구오효는 그 등살에 감동하니, 후회는 없다.

九五, 咸其脢, 无悔.

구오효는 존귀한 지위에 자리하여 지극한 진실과 정성으로 세상을 감동시켜야만 하는데, 육이효와 호응하면서 상육효와 친밀하게 관계하고 있다. 만일 육이효와 관계하고 상육효에게 기뻐하면 사사로운 감정에 치우쳐 그 마음이 얕고 협애하므로 군주의 도리가 아니니, 어찌 세상을 감동시킬 수가 있겠는가?[7] '매脢'란 등살이니, 심장과 서로 등져서 볼 수가 없는 곳이다. 사사로운 마음을 등지고 서서 그가 보고 기뻐하는 자[8]가 아닌 사람을 감동시키면, 군주가 세상을 감동시키는 정도를 얻게 되어 후회가 없을 것이다.

九居尊位, 當以至誠感天下, 而應二比上. 若係二而說上, 則偏私淺狹,非人君之道, 豈能感天下乎? 脢, 背肉也, 與心相背而所不見也. 言能背其私心, 感非其所見而說者, 則得人君感天下之正, 而无悔也.

「상전」에서 말했다. 그 등살에 감동하라는 것은 그 뜻이 지엽적인 말단에 있기 때문이다.

象曰, 咸其脢, 志末也.

그 심장을 등져서 등살에 감동하라고 경계한 것은 마음이 얕고 지엽적이라서, 육이효와 관계하고 상육효에게 기뻐해서 사사로운 욕심에 감응하기 때문이다.

戒使背其心而咸脢者, 爲其存心淺末, 係二而說上, 感於私欲也.

상육효는 광대뼈와 뺨과 혀에 감동한다.

上六, 咸其輔頰舌.

상육효는 음유한 자질로 기쁨의 체질에 속하니 기쁨의 주체이고, 또 감응의 극단에 있다. 이것은 사물을 감동시키려는 욕심이 과도한 것이므로, 지극한 진실과 정성으로 사물을 감동시킬 수가 없어서 입과 혀 사이에서 드러나는 것이니, 소인과 여자의 흔한 행태다. 어찌 사람을 감동시킬 수가 있겠는가? 직접 입이라고 말하지 않고 광대뼈와 뺨과 혀라고 말한 것은 지금 사람들이 말실수를 '순문脣吻'이라고 말하고 '협설頰舌'이라고 말하는 것과 같다. 광대뼈와 뺨과 혀는 모두 말을 사용하는 데 쓰이는 것이다.

上陰柔而說體, 爲說之主, 又居感之極. 是其欲感物之極也, 故不能以至誠感物, 而發見於口舌之間, 小人女子之常態也. 豈能動於人乎? 不直云口, 而云輔頰舌, 亦猶今人謂口過曰脣吻, 曰頰舌也. 輔頰舌皆所用以言也.

「상전」에서 말했다. 광대뼈와 뺨과 혀에 감동한다는 것은 입과 말로만 떠드는 것이다.

象曰, 咸其輔頰舌, 滕口說也.

오직 지극한 진실과 정성만이 사람을 감동시킬 수 있는데, 부드럽고 기쁜 낯으로 입과 말로만 떠드니 어떻게 사람을 감동시킬 수 있겠는가?

唯至誠爲能感人, 乃以柔說騰揚於口舌言說, 豈能感於人乎?

---

1 『역』의 상上권: 건乾괘에서 이離괘까지의 30괘를 상上경이라고 하고, 함咸괘에서 미제未濟괘까지의 34괘를 하下경이라고 한다. 대체로 상경은 천도天道를 말하고, 하경은 인도人道를 말한다고 한다. 그러나 한강백은 "선유들은 건괘에서 이괘까지를 상경으로 여기고 천도라 하고, 함괘에서 미제괘까지를 하경이라 여기고 인간사라고 한다. 역은 6획으로 괘를 만드는데 삼재三才가 반드시 갖추어져 천도와 인간사가 섞여서 변화를 드러내고 있는데, 어찌 천도와 인간사를 상경과 하경으로 나눌 수 있겠는가?先儒以乾至離爲上經天道也, 咸至未濟爲下經人事也. 夫易六畫成卦, 三才必備, 錯綜天人, 以效變化, 豈有天道人事, 偏於上下哉?"라고 비판했으며, 공영달도 이러한 견해를 적극적으로 옹호하고 있다.

2 함괘와 항괘: 정이천은 이렇게 말한다. "함괘와 항괘는 체體와 용用의 관계다. 체와 용은 선후가 없다咸恒, 體用也. 體用無先後(『이정집』 11권 119쪽)."

3 감응한다는 '감感'자를 쓰지 않은 것은: '감感'이라는 글자를 쓰지 않은 이유를 호원은 다르게 해석한다. "함咸은 감응인데 괘에서는 감感이라고 하지 않고 함이라

고 했다. 이는 성인이 의도적인 마음을 가지고 사람에게서 감응을 구하지 않는데도 사람들은 저절로 감응하니, 또한 하늘과 땅 두 기운이 저절로 교류하여 통해서 만물이 화생하는 것과 같다咸, 感也, 卦不名感而名咸者, 聖人不以心求感于人, 而人自感之, 亦如天地二氣自然交通, 而萬物化生也." 즉 성인은 의도를 가지지 않고 교감한다는 의미다. '무심無心'하게 교감한다는 것이다. 그러나 정이천에게 '무심'이란 마음이 없다는 것이 아니라 사심私心이 없음을 말한다. "어떤 사람이 무심을 말했다. 이천이 말했다. '무심이라고 하면 옳지 않다. 단지 사심이 없다고 말해야만 한다有人說無心. 伊川曰, 無心便不是. 只當云無私心." 정이천에게서 교감이란 무심한 교감이 아니라 사심이 없는 교감이다.

4 양은 위로 (…) 끝에 자리했으므로: 중국판본은 "陽好上而說, 陰上居感說之極"라고 읽는데, 『주역대전』 구결은 "陽好上而說陰, 上居感說之極"라고 읽는다. 『주역대전』 구결을 따랐다.

5 올바름을 굳게 지키라고 경계했다. 감응하는 도는: 중국판본에서는 "故戒於貞感之道"라고 읽지만, 『주역대전』 구결에서는 "故戒於貞. 感之道"라고 읽는다. 『주역대전』 구결을 따랐다.

6 감응: 정이천은 이 세계가 자극感과 반응應의 작용 속에서 이루어지며 인간은 그 속에서 자신의 행위를 결단한다고 생각했다. 이러한 감응에 의해서 어떤 사물의 움직임은 다른 사물의 움직임에 영향을 미치게 된다. 이것은 원인과 결과라는 인과계열에 의해서 설명되는 운동의 위치 이동만을 의미하는 것은 아니다. 이런 점에서 기계론적 결정론과는 다른 세계관이다. 정이천은 이렇게 말한다. "하늘과 땅 사이에는 단지 하나의 감과 응이 있을 뿐이다天地之間, 只有一箇感與應而已, 更有甚事(『이정집』 15권 152쪽.)."

7 감동시킬 수가 있겠는가?: 호원은 다음과 같이 설명하고 있다. "지금 구오효는 양陽의 자질로 양의 위치에 자리하여 신하와 백성에게 예의를 갖추어 자신을 낮출 수가 없고, 존귀함으로 스스로 자만하고, 귀함으로 스스로 교만하여, 세상을 기쁘게 감동시킬 수가 없는 자다今九五, 以陽居陽, 不能禮下于臣民, 以尊而自恃, 以貴而自驕, 不能盡感悅于天下者也."

8 그가 보고 기뻐하는 자: 상육효를 말한다.

32. 지속적인 항상성, 상도常道: 항恒괘☳☴

뇌풍항雷風恒이라고 한다. 괘의 모습이 진震☳괘가 위에 있고, 손巽☴괘가 아래에 있기 때문이다.

항恒괘에 대해서 「서괘전」은 다음과 같이 설명한다. "남편과 아내의 도는 오래 지속되지 않으면 안 된다. 그래서 항괘로 받았으니, 항恒이란 오래 지속되는 항상성을 뜻한다." 함咸괘는 남편과 아내의 도리다. 남편과 아내는 종신토록 변하지 않는 것이므로, 함괘 다음에 항괘로 받았다. '함咸'은 젊은 남자가 젊은 여자의 아래에 있어서 남자가 여자에게 낮추는 것이니 이는 남자와 여자가 서로 감응하는 뜻이고, '항恒'은 중년 남자가 중년 여자의 위에 있어서 남자가 존귀하고 여자가 낮으니 이는 남편과 아내가 집에 거처하는 상도常道다.[1]

서로 교류하고 감응하는 감정을 논하자면, 젊은이가 친밀하고 간절하다. 존귀함과 낮음의 질서를 논하자면, 나이 많은 중년이 마땅히 삼가고 바르게 행동해야만 하므로, 기쁨을 상징하는 태兌괘와 멈춤을 상징하는 간艮괘가 합쳐져서 함괘가 되고 진동을 상징하는 진震괘와 공손을 상징하는 손巽괘가 합쳐져서 항괘가 된다. 남자가 여자 위에 있어서 남자가 밖에서 움직이고 여자는 안에서 순종한다. 이는 인간의 이치에서 상도에 속하므로, 지속적인 항상성을 이룬다. 또 강剛함이 위에 있고 유柔함이 아래에 있다. 우레와 바람은 서로 함께하며 공손하면서 움직이고 강함과 유함이 서로 호응하는 것은 모두 지속적인 항상성의 뜻이다.

恒, 序卦, "夫婦之道, 不可以不久也. 故受之以恒, 恒, 久也." 咸, 夫婦之道. 夫婦終身不變者也, 故咸之後受之以恒也. 咸, 少男在少女之下, 以男下女, 是男女交感之義. 恒, 長男在長女之上, 男尊女卑, 夫婦居室之常道也. 論交感之情, 則少爲親切, 論尊卑之序, 則長當謹正, 故兌艮爲咸, 而震巽爲恒也. 男在女上, 男動于外, 女順于內, 人理之常, 故爲恒也. 又剛上柔下, 雷風相與, 巽而動, 剛柔相應, 皆恒之義也.

지속적인 항상성은 형통하여 허물이 없으니, 올바름을 굳게 지키는 것이 이롭고, 일을 진행해나가는 것이 이롭다.

恒, 亨, 无咎, 利貞, 利有攸往.

'항恒'이란 항구성이다. 지속적인 항상성의 도는 형통할 수가 있으니, 오래 지속하여 형통할 수 있으면 허물이 없다. 오래 지속하면서도 형통할 수 없다면 오래 지속할 수 있는 방도가 아니니, 허물이 된다. 군자가 선함을 오래도록 유지할 수 있음은 항상성의 도이고, 소인이 악을 오래도록 지속시키는 것은 항상성의 도를 잃은 것이다.

항상성이 형통할 수 있는 것은 올바름을 굳게 지켰기 때문이다. 그래서 "올바름을 굳게 지키면 이롭다"고 했다. '항상성'이란 오래 지속할 수 있는 도를 말하는 것이지, 한 모퉁이만을 고집하여 변통할 줄 모르는 것이 아니다. 그래서 일을 진행해나가는 것이 이로우니, 오직 현실에 적합하게 나아가기 때문에 오래 지속할 수 있는 것이므로, 하나에 고정해서 집착하면 오래 지속할 수 없다. 또 항상성을 유지하는 도가 어디를 간들 이롭지 않겠는가?

恒者, 常久也. 恒之道可以亨通, 恒而能亨, 乃无咎也. 恒而不可以亨, 非可恒之道也, 爲有咎矣. 如君子之恒於善, 可恒之道也, 小人恒於惡, 失可恒之道也. 恒所以能亨, 由貞正也, 故云利貞. 夫所謂恒, 謂可恒久之道, 非守一隅而不知變也. 故利於有往, 唯其有往, 故能恒也, 一定則不能常矣. 又常久之道, 何往不利?

「단전」에서 말했다. 항상성이란 오래도록 지속하는 것이다.

彖曰, 恒, 久也.

항상성이란 오래도록 지속하는 뜻이다.

恒者, 長久之義也.

강함이 위에 있고 유함이 아래에 있다. 우레와 바람이 서로 함께하며, 공손하면서 움직이며, 강함과 유함이 모두 호응하니, 오래도록 지속한다.

剛上而柔下, 雷風相與, 巽而動, 剛柔皆應, 恒.

항괘의 자질 구조는 이 네 가지가 있으니, 항상성을 이룬 뜻이다.

“강함이 위에 있고 유함이 아래에 있다”는 것은 건乾괘의 초효가 위로 올라가 구사효의 자리에 있어서 진震괘가 되고 곤坤괘의 초효가 아래로 내려가 초육효 자리에 있어서 손巽괘가 되는 것이니, 강한 양효가 위로 올라가고 유한 음효가 아래로 내려왔다는 것이다. 두 효가 자리를 바꾸면 진괘와 손괘가 되어, 진괘가 위에 있고 손괘가 아래에 있으니, 이 역시 강함이 위에 있고 유함이 아래에 있는 모습이다. 강함이 위에 자리하고 유함이 아래에 있는 것이 곧 항상성의 도다.

“우레와 바람이 서로 함께한다”는 것은 우레가 진동하면 바람이 일어나 두 가지가 서로 의존하고 교류하여 세력이 일어나는 것을 돕기 때문에 “서로 함께한다”고 했으니, 이는 오래도록 지속하는 것이다.[2] “공손하면서 움직인다”는 말은 아래는 공손하고 유순하며 위는 진동하니, 공손한 동시에 움직인다는 것이다. 천지의 조화가 끊임없이 오래도록 지속하는 것은 오직 이치에 순종하면서 움직이기 때문이다. 공손하게 움직이는 것이 오래도록 지속하는 방도다. 움직이는 데에 이치에 순종하지 않는다면 어떻게 오래도록 지속할 수 있겠는가? “강함과 유함이 모두 호응한다”는 것은 한 괘의 강한 양효와 유한 음효가 모두 서로 호응한다는 것이니, 강함과 유함이 서로 호응함은 이치의 상도다. 이 네 가지가 오래도록 지속하는 도이니, 항괘가 지속적인 항상성이 되는 것이다.

卦才有此四者, 成恒之義也. 剛上而柔下, 謂乾之初上居於四, 坤之初下居於初, 剛爻上而柔爻下也. 二爻易處則成震巽, 震上巽下, 亦剛上而柔下也. 剛處上而柔居下, 乃恒道也. 雷風相與, 雷震則風發, 二者相須, 交助其勢, 故云相與, 乃其常也. 巽而動, 下巽順, 上震動, 爲以巽而動. 天地造化,恒久不已者, 順動而已. 巽而動, 常久之道也. 動而不順, 豈能常也? 剛柔皆應, 一卦剛柔之爻皆相應. 剛柔相應, 理之常也. 此四者, 恒之道也, 卦所以爲恒也.

"지속적인 항상성은 형통하여 허물이 없으니, 올바름을 굳게 지키는 것이 이롭다"는 말은 그 도를 오래 지속하는 것이다.

恒亨, 无咎, 利貞, 久於其道也.

항상성의 도는 형통함에 이르러 허물이 없을 수가 있지만, 그것을 오래 지속하려면 마땅히 그 올바름을 얻어야 하니, 올바름을 잃으면 오래 지속할 수 있는 도리가 아니다. 그래서 "그 도를 오래 지속한다"고 했으니, 여기서 말하는 그 도란 오래 지속할 수 있는 정도正道다. 그 덕을 오래 지속하지 못하는 것과 올바르지 않은 것을 계속 유지하는 것은 모두 형통하지 못하여 허물이 있다.

恒之道, 可致亨而无過咎, 但所恒宜得其正, 失正則非可恒之道也. 故曰久於其道. 其道, 可恒之正道也. 不恒其德, 與恒於不正, 皆不能亨而有咎也.

하늘과 땅의 도는 오래 지속하여 그치지 않는다.

天地之道, 恒久而不已也.

하늘과 땅이 그치지 않는 것은 오래 지속할 정도가 있기 때문이다. 사람이 오래 지속할 수 있는 정도를 계속 유지할 수 있다면, 천지의 이치에 부합한 것이다.

天地之所以不已, 蓋有恒久之道. 人能恒於可恒之道, 則合天地之理也.

"일을 진행해나가는 것이 이롭다"고 한 것은 끝마쳤다면 시작이 있기 때문이다.

利有攸往, 終則有始也.

세상의 이치 가운데 움직이지 않고 오래 지속할 수 있는 것이란 없다. 움직이면 끝마쳐서 다시 시작하니, 곧 오래 지속하면서 궁지에 몰리지 않는 이유다. 천지가 낳은 것 가운데 산악山嶽처럼 견고하고 두터운 것일지라도 변화하지 않을 수 있는 것은 없다. 항구성이란 한 가지로 고정된 것을 말하는 것이 아니니, 한 가지로 고정되면 오래 지속할 수가 없다. 오직 때와 상황에 따라서 변화하고 바꾸는 것이 곧 오래 지속할 수 있는 방도이므로, "일을 진행해나가는 것이 이롭다"고 했다. 이치가 이와 같은 것을 밝힌 것은 사람들이 항상성을 유지하는 것이 한 가지를 고정하여 집착하는 것이라는 생각에 빠질 것을 두려워했기 때문이다.

天下之理, 未有不動而能恒者也. 動則終而復始, 所以恒而不窮. 凡天地所生之物, 雖山嶽之堅厚, 未有能不變者也, 故恒非一定之謂也, 一定則不能恒矣. 唯隨時變易, 乃常道也, 故云利有攸往, 明理之如是, 懼人之泥於常也.

해와 달이 하늘을 따라서 오래도록 비추며, 사계절이 변화하여 오래도록 이루며, 성인이 도를 오래 지속하여 세상이 교화되고 풍속이 이루어지니, 그 오래 지속하는 것을 보면 천지 만물의 실정을 알 수 있다.

日月, 得天而能久照, 四時, 變化而能久成, 聖人, 久於其道而天下化成, 觀其所恒而天地萬物之情, 可見矣.

이것은 오래도록 지속하는 이치를 지극하게 말한 것이다. 해와 달은 음양의 정기精氣일 뿐이니, 오직 하늘의 도에 순종하여 가고 오고 가득차고 줄어들므로 오래도록 비추어 그치지 않을 수 있다. "하늘을 따른다"는 말은 천리天理에 순종하는 것이다. 사계절은 음양의 기氣일 뿐이니 가고 오고 변화하여 만물을 낳고 기르는 것 역시 하늘을 따르기 때문이므로, 오래도록 지속하여 그치지 않는다. 성인은 오래도록 지속하는 방도로 행하니 항상성이 있어서, 세상이 교화되어 아름다운 풍속을 이룬다.

"오래도록 지속하는 것을 본다"는 말은 해와 달이 오래도록 비추는 것과 사계절이 오래도록 이루어지는 것과 성인의 도가 오래도록 지속할 수 있는 이치를 관찰하는 것이니, 이것을 관찰하면 천지 만물의 실정과 이치를 알 수 있다. 천지가 오래도록 지속하는 도와 세상이 오래도록 지속할 수 있는 이치는 도를 아는 사람이 아니라면 누가 알 수 있겠는가?

此極言常理. 日月, 陰陽之精氣耳, 唯其順天之道, 往來盈縮, 故能久照而不已. 得天, 順天理也. 四時, 陰陽之氣耳, 往來變化, 生成萬物, 亦以得天, 故常久不已. 聖人以常久之道, 行之有常而天下化之, 以成美俗也. 觀其所恒, 謂觀日月之久照, 四時之久成, 聖人之道所以能常久之理, 觀此則天地萬物之情理, 可見矣. 天地常久之道, 天下常久之理, 非知道者孰能識之?

「상전」에서 말했다. 우레와 바람이 항괘의 모습이니, 군자는 이를 본받아 우뚝 서서 자리를 바꾸지 않는다.

象曰, 雷風, 恒, 君子以立不易方.

군자는 우레와 바람이 함께하여 항상성을 이루는 모습을 관찰하여 그 덕을 오래도록 지속하며, 위대한 중도中道와 오래 지속할 수 있는 도에 스스로 서서 그 자리를 바꾸지 않는다.

君子觀雷風相與成恒之象, 以常久其德, 自立於大中常久之道, 不變易其方所也.

초구효는 상도常道를 조급하게 깊이 요구하는 것이다. 올바름을 고집하여 흉하니, 이로운 바가 없다.

初六, 浚恒, 貞凶, 无攸利.

초육효는 아래 위치에 자리하고 구사효와 올바른 호응관계를 이루는데, 유암柔暗[3]한 사람이라서 상도常道를 지킬 수 있지만 형세를 헤아릴 수가 없다. 구사효는 진震괘의 형체에 속하면서 양의 성질이고, 강한 자질로 높은 위치에 자리하니 뜻이 올라가기만 하고 내려오지는 않으며, 또 구이효와 구삼효에 의해 가로막혀 있어 초구효와 호응하는 뜻이 상도와는 다른데도 초구효는 여전히 구하고 바라는 것이 매우 깊으니, 이것은 상도를 지킬 줄만 알지 변통의 도리는 모르는 것이다.

'준浚'이란 깊게 하는 것이니 '준항浚恒'이란 상도를 구함이 과도하게 깊다는 말이다.[4] 상도를 지키려 하면서도 형세를 헤아리지 않고, 윗사람에게 구하고 바라는 것이 조급하고 과도하게 깊어, 이것만을 고지식하게 고집하면, 흉한 도다. 이와 같이 상도에 과도하게 집착하면 어떤 일을 해도 이롭지 않다. 세상에서 옛것과 본래의 본분만을 책망하여 후회와 허물에 이르는 자는 모두 "상도를 조급하게 깊이 요구하는" 데 빠진 것이다. 뜻이 윗사람에게 과도하게 구하려고만 하면, 자신의 처지를 오래도록 안정되게 지속할 수가 없다. 나약하고 미약해져서 자신의 처지를 오래도록 안정되게 지속시킬 수 없으니, 또한 흉함에 이르는 도다. 모든 괘의 처음과 끝은 얕고 깊으며 미약하고 성대한 자리이니, 아랫자리와 시작에서 깊은 것을 구하는 것 또한 때를 알지 못하는 것이다.

初居下而四爲正應, 柔暗之人, 能守常而不能度勢, 四震體而陽性, 以剛居高, 志上而不下, 又爲二三所隔, 應初之志異乎常矣, 而初乃求望之深, 是知常而不知變也. 浚, 深之也. 浚恒, 謂求恒之深也. 守常而不度勢, 求望於上之深, 堅固守此, 凶之道也. 泥常如此, 无所往而利矣. 世之責望故素而致悔咎者, 皆浚恒者也. 志旣上求之深, 是不能恒安其處者也. 柔微而不恒安其處, 亦致凶之道. 凡卦之初終, 淺與深微與盛之地也. 在下而求深, 亦不知時矣.

「상전」에서 말했다. 상도를 과도하게 요구하면 흉한 것은 시작부터 과도하게 구하려 하기 때문이다.

象曰, 浚恒之凶, 始求深也.

상도의 시초에 자리하면서 윗사람에게 요구하고 바라기만 하는 것이 과도하게 깊으니, 이것은 상도를 지키려는 것만을 알고 형세를 심히 헤아릴 줄 모르는 것이다. 그래서 흉하니, 음암陰暗[5]하여 상도의 마땅함을 얻지 못한다.

居恒之始, 而求望於上之深, 是知常而不知度勢之甚也. 所以凶, 陰暗不得恒之宜也.

구이효는 후회가 없어진다.

九二, 悔亡.

지속적인 항상성이란 뜻에서 보면 그 정도正道를 얻는 것이 곧 상도다. 그러나 구이효는 양효로서 음의 자리에 있으니, 오래 지속할 수 있는 이치는 아니다. 그 상도가 아닌 자리에 처하면 본래 후회가 있어야만 하는데, 구이효는 중도中道를 이룬 덕으로 육오효에 호응하고 육오효는 다시 중中의 위치에 자리하여 중도로써 중도에 호응하므로 그 처신과 행동이 모두 중도를 얻었으니, 중도를 오래도록 지속시킬 수 있다. 중도를 오래도록 지속시킬 수 있다면 정도를 잃지 않는다.

중도는 정도보다 더 중요하니, 중도를 이루면 정도이지만, 정도라고 해서 반드시 중도를 이룬 것은 아니다. 구이효는 강중剛中한 덕으로 육오효의 중도에 호응하여 그 덕이 뛰나나니, 충분히 후회를 없앨 수가 있다. 사람이 경중의 형세를 파악할 수 있다면, 『역』을 말할 수 있을 것이다.

在恒之義, 居得其正則常道也, 九陽爻居陰位, 非常理也. 處非其常, 本當有悔, 而九二以中德而應於五, 五復居中, 以中而應中, 其處與動, 皆得中也, 是能恒久於中也. 能恒久於中, 則不失正矣. 中重於正, 中則正矣, 正不必中也. 九二以剛中之德而應於中, 德之勝也, 足以亡其悔矣. 人能識重輕之勢, 則可以言易矣.

「상전」에서 말했다. 구이효의 후회가 없어지는 것은 오래도록 중도를 지킬 수 있기 때문이다.

象曰, 九二悔亡, 能久中也.

후회를 없앨 수 있는 이유는 중도를 오래도록 지속시킬 수 있기 때문이니, 사람이 중도를 오래도록 지속시킬 수 있다면 어찌 후회를 없앨 뿐이겠는가? 그것은 덕의 훌륭함이다.

所以得悔亡者, 由其能恒久於中也, 人能恒久於中, 豈止亡其悔? 德之善也.

구삼효는 그 덕을 오래도록 지속시키지 못한다. 간혹 수치로 이어

질 것이니, 고지식하게 올바름을 고집하면 인색하다.

九三, 不恒其德. 或承之羞, 貞吝.

구삼효는 양효로서 양의 자리에 있어 처함이 합당한 지위를 얻었으니, 이것은 상도의 처신이다. 그러나 그의 뜻은 상육효를 따르니, 음과 양이 서로 호응하지 않을 뿐 아니라 바람이 다시 우레를 쫓아서 오래도록 지속할 수 있는 곳에 처하지 않으므로, 오래 지속할 수 있는 사람이 아니다.[6] 그 덕을 오래도록 지속할 수 없다면 수치와 치욕이 이를 수 있다. "간혹 이를 수 있다"는 것은 때때로 이른다는 말이다. "고지식하게 올바름을 고집하면 인색하다"고 했는데, 오래 지속할 수 없는 것을 지속할 수 있다고 고집하고 집착하니, 어찌 수치스럽고 인색하지 않겠는가?

三, 陽爻, 居陽位, 處得其位, 是其常處也. 乃志從於上六, 不唯陰陽相應, 風復從雷, 於恒處而不處, 不恒之人也. 其德不恒, 則羞辱或承之矣. 或承之, 謂有時而至也. 貞吝, 固守不恒以爲恒, 豈不可羞吝乎.

「상전」에서 말했다. 그 덕을 오래도록 지속시키지 못하니, 받아줄 곳이 없다.

象曰, 不恒其德, 无所容也.

사람이 덕을 오래도록 지속할 수 없다면 어디에서 받아들여져서 거처하겠는가? 마땅히 처해야할 곳에서 자신의 덕을 오래도록 지속시킬 수 없었으니, 처한 곳이 자신이 머물러야 할 곳이 아니라면 어찌 오래도록 지속할 수 있겠는가? 이는 덕을 오래 지속시킬 수 없는 사람은 그 몸을 받아줄 곳이 없다는 말이다.

人既无恒, 何所容處? 當處之地, 既不能恒, 處非其據, 豈能恒哉? 是不恒之人, 无所容處其身也.

구사효는 사냥을 하지만 잡은 짐승은 없다.

九四, 田无禽.

양의 자질로 음의 위치에 자리하여 걸맞은 지위가 아닌 곳에 처했으니, 그 처함이 마땅한 자리가 아니라면, 오래 지속한들 무슨 보탬이 있겠는가? 사람이 행하는 데에 그 합당한 도리를 얻으면 오래 지속하고 공을 이루지만, 그 합당한 도리를 이루지 못하면 오래 지속하더라도 무슨 이익이 있겠는가? 그래서 사냥으로 비유했다. 양효인 구九가 음의 자리인 사四에 자리하니, 설사 오래도록 지속한다 해도 마치 밭에 사냥을 나가서 금수를 잡지 못하는 것과 같으니, 헛되이 힘만 쓰고 공이 없음을 말한다.

以陽居陰, 處非其位, 處非其所, 雖常何益? 人之所爲得其道則久而成功, 不得其道則雖久何益? 故以田爲喩. 言九之居四, 雖使恒久, 如田獵而无禽獸之獲, 謂徒用力而无功也.

「상전」에서 말했다. 그에 걸맞은 자리가 아닌 데에서 오래도록 지속하는 것이니, 어찌 짐승을 잡겠는가?

象曰, 久非其位, 安得禽也.

그에 걸맞은 지위가 아닌 곳에 처했으니, 오래도록 지속한들 무슨 소득이 있겠는가? 사냥으로 비유했으므로 "어찌 짐승을 잡겠는가?"라고 했다.

處非其位, 雖久何所得乎? 以田爲喩, 故云安得禽也.

육오효는 그 덕을 오래도록 지속하면 올바르니, 부인의 경우는 길하고, 장부의 경우는 흉하다.

六五, 恒其德, 貞, 婦人吉, 夫子凶.

육오효는 구이효와 호응한다. 음유한 자질로 양강한 사람과 호응하고, 중中의 위치에 자리하면서 호응하는 이가 또한 중도를 이루었으니, 이는 음유한 사람의 정도正道이므로 그 덕을 오래도록 지속시키면 굳센 올바름이 된다. 순종을 오래 지속하는 도리로 삼는 것은 부인의 도리이니, 부인에게서는 올바름이 되므로 길하지만, 장부의 경우 남에게 순종하는 것을 오래도록 지속하는 도리로 삼는다면 강양剛陽한 올바름을 잃게 되므로, 흉하다.

오五의 자리는 군주의 지위인데 군주의 도리를 말하지 않은 것은, 육오효와 같은 의리는 장부에게서도 흉한데 하물며 군주의 도리로서는 어떠하겠는가? 다른 괘에서 음효인 육六이 군주의 지위에 자리하여 강함에 호응하는 것은 잘못된 것이 아니지만, 항괘의 경우에서는 옳지 않을 뿐이다. 군주의 도가 어찌 유순함을 가지고 오래 지속하는 도리로 삼을 수 있겠는가?

五應於二, 以陰柔而應陽剛, 居中而所應又中, 陰柔之正也, 故恒久其德則爲貞也. 夫以順從爲恒者, 婦人之道, 在婦人則爲貞, 故吉. 若丈夫而以順從於人爲恒, 則失其剛陽之正, 乃凶也. 五, 君位, 而不以君道言者, 如六五之義, 在丈夫猶凶, 況人君之道乎? 在他卦, 六居君位而應剛, 未爲失也, 在恒, 故不可耳, 君道豈可以柔順爲恒也.

「상전」에서 말했다. 부인은 올바르게 해서 길하니 하나를 순종하여 끝마치기 때문이고, 장부는 의로움으로 제어할지언정 부인의 도를 따르면 흉하다.

象曰, 婦人貞吉, 從一而終也, 夫子制義, 從婦凶也.

육오효가 구이효를 따르는 경우는 부인에게는 정도이므로 길하다. 부인은 순종을 정도로 여기고 순종을 덕으로 삼아 마땅히 끝까지 한 사람에게만 순종하는 태도를 지켜야 하지만, 장부는 의로움으로써 제어하는 자이므로 부인의 도를 따르면 흉하게 된다.

如五之從二, 在婦人則爲正而吉, 婦人以從爲正, 以順爲德, 當終守於從一, 夫子則以義制者也, 從婦人之道則爲凶也.

상육효는 동요하는 항상성이니, 흉하다.

上六, 振恒, 凶.

상육효는 지속적인 항상성을 뜻하는 항괘의 끝에 있고 또한 움직임을 뜻하는 진괘의 끝에 있다. 오래 지속하는 항상성이 극한에 이르면 일정하지 못하고, 진괘의 끝에 있으니 움직임이 극한에 이르러 동요한다. 음의 자질로 가장 높은 위치에 자리하니 안정된 장소가 아니고 또 음유한 자질은 신념을 견고하게 지킬 수가 없으니, 모두 오래 지속하지 못하는 뜻이다. 그래서 "동요하는 항구성"이라고 했으니, 계속해서 흔들리는 것이다.[7]

'진振'이란 움직임이 빠른 것으로서 '옷의 먼지를 떨어낸다'는 뜻인 '진의振衣'와 '책의 먼지를 떨어낸다'는 뜻인 '진서振書'의 용례와 같으니, 떨쳐 흔들면서 움직이는 뜻이다. 가장 위에 있으면서 움직이는 데에 절도가 없으니, 이렇게 마음이 동요한 채로 오래도록 지속하면 흉하게 되는 것은 당연하다.

六居恒之極, 在震之終, 恒極則不常, 震終則動極. 以陰居上, 非其安處, 又陰柔不能堅固其守, 皆不常之義也, 故爲振恒, 以振爲恒也. 振者, 動之速也, 如振衣, 如振書, 抖擻運動之意. 在上而其動无節, 以此爲恒, 其凶宜矣.

「상전」에서 말했다. 동요하는 항상성으로 가장 윗자리에 있으니, 크게 공이 없다.

象曰, 振恒在上, 大无功也.

위의 자리에 있는 도리는 반드시 그 덕을 오래 지속할 수 있어야 공을 세울 수가 있으니, 조급하게 동요하고 경거망동하여 오래 지속하지 못하면, 어찌 공을 이룰 수 있겠는가? 위의 자리에 있으면서 오래 지속하지 못하면 그 흉함이 심하다. 「상전」에서 또한 공을 세울 수 없음을 말했으므로 "크게 공이 없다"고 했다.

居上之道, 必有恒德, 乃能有功, 若躁動不常, 豈能有所成乎? 居上而不恒, 其凶甚矣. 象又言其不能有所成立, 故曰大无功也.

---

1 남편과 아내가 집에 거처하는 상도常道다: 호원은 단지 남편과 아내의 관계로만 항괘를 설명하지 않고 군주와 신하의 관계에도 동일하게 적용한다. "남자가 여자에게 자신을 낮추므로, 부부의 도리가 이루어질 수 있다. 부부의 도리가 이루어지면 집안을 이룬다. 군주가 신하에게 자신을 낮추므로 군주와 신하의 도리가 이루어질 수 있다. 군주와 신하의 도리가 이루어지면 나라가 이루어질 수 있다. 국가가 이루어졌다면 오래 지속하지 않을 수 없다言男下于女, 故能成夫婦之道. 夫婦之道既成, 則能成家. 君下于臣, 故能成君臣之道. 君臣之道既成, 則能成國. 國家既成, 不可不久."

2 "서로 함께한다"고 했으니, 이는 오래도록 지속하는 것이다: 호원은 구체적으로 이렇게 설명한다. "우레와 바람이 서로 함께한다는 것은 우레가 바람을 얻어서 더욱더 위세가 있고, 바람은 우레를 얻어서 더욱더 성대하다. 두 가지가 서로 바탕을 이루므로 천지가 생성하는 공을 도울 수가 있다. 인간사로 말하자면, 남편과 아내가 서로 함께 하여 인륜이 올바르게 되는 것이고, 군주와 신하가 서로 함께 하여 교화가 이루어지는 것과 같다. 그것들이 서로 바탕을 이루어 보탬이 되고, 오래 지속할 수 있는 도리를 완성하는 것을 취한 것이다雷風相與者, 夫雷得風則益威, 風得雷則愈盛. 二者相資, 故能助天地生成之功也. 以人事言之, 則猶夫婦相與而人倫正, 君臣相與而教化成. 蓋取其相資益而成長久之道也."

3 유암柔暗: 나약하고 어리석은 자질을 말한다. 「범례」 4번 재才와 덕德 항목 참조.

4 상도를 구하는 것이 과도하게 깊다는 말이다: 호원은 초육효를 시작부터 조급하게 상도를 얻기를 바라는 사람으로 보고 다음과 같이 묘사하고 있다. "지금 이 초육효는 아래 괘의 시초에 자리하여 일의 시작인데 그 장구한 도와 영원한 효과를 요구하고 있다. 이는 배움을 처음 시작했는데 주공과 공자에 이르려는 것이고, 정치를 처음 시작했는데 요순처럼 교화시키려는 것이며, 친구와 처음 교제했는데 깊은 우정을 나누려는 것이고, 군주와 신하가 처음 교류했는데 도가 크게 행해지기를 바라는 것이니, 그 일을 오래도록 축적하지 않고서는 깊은 상도常道를 구할 수가 없다. 그러므로 올바름을 굳게 지키려는 도에서 흉함을 보는 것이다. 이로울 바가 없다는 것은 일을 처음 시작했는데 상도를 조급하게 깊게 하려고 하니, 이렇게 일을 진행하면 이로울 바가 없다는 것이다. 그래서 공자는 빠르게 하면 할수록 도달할 수 없다고 했으니, 이런 경우다今此初六, 居下卦之初, 爲事之始, 責其長久之

道, 永遠之效. 是猶爲學之始, 欲亟至于周孔, 爲治之始, 欲化及于堯舜, 爲朋友之始, 欲契合之深, 爲君臣之始, 欲道之大行, 是不能積久其事, 而求常道之深. 故于貞正之道, 見其凶也. 无攸利者, 言居事之始, 欲深于常道, 以此而往, 必无所利. 孔子曰, 欲速則不達, 是也."

5 음암陰暗: 나약하고 어리석은 자질을 말한다. 「범례」 4번 재와 덕 항목 참조.

6 오래 지속할 수 있는 사람이 아니다: 호원은 이렇게 설명하고 있다. "존비尊卑와 귀천貴賤과 상하上下의 관계에서 그 본분을 잃지 않으면 오래 지속할 수 있는 도일 수 있다. 그러나 지금 구삼효는 나약한 상육효의 아래에 자리하니 낮은 자가 존귀한 자보다 앞서고 천한 자가 귀한 자보다 앞서니 오래도록 상도를 유지할 사람이 아니다夫尊卑貴賤內外上下, 不失其本分, 則可以爲常久之道. 今九三居上六柔弱之下, 是卑者, 先于尊, 賤者先于貴, 不常之人也."

7 계속해서 흔들리는 것이다: 경거망동하면서 어찌 줄을 모르는 사람을 말한다. 호원은 이렇게 설명한다. "군자는 움직여야 하면 움직이고, 나아가야 하면 나아가고, 고요해야 하면 고요하고, 물러나야 하면 물러나서, 동정動靜과 진퇴進退가 정도를 잃지 않으면, 성인의 도는 끝난다. 지금 상육효는 항괘의 위에 처하고 진괘의 끝에 자리했으니, 이는 조급하게 구하고 경거망동하는 사람이라서, 반드시 진퇴와 동정의 이치를 밝히지 못한다. 이렇게 계속해서 나아가면 흉한 도다君子可動則動, 可進則進, 可靜則靜, 可退則退, 動靜進退, 皆不失正, 則聖人之道, 畢矣. 今上六處恒之上, 居震之極, 是深求妄動之人也. 以深求妄動, 必不明進退動靜之理. 若以此而往, 凶之道也."

33. 은둔, 물러남: 돈遯괘䷠

천산돈天山遯이라고 한다. 괘의 모습이 건乾☰괘가 위에 있고 간艮☶괘가 아래에 있기 때문이다.

돈遯괘에 대해서 「서괘전」은 다음과 같이 설명한다. "상도常道는 오래도록 지속하는 것이지만 어떤 것도 같은 자리에서 오래도록 지속할 수는 없으므로 돈괘로 받았으니, '돈遯'은 물러남이다." 오래되면 떠나는 것은 서로 의존하는 이치이니, 돈괘가 항恒괘를 잇는다. '돈'은 물러남이고 피함이니, 떠난다는 말이다. 괘의 모습은 건乾괘가 상징하는 하늘 아래 간艮괘가 상징하는 산이 있다. 하늘은 모든 것의 위에 있고 양陽의 성질은 위로 올라가려는 것이며, 산은 높이 솟아오른 것으로 그 형세는 하늘 높이 치솟아 오르려고 하지만 형체는 한자리에 멈추어 있으니, 위로 하늘을 능멸하려는 모습이지만 멈추어 나아가지 못한다.

하늘은 위로 나아가 떠나가고 아래의 산은 하늘을 능멸하려고 하는데 하늘은 위로 떠나가니, 이것은 서로 어긋나서 떠나가는 것이므로 물러나 은둔하는 뜻이 된다. 두 음효가 아래에서 생겨나니 음의 세력이 자라나 성대해지려 하고 양은 소멸되어 물러나려고 한다. 소인은 점차로 성대해지고 군자는 물러나 피하므로, 은둔이다.

遯, 序卦, "恒者久也, 物不可以久居其所, 故受之以遯, 遯者, 退也." 夫久則有去, 相須之理也, 遯所以繼恒也. 遯, 退也, 避也, 去之之謂也. 爲卦, 天下有山. 天在上之物, 陽性上進. 山, 高起之物, 形雖高起, 體乃止物, 有上陵之象而止不進. 天乃上進而去之, 下陵而上去, 是相違遯, 故爲遯去之義. 二陰生於下, 陰長將盛, 陽消而退, 小人漸盛, 君子退而避之, 故爲遯也.

은둔은 형통할 수 있으니, 조금이라도 올바름을 지키는 것이 이롭다.

遯, 亨, 小利貞.

은둔이란 음의 세력이 자라나고 양의 세력이 줄어드는 것이니, 군자가 물러나 숨는 때다. 군자는 물러나 숨음으로써 오히려 그 도를 펼치니, 자신의 도를 굽히지 않으면 형통하므로 은둔이 형통할 수 있는 것이다. 인간사에서도 물러나 피했기 때문에 형통한 경우가 있다. 소인의 도가 자라나는 때이므로 군자는 그 기미를 알고 물러나 피하는 것이 매우 좋다. 그러나 상황은 다양하므로 때에 따라 움츠러들고 펼쳐야 하니, 반드시 똑같이 은둔할 필요는 없다. 음유함이 막 자라나서 아직 크게 성대한 세력에 이르지 않았으므로 군자가 조급하지 않게 온 힘을 다할 수 있는 방도는 여전히 있으니, 크게 바로잡을 수는 없지만 여전히 조금이라도 올바름을 지키는 것이 이롭다.[1]

遯者, 陰長陽消, 君子遯藏之時也. 君子退藏以伸其道, 道不屈則爲亨, 故遯所以有亨也. 在事, 亦有由遯避而亨者. 雖小人道長之時, 君子知幾退避, 固善也. 然事有不齊, 與時消息, 无必同也. 陰柔方長, 而未至於甚盛, 君子尙有遲遲致力之道, 不可大貞而尙利小貞也.

「단전」에서 말했다. "은둔은 형통할 수 있다"는 것은 은둔하여 형통하지만, 강함이 지위에 합당하게 행동하여 호응하니, 때에 따라서 행하는 것이다.

彖曰, 遯亨, 遯而亨也, 剛當位而應, 與時行也.

소인의 도가 자라날 때 군자는 물러나는 편이 오히려 도가 형통할 수 있다. 군자가 물러나 숨음으로 자신의 도를 펼칠 수 있다는 것이다. 이것은 은둔에 대처하는 도를 말한 것으로 「단전」에서 말한 "강함이 지위에 합당하게 행동하여 호응한다" 이하는 괘의 때와 괘의 자질을 논한 것이니, 여전히 어떤 조치를 취할 만한 이치가 있다는 말이다.

은둔의 때일지라도, 군자가 처신하는 데에 반드시 은둔해야 하는 뜻만 있는 것은 아니다. 구오효는 강양剛陽한 덕으로 중정中正을 이룬 지위에 처하고, 또 아래의 육이효와 중정의 덕으로 서로 호응관계에 있으니, 음의 세력이 자라나는 때일지라도 돈괘와 같은 자질 구조는 마땅히 때에 따라서 움츠러들고 펼쳐야 한다. 모든 힘을 다할 수 있다면 지극한 진실과 정성으로 스스로 최선을 다하지 않음이 없게 하여 그 도를 지탱하고 지속할 일이지, 반드시 은둔하여 숨어서 아무런 조치도 취하지 않는 것이 아니므로, "때에 따라 행한다"고 말했다.

小人道長之時, 君子遯退, 乃其道之亨也. 君子遯藏, 所以伸道也. 此言處遯之道, 自剛當位而應以下, 則論時與卦才, 尙有可爲之理也. 雖遯之時, 君子處之, 未有必遯之義. 五以剛陽之德, 處中正之位, 又下與六二以中正相應, 雖陰長之時, 如卦之才, 尙當隨時消息, 苟可以致其力, 无不至誠自盡以扶持其道, 未必於遯藏而不爲, 故曰與時行也.

"조금이라도 올바름을 지키는 것이 이롭다"는 것은 침범해서 자라기 때문이니, 은둔의 때와 의리가 크구나!

小利貞, 浸而長也, 遯之時義, 大矣哉!

음陰의 세력이 자라나는 때에는 과격하게 올바름을 주장하는 것은 옳지 않고, 오히려 조금이라도 올바름을 지키는 것이 이롭다. 그 이유는 음의 세력이 자라나면 반드시 침범하여 점차로 자라나지, 급작스럽게 성대해질 수 없으므로, 군자는 여전히 그 도를 조금이라도 바로잡을 수 있기 때문이다. 그래서 "조금이라도 올바름을 지키는 것이 이롭다"는 것은 자신의 도를 지탱하고 유지하여 패망하지 않게 하려는 것이다. 은둔의 때는 음의 세력이 자라나기 시작하니, 군자는 그 미세한 기미幾微를 파악했으므로 마땅히 깊이 경계한 것이지만, 성인의 의도는 급작스럽게 그만두지 않는 데에 있다. 그러므로 때에 따라 행동하되 조금이라도 올바름을 지키는 것이 이롭다는 가르침이 있는 것이다.

성현이 세상에서 앞으로 도가 없어지는 혼란이 올 것이라는 점을 알고 있을 지라도, 어찌 그 혼란을 손 놓고 좌시하고서 구제하지 않으려 하겠는가? 반드시 극한의 상황에 치닫기 전에 절박하게 온 힘을 다하여 군자의 도가 쇠락하려는 것을 강성하게 하고 소인의 도가 전진해 나가려는 것을 어렵게 만들어서 잠시의 안정일지라도 도모하려고 하니, 할 수만 있다면 공자와 맹자가 기꺼이 하려고 했던 일이다. 왕윤王允[2]과 사안謝安[3]이 한나라와 진나라에 대해서 한 것이 바로 이러한 행위다. 만약 변통할 수 있는 방식과 형통할 수 있는 이치가 있다면 다시 말할 필요가 없으니, 이것이 은둔해야 할 때에 대처하는 도리다. 그러므로 성인은 그 때와 그 의리가 크다고 찬미한 것이니, 혹 오래 머물거나 빨리 떠났던 공자의 행동[4]은 그 의미가 모두 큰 것이다.

當陰長之時, 不可大貞, 而尙小利貞者. 蓋陰長必以浸漸, 未能遽盛, 君子尙可小貞其道. 所謂小利貞, 扶持使未遂亡也. 遯者陰之始長, 君子知微, 故當深戒, 而聖人之意未便遽已也. 故有與時行小利貞之敎. 聖賢之於天下, 雖知道之將廢, 豈肯坐視其亂而不救? 必區區致力於未極之間, 強此之衰, 艱彼之進, 圖其暫安, 苟得爲之, 孔孟之所屑爲也. 王允謝安之於漢晉是也. 若有可變之道, 可亨之理, 更不假言也, 此處遯時之道也. 故聖人贊其時義大矣哉, 或久或速, 其義皆大也.

「상전」에서 말했다. 하늘 아래 산이 있는 것이 돈괘의 모습이니, 군자는 이것을 본받아 소인을 멀리하되, 증오하지 않고 엄숙한 태도를 취한다.

象曰, 天下有山, 遯, 君子以遠小人, 不惡而嚴.

하늘 아래에 산이 있으니 산은 위로 솟았으나 멈추어 있고 하늘은 위로 올라가려 하여 서로 어긋난다. 이것이 은둔하여 피하는 모습이다. 군자는 이 모습을 관찰하여, 소인을 피하여 멀리하되 소인을 멀리하는 방식이 증오의 소리를 내며 싫어하는 내색을 드러내면 결국에는 분노와 원한을 사게 되니, 오직 엄숙하고 위엄 있는 태도로 소인이 공경하고 두려워할 줄 알게 하면 저절로 멀어지게 된다.

天下有山, 山下起而乃止, 天上進而相違. 是遯避之象也. 君子觀其象, 以避遠乎小人, 遠小人之道, 若以惡聲厲色, 適足以致其怨忿, 唯在乎矜莊威嚴, 使知敬畏, 則自然遠矣.

초육효는 은둔하는 꼬리라서, 위태로우니, 함부로 가지 말아야 한다.

初六, 遯尾, 厲, 勿用有攸往.

다른 괘에서는 가장 아래 효가 시초라는 의미다. 그러나 은둔은 가서 은둔하는 것이니, 앞에 있는 것이 먼저 나아간 자이므로, 가장 아래 시초의 효는 꼬리에 해당한다. 꼬리는 가장 뒤에 있는 것으로, 은둔하는데 가장 뒤에 처지면 지혜가 미치지 못하는 자이니, 그래서 위태롭다. 초육효는 유한 자질로 미천한 지위에 있어, 또 다른 사람보다 은둔의 시기가 뒤처졌다면 함부로 행동할 수가 없다. 함부로 행동하면 위태롭다.[5] 미천한 지위는 숨기고 감추기가 쉬우니, 함부로 행동해서 위태롭게 되는 것보다는 함부로 행동하지 않고 재앙이 없는 것이 더 낫다.

他卦以下爲初. 遯者往遯也, 在前者先進, 故初乃爲尾. 尾, 在後之物也, 遯而在後, 不及者也, 是以危也. 初以柔處微, 旣已後矣, 不可往也. 往則危矣. 微者易於晦藏, 往旣有危, 不若不往之无災也.

「상전」에서 말했다. 운둔하는 꼬리라서 위태롭지만, 함부로 가지 않는데 무슨 재앙이 있겠는가?

象曰, 遯尾之厲, 不往, 何災也.

기미를 보고서 먼저 은둔하는 것이 실로 최선인데, 은둔하면서 몸통에서 가장 끝인 꼬리처럼 뒤늦은 것은 위태로운 방도다. 함부로 행동해서 위태로운 것은 함부로 행동하지 않고 숨어 스스로를 감추어 재앙을 면할 수 있는 것보다 못하니, 미천한 곳에 처했기 때문이다. 옛날 사람들은 미천하고 낮은 지위에 처해서, 난세를 피해 은둔하더라도 난세를 떠나가지 않은 자가 많았다.

見幾先遯, 固爲善也, 遯而爲尾, 危之道也. 往旣有危, 不若不往而晦藏, 可免於災, 處微故也. 古人處微下, 隱亂世而不去者多矣.

육이효는 황소의 가죽으로 잡아매니, 그것을 벗길 수가 없다.

六二, 執之用黃牛之革, 莫之勝說.

육이효와 구오효는 올바른 호응관계가 되니 서로 어긋나 은둔하는 때이지만, 육이효는 중정中正의 덕으로 구오효에 순종하여 호응하고 구오효는 중정의 덕으로 육이효와 친밀하게 화합하니, 그 교제가 저절로 굳건하다.[6] 노란색은 중中의 색이다. 소는 순종하는 동물이다. 가죽은 견고한 것이다. 육이효와 구오효가 중정의 덕과 순종하는 도리로 서로 함께하여, 그 교제의 굳건함이 소가죽으로 잡아맨 것과 같다. "그것을 벗길 수 없다"는 말은 그 교제의 견고함을 벗길 수 없다는 것이다. 은둔의 때에 있기 때문에 지극한 표현으로 말했다.

二與五爲正應, 雖在相違遯之時, 二以中正順應於五, 五以中正親合於二, 其交自固. 黃, 中色. 牛, 順物. 革, 堅固之物. 二五以中正順道相與, 其固如執係之以牛革也. 莫之勝說, 謂其交之固, 不可勝言也. 在遯之時, 故極言之.

「상전」에서 말했다. 황소의 가죽으로 잡아맨 것은 뜻을 견고하게 한 것이다.

象曰, 執用黃牛, 固志也.

위와 아래가 중정의 덕과 순종의 도리로 서로 굳건하게 결합하여 그 마음의 뜻이 매우 견고하니, 마치 소의 가죽으로 잡아맨 것과 같다.

上下以中順之道相固結, 其心志甚堅, 如執之以牛革也.

구삼효는 얽매이는 은둔이라 병이 있어서 위태로우나, 신하와 첩을 기르는 데에는 길하다.

九三, 係遯, 有疾厲, 畜臣妾吉.

양의 뜻은 음을 기뻐하니, 구삼효는 육이효와 친밀하게 관계하여 육이효에 매여 있는 자다. 은둔은 신속하고 멀리 떠나는 것이 중요하니, 얽매인 바가 있다면 어떻게 신속하고 멀리 떠날 수가 있겠는가? 은둔하는 데에 해가 되므로 병이 있고 은둔하면서 신속하지 못하여 위태롭다.

신하와 첩은 소인과 여자로서, 은혜를 주기만 바라면서 마땅한 의리를 알지 못하니, 친밀하게 아껴주면 그 윗사람에게 충성을 바친다. 이들을 아껴서 사적인 은혜에 얽매는 것은 소인과 여자를 감싸는 도리이므로, 이런 방도로 신하와 첩을 기르면 그 마음을 얻으니 길하다. 그러나 군자가 소인을 대하는 방도는 또한 이와 같지 않다. 구삼효와 육이효는 올바른 호응관계가 아닌데 가까이서 사사롭게 관계하여 서로 친밀하면, 군자를 대하는 도리가 아니다. 정도正道로 관계하면 얽매여 있을지라도 병이 있지 않게 되니, 촉한蜀漢의 선주先主[7]가 선비와 백성을 차마 버리지 못한 것이 이러한 경우다. 위태로울지라도 허물은 없다.

陽志說陰, 三與二切比, 係乎二者也. 遯貴速而遠, 有所係累, 則安能速且遠也? 害於遯矣, 故爲有疾也. 遯而不速, 是以危也. 臣妾, 小人女子, 懷恩而不知義, 親愛之則忠其上. 係戀之私恩, 懷小人女子之道也, 故以畜養臣妾, 則得其心爲吉也. 然君子之待小人, 亦不如是也. 三與二非正應, 以暱比相親, 非待君子之道. 若以正, 則雖係, 不得爲有疾, 蜀先主之不忍棄士民是也. 雖危 爲无咎矣.

「상전」에서 말했다. 얽매인 은둔이 위태로운 것은 병이 있어 고달픈 것이고, 신하와 첩을 기르면 길한 것은 큰일은 할 수 없다는 것이다.

象曰, 係遯之厲, 有疾憊也, 畜臣妾吉, 不可大事也.

은둔하면서 얽매임이 있다면 반드시 곤란하여 위태로움에 이르니, 병이 있다는 것은 곧 고달픔으로, 힘도 또한 부족하기 때문이다. 이처럼 사사롭게 친밀하고 아끼는 마음으로 신하와 첩을 기르면 길하지만, 이런 방도가 어찌 큰일을 감당할 수 있겠는가?

遯而有係累, 必以困憊致危, 其有疾, 乃憊也, 蓋力亦不足矣. 以此暱愛之心畜養臣妾則吉, 豈可以當大事乎?

구사효는 좋아하면서도 은둔해야만 하는 것이니, 군자에게는 길하고 소인에게는 나쁘다.

九四, 好遯, 君子吉, 小人否.

구사효와 초육효는 올바른 호응관계이니, 이는 좋아하고 아끼는 자다. 군자는 좋아하고 아끼는 자가 있더라도 마땅한 의리상 실로 응당 떠나가야 한다면 떠나면서도 의심하지 않는다. 이것이 "자신을 극복하고 예로 돌아간다"[8]는 것이며 "도로써 욕심을 제어한다"[9]는 뜻이니, 그래서 길하다. 소인은 마땅한 의리로 처신할 수가 없어서, 사사롭게 좋아하는 것에 빠지고 사사로운 욕심에 얽매여서, 자신을 위험에 빠뜨리고 욕되게 하면서도 그칠 줄을 모르므로, 소인에게는

'비否'라고 했으니 '비'란 나쁜 것이다. 구사효는 건乾괘가 상징하는 강건한 체질에 속해 강직하게 결단할 수 있는 자이지만, 성인은 그가 음의 위치에 자리하여 얽매이는 것이 있기 때문에, 소인의 경계를 둔 것이니, 정도正道를 잃을까 두려워한 것이다.

四與初爲正應, 是所好愛者也. 君子雖有所好愛, 義苟當遯, 則去而不疑. 所謂克己復禮, 以道制欲, 是以吉也. 小人則不能以義處, 暱於所好, 牽於所私, 至於陷辱其身而不能已, 故在小人則否也. 否, 不善也. 四, 乾體能剛斷者, 聖人以其處陰而有係, 故設小人之戒, 恐其失於正也.

「상전」에서 말했다. 군자는 좋아하면서도 은둔하고, 소인에게는 나쁘다.

象曰, 君子好遯, 小人否也.

군자는 좋아하는 것이 있더라도 은둔하여 마땅한 의리를 잃지 않고, 소인은 그 사사로운 의도를 이기지 못해서 좋지 못한 것에 이른다.

君子雖有好而能遯, 不失於義, 小人則不能勝其私意而至於不善也.

구오효는 아름다운 길함이니, 올바름을 굳게 지켜서 길하다.

九五, 嘉遯, 貞吉.

구오효는 중정의 덕을 이루어 은둔하는 것이 아름다운 자다. 처신하는 데에 중정의 도를 얻어 때에 맞게 멈추고 때에 맞게 행하니 이는 곧 아름다운 것이므로, 올바름을 굳게 지켜서 길하다. 구오효는 얽매여 응하는 것이 없는 것은 아니지만, 구이효와 더불어 중정의 덕으로 자처한다. 그 마음의 뜻뿐 아니라 행동거지까지도 중정의 도를 지키지 않은 것이 없어서 사사롭게 얽매이는 잘못이 없으니, 그래서 아름다운 것이다.

「단전」에서는 은둔의 때를 개략적으로 말했기 때문에 "때에 따라 행한다"고 하고 "조금이라도 올바름을 지키는 것이 이롭다"고 했으니 오히려 은둔의 때를 해결할 뜻이 있는 것이고, 효사에서는 구오효에 이르면 은둔의 시기가 극한에 이른 것이므로, 오직 중정의 덕으로 은둔의 상황에 처하는 것을 말했다. 은둔은 군주의 일이 아니므로 군주의 지위를 주로 해서 말하지 않았다. 은둔은 군주가 피하고 멀리해야 할 일이니, 역시 중정을 지키는 데에 달려 있을 뿐이다.

九五中正, 遯之嘉美者也. 處得中正之道, 時止時行, 乃所謂嘉美也, 故爲貞正而吉. 九五非无係應, 然與二皆以中正自處. 是其心志及乎動止, 莫非中正, 而无私係之失, 所以爲嘉也. 在彖則概言遯時, 故云與時行小利貞, 尙有濟遯之意. 於爻至五, 遯將極矣, 故唯以中正處遯言之. 遯非人君之事, 故不主君位言. 然人君之所避遠乃遯也, 亦在中正而已.

「상전」에서 말했다. 아름다운 길함이니 올바름을 굳게 지켜서 길한 것은 뜻을 올바르게 했기 때문이다.

象曰, 嘉遯貞吉, 以正志也.

뜻이 올바르면 행동이 반드시 그 올바른 뜻으로부터 나오니, 그래서 은둔의 아름다움이다. 중中의 위치에 자리하면서 올바름을 얻었고 중정의 덕을 이룬 사람과 호응하니, 이는 그 뜻이 올바른 것이다. 그래서 길하다. 은둔하는 것은 합당한 자리에 멈추는 것이니, 오직 그 뜻을 바르게 하는 데에 달려 있을 뿐이다.

志正則動必由正, 所以爲遯之嘉也. 居中得正而應中正, 是其志正也. 所以爲吉. 人之遯也, 止也, 唯在正其志而已矣.

상구효는 여유로운 은둔이니, 이롭지 않음이 없다.

上九, 肥遯, 无不利.

'비肥'란 충만하고 커서 관대하고 여유로운 뜻이다. 은둔하는 자는 오직 초연히 멀리 떠나서 얽매이고 지체하는 바가 없는 것이 최선이다. 상구효는 건乾괘가 상징하는 강건한 체질에 속해서 강직하게 결단하여 괘 밖에 있고, 또 아래로 얽매인 바가 없다. 이는 은둔의 때에 멀리 떠나 얽매이는 것이 없는 것이니, 관대하여 여유가 있다고 말할 수 있다. 은둔하는 것은 곤궁할 때이니, 잘 처신하면 여유롭게 된다. 그 은둔하는 것이 이와 같다면, 어떤 것인들 이롭지 않겠는가?

肥者, 充大寬裕之意. 遯者, 唯飄然遠逝, 无所係滯之爲善. 上九乾體剛斷, 在卦之外矣, 又下无所係. 是遯之遠而无累, 可謂寬綽有餘裕也. 遯者, 窮困之時也, 善處則爲肥矣. 其遯如此, 何所不利?

「상전」에서 말했다. 여유로운 은둔이니, 이롭지 않음이 없는 모습은 의심하는 바가 없는 것이다.

象曰, 肥遯无不利, 无所疑也.

은둔의 때에 멀리 떠난 것은 의심하고 지체함이 없는 것이다. 괘 밖에 있으니 이미 멀리 떠난 것이고 호응하는 것이 없으면 얽매이는 바도 없으므로, 강직하게 결단하여 의심이 없다.

其遯之遠, 无所疑滯也. 蓋在外則已遠, 无應則无累, 故爲剛決无疑也.

1 조금이라도 올바름을 지키는 것이 이롭다: 호원은 이렇게 설명한다. "'소리정小利貞'이라고 했는데 비否괘는 세 양효가 위에 있고 세 음효가 아래에서 침범하여 자라나니 군주와 신하가 단절한 때이므로 괘사에서 '정체는 인간의 길이 아니니, 군자가 올바름을 굳게 지키는 것이 이롭지 않다'고 했고, 박괘는 다섯 음효의 세력이 성장하고 하나의 양효가 위에 있으므로 '함부로 행동하는 것은 이롭지 않다'고 했다. 이는 비괘와 박괘의 때는 어떤 행동도 할 수 없는 때이지만, 이 돈괘는 두 음효가 아래에 있고 네 양효가 위에 있으니, 군자의 도는 여전히 조금이라도 행할 수 있는 때이므로 '소리정'이라고 했다小利貞者, 夫否之卦, 三陽在上, 三陰浸長于下, 君臣隔絶之時, 故卦辭言, 否之匪人, 不利君子貞, 剝之卦, 五陰盛長, 一陽在上, 故曰勿用有攸往. 是否剝之時, 全不可以有用, 至此遯, 二陰在下, 四陽在上, 君子之道, 猶小可行, 故曰小利貞." 호원의 설명에 따르면 어떤 조치도 취할 수 없는 비괘와 박괘와는 달리 돈괘의 상황은 소인의 세력을 막을 수 있는 여지는 있는 때이기 때문에 조금이라도 올바름을 지키며 소인들의 세력이 자라나지 못하게 막아야 한다는 말이다. 정이천도 이러한 의미로 최소한의 행동일지라도 행함으로써 소인들의 세력이 자라나지 못하도록 바로잡아야 한다고 보았다. 그러나 지나치게 강경한 입장을 취하면서 올바름을 주장하면 형세가 급박해지므로 이롭지 않고, 유연하게 대처해야 이롭다. 그래서 "조금이라도 올바름을 지키는 것이 이롭다"고 했다. 이에 대한 주희의 설명은 다르다. '소小'를 소인으로 해석한다. 그렇다면 '소리정'은 "소인은 올바름을 굳게 지키는 것이 이롭다"는 뜻이 된다.

2 왕윤은 후한 말의 정치가로 여포를 움직여 전횡을 일삼던 동탁을 죽였으나, 반격해온 동탁의 잔당에게 패하여 목숨을 잃었다. 인물사전 참조.

3 사안은 동진의 정치가이자 서예가로 관직에 연연하지 않고 회계 동산東山에 살

면서 풍류를 즐겼으나, 40세 이후에는 정치에 참여했다. 전진前秦의 부견符堅이 침입했을 때 정토대도독으로 나서 격퇴한 공에 의해 태보太保로 승진했고, 도독십오주 군사軍事가 되었다. 인물사전 참조.

4 공자의 행동: 『맹자』「공손추상」에 다음과 같은 내용이 있다. "각기 걸어간 길이 다르다. 섬길 만한 군주가 아니라면 섬기지 않고, 다스릴 만한 백성이 아니라면 다스리지 않고, 천하가 다스려지면 벼슬로 나아가고 혼란하면 물러나는 것이 백이다. 어떠한 군주라도 섬기고, 어떤 백성도 다스리며, 잘 다스려져도 벼슬로 나아가고, 혼란해도 벼슬로 나아가는 것이 이윤이었다. 그러나 출사할 만할 때에는 출사하고, 멈추어야 할 때에는 멈추고, 오래 있어야 할 곳에서는 오래 있고, 빨리 떠나야 할 곳에서는 빨리 떠나는 것이 공자였다. 이들은 모두 옛날의 성인이다. 나는 이것을 잘 행하지는 못했지만, 내가 바라는 것은 공자를 배우는 것이다不同道. 非其君不事, 非其民不使; 治則進, 亂則退, 伯夷也. 何事非君, 何使非民, 治亦進, 亂亦進, 伊尹也. 可以仕則仕, 可以止則止, 可以久則久, 可以速則速, 孔子也. 皆古聖人也. 吾未能有行焉, 乃所願, 則學孔子也."

5 함부로 행동하면 위태롭다: 호원은 함부로 나아가지 말라는 것을 이렇게 설명하고 있다. "함부로 나아가지 말하는 것은 이러한 때에는 마땅히 때에 순종하여 스스로를 지키고, 떳떳하게 행하되 말은 겸손하게 하고, 자신을 단속하며 스스로를 수양하여, 소인의 해를 멀리하면 된다勿用有攸往也者, 言當是時, 惟宜依違自守, 危行言孫, 檢身修己以遠小人之害, 可也."

6 그 교제가 저절로 굳건하다: 호원은 육이효가 구오효를 멀리 은둔하지 못하도록 굳게 잡아매는 상황으로 이해하고 있다. "육이효는 여러 양 사이에 자리하고 소인들의 무리에 있으나 중의 위치에 자리하고 올바름을 실천하여 중정하고 유순한 덕이 있어 사리에 통달하고, 또 위로 강명하고 중정한 군자가 있어서 자기와 호응 관계에 있으므로, 이렇게 중정하고 유순한 도를 써서, 가서 그를 잡아, 자신에게서 멀리 은둔하지 못하게 한다六二雖居群陽之中, 在小人之黨, 然居中履正, 有中正柔順之德, 達于事理, 以上有剛明中正君子, 爲爲己之應, 故已用此中正柔順之道, 往固執之, 不使遠遯于已."

7 촉한의 제1대 황제 유비劉備를 말한다. 인물사전 참조.

8 "자신을 극복하고 예로 돌아간다克己復禮(『논어』「안연」)."

9 "도로써 욕심을 제어하면 즐겁되 어지럽지 않고, 욕심으로 도를 잊으면 미혹되어 즐겁지 않다以道制欲, 則樂而不亂, 以欲忘道, 則惑而不樂(『예기』「악기」)."

34. 강함의 자라남, 큰 것의 강성함: 대장大壯괘䷡

뇌천대장雷天大壯이라고 한다. 괘의 모습이 진震☳괘가 위에 있고 건乾☰괘가 아래에 있기 때문이다.

대장大壯괘에 대해 「서괘전」은 다음과 같이 설명한다. "은둔이란 물러나는 것이니, 어떤 것도 끝까지 물러나고만 있을 수는 없으므로, 대장괘로 받았다." 은둔은 어긋나서 떠나는 의미이고 '장壯'은 성대하게 나아가는 뜻이니, 은둔은 음이 자라나서 양이 물러나는 것이고, 대장은 양이 굳세게 성장하는 것이다. 어떤 것도 쇠락하면 반드시 성대하게 일어나서 사라짐과 자라남이 서로 의존하고 있으므로 은둔했다면 반드시 굳세게 나아가니, 대장괘가 돈遯괘 다음이 된다.

괘의 모습은 진震괘가 위에 있고 건乾괘가 아래에 있다. 건괘는 강건함을 상징하고 진괘는 움직임을 상징하니, 강건한 힘으로 굳세게 움직이는 모습이 바로 대장괘의 뜻이다. 강양剛陽은 큰 것으로, 괘의 모습에서 양이 자라나는 데에 중간 지점을 지났으니 큰 것이 굳세게 성장하는 것이고, 또 우레의 위엄스러운 진동이 하늘 위에 있으니, 또한 큰 것이 왕성하다는 뜻이다.

大壯, 序卦, "遯者退也, 物不可以終遯, 故受之以大壯." 遯爲違去之義, 壯爲進盛之義, 遯者, 陰長而陽遯也, 大壯, 陽之壯盛也. 衰則必盛, 消息相須, 故旣遯則必壯, 大壯所以次遯也. 爲卦 震上乾下, 乾剛而震動, 以剛而動, 大壯之義也. 剛陽大也, 陽長已過中矣, 大者壯盛也, 又雷之威震而在天上, 亦大壯之義也.

강함의 자라남은 올바름을 굳게 지키는 것이 이롭다.

大壯, 利貞.

강함이 자라나는 도는 굳센 올바름이 이롭다. 강건하게 자라나는 데에 정도를 얻지 못하면 강경하고 사나운 행위가 될 뿐이니, 군자의 도가 굳세게 자라하는 것이 아니다.

大壯之道, 利於貞正也. 大壯而不得其正, 強猛之爲耳, 非君子之道壯盛也.

「단전」에서 말했다. 대장이란 큰 것의 강성함이니, 강함으로 움직이므로, 왕성하게 자라난다.

彖曰, 大壯, 大者, 壯也, 剛以動, 故壯.

대장大壯이라고 이름 지은 까닭은 큰 것이 강성하기 때문이다. 음은 작은 것이고 양은 큰 것이니 양이 성대하게 자라남은 큰 것이 강성한 것이다. 아래의 건괘는 강직하고 위의 진괘는 움직이니 지극하게 강건한 힘으로 움직이는 모습이므로, 큰 것이 강성한 것이니, 큰 것이 강성하다는 의미와 자라나는 것이 크다는 의미를 가진다.

所以名大壯者, 謂大者壯也. 陰爲小, 陽爲大. 陽長以盛, 是大者壯也. 下剛而上動, 以乾之至剛而動, 故爲大壯. 爲大者壯, 與壯之大也.

"강건함의 자라남은 올바름을 굳게 지키는 것이 이롭다"는 것은 큰 것이 올바른 것이니, 올바르고 커서 천지의 실정을 볼 수 있다.

大壯利貞, 大者正也, 正大而天地之情, 可見矣.

큰 것이 강성하게 자라났다면 그 이로움은 올바름을 굳게 지키는 것에 달려 있다. 올바르고 큰 것이 도이니, 올바르고 큰 이치를 지극히 하면 천지의 실정을 볼 수 있다. 천지의 도가 오래도록 지속하면서 그치지 않는 것은 지극히 크고 지극히 올바르기 때문이다. 올바르고 큰 이치를 배우는 자는 묵묵히 깨달아 마음으로 통하면 된다. 크고 올바르다고 말하지 않고 올바르고 크다고 말한 것은 큰 것과 올바른 것을 한 가지 일로 의심할 것을 걱정했기 때문이다.

大者旣壯, 則利於貞正. 正而大者道也, 極正大之理, 則天地之情可見矣. 天地之道, 常久而不已者, 至大至正也. 正大之理, 學者黙識心通, 可也. 不云大正而云正大, 恐疑爲一事也.

「상전」에서 말했다. 우레가 하늘 위에 있는 것이 대장괘의 모습이니, 군자는 이것을 본받아 예가 아니면 실천하지 않는다.

象曰, 雷在天上, 大壯, 君子以非禮弗履.

우레가 하늘에서 진동하는 것이 크고 강성하다. 군자가 대장괘의 모습을 관찰하여 그 굳세고 왕성한 기상을 행한다. 군자가 크고 왕성하게 자라나는 데는 자신을 극복하여 예로 돌아감만 한 것이 없다. 옛사람들이 "스스로를 이기는 것이 강하다"[1]고 했고, 『중용』에서 "화합하면서도 과도하게 흐르지 않고" "가운데 우뚝 서서 치우침이 없는" 것을 모두 "강하구나, 굳셈이여"[2]라고 말하고 있으니, 물과 불에 뛰어들고 흰 칼을 밟는 것은 무사의 용맹이라면 가능할 수도 있지만 자신을 극복하고 예로 돌아오는 것은 군자의 굳센 장성함이 아니라면 불가능하다. 그러므로 "군자는 이것을 본받아 예가 아니면 실천하지 않는다"고 했다.

雷震於天上, 大而壯也. 君子觀大壯之象, 以行其壯. 君子之大壯者, 莫若克己復禮. 古人云自勝之謂強, 中庸, 於和而不流, 中立而不倚, 皆曰強哉矯, 赴湯火蹈白刃, 武夫之勇可能也, 至於克己復禮, 則非君子之大壯不可能也. 故云君子以非禮弗履.

초구효는 발에서 강성한 것이니, 함부로 나아가면 틀림없이 흉하게 될 것이다.

初九, 壯于趾, 征凶, 有孚.

초구효는 양강陽剛한 자질이고 건괘가 상징하는 강건한 체질에 속하니, 아래의 자리에 있으면서 강성하게 나아가려고 하는 자다.

아랫자리에서 강성하게 행하므로 "발에서 강성한 것"이라고 했다. 발은 가장 아랫자리에서 나아가 움직이는 것이다. 초구효는 아래에서 강성하게 행하지만 중도中道를 얻지 못했다.[3] 강한 자질로 강성하게만 처신하면, 위의 자리에 있더라도 행할 수 없는 것인데, 하물며 아랫자리에서는 어떻겠는가? 그래서 함부로 나아가면 흉할 것이 틀림없다. '부孚'란 믿을 만하다는 뜻이니, 강성하게만 나아가면 반드시 흉하게 된다는 말이다.

初陽剛乾體而處下, 壯于進者也. 在下而用壯, 壯于趾也. 趾, 在下而進動之物. 九在下, 用壯而不得其中. 夫以剛處壯, 雖居上, 猶不可行, 況在下乎? 故征則其凶, 有孚. 孚, 信也, 謂以壯往, 則得凶可必也.

「상전」에서 말했다. 발에서 강성한 것은 분명히 곤궁하게 된다.

象曰, 壯于趾, 其孚窮也.

가장 아래의 자리에서 강성하게만 행하면, 반드시 곤궁하게 되어 흉하게 될 것이 분명하다.

在最下而用壯以行, 可必信其窮困而凶也.

구이효는 올바름을 굳게 지켜 길하다.

九二, 貞吉.

구이효는 양강한 자질로 큰 것이 강성해지는 때이지만, 유한 위치에 자리하면서 중中의 위치에 처했다. 이로써 강함과 유함이 중도를 얻어 강성함이 과도하지 않으니, 올바름을 굳게 지켜 길하다. 어떤 사람은 이렇게 묻는다. "'정貞'이란 말은 구九라는 양효가 이二라는 음의 위치에 자리했기 때문에 올바름을 굳게 지키라고 경계한 것이 아닙니까?" 이렇게 답하겠다. 『역』에서는 우세한 것을 취하여 뜻을 삼았으니, 양강한 자질과 건괘가 상징하는 강건한 체질로 큰 것이 강성해지는 때, 처신하는 데에 중도를 얻었으니, 올바르지 않음이 없다. 사四의 자리에서는 올바르지 않다는 경계가 있으니, 때와 의리의 경중을 알면 『역』을 배울 수 있을 것이다.

二雖以陽剛當大壯之時, 然居柔而處中. 是剛柔得中, 不過於壯, 得貞正而吉也. 或曰, 貞非以九居二爲戒乎? 曰, 易取所勝爲義. 以陽剛健體當大壯之時, 處得中道, 无不正也. 在四, 則有不正之戒. 人能識時義之輕重, 則可以學易矣.

「상전」에서 말했다. 구이효가 올바름을 굳게 지켜 길한 것은 중도를 얻었기 때문이다.

象曰, 九二貞吉, 以中也.

올바름을 굳게 지켜 길한 까닭은 중도를 얻었기 때문이다. 중도를 얻으면 올바름을 잃지 않으니, 하물며 양강한 자질과 건괘가 상징하는 강건한 체질을 지닌 사람은 어떻겠는가?

所以貞正而吉者, 以其得中道也. 中則不失正, 況陽剛而乾體乎?

구삼효는 소인이라면 강경하게 행동하고, 군자라면 무시한다. 올바름을 고집하면 위태로우니, 숫양이 울타리를 치받아서 그 뿔이 곤궁한 것이다.

九三, 小人用壯, 君子用罔. 貞厲, 羝羊觸藩, 羸其角.

구삼효는 강한 자질로 양의 위치에 자리하여 처신이 강성하고 또 건乾괘가 상징하는 강건한 체질의 끝에 해당하니, 강성함이 지극한 자다. 이와 같이 강성함이 지극하면 소인의 경우는 강성하게 행하지만, 군자의 경우는 세상일을 무시한다. 소인은 힘을 숭상하므로 강성한 용맹을 쓰고,[4] 군자는 뜻이 강직하기 때문에 세상일을 무시한다. '망罔'은 없다는 것이니, 무시한다는 말과 같다. 지극히 강직하여 세상일을 무시하고 기탄없이 행하는 것이다.

군자와 소인은 지위로 말한 것이니, 공자가 "군자가 용기가 있으면서 정의감이 없으면 난을 일으킨다"[5]고 한 것과 같다. 강함과 유함이 중도를 이루면 좌절하지도 비굴하게 자신의 뜻을 굽히지도 않아서, 세상에 자신의 뜻을 시행하는 데에 마땅하지 않음이 없다. 강직함이 과도하면 화합하는 유순한 덕이 없어서 많은 상처를 받으면서도 함께 연대하려는 사람이 없으니, 자신의 뜻을 과도하게 고집하려 함은 위험한 도리다.

대체로 어떤 것이든 그 강성한 힘을 쓰지 않은 것이 없으니, 이빨을 가진 것은 물고, 뿔이 있는 것은 치받고, 발굽이 있는 것은 찬다. 양은 머리가 강성하고 숫양은 치받기를 좋아하기 때문에 그것을 취하여 상징했다. 양은 울타리를 치받기를 좋아해서 울타리가 앞을 가로막고 있으면 가로 막은 것을 반드시 치받으니, 이와 같이 강성한 힘을 사용하기를 좋아하면 반드시 그 뿔이 곤궁해지고 만다. 이는 사람이 강성한 함만을 숭상하여 앞을 가로 막은 것에 이 강성한 힘만을 쓰게 되면, 반드시 꺾여서 곤궁함에 이르게 되는 것과 같다. 어떤 사람은 이렇게 묻는다. "구삼효는 이렇게 매우 강성한데도 흉함에 이르지 않은 것은 무엇 때문인가?" 이렇게 답하겠다. 구삼효와 같은 행위는 그 나아감이 충분히 흉함에 이를 수 있으나 그 위태로움을 말했으므로, 아직 흉함에 이르지는 않은 상태다. 흉함에 이를 가능성이 높지만 아직 이르지 않은 경우, 위태롭다는 의미로 '여厲'라고 한다.

九三以剛居陽而處壯, 又當乾體之終, 壯之極者也. 極壯如此, 在小人則爲用壯, 在君子則爲用罔. 小人尙力, 故用其壯勇, 君子志剛, 故用罔. 罔, 无也. 猶云蔑也. 以其至剛, 蔑視於事而无所忌憚也. 君子小人以地言, 如君子有勇而无義爲亂. 剛柔得中, 則不折不屈, 施於天下而无不宜. 苟剛之太過, 則无和順之德, 多傷莫與, 貞固守此, 則危道也. 凡物莫不用其壯, 齒者齧, 角者觸, 蹄者踶. 羊壯於首, 羝爲喜觸, 故取爲象. 羊喜觸藩籬, 以藩籬當其前也, 蓋所當必觸, 喜用壯如此, 必羸困其角矣. 猶人尙剛壯, 所當必用, 必至摧困也. 三壯甚如此, 而不至凶, 何也? 曰, 如三之爲其往足以致凶, 而方言其危, 故未及於凶也. 凡可以致凶而未至者, 則曰厲也.

「상전」에서 말했다. 소인은 강성한 힘을 쓰고, 군자는 무시한다.

象曰, 小人用壯 君子罔也.

소인의 경우는 강성한 힘만을 사용하고, 군자의 경우는 세상을 무시하는 것이다. 뜻과 기운이 강성한 채로 세상일을 무시하므로 거리낄 것이 없다.

在小人則爲用其強壯之力, 在君子則爲用罔. 志氣剛強, 蔑視於事, 靡所顧憚也.

구사효는 올바름을 굳게 지키면 길하여 후회가 없어지니, 울타리가 터져 열려 곤궁하지 않으며 큰 수레의 바퀴살이 강성하다.

九四, 貞吉, 悔亡, 藩決不羸, 壯于大輿之輹.

구사효는 양강한 기세가 자라나 성장하여 그 강성함이 중간을 넘었으니, 매우 강성한 것이다. 그러나 구九가 사四의 위치에 자리하여 올바르지 못하니, 군자의 도가 자라나려고 할 때 어찌 올바름을 지키지 않을 수 있겠는가? 그래서 올바름을 굳게 지키면 길하고 후회가 없다고 경계했다. 도가 자라나려고 할 때 작은 과실이 있으면 형통하게 나아가는 형세에 해를 입힐 수가 있으니, 이것이 후회가 있는 것이다. 다른 괘에서는 중첩된 강건함으로 유한 위치에 자리하면, 최선이 되기도 하니, 대과大過괘가 그러하다.

울타리란 가로 막는 것이니, 울타리가 터져 열렸다면 다시는 그 강성한 세력이 장애물 때문에 곤궁하게 되지는 않는다. 높고 큰 수레는 바퀴와 바퀴살이 강하고 크니, 운행하는 데에 편리함을 알 수 있으므로 "큰 수레의 바퀴살이 강성하다"고 했다. 바퀴살이란 바퀴에서 중요한 부분이다. 수레가 부서지는 것은 항상 바퀴살이 끊어지는 데에 있으니, 바퀴살이 강건하면 수레는 강하다. 바퀴살이 강성하다고 한 것은 나아가기를 강성하게 하는 것이다. '복輹'은 바퀴살을 뜻하는 '복輻'과 같다.

四, 陽剛長盛, 壯已過中, 壯之甚也. 然居四爲不正, 方君子道長之時, 豈可有不正也? 故戒以貞則吉而悔亡. 蓋方道長之時, 小失則害亨進之勢, 是有悔也. 若在他卦, 重剛而居柔, 未必不爲善也, 大過是也. 藩所以限隔也, 藩籬決開, 不復羸困其壯也. 高大之車, 輪輹強壯, 其行之利可知, 故云壯于大輿之輹. 輹, 輪之要處也. 車之敗, 常在折輹, 輹壯則車強矣. 云壯于輹, 謂壯于進也. 輹與輻同.

「상전」에서 말했다. 울타리가 터져 열려 곤궁하지 않는 것은 계속해서 나아갈 수 있기 때문이다.

象曰, 藩決不羸, 尙往也.

강양剛陽의 성장은 반드시 극한에 이른다. 구사효의 강성함은 성대하지만, 그 나아감이 그치지 않는다. 지극히 성대한 양으로 강성하게 나아가므로, 그 형세를 감당할 수 있는 자가 없다. 그래서 울타리가 터져 열려 그 강성한 힘이 곤궁하게 되지 않는 것이다. '상왕尙往'이란 나아감이 그치지 않는 것이다.

剛陽之長, 必至於極. 四雖已盛, 然其往未止也. 以至盛之陽, 用壯而進, 故莫有當之. 藩決開 而不羸困其力也. 尙往, 其進不已也.

육오효는 양들의 강성함을 온화하게 대하여 잃게 하면 후회가 없다.

六五, 喪羊于易, 无悔.

양은 떼 지어 다니면서 치받기를 좋아하니, 여러 양효가 함께 나아가는 것을 상징했다. 네 양이 자라나기 시작하여 함께 나아가는데 육오효가 유한 자질로 위에 자리하여 힘으로 제어하면 감당하기 어려워 후회하게 되니, 오직 온화하고 평정하게 대하면 여러 양이 강성하게 행하지 못하게 된다. 이는 온화하고 평정한 태도로 대해서 그들의 강성함이 없어진 것이니, 이와 같이 하면 후회가 없을 수 있다. 육오효는 지위로 말하면 올바르고 덕으로 말하면 중도를 이루었으니, 온화하고 고요한 방식을 사용하여 여러 양이 강성할 때에도 그 힘을 쓸 수 없게 만들 수 있다.

羊群行而喜觸, 以象諸陽竝進. 四陽方長而竝進, 五以柔居上, 若以力制, 則難勝而有悔, 唯和易以待之, 則群陽无所用其剛. 是喪其壯于和易也. 如此, 則可以无悔. 五, 以位言則正, 以德言則中, 故能用和易之道, 使群陽雖壯无所用也.

「상전」에서 말했다. 양들의 강성함을 온화하게 대하여 잃게 하는 것은 지위가 합당하지 않기 때문이다.

象曰, 喪羊于易, 位不當也.

반드시 온유하고 온화한 태도로 대해야 하는 까닭은 육오효가 음유한 자질로 존귀한 지위에 자리했기 때문이다. 양강한 자질과 중정의 덕으로 존귀한 지위에 있다면, 아래에서 강성하게 자라날 세력은 없다. 육오효는 지위가 합당하지 않기 때문에 "양들의 강성함을 온화하게 대하여 잃게 한다"는 뜻을 세웠다.

그래서 대체로 강성한 세력을 다스리는 데에는 강경한 방식을 써서는 안 된다. 군주와 신하 그리고 위와 아래의 세력은 서로 대등하지 않다. 군주의 권세가 아랫사람들을 제어하기에 충분하다면, 강성하여 발호하는 사람이 있더라도 그것을 강성한 세력이라고 말할 수 없다. 반드시 군주의 세력이 부족하고 난 후에야 강성한 세력을 다스린다고 말할 수 있다. 그러므로 강성한 세력을 다스리는 도는 강한 방식을 써서는 안 된다.

所以必用柔和者, 以陰柔居尊位故也. 若以陽剛中正得尊位, 則下无壯矣. 以六五位不當也, 故設喪羊于易之義. 然大率治壯不可用剛. 夫君臣上下之勢, 不相侔也. 苟君之權足以制乎下, 則雖有強壯跋扈之人, 不足謂之壯也. 必人君之勢有所不足, 然後謂之治壯. 故治壯之道, 不可以剛也.

상육효는 숫양이 울타리를 치받아 물러날 수도 없고 나아갈 수도 없다. 이로운 것이 없으니, 어려움을 알면 길하다.

上六, 羝羊觸藩, 不能退, 不能遂, 无攸利, 艱則吉.

숫양은 단지 강성한 세력의 뜻을 취했으므로, 음효일지라도 칭할 수 있다. 상육효는 음의 자질로 상체인 진괘의 진동의 끝에 처해서 강성함의 극한에 해당하니, 그 과도함을 알 수 있다. 숫양이 울타리를 치받는 것과 같으니, 나아가면 장애를 만나 막히고 물러나면 뿔이 방해가 되어 나아가건 물러나건 모두 가능하지 않다. 자질이 본래 음유하므로 자신을 이겨 마땅한 의리를 취할 수가 없으니, 물러날 수 없는 것이다.

음유한 사람은 강성한 마음이 지극할지라도 결코 그 강성한 태도를 끝까지 유지할 수가 없어서 좌절하고 반드시 위축되니, 일을 수행할 수 없다. 그 행위 방식이 이러하니, 어떤 일을 하건 이로울 것이 없다. 음유한 자질을 가진 사람이 강성해지는 때에 처하여 그 신념을 굳게 지키지 못하니, 어려움과 곤궁함을 만나면 반드시 그 강성한 힘을 잃게 된다. 강성한 힘을 잃게 되면 도리어 유약한 본분의 한계를 얻게 되니, 이것이 어려움을 알면 길한 것이다. 강성한 힘을 사용하면 이롭지 않고, 어려움을 알아서 유연한 태도로 처하면 길하다. 이는 세력이 강성해지는 끝에 이르러, 변화해야 한다는 뜻이다.

羝羊但取其用壯, 故陰爻亦稱之. 六以陰處震終而當壯極, 其過可知. 如羝羊之觸藩籬, 進則礙身, 退則妨角, 進退皆不可也. 才本陰柔, 故不能勝己以就義, 是不能退也. 陰柔之人, 雖極用壯之心, 然必不能終其壯, 有摧必縮, 是不能遂也. 其所爲如此, 无所往而利也. 陰柔處壯, 不能固其守, 若遇艱困, 必失其壯. 失其壯, 則反得柔弱之分矣, 是艱則得吉也. 用壯則不利, 知艱而處柔則吉也. 居壯之終, 有變之義也.

「상전」에서 말했다. 물러날 수도 없고 나아갈 수도 없는 것은 신중하지 못한 것이고, 어려움을 알면 길한 것은 허물이 자라나지 않

기 때문이다.

象曰, 不能退不能遂, 不詳也, 艱則吉, 咎不長也.

자신에게 적합한 곳이 아닌데도 그 자리를 차지했으므로, 나아갈 수도 물러날 수도 없다. 이는 스스로 처신하는 데에 신중하지 못한 것이다.[6] 어려움을 알면 길한 것은 유한 자질이 어려움을 만나고 또 강성한 세력의 끝에 자리하니, 스스로 마땅히 마음과 태도를 바꾸어야 한다. 변하면 자신의 본분에 맞는 몫을 얻어서 허물이 커지지 않으니, 그러므로 길하다.

非其處而處, 故進退不能, 是其自處之不詳愼也. 艱則吉, 柔遇艱難, 又居壯終, 自當變矣, 變則得其分, 過咎不長, 乃吉也.

1 "타인을 이기는 사람은 힘이 있지만, 스스로를 이기는 사람은 강하다勝人者有力, 自勝者強(『노자』 33장)."

2 『중용』 10장, "남방의 강함인가? 북방의 강함인가? 아니면 그대의 강함을 말하는가? 너그러움과 유순함으로써 가르쳐주고, 무도함에 보복하지 않는 것이 남방의 강함이다. 군자가 여기에 자리한다. 병기와 갑옷을 입고 전투에 임하여 죽더라도 싫어하지 않는 것은 북방의 강함이다. 네가 말하는 강함은 여기에 자리한다. 그러므로 군자는 화합하면서도 과도하게 흐르지 않으니, 강하구나, 굳셈이여! 가운데 우뚝 서서 치우침이 없으니, 강하구나, 굳셈이여! 나라에 도가 있어도 궁색한 시절의 지조를 변하지 않으니, 강하구나, 굳셈이여! 나라에 도가 없어도 평소 지녔던 절개를 죽음에 이를지언정 변하지 않으니, 강하구나, 굳셈이여!南方之強與? 北方之強與? 抑而強與? 寬柔以教, 不報無道, 南方之強也, 君子居之. 衽金革, 死而不厭, 北方之強也, 而強者居之. 故君子和而不流, 強哉矯! 中立而不倚, 強哉矯! 國有道, 不變塞焉, 強哉矯! 國無道, 至死不變, 強哉矯!"

3 중도中道를 얻지 못했다: 과도하게 강성하게 행하여 중도를 잃은 모습을 호원은 이렇게 설명하고 있다. "강성해지는 도리는 반드시 이치에 순종하여 실천해야 한다. 초구효는 한 괘의 가장 아래에 자리하고 일의 시작에 처해서 지위가 낮은 자다. 강성해지려는 시초이고 지위가 낮은 데에 처했는데, 겸손하고 유순하게 행할 수 없고 또 조급하고 경거망동하게 행동하여, 사람들을 능멸하는 지경에까지 이르렀는데도 그칠 줄을 모르니, 이렇게 행하면 흉한 도다夫壯之道, 必須以順爲履. 今初

九, 居一卦之下最, 處事始, 位之卑者也. 爲壯之始, 處位之卑, 不能謙順而行, 且躁妄而動, 以至陵犯于物, 不知其止, 以此而往凶之道也."

4 강성한 용맹을 쓰고: 절재 채씨節齋蔡氏는 이를 무례한 용기라고 표현했다. "강경하게 행동하는 것은 무례한 용기이고, 세상일을 무시하는 것은 처하지 않는 결단이다用壯, 無禮之勇, 用罔, 不處之決也(『주역전의대전』)."

5 『논어』 양화, "자로가 물었다. '군자는 용기를 숭상합니까?' 공자가 말했다. '군자는 의義를 최상으로 여기니 군자가 용기만 있고 의가 없으면 혼란을 일으키고, 소인은 용기만 있고 의가 없으면 도적이 된다子路曰, 君子尙勇乎? 子曰, 君子義以爲上, 君子有勇而無義爲亂, 小人有勇而無義爲盜."

6 신중하지 못한 것이다: 신중하지 못한 것에 대해서 호원은 이렇게 설명한다. "「상전」에서 '물러날 수도 없고 나아갈 수도 없는 것은 신중하지 못한 것이다'라고 했으니, 군자는 나아갈 때 반드시 시세를 헤아리고 형세를 측정하여 일을 도모할 수 있으면 나아가니 얽매이는 것이 없다. 그러나 소인은 나아갈 때 반드시 시세를 헤아리고 형세를 측정하지 않아, 그 일에 신중하지 못하고 급작스럽게 행하여, 물러날 수도 없고 나아갈 수도 없는 지경에 이른다象曰, 不能退, 不能遂, 不詳也者, 夫君子之進, 必量時度勢, 可以有爲而進之, 則无累也. 若小人之進, 必不能量時度勢, 不詳其事, 而驟行, 以至進退不能也."

35. 나아감, 출사: 진晉괘䷢

화지진火地晉이라고 한다. 괘의 모습이 이離☲괘가 위에 있고 곤坤☷괘가 아래에 있기 때문이다.

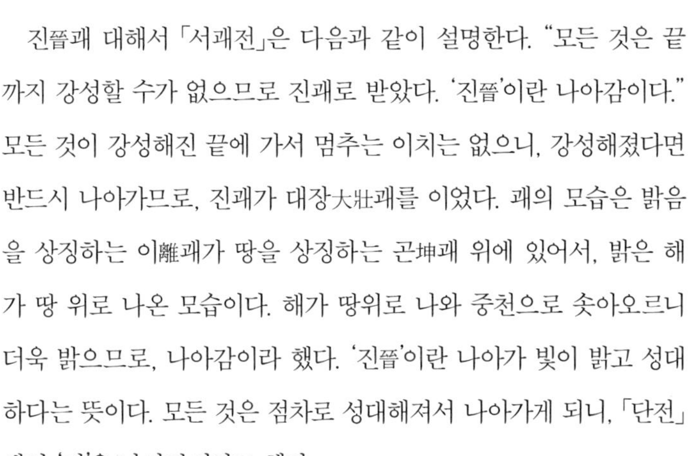

진晉괘 대해서 「서괘전」은 다음과 같이 설명한다. "모든 것은 끝까지 강성할 수가 없으므로 진괘로 받았다. '진晉'이란 나아감이다." 모든 것이 강성해진 끝에 가서 멈추는 이치는 없으니, 강성해졌다면 반드시 나아가므로, 진괘가 대장大壯괘를 이었다. 괘의 모습은 밝음을 상징하는 이離괘가 땅을 상징하는 곤坤괘 위에 있어서, 밝은 해가 땅 위로 나온 모습이다. 해가 땅위로 나와 중천으로 솟아오르니 더욱 밝으므로, 나아감이라 했다. '진晉'이란 나아가 빛이 밝고 성대하다는 뜻이다. 모든 것은 점차로 성대해져서 나아가게 되니, 「단전」에서 '진'은 나아감이라고 했다.

괘에는 괘의 덕을 말한 경우가 있고 말하지 않은 경우가 있으니, 그 마땅함을 따른 것이다. 건괘와 곤괘 이외에 "크게 형통하다"고 말했다면 원래 형통함이 있는 것이고, "올바름을 굳게 지켜야 이롭다"고 말했다면 부족한 점이 있지만 공을 세울 수 있는 것이다. 다른 점이 있는 것은 혁革괘와 점漸괘이니, 괘에 따라 볼 수 있다.[1] 나아감이 성대한데도 괘의 덕을 말하지 않은 것은 말할 필요가 없기 때문이다. 나아감이 밝고 성대하므로 다시 형통함을 말하지 않았고, 크게 밝은 빛에 순종하니 올바름을 지켜야 한다고 경계할 필요가 없다.

晉, 序卦, "物不可以終壯, 故受之以晉. 晉者, 進也." 物无壯而終止之理, 旣盛壯則必進, 晉所以繼大壯也. 爲卦, 離在坤上, 明出地上也. 日出於地, 升而益明, 故爲晉. 晉, 進而光明盛大之意也. 凡物漸盛爲進, 故彖云晉進也. 卦有有德者, 有无德者, 隨其宜也. 乾坤之外, 云元亨者, 固有也, 云利貞者, 所不足而可以有功也. 有不同者, 革漸是也, 隨卦可見. 晉之盛而无德者, 无用有也. 晉之明盛, 故更不言亨, 順乎大明, 无用戒正也.

나아감은 나라를 안정시키는 제후에게 말을 하사하기를 많이 하고, 하루에 세 번 접견한다.

晉, 康侯, 用錫馬蕃庶, 晝日三接.

'진'은 나아가서 성대한 때다. 위에는 크고 밝은 빛이 있고 하체는 순종하면서 붙어 있으니, 제후가 왕을 받드는 모습이므로 '나라를 안정시키는 제후'라 했다. '나라를 안정시키는 제후'란 나라를 다스려 안정을 이룬 제후다. 위로 크게 밝은 군주가 있고 그와 덕을 함께하여 순종하는 것이 나라를 다스려 안정을 이루는 제후이므로, 총애를 받는 일이 빈번하고 하사받은 말이 많다. 수레의 말은 임금이 하사한 귀중한 것이고, '번서蕃庶'란 많다는 의미다.

단지 하사함이 후할 뿐 아니라 또 친히 예를 갖추어 하루에 세 번 접견했으니, 총애하고 예우하는 것이 지극하다는 말이다. '진'은 나아가 성대한 때이니, 위의 군주가 크게 밝은 빛을 가졌고 아래 신하는 그 빛에 순종하여, 군주와 신하가 서로 뜻을 얻는다. 위의 군주 입장에서 말하면 현명한 신하들이 성대하게 나아가고, 신하의 입장에서 말하면 고귀한 지위에 나아가 영광과 총애를 받는다.

晉爲進盛之時, 大明在上, 而下體順附, 諸侯承王之象也, 故爲康侯. 康侯者, 治安之侯也. 上之大明, 而能同德, 以順附治安之侯也, 故受其寵數, 錫之馬衆多也. 車馬, 重賜也. 蕃庶, 衆多也. 不唯錫與之厚, 又見親禮, 晝日之中, 至於三接, 言寵遇之至也. 晉進盛之時, 上明下順, 君臣相得. 在上而言, 則進於明盛, 在臣而言, 則進升高顯, 受其光寵也.

「단전」에서 말했다. '진晉'은 나아감이니, 밝음이 땅 위로 나와 순종하면서 큰 밝음에 붙어 있고 유함이 나아가 위로 행한다. 이 때문에 나라를 안정시키는 제후에게 말을 하사하기를 많이 하고 하루에 세 번 접견하는 것이다.

彖曰, 晉, 進也, 明出地上, 順而麗乎大明, 柔進而上行, 是以康侯用錫馬蕃庶晝日三接也.

"'진'은 나아감"이란 현명한 사람이 나아가 세력이 성대해지는 것이다. 밝은 해가 땅에서 나와 더욱더 나아가서 성대하므로, '진晉'이 된다. 나아간다는 뜻으로 '진進'을 쓰지 않은 것은 '진進'은 앞으로 나아간다는 뜻만 있지 밝음이 성대하다는 뜻을 포함할 수 없기 때문이다. "밝음이 땅 위로 나아갔다"는 말은 밝음을 상징하는 이離

괘가 땅을 상징하는 곤坤괘 위에 있다는 것이다. 곤괘가 이괘에 달라붙은 모습은 순종하면서 큰 밝음에 달라붙어 있는 것이니, 순종하는 덕을 지닌 신하가 위로 크게 밝은 군주에게 붙어 있는 것과 같다. "유함이 나아가 위로 행한다"고 했는데, 다른 괘에서 이괘가 위에 있는 경우는 유한 자질이 군주의 지위에 자리하여 "유함이 나아가 위로 행한다"라고 말하는 경우가 많으니, 서합噬嗑괘와 규睽괘와 정鼎괘가 그러하다.

육오효는 유한 자질로 군주의 지위에 자리하여 현명한 지혜를 가지고서 순종하고 따르게 하니, 아랫사람을 대하기를 총애하고 예우하고 친밀하게 할 수 있다는 뜻이 된다. "이 때문에 나라를 안정시키는 제후에게 말을 하사하기를 많이 하고, 하루에 세 번 접견하는 것이다." 크게 밝은 군주는 세상을 안정시키는 자다. 제후는 천자의 밝은 덕에 순종하여 따를 수 있으니, 이는 곧 백성을 편안히 하고 나라를 안정시키는 제후이므로 총애와 하사품을 향유하고 친히 예를 갖춰 대우를 받아서 하루 사이에 세 번이나 천자를 접견하는 것이다. 공경公卿이라 말하지 않고 '후侯'라고 한 것은 천자는 위에서 다스리는 자이고 제후는 아래에서 다스리는 자이니, 아래에 있으면서 크게 밝은 군주에게 순종하고 따르는 것이 제후의 모습이다.

晉, 進也, 明進而盛也. 明出於地, 益進而盛, 故爲晉. 所以不謂之進者, 進爲前進, 不能包明盛之義. 明出地上, 離在坤上也. 坤麗於離, 以順麗於大明, 順德之臣上附於大明之君也. 柔進而上行, 凡卦, 離在上者, 柔居君位, 多云柔進而上行, 噬嗑睽鼎是也. 六五以柔居君位, 明而順麗, 爲能待下寵遇親密之義. 是以爲康侯用錫馬蕃庶, 晝日三接也. 大明之君, 安天下者也. 諸侯能順附天子之明德, 是康民安國之侯也, 故謂之康侯, 是以享寵錫而見親禮, 晝日之間, 三接見於天子也. 不曰公卿而曰侯, 天子治於上者也, 諸侯治於下者也, 在下而順附於大明之君, 諸侯之象也.

「상전」에서 말했다. 밝음이 땅 위로 나오는 것이 진晉괘의 모습이니, 군자는 이것을 본받아 스스로 밝은 덕을 밝힌다.

象曰, 明出地上, 晉, 君子以自昭明德.

'소昭'란 밝히는 것이다. 『춘추좌씨전』에서 "덕을 밝히고 잘못을 막음은 그 법도를 밝히는 것이다"라고 했다.[2] 군자가 밝은 빛이 땅 위로 나와 더욱 빛을 밝혀서 성대한 모습을 관찰하고, 스스로 그 명덕明德을 밝힌다. 가려진 것을 제거하고 지극한 앎에 이르니, 이는 자신에게서 명덕을 밝히는 것이며, 세상에 명덕을 밝히니, 이는 밖으로 명덕을 밝히는 것이다. 명덕을 밝히는 것은 자신에게 달려 있으니, 스스로 밝힌다고 했다.

昭, 明之也, 傳曰昭德塞違, 昭其度也. 君子觀明出地上而益明盛之象, 而以自昭其明德. 去蔽致知, 昭明德於己也, 明明德於天下, 昭明德於外也. 明明德在己, 故云自昭.

초육효는 나아가거나 물러나는 데에 올바름을 얻으면 길하고, 믿어주지 않더라도, 여유로우면 허물이 없다.

初六, 晉如摧如, 貞吉, 罔孚, 裕无咎.

초구효는 나아가는 때 가장 아래 지위에 있어서 나아감의 시초이다. '진여晉如'라는 말은 상승하여 나아가는 것이다. '최여摧如'는 억눌려 물러나는 것이다. 나아가는 시초에서 말한 것이니, 나아감을 이루건, 나아감을 이루지 못하건, 오직 올바름을 얻어야 길하다. "믿어주지 않더라도"라고 했는데, 아래의 지위에서 비로소 나아가기 시작했는데 어떻게 급작스럽게 윗사람의 깊은 신임을 얻을 수가 있겠는가?

윗사람에게 신임을 얻지 못했다면 마땅히 마음을 안정시키고 스스로 신념을 지키며, 조용히 조급해하지 않고 관대하며 여유롭게 행동하여 윗사람의 신임을 구하는 데 급급하지 않아야 한다. 윗사람의 신임을 구하려는 마음만 간절하면 마음이 불안하고 조급해서 고수하는 신념을 잃거나, 얼굴에 원한과 노기를 띠고서[3] 마땅한 의리를 해치게 되니, 모두 허물이 있는 것이다. 그러므로 여유로우면 허물이 없으니, 군자가 진퇴에 대처하는 도리다.

初居晉之下, 進之始也. 晉如, 升進也. 摧如, 抑退也. 於始進而言, 遂其進, 不遂其進, 唯得正則吉也. 罔孚者, 在下而始進, 豈遽能深見信於上? 苟上未見信, 則當安中自守, 雍容寬裕, 无急於求上之信也. 苟欲信之心切, 非汲汲以失其守, 則悻悻以傷於義矣, 皆有咎也. 故裕則无咎, 君子處進退之道也.

「상전」에서 말했다. 나아가거나 물러나는 것은 홀로 올바름을 행하는 것이고 여유로우면 허물이 없는 것은 아직 명을 받지 않았기 때문이다.

象曰, 晉如摧如, 獨行正也, 裕无咎, 未受命也.

나아가건 물러나건 오직 홀로 정도를 행한다. 관대하고 여유로우면 허물이 없는 것은 처음 나아가고자 하지만 지위를 담당하지 않았기 때문이다. 군자가 나아가거나 물러설 때, 어떨 때는 느리게 하고 어떨 때는 신속하게 하는데, 오직 마땅한 의리에 합당하게 처신하니, 여유롭지 않은 적이 없었다.

성인은 후세 사람들이 관대하고 여유로운 처신을 이해하지 못하여, 지위에 있는 자가 직위를 버리거나 고수하는 신념을 잃어버리는 것을 여유로운 마음이라고 여길까를 근심했으므로, 특별히 초육효가 여유로우면 허물이 없는 것은 처음 나아가는 데에 직임을 담당하라는 명령을 받지 않았기 때문이라고 했다. 만일 관직이 있었는데 윗사람의 신임을 받지 못하고서 그 직임을 잃게 되었다면, 하루라도 그 자리에 있어서는 안 된다. 그러나 모든 상황을 일괄적으로 말할 수는 없고 오래 지속하거나 신속하게 떠나는 것은 오직 때에 적합하게 해야 하니, 또한 어떤 일을 할 수 있는 조짐을 허용한 것이다.

无進无抑, 唯獨行正道也. 寬裕則无咎者, 始欲進而未當位故也. 君子之於進退, 或遲或速, 唯義所當, 未嘗不裕也. 聖人恐後之人不達寬裕之義, 居位者廢職失守以爲裕, 故特云初六裕則无咎者, 始進未受命當職任故也. 若有官守, 不信於上而失其職, 一日不可居也. 然事非一概, 久速唯時, 亦容有爲之兆者.

육이효는 나아가는 일이 근심스럽지만 올바름을 지키면 길하니, 왕모에게서 큰 복을 받는다.

六二, 晉如愁如, 貞吉, 受玆介福于其王母.

육이효는 아래의 지위에 있고 위로 호응하여 도와주는 사람이 없는데 중정中正의 덕과 온유하고 화합하는 덕으로 행하니, 나아가는 데 강한 사람이 아니다. 그러므로 나아가는 일이 근심스러울 만하니, 그 나아감이 어려움을 말한 것이다. 그러나 그 올바름을 지키고 있다면 당연히 길함을 얻을 것이므로, "나아감에 근심스러우나 올바름을 지키면 길하다"고 했다. '왕모王母'는 조모祖母로, 음陰으로서 지극히 존귀한 자이니, 육오효를 가리킨다.

육이효가 중정의 도로 스스로를 지키면 위로 호응하여 도와주는 사람이 없어 스스로 나아갈 수가 없더라도 그 중정의 덕은 시간이 오래 지나면 반드시 밝게 드러나므로 윗사람이 당연히 구하게 된다. 육오효는 크게 밝은 군주로서 자신과 더불어 덕이 같은 육이효와 함께하려고 해서, 반드시 구하여 총애와 녹봉을 줄 것이니, 큰 복을 왕모에게 받는 것이다. '개介'는 크다는 뜻이다.

六二在下, 上无應援, 以中正柔和之德, 非強於進者也. 故於進爲可憂愁, 謂其進之難也. 然守其貞正, 則當得吉, 故云晉如愁如貞吉. 王母, 祖母也, 謂陰之至尊者, 指六五也. 二以中正之道自守, 雖上无應援, 不能自進, 然其中正之德, 久而必彰, 上之人自當求之. 蓋六五大明之君, 與之同德, 必當求之, 加之寵祿, 受介福於王母也. 介, 大也.

「상전」에서 말했다. 큰 복을 받는 것은 중정의 덕 때문이다.

象曰, 受玆介福, 以中正也.

큰 복을 받는 것은 중정의 도로 행하기 때문이다. 사람이 중정의 도를 지킬 수 있으면, 오랜 시간이 지나 반드시 형통하다. 하물며 크게 밝은 군주가 위에 있고 덕이 같으니, 반드시 큰 복을 받을 것이다.

受玆介福, 以中正之道也. 人能守中正之道, 久而必亨, 況大明在上而同德, 必受大福也.

육삼효는 군중이 믿어주니, 후회가 없어진다.

六三, 衆允, 悔亡.

음효인 육六이 양의 자리인 삼三에 자리하여 중정을 얻지 못하니 마땅히 후회와 허물이 있을 것이지만, 손巽괘가 상징하는 순종의 체질 위에 있으므로 지극히 순종하는 자다. 세 음효는 모두 윗사람에 순종하는 자이니, 육삼효가 윗사람에 순종하는 것은 군중과 뜻을 함께하여 군중들이 믿고 따르는 것이므로, 후회가 없게 되는 까닭이다. 윗사람에게 순종하여 크게 밝은 빛을 지향하는 뜻이 있고, 다른 군중들이 믿고 따른다면, 어떤 것인들 이롭지 않겠는가?

어떤 사람은 이렇게 말한다. "중정에 따라 행동하지 않고 군중과 함께하는 것이 선할 수 있겠는가?" 이렇게 답하겠다. 군중이 믿는 것은 반드시 지극히 합당한 것이고 하물며 윗사람의 크게 밝은 지혜에 순종하니, 어찌 불선함이 있겠는가? 이 때문에 후회가 없게 되니, 중정을 이루지 못한 과실이 없는 것이다. 그래서 옛사람들은 "도모할 때 군중들을 따르면 천심에 부합한다"고 했다.

以六居三, 不得中正, 宜有悔咎, 而三在順體之上, 順之極者也. 三陰皆順上者也, 是三之順上, 與衆同志, 衆所允從, 其悔所以亡也. 有順上向明之志, 而衆允從之, 何所不利? 或曰, 不由中正而與衆同, 得爲善乎? 曰, 衆所允者, 必至當也, 況順上之大明, 豈有不善也? 是以悔亡, 蓋亡其不中正之失矣. 古人曰, 謀從衆則合天心.

「상전」에서 말했다. 군중이 믿는 뜻이란 위로 가는 것이다.

象曰, 衆允之志, 上行也.

"위로 간다"는 것은 위로 크게 밝은 군주에 순종하여 따르는 것이니, 위로 크게 밝은 군주를 따르는 것이 군중이 뜻을 같이하는 것이다.

上行, 上順麗於大明也, 上從大明之君, 衆志之所同也.

구사효는 나아감이 쥐새끼와 같으니, 그런 마음을 굳게 지키면 위태롭다.

九四, 晉如鼫鼠, 貞厲.

양효인 구九가 음의 자리인 사四에 자리한 것은 그에 걸맞은 지위가 아니다. 걸맞지 않는 지위에 자리한 것은 그 지위를 탐하여 차지한 것이다. 높은 지위를 탐하여 자리하였으니 편안한 곳이 아니고, 또 상구효와 덕을 같이하여 상구효에 순종해 따른다. 그런데 세 음효가 모두 자신의 아래에 있어 그 세력이 반드시 위로 나아가려 하므로, 그 마음이 두려워하면서 꺼려한다. 탐욕을 부리면서 사람들을 두려워하는 것이 바로 쥐새끼이므로, "나아감이 쥐새끼와 같다"고 했다. 차지해야 할 자리가 아닌 곳을 탐하여 두려워하면서 근심하는 마음을 가지니, 이러한 마음을 굳게 지키고 있다면 그 위태로움을 알 수 있다. "그런 마음을 굳게 지키면"이라고 했으니, 그 마음을 고쳐 새로운 가능성을 만들 수 있는 길을 열어놓은 것이다.

以九居四, 非其位也. 非其位而居之, 貪據其位者也. 貪處高位, 旣非所安, 而又與上同德, 順麗於上. 三陰皆在己下, 勢必上進, 故其心畏忌之. 貪而畏人者, 鼫鼠也, 故云晉如鼫鼠. 貪於非據而存畏忌之心, 貞固守此, 其危可知. 言貞厲者, 開有改之道也.

「상전」에서 말했다. 나아감이 쥐새끼와 같으니, 그런 마음을 굳게 지키면 위태로운 것은 지위가 합당하지 않기 때문이다.

象曰, 鼫鼠貞厲, 位不當也.

현자는 올바른 덕을 지니고 있으니 마땅히 높은 지위에 있어야 하지만, 올바르지 못하면서 높은 지위를 차지하면 합당하게 차지할 자리가 아닌 것이다. 탐욕을 부리고 그 지위를 잃을 것을 근심하면서 사람들을 두려워하니, 합당한 자리가 아닌 것을 고집해 차지하면 위태로움을 알 수 있다.

賢者, 以正德, 宜在高位, 不正而處高位則爲非據. 貪而懼失則畏人, 固處其地, 危可知也.

육오효는 후회는 없어지겠으나 득실을 근심하지 말아야 하니, 이렇게 가면 길하여 이롭지 않음이 없다.

六五, 悔亡, 失得勿恤, 往吉, 无不利.

육오효는 유한 자질로 존귀한 지위에 자리하니 본래 후회가 있는 것이지만, 크게 밝은 지혜를 지니고 있어 아랫사람이 모두 순종하여 따르므로, 그 후회가 없을 수 있다. 아랫사람이 덕을 함께하면서 순종하여 따르면 마땅히 그들에게 정성과 진실을 다하여 일을 위임해서, 재능이 있는 많은 사람들이 그들의 재능을 모두 발휘하게 하고 세상의 뜻을 소통시키며, 다시 자신의 밝은 지혜를 사용하여 그 결과의 득실을 걱정하지 말아야 한다. 이렇게 해서 일을 진행해가면 길하여 이롭지 않음이 없다.

육오효는 크게 밝은 군주로서, 그 자신이 모든 일을 밝게 비출 수 없음을 걱정할 것이 아니라 자신의 현명한 지혜를 쓰는 것이 지나쳐서 모든 일에 사사건건 간섭하고 살핀 나머지 현명한 사람들에게 일을 위임하는 도를 잃게 될 것을 걱정해야 하므로, 득실을 근심하지 말라고 경계했다. 사사로운 의도로 편벽되게 일을 위임하고서 그 일을 살피지 않으면 어리석게 되는 폐단이 있겠지만, 세상의 공정함을 다한다면 어찌 다시 자신의 지혜를 사용하여 사사롭게 모든 일에 간섭하고 살피겠는가?

六以柔居尊位, 本當有悔, 以大明而下皆順附, 故其悔得亡也. 下旣同德順附, 當推誠委任, 盡衆人之才, 通天下之志, 勿復自任其明, 恤其失得, 如此而往, 則吉而无不利也. 六五大明之主, 不患其不能明照, 患其用明之過, 至於察察, 失委任之道, 故戒以失得勿恤也. 夫私意偏任不察則有蔽, 盡天下之公, 豈當復用私察也?

「상전」에서 말했다. 득실을 걱정하지 말라는 것은 그렇게 가면 경사가 있기 때문이다.

象曰, 失得勿恤, 往有慶也.

크게 밝은 덕으로 아랫사람들의 복종을 얻고 정성과 진실을 다해 그들에게 일을 위임하면 세상의 큰 공을 이룰 수 있으니, 이것은 일을 진행해감에 복이 있는 것이다.

以大明之德, 得下之附, 推誠委任, 則可以成天下之大功, 是往而有福慶也.

상구효는 나아감이 뿔과 같으니, 오직 고을을 정벌하는 데에 사용하면 엄격하더라도 길하여 허물이 없지만, 올바름에는 인색함이 있다.

上九, 晉其角, 維用伐邑, 厲吉, 无咎, 貞吝.

뿔은 강하고 머리 위에 있는 것이다. 상구효는 강한 자질로 괘의 끝에 처했으므로, 뿔로 상징했다. 양의 자질로 가장 위에 자리하니 강함의 극한이며, 진괘의 가장 윗자리에 있으니 나아감의 극한이다. 강함이 극한에 이르면 강경하고 사나운 과실이 있게 되고, 나아감이 극한에 이르면 조급하고 급박한 실수가 있게 마련이다. 강한 자질로 나아감의 극한에 있으면, 중도中道를 잃기가 매우 쉽다. 이러한 방식은 쓰지 않는 것이 좋으나, 오직 고을을 정벌하는 데에 사용하면 비록 엄격하지만 길하고, 또 허물이 없다. 사방을 정벌하는 것은 밖을 정벌하는 것이고, 자신이 살고 있는 고을을 정벌하는 것은 안을 다스리는 것이다. "고을을 정벌한다"고 한 것은 안으로 스스로의 마음을 다스리는 것을 말한다.

사람이 스스로를 다스리는데 강함이 지극하면 자신의 도를 지키는 것이 더욱더 견고하고, 나아감이 지극하면 선으로 옮기는 것이 더욱더 신속하다. 상구효와 같은 자는 이런 방도로 스스로를 다스리면 지나친 엄격함으로 손상을 입을 수도 있지만, 길하고 또 허물이 없게 된다. 엄격하고 매서운 것은 안정되고 조화로운 방식은 아니지만, 스스로의 마음을 다스리는 데에는 효과가 있다. 그래서 다시 "올바름에는 인색함이 있다"고 말하여 그 의미를 다했다. 과도하게 강직한 방식으로 나아가는 것은 스스로의 마음을 다스리는 데에 효과가 있지만 중화中和의 덕이 아니므로, 올바른 도에는 인색함이 있을 수 있다. 그래서 중정의 도리를 잃지 않은 것이 올바름이 된다.

角, 剛而居上之物. 上九以剛居卦之極, 故取角爲象, 以陽居上, 剛之極也. 在晉之上, 進之極也. 剛極則有強猛之過, 進極則有躁急之失. 以剛而極於進, 失中之甚也. 无所用而可, 維獨用於伐邑, 則雖厲而吉, 且无咎也.

伐四方者, 治外也, 伐其居邑者, 治內也. 言伐邑, 謂內自治也. 人之自治, 剛極則守道愈固, 進極則遷善愈速. 如上九者, 以之自治, 則雖傷於厲, 而吉且无咎也. 嚴厲非安和之道, 而於自治則有功也. 復云貞吝以盡其義. 極於剛進, 雖自治有功, 然非中和之德, 故於貞正之道爲可吝也. 不失中正爲貞.

「상전」에서 말했다. 오직 고을을 정벌하는 데에 사용하는 것은 도가 밝게 드러나지 못한 것이다.

象曰, 維用伐邑, 道未光也.

오직 고을을 정벌하는 데에 사용하면 길하여 허물이 없는데, 다시 "올바름에는 인색함이 있다"고 말한 것은 올바른 도리가 밝고 크게 드러나지 못했기 때문이니, 이는 정리正理로 말하면 오히려 인색할 만하다. 도가 밝고 크게 드러났다면, 중정하지 않음이 없으니 어찌 허물이 있겠는가? 지금 과도하게 강한 방식으로 스스로를 다스리면 효과가 있을지라도 그 도는 밝고 크게 드러나지 못하므로, 또 인색함이 있을 수 있다고 한 것이다. 성인이 그 선함을 다하는 도리를 말한 것이다.

維用伐邑, 旣得吉而无咎, 復云貞吝者, 貞道未光大也, 以正理言之, 猶可吝也. 夫道旣光大, 則无不中正, 安有過也? 今以過剛, 自治雖有功矣, 然其道未光大, 故亦可吝. 聖人言盡善之道.

---

1 혁革괘와 점漸괘이니, 괘에 따라 볼 수 있다: 정이천은 점漸괘에서 이정利貞의 용

법을 3가지로 구별하고 있다. 첫째는 올바르지 못하기 때문에 올바름을 지키는 것이 이롭다고 하는 경우고, 둘째는 어떤 일이건 반드시 올바르게 해야만 마땅함을 얻어 이롭다는 경우고, 셋째는 올바름을 지키고 있어서 이로운 경우다. 두 번째는 혁괘이고 세 번째는 점괘의 경우다.

2 『춘추좌씨전』「환공桓公·원년元年」 조항에 있다.

3 얼굴에 원한과 노기를 띠고서: '행행悻悻'을 번역한 것으로 맹자에 나오는 말이다. "내가 어찌 소인배처럼 군주에게 간언하다가 받아주지 않으면 노하여 얼굴색을 바꾸면서 얼굴에 노기를 드러내고, 떠나면 하루 종일 갈 수 있는 힘을 다한 뒤에 유숙하는 것처럼 하겠는가?予豈若是小丈夫然哉? 諫於其君而不受, 則怒, 悻悻然見於其面. 去則窮日之力而後宿哉?(『맹자』「공손추하」)"

36. 손상된 밝은 빛, 어둠에 감춰진 빛: 명이明夷괘䷣

지화명이地火明夷라고 한다. 괘의 모습이 곤坤☷괘가 위에 있고 이離☲괘가 아래에 있기 때문이다.

명이明夷괘에 대해서 「서괘전」은 다음과 같이 설명한다. "진晉이란 나아감이다. 나아가면 반드시 손상을 입게 되므로, 명이괘로 받았다. '이夷'란 손상을 입는다는 뜻이다." 그치지 않고 나아가면 반드시 손상을 입게 되는 것이 자연스런 이치이니, 명이괘가 진晉괘 다음이 된다.

괘의 모습은 땅을 상징하는 곤坤괘가 위에 있고 밝은 빛을 상징하는 이離괘가 아래에 있으니, 밝은 빛이 땅속으로 들어간 모습이다. 진괘를 뒤집으면 명이괘가 되므로, 그 의미가 진괘와 정반대다. 진괘는 밝은 빛과 세력이 성대해지는 상황을 상징하는 괘이니, 현명한 군주가 위에 있고 여러 현자가 함께 나아가는 때다. 명이괘는 어두운 암흑을 상징하는 괘이니, 어리석은 군주가 위에 있고 현명한 자들이 손상을 입는 때다. 밝은 태양이 땅속으로 들어가면 밝은 빛이 손상을 입어서 어둡게 되므로 어둠에 감춰진 빛이 된다.

明夷, 序卦, "晉者, 進也. 進必有所傷, 故受之以明夷. 夷者, 傷也." 夫

進之不已, 必有所傷, 理自然也, 明夷所以次晉也. 爲卦, 坤上離下, 明入地中也. 反晉成明夷, 故義與晉正相反. 晉者明盛之卦, 明君在上, 群賢竝進之時也. 明夷昏暗之卦, 暗君在上, 明者見傷之時也. 日入於地中, 明傷而昏暗也, 故爲明夷.

밝은 빛이 손상을 입은 때이니 어려움을 알고 올바름을 굳게 지키는 것이 이롭다.

明夷, 利艱貞.

군자가 밝은 빛이 손상을 입는 때를 당하였으니, 그 이로움은 어려운 때란 것을 알아서 그 올바름을 잃지 않는 것에 있다. 어둡고 어려운 때에 그 올바름을 잃지 않을 수 있는 것이 곧 현명한 군자다.[1]

君子當明夷之時, 利在知艱難而不失其貞正也. 在昏暗艱難之時, 而能不失其正, 所以爲明, 君子也.

「단전」에서 말했다. 밝은 빛이 땅속으로 들어가는 것이 명이괘로, 안으로 문명하면서 겉으로는 유순하여 큰 환난을 무릅쓰니, 문왕이 그렇게 했다.

彖曰, 明入地中, 明夷, 內文明而外柔順, 以蒙大難, 文王以之.

밝은 빛이 땅속으로 들어가 그 밝음이 소멸되었으므로, 손상된 밝은 빛이다. 내괘는 이離괘로서 '이'는 문명文明[2]한 모습을 상징하고, 외괘는 곤坤괘로서 '곤坤'은 유순한 모습을 상징한다. 사람으로 말하자면 마음속에 문명한 덕을 지니고 있으면서 겉으로는 유순하게 행동할 수 있는 자다. 옛날에 문왕이 이와 같았으므로, "문왕이 그렇게 했다"고 했다.

폭군 주紂왕이 다스리던 암흑의 시기가 곧 밝은 빛이 손상되는 때인데, 문왕은 마음속에 문명한 덕을 지녔으면서 겉으로는 유순한 태도로 주왕을 섬겨서, 큰 환난을 무릅쓰고서도 안으로는 그의 현명한 성인됨을 잃지 않으면서 밖으로는 환난과 근심을 멀리할 수 있었으니, 이것이 문왕이 사용한 방식이므로, 그래서 문왕이 그렇게 했다고 했다.

明入於地, 其明滅也, 故爲明夷. 內卦離, 離者文明之象, 外卦坤, 坤者柔順之象. 爲人內有文明之德而外能柔順也. 昔者文王如是, 故曰文王以之. 當紂之昏暗, 乃明夷之時, 而文王內有文明之德, 外柔順以事紂, 蒙犯大難而內不失其明聖, 而外足以遠禍患, 此文王所用之道也, 故曰文王以之.

"어려움을 알고 올바름을 굳게 지키는 것이 이롭다"는 것은 그 현명함을 감추는 것이다. 안에 있어 어렵지만 그 뜻을 올바르게 할 수 있으니, 기자箕子가 그렇게 했다.

利艱貞, 晦其明也. 內難而能正其志, 箕子以之.

밝은 빛이 손상된 때에는 어려움에 처했어도 올바름을 잃지 않는 것이 이로우니, 현명함을 감출 수 있는 것을 말한다. 자신의 현명함을 감추지 않으면 화와 근심을 당하고, 올바름을 지키지 않으면 현명한 사람이 아니다. 기자箕子[3]가 폭군 주왕의 때에 몸을 그 나라 안에 두어 환난에 매우 가까웠으므로, "안에 있어 어렵다"고 했다. 그러나 기자는 그런 상황속에서 그 현명함을 감추어 그 올바른 뜻을 스스로 지킬 수 있었으니, 이것이 기자가 처신한 방도이므로, "기자가 그렇게 했다"고 했다.

明夷之時, 利於處艱厄而不失其貞正, 謂能晦藏其明也. 不晦其明, 則被禍患, 不守其正, 則非賢明. 箕子當紂之時, 身處其國內, 切近其難, 故云內難. 然箕子能藏晦其明, 而自守其正志, 箕子所用之道也, 故曰箕子以之.

「상전」에서 말했다. 밝은 빛이 땅속으로 들어간 것이 명이괘의 모습이니, 군자는 이것을 본받아 군중을 대할 때에 어둠을 써서 밝게 한다.

象曰, 明入地中, 明夷, 君子以莅衆, 用晦而明.

밝은 빛이란 모든 것을 밝게 비추는 것이니, 군자는 밝게 비추지 않는 바가 없으나, 이 밝게 살피는 능력을 과도하게 사용하면 오히려 제대로 살피지 못하여 살피는 것에 해를 입을 수 있고, 지나치게 살펴 모든 일을 시시콜콜 다 파헤치면 포용의 도량이 없게 된다. 그래서 군자는 밝은 빛이 땅속으로 들어가는 모습을 관찰하여, 군중을 대할 때 그의 밝게 살피는 능력을 극단적으로 사용하지 않고 어둠을 쓴다. 그런 연후에 타인을 용납하고 군중과 화합하여, 군중이 친하고 편안하게 여기니, 곧 어두운 어리석음을 쓰는 것이 바로 밝은 지혜가 된 것이다.

만일 스스로 자신의 현명함을 자임하여 시시콜콜 살피지 않는 것이 없다면 자신이 분함과 질시를 이기지 못한다. 그래서 관대하고 포용하는 덕이 없어지면 사람들의 감정이 반목하여 의심하고 불안하게 되므로 군중을 대하는 도리를 잃어버리니, 오히려 지혜롭지 못한 것이 되어버린다.[4] 옛날 성인이 면류관 앞에 술을 달고 문 앞을 가리개로 가린 것은 은미한 것까지 모두 밝게 드러내지 않기 위함이다.

明所以照, 君子无所不照, 然用明之過, 則傷於察. 太察則盡事而无含弘之度. 故君子觀明入地中之象, 於莅衆也, 不極其明察而用晦, 然後能容物和衆, 衆親而安, 是用晦乃所以爲明也. 若自任其明, 无所不察, 則己不勝其忿疾, 而无寬厚含容之德, 人情睽疑而不安, 失莅衆之道, 適所以爲不明也. 古之聖人, 設前旒屛樹者, 不欲明之盡乎隱也.

초구효는 밝은 빛이 손상당하는 때에 날아가면서 그 날개를 늘어뜨리는 것이다. 군자는 떠나가는 데에 3일 동안 먹지 못하니, 그대로 나아가면 주인이 나무라는 말이 있다.

初九, 明夷于飛, 垂其翼, 君子于行, 三日不食, 有攸往, 主人有言.

초구효는 이괘가 상징하는 밝음의 형체에 속하고 밝은 빛이 손상되는 시작에 자리하니, 손상의 시초다. 초구효는 양명陽明한 자질로 위로 올라가는 자이므로, 날아가는 모습을 취했다. 어리석은 자가 위의 자리에 있어 양의 밝음을 손상시켜 나아가지 못하게 하니, 이는 날아가는데 그 날개를 손상당한 것이다. 날개가 손상되었으므로, 늘어뜨린다. 소인이 군자를 해롭게 하는 것은 그가 나아갈 수 있는 수단과 능력(날개)을 해치는 것이다. "군자는 떠나가는 데에 3일 동안 먹지 못한다"고 했다. 군자는 밝게 모든 것을 비추어 일의 기미를 보니, 처음에 손상을 입는 단서가 있어 아직 드러나지 않았지만 군자는 이것을 볼 수 있으므로 떠나 피하는 것이다. "군자가 떠나간다"는 것은 녹봉과 지위를 버리고 물러나 숨는다는 말이고, "3일 동안 먹지 못한다"는 것은 곤궁함의 극한을 말한다.

일이 아직 드러나지도 않았는데도 매우 곤궁한 곳에 자처하니 이는 기미를 볼 줄 아는 현명한 사람이 아니라면 할 수 없다. 기미를 아는 것은 군자만이 홀로 보는 것이지 보통 사람이 식별해 낼 수 있는 것이 아니다. 그러므로 밝은 빛이 손상당하는 때의 시초에 손상이 아직 드러나지 않았는데도 떠나니, 세속의 사람들 가운데 누가 의심하고 괴이하게 여기지 않겠는가? 그래서 나아가게 되면 주인이 나무라는 말을 하는 것이다. 그러나 군자는 세속 사람들이 괴이하게 여긴다고 해서 그 떠나는 일을 지체하거나 의심하지 않는다. 만약 보통 사람들이 모두 식별하여 알게 되기를 기다린다면, 상해傷害가 자신에게 미쳐서 떠날 수 없게 될 것이다. 이것이 설방薛方[5]은 현명한 사람이고, 양웅揚雄[6]은 그 떠나감을 얻지 못한 까닭이다.

어떤 사람은 이렇게 말한다. "손상이 날개를 늘어뜨릴 정도에 이르렀다면, 그 손상됨이 분명한데 어째서 보통 사람들이 식별하지 못하겠는가?" 이렇게 답하겠다. 처음 손상당하기 시작하는 때인데, 날개를 늘어뜨렸다는 것은 날 수 있는 수단을 손상당했다는 말일 뿐이니, 그 일이 아직 드러나지 않은 것이다. 군자는 기미를 보고서 즉시 떠나간다. 그러나 세속 사람들은 그것을 볼 수 없으므로, 괴이하게 여겨 비난한다. 예를 들어 목생穆生[7]이 초나라를 떠날 때에 신공申公과 백공白公도 비난했는데 세속 사람들이야 어찌했겠는가? 그들은 단지 목생이 왕에게 작은 예의를 문책한다고 비난했지, 목생이 떠나는 것이 형벌을 받는 화를 피하려는 것임을 알지 못했다. "떠나지 않으면 초나라 사람이 시장에서 내게 재갈을 먹일 것이다"라는 목생의 말을 들었을 때, 그들 두 유자도 너무 심한 말이라고 여겼다. 또 원굉袁閎[8]은 당고黨錮의 일이 일어나기 전에 명망과 덕이 있는 선비들이 봉기했으나 홀로 토실土室에 몸을 숨겼으므로, 사람들은 그를 미친 사람이라 여겼지만 끝내 당고의 화를 면했다. 행하는 것에 대해 사람들이 나무라는 말이 있는 것을 어찌 괴이하다고 여기겠는가?

初九明體而居明夷之初, 見傷之始也. 九, 陽明上升者也, 故取飛象. 昏暗在上, 傷陽之明, 使不得上進, 是于飛而傷其翼也. 翼見傷, 故垂朶. 凡小人之害君子, 害其所以行者. 君子于行, 三日不食, 君子明照, 見事之微, 雖始有見傷之端, 未顯也, 君子則能見之矣, 故行去避之. 君子于行, 謂去其祿位而退藏也, 三日不食, 言困窮之極也. 事未顯而處甚艱, 非見幾之明不能也. 夫知幾者, 君子之獨見, 非衆人所能識也. 故明夷之始, 其見傷未顯而去之, 則世俗孰不疑怪? 故有所往適, 則主人有言也. 然君子不以世俗之見怪, 而遲疑其行也. 若俟衆人盡識, 則傷已及而不能去矣. 此薛方所以爲明, 而揚雄所以不獲其去也. 或曰, 傷至於垂翼, 傷已明矣, 何得衆人猶未識也? 曰, 初傷之始也, 云垂其翼, 謂傷其所以飛爾, 其事則未顯也. 君子見幾, 故亟去之. 世俗之人未能見也, 故異而非之. 如穆生之去楚, 申公白公且非之, 況世俗之人乎? 但譏其責小禮, 而不知穆生之去, 避胥靡之禍也. 當其言曰, 不去, 楚人將鉗我於市. 雖二儒者亦以爲過甚之言也. 又如袁閎於黨事未起之前, 名德之士方鋒起, 而獨潛身土室, 故人以爲狂生, 卒免黨錮之禍. 所往而人有言, 胡足怪也?

「상전」에서 말했다. 군자가 떠나는 것은 의리상 마땅히 먹지 않아야 할 것이기 때문이다.

象曰, 君子于行, 義不食也.

군자가 은둔하여 숨어 곤궁한 것은 마땅한 의리상 당연한 것이다. 오직 의리의 당연함으로 편안하게 처하여 근심하지 않는 것이니, 먹지 않더라도 옳다.

君子遯藏而困窮, 義當然也. 唯義之當然, 故安處而无悶, 雖不食可也.

육이효는 밝은 빛을 손상당하는 때에 왼쪽 넓적다리를 손상당하니, 구원하는 말이 건장하면 길하다.

六二, 明夷, 夷于左股, 用拯馬壯吉.

육이효는 지극히 현명한 자질로 중정을 얻었고 체질이 순하니, 때에 순응하여 자처하는 것이 지극히 좋은 처신이다. 군자의 처신이 아주 좋더라도, 음암陰闇[9]한 소인이 밝음을 손상하려는 때에는 또 그 손상을 피하지 못한다. 다만 군자가 처신하는 데에는 도리가 있으므로 심하게 서로 손상을 줄 수는 없고, 결국에는 떠나서 피할 뿐이다. 발은 걸어가는 것이고 넓적다리는 정강이와 발의 위에 있어, 걸어갈 때 아주 절실하게 쓰이는 것은 아니고, 왼쪽도 쓰기에 편리한 것이 아니다. 손발을 사용할 때는 오른쪽이 편리하고 오직 발로 쇠뇌를 잡아당길 때만 왼쪽을 쓰니, 오른쪽으로 서는 것이 근본이다. "왼쪽 넓적다리를 손상당했다"는 것은 걸어감을 손상당했으나 그렇게 심하지 않은 것이다.

그렇지만 또한 반드시 스스로 모면하는 데에는 방도가 있다. 구제하는 데에 건장한 말을 쓰면 빨리 모면할 수가 있고 길하다. 군자가 음암한 사람에게 손상을 당할 때 처신하는 데에는 방도가 있으므로 그 손상이 그렇게 깊지 않고, 스스로 구제하는 데에 방도가 있으므로 빨리 모면할 수가 있다. 구제하는 방도가 건장하지 않으면 깊게 손상을 입으므로, "말이 건장하면 길하다"고 했다. 육이효는 현명한 자질로 음암한 자들의 아래에 자리했으니, 길하다고 한 것은 손상과 피해를 모면한다는 것이지 이러한 때에 어떤 일을 할 수 있다는 의미는 아니다.

六二以至明之才, 得中正而體順, 順時自處, 處之至善也. 雖君子自處之善, 然當陰闇小人傷明之時, 亦不免爲其所傷. 但君子自處有道, 故不能深相傷害, 終能違避之爾. 足者, 所以行也, 股在脛足之上, 於行之用爲不甚切, 左又非便用者. 手足之用, 以右爲便, 唯蹶張用左, 蓋右立爲本也. 夷于左股, 謂傷害其行而不甚切也. 雖然, 亦必自免有道. 拯用壯健之馬, 則獲免之速而吉也. 君子爲陰闇所傷, 其自處有道, 故其傷不甚, 自拯有道, 故獲免之疾. 用拯之道不壯, 則被傷深矣, 故云馬壯則吉也. 二以明居陰闇之下, 所謂吉者, 得免傷害而已, 非謂可以有爲於斯時也.

「상전」에서 말했다. 육이효의 길함은 유순하면서 원칙을 따르기 때문이다.

象曰, 六二之吉, 順以則也.

육이효가 길함을 얻은 것은 그가 유순하게 처신하면서도 원칙이 있었기 때문이다. '원칙'이란 중정의 도를 말한다. 유순할 수 있으면서 중정의 도를 얻었으니, 밝음이 손상되는 때에 처하여 그 길함을 보존할 수 있다.

六二之得吉者, 以其順處而有法則也. 則, 謂中正之道. 能順而得中正, 所以處明傷之時而能保其吉也.

구삼효는 밝은 빛이 손상당하는 때 남쪽으로 사냥하여 큰 괴수를 얻으니, 빨리 바로잡아서는 안 된다.

九三, 明夷于南狩, 得其大首, 不可疾貞.

구삼효는 이離괘의 가장 위에 있어 밝음의 극한이고, 또 강하게 처신하면서 나아간다. 상육효는 곤坤괘의 가장 위에 있어 어두움의 극한이다. 구삼효는 지극히 현명하면서 아래 위치에 자리하고 아래 위치 가운데에서 가장 위에 있고, 상육효는 지극히 어리석으면서 가장 위에 있고 극한의 자리에 처하여 서로 적으로 호응하고 있으니, 밝은 빛으로 어둠을 제거하는 자다. 이러한 뜻은 탕湯왕과 무武왕[10]의 일이다! '남쪽'은 앞쪽에 있어 밝은 장소이고 '수렵'은 사냥하여 해로움을 제거하는 일이다. 남쪽으로 사냥하는 것은 앞으로 나아가 해로움을 제거하는 것을 말한다. 마땅히 그 괴수를 잡을 수 있을 것이니, '큰 괴수〔大首〕'란 어리석은 괴수인 상육효다. 구삼효와 상육효는 서로 호응하니, 지극히 밝은 지혜가 지극히 어리석은 어두움을 이기는 모습이 된다.

"빨리 바로잡아서는 안 된다"는 것은 괴수를 없앨 뿐이지, 옛날에 물든 더러운 풍속을 성급하고 급작스럽게 변혁시킬 수가 없는 것이다. 반드시 점차적인 과정을 거쳐야 하니, 성급하게 변혁하면 놀라고 두려워해서 불안해진다. 『서』 「주고酒誥」에서 "은殷나라가 인도한 여러 신하와 백공百工들이 마침내 술에 빠지거든 죽이지 말고 우선 가르치라"고 하며, 이미 오래되었는데도 "남은 풍속이 끊어지지 않았다"고 했다. 점차로 물든 풍속은 급격하게 변혁할 수 없으므로 "빨리 바로잡아서는 안 된다"고 한 것이니, 바로잡는 것은 급작스럽게는 할 수 없다. 상육효는 군주의 지위가 아니지만 위의 위치에 자리한 어둠의 극한이니, 어리석음의 주인이 되므로 괴수라고 했다.

九三, 離之上, 明之極也, 又處剛而進. 上六, 坤之上, 暗之極也. 至明居下而爲下之上, 至暗在上而處窮極之地, 正相敵應, 將以明去暗者也. 斯義也, 其湯武之事乎! 南, 在前而明方也, 狩, 畋而去害之事也. 南狩謂前進而除害也. 當克獲其大首. 大首謂暗之魁首上六也. 三與上正相應, 爲至明克至暗之象. 不可疾貞, 謂誅其元惡, 舊染汚俗未能遽革. 必有其漸, 革之遽, 則駭懼而不安. 故酒誥云, "惟殷之迪諸臣惟工, 乃湎于酒, 勿庸殺之, 姑惟敎之." 至於旣久, 尙曰餘風未殄. 是漸漬之俗, 不可以遽革也, 故曰不可疾貞, 正之不可急也. 上六雖非君位, 以其居上而暗之極, 故爲暗之主, 謂之大首.

「상전」에서 말했다. 남쪽으로 사냥하는 뜻을 크게 얻었다.

象曰, 南狩之志, 乃大得也.

아랫자리의 밝은 지혜로 윗자리의 어두운 어리석음을 제거하니, 그 뜻이 해로움을 제거하는 데에 있을 뿐이다. 상商나라의 탕왕과 주나라의 무왕 같은 사람들이 어찌 천하를 이롭게 하려는 의도를 가지고 있었겠는가?[11] 괴수를 얻는 것은 해로움을 제거하여 그 뜻을 크게 얻을 수 있는 것이다. 뜻이 그러하지 않다면 이는 하늘의 뜻을 어기고 천하를 혼란스럽게 하는 일이다.

夫以下之明除上之暗, 其志在去害而已. 如商周之湯武, 豈有意於利天下乎? 得其大首, 是能去害而大得其志矣. 志苟不然, 乃悖亂之事也.

육사효는 왼쪽 배로 들어가 밝은 빛을 손상당한 마음을 얻어서 문 앞의 뜰로 나오는 것이다.

六四, 入于左腹, 獲明夷之心, 于出門庭.

육사효는 음의 자질로 음의 위치에 자리하고 음유한 형체에 있으면서 군주와 가까운 지위에 처하니, 음흉하고 사악한 소인으로서 높은 지위에 자리하여 유순하고 간사하게 군주에게 순종하는 자다. 육오효는 밝은 빛을 손상하는 때에 군주의 지위에 있으므로 밝은 빛을 손상당한 주체다. 육사효는 유순하고 간사하게 순종하여 육오효와의 교제를 견고하게 한다. 소인이 군주를 섬길 때에 밝은 지혜를 드러내서 도와 합치하는 자는 있지 않으니, 편벽된 마음을 감추는 음흉한 방식으로 윗사람과 결탁한다.

오른쪽은 쓰기에는 합당하므로 밝게 드러난 곳이고, 왼쪽은 쓰기에는 합당하지 않으므로 편벽됨이 감추어진 곳이다. 사람의 손과 발은 모두 오른쪽을 사용한다. 세속에서 궁벽한 곳을 '벽좌僻左'라고 하니, 왼쪽은 편벽됨이 감추어진 궁벽한 곳이다. 육사효는 편벽됨을 감춘 음흉한 방식으로 군주에게 깊숙이 들어가기 때문에 "왼쪽 배로 들어갔다"고 했다. '배로 들어갔다'는 것은 그 교제가 깊다는 것이다. 교제가 깊어 그 마음을 얻으니, 간사한 자가 군주의 신임을 얻은 것은 모두 그 마음을 빼앗았기 때문이다. 그 마음을 빼앗지 않았다면 어찌 군주가 깨닫지 못했겠는가? "문 앞의 뜰로 나왔다"는 것은 마음으로 신임하게 한 후에 밖에서 행하는 것이다. 간사한 신하가 어리석은 군주를 섬기는 것은 반드시 먼저 그 마음을 미혹시킨 후에 밖에서 행할 수가 있다.

六四以陰居陰, 而在陰柔之體, 處近君之位, 是陰邪小人居高位, 以柔邪順於君者也. 六五, 明夷之君位, 傷明之主也. 四以柔邪順從之, 以固其交. 夫小人之事君, 未有由顯明以道合者也, 必以隱僻之道, 自結於上. 右當用, 故爲明顯之所, 左不當用, 故爲隱僻之所. 人之手足, 皆以右爲用. 世謂僻所爲僻左, 是左者, 隱僻之所也. 四由隱僻之道, 深入其君, 故云入于左腹. 入腹謂其交深也. 其交之深, 故得其心. 凡姦邪之見信於其君, 皆由奪其心也. 不奪其心, 能无悟乎? 于出門庭, 旣信之於心, 而後行之於外也. 邪臣之事暗君, 必先蠱其心, 而後能行於外.

「상전」에서 말했다. 왼쪽 배로 들어간 것은 마음과 뜻을 얻었다는 것이다.

象曰, 入于左腹, 獲心意也.

왼쪽 배로 들어간 것은 사악하고 편벽된 방식으로 군주의 마음에 들어가 그 마음과 뜻을 얻었다는 말이다. 마음을 얻었기 때문에 군주가 끝까지 깨닫지 못한다.

入于左腹, 謂以邪僻之道入于君而得其心意也. 得其心, 所以終不悟也.

육오효는 기자가 밝은 빛을 감춘 것이니, 올바름을 지키는 것이 이롭다.

六五, 箕子之明夷, 利貞.

육오효가 군주의 지위가 되는 것은 정상적인 일이다. 그러나 『역』에서 의미를 취함은 상황에 따라서 변하고 움직인다. 상육효는 곤괘의 윗자리에 처하여 밝은 빛이 손상당하는 때의 극한이고, 음암陰暗하여 밝음이 매우 손상된 자다. 육오효는 이에 가장 가까이 있으니, 성인은 육오효를 지극히 어리석은 사람과 밀접하게 가까운 사람으로 생각했기 때문에 그것에 대처하는 뜻을 드러내었으므로 군주의 지위로만 말하지는 않았다. 상육효는 음암한 자질로 밝음이 손상당하는 때의 극한이므로, 밝음을 손상시키는 주체가 된다. 육오효는 밝음을 손상시키는 주체와 밀접하게 가까이 있으니, 그 밝은 지혜를 드러내면 해를 입고 손상을 당할 것이 분명하므로, 기자가 스스로 밝은 지혜를 스스로 감추었듯이 행동하면 환난을 면할 수가 있다.

기자는 상나라 옛 신하로서 동성同姓의 친척이니, 포악한 주紂왕과 아주 가까웠다고 할 수 있다. 만약 그가 스스로 밝은 지혜를 감추지 않았다면 분명 화를 당했을 것이나, 거짓으로 미친 척하여 노예가 되어 해를 면할 수 있었다. 밝은 지혜를 감추었으나 마음속으로는 올바른 뜻을 지켰다. 「단전」에서 "안에 있어 어렵지만 그 뜻을 올바르게 할 수 있다"고 한 것은 인仁하면서도 현명하다고 말하는 것이니, 기자와 같이 하면 올바르다고 할 수 있다. 육오효가 음유하므로 "올바름을 지켜야 이롭다"고 했으니, 마땅히 기자가 올바름을 견고하게 지킨 것처럼 해야 한다는 말이다. 만약 군주의 도리로 말하더라도 그 뜻 역시 이와 같다. 군주는 당연히 마음을 감추어 속에 품어야 할 때가 있으니, 또한 겉으로는 그 밝은 지혜를 감추고 안으로 그 뜻을 올바르게 지켜야 한다.

五爲君位, 乃常也. 然易之取義, 變動隨時. 上六處坤之上而明夷之極, 陰暗傷明之極者也. 五 切近之, 聖人因以五爲切近至暗之人, 以見處之之義, 故不專以君位言. 上六陰暗傷明之極, 故以爲明夷之主. 五切近傷明之主, 若顯其明, 則見傷害必矣, 故當如箕子之自晦藏, 則可以免於難. 箕子, 商之舊臣而同姓之親, 可謂切近於紂矣. 若不自晦其明, 被禍可必也, 故佯狂爲奴, 以免於害. 雖晦藏其明, 而內守其正, 所謂內難而能正其志, 所以謂之仁與明也, 若箕子, 可謂貞矣. 以五陰柔, 故爲之戒云利貞, 謂宜如箕子之貞固也. 若以君道言, 義亦如是. 人君有當含晦之時, 亦外晦其明, 而內正其志也.

「상전」에서 말했다. 기자의 올바름은 밝음이 소멸될 수 없는 것이다.

象曰, 箕子之貞, 明不可息也.

기자는 밝은 지혜를 감추고 그 올바른 뜻을 견고하게 지켜 잃지 않았다. 환난을 당했음에도 그 밝은 지혜를 스스로 보존하였으니, 소멸시킬 수 없는 것이다. 만약 재앙과 화를 당하여 그 고수하는 바를 잃었다면, 이는 그 밝은 지혜를 잃는 것이다. 이는 곧 소멸되어 없어진 것이니, 옛사람들 가운데 양웅과 같은 자가 이러하다.

箕子晦藏, 不失其貞固, 雖遭患難, 其明自存, 不可滅息也. 若逼禍患, 遂失其所守, 則是亡其明, 乃滅息也, 古之人如揚雄者是也.

상육효는 밝지 못하고 어두우니, 처음에는 하늘에 오르지만 뒤에는 땅속으로 들어간다.

上六, 不明, 晦, 初登于天, 後入于地.

상육효는 괘의 끝에 자리하여 밝음을 손상하는 주체가 되고, 또 밝음이 손상당하는 극한이 된다. 상上이란 가장 높은 자리다. 밝음이 지극히 높은 곳에 있으면 본래 멀리까지 모두 비추지만, 밝음이 손상되었으므로 밝게 비추지 못하고 반대로 어두워 컴컴하다. 본래 높은 곳에 자리하면 밝은 빛은 당연히 멀리까지 미치니[12] "처음에는 하늘에 올랐다"고 했고, 밝음이 손상되어 어두워 컴컴해지니 "뒤에는 땅속으로 들어간다"고 했다. 상上이란 밝음이 손상되는 끝이며 또한 곤괘 음효의 끝이니, 밝음이 손상당하는 극한이다.

上居卦之終, 爲明夷之主, 又爲明夷之極. 上, 至高之地. 明在至高, 本當遠照, 明旣夷傷, 故不明而反昏晦也. 本居於高, 明當及遠, 初登于天也, 乃夷傷其明而昏暗, 後入于地也. 上, 明夷之終, 又坤陰之終, 明傷之極者也.

「상전」에서 말했다. 처음에 하늘에 올라간 것은 사방의 나라를 비추는 것이고, 뒤에 땅속으로 들어간 것은 법칙을 잃은 것이다.

象曰, 初登于天, 照四國也, 後入于地, 失則也.

"처음에는 하늘에 올라갔다"는 것은 높은 지위에 자리하여 밝게 비추면 당연히 사방으로 그 밝은 빛이 비출 것인데, 그 밝은 빛을 손상당하면 어두워지게 된다. 이것이 "뒤에는 땅속으로 들어갔다"는 것이니, 밝음의 도를 잃은 것이다. "원칙을 잃었다"는 것은 그 도를 잃었다는 말이다.

初登于天, 居高而明, 則當照及四方也, 乃被傷而昏暗. 是後入于地, 失明之道也. 失則, 失其道也.

---

1 중국판본은 "所以爲明君子也"로 읽지만, 『주역대전』 구결은 "所以爲明, 君子也"로 읽고 있다. 중국판본을 따랐다.

2 문명文明: 「범례」 5번 문명文明 항목 참조.

3 기자는 문정文丁의 아들이자 제을帝乙의 동생, 주왕紂王의 숙부로서 태사太師

로, 기箕땅에 봉해졌다. 인물사전 참조.

4 지혜롭지 못한 것이 되어버린다: 왜 지혜롭지 못한 것이 될까? 지나치게 시시콜콜 따지고 모든 것을 명백하게 드러내려는 것은 사람들의 저항을 불러일으킬 수 있다. 정이천은 과도한 명철함이 해를 입을 수 있다고 설명한다. 그러나 호원은 소인들과의 관계에서 소인들에게 해를 입지 않기 위해서 소인들에게 기만술을 펴야 한다고 설명하고 있다. "군자는 밝히지 못할 성질도 없고 통하지 못할 일도 없으며, 선을 좋아하고 악을 미워하지만, 신중하고 치밀하지 못하여 그런 능력들을 모두 겉으로 드러내면, 소인들이 그런 현명한 능력을 보고서, 위선을 행하고 기만하여 속이니, 자신이 어떻게 소인들이 속이는 것을 알 수 있겠는가? 이렇게 되면 소인들이 엿보고 잔꾀를 쓰게 되어 반드시 소인들의 해로움을 입게 된다. 그래서 군자는 그 도를 온전히 하려고 힘쓰되, 그 현명함을 조용히 운용하면, 사람들이 감출 수가 없고, 겉으로 기만하되 유순함을 드러내면 해를 입지 않는다蓋君子性无不明, 事无不通, 好善而嫉惡, 苟不愼密而宣之于外, 則小人見已之明, 詐善而罔于己, 己何由而知之? 如是則爲小人之所窺測, 而必罹小人之害也. 是以君子務全其道, 默運其明, 則物不能蔽, 欺外示柔, 則不傷."

5 설방은 전한 말기 제齊나라 사람으로 생졸연대는 자세하지 않다. 경학에 밝고 행동이 신중한 것으로 세상에 이름이 났다고 한다. 왕망王莽이 그에게 관직을 주려고 했으나 설방은 기산箕山의 지조를 지키고 싶다고 하여 거절했고 왕망은 강요하지 않았다고 한다. 그래서 집에서 학문을 가르칠 수 있었다. 인물사전 참조.

6 양웅은 전한 말의 관리이며 학자다. 왕망이 제위를 찬탈하고 나서 많은 유명 인사들을 처형하거나 옥에 가둘 때 곧 잡힐 처지에 놓이게 되었는데, 이를 두려워한 그는 높은 건물의 창밖으로 몸을 던져 크게 다쳤다고 한다. 인물사전 참조.

7 목생은 한漢대의 노魯나라 사람이다. 초楚나라 원왕元王은 예를 갖추어 목생을 공경하여 항상 예주醴酒를 준비했는데 후에 그의 아들이 즉위해 예주를 잊고 올리지 않자, 목생은 어떤 위험의 기미를 느끼고 그 나라를 떠났다고 한다. 인물사전 참조.

8 원굉은 동진東晉시대 사람으로 어려서부터 지조 있는 행위로 유명하다. 조종에서 초빙되었으나 응하지 않았다. 당고가 일어나기 전에 토실을 짓고 몸을 18년 동안 숨겨서 화를 모면했다고 한다. 인물사전 참조.

9 음암陰闇: 어리석고 어두운 자질을 말한다. 「범례」 4번 재才와 덕德 항목 참조.

10 탕왕은 걸桀을 정벌했고, 무왕은 주紂를 정벌했다.

11 이롭게 하려는 의도를 가지고 있었겠는가?: 어떤 목적의식이 있었던 것이 아니라 백성들이 도탄에 빠졌기 때문에 어쩔 수 없이 부득이 정벌하러 갔다는 의미다. 호원은 이렇게 표현한다. "강명하고 공명정대한 덕을 가진 사람이 명이明夷의 때에 어리석은 군주가 윗자리에서 백성들을 잔악하고 포악하게 다루고 세상을 도탄에 빠뜨리니, 좌시하고 참을 수 없기 때문에 부득이 정벌하여 백성을 물과 불로부터 소생시키고, 백성을 도랑에서 구제하려는 것이다. 그래서 수렵의 일과 같다고 했으니, 단지 백성에게 해를 주는 자를 죽이려는 것일 뿐이다夫以剛明大正之德, 居明夷之時, 闇主在上, 殘虐生靈, 塗炭天下, 不忍坐視, 故不得已往而征之, 以蘇民于水火, 救民于溝壑. 故如獵狩之事, 但取其害于民者, 誅之耳."

12 자리하면 밝은 빛은 자연히 멀리까지 미치니: 중국판본은 "本居於高明, 當及遠"으로 읽지만, 『주역대전』 구결은 "本居於高, 明當及遠"으로 읽는다. 『주역대전』 구결을 따랐다.

37. 가족의 도리: 가인家人괘☲☴

풍화가인風火家人으로 읽는다. 괘의 모습이 손巽☴괘가 위에 있고, 이離☲괘가 아래에 있기 때문이다.

가인家人괘에 대해 「서괘전」은 다음과 같이 설명한다. "'이夷라는 말은 손상당했다는 것이니, 밖에서 손상을 당한 자는 반드시 가정으로 돌아오므로 가족을 상징하는 가인괘로 받았다." 밖에서 손상을 당하고 곤궁해지면 반드시 집안으로 돌아오니, 가인괘가 명이明夷괘의 다음이 된다. '가인家人'은 집안의 도이니, 아버지와 아들의 친밀함, 남편과 아내의 마땅함, 높은 사람과 낮은 사람 그리고 나이 많은 사람과 어린 사람의 순서와 윤리를 바르게 하고, 은혜와 의리를 돈독하게 하는 것이 가족의 도다.

괘의 모습은 밖으로는 바람을 상징하는 손巽괘이고 안으로는 불을 상징하는 이離괘이니, 바람이 불에서 나오는 모습이다. 불이 세차게 타오르면 바람이 저절로 생기니, 바람이 불로부터 생겨난다는 것은 안으로부터 나온다는 말이다. 안으로부터 나오는 것은 집안으로부터 밖으로 그 영향이 미치는 모습이다. 육이효와 구오효가 남자와 여자의 위치를 안과 밖에서 바르게 하여, 가정의 도리를 이룬다. 안으로 밝고 밖으로는 공손한 것이 집안에 처하는 도리다. 사람이 자신의 몸에 도가 있다면 가정에 베풀 수 있고, 가정에 시행할 수 있다면 나라에 시행할 수 있고, 세상을 다스리는 데까지도 이를 수 있다. 세상을 다스리는 도는 가정을 다스리는 도를 미루어 밖으로 시행할 뿐이므로 안으로부터 밖으로 나오는 모습을 취했으니, 가정의 의리義理가 된다.

문중자文中子[1]의 『중설中說』에는 안을 밝게 하여 밖을 가지런히 다스리는 것을 뜻으로 삼았는데, 옛날 사람이나 지금 사람이나 모두 좋게 여기지만, 『역』의 뜻을 취한 것은 아니다. 「설괘전」에서 "손巽에서 가지런히 했다"는 말은 만물이 손방巽方(동남쪽)에서 깨끗하고 가지런하게 되었다는 것으로 손巽에 가지런히 한다는 뜻이 있는 것은 아니니, 마치 「설괘전」에서 "건乾에서 싸운다"고 했으나 건乾괘에 싸운다는 뜻이 있는 것이 아닌 것과 같다.

家人, 序卦, "夷者傷也, 傷於外者必反於家, 故受之以家人" 夫傷困於外, 則必反於內, 家人所以次明夷也. 家人者, 家內之道, 父子之親, 夫婦之義, 尊卑長幼之序, 正倫理, 篤恩義, 家人之道也. 卦外巽內離, 爲風自火出. 火熾則風生, 風生自火, 自內而出也. 自內而出, 由家而及於外之象. 二與五正男女之位於內外, 爲家人之道. 明於內而巽於外, 處家之道也. 夫人有諸身者則能施於家, 行於家者則能施於國, 至於天下治. 治天下之道, 蓋治家之道也, 推而行之於外耳, 故取自內而出之象, 爲家人之義也. 文中子書以明內齊外爲義, 古今善之, 非取象之意也. 所謂齊乎巽, 言萬物潔齊於巽方, 非巽有齊義也, 如戰乎乾, 乾非有戰義也.

가정의 도리는 여자가 올바름을 지키는 것이 이롭다.

家人, 利女貞.

가정의 도는 이로움이 여자의 올바름에 달려 있으니, 여자가 올바르면 가정의 도가 바르게 된다. 남편은 남편답고 부인은 부인다워야 가정의 도가 올바르게 되는데, 오직 "여자가 올바름 지키는 것이 이롭다"고 한 것은 남편이 올바르게 하는 것은 자신의 몸을 올바르게 하는 것이고, 여자가 올바르게 하는 것은 가정을 올바르게 하는 것이니, 여자가 올바르면 남자의 올바름을 알 수 있기 때문이다.

家人之道, 利在女正, 女正則家道正矣. 夫夫婦婦而家道正, 獨云利女貞者, 夫正者, 身正也, 女正者, 家正也, 女正則男正, 可知矣.

「단전」에서 말했다. 가정의 도리는 여자가 안에서 지위를 바르게 하고 남자가 밖에서 지위를 바르게 하니, 남자와 여자가 올바른 것이 천지의 큰 뜻이다.

彖曰, 家人, 女正位乎內, 男正位乎外, 男女正, 天地之大義也.

「단전」에서는 괘의 자질로 말했다. 양효가 오五의 위치에 자리하여 밖에 있고[2] 음효가 이二의 위치에 자리하여 안에 처하니,[3] 남자와 여자가 각각 그 올바른 지위를 얻은 것이다. 높은 자리와 낮은 자리, 안과 밖의 도리는 천지와 음양의 큰 뜻에 부합한다.

彖以卦才而言. 陽居五, 在外也, 陰居二, 處內也, 男女各得其正位也. 尊卑內外之道, 正合天地陰陽之大義也.

가정에는 존엄한 어른이 있어야 하니, 부모를 말한다.

家人, 有嚴君焉, 父母之謂也.

가정의 도에는 반드시 존엄하고 지도하는 어른이 있어야만 하니, 부모를 말한다. 비록 작은 집안일지라도 존엄한 사람이 없다면 효도와 공경함이 없어지고, 지도하는 어른이 없으면 법도가 무너진다. 존엄한 어른이 있고 난 후에 가정의 도가 올바르게 되니, 가정은 나라의 모범이다.

家人之道, 必有所尊嚴而君長者, 謂父母也. 雖一家之小, 无尊嚴則孝敬衰, 无君長則法度廢. 有嚴君而後家道正, 家者, 國之則也.

아버지는 아버지답고 자식은 자식답고 형은 형답고 아우는 아우답고 남편은 남편답고 아내는 아내다움에 가정의 도가 올바르게 되니, 집안을 바르게 하면 세상이 안정된다.

父父子子兄兄弟弟夫夫婦婦而家道, 正, 正家而天下定矣.

아버지와 어머니, 형과 아우, 남편과 아내가 각각 그 올바른 도리를 얻으면 가정의 도가 올바르게 된다. 한 가정의 도를 미루어 세상에 영향을 미칠 수 있으므로, 가정을 올바르게 하면 세상이 안정되는 것이다.

父子兄弟夫婦, 各得其道則家道正矣. 推一家之道, 可以及天下, 故家正則天下定矣.

「상전」에서 말했다. 바람이 불에서 나오는 것이 가인괘의 모습이니, 군자는 이것을 본받아 말을 할 때 실속이 있게 하고, 행할 때는 지속적인 일관성이 있게 한다.

象曰, 風自火出, 家人, 君子以言有物而行有恒.

가정을 바로잡는 근본은 자신의 몸을 바르게 하는 데에 달려 있다. 몸을 바르게 하는 도는 말 한 마디나 행동 하나도 함부로 쉽게 하지 않아야 한다. 군자는 바람이 불에서 나오는 모습을 관찰하여 모든 일이 안으로부터 나온다는 점을 알기 때문에, 말하는 데에 반드시 실질이 있게 하고 행하는 데에 반드시 지속적인 일관성이 있게 한다. '물物'이란 일의 실속이고, '항恒'이란 지속적인 법도와 본받을 만한 법칙을 말한다. 덕과 공적이 밖으로 드러나는 것은 말과 행위를 안에서 삼가고 조심했기 때문이다. 말을 신중하게 하고 행위를 수양하면, 몸이 바르게 되고 가정이 다스려질 것이다.

正家之本, 在正其身. 正身之道, 一言一動, 不可易也. 君子觀風自火出之象, 知事之由內而出, 故所言必有物, 所行必有恒也. 物, 謂事實, 恒, 謂常度法則也. 德業之著於外, 由言行之謹於內也. 言愼行修, 則身正而家治矣.

초구효는 집안을 법도로 방비하면 후회가 없다.

初九, 閑有家, 悔亡.

초구효는 가정의 도리가 시작하는 지점이다. '한閑'은 방비하고 막는다는 말이니, 법도를 말한다. 가정을 다스리는 시초에 법도로 방비하면, 후회에 이르지 않는다. 가정을 다스리는 것은 여러 사람을 다스리는 것이다. 다스리는 데에 법도로 방비하지 않으면 인정人情이 마음대로 흘러 반드시 후회에 이르게 된다. 장유長幼의 순서를 잃고 남녀의 구별을 어지럽히며 은혜와 의리를 손상하고 윤리를 해쳐서 이르지 않을 곳이 없으니, 법도로써 처음부터 방비할 수 있다면 이런 문제가 없을 것이므로 후회가 없어진다고 했다.

초구효는 강명剛明한 자질로 그 집안을 법도로 방비할 수 있는 자다. 후회가 없다고 말하지 않은 것은 여럿이 함께 자리하면 반드시 후회가 있을 것이지만, 방비하기 때문에 후회가 없어질 뿐이다.

初, 家道之始也. 閑, 謂防閑, 法度也. 治其有家之始, 能以法度爲之防閑, 則不至於悔矣. 治家者, 治乎衆人也. 苟不閑之以法度, 則人情流放, 必至於有悔, 失長幼之序, 亂男女之別, 傷恩義, 害倫理, 无所不至, 能以法度閑之於始, 則无是矣, 故悔亡也. 九, 剛明之才, 能閑其家者也. 不云无悔者, 群居必有悔, 以能閑故亡耳.

「상전」에서 말했다. 집안을 법도로 방비하는 것은 뜻이 아직 변하지 않았기 때문이다.

象曰, 閑有家, 志未變也.

처음부터 방비하는 것은 집안사람들의 뜻과 의지가 변하여 동요하기 이전이다. 집안사람들의 뜻을 바르게 해서 뜻이 흩어지거나 변하여 동요하지 않았을 때 방비하면 은혜를 손상하지 않고 의리를 잃지 않으니, 가정을 잘 다스리는 것이므로 후회가 없어진다. 뜻이 변화한 후에 다스리려고 하면 손상되는 것이 많으니, 후회가 있게 된다.

閑之於始, 家人志意未變動之前也. 正志未流散變動而閑之, 則不傷恩, 不失義, 處家之善也, 是以悔亡. 志變而後治, 則所傷多矣, 乃有悔也.

육이효는 이루려는 바가 없으니 집 안에서 음식을 장만하면 올바르고 길하다.

六二, 无攸遂, 在中饋, 貞吉.

사람들이 집안일을 처리하는 데 가까운 친척과 아버지 아들 사이에서는 정情이 예禮를 이기고, 은혜가 의리를 이기는데, 오직 강하게 뜻을 세운 사람은 사사로운 애정 때문에 정리正理를 잃지 않는다. 그래서 가인괘는 대체로 강함을 가장 선한 것으로 여기니, 초구효와 구삼효와 상구효가 그러하다.

육이효는 음유陰柔한 자질로 유한 위치에 자리하여 집안을 다스릴 수 없는 자다. 이루려는 것이 없으니, 할 수 있는 일이 없다. 영웅의 자질로도 정이나 사랑에 빠져 스스로 원칙을 지킬 수 없는 자가 있는데, 하물며 유약한 사람이 처와 자식의 정을 이길 수 있겠는가? 육이효와 같은 자질은 부인의 도를 행한다면 올바르다. 유순한 태도로 중정의 도에 처하는 것이 부인의 도이므로, 집 안에서 음식을 장만하면 올바름을 얻어 길하다고 했다. 부인은 집 안에서 음식을 장만하는 사람이므로, "집 안에서 음식을 장만한다"고 했다.

人之處家, 在骨肉父子之間, 大率以情勝禮, 以恩奪義, 唯剛立之人, 則能不以私愛失其正理. 故家人卦, 大要以剛爲善, 初三上是也. 六二以陰柔之才而居柔, 不能治於家者也, 故无攸遂, 无所爲而可也. 夫以英雄之才, 尙有溺情愛而不能自守者, 况柔弱之人, 其能勝妻子之情乎? 如二之才, 若爲婦人之道, 則其正也. 以柔順處中正, 婦人之道也, 故在中饋則得其正而吉也. 婦人, 居中而主饋者也, 故云中饋.

「상전」에서 말했다. 육이효의 길함은 유순하여 공손하기 때문이다.

象曰, 六二之吉, 順以巽也.

육이효는 음유한 자질로 중정의 위치에 자리했으니 순종하여 자신을 낮추고 공손할 수 있는 자이므로, 부인의 올바름과 길함이 된다.

二以陰柔居中正, 能順從而卑巽者也. 故爲婦人之貞吉也.

구삼효는 집안사람들이 원망하는 소리를 낸다. 엄격함을 후회하지만 길하다. 부인과 자식이 희희낙락하면, 끝내 수치스럽게 될 것이다.

九三, 家人嗃嗃, 悔厲, 吉, 婦子嘻嘻, 終吝.

'학학嗃嗃'이라는 글자의 의미가 자세하지 않지만, 글 뜻과 음의 뜻으로 보건대 원망하는 소리를 의미하는 '오오嗷嗷'와 서로 비슷하고 또한 급하게 속박하는 뜻과 같다.[4] 구삼효는 내괘의 가장 윗자리에 있으니, 안을 주로 다스리는 자다. 양의 자질로 강한 위치에 자리하여 중도中道를 이루지 못하니, 올바름을 얻었더라도 과도하게 강한 자다. 안을 다스리는데 지나치게 강하게 하면 엄격하고 급하게 속박하게 되어 집안사람들의 마음을 다치게 하기 쉬우므로, 집안사람들이 원망한다.

그래서 집안을 다스리는 데에 지나치게 엄격하면 집안사람들의 마음이 상하지 않을 수가 없기 때문에, 반드시 엄격하고 매섭게 대했던 것을 후회하게 된다. 골육지간인 친척 사이에서는 은혜의 마음이 더 많아야 하는데, 엄격함이 지나쳤기 때문에 후회하는 것이다. 엄격하고 매섭게 다스렸던 것에 대해 후회하지만 관대함과 엄격함 사이의 중도를 얻지 못했을지라도 가정의 도리는 가지런하고 엄숙하게 되어 사람들의 마음이 공경하고 두려워하니, 오히려 집안의 길함이 된다. 만약 부인과 자식이 희희낙락하면, 결국에는 수치스럽게 된다.

괘에서는 희희낙락하는 모습이 있지 않지만 '원망하는 소리'와 대조해서 말한 것이니, 방자하게 되어 잘못되는 것보다는 차라리 엄격함이 과도한 것이 좋다. '희희嘻嘻'라는 말은 희희낙락 웃고 즐기면서 절도가 없는 것이다. 방자하고 절도가 없으면 결국에는 집안을 망칠 것이니, 수치스러운 일이다. 지나치게 엄격하고 근엄한 것은 사람의 마음을 상하게 하지 않을 수 없지만, 법도가 서고 윤리가 바르게 되면 은혜와 의리가 보존된다.

희희낙락거리며 절도가 없으면, 이로 인해 법도가 없어지고 윤리가 어지러워지니, 어찌 집안을 보존할 수 있겠는가? 지나치게 희희낙락하면 집안을 망치는 흉함에 이르게 되는데 수치스럽다고만 한 것은, 부끄러워할 만한 일들이 많아지면 흉함에 이르는 것이므로, 성급하게 흉하다고 말하지 않은 것이다.

嗃嗃, 未詳字義, 然以文義及音意觀之, 與嗷嗷相類, 又若急束之意. 九三在內卦之上, 主治乎內者也. 以陽居剛而不中, 雖得正而過乎剛者也. 治內過剛, 則傷於嚴急, 故家人嗃嗃. 然治家過嚴, 不能无傷, 故必悔於嚴厲, 骨肉恩勝, 嚴過故悔也. 雖悔於嚴厲, 未得寬猛之中, 然而家道齊肅, 人心祗畏, 猶爲家之吉也. 若婦子嘻嘻, 則終至羞吝矣. 在卦, 非有嘻嘻之象, 蓋對嗃嗃而言, 謂與其失於放肆, 寧過於嚴也. 嘻嘻, 笑樂无節也. 自恣无節, 則終至敗家, 可羞吝也. 蓋嚴謹之過, 雖於人情不能无傷, 然苟法度立, 倫理正, 乃恩義之所存也. 若嘻嘻无度, 乃法度之所由廢, 倫理之所由亂, 安能保其家乎? 嘻嘻之甚, 則致敗家之凶, 但云吝者, 可吝之甚, 則至於凶, 故未遽言凶也.

「상전」에서 말했다. 집안사람들이 원망하는 것은 심한 과실이 아니고, 부인과 자식이 희희낙락하도록 내버려두는 것은 집안의 절도를 잃는 것이다.

象曰, 家人嗃嗃, 未失也, 婦子嘻嘻, 失家節也.

집안사람들이 원망하더라도 집안을 다스리는 도에는 심한 과실이 없지만, 부인과 자식이 희희낙락거리는 것은 예법이 없어 집안의 절도를 잃은 것이니, 집안이 반드시 혼란하게 된다.

雖嗃嗃, 於治家之道, 未爲甚失. 若婦子嘻嘻, 是无禮法, 失家之節, 家必亂矣.

육사효는 집안을 부유하게 하는 것이니, 크게 길하다.

六四, 富家, 大吉.

육사효는 공손하고 순종하는 체질로서 사四의 위치에 자리하여 올바른 지위를 얻었으니, 처하는 데에 올바름을 얻은 것은 안정되게 처신한다는 뜻이다. 모든 일에 공손하고 순종하는 태도로 하면서 정도를 따른다면, 그 부유함을 보유할 수가 있다. 집안을 다스리는 방식에서 그 부를 보유할 수 있다면, 크게 길함이 된다. 사四라는 위치는 높은 지위인데 단지 부유함만을 말한 것은 집안의 경우에서 말한 것이니, 높은 지위는 집안의 존귀한 지위다. 그 부를 보유할 수 있다면 이는 그 집안을 보유할 수 있는 것이니, 길함이 이보다 클 수 있겠는가?

六以巽順之體而居四, 得其正位, 居得其正, 爲安處之義. 巽順於事而由正道, 能保有其富者也. 居家之道, 能保有其富, 則爲大吉也. 四高位, 而獨云富者, 於家而言, 高位, 家之尊也. 能有其富, 是能保其家也, 吉孰大焉?

「상전」에서 말했다. 집안을 부유하게 하여 크게 길한 것은 순종

하면서 올바른 지위에 있기 때문이다.

象曰, 富家大吉, 順在位也.

공손하고 순종하면서 올바른 지위에 자리하니, 올바르면서 공손하고 순종하면, 그 부를 보유할 수 있는 자다. 부유함이 집안의 큰 길함이다.

以巽順而居正位, 正而巽順, 能保有其富者也. 富, 家之大吉也.

구오효는 왕이 집안을 세우는 도를 지극히 하는 것이니, 근심하지 않아서 길하다.

九五, 王假有家, 勿恤, 吉.

구오효는 남자로서 밖에 있고 강하면서 양의 위치에 처했으며, 존귀한 지위에 있으면서 중정의 덕을 가졌고 또 그에 호응하는 사람이 안에서 순종하면서 올바르니, 가정을 매우 올바르게 잘 다스리는 자다. "왕이 집안을 세우는 도를 지극히 하는 것이다"라는 것은 구오효가 군주의 지위이기 때문에 왕으로 말한 것이다. '가假'는 지극하다는 의미이니, 집안을 세우는 도를 지극하게 하는 것이다.

왕이 된 자의 도는 자신을 수양하여 집안을 다스리니, 집안이 바르게 되면 천하가 다스려진다. 예로부터 성왕聖王은 자신을 공손히 하고 집안을 바로잡는 것을 근본으로 삼지 않은 적이 없었다. 그래서 집안을 세우는 도가 지극해지면 근심하거나 수고롭게 힘쓰지 않아도 세상이 다스려지니, 근심하지 않아서 길하다는 말이다. 구오효는 밖에서 자신을 공손히 하고 육이효는 안에서 집안을 바르게 하여 안과 밖이 덕을 함께하니, 지극하다고 할만하다.

九五男而在外, 剛而處陽, 居尊而中正, 又其應順正於內, 治家之至正至善者也. 王假有家, 五君位, 故以王言. 假, 至也, 極乎有家之道也. 夫王者之道, 修身以齊家, 家正而天下治矣. 自古聖王, 未有不以恭己正家爲本. 故有家之道旣至, 則不憂勞而天下治矣, 勿恤而吉也. 五恭己於外, 二正家於內, 內外同德, 可謂至矣.

「상전」에서 말했다. 집안을 세우는 도를 지극히 하는 것은 서로 아끼는 것이다.

象曰, 王假有家, 交相愛也.

왕이 집안을 세우는 도를 지극히 하는 것은 다만 집안사람들이 순종하게 할 뿐만 아니라, 반드시 그 마음이 화합하고 정성이 합쳐져서 남편은 내조하는 부인을 아끼고 아내는 집안의 본보기인 남편을 아끼며 서로 사랑해야 하니, 이렇게 할 수 있는 자는 문왕의 비妃[5]일 것이다. 몸을 수양하고 법도를 세웠는데도 집안이 교화되지 않는다면 집안을 세우는 도를 지극히 했다고 할 수 없다.

王假有家之道者, 非止能使之順從而已, 必致其心化誠合, 夫愛其內助, 婦愛其刑家, 交相愛也, 能如是者, 文王之妃乎. 若身修法立而家未化, 未得爲假有家之道也.

상구효는 믿음과 위엄이 있으면 끝내 길하다.

上九, 有孚, 威如, 終吉.

상上이란 괘의 끝이니, 집안의 도의 완성이므로 가정을 다스리는 근본에 대해 지극하게 말했다. 집안을 다스리는 도는 지극한 진실과 정성이 아니라면 이룰 수 없다. 반드시 마음속에 정성과 믿음이 있어 오래도록 집안을 지속시키면 집안사람들이 스스로 교화되어 선을 행한다. 지극한 진실과 정성을 통하지 않고서는 자기 자신도 오래도록 지킬 수 없는데, 하물며 집안사람들을 그렇게 하도록 만들 수 있겠는가? 그러므로 집안을 다스리는 데에는 믿음을 가지는 것이 근본이 된다.

집안을 다스리는 것은 처자식의 정과 사랑에 달려 있다. 자애함이 지나치면 엄격함이 없어지고 은혜가 앞서면 의리를 보지 못하니, 집안의 병통은 항상 예법이 부족하여 무시와 오만이 생겨나는 데에 있다. 어른이 존엄과 권위를 잃고 젊은이가 공손과 순종을 잃었는데 집안이 혼란하지 않은 경우는 없으므로, 반드시 위엄이 있어야 끝내 길할 수 있다. 집안을 끝까지 보존하는 데는 믿음과 위엄 두 가지가 있을 뿐이므로, 괘의 끝에 말한 것이다.

上, 卦之終, 家道之成也, 故極言治家之本. 治家之道, 非至誠不能也, 故必中有孚信, 則能常久, 而衆人自化爲善. 不由至誠, 己且不能常守也, 況欲使人乎? 故治家以有孚爲本. 治家者, 在妻孥情愛之間, 慈過則无嚴, 恩勝則掩義, 故家之患, 常在禮法不足而瀆慢生也. 長失尊嚴, 少忘恭順而家不亂者, 未之有也, 故必有威嚴則能終吉. 保家之終, 在有孚威如二者而已, 故於卦終言之.

「상전」에서 말했다. 위엄이 있어 길함은 자신을 반성하는 것을 말한다.

象曰, 威如之吉, 反身之謂也.

집안을 다스리는 도는 자신을 올바르게 하는 것을 근본으로 하므로, "자신을 반성하는 것을 말한다"고 했다. 효사는 집안을 다스리는 데에 위엄이 있어야 한다고 했는데, 공자는 또한 먼저 자신을 엄격하게 반성하라고 경계했다. 위엄을 먼저 자신에게 적용하여 실행하지 않는다면 사람들이 원망하고 복종하지 않으므로, 위엄이 있어 길한 것은 자신을 스스로 반성할 수 있기 때문이라고 했다. 맹자가 "자신이 몸소 도를 행하지 않는다면, 처와 자식에게 행하지 못한다"[6]고 한 것이 이 뜻이다.

治家之道, 以正身爲本, 故云反身之謂. 爻辭謂治家當有威嚴, 而夫子又復戒云, 當先嚴其身也. 威嚴不先行於己, 則人怨而不服, 故云威如而吉者, 能自反於身也. 孟子所謂身不行道, 不行於妻子也.

---

1 문중자는 왕통王通(584~617)을 말한다. 자字는 중엄仲淹이고 호가 문중자다. 수隋 왕조 하동河東郡 용문현龍門縣 통화진通化鎭 사람이다. 유명한 교육자이자 사상가다. 대대로 환관 집안 출신으로 아버지 왕융王隆은 국학박사國學博士를 지냈다. 왕통은 어릴 적부터 학문을 배워 오경에 능통했다. 『중설中說』은 그의 저작이다.

2 밖에 있고: 구오효가 외괘에 자리했다는 말이다.

3 안에 처하니: 육이효가 내괘에 자리했다는 말이다.

4 급하게 속박하는 뜻과 같다: 호원은 과도하게 엄격한 것이라고 해석한다. "'학학'이란 과도하게 엄격한 모습이다嗃嗃, 過嚴之貌也."

5 문왕의 비는 태사太姒인데 『시』의 첫번째 시인 「주남周南」의 '관저關雎에 나오는 요조숙녀'가 태사를 형용한다고 한다. "꽥꽥 우는 저 물새, 하수의 모래섬에 있다. 요조숙녀는 군자의 좋은 짝이다關關雎鳩, 在河之洲. 窈窕淑女, 君子好逑." 인물사전 참조.

6 『맹자』 「진심하」, "자신이 몸소 도를 행하지 않으면 처와 자식에게도 행하지 못하고, 사람을 부리는 데에 도로써 하지 않으면 처와 자식에게도 행할 수 없다身不行道, 不行於妻子, 使人不以道, 不能行於妻子."

38. 대립, 분열: 규睽괘䷥

화택규火澤睽라고 한다. 괘의 모습이 이離☲괘가 위에 있고, 태兌☱괘가 아래에 있기 때문이다.

규睽괘에 대해서 「서괘전」은 다음과 같이 설명한다. "가정의 도가 궁색해지면 반드시 어그러지므로 분열을 상징하는 규괘로 받았다. '규睽'란 괴리乖離다." 가정의 도가 궁색해지면 집안사람들의 마음이 괴리되어 분열되는 것은 필연적인 이치이므로, 가인家人괘 다음에 규괘로 받았다. 괘의 모습은 위로 불을 상징하는 이괘가 있고 아래로 연못을 상징하는 태괘가 있으니, 불꽃은 불타오르고 연못의 물은 땅을 적시며 내려가서, 두 형체가 서로 어긋나는 것이 분열의 뜻이다. 또 중년 여자와 소녀가 함께 살지만 각각 시집가는 곳이 달라서 그 뜻이 함께 가지 않는 것이니, 또한 분열의 뜻이다.

睽, 序卦, "家道窮必乖, 故受之以睽, 睽者乖也." 家道窮則睽乖離散, 理必然也, 故家人之後, 受之以睽也. 爲卦, 上離下兌, 離火炎上, 兌澤潤下, 二體相違, 睽之義也. 又中少二女, 雖同居而所歸各異, 是其志不同行也, 亦爲睽義.

분열은 작은 일에는 길하다.

睽, 小事吉.

분열은 사람들의 마음이 괴리되어 흩어지는 때이니, 길한 도가 아니다. 그러나 괘의 자질 구조가 좋기 때문에 분열하는 때에 처했어도 작은 일은 길한 것이다.[1]

睽者, 睽乖離散之時, 非吉道也. 以卦才之善, 雖處睽時而小事, 吉也.

「단전」에서 말했다. 분열이란 불은 움직여 위로 올라가고 연못은 움직여 아래로 흘러가며, 두 여자가 함께 살지만 그 뜻이 함께 가지 않는 것이다.

彖曰, 睽, 火動而上, 澤動而下, 二女同居, 其志不同行.

「단전」에서는 먼저 '규'의 의미를 해석하고, 그 다음에 괘의 자질 구조를 말하고, 마지막으로 분열을 통합하는 방도를 말하고서, 그 때와 작용의 위대함을 찬미했다. 불의 성질은 움직여 올라가고 연못의 성질은 움직여 아래로 흘러가서, 두 가지 성질이 서로 어긋나 다르므로 분열의 뜻이다. 중년과 소녀 두 여자가 함께 살지만 그 뜻의 지향이 함께 가지 않으니, 역시 분열의 뜻이다. 여자가 어릴 적에 함께 살다가 장성하면 각각 시집갈 곳으로 가니, 그 뜻의 지향이 다르다. 분열이라고 말한 것은 본래 동일했기 때문이니, 본래 동일하지 않다면 분열하지도 않는다.

彖先釋睽義, 次言卦才, 終言合睽之道, 而贊其時用之大. 火之性動而上, 澤之性動而下, 二物之性違異, 故爲睽義. 中少二女雖同居, 其志不同行, 亦爲睽義. 女之少也同處, 長則各適其歸, 其志異也. 言睽者, 本同也, 本不同則非睽也.

기뻐하고 밝음에 붙으며, 유함이 나아가 위로 가서 중中을 얻어 강함에 호응한다. 그래서 작은 일에 길한 것이다.

說而麗乎明, 柔進而上行, 得中而應乎剛. 是以小事吉.

괘의 자질 구조가 이와 같으니, 작은 일에는 길한 것이다. 아래의 태兌괘는 기쁨을 뜻하고, 위의 이離괘는 붙어 의지함을 뜻하며, 또 밝음을 뜻하므로, 기뻐하고 순종하며 밝은 지혜에 의지하고 있는 모습이다. 이괘가 위에 있을 때에는 「단전」에서 유약한 자질의 사람이 존귀한 자리에 있는 점을 드러내려고 "유함이 나아가 위로 갔다"고 말하니, 진晉괘와 정鼎괘가 이것이다. 분열되고 괴리되는 때에 육오효는 유약한 자질로 존귀한 지위에 자리했고, 기뻐하면서 순종하며 현명한 사람에게 의지하는 선함을 가지고 있고, 또 중도中道를 얻어 강한 사람에 호응한다. 그래서 세상의 분열을 화합하여 세상의 큰일을 이룰 수는 없지만 또한 작은 일은 이룰 수 있으니, 이것이 작은 일에는 길한 것이다.

어떤 사람은 이렇게 묻는다. "육오효는 밝은 지혜로 강한 사람에 호응하는데, 큰 길함을 이루지 못하는 것은 어째서인가?" 이렇게 답하겠다. 육오효는 음유陰柔한 자질이고, 구이효와 호응하지만, 분열의 때에 서로 함께하는 도가 깊고 견고할 수는 없다. 그러므로 구이효는 반드시 골목에서 군주를 만나고[2] 육오효는 살을 깊이 깨물듯이 하면[3] 허물이 없다. 세상이 분열되는 때에 반드시 군주와 신하가 강양剛陽하며 중정中正을 지키고, 지극한 진실과 정성으로 협력한 후에야 분열된 상황을 화합시킬 수 있다.

卦才如此, 所以小事吉也. 兌, 說也, 離, 麗也, 又爲明, 故爲說順而附麗於明. 凡離在上, 而彖欲見柔居尊者, 則曰柔進而上行, 晉鼎是也. 方睽乖之時, 六五以柔居尊位, 有說順麗明之善, 又得中道而應剛. 雖不能合天下之睽, 成天下之大事, 亦可以小濟, 是於小事吉也. 五以明而應剛, 不能致大吉, 何也? 曰, 五, 陰柔, 雖應二, 而睽之時, 相與之道, 未能深固. 故二必遇主于巷, 五噬膚則无咎也. 天下睽散之時, 必君臣剛陽中正, 至誠協力, 而後能合也.

하늘과 땅은 분열되어 있지만 그 일은 동일하고, 남자와 여자는 차이가 나지만 그 뜻은 통하며, 만물은 다양하지만 그 일은 같은 종류이니, 분열의 때와 작용은 크도다!

天地睽而其事同也, 男女睽而其志通也, 萬物睽而其事類也, 睽之時用, 大矣哉!

사물의 이치의 동일함을 추론하여 분열의 때와 작용을 밝혔으니, 이는 성인이 분열을 화합시키는 방도다. 동일함이 동일하다는 점을 보는 것은 세속의 앎이다. 성인은 사물의 이치가 본래 동일함을 분명하게 아니, 그래서 세상을 동화시키고 만 가지 종류를 화합시킨다. 하늘과 땅, 남자와 여자, 만물을 가지고 밝혔으니, 하늘은 높고 땅은 낮아, 그 형체는 분열되어 있지만 양기는 내려오고 음기는 올라가 서로 화합하여 변화하고 양육하는 일을 이루니 동일하고, 남자와 여자는 질적으로는 차이가 나서 대립하지만 서로를 구하는 뜻은 통하고, 생물들은 만 가지로 다양하여 대립하지만 그러나 천지의 조화를 얻고 음양의 기운을 품수 받았으니, 서로 같은 부류다.

만물은 다르지만 그 이치는 본래 같으므로, 세상이 크고 여러 생명체가 많아서, 차이가 나고 다양하지만, 성인은 그것을 동일화시킬 수 있으니, 분열의 때에 처하여, 분열을 화합하는 능력에 있어서, 그 하는 일이 지극히 크기 때문에 크도다라고 했다.

推物理之同, 以明睽之時用, 乃聖人合睽之道也. 見同之爲同者, 世俗之知也. 聖人則明物理之本同, 所以能同天下而和合萬類也. 以天地男女萬物明之, 天高地下, 其體睽也, 然陽降陰升, 相合而成化育之事則同也, 男女異質, 睽也, 而相求之志則通也, 生物萬殊, 睽也, 然而得天地之和, 稟陰陽之氣, 則相類也. 物雖異而理本同, 故天下之大, 群生之衆, 睽散萬殊, 而聖人爲能同之. 處睽之時, 合睽之用, 其事至大, 故云大矣哉.

「상전」에서 말했다. 위는 불이 있고 아래에 연못이 있는 것이 규괘의 모습이니, 군자는 이것을 본받아 세속에 동화하면서도 다르다.

象曰, 上火下澤, 睽, 君子以同而異.

위에는 불이 있고 아래에는 연못이 있어 두 사물의 성질이 어긋나고 다르니, 대립하고 분열하는 모습이다. 군자는 대립하고 차이가 나는 모습을 관찰하여, 크게 동화된 가운데에서도 마땅히 달리 해야 할 바를 안다. 성현의 처세는 인간의 이치인 상도常道에는 크게 동화되지 않음이 없지만, 세속에서 동의하는 것에 대해서 때때로 홀로 다른 의견을 가지고 있으니, 떳떳한 도리에서는 같고, 세속의 잘못에 대해서는 다른 것이다.[4]

세속과 크게 동화되지 못하는 자는 상도를 혼란하게 하고 이치를 깨뜨리는 사람이고, 홀로 다른 의견을 가지지 못하는 자는 세속을 따라서 잘못된 것을 답습하는 사람이니, 중요한 점은 세속과 동화하면서도 잘못에 대해 이견을 드러낼 수 있는 데 있을 뿐이다. 『중용』에서 "화합하면서도 과도하게 휩쓸리지 않는다"[5]고 한 것이 이것이다.

上火下澤, 二物之性違異, 所以爲睽離之象. 君子觀睽異之象, 於大同之中而知所當異也. 夫聖賢之處世, 在人理之常, 莫不大同, 於世俗所同者則有時而獨異, 蓋於秉彛則同矣, 於世俗之失則異也. 不能大同者, 亂常拂理之人也, 不能獨異者, 隨俗習非之人也, 要在同而能異耳. 中庸曰, 和而不流是也.

초구효는 후회가 없어지니, 말을 잃어 쫓아가지 않아도, 저절로 돌아온다. 미워하는 사람일지라도 만나면, 허물이 없다.

初九, 悔亡, 喪馬勿逐, 自復, 見惡人, 无咎.

초구효는 괘의 시초에 자리하여 분열의 시작이다. 분열과 괴리의 때에 강剛함으로 아래에서 움직이니, 후회가 있으리라는 것을 잘 알 수 있다. 그러나 후회가 없어지는 이유는 구사효가 위에 있고, 또 강양한 자질로 대립하고 괴리되어 함께하지 못하지만 저절로 같은 동료로서 서로 합했으니, 둘 다 같은 양효로서 함께 아래 위치에 자리하고, 또 서로 호응하는 지위에 해당하기 때문이다. 두 양효는 본래 서로 호응하는 자가 아니지만, 분열의 때에 있기 때문에 서로 화합하는 것이다. 위와 아래에서 서로 협력하므로, 그 후회가 없어질 수 있다. 분열의 괘에서는 여러 효가 모두 호응하는 것이 있다. 합치했다면 대립과 분열이 있게 마련이니, 본래부터 차이가 있다면 무슨 대립과 분열이 생기겠는가? 오직 초구효와 구사효는 서로 양효로서 호응하는 자가 아니지만 덕을 함께하고 서로 함께하려 하므로, 서로 만난다.

'말'이란 타고 가는 것이고 양陽의 성질이란 위로 나아가는 것인데, 분열의 때에 홀로 함께 연대하는 자가 없어 앞으로 나아갈 수가 없으니, 이것이 "말을 잃었다"는 것이다. 그러나 구사효가 함께 합치하면 나아갈 수가 있으니, 이것이 말을 쫓아가지 않아도 말을 다시 얻는 것이다. '미워하는 사람'이란 자신의 뜻과 어긋나 차이가 나는 자다. "만나다"라는 것은 함께 서로 통하는 것이다. 분열의 때에 덕을 함께하는 자는 서로 연대하지만 소인으로서 뜻이 어긋나 차이가 나는 자가 매우 많으니, 만일 자신이 미워하는 사람을 모두 버리고 절교한다면 세상의 거의 모든 사람이 군자와 원수지간이 되지 않겠는가?

이와 같이 된다면 포용하는 관대한 뜻을 잃게 되어 흉함과 허물을 만드는 길이 될 것이니, 그러면 또 어떻게 불선한 사람을 교화해서 화합하게 할 수가 있겠는가? 그러므로 반드시 미워하는 사람일지라도 만나 소통하면 허물이 없게 된다. 옛 성왕들이 간사하고 음흉한 사람들을 교화하여 선량한 사람이 되게 하고, 원수와 적을 변혁시켜 신하와 백성으로 만든 것은 매정하게 절교하지 않았기 때문이다.

九居卦初, 睽之始也. 在睽乖之時, 以剛動於下, 有悔可知. 所以得亡者, 九四在上, 亦以剛陽睽離无與, 自然同類相合. 同是陽爻, 同居下, 又當相應之位. 二陽本非相應者, 以在睽故合也, 上下相與, 故能亡其悔也. 在睽, 諸爻皆有應. 夫合則有睽, 本異則何睽? 唯初與四, 雖非應而同德相與, 故相遇. 馬者所以行也, 陽, 上行者也, 睽獨无與, 則不能行, 是喪其馬也. 四旣與之合, 則能行矣, 是勿逐而馬復得也. 惡人, 與己乖異者也. 見者, 與相通也. 當睽之時, 雖同德者相與, 然小人乖異者至衆, 若棄絕之, 不幾盡天下以仇君子乎? 如此則失含弘之義, 致凶咎之道也, 又安能化不善而使之合乎? 故必見惡人則无咎也. 古之聖王所以能化姦凶爲善良, 革仇敵爲臣民者, 由弗絕也.

「상전」에서 말했다. 미워하는 사람일지라도 만나는 것은 허물을 피하기 위함이다.

象曰, 見惡人, 以辟咎也.

대립과 분열의 때에는 사람의 감정이 괴리되고 어긋나니, 화합하기를 구하고, 또 그것을 이루지 못하는 것을 근심한다. 하지만 화합을 구하려는 사람이 미워하는 사람일지라도 그를 거부하고 절교한다면, 많은 사람이 군자와 원수가 되어 재앙과 허물이 이를 것이다.

그러므로 반드시 만나보아야 하니, 원한과 허물을 면하고 피하려는 것이다. 원한과 허물이 없다면, 화합할 수 있는 방도가 있다.

睽離之時, 人情乖違, 求和合之, 且病其不能得也. 若以惡人而拒絕之, 則將衆仇於君子而禍咎至矣. 故必見之, 所以免辟怨咎也. 无怨咎, 則有可合之道.

구이효는 골목에서 군주를 만나면 허물이 없다.

九二, 遇主于巷, 无咎.

구이효와 육오효는 올바른 호응관계이니 서로 함께 연대하는 자들이다. 그러나 분열과 괴리의 때에 음양이 서로 호응하는 도가 사라지고 강함과 약함이 서로 어긋나려는 뜻이 상승하니, 『역』을 배우는 사람이 이런 점을 깨닫는다면 변화하여 소통할 수 있는 방도를 알게 될 것이다. 그러므로 구이효와 육오효는 올바른 호응관계이지만, 당연히 '완곡하고 곡진한委曲'[6] 방도로 서로 상대의 진실한 뜻을 구한다. 구이효는 강중剛中한 덕으로 아래 위치에 자리하여 위로 육오효의 군주와 호응하니, 군주와 도가 합치하면 자신의 뜻을 행하여 분열의 상황을 해결하는 공로를 이룰 수 있다.

그러나 분열과 괴리의 때에 처해 군주와의 교류가 견고하지 않기 때문에 구이효는 마땅히 군주의 뜻을 완곡하고 곡진한 방도로 구해서 서로 만나기를 요구하여 서로 뜻이 합치하기를 바라야 하므로, "군주를 골목에서 만난다"라고 했다. 반드시 뜻이 합치한 후에야 허물이 없으니, 군주와 신하가 분열되고 괴리되면 그 허물은 막대하다. '골목'이란 구불구불하고 복잡한 길이다. '만난다'란 회합하여 만난다는 말이다. 그래서 마땅히 '완곡하고 곡진한' 방도로 서로의 뜻을 구하고 만나기를 기대해서, 함께 연대하여 합치해야 한다. '완곡하고 곡진한' 방도라는 것은 최선의 방도로 상대의 마음결에 적절하게 행동하여[7] 순조롭게 힘써 나아가[8] 합치하도록 할 뿐이지, 자신의 뜻을 굽히고 도를 굽히면서 비굴하게 아부하라는 것이 아니다.

二與五正應, 爲相與者也. 然在睽乖之時, 陰陽相應之道衰, 而剛柔相戾之意勝, 學易者識此, 則知變通矣. 故二五雖正應, 當委曲以相求也. 二以剛中之德居下, 上應六五之君, 道合則志行, 成濟睽之功矣. 而居睽離之時, 其交非固, 二當委曲求於相遇, 覬其得合也, 故曰遇主于巷. 必能合而後无咎, 君臣睽離, 其咎大矣. 巷者, 委曲之途也. 遇者, 會逢之謂也. 當委曲相求, 期於會遇, 與之合也. 所謂委曲者, 以善道宛轉將就, 使合而已, 非枉己屈道也.

「상전」에서 말했다. 골목에서 군주를 만나는 것은 자신의 도를 잃지 않는 것이다.

象曰, 遇主于巷, 未失道也.

분열의 때를 당하여, 군주의 마음과 합치하지 않으니, 현명한 신하는 아래 지위에 있으면서 힘과 정성을 다하여 믿음으로 화합하게 되기를 바랄 뿐이다. 지극한 진실과 정성으로 군주를 자극하여 감동시키고, 온 힘을 다하여 마음이 자라도록 도우며, 의리를 밝혀서 그 앎에 이르도록 하고, 잘못 오해하거나 미혹되지 않게 하고 그 뜻을 진실하게 하여, 이와 같이 상대의 마음결에 적절한 방식으로 완곡하게 행동해서 군주의 마음과 합치하기를 구해야 한다. '만난다'는 것은 자신의 도를 굽히고 군주의 뜻에 영합하고 아부하는 것이 아니며 '골목'이란 올바르지 못하면서 편협한 지름길로 가려는 것이 아니니, 공자는 특히 "골목에서 군주를 만난다는 것은 자신의 도를 잃지 않는 것이다"라고 했다. '미未'란 반드시는 아니라는 뜻이니 반드시 자신의 도를 잃는 것은 아니라는 말이다.

當睽之時, 君心未合, 賢臣在下, 竭力盡誠, 期使之信合而已. 至誠以感動之, 盡力以扶持之, 明義理以致其知, 杜蔽惑以誠其意, 如是宛轉以求其合也. 遇非枉道迎逢也, 巷非邪僻曲徑也, 故夫子特云遇主于巷, 未失道也. 未非必也, 非必謂失道也.

육삼효는 수레가 뒤로 끌리고 소가 앞이 가로막히며 그 사람이 머리를 깎고 코를 베니, 시작은 없지만 마침은 있다.

六三, 見輿曳, 其牛掣, 其人天且劓, 无初有終.

음유한 자질의 사람은 평상시에도 스스로 자립할 수 없는데, 하물며 대립과 분열의 때에는 어떠하겠는가? 육삼효는 강한 두 사람 사이에 자리하여 처신하는 데에 마음의 안정을 얻지 못하니, 타인에 의해서 침해당하고 능멸당하는 것을 알 수 있다. 육삼효는 올바른 호응 상대가 위에 있어서 앞으로 나아가 상구효와 뜻을 합하려고 하지만, 구사효가 앞에서 가로막고 구이효가 뒤에서 잡아당긴다.

수레와 소는 타고 가는 도구다. '여예輿曳'라는 말은 뒤에서 잡아

끄는 것이고 '우철牛掣'은 앞에서 가로막는 것을 상징한다. 뒤에 있는 자는 잡아 끌 뿐이지만 앞에 있는 자는 나아가려고 하는 사람이 힘껏 들이받아 침범하게 되는 자이므로 위에 있는 사람으로부터 중상을 입으니, 구사효에게 손상을 당하는 것이다.

"그 사람이 머리를 깎고 코를 벤다"고 말한 것에서 '천天'은 머리를 깎는 것이고 '비劓'는 코를 베인다는 뜻이다.[9] 육삼효는 올바른 호응 상대를 쫓아가려고 하는데 구사효가 가로막아 멈추게 한다. 육삼효는 비록 음유한 자질이지만 처신하는 것이 강하면서 그 뜻이 나아가려는 데에 있으므로, 힘써 나아가다가 구사효를 침범했으니 그래서 중상을 입는 것이다. 머리를 깎이고 또 코를 베였으므로 중상이다.

육삼효는 구이효, 구사효와 뜻을 합치하지 못하니 분열의 때에 본래 화합하려는 뜻이 없고, 강한 위치에 자리하여 올바름의 도만을 지키려고 할 뿐이다. 그 올바른 호응 상대는 분열의 상황이 극한에 이르러 종국에는 합치할 수 있는 이치가 있으니, 처음에 두 양효에게 곤란을 당하는 것이 "시작이 없다"는 것이고 나중에 반드시 올바른 호응 상대와 합치하는 것이 "마침이 있다"는 것이다. '철掣'이라는 자는 '제制'와 '수手'라는 자로부터 왔으니, 잡아 멈추게 하는 뜻이다.

陰柔於平時, 且不足以自立, 況當睽離之際乎? 三居二剛之間, 處不得其所安, 其見侵陵可知矣. 三以正應在上, 欲進與上合志, 而四阻於前, 二牽於後. 車牛, 所以行之具也. 輿曳牽於後也, 牛掣, 阻於前也. 在後者牽曳之而已, 當前者進者之所力犯也, 故重傷於上, 爲四所傷也. 其人天且劓. 天, 髡首也, 劓, 截鼻也. 三從正應而四隔止之. 三雖陰柔處剛而志行, 故力進以犯之, 是以傷也. 天而又劓, 言重傷也. 三不合於二與四, 睽之時自无合義, 適合居剛守正之道也. 其於正應, 則睽極有終合之理, 始爲二陽所厄, 是无初也, 後必得合, 是有終也. 掣, 從制從手, 執止之義也.

「상전」에서 말했다. 수레가 뒤로 끌리는 것은 지위가 합당하지 않은 것이고, 시작은 없지만 마침은 있는 것은 강한 사람을 만나기 때문이다.

象曰, 見輿曳, 位不當也, 无初有終, 遇剛也.

육六이라는 음陰한 성질이 삼三이라는 지위에 자리한 것은 올바른 것이 아니니, 올바르지 않으면 마음이 불안하다. 또 두 양효 사이에 있어서 이와 같은 어려움과 곤란이 있는 것이니, 그것은 지위가 합당하지 않기 때문이다. "시작은 없지만 마침은 있다"는 것은 결국에는 반드시 상구효와 서로 만나서 화합하는 것이니, 강한 사람을 만나는 것이다. 올바르지 못하면서 화합하면, 오랜 시간이 지나서 떠나지 않는 자가 없을 것이다. 정도로 화합하면 저절로 끝에 가서 분열될 이치가 없다. 그러므로 현자는 이치를 따라서 마음의 안정을 이루고, 지혜로운 자는 기미를 알아서 자신의 도를 굳게 지킨다.

以六居三, 非正也, 非正則不安. 又在二陽之間, 所以有如是艱厄, 由位不當也. 无初有終者, 終必與上九相遇而合, 乃遇剛也. 不正而合, 未有久而不離者也. 合以正道, 自无終睽之理. 故賢者順理而安行, 智者知幾而固守.

구사효는 분열의 때에 홀로 외롭다. 훌륭한 남편을 만나 서로 믿음을 가지고 교제하니, 위태롭지만 허물이 없다.

九四, 睽孤, 遇元夫, 交孚, 厲, 无咎.

구사효는 분열의 때에 편안하지 않은 위치에 자리했고, 호응하는 사람이 없으며 두 음효 사이에 있으니, 분열의 때에 외롭게 처신하는 자다. 강양한 덕으로 대립과 분열의 때를 당하여 고립하여 함께하는 자가 없으니, 반드시 뜻이 통하는 부류의 사람을 서로 구하여 화합해야 한다. 그래서 "훌륭한 남편〔元夫〕을 만난다"고 했다. '부夫'란 양陽한 성질을 칭하고 '원元'이란 좋음의 뜻이니, '훌륭한 남편'이라 할 수 있다. 초구효는 분열의 시초에 구사효와 덕을 함께하여, 분열의 후회를 없애서 분열의 상황을 가장 잘 대처하는 자다. 그래서 지목하여 '훌륭한 남편'이라고 했으니, 훌륭한 사대부와 같다.

구사효는 괘의 위치에서 중간을 넘어서서 분열의 상황이 깊어졌으니, 초구효처럼 잘 대처하는 자는 아니다. 구사효와 초구효는 모두 양陽으로서 한 괘의 아래에 처하고 서로 호응하는 지위에 자리했으니, 분열과 괴리의 때를 당하여 각각 호응하여 도와주는 사람이 없어 저절로 덕이 같아 서로 친하기 때문에 모여 만나는 것이다. 덕이 같아서 서로 만나는 데에는 반드시 지극한 진실과 정성을 가지고 서로 연대해야 하니, "서로 믿음을 가지고 교제한다"는 말은 각각 진실과 정성을 가진 것이다.

위와 아래의 두 양효가 지극한 진실과 정성으로 서로 화합하면 어느 때인들 자신의 뜻을 시행하지 못할 것이며 어떤 위험인들 극복하지 못하겠는가? 그러므로 위태롭고 위험에 처했지만 허물이 없다. 대립과 분열의 때에 외롭게 두 음효 사이에 자리해 부당한 지위에 처하니, 위험하고 허물이 있을 것이다. 그러나 '훌륭한 남편'을 만나 서로 믿음을 가지고 교제하므로 허물이 없게 된다.

九四當睽時, 居非所安, 无應而在二陰之間, 是睽離孤處者也. 以剛陽之德, 當睽離之時, 孤立无與, 必以氣類相求而合. 是以遇元夫也. 夫, 陽稱, 元, 善也. 初九當睽之初, 遂能與同德, 而亡睽之悔, 處睽之至善者也. 故目之爲元夫, 猶云善士也. 四則過中, 爲睽已甚, 不若初之善也. 四與初皆以陽處一卦之下, 居相應之位, 當睽乖之時, 各无應援, 自然同德相親, 故會遇也. 同德相遇, 必須至誠相與, 交孚, 各有孚誠也. 上下二陽以至誠相合, 則何時之不能行, 何危之不能濟? 故雖處危厲而无咎也. 當睽離之時, 孤居二陰之間, 處不當位, 危且有咎也. 以遇元夫而交孚, 故得无咎也.

「상전」에서 말했다. 믿음을 가지고 교제하니 허물이 없는 것은 뜻을 행할 수 있는 것이다.

象曰, 交孚无咎, 志行也.

초구효와 구사효는 모두 양강한 군자다. 대립과 분열의 때에 위와 아래에서 지극한 진실과 정성으로 서로 교제하고 뜻과 힘을 함께하고 협력하면 그 뜻이 시행될 수 있을 것이니, 허물이 없는 데 그치지 않는다. 괘사에서는 허물이 없다고만 말했는데 공자는 또 이어서 밝혀 말하기를 "그 뜻을 행할 수 있다"고 했으니, 분열의 상황을 구제할 수 있다. 군자의 양강한 자질을 가지고 지극한 진실과 정성으로 서로 보필하면, 어떤 것인들 구제할 수 없겠는가? 오직 군자가 있다면[10] 그 뜻을 시행할 수 있다.

初四皆陽剛君子. 當睽乖之時, 上下以至誠相交, 協志同力, 則其志可以行, 不止无咎而已. 卦辭但言无咎, 夫子又從而明之云, 可以行其志, 救時之睽也. 蓋以君子陽剛之才, 而至誠相輔, 何所不能濟也? 唯有君子, 則能行其志矣.

육오효는 후회가 없어지니, 같은 당파의 동지가 살을 깊이 깨물듯이 하면, 어디를 간들 무슨 허물이 있겠는가?

六五, 悔亡, 厥宗噬膚, 往何咎?

육오효는 음유한 자질로 대립과 분열의 때를 당하여 존귀한 지위에 자리하니 후회가 있을 수 있다는 점을 알 수 있지만, 아래로 구이효의 양강한 현자가 있어 그와 함께 호응을 이루어 도움을 받기 때문에 후회가 없어지는 것이다. '궐종厥宗'이란 같은 당파의 동지로서, 올바른 호응 상대인 구이효를 말한다. '서부噬膚'란 살을 깊숙이 깨무는 것이다. 분열의 때에 마음속에 들어가는 것이 깊지 않으면 어떻게 화합을 이룰 수 있겠는가?

육오효는 음유한 자질이지만, 구이효가 양강한 방도로 도와주어 깊이 마음속에 들어가면 어떤 일을 행해도 기쁜 일이 있을 것이니, 다시 어떤 허물이 있겠는가? 주나라 성왕成王이 어렸는데도 훌륭한 왕도의 정치를 일으켰고, 어리석고 나약했던 유선劉禪[11]도 중흥의 형세가 있었던 것은 성현의 보필에 모든 일을 위임했기 때문이니,

이것은 희공姬公[12]과 공명孔明이 마음속 깊이 들어갔기 때문이다.

六以陰柔當睽離之時, 而居尊位, 有悔可知, 然而下有九二剛陽之賢, 與之爲應以輔翼之, 故得悔亡. 厥宗, 其黨也, 謂九二正應也. 噬膚, 噬齧肌膚而深入之也. 當睽之時, 非入之者深, 豈能合也? 五雖陰柔之才, 二輔以陽剛之道而深入之, 則可往而有慶, 復何過咎之有? 以周成之幼稚而興盛王之治, 以劉禪之昏弱, 而有中興之勢, 蓋由任聖賢之輔, 而姬公孔明所以入之者深也.

「상전」에서 말했다. 같은 당파의 동지가 살을 깊이 깨물듯이 하면 어떤 일을 해도 기쁨이 있다.

象曰, 厥宗噬膚, 往有慶也.

효사에서는 같은 당파의 동지가 살을 깊이 깨물듯이 하면 어떤 일을 해도 허물이 없을 수 있다고 했고, 「상전」에서는 다시 그 의미를 추론하여, 군주가 자신의 자질이 부족하더라도 현명한 사람의 도움을 믿고 모든 일을 위임하여 그 도가 자신의 마음속에 깊이 들어오게 하면 훌륭한 정치를 시행할 수 있다고 했으니, 이는 어떤 일을 해도 기쁨이 있는 것이다.

爻辭但言厥宗噬膚則可以往而无咎, 象復推明其義, 言人君雖己才不足, 若能信任賢輔, 使以其道深入於己, 則可以有爲, 是往而有福慶也.

상구효는 대립하고 외로워서, 돼지가 진흙을 뒤집어쓴 것과 수레

에 귀신이 가득히 실려 있는 것을 본다. 먼저 활줄을 당기다가 나중에는 활줄을 풀어놓는데, 이는 도적이 아니라 혼인하는 것이니, 가서 비를 만나면 길하다.

上九, 睽孤, 見豕負塗, 載鬼一車. 先張之弧, 後說之弧, 匪寇婚媾, 往遇雨則吉.

상구효는 괘의 끝에 자리하니, 분열의 극한이다. 양강한 자질로 가장 위에 자리하니, 강함의 극한이다. 밝음을 상징하는 이離괘에서 가장 높은 자리에 있으니, 밝은 지혜를 씀이 극한에 이른 것이다. 분열이 극한에 이르면 어긋나서 화합하기가 어렵고, 강함이 극한에 이르면 조급하고 폭력적이 되어 현실을 상세하게 살필 줄을 모르게 되고, 지나치게 밝은 지혜를 쓰면 과도하게 살펴서 의심이 많게 된다. 상구효는 육삼효와 올바른 호응관계이니 실제로는 외롭지 않은데, 그 자질의 경향성이 이와 같아서 스스로 대립과 고립을 자초한다. 이와 같은 사람에게 친밀한 당파의 동지들이 있다고 해도, 스스로 의심과 시기가 많아서 경거망동하게 어긋나고 대립하는 마음이 생기니, 친족과 친한 당파의 동지들 사이에 있더라도 항상 고독하다.

상구효는 육삼효와 올바른 호응관계이지만 분열의 극한에 자리하여 의심하지 않는 것이 없어서 육삼효를 돼지가 더럽고 또 진흙을 뒤집어 쓴 것으로 보니, 매우 미워함을 알 수 있다. 매우 미워하게 되면, 그가 죄악을 범했다고 의심하여 마치 수레에 귀신이 가득하다고 착각한다. 귀신은 본래 형체가 없는데 수레에 가득하다고 착각하는 것은 없는 것을 가지고 있다고 여기는 것이니, 허망함의 극한이다. 사물의 이치는 극한에 이르면 반드시 회귀하니, 가까운 것을 가지고 설명하자면 예컨대 사람이 동쪽으로 가다가 동쪽의 극한에 이르면 움직여 서쪽으로 가는 경우나 높은 곳에 오르다가 높음이 극한에 이르면 다시 움직여 내려오는 것과 같아서, 극한에 이르면 움직여 반드시 회귀한다.

상구효의 대립과 괴리는 극한에 이르렀고, 육삼효가 처신하는 것은 정리正理이다. 대개 정도正道를 잃었다가 극한에 이르면 반드시 정리로 회귀하므로, 상구효가 육삼효에 대해 처음에는 의심했지만 결국에는 반드시 화합한다. "먼저 활줄을 당긴다"는 것은 처음에는 의심하고 미워하여 활을 쏘려고 했던 것이다. 이는 의심하는 자가 망령된 것이니, 망령된 것이 어찌 오래 지속될 수 있겠는가? 그러므로 결국에는 반드시 정도로 회복한다. 육삼효는 실제로는 미워해야 할 것이 없으므로 나중에는 활줄을 풀어놓고 쏘지 않으니, 대립이 극한에 이르러 회귀했기 때문에 육삼효와 다시 원수가 되지 않고 혼인하는 것이다.

여기서 "도적이 아니라 혼인하는 것이다"라는 말은 다른 괘와 말은 같지만 그 의미는 다르다. 음과 양이 교제하는데 화합하여 소통하게 되면 비가 내린다. 상구효는 육삼효에 대해 처음에는 의심하여 대립했지만, 대립이 극한에 이르러 의심하지 않고 화합한다. 음과 양이 합치하고 더욱 화합하면 비가 내리므로, "가서 비를 만나면 길하다"고 했다. "간다"는 말은 여기에서 간다는 말이니, 합치하고서 또 더욱 화합하면 길하다는 말이다.

上居卦之終, 睽之極也. 陽剛居上, 剛之極也. 在離之上, 用明之極也. 睽極則咈戾而難合, 剛極則躁暴而不詳, 明極則過察而多疑. 上九有六三之正應, 實不孤, 而其才性如此, 自睽孤也. 如人雖有親黨, 而多自疑猜, 妄生乖離, 雖處骨肉親黨之間, 而常孤獨也. 上之與三, 雖爲正應, 然居睽極, 无所不疑, 其見三如豕之汚穢, 而又背負泥塗, 見其可惡之甚也. 旣惡之甚, 則猜成其罪惡, 如見載鬼滿一車也. 鬼本无形, 而見載之一車, 言其以无爲有, 妄之極也. 物理極而必反, 以近明之, 如人適東, 東極矣, 動則西也, 如升高, 高極矣, 動則下也, 旣極則動而必反也. 上之睽乖旣極, 三之所處者正理. 大凡失道旣極, 則必反正理, 故上於三, 始疑而終必合也. 先張之弧, 始疑惡而欲射之也. 疑之者妄也, 妄安能常? 故終必復於正. 三實无惡, 故後說弧而弗射, 睽極而反, 故與三非復爲寇讐, 乃婚媾也. 此匪寇婚媾之語, 與他卦同, 而義則殊也. 陰陽交而和暢則爲雨. 上於三, 始疑而睽, 睽極則不疑而合. 陰陽合而益和則爲雨, 故云往遇雨則吉. 往者, 自此以往也, 謂旣合而益和則吉也.

「상전」에서 말했다. 비를 만나면 길한 것은 모든 의심이 없어진 것이다.

象曰, 遇雨之吉, 群疑亡也.

비라는 것은 음과 양이 화합한 것이다. 처음에는 대립하지만 결국에는 화합하므로 길하다. 화합할 수 있는 것은 모든 의심이 다 없어졌기 때문이다. 처음에 대립했을 때에 의심하지 않는 것이 없었으므로 모든 의심이라 했고, 대립이 극한에 이르러 화합하면, 모두 없어진 것이다.

雨者, 陰陽和也. 始睽而能終和, 故吉也. 所以能和者, 以群疑盡亡也. 其始睽也, 无所不疑. 故云群疑, 睽極而合, 則皆亡也.

---

1 작은 일은 길한 것이다: 왜 작은 일에만 길할까? 호원은 이렇게 설명한다. "'작은 일에 길하다'고 했는데, 분열되고 괴리된 때에는 윗사람과 아랫사람의 정情이 다르고, 안과 밖의 뜻이 괴리되어 세상 사람들의 마음이 다르다. 이러한 때에 비록 큰 재능과 큰 덕을 가진 사람이 있을지라도 큰 일을 벌일 수는 없다. 왜 그런가? 군자의 도는 큰 일을 하려면 반드시 윗사람과 아랫사람들이 마음을 협력하고 많은 현자가 힘을 함께하여 다른 뜻이 없어야 한다. 그러므로 세상에서 발현되어 공업功業이 세상에서 이루어진다. 그러나 지금은 분열되고 괴리되었으므로 작은 일만이 길할 수 있다小事吉者, 夫睽乖之時, 上下之情, 既異, 內外之志, 既乖, 天下之人, 其心皆不同. 于時, 雖有大才大德之人, 亦不能大有所爲也. 何則夫君子之道, 必將大有爲, 則須上下協心, 衆賢同力, 无有異志. 故發之天下, 而功業被于世也. 今既睽乖. 故但小事, 則可以得吉也."

2 구이효 효사 참조.

3 육오효 효사 참조.

4 정이천은 성현과 세속을 대립해서 설명하지만 호원은 소인과 군자를 대립해서 설명하고 있다. "분열된 때에는 소인들이 많고 모두 군자를 손상시키려고 하므로, 군자는 그들과 화합하며 함께한다. 그러나 겉으로는 화합하고 함께 하더라도 속으로 보존하고 있는 것은 다르다夫睽異之時, 小人衆多, 皆欲加害于君子, 故君子與之和同, 然外雖和同, 內之所存則異也." 정이천의 해석이 훨씬 더 일반적인 상황을 포괄하여 설명하고 있다.

5 『중용』 10장, "남방의 강함인가? 북방의 강함인가? 아니면 그대의 강함을 말하는가? 너그러움과 유순함으로써 가르쳐주고, 무도함에 보복하지 않는 것이 남방의 강함이니, 군자가 여기에 자리한다. 병기와 갑옷을 입고 전투에 임하여 죽더라도 싫어하지 않는 것은 북방의 강함이다. 네가 말하는 강함은 여기에 자리한다. 그러므로 군자는 화합하면서도 과도하게 휩쓸리지 않으니, 강하구나, 굳셈이여! 가운데 우뚝 서서 치우침이 없으니, 강하구나, 굳셈이여! 나라에 도가 있어도 궁색한 시절의 지조를 변하지 않으니, 강하구나, 굳셈이여! 나라에 도가 없어도 평소 지녔던 절개를 죽음에 이를지언정 변하지 않으니, 강하구나, 굳셈이여!南方之強與? 北方之強與? 抑而強與? 寬柔以教, 不報無道, 南方之強也, 君子居之. 衽金革, 死而不厭, 北方之強也, 而強者居之. 故君子和而不流, 強哉矯! 中立而不倚, 強哉矯! 國有道, 不變塞焉, 強哉矯! 國無道, 至死不變, 強哉矯!"

6 위곡委曲에서 곡曲이란 곡진하다는 뜻이 있다. "그 가리키는 요지는 이치가 심원하고, 그 괘사와 효사는 이치가 꾸며져 있고, 그 말이 곡진하지만 이치에 적중하며, 그 일들이 베풀어 놓여 있지만 이치는 감추어져 있다其旨遠, 其辭文, 其言曲而中, 其事肆而隱(『역』「계사하」)." 공영달은 이렇게 소疏를 달고 있다. "그 말이 상대와 상황에 따라서 굴곡을 이루지만 각각 그 이치는 적중한다其言隨物屈曲, 而各中其理也." 이는 상황과 상대에 따라서 암시적이고 완곡하게 혹은 세밀하고 곡진

하게 이치를 표현하는 것을 말한다. 그러나 단지 말하는 방식만이 아니라 행위 방식도 그러하다. 즉, 상황의 변화와 조건, 상대의 마음의 결 등, 현실의 이치와 조건에 따라 곡진하고 상세하게 살펴서 내가 현실을 대하는 방식을 변화시키는 것을 말한다.

7 상대의 마음결에 적절하게 행동하여: '완전宛轉'에 대한 해석이다. '완전'은 외부의 조건에 따라서 완곡하게 변한다는 뜻이다. 현실 상황과 조건, 즉 때에 따라서 변화해서 고집하지 않는 것이다. "모난 데를 치고 두드리고 깎고 끊어서 행동을 원만하게 조정하여 외물과 함께 변화하고, 시비의 판단을 버리고, 진실로 재앙을 면할 수 있었다椎拍輐斷, 與物宛轉, 舍是與非, 苟可以免(『장자莊子』「천하天下」)."

8 순조롭게 힘써 나아가: '장취將就'에 대한 해석이다. '장취'는 힘써 노력하여 나아간다는 의미가 있다. 이 말의 출전은 『시』「주송周頌·방락訪落」에 "장차 나를 나아가게 하나, 이음이 오히려 나누어지고 흩어지도다將予就之, 繼猶判渙."에서 나왔다. 주희는 "나로 하여금 힘써 노력하여 나아가게 하려 하지만, 잇는 것이 오히려 나누어지고 흩어져서 합하지 못할까 두렵다將使予勉強, 以就之, 而所以繼之者, 猶恐其判渙而不合也"고 설명한다.

9 '천天'은 머리를 (…) 코를 베인다는 뜻이다: 정이천은 왜 이런 의미를 가지는지를 자세하게 설명하지 않았는데, 호원은 그 이유를 이렇게 설명하고 있다. "'그 사람이 머리를 깎고 코를 벤다'는 말에서 '천天'은 마땅히 '이而'자로 써야 한다. 옛 문자는 서로 비슷하여 후대 사람들이 베껴 쓰는 과정에서 잘못한 것이다. 그러나 '이而'라고 하는 것은 한나라 법에서 죄가 있으면 그 머리를 깎는 것을 '이'라고 했기 때문이다. 또 『주례』에 목수가 순거筍簴를 만드는 것을 '이'라고 했지만 또한 그 대나무 머리를 깎는 것을 말한다. 그 사람은 구이효와 구사효다. 육삼효는 밟고 있는 것이 올바름이 아니므로 모두 그를 해치려고 한다. 그래서 어떤 이는 와서 그 머리를 깎고, 어떤 이는 그 코를 벤다其人天且劓者, 天當作而字. 古文相類, 後人傳寫之誤也. 然謂而者, 在漢法, 有罪4其鬢髮曰而. 又周禮梓人爲筍簴作而, 亦謂髡其鬢髮也. 其人即謂九二九四也. 以六三履非其正, 皆欲害之. 故或來髡其鬢髮, 或來劓割其鼻也."

10 중국판본은 "唯有君子"라고 되어 있는데, 『주역대전』 구결은 "唯有君"으로 되어 있다. 『주역대전』 구결에 따른다면 군주가 있다면 혼란을 구제할 수 있다는 의미가 된다. 현명한 군주를 만나면 뜻을 펼칠 수 있다는 의미는 매우 좋다. 그러나 여기서는 초구효와 구사효를 중심으로 말했기 때문에 군자라고 생각하는 것이 옳을 듯하다. 중국판본을 따랐다.

11 유선은 유비의 적장남으로 촉한의 제2대이자 마지막 황제다. 승상 제갈량에게 내정과 외정을 총괄하고 신료들을 감독하게 했다. 인물사전 참조.

12 희공姬公은 성왕을 보필했던 주공을 말한다. 인물사전 주공 항목 참조.

39. 고난, 시련, 역경: 건蹇괘䷦

수산건水山蹇이라고 한다. 괘의 모습이 감坎☵괘가 위에 있고 간艮☶괘가 아래에 있기 때문이다.

건蹇괘에 대해서 「서괘전」은 다음과 같이 설명한다. "'규睽'는 괴리이자 분열이니, 분열되면 반드시 어려움이 있으므로, 고난을 상징하는 건괘로 받았다. 건괘란 고난이다." 대립하여 분열될 때는 반드시 시련과 고난이 있으니, 건괘가 규괘 다음이 된다. '건蹇'이란 위험하고 장애가 있다는 뜻이므로, 시련과 고난이다. 괘의 모습은 물을 상징하는 감坎괘가 위에 있고 산을 상징하는 간艮괘가 아래에 있다. 감은 위험을 상징하고 간은 멈춤을 상징하니, 위험한 장애가 앞에 있어 멈추어 서서 나아갈 수 없는 모습이다. 앞에 위험한 함정이 있고 뒤에는 높은 장애물이 있으므로, 고난이다.

蹇, 序卦, "睽者乖也, 乖必有難, 故受之以蹇. 蹇者難也." 睽乖之時, 必有蹇難, 蹇所以次睽也. 蹇, 險阻之義, 故爲蹇難. 爲卦, 坎上艮下. 坎, 險也, 艮, 止也, 險在前而止不能進也. 前有險陷, 後有峻阻, 故爲蹇也.

고난의 때에는 서남쪽이 이롭고, 동북쪽은 이롭지 않으며, 대인을 만나는 것이 이로우니, 올바름을 굳게 지키면 길하다.

蹇, 利西南, 不利東北, 利見大人, 貞吉.

서남쪽은 곤坤괘의 방위다.[1] 곤은 땅을 상징하니, 그 형체가 순조롭고 평탄하다. 동북쪽은 간艮괘의 방위다. 간은 산을 상징하니, 그 형체가 멈추어 서서 험난하다. 고난의 때에는 평탄하고 감당하기 쉬운 곳에서 순리에 따라 처신하는 것이 이롭고, 위험한 곳에 멈추어 서는 것은 이롭지 않다. 순조롭고 감당하기 쉬운 곳에 처하면 고난을 해결할 수 있지만, 위험한 곳에 멈추어 있으면 고난이 더욱더 심해진다. 고난의 때에 반드시 성현이 있으면 세상의 고난을 구제할 수 있으므로, 대인을 만나는 것이 이롭다.

고난을 구제하는 자는 반드시 공명정대한 도[2]로 행하고 그것을 지킴이 견고해야 하므로, 올바름을 굳게 지키면 길하다. 고난에 대처하는 일은 반드시 올바름을 굳게 지키는 것에 달려 있다. 고난이 해결되지 않더라도 올바른 덕을 잃지 않으니, 그래서 길한 것이다. 만일 고난을 당하고서 공명정대한 도리를 견고하게 지키지 못하여 올바르지 못하고 비굴해지면, 구차하게 고난을 면하더라도 악한 덕이니, 마땅한 의리義와 명命을 아는 자는 그렇게 행하지 않는다.

西南, 坤方. 坤, 地也, 體順而易. 東北, 艮方. 艮, 山也, 體止而險. 在蹇難之時, 利於順處平易之地, 不利止於危險也. 處順易, 則難可紓, 止於險, 則難益甚矣. 蹇難之時, 必有聖賢之人, 則能濟天下之難, 故利見大人也. 濟難者必以大正之道, 而堅固其守, 故貞則吉也. 凡處難者, 必在乎守貞正.

設使難不解, 不失正德, 是以吉也. 若遇難而不能固其守, 入於邪濫, 雖使苟免, 亦惡德也, 知義命者不爲也.

「단전」에서 말했다. 건은 고난을 뜻하니, 위험이 앞에 있다.

彖曰, 蹇, 難也, 險在前也.

건蹇은 고난이다. 건이 고난의 뜻이 되는 것은 건乾괘의 '건健'이 강건함을 뜻하는 것과 같다. 그래서 괘의 이름을 난難이라고 바꾸면, 뜻을 충분하게 드러내지 못한다. 건蹇이라는 말에는 위험한 장애라는 뜻이 있다. 둔屯괘의 혼돈도 어려움이고 곤困괘의 곤경도 어려움을 뜻하니, 모두 어려움이라는 점에서는 동일하지만 그 의미는 다르다. 둔屯이란 처음에 어려워서 소통되지 못하는 혼돈이고, 곤困은 역량이 부족하고 궁색한 곤경이며, 건蹇은 바로 위험과 장애로 막혀서 곤란한 상황을 뜻하니, 그 뜻이 각기 다르다. "위험이 앞에 있다"고 한 것은 감坎괘가 상징하는 물의 위험이 앞에 있어서 아래에서 멈춰 나아갈 수가 없기 때문에 고난이 된다.

蹇, 難也. 蹇之爲難, 如乾之爲健. 若易之爲難, 則義有未足. 蹇有險阻之義. 屯亦難也, 困亦難也, 同爲難而義則異. 屯者始難而未得通, 困者力之窮, 蹇乃險阻艱難之義, 各不同也. 險在前也, 坎險在前, 下止而不得進, 故爲蹇.

위험을 보고 멈추어 설 수 있으니, 지혜롭구나!

見險而能止, 知矣哉!

괘의 자질 구조를 가지고 고난에 대처하는 방도를 말했다. 상체는 위험이고 하체는 멈춤이니, 위험을 보고서 멈추어 설 수 있는 모습이다. 위험을 무시하고 앞으로 나아가면 후회와 허물이 있으므로, 멈추어 설 수 있는 것을 지혜롭다고 찬미한 것이다. 고난과 어려움의 때에 오직 적절하게 멈추어 설 수 있는 것이 가장 좋기 때문에, 구오효와 육이효를 제외한 모든 효에서 모두 위험이 있는 앞으로 '간다'는 것을 손실로 여겼고, 제자리로 '온다'는 것을 이득으로 보았다.

以卦才言處蹇之道也. 上險而下止, 見險而能止也. 犯險而進, 則有悔咎, 故美其能止爲知也. 方蹇難之時, 唯能止爲善, 故諸爻除五與二外, 皆以往爲失, 來爲得也.

고난의 때에 서남쪽이 이로운 것은 가서 중中을 얻기 때문이고, 동북쪽은 이롭지 않은 것은 그 도가 궁색해지기 때문이다.

蹇利西南, 往得中也, 不利東北, 其道窮也.

고난의 때에는 평탄하고 감당하기 쉬운 곳에 처하는 것이 이롭다. 서남쪽은 곤坤괘의 방위라서 땅처럼 순조롭고 평탄한 곳이고, 동북쪽은 간艮괘의 방위라서 산처럼 위험과 장애가 있는 곳이다. 양陽인 구九가 위로 올라가 오五의 위치에 자리하여 중정中正의 지위를 얻었으니, 이것은 가서 평탄한 곳을 얻은 것이므로, 이롭다. 구오효가 위험한 장애 가운데 자리했는데 평이한 곳이라고 말한 것은 감坎괘가 본래 곤坤괘였는데, 구오효가 그 위치에 가서 감괘가 되었기 때문에,[3] 가서 중도를 얻은 뜻만을 취하고 위험을 상징하는 감괘가 된 의미는 취하지 않은 것이다. 고난의 때가 되었는데 또 위험한 곳에 멈추게 되면 고난이 더욱더 심해지므로, 동북쪽은 이롭지 않다. "그 도가 궁색해진다"는 것은 고난이 극도에 달한다는 말이다.

蹇之時, 利於處平易. 西南坤方爲順易, 東北艮方爲險阻. 九上居五而得中正之位, 是往而得平易之地, 故爲利也. 五居坎險之中而謂之平易者, 蓋卦本坤, 由五往而成坎, 故但取往而得中, 不取成坎之義也. 方蹇而又止危險之地, 則蹇益甚矣, 故不利東北. 其道窮也, 謂蹇之極也.

"대인을 만나는 것이 이롭다"는 것은 가서 공이 있는 것이고, 지위를 담당해서 올바름을 굳게 지키면 길한 것은 나라를 바로잡는 것이다.

利見大人, 往有功也, 當位貞吉, 以正邦也.

고난의 때에 성현이 아니라면 세상의 고난을 구제할 수가 없으므로, 대인을 만나면 이롭다. 대인이 지위를 담당하면 고난을 구제하는 공을 이루니, 나아가서 공이 있는 것이다. 세상의 고난을 구제할 수 있는 것은 오직 공명정대한 도다. 공자는 또 괘의 자질 구조를 가지고 말했으니, 건괘의 여러 효 가운데 초육효를 제외하고 나머지 모두 올바른 지위를 담당했으므로, 올바름을 굳게 지켜서 길하게 된다. 초육효는 음의 자질로 양의 지위에 자리했지만 그 처신이 자신을 낮추니, 또한 음의 올바름이다. 이와 같은 정도正道로 그 나라를 바로잡는다면, 고난을 구제할 수 있다.

蹇難之時, 非聖賢不能濟天下之蹇, 故利於見大人也. 大人當位, 則成濟蹇之功矣, 往而有功也. 能濟天下之蹇者, 唯大正之道. 夫子又取卦才而言, 蹇之諸爻, 除初外, 餘皆當正位, 故爲貞正而吉也. 初六雖以陰居陽而處下, 亦陰之正也. 以如此正道正其邦, 可以濟於蹇矣.

고난의 때의 작용함이 크구나!

蹇之時用, 大矣哉!

고난의 때에 처하여 고난을 구제하는 도리는 그 작용이 지극히 크므로 크다고 했다. 세상의 고난을 어찌 쉽게 평정할 수 있겠는가? 성현이 아니라면 불가능하니, 그 작용이 크다고 할 만하다. 그 때의 도리에 순응하면서 처신하고, 위험을 헤아리면서 행하며, 평탄하고 감당하기 쉬운 방도를 따르고, 지극히 올바른 이치를 따르니, 이것이 고난의 때에 작용하는 모습이다.

處蹇之時, 濟蹇之道, 其用至大, 故云大矣哉. 天下之難, 豈易平也? 非聖賢不能, 其用可謂大矣. 順時而處, 量險而行, 從平易之道, 由至正之理, 乃蹇之時用也.

「상전」에서 말했다. 산 위에 물이 있는 것이 건괘의 모습이니, 군

자는 이 모습을 본받아 자신을 돌이켜 덕을 수양한다.

象曰, 山上有水, 蹇, 君子以反身修德.

산이 험준하여 막혔는데, 위로 다시 물이 있다. 감坎괘의 물은 위험에 빠지는 모습이니, 위와 아래가 모두 위험하고 장애가 있으므로 고난이 된다. 군자는 고난의 모습을 관찰하여 자신을 돌이켜 덕을 수양한다. 군자가 어려움과 장애를 만나면 반드시 자신을 돌이켜서 반성하여 더욱더 스스로를 수양한다. 맹자는 "행하고 내가 기대한 것을 얻지 못하면, 자신에게서 그 원인을 구하라"[4]고 했다.

그러므로 고난과 위험을 만나면 반드시 스스로 자신을 반성하여, 어떤 과실이 있어서 이런 지경에 이르렀는가를 생각한다면, 이것이 바로 자신을 돌이키는 것이다. 잘못한 점이 있으면 고치고 마음에 만족스럽지 못하다면 더욱더 힘쓰니, 이것이 곧 스스로 자신의 덕을 수양하는 것이다. 군자는 덕을 수양하면서 때를 기다릴 뿐이다.

山之峻阻, 上復有水. 坎水爲險陷之象, 上下險阻, 故爲蹇也. 君子觀蹇難之象, 而以反身修德. 君子之遇艱阻, 必反求諸己而益自修. 孟子曰, 行有不得者, 皆反求諸己. 故遇艱蹇, 必自省於身, 有失而致之乎? 是反身也. 有所未善則改之, 无歉於心則加勉, 乃自修其德也. 君子修德以俟時而已.

초육효는 가면 어렵고, 오면 영예가 있다.

初六, 往蹇, 來譽.

초육효는 고난의 초기에 자리하여, 함부로 가서 나아가면 더욱 고난에 빠지니, 이것이 "가면 어렵다"는 말이다. 고난의 때를 당하여 음유한 자질이면서 자신을 도와줄 사람이 없는데도 함부로 나아가면, 그 어려움을 알 수 있다. "온다"는 것은 "간다"는 것과 대비해서 쓴 말이다. 위험이 있는 위로 나아가면 가는 것이고, 나아가지 않으면 오는 것이다. 멈추어 나아가지 않으면 이는 기미幾를 파악하고 때를 아는 아름다운 능력이 있는 것이니, 나아가지 않고 와서 멈추면 영예가 있다.

六居蹇之初, 往進則益入於蹇, 往蹇也. 當蹇之時, 以陰柔无援而進, 其蹇可知. 來者, 對往之辭. 上進則爲往, 不進則爲來. 止而不進, 是有見幾知時之美, 來則有譽也.

「상전」에서 말했다. 가면 어렵고 오면 영예가 있는 것은 마땅히 기다려야 한다는 뜻이다.

象曰, 往蹇來譽, 宜待也.

고난의 초기에 함부로 나아가면 더욱 위험해지니, 나아갈 수 있는 때가 아니므로 마땅히 기미를 파악하고 멈추어 때를 기다려서 행할 만한 때가 된 후에 행해야 한다. 이렇게 물을 수 있다. "여러 효가 모두 가는 것은 위험하고 오는 것이 최선이라고 했으니, 그렇다면 위험으로부터 벗어나는 뜻은 없는 것인가?" 이렇게 답하겠다. 고난에 처해서 함부로 나아가면 어렵고 고난이 끝나면 상황이 변하므로, 상구효에서는 '여유 있음'의 뜻이 있다.

方蹇之初, 進則益蹇, 時之未可進也, 故宜見幾而止以待時, 可行而後行也. 諸爻皆蹇往而善來, 然則无出蹇之義乎! 曰, 在蹇而往, 則蹇也, 蹇終則變矣, 故上已有碩義.

육이효는 왕의 신하가 고난 속에서 더욱 어려운 것이니, 이는 자신의 잘못 때문에 일어난 것이 아니다.

六二, 王臣蹇蹇, 匪躬之故.

육이효는 중정의 덕을 가지고 멈춤을 상징하는 간艮괘의 형체에 자리했으니, 중정의 덕에서 멈추는 자다. 그런데 구오효와 서로 호응을 이루니, 중정의 덕을 가진 사람이 중정의 덕을 가진 군주에게 신임을 받는 것이므로 왕의 신하라고 했다. 윗사람과 아랫사람이 덕을 함께하더라도 구오효가 큰 고난 속에 빠져서, 고난의 어려움에 빠진 때에 온 힘을 다하고 있으나 그 어려움이 매우 심하므로, 고난 속에서도 더욱 어려운 상황이다. 육이효는 중정의 덕을 이루고 있지만, 음유한 자질로 어떻게 그 임무를 쉽게 감당할 수 있겠는가? 그래서 고난 속에서 더욱 어려운 상황이다.

그러나 그의 뜻이 군주를 고난과 어려움 속에서 구제하려는 데에 있으니, 그 고난 속의 어려움은 자신의 잘못 때문에 일어난 일이 아니다. 그래서 그 임무를 감당하지 못하더라도 그 뜻과 의리는 가상하다 할 만하므로, 그 충성스러움은 단지 자신을 위한 것이 아니라고 칭찬한 것이다. 그러나 그 자질이 고난을 해결하기에는 부족하니, 조금이라도 구제할 수 있다면 성인은 마땅히 크게 칭찬하여 힘써 노력하도록 권면했던 것이다.

二以中正之德, 居艮體, 止於中正者也. 與五相應, 是中正之人爲中正之君所信任, 故謂之王臣. 雖上下同德, 而五方在大蹇之中, 致力於蹇難之時, 其艱蹇至甚, 故爲蹇於蹇也. 二雖中正, 以陰柔之才, 豈易勝其任? 所以蹇於蹇也. 志在濟君於蹇難之中, 其蹇蹇者非爲身之故也. 雖使不勝, 志義可嘉, 故稱其忠藎不爲己也. 然其才不足以濟蹇也, 小可濟, 則聖人當盛稱以爲勸矣.

「상전」에서 말했다. 왕의 신하가 고난 속에서 더욱 어려운 때는 끝내 허물이 없다.

象曰, 王臣蹇蹇, 終无尤也.

비록 고난의 시기에 어려움을 겪지만 그 뜻은 군주의 고난을 해결하려는 데에 있으니, 공을 이루지 못하더라도 끝내 과오와 허물이 없다. 성인은 그 뜻이 지향하는 의리를 취하여 허물이 없다고 했으니, 충성을 다하도록 권장한 것이다.

雖艱厄於蹇時, 然其志在濟君難, 雖未成功, 然終无過尤也. 聖人取其志義, 而謂其无尤, 所以勸忠藎也.

구삼효는 가면 어렵고 오면 제자리로 돌아온다.

九三, 往蹇, 來反.

구삼효는 강剛한 자질로 올바른 지위에 자리하고, 하체의 위에 처했다. 고난의 때에 아래에 있는 사람들이 모두 유약하여 반드시 구삼효에게 의지할 것이니, 구삼효가 아래에 있는 사람들이 의지하려는 자가 되는 것이다. 구삼효와 상육효는 올바른 호응관계이지만 상육효는 음유한 자질이면서 정치적 지위가 없어 도움이 되기에는 부족하므로, 위로 가면 어렵다. "온다"는 것은 아래로 내려오는 것이다. "돌아온다"는 것은 다시 복귀하는 것이다.[5] 구삼효는 아래 두 음효가 기뻐하는 자가 되므로 와서 다시 제자리로 돌아오는 것이니, 조금 안정된 자리다.

九三以剛居正, 處下體之上. 當蹇之時, 在下者皆柔, 必依於三, 是爲下所附者也. 三與上爲正應, 上陰柔而无位, 不足以爲援, 故上往則蹇也. 來, 下來也. 反, 還歸也. 三爲下二陰所喜, 故來爲反其所也, 稍安之地也.

「상전」에서 말했다. 가면 어렵고 오면 제자리로 돌아오는 것은 안에 있는 사람들이 기뻐하기 때문이다.

象曰, 往蹇來反, 內喜之也.

"안에 있는 사람"이란 아래에 있는 두 음효다. 고난의 때에 음유한 자질의 사람들은 홀로 자립할 수 없으므로, 모두 양효인 구삼효에게 의지하여 기뻐하고 친애한다. 양효인 구九가 삼三의 위치에 처한 것은 고난의 때에 그에게 합당한 자리를 얻은 것이다. 고난에 처하여 아랫사람들의 마음을 얻어서 안정을 구할 수가 있으므로, 오는 것을 '돌아온다〔反〕'고 했으니, 『춘추』에서 '돌아온다〔歸〕'고 말한 것과 같은 의미다.

內, 在下之陰也. 方蹇之時, 陰柔不能自立, 故皆附於九三之陽而喜愛之.

九之處三, 在蹇爲得其所也. 處蹇而得下之心, 可以求安. 故以來爲反, 猶春秋之言歸也.

육사효는 가면 어렵고, 오면 연대한다.

六四, 往蹇, 來連.

함부로 나아가면 위험에 더욱더 깊이 빠지므로, "가면 어렵다"고 했다. 고난의 때에 자리하여 어려움과 곤란에 함께 빠진 자들의 뜻은 서로 도모하지 않아도 모두 같다. 또 육사효는 위의 지위에 자리하여 아래에 있는 자들과 함께 지위의 올바름을 얻었고, 또 구삼효와 서로 협력하고 서로 친밀한 자이며, 육이효와 초육효는 같은 동료로 서로 함께하는 자이니, 이는 아랫사람들과 뜻을 함께하여 많은 사람이 따르면서 연대하는 것이므로, "오면 연대한다"고 했다. 오면 아래에 있는 많은 사람과 서로 연대하니, 많은 사람과 연대할 수 있는 것은 고난을 대처하는 방도를 얻은 것이다.

往則益入於坎險之深, 往蹇也. 居蹇難之時, 同處艱厄者, 其志不謀而同也. 又四居上位, 而與在下者同有得位之正, 又與三相比相親者也, 二與初同類相與者也, 是與下同志, 衆所從附也, 故曰來連. 來則與在下之衆相連合也, 能與衆合, 得處蹇之道也.

「상전」에서 말했다. 가면 어렵고 오면 연대하는 것은 담당한 지위에 진실하기 때문이다.

象曰, 往蹇來連, 當位實也.

육사효는 고난의 때를 당해 위의 지위에 자리하여 위로 나아가지 않고 아래로 와서 아랫사람들과 뜻을 함께하니, 분명히 많은 사람을 얻을 수가 있다. 또 음유한 자질로 음의 위치에 자리하여 그 진실함을 얻었으니 정성과 진실로 아랫사람들과 함께하므로 연대할 수 있고, 아래의 육이효와 구삼효도 각각 그 진실함을 얻었으며,[6] 초육효는 음유한 자질로 아래의 지위에 자리하니, 역시 진실함을 얻었다.

함께 환난을 당한 때에 서로 진실함으로 교제하니 굳게 화합할 수 있음을 알 수 있으므로, 오면 연대하는 것은 진실함으로 지위를 담당하기 때문이다. 고난과 어려움에 처했는데 정성스럽고 진실한 마음을 가지지 않는다면, 어떻게 고난을 해결할 수 있겠는가? 지위를 담당하는 것을 올바르다고 말하지 않고 진실하다고 말한 것은 윗사람과 아랫사람의 교제는 정성과 진실을 위주로 하기 때문이니, 그 용어의 쓰임에 각각 적절한 곳이 있다.

四當蹇之時, 居上位, 不往而來, 與下同志, 固足以得衆矣. 又以陰居陰, 爲得其實, 以誠實與下, 故能連合, 而下之二三亦各得其實, 初以陰居下, 亦其實也. 當同患之時, 相交以實, 其合可知, 故來而連者, 當位以實也. 處蹇難, 非誠實何以濟? 當位不曰正而曰實, 上下之交, 主於誠實, 用各有其所也.

구오효는 큰 어려움에 처하여 동지들이 온다.

九五, 大蹇, 朋來.

구오효는 군주의 지위에 자리하여 고난의 가운데 있으니, 세상에서 가장 큰 어려움이다. 고난을 당하고 또 위험 속에 있으니, 이 또한 큰 고난의 의미다. 큰 고난에 처했을 때 육이효는 아래의 지위에서 중정의 덕으로 서로 호응하니, 이는 그 동지들의 도움이 오는 것이다. 세상이 어려운 때에 중정의 덕을 이룬 신하의 도움을 얻으니, 그 도움이 어찌 작겠는가?

이렇게 물을 수 있다. "동지가 오는데 길하다는 말이 없는 것은 어째서인가?" 이렇게 답하겠다. 고난을 해결하기에는 충분하지 못하기 때문이다. 강양한 자질과 중정의 덕을 이룬 군주로서 큰 어려움 속에 빠졌는데, 강양한 자질과 중정의 덕을 이룬 신하가 보필하지 않는다면 세상의 큰 고난을 해결할 수 없다. 중정의 덕을 이룬 육이효는 분명히 도움이 되겠지만, 음유한 자질을 가진 육이효의 도움으로 세상의 큰 고난을 해결하려고 한다면 이는 쉽게 할 수 있는 일이 아니다.

예로부터 성왕聖王이 세상의 고난을 구제하는 데에 현명한 성인聖人인 신하의 도움을 통하지 않았던 경우가 없으니, 탕왕湯王과 무왕武王이 이윤伊尹과 여상呂尙[7]을 얻었던 것이 이것이다. 보통의 군주가 강명한 자질의 신하를 얻어서 세상의 큰 어려움을 해결할 수 있었던 경우도 있으니, 유선劉禪[8]이 공명孔明[9]을 얻고 당나라 숙종肅宗이 곽자의郭子儀[10]를 얻고 덕종德宗이 이성李晟[11]을 얻었던 경우가 이것이다.

현명한 군주일지라도 그 신하가 없다면, 세상의 고난을 해결할 수가 없다. 그러므로 음효인 육六이 군주의 지위인 오五에 자리하고 양효인 구九가 이二의 지위에 자리한 경우는 아랫사람의 도움을 통해서 공을 이룬 경우가 많으니, 몽蒙괘와 태泰괘의 종류가 그러하다. 양효인 구九가 군주의 지위인 오五에 자리하고 음효인 육六이 이二의 지위에 자리하면 그 공이 부족한 경우가 많으니, 둔屯괘와 비否괘의 종류가 그러하다. 신하가 군주보다 현명하면 군주가 능히 하지 못하는 일을 가지고 군주를 보필하고, 신하가 군주에 미치지 못하면 군주의 일을 도울 뿐이므로, 큰 공을 이루지 못하는 것이다.

五居君位, 而在蹇難之中, 是天下之大蹇也. 當蹇而又在險中, 亦爲大蹇. 大蹇之時, 而二在下, 以中正相應, 是其朋助之來也. 方天下之蹇, 而得中正之臣相輔, 其助豈小也? 得朋來而无吉, 何也? 曰, 未足以濟蹇也. 以剛陽中正之君, 而方在大蹇之中, 非得剛陽中正之臣相輔之, 不能濟天下之蹇也. 二之中正, 固有助矣, 欲以陰柔之助, 濟天下之難, 非所能也. 自古聖王濟天下之蹇, 未有不由賢聖之臣爲之助者, 湯武得伊呂是也. 中常之君, 得剛明之臣而能濟大難者則有矣, 劉禪之孔明, 唐肅宗之郭子儀, 德宗之李晟是也. 雖賢明之君, 苟无其臣, 則不能濟於難也. 故凡六居五, 九居二者, 則多由助而有功, 蒙泰之類是也. 九居五, 六居二, 則其功多不足, 屯否之類是也. 蓋臣賢於君, 則輔君以君所不能, 臣不及君, 則贊助之而已, 故不能成大功也.

「상전」에서 말했다. 큰 어려움에 처하여 동지들이 오는 것은 중中한 절도로써 하기 때문이다.

象曰, 大蹇朋來, 以中節也.

'붕朋'이란 정치적인 동지다. 구오효는 중정의 덕을 가지고 있고 육이효도 중정의 덕을 이루고 있으니, 매우 큰 고난의 때이지만 그 지키려는 신념과 절도를 잃지 않고 어려움 속에서 위험에 처해서 서로 호응하면서 도와주니, 이것은 중정의 절도로써 이루는 것이다. 윗사람과 아랫사람이 중정을 이루고 세상의 고난을 구제하지 못하는 경우는 신하의 재능이 부족하기 때문이다. 예로부터 절도를 지키고 의리를 지켰지만 고난을 구제하기에 재능이 부족했던 자가 어찌 적었겠는가? 한漢나라 이고李固[12]와 왕윤王允,[13] 진晉나라 주의周顗[14]와 왕도王導[15]의 무리가 그러하다.

朋者, 其朋類也. 五有中正之德, 而二亦中正, 雖大蹇之時, 不失其守, 蹇於蹇以相應助, 是以其中正之節也. 上下中正而弗濟者, 臣之才不足也. 自古守節秉義, 而才不足以濟者, 豈少乎? 漢李固王允, 晉周顗王導之徒是也.

상육효는 가면 어렵고 오면 여유로워 길하리니, 대인을 보는 것이 이롭다.

上六, 往蹇, 來碩, 吉, 利見大人.

상육효는 음유한 자질로 고난의 끝에 자리하면서 매우 위험한 곳을 함부로 가니 어려운 것이다. 가지 않고 와서 구오효를 따르고 구삼효를 구하면 양강한 세력의 도움을 얻으니 그래서 여유롭다. 고난의 길은 험난하고 궁색하다. '석碩'이란 큰 것이며 여유로운 것을 칭한다. 오면 여유롭고 관대하여 그 어려움에서 풀려난다. 고난의 끝에는 고난으로부터 벗어날 방도가 있다.

상육효는 음유한 자질이므로 고난에서 벗어나지 못하고, 양강한 세력의 도움을 얻으면 어려움을 풀 수 있을 뿐이니, 고난의 끝에서 고난이 풀어지면 길하다. 강양하고 중정을 이룬 사람이 아니라면 어떻게 고난으로부터 벗어날 수 있겠는가? "대인을 보는 것이 이롭다"고 했으니, 고난의 끝에는 큰 덕을 가진 사람을 만나면 고난을 해결할 수가 있다. 대인이란 구오효를 말하니, 서로 가까이 있기 때문에 이러한 뜻을 말한 것이다. 구오효는 강양하고 중정을 이룬 사람으로서 군주의 지위에 자리하니, 대인이다.

이렇게 물을 수 있다. "구오효에서는 고난을 해결할 공이 있다고 말하지 않았으면서, 상육효가 구오효를 만나면 이롭다고 하는 것은 어째서인가?" 이렇게 답하겠다. 구오효에서 말하지 않은 것은 구오효가 위험의 한가운데 빠져 있고, 강양한 사람의 도움이 없었기 때문에 고난을 해결할 수 있는 뜻이 없었지만, 상육효에서는 고난의 끝에서 큰 덕을 가진 사람을 만나면 고난을 해결할 수 있기 때문에 이로운 것이다.

각 효에서 의미를 취하는 것이 다르니, 예를 들어 둔屯괘 초효의 뜻은 올바르지만 육이효는 그를 도적으로 보는 것과 같다. 여러 효 모두 길하다고 말하지 않고 상육효에서만 길하다고 말한 것은 여러 효는 모두 올바름을 얻어 각각 좋은 점이 있지만 모두 고난에서 벗어나지 못했기 때문에 길하다고 할 수 없고, 오직 상육효만이 고난의 끝에 처하여 관대하고 여유로움을 얻어 길하기 때문이다.

六以陰柔居蹇之極, 冒極險而往, 所以蹇也. 不往而來, 從五求三, 得剛陽之助, 是以碩也. 蹇之道, 厄塞窮蹙. 碩, 大也, 寬裕之稱. 來則寬大, 其蹇紓矣. 蹇之極, 有出蹇之道. 上六以陰柔, 故不得出, 得剛陽之助, 可以紓蹇而已, 在蹇極之時, 得紓則爲吉矣. 非剛陽中正, 豈能出乎蹇也? 利見大人, 蹇極之時, 見大德之人則能有濟於蹇也. 大人謂五, 以相比發此義. 五, 剛陽中正, 而居君位, 大人也. 在五不言其濟蹇之功, 而上六利見之, 何也? 曰, 在五不言, 以其居坎險之中, 无剛陽之助, 故无能濟蹇之義, 在上六, 蹇極而見大德之人, 則能濟於蹇, 故爲利也. 各爻取義不同, 如屯初九之志正, 而於六二則目之爲寇也. 諸爻皆不言吉, 上獨言吉者, 諸爻皆得正, 各有所善, 然皆未能出於蹇, 故未足爲吉, 唯上處蹇極而得寬裕, 乃爲吉也.

「상전」에서 말했다. 가면 어렵고 오면 여유로운 것은 뜻이 안에 있는 것이고, 대인을 봄이 이로운 것은 귀한 사람을 따르는 것이다.

象曰, 往蹇來碩, 志在內也, 利見大人, 以從貴也.

상육효는 구삼효와 호응하고 구오효를 따르니, 뜻이 안에 있는 것이다. 고난이 끝에 이르러 도움을 주는 사람이 있어서 여유로우므로 길하다. 상육효는 음유한 자질로 고난의 끝에 처하여 강양하고 중정을 이룬 군주와 친밀하고 가깝게 관계하니, 저절로 그 뜻이 그를 따라서 의지하여 저절로 고난이 해결되기를 구한다. 그러므로 대인을 만나면 이로우니, 구오효라는 귀한 사람을 따르는 것을 말한다. 귀한 사람을 따른다고 한 것은 대인이 구오효를 가리킨다는 점을 모를 것을 염려했기 때문이다.[16]

上六應三而從五, 志在內也. 蹇旣極而有助, 是以碩而吉也. 六以陰柔當蹇之極, 密近剛陽中正之君, 自然其志從附, 以求自濟. 故利見大人, 謂從九五之貴也. 所以云從貴, 恐人不知大人爲指五也.

1 문왕팔괘도에 의하면 서남쪽이 곤坤괘의 방위이고, 동북쪽이 간艮괘의 방위다.

2 공명정대한 도: 대정지도大正之道를 번역한 말이다. 공명정대하다는 것은 사적인 이해관계를 떠난 공정한 도리를 의미한다. 공정하고 떳떳하다는 뜻이다.

3 구오효가 그 위치에 가서 감괘가 되었기 때문에: 정이천은 모든 괘가 건乾괘와 곤坤괘가 착종되어 변화한 것으로 본다. 그러므로 본래 곤괘☷에 건괘☰의 양효가 중간 자리에 가서 감坎괘☵가 되었다고 보는 것이다. 이를 양효가 가서 중中을 얻은 것이라고 설명하고 있다.

4 『맹자』「이루상」, "사람을 사랑했는데 그 사람이 나를 친하게 여기지 않으면 자신의 인을 반성하고, 사람을 다스렸는데 다스려지지 않으면 나의 지혜를 반성하고, 사람에게 예의를 갖추었는데 보답하지 않으면 나의 공경을 반성한다. 행하여 내가 기대한 것을 얻지 못하면, 모두 자신에게 그 원인을 구해야 하니, 자신의 몸이 바르게 되면 천하 사람들이 나에게로 돌아온다愛人不親, 反其仁, 治人不治, 反其智, 禮人不答, 反其敬. 行有不得者, 皆反求諸己, 其身正而天下歸之." 호원도 정이천과 동일하게 맹자의 이 말을 인용하고 있다.

5 다시 복귀하는 것이다: 주희는 "아래 두 음효를 취하여 편안한 자리를 얻는 것이다反, 就二陰, 得其所安"라고 해석한다. 운봉 호씨雲峯胡氏는 "반反이란 고향으로 돌아오고 옛 오두막으로 돌아오는 것과 같다. 와서 그 편안한 곳을 얻고 아래로 두 음이 있어 그들을 취하니 더욱 안정된다反, 如返故鄕, 歸故廬, 來而得其所安, 下有二陰就之愈安矣"라고 해석하고 있다.

6 각각 그 진실함을 얻었으며: 중국판본은 "故能連合而下之. 二三亦各得其實"로 읽고 있지만 『주역대전』 구결은 "故能連合, 而下之二三亦各得其實"로 읽고 있다. 문맥상으로 보면 『주역대전』 구결이 옳다. 『주역대전』 구결을 따랐다.

7 여상은 인물사전 태공망 항목 참조.

8 유선은 촉한의 제2대이자 마지막 황제로 승상 제갈량에게 내정과 외정을 총괄케 하고, 신료들을 감독하게 했다. 인물사전 참조.

9 공명은 유선을 보필했던 제갈량을 말한다. 인물사전 참조.

10 곽자의는 당나라 때의 장군이자 정치가다. 사師괘 주 13번 및 인물사전 참조.

11 이성은 당나라 사람으로 주차朱泚가 반란을 일으켰을 때 경사를 수복하여 사도겸중서령司徒兼中西令에 제수되어, 서평군왕으로 봉해졌다. 인물사전 참조.

12 이고는 후한시대 유명한 충직한 신하로서 양기梁冀 일파의 부패한 세력과 투쟁했으나 양기의 무고에 의해서 피살되었다. 인물사전 참조.

13 왕윤은 후한 말의 정치가로 여포를 움직여 전횡을 일삼던 동탁을 죽였으나, 반격해온 동탁의 잔당에게 패하여 목숨을 잃었다. 인물사전 참조.

14 주의는 진晋나라 사람이다. 왕돈王敦이 형주에서 거병하여 유외劉隗를 죽이려 했을 때 왕도王導가 대臺에 나가 석고대죄하고 유외가 왕씨 일가를 몰살하라고 했다. 이에 주의가 왕도를 위해 변호했으나 왕도는 이 사실을 알지 못했고 후일 왕돈에 의해 주의가 피살되었다. 인물사전 참조.

15 왕도는 동진東晋 시기 대신으로 진나라 원제元帝, 명제明帝, 성제成帝에 걸쳐서 동진의 정치적 기초를 이룬 사람이다. 그의 사촌형이자 개국공신이었던 왕돈이 반란을 일으켜 정치적 위기에 몰리게 되었지만 이를 평정하여 극복했다. 처세술이 뛰어난 유연한 정치가로 평가받는다. 인물사전 참조.

16 염려했기 때문이다: 정이천은 귀한 사람을 구오효인 군주라고 강조하지만, 호원은 구삼효라고 설명한다. "「상전」에서 '가면 어렵고 오면 여유로운 것은 뜻이 안에 있다'는 것은 상육효가 아래로 왔으니, 큰 덕을 가진 사람이 있다는 말이다. 그 뜻이 내괘의 구삼효에 호응하는 것에 있다. '대인을 만나면 이로운 것은 귀한 사람을 따르는 것이다'라는 것은 양효는 지극히 존귀한 자이니, 지금 상육효가 큰 재능과 큰 덕을 가진 사람을 만나서 그 어려움을 끝내는데, 이 따르는 사람이 귀한 자다象曰, 往蹇來碩, 志在內也者, 言上所以來則有碩大之德者. 蓋志應在內卦之九三也. 利見大人以從貴也者, 陽爻, 至尊貴者也, 今上六能利見大才大德之人, 以終其難, 是從者, 貴也."

40. 풀려남, 해방: 해解괘䷧

뇌수해雷水解라고 한다. 괘의 모습이 진震☳괘가 위에 있고, 감坎☵괘가 아래에 있기 때문이다.

해解괘에 대해서 「서괘전」은 다음과 같이 설명한다. "건蹇이란 고난이지만 어떤 것도 끝까지 고난에 처할 수는 없으므로, 풀려남을 상징하는 해괘로 받았다." 어떤 것도 끝까지 고난에 처할 리는 없으니, 고난이 극한에 이르면 반드시 고난에서 풀려난다. '해解'란 고난에서 풀려나는 것이니, 건蹇괘의 다음이 된다.

괘의 모습은 우레를 상징하는 진震괘가 위에 있고 물을 상징하는 감坎괘가 아래에 있다. 진괘는 움직임이고 감괘는 위험이니, 위험 밖에서 움직이는 것은 위험에서 벗어난 것이므로, 근심과 고난에서 해방되어 풀어진 모습이다. 또 진괘는 우레를 상징하고 감괘는 비를 상징하니, 우레와 비가 일어나는 것은 음과 양이 서로 교감하여 창대해지고 느슨하게 풀어지는 것이므로 풀려남이 된다. 풀려남이란 세상의 근심과 고난에서 풀려나 해방이 된 때다.

解, 序卦, "蹇者難也, 物不可以終難, 故受之以解." 物无終難之理, 難極則必散, 解者散也, 所以次蹇也. 爲卦, 震上坎下. 震, 動也, 坎, 險也, 動於險外, 出乎險也, 故爲患難解散之象. 又震爲雷, 坎爲雨, 雷雨之作, 蓋陰陽交感, 和暢而緩散, 故爲解. 解者, 天下患難解散之時也.

풀려남은 서남쪽이 이로우니, 나아갈 필요가 없다. 와서 회복하는 것이 길하니, 진행해 나아갈 일이 있다면 일찍 하는 것이 길하다.

解, 利西南, 无所往, 其來復吉, 有攸往, 夙吉.

서남쪽은 곤坤괘의 방위다. 땅의 형체는 넓고 크며 평탄하고 쉽다. 세상의 고난에서 풀려난 때에 사람들은 비로소 어려움과 고통으로부터 벗어나니, 다시 번거롭고 가혹하고 엄격하며 급박하게 다스려서는 안 되고 당연히 땅의 형체처럼 관대하고 크고 간단하고 평이한 방식으로 다스리는 것이 곧 그 마땅한 다스림이다. 이와 같이 하면 사람들의 마음이 은혜를 가슴에 품고서 편안히 여기므로, 서남쪽이 이롭다고 했다.

탕湯왕은 걸桀의 잔혹한 정치를 제거하고 관대하게 다스렸으며 무武왕은 주紂의 포악한 정치를 주벌하고 상나라의 정치를 되돌렸으니, 모두 관대하고 평탄한 방도를 따른 것이다. "나아갈 필요가 없다. 와서 회복하는 것이 길하니, 진행해 나아갈 일이 있다면 일찍 하는 것이 길하다"라고 했는데, "나아갈 필요가 없다"는 것은 세상의 고난이 이미 해결되고 풀려나서 강제로 일을 벌일 것이 없다는 말이고, "진행해 나아갈 일이 있다"는 것은 아직도 마땅히 해결해야 할 일이 남아 있다는 말이다.

세상의 국가는 반드시 기강과 법도가 없어지고 혼란한 뒤에 재앙과 근심이 생기니, 성인은 그 고난을 해결하여 안정시키고 평탄하게 해서 억지로 일을 새롭게 벌이지 않았다. 이것이 "나아갈 필요가 없다"는 것이다. 그러한즉, 마땅히 다스리는 방도를 수립하고 회복하여 기강을 바르게 하며, 법도를 밝혀서 선대의 현명한 왕들의 정치를 회복해나갔다. 이것이 바로 "와서 회복한다"는 것이니, 정리正理로 돌아가는 것을 말하므로, 세상의 길함이다.

'기其'는 발어사다. 예로부터 성왕이 고난을 구제하여 혼란을 안정시키는 데 있어, 그 처음에는 나태하거나 급작스럽게 한 적이 없었고 안정을 이루면 오래 지속되고 후대에 계승할 수 있는 정치를 했다. 그런데 한漢나라 이후로 혼란이 제거되면 다시 어떤 시도도 하지 않고 우선 시세에 따라 유지했을 뿐이라서 훌륭한 정치를 이룰 수 없었으니, 이는 "와서 회복한다"는 뜻을 알지 못한 것이다.

"진행해 나아갈 일이 있다면 일찍 하는 것이 길하다"는 말은 아직 마땅히 해결해야 할 일이 있으면, 빨리 처리하는 것이 길하다는 말이다. 마땅히 해결해야 할 일인데 최선을 다해 완전히 해결하지 못한 것을 일찍 제거하지 않으면 다시 그 문제가 크게 불거지고, 다시 문제가 되는 일을 미리 해결하지 않으면 점차로 큰 문제가 된다. 그래서 "일찍 하는 것이 길하다"고 했다.

西南, 坤方. 坤之體, 廣大平易. 當天下之難方解, 人始離艱苦, 不可復以煩苛嚴急治之, 當濟以寬大簡易, 乃其宜也. 如是, 則人心懷而安之, 故利於西南也. 湯除桀之虐, 而以寬治, 武王誅紂之暴, 而反商政, 皆從寬易也. 无所往, 其來復吉, 有攸往, 夙吉, 无所往, 謂天下之難已解散, 无所爲也, 有攸往, 謂尙有所當解之事也. 夫天下國家, 必紀綱法度廢亂, 而後禍患生. 聖人旣解其難而安平无事矣. 是无所往也. 則當修復治道, 正紀綱, 明法度, 進復先代明王之治. 是來復也, 謂反正理也, 天下之吉也. 其, 發語辭. 自古聖王救難定亂, 其始未暇遽爲也, 旣安定, 則爲可久可繼之治. 自漢以下, 亂旣除, 則不復有爲, 姑隨時維持而已, 故不能成善治, 蓋不知來復之義也. 有攸往, 夙吉, 謂尙有當解之事, 則早爲之乃吉也. 當解而未盡者, 不早去, 則將復盛, 事之復生者, 不早爲, 則將漸大, 故夙則吉也.

「단전」에서 말했다. 해괘는 험난한 곳에서 움직이는 것이니, 움직이면 위험을 면하는 것이 고난에서 풀려남이다.

彖曰, 解, 險以動, 動而免乎險, 解.

감괘는 험난함을 상징하고 진괘는 움직임을 상징하니, 험난한 곳에서 움직이는 모습이다. 험난하지 않다면 고난이 아니고, 움직이지 않으면 험난한 곳에서 벗어날 수 없다. 움직여서 험난한 곳 밖으로 나오면 험난함을 면한 것이므로, 고난에서 풀려남이다.

坎險, 震動, 險以動也. 不險則非難, 不動則不能出難. 動而出於險外, 是免乎險難也, 故爲解.

"풀려남은 서남쪽이 이롭다"는 말은 가서 군중을 얻는 것이다.

解利西南, 往得衆也,

험난함을 해결하는 방도는 넓고 크고 평탄하고 쉬운 곳에 그 이로움이 있으니, 관대하고 평이하게 일을 처리해나가면서 위험을 해결하여 풀려나면, 군중의 마음이 돌아오게 된다.

解難之道, 利在廣大平易, 以寬易而往濟解, 則得衆心之歸也.

"와서 회복하는 것이 길하다"는 것은 중도를 얻는 것이다.

其來復吉, 乃得中也,

「단전」에서 말한 "나아갈 필요가 없다"는 것을 언급하지 않은 것은 글을 생략했을 뿐이다. 혼란을 구제하고 고난을 없애는 것은 한때의 일이니, 다스리는 도를 완성할 수 있는 것이 아니다. 반드시 고난에서 풀려나 번거롭고 급박하게 일을 벌이지 않은 뒤에 선왕의 정치를 회복해야 곧 중도를 얻게 되어 마땅함에 부합된다는 말이다.

不云无所往, 省文爾. 救亂除難, 一時之事, 未能成治道也. 必待難解, 无所往, 然後來復先王之治, 乃得中道, 謂合宜也.

"진행해 나아갈 일이 있다면 일찍 하는 것이 길하다"는 말은 일을 진행해가면 공이 있다는 것이다.

有攸往夙吉, 往有功也.

도모할 일이 있으면 일찍 하면 길하니, 일찍 하면 일을 진행해서 공로가 있을 것이고 늦게 하면 악이 불어나서 해로움이 깊어질 것이다.

有所爲則夙, 吉也, 早則往而有功, 緩則惡滋而害深矣.

하늘과 땅이 풀려서 우레와 비가 일어나고, 우레와 비가 일어나서 백 가지 과실과 초목의 싹이 모두 열려 터지니, 풀려남의 때가 크구나!

天地解而雷雨作, 雷雨作而百果草木皆甲坼, 解之時大矣哉!

풀려남의 때를 대처하는 방도를 밝히고 다시 하늘과 땅의 풀려남을 말하여, 풀려남의 때가 위대함을 드러낸 것이다.[1] 하늘과 땅의 기氣가 열리고 풀려서 서로 교감하여 화합하고 창대해지면 우레와 비를 이루고, 우레와 비가 일어나면 만물이 모두 생겨나 싹이 터진다. 하늘과 땅의 공로가 이러한 풀려남을 통해 완성되므로, 풀려남의 때가 위대하다고 찬미했다. 왕은 천도를 본받아 관대하게 용서하고 은혜를 베풀어 수많은 백성을 양육하니, 곤충과 초목에 이르기까지 풀려남의 때에 순응하여 천지와 더불어 덕을 합치한다.

既明處解之道, 復言天地之解, 以見解時之大. 天地之氣開散, 交感而和暢, 則成雷雨, 雷雨作而萬物皆生發甲坼. 天地之功 由解而成, 故贊解之時大矣哉! 王者法天道, 行寬宥, 施恩惠, 養育兆民, 至於昆蟲草木, 乃順解之時, 與天地合德也.

「상전」에서 말했다. 우레와 비가 일어나는 것이 해괘의 모습이니, 군자는 이것을 본받아 과실을 저지른 자를 사면하고 죄가 있는 자를 관대하게 처리한다.

象曰, 雷雨作, 解, 君子以赦過宥罪.

하늘과 땅이 풀리고 흩어져 우레와 비를 이루므로 우레와 비가 일어나 풀려나는 때다. 이 '뇌우작해雷雨作解'라는 말은 이離괘 「상전」에서 "밝음이 이어져 둘인 것이 이괘가 된다〔明兩作離〕"는 말과는 해석하는 방식이 다르다. '사赦'는 죄수를 풀어주는 것이다. '유宥'는 관대하게 처리하는 것이다. 과실은 사면하는 것이 옳지만, 죄악을 사면하면 합당한 의리義가 아니므로, 관대하게 처리할 뿐이다. 군자는 우레와 비가 일어나 풀려나는 모습을 관찰하여, 그 싹이 터져서 자라나는 도를 본받아 은혜와 인仁을 시행하고, 그 풀리고 흩어지는 모습을 본받아 관대하게 처리하고 풀어주는 것을 시행한다.

天地解散而成雷雨, 故雷雨作而爲解也. 與明兩而作離, 語不同. 赦, 釋之. 宥, 寬之. 過失則赦之可也, 罪惡而赦之, 則非義也, 故寬之而已. 君子觀雷雨作解之象, 體其發育, 則施恩仁, 體其解散, 則行寬釋也.

초육효는 허물이 없다.

初六, 无咎.

초육효는 풀려남의 초기에 자리했다. 환난과 고난이 해결된 때에 유柔한 자질로 강剛한 위치에 자리하고 음陰으로서 양陽에 호응하니,[2] 유연하면서도 강직할 수 있다는 뜻이다. 환난과 고난이 없어지고, 처신하는 데에 강함과 유함의 마땅함을 얻은 것이다. 환난과 고난이 해결되어 안녕하고 무사하니, 오직 처신하는 데에 마땅함을 얻으면 허물이 없다. 풀려남의 초기에 마땅히 안정과 냉정을 이루어 휴식을 취해야 한다. 효사의 말이 적은 것은 이런 뜻을 드러낸 것이다.

六居解初, 患難既解之時, 以柔居剛, 以陰應陽, 柔而能剛之義. 既无患難, 而自處得剛柔之宜. 患難既解, 安寧无事, 唯自處得宜, 則爲无咎矣. 方解之初, 宜安靜以休息之. 爻之辭寡, 所以示意.

「상전」에서 말했다. 강함과 유함이 교제하는 것이다. 의리에서는 허물이 없다.

剛柔之際, 義无咎.

초육효와 구사효는 서로 호응하니, 이것은 강함과 유함이 서로 교제하고 접촉하는 것이다. 강함과 유함이 서로 교제하는 것이 마땅함을 얻었다. 고난이 해결되고, 대처하는 데에 강함과 유함이 마땅함을 얻으면, 그 의리가 허물이 없는 것이다.

初四相應, 是剛柔相際接也. 剛柔相際, 爲得其宜. 難既解而處之剛柔得宜, 其義无咎也.

구이효는 사냥하여 세 마리 여우를 잡아 누런 화살을 얻으니, 올바름을 굳게 지켜서 길하다.

九二, 田獲三狐, 得黃矢, 貞吉.

구이효는 양강陽剛하고 중도를 얻은 자질로 위로 육오효의 군주와 호응하여, 이때 등용된 자다. 세상에는 소인이 항상 많지만 강명

剛明한 자질의 군주가 윗자리에 있으면 군주의 밝은 지혜가 소인의 마음을 비추기에 충분하고, 군주의 위엄이 소인들을 두렵게 하기에 충분하며, 군주의 강직함이 소인들의 행위를 단죄하기에 충분하므로, 소인들은 그 사사로운 감정을 쓰지 못한다. 그러나 더욱더 항상 경계하는 마음을 두어, 그들이 이간질하여 올바름을 해치는 것을 염려해야만 한다.

하지만 육오효는 음유陰柔한 자질로서 존귀한 지위에 자리하여, 밝은 지혜가 쉽게 가려지고, 위엄이 쉽게 침범당하고, 결단이 과감하지 못하여 쉽게 미혹되니, 소인이 한번 가까이 가면 그 마음을 바꾸어놓는다. 더구나 근심과 어려움에서 이제 막 풀려나 세상을 다스리는 초기에는 소인들이 군주의 마음을 변화시키기가 쉽다. 그러나 구이효가 마땅히 등용되어, 반드시 소인을 제거할 수 있다면, 군주의 마음을 바로잡아 강중剛中한 도리를 시행할 수 있다.

사냥이란 해로움을 제거하는 일이다. 여우란 간사하면서도 아첨하는 동물이다.[3] 세 마리 여우는 이 괘의 세 음효를 가리키는 것으로, 이때의 소인들이다. '잡는다'는 것은 그들을 변화시키고 제거할 수 있는 것을 마치 사냥에서 여우를 잡듯이 하는 것을 말하므로 잡으면 중직中直[4]의 도를 얻는 것이니, 곧 올바름을 굳게 지켜서 길한 것이다.

누런 색인 '황黃'은 가운데의 색이다. 화살을 뜻하는 '시矢'는 곧은 물건이다. 누런 화살이란 중직을 말한다. 여러 간사한 소인을 제거하지 못하여 소인들의 아첨이 군주의 마음에 들어가면, 중직의 도를 시행할 수가 없다. 환언범桓彥範[5]과 경휘敬暉[6]가 무삼사武三思[7]를 제거하지 못한 것이 이런 경우다.

九二以陽剛得中之才, 上應六五之君, 用於時者也. 天下小人常衆, 剛明之君在上, 則明足以照之, 威足以懼之, 剛足以斷之, 故小人不敢用其情. 然尤常存警戒, 慮其有間而害正也. 六五以陰柔居尊位, 其明易蔽, 其威易犯, 其斷不果而易惑, 小人一近之, 則移其心矣. 況難方解而治之初, 其變尙易. 二旣當用, 必須能去小人, 則可以正君心而行其剛中之道. 田者, 去害之事. 狐者, 邪媚之獸. 三狐, 指卦之三陰, 時之小人也. 獲謂能變化除去之, 如田之獲狐也, 獲之則得中直之道, 乃貞正而吉也. 黃, 中色. 矢, 直物. 黃矢謂中直也. 群邪不去, 君心一入, 則中直之道无由行矣. 桓敬之不去武三思是也.

「상전」에서 말했다. 구이효가 올바름을 굳게 지켜서 길한 것은 중도를 얻은 것이다.

象曰, 九二貞吉, 得中道也,

"올바름을 굳게 지켜서 길하다"는 것은 중도를 얻었다는 것이다. 간사하고 사악한 사람을 제거하여 중직의 도가 행해지도록 하면, 올바르게 되어 길하다.

所謂貞吉者, 得其中道也. 除去邪惡, 使其中直之道得行, 乃正而吉也.

육삼효는 지고 있어야 하는데 타고 있는 것이라 도적이 오게 하니, 올바르더라도 인색하게 될 것이다.

六三, 負且乘, 致寇至, 貞吝.

육삼효는 음유한 자질로서 하체의 윗자리에 자리하여, 그에 합당한 지위에 처한 것이 아니니, 마치 소인이 마땅히 아랫자리에서 짐을 져야 하는데 또 수레를 타고 있는 것과 같다. 육삼효가 차지할 자리가 아니라 반드시 도적이 와서 그 자리를 빼앗게 될 것이니, 하는 행동이 올바르더라도 비루하고 인색할 만하다. 소인이 성대한 지위를 도둑질하면, 애를 써서 올바른 일을 하더라도 기질이 천박하고 본래 위의 자리에 있어야 할 것이 아니라서 결국에는 인색하게 된다.

이렇게 물을 수 있다. "만일 공명정대하게 행동할 수 있다면 어떤가?" 이렇게 대답하겠다. 공명정대함은 음유한 자질의 사람이 할 수 있는 것이 아닌데, 그것을 할 수 있다면, 이는 기질을 변화시켜 군자가 된 것이다. 육삼효는 음유한 자질의 소인으로 마땅히 아랫자리에 있어야 하는데 도리어 하체에서 위에 처했으니, 이는 소인이 마땅히 짐을 져야 하는데 반대로 수레를 탄 것과 같아서, 당연히 도둑이 와서 그 지위를 빼앗게 될 것이다. 고난에서 풀려나는 때에 소인이 지위를 도둑질하면, 반드시 다시 도적이 오게 될 것이다.

六三陰柔, 居下之上, 處非其位, 猶小人宜在下以負荷, 而且乘車. 非其據也, 必致寇奪之至, 雖使所爲得正, 亦可鄙吝也. 小人而竊盛位, 雖勉爲正事, 而氣質卑下, 本非在上之物, 終可吝也. 若能大正則如何? 曰, 大正非陰柔所能也, 若能之, 則是化爲君子矣. 三, 陰柔小人, 宜在下而反處下之上, 猶小人宜負而反乘, 當致寇奪也. 難解之時, 而小人竊位, 復致寇矣.

「상전」에서 말했다. 지고 있어야 하는데 타고 있는 것은 추한 일

이다. 자신 때문에 도적이 이르렀으니, 또 누구를 원망할 것인가!

象曰, 負且乘, 亦可醜也, 自我致戎, 又誰咎也.

짐을 지고 있어야 할 사람인데 수레를 타고 있으니 추악해질 수 있다.[8] 자신에게 걸맞지 않은 지위에 처하고 그 덕이 자신의 기량에 걸맞지 않으면 도적이 이르게 되는데, 이것은 스스로 자초한 것이니 누구를 원망하겠는가! 성인이 또 「계사전」에서 도적이 이르게 되는 방식을 밝히면서 이렇게 말했다. "역易을 지은 자는 그 도적을 알 것이다!" 도적은 틈을 타고 이르니, 만일 틈이 없다면 도적이 어찌 침범할 수 있겠는가? 짐을 지는 것은 소인의 일이고, 타는 수레는 군자의 기물이다. 소인이면서도 군자의 기물을 타는 것은 마음이 편안할 수 있는 일이 아니므로, 도적이 틈을 타서 빼앗는 것이다. 소인이면서 군자의 지위에 자리하면, 자신의 능력으로 감당할 수 있는 일이 아닌데도 모든 것을 다 안다고 자만하고 모든 것을 다할 수 있다고 착각하면서[9] 윗사람을 능멸하고 경시하며 아랫사람을 침해하고 포학하게 대하니, 도적이 그 잘못과 악행을 틈타서 공격하게 된다.

'공격한다'는 것은 그 죄를 성토하는 것이고 '도적'이란 무례하고 포악하게 오는 것이다. 재화가 있는데 그것을 보관하기를 경시하고 소홀히 하면 이는 도둑에게 가져가도 좋다고 가르치는 것이다. 여자가 그 모습을 요염하게 치장하면 이는 음탕한 자에게 폭행해도 좋다고 가르치는 것이다. 소인으로서 군자의 기물을 타면 이는 도적을 불러 빼앗아 가게 하는 것이니, 모두 스스로 자초하는 것임을 말한다.

負荷之人, 而且乘載, 爲可醜惡也. 處非其據, 德不稱其器, 則寇戎之致,乃己招取, 將誰咎乎? 聖人又於繫辭明其致寇之道, 謂作易者, 其知盜乎! 盜者乘釁而至, 苟无釁隙, 則盜安能犯? 負者小人之事, 乘者君子之器. 以小人而乘君子之器, 非其所能安也, 故盜乘釁而奪之. 小人而居君子之位, 非其所能堪也, 故滿假而陵慢其上, 侵暴其下, 盜則乘其過惡而伐之矣. 伐者, 聲其罪也. 盜, 橫暴而至者也. 貨財而輕慢其藏, 是教誨乎盜使取之也. 女子而夭冶其容, 是教誨淫者使暴之也. 小人而乘君子之器, 是招盜使奪之也, 皆自取之之謂也.

구사효는 자신의 엄지발가락을 풀어 없애버리면, 벗들이 몰려와서 신뢰하게 된다.

九四, 解而拇, 朋至斯孚.

구사효는 양강한 재능으로 위의 지위에 자리하여 육오효의 군주를 받들고 있으니 대신인데, 아래로 초육효의 음유한 자질의 사람과 호응하고 있다. '엄지발가락'은 아래에 있으면서 미천한 것이니, 초육효를 말한다. 위의 자리에 있으면서 소인과 친밀하면, 현인과 바른 선비가 멀리하여 물러난다. 소인을 배척하여 버리면 군자의 무리가 나아가 진실하게 서로 뜻을 얻을 것이다.

구사효가 음유한 자질의 초육효를 멀리하여 없애버릴 수 있다면, 양강한 군자들의 무리가 몰려와서 진실로 화합할 것이다. 소인을 멀리하여 없애버리지 않으면 자신의 진실이 지극하지 못한 것이니, 어떻게 사람들의 진실한 신뢰를 얻을 수 있겠는가? 초육효는 구사효와 호응관계에 있기 때문에, 멀리하는 것을 "풀어 없애버린다"고 했다.

九四以陽剛之才, 居上位, 承六五之君, 大臣也, 而下與初六之陰爲應. 拇, 在下而微者, 謂初也. 居上位而親小人, 則賢人正士遠退矣. 斥去小人, 則君子之黨進, 而誠相得也. 四能解去初六之陰柔, 則陽剛君子之朋來至而誠合矣. 不解去小人, 則己之誠未至, 安能得人之孚也? 初六其應, 故謂遠之爲解.

「상전」에서 말했다. 자신의 엄지발가락을 풀어 없애버리는 것은 처신이 그 지위에 합당하지 못하기 때문이다.

象曰, 解而拇, 未當位也.

구사효가 양강한 자질이지만 음의 위치에 자리하여, 정도正道에 부족한 점이 있는지를 의심하게 된다. 만일 다시 소인과 친밀하게 관계한다면 정도를 잃을 것이 틀림없으므로, 반드시 자신의 엄지발가락을 풀어 없애버린 뒤에야 군자를 오게 할 수가 있다고 경계한 것이다. 이는 처신이 그 지위에 합당하지 못하기 때문이다. '풀려남'은 본래 합치되었다가 분리되는 것이니, 반드시 엄지발가락을 풀어 없애버린 뒤에야 벗이 신뢰하게 된다. 왜냐하면 군자들끼리 교제하는 데에 소인이 그 사이에 끼어드는 것을 허용한다면, 이는 군자와 함께 연대하는 진실과 정성이 지극하지 못하기 때문이다.

四雖陽剛, 然居陰, 於正疑不足. 若復親比小人, 則其失正必矣, 故戒必解其拇, 然後能來君子. 以其處未當位也. 解者, 本合而離之也. 必解拇而後朋孚. 蓋君子之交, 而小人容於其間, 是與君子之誠未至也.

육오효는 군자가 풀어 없애버리면 길하니, 소인에게서 효험을 볼 것이다.

六五, 君子維有解吉, 有孚于小人.

육오효는 존귀한 지위에 자리하여 풀려남의 주체가 되었으니, 군주가 풀어주는 것이다. 그러나 군자로서 통괄적으로 말하면, 군자가 친밀하게 관계하는 자는 반드시 군자이고 멀리하여 없애버리는 자는 반드시 소인이므로, 군자가 소인을 풀어 없애버리면 길한 뜻이 된다. 소인을 멀리하여 물리치면 군자는 나아가게 되니, 이것보다 큰 길함이 무엇이겠는가? '유부有孚'란 세상에서 말하는 '효험을 보는 것'을 말한다. 소인을 멀리하여 제거하는 데에서 효험을 본다는 것이다. 소인의 무리를 제거하는 것은 군자가 풀어 없앨 수 있기 때문이다. 소인이 물러나면 군자는 저절로 정치권에 나아가게 되어 정도가 저절로 행해질 것이니, 세상을 다스리기에 족하지 않겠는가?

六五居尊位, 爲解之主, 人君之解也. 以君子通言之, 君子所親比者, 必君子也, 所解去者, 必小人也, 故君子維有解則吉也. 小人去, 則君子進矣, 吉孰大焉? 有孚者, 世云見驗也. 可驗之於小人. 小人之黨去, 則是君子能有解也. 小人去, 則君子自進, 正道自行, 天下不足治也?

「상전」에서 말했다. 군자가 풀어 없애버리는 것은 소인이 물러나는 것이다.

象曰, 君子有解, 小人退也.

군자가 풀어 없애버린다는 것은 소인을 물러나게 해서 물리치는 것을 말한다. 소인이 물러나면 군자의 도는 시행되니, 그래서 길하다.

君子之所解者, 謂退去小人也. 小人去, 則君子之道行, 是以吉也.

상육효는 공公이 새매를 높은 담장 위에서 쏘아서 잡으니, 이롭지 않음이 없다.

上六, 公用射隼于高墉之上, 獲之, 无不利.

상육효는 존귀하고 높은 자리이지만 군주의 지위는 아니므로 '공公'이라고 했는데, 단지 풀려남이 끝나는 것에 근거하여 말했다. 새매를 뜻하는 '준隼'은 사납고 해치는 것이니, 해로운 짓을 하는 소인이다. '용墉'은 담장으로 안과 밖의 경계다. 피해가 만일 안에 있다면 이는 해로움이 아직 해결되지 않은 때이지만, 만일 담장 밖으로 나갔다면 이는 해로움이 없는 것이니, 다시 무엇을 해결하겠는가? 그러므로 담장 위에 있는 것이니, 이는 안에서는 벗어났지만 아직 완전히 그 해로움이 제거되지 않은 것이다.

"높다"고 말한 것은 경계를 지어 방어벽을 엄격하게 했는데 해로움이 제거되지 않은 것을 나타내고, '상上'은 풀려남의 끝이다. 풀려남이 끝에 이른 때에 오직 해결되지 않는 것이 곧 해로움이 굳고 강한 것이다. 상육효는 풀려남의 끝에 자리하여 풀려남의 방도가 지극하고, 피해를 해결할 수 있는 기량도 갖추었기 때문에 쏘아서 잡을 수 있다. 잡았다면 세상의 근심이 모두 해결되었으니, 어찌 이롭지 않겠는가?

공자는 「계사전」에서 다시 그 뜻을 펴서 말했다. "새매는 날짐승이고, 활과 화살은 새를 잡는 도구이며, 새매를 쏘는 것은 사람이다. 군자가 자신의 몸에 새를 잡는 도구를 가지고 때를 기다려 행하면, 어찌 이롭지 않음이 있겠는가? 행하여 막힐 것이 없다. 그래서 나아가 새를 잡으니, 새를 잡는 도구를 완벽하게 갖추고서 행하는 것을 말한다." 사납고 해치는 것이 담장 위에 있으니, 이를 잡을 도구가 없거나 때를 기다리지 않고 활을 쏜다면 어떻게 새를 잡을 수 있겠는가? 이것을 해결할 방도는 기량과 도구이고, 그 일을 해결할 수 있는 마땅함과 그것이 해결될 방도가 이르는 것은 때에 달려 있다.

이와 같이 이루어진 후에 행하기 때문에, 어떤 '장애括結'도 없어서, 활을 쏘아 이롭지 않음이 없다. '괄결括結'이란 장애물로 막힌 것이다. 성인이 이에 대하여 기량과 도구를 먼저 갖추고서 때를 기다리는 뜻을 밝혔다. 개인의 행동에서부터 세상의 모든 일에 이르기까지 기량과 도구가 없거나 때에 적절하게 행동하지 못하면, 작게는 장애로 막히게 되고 크게는 일을 망치고 패배하게 된다. 예로부터 어떤 일을 하는 것을 좋아하면서도 공을 이루지 못하거나 일을 망친 자는 모두 이러한 이유 때문이다.

上六尊高之地, 而非君位, 故曰公, 但據解終而言也. 隼, 鷙害之物, 象爲害之小人. 墉, 墻內外之限也. 害若在內, 則是未解之時也, 若出墉外, 則是无害矣, 復何所解? 故在墉上, 離乎內而未去也. 云高, 見防限之嚴, 而未去者, 上解之極也. 解極之時, 而獨有未解者, 乃害之堅強者也. 上居解極, 解道已至, 器已成也, 故能射而獲之. 旣獲之, 則天下之患, 解已盡矣, 何所不利? 夫子 於繫辭復伸其義曰, "隼者禽也, 弓矢者器也, 射之者人也. 君子藏器於身, 待時而動, 何不利之有? 動而不括, 是以出而有獲, 語成器而動者也." 鷙害之物在墉上, 苟无其器, 與不待時而發, 則安能獲之? 所以解之之道, 器也, 事之當解與已解之之道至者, 時也. 如是而動, 故无括結, 發而无不利矣. 括結謂阻礙. 聖人於此發明藏器待時之義. 夫行一身至於天下之事, 苟无其器, 與不以時而動, 小則括塞, 大則喪敗. 自古喜有爲而无成功, 或顚覆者, 皆由是也.

「상전」에서 말했다. 공이 새매를 쏘아서 잡는 것은 혼란을 해결하기 위함이다.

象曰, 公用射隼, 以解悖也.

풀려남의 끝에 이르렀는데도 아직 해결되지 않은 것은 혼란이 큰 것이다. 화살로 쏘는 것은 이를 해결하기 위함이니, 이것이 해결되면 세상은 평온해진다.

至解終而未解者, 悖亂之大者也. 射之, 所以解之也, 解則天下平矣.

---

1 풀려남의 때가 위대함을 드러낸 것이다: 성재 양씨는 "마치 오랫동안 모든 것을 닫아걸었던 겨울이 지나고 갑자기 봄의 생명을 만나서 천지의 응결된 것이 풀어지고, 우레와 비의 고요한 것이 일어나며, 만물의 싹이 터지는 것과 같다. 위대하다, 풀려남의 때여! 기쁘구나, 풀려남의 때여!如冬閉之久而忽逢春生, 天地之凝者, 散, 雷雨之靜者, 作, 萬物之甲者, 拆. 大哉, 解之時乎! 喜哉, 解之時乎!"라고 해석한다. 응결되었던 겨울이 지나고 봄에 모든 것이 풀어지고 풀려나는 모습이다. 인간사에서는 고난에서 풀려나는 것을 의미한다.

2 음으로서 양에 호응하니: 초육효가 정응正應인 구사효에 호응한다는 뜻이다.

3 사냥이란 해로움을 (…) 아첨하는 동물이다: 호원은 이 구이효를 정이천과 다르게 해석하는데, 사냥과 여우를 재미있게 풀이했다. "'전'이란 사냥하는 것이고, 여우란 숨어 지내며 의심이 많은 짐승이다. 셋이란 그 모습을 말한다. 고난을 겪다가 고난에서 벗어난 시초에 민심은 여전히 의심이 많아서, 고난에서 아직 벗어나지 못했거나 또 고난에 빠지지 않을지를 걱정한다. 그러므로 군자는 그 교화를 행하고 잔악하고 포악한 정치를 개혁하여, 복색을 바꾸고 정삭正朔을 개혁하여 세상의 눈과 귀를 혁신해서 민심에 의심이 없도록 해야만 한다. 마치 사냥하여 세 마리 여우를 잡는 것과 같이 해야 하니, 모든 의심이 없어진다는 것을 말한다田, 獵也, 狐者, 隱伏多疑之獸也, 三者, 言其象也. 蹇難初解民心, 尙疑, 猶恐未脫于難, 而又入于蹇. 故君子當行其教化, 革其殘暴之政, 易服色, 改正朔, 以新天下之耳目, 使民心无所疑矣. 如以田獵而獲三狐, 猶言群疑亡也." 호원은 여우를 소인들이 아니라 백성들이 가진 의심으로 풀고 있다.

4 중직中直: 동인同人괘 구오효의 「상전」에서 '중직'이라는 표현이 나오는데 정이천은 "마음이 진실하고 정성스러우며 이치가 올바르기 때문에以中誠理直"라고 설명하고 있다. 여기서의 중中은 마음속의 진실무망함이라는 의미가 강하다. 그러나 곤困괘의 구오효 「상전」에서 '중직'이란 말에 대해 정이천은 "중직의 방도로 아래의 현자를 얻어서, 세상의 곤경을 함께 해결하는 것이다. '중정中正'이라 말하지 않은 것은 구이효와 함께 화합한 것을 '직直'이라고 말하는 것이 마땅하니, '직直'은 '정正'에 비하여 뜻이 조금 유연한 태도다"라고 하여, '중직'을 '중정'과 비슷한 개념으로 사용하고 있다. 여기서는 곤괘처럼 '중정'의 의미로 이해하는 것이 좋을 듯하다. 호원은 '중직'을 이렇게 풀고 있다. "구이효는 또 대중大中의 도와 강직한 덕을 얻어서 천하의 정도를 시행하여 길함을 얻는다九二又得大中之道, 剛直之德, 行天下之正道而得其吉也."

5 환언범(653~706)의 자는 사칙士則이고, 당나라 윤주潤州 곡아曲阿(지금의 장쑤 성 단양) 사람이다. 705년, 측천무후가 81세의 나이로 죽고 중종中宗이 다시 정변을 통해 황제의 자리에 올랐다. 이 정변을 주도한 인물이 장간지張柬之·최현위崔玄暐·환언범·경휘·원서기袁恕己였다. 이들은 당나라를 부활시킨 '구국공신'이었다. 그러나 중종은 자신의 오랜 처였던 위씨韋氏를 황후로 삼는데, 그의 인척인 무삼사武三思를 중용하게 된다. 무삼사는 위후와 사사로이 정을 통하는 한편, 정치적인 실권을 장악하여, 그 권세와 횡포가 하늘을 찔렀다. '구국공신'들은 이 무삼사를 일찍이 제거하지 못하여 모두 그에 의해서 피살되었다. 『신당서』「환언범전」 참조.

6 경휘(?~706)는 자가 중엽仲曄이고 강주絳州 평양平陽 사람이다. 장간지와 최현위 등과 함께 측천무후가 중병에 걸린 틈을 타서 중종을 즉위하게 했다. 후에 무삼사 일당에 의해서 피살되었다.

7 무삼사는 중국 당나라 중종 때의 권신權臣으로, 측천무후의 조카다. 위황후와 사통하여 중종을 시해하고 상제殤帝를 세웠다가 후에 현종玄宗이 된 이융기李隆基에게 제거되었다.

8 추악해질 수 있다: '추醜'에 대해서 호원은 이렇게 해석한다. "소인이 정치적 지위를 차지하면 추악할 수 있다. 그래서 맹자는 '불인한 사람이 높은 지위에 있으면 그 악을 군중들에게 살포할 수 있다. 그래서 오직 인한 사람이 마땅히 높은 지위에 있어야 한다'고 했다. 불인한 사람이 높은 지위에 있으니, 그 악이 군중들에게 전파

된다는 것이다小人在位, 是可醜惡之也. 故孟子曰, 不仁而在高位, 是播其惡于衆也, 是以惟仁者, 宜在高位. 不仁而在高位, 是播其惡於衆也." 정이천은 육삼효 자신이 추해질 수 있다고 풀지만 호원은 백성들까지 추해질 수 있다고 본 것이다.

9 모든 것을 다 안다고 자만하고 모든 것을 다 할 수 있다고 착각하면서: '만가滿假'를 해석한 것이다. 이는 스스로 자만하고 스스로 위대하다고 착각하는 것을 말한다. "나라에서는 부지런하고, 집안에서는 검소하며, 스스로 자만하거나 뽐내지 않았기 때문이었다克勤于邦, 克儉于家, 不自滿假(『서』「대우모」)." 공영달은 이렇게 소疏를 달고 있다. "자신이 알지 못하는 것이 없다 하는 것이 자만하는 것이고, 자신이 하지 못하는 것이 없다 하는 것이 스스로를 위대하게 여기는 것이다言己無所不知, 是爲自滿, 言己無所不能, 是爲自大."

41. 덜어냄, 손실, 희생: 손損괘䷨

산택손山澤損이라고 한다. 괘의 모습이 간艮☶괘가 위에 있고 태兌☱괘가 아래에 있기 때문이다.

손損괘에 대해서 「서괘전」은 다음과 같이 설명한다. "풀려남은 풀어져 느슨해진 것이니, 느슨해지면 반드시 잃는 바가 있으므로 덜어냄을 상징하는 손괘로 받았다." 풀어져 느슨해지면 반드시 잃는 바가 있고, 잃으면 손실이 되니, 손괘가 해解괘를 이은 것이다. 괘의 모습은 산을 상징하는 간艮괘가 위에 있고 연못을 상징하는 태兌괘가 아래에 있다. 산의 형체는 높고 연못의 형체는 깊어서, 아래가 깊으면 위가 더욱 높아지니, 아래를 덜어 위를 증진시키는 것이다. 또 연못이 산 아래에 있어 그 기운이 위로 통하여 연못의 물기가 산 위의 풀과 나무와 온갖 것에 미치니, 이것이 아래를 덜어 위를 증진시키는 것이다. 또 아래는 태괘로서 기쁨을 상징하여 세 효가 모두 위와 호응하니, 이는 기뻐하며 윗사람을 받드는 모습이 되어 또 아래를 덜어 위에 더한다는 뜻이다.

아래의 태兌☱괘가 태괘 된 것은 건乾☰괘의 세 번째 양효가 태괘의 육삼효로 변했기 때문이고, 위의 간艮☶괘가 간괘 된 것은 곤

坤☷괘의 세 번째 음효가 간괘의 상구효로 변했기 때문이다. 태괘의 삼효는 본래 강剛이었는데 유柔가 되었고 간괘의 가장 높은 상효는 본래 유柔였는데 강剛이 되었으니, 또한 아래를 덜어 위에 더한 뜻이다. 위를 덜어 아래에 더하면 익益괘䷩가 되고, 아래에서 취하여 위에 더하면 손損괘䷨가 된다.

사람의 경우에서는 윗자리에 있는 자가 은택을 베풀어서 아래로 미치면 증진을 뜻하는 익괘가 되고, 아래의 것을 취하여 자신을 두텁게 하면 덜어냄을 뜻하는 손괘가 된다. 이것을 성루의 흙에 비유하면, 위의 흙을 덜어 토대를 더욱더 두텁게 하면 위아래가 안정하고 견고하게 되니 어찌 이득이 아니겠는가? 그러나 아래의 흙을 취하여 위를 더 높이면 위태로워 무너지게 될 것이니 어찌 손실이 아니겠는가? 그러므로 손괘는 아래를 덜어서 위를 더해주는 뜻이고 익괘는 이와 반대다.

損, 序卦, "解者緩也, 緩必有所失, 故受之以損." 縱緩則必有所失, 失則損也, 損所以繼解也. 爲卦, 艮上兌下. 山體高, 澤體深, 下深則上益高, 爲損下益上之義. 又澤在山下, 其氣上通, 潤及草木百物, 是損下而益上也. 又下爲兌說, 三爻皆上應, 是說以奉上, 亦損下益上之義. 又下兌之成兌, 由六三之變也, 上艮之成艮, 自上九之變也, 三本剛而成柔, 上本柔而居成剛, 亦損下益上之義. 損上而益於下則爲益, 取下而益於上則爲損. 在人, 上者施其澤以及下則益也, 取其下以自厚則損也, 譬諸壘土, 損於上以培厚其基本, 則上下安固矣, 豈非益乎? 取於下以增上之高, 則危墜至矣, 豈非損乎? 故損者損下益上之義, 益則反是.

덜어냄은 믿음이 있으면 크게 길하여 허물이 없어서, 올바르게 할 수 있다. 나아가는 것이 이롭다.

損, 有孚, 元吉, 无咎, 可貞. 利有攸往.

'손損'이란 덜어내어 줄이는 것이다. 자신에게 과도한 것을 덜어내고 억제하여 마땅한 의리를 취하는 것은 모두 덜어내는 도리다.[1] 덜어냄의 도리는 반드시 믿음과 진실이 있어야 하니, 지극한 진실과 정성으로 합당한 이치를 따르는 것을 말한다. 과도한 것을 덜어내고 합당한 이치를 따르면, 크게 선하여 길하다. 덜어내는 데에 지나치거나 어긋남이 없어야 굳세게 올바름을 지켜서 오래도록 지속할 수가 있으니, 어떤 일이든 진행해가는 것이 이롭다.

사람이 과도한 것을 덜어내는 데에는 지나치거나, 모자라거나, 오래 지속하지 못할 수 있는데, 이는 모두 정리正理에 합치하지 않는 것이니, 믿음이 있는 것이 아니다. 믿음이 있지 않으면 길함이 없고 허물이 있어서, 굳게 올바름을 지킬 수 있는 도리가 아니니, 행할 수 없다.

損, 減損也. 凡損抑其過, 以就義理, 皆損之道也. 損之道, 必有孚誠, 謂至誠順於理也. 損而順理, 則大善而吉. 所損无過差, 可貞固常行, 而利有所往也. 人之所損, 或過, 或不及, 或不常, 皆不合正理, 非有孚也. 非有孚, 則无吉而有咎, 非可貞之道, 不可行也.

어떻게 쓰겠는가? 두 대그릇만으로도 제사에 쓸 수 있다.

曷之用? 二簋可用享.

덜어낸다는 것은 과도한 것을 덜어내어서 중도中道를 취하고, 헛된 것과 지엽적인 것을 덜어내서 근본적인 것과 실질적인 것을 취하는 것이다. 성인은 차라리 검소한 것을 예禮의 근본으로 삼았다. 그러므로 덜어내는 것으로 그 뜻을 밝혔으니, 제사를 지내는 것을 가지고 말했다. 제사를 드리는 예는 그 꾸미는 것이 가장 번잡하지만, 정성과 공경을 근본으로 삼는다. 예식이 많고 여러 물건을 구비하는 것은 그 정성과 공경의 마음을 꾸미기 위함이니, 그 정성을 과도하게 꾸미면 거짓이 된다. 꾸밈을 덜어내는 것은 진실한 정성을 보존하기 위함이므로, "어떻게 쓰겠는가? 두 대그릇만으로도 제사에 쓸 수 있다"고 했다. 두 대그릇의 간소함만으로 제사를 드릴 수 있다는 말은 제사는 정성과 진실에 달려 있을 뿐임을 말한 것이니, 정성과 진실이 근본이 된다.

세상의 해로운 일들은 지엽적인 것을 중시하기 때문에 일어난다. 집을 높게 짓고 담장을 조각하는 것은 사는 집에 뿌리해서 생겨나고, 술로 연못을 만들고 고기로 숲을 만드는 것은 음식에 뿌리해서 생겨나며, 과도하게 잔혹하고 잔인한 것은 형벌에 뿌리해서 생겨나고, 전쟁을 일으키고 무력을 남용하는 것은 정벌에 뿌리해서 생겨난다. 사람의 욕망이 과도한 것은 모두 자신을 보존하고 가족을 봉양하는 데에 뿌리하고 있으니, 그 유폐가 멀리 가면 세상에 해로운 일들이 된다. 선왕先王이 그 근본을 제어하는 것은 천리이고 후세 사람들이 지엽적인 데 빠지는 것은 인욕이다. 덜어내는 것의 뜻은 인욕을 덜어서 천리로 돌아감일 뿐이다.

損者, 損過而就中, 損浮末而就本實也. 聖人以寧儉爲禮之本. 故爲損發明其義, 以享祀言之. 享祀之禮, 其文最繁, 然以誠敬爲本. 多儀備物, 所以將飾其誠敬之心, 飾過其誠, 則爲僞矣. 損飾所以存誠也, 故云曷之用? 二簋可用享. 二簋之約, 可用享祭, 言在乎誠而已, 誠爲本也. 天下之害, 无不由末之勝也. 峻宇雕墻, 本於宮室, 酒池肉林, 本於飮食, 淫酷殘忍, 本於刑罰, 窮兵黷武, 本於征討. 凡人欲之過者, 皆本於奉養, 其流之遠, 則爲害矣. 先王制其本者, 天理也, 後人流於末者, 人欲也. 損之義, 損人欲以復天理而已.

「단전」에서 말했다. 덜어내는 것은 아래를 덜어내어 위를 덧붙이는 것이므로 그 도가 위로 행한다.

彖曰, 損, 損下益上, 其道上行.

손괘가 덜어냄을 뜻하는 것은 아래에서 덜어내어 위를 덧붙이기 때문이다. 아래에서 덜어내어 위를 덧붙이므로 "그 도가 위로 행한다"고 했다. 위를 덜어내어 아래를 덧붙이는 것이 증진을 뜻하는 익괘가 되고, 아래를 덜어내어 위를 덧붙이는 것이 덜어냄을 뜻하는 손괘가 되니, 기초와 근본을 덜어내어 높게 만드는 것을 어찌 증진을 뜻하는 익괘라 할 수 있겠는가?

損之所以爲損者, 以損於下而益於上也. 取下以益上, 故云其道上行. 夫損上而益下則爲益, 損下而益上則爲損, 損基本以爲高者, 豈可謂之益乎?

덜어내되 믿음이 있으면 크게 길하여 허물이 없고, 올바르게 할 수 있어서 나아가는 것이 이롭다.

損而有孚, 元吉, 无咎, 可貞, 利有攸往.

덜어내되 지극한 진실과 정성으로 하면 이렇게 크게 길하다는 것 이하 네 가지의 효과가 있으니, 덜어내는 방도에서 최선을 다한 것이다.

謂損而以至誠, 則有此元吉以下四者, 損道之盡善也.

"어떻게 쓰겠는가? 두 대그릇으로도 제사를 드릴 수 있다"는 것은 두 대그릇을 제사에 올리는 데에 마땅한 때가 있으며, 강함을 덜어서 유함을 덧붙이는 데에 때가 있다는 말이다.

曷之用? 二簋可用享, 二簋應有時, 損剛益柔有時.

공자가 특별히 "어떻게 쓰겠는가? 두 대그릇으로도 제사를 드릴 수 있다"는 말을 해석했는데, 괘사는 간단하고 직설적으로 마땅히 헛된 장식을 제거해야 한다고 말했다. 그래서 "어떻게 쓰겠는가? 두 대그릇으로도 제사를 드릴 수 있다"고 했다. 이는 근본을 두텁게 하고 지엽적인 것을 덜어내야 한다는 말이다. 공자는 후세 사람들이 이 뜻을 이해하지 못하고 모든 꾸미는 장식을 응당 없애버려야 한다고 생각할까 염려했으므로, 상세하게 말했다. 근본이 있으면 반드시 지엽적인 것이 있고 실질이 있으면 반드시 꾸밈이 있으니, 세상의 모든 일이 그렇지 않은 것이 없다. 근본이 없으면 세상에서 서지 못하고, 꾸밈이 없으면 세상에서 행해질 수가 없다.[2]

아버지와 아들 사이에는 은혜를 주된 것으로 하지만 반드시 엄격하고 순종하는 체통이 있고, 군주와 신하는 공경을 주된 것으로 하지만 반드시 받들고 대접하는 예의가 있으며, 예의와 겸양은 마음속에 있는 것이지만 반드시 겉으로 드러난 위엄과 형식이 있고 난 뒤에 시행되며, 높고 낮은 사회의 위계에는 순서가 있지만 겉으로 드러난 꾸밈이 아니면 구별할 수가 없으니, 꾸밈과 실질은 서로 필요로 하기 때문에 하나라도 결여될 수가 없다. 그러나 꾸미는 것이 지나치게 과도하고 지엽적인 것에 빠져서 근본에서 멀어지고 실질을 잃어버리면, 마땅히 덜어내야 할 때인 것이다.

그러므로 어떻게 쓰겠는가? 두 대그릇으로도 정성스런 진실을 충분히 제사 올릴 수 있다. 이는 마땅히 근본과 실질에 힘쓰고 허례허식을 덜어내라는 말이다. 공자는 사람들이 말에 집착하고 얽매일 것을 염려했으므로, 다시 밝혀 말했다. 두 대그릇의 소박함은 그것을 사용할 마땅한 때가 있으니, 그것을 사용해야 할 때가 아닌데도 사용하게 되면 옳지 않다. 이는 꾸미는 장식이 과도하지도 않은데 덜어내거나, 덜어내는 것이 과도하게 심하면 잘못이라는 말이다. 강함을 덜어서 유함을 덧붙이는 것은 강함이 과도하거나 유함이 부족할 때다. 덜어내거나 덧붙이는 것은 모두 강함을 덜어내 유함을 덧붙이는 것이지만 반드시 적절한 때를 따라서 시행해야 하니, 적당한 때가 아닌데도 덜어내거나 덧붙이면 잘못이다.

夫子特釋曷之用二簋可用享, 卦辭簡直, 謂當損去浮飾. 曰何所用哉? 二簋可以享也. 厚本損末之謂也. 夫子恐後人不達, 遂以爲文飾當盡去, 故詳言之. 有本必有末, 有實必有文, 天下萬事, 无不然者. 无本不立, 无文不行. 父子主恩, 必有嚴順之體, 君臣主敬, 必有承接之儀, 禮讓存乎內, 待威儀而後行, 尊卑有其序, 非物采則无別, 文之與實, 相須而不可缺也. 及夫文之勝, 末之流, 遠本喪實, 乃當損之時也. 故云曷所用哉? 二簋足以薦其誠矣. 謂當務實而損飾也. 夫子恐人之泥言也, 故復明之曰, 二簋之質, 用之當有時, 非其所用而用之, 不可也. 謂文飾未過而損之, 與損之至於過甚, 則非也. 損剛益柔, 有時剛爲過. 柔爲不足, 損益皆損剛益柔也, 必順時而行, 不當時而損益之, 則非也.

덜어내고 덧붙이며 채우고 비우는 것은 때에 맞게 행해야 한다.

損益盈虛, 與時偕行.

덜어내기도 하고 덧붙이기도 하며 채우기도 하고 비우기도 하니, 오직 때를 따를 뿐이다. 과도한 것은 덜어내고 부족한 것은 덧붙이며 이지러진 것을 채우고 꽉 찬 것을 비우되, 때에 맞게 행해야 한다.

或損或益, 或盈或虛, 唯隨時而已. 過者損之, 不足者益之, 虧者盈之, 實者虛之, 與時偕行也.

「상전」에서 말했다. 산 아래에 연못이 있는 것이 손괘의 모습이니, 군자는 이것을 본받아 분노를 억제하고 욕심을 막는다.

象曰, 山下有澤, 損, 君子以懲忿窒欲.

산 아래에 연못이 있어서, 기운이 통하여 위로 윤택하게 하고 아래를 깊게 하여 더 높게 만드니, 모두 아래를 덜어내는 모습이다. 군자는 덜어내는 모습을 관찰하여 자신에게서 덜어낸다. 자신을 수양하는 방도에서 덜어내야 마땅한 것은 오직 분노와 욕심이므로, 분노를 징계하고 그 욕심을 막는 것이다.

山下有澤, 氣通上潤, 與深下以增高, 皆損下之象. 君子觀損之象, 以損於己, 在修己之道所當損者, 唯忿與欲, 故以懲戒其忿怒, 窒塞其意欲也.

초구효는 일을 끝마쳤으면 속히 떠나가야 허물이 없으니, 짐작하여 덜어내야 한다.

初九, 已事遄往, 无咎, 酌損之.

'덜어낸다'는 뜻은 강함을 덜어내어 유함을 증진시키고 아래를 덜어내어 위를 더하는 것이다. 초구효는 양강한 자질로 육사효에 호응하고, 육사효는 음유한 자질로 위의 지위에 자리하여, 초구효가 증진시켜주는 것에 의존하는 자다. 아래가 위를 증진시켜주는 경우는 마땅히 자신을 덜어내어 도움을 주되 스스로 그것을 공이라고 여기지 말고, 위에 있는 자를 증진시켜주는 일이 끝났다면 속히 떠나가서 그 공로를 자신의 것으로 하지 않아야 허물이 없다.[3]

만약 그 공을 이룬 아름다움을 향유하려 들면 자신을 덜어 위를 증진시켜주는 것이 아니니, 아래 지위에 있는 자의 도리에서 허물이 있게 된다. 음유한 육사효는 초구효에 의존하는 자이므로 초구효의 말을 경청한다. 초구효는 그 마땅함을 짐작하고 헤아려 자신을 희생하여 윗사람을 증진시켜주되 과도하게 행동하거나 미치지 못하게 행동하는 것은 모두 옳지 않다.

損之義, 損剛益柔, 損下益上也. 初以陽剛應於四, 四以陰柔居上位, 賴初之益者也. 下之益上, 當損己而不自以爲功, 所益於上者, 事旣已, 則速去之, 不居其功, 乃无咎也. 若享其成功之美, 非損己益上也, 於爲下之道爲有咎矣. 四之陰柔, 賴初者也, 故聽於初, 初當酌度其宜, 而損己以益之, 過與不及, 皆不可也.

「상전」에서 말했다. 일을 끝마쳤으면 속히 떠나가는 것은 윗사람과 뜻이 합치하는 것이 최상이기 때문이다.

象曰, 已事遄往, 尙合志也.

'상尙'이란 최상이라는 뜻이니, 그 때에 가장 중요한 작용이 최상이다. 초구효에서 최상은 윗사람과 뜻이 합치되는 것이다. 육사효가 초구효에 의존하고 있으니, 초구효가 육사효를 증진시켜주는 것이 윗사람과 뜻을 합치하는 것이다.

尙, 上也, 時之所崇用爲尙. 初之所尙者, 與上合志也. 四賴於初, 初益於四, 與上合志也.

구이효는 올바름을 굳게 지키는 것이 이롭고 함부로 나아가면 흉하니, 덜어내지 않는 것이 증진시키는 것이다.

九二 利貞, 征凶, 弗損益之.

구이효는 강중剛中한 자질로 마땅히 자신의 강함을 덜어내야만 하는 때에 유한 위치에 자리하고, 태兌괘의 상징인 기뻐하는 체질이다. 위로 음유한 자질의 군주에게 호응하니, 유순하게 기뻐하는 태도로 윗사람에 호응하면 강중한 덕을 잃어버리므로 굳게 올바름을 지키는 것이 이롭다고 경계했다. 함부로 나아간다는 '정征'은 행하는 것이다. 행하는 데에 중도를 벗어나면 그 굳센 올바름을 잃어서 흉할 것이고, 중도를 지키면 그것이 올바름을 지키는 것이다.

"덜어내지 않는 것이 증진시키는 것이다"라는 것은 스스로 강직하게 올바름을 지키는 것을 잃지 않으면 윗사람을 유익하게 할 수 있으니, 이것이 바로 윗사람을 증진시키는 것이다. 만약 강직하게 올바름을 지키는 태도를 잃고 유순하게 상대를 기쁘게만 한다면 이는 단지 덜어내는 것이지 자신을 덜어내 윗사람을 증진시키는 것이 아니다. 세상의 어리석은 자들은 비록 사특한 마음은 없을지라도 오직 힘을 다해 윗사람에게 순종하는 것만을 충성이라고 생각한다. 하지만 이것은 "덜어내지 않는 것이 증진시키는 것이다"라는 뜻을 알지 못하는 것이다.

二以剛中, 當損剛之時, 居柔而說體, 上應六五陰柔之君, 以柔說應上則失其剛中之德, 故戒所利在貞正也. 征, 行也. 離乎中, 則失其貞正而凶矣, 守其中乃貞也. 弗損益之, 不自損其剛貞, 則能益其上, 乃益之也. 若失其剛貞, 而用柔說, 適足以損之而已, 非損己而益上也. 世之愚者, 有雖无邪心, 而唯知竭力順上爲忠者, 蓋不知弗損益之之義也.

「상전」에서 말했다. 구이효의 올바름을 지키는 것이 이로운 것은

중도를 뜻으로 삼은 것이다.

象曰, 九二利貞, 中以爲志也.

구이효가 이二의 위치에 자리한 것은 올바름이 아니며 처신함이 기뻐하는 태도를 취하는 것은 강함이 아니지만, 중도를 얻었기 때문에 최선이 된다. 그 중도의 덕을 지키면, 어찌 불선함이 있겠는가? 어찌 중도를 지키면서 올바르지 않은 경우가 있겠는가? 어찌 중도를 지키면서 과도한 경우가 있겠는가? 구이효가 올바름을 지키는 것이 이롭다고 하는 것은 중도를 뜻으로 삼은 것이니, 뜻이 중도에 있으면 저절로 올바르게 된다. 대체로 중도는 정도보다 중요하고, 중도를 지키면 정도를 지키지만 정도를 행한다고 해서 반드시 중도를 이룬 것은 아니다. 중도를 지킬 줄 안다면, 윗사람을 증진시킬 수 있다.

九居二非正也, 處說非剛也, 而得中爲善. 若守其中德, 何有不善? 豈有中而不正者? 豈有中而有過者? 二所謂利貞, 謂以中爲志也. 志存乎中, 則自正矣. 大率中重於正, 中則正矣, 正不必中也. 能守中, 則有益於上矣.

육삼효는 세 사람이 갈 때에는 한 사람을 덜어내고, 한 사람이 갈 때에는 그 벗을 얻는다.

六三, 三人行則損一人, 一人行則得其友.

덜어낸다는 것은 여유가 있는 것을 덜어냄이고, 증진시킨다는 것은 부족한 것을 증진시킴이다. "세 사람"은 건괘인 아래 세 양효☰

와 곤괘인 위 세 음효☷를 말하니, 아래 세 양효가 함께 가면 양효인 구삼효를 덜어내어 위를 증신켜서 상괘인 간艮☶괘가 되고, 위의 세 음효가 함께 가면 음효인 상육효를 덜어내어 육삼효를 만들어 하괘인 태兌☱괘가 된다.[4] 이것이 세 사람이 가면 한 사람을 덜어낸다는 말이다. 상괘는 곤☷괘에서 간☶괘로 바뀌어 가장 위의 효가 유함에서 강함으로 바뀌었는데, 덜어냈다고 말하는 것은 단지 그 하나를 감소시켰음을 말했을 뿐이다.

제일 위의 상효와 세 번째 삼효는 본래 서로 호응하는 관계이지만 두 효가 오르고 내려옴으로 인해서 이 괘 하나가 모두 이루어졌으니, 둘이 서로 함께 어울린다. 초효와 이효의 두 양효와 사효와 오효의 두 음효는 덕이 같아 서로 친밀하게 관계하며, 삼효는 상효와 호응하여 모두 둘이 서로 함께 어울리니, 모두 그 뜻이 하나가 되어, 벗을 얻게 된다. 삼효는 사효와 서로 친밀하게 관계하지만 다른 형체에 속해 있고 상효와 호응하니, 함께 가는 자가 아니다.[5] 세 사람이면 한 사람을 덜어내고 한 사람이면 벗을 얻으니, 세상에 둘이 아닌 것이 없다. 일一과 이二는 서로 대립하지만 의존하는 관계에 있으니[6] 끊임없이 생성하는 뿌리가 되고, 삼三이 되면 남는 것이 있어서 마땅히 덜어내야 하니, 이것이 덜어내고 증진시키는 큰 뜻이다.

공자는 또 「계사전」에서 그 뜻을 다하여 말했다. "천지의 기운이 농밀하게 교류하여 만물이 변화하고 정밀해지고, 남녀가 정기를 나누어서 만물이 변화하고 생겨난다. 『역』에 이르기를 '세 사람이 갈 때에는 한 사람을 덜어내고, 한 사람이 갈 때에는 그 벗을 얻는다'고 했으니, 하나에 이르는 것을 말한 것이다." 기운이 농밀하게 교류함을 뜻하는 '인온絪縕'이란 말은 교류하여 농밀해지는 모양이다. 천지의 기운이 서로 사귀어 농밀해지면, 만물의 변화와 정밀함이 생겨난다. 정밀하다는 뜻인 '순醇'은 농후함이니, 농후하다는 것은 정밀하면서 통일된 것과 같다. 남녀의 정기가 서로 맺어지면 만물을 변화시켜 생성하니, 오직 정밀하면서도 통일되었기 때문에 생성할 수 있는 것이다. 한 번 음하고 한 번 양하니, 어찌 둘일 수 있겠는가? 그러므로 셋이면 마땅히 덜어내야 하니, 오로지 하나에 이르는 것을 말한 것이다. 천지 사이에 마땅히 덜어내고 증진시켜야 하는 것 가운데 분명하고도 큰 것은 이보다 더한 것이 없다.

損者, 損有餘也, 益者, 益不足也. 三人, 謂下三陽, 上三陰. 三陽同行則損九三以益上, 三陰同行, 則損上六以爲三, 三人行則損一人也. 上以柔易剛而謂之損, 但言其減一耳. 上與三雖本相應, 由二爻升降而一卦皆成, 兩相與也. 初二二陽, 四五二陰, 同德相比, 三與上應, 皆兩相與, 則其志專, 皆爲得其友也. 三雖與四相比, 然異體而應上, 非同行者也. 三人則損一人, 一人則得其友, 蓋天下无不二者, 一與二相對待, 生生之本也, 三則餘而當損矣, 此損益之大義也. 夫子又於繫辭盡其義曰, "天地絪縕, 萬物化醇, 男女構精, 萬物化生. 易曰, 三人行則損一人, 一人行則得其友. 言致一也." 絪縕, 交密之狀. 天地之氣, 相交而密, 則生萬物之化醇. 醇謂醲厚, 醲厚猶精一也. 男女精氣交構, 則化生萬物, 唯精醇專一, 所以能生也. 一陰一陽, 豈可二也? 故三則當損, 言專致乎一也. 天地之間, 當損益之, 明且大者莫過此也.

「상전」에서 말했다. 한 사람이 간다는 것은 셋이면 의심하기 때문이다.

象曰, 一人行, 三則疑也.

한 사람이 가면서 한 사람을 얻으면 이는 벗을 얻는 것이다. 만약 세 사람이 간다면, 함께하는 것을 의심하게 되어 이치상 마땅히 한 사람을 덜어내야 하니, 남는 것을 덜어내는 것이다.

一人行而得一人, 乃得友也. 若三人行, 則疑所與矣, 理當損去其一人, 損其餘也.

육사효는 그 병을 덜어내되 신속하게 하면 기쁨이 있어, 허물이 없게 된다.

六四, 損其疾, 使遄有喜, 无咎.

육사효는 음유한 자질로 위에 자리하여 강양한 자질의 초구효와 서로 호응한다. 덜어내는 때에 강한 사람과 호응하는 것은 스스로 덜어내어 강양한 사람을 따를 수 있는 것이니, 불선함을 덜어내 선함을 따르는 것이다. 그러나 초구효가 육사효를 증진시켜주는 것은 유함을 덜어내어 강함으로 증진시켜주는 것이니, 자신의 불선함을 덜어내는 것이다. 그래서 "그 병을 덜어내었다"고 했으니, '질疾'은 질병으로서 불선한 것이다. 불선함을 덜어내는 데에 오직 신속하게 하면 기쁨이 있어 허물이 없다. 사람이 허물을 덜어낼 때에 오직 신속하게 하지 않는 것을 근심할 뿐이니, 신속하게 하면 깊은 과실에 이르지 않아서, 기쁠 수 있다.

四以陰柔居上, 與初之剛陽相應. 在損時而應剛, 能自損以從剛陽也, 損不善以從善也. 初之益四, 損其柔而益之以剛, 損其不善也. 故曰損其疾, 疾謂疾病不善也. 損於不善, 唯使之遄速, 則有喜而无咎. 人之損過, 唯患不速, 速則不致於深過, 爲可喜也.

「상전」에서 말했다. 그 병을 덜어내니, 역시 기뻐할 만하다.

象曰, 損其疾, 亦可喜也.

그 병을 덜어내는 것은 진실로 기뻐할 만한 일이다. '역시'라고 말한 것은 발어사다.

損其所疾, 固可喜也. 云亦, 發語辭.

육오효는 혹 증진시킬 일이 있으면, 열 명의 벗이 도와준다. 거북일지라도[7] 이를 어길 수가 없으니, 크게 길하다.

六五, 或益之, 十朋之. 龜弗克違, 元吉.

육오효는 덜어내는 때에 중도로써 순종하여 존귀한 지위에 자리하며, 그 마음을 비워 강양한 자질의 구이효에 호응하니, 이는 군주가 마음을 비우고 스스로를 덜어내서 아래 지위의 현자를 따르는 것이다. 이와 같이 할 수 있다면, 세상의 누가 자신을 덜어내 희생하여 스스로 최선을 다해 군주를 도와 증진시켜주지 않겠는가? 그러므로 혹 증진시켜줄 일이 있으면, 열 명의 벗이 도와주는 것이다. '열 명'이란 많다는 말이다.

거북이는 옳음과 그름 그리고 흉함과 길함을 결단하는 것이다. 여러 사람의 공론이 반드시 올바른 이치에 부합하면, 비록 거북점과 시초점일지라도 이를 어길 수가 없다. 이와 같으면 크게 좋은 길함이라 할 수 있다. 옛사람들이 "도모하는 일이 여러 사람의 의견을 따르면 천심에 합한다"고 했다.

六五於損時, 以中順居尊位, 虛其中以應乎二之剛陽, 是人君能虛中自損, 以順從在下之賢也. 能如是, 天下孰不損己自盡以益之? 故或有益之之事, 則十朋助之矣. 十, 衆辭. 龜者, 決是非吉凶之物. 衆人之公論, 必合正理, 雖龜筴不能違也. 如此, 可謂大善之吉矣. 古人曰, 謀從衆, 則合天心.

「상전」에서 말했다. 육오효의 큰 길함은 하늘이 도와주는 것이다.

象曰, 六五元吉, 自上祐也.

크게 길함을 얻는 것은 여러 사람의 의견을 취합하여 최선을 다할 수 있어서 천지의 이치에 부합하기 때문이므로, 상천上天이 복을 내려주는 것이다.

所以得元吉者, 以其能盡衆人之見, 合天地之理, 故自上天降之福祐也.

상구효는 덜어내지 않고서 증진시켜주면 허물이 없고, 올바름을 지켜서 길하다. 나아가면 이로우니, 신하를 얻음이 자기 집안에 국한되지 않을 것이다.

上九, 弗損益之, 无咎, 貞吉. 利有攸往, 得臣无家.

덜어낸다는 뜻에는 세 가지가 있으니, 하나는 자기를 덜어서 타인을 따르는 것이고, 둘째는 스스로 덜어내어 타인을 증진시키는 것이며, 셋째는 덜어내는 방도를 시행하여 타인을 증진시켜주는 것이다. 자기를 덜어서 타인을 따르는 것은 마땅한 의리를 듣고서 실천하는 것[8]이고, 스스로 덜어내어 타인을 증진시켜주는 것은 타인에게 영향을 미치는 것[9]이고, 덜어내는 방도를 시행하여 타인을 증진시켜주는 것은 정치를 행하여 마땅한 의리를 사회에 실천하는 것[10]이니, 각각 그 상황에 따라 큰 것을 취하여 말했다. 육사효와 육오효 두 음효는 자신을 덜어내어 타인을 따르는 의미를 취했고, 하체의 세 효는 스스로를 덜어내어 타인을 증진시키는 의미를 취했다.

덜어내는 것의 때에 맞는 쓰임은 덜어내는 방도를 시행하여 세상에서 마땅히 덜어내야 할 것을 덜어내는 것이다. 그러나 상구효는 그 덜어내는 방도를 시행하지 않는 것을 취하여 의미를 삼았다.[11] 상구효는 덜어내는 때의 끝에 자리하여, 덜어내는 상황의 극한에 이르러 마땅히 변해야 하는 자다. 양강한 자질로 가장 높은 위치에 자리하니, 만일 강경한 태도로 아랫사람을 덜어내고 깎아내면 윗사람의 도리가 아니므로 그 허물이 크다.

만약 강경한 태도로 아랫사람을 깎아내는 방도를 시행하지 않고 변하여 강양한 방도로써 아랫사람을 증진시켜주면, 허물이 없어지고 정도를 얻고 또 길하게 된다. 이와 같이 하면 마땅히 일을 진행해나갈 것이니, 일을 진행해나가면 유익함이 있을 것이다. 가장 높은 자리에 있으면서 그 아랫사람을 덜어내지 않고 증진시킬 수 있다면, 세상에서 누가 복종하지 않을 것인가? 따르고 복종하는 많은 군중이 안과 밖을 가리지 않을 것이다. 그래서 "신하를 얻음이 자기 집안에 국한되지 않을 것이다"라고 했다. "신하를 얻는다"는 것은 사람들의 마음이 돌아와 복종하는 것을 말하고, "자기 집안에 국한되지 않는다"는 것은 멀거나 가까움, 안과 밖의 한계 없이 모두 복종한다는 것이다.

凡損之義有三, 損己從人也, 自損以益於人也, 行損道以損於人也. 損己從人, 徙於義也, 自損益人, 及於物也, 行損道以損於人, 行其義也, 各因其時, 取大者言之. 四五二爻, 取損己從人, 下體三爻, 取自損以益人. 損時之用, 行損道以損天下之當損者也. 上九則取不行其損爲義. 九居損之終, 損極而當變者也. 以剛陽居上, 若用剛以損削於下, 非爲上之道, 其咎大矣. 若不行其損, 變而以剛陽之道益於下, 則无咎而得其正, 且吉也. 如是, 則宜有所往, 往則有益矣. 在上能不損其下而益之, 天下孰不服從? 從服之衆, 无有內外也, 故曰得臣无家. 得臣, 謂得人心歸服, 无家 謂无有遠近內外之限也.

「상전」에서 말했다. 덜어내지 않고 증진시킨다는 것은 크게 뜻을 얻는 것이다.

象曰, 弗損益之, 大得志也.

위의 자리에 있으면서 아랫사람을 덜어내지 않고 오히려 증진시켜주면 이것은 군자가 그 뜻을 크게 이루는 것이다. 군자의 뜻은 오직 타인을 증진시켜주는 데 있을 뿐이다.

居上, 不損下而反益之, 是君子大得行其志也. 君子之志, 唯在益於人而已.

1 모두 덜어내는 도리다: 호원은 "이 손괘는 아래를 들어 위를 증진시키는 것이니, 백성을 덜어내어 군주를 증진시키는 모습이다. 그러나 위에서 아래를 덜어내는 데에 지나치게 과도해서는 안 되니, 반드시 중정에 합치해야 백성이 모두 부지런히 힘써 노력하여 윗사람에게 즐겁게 애쓴다此損卦, 謂損下以益上, 損民益君之象也. 然上之損下, 不可太過, 必須合于中正, 則民皆勤身竭力, 樂輸于上"라고 하여 백성과 지배자의 관계에 대해 해석하고 있다. 하지만 정이천은 단지 군주와 백성 사이의 관계에 한정하지 않고 다양한 영역에서 적용될 수 있는 원리로 이해한다. 특히 개인의 도덕적 행위 방식에 초점을 두고 해석하여 「상전」의 내용처럼 수신修身의 도리와 연결시켜서 이해하고 있다.

2 근본이 없으면 세상에서 서지 못하고, 꾸밈이 없으면 세상에서 행해질 수가 없다: 『예기』에 나온 말이다. 『예기』 「예기禮器」, "선왕이 예를 세움에 근본이 있고 꾸밈이 있다. 충신이 예의 근본이고 의리가 예의 꾸밈이다. 근본이 없으면 세상에 서지 못하고, 꾸밈이 없으면 세상에서 행해질 수 없다先王之立禮也, 有本, 有文. 忠信, 禮之本也. 義理, 禮之文也. 無本不立, 無文不行."

3 허물이 없게 된다: 정이천은 공로를 이루고 그 공을 자신의 것으로 차지하지 않는 사대부의 의리로 해석하고 있다. 이는 노자의 "공을 이루었다면 그 공을 자신의 것으로 고집하지 않는다"는 의미의 '공성불거功成不居'를 연상케 한다. 그러나 호원은 이를 백성들이 지배자에게 해야만 하는 도리로 풀고 있다. 이런 점에서 정이천과 호원이 해석하는 방식이 뚜렷하게 차이가 난다. 호원은 이렇게 설명한다. "백성의 직분은 마땅히 옷과 음식을 가지고 윗사람을 봉양해야 한다. 일이란 경작하고 수확하는 일을 말한다. 경작하고 수확하는 일이 끝났다면 속히 가서 윗사람을 봉양해야 허물을 면할 수 있다夫民之爲職, 固當給衣食以奉養其上者也. 事謂耕穫之事也. 言耕穫之事既已, 則速往以奉于上, 乃得免其咎也."

4 태兌괘가 된다: 정이천은 모든 괘를 건乾괘와 곤坤괘가 변해서 이루어진 괘로 본다. 산택손山澤損괘에서도 건괘☰가 변해서 태兌괘☱가 되고 곤괘☷가 변해서 간艮괘☶가 되었다고 설명하는 것이다.

5 함께 가는 자가 아니다: 함께 간다는 것은 육사효와 함께 상구효에 가면 안 된다는 의미다. 호원은 이 구절을 이렇게 해석한다. "하늘과 땅, 군주와 신하, 지아비와 지어미의 도리는 만약 하나로 집중해서 서로 호응하면 그 뜻이 순일해지고 그 도가 견고해진다. 지금 육삼의 음효는 위로 상구의 양효와 호응하고 있다. 만약 자신이 육사효나 육오효 두 효와 함께 같이 가서 상구효와 호응하면 도리어 상구효 한 사람을 잃게 된다. 만약 홀로 가서 호응하면 그 벗을 얻는다夫天地君臣夫婦之道, 若專一相應, 則其志純, 其道固也. 今六三之陰, 上應于上九之陽. 若己與六四六五二爻, 同往而應之, 則反損上九之一人. 若己獨往而應之, 自得其友矣."

6 대립하지만 의존하는 관계에 있으니: 정이천은 이렇게 말하고 있다. "도는 둘이니, 인과 불인일 뿐이다. 저절로 그러한 이치가 이러하다. 도는 짝이 없을 수 없으니, 음이 있으면 양이 있고, 선이 있으면 악이 있고, 옳음이 있으면 그름이 있어서 하나가 없으면 또한 셋도 없다道二, 仁與不仁而已. 自然理如此. 道無無對, 有陰則有陽, 有善則有惡, 有是則有非, 無一亦無三(『이정집』 15권 153쪽)."

7 거북일지라도: 중국판본은 "十朋之龜, 弗克違"라고 읽는다. 그러나 『주역대전』 구결은 "十朋之, 龜弗克違"라고 읽는다. 정이천의 주석을 읽어보면 『주역대전』 구결이 옳다. 『주역대전』 구결을 따랐다. 이는 익괘의 구이효도 마찬가지다. 주희는 '十朋之龜'로 해석하고 있다.

8 마땅한 의리를 듣고서 실천하는 것: '도어의야徙於義也'를 해석한 말이다. 이와 유사한 내용이 『논어』에 나온다. "공자가 말했다. '덕이 닦아지지 못함과 학문이 강학되지 못함과 의義를 듣고 실천하지 못함과 불선을 고치지 못하는 것이 바로 나의 걱정거리다.' 子曰, 德之不修, 學之不講, 聞義不能徙, 不善不能改, 是吾憂也(『논어』「술이」)"

9 타인에게 영향을 미치는 것: '급어물야及於物也'를 해석한 말이다. 이와 유사한 내용이 『논어』에 나온다. "공자가 말했다. '삼아! 나의 도는 하나로 꿰뚫었다.' 증자가 '예'라고 답했다. 공자가 나가자, 문인들이 물었다. '무슨 말씀입니까?' 증자가 대답했다. '공자의 도는 충忠과 서恕일 뿐이다.' 子曰, 參乎! 吾道一以貫之. 曾子曰, 唯. 子出, 門人問曰, 何謂也? 曾子曰, 夫子之道, 忠恕而已矣(『논어』「이인」)" 이에 대해서 정이천은 이렇게 주석했다. "자신으로써 남에게 미치는 것이 인仁이고 자신의 마음을 미루어 타인에게 영향을 미치는 것은 서恕이니, 『중용』에서 '충서는 도와 거리가 멀지 않다'는 말이 이것이다. 충과 서는 하나로 꿰뚫었으니, 충은 천도天道이고 서는 인도人道이며, 충은 무망无妄이고 서는 충을 행하는 것이다. 충은 체體이고 서는 용用이니, 『중용』에서 말하는 대본大本과 달도達道다. 이것이 '충서는 도와 거리가 멀지 않다'는 것과 다른 것은 움직이기를 하늘로 하는 것일 뿐이다以己及物, 仁也, 推己及物, 恕也, 違道不遠是也. 忠恕一以貫之, 忠者, 天道, 恕者, 人道, 忠者, 无妄, 恕者, 所以行乎忠也. 忠者體, 恕者用, 大本達道也. 此與違道不遠異者, 動以天爾."

10 마땅한 의리를 사회에 실천하는 것: '행기의야行其義也'를 해석한 말이다. 이와 유사한 내용이 『논어』에 나온다. "자로가 말했다. '누군가 벼슬하지 않으면 세상에 정의란 없게 된다. 장유長幼의 절도를 폐지할 수 없듯이 어찌 군신의 의를 폐할 수 있는가? 내 몸 하나를 정결히 지키고자 하다가 사회의 대륜을 어지럽힐 수도 있는 것이니, 군자가 벼슬을 꾀하는 것은 그 의를 행하려는 것이다. 도가 행해지기 어려운 것은 이미 우리도 다 알고 있는 것이다.' 子路曰, 不仕無義. 長幼之節, 不可廢也, 君臣之義, 如之何其廢之? 欲絜其身, 而亂大倫. 君子之仕也, 行其義也. 道之不行, 已知之矣(『논어』「미자」)"

11 시행하지 않는 것을 취하여 의미를 삼았다: 운봉 호씨는 이렇게 설명한다. "'덜어내지 않고 증진시킨다'는 말은 상구효와 구이효의 말로 동일하지만 뜻은 다르다. 구이효는 마땅히 윗사람을 증진시켜주어야 할 때이지만 자신이 지키고 있는 것을 덜어내지 않는 것이 곧 윗사람을 증진시켜주는 것이다. 윗사람이 유익함을 받고 그것이 극한에 이르면 또 마땅히 아랫사람을 증진시켜준다. 그러나 자신을 덜어내지 않은 뒤에 사람들을 유익하게 할 수 있는 경우가 있는데, 공자가 말하는 '은혜를 베풀면서도 비용이 들지 않는다'는 것이다. 은혜를 베풀면서도 비용이 들지 않으니 그 은혜는 광대하므로 신하를 얻는 데에 자기 집안에만 국한되지 않아서 그 얻음이 크다. 그러나 '허물이 없다'고 말하고 또 '올바름을 지켜서 길하고 나아가면 이롭다'고 했다. 구이효는 먼저 '올바름을 굳게 지키는 것이 이롭다'고 말하고 뒤에 '덜어내지 않고 증진시킨다'고 말했다. 구이효는 강중하여 올바르지 않은 것이 없

는 자이니, 자신이 가진 것을 굳게 지킨다. 상구효는 '덜어내지 않고서 증진시켜주면 허물이 없다'고 하고 또 '올바름을 지켜서 길하다'고 했다. 상구효는 강함으로 증진시키는 때의 끝에 자리하여 그가 결여하고 있는 것을 굳게 지키는 것이다. 그러므로 이렇게 경계했다弗損益之, 上與二辭, 同而意異. 二當益上之時, 不損其所守, 乃所以益上. 上受益, 旣至于極, 則又當推以益下. 然有不待損己而後可以益人者, 所謂惠而不費是也. 惠而不費, 其惠也廣, 故得臣无家, 其得也大. 然曰无咎, 又曰貞吉利有攸往者. 九二先言利貞而後言弗損益之. 二剛中无有不貞者, 貞其所有也. 上九曰弗損益之无咎而又曰貞吉者, 上以剛居益之極, 貞其所欠也, 故戒之."

42. 덧붙임, 증진, 유익함: 익益괘䷩

풍뢰익風雷益이라고 한다. 괘의 모습이 손巽☴괘가 위에 있고 진震☳괘가 아래에 있기 때문이다.

익益괘에 대해서 「서괘전」은 다음과 같이 설명한다. "덜어내는 것을 그치지 않으면 반드시 덧붙여지므로, 증진을 뜻하는 익괘로 받았다." 성장과 쇠락, 덜어냄과 덧붙여짐은 마치 둥근 고리를 도는 것과 같아서, 덜어내는 것이 극한에 이르면 반드시 덧붙여지는 것이 자연스러운 이치이니, 증진을 상징하는 익괘가 덜어냄을 상징하는 손損괘를 이었다. 괘의 모습은 바람을 상징하는 손巽괘가 위에 있고 우레를 상징하는 진震괘가 아래에 있다. 우레와 바람은 서로를 증진시켜주는 것으로, 바람이 맹렬하면 우레는 빠르고, 우레가 격렬하면 바람은 거세져서, 서로가 도와 증진시켜서 익괘가 되니, 이러한 설명은 괘의 모습으로 말한 것이다.

손巽☴괘와 진震☳괘 두 괘는 모두 아래로부터 변화하여 이루어진 것이다.[1] 양효가 변화하여 음효로 된 것이 손損괘이고, 음효가 변화하여 양효가 된 것이 익益괘다. 이 괘는 상괘인 손巽괘에서 양을 덜어내어 하괘인 진괘를 증진시켜주는 것이다. 위를 덜어내어 아래를 증진시키는 것은 덜어내어 유익함이 됨이니, 이는 그 의미로써 말한 것이다. 아래가 두터워지면 위는 안정되므로 아래를 증진시켜 주는 것이 유익함이 된다.

益, 序卦, "損而不已必益, 故受之以益." 盛衰損益如循環, 損極必益, 理之自然, 益所以繼損也. 爲卦, 巽上震下. 雷風二物, 相益者也, 風烈則雷迅, 雷激則風怒, 兩相助益, 所以爲益, 此以象言也. 巽震二卦, 皆由下變而成. 陽變而爲陰者, 損也, 陰變而爲陽者, 益也. 上卦損而下卦益. 損上益下, 損以爲益, 此以義言也. 下厚則上安, 故益下爲益.

덧붙임은 일을 진행해나가는 것이 이롭고, 큰 강을 건너는 것이 이롭다.

益, 利有攸往, 利涉大川.

증진은 세상을 유익하게 하는 도이므로 일을 진행해나가는 것이 이롭다. 증진하는 방도는 위험과 고난을 해결할 수 있으니, 큰 강을 건너는 것이 이롭다.

益者, 益於天下之道也, 故利有攸往. 益之道, 可以濟險難, 利涉大川也.

「단전」에서 말했다. 덧붙임은 위를 덜어내고 아래를 유익하게 하니 백성이 한없이 기뻐하고, 위로부터 아래로 낮추니 그 도는 크게 빛난다.

彖曰, 益, 損上益下, 民說无疆, 自上下下, 其道大光.

괘의 의미와 괘의 자질 구조로 말했다. 괘가 익괘가 되는 것은 위를 덜어내어 아래를 증진시켜주기 때문이다. 위를 덜어서 아래를 증진시키면 백성이 한없이 기뻐하니, 끝없이 기뻐한다는 말이다. 위의 지위에서 자신을 굽혀서 아래로 낮추면, 그 도리는 크게 빛을 드러낸다. 양효가 내려와 가장 아래 초初의 지위에 자리하고 음효는 올라가 네 번째 사四에 자리하니,[2] 위로부터 아래로 낮춘다는 뜻이다.

以卦義與卦才言也. 卦之爲益, 以其損上益下也. 損於上而益下, 則民說之无疆, 謂无窮極也. 自上而降己以下下, 其道之大光顯也. 陽下居初, 陰上居四, 爲自上下下之義.

"일을 진행해나가는 것이 이롭다"는 것은 중정의 덕으로 기쁜 일이 있는 것이다.

利有攸往, 中正, 有慶.

구오효는 강양剛陽한 자질과 중정의 덕으로 존귀한 지위에 자리했고 육이효는 중정의 덕으로 그에 호응하니, 이것은 중정의 도로 세상을 유익하게 하여 세상이 그 복과 기쁨을 받는 것이다.

五以剛陽中正居尊位, 二復以中正應之, 是以中正之道益天下, 天下受其福慶也.

"큰 강을 건너는 것이 이롭다"는 것은 덧붙임의 도가 곧 행해진 것이다.

利涉大川, 木道乃行.

증진의 도는 아무 일도 없는 평상시에는 그 유익함이 오히려 작지만 고난과 위험에 당면했을 때에는 그 유익함이 매우 크므로, 큰 강을 건너는 것이 이롭다. 위험과 고난을 해결하는 것이 바로 덧붙임의 도가 크게 행해지는 때다. 「단전」에서 '목木'이란 글자는 '익益'을 잘못 쓴 것이다. 어떤 사람은 위는 나무를 상징하는 손巽괘이고 아래는 우레를 상징하는 진震괘이므로 배의 도라고 했다고 하지만 잘못된 해석이다.[3]

益之爲道, 於平常无事之際, 其益猶小, 當艱危險難, 則所益至大, 故利涉大川也. 於濟艱險, 乃益道大行之時也. 益誤作木. 或以爲上巽下震, 故云木道, 非也.

덧붙임은 움직이는 데에 공손하여, 한계가 없이 날로 증진된다.

益, 動而巽, 日進无疆.

또 두 괘의 형체로 괘의 자질 구조를 말했다. 아래 진震괘는 움직임을 상징하고 위의 손巽괘는 공손함을 상징하니, 행하는 데에 공손한 모습이다. 세상을 증진시키는 방도는 행하는 데에 이치에 공손하게 순종하면, 그 유익함이 날로 증진되어 한계가 없이 넓고 거대하게 된다.[4] 움직이는 데에 이치에 순종하지 않으면 어떻게 큰 유익함을 이루겠는가?

又以二體言卦才: 下動而上巽, 動而巽也. 爲益之道, 其動巽順於理, 則其益日進, 廣大无有疆限也. 動而不順於理, 豈能成大益也?

하늘이 시행하고 땅이 생성하여, 그 유익함은 고정된 장소가 없다.

天施地生, 其益无方.

하늘과 땅의 공으로 덧붙임의 도가 위대함을 말했으니, 성인이 이것을 체득하여 세상을 유익하게 한다. 하늘의 도는 만물이 이를 바탕으로 해서 시작하고 땅의 도는 만물을 생성시키니, 하늘이 시행하고 땅이 생성시켜서 만물을 조화시키고 양육하여 각각 그 본성性과 명命을 올바르게 하므로, 그 유익함은 고정된 장소가 없다고 할 만하다. '방方'이란 장소다. 고정된 장소가 있으면, 일정한 한계가 있다. 고정된 장소가 없는 것은 만물을 유익하게 하는 것이 넓고 커서 한계며 끝이 없다는 말이다. 하늘과 땅이 만물을 유익하게 하는 데에 어찌 한계가 있겠는가?

以天地之功, 言益道之大, 聖人體之以益天下也. 天道資始, 地道生物, 天施地生, 化育萬物, 各正性命, 其益可謂无方矣. 方, 所也. 有方所, 則有限量. 无方, 謂廣大无窮極也. 天地之益萬物, 豈有窮際乎?

덧붙이는 도는 때에 맞게 함께 행하는 것이다.

凡益之道, 與時偕行.

하늘과 땅이 한계가 없이 만물을 증진시키는 것은 이치일 뿐이다. 성인이 세상을 유익하게 하는 방도는 때에 호응하고 이치에 순종하여 하늘과 땅과 함께 화합하는 것이니, 이것이 때에 맞게 행하는 것이다.[5]

天地之益无窮者, 理而已矣. 聖人利益天下之道, 應時順理, 與天地合, 與時偕行也.

「상전」에서 말했다. 바람과 우레가 서로를 증진시키는 것이 익괘의 모습이니, 군자는 이것을 본받아 좋은 것을 보면 즉시 실천하고, 허물이 있으면 곧바로 고친다.

象曰, 風雷益, 君子以見善則遷, 有過則改.

바람이 맹렬하면 우레는 빠르고 우레가 격렬하면 바람은 거세지니, 둘은 서로 증진시켜주는 것이다. 군자는 바람과 우레가 서로 증진시켜주는 모습을 관찰하여 자신을 증진시키는 방도를 구한다. 자신을 증진시키는 방도 가운데 선한 것을 보면 즉시 실천하고 허물이 있으면 곧바로 고치는 것보다 좋은 것은 없다. 선한 것을 보고 즉시 실천할 수 있다면 세상의 선함을 모두 자신에게 실현할 수 있고, 허물이 있음을 곧바로 고칠 수 있다면 허물이 없게 된다. 사람들에게 유익함이 이보다 큰 것은 없다.

風烈則雷迅, 雷激則風怒, 二物相益者也. 君子觀風雷相益之象, 而求益於己. 爲益之道, 无若見善則遷, 有過則改也. 見善能遷, 則可以盡天下之善, 有過能改, 則无過矣. 益於人者, 无大於是.

초구효는 큰일을 일으키는 것이 이로우니, 크게 길해야 허물이 없다.

初九, 利用爲大作, 元吉, 无咎.

초구효는 진동을 일으키는 주체이니 강양한 자질이 성대한 것이다. 증진의 때에 그 자질이 타인을 유익하게 하기에 충분하고, 가장 아래의 위치에 자리하지만 위로 육사효의 대신이 자신에게 호응하고 있다. 육사효는 공손하게 순종하는 주체로서 위로 군주에게 공손하고, 아래로 현명한 재능을 가진 사람에게 순종하며 따를 수 있다. 아랫자리에 있는 자는 정치적인 일들을 주도적으로 할 수는 없지만, 위의 자리에 있는 자가 자신에게 호응하고 따른다면 마땅히 자신의 도로써 윗사람을 보좌하여 세상을 크게 유익하게 하는 일을 일으켜야 하니, 이것이 "큰일을 일으키는 것이 이롭다"는 것이다.

아래 지위에 자리하여 윗사람에게 등용되어 자신의 뜻을 세상에 행할 때에, 반드시 하는 일이 크게 선하여 길하면 허물이 없다. 그러나 크게 선하여 길하지 못하면 자신에게만 허물이 있을 뿐 아니라 윗사람에게도 피해를 입히는 것이니, 이는 윗사람의 허물이 된다. 가장 낮은 지위에서 큰 소임을 담당하니, 작은 좋은 결과는 칭찬할 만한 것이 못 되므로 크게 길한 뒤에야 허물이 없을 수 있다.

初九, 震動之主, 剛陽之盛也. 居益之時, 其才足以益物, 雖居至下, 而上有六四之大臣應於己. 四, 巽順之主, 上能巽於君, 下能順於賢才也. 在下者不能有爲也, 得在上者應從之, 則宜以其道 輔於上, 作大益天下之事, 利用爲大作也. 居下而得上之用, 以行其志, 必須所爲大善而吉, 則无過咎. 不能元吉, 則不唯在己有咎, 乃累乎上, 爲上之咎也. 在至下而當大任, 小善不足以稱也, 故必元吉, 然後得无咎.

「상전」에서 말했다. 크게 길해야 허물이 없는 것은 아래에 있는 자는 중대한 일을 할 수 없기 때문이다.

象曰, 元吉无咎, 下不厚事也.

아래에 있는 자가 중대한 일을 처리하는 것은 본래 합당하지 않다. '후사厚事'는 중대한 일이다. 윗사람에게 신임을 얻어 큰일을 담당했으니, 반드시 큰일을 해결하여 크게 길한 결과를 이루어야 허물이 없다. 크게 길한 결과를 이룰 수 있다면, 윗사람이 큰일을 위임할 때 사람을 제대로 알아보고서 맡긴 것이고, 자신이 그 일을 담당한 것은 그 임무를 감당할 수 있는 것이다. 그렇지 않다면, 윗사람과 아랫사람 모두에게 허물이 있게 된다.

在下者, 本不當處厚事. 厚事, 重大之事也. 以爲在上所任, 所以當大事, 必能濟大事而致元吉, 乃爲无咎. 能致元吉, 則在上者任之爲知人, 己當之爲勝任. 不然, 則上下皆有咎也.

육이효는 혹 증진시킬 일이 있으면 열 명의 벗이 도와주는 것이다. 거북일지라도[6] 이를 어길 수가 없으나, 오래도록 올바름을 굳게 지키면 길하니, 왕이 상제에게 제사하더라도 길하다.

六二, 或益之, 十朋之. 龜弗克違, 永貞吉, 王用享于帝, 吉.

육이효는 중정中正에 처했고 체질이 유순하여 마음을 비운 모습이 있다. 중정의 도리로 처하여 마음을 비워 세상이 유익해지기를 구하여 세상에 순종할 수 있다면,[7] 충고해주면서 도움을 주지 않을 사람이 누가 있겠는가? 맹자는 이렇게 말했다. "진실로 선善을 좋아하면, 세상의 모든 사람이 천리千里의 먼 거리를 우습게 여기고 와서 그에게 선을 가지고 충고해줄 것이다."[8] 그러나 스스로 자만하게 되면 충고하는 사람들을 받아들이지 못하니, 마음을 비우면 사람들이 오는 것이 자연스러운 이치다. 그러므로 세상을 유익하게 할 수 있는 일이 있으면 여러 벗이 도와주어 유익하게 한다. '열 명'이란 많다는 말이다. 많은 사람이 옳다고 여기는 것은 매우 합당한 이치다. 거북을 뜻하는 '구龜'는 길흉을 점치고 시비를 분별하는 것이니, 지극히 옳기 때문에 거북점도 어길 수 없다는 말이다.

"오래도록 올바름을 굳게 지키면 길하다"는 것은 육이효의 자질을 가지고 말한 것이다. 육이효는 중정을 이루었고 마음을 비워서 많은 사람의 도움을 얻을 수 있는 자이지만, 자질이 본래 음유하므로 오래도록 올바름을 견고하게 지속하면 길하다고 경계한 것이다. 세상을 유익하게 하는 방도는 오래도록 올바름을 굳게 지속시킬 수 있지 않으면 어떻게 지킬 수 있겠는가? 손損괘 육오효에서 "열 명의 벗이 도와주니 크게 길하다"[9]고 한 것은 존귀한 지위에 자리하여 스스로 덜어내어, 겸손하게 아래의 강한 사람에게 호응하고 유한 태도로 강한 위치에 자리했기 때문이다. 유한 태도는 겸허히 받아들이는 것이고 강한 위치는 굳게 지키는 것이다. 세상을 유익하게 하는 데에는 최선의 태도이므로, 크게 길하다고 했다.

이 괘의 육이효는 마음을 비워서 세상의 유익함을 구하고 또 강양한 사람의 호응이 있지만, 유한 태도로 유한 위치에 자리하니 세상을 유익하게 하는 것이 견고하지 못할까를 의심한 것이므로, 오래도록 올바름을 굳게 지속할 수 있으면 길하다고 경계한 것이다. "왕이 상제에게 제사하더라도 길하다"는 말은 육이효가 마음을 비우고 오래도록 올바름을 굳게 지속할 수 있다면 상제에게 제사를 드리더라도 마땅히 길함을 얻는다는 말인데, 하물며 사람과 관계하고 만물을 대하는 데에 그 뜻이 통하지 않겠는가? 타인에게 유익함을 구하는 데에 호응하지 않을 자가 있겠는가? 하늘에 제사드리는 것은 천자의 일이므로 "왕이 제사를 드린다"고 표현했다.

六二處中正而體柔順, 有虛中之象. 人處中正之道, 虛其中以求益, 而能順從天下, 孰不願告而益之? 孟子曰, "夫苟好善, 則四海之內, 皆將輕千里而來, 告之以善." 夫滿則不受, 虛則來物, 理自然也. 故或有可益之事, 則衆朋助而益之. 十者, 衆辭. 衆人所是, 理之至當也. 龜者, 占吉凶, 辨是非之物, 言其至是, 龜不能違也. 永貞吉, 就六二之才而言. 二, 中正虛中, 能得衆人之益者也, 然而質本陰柔, 故戒在常永貞固, 則吉也. 求益之道, 非永貞則安能守也? 損之六五, 十朋之則元吉者, 蓋居尊自損, 應下之剛, 以柔而居剛, 柔爲虛受, 剛爲固守, 求益之至善, 故元吉也. 六二虛中求益, 亦有剛陽之應, 而以柔居柔, 疑益之未固也, 故戒能常永貞固則吉也. 王用享于帝吉, 如二之虛中而能永貞, 用以享上帝, 猶當獲吉, 況與人接物, 其意有不通乎? 求益於人, 有不應乎? 祭天, 天子之事, 故云王用也.

「상전」에서 말했다. 혹 증진시킬 일이 있는 것은 밖으로부터 온 것이다.

象曰, 或益之, 自外來也.

중정을 이루었고 마음을 비워서 세상의 선함을 받아들여 굳게 지킬 수 있다면, 세상을 유익하게 하는 일이 있게 되어, 많은 사람이 밖에서부터 와서 도움을 준다. 어떤 사람은 이렇게 묻는다. "밖으로부터 왔다는 것이 어찌 구오효를 말하는 것이 아니겠습니까?" 이렇게 답하겠다. 육이효와 같이 중정을 이루고 마음을 비운다면, 세상에 어떤 사람인들 도움을 주려고 하지 않겠는가? 구오효는 올바른 호응관계이니, 당연히 그런 사람들 가운데에 들어 있는 것이다.

既中正虛中, 能受天下之善而固守, 則有有益之事, 衆人自外來益之矣. 或曰, 自外來, 豈非謂五乎? 曰, 如二之中正虛中, 天下孰不願益之? 五爲正應, 固在其中矣.

육삼효는 증진시키는 일을 흉한 일에 쓰면 허물이 없으나, 진실과 신뢰가 있고 중中으로 행해야, 공公에게 고할 때에 규圭를 쓰듯이 할 수 있다.

六三, 益之, 用凶事无咎, 有孚中行, 告公用圭.

육삼효는 하체에서 가장 높은 위치에 자리하여 백성의 위에 있는 자이니, 수령이다. 그러나 양의 위치에 자리하고 강한 자와 호응하며 움직임의 극한에 처했으니, 백성의 위에 자리해서 강직하게 결단하여, 세상에 유익한 일을 과감하게 처리하는 자다.[10] 세상에 유익한 일을 과감하게 처리하는 것은 흉한 일에 사용하면 허물이 없다.

'흉한 일'이란 환난과 어려움 그리고 우발적인 변고를 말한다. 육삼효는 아래 괘의 가장 높은 위치에 자리했으므로, 아래에서 마땅히 윗사람에게 명령을 받아 따라야 하니, 어찌 명령을 받지 않고 스스로 떠맡아서 세상에 유익한 일을 함부로 할 수 있겠는가? 오직 환난과 어려움 그리고 우발적인 변고에 대해서만 마땅함을 헤아리고 갑작스런 상황에 대응하되, 몸을 돌보지 않고 분발해서 힘써 백성을 보호해야 허물이 없다.

아래 지위에 있는 자가 명령을 받지 않고 혼자 스스로 떠맡아서 일을 처리하면, 윗사람은 반드시 시기하고 미워할 것이다. 그러므로 흉하고 어려운 일을 당해 의리상으로도 당연히 해야 할 일일지라도, 반드시 신뢰와 정성이 있고 행하는 일이 중도中道에 부합되면, 그 정성과 의도가 윗사람에게 통하여 윗사람이 신임하여 함께할 것이다. 명령을 받지 않고 스스로 떠맡아서 일을 처리하면서 윗사람을 위하고 백성을 사랑하는 지극한 진실과 정성이 없다면 분명 옳지 않을 것이며, 비록 진실한 의도가 있더라도 하는 바가 중도를 이룬 행위에 부합하지 않으면, 또한 옳지 않다.

옥으로 만든 홀대를 뜻하는 '규圭'는 신뢰가 통하는 물건이니, 『예기』에서 다음과 같이 말했다. "대부大夫가 규를 잡고 사신으로 가는 것은 믿음을 펼치는 것이다."[11] 제사와 조빙朝聘에 규옥圭玉을 쓰는 것은 진실과 신뢰를 상대에게 통하게 하기 위해서다. 진실과 신뢰가 있고 중도를 얻으면 윗사람이 신임하게 할 수 있으니, 이것은 공에게 고할 때에 규옥을 쓰는 것과 같아서 그 신뢰와 진실이 윗사람에게 통할 수 있다. 아랫자리에 있으면서 정치적인 일을 할 수 있는 방도는 실로 마땅히 신뢰가 있으면서 중도를 이룬 행위를 하는 것이다. 또 육삼효는 음효로 중도를 이루지 못했으므로, 이런 의리를 말한 것이다.

어떤 사람은 이렇게 말한다. "육삼효는 바로 음유한 자질인데 어떻게 도리어 강하고 과감하게 일을 떠맡는 것을 뜻하는가?" 이렇게 답하겠다. 육삼효는 자질이 본래 음유하지만 양의 위치에 자리하니, 강직함으로 자처하는 것이다. 강한 자와 호응하니, 그 뜻이 강직한 데에 있다. 움직임의 극한에 자리하니, 행동하는 데에 강직하고 과단성이 있다. 이렇게 해서 세상에 유익한 일을 시행하니, 강하고 과감한 것이 아니고 무엇이겠는가? 『역』은 우세한 것으로 뜻을 삼기 때문에, 그 본래 타고난 자질을 논하지 않았다.

三居下體之上, 在民上者也, 乃守令也. 居陽應剛, 處動之極, 居民上而剛決, 果於爲益者也. 果於爲益, 用之凶事則无咎. 凶事謂患難非常之事. 三居下之上, 在下當承稟於上, 安得自任, 擅爲益乎? 唯於患難非常之事, 則可量宜應卒, 奮不顧身, 力庇其民, 故无咎也. 下專自任, 上必忌疾, 雖當凶難, 以義在可爲, 然必有其孚誠, 而所爲合於中道, 則誠意通於上, 而上信與之矣. 專爲而无爲上愛民之至誠, 固不可也, 雖有誠意, 而所爲不合中行. 亦不可也. 圭者, 通信之物. 禮云, 大夫執圭而使, 所以申信也. 凡祭祀朝聘用圭玉, 所以通達誠信也. 有誠孚而得中道, 則能使上信之, 是猶告公上用圭玉也, 其孚能通達於上矣. 在下而有爲之道, 固當有孚中行. 又三陰爻而不中, 故發此義. 或曰, 三乃陰柔, 何得反以剛果任事爲義? 曰, 三質雖本陰, 然其居陽, 乃自處以剛也. 應剛乃志在乎剛也. 居動之極, 剛果於行也. 以此行益, 非剛果而何? 易以所勝爲義, 故不論其本質也.

「상전」에서 말했다. 증진시키는 일을 흉한 일에 쓰는 것은 굳게 지키고 있었기 때문이다.

象曰, 益用凶事, 固有之也.

육삼효가 세상을 유익하게 하는 일을 오직 흉한 일에만 사용할 수 있는 것은 육삼효가 백성의 어려움을 구제하려는 뜻을 "굳게 지키고 있었기"[12] 때문이라 하니, 이는 명령을 받지 않고 그 일을 떠맡아 처리한다는 말이다. 아래 지위에 자리하면 마땅히 윗사람에게 물어 명령을 받들어야 하는데, 그 일을 명령을 받지 않고 떠맡아 처리하는 것은 오직 백성의 흉한 재난을 구제하고 시급한 어려움을 구원하는 일일 때에만 옳다. 이것은 시급한 어려움과 우발적인 변고를 처리하는 권도權道의 마땅함으로서 허물이 없는 것으로, 평상시라면 옳지 않다.

六三益之獨可用於凶事者, 以其固有之也, 謂專固自任其事也. 居下當稟承於上, 乃專任其事, 唯救民之凶災, 拯時之艱急, 則可也. 乃處急難變故之權宜, 故得无咎, 若平時, 則不可也.

육사효는 중을 이룬 행위를 하면 공公에게 충고해서 따르게 하리니, 윗사람에게 의지하고 나라의 도읍을 옮기는 것이 이롭다.

六四, 中行, 告公從, 利用爲依遷國.

육사효는 세상을 증진시키는 때에 군주와 가까운 위치에 처했고 그 자리가 올바름을 얻어, 유연하면서도 공손하게 윗사람을 보필하고 아래로 강양한 재능을 가진 초구효에 호응하니, 이와 같으면 윗사람을 유익하게 할 수 있다. 그러나 오직 그 처신하는 것이 중도를 얻지 못했고 또 호응하는 것도 중도를 이루지 못했으니, 이는 중도를 이룬 덕이 부족한 것이다. 그러므로 그 행동이 중도를 이루면 군주에게 유익할 수 있으니, 윗사람에게 충고하여 신뢰와 복종을 얻는다고 말한 것이다.

유손柔巽[13]한 체질로서 강하고 특별한 지조가 있지 않으므로, 의지하며 나라를 옮기는 것이 이롭다. 여기서 '의지한다'는 것은[14] 윗사람에게 의지하여 붙는 것이고, '나라를 옮기는 것'은 아랫사람들에게 순종하여 움직이는 것이다. 위로는 강중한 군주에게 의지하여 세상의 증진을 이루고 아래로는 강양한 재능을 가진 사람을 따라서 나라의 일을 시행하니, 이로움이 이와 같다. 예로부터 나라의 도읍은 백성들이 그 거처를 편안하게 여기지 못하면 옮기니, 나라를 옮기는 것은 아랫사람들에게 순종하여 움직이는 것이다.

四當益時, 處近君之位, 居得其正, 以柔巽輔上, 而下順應於初之剛陽, 如是可以益於上也. 唯處不得其中, 而所應又不中, 是不足於中也. 故云, 若行得中道, 則可以益於君上, 告於上而獲信從矣. 以柔巽之體, 非有剛特之操, 故利用爲依遷國. 爲依, 依附於上也. 遷國, 順下而動也. 上依剛中之君而致其益, 下順剛陽之才以行其事, 利用如是也. 自古國邑, 民不安其居則遷, 遷國者, 順下而動也.

「상전」에서 말했다. 공公에게 충고해서 따르게 하는 것은 세상을

유익하게 하려는 뜻으로 하는 것이다.

象曰, 告公從, 以益志也.

효사에서는 다만 "중中을 이룬 행위를 하면 공에게 충고하여 따르게 한다"고 했지만, 「상전」에서는 다시 밝혀, 공에게 충고하여 따르게 하는 것은 세상을 유익하게 하려는 뜻을 가지고 충고했기 때문이라고 했다. 뜻이 진실로 세상을 유익하게 하려는 데에 있으면, 윗사람은 신뢰하여 그것을 따른다. 군주를 섬기는 자는 윗사람이 자신의 말을 따르지 않는 것을 걱정할 것이 아니라, 자신의 뜻이 진실한지 아닌지를 걱정해야 한다.

爻辭但云, 得中行則告公而獲從, 象復明之曰, 告公而獲從者, 告之以益天下之志也. 志苟在於益天下, 上必信而從之. 事君者, 不患上之不從, 患其志之不誠也.

구오효는 마음속의 진실이 세상을 은혜롭게 하는 데에 있으니 묻지 않아도 크게 길하고, 세상 사람이 신뢰의 마음으로 나의 덕을 은혜롭게 여긴다.

九五, 有孚惠心, 勿問元吉, 有孚惠我德.

구오효는 강양한 자질로 중정을 이룬 덕을 가지고 존귀한 지위에 자리했고, 또 중정의 덕을 지닌 육이효와 서로 호응을 이루고 있어 세상을 유익하게 하는 일을 시행하니, 어떤 것인들 이롭지 않겠는가? 강양하고 진실한 마음으로 중中의 위치에 있는 것은 신뢰가 있는 모습이다. 구오효의 덕과 자질과 지위를 가지고 마음속의 지극한 진실과 정성이 사람들에게 은혜를 베풀고 유익하게 하는 데에 있다면 매우 선하며 크게 길할 것임은 묻지 않아도 알 수 있으므로, "묻지 않아도 크게 길하다"고 했다.

군주가 세상을 유익하게 할 수 있는 지위에 자리하고 또 그렇게 할 수 있는 권력을 잡고서 지극한 진실과 정성으로 세상을 유익하게 한다면 세상은 큰 복을 받을 것이니, 크게 길할 것임은 말할 필요가 없다. "세상 사람이 신뢰의 마음으로 나의 덕을 은혜롭게 여긴다"고 했으니, 군주가 지극한 진실과 정성으로 세상을 유익하게 하면 세상 사람이 지극한 진실과 정성으로 사랑하고 떠받들어, 군주의 덕과 은택을 은혜롭게 여기지 않는 이가 없을 것이다.

五, 剛陽中正, 居尊位, 又得六二之中正相應, 以行其益, 何所不利? 以陽實在中, 有孚之象也. 以九五之德之才之位, 而中心至誠, 在惠益於物, 其至善大吉, 不問可知, 故云勿問元吉. 人君居得致之位, 操可致之權, 苟至誠益於天下, 天下受其大福, 其元吉不假言也. 有孚惠我德, 人君至誠, 益於天下, 天下之人, 无不至誠愛戴, 以君之德澤爲恩惠也.

「상전」에서 말했다. 마음속의 진실이 세상을 은혜롭게 하는 데에 있으니 물을 것이 없는 것이고, 나의 덕을 은혜롭게 여기니 뜻을 크게 이룬 것이다.

象曰, 有孚惠心, 勿問之矣, 惠我德, 大得志也.

군주가 지극한 진실과 정성으로 세상에 은혜를 주고 유익하게 하려는 마음이 있다면 크게 길할 것임을 말할 필요가 없으므로, "물을 것이 없다"고 했다. 세상 사람들이 지극한 진실과 정성으로 나의 덕을 은혜롭게 여기면 이는 그 도道가 크게 시행된 것이니, 군주의 뜻을 얻은 것이다.

人君有至誠惠益天下之心, 其元吉不假言也, 故云勿問之矣. 天下至誠懷吾德以爲惠, 是其道大行, 人君之志得矣.

상구효는 유익하게 해주는 이가 없고, 어떤 이는 공격한다. 마음을 세우는 데에 욕심을 지속시키지 말아야 하니, 흉하다.

上九, 莫益之, 或擊之. 立心勿恒, 凶.

상구효는 지위가 없는 자리에 있으니 사람들에게 유익한 일을 행할 수 있는 자가 아니고, 강함으로 세상을 증진시키는 때의 극한에 처했으니 이익을 얻으려는 뜻이 심한 자이며, 호응하는 사람이 음유한 자이니 그로부터 선을 취하여 스스로를 증진시킬 수 있는 자가 아니다. 이로움이란 여러 사람이 동일하게 욕구하는 것이다. 그러나 제멋대로 자신에게만 유익하려고 한다면, 그 해로움이 크다. 욕심이 심하면 어리석고 우매하게 되어 마땅한 의리를 망각하고, 극단적으로 이익을 구하게 되면 타인의 영역을 침범하고 강탈하여 원수가 된다. 그래서 공자는 "이익에 따라 행하면 원망이 많다"[15]고 했고 맹자는 "이익을 앞세우게 되면 모든 것을 빼앗지 않고서는 만족하지 않는다"[16]고 했으니, 성현의 깊은 경계다.

상구효는 강함으로 이익을 구하는 것이 지극하니 세상 사람이 모두 미워하므로, 유익하게 해주는 자가 없고, 어떤 이는 공격한다. "마음을 세우는 데에 욕심을 지속시키지 말아야 하니, 흉하다"라는 말은 성인이 사람들에게 마음을 보존하는 데에 오로지 이익만을 생각해서는 안 된다는 점을 경계한 것이다. 그래서 이익을 구하려는 마음을 지속시키지 말아야 하므로 이와 같이 한다면 흉한 길이라고 한 것이니, 마땅히 속히 고쳐야 한다.

上居无位之地, 非行益於人者也, 以剛處益之極, 求益之甚者也, 所應者陰, 非取善自益者也. 利者, 衆人所同欲也. 專欲益己, 其害大矣. 欲之甚, 則昏蔽而忘義理, 求之極, 則侵奪而致仇怨. 故夫子曰, "放於利而行, 多怨." 孟子謂先利則不奪不饜, 聖賢之深戒也. 九以剛而求益之極, 衆人所共惡, 故无益之者, 而或攻擊之矣. 立心勿恒, 凶, 聖人戒人存心不可專利. 云勿恒如是, 凶之道也, 所當速改也.

「상전」에서 말했다. 유익하게 해주는 이가 없는 것은 자신의 이익에 편벽되었다는 말이고, 어떤 이는 공격한다는 것은 밖으로부터 오는 것이다.

象曰, 莫益之, 偏辭也, 或擊之, 自外來也.

이치란 세상에서 지극히 공정한 것이고, 이익은 모든 사람들이 동일하게 욕구하는 것이다. 만일 그 마음을 공정하게 해서 그 정리正理를 잃지 않으면 세상 사람들과 함께 이익을 같이하여 남을 침해하는 일이 없으니, 사람들도 함께 나누려 한다. 이익을 좋아하는 것이 간절하고 자신의 사사로움에 눈이 멀어 자신의 이익을 구하려고 타인에게 손해를 끼친다면 사람들도 힘을 다해 경쟁할 것이므로, 그런 사람에게 유익하게 해주려는 자는 없고 오히려 공격하는 자만이 있게 된다. "유익하게 해 주는 이가 없다"고 말한 것은 자신의 이익에 치우쳐 편벽된 것을 비난하는 말이다.

만일 자신의 이익에 치우치지 않고 공정한 도리에 부합하게 행한다면 사람들도 그를 유익하게 해줄 것이니, 어찌 공격하겠는가? 남에게서 자신의 이익을 구하여 극심한 지경에까지 이르면 사람들이 모두 미워하여 공격하려고 하니, 공격은 밖으로부터 오는 것이다. 사람이 선행을 하면, 천리 밖에서도 호응한다. 육이효가 중정의 덕을 이루고 마음을 비웠기 때문에 그를 유익하게 해주려는 자가 밖으로부터 이르는 것이 바로 이것을 말한다. 불선한 행동을 하면 천리 밖일지라도 떠나간다. 상구효가 극단적으로 자신의 이익을 구하려 해서 공격하는 자가 밖으로부터 이르는 것이 바로 이것을 말한다.

「계사전」에서는 이렇게 말한다. "군자는 자신의 몸을 안정시킨 후에 행하며, 마음을 편안하게 한 후에 말하며, 사람들과의 친밀한 교제를 안정시킨 후에 다른 것을 구하니, 군자는 이 세 가지를 수양하기 때문에 온전한 삶을 이룬다. 위태로우면서 행동하려고 하면 백성이 함께하지 않고, 두려워하면서 말하면 백성이 호응하지 않고, 친밀한 교제를 안정시키지 않고서 다른 것을 구하려고 하면 백성은 주려고 하지 않는다. 백성이 함께하지 않으면 손상을 입히려는 자가 모여들 것이다. 『역』에서 말하기를 '유익하게 해주는 이가 없고, 어떤 이는 공격한다. 마음을 세우는 데에 욕심을 지속시키지 말아야 하니, 흉하다'고 했다." 군자는 말하고 행동하며 주고 구하는 데에 모두 그 공정한 도리로써 해야 완전히 선한 것이다. 그렇지 않으면, 손상을 입어 흉하게 된다.

理者天下之至公, 利者衆人所同欲. 苟公其心, 不失其正理, 則與衆同利, 无侵於人, 人亦欲與之. 若切於好利, 蔽於自私, 求自益以損於人, 則人亦與之力爭, 故莫肯益之, 而有擊奪之者矣. 云莫益之者, 非有偏己之辭也. 苟不偏己, 合於公道, 則人亦益之, 何爲擊之乎? 旣求益於人, 至於甚極, 則人皆惡而欲攻之, 故擊之者自外來也. 人爲善, 則千里之外應之. 六二中正虛己, 益之者自外而至, 是也. 苟爲不善, 則千里之外違之. 上九求益之極, 擊之者自外而至, 是也. 繫辭曰, "君子安其身而後動, 易其心而後語, 定其交而後求, 君子修此三者故全也. 危以動, 則民不與也, 懼以語, 則民不應也. 无交而求, 則民不與也. 莫之與, 則傷之者至矣. 易曰, 莫益之, 或擊之. 立心勿恒, 凶." 君子言動與求, 皆以其道, 乃完善也. 不然, 則取傷而凶矣.

---

1 아래로부터 변화하여 이루어진 것이다: 정이천은 모든 괘를 건乾괘와 곤坤괘가 변화해서 이루어진 것으로 본다. 건괘☰에서 가장 아래의 양효가 음효로 변하면 손巽괘☴가 되고, 곤괘☷에서 가장 아래의 음효가 변하면 진震괘☳가 된다.

2 네 번째 사四에 자리하니: 상체인 건괘에서 가장 아래의 양효가 내려가서 하체인 곤괘가 진震괘로 변하고, 하체인 곤괘의 가장 아래 음효가 올라가 상체인 건괘가 손巽괘가 된다는 말이다.

3 잘못된 해석이다: 한당漢唐시대 유학자들은 이를 목木으로 해석하여 배로 보는 경우가 많다. 그리고 호원도 그렇게 해석하고 있다. "큰 강을 건너면 이롭다는 것은 목도木道가 행해지는 것이니, 위의 손괘는 나무이고 아래의 진괘는 움직임이므로 나무가 배의 노가 되어 움직이면 큰 내를 건널 수 있다利涉大川, 木道乃行者, 上巽爲木, 下震爲動, 故以木爲舟楫, 動則能涉大川也." 그러나 정이천은 배를 뜻하는 나무가 아니라 익益이라는 글자가 잘못 쓰인 것이라 해석한다. 그러나 주희도 "아래의 진괘와 위의 손괘는 모두 나무의 모습이다下震上巽皆木之象"라고 말하고 있다.

4 한계가 없이 넓고 거대하게 된다: 호원은 지배자의 도리가 거대해진다는 의미로

설명한다. "증진의 도를 시행하는 데에 윗자리에 있는 지배자가 행하되 위로 하늘의 뜻에 순종하고 아래로 민심에 순종하면 그의 덕이 나아감에 한계가 없다夫行益之道, 居上者, 能動而上順天意, 下順民心, 則德之進而无有疆極也."

5 때에 맞게 행하는 것이다: 무조건 증진시키는 것이 좋은 것은 아니다. 때에 맞게 행해야 한다. 때에 맞게 행한다는 것을 호원은 이렇게 설명한다. "군자가 인의와 관용과 사랑의 도리로 아래 백성을 긍휼히 여기지만 만약 계속해서 증진만 시켜준다면 아랫사람들에게도 교만과 오만이 생겨나서 스스로 덜어낼 줄을 모르므로, 성인이 이에 경계하여 말한 것이다君子以仁義寬愛而恤于下, 若常益之, 則在下者, 亦生驕亢, 而不知自損, 是故先聖于此戒之."

6 거북일지라도: 중국판본은 "十朋之龜, 弗克違"라고 읽는다. 그러나 『주역대전』 구결은 "十朋之, 龜弗克違"라고 읽는다. 이는 손괘의 육오효도 마찬가지인데, 정이천의 주석을 읽어보면 『주역대전』 구결이 옳다. 『주역대전』 구결을 따랐다.

7 있다면, 세상에: 중국판본은 "而能順從天下, 孰不願告而益之?"라고 읽는데 『주역대전』 구결은 "而能順從, 天下孰不願告而益之?"라고 읽는다. 중국판본을 따랐다.

8 『맹자』 「고자하」.

9 열 명의 벗이 도와주니 크게 길하다: 중국판본은 "十朋之龜元吉者"로 되어 있지만 『주역대전』 구결은 "十朋之則元吉者"로 되어 있다. 『주역대전』 구결을 따랐다. 호원도 이 구절을 정이천과 같이 해석한다. "육이효는 유순한 덕으로 중정을 행하고 있어서 도움을 받는 위치에 자리했다. 위로 강명한 군주인 구오효와 호응하고서 자신은 신하의 절개를 다하여 군주를 섬길 수 있으며, 편협하고 사특한 행동이 없고 현자들을 막으려는 마음이 없으니, 그래서 천하의 현명한 지혜를 가진 사람들이 각각 그 모려謀慮를 바치려고 하여 자신에게 와서 도움을 준다. 그러므로 '혹 증진시킬 일이 있으면, 열 명의 벗이 도와주는 것이다'라고 했다六二以柔順之德, 履得中正, 居受益之地. 上應于九五剛明之君, 而己能盡人臣之節以事之, 无有偏黨姦邪之行, 无蔽塞賢者之心, 是以天下明智之人, 各欲獻其謀慮, 而來益于己, 故曰或益之十朋之."

10 과감하게 처리하는 자다: 육삼효는 수령에 불과한데 그 이상의 일을 지위를 벗어나서 과감하게 행하는 자다. 상황이 흉하기 때문이다. 호원은 이 상황을 이렇게 설명하고 있다. "군자는 그 지위에 있지 않다면 그 정치를 도모하지 않는다. 만약 그 지위에 자리하고 그 책임을 담당하면 그 때에 일을 도모할 수 있다. 지금 이 육삼효는 음의 자질로 양의 자리에 처했으니, 그 지위가 올바르지 않고 중도에서 과도하여 아랫사람들에게 유익함을 베풀려고 하지만 마땅한 바가 아니다. 그러나 세상을 증진시키는 일에서 만약 백성이 흉년이 들거나 질병에 걸리거나 환난에 빠졌다면, 자신의 몸을 돌보지 않고 분연하게 떨치고 가서 세상을 증진시키면 허물이 없을 수가 있다凡君子之人, 不在其位, 不謀其政. 若居其位, 當其任, 則可以有爲于時. 今此六三以陰居陽, 位非其正而過于中道, 欲施益于下, 非所當也. 然所益之事, 若民之凶荒疾苦札瘥患難, 則已不顧一身, 奮然往而益之, 則可以得其无咎也."

11 "조근朝覲은 대부의 사사로운 예다. 대부가 규圭를 잡고 사신으로 가는 것은 믿음을 펼치는 것이다朝覲, 大夫之私覿, 非禮也. 大夫執圭而使, 所以申信也(『예기』 「교특생郊特生」)."

12 굳게 지키고 있었기: 호원의 해석은 참고할 만하다. "육삼효는 그 일을 처리할 지위가 아닌 자리에 있지만 백성을 구제하고 나라를 안정시키려는 마음은 굳게 지키고 있었다六三, 雖居非其位, 然其救民安國之心, 固有之也."

13 유손柔巽: 유연하면서도 공손한 자질을 말한다. 「범례」 4번 재才와 덕德 항목 참조.

14 의지하며 나라를 옮기는 것이 이롭다. 여기서 '의지한다'는 것은: 중국판본은 "故利用爲依. 遷國爲依"라고 읽는다. 그러나 『주역대전』 구결은 "故利用爲依遷國. 爲依"라고 읽는다. 정이천이 해석한 것을 보면 『주역대전』 구결이 옳다. 『주역대전』 구결을 따랐다.

15 『논어』 「이인」.

16 『맹자』 「양혜왕」, "의義를 뒤로하고 이익을 앞세우면, 남을 것을 빼앗지 않고서는 만족하지 않는다苟爲後義而先利, 不奪不饜."

43. 과감한 척결, 결단: 쾌夬괘䷪

택천쾌澤天夬라고 한다. 괘의 모습이 태兌☱괘가 위에 있고, 건乾☰괘가 아래에 있기 때문이다.

쾌夬괘에 대해서 「서괘전」은 다음과 같이 설명한다. "덧붙이기만 하고 그치지 않으면 반드시 터져버리므로, 쾌괘로 받았다. 쾌夬란 물이 터져버리는 것이다." 덧붙이는 것이 극한에 이르면 반드시 터져버린 다음에 그치니, 이치상 계속해서 덧붙일 수는 없기 때문에 덧붙이기만 하고 그치지 않으면 결국 터져버려, 쾌괘가 익益괘의 다음이 된다.

괘의 모습은 연못을 상징하는 태兌괘가 위에 있고 하늘을 상징하는 건乾괘가 아래에 있다. 두 괘의 형체로 말하면, 연못은 물이 모인 것으로 물이 매우 높은 하늘까지 차올라 있으니, 결국에는 둑이 터져버리는 모습이다. 효로써 말하면 다섯 양효가 아래에서부터 성장하여 극한에 이르려 하고 하나의 음효는 그 위에서 소멸하여 없어지려고 하니, 여러 양효가 위로 나아가 하나의 음효를 과감하게 제거하는 것이 바로 쾌괘다. 쾌란 강결剛決[1]하다는 뜻이다. 여러 양효가 나아가 하나의 음효를 과감하게 제거하니, 군자의 도가 성장하고 소인의 도는 소멸되어 쇠락해 없어지려고 하는 때다.

夬, 序卦, 益而不已必決, 故受之以夬. 夬者, 決也. 益之極, 必決而後止, 理无常益, 益而不已, 已乃決也, 夬所以次益也. 爲卦, 兌上乾下. 以二體言之, 澤, 水之聚也, 乃上於至高之處, 有潰決之象. 以爻言之, 五陽在下, 長而將極, 一陰在上, 消而將盡, 衆陽上進, 決去一陰, 所以爲夬也. 夬者, 剛決之義. 衆陽進而決去一陰, 君子道長, 小人消衰將盡之時也.

과감한 척결은 왕의 조정에서 드러내는 것이니, 믿음을 가지고 명령하여 위험이 있음을 알게 한다.

夬, 揚于王庭, 孚號有厲.

소인의 세력이 득세할 때는 군자의 도가 이기지 못하니, 어떻게 공개적으로 드러내어 정도正道로써 과감하게 소인의 세력을 제거할 수 있겠는가? 그러므로 마음에 품고 감추어 때를 기다려, 소인을 없앨 방도를 점차로 도모해야 한다. 지금 소인의 세력이 쇠락하여 약해지고 군자의 도가 성장하므로, 마땅히 공적인 조정에서 드러내놓고 시행하여 사람들이 선과 악을 분명하게 알도록 해야 하므로, "왕의 조정에서 드러낸다"고 했다. '부孚'란 마음속에 믿음이 있는 것이니, 진실한 뜻이다. '호號'는 사람들에게 명령하는 말이다.

군자의 도가 성장하고 우세하지만 함부로 경계하고 대비하는 일을 잊어서는 안 되므로, 지극한 진실과 정성을 가지고 사람들에게 명령하여 아직도 위태로울 수 있는 가능성이 있음을 알게 해야 한다. 우세한 이쪽의 힘으로 쇠락하는 저들을 척결할지라도, 만일 쉽게 여기고 대비함이 없으면, 예상하지 못하는 후회가 있을 것이다. 이것은 아직도 위태로울 수 있는 이치가 있기 때문이라서, 반드시 경계하고 두려워하는 마음이 있어야 근심이 없게 된다. 성인이 경계를 세운 뜻이 깊다.

小人方盛之時, 君子之道未勝, 安能顯然以正道決去之? 故含晦俟時, 漸圖消之之道. 今旣小人衰微, 君子道盛, 當顯行之於公朝, 使人明知善惡, 故云揚于王庭. 孚, 信之在中, 誠意也. 號者, 命衆之辭. 君子之道雖長盛, 而不敢忘戒備, 故至誠以命衆, 使知尙有危道. 雖以此之甚盛, 決彼之甚衰, 若易而无備, 則有不虞之悔. 是尙有危理, 必有戒懼之心, 則无患也. 聖人設戒之意深矣.

자신의 읍邑에서부터 통고하고 군사를 추종하는 것은 이롭지 않으며, 나아가는 것이 이롭다.

告自邑, 不利卽戎, 利有攸往.

군자가 소인을 다스리는 것은 그들이 선하지 않기 때문이다. 그러니 반드시 자신의 선한 도로 이겨서 개혁해야 하므로, 성인이 혼란을 다스릴 때에는 반드시 먼저 자신을 수양하니, 순임금이 문덕文德을 편 것[2]이 이러한 예다. '읍邑'은 사적인 영역이니, "자신의 읍에서부터 통고한다"는 것은 먼저 스스로를 다스리라는 말이다. 우세한 여러 양의 세력으로 하나의 음을 척결하면 힘은 충분하겠지만, 강함을 극단적으로 사용하여 과도하게 해서는 안 된다. 과도하면 몽蒙괘 상구효의 "도적이 되어 폭력적으로 행하는 것"과 같이 된다. '군사'는 강한 무력의 일이다. "군사를 추종하는 것은 이롭지 않다"라는 말은 강건한 무력을 숭상해서는 안 된다는 말이다. '즉卽'은 추종하는 것이다. 군사를 추종하는 것은 무력을 숭상하는 것이다.[3]

"나아가는 것이 이롭다"고 했는데, 양의 세력은 우세하지만 아직 위로 극한에까지 이르지는 않았고 음의 세력은 미약하지만 아직 완전하게 제거되지 않았으니, 이것은 소인의 세력이 아직 남아 있고 군자의 도가 아직 완전하게 이르지는 않은 것이므로, 마땅히 앞으로 나아가 일을 더 진행해나가야 한다. 강한 무력을 숭상하지 않으면서 그 도를 더욱더 증진하여 나아가는 것이 곧 소인의 세력을 척결하는 최선의 방도다.

君子之治小人, 以其不善也. 必以己之善道勝革之, 故聖人誅亂, 必先修己, 舜之敷文德是也. 邑, 私邑. 告自邑, 先自治也. 以衆陽之盛, 決於一陰, 力固有餘, 然不可極其剛至於太過. 太過乃如蒙上九之爲寇也. 戎兵者, 強武之事. 不利卽戎, 謂不宜尙壯武也. 卽, 從也. 從戎, 尙武也. 利有攸往, 陽雖盛, 未極乎上, 陰雖微, 猶有未去, 是小人尙有存者, 君子之道有未至也. 故宜進而往也. 不尙剛武, 而其道益進, 乃夬之善也.

「단전」에서 말했다. 쾌는 과감하게 결단하여 척결하는 것이다. 강함이 유함을 척결하는 것이니, 강건하되 기뻐하며, 척결하면서도 화합한다.

彖曰, 夬, 決也, 剛決柔也, 健而說, 決而和.

쾌夬는 과감하게 결단하여 척결하는 뜻이니, 다섯 양효가 위의 하나의 음효를 척결하는 것이다. "강건하되 기뻐하며, 척결하면서도 화합한다"는 말은 이 괘를 이루는 두 괘의 형체로써 괘의 자질을 말한 것이다. 아래 건乾괘는 강건함을 상징하고 위의 태兌괘는 기쁨을 상징하니, 이것은 강건하면서도 기뻐할 수 있고 척결하면서도 화합할 수 있는 것이므로,[4] 과감하게 척결하는 최선의 방도다. 태괘의 기쁨이 곧 화합이 된다.

夬爲決義, 五陽決上之一陰也. 健而說, 決而和, 以二體言卦才也. 下健而上說, 是健而能說, 決而能和, 決之至善也. 兌說爲和.

"왕의 조정에서 드러낸다"는 것은 유함이 다섯 강함을 타고 있기 때문이다.

揚于王庭, 柔乘五剛也.

유함이 비록 소멸되고 있으나 다섯 강함의 위에 아직 있어서, 올라타서 능멸하려는 모습이다. 음이 양을 올라타고 있는 것은 이치에 매우 어긋난 것이다. 군자의 세력은 그것을 제거하기에는 충분하니, 마땅히 그 죄를 왕의 조정의 큰 뜰에 공개적으로 드러내어 사람들이 선과 악을 분명하게 알게 해야 한다.

柔雖消矣, 然居五剛之上, 猶爲乘陵之象. 陰而乘陽, 非理之甚. 君子勢旣足以去之, 當顯揚其罪於王朝大庭, 使衆知善惡也.

"믿음을 가지고 명령하여 위험이 있음을 알게 한다"는 것은 그

위태로움이 마침내 크게 빛나는 것이다.

孚號有厲, 其危乃光也.

진실과 믿음을 다해서 사람들에게 명령하여 그 위태로움과 두려움이 있음을 알게 하면, 군자의 도가 근심이 없게 되어 크게 빛난다.

盡誠信以命其衆, 而知有危懼, 則君子之道, 乃无虞而光大也.

"자신의 읍에서부터 통고하고 군사를 추종하는 것은 이롭지 않다"는 것은 숭상하는 것이 마침내 궁색해지는 것이다.

告自邑不利卽戎, 所尙乃窮也.

마땅히 먼저 스스로를 다스려야 하며 오직 강한 무력을 숭상해서는 안 된다. 군사를 추종하면 숭상하는 것이 마침내 궁색한 지경에 이르게 된다. 과감하게 척결하는 때에 숭상하는 것이란 바로 강한 무력을 말한다.

當先自治, 不宜專尙剛武. 卽戎, 則所尙乃至窮極矣. 夬之時所尙, 謂剛武也.

"나아가는 것이 이롭다"는 것은 강함의 성장이 마침내 완성되는 것이다.

利有攸往, 剛長乃終也.

양강한 세력이 우세하지만, 그 성장이 아직 완성되지 않아서 여전히 하나의 음이 남아 있다. 그래서 다시 결단하여 제거하면 군자의 도는 순일하여 해치는 자가 없을 것이니, 마침내 강한 세력의 성장이 완성되는 것이다.

陽剛雖盛, 長猶未終, 尙有一陰. 更當決去, 則君子之道純一而无害之者矣, 乃剛長之終也.

「상전」에서 말했다. 연못이 하늘로 올라가는 것이 쾌괘의 모습이니, 군자는 이것을 본받아 봉록을 베풀어서 아래에 미치게 하고, 덕에 자리하여 금기사항을 법제화한다.

象曰, 澤上於天, 夬, 君子以施祿及下, 居德則忌.

연못은 물이 모인 것인데 지극히 높은 하늘에까지 올라가므로, 터져 내리는 모습이다. 군자가 연못이 위에서 터져 흘러내려 아래에 물을 대주는 모습을 관찰하면, 그것을 본받아 봉록을 베풀어 아래에 미치게 한다. 이것은 봉록과 은택을 베풀어 아래에 미치게 한다는 말이다. 물이 터져 흘러내리는 모습을 관찰하면, 덕德에 자리하여 금기사항을 법제화한다. "덕에 자리한다"는 것은 자신의 덕을 안정되게 처리하는 것이다.

'칙則'이란 단속 사항을 법제화하는 것이고 '기忌'는 예방하는 것이다. 예방과 금지를 법으로 만들어 세움이니, 예방과 금지가 있으면 터져 흩어지는 것이 없게 된다. 왕필은 "금기를 분명하게 밝힌다"는 의미로 해석했으니, 또한 통한다. 연못이 하늘 위에 있다고 말하지 않고 연못이 하늘에 올라간다고 한 것은 하늘에 올라간다고 말하면 그 의미가 불안하여 터져 무너져내리는 형세가 있지만, 하늘 위에 있다고 말하면 바로 안정된 말이기 때문이다.

澤, 水之聚也, 而上於天至高之處, 故爲夬象. 君子觀澤決於上而注漑於下之象, 則以施祿及下. 謂施其祿澤以及於下也. 觀其決潰之象, 則以居德則忌. 居德, 謂安處其德. 則, 約也, 忌, 防也, 謂約立防禁, 有防禁, 則无潰散也. 王弼作明忌, 亦通. 不云澤在天上, 而云澤上於天, 上於天, 則意不安而有決潰之勢, 云在天上, 乃安辭也.

초구효는 발이 나아가는 데에 강건한 것이니, 나아가서 이기지 못하면, 허물이 된다.

初九, 壯于前趾, 往不勝, 爲咎.

초구효는 양효이고 건乾괘가 상징하는 강건한 체질이다. 강건함은 위에 있는 것인데, 아래의 자리에 있으면서 과감하게 척결하는 때에 있으니, 앞으로 나아가는 것에 강건한 자다. '전지前趾'란 앞으로 나아가는 것을 말한다. 사람이 행하기로 결단해서 행하여 마땅하면 그 결단이 옳지만, 행해서 마땅하지 못하면 결단이 잘못된 것이므로, "나아가서 이기지 못하면 허물이 된다."

과감하게 척결하는 때에 나가는 것은 나아가서 척결하는 것이므로, 승부로 말했다. 양효인 구九가 가장 아랫자리인 초初에 있으면서 나아가는 데에 강한 의지를 가진 것은 조급하게 행동하는 것이므로, 이기지 못하면 허물이 된다는 경계가 있다. 음효가 완전하게 제거될지라도 자신이 조급하게 행동하면 당연히 스스로 이기지 못하는 허물이 있으니, 음효가 다 제거되는 문제는 따지지 않았다.

九, 陽爻而乾體. 剛健在上之物, 乃在下而居決時, 壯于前進者也. 前趾, 謂進行. 人之決於行也, 行而宜, 則其決爲是, 往而不宜, 則決之過也, 故往而不勝則爲咎也. 夬之時而往, 往決也, 故以勝負言. 九, 居初而壯於進, 躁於動者也, 故有不勝之戒. 陰雖將盡, 而己之躁動, 自宜有不勝之咎, 不計彼也.

「상전」에서 말했다. 이길 수 없는데도 가는 것은 허물이다.

象曰, 不勝而往, 咎也.

사람이 어떤 일을 행할 때 반드시 그 일이 할 만한 일인지를 주도면밀하게 헤아린 후에 과감하게 결단하면 허물이 없다. 그러나 이치상 이길 수 없는데도 나아간다면, 그 허물을 알 만하다. 나아가서 허물이 있는 것은 모두 결단하는 데에 과도함이 있었기 때문이다.

人之行, 必度其事可爲, 然後決之, 則无過矣. 理不能勝, 而且往, 其咎可知. 凡行而有咎者, 皆決之過也.

구이효는 두려워하고 호령하는 것이니, 늦은 밤에 적군이 있더라도 걱정할 것이 없다.

九二, 惕號, 莫夜有戎, 勿恤.

척결은 양이 음을 척결하는 것이니, 군자가 소인을 제거할 때 경계하고 대비하는 일을 잊어서는 안 된다. 양의 세력이 자라나서 극한에 이를 때에 구이효는 중도로 처신하고, 유柔한 위치에 자리하여 과도하게 강경하지 않고 경계하고 대비할 줄 아니 이는 척결하는 일을 매우 잘하는 것이다. 안으로 두려워하면서 근심하는 마음을 품고, 밖으로 엄하게 타이르고 명령하니, 늦은 밤에 적군이 있더라도 걱정이 없는 것이다.

夬者, 陽決陰, 君子決小人之時, 不可忘戒備也. 陽長將極之時, 而二處中居柔, 不爲過剛, 能知戒備, 處夬之至善也. 內懷兢惕, 而外嚴誡號, 雖莫夜有兵戎, 亦可勿恤也.

「상전」에서 말했다. 적병이 있더라도 걱정이 없는 것은 중도를 얻었기 때문이다.

象曰, 有戎勿恤, 得中道也.

늦은 밤에 적군이 있다면 매우 두려워할 만한 일이지만, 걱정이 없는 것은 최선의 방책으로 스스로 처신했기 때문이다. 중도를 얻었고 두려워할 줄을 알며 또 경계하고 대비한 것이 있으니, 무슨 일을 근심할 필요가 있겠는가? 이렇게 묻는 사람이 있다. "양효인 구九가 이二의 지위에 자리하여 중도를 얻었지만 올바름은 아닌데, 어찌하여 최선의 방책이 되는가?" 이렇게 대답하겠다. 양이 음을 제거함은 군자가 소인을 척결하는 것인데, 중도를 얻었으니 어찌하여 바르지 않음이 있겠는가? 때를 알고 형세를 파악하는 것이 『역』을 공부하는 큰 방도다.

莫夜有兵戎, 可懼之甚也, 然可勿恤者, 以自處之善也. 旣得中道, 又知惕懼, 且有戒備, 何事之足恤也? 九居二, 雖得中, 然非正, 其爲至善, 何也? 曰, 陽決陰, 君子決小人, 而得中, 豈有不正也? 知時識勢, 學易之大方也.

구삼효는 광대뼈에서 강건하여 흉함이 있다. 군자는 제거함을 과감하게 하고 홀로 가서 비를 만나니, 젖는 듯해서 노여워함이 있으면 허물이 없다.

九三, 壯于頄, 有凶, 君子夬夬, 獨行遇雨, 若濡, 有慍, 无咎.

효사가 섞여서 잘못되어 있으니, 안정호공安定胡公(호원)은 이 구절을 이렇게 바꾸었다. "광대뼈에서 강건하여 흉함이 있고 홀로 가서 비를 만나니, 젖는 듯해서 노여워함이 있으면 군자가 제거함을 과감하게 하여, 허물이 없다."[5] 그러나 이 또한 온당하지 않다. 마땅히 "광대뼈에서 강건하여 흉함이 있고, 홀로 가서 비를 만난다. 군자는 제거함을 과감하게 하되 젖는 듯이 여겨 노여워함이 있으면, 허물이 없다"라고 해야 한다.

'쾌夬'는 척결과 결단을 뜻하니, 강건함을 최상으로 여기는 때다. 구삼효는 하체의 위에 자리하고 또 건乾괘가 상징하는 강건한 체질의 끝에 처하여, 척결하고 결단하는 데에 강건하고 과감한 자다. '규頄'는 광대뼈이니, 얼굴 위에 있지만 위의 끝에까지는 이르지 못한 것이다. 구삼효는 하체의 위에 있다. 위의 위치에 있지만 가장 높은 위치는 아니고, 위로 군주가 있는데 강건하게 제거하는 일을 명령을 받지도 않고 스스로 떠맡아 광대뼈에서 강건한 자이니, 흉하게 될 가능성이 있는 도리다.

"홀로 가서 비를 만난다"고 했는데 구삼효는 상육효와 올바른 호응관계가 되니, 여러 양효가 모두 하나의 음을 제거하려고 할 때, 자신이 사사로운 마음으로 상육효와 호응하기 때문에 여러 양효와 함께 연대하지 않고 홀로 나아가면 상육효와 더불어 음과 양이 조화하고 합치하게 되므로, "비를 만난다"고 했다. 『역』 가운데에서 비를 말한 것은 모두 음과 양이 조화를 이룬 것을 말한다. 군자의 도가 자라나 소인을 제거하려고 할 때 자기 홀로 음효와 화합하면, 그 잘못됨을 알 수 있다.

오직 군자가 이러한 때에 처하면 과감하게 척결하는 일을 결단할 수 있으니, 소인을 척결하는 일을 결단하고 그 결단을 과감하게 한다는 말이다. 사사롭게 친밀하더라도 마땅히 멀리하고 관계를 끊어서, 마치 더러운 것에 몸이 젖는 듯이 노여워하고 미워하는 기색이 있어야 하니, 이와 같이 하면 허물이 없다. 구삼효는 건괘가 상징하는 강건한 체질에 속하여 올바른 위치에 처하므로 반드시 이와 같은 실수가 있는 것은 아니지만, 이런 뜻으로 가르침을 삼았을 뿐이다. 효사의 글이 서로 섞여 잘못된 것이 있는 까닭은 '우우遇雨'라는 글자가 있고 또 '유濡'라는 글자가 있어서, 잘못 연결했기 때문이다.

爻辭差錯, 安定胡公移其文曰, "壯于頄, 有凶, 獨行遇雨, 若濡有慍, 君子夬夬, 无咎." 亦未安也. 當云, "壯于頄, 有凶, 獨行遇雨, 君子夬夬, 若濡有慍, 无咎." 夬決, 尙剛健之時. 三居下體之上, 又處健體之極, 剛果於決者也. 頄, 顴骨也, 在上而未極於上者也. 三居下體之上, 雖在上而未爲最上, 上有君而自任其剛決, 壯于頄者也, 有凶之道也. 獨行遇雨, 三與上六爲正應, 方群陽共決一陰之時, 已若以私應之, 故不與衆同而獨行, 則與上六陰陽和合, 故云遇雨. 易中言雨者, 皆謂陰陽和也. 君子道長, 決去小人之時, 而已獨與之和, 其非可知. 唯君子處斯時, 則能夬夬, 謂夬其夬, 果決其斷也. 雖其私與, 當遠絕之, 若見濡汚, 有慍惡之色, 如此則无過咎也. 三, 健體而處正, 非必有是失也, 因此義以爲敎耳. 爻文所以交錯者, 由有遇雨字, 又有濡字, 故誤以爲連也.

「상전」에서 말했다. 군자는 척결함을 과감하게 해서, 끝내 허물이 없다.

象曰, 君子夬夬, 終无咎也.

사사롭게 좋아하는 것에 이끌려 얽매이는 것은 과감하게 결단함이 없기 때문이다. 군자는 마땅한 의리를 따를 뿐이니,[6] 마땅히 결단해야 할 때에 과감하게 결단한다. 그래서 허물이 있는 지경에 이르지 않는다.

牽梏於私好, 由无決也. 君子義之與比, 決於當決, 故終不至於有咎也.

구사효는 엉덩이에 살이 없으며 나아가기를 머뭇거리니, 양을 끌듯 하면 후회는 없겠지만, 말을 들어도 믿지 않는다.

九四, 臀无膚, 其行次且, 牽羊悔亡, 聞言不信.

"엉덩이에 살이 없다"는 것은 앉은 자리가 불안한 것이다. "나아가기를 머뭇거린다"는 것은 앞으로 나아가지 못하는 것이다. '머뭇거린다'는 나아가는 것이 어려운 모습이다. 구사효는 양의 자질로 음의 위치에 자리하여, 강하게 결단하는 능력이 부족해 멈추려고 하면 여러 양효가 함께 아래에서 올라와 세력이 안정되지 못하니, 마치 엉덩이에 상처가 나서 앉은 자리가 편안할 수 없는 것과 같고, 나아가려고 하면 유한 위치에 자리하여 강건함을 잃어서 강하게 나아갈 수가 없으므로, 그 나아가는 일을 머뭇거린다.

"양을 끌듯 하면 후회는 없다"고 했는데 양은 떼를 지어 다니고 '견牽'은 당기고 끄는 뜻이니, 만일 스스로 강해져 끌어당겨 여러 양효를 따라가면 후회가 없어질 수 있다는 말이다. 그러나 이미 처신하는 것이 유약하여 반드시 그렇게 할 수가 없으니, 설사 이 말을 듣더라도 반드시 믿을 수가 없을 것이다. 허물이 있으면 과감하게 고치고 선함을 듣고서 강직하게 행동하여 자신을 극복하고 마땅한 의리를 따르는 것은 오직 강명剛明한 자만이 할 수 있다. 다른 괘에서는 양효인 구가 사의 자리에 있어도 그 잘못이 이처럼 심한 지경에까지 이르지 않지만, 소인을 척결하는 때에 유한 위치에 자리하므로, 그 해로움이 큰 것이다.

臀无膚, 居不安也. 行次且, 進不前也. 次且, 進難之狀. 九四以陽居陰, 剛決不足. 欲止則衆陽 並進於下, 勢不得安, 猶臀傷而居不能安也, 欲行則居柔失其剛壯, 不能強進, 故其行次且也. 牽羊悔亡, 羊者群行之物, 牽者挽拽之義, 言若能自強, 而牽挽以從群行, 則可以亡其悔. 然旣處柔, 必不能也, 雖使聞是言, 亦必不能信用也. 夫過而能改, 聞善而能用, 克己以從義, 唯剛明者能之. 在他卦, 九居四, 其失未至如此之甚, 在夬而居柔, 其害大矣.

「상전」에서 말했다. 나아가기를 머뭇거리는 것은 지위가 합당하지 않은 것이고, 말을 들어도 믿지 않는 것은 귀가 밝지 못한 것이다.

象曰, 其行次且, 位不當也, 聞言不信, 聰不明也.

양효인 구九가 음의 위치에 처한 것은 지위가 합당하지 않은 것이고,[7] 양의 자질로 유한 위치에 자리한 것은 강건하게 결단하는 과감함을 잃은 것이므로 강하게 나아갈 수 없으니, 나아가기를 머뭇거린다. 강한 후에야 현명할 수 있다. 처신하는 것이 유약하면 쉽게 마음을 바꾸어서 그 올바른 본성을 잃으니,[8] 어찌 다시 현명함이 있겠는가? 그러므로 말을 듣고서도 믿지 않는 것은 총명하게 듣지 못하기 때문이다.

九處陰, 位不當也, 以陽居柔, 失其剛決, 故不能強進, 其行次且. 剛然後能明. 處柔則遷, 失其正性, 豈復有明也? 故聞言而不能信者, 蓋其聽聽之不明也.

구오효는 현륙莧陸(쇠비름나물)을 과감하게 끊듯이 하면, 중中을 이룬 행위에 허물이 없다.

九五, 莧陸夬夬, 中行无咎.

구오효는 강양한 자질로 중정을 이루고 존귀한 지위에 자리하지만, 상육효와 매우 가깝다. 상육효는 태兌괘가 상징하는 기쁨의 형체에 속하고 이 괘에서 홀로 하나의 음에 해당하니, 양효가 친밀하게 관계하는 것이다. 구오효는 음을 제거하는 주체인데 도리어 음효와 친밀하게 관계하니, 그 허물이 크다. 그러므로 반드시 결단함을 과감하게 해야 하니, 마치 현륙과 같이 하면 중도를 이룬 덕에 허물이 없게 된다. '중을 이룬 행위'란 중도다.

'현륙'[9]은 지금의 이른바 마치현馬齒莧[10]이다. 이는 햇볕에 말려도 마르기 어려운 것인데, 음기에 많이 물든 식물이고 물러서 끊기가 쉬우니, 구오효가 만일 현륙이 비록 음에 물들었지만 끊기가 쉬운 것처럼 행동하면 중도에 허물이 없을 것이지만 그렇지 않다면, 중정을 잃을 것이다. 음에 많이 물든 것 가운데 현륙이 끊기가 쉬우므로 취하여 상징으로 삼은 것이다.

五雖剛陽中正, 居尊位, 然切近於上六. 上六說體, 而卦獨一陰, 陽之所比也. 五爲決陰之主, 而反比之, 其咎大矣. 故必決其決, 如莧陸然, 則於其中行之德, 爲无咎也. 中行, 中道也. 莧陸, 今所謂馬齒莧是也. 曝之難乾, 感陰氣之多者也, 而脆易折. 五若如1陸, 雖感於陰而決斷之易, 則於中行无過咎矣. 不然, 則失其中正也. 感陰多之物, 莧陸爲易斷, 故取爲象.

「상전」에서 말했다. 중中을 이룬 행위에는 허물은 없지만 중도는 크게 빛나지 못한다.

象曰, 中行无咎, 中未光也.

괘사에서 과감하게 끊듯이 하면 중도를 이룬 행위에는 허물이 없다고 했는데, 「상전」에서는 다시 그 뜻을 완전하게 표현하여 "중도는 크게 빛나지 못한다"고 했다. 사람은 마음이 올바르고 뜻이 진실해야, 중정의 도를 극진하게 하여 내면에 가득 차고 무르익어 겉으로 빛날 수 있다.[11] 구오효는 마음속에 상육효와 사사롭게 친밀하게 지내려는 의도가 있으니, 마땅한 의리상 옳지 않기 때문에 과감하게 결단한다. 그러나 밖으로 소인을 척결하는 일을 시행하는 데에 중정의 뜻을 잃지 않아서 허물이 없을 수 있지만, 중도에 있어서는 크게 빛나지 못하게 된다. 사람의 마음은 하나라도 욕심내는 것이 있으면 도에서 벗어나게 되니, 공자가 여기에서 사람에게 보여준 뜻이 깊다.

卦辭言夬夬, 則於中行爲无咎矣, 象復盡其義云, 中未光也. 夫人心正意誠, 乃能極中正之道, 而充實光輝. 五心有所比, 以義之不可而決之. 雖行於外, 不失中正之義, 可以无咎, 然於中道, 未得爲光大也. 蓋人心一有所欲, 則離道矣, 夫子於此, 示人之意深矣.

상육효는 울부짖어도 소용없으니, 끝내 흉함이 있다.

上六, 无號, 終有凶.

양효가 극한까지 자라나려 하고 음효가 모두 사라지려고 하는데, 오직 하나의 음효가 극한의 궁지에 몰렸다. 이는 여러 군자가 때를 얻어 매우 위험한 소인을 제거하는 것이다. 그 소인의 세력은 반드시 모두 사라져야 하므로 울부짖고 두려워해도 소용이 없으니, 끝내 흉한 것이다.

陽長將極, 陰消將盡, 獨一陰處窮極之地. 是衆君子得時, 決去危極之小人也, 其勢必須消盡, 故云无用號咷畏懼, 終必有凶也.

「상전」에서 말했다. 울부짖어도 소용없는 흉함은 결국에는 오래 지속할 수 없는 것이다.

象曰, 无號之凶, 終不可長也.

양강한 군자의 도는 나아가 더욱 성대하고, 소인의 도는 극한의 궁지에 몰려서 저절로 사라지게 되었으니, 어찌 다시 오래 지속하겠는가? 비록 울부짖으나 쓸 데가 없으므로, "결국에는 오래 지속할 수 없는 것이다"라고 했다. 이전의 유학자들은 괘 가운데 괘사에 '믿음을 가지고 명령한다'는 뜻인 '부호孚號'[12]와 '두려워하고 호령한다'는 뜻인 '척호惕號'[13]가 있다고 하여, "울부짖어도 소용없다"는 '무호无號'를 거성去聲으로 읽어서 "다시 호령號令을 해도 소용없다"는 뜻으로 해석하니, 이는 잘못이다. 한 괘 가운데에서 거성의 글자가 두 개 있고 평성平聲의 글자가 한 개 있는 것이 어찌 문제될 것이 있겠는가? 그러나 『역』을 읽는 자들이 모두 이것을 의심한다.

어떤 사람은 이렇게 말한다. "성인이 세상일을 처리하는 데 크나큰 악이 있을지라도 반드시 끊어 없앤 적이 없는데, 지금은 곧바로 울부짖어도 소용없다고 하고서, 반드시 흉함에 있다고 한 것은 옳은가?" 이렇게 답하겠다. 척결을 뜻하는 쾌괘는 소인의 도가 소멸되어 없어지는 때이니, 소인을 제거하는 도가 어찌 반드시 모두 주벌하여 없애는 것이겠는가? 변혁하게 하면 이는 바로 소인의 도가 없어짐이니, 도가 없어지는 것이 바로 그들의 흉함이다.

陽剛君子之道, 進而益盛. 小人之道, 旣已窮極, 自然消亡, 豈復能長久乎? 雖號咷, 无以爲也, 故云終不可長也. 先儒以卦中有孚號惕號, 欲以无號爲无號, 作去聲, 謂无用更加號令, 非也. 一卦中適有兩去聲字, 一平聲字, 何害? 而讀易者率皆疑之. 或曰, 聖人之於天下, 雖大惡, 未嘗必絕之也, 今直使之无號, 謂必有凶, 可乎? 曰, 夬者, 小人之道消亡之時也, 決去小人之道, 豈必盡誅之乎? 使之變革, 乃小人之道亡也, 道亡乃其凶也.

---

1 강결剛決: 강하고 결단력이 있는 자질이다. 「범례」 4번 재才와 덕德 항목 참조.

2 순임금이 문덕文德을 편 것: 순임금이 유묘를 정벌하라고 우禹에게 명령했다가 다시 문덕을 펴는 모습은 『서』 「우서虞書·대우모大禹謨」에 나와 있다. "제순帝舜이 말씀하셨다. '아! 우禹야 이 유묘有苗의 군주가 나의 가르침을 따르지 않으니, 네가 가서 정벌하라.' 우가 마침내 여러 제후들을 불러 모아놓고 군사들에게 다음과 같이 맹세했다. '잘 정돈된 많은 군사여, 모두들 나의 명령을 들어라. 무지한 이 유묘의 군주가 어둡고 미혹하며 공경스럽지 못하여, 남을 업신여기고 스스로 어진 체하며 정도를 어기고 덕을 무너뜨려서 군자가 초야에 묻혀 있고 소인이 높은 지위에 오르니, 백성들이 그를 버리고 보호하지 않으며 하늘이 그에게 재앙을 내리신다. 그러므로 마침내 내가 너희 여러 군사를 거느리고 황제의 말씀을 받들어 죄를 지은 자를 치려 하니, 너희들은 부디 마음을 함께하고 힘을 합쳐야 능히 공을 세울 수 있을 것이다.' 30일 동안을 유묘의 백성들이 명을 거역하자, 익益이 우禹에게 조언을 하여 말했다. '덕은 하늘을 감동시키니 아무리 먼 곳이라도 미치지 않음이 없습니다. 가득하면 줄어들게 되고 겸손하면 보태지게 되니, 이것이 바로 천도입니다. 제순帝舜이 처음 역산歷山에 계실 때 밭에 나아가 날마다 하늘과 부모를 향하여 울부짖으시어 부모의 죄를 떠맡고 그 악을 자신에게 돌리셨으며, 공경히 자식의 직분을 다하여 고수瞽瞍를 뵙되 엄숙히 공경하고 두려워하시니, 고수 또한 마침내 믿고 따르게 되었습니다. 지극한 정성은 신명을 감동시키는 법이거늘, 하물며 이 유묘야 말할 나위가 있겠습니까?' 우가 익의 훌륭한 말에 절하면서, '아! 너의 말이 옳다' 하고는 군대를 거두어 돌아왔다. 제순이 마침내 문덕의 교화를 크게 펴시어 방패를 잡고 추는 춤과 일산日傘을 잡고 추는 춤을 빈주賓主의 뜰에서 추게 하셨는데, 70일 만에 유묘가 와서 항복했다帝曰, 咨禹, 惟時有苗弗率, 汝徂征. 禹乃會群后, 誓于師曰, 濟濟有衆, 咸聽朕命. 蠢玆有苗, 昏迷不恭, 侮慢自賢, 反道敗德, 君子在野, 小人在位, 民棄不保, 天降之咎, 肆予以爾衆士, 奉辭伐罪, 爾尙一乃心力, 其克有勳. 三旬, 苗民逆命, 益贊于禹曰, 惟德動天, 無遠弗屆, 滿招損, 謙受益, 時乃天道. 帝初于歷山, 往于田, 日號泣于旻天, 于父母, 負罪引慝, 祗載見瞽

瞍, 夔夔齊慄, 瞽亦允若, 至誠感神, 矧玆有苗. 禹拜昌言曰, 兪. 班師振旅, 帝乃誕敷文德, 舞干羽于兩階, 七旬, 有苗格."

3 무력을 숭상하는 것이다: 호원은 무력을 숭상해서 흉하게 된 예로 당 태종이 고구려와 백제를 정벌한 일을 들고 있다. 재미있는 일화다. "옛날 당 태종은 영명한 군주였다고 할 수 있다. 그러나 그 훌륭한 정치를 매우 오래도록 향유하다가 그 강한 위세를 지나치게 의지하여 고구려와 백제를 정벌한 적이 있다. 그러나 지금은 그를 결국에는 성명의 덕을 해쳤다고 칭한다昔唐之太宗, 可謂英主矣. 然而享治既久, 則恃其剛威以有高麗百濟之征. 至今稱之終累聖明之德也."

4 제거하면서도 화합할 수 있는 것이므로: 호원은 이렇게 설명한다. "군자의 행동은 반드시 중도를 이룬다. 그래서 강하되 폭력에 이르지 않고, 유하되 나약함에 이르지 않는다. 그러므로 결단하여 소인을 제거할 때 강함으로 소인을 제거하면, 또한 반드시 조화로서 다스린다蓋君子所行, 必得其中, 剛不至暴, 柔不至懦. 故雖夬決之時, 用剛以決小人, 則亦必以和而濟之."

5 호원은 이 구삼효가 착간되었다고 본다. 그래서 경문을 새롭게 배열했다. "이 한 효는 착간된 문장이다. 마땅히 '壯于頄, 有凶, 獨行遇雨, 若濡, 有慍. 君子夬夬, 无咎'라고 해야 한다此一爻, 有錯倒之文. 當曰, 壯于頄, 有凶, 獨行遇雨, 若濡, 有慍, 君子夬夬, 无咎." 다른 것보다는 광대뼈에 대한 해석에서 정이천과 호원은 차이가 있다. 호원의 해석도 주목할 만하다. "'규頄'는 얼굴의 광대뼈로 상육효를 말한다. 상육효는 이 괘의 가장 높은 곳에 있으므로 얼굴의 광대뼈의 모습이다. 박괘는 다섯 음이 자라나고 하나의 양이 가장 위에 있어서 다섯 명의 소인이 한 사람의 군자를 깎는 것이다. 그런데 육삼효는 소인들의 무리 속에서 홀로 위로 군자와 호응하여 군자를 깎는 도를 행하지 않았으므로 '깎아 없애는 때에 허물이 없다'고 했다. 이 괘는 다섯 양이 나아가서 하나의 음을 척결하는 것이니, 다섯 군자가 하나의 소인을 척결하는 것이다. 오직 구삼효는 여러 군자와 함께 마음을 합하여 소인을 척결하지 않고 도리어 소인과 사사로이 호응하니, 이것이 광대뼈에서 강건하여 흉한 도다頄者, 面之骨, 謂上六也. 上六處一卦之上, 故有面頄之象. 夫剝之卦, 五陰長而一陽在上, 猶五小人而剝一君子. 六三于小人之中, 獨能上應君子, 而不爲剝削之道, 故曰剝之无咎. 此卦, 五陽進而決一陰, 是五君子而決一小人也. 獨九三, 不與衆君子同心決去小人, 而反私應之, 是壯于頄, 凶之道也."

6 마땅한 의리를 따를 뿐이니: '의지여비義之與比'를 해석한 말이다. 이는 『논어』에 나온 말이다. "군자는 세상일에 관해서는 가까이 할 것도 없고, 멀리 할 것도 없다. 오로지 의에 따를 뿐이다君子之於天下也, 無適也, 無莫也, 義之與比(『논어』「이인」)."

7 합당하지 않은 것이고: 중국판본은 "九處陰位, 不當也"라고 읽는데, 『주역대전』 구결은 "九處陰, 位不當也"라고 읽는다. 『주역대전』 구결을 따랐다.

8 그 올바른 본성을 잃으니: 중국판본은 "處柔則遷失其正性"라고 읽는데, 『주역대전』 구결은 "處柔則遷, 失其正性"이라고 읽는다. 『주역대전』 구결을 따랐다.

9 현륙莧陸: 상륙商陸이라고도 한다. 다년생 풀로 봄에 싹이 나고 싹이 계란모양으로 크다. 여름에 붉거나 흰 작은 꽃이 핀다. 가을에 결실을 맺는데 열매에 육질이 많고 적흑색이다. 어린잎은 먹을 수 있고 뿌리에는 독이 있지만 약재로 사용할 수 있다. 주희는 현륙을 두 가지로 구별하고 있다. 『주자어류』 권72에서 "현莧과

목陸은 두 가지다. 현은 마치현이고 목은 장목章陸으로 일명 상목商陸이다. 모두 음기에 많이 감염된 식물이다莧陸是兩物. 莧者, 馬齒莧, 陸者, 章陸, 一名商陸. 皆感陰氣多之物"라고 했다.

10 마치현: 일년생 풀로 줄기가 많고 여러 갈래로 갈라졌으며 항상 땅에 누워 있다. 모두 약초로 쓰여 열을 낮추고 해독작용이 있으며 설사를 멈추게 한다.

11 내면에 가득 차서 무르익어 겉으로 빛날 수 있다: '충실광휘充實光輝'를 해석한 말이다. 이는 맹자의 말이다. "바랄 만한 것을 선이라 하고 그것이 자신의 내면에 축적된 것을 신뢰라 하고 그것이 내면에 가득 차 무르익은 것을 아름다움이라 하고, 내면에 가득 차 무르익어 겉으로 빛을 내는 것을 위대하다고 하고 위대하여 많은 사람을 변화시키는 것을 성스러움이라 하고 성스러우면서 어떤 사람인지 알 수가 없는 것을 신묘하다고 한다可欲之謂善, 有諸己之謂信, 充實之謂美, 充實而有光輝之謂大, 大而化之之謂聖, 聖而不可知之之謂神(『맹자』「진심하」)."

12 부호孚號: 쾌괘 괘사가 "결단은 왕의 조정에서 드러내는 것이니, 믿음을 가지고 명령하여 위험이 있음을 알게 한다夬, 揚于王庭, 孚號有厲"이다. 여기서 '믿음을 가지고 명령한다'는 것이 부호다.

13 척호惕號: 쾌괘 구이효의 효사가 "구이효는 두려워하고 호령하는 것이니, 늦은 밤에 적군이 있더라도 걱정할 것이 없다九二, 惕號, 莫夜有戎, 勿恤"이다. 여기서 '두려워하고 호령한다'는 것이 척호다.

44. 만남: 구姤괘䷫

천풍구天風姤라고 한다. 괘의 모습이 건乾☰괘가 위에 있고, 손巽☴괘가 아래에 있기 때문이다.

구姤괘에 대해서 「서괘전」은 다음과 같이 설명한다. "척결과 결단은 갈라지는 것이니, 갈라지면 반드시 만남이 있다. 그러므로 구괘로 받았으니 구姤란 만남이다." 결단은 갈라지는 것이다. 사물들이 갈라지면 만나서 합치하게 되니, 본래 합해 있다면 무슨 만남이 있겠는가? 그래서 구괘가 쾌夬쾌 다음이 된다. 괘의 모습은 하늘을 상징하는 건乾괘가 위에 있고 바람을 상징하는 손巽괘가 아래에 있다. 두 괘의 형체로 말하면 바람이 하늘 아래에서 부는 것이다. 하늘 아래에 있는 것은 만물이며 바람이 불어 접촉하지 않는 것이 없으니, 이것이 바로 만물과 만나는 모습이다. 또 하나의 음효가 처음 아래에서 생기니, 음이 양과 만나는 것이므로, 만남이라고 한 것이다.

姤, 序卦, "夬決也, 決必有遇. 故受之以姤. 姤, 遇也." 決, 判也, 物之決判, 則有遇合, 本合則何遇? 姤所以次夬也. 爲卦, 乾上巽下. 以二體言之, 風行天下. 天之下者萬物也, 風之行, 无不經觸, 乃遇之象. 又一陰始生於下, 陰與陽遇也, 故爲姤.

만남은 여자가 건장한 것이니, 여자를 취하지 말아야 한다.

姤, 女壯, 勿用取女.

하나의 음효가 아래에서 처음 생겨나서 이로부터 자라나 점차로 성대하게 되면, 이것은 여자가 건장하게 자라는 것이다. 음이 성장하면 양이 소멸하고 여자가 건장하면 남자는 연약해지므로, 이러한 여자를 취하지 말아야 한다고 경계했다. 여자를 취한다는 것은 그녀가 유순하게 조화하고 순종적으로 따라서 가정의 도리를 이루고자 하는 것이다. 구괘는 이제 막 나아가는 음효가 점차로 건장하게 자라서 양에 대적하는 상황이니, 취해서는 안 된다.[1] 여자가 점차로 건장하게 되면, 남녀의 올바름을 잃어 가정의 도리가 무너진다. 구괘는 하나의 음의 세력이 매우 미약하지만, 점차로 건장하게 자라날 가능성이 있기 때문에 경계한 것이다.

一陰始生, 自是而長, 漸以盛大, 是女之將長壯也. 陰長則陽消, 女壯則男弱, 故戒勿用取如是之女. 取女者, 欲其柔和順從, 以成家道. 姤乃方進之陰, 漸壯而敵陽者, 是以不可取也. 女漸壯, 則失男女之正, 家道敗矣. 姤雖一陰甚微, 然有漸壯之道, 所以戒也.

「단전」에서 말했다. 구姤는 만남이니, 유함이 강함을 만난 것이다.

彖曰, 姤, 遇也, 柔遇剛也.

구姤의 뜻은 만남이다. 괘의 모습이 구괘가 된 것은 유함이 강함

을 만났기 때문이다. 하나의 음이 이제 막 생겨나 처음으로 양과 서로 만난 것이다.[2]

姤之義, 遇也. 卦之爲姤, 以柔遇剛也. 一陰方生, 始與陽相遇也.

여자를 취하지 말라고 한 것은 함께 오래도록 지속할 수 없기 때문이다.

勿用取女, 不可與長也.

하나의 음이 막 생겨나서 점차로 성장하여 성대하게 되니, 음이 성대하면 양이 쇠락한다. 여자를 취하는 것은 오래도록 지속하여 가정을 이루려고 하는 것인데 이렇게 점차로 성대해지는 음은 양을 사라지게 하여 우세해질 것이니, 함께 오래도록 지속할 수 없다. 여자와 소인과 오랑캐의 세력이 점차로 성대해지면, 어떻게 함께 오래도록 지속할 수 있겠는가? 그러므로 이와 같은 여자는 취하지 말라고 경계한 것이다.

一陰旣生, 漸長而盛, 陰盛則陽衰矣. 取女者, 欲長久而成家也, 此漸盛之陰, 將消勝於陽, 不可與之長久也. 凡女子小人夷狄, 勢苟漸盛, 何可與久也? 故戒勿用取如是之女.

하늘과 땅이 서로 만나 다양한 것이 모두 밝아진다.

天地相遇, 品物咸章也.

음이 처음 아래에서 생겨나 양과 서로 만났으니, 이것은 하늘과 땅이 서로 만난 것이다. 음과 양이 서로 교제하고 만나지 않으면 만물이 생겨나지 못하고, 하늘과 땅이 서로 만나면 여러 종류의 만물을 변화시키고 양육시켜서 다양한 것이 모두 밝아지니, 만물이 밝게 드러난다.

陰始生於下, 與陽相遇, 天地相遇也. 陰陽不相交遇, 則萬物不生. 天地相遇, 則化育庶類, 品物咸章, 萬物章明也.

강함이 중정을 만나니 세상에 크게 행해진다.

剛遇中正, 天下大行也.

괘의 자질 구조로 말했다. 구오효와 구이효는 모두 양강한 자질로 중中과 올바름에 자리했으니, 이것은 중정으로 서로 만난 것이다. 군주가 강중한 신하를 얻고 신하는 중정을 이룬 군주를 만나서, 군주와 신하가 강양한 자질로 중정을 만난다면, 그 도가 세상에 크게 행해질 수 있을 것이다.

以卦才言也. 五與二皆以陽剛居中與正, 以中正相遇也. 君得剛中之臣, 臣遇中正之君, 君臣以剛陽遇中正, 其道可以大行於天下矣.

만남의 때와 의리가 크구나!

姤之時義, 大矣哉!

만남의 때와 의리가 매우 위대함을 찬미했다. 하늘과 땅이 서로 만나지 않으면 만물이 생겨나지 않고, 군주와 신하가 서로 만나지 않으면 정치가 흥하지 못하고, 성인과 현자가 서로 만나지 않으면 도와 덕이 형통하지 못하고, 사물이 서로 만나지 않으면 효용이 완성되지 않는다. 그러니 만남의 때와 의리가 모두 매우 크다.

贊姤之時, 與姤之義至大也. 天地不相遇, 則萬物不生, 君臣不相, 遇則政治不興, 聖賢不相遇, 則道德不亨, 事物不相遇, 則功用不成. 姤之時與義, 皆甚大也.

「상전」에서 말했다. 하늘 아래에 바람이 부는 것이 구괘의 모습이니, 군주는 이것을 본받아 명령을 시행하여 사방에 알린다.

象曰, 天下有風, 姤, 后以施命誥四方.

바람이 하늘 아래에서 불어 두루 미치지 못하는 곳이 없으니, 군주가 된 자는 그 두루 미치는 모습을 관찰하여 명령을 시행해서 사방에 두루 고한다. '바람이 땅 위에서 부는 것'과 '하늘 아래에 바람이 부는 것'은 모든 사물에 두루두루 미치는 모습이지만, 땅위에 불어 만물을 두루 접촉하면 관觀괘가 되니 두루 다니면서 관찰하고 살피는 모습이고, 하늘 아래에서 불어서 사방에 두루두루 미치는 것은 구姤괘가 되니 명령을 시행하는 모습이 된다.

「상전」에서 어떤 경우는 '선왕先王'이라 하고 어떤 경우는 '후后'라 하고 어떤 경우는 '군자'나 '대인'이라 했다. '선왕'이라고 한 것은 선왕은 법제를 세우고 "나라를 세우기" 때문이다.[3] 예를 들어 예豫괘의 "음악을 만든다",[4] 관觀괘의 "지방을 살핀다",[5] 서합噬嗑괘의 "법을 신칙한다",[6] 복復괘의 "관문을 닫는다",[7] 무망無妄괘의 "만물을 양육한다",[8] 환渙괘의 "상제에게 제사 드린다"[9]는 것이 모두 이것이다. '후'라고 한 것은 후왕后王이 하는 것이니, 예를 들어 태泰괘의 "천지의 도를 마름질하여 이룬다",[10] 구姤괘의 "명령을 시행하고 사방에 알린다"[11]는 것이 이것이다. '군자'는 위와 아래를 통칭하는 것이고 '대인'은 왕공王公의 통칭이다.

風行天下, 无所不周, 爲君后者, 觀其周徧之象, 以施其命令, 周誥四方也. 風行地上, 與天下有風, 皆爲周徧庶物之象, 而行於地上, 徧觸萬物, 則爲觀, 經歷觀省之象也, 行於天下, 周徧四方, 則爲姤, 施發命令之象也. 諸象, 或稱先王, 或稱后, 或稱君子大人. 稱先王者, 先王所以立法制建國, 作樂省方, 勅法閉關, 育物享帝皆是也. 稱后者, 后王之所爲也, 財成天地之道, 施命誥四方是也. 君子則上下之通稱, 大人者, 王公之通稱.

초육효는 쇠고동목에 매어놓으면 올바른 도가 길하고, 나아가는 것이 있으면 흉함을 당하니, 약한 돼지의 속마음은 날뛰고 싶어한다.

初六, 繫于金柅, 貞吉, 有攸往, 見凶, 羸豕孚蹢躅.

구괘는 음이 처음 생겨나 자라나려는 괘다. 하나의 음이 생겨나면 점차로 자라나서 성대해지고 음이 자라나면 양이 소멸되니, 소인의 도가 자라나는 것이다. 마땅히 음의 세력이 미약하여 성대해지지 않았을 때 제지해야만 한다. '고동목'은 수레를 멈추게 하는 것이니, 쇠로 만들면 매우 견고하고 강하다. 쇠고동목으로 제지하고 또

매어놓으니, 견고하게 제지하는 것이다. 견고하게 제지해서 나아가지 못하게 하면 양강하고 올바른 도가 길할 것이다. 그러나 나아가게 하면 점차로 성대해져서 양을 해칠 것이니, 이는 흉함을 당하는 것이다.

"나약한 돼지의 속마음은 날뛰고 싶어한다"는 말은 성인이 거듭 경계하여, 음의 세력이 매우 미약하지만 소홀히 해서는 안 된다는 점을 말한 것이다. 돼지는 음陰하고 조급한 동물이므로 비유했다. 나약한 돼지는 강하고 사납지 못하지만 그 속마음은 날뛰고 싶어한다. '척촉蹢躅'은 날뛰는 것이다. 음이 미약하고 아래의 자리에 있으니 나약하다고 할 수 있으나, 그 속마음은 항상 양을 소멸시키려는 데에 있다. 군자와 소인의 도는 달라서, 소인이 미약할 때에도 군자를 해치려는 마음이 없었던 적이 없으니, 미약할 때 막으면 군자를 해칠 수 없다.[12]

姤, 陰始生而將長之卦. 一陰生, 則長而漸盛, 陰長則陽消, 小人道長也. 制之當於其微而未盛之時. 柅, 止車之物, 金爲之, 堅強之至也. 止之以金柅, 而又繫之, 止之固也. 固止使不得進, 則陽剛貞正之道吉也. 使之進往, 則漸盛而害於陽, 是見凶也. 羸豕孚蹢躅, 聖人重爲之戒, 言陰雖甚微, 不可忽也. 豕, 陰躁之物, 故以爲況. 羸弱之豕, 雖未能強猛, 然其中心在乎蹢躅. 蹢躅, 跳躑也. 陰微而在下, 可謂羸矣, 然其中心常在乎消陽也. 君子小人異道, 小人雖微弱之時, 未嘗无害君子之心, 防於微則无能爲矣.

「상전」에 말했다. 쇠고동목에 매어놓는 것은 유한 도가 끌고서 나아가기 때문이다.

象曰, 繫于金柅, 柔道牽也.

'견牽'은 끌고 나아간다는 것이다. 음이 처음에 생겨나서 점차 나아가는 것은 유한 도가 끌고 나아가는 것이다. 쇠고동목에 매어놓는 것은 그 나아감을 저지하는 것이다. 나아가지 못하게 하면 정도가 소멸될 수가 없으니, 올바름을 굳게 지켜서 길하다.

牽者, 引而進也. 陰始生而漸進, 柔道方牽也. 繫之于金柅, 所以止其進也. 不使進, 則不能消正道, 乃貞吉也.

구이효는 꾸러미에 물고기를 잡아 담은 듯이 하면 허물이 없으니, 손님에게는 이롭지 않다.

九二, 包有魚, 无咎, 不利賓.

구姤는 만남이다. 구이효와 초육효는 친밀하게 관계하니, 서로 만나는 자다. 다른 괘에서 초효는 사효와 올바른 호응관계이지만 구괘에서는 호응관계보다 만나는 관계를 더 중요하게 여긴다. 서로 만나는 도리는 오직 한 사람에게 집중하는 마음이 중요하다. 강중한 구이효는 진실한 마음으로 초육효와 만나지만, 음유한 자질의 초육효는 여러 양이 위에 있고 또 호응하는 자가 있으니, 그 뜻은 구이효와의 진실한 만남에만 있지 않고 다른 양효들을 구하는 데에 있다. 음유한 자질을 가진 사람 가운데 올바른 뜻을 굳게 지킬 수 있는 자가 드물고, 구이효가 초육효와 관계하는 데에 초육효로부터 그 진실한 마음을 얻기가 어렵다. 초육효와의 만남에서 진실한 마음을 얻지 못하면, 만남의 도가 어그러지게 된다.

'포包'란 꾸러미를 뜻한다. '물고기'는 음陰한 성질을 가진 것 가운데 아름다운 것이다. 양이 음에 대하여 기뻐하고 좋아하므로 물고기를 취하여 상징했다. 그래서 구이효가 초육효에 대해서 초육효의 진실한 마음을 굳게 기르도록 제어해서 꾸러미에 물고기를 잡아 담은 것같이 한다면 만남에 허물이 없을 것이다.[13] '손님'은 밖에서 온 자다. "손님에게는 이롭지 않다"고 했으니, 꾸러미에 있는 물고기가 어떻게 손님에게까지 미치겠는가? 이는 밖의 다른 사람에게까지 다시 미칠 수가 없다는 말이다. 만나는 도는 오직 한 사람에게 집중해야만 하기 때문에 진실한 마음을 나누는 사람이 둘 이상이 되면 잡스럽다.

姤, 遇也. 二與初密比, 相遇者也. 在他卦則初正應於四, 在姤則以遇爲重. 相遇之道, 主於專一. 二之剛中, 遇固以誠, 然初之陰柔, 群陽在上, 而又有所應者, 其志所求也, 陰柔之質, 鮮克貞固, 二之於初, 難得其誠心矣. 所遇不得其誠心, 遇道之乖也. 包者, 苴裹也. 魚, 陰物之美者. 陽之於陰, 其所悅美, 故取魚象. 二於初, 若能固畜之, 如包苴之有魚, 則於遇爲无咎矣. 賓, 外來者也. 不利賓, 包苴之魚, 豈能及賓? 謂不可更及外人也. 遇道當專一, 二則雜矣.

「상전」에서 말했다. 꾸러미에 있는 물고기는 의리상 손님에게 미칠 수 없는 것이다.

象曰, 包有魚, 義不及賓也.

구이효가 초육효를 만나는 데에 밖에 다른 사람에게 딴 마음이 있게 해서는 안 되니, 마치 꾸러미에 물고기를 잡아놓는 것처럼 해야만 한다. 꾸러미에 잡은 물고기는 의리상 손님에게 미칠 수가 없는 것이다.

二之遇初, 不可使有二於外, 當如包苴之有魚, 包苴之魚, 義不及於賓客也.

구삼효는 엉덩이에 살이 없으나 나아가기를 머뭇거리니, 위태롭게 여기면 큰 허물이 없다.

九三, 臀无膚, 其行次且, 厲无大咎.

구이효와 초육효는 서로 만났고, 구삼효는 초육효를 기뻐하며 좋아하지만 구이효와 친밀하게 관계하여 자신의 마음이 편안하지 않고, 또 구이효가 시기하고 미워하여 자신의 거처가 불안하니, 마치 엉덩이에 살이 없는 것과 같다. 그 거처가 불안하면 당연히 그곳을 떠나야 한다. 그러나 만남의 때에 처해서, 뜻이 만남을 구하는 데에 있지만 하나의 음이 아래에 있으니, 이는 욕심을 내는 것이다. 그러므로 처한 상황이 비록 불안하지만 나아가기를 머뭇거리는 것이다. "머뭇거린다"는 것은 나아가기가 어려운 모양이니, 갑자기 욕심내는 것을 버리고 떠나지 못하는 것을 말한다.

그러나 구삼효는 강하고 올바르면서 겸손하게 처신하여, 끝내 미혹되어 헤매지 않는 뜻이 있다. 만약 그것이 올바르지 않다는 점을 알고, 위태롭고 두려워하는 마음을 갖고서 경거망동하지 않는다면,

큰 허물이 없을 수 있다. 마땅한 의리가 아닌데 만나기를 구하면 실로 허물이 있을 것이지만 그 만남이 위태로움을 알고서 멈추면 큰 허물에 이르지는 않는다.

二與初既相遇, 三說初而密比於二, 非所安也, 又爲二所忌惡, 其居不安, 若臀之无膚也. 處既不安, 則當去之. 而居姤之時, 志求乎遇, 一陰在下, 是所欲也. 故處雖不安, 而其行則又次且也. 次且, 進難之狀, 謂不能遽舍也. 然三剛正而處巽, 有不終迷之義. 若知其不正, 而懷危懼, 不敢妄動, 則可以无大咎也. 非義求遇, 固已有咎矣, 知危而止, 則不至於大也.

「상전」에서 말했다. 나아가기를 머뭇거리는 것은 나아가기를 재촉하지 않는 것이다.

象曰, 其行次且, 行未牽也.

그 처음에는 뜻이 초육효를 만나기를 구했으므로, 그 나아감이 더딘 것이다. '미견未牽'이란 말은 나아감을 재촉하지 않음이니,[14] 위태로움을 알고서 마음을 고쳤기 때문에 큰 허물에 이르지 않는 것이다.

其始志在求遇於初, 故其行遲遲. 未牽, 不促其行也, 既知危而改之, 故未至於大咎也.

구사효는 꾸러미에 물고기가 없으니, 흉함이 일어난다.

九四, 包无魚, 起凶.

'포包'는 싸서 기르는 것이다. '물고기'는 아름다운 것이다. 구사효는 초육효와 올바른 호응관계가 되니 마땅히 서로 만나야 하는 자이지만, 초육효가 이미 구이효를 만나서 그가 만나야 할 사람을 잃었으니, 마치 꾸러미에 물고기가 없는 것과 같이 소유해야 할 것을 잃은 것이다. 구사효는 만남의 때를 당하여 높은 지위에 자리하면서 그 아랫사람을 잃었으니, 아랫사람이 떠난 것은 자신이 덕을 잃었기 때문이다. 구사효의 실책은 중정의 덕을 이루지 못한 것이니, 중정을 이루지 못하여 백성을 잃었기 때문에 흉하다.

어떤 사람은 이렇게 묻는다. "초육효가 구이효를 따르는 것은 친밀하여 가깝기 때문인데, 어찌 그것이 구사효의 죄이겠는가?" 이렇게 답하겠다. 구사효의 입장에서 말하면 의리상 마땅히 허물이 있는 것이니, 그 아랫사람을 보호할 수 없었던 것은 도리를 잃었기 때문이다. 어찌 윗사람이 도리를 잃지 않았는데 아랫사람이 떠난 경우가 있겠는가? 만나는 도리는 군주와 신하, 백성과 주인, 남편과 부인, 친구 사이에 모두 다 있다. 그런데 구사효는 아랫사람과 어긋났기 때문에 백성을 위주로 해서 말한 것이다. 윗사람이 되어서 아랫사람이 떠나면 반드시 흉한 변고가 일어난다. "일어난다"란 앞으로 생겨난다는 말이다. 백성의 마음이 떠나면 혼란이 일어나게 된다.

包者, 所裹畜也. 魚, 所美也. 四與初爲正應, 當相遇者也, 而初已遇於二矣, 失其所遇, 猶包之无魚, 亡其所有也. 四當姤遇之時, 居上位而失其下, 下之離, 由己之失德也. 四之失者, 不中正也. 以不中正而失其民, 所以凶也. 曰, 初之從二, 以比近也, 豈四之罪乎? 曰, 在四而言, 義當有咎, 不能保其下, 由失道也. 豈有上不失道而下離者乎? 遇之道, 君臣民主夫婦朋友皆在焉. 四以下睽, 故主民而言. 爲上而下離, 必有凶變. 起者, 將生之謂. 民心旣離, 難將作矣.

「상전」에서 말했다. 물고기가 없는 것이 흉한 것은 백성이 멀리하기 때문이다.

象曰, 无魚之凶, 遠民也.

아랫사람이 떠나가는 것은 자초한 일이다. 백성이 멀리한다는 것은 자신이 멀리했기 때문이니, 윗자리에 있는 사람이 백성들이 떠나가도록 만든 것이다.

下之離, 由己致之. 遠民者, 己遠之也, 爲上者, 有以使之離也.

구오효는 기杞나무 잎으로 오이를 싸는 것이니, 아름다운 빛깔[15]을 머금으면, 떨어짐이 하늘로부터 있다.

九五, 以杞包瓜, 含章, 有隕自天.

구오효는 아래에서도 호응하는 사람이 없으니 만남이 있지 않으나, 만나는 도리를 얻었으므로 결국에는 반드시 만남이 있다. 윗사람과 아랫사람이 만나는 것은 서로 만남을 구하기 때문이다. '기杞'는 높은 나무로 잎이 크다. 높은 데에 처하면서 형체가 크므로, 물건을 감쌀 수 있는 것이 바로 기나무다. 아래에 있는 아름다운 열매는 오이다. 아름다우면서 아랫자리에 있는 것은 바로 조정에 있지 않고 비천한 곳〔側微〕[16]에 있는 현자의 모습이다.

구오효는 높은 군주의 지위에 자리하면서 아래로 현명한 재능을 가진 사람을 구하니, 지극히 높은 자로서 지극히 낮은 자를 구하는 것이 마치 기나무 잎으로 오이를 감싸는 것과 같다. 이와 같이 스스로를 낮추고 굽힐 수 있고 또 마음속으로 중정의 덕을 품고 있어서 아름다움이 마음에 가득 차 무르익으니, 군주가 이와 같으면 구하는 것을 만나지 못함이 없을 것이다.

스스로를 굽혀서 현자를 구할지라도 그 덕이 올바르지 못하면 현자는 달갑게 여기지 않는다. 반드시 아름다운 덕을 마음속에 품고 있으면서 안으로 지극한 진실과 정성을 쌓는다면 하늘로부터 복이 떨어지니, "하늘로부터 내려온다"는 말과 같이, 반드시 얻는다. 예로부터 군주가 지극한 진실과 정성으로 자신을 낮추고 굽혀서 중정의 도로 세상의 현자들을 구하면 만나지 못한 사람이 없었다. 고종高宗이 꿈속에 감응하여 부열傅說을 얻고[17] 문왕文王이 물고기를 낚던 여상呂尙을 만났으니,[18] 이는 모두 이런 도리를 따랐기 때문이다.

九五, 下亦无應, 非有遇也, 然得遇之道, 故終必有遇. 夫上下之遇, 由相求也. 杞, 高木而葉大. 處高體大, 而可以包物者, 杞也. 美實之在下者, 瓜也. 美而居下者, 側微之賢之象也. 九五尊居君位, 而下求賢才, 以至高而求至下, 猶以杞葉而包瓜. 能自降屈如此, 又其內蘊中正之德, 充實章美, 人君如是, 則无有不遇所求者也. 雖屈己求賢, 若其德不正, 賢者不屑也, 故必含蓄章美, 內積至誠, 則有隕自天矣, 猶云自天而降, 言必得之也. 自古人君至誠降屈, 以中正之道, 求天下之賢, 未有不遇者也. 高宗感於夢寐, 文王遇於漁釣, 皆由是道也.

「상전」에서 말했다. 구오효가 아름다운 빛깔을 머금은 것은 중정의 덕을 말하고,

象曰, 九五含章, 中正也,

'함장含章'이라는 말은 중정의 덕을 마음속에 품고 있는 것을 말한다. 그 덕이 마음속에 가득 차서 진실하면, 빛깔을 이루어 밝게 빛난다.

所謂含章, 謂其含蘊中正之德也. 德充實, 則成章而有輝光.

떨어짐이 하늘로부터 있는 것은 뜻이 천명을 버리지 않았기 때문이다.

有隕自天, 志不舍命也.

'명命'은 천리天理다. "버린다"고 한 '사舍'는 어기는 것이다. 지극한 진실과 정성 그리고 중정의 덕으로 스스로를 굽혀서 현자를 구하여, 그 뜻을 보존하되 천리에 부합한다. 그래서 하늘로부터 복이 떨어지니, 반드시 얻을 것이다.

命, 天理也. 舍, 違也. 至誠中正, 屈己求賢, 存志合於天理. 所以有隕自天, 必得之矣.

상구효는 그 뿔에서 만남이다. 인색하니, 탓할 곳이 없다.

上九, 姤其角, 吝, 无咎.

지극히 강한 자질이면서 가장 윗자리에 있는 것은 뿔이다. 상구효는 강한 자질로 위에 자리했으므로, 뿔로 상징했다. 사람이 서로 만나는 것은 서로 낮추고 굽혀서 서로의 뜻을 따르고, 조화하면서 순종하여 서로 대접하기 때문에 화합할 수가 있는 것이다. 그런데 상구효는 뻣뻣한 고고함이 심하고 강고함이 지극하니, 어떤 사람이 함께하려고 하겠는가? 이러한 태도와 마음으로 만남을 구하면, 실로 인색할 만하다. 자신이 이렇게 행동했으니 사람들이 그를 멀리하는 것은 다른 사람의 죄가 아니다. 모두 자기가 초래한 것이므로, 탓할 곳이 없다.

至剛而在最上者, 角也. 九以剛居上, 故以角爲象. 人之相遇, 由降屈以相從, 和順以相接, 故能合也. 上九高亢而剛極, 人誰與之? 以此求遇, 固可吝也. 己則如是, 人之遠之, 非他人之罪也. 由己致之, 故无所歸咎.

「상전」에서 말했다. 그 뿔에서 만난 것은 위에서 궁지에 몰려 인색해진 것이다.

象曰, 姤其角, 上窮吝也.

끝의 윗자리에 처해 강함 역시 극한에 이르렀으니, 이것은 위에서 궁지에 몰려 인색하게 된 것이다. 지극히 강한 태도로 높은 위치에 자리하면서 만남을 구하니, 또한 어렵지 않겠는가?

旣處窮上, 剛亦極矣, 是上窮而致吝也. 以剛極居高而求遇, 不亦難乎?

1 취해서는 안 되는 것이다: 호원은 여자를 취해서는 안 되는 것을 구체적으로 군주가 신하를 써서는 안 된다는 것으로 풀고 있다. "성인이 여기서 경계하여 말하기를 취해서는 안 된다고 한 것은 충성스럽지 않고 전일하지 않은 신하를 써서는 안 된다는 것이다聖人于此戒之言不可取, 猶不忠不一之臣, 不可用也."

2 처음으로 양陽과 서로 만난 것이다: 호원은 이렇게 설명한다. "초육효가 하나의 음으로 다섯 강을 만난다. 인간사로 말하자면 낮은 지위의 사람이 존귀한 사람을 만나는 것이고, 비천한 사람이 귀한 사람을 만나는 것이니, 군신·상하·붕우·부부 사이가 모두 그 만남을 얻는 것이다初六以一陰而遇五剛也. 人事言之, 是以卑而遇于尊, 賤而遇于貴, 君臣上下朋友夫婦之間, 皆得其姤遇者也."

3 "나라를 세운다建萬國"는 비比괘의 「상전」에 해당한다. "象曰, 地上有水, 比, 先王以建萬國, 親諸侯."

4 "음악을 만든다作樂"는 예豫괘의 「상전」에 해당한다. "象曰, 雷出地奮, 豫, 先王以作樂崇德, 殷薦之上帝, 以配祖考."

5 "지방을 살핀다省方"는 관觀괘의 「상전」에 해당한다. "象曰, 風行地上, 觀, 先王以省方觀民設教."

6 "법을 신칙한다勅法"는 서합噬嗑괘의 「상전」에 해당한다. "象曰, 雷電, 噬嗑, 先王以明罰勅法."

7 "관문을 닫는다閉關"는 복復괘의 「상전」에 해당한다. "象曰, 雷在地中, 復, 先王以至日閉關, 商旅不行, 后不省方."

8 "만물을 양육한다育物"는 무망無妄괘의 「상전」에 해당한다. "象曰, 天下雷行, 物與无妄, 先王以茂對時育萬物."

9 "상제에게 제사 드린다享帝"는 환渙괘의 「상전」에 해당한다. "象曰, 風行水上, 渙, 先王以享于帝立廟."

10 "천지의 도를 마름질 하여 이룬다財成天地之道"는 태泰괘의 「상전」에 해당한다. "象曰, 天地交, 泰, 后以財成天地之道, 輔相天地之宜, 以左右民."

11 "명령을 시행하고 사방에 알린다施命誥四方"는 구姤괘의 「상전」에 해당한다.

12 미약할 때 막으면 군자를 해칠 수 없다: 운봉 호씨는 군자가 소인의 세력이 미약할 때 대비하라는 것뿐만 아니라 한 개인의 심리적인 차원에서 욕심이 미약하게 생겨나는 순간에 대비하라는 맥락에서 설명하고 있다. "또 하나의 음이 비록 미약하지만 성대한 세력으로 성장할 때에 이를 수 있어서 '약한 돼지의 속마음은 날뛰고 싶어한다'고 상징하여 군자가 깊게 스스로 대비하도록 했다. 그것은 군자의 도모함이 지극한 것이다. 그러나 단지 군자와 소인 사이의 관계에서만 말한 것이 아니다. 나의 마음에 천리와 인욕 사이의 기미에서도 그러하다. 인욕의 맹아가 싹트는 때는 나약한 돼지를 두려워할 만한 것보다 더한 것이 있으니 스스로 제지하여 성장하지 않도록 한다면 선하게 된다又以一陰雖微而至於盛時, 設羸豕蹢躅之象, 使君子深自備焉. 其爲君子謀至矣. 然非特爲君子小人言也. 吾心天理人欲之幾, 固如是也. 人欲之萌, 蓋有甚於羸豕之可畏者, 能自止之而不使滋長, 則善矣."

13 허물이 없을 것이다: 정이천은 초육효의 진실한 마음을 얻는 것을 물고기를 잡

아 담은 것으로 해석하고 그럴 때 허물이 없다고 했지만, 호원이 설명하는 방식은 좀 다르다. '포包'를 정이천은 꾸러미에 싸는 것처럼 한다고 했지만 호원은 주방庖廚에 물고기가 있는 것처럼 한다고 푼다. "물고기는 음陰한 것이니, 초육효다. 만남의 때에 군주와 신하, 윗사람과 아랫사람, 귀한 사람과 천한 사람, 높은 신분의 사람과 낮은 신분의 사람은 각각 정도正道로 교류하고 서로 만난 후에 일이 해결된다. 지금 초육효의 음효가 나에게 와서 의지하지만 내가 부른 것이 아니다. 내가 초육효의 음효를 얻은 것이 마치 주방에 물고기가 있는 것과 같다. 그러나 허물이 없는 것은 초육효는 본래 구사효와 호응하는 사람인데 자신이 그러한 관계를 함부로 망쳤다면 허물이 있을 것이다. 그러나 초구효가 나에게 온 것은 내가 부른 것이 아니라 가까운 곳에 있어서 서로 얻은 것이니 서로 허물이 없을 수 있다魚, 陰物也, 謂初六也. 夫姤遇之時, 君臣上下貴賤尊卑, 各以正道交相際接, 然後事克濟矣. 今初六之陰來附于己, 非已所召. 己得初六之陰, 如庖廚之有魚. 然无咎者, 初之應本在四, 而己擅之, 是有咎也. 以初之來, 非已所召, 近而相得, 可以无咎也."

14 나아감을 재촉하지 않는 것이니: 중국판본은 "故其行遲遲未牽, 不促其行也"라고 읽는데, 『주역대전』 구결은 "故其行遲遲. 未牽, 不促其行也"로 읽는다. 『주역대전』 구결을 따랐다.

15 아름다운 빛깔: 장章은 고대 예복에 수놓은 붉고 흰 바탕 사이의 꽃문양이다. "청색과 적색을 문文이라고 하고, 적색과 백색을 장章이라 하고, 흰색과 흑색을 보黼라고 하고, 흑색과 청색을 불黻이라 하고, 다섯 가지 문채를 갖춘 것을 수繡라 한다靑與赤謂之文, 赤與白謂之章, 白與黑謂之黼, 黑與靑謂之黻, 五采備謂之繡(『주례』「고공기考工記·화궤畫繢」)."

16 비천한 곳[側微]: 『서』「순전舜典」에 "우순측미虞舜側微"라는 말이 있는데 공영달은 "여기서 말하는 측미는 「요전堯典」에 나오는 '측누側陋'다. 조정에 있지 않은 것을 측側이라 하고 그 사람이 빈천한 것을 미微라고 한다此云側微, 卽堯典側陋也. 不在朝廷謂之側, 其人貧賤謂之微"라고 설명하고 있다.

17 『맹자』「고자하」에는 "부열은 부암이라는 곳에서 담장을 쌓고 있었는데 등용되었다傅說擧於版築之間"라는 말이 나온다. 부열은 은나라 때 무정武丁의 재상이었다. 그는 부암이라는 곳에서 담장을 쌓고 있었는데 무정이 초빙하여 재상으로 삼았다고 한다. 『사기』「은본기殷本記」에 따르면 무정은 꿈속에서 성인을 만났는데 그의 이름이 열說이라서 찾아보라고 해서 그를 재상으로 맞이했다는 이야기가 있다. 신화와 같은 이야기다. 그러나 정이천은 이 부열에 관한 일을 매우 합리적으로 설명하고 있다. "부열의 일은 부열이 고종을 감동시켜서, 고종이 부열을 감동시킨 것이다. 고종은 단지 성현을 얻기만을 생각하면서 이 성현을 기다렸는데, 비로소 부열이 자극함에 호응한 것이다. 만약 부열이 성현이 아니었다면 서로 감동하지 않았을 것이다夢說之事, 是傅說之感高宗, 高宗感傅說. 高宗只思得聖賢之人, 須是聖賢之人, 方始應其感. 若傅說非聖賢, 自不相感(『이정집』 15권 161쪽)." 인물사전 참조.

18 여상은 세상을 피하여 위수 가까이에 낚시를 하고 있었으나 주나라의 문왕에게 등용되었다. 이때 문왕이 "태공이 당신을 기다린 지 오래다"라고 말했다고 해서 태공망이라고 한다. 후에 무왕을 보좌하여 은나라를 정복하는 공을 세운다. 인물사전 태공망 항목 참조.

45. 함께 모임, 집회: 췌萃괘☱☷

택지췌澤地萃라고 한다. 괘의 모습이 태兌☱괘가 위에 있고 곤坤☷괘가 아래에 있기 때문이다.

췌萃괘에 대해서 「서괘전」은 다음과 같이 설명한다. "구姤란 만남이다. 어떤 것이든 서로 만난 후에 함께 모이므로 췌괘로 받았으니, 췌萃는 함께 모인다는 뜻이다." 어떤 것이 서로 만나면 무리를 이루니, 췌괘가 구姤괘 다음이 된다. 괘의 모습은 연못을 상징하는 태兌괘가 위에 있고 땅을 상징하는 곤坤괘가 아래에 있으니, 연못이 땅 위에 올라가 있어서 물이 모인 모습이므로, 함께 모이는 것이 된다. 연못이 땅 위에 있다고 말하지 않고 연못이 땅 위에 올라가 있다고 말한 것은 땅 위로 올라가 있다고 말하면, 이제 막 모이는 뜻이 되기 때문이다.

萃, 序卦, "姤者遇也, 物相遇而后聚, 故受之以萃, 萃者聚也." 物相會遇則成群, 萃所以次姤也. 爲卦, 兌上坤下, 澤上於地, 水之聚也, 故爲萃. 不言澤在地上, 而云澤上於地, 言上於地, 則爲方聚之義也.

함께 모이는 일이 왕이 종묘를 세우는 데 이른다.

萃, 亨王假有廟.

왕이 세상 사람을 함께 모으는 방도가 종묘를 세우는 데에 이른다면 그것은 매우 지극한 일이다. 여러 백성이 매우 많지만 돌아와 의지하고 우러르는 마음을 통일할 수 있으며, 인심은 방향을 알 수 없지만[1] 그 진실과 공경한 마음을 이르게 할 수 있으며, 귀신은 예측할 수 없지만 와서 강림하게 할 수 있다. 세상에서 사람들의 마음을 모으고 여러 사람의 뜻을 총괄하는 방도는 한 가지가 아니지만, 지극히 위대한 것으로 종묘를 쓰는 것보다 더 뛰어난 방도는 없으므로, 왕이 세상 사람들의 마음을 모으는 방도에서 종묘를 세우는 데 이르면 사람을 모으는 방도가 지극한 것이다.

제사를 올려 조상에게 보답하는 것은 사람 마음에 근본하고 있으니, 성인이 예를 제정하여 그 덕을 이루었을 뿐이다. 그러므로 승냥이와 수달도 제사를 지낼 수 있으니, 천성이 그러한 것이다. '췌萃'라는 글자 아래에 있는 '형亨'은 잘못 덧붙여진 것이다. '형亨'이라는 글자는 따로 아래에 있으니, 환渙괘의 경우와 같지 않다. 환괘는 먼저 괘의 자질을 말했고 췌괘는 먼저 괘의 뜻을 말했으니, 이는 「단전」의 말에 매우 분명하다.

王者萃聚天下之道, 至於有廟, 極也. 群生至衆也, 而可一其歸仰, 人心莫知其鄕也, 而能致其誠敬, 鬼神之不可度也, 而能致其來格. 天下萃合人心, 總攝衆志之道非一, 其至大莫過於宗廟, 故王者萃天下之道, 至於有廟, 則萃道之至也. 祭祀之報, 本於人心, 聖人制禮以成其德耳. 故豺獺能祭, 其性然也. 萃下有亨字, 羨文也. 亨字自在下, 與渙不同. 渙則先言卦才, 萃乃先言卦義, 彖辭甚明.

대인을 만나는 것이 이로우니, 형통하여, 올바름을 굳게 지키는 것이 이롭다.

利見大人, 亨, 利貞.

세상 사람을 함께 모으려면 반드시 대인을 얻어 다스려야만 한다. 사람이 모이면 혼란하고, 사물들이 모이면 다투며, 일들이 모이면 문란해지니, 대인이 다스리지 않으면 모임 자체가 혼란과 다툼에 빠져버린다. 함께 모이는 데에 정도正道로 하지 않는다면 사람들이 모이는 데에 구차하게 화합하고 재물이 모이는 데에 부정하게 들어오니, 어찌 형통할 수 있겠는가? 그러므로 올바름을 지키는 것이 이롭다.

天下之聚, 必得大人以治之. 人聚則亂, 物聚則爭, 事聚則紊, 非大人治之, 則萃所以致爭亂也. 萃以不正, 則人聚爲苟合, 財聚爲悖入, 安得亨乎? 故利貞.

큰 희생을 쓰는 것이 길하니, 나아가는 것이 이롭다.

用大牲, 吉, 利有攸往.

세상 사람이 함께 모이는 것은 풍성하고 넉넉한 때이니, 그 씀씀이도 마땅히 그 때에 걸맞아야만 하므로 "큰 희생을 쓰는 것이 길하다." 세상에서 제사보다 더 중요한 일은 없으므로 제사를 지내는 것으로 말했다. 위로 귀신과 교제하고 아래로 백성과 만물을 대접하는 데에, 모든 씀씀이가 그러하지 않음이 없다. 함께 모이는 때에 재물을 넉넉하게 교류한다면 풍성하고 부유한 길함을 누릴 것이다. 그래서 세상에서 그 부유함과 즐거움을 함께하지 않음이 없다. 하지만 넉넉한 때인데도 재물을 야박하게 교류한다면 이는 그 풍성한 아름다움을 세상 사람들과 함께 향유하지 못하는 것이니, 세상 사람들이 함께하지 아니해서 후회와 인색함이 생길 것이다.

때의 마땅함에 따르고 이치에 순응하여 행하므로 「단전」에서 "천명에 순응한다"고 했다. 세상에서 일을 도모할 수 없는 것은 역량이 부족하기 때문이다. 사람들이 함께 모이는 때에 당면했으므로, 일을 진행해나가는 것이 이롭다. 세상에서 공업을 일으키고 정치적인 일을 해나갈 때는 그 일을 할 수 있는 때를 만나는 것이 가장 중요하다. 그래서 사람들이 모인 뒤에 그 씀씀이를 넉넉하게 한다. 이것은 움직이면서 여유가 있는 것이니, 천리가 그러한 것이다.

萃者, 豐厚之時也, 其用宜稱, 故用大牲吉. 事莫重於祭, 故以祭享而言. 上交鬼神, 下接民物, 百用莫不皆然. 當萃之時, 而交物以厚, 則是享豐富之吉也. 天下莫不同其富樂矣. 若時之厚, 而交物以薄, 乃不享其豐美, 天下莫之與, 而悔吝生矣. 蓋隨時之宜, 順理而行, 故彖云順天命也. 夫不能有爲者, 力之不足也. 當萃之時, 故利有攸往. 大凡興工立事, 貴得可爲之時. 萃而後用. 是動而有裕, 天理然也.

「단전」에서 말했다. 췌는 함께 모이는 것이다. 순종하면서 기뻐하고, 강하면서도 중도를 이루어 호응하므로, 함께 모인다.

彖曰, 萃, 聚也. 順以說, 剛中而應, 故聚也.

췌萃의 뜻은 모인다는 것이다. "순종하면서 기뻐한다"는 말은 괘의 자질 구조로 말한 것이다. 위의 태兌괘가 기쁨을 상징하고 아래의 곤坤괘는 순종을 상징하여 위가 기뻐하고 아래가 순종하는 모습이니, 윗사람은 기쁘게 하는 방법으로 백성을 부려서 사람들의 마음에 순응하고 아랫사람은 윗사람의 정치 명령에 기뻐하면서 윗사람에게 순종한다. 위와 아래가 순종하면서 기뻐하고 또 양강한 구오효가 중정한 자리에 처해 아래에 호응하여 도와주는 사람이 있다. 이와 같으므로 사람들이 함께 모인 것이다. 세상 사람을 모이게 하고자 한다면 그 자질 구조가 이와 같지 않다면 불가능하다.

萃之義, 聚也. 順以說, 以卦才言也. 上說而下順, 爲上以說道使民, 而順於人心, 下說上之政令, 而順從於上. 旣上下順說, 又陽剛處中正之位, 而下有應助. 如此故能聚也. 欲天下之萃, 才非如是不能也.

"왕이 종묘를 세우는 데 이른다"는 것은 효도로 제사를 드리는 데 이르는 것이다.

王假有廟, 致孝享也.

왕이 사람들의 마음을 함께 모으는 방도가 종묘를 세우는 데까지 이르렀으니, 효도로 제사를 드리는 정성이 지극하게 이른 것이다. 제사는 사람들의 마음을 저절로 다하게 하므로, 세상 사람의 마음을 모으는 것은 효도로 제사를 드리는 것만 한 것이 없다. 왕이 세상 사람을 모으는 방도가 종묘를 세우는 데에 이르면 그것은 매우 극진한 것이다.

王者萃人心之道, 至於建立宗廟, 所以致其孝享之誠也. 祭祀, 人心之所自盡也, 故萃天下之心者, 无如孝享. 王者萃天下之道, 至於有廟則其極也.

"대인을 만나는 것이 이로우니 형통하다"는 것은 올바름으로 모이기 때문이다.

利見大人亨, 聚以正也.

사람들이 함께 모이는 때에 대인을 만나면 형통할 수 있는 것은 정도正道로 사람들을 모으기 때문이다. 대인을 만나면 그가 정도로써 사람들을 모으니, 정도를 얻으면 형통하다. 사람들을 모으는 데에 정도로써 하지 않는다면, 그것이 형통할 수 있겠는가?

萃之時, 見大人則能亨, 蓋聚以正道也. 見大人, 則其聚以正道, 得其正則亨矣. 萃不以正, 其能亨乎?

"큰 희생을 쓰는 것이 길하니, 나아가는 것이 이롭다"는 것은 천명을 따르는 것이다.

用大牲吉利有攸往, 順天命也.

"큰 희생을 쓴다"는 것은 위의 "종묘를 세운다"는 글을 이어서, 제사를 드리는 것으로 말한 것이다. 모든 일이 이와 같지 않음이 없다. 풍성하게 모일 때 재물들을 마땅히 넉넉하게 교류해야 하니, 그 마땅함에 걸맞게 하는 것이다. 재물들이 모이고 힘이 넉넉하면 정치적인 일을 도모할 수 있으므로, 일을 진행해 나아가는 것이 이롭다고 했다. 모두 천리가 그러한 것이므로, "천명을 따르는 것이다"라고 했다.

用大牲, 承上有廟之文, 以享祀而言. 凡事莫不如是. 豐聚之時, 交於物者當厚, 稱其宜也. 物聚而力贍, 乃可以有爲, 故利有攸往. 皆天理然也, 故云順天命也.

그 모이는 바를 보면 천지와 만물의 실정을 볼 수 있다.

觀其所聚, 而天地萬物之情可見矣.

어떤 것이 모이는 이치를 보면 천지와 만물의 실정을 볼 수 있다. 하늘과 땅이 만물을 변화시켜 양육하고, 만물이 생겨나서 형성되는 데에 모든 것은 다 모인다. 따라서 유有·무無, 동動·정靜, 시始·종終의 이치는 모이고 흩어지는 것일 뿐이다. 그러므로 그 모이는 까닭을 보면, 천지와 만물의 실정을 볼 수 있다.

觀萃之理, 可以見天地萬物之情也. 天地之化育, 萬物之生成, 凡有者皆聚也. 有无動靜終始之理, 聚散而已. 故觀其所以聚, 則天地萬物之情可見矣.

「상전」에 말했다. 연못이 땅 위에 올라가 있는 것이 췌괘의 모습이니, 군자는 이 모습을 본받아 병기를 수리하여 예측하지 못하는 일들을 경계한다.

象曰, 澤上於地, 萃, 君子以除戎器, 戒不虞.

연못이 땅 위에 올라가 있는 것이 물이 모이는 모습이다. 군자는 모이는 모습을 관찰하여 병기를 수리하고 예측하지 못할 일들을 대비한다. 사물이 모이면 예측하지 못하는 일들이 있게 마련이므로, 많은 사람이 모이면 다툼이 있고 재물이 모이면 빼앗으려고 한다. 대체로 모이면 사고가 많으므로, 췌괘의 모습을 관찰하여 경계하는 것이다. '제除'는 점검하고 수리하는 것이니, 폐단과 나쁜 것을 제거함이다. 병기를 수리해서 모으는 것은 예측하지 못하는 일들을 경계하기 위해서다.

澤上於地, 爲萃聚之象. 君子觀萃象, 以除治戎器, 用戒備於不虞. 凡物之萃, 則有不虞度之事, 故衆聚則有爭, 物聚則有奪. 大率旣聚則多故矣, 故觀萃象而戒也. 除謂簡治也, 去弊惡也. 除而聚之, 所以戒不虞也.

초육효는 믿음을 가지고 있으나 결말을 이루지 못하면 마음이 혼란해지고, 같은 부류들이 모일 것이나 만일 울부짖으면 여러 사람이 비웃을 것이다. 이를 근심하지 말고 가면, 허물이 없다.

初六, 有孚不終, 乃亂乃萃, 若號, 一握爲笑, 勿恤往, 无咎.

초육효는 구사효와 올바른 호응관계가 되니, 본래 믿음이 있어서 서로 따르는 자다. 그러나 사람들이 모이는 때에 세 음효가 모여 함께 처해서,[2] 유함이 올바름을 지키는 절개가 없다. 만약 올바른 호응관계가 되는 사람을 버리고 같은 부류의 사람을 따른다면 이는 믿음은 있으면서도 그 믿음을 끝맺지 못하는 것이다.[3] '내란乃亂'은 마음이 미혹되고 어지럽게 되는 것이다. '내췌乃萃'는 그 같은 부류들과 모이는 것이다.

초육효가 정도를 지켜서 그 같은 부류의 음의 세력들을 따르지 않고 울부짖으면서 올바른 호응관계의 사람을 구한다면,[4] 모든 사람이 비웃을 것이다. '일악一握'이란 세속에서 말하는 '한 무더기一團'이니, 여러 사람이 비웃는 것을 말한다. 만일 이런 비웃음을 근심하지 않고 가서 올바른 호응관계인 강양한 사람을 따르면 허물이 없을 것이고, 그렇지 않으면 소인의 무리에 들어갈 것이다.

初與四爲正應, 本有孚以相從者也. 然當萃時, 三陰聚處, 柔无守正之節. 若捨正應而從其類, 乃有孚而不終也. 乃亂, 惑亂其心也. 乃萃, 與其同類聚也. 初若守正不從, 號呼以求正應, 則一握笑之矣. 一握, 俗語一團也, 謂衆以爲笑也. 若能勿恤, 而往從剛陽之正應, 則无過咎, 不然, 則入小人之群矣.

「상전」에서 말했다. 마음이 혼란하고 그 부류들이 모이는 것은 그 뜻이 혼란하기 때문이다.

象曰, 乃亂乃萃, 其志亂也.

마음의 뜻이 같은 부류 사람들에 의해서 미혹되고 혼란스러워졌기 때문에 여러 음효가 모인 것이다. 그 믿음을 굳게 지킬 수 없다면, 소인들에 의해서 미혹되고 혼란스럽게 되어 그 올바름을 잃을 것이다.

其心志爲同類所惑亂, 故乃萃於群陰也. 不能固其守, 則爲小人所惑亂, 而失其正矣.

육이효는 끌어당기면 길하여 허물이 없으니, 진실한 믿음이 있으면 소박한 제사를 드리는 것이 이롭다.

六二, 引吉无咎, 孚乃利用禴.

초육효는 음유한 자질이고 중정을 이루지 못했으니, 그 믿음을 끝까지 지킬 수 없을까 근심되므로 그 자질을 바탕으로 경계했다. 육이효는 음유한 자질이지만 중정을 얻었기 때문에 경계하되, 그 표현을 은미하게 했다. 효사에서 득실과 관련된 것은 모범을 세우고 경계했으니, 또한 각기 자질에 따라 가정하여 말했다. "끌어당기면 길하여 허물이 없다"는 말에서 '인引'은 서로 끌어당기는 것이다.[5]

사람이 교제하는 데에 서로의 뜻을 서로가 구하면 합하고, 서로 미루면서 기다리기만 하면 헤어진다. 육이효와 구오효는 서로 올바른 호응관계로서 마땅히 서로 함께 모이는 자이나 서로 멀리 떨어져 있고 또 여러 음효 사이에 있으니, 반드시 서로 끌어당기면 함께 모일 수 있다. 구오효는 존귀한 지위에 자리하여 중정의 덕이 있고, 육이효도 중정의 방도로 가서 구오효와 함께 모이면, 이는 군주와 신하가 화합하는 것이다. 그렇다면 그들이 함께 이룰 수 있는 효과와 공들을 어찌 헤아릴 수 있겠는가? 그래서 길하여 허물이 없는 것이다. "허물이 없다"는 것은 허물을 잘 보충하는 것이다. 육이효와 구오효는 서로 이끌지 않으면 허물이 된다.

"진실한 믿음이 있으면 소박한 제사를 드리는 것이 이롭다"는 말에서 '부孚'란 믿음이 마음속에 있는 것이니, 진실한 정성을 말한다. '약禴'이란 간단하고 소박한 제사다. 소박하게 제사를 올리니, 제사의 물건을 완전하게 갖추는 것을 중요하게 생각하지 않고 직접 진실한 뜻으로 신명과 교류하는 것이다. '부내孚乃'란 진실한 믿음이 있으면, 장식으로 꾸미지 않고서도 오로지 지극한 진실과 정성으로 윗사람과 교제할 수 있음을 말한다.

'소박한 제사'로 말한 것은 그 진실한 정성을 올리는 것일 뿐이니, 윗사람과 아랫사람이 서로 함께 모여서 장식으로 꾸미는 것만을 중요하게 생각한다면 이것은 진실한 정성이 아니다. 마음이 진실한 자라면 밖으로 꾸밀 필요가 없으니, 소박한 제사를 쓴다는 뜻이다. 진실한 믿음은 사람들이 함께 모이는 데에 근본이 되는 사항이다. 군주와 신하가 모이는 문제만이 아니라 세상에서 어떤 것이 모이든 모두 진실한 정성에 달려 있을 뿐이다.

初陰柔, 又非中正, 恐不能終其孚, 故因其才而爲之戒. 二雖陰柔, 而得中正, 故雖戒而微辭. 凡爻之辭, 關得失二端者, 爲法爲戒, 亦各隨其才而設也. 引吉无咎, 引者相牽也. 人之交, 相求則合, 相待則離. 二與五爲正應, 當萃者也, 而相遠, 又在群陰之間, 必相牽引, 則得其萃矣. 五居尊位, 有中正之德, 二亦以中正之道往與之萃, 乃君臣和合也. 其所共致, 豈可量也? 是以吉而无咎也. 无咎者, 善補過也. 二與五不相引, 則過矣. 孚乃利用禴, 孚, 信之在中, 誠之謂也. 禴, 祭之簡薄者也. 菲薄而祭, 不尙備物, 直以誠意交於神明也. 孚乃者, 謂有其孚則可不用文飾, 專以至誠交於上也. 以禴言者, 謂薦其誠而已, 上下相聚而尙飾焉, 是未誠也. 蓋其中實者, 不假飾於外, 用禴之義也. 孚信者, 萃之本也. 不獨君臣之聚, 凡天下之聚, 在誠而已.

「상전」에서 말했다. 끌어당기면 길하여 허물이 없는 것은 중도를 지켜 성급하게 변하지 않았기 때문이다.

象曰, 引吉无咎, 中未變也.

사람이 함께 모일 때에는 사람들이 모두 모이는 것을 길하게 여기므로, 구사효가 위와 아래의 모임을 이룬 사람이 된다. 그러나 육이효와 구오효는 올바른 호응관계이지만 다른 곳에 있어서 틈이 있으니, 함께 모여야 하는데 합치하지 못하는 자들이므로 서로 이끌어 함께 모이면 길하여 허물이 없다. 이것은 그들이 중정을 이룬 덕이 있어서 성급하게 마음을 고치거나 변하지 않았기 때문이니, 성급하게 변했다면 서로 이끌지 않았을 것이다.

어떤 사람은 이렇게 묻는다. "육이효는 중정을 이룬 덕이 있는데 「상전」에서는 '변하지 않았다'라고 하니, 그 말에서 뭔가 부족한 듯한 것은 왜입니까?" 이렇게 답하겠다. 여러 음효가 가까이 처해 있는 것은 그 같은 부류끼리 모인 것이다. 함께 모이는 때에 같은 부류들 틈에 자리하면서 스스로 믿음을 지켜 변하지 않을 수 있고, 멀리 올바른 호응관계를 이룬 사람을 기다리니, 강한 의지를 세운 자만이 가능하다. 육이효는 음유한 자질을 가졌지만 중정을 이룬 덕이 있으니 마음이 변하지 않으리라 기대할 수 있으므로, 「상전」에서 그 뜻을 내포하여 경계한 것이다.

萃之時, 以得聚爲吉, 故九四爲得上下之萃. 二與五雖正應, 然異處有間, 乃當萃而未合者也, 故能相引而萃, 則吉而无咎. 以其有中正之德, 未遽至改變也, 變則不相引矣. 或曰, 二旣有中正之德, 而象云未變, 辭若不足, 何也? 曰, 群陰比處, 乃其類聚. 方萃之時, 居其間, 能自守不變, 遠須正應, 剛立者能之. 二, 陰柔之才, 以其有中正之德, 可覬其未至於變耳, 故象含其意以存戒也.

육삼효는 모이게 하려다가 탄식한다. 이로운 바가 없으니 가면 허물이 없지만, 다소 부끄럽다.

六三, 萃如嗟如. 无攸利, 往无咎, 小吝.

육삼효는 음유한 자질로 중정을 이루지 못한 사람이다. 사람들에게 함께 모이기를 요구하지만 사람들이 함께 해주지 않고, 구사효를 구하려 하지만 올바른 호응관계가 아니며[6] 또 같은 부류가 아니니, 이것은 올바르지 않은 것으로 구사효에게 버림을 당한다. 그래서 육이효와 함께하려 하지만 육이효는 본래 중정을 이룬 덕으로 구오효과 호응관계를 이루니, 이것은 올바르지 않은 것으로 육이효가 함께 해주지 않는다. 그러므로 사람을 모으려 하지만 사람들에게 버림받고 거절당하여 탄식하니, 모임을 이루지 못하여 한탄하는 것이다. 윗사람과 아랫사람이 모두 함께하지 않으니, 이로운 바가 없다. 오직 가서 상육효를 따르면 함께 모이게 되어 허물이 없다.

육삼효와 상육효는 음양의 올바른 호응관계는 아니지만 모이는 때에 같은 부류끼리 서로 따르니, 모두 유한 자질로서 하나의 형체에서 가장 위에 자리했고, 또 모두 함께하는 사람이 없으면서 서로 호응하는 위치에 자리하며, 상육효는 기쁘게 순종하는 극한의 자리에 처했으므로 함께 모여서 허물이 없다. 『역』의 도道는 항상 변하여 움직여서 일정함이 없으니, 사람이 이것을 아는 데 달려 있다. 그러나 다소 부끄럽다는 것은 어째서인가? 육삼효는 처음에 구사효와 육이효에게 함께 모이기를 요구했다가 그것을 이루지 못하고 뒤에 상육효에게 가서 따르니, 사람의 움직임이 이와 같으면, 요구하는 바를 이루었다고 해도 또한 조금 부끄러운 것이다.

三, 陰柔不中正之人也. 求萃於人, 而人莫與求, 四則非其正應, 又非其類, 是以不正爲四所棄也. 與二, 則二自以中正應五, 是以不正爲二所不與也. 故欲萃如, 則爲人棄絕而嗟如, 不獲萃而嗟恨也. 上下皆不與, 无所利也. 唯往而從上六, 則得其萃, 爲无咎也. 三與上雖非陰陽正應, 然萃之時, 以類相從, 皆以柔居一體之上, 又皆无與, 居相應之地, 上復處說順之極, 故得其萃而无咎也. 易道變動无常, 在人識之. 然而小吝, 何也? 三始求萃於四與二, 不獲而後往從上六, 人之動爲如此, 雖得所求, 亦可小羞吝也.

「상전」에서 말했다. 가면 허물이 없는 것은 윗사람이 공손하기 때문이다.

象曰, 往无咎, 上巽也.

윗사람이 유연하면서 기뻐하는 극한에 자리하니, 육삼효가 가면 허물이 없는 것은 상육효가 공손하게 따르면서 받아주기 때문이다.

上居柔說之極, 三往而无咎者, 上六巽順而受之也.

구사효는 크게 길해야 허물이 없다.

九四, 大吉, 无咎.

구사효는 사람들이 모이는 때를 당하여 위로 구오효의 군주와 가까이 있으니, 군주와 신하의 모임을 이룬 것이고, 아래로는 하체의 여러 음효와 가까이 있으니, 아래 백성들과의 모임을 이룬 것이다. 위와 아래의 모임을 이루었으니, 최선이라고 할 만하다. 그러나 구사효는 양의 자질로 음의 위치에 자리하여 올바름이 아니다. 그래서 위와 아래의 만남을 이루었지만 반드시 크게 길함을 이룬 뒤에라야 허물이 없다. '대大'는 두루 미친다는 뜻이므로 두루 미치지 않는 것이 없고 난 뒤에야 크게 길하니, 올바르지 않은 것이 없으면 크게 길하고, 크게 길하면 허물이 없다.

위와 아래의 모임은 실로 정도를 따르지 않고서 이룬 경우가 있으니, 이치를 어기고 도를 굽혀서 군주의 신임을 얻은 자가 예로부터 많았고 이치를 어기고 도를 굽혀서 백성의 마음을 얻은 자 또한 있었다. 예를 들어 제齊나라 진항陳恒[7]과 노魯나라 계씨季氏[8]가 이들이다. 그러나 이들이 크게 길했다고 할 수 있겠는가? 아니면 허물이 없었다고 할 수 있겠는가? 그러므로 구사효는 반드시 크게 길한 연후라야 허물이 없게 되는 것이다.

四當萃之時, 上比九五之君, 得君臣之聚也, 下比下體群陰, 得下民之聚也. 得上下之聚, 可謂善矣. 然四以陽居陰, 非正也, 雖得上下之聚, 必得大吉然後爲无咎也. 大爲周遍之義, 无所不周,然後爲大, 无所不正, 則爲大吉, 大吉則无咎也. 夫上下之聚, 固有不由正道而得者, 非理枉道而得君者, 自古多矣, 非理枉道而得民者, 蓋亦有焉. 如齊之陳恒, 魯之季氏是也. 然得爲大吉乎? 得爲无咎乎? 故九四必能大吉然後爲无咎也.

「상전」에서 말했다. 크게 길해야 허물이 없는 것은 지위가 합당하지 않기 때문이다.

象曰, 大吉无咎, 位不當也.

지위가 합당하지 않아서 그 행위가 최선을 다하지 못할 것을 의심했기 때문에 반드시 크게 길한 후라야 허물이 없다고 말한 것이다. 최선을 다하지 않는다면, 어떻게 크게 길함을 이룰 수 있겠는가?

以其位之不當, 疑其所爲未能盡善, 故云必得大吉然後爲无咎也. 非盡善, 安得爲大吉乎?

구오효는 사람들을 모으는 데에 지위를 소유하고 허물이 없다. 믿지 않는 자가 있거든 성숙한 지도력과 지속적인 일관성과 도덕적 확고함을 가지면, 후회가 없다.

九五, 萃有位, 无咎, 匪孚, 元永貞, 悔亡.

구오효는 세상에서 존귀한 지위에 자리하여 세상의 군중을 모아서 군림하니, 마땅히 그 지위를 바르게 하고 그 덕을 수양해야만 한다. 양강한 자질로 존귀한 지위에 자리한 것은 지위에 맞다 할 수 있으니 걸맞은 지위를 소유한 것이고, 중정의 도를 이루었으니 허물이 없다. 이러한데도 그를 믿지 못하고 와서 의지하지 않는 자가 있을 경우 마땅히 스스로 반성하여 '성숙한 지도력과 지속적인 일관성과 도덕적 확고함元永貞'[9]의 덕을 수양하면, 복종하지 않으려고 하는 자가 없어 후회가 사라질 것이다. 성숙한 지도력과 지속적인 일관성과 도덕적 확고함은 군주의 덕이니, 백성들이 그 덕에 의지하므로 세상과 친밀하게 관계하는 방도[10]와 세상 사람을 모이게 하는 방도는 모두 이 세 가지에 달려 있다.

왕이 걸맞은 지위를 소유하고 또 그 덕을 지녀서 중정을 이루고 허물이 없는데도 세상에 믿고 복종하여 와서 의지하지 않는 자가 여전히 있는 것은 그 방도가 크게 빛나지 못하고 성숙한 지도력과 지속적인 일관성과 도덕적 확고함의 도가 지극하지 못했기 때문이니, 이는 덕을 수양하여 사람들이 저절로 오게 하는 데에 달려 있다. 예를 들어 묘苗땅의 백성들이 명령을 거역하자 순제舜帝가 크게 문덕文德을 폈다.[11] 순제의 덕이 지극하지 않은 것이 아니었지만 먼 지방의 사람과 가까운 지방의 사람 그리고 어리석은 백성과 현명한 백성의 차이가 있었기 때문에, 와서 의지하는 사람들에서 선후의 차이가 있었던 것이다. 와서 의지하지 않은 자가 있으면, 마땅히 덕을 수양해야 한다.

덕이란 성숙한 지도력과 지속적인 일관성과 도덕적 확고함의 도다. 성숙한 지도력을 뜻하는 '원元'은 우두머리이고 으뜸의 뜻이다.

군주의 덕이 여러 사람에 비해 으뜸으로 뛰어나서 여러 백성의 우두머리가 되어, 존귀하고 위대한 뜻이 있고 주관하고 통솔하는 뜻이 있다. 또 오래 지속하고 올바름을 굳게 지키면 신명神明에 통하고 온 세상에 빛나서, 복종하지 않을 생각을 하지 않으니, 이는 믿지 않는 자가 없어서 후회가 없어지는 것이다. '후회'는 뜻이 크게 빛나지 못하고 마음이 만족하지 못한 것이다.

九五居天下之尊, 萃天下之衆而君臨之, 當正其位, 修其德. 以陽剛居尊位, 稱其位矣, 爲有其位矣, 得中正之道, 无過咎也. 如是而有不信而未歸者, 則當自反以脩其元永貞之德, 則无思不服, 而悔亡矣. 元永貞者, 君之德, 民所歸也, 故比天下之道與萃天下之道, 皆在此三者. 王者旣有其位, 又有其德, 中正无過咎, 而天下尙有未信服歸附者, 蓋其道未光大也, 元永貞之道未至也, 在修德以來之. 如苗民逆命, 帝乃誕敷文德. 舜德非不至也, 蓋有遠近昏明之異, 故其歸有先後, 旣有未歸, 則當修德也. 所謂德, 元永貞之道也. 元, 首也, 長也, 爲君德首出庶物, 君長群生, 有尊大之義焉, 有主統之義焉. 而又恒永貞固, 則通於神明, 光於四海, 无思不服矣, 乃无匪孚而其悔 亡也. 所謂悔, 志之未光, 心之未慊也.

「상전」에서 말했다. 사람들을 모으는 데에 지위를 소유했는데도 믿지 못하는 자가 있는 것은 뜻이 빛나지 못하기 때문이다.

象曰, 萃有位, 志未光也.

「상전」은 효사의 첫 구절만 들어서 말했다. 왕의 뜻이 반드시 그의 진실과 믿음을 세상에 드러나게 하려고 했다면 세상 사람들이 감동하게 되고 반드시 통해서, 생명을 가진 부류들이 모두 은혜롭게 여겨 돌아오지 않는 이가 없으니, 믿지 않는 자가 여전히 있다면 그 뜻이 크게 빛나지 못한 것이다.

象擧爻上句. 王者之志, 必欲誠信著於天下, 有感必通, 含生之類, 莫不懷歸, 若尙有匪孚, 是其志之未光大也.

상육효는 한탄하며 눈물콧물을 흘리는 것이니, 탓할 곳이 없다.

上六, 齎咨涕洟, 无咎.

상육효는 기쁨의 주인이고 음유한 자질의 소인이니, 높은 지위를 기뻐하여 처하면 세상에 누가 함께하려고 하겠는가? 모이기를 구하지만 사람들이 함께하려고 하지 않아 그 곤궁함이 한탄하고 눈물콧물을 흘리는 지경에 이른 것이다. '재자齎咨'는 한탄하는 것이다. 사람들이 절교하는 것은 자신이 자초한 것이니 또 누구를 탓하겠는가? 사람들에게 미움을 받고 절교를 당하여 어찌할 바를 몰라서 뜻을 상실하여 불안해 한탄하고 눈물을 흘리는 지경에까지 이르니, 실로 소인의 모습이다.

六, 說之主, 陰柔小人, 說高位而處之, 天下孰肯與也? 求萃而人莫之與, 其窮至於齎咨而涕洟也. 齎咨, 咨嗟也. 人之絶之, 由己自取, 又將誰咎? 爲人惡絶, 不知所爲, 則隕穫而至嗟涕, 眞小人之情狀也.

「상전」에서 말했다. 한탄하고 눈물콧물을 흘리는 것은 윗자리에

서 편안하지 못한 것이다.

象曰, 齎咨涕洟, 未安上也.

소인이 처신하는 것은 항상 그 마땅함을 잃으니, 탐욕을 부리고 욕심을 따라 스스로 편안한 곳을 선택할 수가 없어서, 곤궁한 지경에 이르면 엎어지고 자빠져서 어찌할 바를 모른다. 상육효가 눈물 콧물을 흘리는 것은 위의 자리에 처한 것이 편안하지 못하기 때문이다. 군자는 거처하는 바를 신중하게 해서 마땅한 의리가 아니면 자리하지 않고, 불행하게도 위험과 곤궁이 있게 되면 태연하게 스스로 안정을 이루어, 마음에 얽매이지 않도록 한다.

소인은 거처하는 데에 편안한 곳을 선택하지 않고, 항상 있어야 할 자리가 아닌 곳을 차지하고서 곤궁하고 절박하게 되면 뜻을 상실하고 불안해한다. 조급해하여 뜻을 꺾으며 심지어는 눈물콧물을 흘리는 지경에까지 이르니, 수치스러운 일이다. '미未'는 곧바로 하지 않는다는 말이니, 세속의 '미변未便'이란 말과 같다. 이는 위에서 곧바로 편안할 수가 없다는 것이다. 음陰한 자질로 위의 지위에 자리하여 외롭게 처하고 함께하는 사람이 없으니, 있어야 할 자리가 아닌데 어찌 편안하겠는가?

小人所處, 常失其宜, 旣貪而從欲, 不能自擇安地, 至於困窮, 則顚沛不知所爲. 六之涕洟, 蓋不安於處上也. 君子愼其所處, 非義不居, 不幸而有危困, 則泰然自安, 不以累其心. 小人居不擇安, 常履非據, 及其窮迫, 則隕穫躁撓, 甚至涕洟, 爲可羞也. 未者, 非遽之辭, 猶俗云未便也. 未便能安於上也. 陰而居上, 孤處无與, 旣非其據, 豈能安乎?

1 인심은 방향을 알 수 없지만: '막지기향莫知其鄕'을 해석한 것이다. 이는 맹자의 말이다. "공자가 말하기를, '잡으면 보존되고, 놓으면 잃어서, 나가고 들어옴에 일정한 때가 없으며, 그 방향을 알 수 없는 것은 오직 사람의 마음을 두고 한 말이다'라고 했다孔子曰, 操則存, 舍則亡, 出入無時, 莫知其鄕. 惟心之謂與?(『맹자』「고자상」8)"

2 세 음효가 모여 함께 처해서: 상체가 태兌괘이고 하체가 곤坤괘이니 세 음효란 하체의 곤괘를 말한다.

3 그 믿음을 끝맺지 못하는 것이다: 호원은 구체적으로 초육효가 구사효와 올바른 호응관계를 맺으려고 하지만 육삼효에 의해서 이간질을 당하여 그 믿음을 끝맺지 못한다고 설명한다. "그래서 초육효는 처음에 진실한 믿음으로 구사효를 기다리지만 지금은 소인의 이간질 때문에 초육효의 진실한 믿음이 끝을 맺지 못한다是以初雖始有誠信, 以待于四, 今既爲小人之所間, 則初六誠信之心, 不得其終也."

4 초육효가 정도를 지켜서 (…) 구한다면: 중국판본은 "初若守正, 不從號呼, 以求正應"로 읽는데, 『주역대전』 구결은 "初若守正不從, 號呼以求正應"으로 읽는다. 『주역대전』 구결을 따랐다.

5 서로 끌어당기는 것이다: 정이천은 군주와 현자가 서로 끌어당겨야 한다고 해석하지만 호원은 군주가 적극적으로 먼저 끌어당기는 것을 기다려야 한다고 해석한다. "군자의 나아감은 스스로 중매하여 군주에게 구차하게 아양 떨거나 그 때의 총애와 영예로 요행히 얻어서는 안 된다. 그래서 군자는 충심과 신뢰를 가슴에 품고 천거되기를 기다리거나 힘써 행하여 취해지기를 기다린다. 이것이 군자가 등용됨에 반드시 도가 있는 것이니, 윗사람이 초빙하여 구한 뒤에 가면 자신을 나아가게 하는 도를 다한 것이다. 지금 육이효는 음의 자질로 음의 자리에 거했고, 처신함에 중도를 얻었고, 또 뒤로 구오효의 중정한 군주와 호응하고 있다. 그러나 반드시 군주가 자신을 당겨 이끌기를 기다린 뒤에 가야 하니, 이것이 길함을 얻고 허물이 없는 것이다君子之進, 不可自媒以苟媚其君, 而幸其時之寵榮也. 是故君子懷忠信以待擧, 力行以待取. 是君子凡所進用, 必須有道, 待上之聘求, 然後往, 則得盡進身之道也. 今六二以陰居陰, 履得其中, 又上應九五中正之君. 然亦必待其君援引于己, 然後往之, 此所以得吉而无咎也."

6 구사효를 구하려 하지만 올바른 호응관계가 아니며: 중국판본은 "而人莫與求, 四則非其正應"으로 읽는데, 『주역대전』 구결은 "而人莫與, 求四則非其正應"으로 읽는다. 『주역대전』 구결을 따랐다.

7 진항은 진성자陳成子를 말한다. 제나라 진씨陳氏 가문의 수령 가운데 한 사람이다. 인물사전 참조.

8 계씨季氏는 노나라 권력의 실세인 세 가문 가운데 하나다. 인물사전 참조.

9 성숙한 지도력과 지속적인 일관성과 도덕적 확고함元永貞: 비比괘 괘사는 "친밀한 협력은 길하니, 근원적으로 판단하되 성숙한 지도력과 지속적인 일관성과 도덕적 확고함을 갖추었다면 허물이 없다比, 吉, 原筮, 元永貞, 無咎"다. 여기에 원영정元永貞이라는 말이 나온다. 이에 대해서 이천은 "원元이란 성숙한 책임감으로 지도자의 도가 있음을 말하고, 영永이란 지속적인 항상성으로 예측 가능하도록 일정하

게 지속될 수 있는 일관성을 말하고, 정貞은 올바른 능력으로 올바른 도리를 체득한 능력을 말한다元謂有君長之道, 永謂可以常久, 貞謂得正道"고 설명하고 있다. 비괘 참조.

10 친밀하게 관계하는 방도: 친밀하게 관계하는 것은 비比괘를 의미한다. 친밀한 협력이다.

11 순제가 크게 문덕을 폈다: 쾌夬괘 주 2번 참조.

46. 상승: 승升괘䷭

지풍승地風升이라고 한다. 괘의 모습이 곤坤☷괘가 위에 있고, 손巽☴괘가 아래에 있기 때문이다.

승升괘에 대해서 「서괘전」은 다음과 같이 설명한다. "'췌萃'는 함께 모인다는 뜻이니, 모여서 위로 올라가는 것이 상승이므로, 승괘로 받았다." 사물이 쌓이고 모여 더욱 높아지고 커지니, 모여서 올라가는 상승이라서, 췌萃괘의 다음이 된다. 괘의 모습은 위로 땅을 상징하는 곤坤괘가 있고 아래로 나무를 상징하는 손巽괘가 있어서 나무가 땅 아래에 있는 모습이니, 땅속에서 나무가 생겨나는 것이다. 나무가 땅속에서 생겨나 자라서 더욱 높아지니, 상승의 모습이다.

升, 序卦, "萃者聚也, 聚而上者謂之升, 故受之以升." 物之積聚而益高大, 聚而上也, 故爲升, 所以次於萃也. 爲卦, 坤上巽下, 木在地下, 爲地中生木. 木生地中, 長而益高, 爲升之象也.

상승은 크게 좋고 형통하니, 대인을 만나되 근심하지 말고, 남쪽으로 가면 길하다.

升, 元亨, 用見大人, 勿恤, 南征吉.

상승은 나아가 올라가는 것이다. 상승하여 나아가면 형통할 뜻이 있고, 괘의 자질 구조가 좋기 때문에 크게 좋고 형통하다. 이 방도를 써서 대인을 만나되 근심하지 말고 앞으로 나아가면 길하다. '남정南征'은 앞으로 나아감을 뜻한다.

升者, 進而上也. 升進則有亨義, 而以卦才之善, 故元亨也. 用此道以見大人, 不假憂恤, 前進則吉也. 南征, 前進也.

「단전」에서 말했다. 유함이 때에 따라 올라가서 공손하고 순종하며, 강하면서 중中을 이루어 호응한다. 그래서 크게 형통한 것이다.

彖曰, 柔以時升, 巽而順, 剛中而應, 是以大亨.

이 괘를 이루는 두 괘의 형체로 설명했다. 유함이 올라간다는 것은 유함을 상징하는 곤괘가 위로 올라가는 것을 말한다. 손괘는 형체가 아래에 있으면서 자신을 낮추고, 곤괘는 때에 순응하면서 때에 따라서 올라가니, 마땅히 올라가야 할 때라는 말이다. 유柔함이 위로 상승하면 아래는 공손하고 위는 때에 순종하는 것이니, 공손하면서 때에 순종하는 방도로 상승하면, 때에 적절하다고 할 만하다.[1] 구이효가 강중剛中한 방도로[2] 육오효에 호응하고 육오효는 중도를 이루어 순종하는 덕으로 구이효에 호응하여, 공손하면서 순종할 수 있고, 그 상승하는 것을 때에 적절하게 하니, 크게 좋고 형통한 것이다. 「단전」의 글에는 '대형大亨'으로 잘못되어 있으니, 그 해

석은 대유大有괘에 나와 있다.[3]

以二體言. 柔升謂坤上行也. 巽既體卑而就下, 坤乃順時而上升以時也, 謂時當升也. 柔既上而成升, 則下巽而上順, 以巽順之道升, 可謂時矣. 二以剛中之道應於五, 五以中順之德應於二, 能巽而順, 其升以時, 是以元亨也. 彖文誤作大亨, 解在大有卦.

"대인을 만나되 근심하지 말라"는 것은 경사가 있는 것이다.

用見大人勿恤, 有慶也.

상승하는 방도는 반드시 대인을 통해서 이루어야만 한다. 정치적 지위에 오르려면 왕공王公을 통해서 이루어야 하고 도에 오르려면 성현을 통해서 이루어야만 하니, 공손하고 순종하며 강중을 이룬 도리로 대인을 만나면 반드시 그 상승을 이룰 것이다. "근심하지 말라"는 것은 상승을 이루지 못할까를 근심하지 않는 것이다. 정치적으로 상승을 이룸은 자신의 복과 경사이고, 복과 경사가 사람들에게 미친다.

凡升之道, 必由大人. 升於位則由王公, 升於道則由聖賢, 用巽順剛中之道以見大人, 必遂其升. 勿恤, 不憂其不遂也. 遂其升, 則己之福慶, 而福慶及物也.

"남쪽으로 가면 길하다"는 것은 뜻이 수행되는 것이다.

南征吉, 志行也.

남쪽이란 사람들이 향하는 곳이다. 남쪽으로 간다는 것은 앞으로 나아간다는 것이다. 앞으로 나아가면 상승을 이루고 그 뜻을 수행할 수 있으니, 그래서 길하다.

南, 人之所向. 南征, 謂前進也. 前進則遂其升, 而得行其志, 是以吉也.

「상전」에서 말했다. 땅 가운데 나무가 자라는 것이 승괘의 모습이니, 군자가 이것을 본받아 덕을 따라서 작은 것을 쌓아 높고 크게 한다.

象曰, 地中生木, 升, 君子以順德, 積小以高大.

나무가 땅속에서 생겨나, 성장하여 위로 상승하는 것이 승괘의 모습이다. 군자는 이 상승의 모습을 관찰하여 그 덕을 때에 따라서 수양하고, 작은 것을 누적하여 높고 거대한 경지에까지 이른다. 때에 순종하면 나아갈 수 있고, 거스르면 물러나게 된다. 만물의 나아감은 모두 때에 따르는 방도로써 이룬다. 선을 쌓지 않으면 명예를 이룰 수가 없다. 학업의 충실함과 도덕의 숭고함이 모두 축적하는 것을 통해서 이루어진다. 작은 것을 축적하는 것이 높고 위대한 것을 이룰 수 있는 근거이니, 이것이 상승의 뜻이다.

木生地中, 長而上升, 爲升之象. 君子觀升之象, 以順脩其德, 積累微小, 以至高大也. 順則可進, 逆乃退也. 萬物之進, 皆以順道也. 善不積不足以成名. 學業之充實, 道德之崇高, 皆由積累而至. 積小所以成高大, 升之義也.

초육효는 믿고 따라서 상승하는 것이니, 크게 길하다.

初六, 允升, 大吉.

초육효는 유한 자질로서 손巽괘의 형체 아래에 자리하고 또 공손의 주체로서 위로 강剛한 자질의 구이효를 받드니, 지극히 공손한 자다. 구이효는 강중을 이룬 덕으로 위로 군주와 호응하니, 상승의 때에 책임을 맡은 자다. '윤允'은 믿고 따른다는 말이다. 유순하고 공손한 초육효는 오직 구이효를 믿고 따르니, 구이효를 믿고 그를 따라 함께 상승하면 크게 길하다.

구이효는 덕으로 말하면 강중의 덕을 이루었고, 권력으로 말하면 책임을 맡고 있다.[4] 초육효가 음유한 자질이고 또 호응하여 도와주는 사람이 없어서, 스스로 올라갈 수 없다. 그래서 강중의 덕을 이룬 현자를 따라서 나아가는 것은 강중의 도를 따르는 것이니, 무엇이 이것보다 더 크게 길하겠는가?

初以柔居巽體之下, 又巽之主, 上承於九二之剛, 巽之至者也. 二以剛中之德, 上應於君, 當升之任者也. 允者, 信從也. 初之柔巽, 唯信從於二, 信二而從之同升, 乃大吉也. 二以德言, 則剛中, 以力言, 則當任. 初之陰柔, 又无應援, 不能自升. 從於剛中之賢以進, 是由剛中之道也, 吉孰大焉?

「상전」에서 말했다. 믿고 따라서 상승하여 크게 길한 것은 윗사람과 뜻이 통한 것이다.

象曰, 允升大吉, 上合志也.

윗자리에 있는 자와 뜻이 합하여 함께 올라간다. 윗자리에 있는 사람은 구이효를 말한다. 구이효를 따라 올라가면, 그것이 곧 구이효와 뜻을 함께하는 것이다. 강중의 덕을 이룬 현자를 믿고 따를 수 있기 때문에 크게 길한 것이다.

與在上者合志同升也. 上謂九二. 從二而升, 乃與二同志也. 能信從剛中之賢, 所以大吉.

구이효는 진실한 믿음이 있으면 소박한 제사를 드리는 것이 이로우니, 허물이 없다.

九二, 孚乃利用禴, 无咎.

구이효는 양강한 자질인데 아래에 자리하고, 육오효는 음유한 자질인데 위의 지위에 자리한다. 강한 사람이 유한 사람을 섬기고 양으로서 음을 따르는 것은, 그럴 수밖에 없는 때에는 그렇게 할 수밖에 없지만 이치를 따르는 도는 아니다. 어리석은 사람이 현명한 사람에게 군림하거나 강한 사람으로서 약한 사람을 섬기는 것을 상황의 형세 때문에 억지로 한다면 그것은 진정한 복종이 아니다. 윗사람과 아랫사람이 교제하는 데에 진실한 정성으로 하지 않는다면, 그 관계가 오래 지속될 수 있겠는가? 또 정치적 일을 도모할 수 있겠는가?

육오효는 음유한 자질이지만, 존귀한 지위에 자리했다. 구이효는 강양한 자질이지만 윗사람을 섬기는 자이니, 마땅히 마음속에 지극한 진실과 정성을 지녀 겉으로 꾸밀 필요가 없다. 마음속에 진실한 마음이 누적되면 저절로 겉으로 꾸미지 않으므로, "소박한 제사를 드리는 것이 이롭다"고 했다. 진실한 정성과 경건함을 중요시한다는 말이다. 예로부터 강직하고 강한 신하가 유약한 군주를 섬길 때에, 속이고 꾸미지 않은 자가 없었다.

'약禴'은 제사 가운데 간략하고 소박한 것이다. '부내孚乃'라고 한 것은 진실한 믿음이 있다면 겉으로 꾸미는 장식을 쓸 필요가 없고, 오로지 그 진실한 마음으로 윗사람을 감동시켜 소통시키는 것을 말한다.[5] 이렇게 하면 허물이 없게 된다. 강직하고 강한 신하로서 유약한 군주를 섬기고 또 정치적으로 상승하는 때이니, 진실한 뜻으로 군주와 서로 교제하지 않는다면 어떻게 허물을 면할 수 있겠는가?

二, 陽剛而在下. 五, 陰柔而居上. 夫以剛而事柔, 以陽而從陰, 雖有時而然, 非順道也. 以暗而臨明, 以剛而事弱, 若黽勉於事勢, 非誠服也. 上下之交不以誠, 其可以久乎? 其可以有爲乎? 五雖陰柔, 然居尊位. 二雖剛陽, 事上者也, 當內存至誠, 不假文飾於外, 誠積於中, 則自不事外飾, 故曰利用禴. 謂尙誠敬也. 自古剛強之臣, 事柔弱之君, 未有不爲矯飾者也. 禴, 祭之簡質者也. 云孚乃, 謂旣孚乃宜不用文飾, 專以其誠感通於上也. 如是則得无咎. 以剛強之臣而事柔弱之君, 又當升之時, 非誠意相交, 其能免於咎乎?

「상전」에서 말했다. 구이효의 진실한 믿음은 기쁨이 있는 것이다.

象曰, 九二之孚, 有喜也.

구이효가 진실한 믿음으로 윗사람을 섬기면, 신하된 도리로 허물이 없을 수 있을 뿐 아니라 강중을 이룬 도를 수행하여 세상에 그 혜택을 미치게 할 수 있으니, 이것이 기쁨이 있는 것이다. 「단전」에서[6] "경사가 있다"고 말한 것은 이와 같이 한다면 복과 경사가 사람들에게 미친다는 것이고, 여기서 "기쁨이 있다"고 한 것은 행한 일이 선하고 또 기뻐할 만한 일이 있다는 말이다. 예를 들어 대축大畜괘 육사효의 "어린 송아지에게 우리를 쳐두는 것이니, 크게 길하다"는 것에 대해 「상전」에서 "기쁨이 있다"[7]라고 했다. 어릴 때에 우리를 쳐두는 것이 쉽고 또 억지로 힘들게 제지하는 어려움을 면할 수 있으니, 이것이 기뻐할 만하다는 말이다.

二能以孚誠事上, 則不唯爲臣之道无咎而已, 可以行剛中之道, 澤及天下, 是有喜也. 凡象言有慶者, 如是則有福慶及於物也, 言有喜者, 事旣善而又有可喜也. 如大畜童牛之牿元吉, 象云有喜, 蓋牿於童則易, 又免強制之難, 是有可喜也.

구삼효는 빈 고을에 올라가는 것이다.

九三, 升虛邑.

구삼효는 양강한 자질로 올바르고 또 공손하여 윗사람이 모두 순종하고 게다가 호응하여 도와주는 사람이 있으니, 이러한 조건으로 정치권에 올라가면 마치 사람 없는 고을에 들어가는 것과 같으므로, 누가 그것을 막겠는가?

三以陽剛之才, 正而且巽, 上皆順之, 復有援應, 以是而升, 如入无人之邑, 孰禦哉?

「상전」에서 말했다. 빈 고을에 올라가는 것은 의심할 바가 없는 것이다.

象曰, 升虛邑, 无所疑也.

사람이 없는 고을에 들어가니, 그 나아감을 아무도 의심하거나 막지 않는다.

入无人之邑, 其進无疑阻也.

육사효는 왕이 기산에서 형통하듯이 하면 길하고 허물이 없을 것이다.

六四, 王用亨于岐山, 吉, 无咎.

육사효는 유순한 자질로 위로 군주의 상승에 순종하고, 아래로 아랫사람의 전진에 순종하며, 자신은 자신에게 합당한 위치에 멈추어 있다. 음한 성질로 유한 위치에 자리하고 음으로서 아래에 있는 것은 합당한 위치에 멈추어 있는 것이다. 옛날에 문왕文王이 기산岐山 아래에 자리할 때, 위로는 천자에게 순응하여 군주가 훌륭한 도를 이루도록 했으며 아래로는 세상의 현자에게 순응하여 정치권에 올라오도록 했고, 자신은 유순하면서 이치에 순종하며 겸손하고 공손하게 그 지위의 직분에서 벗어난 행동을 하지 않았다. 지극한 덕이 이와 같았으니, 주周나라의 왕업王業은 이러한 덕을 사용했기 때문에 형통했던 것이다. 육사효가 이와 같이 할 수 있다면, 형통하여 길하고 또 허물이 없을 것이다.

어떤 사람은 이렇게 묻는다. "육사효의 자질이 실로 본래 선한데 다시 '허물이 없다'는 말이 있는 것은 왜인가?" 이렇게 답하겠다. 육사효의 자질이 비록 선하지만 그 지위는 응당 경계해야 할 자리이기 때문이다. 군주와 가까운 지위에 자리하고 상승의 때에 있어 다시 올라갈 수가 없으니, 더 올라가려고 하면 흉하고 허물이 있게 됨을 알 수 있다. 그러므로 문왕과 같이 하면 길하여 허물이 없다고 말한 것이다. 그러나 대신의 지위에 처하여 사람들을 정치권에 올리는 일에 종사하지 않을 수 없으니, 마땅히 위로는 군주의 도를 상승시키고 아래로는 세상의 현자들을 정치권에 승진시키며, 자신은 그 직분의 한계에 머물러야만 한다. 직분의 한계에 머물러야 할지라도 덕은 마땅히 올라가고 도는 형통해야 할 것이다. 이 도리를 다한 사람은 오직 문왕[8]일 것이다!

四, 柔順之才, 上順君之升, 下順下之進, 已則止其所焉, 以陰居柔, 陰而在下, 止其所也. 昔者文王之居岐山之下, 上順天子, 而欲致之有道, 下順天下之賢, 而使之升進, 已則柔順謙恭, 不出其位, 至德如此, 周之王業, 用是而亨也. 四能如是, 則亨而吉, 且无咎矣. 四之才固自善矣, 復有无咎之辭, 何也? 曰, 四之才雖善, 而其位當戒也. 居近君之位, 在升之時, 不可復升, 升則凶咎可知, 故云如文王則吉而无咎也. 然處大臣之位, 不得无事於升, 當上升其君之道, 下升天下之賢, 已則止其分焉. 分雖當止, 而德則當升也, 道則當亨也. 盡斯道者, 其唯文王乎!

「상전」에서 말했다. 왕이 기산에서 형통하듯이 한다는 것은 순종

하는 일이다.

象曰, 王用亨于岐山, 順事也.

육사효는 군주의 지위에 가까운 위치에 자리한다. 상승의 때에 길하고 허물이 없을 수 있는 것은 그가 순종할 줄 아는 덕을 지녔기 때문이다. 유하면서 곤坤괘의 형체에 있는 것은 지극히 순종하는 모습이다. 문왕이 기산에서 형통했던 것 역시 때에 순응했기 때문일 뿐이다. 위로 윗사람에게 순종하고 아래로 아랫사람에게 순종하며 자신은 마땅한 의리에 순종하여 처신했으므로 "순종하는 일이다"라고 했다.

四居近君之位, 而當升時, 得吉而无咎者, 以其有順德也. 以柔居坤, 順之至也. 文王之亨于岐山, 亦以順時而已. 上順於上, 下順乎下, 己順處其義, 故云順事也.

육오효는 올바름을 굳게 지켜야 길하니, 계단을 오르는 듯하다.

六五, 貞吉, 升階.

육오효는 아래에 강중한 덕을 이룬 호응하는 사람이 있으므로 존귀한 지위에 자리하여 길할 수가 있지만, 자질이 본래 음유하니 반드시 올바름을 견고하게 지켜야 길하다. 올바름을 견고하게 지킬 수가 없다면, 현자를 돈독하게 믿을 수 없고, 현자에게 일을 끝까지 맡기지 못할 것이니, 어떻게 길할 수 있겠는가?

'계단'은 경유하여 올라가는 것이다. 강중한 덕을 이룬 현자에게 일의 책임을 맡겨, 군주를 보필하여 군주의 도를 상승하게 하는 것은 마치 계단을 경유하여 올라가는 것과 같으니, 경유할 수단이 있어서 쉽게 일을 처리한다는 말이다. 구이효는 올바른 호응관계를 가리키지만, 아래에 있는 현자가 모두 계단을 통하듯이 그를 통해 올라올 것이니, 현자를 한 사람 등용하면 나머지 현자들은 한 무리로 함께 정치권에 올라오게 될 것이다.

五以下有剛中之應, 故能居尊位而吉, 然質本陰柔, 必守貞固, 乃得其吉也. 若不能貞固, 則信賢不篤, 任賢不終, 安能吉也? 階, 所由而升也. 任剛中之賢, 輔之而升, 猶登進自階, 言有由而易也. 指言九二正應, 然在下之賢, 皆用升之階也, 能用賢則彙升矣.

「상전」에서 말했다. 올바름을 굳게 지켜야 길하니, 계단을 오르는 듯한 것은 뜻을 크게 얻는 것이다.

象曰, 貞吉升階, 大得志也.

현자들의 재능에 의지하여 책임을 맡기고 올바름을 굳게 지킬 수 있으니, 이렇게 상승하면 세상의 위대한 정치를 이룰 것이고 이는 그 뜻을 크게 얻은 것이다. 군주의 도道가 상승하는 데에 훌륭한 재능을 가진 현자들의 도움이 없는 것을 근심할 뿐이니, 도와주는 자가 있다면 계단을 통해서 올라가는 것과 같을 것이다.

倚任賢才, 而能貞固, 如是而升, 可以致天下之大治, 其志可大得也. 君道之升, 患无賢才之助爾, 有助則猶自階而升也.

상육효는 상승하는 데에 어두우니, 쉬지 않는 올바름이 이롭다.

上六, 冥升, 利于不息之貞.

상육효는 음한 자질로 상승의 끝에 자리하여 상승하는 일에 대해서 어둡다. 나아갈 줄만 알고 멈출 줄을 모르는 자이니, 매우 현명하지 못하다. 그러나 상승하기만을 구하고 그치지 않는 마음은 때에 따라 올바름을 굳게 지켜서 쉬지 말아야 하는 일에 사용하면 마땅함이 된다. 군자는 올바른 덕에 하루 종일 힘쓰고 스스로 쉬지 않고서 강하게 하니, 상육효의 그치지 않는 마음을 이렇게 자신의 덕을 수양하는 데에 사용하면 이롭다. 소인이 그치지 않고서 탐욕을 부리고 요구하는 마음을 덕을 증진시키는 데에 옮겨 쓴다면, 어떤 선함이 이와 같겠는가?

六以陰居升之極, 昏冥於升, 知進而不知止者也, 其爲不明甚矣. 然求升不已之心, 有時而用於貞正, 而當不息之事, 則爲宜矣. 君子於貞正之德, 終日乾乾, 自強不息. 如上六不已之心, 用之於此則利也. 以小人貪求无已之心, 移於進德則何善如之?

「상전」에서 말했다. 상승하는 데에 어두우면서 위에 있으니, 소멸되어 부유하게 되지 못한다.

象曰, 冥升在上, 消不富也.

상승하는 일에 어두워서 극한에 올라가면서도 멈출 줄 모르므로 오직 소멸되어 없어질 뿐이니, 어떻게 다시 더 증진시킬 수 있겠는가? "부유하게 되지 못한다"는 말은 더 증진시키고 더할 것이 없다는 말이다. 상승함이 극한에 이르면, 물러남만 있고 나아감은 없는 것이다.

昏冥於升, 極上而不知已, 唯有消亡, 豈復有加益也? 不富, 无復增益也. 升旣極, 則有退而无進也.

---

1 때에 적절하다고 할 만하다: 호원은 이렇게 설명한다. "현인군자가 유순한 태도를 가지고 그 때가 나아갈 만하면 나아가는 것이 승진升進의 뜻이다賢人君子, 執柔順之道, 以其時之可進而進, 是得其升進之義也." 때에 적절하다는 것은 호원에 따르면 나아갈 만한 때에 나아가고 물러날 만한 때에 물러나는 것이다. 즉 때에 알맞게 행하는 것이다.

2 구이효가 강중剛中한 방도로: 상승의 도리는 유순한 태도로 때에 적절하게 나아가는 것이 중요하다. 그러나 단지 유순한 태도만 강조하는 것은 아니다. 호원은 이렇게 설명하고 있다. "군자는 반드시 공손하고 유순한 덕에 전적으로 맡기지 않는다. 만약 전적으로 그 덕에 맡긴다면 나약하게 되는 데에 과실이 있다. 그래서 반드시 안으로는 강명한 자질을 가지고 겉으로는 유순한 행동을 하여서 강함이 오만함이 되지 않게 하고 유함이 나약함이 되지 않게 하여 행위하고 행하는 일들이 모두 중정을 얻는다夫君子, 必不可全任巽順之德. 若全任之, 則失于懦. 是必內有剛明之才, 外有柔順之行, 使剛不過亢, 柔不至懦, 而所爲所行之事, 皆得其中正."

3 그 해석은 대유괘에 나와 있다: 정이천은 '대형大亨'이 아니라 '원형元亨'이라고 본다. 그래서 대유괘에서 이렇게 설명한다. "'원형'이라는 글이 들어간 괘는 4개가 있는데, 대유大有괘, 고蠱괘, 승升괘, 정鼎괘다. 오직 승괘의 「단전」에서만 다른 괘를 잘못 따라서 '원형'이 아니라 '대형'이라고 적혀 있다." 대유괘 참조.

4 권력으로 말하면 책임을 맡고 있다: 중국판본은 "二以德言, 則剛中以力言, 則當任"이라고 읽지만, 『주역대전』 구결은 "二以德言, 則剛中, 以力言, 則當任"으로 읽고 있다. 『주역대전』 구결을 따랐다.

5 소통시키는 것을 말한다: 췌萃괘 육이효의 효사는 이렇다. "육이효는 끌어당기면 길하여 허물이 없으니, 진실한 믿음이 있으면 소박한 제사를 드리는 것이 이롭다六二, 引吉无咎, 孚乃利用禴." 승升괘 구이효와 유사하다. 운봉 호씨는 이렇게 설명한다. "췌괘의 육이효는 윗사람에게 함께 모이는 것을 구하는 것이고, 승괘의 구이효는 윗사람에게 상승을 구하는 것이므로 그 의미가 같다. 췌괘의 육이효는 유함으로 구오효의 강함에 호응하고, 승괘의 구이효는 강함으로 육오효의 유함에 호응하지만, 그들이 지극한 정성과 진실로 감응하는 것은 마찬가지다. 그러므로 효

사가 같고 「단전」에서 강중으로 호응한다는 말도 또한 같다萃六二, 求萃於上, 升九二, 求升乎上, 故其義同. 萃六二以柔而應九五之剛, 升九二以剛而應六五之柔, 其以至誠感應, 則一也.故爻辭同, 而象傳剛中而應之辭, 亦同."

6 「단전」에서: 원문은 '범상凡象'이라 하여 「상전」을 뜻하지만, "경사가 있다"는 말은 「단전」에 있다. 정이천이 착각한 듯하다.

7 『역』 대축괘 「상전」, "육사효의 크게 길함은 기쁨이 있는 것이다象曰, 六四元吉, 有喜也."

8 호원은 문왕이 한 일을 구체적으로 나열하고 있다. "옛날에 상나라 주紂왕이 천자의 자리에 있을 때 문왕은 서백西伯으로 기산의 고을을 통치했다. 이때에 문왕은 성인의 재능은 있었지만 성인의 지위는 없었는데, 인의의 도로 한 나라를 만들고 이루었다. 예를 들어 경작하는 자들에게 9분의 1의 세금을 받았으며, 죄인을 처벌하되 처자식에게까지 미치지 않았고, 벼슬하는 자들에게는 대대로 녹봉을 주었으며, 관문을 기찰하기만 하고 세금을 징수하지 않았고, 시장에서도 세금을 징수하지 않았으며, 정치를 펴고 인정을 시행하는 데에 먼저 궁핍한 백성을 생각했으니, 그래서 기산의 백성들이 형통하게 되었던 것이다. 그러므로 문왕에게 귀의하는 자들이 마치 부모에게 귀의하는 것과 같았다昔商紂在上, 文王爲西伯治于岐山之邑. 當此之時, 文王有聖人之才, 无聖人之位, 而以仁義之道, 生成其一國. 至如耕者九一, 罪人不孥, 仕者世祿, 關譏而不征, 市廛而不稅, 發政施仁, 必先于窮民, 是以岐山之民, 皆得亨通, 故歸者, 如歸父母." 이상의 문왕에 대한 내용은 『맹자』 「양혜왕하」에도 나온다.

47. 곤경: 곤困괘䷮

택수곤澤水困이라고 한다. 괘의 모습이 태兌☱괘가 위에 있고 감坎☵괘가 아래에 있기 때문이다.

곤困괘에 대해서 「서괘전」은 다음과 같이 설명한다. "올라가기만 하고 그치지 않으면 반드시 곤란해지므로 그래서 곤경을 상징하는 곤괘로 받았다." 상승이란 아래에서 위로 올라가는 것이다. 아래에서 위로 올라가는 것은 힘을 써서 앞으로 나아가는 것이니, 그치지 않으면 반드시 곤란해지므로 승升괘 다음에 곤괘로 받았다. 곤경이란 고달프고 힘들다는 뜻이다.

괘의 모습은 연못을 상징하는 태兌괘가 위에 있고 물을 상징하는 감坎괘가 아래에 있다. 물이 연못 위에 있으면 연못 가운데 물이 있는 것인데, 연못 아래에 있으니, 연못이 말라 물이 없는 모습으로 곤경과 궁핍의 뜻이다. 또 태괘는 음으로 위에 있고 감괘는 양으로 아래에 있으며, 상육효는 두 양 위에 있고 구이효는 두 음의 가운데 빠져 있다. 모두 음유陰柔한 것이 양강陽剛한 것을 가리니, 곤경에 빠진 것이다. 양이 상징하는 군자가 음이 상징하는 소인에게 은폐를 당하니 곤궁한 때다.

困, 序卦, "升而不已必困, 故受之以困." 升者自下而上. 自下升上, 以力進也, 不已必困矣, 故升之後受之以困也. 困者憊乏之義. 爲卦, 兌上而坎下. 水居澤上, 則澤中有水也, 乃在澤下, 枯涸无水之象, 爲困乏之義. 又兌以陰在上, 坎以陽居下, 與上六在二陽之上, 而九二陷於二陰之中, 皆陰柔揜於陽剛, 所以爲困也. 君子爲小人所揜蔽, 窮困之時也.

곤경은 형통하고 올바를 수 있다. 대인이라 길하고 허물이 없으니, 말이 있으면 믿지 않는다.

困, 亨貞. 大人吉, 无咎, 有言不信.

괘의 자질 구조처럼 행하면 곤경에 빠졌을지라도 형통할 수 있고 또 올바름을 얻을 수 있으니, 곧 대인이 곤경에 대처하는 방도이므로 길하여 허물이 없을 수 있다. 대인이 곤경에 빠졌을 때 그 도가 저절로 길할 뿐 아니라 천리天理를 즐거워하고 천명天命을 편안히 여기니, 그 길함을 잃지 않는 것이다. 게다가 때를 판단하여 잘 대처하고 또 여유로운 마음을 가졌다면 어찌하겠는가? "말이 있으면 믿지 않는다"고 했으니, 곤경에 빠졌을 때 변명이나 불평을 한다면 어떤 사람이 그 말을 믿겠는가?[1]

如卦之才, 則困而能亨, 且得貞正, 乃大人處困之道也, 故能吉而无咎. 大人處困, 不唯其道自吉, 樂天安命, 乃不失其吉也. 況隨時善處, 復有裕乎? 有言不信, 當困而言, 人誰信之?

「단전」에서 말했다. 곤경은 강함이 가려진 것이다.

彖曰, 困, 剛揜也.

이 괘가 곤경이라는 상황을 상징하는 이유는 강함이 유함에 의해서 가려졌기 때문이다. 하체에서는 위험에 빠지고 상체에서는 가려졌으므로[2] 곤경에 빠진 것이다. 위험에 빠진 것도 가려진 것이다. 강양한 자질의 군자가 음유한 자질의 소인들에게 가려졌으니, 군자의 도가 곤경에 빠지고 막히는 때다.

卦所以爲困, 以剛爲柔所掩蔽也. 陷於下而掩於上, 所以困也. 陷亦掩也. 剛陽君子而爲陰柔 小人所掩蔽, 君子之道困窒之時也.

위험한 상황이지만 기쁜 마음을 가지고 있어서 곤경일지라도 그것이 형통할 수 있는 가능성을 잃지 않으니, 오직 군자일 것이다!

險以說, 困而不失其所亨, 其唯君子乎!

괘의 자질 구조로 곤경에 대처하는 방도를 말한 것이다. 아래 감坎괘가 위험을 상징하고 위의 태兌괘가 기쁨을 상징하니, 위험에 처했으나 기뻐할 수 있다. 곤경과 궁핍과 어려움과 위험 가운데에 있지만 천명을 기뻐하고 마땅한 의리를 편안히 여겨, 스스로 기쁨과 즐거움을 얻는다. 때가 비록 곤경의 상황이지만 처신하는 것이 마땅한 의리를 잃지 않으면 그 도가 저절로 형통하니, 곤경에 처했으면서도 형통할 수 있는 가능성을 잃지 않는 것이다. 이렇게 행할 수 있는 자는 오직 군자일 것이다! 만일 때가 마땅히 곤궁해야 하는데 오히려 형통하다면, 몸은 비록 형통하지만 도는 곤궁해진다. 군자는 대인을 통칭한 것이다.

以卦才言處困之道也. 下險而上說. 爲處險而能說, 雖在困窮艱險之中, 樂天安義, 自得其說樂也. 時雖困也, 處不失義, 則其道自亨, 困而不失其所亨也. 能如是者, 其唯君子乎! 若時當困而反亨, 身雖亨, 乃其道之困也. 君子, 大人通稱.

"올바를 수 있다. 대인이라 길하다"는 것은 강하면서도 중도를 이루기 때문이다.

貞大人吉, 以剛中也.

곤경에 처했으나 올바를 수 있다는 것은 대인이 길한 것이니, 강중剛中한 도로써 행하기 때문이다. 구오효와 구이효가 이런 사람이다. 강중한 덕을 가진 사람이 아니라면, 곤경에 처하면 그 올바름을 잃는다.

困而能正, 大人所以吉也, 蓋其以剛中之道也. 五與二是也. 非剛中, 則遇困而失其正矣.

"말이 있으면 믿지 않는다"는 것은 입을 숭상하면 곧 궁지에 몰리기 때문이다.

有言不信, 尙口, 乃窮也.

곤경의 때를 당하여 이런 저런 변명을 늘어놓고 남을 탓하는 말을 하면 사람들이 믿지 않으니, 입으로 그 곤경을 면하려고 하면 궁지에 몰린다. 기뻐함으로써 곤란한 상황을 대처하려고 하므로, 입을 숭상하는 데 대한 경계가 있는 것이다.

當困而言, 人所不信, 欲以口免困, 乃所以致窮也. 以說處困, 故有尙口之戒.

「상전」에서 말했다. 연못에 물이 없는 것이 곤괘의 모습이니, 군자는 이것을 본받아 천명을 다하여 뜻을 수행한다.

象曰, 澤无水困, 君子以致命遂志.

연못에 물이 없는 것이 곤궁하고 궁핍한 모습이다. 군자가 곤궁할 때를 당하여 방비하고 염려하는 방도를 다했는데도 그 상황을 면할 수 없다면 천명인 것이니, 마땅히 그 천명을 다 헤아려 보고서 그 뜻을 수행해야 한다. 천명의 당연함을 알았다면 궁핍과 장애와 재앙과 근심 때문에 마음이 동요하지 않고, 나에게 마땅한 의리를 행할 뿐이다. 그 천명을 알지 못하면 위험과 어려움에 처하는 것을 두려워하고, 곤궁과 궁핍에 뜻을 상실하고 기가 꺾여서 지키는 것을 잃을 것이니, 어떻게 선을 행하려는 뜻을 이룰 수 있겠는가?

澤无水, 困乏之象也. 君子當困窮之時, 旣盡其防慮之道, 而不得免, 則命也, 當推致其命, 以遂其志. 知命之當然也, 則窮塞禍患不以動其心, 行吾義而已. 苟不知命, 則恐懼於險難, 隕穫於窮戹, 所守亡矣, 安能遂其爲善之志乎?

초육효는 엉덩이가 마른 나무 아래서 곤란한 상황이니, 어두운 골짜기로 들어가서 3년이 지나도 볼 수 없다.

初六, 臀困于株木, 入于幽谷, 三歲不覿.

초육효는 음유한 자질로 지극히 낮은 곳에 처했고 또 위험한 장애 아래에 있으니, 곤경에 빠져 스스로 해결하지 못하는 자다. 반드시 위에 있는 강명剛明한 자질의 사람을 얻어 도움으로 삼으면, 그 곤경을 해결할 수 있다. 초육효와 구사효는 올바른 호응관계이지만, 구사효는 양으로서 음의 위치에 자리하여 올바르지 못하다. 강함을 잃고 중도를 이루지 못하며 또 음한 사람에게 가려져서 곤란하니, 어찌 남의 곤경을 해결해줄 수 있겠는가? 이는 마치 마른 나무 아래서는 사물을 가려주고 덮어주지 못하는 것과 같다. '마른 나무'는 가지와 잎이 없는 나무[3]다. 구사효는 군주와 가까운 위치이니, 다른 괘에서는 도움을 주지 못하는 자가 아니지만 곤경에 처하여 다른 사람을 비호할 수 없으므로, 마른 나무로 상징했다.

엉덩이는 거처하는 곳으로, 엉덩이가 마른 나무에서 곤란한 것은 비호받을 사람이 없어서 자신이 거처하는 자리에서 안정을 이룰 수가 없는 것이니, 거처하는 자리가 안정을 이루었다면 곤란한 상황이 아니다. "어두운 골짜기로 들어간다"고 했는데, 음유한 자질의 사람은 자신이 닥친 상황에서 안정을 이룰 수 있는 자가 아니니, 곤경에서 벗어날 수 없으면 더욱더 어리석고 혼란에 빠져 경거망동하여 더 깊은 곤경에 빠진다. '어두운 골짜기'는 깊고 어두운 곳이다. 곤궁한 곳에 더욱더 깊이 들어가서 스스로 벗어날 형세가 없으므로 3년이 지나도 볼 수가 없는 지경에 이르니, 끝내 곤궁한 처지에 빠지는 자다. "볼 수 없다"는 것은 형통할 수 있는 길을 만나지 못하는 것이다.

六以陰柔處於至卑, 又居坎險之下, 在困不能自濟者也. 必得在上剛明之人爲援助, 則可以濟其困矣. 初與四爲正應, 九四以陽而居陰爲不正, 失剛而不中, 又方困於陰揜, 是惡能濟人之困? 猶株木之下, 不能蔭覆於物. 株木, 无枝葉之木也. 四近君之位, 在他卦不爲无助, 以居困而不能庇物, 故爲株木. 臀, 所以居也. 臀困于株木, 謂无所庇而不得安其居, 居安則非困也. 入于幽谷, 陰柔之人, 非能安其所遇, 旣不能免於困, 則益迷暗妄動, 入於深困. 幽谷, 深暗之所也. 方益入於困, 无自出之勢, 故至於三歲不覿, 終困者也. 不覿, 不遇其所亨也.

「상전」에서 말했다. 어두운 골짜기로 들어가는 것은 어두워서 밝지 못한 것이다.

象曰, 入于幽谷, 幽不明也.

어둡다는 것은 현명하지 못한 것이니, 더욱더 어리석고 혼란한 곳에 들어가 스스로 깊은 곤경에 빠지는 것을 말한다. 현명하다면 어리석은 지경에 빠지지는 않을 것이다.

幽, 不明也, 謂益入昏暗, 自陷於深困也. 明則不至於陷矣.

구이효는 술과 밥에 곤궁하지만 붉은 옷이 장차 오리니 제사를 드리는 것이 이롭고, 가면 흉하니 탓할 곳이 없다.

九二, 困于酒食, 朱紱方來, 利用亨祀, 征凶, 无咎.

술과 밥은 사람이 욕구하는 바이고 그래서 은혜를 베풀 수 있다. 구이효는 강중을 이룬 자질로 곤경의 때에 처했으니, 군자는 자신에게 닥친 상황에서 안정을 이루어, 곤궁하고 위험하고 어려울지라도 그 마음이 동요하지 않으니 그 곤경을 근심하지 않는다. 곤란한 것은 오직 바라는 것에 곤란을 겪는 일뿐이다. 군자가 바라는 것은 세상의 백성에게 혜택을 주고 세상의 곤경을 해결하는 것이다. 구이효는 그가 바라는 것을 수행하고 그 혜택을 시행하지 못했기 때문에 "술과 밥에 곤궁하다"고 했다.

대인과 군자는 그 도를 가슴에 품고 아래 지위에서 곤경에 처했더라도, 반드시 도를 가진 군주가 찾아와서 그를 등용한 후에야 가슴 속에 쌓아놓은 도를 시행할 수가 있다. 구이효는 강중을 이룬 덕으로 아래에서 곤경에 처했으니, 위로 구오효의 강중한 덕을 가진 군주가 있어 도를 함께하고 덕을 합하여, 반드시 와서 서로 요구할 것이므로, "붉은 옷이 찾아온다"고 했다. '방래方來'는 장차 온다는 것이다. '붉은 옷'은 왕의 옷으로 무릎을 가리는 옷이다. 행차하여 온다는 뜻이기 때문에 "무릎을 가린다"고 했다.

"제사를 드리는 것이 이롭다"는 것은 지극한 진실과 정성으로 제사를 드려서 신명神明과 통한다는 말이다. 곤경의 때에 지극한 진실과 정성으로 행하는 것이 이로우니, 마치 제사를 드리는 것처럼 해서 그 덕이 정성스러우면 저절로 윗사람을 감동시켜 통하게 할 수 있다. 예로부터 현철賢哲들이 어둡고 먼 곳에서 곤경에 처했으나 결국에는 그 덕이 세상에 알려져서 도가 결국 세상에 시행된 것은, 오직 스스로 지극한 진실과 정성을 지켰기 때문이다.

"가면 흉하니 탓할 곳이 없다"[4]고 했는데, 곤경에 처했을 때 만약 지극한 진실과 정성으로 처한 곳에서 안정을 이루어 천명을 기다리지 못하고 성급하게 가서 먼저 구한다면 어려움에 빠져 흉하게 될 것이니, 이것은 스스로 자초한 일로서 누구를 허물할 수 있겠는가? 때를 헤아리지 않고 성급하게 가면 자신에게 주어진 위치에서 안정을 이루지 못하니, 곤란한 상황에서 마음이 요동한다. 강중을 이룬 덕을 잃고서 스스로 흉함과 후회를 자초하니, 누구를 원망하고 탓하겠는가? 여러 괘에서 이二효와 오五효는 음과 양으로 서로 호응하는 것이 길하지만, 오직 소축小畜괘와 곤困괘는 음에 의해서 곤란을 당하기 때문에 같은 양으로서 도가 같은 자끼리 서로 구하는 것이다. 소축괘는 양이 음에 의해서 제지당하고, 곤괘는 양이 음에게 가려지기 때문이다.

酒食, 人所欲而所以施惠也. 二以剛中之才, 而處困之時, 君子安其所遇, 雖窮戹險難, 无所動其心, 不恤其爲困也. 所困者, 唯困於所欲耳. 君子之所欲者, 澤天下之民, 濟天下之困也. 二未得遂其欲, 施其惠, 故爲困于酒食也. 大人君子懷其道而困於下, 必得有道之君求而用之, 然後能施其所蘊. 二以剛中之德困於下, 上有九五剛中之君, 道同德合, 必來相求, 故云朱紱方來. 方來, 方且來也. 朱紱, 王者之服, 蔽膝也. 以行來爲義, 故以蔽膝言之. 利用亨祀, 亨祀以至誠通神明也. 在困之時, 利用至誠, 如亨祀然, 其德既誠, 自能感通於上. 自昔賢哲困於幽遠, 而德卒升聞, 道卒爲用者, 唯自守至誠而已. 征凶, 无咎, 方困之時, 若不至誠安處以俟命, 往而求之, 則犯難得凶, 乃自取也, 將誰咎乎? 不度時而征, 乃不安其所, 爲困所動也. 失剛中之德, 自取凶悔, 何所怨咎? 諸卦二五以陰陽相應而吉, 唯小畜與困, 乃戹於陰, 故同道相求, 小畜, 陽爲陰所畜, 困 陽爲陰所揜也.

「상전」에서 말했다. 술과 밥에 곤란한 것은 중도를 지키면 좋은 일이 있을 것이다.

象曰, 困于酒食, 中有慶也.

바라는 것에 곤란을 겪어, 남에게 은택을 베풀지 못한다. 그러나 강중을 이룬 덕을 지키고 있으면 반드시 형통할 수가 있어 복과 경사가 있다. 때가 형통하지 못할지라도 그 중도를 이룬 덕을 지키면 또한 군자의 도는 형통할 수 있으니, 이것이 경사가 있는 것이다.

雖困于所欲, 未能施惠於人. 然守其剛中之德, 必能致亨而有福慶也. 雖使時未亨通, 守其中德, 亦君子之道, 亨乃有慶也.

육삼효는 돌에 치여 곤란하고 가시나무에 찔려 앉아 있다. 그 집에 들어가도 아내를 보지 못하니, 흉하다.

六三, 困于石, 據于蒺藜. 入于其宮, 不見其妻, 凶.

육삼효는 중정을 이루지 못한 음유한 자질로 위험의 극한에 처했으면서도 강剛함을 쓴다. 양의 위치에 자리하는 것은 강함을 쓰는 것이니, 이는 곤경의 상황에 잘 대처하지 못함이 심한 자다. 돌은 견고하고 무거워서 감당하기 어려운 것이고 가시나무는 찔려서 앉아 있을 수 없는 것이다. 육삼효는 강험剛險[5]한 마음으로 위로 나아가면 두 양효가 위에 있어서 힘으로는 이길 수 없다. 견고하여 범할 수가 없어서 스스로 곤란해질 뿐이니, "돌에 치여 곤란하다"고 했다. 불선한 덕으로 강중한 덕을 가진 구이효 위에 자리하고 있어서 그 불안함이 가시를 깔고 앉은 것과 같으니, "가시나무에 찔려 앉아 있다"고 했다.

나아가건 물러나건 모두 더욱 곤란해져서, 자신의 처한 자리에 안정을 이루고자 하지만, 더욱더 그럴 수가 없다. '집'은 거처하기 편안한 곳이다. '아내'는 편안하게 해주는 주인이다. 나아감과 물러남이 불가능함을 알고서 자신의 처한 자리에서 안정을 이루고자 하지만, 편안함을 잃는다. 나아감과 물러남 그리고 자신의 자리에 처하는 것이 모두 불가능하니, 오로지 죽음만이 있을 뿐이라서 그 흉함을 알 수 있다.

「계사전」에서 "곤란해야 할 바가 아닌데도 곤란하게 되니 이름이 반드시 욕될 것이고, 거처해야 할 곳이 아닌데 거처하니 몸이 반드시 위태로울 것이다. 욕되고 위태로워 죽음에 이를 뿐이니, 아내를 만나볼 수 있겠는가?"라고 했다. 두 양은 침범할 수가 없는데도 침범하여 곤경을 자초하니, 이것은 "곤란해야 할 바가 아닌데도 곤란하게 된 것"이다. 이름이 욕되게 되는 것은 그 일이 나쁘다는 말이다. 육삼효는 구이효 위에 있으니 실로 거처해야 할 곳이 아닌 자리에 거처한 것으로, 겸손하고 유순하게 행하여 자신을 낮출 수가 있다면 해가 없을 것인데, 결국에 강험한 태도로 감행하여 올라타고 있으니 안정을 이루지 못하여 곤경을 자초하는 것이 마치 가시나무에 찔려 앉아 있는 것과 같다. 이와 같이 행하면 죽음에 이를 뿐이니 편안하게 하는 주인을 만나볼 수 있겠는가?

六三以陰柔不中正之質, 處險極而用剛. 居陽, 用剛也, 不善處困之甚者也. 石, 堅重難勝之物. 蒺蔾, 刺不可據之物. 三以剛險而上進, 則二陽在上, 力不能勝, 堅不可犯, 益自困耳, 困于石也. 以不善之德, 居九二剛中之上, 其不安猶藉刺, 據于蒺蔾也. 進退旣皆益困, 欲安其所, 益不能矣. 宮, 其居所安也. 妻, 所安之主也. 知進退之不可, 而欲安其居, 則失其所安矣. 進退與處皆不可, 唯死而已, 其凶可知. 繫辭曰, "非所困而困焉, 名必辱, 非所據而據焉, 身必危. 旣辱且危, 死期將至, 妻其可得見耶?" 二陽不可犯也, 而犯之以取困 ,是非所困而困也. 名辱, 其事惡也. 三在二上, 固爲據之, 然苟能謙柔以下之, 則无害矣, 乃用剛險以乘之, 則不安而取困, 如據蒺蔾也. 如是, 死期將至, 所安之主可得而見乎?

「상전」에서 말했다. 가시나무에 찔려 앉아 있는 것은 강함을 탔기 때문이고, 그 집에 들어가도 아내를 보지 못하는 것은 상서롭지 못한 것이다.

象曰, 據于蒺蔾, 乘剛也, 入于其宮不見其妻, 不祥也.

"가시나무에 찔려 앉아 있다"는 것은 강직한 구이효를 올라탔다는 말이니, 불안하다는 것은 가시를 깔고 앉아 있는 것과 같다. "상서롭지 못하다"는 것은 불선한 징조다. 그 안정됨을 잃는 것이 불선함의 효과이므로 아내를 보지 못하는 것이 상서롭지 못하다고 했다.

據于蒺蔾, 謂乘九二之剛, 不安猶藉刺也. 不祥者, 不善之徵. 失其所安者, 不善之效, 故云不見其妻不祥也.

구사효는 오기를 천천히 하는 것은 쇠수레에 곤란을 느끼기 때문이니, 부끄럽지만, 결말이 있을 것이다.

九四, 來徐徐, 困于金車, 吝, 有終.

자신의 힘이 부족하기 때문에 곤경에 빠졌으니, 곤경에서 형통할 수 있는 방도는 반드시 도움을 주는 사람을 통해야만 한다. 곤경의 때에 윗사람과 아랫사람이 서로 도움을 구하는 것은 당연한 이치다. 구사효는 초육효와 올바른 호응관계이지만, 구사효는 중정中正을 이루지 못하면서 곤경에 처하여 그 재능이 타인의 곤경을 해결하기에는 부족하다. 초육효는 구이효와 친밀한 관계를 맺고 있는데, 구이효는 강중한 자질을 가지고 있어서 곤경을 충분히 해결할 수가 있으니, 마땅히 초육효가 따르게 된다.

'금金'은 강한 것이다. '수레'는 물건을 싣는 것이다. 구이효가 강한 자질로서 아래에서 구사효 자신을 싣고 있기 때문에 쇠수레라고 한 것이다. 구사효가 초육효를 쫓아가고자 하지만 구이효가 가로막고 있으므로, 그 오는 것이[6] 더디고 의심하여 천천히 지체하니, 이는 쇠수레에 곤란을 겪는 것이다. 호응관계에 있는 사람이 자신을 하찮게 여기고서 다른 사람에게 갈 것을 의심해서, 그를 쫓아가려고 하면 머뭇거리면서[7] 성급하게 자신의 앞으로 오지 않으니, 어찌 부끄럽지 않겠는가?

'결말이 있다'고 한 것은 상황이 바른 데로 돌아간다는 것이니, 초육효와 구사효 두 사람의 올바른 호응관계는 결국에는 반드시 서로 따르는 것이다. 가난한 선비의 아내와 약소국의 신하가 각각 그 정도正道를 편안히 여길 뿐이니, 강한 세력을 선택하여 따른다면 죄악이 커서 세상에서 용납받지 못할 것이다. 구이효와 구사효는 모두 양으로서 음의 위치에 자리했으나, 구이효는 강중한 자질을 가지고 있어서 곤경을 해결할 수가 있다. 음의 위치에 자리한 것은 유柔를 숭상하는 것이고, 중中을 얻은 것은 강함과 유함의 마땅함을 잃지 않은 것이다.

唯力不足故困, 亨困之道, 必由援助. 當困之時, 上下相求, 理當然也. 四與初爲正應, 然四以不中正處困, 其才不足以濟人之困. 初比二, 二有剛中之才, 足以拯困, 則宜爲初所從矣. 金, 剛也. 車, 載物者也. 二以剛在下載己, 故謂之金車. 四欲從初而阻於二, 故其來遲疑而徐徐, 是困于金車也. 己之所應, 疑其少己而之他, 將從之, 則猶豫不敢遽前, 豈不可羞吝乎? 有終者, 事之所歸者正也. 初四正應, 終必相從也. 寒士之妻, 弱國之臣, 各安其正而已, 苟擇勢而從, 則惡之大者, 不容於世矣. 二與四皆以陽居陰, 而二以剛中之才, 所以能濟困也. 居陰者, 尙柔也, 得中者, 不失剛柔之宜也.

「상전」에서 말했다. 오기를 천천히 하는 것은 뜻이 아래에 있는 것이니, 지위가 합당하지 않지만, 함께하는 사람이 있다.

象曰, 來徐徐, 志在下也, 雖不當位, 有與也.

구사효는 초육효와 호응하지만 구이효에게 막혀서, 뜻이 아래 초육효를 구하는 데에 있으므로 천천히 오는 것이니, 지위가 합당하지 않아 최선은 못 되지만 그 올바른 호응관계가 서로 함께하기 때문에 결말이 있는 것이다.

四應於初而隔於二, 志在下求, 故徐徐而來, 雖居不當位爲未善, 然其正應相與, 故有終也.

구오효는 코를 베이고 발을 베이니, 자주색 옷에 곤란하지만 서서히 기쁨이 있으리니, 제사를 드리는 것이 이롭다.

九五, 劓刖, 困于赤紱, 乃徐有說, 利用祭祀.

코를 베는 것을 '의劓'라 하니, 위쪽이 손상을 당하는 것이다. 발을 제거하는 것을 '월刖'이라 하니, 아래쪽이 손상을 당하는 것이다. 위와 아래가 모두 음에 의해 가려져서 손상을 당하니, 이는 코가 베이고 발이 베이는 모습이다. 구오효는 군주의 지위다. 군주의 곤경은 위와 아래에 함께하는 이가 없기 때문에 생겨난다. '자주색 옷〔赤紱〕'은 신하의 옷이니, 걸어오는 뜻을 취했으므로 무릎 가리개인 '불紱'로써 말한 것이다.[8] 군주의 곤경은 세상 사람이 아무도 오지 않기 때문이니, 세상 사람이 모두 온다면 곤경이 아니다.

구오효는 곤경에 처해 있지만 강중한 덕이 있고, 아래에 강중한 덕을 가진 현자인 구이효가 있다. 도道가 같고 덕이 합하여, 서서히 반드시 서로 호응하여 와서 함께 세상의 곤경을 해결할 것이니, 이것은 처음에는 곤경에 처했지만 서서히 기쁨이 있는 것이다. "제사를 드리는 것이 이롭다"고 했는데 제사를 드리는 일은 반드시 정성과 공경을 지극히 한 뒤에야 복을 받는다. 군주가 곤경의 때에 있으면, 마땅히 세상의 곤경을 염려하여 세상의 현자를 구하기를 마치 제사를 지내는 것처럼 한다. 정성과 공경을 다하면, 세상의 현자를 불러들여 세상의 곤경을 해결할 것이다.

어떤 사람은 이렇게 묻는다. "구오효는 구이효와 함께 덕이 같은데 위와 아래로 함께하는 사람이 없다고 하는 것은 무슨 까닭인가?" 이렇게 답하겠다. 음과 양이 서로 호응하는 것은 저절로 자연스럽게 서로 호응하는 것이니, 남편과 아내 및 친족 사이에는 본분이 정해진 것과 같다. 구오효와 구이효는 모두 양효이므로, 강중한 덕이 같아서 서로 호응하는 것은 서로 구한 후에 화합하는 것이니, 군주와 신하 및 동지들 사이에서 마땅한 의리로 화합하는 것과 같다. 처음에 곤경에 처했을 때에 어찌 위와 아래에서 함께하는 이가 있겠는가? 함께하는 사람이 있다면 그것은 곤경이 아니므로, 서서히 화합하고 난 뒤에 기쁨이 있는 것이다.

구이효에서 '제사를 드리는 것〔享祀〕'이라고 했고 구오효에서는 '제사를 드리는 것〔祭祀〕'이라고 말했으니, 중요한 의도는 마땅히 지극한 진실과 정성으로 해야 복을 받는다는 것이다. '제祭' '사祀' '향享'은 넓게 말하면 서로 통할 수 있고, 나누어 말하면 '제祭'는 천신天神에게 하는 것이고 '사祀'는 지신地神에게 하는 것이고 '향享'은 사람의 귀신에게 하는 것이다. 구오효는 군주의 지위라서 '제祭'라 말하고, 구이효는 아래 지위에 있으므로 '향享'이라 말한 것이니, 각각 그 위치에 따라서 합당하게 사용했다.

截鼻曰劓, 傷於上也. 去足爲刖, 傷於下也. 上下皆揜於陰, 爲其傷害, 劓刖之象也. 五, 君位也. 人君之困, 由上下无與也. 赤紱, 臣下之服, 取行來之義, 故以紱言. 人君之困, 以天下不來也, 天下皆來, 則非困也. 五雖在困, 而有剛中之德, 下有九二剛中之賢, 道同德合, 徐必相應而來, 共濟天下之困, 是始困而徐有喜說也. 利用祭祀, 祭祀之事, 必致其誠敬, 而後受福. 人君在困時, 宜念天下之困, 求天下之賢, 若祭祀然, 致其誠敬, 則能致天下之賢, 濟天下之困矣. 五與二同德, 而云上下无與, 何也? 曰, 陰陽相應者, 自然相應也, 如夫婦骨肉, 分定也. 五與二皆陽爻, 以剛中之德, 同而相應, 相求而後合者也. 如君臣朋友, 義合也. 方其始困, 安有上下之與? 有與, 則非困, 故徐合而後有說也. 二云亨祀, 五云祭祀, 大意則宜用至誠, 乃受福也. 祭與祀享, 泛言之則可通, 分而言之, 祭天神, 祀地祇, 享人鬼. 五君位言祭, 二在下言享, 各以其所當用也.

「상전」에서 말했다. 코를 베이고 발을 베이는 것은 뜻을 얻지 못한 것이고, 서서히 기쁨이 있는 것은 중직하기 때문이고, 제사를 드리는 것이 이로운 것은 복을 받는 것이다.

象曰, 劓刖, 志未得也, 乃徐有說, 以中直也, 利用祭祀, 受福也.

처음에 음陰에 가려져서 위와 아래에 함께하는 사람이 없으니, 곤경에 빠져 뜻을 얻지 못한 때다. 서서히 기쁨이 있는 것은 중직中直의 방도로 아래의 현자를 얻어서, 세상의 곤경을 함께 해결하는 것이다. '중정中正'이라 말하지 않고 '중직'이라 했는데, 이것은 구이효와 함께 화합한 것을 '직直'이라고 말하는 것이 마땅하니, '직'은 '정正'에 비하여 뜻이 조금 느슨한 것이다. 진실한 뜻을 다하기를 마치 제사를 드리듯이 하여 세상의 현자를 구하면, 세상의 곤경이 형통하게 되어 복과 좋은 일을 누릴 수 있을 것이다.

始爲陰揜, 无上下之與, 方困未得志之時也. 徐而有說, 以中直之道, 得在下之賢, 共濟於困也. 不曰中正, 與二合者云直乃宜也. 直比正意差緩. 盡其誠意, 如祭祀然, 以求天下之賢, 則能亨天下之困, 而享受其福慶也.

상육효는 칡덩굴과 위태로운 곳에서 곤란을 겪으니, 움직일 때마다 후회가 있을 것이라 하면서 뉘우치는 마음이 있으면, 어떤 일을 하든 길하다.

上六, 困于葛藟, 于臲卼, 曰動悔有悔, 征吉.

모든 사물은 극한에 이르면 돌아오고, 어떤 상황이든 극한에 이르면 변한다. 곤경이 극한에 이르렀으니, 변하는 것이 당연한 이치다. '갈류葛藟'는 묶어서 매는 것이고, '얼올臲卼'은 위태롭게 움직이는 모양이다. 상육효는 곤경의 극한에 처해서, 곤경에 의해서 속박되었으며 가장 위험한 곳에 자리하니, 칡덩굴과 위태로운 곳에서 곤란을 겪는 모습이다.

'동회動悔'라는 말은 움직일 때마다 뉘우침이 있다는 말이니, 곤경에 빠지지 않는 일이 없는 것이다. '유회有悔'는 이전의 잘못을 스스로 탓하는 말이다. '왈曰'은 스스로 말하는 것이다. 그래서 "이와 같이 행동하면 모두 후회할 것이다"라고 스스로 말할 수 있으면 당연히 이전의 행위를 변화시킬 것이니 이는 뉘우침이 있는 것이고, 뉘우치면 어떤 일을 해도 길하다. 곤경이 극한에 이르러서 그대로 가면 곤경에서 벗어나므로 길하다.

어떤 사람은 이렇게 묻는다. "육삼효는 음효로서 아래 괘의 가장 위에 있어서 흉하고, 상육효는 한 괘의 가장 위에 있으면서도 흉하지 않은 것은 무슨 까닭인가?" 이렇게 답하겠다. 육삼효는 강剛의 위치에 자리하고, 위험에 처했으니, 곤경에 처했으면서도 강험剛險한 마음으로 행동하기 때문에 흉하다.[9] 상육효는 유한 태도로 기뻐하는 위치에 있고, 오직 곤경이 극한에 이르렀을 뿐이니, 곤경의 상황이 극한에 이르면 곤경을 변화시킬 방도가 있는 것이다. 곤困괘와 둔屯괘의 상효가 모두 호응하는 사람이 없으면서 괘의 마지막 위치에 자리하는데, 둔괘는 "피눈물을 줄줄 흘린다"고 하고 곤괘는 "뉘우치는 마음이 있으면, 어떤 일을 하든 길하다"고 하니, 둔괘가 상징하는 혼돈은 위험의 극한이고 곤괘가 상징하는 곤경은 기뻐하는 형체가 있기 때문이다. 기뻐함으로써 이치에 순종하여 나아가면 곤경에서 벗어날 수 있다.

物極則反, 事極則變. 困旣極矣, 理當變矣. 葛藟, 纏束之物, 臲卼, 危動之狀. 六處困之極, 爲困所纏束, 而居最高危之地, 困于葛藟與臲卼也. 動悔, 動輒有悔, 无所不困也. 有悔, 咎前之失也. 曰, 自謂也. 若能曰, 如是動皆得悔, 當變前之所爲, 有悔也, 能悔, 則往而得吉也. 困極而征, 則出於困矣, 故吉. 三以陰在下卦之上而凶, 上居一卦之上而无凶, 何也? 曰, 三居剛而處險, 困而用剛險, 故凶. 上以柔居說, 唯爲困極耳, 困極則有變困之道也. 困與屯之上, 皆以无應居卦終, 屯則泣血漣如, 困則有悔征吉. 屯險極而困說體故也, 以說順進, 可以離乎困也.

「상전」에서 말했다. 칡덩굴에서 곤란을 겪는 것은 처신이 합당하지 않은 것이고, 움직일 때마다 후회가 있을 것이라 함은 길하게 행하는 것이다.

象曰, 困于葛藟, 未當也, 動悔有悔, 吉行也.

곤경에 속박당하여 변화할 수가 없는 것은 그 도를 얻지 못했기 때문이니, 이는 처신이 합당하지 못한 것이다. 행동하면 후회가 있으리라는 것을 알고서 뉘우치는 마음을 가지고 떠나면 곤경에서 벗어날 수가 있으니, 이것은 가서 길한 것이다.

爲困所纏, 而不能變, 未得其道也, 是處之未當也. 知動則得悔, 遂有悔而去之, 可出於困, 是其行而吉也.

---

1 어떤 사람이 그 말을 믿겠는가?: 호원은 조금 다르게 설명한다. "성현은 자리를 잡는 데 있어 그 적절한 지위를 얻고 행하는 데 있어 적절한 방도를 얻으면, 명령하지 않아도 백성은 저절로 믿고 말하지 않아도 백성은 저절로 따르니, 그 형세가 분명 그러하다. 곤궁한 때에 이르러 지위를 얻지 못하고 도를 행할 수도 없으면, 비록 말을 하여 천하의 법이 될 만하더라도 결국에는 사람들이 믿지 않으니, 또한 형세가 그러한 것이다. 오직 성인만이 성인을 알고, 오직 현인만이 현인을 안다. 그래서 군자가 곤궁할 때에 어찌 말로 소인들에게 신뢰를 받겠는가? 그러므로 공자는 성인이고, 맹자는 현인인데, 주나라가 몰락해가던 때에 여러 나라를 돌아다녔으나 사람들은 모두 어리석다고 했으니, 이것이 말을 해도 사람들이 끝까지 믿지 않는 것이다夫聖賢之人, 居得其位, 行得其道, 不令而民自信, 不言而民自從, 其勢固然也. 至于窮困之時, 不得其位, 不能行其道, 雖有言可以爲天下法, 而終不見信于人, 亦勢然也. 夫惟聖知聖, 惟賢知賢, 是君子當窮困之時, 豈能以言語見信于小人哉? 故孔子聖人也, 孟子賢人也, 困于衰周之時, 雖歷聘于諸國, 人皆謂之迂濶, 是有言而人終不見信之也."

2 상체에서는 가려졌으므로: 하체인 감坎괘에서는 양효가 두 음 사이에 빠져 있고 상체인 태兌괘에서는 두 양효가 음효에 의해 막혀 있는 것을 말한다.

3 가지와 잎이 없는 나무: '주목株木'은 대체로 나무등걸이나 그루터기로 번역한다. 그러나 정이천은 구사효를 상징하는 것으로 보고 가지와 잎이 없는 나무로 해석한다. 그래서 마른 나무로 번역했다. 호원은 "주목은 오래되고 늙어서 말라비틀어진 나무다株木者, 枯老朽槁之木"라고 하는데 정이천도 이런 맥락에서 해석한 듯싶다.

4 가면 흉하니 탓할 곳이 없다: 이 구절에 대해서 호원은 조금 다르게 해석하고 있다. "그 권세가 존엄하고, 권력이 막중하며, 그 총애가 이미 내려졌으니, 신하의 본분이 여기에서 다했다. 그런데 그칠 줄 모르고 다시 더 나아가기를 구한다면 흉한 재앙이 반드시 이를 것이다. 흉한 재앙이 온 것은 자신이 자초한 것이지 타인이 이르게 한 것이 아니니 다시 다른 사람을 허물하겠는가?其勢已尊, 其權已重, 其寵已隆, 人臣之分盡于此矣. 若不知止而復求其進, 凶禍必至矣. 夫凶禍之來, 皆已

所招, 非他人所致, 復何咎于人哉?"

5 강험剛險: 강하고 험악한 자질을 말한다. 「범례」 4번 재才와 덕德 항목 참조.

6 그 오는 것이: 『역』에서 '왕往'은 아래에서 위로 가는 것이고, '래來'는 위에서 아래로 오는 것이다. 그러므로 구사효가 초육효에게 내려가는 것을 말한다.

7 머뭇거리면서: '유예猶豫'를 해석한 것이다. 초육효가 머뭇거리는 모습으로, 유예는 머뭇거리고 의심하면서 과감하게 오지 못하는 것이다. "마음은 머뭇머뭇 의심에 빠져서, 직접 가보려 하나 그러지 못하네心猶豫而狐疑兮, 欲自適而不可(『초사楚辭』「이소離騷」)."

8 '불紱'로써 말한 것이다: 곤困괘 구이효에서 정이천은 "'붉은 옷朱紱은 왕의 옷으로 무릎을 가리는 옷이니, 행차하여 온다는 뜻이기 때문에 '무릎을 가린다'는 것으로 말했다"라고 설명하고 있다. '불'이란 무릎을 가린다는 말이다. '주발朱紱'은 왕의 옷이고 '적발赤紱'은 신하의 옷이다. '주'는 붉은색으로 '적'은 자주색으로 번역했다.

9 강험한 마음으로 행동하기 때문에 흉하다: 중국판본은 "困而用剛, 險故凶"이라고 읽지만, 『주역대전』 구결은 "困而用剛險, 故凶"이라고 읽는다. 육삼효에서 "用剛險"이라는 말을 사용하고 있으므로 『주역대전』 구결을 따랐다.

48. 우물, 덕의 원천: 정井괘䷯

수풍정水風井이라고 읽는다. 괘의 모습이 감坎☵괘가 위에 있고 손巽☴괘가 아래에 있기 때문이다.

정井괘에 대해서 「서괘전」은 다음과 같이 설명한다. "위에서 곤란을 겪는 자는 반드시 아래로 돌아오므로, 원천의 물이 담긴 우물을 상징하는 정괘로 받았다." 곤괘에 대한 「서괘전」의 말인 "올라가서 그치지 않으면 반드시 곤란해진다"는 말을 이어서 말했으니, 위로 올라가서 그치지 않으면 곤란해져서, 반드시 아래로 돌아온다는 말이다. 아래에 있는 것 가운데 우물만 한 것이 없으니, 정괘가 곤困괘 다음이 된다. 괘의 모습은 감坎괘가 위에 있고 손巽괘가 아래에 있다. 감괘는 물을 상징하며 손괘의 모습은 나무이고, 손괘의 의미는 들어간다는 뜻이다. 나무는 그릇의 모습이다. 그릇이 물 아래로 내려가서 물을 퍼 올리는 것은 우물에서 물을 긷는 모습이다.

井, 序卦, "困乎上者必反下, 故受之以井." 承上升而不已必困爲言, 謂上升不已而困, 則必反於下也. 物之在下者莫如井, 井所以次困也. 爲卦, 坎上巽下. 坎水也, 巽之象則木也, 巽之義則入也. 木, 器之象. 木入於水下而上乎水, 汲井之象也.

우물은, 고을은 바꾸어도 우물은 바꿀 수 없으니, 잃는 것도 없고 얻는 것도 없으며, 오고 가는 이가 모두 우물을 사용한다.

井, 改邑不改井, 无喪无得, 往來井井.

우물이란 것은 일정하게 지속되어서 바꿀 수 없다. 고을은 바꿔서 다른 곳으로 옮길 수가 있지만 우물은 옮길 수 없으므로, "고을은 바꾸어도 우물은 바꿀 수 없다"[1]고 했다. 우물물을 길어도 마르지 않고 내버려두어도 넘치지 않으니, "잃는 것도 없고 얻는 것도 없다"고 했다. 오는 사람이 모두 그 우물을 사용할 수 있으니, "오고 가는 이가 모두 우물을 사용한다"고 했다. 잃는 것도 없고 얻는 것도 없는 것은 그 덕이 일정하게 지속된다는 것이고, 오고 가는 이가 우물을 사용한다는 것은 그 쓰임이 보편적인 것이니, 일정하게 지속되는 항상성과 모두에게 쓰이는 보편성이 우물의 도다.

井之爲物, 常而不可改也. 邑可改而之他, 井不可遷也, 故曰改邑不改井. 汲之而不竭, 存之而不盈, 无喪无得也. 至者皆得其用, 往來井井也. 无喪无得, 其德也常, 往來井井, 其用也周, 常也, 周也, 井之道也.

거의 이르렀는데도 우물에서 두레박줄을 빼내지 못한 것이니, 두레박 물병을 깨뜨리면 흉하다.

汔至, 亦未繘井, 羸其甁, 凶.

'흘汔'은 거의라는 뜻이고, '율繘'은 두레박 끈이다. 우물은 사람들이 사용하는 데 도움을 주는 것을 공으로 삼으니, 물을 거의 길어올렸는데도 도움을 주는 쓰임을 이루지 못하면 또한 두레박 끈을 우물에서 꺼내지 못한 것과 같다. 군자의 도는 완성을 이루는 것을 중요하게 여기니, 그래서 오곡五穀이 익지 못하면 돌피나 피만 못하고[2] 우물 아홉 길을 팠더라도 원천인 샘물에 미치지 못하면 오히려 우물을 버리는 것과 같다.[3] 그래서 문제를 해결할 수 있는 능력이 있는데도 사람들에게 그 영향을 미치지 못하면 없는 것과 같다. 두레박 물병을 깨뜨려 잃으면 그 기능을 상실해서 흉하다. '이羸'는 훼손하고 깨뜨리는 것이다.

汔, 幾也. 繘, 綆也. 井以濟用爲功, 幾至而未及用, 亦與未下繘於井同也. 君子之道, 貴乎有成, 所以五穀不熟, 不如荑稗, 掘井九仞而不及泉, 猶爲棄井. 有濟物之用, 而未及物, 猶无有也. 羸敗其瓶而失之, 其用喪矣, 是以凶也. 羸, 毁敗也.

「단전」에서 말했다. 물속에 들어가서 물을 퍼 올리는 것이 우물이다. 우물은 사람들을 길러주고도 고갈되지 않는다. "고을은 바꾸어도 우물은 바꿀 수 없다"는 것은 강하면서 중도를 이룬 방도로써 하기 때문이다.

彖曰, 巽乎水而上水井, 井. 養而不窮也. 改邑不改井, 乃以剛中也.

물속에 들어가 물을 퍼 올리는 것이 우물이다. 우물이 사람을 기르는 데에는 끝이 없어서 아무리 취해도 고갈되지 않으니, 그 덕에 오래 지속되는 항상성이 있다. 고을은 바꿀 수 있지만 우물은 바꿀 수 없으니, 또한 그 덕의 항상성이다. 구이효와 구오효의 강중剛中을 이룬 덕이 이와 같이 그 항상성을 지속하니, 괘의 자질 구조가 마땅한 의리와 부합한 것이다.

巽入於水下而上其水者井也. 井之養於物, 不有窮已, 取之而不竭, 德有常也. 邑可改, 井不可遷, 亦其德之常也. 二五之爻, 剛中之德, 其常乃如是, 卦之才與義合也.

"거의 이르렀는데도 우물에서 두레박줄을 빼내지 못한 것이다"라는 말은 공이 없는 것이고, 두레박 물병을 깨뜨렸기 때문에 흉하다.

汔至亦未繘井, 未有功也, 羸其瓶 是以凶也.

설사 거의 이르렀더라도 사람들에게 도움을 주는 작용을 이루지 못했다면, 또한 우물에 두레박 끈을 드리우지 못한 것과 같다. 우물은 사람들에게 도움을 주는 작용을 그 공으로 삼는다. 그러나 물을 길어올려야 사람들에게 도움이 되니, 물을 길어올리지 못하면 무슨 공이 있겠는가? 두레박 물병은 물을 길어올려 사람들에게 도움을 주는 작용을 이루는 것이니, 그 물병을 깨뜨렸다면 그런 작용을 이루지 못해서 흉한 것이다.

雖使幾至, 旣未爲用, 亦與未繘井同. 井以濟用爲功. 水出乃爲用, 未出則何功也? 瓶所以上水而致用也, 羸敗其瓶, 則不爲用矣, 是以凶也.

「상전」에서 말했다. 나무 위에 물이 있는 것이 정괘의 모습이니,

군자는 이것을 본받아 백성을 위로하고 서로 돕도록 권한다.

象曰, 木上有水井, 君子以勞民勸相.

두레박이 물을 길어올리는 것은 그릇으로 물을 길어 우물 밖으로 올리는 모습이다. 군자는 우물의 모습을 관찰하여 우물의 덕을 본받아, 백성을 위로해서 서로 돕는 도를 권면한다. 백성을 위로하는 것이 우물의 작용을 본받는 것이고, 백성들에게 서로 돕도록 권면하는 것은 우물의 베풂을 본받는 것이다.

木承水而上之, 乃器汲水而出井之象. 君子觀井之象, 法井之德, 以勞徠其民, 而勸勉以相助之道也. 勞徠其民, 法井之用也, 勸民使相助, 法井之施也.

초육효는 진흙이 있는 우물물이니 아무도 먹지 않는다. 옛 우물에는 짐승들도 찾아오지 않는다.

初六, 井泥不食. 舊井无禽.

우물과 솥은 모두 사물이니, 사물을 취하여 뜻을 삼았다. 초육효는 음유한 자질로 아래 위치에 자리하고 위로 호응하여 도와주는 사람도 없으니, 물을 길어올리는 모습이 없다. 사람들에게 도움을 줄 수가 없으므로, 먹을 수 없는 우물이다. 먹을 수 없는 우물은 진흙으로 더럽혀졌기 때문이다. 우물의 가장 아래에 있으니 진흙이 있는 모습이다. 우물의 쓰임은 그 물로 사람들을 길러주는 것이니, 물이 없으면 버려진 채 사용하지 않는다. 우물의 물이 올라오면 사람들이 그 쓰임을 얻고 짐승과 새들 또한 나아가서 구한다. 그러나 오래되어 버려진 우물은 사람들이 먹지 않고, 물이 다시 올라오지 않으면 짐승과 새들도 다시 가지 않으니, 어떤 도움도 주지 않기 때문이다.

우물은 본래 사람에게 도움을 주는 것이지만 초육효는 음유한 자질로 아래 지위에 있어 물을 길어올리는 모습이 없으므로, 아무도 먹지 않는다. 우물물을 먹지 않는 것은 진흙 때문이니, 사람에게 도움을 줄 때인데 자질이 나약하고 도와주는 사람도 없어서 남에게 영향을 미치지 못하면, 그 시대에 의해 버려지는 것과 같다.[4]

井與鼎皆物也, 就物以爲義. 六以陰柔居下, 上无應援, 无上水之象. 不能濟物. 乃井之不可食也. 井之不可食, 以泥汙也. 在井之下, 有泥之象. 井之用, 以其水之養人也, 无水, 則舍置不用矣. 井水之上, 人獲其用, 禽鳥亦就而求焉. 舊廢之井, 人旣不食, 水不復上, 則禽鳥亦不復往矣, 蓋无以濟物也. 井本濟人之物, 六以陰居下, 无上水之象, 故爲不食. 井之不食, 以泥也, 猶人當濟物之時, 而才弱无援, 不能及物, 爲時所舍也.

「상전」에서 말했다. 진흙이 있는 우물물이니 아무도 먹지 않는 것은 아랫자리에 있기 때문이고, 옛 우물에 짐승들도 찾아오지 않는 것은 시대가 버린 것이다.

象曰, 井泥不食, 下也, 舊井无禽, 時舍也.

음효로서 우물의 아랫자리에 있으니, 진흙의 모습이다. 물이 없고 진흙이 있으면, 사람들이 먹지 않는다.[5] 사람들이 먹지 않으면

물이 올라오지 않아 짐승과 새들에게 영향을 미치지 못하니, 짐승과 새들조차도 오지 않는다. 초육효가 사람들에게 도움을 줄 수 없어서, 시대에 의해 버려져 사용되지 못하는 것을 드러낸 것이다. 만약 짐승과 새들에게 영향을 미칠 수 있다면 또한 도움을 주는 것이 있는 것이다. '사舍'는 상성上聲이니, 건乾괘의 '시사時舍'[6]와는 음이 같지 않다.

以陰而居井之下, 泥之象也. 无水而泥, 人所不食也. 人不食, 則水不上, 无以及禽鳥, 禽鳥亦不至矣. 見其不能濟物, 爲時所舍置不用也. 若能及禽鳥, 是亦有所濟也. 舍, 上聲, 與乾之時舍 音不同.

구이효는 골짜기와 같은 우물이라서 미물들에게만 흐르고, 항아리가 깨져 샌다.

九二, 井谷射鮒. 甕敝漏.

구이효가 강양한 자질이지만 아래 위치에 자리하여, 위로 호응하는 사람이 없고 초육효와 친밀하게 관계하니, 위로 올라가지 않고 내려가는 모습이다.[7] 우물의 도는 올라가는 것인데, 골짜기의 물이 옆으로 새어나와 아래로 흘러간다. 구이효가 우물에 있으면서 아래로 흘러가서 우물의 도리를 잃었으니, 우물이면서 마치 골짜기와 같은 것이다. 우물물을 위로 길어올리면 사람들을 기르고 만물에게 도움을 줄 수 있는데, 지금은 아래로 내려가 더러운 진흙으로 가니, 미천한 사물에게 쏟아 부을 뿐이다. '부鮒'는 두꺼비라고도 하고 개구리라고도 하니, 우물의 진흙 속에 있는 미천한 생물일 뿐이다. '사

射'는 물을 대는 것이니, 골짜기의 하류가 미천한 생물에게 물을 대는 것과 같다. '옹폐루甕敝漏'는 항아리가 깨져 새는 것과 같다.

양강의 자질은 본래 사람을 배양하고 만물에 도움을 줄 수 있지만, 위로 호응하여 도움을 주는 사람이 없으므로 위로 올라갈 수가 없고 아래로 흐를 뿐이니, 그래서 도움을 주는 공로가 없는 것이다. 이는 마치 물이 항아리에 있으면 본래 쓰일 수 있는 것인데 항아리가 깨져 물이 새서 쓰일 수가 없는 것과 같다.

어떤 사람은 이렇게 묻는다. "정괘의 초육효와 구이효는 공이 없는데도 후회와 허물을 말하지 않은 것은 무슨 까닭인가?" 이렇게 답하겠다. 실수하면 후회가 있고, 과도하게 하면 허물이 된다. 그러나 호응하여 도움을 주는 사람이 없어 쓰임의 공을 이룰 수 없으니, 후회하거나 허물할 일이 아니다.[8] 또 이렇게 묻는다. "이二의 위치에 자리하여 초육효와 친밀하게 지내는 것은 어째서 과실이 아닌가?" 이렇게 답하겠다. 중中의 위치에 처한 것은 잘못이 아니다. 위로 올라갈 수 없는 것은 도와주는 사람이 없기 때문이지 초육효와 친밀하게 지냈기 때문이 아니다.

二雖剛陽之才而居下, 上无應而比於初, 不上而下之象也. 井之道, 上行者也, 澗谷之水, 則旁出而就下. 二居井而就下, 失井之道, 乃井而如谷也. 井上出, 則養人而濟物, 今乃下就汚泥, 注於鮒而已. 鮒, 或以爲蝦, 或以爲蟆, 井泥中微物耳. 射, 注也, 如谷之下流, 注於鮒也. 甕敝漏, 如甕之破漏也. 陽剛之才, 本可以養人濟物, 而上无應援, 故不能上而就下, 是以无濟用之功. 如水之在甕, 本可爲用, 乃破敝而漏之, 不爲用也. 井之初二无功, 而不言悔咎, 何也? 曰, 失則有悔, 過則爲咎. 无應援而不能成用, 非悔咎也. 居二比初, 豈非過乎? 曰, 處中非過也. 不能上, 由无援, 非以比初也.

「상전」에서 말했다. 골짜기와 같은 우물로 미물들에게만 흐르는 것은 함께하는 사람이 없기 때문이다.

象曰, 井谷射鮒, 无與也.

우물물은 위로 올라와야 공을 이룬다. 구이효는 양강한 자질로 본래 세상에 도움을 줄 수 있는 쓰임을 다할 수 있는데, 아랫자리에 있고 위로 호응하여 도움을 주는 사람이 없으니, 그래서 아래로 내려가 친밀하게 지내면서 미물에게 물을 대준다. 만약 위에서 함께하는 자가 있다면 응당 물을 길어올려 우물의 공을 이룰 것이다.

井以上出爲功. 二, 陽剛之才, 本可濟用, 以在下而上无應援, 是以下比而射鮒. 若上有與之者,則當汲引而上, 成井之功矣.

구삼효는 우물이 깨끗한데도 사람들이 먹지 않는다. 내 마음이 슬퍼서, 끌어올려 쓸 수 있으니, 왕이 현명하면 함께 그 복을 받는다.

九三, 井渫不食, 爲我心惻, 可用汲, 王明並受其福.

구삼효는 양강한 자질로 올바른 위치를 얻었으니 세상의 문제를 해결하는 데에 쓰일 수 있는 자질을 가진 자이고, 우물의 아래에서 위의 자리에 있으니 우물물이 청결하여 먹을 수 있는 자다. 우물은 위로 올라가는 것을 쓰임으로 삼으니, 아래에 자리한 것은 아직 쓰이지 못한 것이다. 양의 성질은 올라가고 또 뜻이 상육효와 호응하여, 강한 위치에 처하고 중간을 지나쳐서 위로 나아가려고 조급하게 행동한다. 이는 세상에 쓰일 수 있는 자질이 있어서 그 능력을 세상에 베풀어 행하고 싶은 마음이 간절하지만 아직 쓰이지 못한 것이므로, 마치 우물을 청소하고 고쳐서 청결하지만 사람들이 먹지 않아서 마음이 슬퍼지는 것과 같다. 구삼효는 우물의 때에 처하여 강직하지만 중도를 이루지 못했다. 자신의 능력을 세상에 베풀어 행하고 싶은 마음만 간절하니, 등용되면 능력을 행하고 버려지면 능력을 감추는 자[9]와는 다르다.

그러나 현명한 왕이 사람을 등용하는 데에 어찌 완벽하게 구비된 사람만을 구하겠는가? 그러므로 왕이 현명하면 복을 받는다고 했다. 구삼효의 자질이 세상의 문제를 해결하는 데에 충분하게 쓰일 수 있는 것은 마치 우물이 청결하여 물을 길어 먹을 수 있는 것과 같다. 그러므로 만일 위에 현명한 왕이 있으면, 당연히 등용되어 그 효과를 얻을 것이다. 현명한 인재가 등용되면 자신은 그 도를 행하게 되고, 군주는 그 공로를 향유하고, 아랫사람들은 그 은택을 받게 될 것이니, 위와 아래가 모두 복을 받는다.

三以陽剛居得其正, 是有濟用之才者也, 在井下之上, 水之清潔可食者也. 井以上爲用, 居下, 未得其用也. 陽之性上, 又志應上六, 處剛而過中, 汲汲於上進. 乃有才用而切於施爲, 未得其用, 則如井之渫治清潔, 而不見食, 爲心之惻怛也. 三居井之時, 剛而不中, 故切於施爲, 異乎用之則行舍之則藏者也. 然明王用人, 豈求備也? 故王明則受福矣. 三之才足以濟用, 如井之清潔, 可用汲而食也. 若上有明王, 則當用之而得其效. 賢才見用, 則己得行其道, 君得享其功, 下得被其澤. 上下並受其福也.

「상전」에서 말했다. 우물이 깨끗한데도 사람들이 먹지 않는 것은 능력을 행하지 못함을 슬퍼하는 것이고, 왕의 현명함을 구하는 것은 복을 받기 위해서다.

象曰, 井渫不食, 行惻也, 求王明, 受福也.

우물이 깨끗이 치워졌는데도 먹지 않는 것은 재능과 지혜가 있는데도 세상에서 써주지 않는 것이니, 자신의 능력을 행하지 못함을 근심하고 슬퍼하는 것이다. 행하지 못한 것을 슬퍼하면 어찌 구하지 않겠는가? 그러므로 왕의 현명함을 구하여 복을 받는 것이니, 뜻은 세상에서 자신의 도를 시행하기를 간절하게 원하는 것이다.

井渫治而不見食, 乃人有才知而不見用, 以不得行爲憂惻也. 旣以不得行爲惻, 則豈免有求也? 故求王明而受福, 志切於行也.

육사효는 우물에 벽돌을 쌓으면 허물이 없을 것이다.

六四, 井甃无咎.

육사효는 음유한 자질이지만 올바른 위치에 처했고, 위로 군주인 구오효를 받든다. 재능은 널리 베풀어 사람들을 이롭게 하기에는 충분하지 않지만 또한 스스로 자신의 한계를 지킬 수 있는 자이므로, 잘 수양하고 다스리면 허물이 없을 수 있다. '추甃'는 벽돌을 쌓는 것이니, 수양하고 다스리는 것을 말한다.

육사효는 자질이 나약하여 세상의 문제들을 해결하고 돕는 공로를 널리 베풀 수 없지만, 자신의 일을 수양하고 다스려서 직분을 폐하는 데에까지 이르지 않는 것이 좋다. 만일 수양하고 다스릴 수가 없어서 사람들을 기르는 공로를 포기한다면, 우물로서의 도리를 잃어 그 허물이 크다. 높은 지위에 자리하여 강양하고 중정을 이룬 군주를 얻었으니, 다만 올바름에 처하고 윗사람을 받들어서 그 일을 포기하지 않는다면 또한 허물을 면할 수 있다.

四雖陰柔而處正, 上承九五之君, 才不足以廣施利物, 亦可自手者也, 故能修治, 則得无咎. 甃, 砌累也, 謂修治也. 四雖才弱, 不能廣濟物之功, 修治其事, 不至於廢可也. 若不能修治, 廢其養人之功, 則失井之道, 其咎大矣. 居高位而得剛陽中正之君, 但能處正承上, 不廢其事, 亦可以免咎也.

「상전」에서 말했다. 우물에 벽돌을 쌓으면 허물이 없으리라는 것은 우물을 수리하기 때문이다.

象曰, 井甃无咎, 修井也.

'추甃'는 우물을 수리하는 것이다. 세상의 문제를 해결하고 도움을 주는 공로를 크게 이룰 수는 없지만, 수리하여 포기하지 않을 수는 있으므로 허물이 없는 것이니, 겨우 허물을 면할 수 있을 뿐이다. 만약 강양한 태도를 유지하면 이와 같이 스스로 우물을 수리하는 데에 이르지는 않을 것이니, 이와 같이 하면 허물이 될 수 있다.

甃者, 修治於井也. 雖不能大其濟物之功, 亦能修治不廢也, 故无咎, 僅能免咎而已. 若在剛陽, 自不至如是, 如是則可咎矣.

구오효는 우물이 깨끗하여 시원한 샘물을 먹을 수 있다.

九五, 井洌寒泉食.

구오효는 양강하면서도 중정을 이룬 자질로 존귀한 지위에 자리하여 그 재능과 덕이 최고로 선하고 아름다우니, 우물이 깨끗하여 시원한 샘물을 먹을 수 있다. '열洌'은 달고 깨끗함을 말한다. 우물의 샘물은 시원한 것을 아름답다고 여긴다. 달고 깨끗한 샘물은 사람들이 먹을 수 있으니, 우물의 도에서 가장 좋은 것이다. 그러나 길하다고 말하지 않은 것은 우물은 위로 나와 사용되어야 공로를 이룰 수 있으니, 아직 위에 이르지 못했으면, 사용되지 못한 것이다. 그러므로 위에 이르러 사용된 후에 크게 길하다고 한다.

五以陽剛中正, 居尊位, 其才其德, 盡善盡美, 井洌寒泉食也. 洌, 謂甘潔也. 井泉以寒爲美. 甘潔之寒泉, 可爲人食也. 於井道爲至善也. 然而不言吉者, 井以上出爲成功, 未至於上, 未及用也. 故至上而後言元吉.

「상전」에서 말했다. 시원한 샘물을 먹는 것은 중정하기 때문이다.

象曰, 寒泉之食, 中正也.

시원한 샘물을 먹을 수 있는 것은 우물의 도에서 가장 좋은 것이다. 구오효의 중정을 이룬 덕이 가장 좋은 뜻이다.

寒泉而可食, 井道之至善者也. 九五中正之德, 爲至善之義.

상육효는 우물을 길어올려 뚜껑을 덮지 않고, 오래 지속하는 믿음이 있어 매우 좋고 길하다.

上六, 井收勿幕, 有孚元吉.

우물은 물이 위로 나와서 사용되는 것이니, 우물의 가장 위에 있는 것은 우물의 도를 완성한 것이다. '수收'는 물을 길어올려서 취한 것이다. '막幕'은 뚜껑을 가려서 덮은 것이다. 물을 계속 취하여 가려서 덮지 않으면 그 이로움은 무궁하니, 우물물을 베풂이 넓고 큰 것이다. '유부有孚'는 오래도록 지속하여 변하지 않는 것이다. 널리 베풀면서 오래도록 지속하는 것은 매우 좋은 길함이다. 우물의 쓰임을 체득하여 널리 베풀면서도 오래도록 지속하는 것은 대인大人이 아니면 누가 가능하겠는가? 다른 괘의 끝은 극한이 되어 변하지만 오직 정井괘와 정鼎괘는 끝에서 곧 공을 이루니, 그래서 길하다.

井以上出爲用, 居井之上, 井道之成也. 收, 汲取也. 幕, 蔽覆也. 取而不蔽, 其利无窮, 井之施 廣矣. 大矣. 有孚, 有常而不變也. 博施而有常, 大善之吉也. 夫體井之用, 博施而有常, 非大人孰能? 他卦之終, 爲極爲變, 唯井與鼎終乃爲成功, 是以吉也.

「상전」에서 말했다. 원길元吉로 가장 위에 있는 것이 크게 이룬 것이다.

象曰, 元吉在上, 大成也.

크게 좋은 길함으로 괘에서 가장 위에 있으니, 우물의 도를 크게 완성한 것이다. 우물은 위로 올라와 쓰이는 것이 공을 이룬 것이다.

以大善之吉, 在卦之上, 井道之大成也. 井以上爲成功.

---

1 고을은 바꾸어도 우물은 바꿀 수 없다: 호원은 고을을 군자의 몸이라 하고 우물을 군자의 덕이라 하여 몸과 덕을 대비해서 설명하고 있다. "고을이란 군자의 몸이고 우물이란 군자의 덕이다. 군자의 몸은 귀하고 천하고 부하고 빈하고 살고 죽을 수 있지만, 군자의 덕은 부귀빈천이나 생사에 따라서 덜어질 수가 없다夫邑之名, 猶君子之身, 井之義, 猶君子之德. 君子之身, 可貴可賤可富可貧可生可殺, 君子之道, 則不可爲富貴貧賤生死所加損."

2 『맹자』「고자상」, "오곡은 종자의 아름다운 것이지만, 익지 못하면, 돌피나 피만 못하니, 인仁 또한 그것을 익혀 성숙하는 것에 달려 있을 뿐이다五穀者, 種之美者也, 苟爲不熟, 不如荑稗. 夫仁, 亦在乎熟之而已矣."

3 『맹자』「진심상」, "어떤 일을 도모하는 자는 비유하면 우물을 파는 것과 같으니, 우물을 아홉 길을 팠더라도 샘물에 미치지 못하면, 오히려 우물을 버리는 것과 같다有爲者, 辟若掘井, 掘井九軔而不及泉, 猶爲棄井也."

4 그 시대에 의해서 버려지는 것과 같다: 중국판본은 "爲時所舍也"로 되어 있지만 『주역대전』 구결은 "爲所舍也"로 되어 있다. 중국판본을 따랐다.

5 사람들이 먹지 않는다: 호원은 이렇게 설명하고 있다. "인간사로 말하면 사람이 자신을 수양하고 정결하게 할 수 없고, 그 덕을 날마다 새롭게 할 수 없어서, 정치적으로 나아가는 데에 힘쓰지 않고 스스로 낮은 지위에 자처하면, 사람들이 함께하지 않는다以人事言之, 猶人不能脩潔其己, 不能日新其德, 不務升進, 而自處于卑下之位, 爲人所不與也."

6 건乾괘의 '시사時舍': 건괘 「문언전」은 "'見龍在田', 時舍也"인데, 여기서 정이천은 "상황에 따라서 멈춘다隨時而止也"고 설명하고 있다. 건괘 「문언전」에 나온 '시사時舍'와는 다른 의미라는 뜻이다.

7 내려가는 모습이다: 호원은 이렇게 설명하고 있다. "인간사로 말하자면 군자가 인의의 기술을 가지고 세상을 구제할 수 있는 것이 백성들의 복인데 몸을 숨기고 행적을 감추어 스스로 낮추어 정치적 지위로 올라가서 그 도를 시행하려 애쓰지 않아 그 혜택을 세상 사람들에게 미치지 않으니, 그래서 세상이 모두 함께하지 않는다以人事言之, 君子之人, 有仁義之術, 可以濟于天下, 爲生民之福, 而潛身晦迹, 以自卑下, 不務升進以行其道, 其澤不能及于物, 以是天下之所共不與者也."

8 후회하거나 허물할 일이 아니다: 중국판본에는 "非悔咎也"로 되어 있고 『주역대전』 구결은 "非悔咎乎"로 되어 있다. 중국판본을 따랐다.

9 등용되면 능력을 행하고 버려지면 능력을 감추는 자: 공자의 말이다. "공자가 안연에게 말했다. '등용되면 능력을 행하고, 버려지면 능력을 감추는 자는 오직 나와

너뿐이로구나!' 子謂顏淵曰, 用之則行, 舍之則藏, 唯我與爾有是夫!(『논어』「술이」)"

49. 근본적인 변혁, 혁명: 혁革괘䷰

택화혁澤火革이라고 한다. 괘의 모습이 태兌☱괘가 위에 있고 이離☲괘가 아래에 있기 때문이다.

혁革괘에 대해서 「서괘전」은 다음과 같이 설명한다. "우물의 도는 변혁하지 않을 수가 없으므로 혁괘로 받았다." 우물은 그대로 두면 더러워져 못쓰게 되고, 바꾸면 맑고 깨끗하게 되니 변혁하지 않을 수 없으므로, 정井괘 뒤에 변혁을 상징하는 혁괘로 받았다. 괘의 모습은 연못을 상징하는 태兌괘가 위에 있고 불을 상징하는 이離괘가 아래에 있으니, 연못 속에 불이 있는 모습이다. 혁革이란 변혁變革[1]이다.

물과 불은 서로 다투어 변화를 생성한다. 물이 불을 없애고, 불이 물을 말려서 서로 변혁하는 것이다. 불의 성질은 위로 올라가려 하고 물의 성질은 아래로 내려가려 해서, 서로 어긋나게 나아가면 대립하고 분열할 뿐이다. 그래서 불이 아래에 있고 물이 위에 있어서, 서로 취하면서 서로 극剋하여 서로 없애려는 것이므로, 변혁이 된다. 또 두 여자가 함께 거주하다가 시집가는 곳이 각각 달라서 그 뜻이 같지 않으니, 서로 뜻이 맞지 않으므로 변혁이 된다.

革, 序卦, "井道不可不革, 故受之以革." 井之爲物, 存之則穢敗, 易之則清潔, 不可不革者也, 故井之後, 受之以革也. 爲卦, 兌上離下, 澤中有火也. 革, 變革也. 水火, 相息之物, 水滅火, 火涸水, 相變革者也. 火之性上, 水之性下, 若相違行, 則睽而已. 乃火在下, 水在上, 相就而相剋, 相滅息者也, 所以爲革也. 又二女同居, 而其歸各異, 其志不同, 爲不相得也, 故爲革也.

변혁은 하루가 지나야 믿게 되니, 크게 형통하고, 올바름을 굳게 지키는 것이 이로우니, 후회가 없다.

革, 已日乃孚, 元亨, 利貞, 悔亡.

변혁이란 옛것을 변화시키는 것이다. 옛것을 변화시키면 사람들이 성급하게 믿을 수가 없으므로, 하루가 지난 후에야 사람의 마음이 믿고 따른다. "크게 형통하고, 올바름을 굳게 지키는 것이 이로우니, 후회가 없다"고 했는데 파괴된 후에 변혁하니, 변혁하는 것은 소통을 이루게 하는 것이므로 변혁하면 크게 형통할 수 있다. 그러나 변혁하되 정도正道[2]를 지키는 것이 이로우니, 오래도록 지속하면 옛것을 없애버린 뜻을 얻으며, 변혁하여 움직인 후회가 없게 된다. 이것이 후회가 없는 것이다. 변혁했는데 아무 이익이 없어도 후회할 만한데, 도리어 해로움이 있다면 어쩌겠는가? 옛사람은 그래서 개혁하고 고치는 것을 신중하게 했다.

革者, 變其故也. 變其故, 則人未能遽信, 故必已日, 然後人心信從. 元亨, 利貞, 悔亡, 弊壞而後革之, 革之所以致其通也, 故革之而可以大亨. 革之而利於正道, 則可久而得去故之義, 无變動之悔. 乃悔亡也. 革而无甚益, 猶可悔也, 況反害乎? 古人所以重改作也.

「단전」에서 말했다. 변혁이니, 물과 불이 서로 다투어 변화를 생성하며, 두 여자가 함께 살되 그 뜻을 서로 얻지 못하는 것이 변혁이다.

彖曰, 革, 水火相息, 二女同居, 其志不相得, 曰革.

연못과 불은 서로 없애려 하며, 또 두 여자가 뜻이 서로 맞지 못하므로 변혁이다. '식息'[3]은 그친다는 뜻도 되고 또 낳아서 번식시킨다는 뜻도 되니, 모든 사물은 합당한 자리에 멈춘 뒤에 새로운 것을 낳으므로, 새로운 것을 생겨나게 한다는 뜻이 된다. 혁괘에서 말한 '서로 다투어 변화를 생성한다〔相息〕'[4]는 말은 합당한 위치에 멈춘다는 말이다.

澤火相滅息, 又二女志不相得, 故爲革. 息爲止息, 又爲生息. 物止而後有生, 故爲生義. 革之相息, 謂止息也.

하루가 지나야 믿는 것은 변혁하여 믿도록 하는 것이다.

已日乃孚, 革而信之.

어떤 상황을 변혁하는데, 사람의 마음이 어떻게 곧바로 믿을 수 있겠는가? 반드시 하루가 지난 후에야 믿게 된다. 윗자리에 있는 사람은 개혁할 즈음에 마땅히 상세하게 알리고 거듭해서 명령하여, 하루가 지난 후에 사람들이 믿도록 해야 한다. 사람들의 마음이 믿지 않으면, 억지로 강행할지라도 효과를 이룰 수 없다. 선왕의 정치 명령에 대해 사람들의 마음이 처음에는 의심하는 자가 있었지만, 오래 지나면 반드시 믿는다. 결국에 사람들이 믿지 않고서 좋은 정치를 이룬 자는 역사적으로 있은 적이 없다.

事之變革, 人心豈能便信? 必終日而後孚. 在上者於改爲之際, 當詳告申令, 至於已日, 使人信之. 人心不信, 雖強之行, 不能成也. 先王政令, 人心始以爲疑者有矣, 然其久也必信. 終不孚而成善治者, 未之有也.

문명하여 기뻐하고 크게 형통하여 올바르니, 변혁하여 합당하기 때문에 그 후회가 없어진 것이다.

文明以說, 大亨以正, 革而當, 其悔乃亡.

괘의 자질 구조로써 변혁의 방도에 대해서 말했다. 이離괘는 문명文明한 것을 상징하고, 태兌괘는 기뻐함을 상징한다. 문명하면[5] 이치를 완전하게 파악하며 어떤 상황이든 분명하게 관찰할 수 있고, 기뻐하면 사람들의 마음이 화답하며 순종한다. 변혁하되, 상황에 잠재된 이치를 모두 밝게 관찰하고, 사람들의 마음에 조화하여 따를 수 있다면, 크게 형통하여 올바름을 얻을 수 있다. 이와 같이 하면 변혁하여 지극히 합당함을 얻게 되므로, 후회가 없어진다. 세상의 모든 일은 변혁하는 데에 그 합당한 도리를 얻지 못하면 도리어 폐해를 불러오므로, 변혁에는 후회의 도가 있다. 오직 지극히 합당한 변혁이라면 변혁 이전과 이후의 후회가 모두 없어진다.

以卦才言革之道也. 離爲文明, 兌爲說. 文明則理无不盡, 事无不察, 說則人心和順. 革而能照察事理, 和順人心, 可致大亨, 而得貞正. 如是, 變革得其至當, 故悔亡也. 天下之事, 革之不得其道, 則反致弊害, 故革有悔之道. 唯革之至當, 則新舊之悔皆亡也.

천지가 변혁하여 사계절이 이루어지며, 탕왕과 무왕이 천명을 변혁하여 하늘에 순종하고 사람들에게 호응했으니, 변혁의 때가 크구나!

天地革而四時成, 湯武革命, 順乎天而應乎人, 革之時大矣哉!

변혁의 도리를 추론하여, 천지가 변화하여 뒤바뀌는 것과 천시天時가 운행하는 시작과 끝을 극진하게 말했다. 천지의 음양이 미루어 옮기고 고치고 바뀌어 사계절을 이루어서, 만물이 이에 생겨나고 자라고 이루어지고 끝마치는 것이 각각 그 마땅함을 얻으니, 이는 변혁한 후에 사계절이 이루어지는 것이다. 천시의 운행이 끝나면, 반드시 변혁하여 새롭게 하는 자가 있다.

왕의 세력이 홍성할 때 하늘로부터 천명을 받으므로, 세상을 뒤집는 것을 천명을 변혁한다는 뜻인 '혁명革命'이라고 한다. 탕왕과 무왕은 위로 천명에 순종하고 아래로 사람들의 마음에 호응했으니, 이것이 "하늘에 순종하고 사람들에게 호응한다"는 것이다. 천도天道가 변화하여 개혁하고 옛 왕조가 옮겨지고 바뀌는 것이 지극히 위대한 변혁이므로, "변혁의 때가 크도다!"라고 찬미했다.

推革之道, 極乎天地變易, 時運終始也. 天地陰陽推遷改易而成四時, 萬物於是生長成終, 各得其宜, 革而後四時成也. 時運既終, 必有革而新之者. 王者之興, 受命於天, 故易世謂之革命. 湯武之王, 上順天命, 下應人心, 順乎天而應乎人也. 天道變改, 世故遷易, 革之至大也, 故贊之曰革之時大矣哉!

「상전」에서 말했다. 연못 가운데 불이 있는 것이 혁괘의 모습이니, 군자는 이것을 본받아 달력을 만들어 때를 밝힌다.

象曰, 澤中有火革, 君子以治歷明時.

물과 불이 서로 다투어 변화를 생성하는 것이 혁革이니, 혁이란 변혁이다. 군자는 이 변혁의 모습을 관찰하여 해와 달과 별과 별자리의 변천과 바뀜을 추리하고 역수曆數[6]를 다스려 사계절의 차례를 밝힌다. 변혁의 도에서 지극히 큰일이고 지극히 분명한 이치이며 매우 뚜렷하게 드러나는 흔적은 바로 사계절만 한 것이 없다. 사계절을 관찰하여 변혁에 순응하면, 천지와 그 차례를 합치한다.

水火相息爲革, 革, 變也. 君子觀變革之象, 推日月星辰之遷易, 以治歷數, 明四時之序也. 夫變易之道, 事之至大, 理之至明, 跡之至著, 莫如四時, 觀四時而順變革, 則與天地合其序矣.

초구효는 황소 가죽을 써서 묶는다.

初九, 鞏用黃牛之革.

변혁이란 일 가운데에서 아주 큰일이니, 반드시 그런 일을 해야만 할 때가 있고, 그럴 만한 지위가 있고, 그럴 만한 재능이 있어서, 정황을 깊이 살펴 사려하고 신중하게 움직인 후에야 후회가 없을 수 있다. 초구효는 때로 말하자면 시초이니, 어떤 일의 시초에 성급하게 움직이면 정황을 살펴 신중하게 사려하려는 뜻이 없어, 조급하고 경솔한 모습이다. 지위로 말하자면 가장 아래 위치에 자리하니, 때가 되지 않았고 도움을 줄 사람이 없는데 아랫자리에서 움직이면 본분을 넘어서 경거망동하는 허물이 있어서, 시세를 체득한 진중함이 없다. 자질로 말하자면 불을 상징하는 이離괘의 체질로 양의 성질이다. 이괘가 상징하는 불의 성질은 위로 올라가려고 하고 양인 강한 체질은 강건하니, 모두 움직임이 조급하게 서두른다.

그 자질이 이와 같으니, 어떤 일을 하려고 하면 흉함과 허물이 이른다. 왜냐하면 강하기만 하고 중도를 이루지 못하면서 체질이 조급하니, '중도'와 '시세의 이치를 따를 줄 아는 유순함'이 부족하기 때문이다. 당연히 '중도'와 '시세의 이치를 따를 줄 하는 유순함'으로 스스로 뜻을 견고하게 지키면서 경거망동하지 않으면 옳을 것이다.

'공鞏'은 굳게 묶는다는 뜻이다. '혁革'은 묶는 수단인 가죽이다. '황黃'은 중앙의 색이다. '우牛'는 순한 동물이다. "황소 가죽을 써서 굳게 묶는다"는 말은 중도와 유순한 방식으로 스스로 굳게 지키고, 경거망동하지 않는 것을 말한다. 이렇게 묻는 사람이 있다. "길하다 흉하다 하고 말하지 않는 것은 무슨 까닭인가?" 이렇게 답하겠다. 경거망동하면 흉함과 허물이 있을 것이고, 중도와 유순함으로 스스로 굳게 지킨다면 변혁하지 않을 뿐이니, 어찌 길함과 흉함이 있겠는가?

變革, 事之大也, 必有其時, 有其位, 有其才, 審慮而愼動, 而後可以无悔. 九, 以時則初也, 動於事初, 則无審愼之意, 而有躁易之象. 以位則下也, 无時无援而動於下, 則有僭妄之咎, 而无體勢之重. 以才則離體而陽也. 離性上而剛體健, 皆速於動也. 其才如此, 有爲則凶咎至矣. 蓋剛不中而體躁, 所不足者中與順也. 當以中順自固而无妄動則可也. 鞏, 局束也. 革, 所以包束. 黃, 中色. 牛, 順物. 鞏用黃牛之革, 謂以中順之道自固, 不妄動也. 不云吉凶, 何也? 曰, 妄動則有凶咎, 以中順自固, 則不革而已, 安得便有吉凶乎?

「상전」에서 말했다. 황소 가죽을 써서 묶는 것은 어떤 일도 도모할 수 없기 때문이다.

象曰, 鞏用黃牛, 不可以有爲也.

초구효의 때와 지위와 자질이 모두 어떤 일도 도모할 수가 없으므로, 당연히 중도와 유순함으로 스스로 굳게 지켜야만 한다.

以初九時位才 皆不可以有爲 故當以中順自固也.

육이효는 하루가 지나서야 변혁할 수 있으니, 그대로 해나가면 길하여, 허물이 없다.

六二, 已日乃革之, 征吉, 无咎.

음陰인 육六으로서 이二의 지위에 자리하여, 유순하고 중정의 덕을 얻었다. 또 문명한 주체로서 위로 강양한 군주가 있어서, 덕을 함께하여 서로 호응한다. 중정의 덕이 있으면 편벽하거나 어리석은 점이 없고, 문명하면 현실 상황의 이치를 모두 파악하고, 윗사람과 호응하면 권세를 얻고, 체질이 유순하면 현실에 어긋나고 거스르는 것이 없다. 때가 가능하고 지위를 얻었고 재능이 충분하니, 변혁하기에 가장 좋은 상황에 처한 자다.

그러나 신하의 도리는 응당 변혁의 선봉이 되지 않아야 하고 또 반드시 윗사람과 아랫사람의 신뢰를 기다려야만 하므로, "하루가 지나서야 변혁할 수 있다"고 했다. 육이효와 같은 사람의 재능과 덕은 자리한 지위와 나아가는 때가 세상의 폐단을 변혁하고 세상의 질서를 혁신하기에 충분하므로, 마땅히 정치권에 나가 위로 군주를 보필하고 자신의 도를 시행하면 길하여 허물이 없을 것이다. 그러나 나아가지 않으면 일을 도모할 수 있는 때를 잃어서, 허물이 있게 된다.

육이효의 체질이 유순하고 합당한 지위에 처했으나 체질이 유순하면 정치권에 나아가는 것을 지체할 수 있고, 합당한 지위라면 처신함이 고지식할 수가 있다. 그래서 변혁하는 것이 중대한 일이므로 이렇게 경계했다. 육이효는 중도를 얻었고 강한 사람과 호응하니, 나약하여 일을 그르치는 지경에까지는 이르지 않는다. 그러나 성인은 경계할 만한 의심이 있기 때문에 그 뜻을 밝힌 것일 뿐이니, 현명한 자질을 가진 사람이 정치적 일을 도모할 수 있는 때를 잃지 않게 한 것이다.

以六居二, 柔順而得中正, 又文明之主, 上有剛陽之君, 同德相應. 中正則无偏蔽, 文明則盡事理, 應上則得權勢, 體順則无違悖. 時可矣, 位得矣, 才足矣, 處革之至善者也. 然臣道不當爲革之先, 又必待上下之信, 故已日乃革之也. 如二之才德, 所居之地, 所進之時, 足以革天下之弊, 新天下之治, 當進而上輔於君, 以行其道, 則吉而无咎也. 不進則失可爲之時, 爲有咎也. 以二體柔而處當位, 體柔則其進緩, 當位則其處固. 變革者, 事之大, 故有此戒. 二得中而應剛, 未至失於柔也. 聖人因其有可戒之疑, 而明其義耳, 使賢才不失可爲之時也.

「상전」에서 말했다. 하루가 지나야 변혁할 수 있는 것은 행하는 것에 아름다운 일이 있는 것이다.

象曰, 已日革之, 行有嘉也.

하루가 지나서 변혁하여, 그대로 진행해나가면 길하여 허물이 없는 것은 행하면 길하여 기쁜 일이 있는 것이다. 세상의 폐단을 변혁하고 세상의 일들을 혁신할 수 있지만, 현실에 안주하여 행하지 않으면 이는 폐단을 해결하고 세상을 구제하려는 마음이 없는 것이니, 때를 놓치고 허물이 있게 된다.

已日而革之, 征則吉而无咎者, 行則有嘉慶也. 謂可以革天下之弊, 新天下之事, 處而不行, 是无救弊濟世之心, 失時而有咎也.

구삼효는 가면 흉해서, 올바름을 굳게 지키고 위태로워하는 마음을 품어야 하니, 개혁해야 한다는 공론이 세 번 합치하면, 믿음이 있다.

九三, 征凶, 貞厲, 革言三就, 有孚.

구삼효는 강양한 자질로 하체의 윗자리에 자리하고 또 불을 상징하는 이離괘의 윗자리에 자리하여 중도를 얻지 못했으니, 변혁하는 데에 조급하게 행동하는 자다. 아랫자리에 있으면서 변혁하는 데에 조급하게 행동하니, 이런 방식으로 행하면 흉함이 있다. 그러나 아랫자리의 위에 자리하여 실로 응당 변혁해야 할 상황이라면, 어찌

하지 않을 수가 있겠는가? 굳게 올바름을 지키고 상황을 위태롭게 생각하여 두려워하는 마음을 품으며 공론公論에 복종하여 따르면, 행하여 의심이 없을 수 있다.

'혁언革言'이란 마땅히 개혁해야 한다는 의론議論을 말한다. '취就'란 완성이며 합치다. 마땅히 개혁해야 한다는 의론을 깊이 살펴서 세 번 모두 합치에 이른다면, 확신을 가질 수 있다. 지극히 신중하여 이와 같이 할 수 있다면, 반드시 지극히 당연한 정당성을 얻어서, 이에 신뢰를 얻는다는 점을 말한 것이다. 자신이 확신을 가질 수 있고 대중이 신뢰하는 것이 이와 같다면, 변혁할 수 있다. 변혁의 때에 아랫자리의 위에 있으니, 마땅히 개혁해야만 할 일에 대해서 두려워하고 겁을 내면서 실행하지 않는다면, 때를 잃어서 피해를 입을 것이다. 오직 마땅히 신중함을 지극히 하여, 스스로의 강명한 능력만을 믿지 말고 공론을 살피고 고찰하여 세 번 모두 합치에 이른 뒤에 개혁하면, 허물이 없을 것이다.

九三以剛陽爲下之上, 又居離之上而不得中, 躁動於革者也. 在下而躁於變革, 以是而行, 則有凶也. 然居下之上, 事苟當革, 豈可不爲也? 在乎守貞正而懷危懼, 順從公論, 則可行之不疑. 革言, 猶當革之論. 就, 成也, 合也. 審察當革之言, 至於三而皆合, 則可信也. 言重愼之至能如是, 則必得至當, 乃有孚也. 己可信而衆所信也如此, 則可以革矣. 在革之時, 居下之上, 事之當革, 若畏懼而不爲, 則失時爲害, 唯當愼重之至, 不自任其剛明, 審稽公論, 至於三就而後革之, 則无過矣.

「상전」에서 말했다. 개혁해야 한다는 공론이 세 번 합치했으니,

또 어디로 가겠는가?

象曰, 革言三就, 又何之矣.

고찰한 대중의 의론이 세 번 합치하는 데에 이르면, 그 일은 매우 당연하며 정당한 일이다. "또 어디로 가겠는가?"라는 말은 속담에 "더 어디로 가겠는가?"라는 말과 같다. 이렇게 행하면 이치에 순종하고 때에 마땅하게 행하는 것이고 자신의 사사로운 의도로 하려고 하는 것이 아니니, 반드시 그 마땅함을 얻을 것이다.

稽之衆論, 至於三就, 事至當也. 又何之矣, 乃俗語更何往也. 如是而行, 乃順理時行, 非己之私意所欲爲也, 必得其宜矣.

구사효는 후회가 없으니, 믿음이 있으면, 명命을 고쳐 길하다.

九四, 悔亡, 有孚, 改命吉.

구사효는 변혁의 분위기가 무르익은 것이다. 양강은 변혁할 수 있는 재능이다. 하체의 형체를 떠나 상체로 나아가는 것은 변혁의 때다. 물과 불이 만나는 곳에 자리한 것은 변혁해야 할 형세다. 군주와 가까운 지위를 얻은 것은 변혁하는 임무를 맡은 것이다. 아래로 붙어 응하는 사람이 없는 것이 변혁할 의지다. 양인 구九로서 음인 사四의 자리에 있어서 강함과 유함이 서로 교제하는 것은 변혁의 작용이다. 사四라는 자리에 이러한 가능성을 모두 갖추고 있으니, 마땅히 변혁해야 할 때라고 할 만하다.

후회할 만한 일을 한 후에 변혁하니, 변혁하여 마땅하고 정당하다면 그 후회는 없어진다. 변혁하는 것이 마땅하다면 오직 지극한 진실과 정성으로 대처하는 것에 그 변혁의 성패가 달려 있으므로, 믿음이 있으면 명命을 고쳐서 길하다. "명을 고친다"는 말은 개혁하여 일을 도모하는 것이니, 변혁해나가는 것을 말한다. 그 일이 마땅하여 폐단을 개혁하고 지극한 진실과 정성으로 실행하면, 윗사람들은 믿고 아랫사람들은 복종하니 그 길함을 알 수 있다.

어떤 사람은 이렇게 묻는다. "사四의 자리는 중정을 이룬 것도 아닌데, 지극히 선한 것은 무슨 까닭인가?" 이렇게 답하겠다. 오직 그 처신이 유연했기 때문에, 강하면서도 지나치지 않고 군주와 가까이 있으면서도 군주를 핍박하지 않아서 중정을 이룬 군주를 순종하면서 받드니, 중정을 이룬 사람이다. 『역』에서 의미를 취하는 데는 일정한 바가 없어 그 때를 따를 뿐이다.

九四, 革之盛也. 陽剛, 革之才也. 離下體而進上體, 革之時也. 居水火之際, 革之勢也. 得近君之位, 革之任也. 下无係應, 革之志也. 以九居四, 剛柔相際, 革之用也. 四既具此, 可謂當革之時也. 事之可悔而後革之, 革之而當, 其悔乃亡也. 革之既當, 唯在處之以至誠, 故有孚則改命吉. 改命, 改爲也, 謂革之也. 既事當而弊革, 行之以誠, 上信而下順, 其吉可知. 四非中正, 而至善, 何也? 曰, 唯其處柔也, 故剛而不過, 近而不逼, 順承中正之君, 乃中正之人也. 易之取義无常也, 隨時而已.

「상전」에서 말했다. 명을 고쳐서 길한 것은 그 뜻을 모두 신뢰하기 때문이다.

象曰, 改命之吉, 信志也.

명을 고쳐서 길한 것은 윗사람과 아랫사람이 그 뜻을 신뢰하기 때문이다. 진실과 정성이 지극하면, 윗사람과 아랫사람이 믿는다. 변혁의 방도에서는 윗사람과 아랫사람의 신뢰를 근본으로 하니, 정당하지 못하고 확신도 없다면 아무도 신뢰하지 않는다. 마땅하고 정당할지라도 사람들이 신뢰하지 않는다면 실행할 수 없는데, 하물며 정당하지도 않은 일이면 어떠하겠는가?

改命而吉, 以上下信其志也. 誠旣至, 則上下信矣. 革之道, 以上下之信爲本. 不當不孚則不信. 當而不信, 猶不可行也, 況不當乎?

구오효는 대인이 호랑이로 변하는 것이니, 점치지 않아도 믿음이 있다.

九五, 大人虎變, 未占有孚.

구오효는 양강한 재능과 중정을 이룬 덕으로 존귀한 지위에 자리했으니, 대인이다. 대인의 도로써 세상의 일을 변혁하면 마땅하지 않음이 없고 때에 맞지 않음이 없으니, 잘못된 일들이 변화되어 일의 이치가 밝게 드러나서 마치 호랑이의 문양이 드러나는 것과 같으므로, 호랑이로 변한다고 했다. 용과 호랑이는 대인의 모습이다. 변한다는 것은 사물이 변하는 것이다.

그래서 이렇게 묻는다. "호랑이라고 말한 것은 무슨 까닭인가?" 이렇게 답하겠다. 대인이 변혁하니, 이것은 곧 대인의 변혁이다. 대인이 중정을 이룬 방도로 변혁하면 세상의 이치가 밝게 드러나서, 점의 결정에 의지하지 않더라도 그 일이 지극히 당연하고 정당하다는 것을 알아 세상이 반드시 신뢰한다. 세상이 대인의 변혁에 계몽되어 점의 판단에 의지하지 않고서도 그 일이 지극히 당연하고 정당하다는 점을 신뢰하게 된다.

九五以陽剛之才, 中正之德, 居尊位, 大人也. 以大人之道, 革天下之事, 无不當也, 无不時也, 所過變化, 事理炳著, 如虎之文采, 故云虎變. 龍虎, 大人之象也. 變者, 事物之變. 曰, 虎, 何也? 曰, 大人變之, 乃大人之變也. 以大人中正之道, 變革之, 炳然昭著, 不待占決, 知其至當而天下必信也. 天下蒙大人之革, 不待占決, 知其至當而信之也.

「상전」에서 말했다. 대인이 호랑이로 변하는 것은 그 문양이 빛나는 것이다.

象曰, 大人虎變, 其文炳也.

일의 이치가 밝게 드러나서 마치 호랑이 무늬가 밝게 빛나고 성대한 것과 같으니, 세상 사람 가운데 믿지 않을 사람이 있겠는가?

事理明著, 若虎文之炳煥明盛也, 天下有不孚乎?

상육효는 군자는 표범으로 변하는 것이고 소인은 얼굴만 고치니, 정벌하여 가면 흉하고 올바름에 거하면 길하다.

上六, 君子豹變, 小人革面, 征凶, 居貞吉.

혁괘의 끝은 변혁의 도가 완성되는 지점이다. 군자는 선인善人[7]을 말하니, 선량하다면 자신도 개혁해서 변하여, 그 드러나 보이는 것이 마치 표범의 무늬가 아름다운 것과 같다. 소인은 어리석고 어두워 고치기 어려운 자이니, 마음으로 변화할 수는 없지만 또한 얼굴을 고쳐 윗사람의 가르침과 명령을 따르는 척한다. 용과 호랑이는 대인의 모습이므로, 대인을 호랑이라 하고 군자는 표범이라고 한 것이다. 사람의 본성은 본래 선하니 모두 개혁하면 변화할 수 있으나, 가장 어리석은 사람이 있어 성인일지라도 바꿀 수 없는 자가 있다.

요·순이 군주가 되어 성인으로 성인을 계승하여 백여 년 동안 지속시켰으니 세상 사람이 교화되는 것이 깊고 또 오래 지속했다고 할 수는 있지만, 묘苗족과 상象[8]과 같은 사람이 있어서, 와서 항복하고 꾸준히 다스려진 것도 사실은 얼굴만 고쳤을 뿐이다. 소인이 겉으로 드러난 모습을 고쳤다면, 변혁의 도는 이루어졌다고 할 수 있다. 다시 그것을 이어서 더 깊이 다스리게 되면 너무 심하게 대처하는 일이니, 너무 심하게 대처하면 올바른 도가 아니다. 그러므로 변혁의 끝에 이르러 또 정벌하여 가면 흉한 것이니, 마땅히 올바름을 굳게 하여 스스로 지켜야 한다. 변혁이 극한에 이르렀는데 올바름으로 지키지 못하면, 개혁한 것이 그것에 따라서 다시 변하게 된다. 세상의 일이란 처음에는 변혁하기가 어렵다는 점을 근심하고 변혁이 이루어지면 지킬 수 없음을 걱정하므로, 변혁의 끝에는 올바름에 거하면 길하다고 경계한 것이다.

이렇게 묻는 사람이 있다. "올바름에 거하라는 것은 상육효를 위해서 경계한 말이 아닌가?" 이렇게 답하겠다. 변혁의 끝이기 때문에 말할 것이니, 그 속에 모든 것이 포함되어 있다. 이렇게 묻는 사람이 있다. "사람의 본성은 본래 선한데 변혁할 수 없는 자가 있는 것은 무슨 까닭인가?" 이렇게 답하겠다. 그 본성을 말하면 모두 선하고, 그 자질을 말하면 매우 어리석어 고칠 수 없는 자가 있다. 매우 어리석다는 것에는 두 가지가 있으니, 스스로를 학대하는 자포自暴와 스스로를 포기하는 자기自棄다. 사람이 진실로 선한 본성으로 스스로 다스린다면 고칠 수 없는 자는 없으니, 지극히 어리석은 사람일지라도 모두 점차로 연마하여 나아질 수 있다. 그러나 오직 자포하는 자는 거부하면서 자신을 믿지 않고, 자기하는 자는 체념하면서 하려고 하지 않는다. 성인이 그들과 함께 살더라도 그들을 교화하여 마음을 깨우칠 수 없으니, 공자가 말하는 가장 어리석은 사람이다.

그러나 세상에 '자포자기'하는 자가 반드시 모두 어리석은 것은 아니다. 때때로 강직하면서 사나우며 그 자질과 힘이 남보다 뛰어난 자도 있으니, 상신商辛[9]이 그러하다. 성인은 그들이 스스로 선善을 끊기 때문에 매우 어리석은 사람이라고 했지만, 그 귀결을 살펴보면 참으로 우매하다. 이렇게 묻는 사람이 있다. "이미 매우 어리석은 사람이라고 말했는데, 그들이 얼굴을 고칠 수 있는 것은 무슨 까닭인가?" 이렇게 답하겠다. 마음은 비록 선하게 되는 길을 끊었으나, 위엄을 두려워해서 죄를 적게 저지른다면 다른 일반 사람과 같다. 오직 그들이 다른 일반 사람과 같은 것이 있으니, 그것이 본성의 죄가 아님을 아는 것이다.

革之終, 革道之成也. 君子謂善人, 良善則已從革而變, 其著見若豹之彬蔚也. 小人, 昏愚難遷者, 雖未能心化, 亦革其面以從上之敎令也. 龍虎, 大人之象, 故大人云虎, 君子云豹也. 人性本善, 皆可以變化, 然有下愚, 雖聖人不能移者. 以堯舜爲君, 以聖繼聖百有餘年, 天下被化, 可謂深且久矣, 而有苗有象, 其來格烝乂, 蓋亦革面而已. 小人旣革其外, 革道可以爲成也.

苟更從而深治之, 則爲已甚. 已甚非道也. 故至革之終而又征, 則凶也, 當貞固以自守. 革至於極, 而不守以貞, 則所革隨復變矣. 天下之事, 始則患乎難革, 已革則患乎不能守也, 故革之終戒以居貞則吉也. 居貞非爲六戒乎? 曰, 爲革終言也, 莫不在其中矣. 人性本善, 有不可革者, 何也? 曰, 語其性則皆善也, 語其才則有下愚之不移. 所謂下愚有二焉, 自暴也, 自棄也. 人苟以善自治, 則无不可移者, 雖昏愚之至, 皆可漸磨而進也. 唯自暴者, 拒之以不信, 自棄者, 絕之以不爲, 雖聖人與居, 不能化而入也, 仲尼之所謂下愚也. 然天下自暴自棄者, 非必皆昏愚也, 往往強戾而才力有過人者, 商辛是也. 聖人以其自絕於善, 謂之下愚, 然考其歸, 則誠愚也. 旣曰下愚, 其能革面, 何也? 曰, 心雖絕於善道, 其畏威而寡罪, 則與人同也. 唯其有與人同, 所以知其非性之罪也.

「상전」에서 말했다. 군자가 표범으로 변하는 것은 그 무늬가 아름다운 것이고, 소인이 얼굴만 고치는 것은 복종하여 군주를 따르는 것이다.

象曰, 君子豹變, 其文蔚也, 小人革面, 順以從君也.

군자는 교화를 따라서 선하게 변해서, 무늬를 아름답게 완성하여 그 아름다운 무늬를 밖으로 드러낸다. 중인中人 이상은 변화하고 개혁하지 않는 사람이 없고, 고칠 수 없는 소인일지라도 감히 악행을 저지르지 못하고 그 겉으로 드러난 모습을 변혁하여 군주의 가르침과 명령에 순종하고 복종하니, 이것이 얼굴을 고치는 것이다. 이에 이르면, 이 변혁의 도는 완성된다. 소인이 억지로라도 선을 가장하는 것은 군자가 용납해주는 바이니, 다시 거기서 더 나아가서 다스려 고치려고 하면 흉하다.

君子從化遷善, 成文彬蔚, 章見於外也. 中人以上, 莫不變革, 雖不移之小人, 則亦不敢肆其惡, 革易其外, 以順從君上之敎令, 是革面也. 至此, 革道成矣. 小人勉而假善, 君子所容也, 更往而治之, 則凶矣.

---

1 변혁變革: 『예기』에 변혁에 관한 구체적인 설명이 있다. 이런 맥락에서 생각할 수 있을 것이다. "권權과 도度와 양量을 세우고, 문장文章을 고찰하고, 정삭正朔을 개혁하고, 복색服色을 바꾸고, 휘호徽號를 다르게 하고, 기계器械를 바꾸고, 의복衣服을 구별하니, 이것은 백성과 함께 변혁할 수 있는 것이다. 그러나 변혁할 수 없는 것도 있다. 친족을 친히 여기고 존자를 존경하고, 어른을 어른대접하고, 남녀에 구별이 있으니, 이것이 백성과 함께 변혁할 수 없는 것이다立權度量, 考文章, 改正朔, 易服色, 殊徽號, 異器械, 別衣服, 此其所得與民變革者也. 其不可得變革者則有矣. 親親也, 尊尊也, 長長也, 男女有別, 此其不可得與民變革者也(『예기』「대전大傳」)."

2 변혁하되 정도正道: 중국판본은 "革之而利於正, 道則可久而得去故之義"로 되어 있는데 『주역대전』 구결은 "革之而利於正道, 則可久而得去故之義"로 되어 있다. 『주역대전』 구결을 따랐다.

3 식息: 왕필이나 공영달은 변화가 일어나는 의미로 해석하는데 호원은 "식은 멸이다息滅也"라고 해석한다. 정이천은 없앤다는 뜻과 변화를 일으켜 새로운 것이 생겨난다는 뜻을 동시에 취하고 있다. 정이천은 이렇게 말했다. "식息을 생성이라고 하는 것은 없어지면 생성하기 때문이다. 한 가지 일이 없어지면 한 가지 일이 생성되니, 중간에 단절이 없다. 박剝괘 상구효의 '큰 과실은 먹히지 않는 것이다'라는 것이 다시 연이어 복復괘가 된다. 추위가 가면 더위가 오고 더위가 가면 추위가 오니, 추위와 더위가 서로 밀어내어 1년을 이룬다息訓爲生者, 蓋息則生矣. 一事息, 則一事生, 中无間斷, 碩果不食, 則便爲復也. 寒往則暑來, 暑往則寒來, 寒暑相推而歲成焉(『이정집』 11권 133쪽)."

4 서로 다투어 변화를 생성한다[相息]: 수화상식水火相息의 번역은 "물과 불이 서로 다투어 변화가 생성된다"는 의미다. 왕필은 "식息이란 변화가 생겨나는 것을 말한다. 불은 올라가려고 하고 연못의 물은 내려가려고 한다. 물과 불이 서로 다투고 난 후에 변화가 생겨난다息者, 生變之謂也. 火欲上而澤欲下, 水火相戰, 而後生變者也"고 해석하고, 공영달도 왕필과 동일하게 해석하면서 이런 말을 덧붙인다. "변화가 생겨나면 본래의 성질이 개혁된다. 물이 뜨거워져서 끓게 되고 물의 찬 기운이 더워진다. 불의 뜨거운 성질은 없어져서 기는 차게 된다. 이것을 변혁이라고 한다變生, 則本性改矣. 水熱而成湯, 火滅而氣冷, 是謂革也." 정이천은 멈춤과 번

식이라는 두 가지 뜻을 가지고 설명하면서 '멈춘다'는 의미를 취한다. 그러나 '멈춘다'는 것은 각각의 본분에서 멈춘다는 뜻이므로, 다툰다는 의미를 취하지는 않았지만, 각각의 본분에서 멈추어 새로운 상황을 창조하고 개혁한다는 의미를 말하고 있다.

5 문명하면: 호원은 이 구절을 이렇게 설명한다. "성인이 포악하고 혼란한 상황을 변혁하여 세상에 문장文章이 밝게 빛나는 방도로 수행하고, 백성을 감동시켜 기뻐하며, 또 원형이정이라는 네 가지 덕이 있어서 변혁의 방도로 삼고, 세상의 혼란을 구제하고 세상의 질서를 일으키는 것은 모두 도에 순종하고 그 이치를 합당하게 하는 것이므로 후회가 없어진다聖人既變暴亂之事, 于天下遂以文章光明之道, 感悅于民, 又有元亨利貞之四德, 以爲革之道, 拯天下之難, 興天下之治, 皆順于道而當其理, 故其悔乃亡也." 여기서 호원은 문명을 문장이 밝게 빛나는 방도로 설명한다. 즉 지배자가 예악형정을 분명하게 밝히는 방도로 수행하여 백성들을 감동시키고 백성의 뜻에 기뻐하면서 변혁해야 한다는 것이다. 그러나 정이천은 지배자가 시행하는 어떤 방도와 같은 것이 아니라 한 개인이 문文, 즉 어떤 일들의 현실적인 이치 구조[事理]를 분명하게 아는 것으로 해석하고 있다. 「범례」 5번 문명文明 항목 참조.

6 역수曆數: '역수'란 달력을 말한다. 즉 역법이다. 천문현상을 관찰하여 연도와 계절 및 절기를 계산하는 방법을 말한다. 그래서 역易은 역曆과 긴밀하게 관련된다.

7 선인善人: "공자가 말했다. '성인은 내가 만날 수 없었다. 그러나 군자를 만날 수 있다면 그것으로 좋겠다.' 공자가 말했다. '선인은 내가 만날 수 없었다. 그러나 일관되게 오래도록 지속하는 사람을 만날 수 있다면 그것으로 좋겠다. 없으면서 있는 체하고 비어 있으면서 차 있는 체하고, 빈곤하면서 풍요로운 체한다면 일관되게 오래도록 지속하기가 힘들 것이다.'子曰, 聖人, 吾不得而見之矣, 得見君子者, 斯可矣. 子曰, 善人, 吾不得而見之矣, 得見有恒者, 斯可矣. 亡而爲有, 虛而爲盈, 約而爲泰, 難乎有恒矣(『논어』「이인」)." 여기서 선인善人이 나온다. 장횡거는 "인에 뜻을 두어 악한 일을 하지 않는 사람善人者, 志於仁而無惡"이라고 설명한다.

8 상象은 순舜의 이복동생으로, 순의 아버지 고수와 계모와 이복동생 상은 교만방자하여 모두 순을 죽이려 했다. 그러나 순은 순종하며 도리를 잃지 않았고, 동생에게도 자애를 베풀었다. "여러 신하가 같이 제요帝堯에게 말했다. '미천한 자 가운데 홀아비가 있습니다.' '우순이라고 합니다.' 제요가 말했다. '그래 나도 안다. 어떠한가?' 사악이 말했다. '소경 고수의 아들로 아비는 완악하고, 계모는 어리석고, 동생 상은 오만방자한데도, 효성으로써 화목하게 하고 점점 나아가 다스려서 간악한 데까지는 이르지 않게 했습니다.'師錫帝曰, 有鰥在下, 曰, 虞舜. 帝曰, 俞, 予聞, 如何? 岳曰, 瞽子, 父頑·母嚚·象傲, 克諧以孝, 烝烝乂, 不格姦(『서』「요전堯典」)" 상象에 관한 일화는 『맹자』에 나온다. 인물사전 참조.

9 상신商辛은 상나라 주왕紂王을 말한다. 인물사전 참조.

50. 가마솥, 안정: 정鼎괘䷱

화풍정火風鼎이라고 한다. 괘의 모습이 이離☲괘가 위에 있고, 손巽☴괘가 아래에 있기 때문이다.

정鼎괘에 대해서 「서괘전」은 다음과 같이 설명한다. "사물을 변혁하는 것은 가마솥만 한 것이 없으므로, 가마솥을 상징하는 정괘로 받았다." 가마솥의 용도는 사물을 변혁시키는 것이다. 날것을 변화시켜서 익힌 것으로 만들고, 딱딱한 것을 변화시켜 부드러운 것으로 만들며, 물과 불은 함께 처할 수 없는 것인데 서로 합쳐서 작용하도록 만들어도 서로 해를 끼치지 않게 할 수 있다. 이것이 사물을 변혁하는 것이므로, 정괘가 변혁을 상징하는 혁革괘 다음이 된다. 괘의 모습은 위로 이離괘가 있고 아래로 손巽괘가 있다. 그래서 가마솥이 된 것은 그 괘의 모습을 취하고, 그 의미를 취한 것이다.

괘의 모습을 취한 것은 두 가지가 있으니, 괘 전체의 모습으로 말하면 가장 아래 세워진 것[초효]은 발에 해당하고 가운데 가득 찬 것[이·삼·사효]은 가마솥의 배에 해당하여, 그 속에 사물이 있는 모습이고, 위에 마주 보고 있는 것[오효]은 솥의 귀에 해당하고, 맨 위에 가로 뻗쳐 있는 것[상효]은 솥 고리이니, 전체적으로 솥의 모습이다. 상괘와 하괘의 두 형체로써 말하면 가운데 비어 있는 것[이☲괘]이 위에 있고 아래에 발[손☴괘]이 있어 받치니, 또한 솥의 모습이다.

그 의미를 취하면 나무가 불을 따르는 것인데, 손巽괘가 상징하는 것은 들어간다는 것이므로 순종한다는 의미이니, 나무가 불에 순종하는 것으로 불타는 모습이 된다. 불의 용도는 굽는 것과 삶는 것이니, 굽는 데에는 기구가 필요 없으므로 삶는 모습을 취하여 가마솥이고, 나무가 불에 순종하는 것은 음식을 삶아서 요리하는 모습이다.

어떤 사람은 이렇게 묻는다. "솥이라는 요리 기구를 만들 때 정괘의 모습을 취한 것인데 요리 기구를 본떠서 괘를 만들었다는 것인가?" 이렇게 답하겠다. 요리 기구를 만드는 데에 모습을 취했으나, 그 모습은 괘에 있는 것이니, 이 정괘가 요리 기구가 있기 전에 있을 필요는 없다. 성인이 요리 기구와 같은 문명의 이기들을 만들었을 때에는 괘를 본 뒤에 그 모습을 안 것이 아니지만, 보통 사람들이 그 모습을 알 수 없으므로 괘를 만들어 보여준 것이다. 괘와 문명의 이기 사이의 선후 관계는 이 괘의 뜻에 해롭지 않다.

또 의심하여 이렇게 말한다. "가마솥은 자연의 모습이 아니고 인간의 작위다." 이렇게 답하겠다. 분명히 인간의 작위이지만, 음식을 삶아서 조리하면 음식물을 완성할 수 있다. 형체를 제작하여 이러하다면 사용할 수 있는 것이니, 이것은 인간의 작위가 아니라 자연에 내재된 가능성이 드러난 것이다. 우물을 상징하는 정井괘도 그러하다. 문명의 이기들은 분명 괘보다 먼저 있었지만 그 기물들에서 취한 것이 바로 괘의 모습이고, 괘는 다시 기물을 사용하여 뜻을 삼은 것이다.

鼎, 序卦, "革物者莫若鼎, 故受之以鼎." 鼎之爲用, 所以革物也. 變腥而爲熟, 易堅而爲柔, 水火不可同處也, 能使相合爲用而不相害, 是能革物也, 鼎所以次革也. 爲卦, 上離下巽. 所以爲鼎, 則取其象焉, 取其義焉. 取其象者有二. 以全體言之, 則下植爲足, 中實爲腹, 受物在中之象, 對峙於上者耳也, 橫亘乎上者鉉也, 鼎之象也, 以上下二體言之, 則中虛在上, 下有足以承之, 亦鼎之象也. 取其義, 則木從火也, 巽入也, 順從之義, 以木從火, 爲然之象. 火之用唯燔與烹, 燔不假器, 故取烹象而爲鼎, 以木巽火, 烹飪之象也. 制器取其象也, 乃象器以爲卦乎? 曰, 制器取於象也, 象存乎卦, 而卦不必先器. 聖人制器, 不待見卦而後知象, 以衆人之不能知象也, 故設卦以示之. 卦器之先後, 不害於義也. 惑疑鼎非自然之象, 乃人爲也. 曰, 固人爲也, 然烹飪可以成物, 形制如是則可用, 此非人爲, 自然也. 在井亦然. 器雖在卦先, 而所取者乃卦之象, 卦復用器以爲義也.

가마솥은 크게 형통하다.

鼎, 元吉亨.

괘의 자질 구조로 말했다. 이러한 괘의 자질 구조라면 크게 형통함에 이를 수 있다. 다만 당연히 "크게 형통하다元亨"고 말해야 하니, 문장에서 '길吉'이라는 글자가 잘못 덧붙여졌다. 괘의 자질 구조가 크게 형통함에 이를 수 있으니, 크게 길하다는 말이 있을 필요가 없다. 「단전」에서는 분명히 단지 "크게 형통하다"라고 말하고 있으니, '길'자는 잘못 덧붙여진 것이 분명하다.

以卦才言也. 如卦之才, 可以致元亨也. 止當云元亨, 文羨吉字. 卦才可以致元亨, 未便有元吉也. 彖復止云元亨, 其羡明矣.

「단전」에서 말했다. 가마솥은 모범을 취할 수 있는 모습이다.

彖曰, 鼎, 象也.

이 괘가 정괘가 되는 이유는 가마솥의 모습을 취했기 때문이다. 가마솥이 요리 기구가 되는 것은 괘의 모습을 모방한 것이다. 모습이 있은 후에 기구가 있고, 괘는 다시 기구를 사용하여 뜻을 삼았다. 가마솥은 큰 요리 기구이고 중요한 보물이므로, 모양을 제작하거나 모습을 본받는 일이 매우 엄격하다. '정鼎'이라는 이름은 바르다는 뜻의 '정正'이니, 옛사람들은 '방方'으로 풀이했고, '방'에는 실제로 '방정方正하다'는 뜻이 있다.

형체로 말하자면 귀가 위에서 마주보고 있고 발이 아래에 둘로 나누어 버티고 있으며, 안팎이 두루 둥글고, 높고 낮음과 두껍고 얇은 것이 모두 모두 법도가 있어서 지극히 올바르지 않음이 없으니, 지극히 바른 뒤에야 안정되고 중후한 모습이 있다. 그러므로 가마솥이란 모습을 본받은 기물이니, 이 괘가 정괘가 된 것은 그 모습 때문이다.

卦之爲鼎, 取鼎之象也. 鼎之爲器, 法卦之象也. 有象而後有器, 卦復用器而爲義也. 鼎, 大器也, 重寶也, 故其制作形模, 法象尤嚴. 鼎之名正也, 古人訓方, 方實正也. 以形言, 則耳對植於上, 足分峙於下, 周圓內外, 高卑厚薄, 莫不有法而至正, 至正然後成安重之象. 故鼎者法象之器, 卦之爲鼎, 以其象也.

나무로써 불에 들어가는 것은 삶아서 음식을 만드는 것이니, 성인은 음식을 삶아서 상제에게 제사를 올리고, 크게 삶아서 성현을 기른다.

以木巽火, 亨飪也, 聖人, 亨以享上帝, 而大亨, 以養聖賢.

두 괘의 형체로써 가마솥의 용도를 말했다. "나무로써 불에 들어간다"는 것은 나무로 불을 태우는 것이니, 삶아서 음식을 만드는 것이다. 가마솥이라는 요리 기구는 살아 있는 사람이 매우 절실하게 의지하는 것이다. 그 용도를 극대화한다면, 성인이 재료를 삶아서 음식을 만들어 상제에게 제사 드리고 음식을 만들 듯 크게 삶아서 성현을 배양한다.[1] 성인은 옛 성왕聖王을 말한다. '대大'란 그 용도가 매우 넓다는 말이다.

以二體言鼎之用也. 以木巽火, 以木從火, 所以亨飪也. 鼎之爲器, 生人所賴至切者也. 極其用之大, 享上帝, 大亨以養聖賢. 聖人, 古之聖王. 大, 言其廣.

겸손하여 귀와 눈이 총명하며, 유함이 나아가 위로 올라가고, 중도를 얻었으며 강함에게 호응해서, 크게 형통한 것이다.

巽而耳目聰明, 柔進而上行, 得中而應乎剛, 是以元亨.

위에서 가마솥의 용도를 말했고, 다시 괘의 자질 구조를 말했다. 사람이 이와 같이 괘의 자질 구조처럼 할 수 있다면, 크게 형통함을 이룰 수 있다. 아래의 괘의 형체는 손巽괘로 이치에 공손하게 순종하는 것을 상징하고 위의 이離괘는 현명하여 윗자리에서 마음을 비우고 있으니, 눈과 귀가 총명한 모습을 상징한다.[2]

64괘 가운데 이離괘가 위에 있는 경우는 모두 "유함이 나아가 위로 올라간다"고 했다. 유柔는 아래 지위에 있는 것인데 존귀한 지위에 자리하니, 나아가 위로 올라간 것이다. 현명한 자질로 존귀한 지위에 자리하면서 중도를 얻었고 강한 사람에게 호응하니, 강양한 도리를 쓸 수 있는 것이다. 육오효는 중中의 위치에 자리하고 또 유한 자질로 강한 사람에게 호응하니, 중도를 얻은 것이다. 그 자질이 이와 같으니, 크게 형통할 수 있다.

上旣言鼎之用矣, 復以卦才言. 人能如卦之才, 可以致元亨也. 下體巽, 爲巽順於理, 離明而中虛於上, 爲耳目聰明之象. 凡離在上者, 皆云柔進而上行. 柔, 在下之物, 乃居尊位, 進而上行也. 以明居尊, 而得中道, 應乎剛, 能用剛陽之道也. 五居中, 而又以柔而應剛, 爲得中道. 其才如是, 所以能元亨也.

「상전」에서 말했다. 나무 위에 불이 있는 것이 정괘의 모습이니, 군자는 이것을 본받아 그의 지위를 바르게 하여 명령을 엄중하게 한다.

象曰, 木上有火, 鼎, 君子以正位凝命.

나무 위에 불이 있는 것은 나무가 불에 타들어가는 것이니, 재료를 삶아서 음식을 만드는 모습이므로 가마솥이다. 군자는 정괘의 모습을 관찰하여, 지위를 바르게 하여 명령을 엄중하게 내린다. 가마솥은 모습을 본받은 기구로서, 그 형체가 단정하고 바르며 몸집이 안정되고 중후하다. 그 단정하고 바른 모습을 취하여 그 지위를 바르게 하는 것이니, 자신이 처해 있는 지위를 바르게 하는 것을 말한다. 군자는 처신을 바르게 하니, 사소하게는 자리가 바르지 않으면 앉지 않고 짝다리를 집고 서거나 기대어 서지 않는다. 안정되고 중후한 모습을 취하여 명령을 엄중하게 내리니, 그 명령을 안정되고 엄중하게 하는 것이다. '응凝'이란 모여서 그친다는 뜻이니, 안정되고 중후함을 말한다. 지금 세상에서는 꼼짝하지 않는다는 뜻으로 '응연凝然'이란 말이 있으니, 명령하는 것만으로 말한 것일 뿐이다. 그러나 행동거지를 모두 안정되고 엄중하게 해야만 한다.

木上有火, 以木巽火也, 烹飪之象, 故爲鼎. 君子觀鼎之象, 以正位凝命. 鼎者法象之器, 其形端正, 其體安重. 取其端正之象, 則以正其位, 謂正其所居之位. 君子所處必正, 其小至於席不正不坐, 毋跛毋倚. 取其安重之象, 則凝其命令, 安重其命令也. 凝, 聚止之義, 謂安重也. 今世俗 有凝然之語, 以命令而言耳. 凡動爲皆當安重也.

초육효는 솥의 발이 뒤집어졌지만, 나쁜 것을 쏟아내니 이롭다. 첩을 얻으면, 그 남자가 허물이 없게 한다.

初六, 鼎顚趾, 利出否, 得妾, 以其子, 无咎.

초육효는 솥의 아래에 있으니 발의 모습을 상징하고 위로는 구사효와 호응하고 있으니, 발이 위로 향하고 있어 뒤집어진 모습이다.

솥이 뒤집어지면 발이 거꾸로 뒤집어지고, 발이 거꾸로 뒤집어지면 솥의 내용물이 쏟아지니, 이치에 따르는 도는 아니다. 그러나 당연히 뒤집어야 할 때가 있으니, 부패한 것과 나쁜 것을 기울여 쏟아내서 깨끗하게 하고 새로운 것을 받아들이면 좋다는 말이다. 그러므로 발이 뒤집어지는 것은 나쁜 것을 쏟아내는 데에 이로움이 있다.

'부否'란 나쁜 것이다. 구사효는 군주와 가까이 있어 대신의 지위이고 초육효는 아랫사람으로 서로 호응하는 관계이니, 윗사람이 아랫사람에게 구하고 아랫사람은 자신을 구하는 윗사람을 따르는 것이다. 윗사람은 아랫사람의 선함을 쓰고 아랫사람은 윗사람이 하는 일을 보필하면 일의 효과를 이룰 수 있으니, 이는 최선의 방도다. 솥의 발이 뒤집어진 것은 마땅히 뒤집어져야 할 때가 있는 것과 같아서, 이치에 어그러진 것은 아니다.

"첩을 얻으면 그 남자가 허물이 없게 한다"고 했는데, 초육효가 자질이 음陰이고 지위가 낮으므로 첩이 되니, "첩을 얻는다"는 말은 적절한 사람을 얻는 것을 말한다. 만일 현명한 첩을 얻으면 그 주인을 보필하여 허물이 없게 할 것이다. '자子'는 주인이니, '이기자以其子'는 그 주인의 허물이 없도록 하는 것이다. 초육효는 자질이 음이고 가장 아래에 자리하여, 자신을 낮추고 겸손하여 양을 따르니, 첩의 모습이다. 초육효가 위로 구사효와 호응하니 발이 뒤집힌 것이므로 이러한 뜻을 표현했다. 초육효는 본래 취할 만한 자질과 덕이 없으므로 첩을 얻는다고 했으나, 그 적절한 사람을 얻으면 이와 같다는 말이다.

六在鼎下, 趾之象也. 上應於四, 趾而向上, 顚之象也. 鼎覆則趾顚, 趾顚則覆其實矣, 非順道也. 然有當顚之時, 謂傾出敗惡以致潔取新, 則可也.

故顚趾利在於出否. 否, 惡也. 四近君, 大臣之位, 初在下之人, 而相應, 乃上求於下, 下從其上也. 上能用下之善, 下能輔上之爲, 可以成事功, 乃善道. 如鼎之顚趾, 有當顚之時, 未爲悖理也. 得妾以其子无咎, 六陰而卑, 故爲妾, 得妾謂得其人也. 若得良妾, 則能輔助其主使无過咎也. 子, 主也, 以其子, 致其主於无咎也. 六陰居下, 而卑巽從陽, 妾之象也. 以六上應四爲顚趾, 而發此義. 初六本无才德可取, 故云得妾, 言得其人則如是也.

「상전」에서 말했다. 솥의 발이 뒤집어졌으나 이치에 어긋나는 것은 아니다.

象曰, 鼎顚趾, 未悖也.

솥이 엎어져 발이 뒤집어진 것은 잘못된 방도이지만, 반드시 이치를 거스르는 것이 아닌 것은 부패한 것과 나쁜 것을 기울여 쏟아내야만 하는 때가 있기 때문이다.

覆而趾顚, 悖道也. 然非必爲悖者, 蓋有傾出否惡之時也.

나쁜 것을 쏟아내는 것이 이로운 것은 귀함을 따르기 때문이다.

利出否, 以從貴也.

옛것을 버리고 새것을 넣으며, 나쁜 것을 쏟아내고 아름다운 것을 수용하는 것이 귀함을 따르는 뜻이다. 구사효에 호응하는 것이 위로 귀함을 따르는 것이다.

去故而納新, 瀉惡而受美, 從貴之義也. 應於四, 上從於貴者也.

구이효는 솥에 꽉 찬 내용물이 있지만, 나의 상대가 병이 있으니, 나에게 오지 못하게 하면 길하다.

九二, 鼎有實, 我仇有疾, 不我能卽, 吉.

구이효는 강실剛實한 자질로 중中의 위치에 자리했으니, 솥 가운데에서 꽉 찬 내용물이 있는 모습이다. 솥에 꽉 찬 내용물이 밖으로 나오면 사회적 용도로 쓰일 수 있다. 구이효는 양강한 자질로 문제를 해결하고 활용될 수 있는 재능을 가지고 있고 육오효와 서로 호응관계를 이루니, 위로 육오효의 군주를 따르면 올바름을 얻어서 그 도가 형통할 수 있다. 그러나 초육효와 친밀하게 관계하고 있으니, 음은 양을 따르는 자다. 구이효는 중中의 위치에 자리하고 중도中道를 이룬 사람과 호응관계를 이루어서 정도正道를 잃는 지경에까지 이르지는 않겠지만, 스스로 정도를 지키더라도 저 초육효가 반드시 서로 구하게 될 것이므로, 그를 멀리하여 자신에게 오지 못하게 한다면 길하다고 경계했다.

'구仇'는 짝이다. 음과 양은 서로 대립하면서도 의존하는 짝이니, 초육효를 말한다. 서로 따르면 올바른 관계가 아니어서 마땅한 의리를 해치니, 이는 병이 있는 것이다. 구이효는 마땅히 정도로 스스로를 지키면서 그가 자신에게 오지 못하게 해야 한다. 사람이 정도로써 스스로를 지킬 수 있다면 올바르지 못한 자가 자신을 함부로 취하지 못하니, 그래서 길하다.

二以剛實居中, 鼎中有實之象. 鼎之有實, 上出則爲用. 二, 陽剛有濟用之才, 與五相應, 上從六五之君, 則得正而其道可亨. 然與初密比, 陰從陽者也. 九二居中而應中, 不至失正, 己雖自守, 彼必相求, 故戒能遠之, 使不來卽我, 則吉也. 仇, 對也. 陰陽相對之物, 謂初也. 相從則非正而害義, 是有疾也. 二當以正自守, 使之不能來就己. 人能自守以正, 則不正不能就之矣, 所以吉也.

「상전」에서 말했다. 솥에 꽉 찬 내용물이 있지만, 나아갈 바를 신중하게 삼가야 한다.

象曰, 鼎有實, 愼所之也.

솥에 꽉 찬 내용물이 있는 것은 사람이 재능과 학업을 가지고 있는 것이므로, 마땅히 지향해 나아갈 바를 신중하게 고려해야만 한다. 나아갈 바를 신중하게 고려하지 않는다면 또한 합당하지 못한 곳에 빠지게 된다. 구이효가 초육효와 친밀하게 관계하지 않고 위로 올바른 호응관계인 육오효를 따를 수 있다면, 이것이 곧 나아갈 바를 신중하게 고려하는 것이다.

鼎之有實, 乃人之有才業也, 當愼所趨向, 不愼所往, 則亦陷於非義. 二能不暱於初, 而上從六五之正應, 乃是愼所之也.

나의 상대가 병이 있지만, 끝내 허물이 없어진다.

我仇有疾, 終无尤也.

"나의 상대가 병이 있다"는 것은 위의 글을 거론한 것이다. 나의 상대란 자신과 짝이 되는 자이니, 초육효를 말한다. 초육효는 자신과 나란히 가까이 있지만 올바른 호응관계가 아니니, 이것이 병이 있는 것이다. 스스로 정도를 지키면 상대는 나에게 올 수가 없으니, 결국에는 허물이 없게 된다.

我仇有疾, 擧上文也. 我仇, 對己者, 謂初也. 初比己而非正, 是有疾也. 旣自守以正, 則彼不能卽我, 所以終无過尤也.

구삼효는 솥의 귀가 마음을 바꿔 그 나아감이 막혀서 맛있는 꿩고기를 먹지 못하지만, 화합하여 비가 내려서, 부족하다는 후회가 결국에는 길하게 된다.

九三, 鼎耳革, 其行塞, 雉膏不食, 方雨, 虧悔終吉.

솥의 귀는 육오효이니 솥의 주인이 된다. 구삼효는 양陽한 자질로 겸손을 상징하는 손괘의 윗자리에 자리하여 강직하면서도 겸손할 줄 아니 그 재능이 어떤 일이든 해결하기에 충분하지만, 육오효와 호응관계가 아니고 덕이 같지 않다. 육오효는 중中의 위치이지만 올바르지 않고, 구삼효는 올바르지만 중中의 위치가 아니라서 덕이 같지 않으니, 군주에게 신임을 얻지 못한 자다. 군주에게 신임을 얻지 못하면, 그 도를 무엇을 통해서 실행할 수 있겠는가? 혁革은 변혁하여 다르게 하는 것이니, 구삼효는 육오효와 달라서 합치하지 않는다.

"그 나아감이 막힌다"는 것은 형통할 수 없는 것이다. 군주와 합치하지 못하면 그의 신임을 얻지 못하여, 자신의 능력을 시행할 수 없다. '고膏'는 맛있고 아름다운 것이니, 녹봉과 지위를 상징한다. '꿩'은 육오효를 가리키니, 문명文明한 덕이 있으므로 꿩이라고 했다. 구삼효는 쓸 만한 재능이 있지만 육오효의 녹봉과 지위를 얻지 못하니, 맛있는 꿩고기를 먹지 못하는 것이다. 군자가 덕을 온축하여 오래 지속하면 반드시 선명하게 드러나고, 그 도를 지키면 결국에는 반드시 형통하게 된다.

육오효는 총명한 모습이 있고 구삼효는 결국에는 위로 나아가는 것이니, 음과 양이 서로 사귀어 화합하여 통하면 비가 내린다. "비가 내린다"는 것은 장차 비가 내린다는 것이니, 육오효와 구삼효가 화합하게 된다는 말이다. "부족하다는 후회가 결국에는 길하게 된다"는 것은 스스로 부족하다는 후회가 결국에는 당연히 길함을 얻는다는 말이다. 구삼효는 재능을 가지고서 불행히도 기회를 얻지 못했으므로 부족하다는 후회가 있지만, 양강한 덕을 가지고 있고 윗사람이 총명하고 아랫사람이 겸손하며 올바르기 때문에 결국에는 서로 만나게 되어 길하다. 구삼효는 중도는 아니지만 겸손한 체질이므로, 과도하게 강한 과실이 없다. 만약 과도하게 강하면, 어떻게 결국에 길하게 될 수 있겠는가?

鼎耳, 六五也, 爲鼎之主. 三以陽居巽之上, 剛而能巽, 其才足以濟務, 然與五非應而不同. 五, 中而非正, 三, 正而非中, 不同也, 未得於君者也. 不得於君, 則其道何由而行? 革, 變革爲異也, 三與五異而不合也. 其行塞, 不能亨也. 不合於君, 則不得其任, 无以施其用. 膏, 甘美之物, 象祿位. 雉指五也, 有文明之德, 故謂之雉. 三有才用而不得六五之祿位, 是不得雉膏食之也. 君子 蘊其德, 久而必彰, 守其道, 其終必亨. 五有聰明之象, 而三終上進之物, 陰陽交暢則雨. 方雨, 且將雨也, 言五與三方將和合. 虧悔終吉, 謂不足之悔, 終當獲吉也. 三懷才而不偶, 故有不足之悔. 然其有陽剛之德, 上聰明而下巽正, 終必相得, 故吉也. 三雖不中, 以巽體, 故无過剛之失. 若過剛, 則豈能終吉?

「상전」에서 말했다. 솥의 귀가 마음을 바꾸는 것은 그 의리를 잃었기 때문이다.

象曰, 鼎耳革, 失其義也.

처음에 솥의 귀가 마음을 바꿔서 태도를 달리한 것은 서로 구하는 의리를 잃은 것이다. 육오효와 호응관계가 아니니 구하여 화합하는 방도를 잃었고, 중도를 이루지 못했으니 뜻을 함께하는 모습이 아니다. 그래서 그 나아감이 막혀서 통하지 못한 것이다. 그러나 윗사람이 현명하고 아랫사람이 재능이 있어서 결국에는 반드시 화합할 것이므로, 비가 내려서 길하다.

始與鼎耳革異者, 失其相求之義也. 與五非應, 失求合之道也, 不中, 非同志之象也. 是以其行 塞而不通. 然上明而下才, 終必和合, 故方雨而吉也.

구사효는 솥이 다리가 부러져 공公에게 바칠 음식을 엎었으니, 그 얼굴에 땀이 흘러서, 흉하다.

九四, 鼎折足, 覆公餗, 其形渥, 凶.

구사효는 대신의 지위이니, 세상의 일을 책임 맡은 자다. 그러나 세상의 일을 어찌 한 사람이 홀로 책임질 수 있겠는가? 반드시 세상의 어질고 현명한 사람을 구하여 그들과 협력해야만 한다. 적절한 사람을 얻으면 세상을 다스리는 데에 수고롭게 힘쓰지 않고서도 질서를 이룰 수 있을 것이고, 적절한 사람을 등용하지 못하면 국가의 일을 망치고 세상에 근심을 끼칠 것이다.

구사효는 아래로 초육효와 호응관계를 맺고 있으나 초육효는 음유한 자질의 소인으로, 등용할 수 없는 자다. 그런데 구사효가 그를 등용하여 쓰니, 그가 그 막중한 책임을 감당하지 못하여 일을 망치는 것이 마치 솥의 다리가 부러지는 것과 같다. 솥의 다리가 부러지면 공에게 바칠 음식을 엎게 된다. '속餗'은 솥에 담긴 음식이다. 대신의 지위에 자리하여 세상의 임무를 담당하고서, 적합하지 않은 사람을 등용하여 일을 망치고 실패하게 되면, 그 소임을 감당할 수 없는 것이니, 부끄러움이 아주 심한 것이다.

"그 얼굴에 땀이 흐른다"는 것은 무안해서 땀이 흐르는 것을 말하니, 그 흉함을 알 수 있다. 「계사전」에서 "덕이 천박하면서 지위가 높고, 지혜가 작으면서 큰일을 도모하며, 힘이 없으면서 무거운 것을 들면 화가 미치지 않는 자가 드물다"고 했으니, 그 임무를 감당하지 못함을 말한 것이다. 사사로운 마음에 얽매이면 덕이 천박하고 지혜가 작은 것이다.

四, 大臣之位, 任天下之事者也. 天下之事, 豈一人所能獨任? 必當求天下之賢智, 與之協力. 得其人, 則天下之治, 可不勞而致也, 用非其人, 則敗國家之事, 貽天下之患. 四下應於初, 初, 陰柔小人, 不可用者也, 而四用之, 其不勝任而敗事, 猶鼎之折足也. 鼎折足, 則傾覆公上之餗. 餗, 鼎實也. 居大臣之位, 當天下之任, 而所用非人, 至於覆敗, 乃不勝其任, 可羞愧之甚也. 其形渥, 謂赧汗也, 其凶可知. 繫辭曰, "德薄而位尊, 知小而謀大, 力少而任重, 鮮不及矣." 言不勝其任也. 蔽於所私, 德薄知小也.

「상전」에서 말했다. 공公에게 바칠 음식을 엎었으니 그 신뢰는 어떻겠는가?

象曰, 覆公餗, 信如何也?

대신이 세상의 임무를 맡고서 반드시 세상의 질서와 안정을 이룰 수 있다면, 군주가 의지하여 맡긴 것과 백성들이 소망하는 것 그리고 몸을 바쳐 도를 자임하는 자신의 뜻을 그르치지 않아서 기대한 바를 잃지 않으니, 곧 신뢰할 만하다. 그렇지 않으면 그 직분을 잃어서 윗사람이 일을 위임해준 것을 그르치니, 어찌 신뢰할 만하다고 할 수 있겠는가? 그래서 "그 신뢰는 어떻겠는가?"라고 했다.

大臣當天下之任, 必能成天下之治安, 則不誤君上之所倚, 下民之所望, 與己致身任道之志, 不失所期, 乃所謂信也. 不然, 則失其職, 誤上之委任, 得爲信乎? 故曰信如何也?

육오효는 솥이 누런 귀에 금으로 만든 고리이니, 올바름을 굳게 지키는 것이 이롭다.

六五, 鼎黃耳, 金鉉, 利貞.

육오효는 솥의 위에 있으니, 귀의 모습이다. 솥을 들고 내려놓는 것은 솥의 귀에 달려 있으니, 솥의 주인이 된다. 육오효는 중도의 덕이 있으므로 누런 귀라고 했다. '고리'는 귀에 덧붙어 있는 것이다. 구이효는 육오효에 호응하니, 와서 귀를 따르는 것이 '고리'다. 구이효는 강중剛中을 이룬 덕이 있으니 양陽의 체질이 강하고, 중도를 이룬 색깔은 황색이므로, 금으로 만든 고리라고 했다.

육오효는 문명하면서 중中의 위치에 자리하고 강한 사람에게 호응하며, 구이효는 강중을 이룬 덕을 얻어 겸손한 체질로 윗사람에게 호응하니, 재능에 부족함이 없고 서로 호응함이 매우 좋다. 이런 관계에서 가장 좋은 이로움은 오직 굳게 올바름을 지키는 데 달려 있을 뿐이다. 육오효는 중의 위치에 자리하여 중도를 이룬 사람과 호응해서, 정도正道를 잃는 지경에까지 이르지는 않지만, 자질이 본래 음유하니 중의 위치에서 올바름을 굳게 지키라고 경계한 것이다.

五在鼎上, 耳之象也. 鼎之擧措在耳, 爲鼎之主也. 五有中德, 故云黃耳. 鉉, 加耳者也. 二應於五, 來從於耳者, 鉉也. 二有剛中之德, 陽體剛中色黃, 故爲金鉉. 五文明得中而應剛, 二剛中巽體而上應, 才无不足也, 相應至善矣, 所利在貞固而已. 六五居中應中, 不至於失正, 而質本陰柔, 故戒以貞固於中也.

「상전」에서 말했다. 솥이 누런 귀인 것은 중도로 꽉 찬 것이다.

象曰, 鼎黃耳, 中以爲實也.

육오효는 중도를 얻은 것을 최선으로 여기니, 이것이 중도로 꽉 찬 덕이다. 육오효가 총명하여 강한 사람과 호응해서 솥의 주인이 되고 솥의 도리를 얻은 것은 모두 중도를 얻었기 때문이다.

六五以得中爲善, 是以中爲實德也. 五之所以聰明應剛, 爲鼎之主, 得鼎之道, 皆由得中也.

———

상구효는 솥이 옥으로 만든 고리이니, 크게 길하여 이롭지 않음이 없다.

上九, 鼎玉鉉, 大吉, 无不利.

정井괘와 정鼎괘는 속에 있는 것이 위로 나와야 사회적인 용도로 쓰일 수 있다. 끝에 처한 것은 솥의 공로가 이루어지는 것이다. 위에 있는 것은 고리의 모습이고, 강하면서도 온화한 태도는 '옥'으로 상징했다. 상구효는 강양한 자질이지만 음의 위치에 자리하여 유한 태도를 취하고 있어서, 강한 성질을 극에 이르게 하지 않으면서 온화하게 행할 수 있는 자다. 공을 이루는 도에 자리하였으니, 오직 최선을 다해서 대처할 뿐이다. 강함과 유함이 상황의 마땅함에 적절하게 대응하고 마음의 움직임〔動〕과 냉정함〔靜〕이 과도하지 않으면, 크게 길하여 이롭지 않음이 없다. 위에 있는 것은 고리이니, 지위가 없는 자리에 있더라도 실제로는 쓰이게 되는 것이므로, 다른 괘와는 다르다. 정井괘 역시 그러하다.

井與鼎以上出爲用. 處終, 鼎功之成也. 在上, 鉉之象. 剛而溫者玉也. 九雖剛陽, 而居陰履柔, 不極剛而能溫者也. 居成功之道, 唯善處而已. 剛柔適宜, 動靜不過, 則爲大吉, 无所不利矣. 在上爲鉉, 雖居无位之地, 實當用也, 與他卦異矣, 井亦然.

「상전」에서 말했다. 옥의 고리가 위에 있는 것은 강함과 유함이 적절하게 절제하기 때문이다.

象曰, 玉鉉在上, 剛柔節也.

강하면서도 온화한 것은 절도가 있는 것이다. 상구효가 공을 이루어 쓰이게 되는 자리에 있어서 강함과 유함이 상황에 맞게 절제하니, 그래서 크게 길하여 이롭지 않음이 없다. 어떤 사람은 이렇게 묻는다. "정井괘와 정鼎괘는 모두 속에 있는 것이 위로 나오는 것을 공을 이룬 것으로 여기는데, 정鼎괘에서는 크게 길하다고 말하지 않는 것은 무슨 까닭인가?" 이렇게 답하겠다. 우물의 기능은 모두 위로 물을 퍼올리는 것에 있고, 또 세상에 널리 베풀되 오래도록 지속하는 덕이 있으니, 그래서 크게 길하다. 솥은 삶아 음식을 만드는 것을 공을 이룬 것으로 생각한다. 가장 높은 상上의 자리에 있는 것은 덕을 이룬 것이 되어 우물과는 다르니 강함과 유함이 적절하게 절제되므로, 크게 길함을 얻은 것이다.

剛而溫, 乃有節也. 上居成功致用之地, 而剛柔中節, 所以大吉无不利也. 井鼎皆以上出爲成功, 而鼎不云元吉, 何也? 曰, 井之功用, 皆在上出, 又有博施有常之德, 是以元吉. 鼎以烹飪爲功, 居上爲成德, 與井異, 以剛柔節, 故得大吉也.

1 크게 삶아서 성현을 배양한다: 호원은 이렇게 설명하고 있다. "세상이 크고 사해가 넓으니 한 사람의 성인과 한 사람의 현자로 능히 질서를 이룰 수 있는 것이 아니고, 또 한 사람의 귀와 한 사람의 눈으로 모두 살필 수 있는 것이 아니다. 그러므로 성인은 그 작록을 나누고 예우와 총애를 크게 해서, 세상의 성현을 널리 구하여 모두 자신의 양육을 얻도록 하니, 배양의 큼이 이보다 큰 것은 없다. 그러므로 크게 삶는다고 했다以天下之大四海之廣, 非一聖一賢之所能致, 又非一耳一目之所能察. 故聖人分其爵祿, 大其優寵, 以廣求天下之聖賢, 使皆得己之養, 爲養之大, 莫大于此. 故曰大亨."

2 눈과 귀가 총명한 모습을 상징한다: 호원은 이렇게 설명한다. "'겸손하여 귀와 눈이 총명하다'는 것은 성인이 세상의 현자를 모두 배양하고 또 마땅히 겸손한 도리로 그들에게 자신을 낮추어 대접하는 것이니, 그래서 세상의 현자들은 그 배양을 즐거워하면서 그들의 모략과 사려를 다하고 충성과 신뢰를 다하여 군주를 보좌해서 그 정치를 함께 이루므로, 세상의 귀가 나의 귀가 되고 세상의 눈이 나의 눈이 되어 나의 총명함을 이룬다는 말이다巽而耳目聰明者, 言聖人既盡養天下之賢, 又當以巽順之道, 下接之, 是以天下之賢者, 皆樂其所養, 盡其謀慮, 竭其忠信, 以輔于君, 以共成其政, 故得其天下之耳爲己耳, 天下之目爲己目, 以成己之聰明."

51. 진동, 진율: 진震괘䷲

중뢰진重雷震이라고 한다. 괘의 모습이 진震☳괘가 위에 있고 또 진☳괘가 아래에 있기 때문이다.

진震괘에 대해서 「서괘전」은 다음과 같이 설명한다. "기물器物을 주관하는 자는 장남만 한 사람이 없으므로, 장남을 상징하는 진괘로 받았다." 솥이란 기물이니, 진괘는 장남을 상징하므로, 기물을 주관하는 뜻을 취하여 정鼎괘의 뒤를 이었다. 장남은 나라와 집안을 후손에게 전하고 직위와 칭호를 계승하는 자이므로, 기물을 주관하는 주인이 된다. 「서괘전」에서 그 뜻의 큰 것만을 취하여, 서로 계승하는 뜻으로 삼았다.

괘의 모습은 하나의 양효가 두 음효 아래에서 생겨나니, 움직여서 위로 올라가는 것이므로 진동震動이다. 진震이란 움직임이다. 그러나 움직임〔動〕이라고 말하지 않은 것은 진이란 말에는 움직여 맹렬하게 일어나서 떨면서 두려워하는 뜻이 있기 때문이다. 건乾괘와 곤坤괘가 교제하여 첫 번째 교합으로 진震을 이루니, 만물을 낳는 우두머리이므로, 장남이다. 그 모습은 우레이고, 그 뜻은 진동이다. 우레는 맹렬하게 일어나는 모습이 있고, 진동은 떨면서 두려워하는 뜻이 있다.

震, 序卦, "主器者莫若長子, 故受之以震." 鼎者器也, 震爲長男, 故取主器之義, 而繼鼎之後. 長子, 傳國家, 繼位號者也, 故爲主器之主. 序卦取其一義之大者, 爲相繼之義. 震之爲卦, 一陽生於二陰之下, 動而上者也, 故爲震. 震, 動也. 不曰動者, 震有動而奮發震驚之義. 乾坤之交, 一索而成震, 生物之長也, 故爲長男. 其象則爲雷, 其義則爲動. 雷有震奮之象, 動爲驚懼之義.

진동은 형통하다.

震, 亨.

양의 기운이 아래에서 생겨나서 위로 나아가니, 형통할 수 있는 뜻이 있다. 또 우레는 진동한다는 의미이고, 두려워한다는 의미도 되며, 주관하는 자가 있다는 뜻도 있다. 진동하여 맹렬하게 일어나고, 진동하여 나아가고, 두려워하여 수양하고, 주인이 있어 높은 지위를 보존하는 것[1]은 모두 형통함에 이를 수가 있으므로 진동은 형통의 가능성이 있다.[2]

陽生於下而上進, 有亨之義. 又震爲動, 爲恐懼, 爲有主. 震而奮發, 動而進, 懼而脩, 有主而保大, 皆可以致亨, 故震則有亨.

우레의 진동이 일어날 때에 돌아보고 두려워하면, 웃고 말하는 소리가 즐겁다.

震來虩虩, 笑言啞啞.

우레의 진동이 일어날 때를 당하면 두려워하면서 근심하여 감히 편안하지 못하고, 주변 상황을 두루두루 살펴보면서 이것저것 사려하기를 마치 두려운 듯이 한다. "두려워한다"고 풀이한 '혁혁虩虩'이란 말은 주변 상황을 둘러보고 사려하면서 불안해하는 모습이다. 승호蠅虎[3]를 '혁虩'이라 하는 것은 그 곤충이 주변을 두루 돌아보며 생각하여 스스로 편안히 여지기 않기 때문이다. 진동의 때에 이와 같이 대처하면 안정과 여유를 보존할 수 있으므로 "웃고 말하는 소리가 즐겁다"는 것이다. '액액啞啞'이란 말은 웃고 말하는 것이 조화롭고 편안한 모습이다.

當震動之來, 則恐懼不敢自寧, 周旋顧慮, 虩虩然也. 虩虩, 顧慮不安之貌. 蠅虎謂之虩者, 以其周環顧慮, 不自寧也. 處震如是, 則能保其安裕, 故笑言啞啞. 啞啞, 笑言和適之貌.

우레 소리가 진동하여 백리를 놀라게 하는데, 숟가락과 울창주를 잃지 않는다.

震驚百里, 不喪匕鬯.

우레 소리의 진동이 큰데 그것에 대처하는 방도를 말했다. 우레 소리보다 더 크게 진동하는 것은 없다. 진괘가 우레이므로 우레로 비유하여 말했다. 우레가 진동하는 데에 백 리 먼 곳까지 놀라게 하면, 사람이 두려워하여 망연자실하지 않는 자가 없으니, 우레 소리가 백 리까지 미친다. 오직 종묘의 제사에서 숟가락과 울창주를 잡은 자만이 망연자실하는 데에 이르지 않는다. 사람이 정성과 공경을 다하는 것 가운데 제사만 한 것이 없기 때문이다.

숟가락으로 솥에 가득 찬 음식을 떠서 도마에 올리고, 울창주를 땅에 부어 신이 강림하게 한다. 술을 부어 신을 구하고 희생을 올려 흠향하기를 기원하는 데에 정성과 공경의 마음을 다하면, 우레가 진동하는 위세일지라도 두려움으로 정신을 잃게 할 수 없다. 그러므로 큰 우레를 만나 두려워하되, 마음을 안정시키고 스스로 마음을 잃지 않을 수 있는 것은 오직 정성과 공경뿐이니, 이것은 진동에 대처하는 방도다. 괘의 자질 구조에서 취할 것이 없으므로, 진동에 대처하는 방도를 말했다.

言震動之大, 而處之之道. 動之大者, 莫若雷. 震爲雷, 故以雷言. 雷之震動, 驚及百里之遠, 人无不懼而自失, 雷聲所及百里也. 唯宗廟祭祀, 執匕鬯者, 則不致於喪失. 人之致其誠敬, 莫如祭祀. 匕以載鼎實, 升之於俎, 鬯以灌地而降神. 方其酌祼以求神, 薦牲而祈享, 盡其誠敬之心, 則雖雷震之威, 不能使之懼而失守. 故臨大震懼, 能安而不自失者, 唯誠敬而已, 此處震之道也. 卦才无取, 故但言處震之道.

「단전」에서 말했다. 진동은 형통하다. 우레의 진동이 일어날 때에 돌아보고 두려워하는 것은 복을 이루는 것이고, 웃고 말하는 소리가 즐거운 것은 이후에 법도가 있는 것이다.

彖曰, 震, 亨. 震來虩虩, 恐致福也, 笑言啞啞, 後有則也.

진동은 저절로 형통할 수 있는 뜻이 있으나, 괘의 자질로 말미암아 그런 것은 아니다. 우레의 진동이 일어날 때 두려워하여 스스로 수양하고 스스로 신중할 수 있다면, 도리어 복과 길함에 이를 수 있다. "웃고 말하는 소리가 즐겁다"는 것은 태연자약함을 말한 것이니, 두려워하고 근심할 수 있은 뒤에야 스스로 처신하는 데에 법도가 있다. 법도가 있으면 안정되어 두려워하지 않을 것이니, 우레의 진동에 대처하는 방도다.

震自有亨之義, 非由卦才. 震來而能恐懼, 自脩自愼, 則可反致福吉也. 笑言啞啞, 言自若也, 由能恐懼而後自處有法則也. 有則則安而不懼矣, 處震之道也.

———

우레 소리가 진동하여 백 리를 놀라게 하는 것은 멀리 있는 자를 놀라게 하고 가까이 있는 자를 두렵게 하는 것이다.

震驚百里, 驚遠而懼邇也.

우레의 진동이 백 리에 미쳐서 멀리 있는 자가 놀라고 가까이 있는 자가 두려워하니, 그 위세의 영향력이 멀고 크다는 점을 말한 것이다.

雷之震及於百里, 遠者驚, 邇者懼, 言其威遠大也.

———

숟가락과 울창주를 잃지 않는 것은 군주가 나와서 종묘와 사직을 지켜 제사의 주인이 되는 것이다.

出可以守宗廟社稷, 以爲祭主也.

「단전」의 글에는 "숟가락과 울창주를 잃지 않는다"는 한 구절이 빠져 있다. 괘사에서 "숟가락과 울창주를 잃지 않는다"는 것은 본래 정성과 공경이 지극하여, 위세와 두려움이 자신의 정신을 잃게 할 수 없다는 것을 말한다. 「단전」에서 장남은 마땅히 이와 같이 해야 한다는 것으로, 위 문장을 이어 장남의 뜻을 사용하여 전체적으로 해석했다. 그 정성과 공경이 숟가락과 울창주를 잃지 않을 수 있다면, 군주가 나와서 종묘와 사직을 지켜 제사의 주인이 될 수 있다는 말이다. 장남이 이와 같이 한 뒤에야 대대로 이어오는 제사를 지키고 나라와 가정을 계승할 수 있다.

彖文脫不喪匕鬯一句. 卦辭云不喪匕鬯, 本謂誠敬之至, 威懼不能使之自失. 彖以長子宜如是, 因承上文用長子之義通解之. 謂其誠敬能不喪匕鬯, 則君出而可以守宗廟社稷爲祭主也. 長子如是, 而後可以守世祀, 承國家也.

「상전」에서 말했다. 중첩된 우레가 진괘의 모습이니, 군자는 이것을 본받아 놀라고 두려워하여 수양하고 반성한다.

象曰, 洊雷震, 君子以恐懼修省.

'천洊'은 중첩된 것이다. 위와 아래가 모두 우레이므로 중첩되어 있는 우레다. 우레가 중첩되어 있으면 위세가 더욱더 성대하다. 군자는 중첩된 우레가 위세 있게 진동하는 모습을 관찰하여, 두려워하면서 스스로 신중하게 신칙하고[4] 스스로를 성찰한다. 군자가 하늘의 위세를 두려워하면 자신의 몸을 수양하며 바르게 하고, 자신의 과실을 사려하고, 허물하여 고친다. 우레의 진동만이 아니라 놀라고 두려운 일을 만났을 때는 모두 이와 같이 해야만 한다.

洊, 重襲也. 上下皆震, 故爲洊雷. 雷重仍則威益盛. 君子觀洊雷威震之象, 以恐懼自脩飭循省也. 君子畏天之威, 則脩正其身, 思省其過, 咎而改之. 不唯雷震, 凡遇驚懼之事, 皆當如是.

초구효는 우레의 진동이 일어날 때에 돌아보고 두려워해야 나중에 웃고 말하는 소리가 즐거울 것이니, 길하다.

初九, 震來虩虩, 後, 笑言啞啞, 吉.

초구효는 진동을 이룬 주체이니 진동을 이르게 한 자이고, 괘의 가장 아래의 위치에 있으니, 진동의 초기에 처했다. 우레의 진동이 일어나는 것을 알고서, 우레의 진동이 시작될 때에 두려워하고 주변 상황을 두루두루 살펴보면서 주도면밀하게 사려하고 두려워해서 감히 편안히 여기지 않을 수 있다면, 결국에는 반드시 그 안정과 길함을 보존할 것이므로, 나중에 웃고 말하는 것이 즐거운 것이다.

初九, 成震之主, 致震者也, 在卦之下, 處震之初也. 知震之來, 當震之始, 若能以爲恐懼而周旋顧慮, 虩虩然不敢寧止, 則終必保其安吉, 故後笑言啞啞也.

「상전」에서 말했다. 우레의 진동이 일어날 때에 돌아보고 두려워하는 것은 두려워해서 복을 이르게 하는 것이고, 나중에 웃고 말하는 것이 즐거운 것은 나중에 법도가 있는 것이다.

象曰, 震來虩虩, 恐致福也, 笑言啞啞, 後有則也.

우레의 진동이 올 때 두려워하면서 두루 살펴볼 수 있다면, 근심이 없어질 것이다. 이것은 두려워함으로 인해서 도리어 복을 받는 것이다. 두려워함으로써 스스로 수양하고 살펴서, 법도를 감히 어기지 않는다. 이것은 우레의 진동으로 말미암아 나중에 행동에 법칙이 있는 것이므로 안정과 길함을 보존하여, 웃고 말하는 것이 즐겁게 된다.

震來而能恐懼周顧, 則无患矣. 是能因恐懼而反致福也. 因恐懼而自脩省, 不敢違於法度. 是由震而後有法則, 故能保其安吉, 而笑言啞啞也.

육이효는 우레의 진동이 맹렬하게 와 위태로워서, 자원을 잃을 것을 헤아려 높은 언덕에 올라가니, 쫓아가지 않으면 7일 만에 다시 얻는다.

六二, 震來厲, 億喪貝, 躋于九陵, 勿逐, 七日得.

육이효는 중中의 위치에 자리하고 올바름을 얻었으니 진동의 위세에 잘 대처하는 자이지만, 초구효의 강함을 타고 있다. 초구효는 진동의 주체다. 이 초구효의 강한 진동이 일어나서 위로 떨쳐 올라가니, 누가 이것을 막겠는가? '여厲'는 맹렬함이고 위태로움이다. 저 초구효가 맹렬하게 떨쳐 올라오면, 자신은 위태로움에 처하게 된다. '억億'은 헤아리는 것이다. '패貝'는 가지고 있는 자원이다. '제躋'는 올라가는 것이다. '구릉九陵'은 높은 언덕이다. '축逐'은 쫓아간다는 말이다. 이는 우레가 맹렬하게 올 때, 그것을 감당할 수 없어서 반드시 가진 것을 잃게 될 것임을 신중하게 헤아리고서, 매우 높은 곳으로 올라가 피하는 것이다.

'구릉'의 '구九'는 중첩된 것을 말한다. 언덕이 중첩되었다는 것은 매우 높다는 말이다. '구'는 많이 중첩된 것이니, 예를 들어 구천九天[5]과 구지九地[6]와 같다. "쫓아가지 않으면 7일 만에 얻는다"고 했는데, 육이효가 소중하게 여기는 것은 중정中正이니, 우레가 두렵게 일어나는 때에 처하면 형세를 헤아려서 공손하게 피하더라도 마땅히 중정을 지켜서 스스로를 잃지 말아야 한다.

헤아려 예측해보면 반드시 가진 것을 잃어버릴 것이므로 멀리 피해서 스스로를 지키고, 우레가 지나가면 다시 그 평상의 상태를 회복하는 것이니, 이것이 쫓아가지 않아도 저절로 얻는 것이다. "쫓아간다"는 것은 어떤 것에 접촉하는 것이다. 자신이 어떤 것에 접촉하면 자신이 지키는 것을 잃게 될 것이므로, 쫓아가지 말라고 경계한 것이다. 멀리 피하여 스스로 지키는 것은 우레의 진동에 대처하는 큰 방도다. 육이효와 같은 자는 위태로움과 두려움에 당하더라도 잘 대처하는 자다. 괘의 자리는 여섯이므로 7은 다시 시작하는 것이니, 상황이 종결되고 때가 바뀐 것이다. 자신이 지키는 것을 잃지 않으면 일시적으로는 우레의 진동이 오는 것을 제어할 수가 없지만, 때가 지나가고 상황이 끝나면 평상의 상태를 회복하므로, "7일 만에 얻는다"고 했다.

六二居中得正, 善處震者也, 而乘初九之剛, 九震之主. 震剛動而上奮, 孰能禦之? 厲, 猛也, 危也. 彼來旣猛, 則已處危矣. 億, 度也. 貝, 所有之資也. 躋, 升也. 九陵, 陵之高也. 逐, 往追也. 以震來之厲, 度不能當, 而必喪其所有, 則升至高以避之也. 九言其重. 岡陵之重, 高之至也. 九, 重之多也, 如九天九地也. 勿逐, 七日得, 二之所貴者中正也, 遇震懼之來, 雖量勢巽避, 當守其中正, 无自失也. 億之必喪也, 故遠避以自守, 過則復其常矣, 是勿逐而自得也. 逐, 卽物也. 以己卽物, 失其守矣, 故戒勿逐. 避遠自守, 處震之大方也. 如二者, 當危懼而善處者也. 卦位有六, 七乃更始, 事旣終, 時旣易也. 不失其守, 雖一時不能禦其來, 然時過事已, 則復其常, 故云七日得.

「상전」에서 말했다. 우레가 맹렬하게 오는 것은 강함을 탔기 때문이다.

象曰, 震來厲, 乘剛也.

우레의 진동이 일어나는 데에 강함을 타고 있으니, 그래서 저쪽은 맹렬하고 자신은 위태롭다. 강한 우레의 진동이 오는 것을 막을 수가 있겠는가?

當震而乘剛, 是以彼厲而己危. 震剛之來, 其可禦乎?

육삼효는 우레가 진동하여 정신의 기운이 망연자실하니, 놀라 두

려워하면서 행하면 과실은 없다.

六三, 震蘇蘇, 震行无眚.

'소소蘇蘇'라는 말은 정신의 기운이 이완되고 흩어져서 망연자실한 모습이다. 육삼효는 음한 자질로 양의 위치에 자리하여 올바르지 않다. 평상시에도 안정될 수가 없는데, 하물며 강하게 진동하는 때에 처했을 경우는 어떻겠는가? 그러므로 우레가 진동해서 두려워 망연자실한 것이다. 만약 우레가 진동함에 두려워하면서도 나아가, 올바르지 않음을 떠나서 올바름을 취한다면 허물이 없을 수 있다.

'생眚'은 과실이다. 육삼효는 나아가면 사四의 위치에 이르니, 올바른 자리다. 움직이는 데에 올바름을 취하는 것이 최선이므로, 육이효는 쫓아가지 않으면 저절로 얻고 육삼효는 나아갈 수 있다면 과실이 없는 것이다. 우레가 진동해서 두려운 때를 정도正道가 아닌 방도로 대처하면, 과실이 있음을 알 수 있다.

蘇蘇, 神氣緩散自失之狀. 三以陰居陽, 不正. 處不正於平時, 且不能安, 況處震乎? 故其震懼而蘇蘇然. 若因震懼而能行, 去不正而就正, 則可以无過. 眚, 過也. 三行則至四, 正也. 動以就正爲善, 故二勿逐則自得, 三能行則无眚. 以不正而處震懼, 有眚可知.

「상전」에서 말했다. 우레가 진동하여 정신의 기운이 망연자실한 것은 지위가 합당하지 않기 때문이다.

象曰, 震蘇蘇, 位不當也.

두려워하면서 망연자실한 것은 처한 것이 합당하지 않기 때문이다. 중中을 이루지도 못했고 정正을 이루지도 못했으니, 편안할 수 있겠는가?

其恐懼自失蘇蘇然, 由其所處不當故也. 不中不正, 其能安乎?

구사효는 진동하여 돌이킬 수 없이 빠져버렸다.

九四, 震遂泥.

구사효는 우레가 진동하는 때에 자리하여 중도를 이루지도 못했고 올바르지도 못하니, 유柔한 위치에 처하여 강건함의 도리를 잃은 것이고 사四의 위치에 자리하여 중정의 덕이 없는 것이다. 중첩된 음효들 사이에 빠져서 스스로 진동하여 떨쳐 일어날 수 없는 자이므로, "빠져버렸다"라고 했다.

'이泥'는 막히고 빠지는 것이다.[7] 올바르지 못한 양효로서 위와 아래가 모두 중첩된 음효이니, 어떻게 진흙에 빠지는 것을 면할 수 있겠는가? '수遂'라는 말은 돌이킬 수 없다는 뜻이다. 우레가 진동하여 두려워만 하면 스스로를 지킬 수 없고, 진동하여 움직이려고 해도 떨쳐 일어날 수가 없다. 진동할 수 있는 길이 없어진 것이니, 어찌 다시 빛나고 형통할 수 있겠는가?[8]

九四, 居震動之時, 不中不正, 處柔失剛健之道, 居四无中正之德, 陷溺於重陰之間, 不能自震奮者也, 故云遂泥. 泥, 滯溺也. 以不正之陽, 而上下重陰, 安能免於泥乎? 遂, 无反之意. 處震懼, 則莫能守也, 欲震動, 則莫能奮也. 震道亡矣, 豈復能光亨也?

「상전」에서 말했다. 진동하여 빠져버린 것은 빛나지 못한다.

象曰, 震遂泥, 未光也.

양陽은 강剛한 것이고, 진震은 진동한다는 뜻이다. 강한 자질로 진동하는 때에 처하면 본래 빛나고 형통하는 길이 있지만, 그 강한 올바름을 잃고서 중첩된 음효 사이에 빠져 돌이킬 수 없이 진흙에 빠져버렸으니, 어찌 빛날 수 있겠는가? 빛나지 못한다고 말한 것은 양강한 자질은 진동하여 떨쳐 일어날 수 있는데, 그 덕을 잃었기 때문에 진흙에 빠져버렸을 뿐임을 나타낸 것이다.

陽者剛物, 震者動義. 以剛處動, 本有光亨之道, 乃失其剛正, 而陷於重陰, 以致遂泥, 豈能光也? 云未光, 見陽剛本能震也, 以失德故泥耳.

육오효는 진동하여 위로 가거나 아래로 내려가는 것 모두 위태로우니, 현실을 헤아려서 그 일을 잃지 말아야 한다.

六五, 震往來厲, 億无喪有事.

육오효는 음한 자질로 양한 지위에 자리한다. 합당한 위치가 아니라서 올바르지 않지만, 유한 자질로 강한 위치에 자리하고 또 중도를 얻었으니, 이는 중도의 덕을 이룬 자다. 중도를 잃지 않으면 정도에서 어긋나지 않으니, 중도를 가장 소중하게 여기는 것이다. 다른 괘들에서 이二효와 오五효는 지위가 합당하지 않더라도 중中을 아름답게 여긴 경우가 많고, 삼三효와 사四효는 지위가 합당하더라도 중中하지 않은 것을 과도하다고 한 경우가 있으니, 중도가 항상 정도보다 더 소중하기 때문이다. 왜냐하면 중도를 이루면 정도에서 어긋나지 않지만 정도를 이루었다고 해서 반드시 중도를 이룬 것은 아니기 때문이다. 세상의 이치가 중도보다 더 최선인 것은 없으니, 육이효와 육오효를 보면 알 수 있다.

육오효의 진동은 위로 가려고 하면 자질이 유柔해서 진동의 극한에 자리할 수가 없고, 아래로 내려가자니 강剛을 범하게 되어 위로 가거나 아래로 내려가는 것이 모두 위태롭다. 군주의 지위를 담당하여 진동의 주체가 되니, 마땅함에 따라서 상황에 적응하여 변화하는 것은 중도에 달려 있을 뿐이므로, 마땅히 현실 상황을 헤아려서 가진 것을 잃지 않아야 할 따름이다. 가진 것이란 중도를 이룬 덕을 말한다. 만일 중도를 잃지 않으면, 위태롭더라도 흉함에 이르지 않을 것이다.

"현실을 헤아린다"는 것은 주도면밀하게 도모하고 신중하게 사려하여 중도를 잃지 않게 하는 일이다. 육오효가 위태로운 이유는 강양한 자질이 아니면서 도와주는 이가 없기 때문이다. 만약 강양한 자질의 사람이 도와주어서 진동의 주체가 된다면, 형통할 수 있을 것이다. 위로 가거나 아래로 내려감이 모두 위태로우니, 때가 매우 어려운 시기이지만, 중도를 잃지 않기를 기약할 수 있다면 스스로를 지킬 수 있다. 유한 자질로 진동을 주도하면 실로 형통함과 현실 구제를 이룰 수 없을 것이다.

六五雖以陰居陽, 不當位爲不正, 然以柔居剛, 又得中, 乃有中德者也. 不失中, 則不違於正矣, 所以中爲貴也. 諸卦二五雖不當位, 多以中爲美, 三四雖當位, 或以不中爲過, 中常重於正也. 蓋中則不違於正, 正不必中也.

天下之理, 莫善於中, 於六二六五可見. 五之動, 上往則柔不可居動之極, 下來則犯剛, 是往來皆危也. 當君位, 爲動之主, 隨宜應變, 在中而已, 故當億度, 无喪失其所有之事而已. 所有之事, 謂中德. 苟不失中, 雖有危, 不至於凶也. 億度, 謂圖慮求不失中也. 五所以危, 由非剛陽而无助. 若以剛陽有助爲動之主, 則能亨矣. 往來皆危, 時則甚難, 但期於不失中, 則可自守. 以柔主動, 固不能致亨濟也.

「상전」에서 말했다. 진동하여 위로 가거나 아래로 내려가는 것 모두 위태로우니 위험한 행동이고, 하는 일이 중도에 달려 있으니 크게 잃는 것이 없다.

象曰, 震往來厲, 危行也, 其事在中, 大无喪也.

"위로 가거나 아래로 내려가는 것 모두 위태롭다"는 것은 행하면 위태롭게 된다는 것이다. 진동하는 것 모두 위태로우니, 오직 그 일을 잃지 않을 뿐이다. 그 일이란 중도를 말한다. 그 중도를 잃지 않을 수 있다면, 스스로를 지킬 수 있다. "크게 잃는 것이 없다"는 것은 잃는 것이 없음을 위대하게 여기는 것이다.

往來皆厲, 行則有危也. 動皆有危, 唯在无喪其事而已. 其事謂中也. 能不失其中, 則可自守也. 大无喪, 以无喪爲大也.

상육효는 우레가 진동해서 기운이 소진되어 두리번거리며 두려워하는 것이니, 가면 흉하다. 우레의 진동이 자기에게 떨어지지 않고

그 이웃에 떨어질 때 미리 반성하면 허물이 없을 것이니, 혼인한 자들은 원망하는 말이 있을 것이다.

上六, 震索索, 視矍矍, 征凶. 震不于其躬, 于其鄰, 无咎, 婚媾有言.

'삭삭索索'은 기운을 소실하여[9] 마음을 보존하지 못하는 모습이니, 그 의지와 기운이 이와 같이 되는 것을 말한다. 상육효는 음유한 자질로 진동의 극한에 자리하여 놀라고 두려워하는 것이 매우 심해서, 의지와 기운이 다하여 소진된 것이다. '확확矍矍'은 안정을 이루지 못한 모습이다. 의지와 기운이 소실되면 두리번거리면서 불안해한다. 음유하고 중정中正을 이루지 못한 자질로 진동의 극한에 처했으므로, 어떤 일이건 행하면 흉하다.

우레의 진동이 자신에게 미치는 것이 '자기에게 떨어진다'는 것이다. "자기에게 떨어지지 않는다"는 말은 자신에게 진동의 영향이 미치지 않은 것을 말한다. '이웃'이란 자신에게 가까운 것을 상징한다. 자신에게 가까이 미치기 전에 두려워하면 극한에 이르지 않으므로, 허물이 없게 된다. 극한에 이르지 않았다면, 아직 고칠 수 있는 방도가 있다. 우레의 진동이 끝나면 마땅히 변화해야 하는데, 유약한 자질로는 굳게 지킬 수가 없으므로, 우레의 진동이 가까워지는 것을 두려워하여 경계해서 변화할 수 있는 뜻이 있다. 성인이 진동이 끝나는 때에 사람들에게 두려움을 알고 개과천선하는 뜻을 보여주었으니, 권면하는 것이 매우 깊다.[10]

'혼인한 자들'이란 친밀한 사람이니, 함께 진동하는 자를 이른다. "말이 있을 것이다"라는 것은 원망하고 탓하는 말이 있는 것이다. 상육효는 진동의 가장 위에 자리하여, 처음에는 여러 진동의 우두머리가 되었는데 지금은 가까워지는 것을 두려워하여 경계해서 감히 나아가지 못하니, 진동에 처한 여러 사람과는 상황이 다르므로, "혼인한 자들이 원망하는 말이 있다."

索索, 消索不存之狀, 謂其志氣如是. 六以陰柔居震動之極, 其驚懼之甚, 志氣殫索也. 矍矍, 不安定貌. 志氣索索, 則視瞻徊徨. 以陰柔不中正之質, 而處震動之極, 故征則凶也. 震之及身, 乃于其躬也. 不于其躬, 謂未及身也. 鄰者, 近於身者也. 能震懼於未及身之前, 則不至於極矣, 故得无咎. 苟未至於極, 尙有可改之道. 震終當變, 柔不固守, 故基畏鄰戒而能變之義. 聖人於震,終示人知懼能改之義, 爲勸深矣. 婚媾, 所親也, 謂同動者. 有言, 有怨咎之言也. 六居震之上, 始爲衆動之首, 今乃畏鄰戒而不敢進, 與諸處震者異矣, 故婚媾有言也.

「상전」에서 말했다. 우레가 진동하여 기운이 소진한 것은 중도를 얻지 못했기 때문이고, 흉하지만 허물이 없는 것은 이웃을 두려워하여 경계하기 때문이다.

象曰, 震索索, 中未得也, 雖凶无咎, 畏鄰戒也.

두려워하여 이렇게 망연자실하게 되는 것은 중도를 얻지 못했기 때문이니, 중中을 지나쳤다는 말이다. 중도를 얻게 하려면, 기운이 소진되는 지경에 이르지 않아야 한다. 극한에 이르렀는데도 다시 뭔가를 더 행하려고 하면 흉하다. 이웃의 경계를 알고서 두려워할 수 있다면 극한에 이르기 전에 변화하여 허물이 없게 된다. 상육효는 진동의 극한이니 진동의 극한에 이르면 변화해야 하는 뜻이 있다.

所以恐懼自失如此, 以未得於中道也, 謂過中也. 使之得中, 則不至於索索矣. 極而復征, 則凶也. 若能見鄰戒而知懼變於未極之前, 則无咎也. 上六動之極, 震極則有變義也.

---

1 높은 지위를 보존하는 것: 보대保大를 해석한 말이다. 이 말은 『춘추좌씨전』 「선공宣公」 12년 조목에 나온다. "무릇 무武라는 것은 포악한 것을 억제하고, 병기를 거두어들이며, 높은 지위를 보전하고, 성공을 다지며, 백성을 편안하게 하고, 대중을 화합시키며, 재물을 풍족하게 하는 것이다夫武, 禁暴·戢兵·保大·定功·安民·和衆·豐財者也."

2 진동은 형통의 가능성이 있다: 융산 이씨隆山李氏는 이렇게 설명한다. "진괘는 본래 곤坤괘의 형체였는데 건乾괘의 하나의 양이 제일 아래에서 교접한 것이다. 위에 두 음기가 응결해 있지만 양기가 그 안에 온축하여 뭉쳐 있으니 여기에서 나오지 않겠는가? 떨쳐 일어나서 우레가 된다. 우레가 처음에 요동할 때에는 모든 것이 두려워하지만 그 진동하는 위엄을 알지 못한다. 그래서 음을 진동시키고 양을 통하게 하여 그 생성하고 발육하는 문을 여니, 그러므로 진동은 형통하다고 했다震本坤體, 乾以一陽交於下, 上二爻陰氣凝聚, 陽氣在內蘊結, 而不得出於是乎? 奮擊而爲雷. 震之初動 物咸懼之而不知其震動之威. 乃所以震陰達陽而開其生育之門, 故曰震亨."

3 승호蠅虎: 거미의 일종으로 몸이 작고 다리가 짧다. 흰색이나 회색이고 거미줄은 치지 않는다. 항상 담벼락 위에서 작은 곤충을 먹고 산다. 호원도 '혁'이라는 글자를 승호와 관련해서 설명하고 있다. "혁은 승호라는 벌레다. 그 벌레는 창문의 벽 속에 숨어서 조용히 꿈틀거리며 움직인다虩者, 蠅虎之蟲也. 藏牕壁中, 蠕然而動."

4 신중하게 신칙하고: 수칙修飭을 해석한 것이다. 신하가 삼가 신중하게 신칙하여 예의를 어기지 않는 것을 말한다. "신중하게 신칙하여 꾸밈을 단정하게 하며, 법을 준수하고 분수를 공경스럽게 해서 남이 하는 대로 따라하는 마음이 없다修飭端正. 尊法敬分而無傾側之心(『순자』 「군도君道」)." "황제가 지위에 임하여 제도를 만들고 법을 밝히니, 신하는 신중하게 신칙한다皇帝臨位, 作制明法, 臣下修飭(『사기』 「진시황본기」)."

5 구천九天: 하늘의 중앙과 여덟 영역을 말한다. 구중궁궐九重宮闕이란 말도 아홉 겹으로 중첩된 궁궐을 말하므로 이런 맥락에서 이해할 수 있다. 『초사』 「이소離騷」에는 "구천을 가리켜서 증명하노라, 오직 신령한 분의 탓임을指九天以爲正兮, 夫唯靈修之故也"이라고 했는데 왕일王逸은 이렇게 주석한다. "구천은 중앙과 8개의 방위를 말한다九天謂中央八方也." 한漢나라 양웅揚雄의 『태현太玄』 「태현수太玄數」에서도 이렇게 설명한다. "구천은 하나는 중천이고, 둘은 흠천이고, 셋은 종천이고, 넷은 경천이고, 다섯은 수천이고, 여섯은 곽천이고, 일곱은 함천이고, 여덟은 침천이고, 아홉은 성천이다九天: 一爲中天, 二爲羨天, 三爲從天, 四爲更天, 五爲睟天, 六爲廓天, 七爲減天, 八爲沈天, 九爲成天." 『여씨춘추』 「유시有始」에

도 유사한 설명이 있다. "하늘에는 아홉 영역이 있다. 중앙이 균천이고, 동방이 창천이고, 동북은 변천이고, 북방은 현천이고, 서북은 유천이고, 서방은 호천이고, 서남은 주천이고, 남방은 염천이고, 동남은 양천이다天有九野：中央曰鈞天, 東方曰蒼天, 東北曰變天, 北方曰玄天, 西北曰幽天, 西方曰顥天, 西南曰朱天, 南方曰炎天, 東南曰陽天."

6 구지九地: 예측하기 힘든 지형을 말한다. 『손자병법』「형形」에서는 이렇게 말한다. "잘 지키는 자는 구지의 아래에 숨겨두고, 잘 공격하는 사람은 구천의 위에서 움직인다善守者藏於九地之下, 善攻者動於九天之上." 이에 대해서 매요신梅堯臣은 이렇게 주석한다. "구지는 깊어서 알 수가 없다九地, 言深不可知."

7 막히고 빠지는 것이다: 정이천은 음효들 사이에, 즉 아래 육이효와 육삼효, 위로 육사효와 육오효 사이의 진흙에 빠졌다는 의미를 강조하지만, 호원은 윗사람이 아랫사람과 소통하지 못한 측면을 강조한다. "'니'란 막혀 통하지 않는 말이다. 윗자리에 있는 사람은 반드시 강하고 위엄 있는 덕을 가지고 또 지극히 올바른 도를 가지고 아랫사람을 안정시켜야 하니, 그러면 아랫사람은 서로 이끌고 복종한다. 지금 구사효는 강양한 자질을 가지고서 여러 음효의 주인이 되었지만, 자리함에 합당하지 않은 지위에 자리했고 수행함에 정도를 상실했으니, 강하고 위엄이 있을지라도 아랫사람을 형통하게 할 수 없다泥者, 泥滯不通之辭也. 居人上者, 必當有剛威之德, 又有至正之道, 以安于下, 則下之人, 相率而從之. 今九四以剛陽之質, 爲衆陰之主, 居非其位, 履失其正, 雖有剛威, 不能亨通于群下."

8 어찌 다시 빛나고 형통할 수 있겠는가?: 진괘에서 초구효와 구사효가 진동의 주인이다. 초구효는 길할 수 있는데 구사효는 형통할 수 없는 이유는 모두 중복된 음효에 빠졌기 때문이다. 운봉 호씨는 이렇게 설명한다. "초구효와 구사효는 모두 진괘가 진동이 되는 것이다. 그러나 진동의 작용은 아래에 있으니, 구사효는 음유한 것들 사이에 있으므로 진동의 형통함은 초구효에 있지 구사효에 있지 않다. 형통한 것은 초구효의 강함이 위로 통할 수 있는 것이고, 진흙에 빠진 것은 구사효의 강함이 위로 통할 수 없는 것이다初與四皆震之所以爲震者. 然震之用在下, 四溺於陰柔之中, 故震之亨在初而不在四. 亨者, 初之剛當上達, 泥者, 四之剛不能達也."

9 기운을 소실하여: 소삭消索을 해석한 것이다. 소실되어 흩어진다는 말이다. "나약하여 기운이 적은 자는 물의 길이 행하지 않는 것이니, 형기形氣가 소실되어 흩어진다怯然少氣者, 是水道不行, 形氣消索也(『소문素問』「시종용론示從容論」)."

10 권면하는 것이 매우 깊다: 이 효에 대한 정이천의 설명은 상당히 추상적이지만 대체적인 의미는 자신에게 재앙이 닥치기 전에 이웃의 재앙을 보고서 먼저 허물을 고쳐 개과천선하라는 것이다. 호원은 이렇게 설명하고 있다. "구사효는 강하고 위엄 있는 주인이지만 상괘의 아래에 처했고 상육효는 한 괘의 끝에 자리하여 지위가 없는 자리에서 구사효와 멀리 떨어져 있다. 그러므로 구사효의 강하고 위엄 있음이 자신에게 미칠 수가 없다. 자신에게 미칠 수 없지만 그 이웃에게는 미친다. 육오효가 구사효의 강함을 침범하여 위로 가거나 아래로 내려가는 것이 모두 위태로우니, 자신이 이 이웃을 보고 경계하여 자신을 수양하고 성찰하여 그 행동을 다스리므로 허물이 없다夫九四爲剛威之主, 而處上卦之下, 上六居一卦之極, 而在无位之地, 遠于九四, 故九四之剛威不能及己之身, 雖不及其身, 而及其鄰. 謂五犯九四之剛, 有往來之厲, 則己能觀此鄰, 戒以自修省其身, 整治其行, 故得无咎也."

52. 멈춤, 합당한 위치: 간艮괘䷳

중산간重山艮이라고 한다. 괘의 모습이 간艮☶괘가 위에 있고 또 간☶괘가 아래에 있기 때문이다.

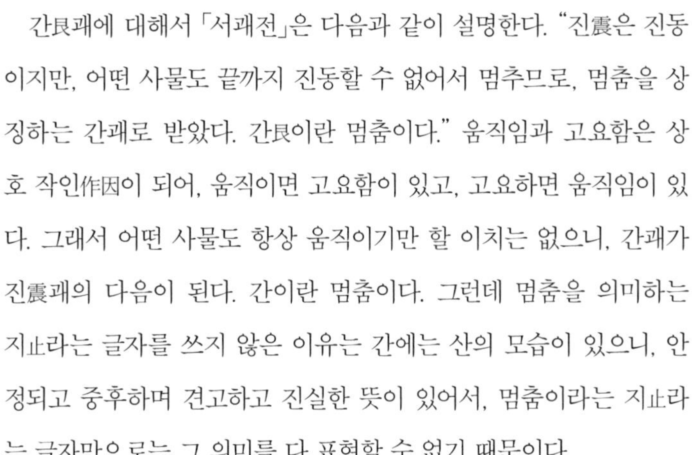

간艮괘에 대해서 「서괘전」은 다음과 같이 설명한다. "진震은 진동이지만, 어떤 사물도 끝까지 진동할 수 없어서 멈추므로, 멈춤을 상징하는 간괘로 받았다. 간艮이란 멈춤이다." 움직임과 고요함은 상호 작인作因이 되어, 움직이면 고요함이 있고, 고요하면 움직임이 있다. 그래서 어떤 사물도 항상 움직이기만 할 이치는 없으니, 간괘가 진震괘의 다음이 된다. 간이란 멈춤이다. 그런데 멈춤을 의미하는 지止라는 글자를 쓰지 않은 이유는 간에는 산의 모습이 있으니, 안정되고 중후하며 견고하고 진실한 뜻이 있어서, 멈춤이라는 지止라는 글자만으로는 그 의미를 다 표현할 수 없기 때문이다.

건乾괘와 곤坤괘의 교제가 세 번 얽혀 간괘를 이루니, 하나의 양효가 두 음효 위에 자리한다. 양은 움직여 위로 나아가는 것이니, 가장 높이 올라갔다면 멈춘다. 음은 고요하니, 위로 올라가 멈추었다면 다시 아래로 내려가 안정을 이루므로 멈춤이 된다. 어떤 사람은 이렇게 묻는다. "소축괘와 대축괘의 제지한다는 뜻과 무엇이 다른가?" 이렇게 답하겠다. 제지한다는 것은 강제로 억제하고 힘으로 저지하는 뜻이 있고 멈추어 그치는 것은 안정되게 멈추는 뜻이 있으니, 합당한 자리에 멈추는 것이다.

艮, 序卦, "震者動也, 物不可以終動, 止之, 故受之以艮. 艮者, 止也." 動靜相因, 動則有靜, 靜則有動. 物无常動之理, 艮所以次震也. 艮者止也. 不曰止者, 艮, 山之象, 有安重堅實之意, 非止義可盡也. 乾坤之交, 三索而成艮, 一陽居二陰之上. 陽動而上進之物, 既至於上則止矣. 陰者靜也, 上止而下靜, 故爲艮也. 然則與畜止之義何異? 曰, 畜止者, 制畜之義, 力止之也, 艮止者, 安止之義, 止其所也.

등에서 멈추면 몸을 얻지 못하며 뜰에 가서도 사람을 보지 못하여, 허물이 없을 것이다.

艮其背, 不獲其身, 行其庭, 不見其人, 无咎.

사람이 합당한 자리에 멈춤을 편안해할 수 없는 것은 욕심에 휘둘리기 때문이다. 욕심이 앞에서 이끄니 멈추기를 구하려고 해도 그렇게 할 수가 없다. 그러므로 멈춤의 방도는 마땅히 "등에서 멈추는"[1] 것이다. 보이는 것이 눈앞에 있는데 등지고 있으니, 이것이 보이지 않는 것이다. 보이지 않는 것에서 멈추면 욕심 때문에 마음이 요동하지 않아서, 멈추면 곧 편안하다.

"그 몸을 얻지 못한다"는 것은 그 몸을 보지 못하는 것이니, 사사로운 나를 망각한 것이다. 사사로운 내가 없으면 멈출 수 있다. 사사로운 나를 없앨 수 없으면 멈출 수 있는 방도는 없다. "뜰에 가서도 사람을 보지 못한다"고 했는데, 뜰이란 매우 가까운 곳을 상징한다.[2] 등 뒤에 있다면 매우 가깝지만 보지 못하니, 외물과 접촉하지 않는 것이다.[3] 외물과 접촉하지 않고 마음의 욕심이 싹트지 않아서,[4] 이렇게 하면서 그치면 멈춤이 도를 얻으니 허물이 없다.

人之所以不能安其止者, 動於欲也. 欲牽於前而求其止, 不可得也. 故艮之道, 當艮其背. 所見者在前, 而背乃背之, 是所不見也. 止於所不見, 則无欲以亂其心, 而止乃安. 不獲其身, 不見其身也, 謂忘我也. 无我則止矣. 不能无我, 无可止之道. 行其庭不見其人, 庭除之間, 至近也. 在背, 則雖至近不見, 謂不交於物也. 外物不接, 內欲不萌, 如是而止, 乃得止之道, 於止爲无咎也.

「단전」에서 말했다. 간은 멈춤이니, 그쳐야 할 때 그치고 가야 할 때 가서 움직임과 고요함에 그 때를 잃지 않으니, 그 도가 밝게 드러난다.

彖曰, 艮, 止也, 時止則止, 時行則行, 動靜不失其時, 其道光明.

간은 멈춤이다. 멈춤의 도는 오직 때에 달려 있으니, 나아가고 멈추며 움직이고 고요할 때에 적합하게 하지 않으면 허망한 거짓이다. 때를 잃지 않으면, 이치에 따라서 마땅한 의리에 합치한다. 사물의 측면에서는 이치라고 하고, 그 사물에 대처하는 측면에서는 마땅한 의리〔義〕라고 한다. 움직임과 고요함이 이 이치와 합당한 의리에 합치하면 그 때를 잃지 않은 것이니, 그 도가 밝게 빛난다. 군자가 귀중하게 여기는 것은 때이니, 공자가 '떠나고 멈추기를 오래 하거나 신속하게 하는 것’[5]이 이것이다. 간艮괘의 체질은 돈독하고 진실하여, 밝게 빛나는 뜻이 있다.

艮爲止. 止之道, 唯其時, 行止動靜不以時則妄也. 不失其時, 則順理而合義. 在物爲理, 處物爲義. 動靜合理義, 不失其時也, 乃其道之光明也. 君子所貴乎時, 仲尼行止久速是也. 艮體篤實, 有光明之義.

그쳐야 할 곳에서 멈춤은 제자리에 멈추기 때문이다.

艮其止, 止其所也.

“그쳐야 할 곳에서 멈춘다”는 말은 그쳐야 할 때에 멈추는 것을 말한다. 그쳐야 할 때 멈출 수 있는 것은 멈춤이 합당한 위치를 얻었기 때문이다. 그쳐서 합당한 위치를 얻지 못하면, 안정되게 멈출 수 있는 이치는 없다. 공자가 “멈춤에 그쳐야 할 곳을 안다”[6]고 했으니, 마땅히 그쳐야 할 곳을 말한다.

사물이 있으면 반드시 법도가 있으니, 아버지는 자애에 머물고, 자식은 효孝에 머물고, 군주는 인仁에 머물고, 신하는 경敬에 머물러서, 모든 것과 모든 일이 각각 합당한 위치에 멈추어 있지 않음이 없으니, 그 합당한 위치를 얻으면 편안하고 그 합당한 위치를 잃으면 혼란하다. 성인이 세상을 순조롭게 다스릴 수 있는 것은 일을 만들고 법도를 만들기 때문이 아니라, 오직 각각 그 합당한 위치에 멈추게 할 수 있었기 때문일 뿐이다.

艮其止, 謂止之而止也. 止之而能止者, 由止得其所也. 止而不得其所, 則无可止之理. 夫子曰, 於止知其所止. 謂當止之所也. 夫有物必有則, 父止於慈, 子止於孝, 君止於仁, 臣止於敬, 萬物庶事莫不各有其所, 得其所則安, 失其所則悖. 聖人所以能使天下順治, 非能爲物作則也, 唯止之各於其所而已.

위와 아래가 대적하되 호응하여, 서로 간여하지 않는다.

上下敵應, 不相與也.

괘의 자질 구조로 말한 것이다. 위와 아래 두 괘의 형체가 대적하되 서로 호응해서 서로 간여하는 뜻이 없다. 음과 양이 서로 호응하면, 정이 통하여 서로 함께하지만, 대적하기 때문에 서로 간여하지 않는다.[7] 서로 간여하지 않으면 서로 등지니, 그 등에서 멈춘다는 것은 합당한 위치에 그친다는 뜻이다.

以卦才言也. 上下二體, 以敵相應, 无相與之義. 陰陽相應則情通而相與, 乃以其敵, 故不相與也. 不相與則相背, 爲艮其背, 止之義也.

이 때문에 몸을 가지지 못하며 뜰에 가면서도 사람을 보지 못하여, 허물이 없는 것이다.

是以不獲其身, 行其庭不見其人, 无咎也.

서로 등지기 때문에 몸을 가지지 못한 듯 사사로운 욕심이 없고, 사람을 보지 못한 듯 욕심낼 만한 일과 접촉하지 않아서, 합당한 위치에 그칠 수 있으니, 합당한 위치에 그칠 수 있으면 허물이 없다.

相背故不獲其身, 不見其人, 是以能止, 能止則无咎也.

「상전」에서 말했다. 산이 겹쳐진 것이 간괘의 모습이니, 군자는 이것을 본받아 사려하는 데에 그 위치를 벗어나지 않는다.

象曰, 兼山, 艮. 君子, 以思不出其位.

위와 아래가 모두 산이므로 겹쳐진 산이다. 이것으로 저것을 아우르는 것이 겸한다는 뜻이니, 중복된 것을 말했으므로 산이 중복된 모습이다. 군자는 멈추어 있는 모습을 관찰하여 자신이 멈춘 자리가 편안한지를 사려하고, 그 위치에서 벗어나지 않는다. 위치란 처신하는 데에 합당한 본분이다.[8] 모든 일은 각각 그 합당한 위치가 있어 그 합당한 위치를 얻으면 그쳐서 편안하다. 만약 마땅히 행해야 하는데도 멈추고 마땅히 신속하게 떠나야 하는데도 오래도록 머물러서, 어떤 경우는 과도하고 어떤 경우는 미치지 못하면 이것은 모두 합당한 위치에서 벗어난 것이니, 하물며 본분을 넘어서서 자신이 자리해야 할 곳이 아닌 곳을 차치하고 있는 것은 어떠하겠는가?

上下皆山, 故爲兼山. 此而幷彼爲兼, 謂重復也, 重艮之象也. 君子觀艮止之象, 而思安所止, 不出其位也. 位者, 所處之分也. 萬事各有其所, 得其所則止而安. 若當行而止, 當速而久, 或過或不及, 皆出其位也, 況踰分非據乎?

초육효는 발꿈치에서 멈추는 것이라 허물이 없으니, 오래도록 올

바름을 유지하는 것이 이롭다.

初六, 艮其趾, 无咎, 利永貞.

음陰인 육六이 가장 낮은 위치에 있으니, 발꿈치의 모습이다. 발꿈치란 움직일 때 가장 먼저 동요하는 것이다. "발꿈치에서 멈춘다"는 것은 마음이 동요하는 초기에 그치는 것이다. 어떤 일이건 초기에 합당한 위치에서 그치면 올바름을 잃는 지경에까지 이르지는 않으므로, 허물이 없다. 유한 자질로 아래 위치에 처하여, 발꿈치로 상징되는 초기의 때에 해당하니, 함부로 나아가면 올바름을 잃으므로 합당한 위치에 멈추는 것이 허물이 없다. 음유한 자질은 자신의 올바름을 오래 지속할 수 없고, 견고하게 지킬 수 없어 근심스럽다. 그래서 멈춤의 시초에서부터 오래도록 올바름을 굳게 유지하는 것이 이롭다고 경계했으니, 이렇게 하면 멈추는 도리를 잃지 않는다.

六在最下, 趾之象. 趾, 動之先也. 艮其趾, 止於動之初也. 事止於初, 未至失正, 故无咎也. 以柔處下, 當趾之時也, 行則失其正矣, 故止乃无咎. 陰柔患其不能常也, 不能固也. 故方止之初, 戒以利在常永貞固, 則不失止之道也.

「상전」에서 말했다. 발꿈치에서 멈추는 것은 올바름을 잃지 않는 것이다.

象曰, 艮其趾, 未失正也.

마땅히 멈추어야 할 때에 나아가는 것은 정도가 아니다. 초기에 멈추었으므로 올바름을 잃는 지경에까지는 이르지 않은 것이니, 어떤 일이건 시초에 멈추면 쉽게 해결하고, 실책을 저지르는 데에까지 이르지는 않는다.

當止而行, 非正也. 止之於初, 故未至失正, 事止於始則易, 而未至於失也.

육이효는 장딴지에서 멈추는 것이니, 구제하지 못하고 따르게 되어 그 마음이 불쾌하다.

六二, 艮其腓, 不拯其隨, 其心不快.

육이효는 중中의 위치에 자리하고 올바름을 얻어서, 멈춤의 도리를 얻은 자다. 위로는 호응하여 도와주는 사람이 없으니, 군주의 신임을 얻지 못했다. 구삼효는 하체의 가장 위에 자리하여 멈춤의 주체가 되었으니 멈춤을 주관하는 자이지만, 과도하게 강하여 중도를 잃어서, 멈춤의 합당함을 이루지 못했다. 그래서 구삼효는 강한 태도로 윗자리에 멈추니, 자신을 낮추어 아래로 도움을 구하려는 자가 아니므로, 육이효가 중정中正의 덕을 이루었더라도 따를 수가 없다.

육이효가 나아가고 멈추는 것은 주관하는 자에 얽매여 있어서 자유롭게 행할 수가 없으므로, 장딴지의 모습이다. 넓적다리가 움직이면 장딴지는 따라가게 되어 있으니, 움직이고 멈추는 것은 넓적다리의 움직임에 달려 있어서 장딴지 맘대로 할 수 있는 것이 아니다. 육이효는 중정의 도로 중도를 이루지 못한 구삼효를 구제하지 못하면, 반드시 억지로 그를 따를 수밖에 없다. 구제할 수 없고 오직 그를 따를 수밖에 없다면, 비록 허물이 자신에게 있지 않으나 어찌 그것이 자신이 바라는 것이었겠는가?

자신의 말을 듣지 않고 자신의 도가 시행되지 않으므로 그 마음이 불쾌하니, 그 뜻을 실행할 수 없다. 선비가 높은 지위에 처하면 스스로 문제를 해결하고 구제하여 다른 사람을 구차하게 따르지 말아야 하지만, 낮은 지위에 있으면 마땅히 해결하고 구제해야 할 경우도 있고, 마땅히 다른 사람을 따라야 할 경우도 있으며, 구제할 수가 없어서 그후에 어쩔 수 없이 따라야만 할 경우도 있다.

六二居中得正, 得止之道者也. 上无應援, 不獲其君矣. 三居下之上, 成止之主, 主乎止者也, 乃剛而失中, 不得止之宜. 剛止於上, 非能降而下求, 二雖有中正之德, 不能從也. 二之行止, 係乎所主, 非得自由, 故爲腓之象. 股動則腓隨, 動止在股而不在腓也. 二旣不得以中正之道拯救三之不中, 則必勉而隨之. 不能拯而唯隨也, 雖咎不在己, 然豈其所欲哉? 言不聽, 道不行也, 故其心不快, 不得行其志也. 士之處高位, 則有拯而无隨, 在下位, 則有當拯, 有當隨, 有拯之不得而後隨.

「상전」에서 말했다. 구제하지 못하고 따르는 것은 윗사람이 물러나 따르지 않기 때문이다.

象曰, 不拯其隨, 未退聽也.

윗사람을 구제하지 못하고 오직 따를 수밖에 없는 이유는 윗사람이 자신을 낮추어 아랫사람을 따르지 않기 때문이다. '퇴청退聽'은 자신을 낮추어 따르는 것이다.

所以不拯之而唯隨者, 在上者未能下從也. 退聽, 下從也.

구삼효는 한계에 멈추는 것으로서, 등뼈를 벌려놓은 것이니, 위태로움이 마음을 태운다.

九三, 艮其限, 列其夤, 厲薰心.

'한限'이란 나뉜 경계이니, 위와 아래의 경계점이다. 구삼효는 강한 자질로 강한 위치에 자리하여 중도를 얻지 못하면서 멈춤의 주체가 되었으니, 매우 단호하게 그치는 것이다. 자신은 하체의 윗자리에 있으면서 위와 아래의 경계를 막아버려서 모두 멈춤의 뜻이 되므로, 경계에서 멈추는 것이니, 이것은 멈추는 데에 확고하여 다시 나아가고 물러설 수 없는 자다. 사람의 몸에서 그 '인夤'을 벌려놓은 것과 같다. '인'은 등뼈이니, 위와 아래의 경계다. 등뼈를 벌려 끊어놓으면 윗사람과 아랫사람이 서로 연결되어 붙어 있을 수가 없으니, 아래에서 멈추는 것이 견고한 것을 말한다.

멈추는 도리는 마땅함을 얻는 것이 소중한데, 나아가고 멈추는 데에 적절한 때를 이루지 못하고 한 가지에 고정되어 그 견고하고 강직함이 이와 같다면, 세상에 대처하는 것이 어그러지고 강퍅하여 사람들과 반목하고 끊어질 것이니, 그 위태로움이 심하다. 사람이 한 측면에만 고집스럽게 집착하고 온 세상 사람들과 함께 마땅함을 이루지 못하는 자는, 고난과 어려움에 빠지고 분노와 두려움에 휩싸여 그 마음을 불태우며 동요할 것이니, 어떻게 안정과 여유를 이를 이치가 있겠는가? "위태로움이 그 마음을 불태운다"는 말은 불안한 형세가 그 마음을 불태운다는 말이다.

限, 分隔也, 謂上下之際. 三以剛居剛而不中, 爲成艮之主, 決止之極也. 己在下體之上, 而隔上下之限, 皆爲止義, 故爲艮其限, 是確乎止而不復能進退者也. 在人身, 如列其夤. 夤, 膂也, 上下之際也. 列絕其夤, 則上下不相從屬, 言止於下之堅也. 止道貴乎得宜, 行止不能以時, 而定於一, 其堅強如此, 則處世乖戾, 與物暌絕, 其危甚矣. 人之固止一隅, 而擧世莫與宜者, 則艱蹇忿畏, 焚撓其中, 豈有安裕之理? 厲薰心, 謂不安之勢薰爍其中也.

「상전」에서 말했다. 경계에서 멈추어서, 위태로움이 마음을 태운다.

象曰, 艮其限, 危薰心也.

고집스럽게 멈추어서 나아가지도 물러나지도 못하여, 위태로움과 두려움의 근심이 항상 그 마음을 태운다는 말이다.

謂其固止不能進退, 危懼之慮常薰爍其中心也.

육사효는 몸에서 멈추는 것이니, 허물이 없다.

六四, 艮其身, 无咎.

사四라는 위치는 대신의 지위이니, 세상에서 마땅히 멈추어야 할 것을 그치게 하는 자다. 그러나 음유한 자질로서 강양한 자질의 군주를 만나지 못했으므로 다른 사람을 멈추게 하지 못하니, 오직 스스로 자기 몸을 그치게 하면 허물이 없을 수 있다. 허물이 없을 수 있는 까닭은 올바름에서 멈췄기 때문이다. 몸에서 멈추어 허물이 없다고 한 것은 다른 사람을 멈추게 할 수 없음을 나타낸 것이니, 정치에서 시행하면 허물이 있을 것이다. 그러나 위의 위치에 있으면서 겨우 자신의 몸만을 좋게 할 수 있다면, 취할 것이 아무것도 없다.[9]

四, 大臣之位, 止天下之當止者也. 以陰柔而不遇剛陽之君, 故不能止物, 唯自止其身, 則可无咎. 所以能无咎者, 以止於正也. 言止其身无咎, 則見其不能止物, 施於政則有咎矣. 在上位而僅能善其身, 无取之甚也.

「상전」에서 말했다. 몸에서 멈추는 것이란 자신에게서만 그치는 것이다.

象曰, 艮其身, 止諸躬也.

세상을 위하여 그칠 수가 없고 단지 자신에게서만 멈출 뿐이니, 어찌 대신의 지위에 걸맞을 수 있겠는가?

不能爲天下之止, 能止於其身而已, 豈足稱大臣之位也?

육오효는 광대뼈에서 그쳐서, 말에는 순서가 있으니, 후회가 없어진다.

六五, 艮其輔, 言有序, 悔亡.

오五의 위치는 군주의 지위로서 세상의 멈춤을 주관하는 자이지만 음유한 자질로는 이러한 뜻을 감당하기에는 부족하므로, 단지 위에 있다는 점으로 광대뼈의 의미만을 취해서 말했다. 사람이 당연히 신중히 하고 그쳐야 할 것은 단지 말과 행동이다. 육오효는 윗자리에 있으므로, 광대뼈로 비유해서 말했다. 광대뼈는 말이 나오는 곳이다.

광대뼈에서 그친다면, 경거망동하지 않고 순서를 따라 조리 있게 말할 것이다. 말을 경박하게 하여 순서가 없으면, 후회가 있다. 광대뼈에서 그치면 후회가 없어진다. "순서가 있다"는 것은 절도에 맞아 순서가 있는 것이다. 광대뼈와 뺨과 혀는 모두 말이 나오는 곳으로 광대뼈는 그 가운데 있으니, 그 광대뼈에서 멈춘다는 것은 중도中道에서 멈춘다는 말이다.

五, 君位, 艮之主也, 主天下之止者也, 而陰柔之才, 不足以當此義, 故止以在上取輔義言之. 人之所當愼而止者, 唯言行也. 五在上, 故以輔言. 輔, 言之所由出也. 艮於輔, 則不妄出而有序也. 言輕發而无序, 則有悔. 止之於輔, 則悔亡也. 有序, 中節有次序也. 輔與頰舌, 皆言所由出, 而輔在中. 艮其輔, 謂止於中也.

「상전」에서 말했다. 광대뼈에서 멈추는 것은 중도를 얻어 바르기 때문이다.

象曰, 艮其輔, 以中正也.

육오효가 좋은 것은 중도를 이루었기 때문이다. 광대뼈에서 멈추는 것은 중도에서 멈추는 것을 말한다. 중도를 얻어서 올바른 것이니, 광대뼈에서 멈추어 중도를 잃지 않게 하는 것이 바로 올바름을 얻는 것이다.

五之所善者中也. 艮其輔, 謂止於中也. 言以得中爲正, 止之於輔, 使不失中, 乃得正也.

상구효는 독실하게 멈추는 것이니 길하다.

上九, 敦艮吉.

양효인 구九는 강실剛實한 자질로 가장 높은 자리에 있고 또 멈춤의 주체로서 멈춤의 끝에 있으니, 그 멈춤이 매우 견고하고 독실한 자다. '돈敦'은 독실함이다. 멈춤의 끝에 자리했으므로, 과도하지 않으면서도 독실한 것이다. 사람의 멈춤은 오래 지속하면서 결말을 짓는 것이 어려우므로, 지조를 굳게 지키다가도 끝에 가서 바꾸고, 절도를 지키다가도 끝에 가서는 잃고, 일을 도모하다가도 오래되어서는 그만두니, 이는 사람들이 모두 근심하는 것이다. 상구효는 끝까지 독실하게 지킬 수 있어서 멈춤의 도가 매우 좋은 것이니, 그래서 길하다. 여섯 효의 덕 가운데 오직 이 효만이 길하다.

九以剛實居上, 而又成艮之主, 在艮之終, 止之至堅篤者也. 敦, 篤實也. 居止之極, 故不過而爲敦. 人之止, 難於久終, 故節或移於晚, 守或失於終, 事或廢於久, 人之所同患也. 上九能敦厚於終, 止道之至善, 所以吉也. 六爻之德, 唯此爲吉.

「상전」에서 말했다. 독실하게 멈추는 것이 길한 것은 끝까지 믿음이 깊어지기 때문이다.

象曰, 敦艮之吉, 以厚終也.

세상의 일은 오직 끝까지 자신의 본분을 지키는 것이 가장 어렵다. 멈춤에 독실하여 결말을 지을 수 있는 자다. 상구효가 길한 것은 끝까지 그 본분을 두텁게 유지할 수 있었기 때문이다.

天下之事, 唯終守之爲難. 能敦於止, 有終者也. 上之吉, 以其能厚於終也.

1 등에서 멈추는: 호원은 등에서 멈춘다는 뜻을 욕심이 싹트기 이전이라고 해석하여 다음과 같이 설명하고 있다. "등이라는 것은 눈이 보지 못하는 곳이다. 합당한 위치에서 멈추는 방도는 반드시 싹트기 이전에 멈추어야 한다. 성인이 세상을 다스리려고 한다면, 백성의 사특함을 금지하고 백성의 욕심을 제어하며, 백성의 정욕을 절제하고 백성의 일들을 합당한 위치에서 멈추게 한다. 그러나 반드시 그 이해利害가 일어나기 이전과 기욕嗜慾이 형성되기 이전에 행하여 외물에 의해서 바뀌지 않아, 그 마음이 요동하기 이전에 먼저 그 마음을 바로잡고 사악한 곳에 빠지지 않는다. 만약 멈추기를 등진 후에 하면 눈으로 볼 수 없어 그 몸을 보지 못한다 背者, 目所不見之所也. 言艮止之道, 必止于未萌之前. 若夫聖人之治天下, 將禁民之邪, 制民之欲, 節民之情, 止民之事. 必于其利害未作, 嗜欲未形, 未爲外物之所遷, 而其心未動之前, 先正其心, 而不陷于邪惡. 若止之于背之後, 目所不覩, 而不見其身也."

2 뜰이란 매우 가까운 곳을 상징한다: 뜰에 대한 상징을 호원은 구체적으로 이렇게 설명한다. "'뜰에 가서도 사람을 보지 못한다'고 했는데, 뜰이란 아주 가까운 곳을 말한다. 가까운 곳을 걷는데 사람을 보지 못하는 것은 각각 합당한 길을 얻어 멈추어 그 위치를 지키고, 정해진 본분이 있어 서로 혼잡하기 않기 때문이다. 옛 성인이 세상을 다스릴 때에 관官을 세우고 직분을 나누는 데에 각각 책무가 있게 했다. 예를 들어 예를 습득한 자는 오로지 예를 관장하게 하고, 음악을 습득한 사람은 오로지 음악을 관장하게 하며, 병법을 습득한 자는 병兵을 관장하게 하고, 형刑을 습득한 사람은 오로지 형을 관장하게 하여, 각각 그 직분을 지켜 서로 간여하지 않는다. 또 예를 들어 세상의 백성들 가운데 사대부는 사대부의 위치에 멈추고,

농부는 농부의 위치에 멈추며, 공인은 공인의 위치에 멈추고, 상인은 상인의 위치에 멈추니, 이것은 또한 각각 정해진 본분이 있어 서로 혼잡하게 섞이지 않고, 처함에 직업을 바꾸지 않고, 그 상분常分을 지키는 것이다. 그러므로 매우 가까운 정원 사이를 가면서도 사람을 보지 못한다. 이것은 사람들이 각각 합당한 위치에서 멈추어 서로 섞여 혼란하지 않는 것이다行其庭, 不見其人, 夫庭者, 指淺近之處而言之也. 行于淺近, 而猶不見其人者, 蓋止得其道, 各守其所, 而有定分, 不相揉雜故也. 古之聖人之治天下也, 其在建官分職, 各有所責. 若習禮者, 專掌于禮, 習樂者, 專掌于樂, 習兵者, 專掌于兵, 習刑者, 專掌于刑, 各守其職, 而不相干也. 又如天下之民, 爲士者, 止于爲士, 爲農者, 止于爲農, 爲工者, 止于爲工, 爲商者, 止于爲商, 是亦各有定分, 不相揉雜, 處不易業, 而守其常. 故如行于淺近一庭之間, 而不見其人. 是其各有所止, 而不相雜亂也."

3 외물과 접촉하지 않는 것이다: 다음과 같은 주희와 제자의 문답은 참조할 만하다. "물었다. '제 생각에 외부의 사물을 단절하고 접촉하지 않을 도리는 없습니다. 만약 구구하게 외물과 단절하여 그 마음이 어지럽지 않기를 구하려고 한다면, 이것은 나에게서는 오히려 지킬 수 있는 것이 없는 것이니 외부의 사물에 의해 요동하는 것은 어떻게 합니까?' 답했다. '이 단락에도 의심스러운 것이 있다. 외부의 사물을 어찌 접촉하지 않을 수 있겠는가? 단지 예가 아니면 보지도 듣지도 말하지도 행동하지도 않는다는 네 가지 일에 힘쓸 뿐이다.'問恐外物无有絕而不接之理. 若拘拘然務絕乎物而求以不亂其心, 是在我却无所守而爲外物所動, 則奈何? 曰此一段, 亦有可疑. 外物豈能不接? 但當於非禮勿視聽言動, 四者, 用力(『주역전의대전』)" 정이천이 욕심이 일어나기 이전의 상태에서 수양하는 것을 강조하는 부분이다.

4 외물과 접촉하지 않고 마음의 욕심이 싹트지 않아서: 정이천은 "몸을 얻지 못한다不獲其身"는 것을 마음에 사사로운 욕심이 싹트지 않는 것으로 풀었고 "사람을 보지 못한다不見其人"는 것을 외물과 접촉하지 않는다는 의미로 풀고 있다. 모두 고요함〔靜〕과 관련해서 풀고 있는 것이다. 주희는 멈추어야 할 위치에 멈춘다는 의미의 간괘를 공명정대한 행위로 푼다. 접촉하지 않을 때도 공명정대한 마음을 유지해야 하고 사물과 접촉하여 행할 때에도 공명정대하게 행해야 한다는 의미다. 정이천 해석의 문제점을 주희는 동정動靜으로 풀고 있다. "이 단락은 두 부분으로 구분할 수 있다. '등에서 멈추면 몸을 얻지 못한다'는 것은 고요함 속의 멈춤이고, '뜰에 가서도 사람을 보지 못한다'는 것은 움직임 속의 멈춤이다. 총괄하여 말하면, '등 뒤에 멈춘다'는 멈춤의 때이니, 그 곳이 마땅하여 멈추는 것이다. 그러므로 멈출 때는 스스로 그 몸을 얻지 못하고 행동할 때에는 스스로 그 사람을 보지 못한다. 이 세 구절은 '등 뒤에 멈춘다'의 효험이다此段分作兩截, '艮其背, 不獲其身', 爲靜之止, '行其庭, 不見其人', 爲動之止. 總說則'艮其背'是止之時, 當其所而止矣, 所以止時自不獲其身, 行時自不見其人. 此三句乃'艮其背'之效驗(『주역전의대전』)."

5 떠나고 멈추기를 오래 하거나 신속하게 하는 것: "벼슬할 만하면 벼슬하고, 멈출 만하면 멈추고, 오래 할 만하면 오래 하고 신속하게 할 만하면 신속하게 하는 것이 공자다可以仕則仕, 可以止則止, 可以久則久, 可以速則速, 孔子也(『맹자』「공손추상」)."

6 멈춤에 그쳐야 할 곳을 안다: "『시』에서 말하기를 '쨱쨱 우는 황새여, 산 깊고 숲이 울창한 곳에서 멈추어 있다'고 하니, 공자가 말하기를 '멈춤에 그쳐야 할 곳을 아니, 사람으로서 새만도 못해서야 되겠는가!詩云, 緡蠻黃鳥, 止于丘隅. 子曰,

於止, 知其所止, 可以人而不如鳥乎!(『대학』 3장)"

7 대적하기 때문에 서로 간여하지 않는다: 서로 간여하지 않는다는 것에 대한 구체적인 내용은 앞의 뜰에 대한 호원의 설명 참조. 호원은 이렇게 설명하고 있다. "위아래 여섯 효가 각각 서로 대적하면서 정은 서로 간여하지 않으니 이것이 각각 그쳐야 할 곳에서 멈추는 것이다. 아직 싹트기 이전에 멈출 수 있고, 또 위와 아래가 각각 서로 그 본분을 지켜서 잡되게 섞이지 않는다言上下六爻, 各相亢敵, 而情不相與. 是各止其所之象也. 既能止于未萌之時而又能使上下各相守其分而不雜揉."

8 위치란 처신하는 데에 합당한 본분이다: 일반적으로 '사불출기위思不出其位'는 지위를 벗어나는 일에 대해서는 사려하지 않는다는 식으로 이해한다. 호원은 이렇게 설명한다. "사려하고 도모하는 일은 마땅히 자신의 직분에 전념해야 하지 그 지위에서 벗어나서 망령되게 사려하는 것이 있어서는 안 된다凡所思謀, 當專于所職, 不可越出其位, 而妄有所思也." 그러나 정이천은 자신이 그쳐야 할 합당한 위치에서 벗어나지 않도록 사려해야 한다는 의미로 해석하고 있다. 직분을 넘어서 모든 일을 처리하는 데에 마땅한 위치를 말하고 있다.

9 취할 것이 아무것도 없다: 정이천은 자신에게만 허물이 없고, 다른 사회적 영향력은 없기 때문에 취할 것이 없다고 평가하지만, 호원은 육사효를 긍정적으로 평가하고 있다. "지금 육사효는 멈추는 데에 도를 얻어 사지를 망령되게 움직이지 않는다. 그러므로 마치 사람이 안정되게 멈추는 데에 그 도를 얻었고, 제어하는 데에 기술을 얻었고, 과실을 막는 데에 요령을 얻어, 외물에 의해서 변하지 않고, 빈천에 의해서 마음을 바꾸지 않고, 부귀에 의해서 바뀌지 않으므로 허물이 없다今六四能止之得其道, 使四肢不妄動. 故如人之靜止得其道, 制禦得其術, 防過得其要, 不爲外物之所遷, 不爲貧賤之所移, 不爲富貴之所易, 故无咎也."

53. 점진적인 진입: 점漸괘䷴

풍산점風山漸이라고 한다. 괘의 모습이 손巽☴괘가 위에 있고 간艮☶괘가 아래에 있기 때문이다.

점漸괘에 대해서 「서괘전」은 다음과 같이 설명한다. "멈춤이란 그침이다. 어떤 사물도 끝까지 멈추어 있을 수만은 없으므로, 점진적인 진입을 상징하는 점괘로 받았다. 점漸이란 점차적인 진입이다." 멈추면 반드시 나아가게 되니, 이것이 굽히고 펼쳐지는 이치다. 멈춤이 생겨나는 것 역시 점차적으로 진입하기 위해서이고 그 반대도 역시 점차적으로 진입하기 위해서이니, 점괘가 간艮괘의 다음이 된다. 나아가기를 순서대로 하는 것이 점차적인 진입이다. 요즘 사람들은 느리게 나아가는 것을 점차적인 것이라고 하는데, 나아가기를 순서에 따라 해서 차례를 뛰어넘지 않기 때문에 느린 것이다. 괘의 모습은 나무를 상징하는 손巽괘가 위에 있고 산을 상징하는 간艮괘가 아래에 있다. 산 위에 나무가 있는 모습이다. 나무가 높이 서 있는 것은 산을 바탕으로 한 것이니, 그 높은 것이 바탕을 가지고 있는 것이다. 그 높음이 바탕을 가진 것은 그 나아감이 순서에 바탕하고 있는 것이므로, 점차적인 진입이다.

漸, 序卦. "艮者止也, 物不可以終止, 故受之以漸. 漸者, 進也." 止必有進, 屈伸消息之理也. 止之所生亦進也, 所反亦進也, 漸所以次艮也. 進以序爲漸. 今人以緩進爲漸, 進以序不越次, 所以緩也. 爲卦, 上巽下艮. 山上有木. 木之高而因山, 其高有因也. 其高有因, 乃其進也有序也, 所以爲漸也.

점차적인 진입은 여자가 시집가는 것이 길하니, 이로움은 올바름을 지키는 것에 있다.

漸, 女歸吉, 利貞.

괘의 자질 구조로 점진적인 진입이라는 뜻을 겸하여 말했다. 건乾괘와 곤坤괘가 변하여 손巽괘와 간艮괘가 되고, 손괘와 간괘가 중첩되어 점괘가 된다. 점괘의 형체를 가지고 말하면, 가운데 두 효[삼효, 사효]가 교류한다. 이 두 효가 교류하였기 때문에, 그 뒤에 남자와 여자가 각각 올바른 지위를 얻는다. 초효와 상효 두 효는 합당한 지위가 아니지만, 또한 양효가 위에 있고 음효가 아래에 있어서 존귀하고 낮은 지위의 올바름은 이루었다. 남자와 여자가 각각 그 올바름을 얻은 것은 또한 그 합당한 위치를 얻은 것이다. 귀매歸妹괘와는 그 괘의 형체가 서로 반대다. 여자가 시집가는 데에 이렇게 올바를 수 있다면 길하다.

세상의 일 가운데 나아가는 데 반드시 점차적인 순서에 따라야 하는 것은 여자가 시집가는 것만 한 것이 없다.[1] 신하가 조정에 나아가는 것과 사람이 일을 진행시키는 것에도 당연히 순서가 있으니,

그 순서대로 하지 않으면 절도를 무시하고 마땅한 의리를 해쳐서 흉함과 허물이 뒤따른다. 그러나 마땅한 의리의 경중과 염치의 도리 가운데에서 여자가 시집가는 것이 가장 크므로, 여자가 시집가는 것으로 뜻을 삼았다. 또 남녀의 일은 모든 일 가운데 최우선시 되는 일이다.

다른 괘에서도 '이정利貞'이란 말이 많이 있는데, 사용되는 의미는 다르다. 어떤 경우는 올바르지 못하다고 의심하여 경계해주는 경우도 있고, 어떤 경우는 어떤 일이건 반드시 올바르게 해야만 마땅함을 얻는다고 말하는 경우가 있으며, 이롭게 되는 이유가 올바름이 있기 때문이라고 말한 경우도 있다. 올바르지 못하다고 의심하여 경계를 주는 경우가 손損괘 구이효[2]인데, 음에 처하여 기쁨에 자리하므로, 마땅히 올바름을 굳게 지켜야 한다고 경계한 것이다. 어떤 일이건 반드시 바르게 해야만 마땅함을 얻는다고 한 경우는 대축大畜괘[3]인데, 쌓기를 올바르게 하는 것이 이로움을 말한 것이다. 이롭게 되는 이유가 올바름에 있기 때문이라고 말한 경우는 점漸괘인데, 여자가 시집가서 길하게 되는 이유는 이와 같이 올바르게 행하는 데에 이로움이 있다는 것을 말한 것이다. 이는 원래 그렇게 있는 것이고, 가정하여 경계를 한 것은 아니다. 점진적인 진입의 뜻은 마땅히 형통할 수 있지만 형통하다고 말하지 않는 것은, 형통한 것은 통하여 이른 뜻이지 점차적으로 나아가는 뜻이 아니기 때문이다.

以卦才兼漸義而言也. 乾坤之變爲巽艮, 巽艮重而爲漸. 在漸體而言, 中二爻交也. 由二爻之交, 然後男女各得正位. 初終二爻, 雖不當位, 亦陽上陰下, 得尊卑之正. 男女各得其正, 亦得位也. 與歸妹正相對. 女之歸, 能如是之正, 則吉也. 天下之事, 進必以漸者, 莫如女歸. 臣之進於朝, 人之進於事, 固當有序, 不以其序, 則陵節犯義, 凶咎隨之. 然以義之輕重, 廉恥之道, 女之從人, 最爲大也, 故以女歸爲義. 且男女, 萬事之先也. 諸卦多有利貞, 而所施或不同. 有涉不正之疑而爲之戒者, 有其事必貞乃得其宜者, 有言所以利者以其有貞也. 所謂涉不正之疑而爲之戒者, 損之九二是也, 處陰居說, 故戒以宜貞也. 有其事必貞乃得宜者, 大畜是也, 言所畜利於貞也. 有言所以利者以其有貞者, 漸是也, 言女歸之所以吉, 利於如此貞正也. 蓋其固有, 非設戒也. 漸之義宜能亨, 而不云亨者, 蓋亨者通達之義, 非漸進之義也.

「단전」에서 말했다. 점진적인 진입은 여자가 시집가는 데에 길한 것이다.

彖曰, 漸之進也, 女歸吉也.

점진적인 뜻과 같이 나아가면 여자가 시집가는 길함이니, 올바르면서 점차적인 순서를 밟고 행하는 것을 말한다. 여자가 시집가는 일은 가장 큰일일 뿐이고, 그 밖의 나아감 역시 그러하다.

如漸之義而進, 乃女歸之吉也, 謂正而有漸也. 女歸爲大耳, 他進亦然.

나아가 지위를 얻으니, 그대로 나아가면 공이 있을 것이다.

進得位, 往有功也.

점차적으로 나아가는 때에 음과 양이 각각 올바른 지위를 얻으니, 나아가서 공이 있을 것이다. 육사효가 다시 위로 나아가 올바름을 얻고 구삼효는 아랫사람의 위치를 떠나 윗사람이 되어 마침내 올바른 지위를 얻으니, 또한 나아가 지위를 얻는 뜻이 된다.

漸進之時, 而陰陽各得正位, 進而有功也. 四復由上進而得正, 三離下而爲上, 遂得正位, 亦爲進得位之義.

나아가기를 올바름으로 하니, 나라를 바로잡을 수 있다.

進以正, 可以正邦也.

정도正道로써 나아가면 나라를 바로잡을 수 있고, 천하를 바로잡을 수 있다. 어떤 일에 나아가고, 덕에 나아가고, 지위에 나아가는 데 있어 마땅히 정도로써 하지 않는 것이 없다.

以正道而進, 可以正邦國, 至於天下也. 凡進於事進於德進於位, 莫不皆當以正也.

그 지위는 강함이 중도를 얻었다.

其位, 剛得中也.

위에 "나아가 지위를 얻으니 그대로 나아가면 공이 있을 것이다"라고 말한 것은 음과 양이 지위를 얻어서 나아가 공이 있음을 총괄해서 말한 것이고, 다시 "그 지위는 강함이 중도를 얻었다"라는 말에서 지위라는 것은 구오효가 강양한 자질과 중정의 덕으로 존귀한 지위를 얻은 것이다. 여러 효가 올바름을 얻은 것도 그 지위를 얻었다고 말할 수 있지만, 구오효가 존귀한 지위를 얻은 것만 못하므로, 구오효만을 특별히 말했다.

上云進得位往有功也, 統言陰陽得位, 是以進而有功. 復云其位剛得中也, 所謂位者, 五以剛陽中正得尊位也. 諸爻之得正, 亦可謂之得位矣, 然未若五之得尊位, 故特言之.

합당한 위치에 멈추고 공손하므로, 모든 행동이 곤궁하지 않은 것이다.

止而巽, 動不窮也.

내괘의 간괘는 멈춤이고, 외괘의 손괘는 순종이다. 간괘의 멈춤은 안정의 모습이고, 손괘의 공손함은 조화와 순종의 뜻이다. 사람이 나아가는 데에 욕심이 동하면 조급하여 점차적인 순서를 따르지 못하므로, 곤궁하게 된다. 점차적인 진입의 뜻에서는 안으로는 멈춰 안정을 이루고 겉으로는 공손하고 이치를 따르므로, 그 나아가고 행동하는 데에 곤궁함이 없다.

內艮止, 外巽順. 止爲安靜之象, 巽爲和順之義. 人之進也, 若以欲心之動, 則躁而不得其漸, 故有困窮. 在漸之義, 內止靜而外巽順, 故其進動不有困窮也.

「상전」에서 말했다. 산 위에 나무가 있는 것이 점괘의 모습이니,

군자는 이것을 본받아 어진 덕에 자리하고 풍속을 좋게 만든다.

象曰, 山上有木, 漸, 君子以居賢德善俗.

산 위에 나무가 있으니, 나무의 높음이 산을 바탕으로 하고 있는 것이 점괘의 뜻이다. 군자는 점괘의 모습을 관찰하여 어질고 선한 덕에 자리해서 풍속을 변화시켜 아름답게 한다. 사람이 어진 덕으로 나아가는 데에는 반드시 점차적인 순서가 있어서, 익숙하게 만든 후에 안정을 이룰 수 있는 것이지, 절도를 무시하면서 성급하게 이를 수 있는 것이 아니다. 자신에게서도 그러한데 타인을 교화하여 변화시키는 데 있어 점차적인 순서로 하지 않으면 먹혀들어갈 수 있겠는가? 풍속을 변화시키는 것은 하루아침 하룻저녁에 이룰 수 있는 것이 아니므로, 풍속을 아름답게 하는 데에는 반드시 점차적인 순서를 따라야만 한다.

山上有木, 其高有因, 漸之義也. 君子觀漸之象, 以居賢善之德, 化美於風俗. 人之進於賢德, 必有其漸, 習而後能安, 非可陵節而遽至也. 在己且然, 教化之於人, 不以漸, 其能入乎? 移風易俗, 非一朝一夕所能成, 故善俗必以漸也.

초육효는 기러기가 물가에 점차로 나아가는 것이니, 소자는 위태롭게 여겨, 말이 있으나 허물이 없다.

初六, 鴻漸于干, 小子厲, 有言, 无咎.

점괘는 여러 효에서 모두 기러기의 모습을 취해서 상징했다. 기러기란 것은 오는 데에 때가 있고 무리를 짓는 데에 질서가 있으니, 그 때와 순서를 잃지 않는 것이 곧 점차적인 진입이다. '간干'이란 물가다. 물새가 물가에서 멈추니, 물에서 매우 가까워서 그 진입이 점차적인 과정이라고 할 수 있다. 나아가기를 때에 따라서 하는 것이 점차적인 진입이다. 점차적으로 진입하여 때와 순서를 잃지 않으면, 점차로 나아가는 데에 그 마땅함을 잃지 않는다.

음효인 육六이 시초의 위치에 있는 것은 매우 낮은 것이고 음이라는 자질은 매우 약한 것인데, 위로 호응하여 도움을 주는 사람이 없으니 이러한 조건으로써 나아간다는 것은 인지상정으로 보면 근심스러운 일이다. 군자는 깊이 깨닫고 멀리 내다보아 의리에 편안한 것과 때와 상황에 합당한 것을 알아서, 대처하여 의심하지 않는다. 그러나 소인과 어린이는 오직 이미 지나간 일만 보고 대중들의 앎만을 따를 수 있을 뿐 합당한 이치를 밝혀 알 수가 없으므로, 위태롭게 생각하여 두려워하면서 말이 많다.[4]

왜냐하면 아랫자리에 있는 것이 나아갈 수 있는 가능성이 있는 것이고, 유연하게 행하는 것이 조급해하지 않는 것이며, 호응하는 사람이 없는 것이 점차적으로 진입할 수 있는 가능성이 있는 것이라서, 이런 조건이 오히려 마땅한 의리에서 보자면 본래 허물이 없다는 점을 소인들은 알지 못하기 때문이다. 만일 점차로 진입하는 초기에 강하게 행하고 성급하게 나아가면 점차적으로 나아가는 의리를 잃으니, 나아갈 수 없고 허물이 있게 될 것이 틀림없다.

漸諸爻皆取鴻象. 鴻之爲物, 至有時而群有序, 不失其時序, 乃爲漸也. 干, 水湄. 水鳥止於水之湄, 水至近也, 其進可謂漸矣. 行而以時, 乃所謂漸. 漸進不失, 漸得其宜矣. 六居初, 至下也, 陰之才, 至弱也, 而上無應援, 以此而進, 常情之所憂也. 君子則深識遠照, 知義理之所安, 時事之所宜, 處之不疑. 小人幼子唯能見已然之事, 從衆人之知, 非能燭理也, 故危懼而有言. 蓋不知在下所以有進也, 用柔所以不躁也, 无應所以能漸也, 於義自无咎也. 若漸之初而用剛急進, 則失漸之義, 不能進而有咎必矣.

「상전」에서 말했다. 소자는 위태롭게 여기나, 의리에는 허물이 없다.

象曰, 小子之厲, 義无咎也.

소자가 위태롭게 여기지만, 의리상으로는 실제로 허물이 없다.

雖小子以爲危厲, 在義理實无咎也.

육이효는 기러기가 반석에 점차적으로 나아가는 것이라서, 음식을 먹는 것이 즐겁고 즐거우니, 길하다.

六二, 鴻漸于磐, 飮食衎衎, 吉.

육이효는 중中의 위치에 자리하고 올바름을 얻어서 위로는 구오효와 호응관계를 이루고 있으니, 나아가는 데에 안정과 여유를 가진 자다. 점차적인 시기에 자리했으므로, 나아가기를 빠르게 하지 않는다. '반석'이란 안정되고 평평한 돌이고 강가나 바닷가에 있는 것이니, 안정되게 나아가는 것을 상징한다. 물가로부터 반석으로 나아가는 것은 또 점차적으로 나아가는 것이다. 육이효와 구오효의 군주는 함께 중정의 도로 서로 호응하여, 그 나아감이 안정되고 견고하며 평탄하고 쉬워서 더 덧붙일 것이 없으므로, 음식을 먹는 것이 화목하고 즐거운 것이니, 길함을 알 수 있다.

二居中得正, 上應於五, 進之安裕者也. 但居漸, 故進不速. 磐, 石之安平者, 江河之濱所有, 象進之安. 自干之磐, 又漸進也. 二與九五之君, 以中正之道相應, 其進之安固平易莫加焉, 故其飮食和樂衎衎然, 吉可知也.

「상전」에서 말했다. 음식을 먹는 것이 즐겁고 즐거운 것은 헛되이 배부른 것이 아니다.

象曰, 飮食衎衎, 不素飽也.

효사는 그 나아가는 것이 안정되고 평탄하기 때문에 음식을 먹는 것이 화목하고 즐겁다는 뜻을 취해서 말했다. 공자가 후대 사람들이 깨닫지 못할 것을 걱정하여 또 해석하여, 중정中正을 이룬 군자가 중정을 이룬 군주를 만나, 위로 점차적으로 나아가서 그 도를 행하여 세상에 영향을 미치니, '음식을 먹는 것이 즐겁고 즐겁다'고 한 것은 그 뜻을 얻음이 화목함과 즐거움에 이른 것을 말한 것이지, 공연히 배불리 음식을 먹을 뿐임을 말한 것은 아니라고 했다. '소素'는 헛되이라는 뜻이다.

爻辭以其進之安平, 故取飮食和樂爲言. 夫子恐後人之未喩, 又釋之云, 中正君子, 遇中正之主, 漸進于上, 將行其道以及天下, 所謂飮食衎衎, 謂其得志和樂, 不謂空飽飮食而已. 素, 空也.

구삼효는 기러기가 육지로 점차적으로 나아가는 것이니, 남자는 가면 돌아오지 않고 부인은 잉태하더라도 기르지 못하여 흉하니, 도적을 막는 것이 이롭다.

九三, 鴻漸于陸, 夫征不復, 婦孕不育, 凶, 利禦寇.

평평하고 높은 곳을 육지라고 하니 평원이다. 구삼효는 아래 괘에서 윗자리에 있으니, 나아가서 평지에 이른 것이다. 양陽은 위로 나아가는 것이다. 점차적으로 진입하는 때에 자리하여 뜻이 점차적으로 나아가려고 하지만 위로 호응하여 도와주는 사람이 없으니, 마땅히 정도를 지키면서 때를 기다리고 평지에 안정되게 있으면, 점차적으로 나아가는 방도를 얻을 것이다. 만약 혹시라도 스스로를 지킬 수 없어서, 욕심에 이끌리는 것이 있고 나아가려고 하는 뜻이 있다면, 점차적으로 나아가는 방도를 잃을 것이다.

사四효는 음효로서 위에 있으면서 친밀하게 관계하니 양이 기뻐하는 것이고, 삼三효는 양효로서 아래에 있으면서 서로 친밀하니 음이 따르는 것이다. 두 효가 서로 가깝고 호응하는 사람이 없으니 서로 가까우면 친밀하게 되어 쉽게 연합하고, 호응하는 사람이 없으면 갈 곳이 없어 서로 구하므로, 이 때문에 경계한 것이다.

'남자'는 양陽이다. 남자는 구삼효를 말한다. 구삼효가 정도正道를 지키지 못하고 육사효와 연합하면, 이것은 갈 줄만 알고 돌아올 줄을 모르는 것이다. '정征'은 나아가는 것이다. '복復'은 돌아오는 것이다. 돌아오지 않는 것은 마땅한 의리를 돌아보지 않는 것을 말한다. '부인'은 육사효를 말한다. 만일 정도가 아닌 방식으로 연합하면 아이를 잉태하더라도 기르지 못하니, 합당한 도리가 아니기 때문이다. 이렇게 하면 흉하다. 구삼효가 이롭게 되는 것은 도적을 막는 데에 달려 있다. 이치를 따르지 않고서 오는 것이 도적이다. 정도를 지켜서 거짓을 막는 것은 도적을 막는다는 것이다. 도적을 막을 수 없다면, 스스로 자신을 잃게 되어 흉할 것이다.

平高曰陸, 平原也. 三在下卦之上, 進至於陸也. 陽, 上進者也. 居漸之時, 志將漸進, 而上无應援, 當守正以俟時, 安處平地, 則得漸之道. 若或不能自守, 欲有所牽, 志有所就, 則失漸之道. 四, 陰在上而密比, 陽所說也. 三, 陽在下而相親, 陰所從也. 二爻相比而无應. 相比則相親而易合, 无應則无適而相求, 故爲之戒. 夫, 陽也. 夫謂三. 三 若不守正, 而與四合, 是知征而不知復. 征, 行也. 復, 反也. 不復謂不反顧義理. 婦謂四. 若以不正而合, 則雖孕而不育, 蓋非其道也, 如是則凶也. 三之所利, 在於禦寇. 非理而至者, 寇也. 守正以閑邪, 所謂禦寇也. 不能禦寇, 則自失而凶矣.

「상전」에서 말했다. 남자는 가면 돌아오지 않는 것은 무리를 벗어나 추한 것이고, 부인은 잉태하더라도 기르지 못하는 것은 자신의 도를 잃는 것이고, 도적을 막는 것이 이로운 것은 이치에 순종하여 서로 보존하는 것이다.

象曰, 夫征不復, 離群醜也, 婦孕不育, 失其道也, 利用禦寇, 順相保也.

남자가 가서 돌아오지 않으면, 점차적으로 진입하는 정도를 잃는다. 욕심을 따라 정도를 잃으면 같은 부류의 동지들을 배반하여 추하게 될 수 있다. 괘의 여러 효는 모두 선하지 않음이 없다. 만약 홀로 정도를 잃는다면, 이것은 같은 부류의 동지들을 배반하는 것이다. 부인이 잉태하는 데에 그 도리를 따르지 않았으니, 그래서 기르지 못하는 것이다. 이로운 것이 도적을 막는 데에 달려 있는 것은 이치에 순종하는 방도로 서로 보존하는 것을 말한다. 군자와 소인이 가까이 있어서 스스로 정도를 지키니, 이것이 어찌 군자가 자신만을 온전히 하는 것일 뿐이겠는가? 또한 소인이 불의에 빠지지 않도록 하는 것이니, 이는 이치에 순종하는 방도로써 서로를 보존하여 그 악을 막고 저지하는 것이므로, 도적을 막는다고 했다.

夫征不復, 則失漸之正. 從欲而失正, 離叛其群類, 爲可醜也. 卦之諸爻, 皆无不善. 若獨失正, 是離其群類. 婦孕不由其道, 所以不育也. 所利在禦寇, 謂以順道相保. 君子之與小人比也, 自守以正. 豈唯君自完其己而已乎? 亦使小人得不陷於非義, 是以順道相保, 禦止其惡, 故曰禦寇.

육사효는 기러기가 나무로 점차적으로 나아가는 것이니, 혹 그 평평한 가지를 얻으면 허물이 없다.

六四, 鴻漸于木, 或得其桷, 无咎.

점차적으로 진입하는 때에 육사효는 음유한 자질로 강양한 사람의 위로 나아가 자리했는데, 양은 강하여 위로 나아가려고 하니 어찌 음유한 사람의 아래에서 편안하게 있겠는가? 그러므로 육사효의 처지는 안정된 상황이 아니니, 마치 기러기가 나무로 나아간 것과 같다. '나무'는 점점 높아져서 불안한 모습이 있다. '기러기'는 발가락이 연결되어 나뭇가지를 잡지 못하므로, 나뭇가지에 깃들지 않는다.

'각桷'은 가로로 평평하게 뻗은 나뭇가지다. 오직 평평한 가지의 위라야 기러기는 안정되게 거처할 수 있다. 육사효의 처지는 본래 위태롭지만, 스스로 안정되고 편안한 방도를 얻으면 허물이 없을 것이라는 말이다. 마치 기러기가 나무에서는 본래 불안했지만 평평한 가지를 얻어서 처하면 편안해지는 것과 같다. 육사효는 올바른 위치에 자리하고 공손하니, 마땅히 허물이 없는 자다. 하지만 반드시 득실로써 말한 것은 득실을 바탕으로 해서 그 의리를 밝히려 한 것이다.

當漸之時, 四以陰柔進據剛陽之上, 陽剛而上進, 豈能安處陰柔之下? 故四之處非安地, 如鴻之進于木也. 木漸高矣, 而有不安之象. 鴻趾連, 不能握枝, 故不木棲. 桷, 橫木之柯. 唯平柯之上, 乃能安處. 謂四之處本危, 或能自得安寧之道, 則无咎也. 如鴻之於木, 本不安, 或得平柯而處之,則安也. 四居正而巽順, 宜无咎者也. 必以得失言者, 因得失以明其義也.

「상전」에서 말했다. 평평한 가지를 얻는 것은 이치에 순종하여 공손하기 때문이다.

象曰, 或得其桷, 順以巽也.

'각桷'은 평평하고 안정된 곳이다. 안정을 구하는 방도는 오직 이치에 순종하고 겸손한 태도에 달려 있다. 그 의리가 이치에 순종하고 바르며 그 처신이 자신을 낮추며 겸손하면, 어디에 처한들 안정되지 않겠는가? 육사효처럼 이치에 순종하고 올바르며 겸손한 것이 곧 평평한 가지를 얻은 것이다.

桷者, 平安之處. 求安之道, 唯順與巽. 若其義順正, 其處卑巽, 何處而不安? 如四之順正而巽, 乃得桷也.

구오효는 기러기가 높은 언덕에 점차적으로 나아가는 것이니, 부인이 3년 동안 잉태하지 못하나, 끝내는 이기지 못하여 길하다.

九五, 鴻漸于陵, 婦三歲不孕, 終莫之勝, 吉.

'능陵'은 높은 언덕이다. 기러기가 멈추는 곳에서 가장 높은 것이니, 군주의 지위를 상징한다. 존귀한 지위를 얻었지만, 점차적으로 진입하는 때에 그 도를 행하는 것은 또한 급격하게 할 수 있는 일이 아니다. 육이효와 함께 올바른 호응관계를 이루고, 중정中正의 덕이 같지만 구삼효와 육사효에 가로막혀 있다. 구삼효가 육이효와 가까이 있고 구사효가 구오효와 가까이 있으니, 모두 두 사람의 교제를 가로막고 있는 자다. 즉시 합치할 수가 없으므로, 3년 동안 잉태하지 못한다.

그러나 중정의 도는 반드시 형통할 이치가 있으니, 올바르지 않은 사람들이 어떻게 가로막고 해칠 수가 있겠는가? 그러므로 끝내는 이기지 못하고, 합치하는 데에는 점차적인 순서가 있을 뿐이니, 결국에는 길함을 얻는다. 올바르지 못한 자가 중정한 자와 대적하는 것은 한때의 일이니 오래도록 이길 수 있겠는가?

陵, 高阜也. 鴻之所止, 最高處也, 象君之位. 雖得尊位, 然漸之時, 其道之行, 固亦非遽. 與二爲正應, 而中正之德同, 乃隔於三四. 三比二, 四比五, 皆隔其交者也. 未能卽合, 故三歲不孕. 然中正之道, 有必亨之理, 不正豈能隔害之? 故終莫之能勝, 但其合有漸耳, 終得其吉也. 以不正而敵中正, 一時之爲耳, 久其能勝乎?

「상전」에서 말했다. 끝내 이기지 못하여 길한 것은 바라던 바를 얻는 것이다.

象曰, 終莫之勝吉, 得所願也.

군주와 신하는 중정의 도로 서로 교제하면 그 도가 마땅히 시행될 것이니, 둘 사이를 이간질 하는 자가 있다 해도 끝내 이길 수가 있겠는가? 천천히 반드시 그 바라던 바를 얻으니, 점차적으로 길한 것이다.

君臣以中正相交, 其道當行, 雖有間其間者, 終豈能勝哉? 徐必得其所願, 乃漸之吉也.

상구효는 기러기가 허공으로 점차적으로 나아가는 것이니, 그 깃털이 모범이 될 만하여, 길하다.

上九, 鴻漸于陸, 其羽可用爲儀, 吉.

호안정胡安定(호원)은 '육陸'을 '규逵'라 했으니,[5] '규'는 구름길로서 허공의 한가운데를 말한다. 『이아爾雅』에 "사통팔달한 것을 규逵라 한다"고 했다. '규'는 모두 통하여 막히고 가리는 것이 없다는 뜻이다. 상구효가 매우 높은 지위에 있으니, 여기서 또 위로 더욱 나아가면 이것은 사회적 지위 밖으로 벗어난 것이다. 다른 때 같으면 과도한 것이지만 점차적으로 진입하는 때에는 손巽괘의 가장 극한의 위치에 있어서 반드시 그 순서가 있는 것이니, 이를 기러기가 앉는 곳을 벗어나 구름 속의 허공을 날아가는 것과 같다고 한 것이다. 인간사에서는 일상적인 일의 밖에서 초탈하게 소일하는 자다.

나아가 이러한 경지에 이르러 그 점차적인 순서를 잃지 않으니, 어질고 이치를 통달한 사람의 고원한 경지이므로, 모범이 될 만하여 길한 것이다. '깃털'은 기러기가 나는 데 사용하는 것이다. 나아가는 데에 사용하는 것이니, 상구효가 나아가는 방도를 비유한 것이다.

安定胡公以陸爲逵, 逵, 雲路也, 謂虛空之中. 爾雅, 九達謂之逵. 逵, 通達无阻蔽之義也. 上九在至高之位, 又益上進, 是出乎位之外. 在他時則爲過矣, 於漸之時, 居巽之極, 必有其序, 如鴻之離所止而飛于雲空, 在人則超逸乎常事之外者也. 進至於是, 而不失其漸, 賢達之高致也, 故可用爲儀法而吉也. 羽, 鴻之所用進也. 以其進之用, 況上九進之道也.

「상전」에서 말했다. 그 깃털이 모범이 될 만하여 길한 것은 혼란스럽게 될 수 없기 때문이다.

象曰, 其羽可用爲儀, 吉, 不可亂也.

군자가 나아가는 것은 아래에서부터 위로 올라가고, 미천함으로부터 드러나게 되어, 단 반걸음[6]에도 순서가 있지 않음이 없다. 그 순서를 잃지 않으면 길함을 얻지 않음이 없으므로, 상구효가 매우 고원한 경지에 있지만 그 길함을 잃지 않는 것이다. 모범으로 삼을 수 있다는 것은 순서가 있어서 혼란스럽게 될 수 없기 때문이다.

君子之進, 自下而上, 由微而著, 跬步造次, 莫不有序. 不失其序, 則无所不得其吉, 故九雖窮高而不失其吉. 可用爲儀法者, 以其有序而不可亂也.

1 여자가 시집가는 것만 한 것이 없다: 여자가 시집을 가는 것은 군주에게 나아가는 사대부의 모습을 상징한다. 호원은 구체적으로 여자가 시집갈 때 행하는 복잡한 형식을 설명하고, 또 이렇게 말하고 있다. "그러나 여자는 신하의 모습이니, 군주를 섬기는 도리다. 군자가 빈천한 곳에 처하여 시세를 거스르고 군주를 만나 급작스럽게 나아가기를 구해서는 안 되며, 아래 지위에 처한 자가 아첨과 말재주로 높은 지위를 희구해서도 안 되니, 궁핍하고 빈천한 데에 있는 자는 반드시 힘써 노력하고 애써 배워서, 군주의 초빙을 기다린 후에 조정에 나아갈 수 있고, 아래 지위에 있는 자는 반드시 몸을 깨끗이 하고 뜻을 올바르게 해서, 아랫사람에게 존경을 받고 윗사람에게 신임을 받은 연후에 큰 지위에 승진할 수 있다. 이는 모두 점차적인 순서를 거쳐서 이르는 것이니, 이에 길함을 얻는다然女者, 臣之象也, 事君之道也. 夫君子之人處窮賤, 不可以干時邀君, 急于求進, 處于下位者, 不可諂諛佞媚以希高位, 在于窮賤者, 必力行強學, 待君之聘召, 然後可進于朝, 居于下位者, 必潔身正志, 爲下所尊, 爲上所信任, 然後升進入大位. 皆由漸而致之, 乃獲其吉."

2 손損괘 구이효의 효사는 이러하다. "구이효는 올바름을 지키는 것이 이롭고, 함부로 나아가면 흉하니, 덜어내지 않는 것이 증진시키는 것이다九二, 利貞, 征凶, 弗損, 益之."

3 대축大畜괘의 괘사는 이러하다. "크게 축적함은 바르게 해야만 이롭고, 집에서 밥을 먹지 않으면 길하니, 큰 강을 건너는 것이 이롭다大畜, 利貞, 不家食吉, 利涉大川."

4 말이 많은 것이다: 이는 소인들이 말이 많다는 것이다. 호원은 소인들이 군자가 점차적으로 정치권에 진입하는 것을 비방하는 것이라고 푼다. "군자의 나아감은 소인들이 시기하는 것이다. 지금 초육효의 나아감은 아직 낮은 자리에 있고, 그 도가 그 시대에 신임을 얻지 못했으며, 그 덕택이 사람들에게 미치지 못했으므로, 소인들의 마음은 그것을 해치려고 한다. 그러나 결국에는 군자들을 해칠 수가 없고, 단지 비방의 말이 있을 뿐이다夫君子之進小人之所忌也. 今初六之進, 尚爲卑下, 其道未見信于時, 其德澤未及于人, 故小人之心, 皆欲起而害之. 然終不能爲君子之害, 但有誹謗之言而已."

5 '규逵'라 했으니: 호원은 '육陸'을 '규逵'라 하여 허공이라고 했으나, 정이천처럼 일상적인 일에서 벗어나 초탈하게 소일하는 사람으로 생각하지 않고, 재상의 반열에 올라 높은 공적을 쌓은 사람으로 설명한다. 이렇게 말하고 있다. "현인과 군자가 아래 지위에서 재상의 반열에까지 올라 공적이 융성하고 숭고함이 원대하여, 세상의 의표儀表가 될 만하므로, 길함을 얻는다. 왕필의 뜻에 따르면 또한 구름길로 해석하고 있으니, 나아가 고결한 곳에 처하여 직분에 얽매이지 않으며 뜻이 높고 높으며 맑고 고원하다고 했으나, 만약 높고 평평한 곳에 멈추어 있다면 어떻게 고결하고 뜻이 높으며 맑고 고원한 모습이 있을 수 있겠는가? 이것으로 미루어 보건대

기록하여 쓰는 과정에서 이 '규逵'자를 육陸으로 잘못 썼음이 분명하다賢人君子, 自下位而登公輔之列, 功業隆盛, 崇高遠大, 可以爲天下之儀表, 故獲吉也. 按輔嗣之意, 亦解爲雲路之義, 言雖進處高潔, 不累于職, 峩峩清遠, 若止在高平之陸, 安得有高潔峩峩清遠之象哉? 以此推之, 是傳録之際, 誤書此逵爲陸字也, 明矣."

6 반걸음: '규보跬步'를 해석한 말이다. "그래서 반걸음을 쌓지 않으면 천 리 길도 이르지 못하고, 작은 흐름을 쌓지 않으면 강과 바다를 이루지 못한다是故不積跬步, 無以致千里, 不積小流, 無以成江海(『대대예기大戴禮記』「권학勸學」)."

54. 시집가는 여자: 귀매歸妹괘䷵

뇌택귀매雷澤歸妹라고 한다. 괘의 모습이 진震☳괘가 위에 있고 태兌☱괘가 아래에 있기 때문이다.

귀매歸妹괘에 대해서 「서괘전」은 다음과 같이 설명한다. "점차적인 진입이란 나아감이니 나아가면 반드시 돌아오는 곳이 있으므로 돌아가는 것을 상징하는 귀매괘로 받았다." 나아가면 반드시 이르는 곳이 있으므로, 점차적인 진입에는 돌아간다는 뜻이 있다. 그래서 귀매괘가 점漸괘를 이었다. 귀매란 여자가 시집가는 것이다. '매妹'란 소녀를 칭한다. 괘의 모습은 성인 남자와 움직임을 상징하는 진震괘가 위에 있고 소녀와 기쁨을 상징하는 태兌괘가 아래에 있으니, 소녀가 성인남자를 따르는 모습이다. 남자가 움직이고 여자는 기뻐하며 또 기뻐하면서 움직이니, 모두 남자가 여자를 기뻐하고 여자가 남자를 따르는 뜻이다.

괘에는 남자와 여자가 짝을 이루어 합치하는 뜻이 있는 것이 네 가지가 있다. 함咸괘·항恒괘·점漸괘·귀매歸妹괘가 그러하다. 함괘는 남자와 여자가 서로 감응하는 것이다. 남자가 자신을 낮추어 여자에게로 가고 두 기운이 자극하고 반응하며 합당한 위치에서 멈추어 기뻐하니, 남자와 여자의 정분情分이 서로 감응하는 모습이다. 항괘란 오래 지속하는 항상성을 상징한다. 남자가 위에 있고 여자는 아래에 있어 겸손하게 순종하여 움직인다. 음양이 모두 서로 감응하니, 이것은 남자와 여자가 집에 있어 남편이 먼저 부르면 부인이 그에 따라 화답하는 상도常道다. 점괘는 여자가 시집가는 데에 그 정도正道를 얻은 것이다. 남자가 자신을 낮추어 여자에게로 가서 각각 그 올바른 위치를 얻고 합당한 위치에 멈춰서 안정되며 겸손하고 순종한다. 그 나아가는 데에 점차적인 순서가 있으니, 남자와 여자가 짝을 이루어 합치해서 그 도를 얻는 것이다.

귀매괘는 여자가 시집가는 것으로 돌아가는 것이다. 남자가 위에 있고 여자가 아래에 있어, 여자가 남자를 따르고 소녀를 기뻐하는 뜻이 있다. 기뻐하면서 움직이는 것이니, 기쁨으로써 움직이면 그 올바름을 얻지 못한다. 그러므로 그 지위가 모두 합당하지 않다. 초구효와 상육효는 음양의 지위에 합당하지만, 양이 아래에 있고 음이 위에 있어서 또한 합당하지 않은 위치이니, 점괘와는 서로 반대가 된다. 함괘와 항괘는 부부의 도이고 점괘와 귀매괘는 여자가 시집가는 뜻이다. 함괘와 귀매괘는 남자와 여자의 정情이다. 함괘는 합당한 위치에 그쳐서 기뻐하고 귀매괘는 기뻐하는 데에서 움직이니, 모두 기뻐하는 것으로 이루어진 것이다. 항괘와 점괘는 부부의 뜻이다. 항괘는 겸손하면서 움직이고, 점괘는 합당한 위치에 그쳐서 겸손하니, 모두 겸손하고 순종함으로써 이루어진 것이다. 남녀의 도와 부부의 뜻이 여기에 갖추어져 있다.

귀매괘는 괘의 모습이 태兌괘가 상징하는 연못 위에 진震괘가 상징하는 우레가 있는 것이다. 우레가 진동하여 연못이 동요하는 모습은 우레의 진동에 연못이 움직여서 복종하는 모습을 상징한다. 복종하여 따라 움직이는 것은 물만 한 것이 없다. 남자가 위에서 움직이고 여자가 그에 복종하여 따르니, 시집가서 남자를 따르는 모습이다. 진괘는 성인 남자를 상징하고, 태괘는 소녀를 상징한다. 소녀가 성인 남자를 따르는 것은 기뻐하면서 움직이는 것이니, 마음이 움직여 서로 기뻐하는 것이다. 사람이 기뻐하는 것은 소녀이므로 '매妹'라고 했으니, 여자가 시집가는 모습이다. 또 성인 남자가 소녀를 기뻐하는 뜻이 있으므로, 여자가 시집가는 일이다.

歸妹, 序卦, "漸者進也, 進必有所歸, 故受之以歸妹." 進則必有所至, 故漸有歸義. 歸妹所以繼漸也. 歸妹者, 女之歸也. 妹, 少女之稱. 爲卦, 震上兌下, 以少女從長男也. 男動而女說, 又以說而動, 皆男說女女從男之義. 卦有男女配合之義者四. 咸恒漸歸妹也. 咸, 男女之相感也, 男下女, 二氣感應, 止而說, 男女之情相感之象. 恒, 常也. 男上女下, 巽順而動, 陰陽皆相應, 是男女居室夫婦唱隨之常道. 漸, 女歸之得其正也. 男下女而各得正位, 止靜而巽順, 其進有漸, 男女配合得其道也. 歸妹, 女之嫁, 歸也. 男上女下, 女從男也, 而有說少之義. 以說而動, 動以說則不得其正矣, 故位皆不當. 初與上雖當陰陽之位, 而陽在下, 陰在上, 亦不當位也, 與漸正相對. 咸恒, 夫婦之道, 漸歸妹, 女歸之義. 咸與歸妹, 男女之情也, 咸止而說, 歸妹動於說, 皆以說也. 恒與漸, 夫婦之義也, 恒巽而動, 漸止而巽, 皆以巽順也. 男女之道, 夫婦之義, 備於是矣. 歸妹爲卦, 澤上有雷. 雷震而澤動, 從之象也. 物之隨動, 莫如水. 男動於上而女從之, 嫁歸從男之象. 震長男, 兌少女. 少女從長男, 以說而動, 動而相說也. 人之所說者少女, 故云妹爲女歸之象. 又有長男說少女之義, 故爲歸妹也.

여자가 시집을 함부로 가면 흉하니, 이로운 바가 없다.

歸妹, 征凶, 无攸利.

여자가 먼저 기뻐해서 남자가 움직이면 움직이더라도 합당하지 않으므로, 흉하다.[1] 합당하지 않다는 것은 위치가 합당하지 않은 것이다. "함부로 가면 흉하다"는 것은 움직이면 흉한 것이다. 이 괘와 같은 뜻은 단지 여자가 시집가는 일에서만이 아니라 어떤 일을 진행해가더라도 이로운 바가 없다.

以說而動, 動而不當, 故凶. 不當, 位不當也. 征凶, 動則凶也. 如卦之義, 不獨女歸, 无所往而利也.

「단전」에서 말했다. 여자가 시집가는 일이란 천지의 가장 위대한 뜻이다.

彖曰, 歸妹, 天地之大義也.

한 번 음陰하고 한 번 양陽하는 것을 도道라고 한다. 음과 양이 서로 교제하고 남자와 여자가 짝을 이루어 합치하는 것이 하늘과 땅의 통상적인 이치다. 귀매歸妹란 여자가 남자에게 시집가는 것이므로, 천지의 가장 위대한 뜻이라고 했다. 남자가 여자 위에 있고 음이 양을 따라서 움직이므로, 여자가 시집가는 모습이다.

一陰一陽之謂道. 陰陽交感, 男女配合, 天地之常理也. 歸妹, 女歸於男也, 故云天地之大義也. 男在女上, 陰從陽動, 故爲女歸之象.

하늘과 땅이 교제하지 않으면 어떤 것도 일어나지 않으니, 시집가는 일은 인간사의 시작과 끝이다.

天地不交而萬物不興, 歸妹, 人之終始也.

하늘과 땅이 교제하지 않으면 만물이 어디로부터 생겨나겠는가? 여자가 남자에게 시집가는 것이 바로 낳고 낳아 계속해서 대를 잇는 방도다. 남자와 여자가 교제한 후에 생겨나 자라는 것이 있으니, 생겨나 자란 후에야 그 끝이 무궁한 것이다. 앞선 것에 끝이 있고 뒤선 것에 다시 시작이 있어서 서로 잇는 것이 끝이 없으니, 이것이 인간사의 시작과 끝이다.

天地不交則萬物何從而生? 女之歸男, 乃生生相續之道. 男女交而後有生息, 有生息而後其終不窮. 前者有終, 而後者有始, 相續不窮, 是人之終始也.

기뻐해서 움직여 시집가는 것이 소녀이니, 가면 흉한 것은 지위가 합당하지 않기 때문이다.

說以動, 所歸妹也, 征凶, 位不當也.

이 괘를 이루는 두 괘의 형체로 귀매괘의 뜻을 해석했다. 남자와 여자가 서로 감응하여 기뻐하면서 움직이는 것은 소녀의 일이므로, 기뻐하여 움직이니, 시집가는 것이 소녀다. 함부로 가면 흉한 것은 여러 효가 모두 합당한 지위가 아니기 때문이다. 처신하는 바가 모두 올바르지 않으면, 어떻게 행동한들 흉하지 않겠는가? 대부분 기뻐하면서 움직인다면, 어찌 정도를 잃지 않는 자가 있겠는가?

以二體釋歸妹之義. 男女相感, 說而動者, 少女之事, 故以說而動, 所歸者妹也. 所以征則凶者, 以諸爻皆不當位也. 所處皆不正, 何動而不凶? 大率以說而動, 安有不失正者?

이로울 바가 없는 것은 유함이 강함을 탔기 때문이다.

无攸利, 柔乘剛也.

단지 지위가 합당하지 않을 뿐만 아니라, 또 강함을 탄 과도함이 있다. 육삼효와 육오효는 모두 강한 양효를 탔다. 남자와 여자에게는 존귀하고 낮은 순서가 있고, 남편과 부인에게는 먼저 부르고 그에 따라 화답하는 예의가 있으니, 이것이 오래 지속될 수 있는 통상적인 이치다. 예를 들어 항恒괘가 그러하다. 만일 통상적이고 올바른 도리를 따르지 않고 사사로운 감정을 따르고 욕심을 극대화하여 오직 기뻐하면서 움직인다면, 남편과 부인 사이의 질서가 혼란해져서 남자는 욕심에 이끌려 그 강함을 잃고, 부인은 기쁨에 빠져 이치에 순종하는 것을 잊는다. 예를 들어 귀매괘에서 강함을 탄 것이 그러하다. 그래서 흉하니, 어떤 일을 진행해가든 이롭지 않다.

음과 양이 짝을 이루어 합치하고 남자와 여자가 교제하여 합치하는 것이 이치의 상도다. 그러나 욕심을 따라서 방종한 데로 흘러 마땅한 의리를 따르지 않으면, 과도하고 거짓된 데에 이르지 않음이 없어서 몸을 상하고 덕을 해치니, 어찌 사람의 도리이겠는가? 귀매괘가 그래서 흉한 것이다.

不唯位不當也, 又有乘剛之過. 三五皆乘剛. 男女有尊卑之序, 夫婦有唱隨之禮, 此常理也. 如恒是也. 苟不由常正之道, 徇情肆欲, 唯說是動, 則夫婦瀆亂, 男牽欲而失其剛, 婦狃說而忘其順. 如歸妹之乘剛是也. 所以凶, 无所往而利也. 夫陰陽之配合, 男女之交媾, 理之常也. 然從欲而流放, 不由義理, 則淫邪無所不至, 傷身敗德, 豈人理哉? 歸妹之所以凶也.

「상전」에서 말했다. 연못 위에 우레가 있는 것이 귀매괘의 모습이니, 군자는 이것을 본받아 끝을 오래 지속시키되, 모두 훼손될 수 있는 폐단이 있음을 안다.

象曰, 澤上有雷歸妹, 君子以永終知敝.

우레가 위에서 진동하니 연못이 그에 따라서 동요하고, 양이 위에서 움직여 음이 그에 기뻐하면서 따르니, 여자가 남자를 따르는 모습이므로, 시집가는 여자다. 군자는 남자와 여자가 짝을 이루어 합치해서 자식을 낳고 자라게 하여 계속해서 이어나가는 모습을 관찰하여, 그 끝을 영속시키되, 모두 훼손될 수 있는 폐단이 있다는 점을 안다. "끝을 오래 지속시킨다"는 것은 낳고 자라게 해서 후손을 잇게 한다는 말이니, 전해지는 것을 오래도록 지속시키는 것이다. "모두 훼손될 수 있는 폐단이 있음을 안다"는 것은 사물에는 파괴되어 없어지는 점이 있음을 아는 것을 말하니, 계속 이어나갈 수 있는 방도를 만드는 것이다. 여자가 시집가면 자식을 낳아 자라게 하므로 "끝을 오래 지속시킨다"는 뜻이 있고, 또 부부의 도는 오래도록 지속시켜서 끝이 있어야 하니, 반드시 사물이 파괴되어 없어지는 이치가 있음을 알아서 경계하여 신중해야 한다. 파괴되어 없어지는 것은 분리되어 틈이 벌어지는 것을 말한다.

시집가는 일은 기뻐하면서 움직이는 것이니, 항괘가 겸손하면서 움직이는 것이나, 점괘가 합당한 지위에 그쳐서 겸손한 것과는 다르다. 소녀의 기쁨은 정情이 감응하여 동요한 것이다. 기쁨에 동요하면 올바름을 잃으니, 이는 부부의 관계가 올바르게 오래도록 지속할 수 있는 도리가 아니라서, 오래 지속하면 반드시 분리되어 틈이 벌어진다. 그러니 반드시 그 틈이 벌어질 것임을 알면, 당연히 끝을 오래도록 유지시킬 수 있는 방도를 사려해야만 한다. 세상에서 반목하는 자들은 모두 끝을 오래 유지할 수 없는 자다. 단지 부부의 도만 그러한 것이 아니니, 세상의 모든 일에는 끝이 있고 틈이 벌어지지 않는 것이 없지만, 계속 이어지며 오래 지속할 수 있는 방도가 없지는 않다. 귀매괘를 관찰하면, 마땅히 끝을 오래 지속시킬 수 있는 경계를 생각해야 한다.

雷震於上, 澤隨而動, 陽動於上, 陰說而從, 女從男之象也, 故爲歸妹. 君子觀男女配合, 生息相續之象, 而以永其終, 知有敝也. 永終, 謂生息嗣續, 永久其傳也. 知敝, 謂知物有敝壞, 而爲相繼之道也. 女歸則有生息, 故有永終之義. 又夫婦之道, 當常永有終, 必知其有敝壞之理而戒愼之. 敝壞謂離隙. 歸妹, 說以動者也, 異乎恒之巽而動, 漸之止而巽也. 少女之說, 情之感動, 動則失正, 非夫婦正而可常之道, 久必敝壞. 知其必敝, 則當思永其終也. 天下之反目者, 皆不能永終者也. 不獨夫婦之道, 天下之事, 莫不有終有敝, 莫不有可繼可久之道. 觀歸妹, 則當思永終之戒也.

초구효는 시집가는 일에 첩으로 보내는 것이다. 절름발이가 걸어가는 것이지만, 가면 길하다.

初九, 歸妹以娣, 跛能履, 征吉.

여자가 시집가는 데 있어 아래 지위에 자리하고 올바른 호응관계가 없는 것이 잉첩媵妾[2]의 모습이다. 강양한 자질은 부인의 측면에서는 어질고 정숙한 덕이 되어, 낮은 위치에 처하여 순종하는 것을 의미하니, 잉첩의 어질고 올바른 덕을 말한다. 기뻐하면서 아래 위치에 자리한 것은 순종하는 뜻이다. 잉첩의 낮은 신분으로 어질고 현명하더라도, 무엇을 할 수 있겠는가? 자신의 몸을 아름답게 하여 그 본처〔嫡妻〕를 도울 수 있을 뿐이다.[3] 마치 절름발이가 걸어가는 것과 같으니, 멀리까지 영향력을 미칠 수 없음을 말한다. 그러나 그 본분의 영역에서 보면 최선이 되므로 이렇게 행하면 길하다.

女之歸, 居下而无正應, 娣之象也. 剛陽在婦人爲賢貞之德, 而處卑順, 娣之賢正者也. 處說居下爲順義. 娣之卑下, 雖賢, 何所能爲? 不過自善其身, 以承助其君而已. 如跛之能履, 言不能及遠也. 然在其分爲善, 故以是而行則吉也.

「상전」에서 말했다. 시집가는 일에 첩으로 보내는 것은 오래 지속시키려는 것이고, 절름발이가 걸어가는 것이지만 길한 것은 서로 계승하기 때문이다.

象曰, 歸妹以娣, 以恒也, 跛能履吉, 相承也.

소녀를 시집보내는 것의 의미는 기뻐하면서 움직이는 것이니, 부부가 오래도록 지속할 수 있는 방도는 아니다. 초구효는 강양한 자질이라서 어질고 정숙한 덕이 있으니, 비록 잉첩의 미천한 지위이지만 오래도록 떳떳한 도리를 지속시키는 자다. 아래 위치에 있으면서 할 수 있는 것이 없어서 절름발이가 걸어가는 것과 같지만 가면 길한 것은 서로 계승하여 도와주기 때문이다. 그 주인을 도울 수 있는 것이 바로 잉첩의 길함이다.

歸妹之義, 以說而動, 非夫婦能常之道. 九乃剛陽, 有賢貞之德, 雖娣之微, 乃能以常者也. 雖在下, 不能有所爲, 如跛者之能履, 然征而吉者, 以其能相承助也. 能助其君, 娣之吉也.

구이효는 애꾸눈이 보는 것이니, 그윽한 은둔자의 올바름이 이롭다.

九二, 眇能視, 利幽人之貞.

구이효는 양강한 자질로 중도를 얻었으니, 현명하고 올바른 여자다. 그러나 위로 올바른 호응관계가 있지만 그(육오효)는 도리어 음유한 자질이라서 기쁨에 동요하는 자다. 그래서 여자는 현명한데 그 배필은 어질지 못하므로, 구이효가 현명하더라도 스스로 수행하여 내조의 공을 이룰 수가 없고 다만 자기의 몸을 아름답게 해서 조금 베풀 수 있다. 마치 애꾸눈이 보는 것과 같을 뿐이니, 먼 곳에까지 영향을 미칠 수 없음을 말한다.

남자와 여자의 교제는 마땅히 올바른 예禮로써 해야 한다. 육오효가 올바르지 않지만, 구이효가 그윽한 안정과 굳센 올바름을 지키니, 그래서 이로운 것이다. 구이효는 강하고 올바른 덕이 있으니, 그윽한 안정을 이룬 사람이다.[4] 구이효의 자질이 이와 같지만 "올바름이 이롭다"고 한 것은 이와 같은 올바름이 마땅하다는 것을 말한 것이지, 그의 자질이 부족해서 경계한 것은 아니다.

九二陽剛而得中, 女之賢正者也. 上有正應, 而反陰柔之質, 動於說者也. 乃女賢而配不良, 故二雖賢, 不能自遂以成其內助之功, 適可以善其身而小施之. 如眇者之能視而已, 言不能及遠也. 男女之際, 當以正禮. 五雖不正, 二自守其幽靜貞正, 乃所利也. 二有剛正之德, 幽靜之人也. 二之才如是, 而言利貞者, 利, 言宜於如是之貞, 非不足而爲之戒也.

「상전」에서 말했다. 그윽한 안정을 이룬 사람의 올바름이 이로운 것은 상도에서 변치 않기 때문이다.

象曰, 利幽人之貞, 未變常也.

그윽한 안정과 올바름을 지키니, 부부의 떳떳하고 올바른 도를 잃지 않는다. 세상 사람들은 친밀한 것을 오래 지속할 수 있는 관계라고 생각하므로 올바르고 냉정한 태도를 상도가 변한 것이라고 생각하지만, 이는 관계를 오래도록 지속하는 도리를 알지 못하는 것이다.

守其幽貞, 未失夫婦常正之道也. 世人以媟狎爲常, 故以貞靜爲變常, 不知乃常久之道也.

육삼효는 시집가는 일을 기다리는 것이니, 잉첩으로 다시 시집보

낸다.

六三, 歸妹以須, 反歸以娣.

육삼효는 아래 괘의 위에 자리하여 본래 천한 사람이 아니지만, 덕을 잃고 올바른 호응관계가 없으므로, 시집가려고 해도 가지 못하는 것이다. '수須'는 기다린다는 뜻이다. 기다리는 것은 시집갈 적당한 곳이 아직 없는 것이다. 음효인 육六이 삼三의 자리에 있어, 합당하지 않은 지위이니 덕이 올바르지 않다. 유柔한 자질로 강剛한 자리를 바라니, 행실이 이치를 따르지 않는 것이다. 기쁨의 주인이 되어, 기뻐하면서 시집가기를 구하니, 움직임이 예에 맞지 않는다. 위로 호응하는 사람이 없으니 받아주는 자가 없다. 적절하게 갈 곳이 없으므로 기다린다. 여자의 처신이 이와 같다면 누가 그를 취하겠는가? 남자의 짝이 될 수가 없다. 마땅히 다시 돌아와 잉첩이 되기를 구하면 좋을 것이니, 올바르지 않아서 그 합당한 위치를 잃었기 때문이다.

三居下之上, 本非賤者, 以失德而无正應, 故爲欲有歸而未得其歸. 須, 待也. 待者, 未有所適也. 六居三, 不當位, 德不正也. 柔而尙剛, 行不順也. 爲說之主, 以說求歸, 動非禮也. 上无應, 无受之者也. 无所適故須也. 女子之處如是, 人誰取之? 不可以爲人配矣. 當反歸而求爲娣媵則可也, 以不正而失其所也.

「상전」에서 말했다. 시집가는 일을 기다리는 것은 합당하지 못하기 때문이다.

象曰, 歸妹以須, 未當也.

합당하지 못한 것은 그 처신과 그 덕과 시집가기를 구하는 방도가 모두 합당하지 않은 것이다. 그러므로 그를 취하는 사람이 없으니, 기다리는 것이다.

未當者, 其處其德其求歸之道皆不當, 故无取之者, 所以須也.

구사효는 시집가는 데에 혼기가 지난 것이니, 지체하여 시집을 가는 것은 때가 있기 때문이다.

九四, 歸妹愆期, 遲歸有時.

구사효는 양효로서 사四의 위치에 자리했으니 사四는 상체에 속해서, 지위가 높다. 양강한 자질은 여자에게서 올바른 덕으로 현명한 자다. 그러나 올바른 호응관계가 없어서 시집을 가지 못하는 것이다. 시집갈 때가 지났는데 가지 못했으므로, 혼기가 지났다고 했다. 여자가 고귀한 지위에 자리하여 현명한 자질을 가지고 있으면, 인지상정으로 누구나 그와 혼인하기를 바란다. 그러므로 혼기가 지난 것은 바로 때가 있기 때문이다. 이것은 스스로 기다리는 것이지 팔리지 않는 것은 아니라서, 아름다운 짝을 얻기를 기다린 후에 시집가려는 것이다.

양효인 구九가 사四의 지위에 자리한 것은 합당한 위치는 아니지만, 유순하게 처신하는 것이 부인의 도다. 호응하는 사람이 없기 때문에 혼기가 지났다는 뜻이 있지만, 성인이 이치를 미루어서, 여자가 현명한데도 혼기가 지난 것은 때를 기다리기 때문이라고 한 것이다.

九以陽居四, 四上體, 地之高也. 陽剛在女子爲正德, 賢明者也. 无正應, 未得其歸也. 過時未歸, 故云愆期. 女子居貴高之地, 有賢明之資, 人情所願娶. 故其愆期乃爲有時, 蓋自有待, 非不售也, 待得佳配而後行也. 九居四, 雖不當位, 而處柔乃婦人之道. 以无應故爲愆期之義, 而聖人 推理, 以女賢而愆期, 蓋有待也.

「상전」에서 말했다. 혼기를 놓친 사람의 뜻은 때를 기다렸다가 시집가려는 것이다.

象曰, 愆期之志, 有待而行也.

혼기가 지난 이유는 자신이 선택한 것이지 다른 이유 때문이 아니다. 현명한 여자는 사람들이 그와 혼인하기를 바라는데, 혼기가 지난 이유는 그의 뜻이 때를 기다리고자 하여 아름다운 짝을 얻기를 기다린 후에 시집가려는 것이다.

所以愆期者, 由己而不由彼. 賢女, 人所願娶, 所以愆期, 乃其志欲有所待, 待得佳配而後行也.

육오효는 제을이 소녀를 시집보내는 것이니, 본처의 소매가 잉첩의 소매의 아름다움보다 못하니, 달이 거의 차면 길하다.

六五, 帝乙歸妹, 其君之袂, 不如其娣之袂良, 月幾望吉.

육오효는 존귀한 지위에 자리했으니, 소녀 가운데 가장 존귀하고 높은 자다. 아래로 구이효와 호응하고 있으니, 아래로 시집가는 모습이다. 왕의 딸이 시집가는 일은 옛날부터 있었다. 그러나 제을帝乙[5]에 이른 뒤에 혼인의 예를 바로잡고 남녀의 본분을 분명하게 밝혀서, 매우 존귀한 여자일지라도 유순하고 공손한 도를 잃어 존귀하고 교만한 뜻이 있지 않도록 했다. 그러므로 『역』 가운데에서 음陰이 존귀하면서 겸손하게 자신을 낮추는 것은 "제을이 소녀를 시집보낸다"라고 했으니, 태泰괘의 육오효가 그러하다.

존귀한 여자가 시집가는 것은 오직 겸손하게 자신을 낮추어 예를 따르는 것이니, 그것이 바로 존귀하고 고상한 덕이다. 그래서 용모를 꾸며서 남을 기쁘게 하려고 하지 않는다. 잉첩은 용모를 꾸미려고 하는 자다. 옷의 소매란 모습을 꾸미는 것이다. 육오효는 존귀한 여자로 예를 존중하고 꾸밈을 숭상하지 않으므로 그 소매가 잉첩의 소매의 아름다움에 미치지 못한 것이다. '양良'은 아름다움이다. 보름달은 음이 가득 찬 것이니, 가득 차면 양을 대적한다. "거의 찼다"는 말은 아직 완전하게 가득 차지 않은 것이다. 존귀하고 고상한 육오효는 항상 완전하게 가득 차는 지경에까지 이르지 않으면 그 남편에게 대항하지 않으니, 그것이 바로 길함이다. 이것이 여자가 존귀한 지위에 처하는 도리다.

六五居尊位, 妹之貴高者也. 下應於二, 爲下嫁之象. 王姬下嫁, 自古而然. 至帝乙而後正婚姻之禮, 明男女之分, 雖至貴之女, 不得失柔巽之道, 有貴驕之志. 故易中陰尊而謙降者, 則曰帝乙歸妹, 泰六五是也. 貴女之歸, 唯謙降以從禮, 乃尊高之德也. 不事容飾以說於人也. 娣媵者, 以容飾爲事者也. 衣袂所以爲容飾也. 六五尊貴之女, 尙禮而不尙飾, 故其袂不及其娣之袂良也. 良, 美好也. 月望, 陰之盈也, 盈則敵陽矣. 幾望, 未至於盈也. 五之貴高, 常不至於盈極, 則不亢其夫, 乃爲吉也. 女之處尊貴之道也.

「상전」에서 말했다. 제을이 소녀를 시집보내는 것이니, 본처의 소매가 잉첩의 소매의 아름다움만 못한 것은 그 지위가 중中에 있어서 존귀한 도리로 행한 것이다.

象曰, 帝乙歸妹, 不如其娣之袂良也, 其位在中, 以貴行也.

제을이 소녀를 시집보내는 도리로 말했다. 그 소매가 잉첩의 소매의 아름다움보다 못한 것은 예를 소중하게 생각하고 꾸밈을 중시하지 않는 것이다. 육오효는 유중柔中한 덕으로 존귀하고 높은 지위에 있어서, 존귀한 지위로 중도를 행한다. 유순하면서 자신을 굽혀 예를 소중하게 생각하고 꾸밈을 중시하지 않는 것이 바로 중도다.

以帝乙歸妹之道言. 其袂不如其娣之袂良, 尙禮而不尙飾也. 五以柔中, 在尊高之位, 以尊貴而行中道也. 柔順降屈, 尙禮而不尙飾, 乃中道也.

상육효는 여자가 광주리를 받드나 담긴 것이 없고, 남자가 양을 베지만 피가 없으니, 이로운 바가 없다.

上六, 女承筐无實, 士刲羊无血, 无攸利.

상육효는 여자가 시집가는 것의 끝인데 호응하는 사람이 없으니, 여자가 시집가는 데에 끝맺음이 없는 자다. 부인은 선조를 계승하여 제사를 받드는 사람이다. 제사를 받들 수 없으면 부인이 될 수가 없다. 광주리에 가득 찬 음식은 부인의 직분에서 제공하는 것이다. 옛날에 집에서의 도마와 김치 따위를 후부인后夫人이 담당했다. 그래서 제후의 제사에서 직접 희생물을 칼로 베었고 경대부도 모두 그렇게 했는데, 칼로 베어 피를 취해 제사를 올렸다. 『예』에서 "희생물의 피로 제사하는 것은 기운을 왕성하게 바치는 것이다"[6]라고 했다.

여자는 광주리의 일을 담당해야 하는데 광주리를 채운 음식이 없으니, 채운 음식이 없으면 제사를 할 수 없으므로, 제사를 받들지 못하는 것을 말한다. 부부가 함께 종묘의 제사를 받드니, 부인이 제사를 봉양하지 못하면 이는 바로 남편이 제사를 받들지 못하는 것이므로, 양을 칼로 베지만 피가 없어 또한 제사할 수 없는 것이니, 제사를 받들 수 없는 것을 말한다. 부인이 제사를 봉양하지 못하면 마땅히 헤어져 끊어야 한다. 이것은 부부 사이에 결실이 없는 것이니, 어디를 간들 이롭겠는가?

上六, 女歸之終而无應, 女歸之无終者也. 婦者, 所以承先祖, 奉祭祀. 不能奉祭祀, 則不可以爲婦矣. 筐篚之實, 婦職所供也. 古者房中之俎葅歜之類, 后夫人職之. 諸侯之祭, 親割牲, 卿大夫皆然, 割取血以祭. 禮云血祭, 盛氣也. 女當承事筐篚而无實, 无實則无以祭, 謂不能奉祭祀也. 夫婦共承宗廟, 婦不能奉祭祀, 乃夫不能承祭祀也, 故刲羊而无血, 亦无以祭也, 謂不可以承祭祀也. 婦不能奉祭祀, 則當離絕矣. 是夫婦之无終者也, 何所往利哉?

「상전」에서 말했다. 광주리를 채운 음식이 없는 것은 빈 광주리

를 받든 것이다.

象曰, 上六无實, 承虛筐也.

광주리에 음식이 없으니, 빈 광주리다. 빈 광주리로 제사할 수 있겠는가? 제사를 받들 수 없음을 말한 것이다. 여자가 제사를 받들 수 없다면 헤어지고 끊어야 할 뿐이니, 이것은 여자가 시집을 가서 끝맺음이 없는 것이다.

筐无實, 是空筐也. 空筐可以祭乎? 言不可以奉祭祀也. 女不可以承祭祀, 則離絕而已, 是女歸之无終者也.

---

1 흉하다: 호원은 귀매괘를 한 사람의 아내를 맞고 아홉 사람의 첩을 들이는 제도〔一娶九女〕를 가지고 설명한다. 시집가는 여자란 큰언니를 따라가는 여동생들이라는 것이다. 그래서 흉한 이유를 이렇게 설명하고 있다. "질녀와 여동생들이 남자를 따라가지만 위로 언니라는 올바른 배필이 있으니 마땅히 물러나 본분을 지켜야 한다. 그 지위가 아닌데도 함부로 나아가면 언니의 권리를 침해하는 것이고 언니의 총애를 빼앗는 것이니, 아랫사람으로서 윗사람을 능욕하고 낮은 사람이 존귀한 사람을 침해하는 것이며, 서자로서 적자를 혼란시키는 것이다. 이는 흉한 도이고, 반드시 이로운 바가 없다姪娣, 雖從于人, 然上有女兄爲之正配, 當退守其分, 苟非其位而有征進, 則是侵女兄之權, 奪女兄之寵, 欲以下而陵于上, 以卑而侵于尊, 以庶而亂于嫡. 是凶之道, 必无所利也." 그러나 정이천은 일반적으로 시집가는 여자를 통칭하여 설명하고 있다. 흉한 이유는 합당하지 않은 방식으로 움직이기 때문이다. 시집가는 여자란 군주에게 등용되어 자신의 도를 행하려고 하는 사대부를 상징한다.

2 잉첩媵妾: 고대에 귀인에게 시집가는 여자에게 딸려 보내는 시종 여자를 말한다. 질녀나 여동생으로 충당했다.

3 도울 수 있을 뿐이다: 호원은 이렇게 설명한다. "여동생이 언니를 따라 남자에게 시집가서 스스로 낮은 지위에 자처할 수 있어서, 자신을 낮추고 순종하는 도리를 다하여, 그 윗사람을 이어 동생의 도리를 얻는다姪娣, 從于女兄, 以適于人, 而能自處卑下, 盡其卑順之道, 以承其上而得姪娣之道."

4 그윽한 안정을 이룬 사람이다: 정이천은 이履괘 구이효에서 유인幽人을 "마음이 그윽하게 안정되어 이욕을 추구하지 않는 사람幽靜安恬之人"으로 해석하고 있다. 호원은 다음과 같이 설명하고 있다. "구이효는 올바른 위치에 있지 않지만 위로 육

오효의 호응이 있다. 위로 그 호응 상대가 있지만 여동생이라서 그 지위의 본분을 넘어 위로 나아갈 수가 없으니, 만약 망령되이 위로 나아가려고 한다면 언니의 권리를 빼앗는 것이다. 그러므로 마땅히 물러나 자신에게 합당한 지위의 본분에 처하여 그윽한 안정의 도리를 지켜서 변하지 말아야 한다九二, 雖履非其正, 然上有六五之應. 雖上有其應而, 爲姪娣者, 不可越其位分而上進, 如其妄求上進, 則奪女兄之權. 故當退處其位分, 守其幽靜之道而不變."

5 제을帝乙은 상商 왕조 30대 왕으로, 성은 자子이고 이름은 이羡다. 상왕인 문정文丁, 즉 태정太丁의 아들이다. 문정이 죽은 후 왕위를 계승했다. 인물사전 참조.

6 『예기』「교특생郊特牲」.

55. 번영, 풍요: 풍豐괘䷶

뇌화풍雷火豐이라고 한다. 괘의 모습이 진震☳괘가 위에 있고 이離☲괘가 아래에 있기 때문이다.

풍豐괘에 대해서 「서괘전」은 다음과 같이 설명한다. "돌아가야 할 곳을 얻은 자는 반드시 성대해지므로, 풍요를 상징하는 풍괘로 받았다." 사물들이 돌아가야 할 곳에 돌아가 모이면 반드시 그 성대함을 이루므로, 귀매歸妹괘의 뒤에 풍괘로 받았다. '풍豐'이란 성대하다는 뜻이다. 괘의 모습은 진震괘가 위에 있고 이離괘 아래에 있다. 진괘란 움직임을 상징하고, 이괘는 밝음을 상징한다. 그래서 밝은 지혜로써 움직이고, 움직이되 현명할 수 있는 것은 모두 풍요에 이르는 도다. 밝음이 세상을 충분히 비출 수 있고, 움직임이 충분히 형통할 수 있는 뒤에야 성대한 풍요를 이룬다.

豐, 序卦, "得其所歸者必大, 故受之以豐." 物所歸聚, 必成其大, 故歸妹之後, 受之以豐也. 豐, 盛大之義. 爲卦, 震上離下. 震, 動也. 離, 明也. 以明而動, 動而能明, 皆致豐之道, 明足以照, 動足以亨, 然後能致豐大也.

풍요는 형통하다. 왕만이 이에 이르니, 근심이 없으려면, 마땅히 해가 중천에 뜬 듯이 해야 한다.

豐, 亨. 王假之, 勿憂, 宜日中.

풍요는 성대함이니, 그 뜻이 본래 형통하다. 세상의 광명정대함을 극대화하는 것은 오직 왕만이 이에 이를 수 있다. '격假'은 이른다는 뜻이다.[1] 천자의 지위가 존귀하고, 세상이 부유하고, 군중이 많고, 왕도가 큰 것이니, 풍요의 도를 극대화하는 일은 오직 왕만이 가능하다! 풍성한 때에 백성들이 많고, 사물들이 크게 번성하니, 어찌 모두에게 두루두루 풍성하게 다스리기가 쉽겠는가? 우려할 만하다. 마땅히 해가 중천에 뜨듯이 공명정대하고 넓게 비추어, 미치지 않는 곳이 없게 한 뒤에야 근심이 없다.

豐爲盛大, 其義自亨. 極天下之光大者, 唯王者能至之. 假, 至也. 天位之尊, 四海之富, 群生之衆, 王道之大, 極豐之道, 其唯王者乎! 豐之時, 人民之繁庶, 事物之殷盛, 治之豈易周? 爲可憂慮. 宜如日中之盛明廣照, 无所不及, 然後无憂也.

「단전」에서 말했다. 풍요함은 성대함이니, 밝은 빛으로 움직이므로 풍요하다.

彖曰, 豐, 大也, 明以動故豐.

풍요는 성대하다는 뜻이다. 밝은 지혜를 가지고 우레가 진동하듯이 움직이니, 밝은 빛과 움직임을 서로 바탕으로 해서 성대함을 이룬다.

豐者盛大之義. 離明而震動, 明動相資而成豐大也.

왕만이 이를 수 있는 것은 큰 것을 숭상하는 것이다.

王假之, 尙大也.

왕은 넓은 세상과 수많은 백성을 가지고 있으니, 세상의 성대함을 극대화하므로 풍요와 성대함의 도는 오직 왕만이 이룰 수 있다. 소유한 바가 크면 보존하고 다스리는 도 역시 마땅히 커야만 하므로, 왕이 숭상하는 것은 지극한 공명정대함이다.

王者有四海之廣, 兆民之衆, 極天下之大也, 故豐大之道, 唯王者能致之. 所有旣大, 其保之治之之道亦當大也, 故王者之所尙至大也.

근심이 없으려면 마땅히 해가 중천에 뜬 듯이 해야 하는 것은 마땅하게 세상을 비추는 것이다.

勿憂宜日中, 宜照天下也.

소유하고 있는 것이 넓고 다스리는 것이 많으면 마땅히 두루 공평하게 미칠 수 없음을 우려해야 한다. 마치 중천에 뜬 해의 성대한 밝은 빛처럼, 세상을 두루 공평하게 비추어 이르지 않는 곳이 없는 듯이 한다면 근심이 없을 수 있다. 이와 같이 한 뒤에야 그 풍요의 성대함을 보존할 수가 있다. 그 풍요의 성대함을 보존하는 것이 어찌 작은 재능과 작은 지혜로 가능할 수 있겠는가?

所有旣廣, 所治旣衆, 當憂慮其不能周及, 宜如日中之盛明, 普照天下, 无所不至, 則可勿憂矣. 如是, 然後能保其豐大. 保有豐大, 豈小才小知之所能也?

해가 중천에 뜨면 기울고, 달이 차면 이지러지니, 하늘과 땅의 성쇠도 때에 따라 나아가고 물러나는데 하물며 사람은 어떠하겠는가? 귀신은 어떠하겠는가?

日中則昃, 月盈則食, 天地盈虛, 與時消息, 而況於人乎? 況於鬼神乎?

풍요의 성대함이 지극함에 이른 것을 말했다가 다시 그것을 오래도록 지속시키기 어렵다는 점을 말하여 경계로 삼았다. 해가 중천에 있어서 성대함이 극한에 이르면 당연히 기울고, 달이 가득 차서 보름달이 되면 이지러짐이 있다. 하늘과 땅의 성쇠도 때에 따라서 나아가고 물러나는데, 하물며 사람과 귀신은 어떠하겠는가? '영허盈虛'는 성쇠를 말하고 '소식消息'은 나아가고 물러나는 것을 말한다. 하늘과 땅의 운행도 때에 따라서 나아가고 물러난다. '귀신'은 조화의 흔적을 말하니, 만물의 성쇠에서 그 나아가고 물러나는 모습을 볼 수 있다. 성대한 풍요를 이룬 때에 이런 경계를 한 것은 중도를 지켜서 과도한 성대함에 이르지 않게 하려고 한 것이니, 풍요에 대처하는 도가 어찌 쉽겠는가?

旣言豐盛之至, 復言其難常, 以爲誡也. 日中盛極, 則當昃昳, 月旣盈滿,則有虧缺. 天地之盈虛, 尙與時消息, 況人與鬼神乎? 盈虛謂盛衰, 消息謂進退. 天地之運, 亦隨時進退也. 鬼神謂造化之迹, 於萬物盛衰, 可見其消息也. 於豐盛之時而爲此誡, 欲其守中, 不至過盛. 處豐之道, 豈易也哉?

「상전」에서 말했다. 우레와 번개가 함께 이른 것이 풍괘의 모습이니, 군자는 이것을 본받아 소송을 판결하고 형벌을 집행한다.

象曰, 雷電皆至, 豐, 君子以折獄致刑.

우레와 번개가 모두 이르는 것은 번개의 밝은 빛과 우레의 진동이 함께 이른 것이다. 두 형체가 서로 합했으므로 "함께 이른다"고 했다. 밝은 빛과 진동이 서로 바탕을 이루어서 풍요의 모습을 이루었다. 이離괘는 밝은 빛이니, 빛을 비추어 관찰하는 모습을 상징한다. 진震괘는 진동이니, 위엄을 가지고 결단하는 모습을 상징한다. 소송을 판결하는 데 있어서는 반드시 그 현실의 실정을 분명하게 비추어야만 하니 오직 명철한 지혜여야만 사람들을 믿게 할 수 있고, 형벌을 집행하는 것은 간사하고 사악한 자에게 위엄을 보이는 것이니 오직 단호한 결단이어야만 이룰 수 있다. 그러므로 군자는 우레와 번개가 빛을 발하고 진동하는 모습을 관찰하여 소송을 판결하고 형벌을 집행한다.

서합噬嗑괘에는 "선왕은 법을 신칙했다"고 했고, 풍괘에서는 "군자가 소송을 판결했다"고 했다. 명철한 지혜로 윗자리에 있으면서 위엄의 진동을 떨치는 것은 왕의 일이므로 형법을 제정한다. 명철한 지혜로 아랫자리에 있으면서 위엄의 진동을 떨치는 것은 군자가 법을 적용하는 일이므로 소송을 판결하고 형벌을 집행한다. 여旅괘에서는 현명한 지혜로 윗자리에 있어서 군자라고 했는데, 여괘는 형벌을 신중하게 적용하는 것과 소송을 보류하지 않는다는 뜻을 취했으니, 군자가 모두 당연히 그렇게 해야 하는 것이다.

雷電皆至, 明震竝行也. 二體相合, 故云皆至. 明動相資, 成豐之象. 離, 明也, 照察之象. 震, 動也, 威斷之象. 折獄者, 必照其情實, 唯明克允, 致刑者以威於姦惡, 唯斷乃成. 故君子觀雷電明動之象, 以折獄致刑也. 噬嗑言先王飭法, 豐言君子折獄. 以明在上而麗於威震, 王者之事, 故爲制刑立法. 以明在下而麗於威震, 君子之用, 故爲折獄致刑. 旅, 明在上而云君子者, 旅取愼用刑與不留獄, 君子皆當然也.

초구효는 짝이 되는 주인을 만났으되 대등한 관계지만 허물이 없으니, 그대로 가면 칭찬받을 일이 있다.

初九, 遇其配主, 雖旬无咎, 往有尙.

우레와 번개가 모두 이르는 것은 풍요를 이룬 모습이고, 밝은 빛과 진동이 서로 의지하며 바탕을 이루는 것이 풍요를 이르게 하는 방도다. 밝은 빛이 아니라면 세상을 공명정대하게 비출 수 없고 위엄의 진동이 아니라면 현실에서 시행할 수가 없으니, 서로 필요로 하는 것이 마치 형체와 그림자의 관계와 같고, 서로 의지하여 바탕을 이루는 것이 겉과 속의 관계와 같다. 초구효는 밝은 빛의 시초이고 구사효는 위엄의 진동이 시작하는 시초이니, 마땅히 서로 의지하고 바탕으로 해서 그 쓰임을 완성해야 하므로, 양효로서 대등하지만 서로 호응한다. 지위로 보면 서로 호응하는 관계이고 그 작용으로 보면 서로 의지하여 바탕으로 삼는 것이므로 초구효가 구사효를 짝이 되는 주인이라고 한 것이니, 자신이 주인과 짝하는 것이다. 짝이란 필적할 만한 상대이지만, 그를 주인으로 취했다. 하늘과 짝하듯[2] 군자와 짝한다는 것이다. 그래서 초구효는 구사효에 대해서 '배配(짝)'라고 하고, 구사효는 초구효에 대해서 '이夷(대등한 상대)'[3]라고 한 것이다.

"대등한 관계이지만 허물이 없다"에서 '순旬'은 대등하다는 말이다.[4] 세상에서 서로 호응하는 자들이 항상 대등한 관계는 아니다. 예를 들어 음이 양에 호응하고, 유함이 강함을 따르고, 아래가 위에 붙는 것과 같으니, 대등하다면 어찌 서로 복종하여 따르려고 하겠는가? 오직 풍괘의 초구효와 구사효만이 그 작용이 서로 의지하여 바탕을 삼고 그 호응관계가 서로를 완성해주므로, 균등하게 양강하지만 서로 따르더라도 허물이 없는 것이다. 밝은 빛이 아니면 위엄의 진동이 나아가 시행할 바가 없고 위엄의 진동이 아니라면 밝은 빛은 소용이 없으니, 서로 의지하여 바탕을 이루어 그 쓰임을 완성하기 때문이다.

같은 배를 타면 북쪽에 있는 오랑캐와 남쪽에 있는 월나라가 한마음이 되고, 난리를 함께하면 원수가 협력하게 되는 것은 상황의 형세가 그렇게 만드는 것이다. 그대로 가서 서로 따르면 풍요를 완성할 수 있으므로 칭찬받을 일이 있다고 했으니, 가히 가상한 일이 있다. 다른 괘에서 이 두 대등한 관계는 서로 자신을 낮추지 못하고 떨어져 틈이 있게 된다.

雷電皆至, 成豐之象, 明動相資, 致豐之道. 非明无以照, 非動无以行, 相須猶形影, 相資猶表裏. 初九明之初, 九四動之初, 宜相須以成其用, 故雖旬而相應. 位則相應, 用則相資, 故初謂四爲配主, 已所配也. 配雖匹稱, 然就之者也. 如配天以配君子. 故初於四云配, 四於初云夷也. 雖旬无咎, 旬, 均也. 天下之相應者, 常非均敵. 如陰之應陽, 柔之從剛, 下之附上, 敵則安肯相從? 唯豐之初四, 其用則相資, 其應則相成, 故雖均是陽剛, 相從而无過咎也. 蓋非明則動无所之, 非動則明无所用, 相資而成用. 同舟則胡越一心, 共難則仇怨協力, 事勢使然也. 往而相從, 則能成其豐, 故云有尙, 有可嘉尙也. 在他卦, 則不相下而離隙矣.

「상전」에서 말했다. 대등한 관계이지만 허물이 없으니, 대등함이 과도하면 재앙이 있을 것이다.

象曰, 雖旬无咎, 過旬災也.

성인은 때에 따라 마땅하게 대처하고, 상황에 따라 이치를 따른다. 형세가 대등하면 서로를 낮추려 하지 않는 것이 일상적인 이치다. 그러나 대등한 관계이지만 서로 의지하여 바탕을 이루는 것은 서로 구하려는 것이니, 초구효와 구사효가 그러하다. 그래서 대등하더라도 허물이 없다. 타인과 협력하는데 힘이 대등한 경우에는 자신을 낮추어 서로 구하고, 힘을 합쳐서 일을 처리해야 한다. 만약 자신을 우선시하는 사사로운 이득을 마음에 품고 타인을 이용하려는 뜻이 있다면 환난이 이르게 되므로, 대등함이 과도하면 재앙이 있다고 했다. 대등한 관계인데 자신의 이득을 먼저 내세우면 이는 대등함이 과도한 것이다. 한편에서 이기려고 한다면, 협동할 수 없다.

聖人因時而處宜, 隨事而順理. 夫勢均則不相下者, 常理也. 然有雖敵而相資者, 則相求也, 初四是也. 所以雖旬而无咎也. 與人同而力均者, 在乎降己以相求, 協力以從事. 若懷先己之私, 有加上之意, 則患當至矣, 故曰過旬災也. 均而先己, 是過旬也. 一求勝, 則不能同矣.

육이효는 덮개를 풍성하게 했다. 해가 중천에 떴는데도 북두성을 본다. 가면 의심과 질시를 얻으리니, 믿음을 가지고 감동시키면 길하다.

六二, 豐其蔀. 日中見斗. 往得疑疾, 有孚發若, 吉.

밝은 빛과 진동이 서로 의지하고 바탕으로 삼아서, 풍요를 이룰 수 있다. 육이효는 밝은 빛의 주체이고 또 중정中正을 얻었으니, 현명한 지혜를 가진 자라고 할 만하다. 그러나 육오효가 올바른 호응관계의 자리에 있고 음유한 자질로 올바르지 못하니, 움직여 나아갈 수 있는 자가 아니다. 육이효와 육오효는 모두 음陰한 자질이지만, 밝은 빛과 진동이 서로 의지하고 바탕으로 삼는 때이고, 서로 호응하는 위치에 자리하며, 육오효의 재능이 부족하다. 호응하는 사람의 재능이 의지하여 바탕으로 삼기에 부족하다면, 홀로 밝은 빛을 가지고 있더라도 풍요를 이룰 수가 없다. 그래서 풍요를 이룰 수 없다면 그 밝은 빛이 이룰 수 있는 공은 상실되므로, "덮개를 풍성하게 했다"[5]고 했다.

"해가 중천에 떴는데도 북두성을 본다"라고 했다. 육이효는 매우 현명한 재능을 가졌지만 호응하는 사람이 함께하기에는 부족하여 풍요를 이룰 수가 없어서, 그 현명한 재능이 이룰 수 있는 공을 상실했다. 현명한 재능이 이룰 수 있는 공이 없다면 어두워 깜깜해지기 때문에, "북두성을 본다"고 했다. '북두성'이란 어두울 때 드러나는 것이다. '덮개'는 완전히 가린다는 뜻이니, 엄폐하는 것을 사용하여 밝은 빛을 덮어 가려서 어둡게 하는 것이다. '북두성'은 음에 속하며 사계절을 운행하고 조절하는 것[6]이니, 육오효가 음유한 자질로서 군주의 지위를 담당하는 것을 상징한다. 해가 중천에 떠서 가장 밝은 때에 북두성을 본다는 것은 풍요하고 성대한 때에 유약한 군주를 만난 것과 같다. 북두성은 어두울 때 나타나니, 북두성을 본다고 말했다면 밝은 빛이 없어져 어둡다는 말이다.

육이효가 지극히 현명하고 중정의 재능을 가지고 있더라도, 만난 사람이 유약하고 어리석고 올바르지 못한 군주라면 그러한 군주가 자신을 낮추고 겸손하게 자신에게 와서 도움을 구할 수가 없다. 그런데 만약 이런 군주에게 가서 함께 정치를 하기를 구한다면 오히려 의심과 질투를 받게 될 것이니, 어리석은 군주가 이와 같을 뿐이다. 그러나 어떻게 해야 옳을 것인가? 군자가 윗사람을 섬기는 데에 군주의 마음을 얻지 못하면, 스스로 지극한 진실과 정성으로 군주의 뜻과 의도를 감동시킬 수 있을 뿐이다. 정성스럽고 진실한 의도로 감동시킬 수 있다면 어리석은 군주일지라도 깨우칠 수 있고 유약한 군주일지라도 보좌할 수 있으며 올바르지 못한 군주라도 올바르게 할 수 있다. 옛사람들이 용렬한 군주와 보통의 군주를 섬기면서도 그 도를 세상에 시행할 수 있었던 것은 자신의 정성스럽고 진실한 의도가 위로 통하여, 군주로부터 신임을 돈독하게 얻은 것일 뿐이다. 관중[7]이 환공[8]을 재상으로서 도운 것과 제갈공명[9]이 후주後主

유선[10]을 보필한 경우가 그러하다. 만약 진실과 믿음으로 군주의 뜻과 의도를 감동시킬 수 있다면 자신의 도를 세상에 시행할 수 있을 것이니, 그래서 길한 것이다.

明動相資, 乃能成豐. 二爲明之主, 又得中正, 可謂明者也, 而五在正應之地, 陰柔不正, 非能動者. 二五雖皆陰, 而在明動相資之時, 居相應之地, 五才不足. 旣其應之才不足資, 則獨明不能成豐. 旣不能成豐, 則喪其明功, 故爲豐其蔀. 日中見斗, 二, 至明之才, 以所應不足與而不能成其豐, 喪其明功, 无明功則爲昏暗, 故云見斗. 斗, 昏見者也. 蔀, 周匝之義, 用障蔽之物掩晦於明者也. 斗屬陰而主運, 平象. 五以陰柔而當君位, 日中盛明之時, 乃見斗, 猶豐大之時, 乃遇柔弱之主. 斗以昏見, 言見斗, 則是明喪而暗矣. 二雖至明中正之才, 所遇乃柔暗不正之君, 旣不能下求於己. 若往求之, 則反得疑猜忌疾, 暗主如是也. 然則如之何而可? 夫君子之事上也, 不得其心, 則盡其至誠, 以感發其志意而已. 苟誠意能動, 則雖昏夢可開也, 雖柔弱可輔也, 雖不正可正也. 古人之事庸君常主, 而克行其道者, 己之誠意上達, 而君見信之篤耳. 管仲之相桓公, 孔明之輔後主是也. 若能以誠信發其志意, 則得行其道, 乃爲吉也.

「상전」에서 말했다. 믿음을 가지고 감동시키는 것은 신뢰로써 뜻을 감동시키는 것이다.

象曰, 有孚發若, 信以發志也.

"믿음을 가지고 감동시킨다"는 것은 자신의 정성과 신뢰로 군주의 마음과 뜻을 감동시키는 것이다. 감동시킬 수 있다면 그 길함을 알 수 있으니, 유약하고 어리석은 군주일지라도 감동시킬 방도는 있다.

有孚發若, 謂以己之孚信, 感發上之心志也. 苟能發, 則其吉可知, 雖柔暗, 有可發之道也.

구삼효는 휘장을 풍요하게 했다. 해가 중천에 떴는데도 작은 별을 보고, 오른쪽 팔이 부러졌으니, 탓할 곳이 없다.

九三, 豐其沛, 日中見沫, 折其右肱, 无咎.

'패沛'라는 글자는 고본古本에 '패旆'라는 자로 쓰였다. 왕필은 '휘장'이라고 했으니, 이것이 '패旆'다. '휘장'은 안에서 둘러싸 가리는 것이다. 휘장을 풍요하게 하면 그 어둠이 '덮개'로 가린 것보다 더 심할 것이다. 구삼효는 밝은 빛을 상징하는 이離괘의 형체에 자리하여 현명한 사람인데, 도리어 구사효보다 어두운 것은 호응하는 사람이 음암陰暗[11]하기 때문이다. 구삼효는 밝은 빛을 상징하는 이離괘의 형체에서 가장 윗자리에 있고 양강한 자질로 올바름을 얻었으니, 본래 현명하게 세상을 비출 수 있는 자다. 그러나 풍요의 도는 반드시 밝은 현명함과 진동의 위엄이 서로 의지하고 바탕으로 삼아서 이루어진다. 그런데 구삼효가 상육효와 호응하니, 상육효는 음유한 자질이고 또 정치적 지위가 없으면서 진동의 끝에 있어서, 끝났다면 멈추어서 진동할 수 있는 자가 아니다. 다른 괘에서는 끝에 이르면 극한이 되지만, 진동은 끝에 이르면 그친다. 구삼효는 위로 호응하는 사람이 없으면, 풍요를 이룰 수가 없다.

'매沫'는 별이 희미하고 작아서 이름과 별자리가 없는 작은 별이다. 작은 별을 본다는 것은 매우 어두운 것이다. 풍요의 때에 상육효라는 윗사람을 만났으니, 해가 중천에 떴는데도 작은 별을 보는 것이다. '오른쪽 팔'은 사람이 사용하는 것인데, 이것이 부러졌다면 할 수 있는 것이 없음을 알 수 있다. 어질고 지혜로운 재능으로 현명한 군주를 만났다면 세상에서 도를 실현할 만한 일을 도모할 수 있다. 그러나 위로 의지할 수 있는 군주가 없다면 일을 도모할 수 없으니, 마치 사람의 오른쪽 팔이 부러진 것과 같다. 사람의 행위에서 잘못된 점이 있으면 그 잘못의 책임을 돌리려고 "이러한 이유 때문에 이렇게 되었다"라고 한다. 만일 움직이려고 하지만 오른쪽 팔이 없고 일을 도모하려는데 의지할 만한 윗사람이 없다면, 어떻게 할 수가 없을 따름이니, 다시 무슨 말을 하겠는가? 잘못의 책임을 돌려 탓할 곳이 없다.

沛字, 古本有作旆字者. 王弼以爲幡幔, 則是旆也. 幡幔, 圍蔽於內者. 豐其沛, 其暗更甚於蔀也. 三, 明體, 而反暗於四者, 所應陰暗故也. 三居明體之上, 陽剛得正, 本能明者也. 豐之道, 必明動相資而成. 三應於上, 上陰柔, 又无位而處震之終, 既終則止矣, 不能動者也. 他卦至終則極,震至終則止矣. 三无上之應, 則不能成豐. 沬, 星之微小无名數者. 見沬, 暗之甚也. 豐之時而遇上六, 日中而見沬者也. 右肱, 人之所用, 乃折矣, 其无能爲可知. 賢智之才, 遇明君則能有爲於天下. 上无可賴之主, 則不能有爲, 如人之折其右肱也. 人之爲有所失, 則有所歸咎, 曰由是故致是. 若欲動而無右肱, 欲爲而上无所賴, 則不能而已, 更復何言? 无所歸咎也.

「상전」에서 말했다. 휘장을 풍요하게 한 것은 큰일을 할 수 없는

것이고, 오른쪽 팔이 부러진 것은 끝내 쓸 수 없는 것이다.

象曰, 豐其沛, 不可大事也, 折其右肱, 終不可用也.

구삼효는 상육효와 호응했으나 상육효는 음유한 자질로 지위가 없다.[12] 음유한 자질이고 정치적 세력도 없으며 끝자리에 처했으니, 함께 큰일을 해결할 수 있겠는가? 의지할 만한 곳이 없으니, 오른쪽 팔이 부러진 것과 같아서 끝내 쓸 수 없는 것이다.

三應於上, 上應而无位, 陰柔无勢力, 而處旣終, 其可共濟大事乎? 旣无所賴, 如右肱之折, 終不可用矣.

구사효는 덮개를 풍요하게 했다. 해가 중천에 떴는데도 북두성을 보니, 대등한 상대를 만나면 길하다.

九四, 豐其蔀, 日中見斗, 遇其夷主, 吉.

구사효가 양강한 자질로 진동의 주체가 되고 또 대신의 지위를 얻었으나, 중정을 이루지 못했고 음암하고 유약한 군주를 만났으니, 어떻게 풍요의 성대함을 이룰 수 있겠는가? 그러므로 "덮개를 풍요하게 했다"고 했다. '덮개'란 두루 덮어 가리는 것이다. 두루 덮으면 클 수가 없고, 가려서 엄폐하면 빛을 밝게 비추지 못한다. "해가 중천에 떴는데도 북두성을 본다"고 했으니, 성대하게 밝은 때에 도리어 어두운 것이다. '이주夷主'는 대등한 상대이니, 서로 호응했으므로 상대라고 했다. 초구효와 구사효는 모두 양효이고 시초에 자리하고 있으니 이것은 그 덕이 같은 것이고, 또 서로 호응하는 위치에 자리하므로 대등한 상대가 된다. 대신의 지위에 자리하여 아래에 있는 현자를 얻어서 덕을 함께하여 서로 보좌하면, 그 도움이 어찌 작겠는가? 그러므로 길하다.

어떤 사람은 이렇게 묻는다. "구사효와 같은 사람의 재능으로 아랫자리에 있는 현자를 얻어서 도움을 받는다면, 풍요의 성대함을 이룰 수 있겠는가?" 이렇게 답하겠다. 아랫자리에 있는 자는 합당한 지위에 있는 윗사람이 그를 위해 함께 연대하고 윗자리에 있는 자는 현명한 재능을 가진 아랫사람이 그를 위해서 도와준다면, 어찌 유익하지 않겠는가? 그러므로 길하다. 그러나 세상의 풍요를 이루는 것은 군주가 있은 뒤에야 가능한 것이다. 육오효는 음유한 자질로 존귀한 지위에 자리하고 진震괘가 상징하는 진동하는 형체라서, 마음을 비우고 겸손하게 이치에 따라 현자에게 자신을 낮추는 모습이 없으니, 아래에 현자가 많더라도 또한 무엇을 할 수 있겠는가? 군주가 양강한 자질과 중정의 덕을 가지지 않으면 세상의 풍요를 이룰 수 없다.

四雖陽剛, 爲動之主, 又得大臣之位, 然以不中正, 遇陰暗柔弱之主, 豈能致豐大也? 故爲豐其蔀. 蔀, 周圍掩蔽之物. 周圍則不大, 掩蔽則不明. 日中見斗, 當盛明之時, 反昏暗也. 夷主, 其等夷也, 相應故謂之主. 初四皆陽而居初, 是其德同, 又居相應之地, 故爲夷主. 居大臣之位, 而得在下之賢, 同德相輔, 其助豈小也哉? 故吉也. 如四之才, 得在下之賢爲之助, 則能致豐大乎? 曰, 在下者上有當位爲之與, 在上者下有賢才爲之助, 豈无益乎? 故吉也. 然而致天下之豐, 有君而後能也. 五陰柔居尊, 而震體, 无虛中巽順下賢之象, 下雖多賢, 亦將何爲? 蓋非陽剛中正, 不能致天下之豐也.

「상전」에서 말했다. 덮개를 풍요하게 한 것은 지위가 합당하지 않기 때문이다.

象曰, 豐其蔀, 位不當也.

지위가 합당하지 않은 것은 중정을 이루지 못하면서 높은 지위에 자리한 것이니, 그래서 어두워 풍요를 이룰 수가 없다.

位不當, 謂以不中正居高位, 所以闇而不能致豐.

해가 중천에 떴는데도 북두성을 본 것은 어두워 빛을 비출 수 없기 때문이다.

日中見斗, 幽不明也.

어두워서 빛을 비출 수 없다는 말이니, 군주는 음유하고 신하는 중정을 이루지 못했기 때문이다.

謂幽暗不能光明, 君陰柔而臣不中正故也.

대등한 상대를 만난 것은 길한 곳으로 나아가는 것이다.

遇其夷主, 吉行也.

양강한 자질의 사람이 서로 만나는 것은 길한 곳으로 가는 것이다. 자신을 낮추어 초구효에게 나아가기 때문에 나아간다고 말했으니, 자신을 낮추어서 도움을 구하면 길하다.

陽剛相遇, 吉之行也. 下就於初, 故云行, 下求則爲吉也.

육오효는 아름다움을 오게 하면 경사와 영예가 있어 길하다.

六五, 來章有慶譽, 吉.

육오효는 음유한 자질로 풍요의 주인이 되니, 분명히 그 풍요의 성대함을 이룰 수 없다. 그러나 아랫자리의 아름다운 재능을 가진 사람을 오게 하여 등용할 수 있다면 복과 경사가 있고 아름다운 영예를 얻을 것이니, 길하다고 했다. 육이효는 문명하고 중정을 이루고 있으니, 아름다운 재능이다. '오五'라는 군주의 지위를 얻은 자가 진실로 그를 정치적 지위에 있게 하여 모든 일을 위임할 수 있으면, 풍요의 성대함이라는 경사스런 일과 영예로운 아름다움을 이르게 할 수 있으므로 길하다.

아름다운 재능을 가진 사람이란 육이효를 중심으로 말한 것이다. 그러나 초구효와 구삼효, 구사효 모두 양강한 자질이니, 육오효가 이 현자들을 등용할 수 있다면 같은 부류의 현자들이 무리지어 올 것이다. 육이효는 음효이지만 문명하고 중정의 덕이 있으니, 아래 지위에 있는 위대한 현자다. 육오효와 육이효는 음과 양의 올바른 호응관계는 아니지만 밝은 빛과 진동이 서로 의지하고 바탕을 이루는 때에 서로 쓰임이 되는 뜻이 있다. 육오효가 아름다운 능력을 가진 사람을 오게 하면 경사와 영예가 있어 길하다. 그러나 육오효는 마음을 비우고 현자에게 자신을 낮추려는 뜻이 없으니, 성인이 이러한 의미를 가정하여 가르침으로 삼았을 뿐이다.

五以陰柔之才, 爲豐之主, 固不能成其豐大. 若能來致在下章美之才而用之, 則有福慶, 復得美譽, 所謂吉也. 六二, 文明中正, 章美之才也. 爲五者, 誠能致之在位而委任之, 可以致豐大之慶 名譽之美, 故吉也. 章美之才, 主二而言. 然初與三四, 皆陽剛之才, 五能用賢, 則彙征矣. 二雖陰, 有文明中正之德, 大賢之在下者也. 五與二雖非陰陽正應, 在明動相資之時, 有相爲用之義. 五若能來章, 則有慶譽而吉也. 然六五无虛己下賢之義, 聖人設此義以爲教耳.

「상전」에서 말했다. 육오효의 길함에는 경사가 있다.

象曰, 六五之吉, 有慶也.

길하다고 한 것은 경사와 복이 세상에까지 미칠 수 있는 것이다. 군주가 나약하고 어리석더라도 현자의 재능을 등용할 수 있다면 세상의 복을 이룰 수 있으니, 오직 그렇게 할 수 없음을 근심할 뿐이다.

其所謂吉者, 可以有慶福及于天下也. 人君雖柔暗, 若能用賢才, 則可以爲天下之福, 唯患不能耳.

상육효는 집을 풍요하게 하고 그 집을 덮개로 덮어놓은 것이다. 그 문을 엿보니 고요하고 사람이 없어서, 3년이 지나도록 만나지 못하니 흉하다.

上六, 豐其屋, 蔀其家, 闚其戶, 闃其无人, 三歲不覿, 凶.

상육효는 음유한 자질로 풍요의 극한에 자리하고 진동의 끝에 처했으니, 자만과 위선과 조급함과 동요가 매우 심하다. 성대한 풍요의 때에 처하면 마땅히 겸손하고 자신을 낮추어야 하는데, 매우 높은 곳에 자리했다. 성대한 풍요의 공에 이르는 것은 강건한 자질에 달려 있는데, 체질이 음유하다. 성대한 풍요를 이르게 하는 소임을 담당하는 것은 때를 얻는 데 달려 있는데, 합당한 지위가 아니다. 상육효와 같은 자는 합당한 것이 하나도 없는 자리에 처했으니, 그 흉함을 알 수 있다.

"집을 풍요하게 했다"는 것은 너무도 높은 곳에 자리한 것이다. "그 집을 덮개로 덮어놓았다"는 것은 밝지 못한 곳에 자리한 것이다. 음유한 자질로 성대한 풍요에 자리하면서 지위가 없는 곳에 있으니 이것이 바로 오만함이며 어리석음이라서, 스스로 타인과의 관계를 단절하니, 어느 누가 그와 함께하려고 하겠는가? 그러므로 "그 문을 엿보니, 고요하고 사람이 없다." 3년이란 오랜 세월이 지나도록 변할 줄을 모르니, 그 흉함은 당연하다. "만나지 못한다"는 것은 여전히 사람을 보지 못한다는 것을 말하니, 변화하지 않았기 때문이다. 상육효는 괘의 끝에 자리하여, 변화하는 뜻이 있는데도 마음을 바꾸어 실천할 수가 없으니, 이것이 그 나약한 자질이 그렇게 할 수 없는 것이다.

六以陰柔之質, 而居豐之極, 處動之終, 其滿假躁動甚矣. 處豐大之時, 宜乎謙屈, 而處極高. 致豐大之功, 在乎剛健, 而體陰柔. 當豐大之任, 在乎得時, 而不當位. 如上六者, 處无一當, 其凶可知. 豐其屋, 處太高也. 蔀其家, 居不明也. 以陰柔居豐大, 而在无位之地, 乃高亢昏暗, 自絕於人, 人誰與之? 故闚其戶, 闃其无人也. 至於三歲之久而不知變, 其凶宜矣. 不覿, 謂尙不見人, 蓋不變也. 六居卦終, 有變之義, 而不能遷, 是其才不能也.

「상전」에서 말했다. 집을 풍요하게 한 것은 하늘 끝까지 올랐다는 것이고, 그 문을 엿보니 고요하고 사람이 없는 것은 스스로 감추는 것이다.

象曰, 豐其屋, 天際翔也, 闚其戶闃其无人, 自藏也.

음효인 육六이 성대한 풍요의 극한에 자리하여, 가장 높은 곳에 있으면서 마치 하늘 끝까지 날아오른 듯이 자만하니, 그 오만과 과장이 심한 것을 말한다. 문을 엿보니 사람이 없다는 것은 성대한 풍요의 극한에 자리했지만 실제로는 정치적 지위가 없으니, 그의 어리석음과 자만과 오만 때문에 사람들이 모두 버리고 절교해서 스스로 감추고 피하여 더불어 사람들과 친밀하게 교제하지 못한 것이다.

六處豐大之極, 在上而自高, 若飛翔於天際, 謂其高大之甚. 闚其戶而无人者, 雖居豐大之極, 而實无位之地, 人以其昏暗自高大, 故皆棄絕之, 自藏避而弗與親也.

---

1 '격假'은 이른다는 뜻이다: 췌괘와 환괘에는 '왕격유묘王假有廟'라는 표현이 나온다. 모두 "왕이 종묘를 세우는 것에 이른다"고 풀었으니 이때 '격假'은 이른다는 뜻이다. 정이천은 형통할 수 있는 도인 광명정대함에 이른다는 뜻으로 해석한다. 그러나 호원은 '격'을 '가假'로 보고, '빌린다'는 뜻으로 푼다. 형벌제도나 상벌제도, 예악과 교화 등 지위와 세력을 빌린다는 말이다. 호원은 이렇게 설명한다. "성인의 덕에 인의仁義의 도를 가지고 있을지라도 때를 얻지 못하고 지위를 얻지 못했다면, 천하의 세력을 일으킬 수 없고 천하의 자본에 자리할 수가 없다. 이러하니, 인의의 도가 있더라도 어떻게 행할 것인가! 그러므로 성인이 반드시 빌린다. 이것은 풍성

할 때에 명령을 시행하면 백성들이 쉽게 따르고, 상벌을 행사하면 백성들이 쉽게 복종하니, 예악을 만들고 교화를 시행하면 천하에 크게 시행될 수 있다凡有聖人之德, 有仁義之道, 苟不得其時, 不得其位, 則无興天下之勢, 无居天下之資. 是則雖有仁義之道, 安能有所爲哉! 故聖人必假. 此豐盛之時, 發號施令, 則民易以從, 行賞用罰, 則民易以服, 以至制禮作樂, 施發教化, 可以大行于天下也."

2 하늘에 짝하듯: '배천配天'을 말한다. "고명함이 하늘과 짝한다高明配天(『중용』)."

3 구사효의 효사는 이러하다. "구사효는 덮개를 풍요하게 했다. 해가 중천에 떴는데도 북두성을 보니, 대등한 상대를 만나면 길하다九四, 豐其蔀, 日中見斗, 遇其夷主, 吉."

4 '순旬'은 대등하다는 말이니: 초구효와 구사효가 서로 양이기 때문에 대등하다. 그러나 호원은 순을 10으로 풀어서 가득 찼다는 의미로 이해한다. 즉 풍요의 세상이 가득 찼다는 말이다. "순은 10일이니 수에서 가득 찬 것이다旬者, 十日也, 謂數之盈滿也."

5 덮개를 풍성하게 했다: 육오효는 어리석고 덕이 부족한 군주다. 그래서 육이효의 밝은 덕이 육오효에 의해 가려지는 것을 상징한다. 태양이 가려져서 대낮에도 어두워지고 별이 보이는 것과 같다. 덮개를 풍성하게 했다는 것은 밝은 빛이 가려진다는 말이다.

6 운행하고 조절하는 것: 운평運平이란 운행을 조절하는 것을 말한다. "지금 폐하께서 『상서』를 가지신 것은 하늘에 북두가 있는 것과 같으니 (…) 북두가 원기를 장악하여 사계절을 운행 조절하는 것과 같습니다今陛下之有尙書, 猶天之有北斗也 (…) 斗斟酌元氣, 運平四時(『후한서』「이고전李固傳」)." 중국판본은 "斗屬陰而主運, 平象. 五以陰柔而當君位"라고 읽지만 『주역대전』 구결은 "斗屬陰而主運平, 象五以陰柔而當君位"라고 읽는다. 『주역대전』 구결을 따랐다. 평平을 호乎라고 읽는 판본도 있다.

7 관중은 춘추시대 제나라의 유명한 정치가, 군사가로서, 제 환공을 보좌하여 춘추 시기 첫 번째 패주가 되도록 했다. 인물사전 참조.

8 제 환공은 춘추시대 제나라 군주로 희공僖公의 셋째 아들이고 양공襄公의 동생이다. 재위 시기에 관중을 등용하여 개혁했다. 인물사전 참조.

9 제갈공명은 인물사전 공명 항목 참조.

10 유선은 촉한蜀漢의 제2대이자 마지막 황제다. 인물사전 참조.

11 음암陰暗: 어리석고 어둡다는 뜻이다. 「범례」 4번 재와 덕 항목 참조.

12 음유한 자질로 지위가 없어서: 중국판본은 "上陰而无位, 陰柔无勢力"로 되어 있지만 『주역대전』 구결은 "上應而无位, 陰柔无勢力"로 되어 있다. 맥락상 중국판본이 옳게 여겨져 중국판본을 따랐다.

56. 유랑하는 나그네: 여旅괘䷷

화산려火山旅라고 한다. 괘의 모습이 이離☲괘가 위에 있고 간艮☶괘가 아래에 있기 때문이다.

여旅괘에 대해서 「서괘전」은 다음과 같이 설명한다. "풍요는 성대함이니, 그 성대함이 궁극에 이른 것은 반드시 그 자리를 잃게 되므로 유랑을 상징하는 여괘로 받았다." 풍요의 성대함이 궁극에 이르면 반드시 그 편안한 자리를 잃게 되니, 여괘가 풍豐괘 다음이 된다. 괘의 모습은 불을 상징하는 이離괘가 위에 있고 산을 상징하는 간艮괘가 아래에 있다. 산은 멈추어 자리를 바꾸지 않고 불은 활활 타오르면서 머물지 않아서, 서로 어긋나 떠나가서 처하지 않는 모습이므로 유랑이다. 또 밖에 붙어 있는 것도 유랑의 모습이다.

旅, 序卦, "豐大也, 窮大者必失其居, 故受之以旅." 豐盛至於窮極, 則必失其所安, 旅所以次豐也. 爲卦, 離上艮下. 山止而不遷, 火行而不居, 違去爲不處之象, 故爲旅也. 又麗乎外, 亦旅之象.

유랑은 조금 형통하고, 유랑의 도가 올바르게 행해져서 길하다.

旅, 小亨, 旅貞, 吉.

괘의 자질로 말했다. 이 괘의 자질 구조와 같으면 조금 형통할 수 있고,[1] 유랑의 올바름을 얻어서 길하다.

以卦才言也. 如卦之才, 可以小亨, 得旅之貞正而吉也.

「단전」에서 말했다. "유랑은 조금 형통하다"고 한 것은 유함이 밖에서 중中을 얻고, 강함에 순종하며, 합당한 위치에 멈추고 밝은 빛에 붙어 있기 때문이다. 그래서 "조금 형통하고, 유랑의 도가 올바르게 행해져서 길하다."

彖曰, 旅小亨, 柔得中乎外, 而順乎剛, 止而麗乎明, 是以小亨旅貞吉也.

음효인 육六이 위에서 오五의 지위에 자리한 것은 유한 자가 밖에서 중심을 얻은 것이다. 위와 아래의 강한 자에 붙어 있으니,[2] 강한 자에게 순종하는 것이다. 아래의 간艮괘는 멈춤을 상징하고 위의 이離괘는 붙어 있음을 상징하니, 자신의 합당한 자리에 멈추어서 현명한 사람에게 붙어 있는 것이다. 유순하면서 밖에서 중中을 얻고, 멈추어서 현명한 사람에게 붙어 있으니, 그래서 조금 형통하고 유랑의 올바른 도리를 얻어서 길하다. 유랑하면서 곤궁할 때 양강한 자질과 중정의 덕을 이룬 사람이 아래에서 도와주지 않는다면, 크게 형통함을 이룰 수 없다. "밖에서 중을 얻었다"에서 '중中'이란 일괄적으로 헤아릴 수 있는 것이 아니니, 유랑하는 자에게는 유랑하는 상황에서의 중도가 있는 것이다. 현명한 자에게 멈추어서 의지한다면 그 때의 마땅함을 잃지 않으니, 이렇게 한 뒤에야 유랑에 대처하는 방도를 얻는다.

六上居五, 柔得中乎外也. 麗乎上下之剛, 順乎剛也. 下艮止, 上離麗, 止而麗於明也. 柔順而得在外之中, 所止能麗於明, 是以小亨, 得旅之貞正而吉也. 旅困之時, 非陽剛中正, 有助於下, 不能致大亨也. 所謂得在外之中, 中非一揆, 旅有旅之中也. 止麗於明, 則不失時宜, 然後得處旅之道.

유랑의 때와 의리가 크구나!

旅之時義大矣哉!

세상의 모든 일은 때에 따라서 각각 그 마땅함에 부합하도록 행동해야 하지만, 유랑이라는 때는 대처하기가 어렵기 때문에 그 때와 의리가 크다고 말했다.

天下之事, 當隨時各適其宜, 而旅爲難處, 故稱其時義之大.

「상전」에서 말했다. 산 위에 불이 있는 것이 여괘의 모습이니, 군자는 이것을 본받아 형벌을 사용하는 데에 밝게 비추되 신중하게 하며, 감옥에 오래 머물게 하지 않는다.

象曰, 山上有火, 旅, 君子以明愼用刑, 而不留獄.

불이 높은 곳에 있으니, 세상 모든 곳을 비출 수 있다. 군자는 세상을 밝게 비추는 모습을 관찰하여 형벌을 사용하는 데에 분명하고 신중하게 하니, 밝게 비춘다고 자만할 수 없으므로 신중하게 하라고 경계한 것이다. 밝게 비추면서도 합당한 위치에서 멈추는 것도 신중하게 하는 모습이다.[3] 불이 불타오르면서 머물지 않는 모습을 관찰하면, 감옥에 오래 머물게 하지 않는다. 감옥이란 부득이하게 만든 것이니, 백성들이 죄가 있으면 감옥에 들어올 수밖에 없지만 어찌 그 감옥에 오래도록 머물게 할 수 있겠는가?

火之在高, 明无不照, 君子觀明照之象, 則以明愼用刑, 明不可恃, 故戒於愼. 明而止亦愼象. 觀火行不處之象, 則不留獄. 獄者不得已而設, 民有罪而入, 豈可留滯淹久也?

초육효는 유랑하는 자가 비루하고 쩨쩨한 것이니, 이 때문에 재앙을 취하게 된다.

初六, 旅瑣瑣, 斯其所取災.

음효인 육六이 음유한 자질로 유랑의 때에 있으면서 낮은 아래 지위에 처했으니, 이것은 나약한 사람이 유랑의 곤궁에 처하고 비천한 지위에 있어 마음속에 간직한 것이 추하고 낮은 것이다. 뜻이 낮은 사람은 유랑의 곤궁에 처하게 되면 비루하고 쩨쩨하게 되어 못하는 일이 없게 되니, 이것은 후회와 치욕을 부르고 재앙과 허물을 자초하게 된다. '쇄쇄瑣瑣'란 야비하고 추잡하고 쩨쩨한 모습이다. 유랑의 곤궁할 때에 처하여 자질이 이와 같으니, 위에서 도와주려는 사람이 있더라도 큰일을 할 수가 없다. 구사효는 양한 성질이면서 밝은 빛을 상징하는 이離괘의 형체에 속해서 또한 아랫사람을 취하려는 자가 아니고 또 유랑의 때에 있으니, 다른 괘에서 대신의 지위가 되는 것과는 다르다.

六以陰柔在旅之時, 處於卑下, 是柔弱之人, 處旅困而在卑賤, 所存汚下者也. 志卑之人, 旣處旅困, 鄙猥瑣細, 无所不至, 乃其所以致悔辱, 取災咎也. 瑣瑣, 猥細之狀. 當旅困之時, 才質如是, 上雖有援, 无能爲也. 四, 陽性而離體, 亦非就下者也, 又在旅, 與他卦爲大臣之位者異矣.

「상전」에서 말했다. 유랑하는 자가 비루하고 쩨쩨한 것은 뜻이 궁색하여 재앙이 있는 것이다.

象曰, 旅瑣瑣, 志窮災也.

지향하는 뜻이 궁색하고 각박하여, 스스로 재앙을 더욱더 자초한다. '재災'와 '생眚'은 상대하여 말하면 구별이 있지만, 단독으로 쓰이면 재앙을 말한다.

志意窮迫, 益自取災也. 災眚, 對言則有分, 獨言則謂災患耳.

육이효는 유랑자가 머무는 곳에 가서, 물자를 가지고 어린 종복의 믿음을 얻는다.

六二, 旅卽次, 懷其資, 得童僕貞.

육이효는 유순하고 중정을 이룬 덕이 있으니, 유순하면 사람들이 함께 협력하고 중정을 이룬 덕을 지니면 처신하는 데에 합당함을 잃지 않으므로, 그가 소유한 것을 보존할 수가 있고 어린 종복 역시 그의 충정과 신뢰를 다한다. 비록 문명文明한 덕을 지니고 위와 아래의 도움이 있는 육오효만 못하지만, 또한 유랑에 대처하기를 잘하는 자다.

'머무는 곳'은 유랑자가 편안하게 쉴 수 있는 곳이다. '물자'는 유랑자가 자본으로 삼는 것이다. '어린 종복'은 유랑자가 의지하는 사람이다. 머무는 곳을 얻어서 재물과 물자를 가지고 또 어린 종복의 믿음과 선량함을 얻으니, 유랑자의 최선이다. 유약하고 아래에 있는 자는 어린아이이고, 장성하고 밖에 있는 자는 종복이다. 육이효는 유순하면서 중정을 이룬 덕을 가지고 있으므로, 안팎으로 사람들의 마음을 얻는다. 유랑하는 처지에 있으면 친하게 관계 맺는 사람은 어린 종복이다. 길하다고 말하지 않은 것은 유랑하는 자로서 사람들에게 붙어 살 때에는 재앙과 위태로움을 면하는 것만으로도 이미 좋은 것이기 때문이다.

二有柔順中正之德, 柔順則衆與之, 中正則處不失當, 故能保其所有, 童僕亦盡其忠信. 雖不若五有文明之德, 上下之助, 亦處旅之善者也. 次舍, 旅所安也. 財貨, 旅所資也. 童僕, 旅所賴也. 得就次舍, 懷畜其資財, 又得童僕之貞良, 旅之善也. 柔弱在下者童也, 剛壯處外者僕也. 二, 柔順中正, 故得內外之心. 在旅所親比者, 童僕也. 不云吉者, 旅寓之際, 得免於災厲, 則已善矣.

「상전」에서 말했다. 어린 종복의 믿음을 얻으면 결국에는 허물이 없을 것이다.

象曰, 童僕貞, 終无尤也.

타향에서 떠도는 나그네가 의지할 수 있는 사람은 어린 종복이니, 어린 종복의 충성과 믿음을 얻어서, 결국에는 허물과 후회가 없다.

羇旅之人, 所賴者童僕也, 旣得童僕之忠貞, 終无尤悔矣.

구삼효는 나그네가 머무는 곳을 불태우고 어린 종복의 믿음을 잃었으니 위태롭다.

九三, 旅焚其次, 喪其童僕貞, 厲.

나그네로 처하는 도리는 유순하면서 겸손하게 자신을 낮추는 자세가 우선이다. 구삼효는 강하지만 중도를 이루지 못했고 또 하체의 윗자리와 간괘의 윗자리에 자리하여, 스스로 자만하는 모습이다. 방황하는 때에 과도하게 강하면서 스스로 자만하는 태도는 곤궁과 재앙을 자초하는 길이다. 자만하면 윗사람에게 순종하지 못하므로, 윗사람이 함께하지 않고 그 머무는 곳을 불태우니, 편안한 곳을 잃는다. 위의 이離괘는 불타는 모습이다. 과도하게 강하면 아랫사람에게 포악하게 대하므로 아랫사람들이 떠나고 어린 종복의 믿음을 잃는 것이니, 그 마음을 잃는 것을 말한다. 이와 같으면 위태로운 도다.

處旅之道, 以柔順謙下爲先. 三, 剛而不中, 又居下體之上, 與艮之上, 有自高之象. 在旅而過剛自高, 致困災之道也. 自高則不順於上, 故上不與而焚其次, 失所安也. 上離爲焚象. 過剛則暴下, 故下離而喪其童僕之貞信, 謂失其心也. 如此, 則危厲之道也.

「상전」에서 말했다. 나그네가 머무는 곳을 불태우니 또한 해롭고, 나그네로서 아래를 대하는 것이 이와 같으니, 의리를 잃은 것이다.

象曰, 旅焚其次, 亦以傷矣, 以旅與下, 其義喪也.

나그네가 머무는 집을 불태워 잃었으니, 또한 곤궁하고 피해를 입는 것이다. 나그네로 떠도는 때에 아랫사람과 함께하는 방도가 이와 같으니, 의리를 당연히 잃은 것이다. 나그네로 떠도는데 과도하게 강하고 오만한 태도로 아랫사람을 상대하면 반드시 그 충심과 믿음을 잃게 될 것이니, 그 마음을 잃는 것을 말한다. 나그네로 떠돌면서 어린 종복의 마음을 잃는다면 위태로울 수 있다.

旅焚失其次舍, 亦以困傷矣. 以旅之時, 而與下之道如此, 義當喪也. 在旅而以過剛自高待下, 必喪其忠貞, 謂失其心也. 在旅而失其童僕之心, 爲可危也.

구사효는 나그네가 거처하고 물자와 도끼를 얻었지만, 나의 마음은 불쾌하다.

九四, 旅于處, 得其資斧, 我心不快.

구사효는 양강한 자질로 중中의 위치에 자리하지 못했지만, 유함에 처했고 상체의 아랫자리에 있어서 유연한 태도로 자신을 낮출 수 있는 모습이 있으니, 나그네의 마땅함을 얻은 것이다. 강명한 자질로 구오효가 함께하는 자이고 초육효가 호응하는 자이니, 나그네의 최선에 있는 자다. 그러나 구사효는 올바른 지위가 아니므로, 그가 그쳐서 멈출 곳을 얻더라도 머무는 곳을 얻은 육이효만 못하다. 강명한 자질을 가지고 위와 아랫사람이 함께하니, 나그네로 떠돌면서도 재화의 물자와 쓸모 있는 기구들의 이로움을 얻었다. 그러나 나그네의 최선일지라도 위로 강양한 사람이 함께하지 못하고 오직 음유한 사람들의 호응만이 있으므로, 그 재능을 현실에서 펼치고 그 뜻을 행할 수가 없으니 그 마음이 불쾌한 것이다. '나의'라고 말한 것은 구사효에 준거하여 말한 것이다.

四, 陽剛, 雖不居中, 而處柔在上體之下, 有用柔能下之象, 得旅之宜也. 以剛明之才, 爲五所與, 爲初所應, 在旅之善者也. 然四非正位, 故雖得其處止, 不若二之就次舍也. 有剛明之才, 爲上下所與, 乃旅而得貨財之資, 器用之利也. 雖在旅爲善, 然上无剛陽之與, 下唯陰柔之應, 故不能伸其才, 行其志, 其心不快也. 云我者, 據四而言.

「상전」에서 말했다. 나그네가 거처하는 것은 지위를 얻지 못한 것이니, 물자와 도끼를 얻었으나 마음은 유쾌하지 못하다.

象曰, 旅于處, 未得位也, 得其資斧, 心未快也.

구사효는 군주와 가까이 있으므로 본래 지위를 담당한 사람이지만, 유랑의 때에 오五라는 자리는 군주의 뜻을 취하지 않으므로, 구사효는 지위를 얻지 못한 사람이 된다. 어떤 사람은 이렇게 말한다. "그렇다면 양효인 구九로 사四의 지위에 자리한 것은 올바르지 못한 것으로 허물이 있다." 이렇게 답하겠다. 강한 자질로 유한 지위에 자리하는 것이 나그네의 마땅함이다. 양효인 구가 강명한 자질로 때를 얻어 뜻을 행하고자 하기 때문에, 물자와 도끼를 얻더라도 나그네의 입장에서는 최선이 되지만, 그 마음이 유쾌하지 못한 것이다.

四以近君爲當位, 在旅, 五不取君義, 故四爲未得位也. 曰, 然則以九居四不正爲有咎矣. 曰, 以剛居柔, 旅之宜也. 九以剛明之才, 欲得時而行其志, 故雖得資斧, 於旅爲善, 其心志未快也.

육오효는 꿩을 쏘아 맞추어, 한 화살에 잡아서, 끝내 영예와 복록을 얻는다.

六五, 射雉, 一矢亡, 終以譽命.

육오효는 문명하고 유순한 덕이 있고 처신하는 데에 중도를 얻어 윗사람과 아랫사람들이 함께하니, 유랑생활을 아주 잘 대처하는 자다. 사람이 유랑생활에 처했을 때 문명한 방도에 부합할 수 있다면, 최선이라고 할 만하다. 타향을 유랑하는 나그네가 행동하여 실수라도 하면 곤궁과 치욕이 뒤따르니, 행동하여 실수가 없고 난 다음에야 최선이 된다.

이離괘는 꿩[4]을 상징하니, 문명한 것이다. 꿩을 쏘아 맞추는 것은 문명한 방도를 취하여 반드시 그것에 부합하도록 행하는 것이다. 이는 마치 꿩을 쏘아서 화살 한 발로 죽게 하는 것과 같다. 화살을 발사해서 명중하지 않음이 없으면 결국에는 영예와 천명을 이룰 수 있다. '예譽'란 아름다운 명성이다. 천명이란 복과 녹봉을 말한다. 육오효는 문명한 지위에 자리하여 문명한 덕을 지니고 있으므로, 행함이 반드시 문명한 방도에 적중할 수 있다. 오五라는 지위는 군주의 자리이지만 군주는 타향을 유랑하는 나그네가 될 수 없으니, 나그네가 되면 군주의 지위를 잃는 것이므로, 군주의 뜻을 취하지 않았다.

六五有文明柔順之德, 處得中道, 而上下與之, 處旅之至善者也. 人之處旅, 能合文明之道, 可謂善矣. 羇旅之人, 動而或失, 則困辱隨之, 動而无失, 然後爲善. 離爲雉, 文明之物. 射雉, 謂取則於文明之道而必合. 如射雉, 一矢而亡之. 發无不中, 則終能致譽命也. 譽, 令聞也. 命, 福祿也. 五居文明之位, 有文明之德, 故動必中文明之道也. 五, 君位, 人君无旅, 旅則失位, 故不取君義.

「상전」에서 말했다. 끝내 영예와 복록을 얻는 것은 위로 미치기 때문이다.

象曰, 終以譽命, 上逮也.

문명하고 유순한 덕이 있으면, 윗사람과 아랫사람들이 함께하려고 한다. '체逮'란 함께한다는 말이다. 윗사람에게 순종하여 받들 수 있어서 윗사람이 함께하니, 윗사람에게 미치는 것이다. 윗자리에 있으면서 아랫사람에게서 신임을 얻으니, 아랫사람들에게 미치는 것이다. 타향을 유랑하는 나그네 처지로 윗사람과 아랫사람이 함께하려고 하니, 그래서 아름다운 명성과 복록을 이룬다. 유랑하는 것은 곤궁하여 편안한 곳을 얻지 못하는 때다. "결국에는 영예와 복록을 이룬다"는 것은 결국에 영예와 복록에 이르게 된다는 것이다. 영예와 복록이 있다면 유랑하는 사람이 아니다. 곤궁하여 친한 사람이

적으면 유랑하는 사람이 되니, 반드시 바깥의 타향에 있는 경우에 만 해당하는 것이 아니다.

有文明柔順之德, 則上下與之. 逮, 與也. 能順承於上而上與之, 爲上所逮也. 在上而得乎下, 爲下所上逮也. 在旅而上下與之, 所以致譽命也. 旅者, 困而未得所安之時也. 終以譽命, 終當致譽命也. 已譽命, 則非旅也. 困而親寡則爲旅, 不必在外也.

상구효는 새가 둥지를 불태우는 것이니 유랑하는 사람이 먼저 웃고, 나중에는 울부짖는다. 소홀히 하여 소를 잃어버리니 흉하다.

上九, 鳥焚其巢, 旅人先笑, 後號咷, 喪牛于易, 凶.

새는 날아올라서 높은 곳에 처한다. 상구효는 강직하지만 중도를 이루지 못했으면서 가장 높은 자리에 처하고 또 이離괘가 상징하는 불의 체질에 속했으니, 그 교만함을 알 수 있으므로, 새의 모습을 취하여 상징했다. 타향을 유랑할 때에는 겸손하고 자신을 낮추고 유연하면서 조화를 이루어야 스스로를 보존할 수 있는데, 과도하게 강하게 굴면서 자만하면 자신에게 합당하고 안정된 위치를 잃게 된다. '둥지'는 새가 편안하게 머무는 곳이다. 그 둥지를 불태운다는 것은 편안한 곳을 잃어서, 자신이 멈출 수 있는 합당한 위치를 잃는 것이다.

이괘가 상징하는 불 위에 있는 것이 타는 모습이다. 양강한 자질로 지극히 높은 곳에 자처하여 처음에는 그 뜻이 유쾌하므로 먼저 웃는 것이고, 편안한 자리를 잃고 함께하는 사람도 없게 되므로 나중에 울부짖는다. 경솔하고 소홀히 해서 그 순종하는 덕을 잃으니, 그래서 흉하게 된다. '소'는 순종하는 동물이다. "소홀히 해서 소를 잃는다"는 것은 소홀히 해서 그 순종하는 마음을 잃는 것이다. 이離괘는 불을 상징하고 불의 성질은 불타올라가는 것이니, 조급하고 경솔한 모습이다. 위로 "새가 둥지를 불태운다"는 말을 이었으므로, 다시 '유랑하는 사람'이라는 글자를 덧붙였다. '유랑하는 사람'이라고 말하지 않으면 주어가 새가 되어 새가 웃고 우는 것이 되어버리기 때문이다.

鳥, 飛騰處高者也. 上九, 剛不中而處最高, 又離體, 其亢可知, 故取鳥象. 在旅之時, 謙降柔和, 乃可自保, 而過剛自高, 失其所宜安矣. 巢, 鳥所安止. 焚其巢, 失其所安, 无所止也. 在離上 爲焚象. 陽剛自處於至高, 始快其意, 故先笑, 旣而失安莫與, 故號咷. 輕易以喪其順德, 所以凶也. 牛, 順物. 喪牛于易, 謂忽易以失其順也. 離火性上, 爲躁易之象. 上承鳥焚其巢, 故更可旅人字. 不云旅人, 則是鳥笑哭也.

「상전」에서 말했다. 유랑하는 나그네로서 윗자리에 있으니 의리상 불타게 되는 것이고, 소를 소홀히 하여 잃으니 결국에는 들어도 깨닫지 못한다.

象曰, 以旅在上, 其義焚也, 喪牛于易, 終莫之聞也.

유랑하는 나그네로서 윗자리에 있으면서 존귀하고 높은 지위로 자처하니, 어찌 그 자리를 보존할 수 있겠는가? 그 의리에 마땅히 둥지를 불태우는 일이 있다. 극단적인 강함으로 자만하니, 뜻을 얻어서 웃지만, 조급하고 경솔하여 순종하는 덕을 잃은 것을 알지 못한다. 이것이 "결국에는 들어도 깨닫지 못한다"는 것이고, 끝내 스스로 들어 알지 못한다는 말이다. 만일 스스로 깨달아 알았다면 극단의 지경에 빠져 울부짖지는 않는다. 양강한 자질로 중도를 이루지 못하면서 극단적인 지경에 처했으니 실로 자만하며 버팅기고 조급하게 행동하는 모습이 있고, 불이 다시 타오르니 또 더욱더 심한 것이다.

以旅在上, 而以尊高自處, 豈能保其居? 其義當有焚巢之事. 方以極剛自高, 爲得志而笑, 不知喪其順德於躁易, 是終莫之聞, 謂終不自聞知也. 使自覺知, 則不至於極而號咷矣. 陽剛不中而處極, 固有高亢躁動之象, 而火復炎上, 則又甚焉.

1 조금 형통할 수 있고: 여괘는 고향이 아니라 타향을 방랑하며 떠도는 것이다. 공영달은 "본래의 거처를 잃고 다른 지방에 기거하는 것을 여旅라고 한다失其本居, 而寄他方, 謂之爲旅"라고 말한다. 호원은 구체적으로 설명하고 있다. "사람이 집안에 머물고 자기 나라에 머무르면 자신을 도와주는 친척과 동지들이 많으므로, 그 뜻을 크게 행하고 크게 형통할 수 있다. 지금 타국에 몸을 맡기고 있으니 자신을 도와주는 친척이 적으므로 그 도가 크게 행해질 수 없고 그 뜻이 크게 통할 수가 없다. 그러므로 조금 형통하다人自居于家居于國, 則親黨助己者, 衆, 故其道得以大行, 其志得以大通. 今居旅寄身託跡于他國, 親戚輔己者, 少, 其道不得以大行, 其志不得以大通. 故曰小亨."

2 위와 아래의 강剛한 자에 붙어 있으니: 육오효가 구사효와 상구효 사이에 매달려 있는 것을 말한다.

3 밝게 비추면서도 (…) 신중하게 하는 모습이다: 중국판본은 "故戒於愼明, 而止亦愼象"으로 읽는데, 『주역대전』 구결은 "故戒於愼. 明而止亦愼象"이라고 읽는다. 의미 맥락상 『주역대전』 구결이 옳다. 『주역대전』 구결을 따랐다.

4 꿩: 치雉는 야생 닭을 말한다. 수컷은 날개의 색이 아름답고 꼬리가 길어서 장식품으로 사용할 수 있고 암컷은 꼬리가 짧고 회갈색이다. 잘 달리지만 멀리까지 날지는 못한다. 고기 맛이 좋다고 한다.

57. 공손한 순종: 손巽괘䷸

중풍손重風巽이라고 한다. 괘의 모습이 손巽☴괘가 위에 있고 또 손☴괘가 아래에 있기 때문이다.

손巽괘에 대해서 「서괘전」은 다음과 같이 설명한다. "유랑하게 되어 받아들이는 사람이 없으므로, 손괘로 받았다. 손巽은 들어가는 뜻이다." 타향을 유랑하는 나그네가 되어 친한 사람이 없으니, 공손하여 순종하는 태도가 아니라면 어떻게 다른 사람들의 호감을 얻어 받아들여질 수 있겠는가? 만일 공손하고 순종하는 태도를 취할 수 있다면, 떠돌아 곤궁한 때일지라도 어디를 간들 수용되지 못하겠는가? 이것이 손괘가 여旅괘 다음에 오는 까닭이다. 괘의 모습은 하나의 음효가 두 양효 아래에 있어서 양효에게 공손하고 순종하는 태도를 보이는 것이니, 손괘가 된다.

巽, 序卦. "旅而无所容, 故受之以巽. 巽者, 入也." 羇旅親寡, 非巽順何所取容? 苟能巽順, 雖旅困之中, 何往而不能入? 巽所以次旅也. 爲卦, 一陰在二陽之下, 巽順於陽, 所以爲巽也.

공손함은 조금 형통할 수 있으니 나아갈 바를 두는 것이 이롭고, 대인을 만나는 것이 이롭다.

巽, 小亨, 利有攸往, 利見大人.

괘의 자질 구조 자체가 조금 형통할 수 있으니 나아갈 바를 두는 것이 이롭고, 대인을 만나는 것이 이로울 수 있다. 손괘와 태兌괘는 모두 강剛하면서 중정中正을 이루었고 공손하며 기뻐하니, 뜻이 또한 서로 유사하다. 그런데 태괘는 형통하지만 손괘는 조금 형통할 수 있는 것은 태괘는 양한 성질이 행하는 것이고 손괘는 음한 성질이 행하는 것이며, 태괘는 유柔한 것이 겉으로 드러나[1] 유연하게 행하는 것이고 손괘는 유한 것이 안에 있어서[2] 성질이 유순한 것이니, 그래서 손괘의 형통함이 작은 것이다.[3]

卦之才可以小亨, 利有攸往, 利見大人也. 巽與兌皆剛, 中正巽說, 義亦相類. 而兌則亨, 巽乃小亨者, 兌陽之爲也, 巽陰之爲也, 兌柔在外用柔也, 巽柔在內性柔也, 巽之亨所以小也.

「단전」에서 말했다. 중복된 공손함으로 명령을 거듭한다.

彖曰, 重巽以申命.

중복된 공손함이란 위와 아래가 모두 공손한 것이다. 윗자리에서 도에 순종하여 명령을 내리고 아랫자리에서 명령을 받들어 순종하여 위와 아래가 모두 순종하니, 이것이 중복된 공손함의 모습이다.

또 '중重'은 중복의 뜻이다. 군자는 중복된 공손함의 뜻을 몸소 실천하여, 명령을 거듭해서 내린다. '신申'이란 중복한다는 말로서 간곡하게 행하는 것을 말한다.

重巽者, 上下皆巽也. 上順道以出命, 下奉命而順從, 上下皆順, 重巽之象也. 又重爲重複之義. 君子體重巽之義, 以申復其命令. 申, 重復也, 丁寧之謂也.

강한 것이 중정의 도에 공손하게 따라 뜻을 행하며 유한 것이 모두 강한 것에 순종하니, 그래서 조금 형통하다.

剛巽乎中正而志行, 柔皆順乎剛, 是以小亨.

괘의 자질 구조로 말했다. 양강한 것이 공손한 위치에 자리하고 중정을 얻었으니, 중정의 도를 공손하게 따르는 것이다.[4] 양의 성질은 위로 올라가니, 그 뜻이 중정의 도로써 위로 나아가려는 것이다. 또 위와 아래의 유한 것[5]이 모두 강한 것을 공손하게 따르니 그 자질이 이와 같으므로, 안이 유약하더라도 조금 형통할 수 있다.

以卦才言也. 陽剛居巽, 而得中正, 巽順於中正之道也. 陽性上, 其志在以中正之道上行也. 又上下之柔, 皆巽順於剛, 其才如是, 雖內柔, 可以小亨也.

나아갈 바를 두는 것이 이롭고, 대인을 만나는 것이 이롭다.

利有攸往, 利見大人.

공손하게 따르는 방도는 어디를 가든 수용되지 못하는 것이 없으므로, "나아갈 바를 두는 것이 이롭다." 공손하게 순종하는 태도가 매우 좋은 방도이지만 반드시 자신이 따르는 사람이 어떤 사람인지를 알아야 하니, 양강한 자질과 중정을 이룬 덕을 가진 대인을 공손하게 따르면 이로우므로, "대인을 만나면 이롭다." 구오효와 구이효 같은 양강한 자질과 중정을 이룬 덕을 가진 자가 대인이다. 대인이 아니라 다른 사람을 공손하게 따른다면, 허물이 되는 경우가 많다.

巽順之道, 无往不能入, 故利有攸往. 巽順雖善道, 必知所從. 能巽順於陽剛中正之大人, 則爲利, 故利見大人也. 如五二之陽剛中正, 大人也. 巽順不於大人, 未必不爲過也.

「상전」에서 말했다. 잇따르는 바람이 손괘의 모습이니, 군자는 이것을 본받아 명령을 거듭 펼치고 정치적인 일을 행한다.

象曰, 隨風巽, 君子以申命行事.

바람이 두 번 거듭해 부는 것이 잇따르는 바람이다. '수隨'라는 말은 서로 잇는다는 뜻이다. 군자는 중복된 바람이 서로 잇따르면서 순종하는 모습을 관찰하여, 명령을 거듭 펼치고 정치를 행한다. 잇따르는 것과 거듭하는 것은 윗사람과 아랫사람이 모두 순종하는 것이다. 윗사람은 아랫사람에게 순종하면서 명령을 내리고 아랫사람은 윗사람에게 순종하면서 복종하니, 위와 아래가 모두 순종하여 중복된 공손함의 뜻이 된다. 명령과 정치가 이치에 순종하면 민심에 부합하여 백성들이 순종한다.

兩風相重, 隨風也. 隨, 相繼之義. 君子觀重巽相繼以順之象, 而以申命令, 行政事. 隨與重, 上下皆順也. 上順下而出之, 下順上而從之, 上下皆順, 重巽之義也. 命令政事, 順理則合民心, 而民順從矣.

초육효는 나아갔다가 물러나는 것이니, 무인의 올바름이 이롭다.
初六, 進退, 利武人之貞.

초육효는 음유한 자질로 자신을 낮추며 공손한 태도를 취하지만 중도를 이루지 못했고, 가장 낮은 위치에 있으면서 강한 사람을 받들고 있으니 지나치게 자신을 낮추고 공손한 자다. 음유한 자질의 사람이 과도하게 자신을 낮추고 공손하면, 마음이 두렵고 불안하여 나아갔다가 물러났다가 하면서 따라야 할 것이 무엇인지를 모르니, 그에게 이로운 것은 무인武人과 같은 강한 올바름이다. 만약 무인과 같이 강하면서 견고한 올바름의 뜻을 가지면 합당할 것이다. 힘써 강직한 올바름을 지키려고 한다면, 과도하게 자신을 낮추고 두려워하는 잘못이 없을 것이다.

六以陰柔居卑, 巽而不中, 處最下而承剛, 過於卑巽者也. 陰柔之人, 卑巽太過, 則志意恐畏而不安, 或進或退, 不知所從, 其所利在武人之貞. 若能用武人剛貞之志, 則爲宜也. 勉爲剛貞, 則无過卑恐畏之失矣.

「상전」에서 말했다. 나아갔다가 물러나는 것은 자신의 뜻을 의심하는 것이고, 무인의 올바름이 이로운 것은 자신의 뜻을 다스리는

것이다.

象曰, 進退, 志疑也. 利武人之貞, 志治也.

나아갔다가 물러나서 안정을 이루지 못하는 것은 자신의 뜻을 의심하고 두려워하기 때문이다. 무인과 같이 강직한 올바름을 지니고 자신의 뜻을 정립한다면, 그 뜻이 다스려질 것이다. '치治'란 수양하여 정립하는 것을 말한다.

進退不知所安者, 其志疑懼也. 利用武人之剛貞以立其志, 則其志治也. 治謂修立也.

구이효는 공손함이 침상 아래에 있는 것이니, 축사와 무당을 많이 쓰면 길하고 허물이 없다.

九二, 巽在牀下, 用史巫紛若, 吉无咎.

구이효는 공손의 때에 자리하여 양한 자질로 음의 위치에 처하고 아래에 자리하니, 과도하게 공손한 자다. '침상'이란 것은 사람이 편안하게 쉬는 곳이다. "공손함이 침상 아래에 있다"는 것은 공손함이 과도한 것이니, 편안함에서 벗어난 것이다. 사람이 과도하게 자신을 낮추고 공손한 것은 두려워 겁을 먹은 것이 아니면 아첨하여 상대를 기쁘게 하려는 것이니, 모두 정도正道가 아니다. 구이효는 실제로는 강중剛中한 자질이니, 공손을 상징하는 손괘의 형체에 속하고 유한 위치에 자리하여 과도하게 공손할지라도, 거짓된 마음이 있는 것은 아니다.

과도한 공손함은 올바른 예禮는 아니지만, 수치와 모욕을 멀리하고 원한과 허물을 끊을 수 있으니 또한 길한 방도다. '축사와 무당'[6]은 진실한 뜻을 다하여 신명에게 통하는 자다. '분약紛若'이란 많다는 말이다. 그래서 지극한 진실과 정성으로 겸손하고 공손함에 마음을 편안히 해서 그 진실한 뜻을 이해하게 되는 사람이 많을 수 있다면 길하고 허물이 없을 것이니, 그 진실한 정성이 남을 감동시키기에 충분하다는 말이다. 사람들이 그 진실한 뜻을 살피지 못하면, 과도한 공손함을 아첨이라고 생각할 것이다.

二居巽時, 以陽處陰而在下, 過於巽者也. 牀, 人之所安. 巽在牀下, 是過於巽, 過所安矣. 人之過於卑巽, 非恐怯, 則諂說, 皆非正也. 二實剛中, 雖巽體而居柔, 爲過於巽, 非有邪心也. 恭巽之過, 雖非正禮, 可以遠恥辱絶怨咎, 亦吉道也. 史巫者, 通誠意於神明者也. 紛若, 多也. 苟至誠安於謙巽, 能使通其誠意者多, 則吉而无咎, 謂其誠足以動人也. 人不察其誠意, 則以過巽爲諂矣.

「상전」에서 말했다. 많다는 것의 길함은 중도를 얻었기 때문이다.

象曰, 粉若之吉, 得中也.

구이효가 아랫자리에서 유한 위치에 자리하여 과도하게 공손한 모습이지만, 그 진실한 뜻을 이해하는 사람이 많은 것은 중도를 얻었기 때문이다. 양효가 중中의 위치에 자리하여 마음속에 진실함으로 꽉 찬 모습이다. 마음속이 진실한 뜻으로 가득 찼다면 사람들이 당연히 저절로 믿게 될 것이다. 진실한 뜻으로 하면 아첨하거나 겁을 먹은 것이 아니니, 그래서 길하고 허물이 없다.

二以居柔在下, 爲過巽之象, 而能使通其誠意者衆多紛然, 由得中也. 陽居中, 爲中實之象. 中旣誠實, 則人自當信之. 以誠意, 則非諂畏也, 所以吉而无咎.

구삼효는 빈번하게 공손한 것이니, 부끄럽다.

九三, 頻巽, 吝.

구삼효는 양한 자질로 강한 위치에 처하여 중도를 얻지 못하고 또 하체의 윗자리에 있다. 강항剛亢[7]한 자질로 공손하게 따라야 할 때에 자리하여 공손할 수 없는 자인데 억지로 공손한 척하려고 하는 자이므로, 여러 차례 실수를 한다. 공손해야 할 때에 낮은 자리에 처해 있고 윗사람이 공손하게 다가오며, 또 육사효는 부드럽고 공손하게 서로 친해지려 하고, 올라타고 있는 구이효가 강한 자인데 또 위로 중복된 강함이 있으니, 공손하지 않으려고 할지라도 가능하겠는가? 그러므로 빈번하게 실수하면서 빈번하게 공손한 척하니, 이는 부끄러워할 만한 것이다.

三以陽處剛, 不得其中, 又在下體之上, 以剛亢之質而居巽順之時, 非能巽者, 勉而爲之, 故屢失也. 居巽之時, 處下而上臨之以巽, 又四以柔巽相親, 所乘者剛, 而上復有重剛, 雖欲不巽, 得乎? 故頻失而頻巽, 是可吝也.

「상전」에서 말했다. 빈번하게 공손하려고 하는 것이 부끄러운 것

은 뜻이 궁색한 것이다.

象曰, 頻巽之吝, 志窮也.

구삼효의 자질은 본래 공손할 수 없다. 그러나 윗사람이 공손하게 임하고 위로 중복된 강한 사람들을 받들고 있고 아래로 강한 사람을 밟고 있어서, 형세가 그 뜻을 행할 수 없다.[8] 그러므로 빈번하게 실수하고 빈번하게 공손한 척한다. 이는 그 뜻이 궁색하고 곤궁한 것이니, 매우 부끄러워할 만하다.

三之才質, 本非能巽. 而上臨之以巽, 承重剛而履剛, 勢不得行其志. 故頻失而頻巽. 是其志窮困, 可吝之甚也.

육사효는 후회가 없어지니, 사냥하여 세 등급의 짐승을 얻는다.

六四, 悔亡, 田獲三品.

음유한 자질로서 호응하여 도와주는 사람이 없고, 받들고 있는 사람과 올라타고 있는 사람이 모두 강하니, 마땅히 후회가 있다. 그러나 육사효는 음한 자질로 음의 위치에 자리하여 공손의 올바름을 얻었고 상체의 아랫자리에 있으니, 윗자리에 있으면서 자신을 낮출 수 있다. 상체의 아랫자리에 있는 것은 윗사람에게 공손한 것이다. 공손함으로 아랫사람에게 다가가는 것은 아랫사람에게 공손한 것이다. 잘 처신하기를 이렇게 하기 때문에 후회가 없어진다. 후회가 없어지는 이유는 "사냥하여 세 등급의 짐승을 얻은 것"과 같다.

사냥하여 세 등급을 얻으면 윗사람과 아랫사람에게 영향을 미친다. 사냥하여 획득한 짐승을 세 등급으로 분배하여, 하나는 제사를 위한 마른 고기[9]를 만들고 하나는 손님에게 주거나 군주의 푸줏간을 채우며, 하나는 수레와 말몰이꾼에게 나누어준다. 육사효가 위아래의 양효들에게 공손할 수 있는 것이 마치 수렵하여 얻은 세 등급의 짐승을 나누어주는 것과 같으니, 윗사람과 아랫사람에게 두루 영향을 미친다는 말이다. 육사효의 처지는 본래 후회가 있는 것이지만, 처신하기를 매우 잘하기 때문에 후회가 없어지고 나중에 공이 있다. 세상의 일들은 잘 처신하면 후회가 될 일이 간혹 공이 될 수도 있다.

陰柔无援, 而承乘皆剛, 宜有悔也. 而四以陰居陰, 得巽之正, 在上體之下, 居上而能下也. 居上之下, 巽於上也. 以巽臨下, 巽於下也. 善處如此, 故得悔亡. 所以得悔亡, 以如田之獲三品也. 田獲三品, 及於上下也. 田獵之獲分三品, 一爲乾豆, 一供賓客與充庖, 一頒徒御. 四能巽於上下之陽, 如田之獲三品, 謂遍及上下也. 四之地本有悔, 以處之至善, 故悔亡而後有功. 天下之事, 苟善處, 則悔或可以爲功也.

「상전」에서 말했다. 사냥하여 세 등급의 짐승을 얻는 것은 공이 있는 것이다.

象曰, 田獲三品, 有功也.

위와 아래에 모두 공손하기를 사냥하여 획득한 세 등급의 짐승을 윗사람과 아랫사람에게 두루 미치듯이 하면, 공손함의 공을 이룬다.

巽於上下, 如田之獲三品而遍及上下, 成巽之功也.

구오효는 굳센 올바름을 지키면 길하여 후회가 없어져서 이롭지 않음이 없으니, 처음에는 아무것도 없지만 끝에는 결말이 있다. 선경 삼일 하고 후경 삼일 하면 길하다.

九五, 貞吉悔亡, 无不利, 无初有終, 先庚三日, 後庚三日, 吉.

구오효는 존귀한 지위에 자리하여 공손의 주체가 되었으니, 명령이 나오는 곳이다. 처신하는 데에 중정을 이루어, 공손의 최선을 다했다. 그러나 공손함은 유순한 도리이니, 이로운 것은 굳센 올바름에 달려 있다. 이는 구오효가 부족한 것이 아니라, 공손의 때에 있기 때문에 마땅히 경계한 것이다. 그래서 굳센 올바름을 지켰다면 길하고 후회가 없어져 이롭지 않은 바가 없을 것이다. 굳센 올바름이란 중정을 말한다.[10] 공손하게 처신하는 것과 명령을 반포하는 것 모두는 중정을 이룰 때 길하다. 부드럽고 공손하지만 올바르지 못하면 후회가 있으니, 어떻게 이롭지 않은 것이 없겠는가? 명령을 반포하는 것은 변화하여 혁신하려는 것이 있는 것이다.

"처음에는 아무것도 없다"고 한 것은 처음에는 좋지 못한 것이고, "끝에는 결말이 있다"고 한 것은 혁신하여 좋게 만드는 것이다. 만약 처음부터 좋았다면, 어째서 명령을 하겠는가? 어째서 혁신하려고 하겠는가? "선경先庚 삼일三日 하고 후경後庚 삼일 하면 길하다"는 말은 명령을 반포해서 혁신하고 개혁하려는 방도가 마땅히 이와 같아야 한다는 말이다. '갑甲'이란 일의 시작이다. '경庚'이란 변화와 혁신의 시작이다. 십간十干에서는 무戊와 기己가 중간이니, 중간을 넘기면 변화하므로 '경庚'이라고 했다. 일의 개혁과 혁신은 마땅히 처음을 궁구하여서 결말을 살펴야만 하니,[11] 고蠱괘에 나온 '선갑후갑先甲後甲'[12]의 뜻과 같다. 이와 같이 하면 길하니, 그 자세한 해설은 고괘에 있다.

五居尊位, 爲巽之主, 命令之所出也. 處得中正, 盡巽之善. 然巽者柔順之道, 所利在貞. 非五之不足, 在巽當戒也. 旣貞則吉而悔亡, 无所不利. 貞, 中正也. 處巽出令, 皆以中正爲吉. 柔巽而不貞, 則有悔, 安能无所不利也? 命令之出, 有所變更也. 无初, 始未善也. 有終, 更之使善也. 若已善, 則何用命也? 何用更也? 先庚三日, 後庚三日, 吉, 出命更改之道當如是也. 甲者, 事之端也. 庚者, 變更之始也. 十干戊己爲中, 過中則變, 故謂之庚. 事之改更, 當原始要終, 如先甲後甲之義, 如是則吉也. 解在蠱卦.

「상전」에서 말했다. 구오효의 길함은 지위가 올바르게 중의 위치를 이루었기 때문이다.

象曰, 九五之吉, 位正中也.

구오효의 길함은 올바르게 중中의 위치에 처했기 때문이다. 올바르게 중의 위치에 처하는 도리를 얻으면 길하고 후회가 없어진다. 「상전」에서 말하는 '정중正中'이란 과도하지도 않고 미치지 못하지도 않아, 중도를 올바르게 얻은 것이다. 부드럽고 공손하게 처신하는 것과 명령을 반포하는 것은 오직 중도中道를 얻어야만 최선이 되니, 중도를 잃으면 후회하게 된다.

九五之吉, 以處正中也. 得正中之道則吉, 而其悔亡也. 正中, 謂不過无不及, 正得其中也. 處柔巽與出命令, 唯得中爲善, 失中則悔也.

상구효는 공손함이 침상 아래에 있어서 물자와 도끼를 잃으니, 올바름에서 보면 흉하다.[13]

上九, 巽在牀下, 喪其資斧, 貞凶.

침상이란 사람이 편안히 쉬는 곳이다. 침상 아래에 있는 것은 편안함에서 벗어났다는 뜻이다. 양효인 구九가 공손의 극한에 자리했으니, 과도하게 공손한 자다. '물자'란 소유하고 있는 것이다. '도끼'는 결단하는 것이다. 양강한 자질은 본래 결단력이 있는 사람인데, 과도하게 공손하여 그 강직하게 결단하는 능력을 잃었으니, 가지고 있는 것을 잃은 것이다. 이것이 "물자와 도끼를 잃었다"는 말이다. 가장 높은 위치에 자리하고 과도하게 공손하여 자신을 잃는 지경에 이르니, 정도正道에서 보면 흉하다.

牀, 人所安也. 在牀下, 過所安之義也. 九居巽之極, 過於巽者也. 資, 所有也. 斧, 以斷也. 陽剛本有斷, 以過巽而失其剛斷, 失其所有, 喪資斧也. 居上而過巽, 至於自失, 在正道爲凶也.

「상전」에서 말했다. 공손함이 침상 아래에 있는 것은 가장 높은 자리에서 궁색해진 것이다. 물자와 도끼를 잃은 것을 올바르다고 할 수 있겠는가? 흉하다.

象曰, 巽在牀下, 上窮也, 喪其資斧, 正乎? 凶也.

"공손함이 침상 아래에 있다"는 것은 과도한 공손함이다. 괘의 가장 높은 자리에 처한 것은 공손함이 궁극에 이른 것이다. 가장 높은 위치에 자리하여 공손함이 과도해서 자신을 잃는 지경에까지 잃었다면, 올바름을 얻었다고 할 수 있겠는가? 이는 흉한 도다. 공손한 것은 본래 좋은 행위이므로 의심하면서 "올바르다고 할 수 있겠는가?"라고 했고, 다시 단정하여 말하기를 "흉하다"라고 했다.

巽在牀下, 過於巽也. 處卦之上, 巽至於窮極也. 居上而過極於巽, 至於自失, 得爲正乎? 乃凶道也. 巽本善行, 故疑之曰得爲正乎? 復斷之曰乃凶也.

1 겉으로 드러나: 태괘의 모습은 ☱이다. 세 번째 음효가 겉으로 드러나 있다.

2 안에 있어서: 손괘의 모습은 ☴이다. 첫 번째 음효가 안으로 감추어져 있다.

3 손괘의 형통함이 작은 것이다: 호원은 형통함이 작은 이유를 다음과 같이 설명한다. "큰일을 세우고 큰 공을 세워 세상의 공적을 이루려고 하는 자는 반드시 강건한 덕과 과단성 있는 마음과 행동에 용감한 후에야 세우는 바가 있어서, 그 뜻을 크게 통하게 하고 그 도가 크게 시행될 수 있다. 지금 이 손괘는 오로지 공손하고 순종하여, 나약함에 손상이 있어서, 그 도가 크게 시행되지 못한다. 그래서 단지 작게 형통할 뿐이다夫立大事, 立大功, 欲成天下之業者, 必須有剛健之德, 果斷之心, 勇于所行, 然後有所立, 其志得以大通, 其道得以大行. 今此巽卦, 全用巽順, 有傷于柔懦, 其道不得以大行也. 故但小亨而已."

4 중정의 도를 공손하게 따르는 것이다: 호원은 구오효를 가리키는 것이라고 구체적으로 지목한다. "강한 것이 중정의 도에 공손하게 따라 뜻을 행하는 것은 구오효를 가리켜 말했다剛巽乎中正, 而志行者, 此指九五而言也." 정씨강중鄭氏剛中은 다르게 설명한다. "구이효가 중도에 공손하게 순종하는 것이다. 중첩된 손이므로 구오효와 겸해서 말했다. 그러므로 '중정의 도에 공손하게 따라 뜻을 행한다'고 했다. 초육효는 강함에 순종하는 자다. 중첩된 손이므로 육사효와 겸해서 말했다. 그러므로 '유한 것이 모두 강한 것에 순종한다'고 했다九二, 巽乎中者也. 重巽, 則兼五言之. 故曰巽乎中正而志行. 初六, 順乎剛者也. 重巽, 則兼四言之. 故曰柔皆順乎剛(『주역전의대전』)."

5 위와 아래의 유한 것: 호원은 초육효와 육사효를 가리키는 것이라고 보았다. "유한 것이 모두 강한 것에 순종한다는 것에서 유한 것이란 초육효와 육사효를 말한다柔皆順乎剛者, 柔, 謂初六六四也."

6 '축사와 무당': 사축史巫은 축사祝史와 무격巫覡을 말한다. 고대에 제사할 때

귀신을 섬기는 사람으로 귀신과 통하는 사람을 말한다. 공영달은 이렇게 설명하고 있다. "사史는 축사이고 무巫는 무격이다. 모두 귀신과 접하여 섬기는 사람이다史, 謂祝史,巫, 謂巫覡. 並是接事鬼神之人也."

7 강항剛亢: 강경하면서 오만한 태도다. 「범례」 4번 재才와 덕德 항목 참조.

8 형세가 그 뜻을 행할 수 없다: 중국판본은 "承重剛而履剛勢, 不得行其志"로 되어 있지만, 『주역대전』 구결은 "承重剛而履剛, 勢不得行其志"라고 되어 있다. 의미 맥락상 『주역대전』 구결을 따랐다.

9 제사를 위한 마른 고기: 건두乾豆를 말한다. 제사 기물에 놓는 제사에 쓰는 마른 고기를 말하다. 건乾이란 마른 고기이고 두豆는 제사 기물을 말한다. "천자와 제후가 일이 없으면 1년에 세 번 사냥을 나가니, 한 번은 건두를 위해서이고 두 번째는 빈객을 위해서이며 세 번째는 군주의 푸줏간을 채우기 위해서이다天子諸侯無事, 則歲三田, 一爲乾豆, 二爲賓客, 三爲充君之庖(『예기』 「왕제王制」)."

10 중정을 말한다: 중국판본은 "貞, 中正也"로 되어 있지만 『주역대전』 구결은 "貞, 正中也"로 되어 있다. 「상전」에서 "位正中也"라고 설명하고 있기는 하지만 「상전」에서 말하는 정중正中은 "올바르게 중도中道를 이루었다"는 의미다. 정이천도 그렇게 해석하고 있다. 그래서 중정으로 보는 것이 옳다. 중국판본을 따랐다.

11 처음을 궁구하여서 결말을 살펴야만 하니: 『역』 「계사하」, "역이라는 책은 처음을 궁구하고 결말을 살피는 것을 바탕으로 삼는다易之爲書也, 原始要終以爲質也."

12 선갑후갑先甲後甲: 고蠱괘의 선갑후갑에 대해서 정이천은 이렇게 설명하고 있다. "선후관계를 근본에서부터 연구하면 폐단을 구하여 오래 지속할 수 있는 방도를 삼아야 한다. 선갑이란 이것보다 앞선 것으로 어떤 일이 일어나게 된 원인을 연구하는 것을 말한다. 후갑이란 이것보다 뒤선 것으로 앞으로 일어날 일을 처리하는 것을 말한다." 고괘 참조.

13 올바름에서 보면 흉하다: 주희는 이렇게 해석하지 않는다. "공손함이 침상 아래에 있는 것은 공손함이 과도한 것이고, 물자와 도끼를 잃은 것은 과감한 결단력을 잃는 것이니, 이와 같으면 올바를지라도 또한 흉하다巽在牀下, 過於巽者也, 喪其資斧, 失所以斷也, 如是則雖貞, 亦凶矣." 그러나 호원은 정이천과 같이 해석한다. "물자는 사람의 재능이다. 도끼는 결단을 잘하는 능력이다. 상구효가 자신을 낮추고 뜻을 굽힌 것은 지위가 없는 곳에 처했고, 강명한 자질이 없으며, 또 결단하여 스스로 그 일을 결정할 수 없기 때문이다. 그러므로 올바른 도리에서 보면 흉하다는 말이다資貨也, 人之才也. 斧斤也, 善于斷割, 言上九所以至于卑猥者, 蓋處无位之地, 无剛明之才, 又不能斷割以自決其事, 故于貞道, 凶者也."

58. 기쁨: 태兌괘䷹

중택태重澤兌라고 한다. 괘의 모습이 연못을 상징하는 태兌☱괘가 위에 있고 또 태☱괘가 아래에 있기 때문이다.

태兌괘에 대해서 「서괘전」은 다음과 같이 설명한다. "공손은 사람의 마음에 드는 것이니, 마음에 들면 기뻐하므로, 기쁨을 상징하는 태괘로 받았다. 태兌란 기쁨이다." 어떤 것이든 서로 마음에 들면 서로 기뻐하고 서로 기뻐하면 서로 마음에 드니, 그래서 태괘가 손巽괘 다음이 된다.

兌, 序卦, "巽者入也. 入而後說之, 故受之以兌. 兌者, 說也." 物相入則相說, 相說則相入, 兌所以次巽也.

기쁨은 형통하니, 굳센 올바름이 이롭다.

兌, 亨, 利貞.

태兌란 기쁨이니,[1] 기쁨은 형통함에 이를 수 있는 길이다. 사람들을 기쁘게 할 수 있고 기뻐하지 않는 사람이 없어 그들과 함께 연대할 수 있다면, 충분히 형통함을 이룰 수 있다. 그러나 사람들을 기쁘게 하는 방도는 굳센 올바름이 이롭다. 올바르지 않은 방도로 타인이 기뻐하기를 구한다면 거짓과 아첨이 되어 후회와 허물이 있게 되므로, 올바른 것이 이롭다고 경계했다.

兌, 說也. 說, 致亨之道也. 能說於物, 物莫不說而與之, 足以致亨. 然爲說之道, 利於貞正. 非道求說, 則爲邪諂而有悔咎, 故戒利貞也.

「단전」에서 말했다. 태는 기쁨이다. 강한 것이 중中에 있고 유한 것이 밖으로 드러나, 기뻐하게 하되 올바름을 지키는 것이 이로우니, 그래서 하늘을 따르고 사람들에게 호응한다. 기뻐하게 해서 백성들을 선도하면 백성들은 그 수고로움을 잊고, 기뻐하게 해서 어려운 일을 하게 하더라도 백성들은 그 죽음을 잊으니, 기쁘게 하는 것이 이렇게 커서, 백성들이 권면되는구나!

彖曰, 兌, 說也. 剛中而柔外, 說以利貞, 是以順乎天而應乎人. 說以先民, 民忘其勞, 說以犯難, 民忘其死. 說之大, 民勸矣哉!

태兌의 뜻은 기쁨이다. 하나의 음효가 두 개의 양효 위에 자리해서, 음이 양을 기뻐하니, 양에 의해서 기쁘게 된 것이다. 양강陽剛한 것이 중中의 위치에 자리하니 마음속이 진실한 모습이고, 유柔한 효가 밖에 있으니 타인과 관계하는 데 있어 조화롭고 유연하게 대하는 모습이므로, 남을 기쁘게 하면서도 스스로 올바를 수 있다. "굳센 올바름이 이롭다"는 것은 남을 기쁘게 하는 방도는 마땅히 올바르게 해야 한다는 말이다. 괘에 강중剛中한 덕이 있으니, 굳세게 올바를 수 있는 자다. 남을 기쁘게 하면서도 올바를 수 있어서[2] 위로 천리天理를 따르고 아래로 인심에 호응하니, 사람들을 기뻐하게 만드는 도리가 지극히 바르고 지극히 선한 것이다.

만약 올바른 도를 어기면서 백성들의 칭찬을 구한다면 이는 구차하게 기쁘게 만드는 방도이니, 올바른 도를 어기는 것은 하늘을 따르는 것이 아니고 칭찬을 구차하게 구하는 것은 인심에 호응하는 것이 아니라서, 구차하게 순간의 기쁨을 취할 뿐이다. 이는 군자의 정도正道가 아니다. 군자의 도는 백성들을 기쁘게 하는 것이 마치 천지의 베풂과 같아서, 그 마음을 감동시켜서 열정적으로 복종하게 해도 백성들은 염증내지 않는다. 그러므로 백성을 선도하면 민심은 기뻐하면서 순종하여 그 수고로움을 잊고, 통솔하여 어려움을 범하게 하더라도 민심은 그 마땅한 의리를 기뻐하면서 복종하여 자신의 죽음을 근심하지 않는다. 사람들을 기뻐하게 만드는 도가 위대하여 백성들 가운데 권면되지 않는 이가 없게 된다. '권면'이란 신뢰하고 힘써 순종함을 말한다. 군주의 도는 민심이 기쁘게 복종하는 것을 근본으로 삼기에, 성인이 그 위대함을 찬미한 것이다.

兌之義, 說也. 一陰居二陽之上, 陰說於陽, 而爲陽所說也. 陽剛居中, 中心誠實之象, 柔爻在外, 接物和柔之象, 故爲說而能貞也. 利貞, 說之道宜正也. 卦有剛中之德, 能貞者也. 說而能貞, 是以上順天理, 下應人心, 說道之至正至善者也. 若夫違道以干百姓之譽者, 苟說之道, 違道不順天, 干譽非應人, 苟取一時之說耳. 非君子之正道. 君子之道, 其說於民, 如天地之施, 感於其心而說服无斁. 故以之先民, 則民心說隨而忘其勞, 率之以犯難, 則民心說服於義而不恤其死. 說道之大, 民莫不知勸. 勸謂信之, 而勉力順從. 人君之道, 以人心說服爲本, 故聖人贊其大.

「상전」에서 말했다. 연결된 연못이 태괘의 모습이니, 군자는 이것을 본받아 동지들과 강학하고 학습한다.

象曰, 麗澤兌, 君子以朋友講習.

'이택麗澤'은 두 연못이 서로 연결되어 붙어 있는 것이다. 두 연못이 서로 붙어 있어 교류하여 서로 적셔주니, 상호 영향을 미쳐서 서로 성장하고 보충하는 모습이다. 그러므로 군자는 그 모습을 관찰하여 동지들과 강학하고 학습한다. 동지들과 강학하고 학습하는 것은 상호 영향을 미쳐 서로 유익하게 하는 것이다. 이전의 유학자들은 세상에서 서로 기뻐하게 만들 수 있는 것 가운데 동지들과 강학하고 학습하는 것만큼 위대한 것은 없다고 했다. 동지들과 강학하고 학습하는 것은 진실로 서로 기뻐할 수 있는 가장 큰 것이니, 마땅히 서로 유익해지는 모습이라는 점을 분명히 밝혔다.

麗澤, 二澤相附麗也. 兩澤相麗, 交相浸潤, 互有滋益之象. 故君子觀其象而以朋友講習. 朋友講習, 互相益也. 先儒謂天下之可說, 莫若朋友講習. 朋友講習, 固可說之大者, 然當明相益之象.

초구효는 조화하면서 기쁘게 하는 것이니, 길하다.

初九, 和兌, 吉.

초구효는 양효이지만, 기쁨을 상징하는 태괘의 형체에 자리하고 가장 낮은 자리에 있으며, 연계되어 호응하는 사람이 없다. 이것은 자신을 낮추고 조화하여 이치에 순종해서 사람들을 기쁘게 하되, 편벽되고 사사로움이 없는 자다. 조화함으로써 기쁘게 하고 편벽되고 사사로움이 없다면, 기쁘게 하는 올바른 방도다. 양강한 자질은 낮은 지위에 있는 것이 아닌데, 낮은 곳에 자리한다면 공손할 수 있는 것이고, 기쁨에 처했다면 조화할 수 있는 것이고, 호응하는 사람이 없다면 편벽되지 않는 것이니, 기쁨에 처함이 이와 같기 때문에 길하다.

初雖陽爻, 居說體而在最下, 无所係應, 是能卑下和順以爲說, 而无所偏私者也. 以和爲說而无所偏私, 說之正也. 陽剛則不卑, 居下則能巽, 處說則能和, 无應則不偏, 處說如是, 所以吉也.

「상전」에서 말했다. 조화하면서 기쁘게 하는 것이 길한 것은 행함에 있어 의심하지 않기 때문이다.

象曰, 和兌之吉, 行未疑也.

상대가 기뻐하기를 구하면서 조화하면, 거짓과 아첨에 빠질 수 있다. 처음에는 때를 따르고 상대의 조건에 따라서 처신하되 마음에 얽매이는 바가 없으니, 억지로 하려는 바가 없이 조화하려 할 뿐이라서 길하다. 「상전」에서 또 낮은 지위에서 기쁨에 처하면서 중정을 이루지 못했기 때문에 "행하는 데에 의심하지 않기 때문이다"라고 했다. 자신이 행하는 데에 의심할 만한 것이 있지 않은 것은 자신에게 잘못이 있음을 보지 못했다는 말이니, 만약 중정을 얻었다면 이러한 말은 하지 않았을 것이다. 사람들이 기뻐하도록 설득하는 일은 중정을 근본으로 하니, 효사에서는 그 뜻만 말했고 「상전」에서는 이것을 미루어 그 뜻을 완전하게 보충했다.

有求而和, 則涉於邪諂. 初隨時順處, 心无所係, 无所爲也, 以和而已, 是以吉也. 象又以其處說在下而非中正, 故云行未疑也. 其行未有可疑, 謂未見其有失也, 若得中正, 則无是言也. 說以中正爲本, 爻直陳其義, 象則推而盡之.

구이효는 믿음으로써 기쁘게 하는 것이니 길하고, 후회가 없어진다.

九二, 孚兌吉, 悔亡.

구이효는 음유한 사람인 육삼효를 받들어 가까이 관계하고 있으니, 음유한 사람은 소인이다. 그를 기쁘게 하면, 당연히 후회가 있을 것이다. 구이효는 강중을 이룬 덕으로 믿음이 안으로 충만하여, 소인과 가까이 관계하지만 스스로 자신을 지키면서 절도를 잃지 않는다. 군자는 조화를 이루되 같아지지 않고 사람을 기쁘게 하면서도 강중을 이룬 덕을 잃지 않으므로 길하고 후회가 없어진다. 구이효의 강중한 덕이 아니라면 후회가 있을 것이니, 스스로 지켜서 후회가 없어진 것이다.

二承比陰柔, 陰柔, 小人也, 說之則當有悔. 二, 剛中之德孚信內充, 雖比小人, 自守不失. 君子和而不同, 說而不失剛中, 故吉而悔亡. 非二之剛中, 則有悔矣, 以自守而亡也.

「상전」에서 말했다. 믿음으로써 기쁘게 하는 것의 길함은 뜻에 믿음이 있기 때문이다.

象曰, 孚兌之吉, 信志也.

마음에 두고 있는 것이 뜻이다. 구이효는 강실剛實함이 중中의 위치에 자리했으니, 마음속에 믿음이 있다. 뜻에 진실한 믿음을 굳게 보존하니, 어찌 소인을 기쁘게 하여 스스로의 뜻을 잃는 지경에까지 이르겠는가? 그래서 길한 것이다.

心之所存爲志. 二, 剛實居中, 孚信存於中也. 志存誠信, 豈至說小人而自失乎? 是以吉也.

육삼효는 와서 기쁘게 하는 것이니, 흉하다.

六三, 來兌, 凶.

육삼효은 음유한 자질로 중정을 이루지 못한 사람이니, 사람들을 기쁘게 하는 데 있어 정도로 하지 않는 사람이다. "와서 기쁘게 한다"는 것은 찾아가서 상대가 기뻐하기를 구하려는 것이다. 아래에 있는 양효와 가까이 관계하고, 자신의 뜻을 굽혀 정도를 따르지 않으면서 찾아가서 상대가 기뻐하기를 구하니, 그래서 흉한 것이다. 안으로 가는 것을 "온다"고 한다. 위와 아래가 모두 양인데 유독 안으로 가는 것은 같은 형체에 있고 음의 성질은 아래로 내려가기 때문이니, 정도를 잃고 아래로 가는 것이다.

六三陰柔不中正之人, 說不以道者也. 來兌, 就之以求說也. 比於在下之陽, 枉己非道, 就以求說, 所以凶也, 之內爲來. 上下俱陽, 而獨之內者, 以同體而陰性下也, 失道下行也.

「상전」에서 말했다. 와서 기쁘게 하는 것은 지위가 합당하지 못하기 때문이다.

象曰, 來兌之凶, 位不當也.

스스로 처한 것이 중정을 이루지 못했고 함께하는 사람이 없는데도 함부로 상대가 기뻐하기를 구하니, 그래서 흉한 것이다.

自處不中正, 无與而妄求說, 所以凶也.

구사효는 헤아리면서 기쁘게 해서 편안하지 못한 것이니, 절도를 지켜서 미워하면 기쁜 일이 있다.

九四, 商兌未寧, 介疾有喜.

구사효는 위로 중정의 덕을 지닌 구오효를 받들고 아래로 유약하고 사악한 육삼효와 가까이 있으니, 강양한 자질을 가졌더라도 처한 자리가 올바른 것은 아니다. 육삼효는 음유한 자질의 사람이니, 양효가 기뻐하는 자이므로 단호하게 결단할 수가 없어서 헤아리느라고 마음이 편안하지 못하다.[3] 이는 따라야 할 사람을 비교하고 계산하지만 결단하지 못하여 정할 수가 없는 것이다.[4]

두 개의 사이를 '개介'라고 하니, 나누어진 경계다. 땅의 경계일 경우 밭을 뜻하는 전田을 붙여서 계界라고 했으니 뜻은 같다. 그러므로 사람이 절도를 지키는 것을 '개介'라 한다. 단호하게 정도를 지켜서 사악한 자를 미워하면서 멀리하면 기쁜 일이 있다. 구오효를 따르는 것은 올바른 것이다. 육삼효를 기쁘게 하는 것은 올바르지 않은 것이다. 구사효는 군주와 가까운 자리이니, 강직하고 단호하게 정도를 지켜서 사악한 자를 미워하고 멀리하면, 군주의 신임을 얻어서 도를 시행하여 복과 경사가 사람들에게 미칠 것이니 기쁜 일이 있다. 구사효와 같은 자는 득실이 정해지지 않았으니, 자신이 따르는 것에 달려 있을 뿐이다.

四上承中正之五, 而下比柔邪之三, 雖剛陽而處非正. 三, 陰柔, 陽所說也, 故不能決, 而商度未寧. 謂擬議所從而未決, 未能有定也. 兩間謂之介, 分限也. 地之界則加田, 義乃同也. 故人有節守謂之介. 若介然守正, 而疾遠邪惡, 則有喜也. 從五正也. 說三邪也. 四近君之位, 若剛介守正, 疾遠邪惡, 將得君以行道, 福慶及物爲有喜也. 若四者, 得失未有定, 繫所從耳.

「상전」에서 말했다. 구사효의 기쁜 일은 경사가 있는 것이다.

象曰, 九四之喜, 有慶也.

기쁜 일이 있다고 한 것은 만약 정도를 지켜서 군주를 기쁘게 하면 그 강양한 도를 시행하게 되어 복과 경사가 사람들에게 미친다는 것이다.

所謂喜者, 若守正而君說之, 則得行其剛陽之道, 而福慶及物也.

구오효는 깎으려는 것을 믿으면, 위태로움이 있다.

九五, 孚于剝, 有厲.

구오효는 존귀한 지위에 자리하고 중정에 처해서, 사람들을 기쁘게 하는 도리의 최선을 다했지만, 성인이 위태로움이 있다는 경계를 다시 설정했다. 왜냐하면 요순시대의 성대함일지라도 경계가 없던 적이 없었으니, 마땅히 경계해야 할 것을 경계했을 뿐이다. 성인과 현자가 윗자리에 있더라도 세상에는 소인이 없었던 적이 없지만, 그들이 악행을 함부로 자행하지 못했고 성인도 소인들이 억지로 힘써서라도 얼굴색을 고쳐[5] 선을 행하는 척하는 것을 기뻐했다. 저 소인들은 성인과 현자를 기쁘게 할 수 있는 방법을 알지 못했던 적이 없다. 예를 들어 사흉四凶[6]이 요堯의 조정에 있을 때에는 사악한 마음을 숨기고 명령에 순종했던 것이 그러하다. 성인은 그들이 결국에는 사악한 행동을 할 것임을 모르지 않았지만, 그 죄를 두려워하여 억지로 인仁한 행동을 하려는 점을 받아들였을 뿐이다.

구오효가 만약 진실한 마음으로 소인들의 거짓된 선행을 진실한 선행이라고 믿고서 그들이 감추고 있는 속셈을 알지 못한다면 위태로운 방도다. 소인들에 대비하기를 지극하게 하지 않으면 선을 해치니, 성인이 경계하려는 뜻이 깊은 것이다. '박剝'은 양을 소멸시키려는 것을 이름 지은 것이다. 음은 양을 소멸시키려는 자이니 상육효를 가리키므로, "깎으려는 것을 믿으면 위태롭다"고 했다. 구오효가 사람들을 기쁘게 해야 할 때에 상육효와 친밀하게 가까이 하려고 하기 때문에 경계한 것이다. 순임금 같은 성인일지라도 또한 말 잘하고 얼굴빛이 좋은 자를 두려워했으니, 어찌 경계하지 않을 수 있겠는가? 기쁘게 하는 말들이 사람들을 미혹시키는데 이는 쉽게 사람들의 마음에 들어가니, 두려워할 만한 것이 이와 같다.

九五得尊位而處中正, 盡說道之善矣, 而聖人復設有厲之戒. 蓋堯舜之盛, 未嘗无戒也, 戒所當戒而已. 雖聖賢在上, 天下未嘗无小人, 然不敢肆其惡也, 聖人亦說其能勉而革面也. 彼小人者, 未嘗不知聖賢之可說也. 如四凶處堯朝, 隱惡而順命是也. 聖人非不知其終惡也, 取其畏罪而強仁耳. 五若誠心信小人之假善爲實善, 而不知其包藏, 則危道也. 小人者, 備之不至則害於善, 聖人爲戒之意深矣. 剝者, 消陽之名. 陰, 消陽者也, 蓋指上六, 故孚于剝則危也. 以五在說之時, 而密比於上六, 故爲之戒. 雖舜之聖, 且畏巧言令色, 安得不戒也? 說之惑人, 易入而可懼也如此.

「상전」에서 말했다. 깎으려는 것을 믿으면 위태로운 것은 지위가 바로 이에 해당하기 때문이다.

象曰, 孚于剝, 位正當也.

깎으려는 자를 믿는 것이 위태로운 것은 구오효가 처한 지위가 바로 경계해야만 할 자리이기 때문이다. 음유한 자를 매우 가까이 하여, 서로 기뻐할 수 있는 가능성이 있기 때문에 그런 자를 믿으려고 하는 점을 경계한 것이다.

戒孚于剝者, 以五所處之位正當戒也. 密比陰柔, 有相說之道, 故戒在信之也.

상육효는 이끌어 기쁘게 하는 것이다.

上六, 引兌.

다른 괘에서는 극한에 이르면 변하지만, 태괘는 기뻐함이니, 극한에 이르면 더욱더 기뻐한다. 상육효는 기쁘게 하는 주체가 되고 기뻐함의 극한에 자리하니, 기뻐하여 그칠 줄을 모르는 자다. 그러므로 기뻐함이 극한에 이르렀는데도 또 이끌어서 더 기쁨을 길게 하는 것이다.

이렇게 묻는 사람이 있다. "그러나 후회와 허물에 이르지 않는 것은 무슨 까닭인가?" 이렇게 답하겠다. 기뻐하는 것을 그칠 줄 모르는 것이라고 말했을 뿐이고, 기뻐하는 것이 선한지 악한지를 알지 못하며 또 아래로 중정을 이룬 구오효를 타고 있으니, 그 거짓된 말로 사람을 기뻐하게 하는 일을 시행할 곳이 없기 때문이다. 육삼효는 받드는 사람과 올라탄 사람이 모두 올바르지 않으니, 그래서 흉함이 있다.

他卦至極則變, 兌爲說極則愈說. 上六成說之主, 居說之極, 說不知已者也. 故說旣極矣, 又引而長之. 然而不至悔咎, 何也? 曰, 方言其說不知已, 未見其所說善惡也, 又下乘九五之中正, 无所施其邪說. 六三則承乘皆非正, 是以有凶.

「상전」에서 말했다. 상육효가 이끌어 기뻐하게 하는 것은 반드시 빛날 수 있는 것은 아니다.

象曰, 上六引兌, 未光也.

기뻐함이 극한에 이르렀는데 또 이끌어 기쁨을 길게 하려고 하면, 기뻐하는 마음이 그치지 않을지라도 일의 이치는 이미 지나가서, 실제로는 기뻐할 것이 없다. 일이 성대하면 빛의 광채가 있다. 그러나 극한에 이르렀는데 억지로 이끌어 기쁨을 길게 하려고 하면 그 의미가 아주 없어지게 되니, 어찌 빛남이 있겠는가? '미未'는 '반드시'는 아니라는 말이니, 「상전」에서 많이 사용하는 용법이다. 반드시 빛의 광채가 있을 수 있는 것은 아니라 함은 빛날 수 없다는 말이다.

說既極矣, 又引而長之, 雖說之之心不已, 而事理已過, 實无所說. 事之盛, 則有光輝. 既極而強引之長, 其无意味甚矣, 豈有光也? 未, 非必之辭, 象中多用. 非必能有光輝, 謂不能光也.

1 태兌란 기쁨이니: 호원이 태兌가 왜 기쁨을 뜻하는가를 설명하는 내용이 재미있다. "그러나 열說이라고 말하지 않고 태兌라고 말한 것은 성현이 세상의 마음을 감동시키려고 하면, 반드시 마땅히 인의의 도와 은혜의 일로 했으니, 말재주로 기쁘게 하면 안 되므로, 열說이란 글자에서 말에 해당하는 언言자를 제거하고 태兌라고 했다然不謂說而謂之兌者, 蓋聖賢之人, 將欲感天下之心, 必當以仁義之道, 恩惠之事, 固不可以言語口舌而爲說, 故去其言而爲兌也."

2 남을 기뻐하게 하면서도 올바를 수 있어서: "기뻐하게 하되 올바름을 지키는 것이 이롭다"는 구절에 대한 왕필의 해석은 눈여겨볼 만하다. "사람을 기뻐하게 하면서 자신의 강직한 뜻을 어기면 아첨이고, 강직한 뜻만 강요하여 사람을 기쁘게 하지 못하면 폭력이다說而違剛, 則諂, 剛而違說, 則暴." 호원도 비슷하게 말하고 있다. "타인을 감동시켜 기쁘게 하는 자는 마땅히 마음속에 강직한 뜻을 가지고 있으면서도 겉으로는 유연한 태도로 보여야 한다. 그러나 단지 강직한 뜻만 가지고 있으면 폭력에 이르러 세상의 마음을 감동시켜 기쁘게 할 수 없다. 그러므로 마땅히 겉으로 유연한 태도를 보여야 한다. 안으로 강직하고 겉으로 다시 유연하여 이러한 태도로 사람을 기쁘게 하면 사람들이 모두 기뻐하여 모여든다所以感說人者,

當內有其剛, 外示以柔. 然而止有剛, 則至暴, 而无以感說天下之心. 故當外示之以柔. 內既剛外復柔, 以此說人, 則人皆說而歸之."

3 헤아리느라고 마음이 편안하지 못하니: 중국판본은 "故不能决而商度. 未寧"으로 읽고 있지만, 『주역대전』 구결은 "故不能决, 而商度未寧"으로 읽고 있다. 『주역대전』 구결을 따랐다.

4 따라야 할 사람을 비교하고 계산하지만 결단하지 못하여 정할 수가 없는 것이다: 호원은 이렇게 설명한다. "구사효는 강명한 자질을 가지고 상괘의 가장 아래에 자리하여 구오효의 군주에 가장 가까워 큰 지위를 얻고 중요한 권력을 가진 자다. 권력과 지위를 가진 신하라면 간사하고 아첨을 잘하는 사람이 모두 감언이설과 간사한 행동으로 구사효를 기쁘게 해서 등용되기를 희망할 것이다. 그러나 소인의 무리는 단지 일신의 영달을 위해 등용되기를 원할 뿐이니, 만약 그를 등용시켜 지위를 주면 위로는 반드시 군주에게 해를 입히고 아래로는 반드시 백성에게 해를 입힌다. 군주와 백성 사이가 모두 피해를 당하니, 그러므로 권력과 지위를 가진 구사효는 사람들이 자신을 기쁘게 하려 하는 것과 자신이 사람들을 기쁘게 하는 일 모두 마땅히 그 기뻐하는 의리를 헤아리고 논의하여 제재해서, 그 올바름을 잃지 않아야 한다 九四以剛明之資, 居上卦之下, 切近九五之君, 是居得大位與持重權者也. 既爲權位之臣, 則邪媚之人, 皆欲以甘言巧語, 柔佞之道, 以苟說于己, 將以希進用之地. 然小人之徒, 止欲榮進一身而已, 若使進而有位, 則上必爲害于君, 下必爲害于民, 君民之間, 皆被其疾害, 是則九四既有權位, 人求說己, 及己之說人, 皆當商議裁制其所說之義, 則不失其正."

5 얼굴색을 고치는 것: 혁革괘 상육효에 얼굴색을 고치는 것을 의미하는 '혁면革面'이 나온다. "상육효는 군자는 표범으로 변하는 것이고, 소인은 얼굴색만 고치니, 정벌하여 가면 흉하고, 올바름에 거하면 길하다上六, 君子豹變, 小人革面, 征凶, 居貞吉." 혁괘 상육효 참조.

6 사흉四凶: 순임금 때의 네 악인惡人인 공공共工·환도驩兜·삼묘三苗·곤鯀을 말한다. 인물사전 참조.

59. 흩어진 민심: 환渙괘䷺

풍수환風水渙이라고 한다. 괘의 모습이 손巽☴괘가 위에 있고 감坎☵괘가 아래에 있기 때문이다.

환渙괘에 대해서 「서괘전」은 다음과 같이 설명한다. "태兌란 기뻐하는 것이니, 기뻐한 뒤에는 이완되어 흩어지므로, 환괘로 받았다." 기뻐하면 기분이 느긋해지고 흩어진다. 사람의 기분은 우울하면 뭉쳐 응집되고 기쁘면 느긋해지고 흩어지므로, 기뻐함에는 흩어지는 뜻이 있으니, 환괘가 태兌괘를 이었다. 괘의 모습은 바람을 상징하는 손巽괘가 위에 있고 물을 상징하는 감坎괘가 아래에 있다. 바람이 물 위에 불어오니, 물이 바람을 만나면 흩어지게 되므로, 그래서 흩어짐이다.

渙, 序卦, "兌者說也, 說而後散之, 故受之以渙." 說則舒散也. 人之氣憂則決聚, 說則舒散, 故說有散義, 渙所以繼兌也. 爲卦, 巽上坎下. 風行於水上, 水遇風則渙散, 所以爲渙也.

흩어짐은 형통하다. 왕이 종묘를 두는 것에 이르면 큰 강을 건너

는 것이 이로우니, 올바름을 굳게 지키는 것이 이롭다.

渙, 亨. 王假有廟, 利涉大川, 利貞.

'환渙'은 민심이 흩어져 떠나는 것이다.[1] 사람이 흩어져 떠나는 것은 마음의 중심으로부터 시작되니, 사람의 마음이 떠나면 흩어져 떠난다. 흩어져 떠나는 것을 다스리는 것도 사람 마음의 중심인 중中[2]에 근본하니, 사람의 마음을 수습하여 합치할 수 있다면 흩어져 떠난 것을 모을 수 있다. 그러므로 괘의 뜻은 모두 중中을 주로 했다. "올바름을 굳게 지키는 것이 이롭다"는 것은 흩어진 것을 합치하는 도리는 올바름을 굳게 지키는 것에 달렸다는 말이다.

渙, 離散也. 人之離散, 由乎中, 人心離, 則散矣. 治乎散, 亦本於中, 能收合人心, 則散可聚也. 故卦之義, 皆主於中. 利貞, 合渙散之道在乎正固也.

「단전」에서 말했다. "흩어짐은 형통하다"는 것은 강한 것이 와서 궁해지지 않고 유한 것이 밖에서 자리를 얻어, 위와 함께하기 때문이다.

彖曰, 渙, 亨, 剛來而不窮, 柔得位乎外, 而上同.

흩어짐이 형통할 수 있는 것은 괘의 자질이 이와 같기 때문이다. 흩어짐이 흩어짐을 이루는 것은 양효인 구九가 아래로 와서 이二의 위치에 자리하고, 음효인 육六이 올라가서 사四의 위치에 자리하기 때문이다.[3] 강양剛陽한 것이 아래로 오니, 아랫자리에서 궁지에 몰리지 않으면서 처신하는 데에 그 중도를 얻고, 유柔한 것이 위로 가서 밖에서 올바른 지위를 얻어 위로 중도를 이룬 구오효와 함께한다. 구오효에 공손하게 따르는 것이 바로 위와 함께하는 것이다.

육사효와 구오효는 군주와 신하의 지위다. 흩어지는 때를 당하여 가까이 관계하면 그 의리가 서로 통하여 구오효와 함께하니, 이것이 바로 중도를 따르는 것이다. 흩어지는 때를 당하여 그 중도를 지키면 분산되는 지경에까지 이르지 않으므로, 형통할 수 있다.

渙之能亨者, 以卦才如是也. 渙之成渙, 由九來居二, 六上居四也. 剛陽之來, 則不窮極於下而處得其中, 柔之往, 則得正位於外而上同於五之中. 巽順於五, 乃上同也. 四五, 君臣之位, 當渙而比, 其義相通, 同五乃從中也. 當渙之時而守其中, 則不至於離散, 故能亨也.

"왕이 종묘를 두는 것에 이른다"는 것은 왕이 마침내 중中에 있는 것이다.

王假有廟, 王乃在中也.

"왕이 종묘를 두는 것에 이른다"는 말의 뜻은 췌萃괘에 자세하게 설명했다.[4] 세상 사람들이 흩어져 떠날 때 왕이 민심을 수습하고 화합해서 종묘를 두는 것에 이르면, 이것이 곧 중中에 있는 것이다.[5] "중에 있다"는 것은 중도를 구하여 얻는 것이니, 민심을 통섭하여 공고히 하는 것을 말한다. '중'이란 마음의 모습이다. "강한 것이 아래로 와서 궁해지지 않고 유한 것이 지위를 얻어 위와 함께했다"라고 했는데, 괘의 자질 구조의 뜻이 모두 중을 주로 했다.

왕이 민심이 흩어지는 것을 해결하는 방도는 그 마음의 중심을 얻는 것에 달려 있을 뿐이다. 맹자가 "백성을 얻는 방법이 있으니, 마음을 얻으면 백성을 얻는다"[6]고 했다. 상제에게 제사를 하고 종묘를 세우는 것은 민심이 돌아오고 따르는 것이다. 민심을 돌아오게 하는 방도 가운데 이보다 더 위대한 것은 없으므로, "종묘를 두는 것에 이른다"고 했으니, 민심이 흩어지는 것을 해결하는 방도가 여기에서 지극한 것이다.

王假有廟之義, 在萃卦詳矣. 天下離散之時, 王者收合人心, 至於有廟, 乃是在其中也. 在中謂求得其中, 攝其心之謂也. 中者心之象. 剛來而不窮, 柔得位而上同, 卦才之義, 皆主於中也. 王者拯渙之道, 在得其中而已. 孟子曰, "得其民有道, 得其心斯得民矣." 享帝立廟, 民心所歸從也. 歸人心之道, 无大於此, 故云至于有廟, 拯渙之道極於此也.

"큰 강을 건너는 것이 이롭다"는 것은 나무를 타고서 공이 있는 것이다.

利涉大川, 乘木有功也.

흩어진 민심을 다스리는 방도는 마땅히 장애와 어려움을 해결해야만 하니, 괘에 나무배를 타고 강을 건너는 모습이 있다. 위의 손巽괘는 나무를 상징하고 아래의 감坎괘는 물로서 큰 강을 상징한다. 이는 위험한 장애를 건너서 흩어진 민심을 해결하는 것이 이롭다는 것이다. 나무가 물 위에 있는 것은 나무배를 타는 모습이니, 나무배를 탄다는 것은 곧 강을 건너는 것을 의미한다. 강을 건너면 흩어진 민심을 해결하는 공이 있으니, 괘에 이러한 의미가 있고 이러한 모습이 있다.

治渙之道, 當濟於險難, 而卦有乘木濟川之象. 上巽, 木也, 下坎, 水, 大川也. 利涉險以濟渙也. 木在水上, 乘木之象, 乘木所以涉川也. 涉則有濟渙之功, 卦有是義, 有是象也.

「상전」에서 말했다. 바람이 물 위에서 부는 것이 환괘의 모습이니, 선왕은 이것을 본받아 상제께 제사를 드리고 종묘를 세운다.

象曰, 風行水上, 渙, 先王以享于帝, 立廟.

바람이 물 위에서 부니, 물이 흩어지는 모습이 있다. 선왕은 이러한 모습을 관찰하여 세상이 흩어지는 것을 해결해, 상제에게 제사를 드리고 종묘를 세운다. 민심을 수습하여 화합시키는 데에 종묘만 한 것이 없다. 제사를 올리는 보답은 그 마음에서 나온다. 그러므로 상제에게 제사를 드리고 종묘를 세우는 것은 민심이 돌아오게 하는 것이다. 민심을 붙잡고, 흩어진 것을 화합시키는 방도 가운데 이것보다 더 위대한 것은 없다.

風行水上, 有渙散之象. 先王觀是象, 救天下之渙散, 至于享帝立廟也. 收合人心, 无如宗廟. 祭祀之報, 出於其心. 故享帝立廟, 人心之所歸也. 係人心, 合離散之道, 无大於此.

초육효는 구제하려고 하되 말이 건장하니 길하다.

初六, 用拯馬壯, 吉.

음효인 육六이 괘의 시초에 자리했으니, 민심이 흩어지기 시작하는 때다. 처음 흩어지기 시작할 때 구제하고 해결하며 또 건장한 말을 얻으니, 그래서 길하다. 여섯 효 가운데 오직 초효만이 '흩어진다'는 말을 하지 않았다. 그 이유는 흩어져 떠나는 형세를 마땅히 조기에 분별해야만 하는데, 민심이 이제 막 흩어지기 시작할 때에 구제하려고 노력하면 흩어져 떠나는 지경에까지 이르지 않기 때문이니, 경계하여 가르치려는 뜻이 깊다.

'말'은 사람이 달리는 데 의지하는 동물이다. 건장한 말에 의지했으므로 흩어진 민심을 수습할 수 있다. 말은 구이효를 말한다. 구이효는 강중剛中한 재능을 가지고, 초육효는 유순하며, 구이효와 초육효는 모두 호응하는 상대가 없으니, 호응하는 상대가 없으면 구이효와 초육효는 서로 친밀하게 관계하면서 서로를 구하게 된다. 초육효의 유순한 태도로 강중한 재능을 가진 사람에게 의지해서 흩어진 민심을 구원하기를 마치 건장한 말을 얻어 타고 먼 길을 가는 것과 같이 하니, 반드시 흩어진 민심을 해결할 수 있으므로 길하다. 흩어진 민심을 조기에 해결하려 힘쓰면 쉽게 해결할 수 있으니, 이는 그때가 순조롭게 해결할 수 있는 상황이기 때문이다.

六居卦之初, 渙之始也. 始渙而拯之, 又得馬壯, 所以吉也. 六爻獨初不云渙者, 離散之勢, 辨之宜早, 方始而拯之, 則不至於渙也, 爲教深矣. 馬, 人之所託也. 託於壯馬, 故能拯渙. 馬謂二也. 二有剛中之才, 初陰柔順, 兩皆无應, 无應則親比相求. 初之柔順, 而託於剛中之才, 以拯其渙, 如得壯馬以致遠, 必有濟矣, 故吉也. 渙拯於始, 爲力則易, 時之順也.

「상전」에서 말했다. 초육효의 길함은 그 때를 따를 수 있기 때문이다.

象曰, 初六之吉, 順也.

초구효가 길한 이유는 강중한 재능을 가진 사람에게 순종할 수 있기 때문이다. 민심이 흩어지려고 하는 초기에 문제를 해결하려고 힘쓰니, 이는 때를 따를 수 있는 것이다.

初之所以吉者, 以其能順從剛中之才也. 始渙而用拯, 能順乎時也.

구이효는 민심이 흩어지는 때에 기댈 곳으로 달려가면, 후회가 없어진다.

九二, 渙奔其机, 悔亡.

여러 효에서 모두 '흩어진다'고 말한 것은 민심이 흩어지는 때를 말한다. 민심이 흩어지고 떠나는 때에 위험한 가운데 처했으니, 후회가 있을 것이라는 점을 충분히 알 수 있다. 만약 편안한 곳으로 달려가 취하면 후회가 없어질 수 있다. '기댈 곳'이란 구부려 기대어 의지해서 편안한 곳이다. "구부려 기댄다"는 것은 아래로 가는 것이다. "달려간다"는 것은 신속하게 가는 것이다. 구이효와 초육효는 올바른 호응관계는 아니지만, 민심이 흩어지는 때에 두 사람은 모두 함께하는 사람이 없어 음과 양이 서로 친밀하게 관계하여 서로 구하니, 서로 의지하는 자다. 그러므로 구이효의 입장에서 초육효는

‘기댈 곳’이 되고 초육효의 입장에서는 구이효가 ‘말’이 된다. 구이효가 초육효에게 신속하게 가서 안정을 이룬다면 후회가 없어질 수가 있다. 초육효가 비록 위험을 상징하는 감괘의 형체에 속해 있지만, 위험의 한복판에 있지는 않다.

어떤 사람은 이렇게 의심하여 말한다. “초육효는 유약한 자질에 미천한 지위를 가진 사람인데 어떻게 의지할 수 있겠는가?” 이렇게 대답하겠다. 민심이 흩어질 때에는 힘을 합하는 것이 가장 우선시되어야 할 일이다. 이전의 유학자들은 모두 구오효를 ‘기댈 곳’으로 생각했는데[7] 잘못이다. 이제 막 민심이 흩어지려고 할 때에 구오효와 구이효라는 두 양효가 어떻게 힘을 합할 수가 있겠는가? 만약 힘을 합할 수 있다면, 흩어진 민심을 해결하는 공이 당연히 클 것이니, 어찌 단지 후회만이 없어질 뿐이겠는가? ‘의지할 곳’은 아래로 내려가는 것을 말한다.

諸爻皆云渙, 謂渙之時也. 在渙離之時, 而處險中, 其有悔可知. 若能奔就所安, 則得悔亡也. 机者, 俯憑以爲安者也. 俯, 就下也. 奔, 急往也. 二與初雖非正應, 而當渙離之時, 兩皆无與, 以陰陽親比相求, 則相賴者也. 故二曰初爲机, 初謂二爲馬. 二急就於初以爲安, 則能亡其悔矣. 初雖坎體, 而不在險中也. 或疑初之柔微, 何足賴? 蓋渙之時, 合力爲勝. 先儒皆以五爲机, 非也. 方渙離之時, 二陽豈能同也? 若能同, 則成濟渙之功當大, 豈止悔亡而已? 机謂俯就也.

「상전」에서 말했다. 민심이 흩어지는 때에 기댈 곳으로 달려가는 것은 원하는 것을 얻는 것이다.

象曰, 渙奔其机, 得願也.

민심이 흩어지는 때에는 화합하는 것이 편안하고 안정을 이루는 것이다. 구이효는 위험 속에 있어서 초육효에게 신속하게 가는 것은 안정을 구하기 위해서다. '기댈 곳'처럼 의지하여 후회가 없어지니, 이것이 곧 원하는 것을 얻는 것이다.

渙散之時, 以合爲安. 二居險中, 急就於初, 求安也. 賴之如机而亡其悔, 乃得所願也.

육삼효는 민심이 흩어질 때 그 몸에만 후회가 없다.

六三, 渙其躬, 无悔.

육삼효는 민심이 흩어질 때 홀로 호응하는 사람과 함께하는 사람이 있어서, 사람들과 흩어지는 후회는 원래 없다. 그러나 음유한 자질과 중정을 이루지 못한 재능으로 위로 지위가 없는 자리에 있으니,[8] 어찌 민심이 흩어진 때의 문제를 해결하여 사람들에게 영향을 미칠 수 있겠는가? 단지 그 몸에 그쳐서, 자신만 후회가 없을 수 있을 뿐이다. 그 위에 '민심이 흩어질 때'라는 말을 덧붙인 이유는 민심이 흩어질 때에 자신에게만 후회가 없는 것을 나타내기 위해서다.

三在渙時, 獨有應與, 无渙散之悔也. 然以陰柔之質, 不中正之才, 上居无位之地, 豈能拯時之渙而及人也? 止於其身, 可以无悔而已. 上加渙字, 在渙之時, 躬无渙之悔也.

「상전」에서 말했다. 민심이 흩어질 때 그 몸에만 후회가 없는 것은 뜻이 밖에 있기 때문이다.

象曰, 渙其躬, 志在外也.

뜻이 상구효와 호응하는 것은 뜻이 밖에 있는 것이다. 상구효와 서로 호응했기 때문에 자신만 사람들과 흩어지는 것을 면하여 후회가 없다. 후회가 없어졌다는 것은 본래 후회가 있었는데 없어진 것이고, 후회가 없다는 것은 본래부터 없었던 것이다.

志應於上, 在外也. 與上相應, 故其身得免於渙而无悔. 悔亡者, 本有而得亡, 无悔者, 本无也.

육사효는 민심이 흩어지는 때에 무리를 이루는 자라서, 크게 길하다. 민심이 흩어질 때 언덕처럼 모이는 것은 보통사람이 생각할 수 있는 것이 아니다.

六四, 渙其群, 元吉. 渙有丘, 匪夷所思.

환괘의 육사효와 구오효 두 효는 의리상 서로 필요로 하는 것이어서 통합적으로 말했으므로, 「단전」에서는 "위와 함께한다"고 했다. 육사효는 공손하여 이치에 순종하고 올바름을 지켜서 대신의 지위에 자리하고, 구오효는 강중한 덕을 가지고 올바름을 지켜서 군주의 지위에 자리했다. 군주와 신하가 힘을 합치고 강한 사람과 유한 사람이 서로 협력하여, 세상의 민심이 흩어지는 어려움을 해결한다.

민심이 흩어지는 때에 지나치게 강한 태도를 취하면 사람들을 회유하여 모이게 할 수가 없고, 지나치게 유순한 태도를 취하면 사람들이 의존하여 복종하도록 만들 수가 없다. 육사효는 공손하여 이치에 순종하는 정도를 가지고, 강하면서도 중정을 이룬 군주를 보좌하여 군주와 신하가 공을 함께하니, 그래서 민심이 흩어진 위기를 해결할 수 있다. 세상의 민심이 흩어지는 때에 사람들이 무리지어 모이도록 할 수 있다면, 최선의 길함이라고 할 수 있다.

"민심이 흩어질 때 언덕처럼 모이는 것은 보통사람이 생각할 수 있는 것이 아니다"라는 말은 찬미하는 말이다. '언덕'이란 크게 모이는 모습을 상징한다. 민심이 흩어지려는 때에 사람들을 크게 모이게 할 수 있다면 그 공은 매우 크고, 그 일은 매우 어려우며, 그 작용은 매우 신묘한 것이다. '이夷'는 평상시를 상징하니, 보통사람의 식견으로는 생각하여 미칠 수 있는 바가 아니다. 위대한 현자의 지혜가 아니라면, 누가 이렇게 할 수 있겠는가?

渙, 四五二爻義相須, 故通言之, 彖故曰上同也. 四, 巽順而正, 居大臣之位, 五, 剛中而正, 居君位. 君臣合力, 剛柔相濟, 以拯天下之渙者也. 方渙散之時, 用剛則不能使之懷附, 用柔則不足爲之依歸. 四以巽順之正道, 輔剛中正之君, 君臣同功, 所以能濟渙也. 天下渙散, 而能使之群聚, 可謂大善之吉也. 渙有丘, 匪夷所思, 贊美之辭也. 丘, 聚之大也. 方渙散而能致其大聚, 其功甚大, 其事甚難, 其用至妙. 夷, 平常也. 非平常之見所能思及也. 非大賢智, 孰能如是?

「상전」에서 말했다. 민심이 흩어지는 때에 무리를 이루는 자라서, 크게 길한 것은 빛나고 큰 것이다.

象曰, 渙其群, 元吉, 光大也.

크게 길한 것이라 한 것은 그 공과 덕이 빛나고 큰 것이다. 크게 길하여 빛나고 큰 것을 구오효에 해당시키지 않고 육사효에 해당시켜 말한 것은 두 효의 뜻을 통틀어 말했기 때문이다. 육사효에서는 직접 구체적인 일을 시행한 측면을 말했고, 구오효에서는 공을 이룬 점을 말했으니, 이는 군주와 신하의 합당한 몫이다.

稱元吉者, 謂其功德光大也. 元吉光大不在五而在四者, 二爻之義通言也. 於四言其施用, 於五 言其成功, 君臣之分也.

구오효는 민심이 흩어질 때 큰 명령을 몸에 땀이 스며들 듯이 내리면, 흩어진 민심을 이렇게 처리하여 왕의 자리에 걸맞으니, 허물이 없다.

九五, 渙汗其大號, 渙王居, 无咎.

구오효와 육사효는 군주와 신하가 덕을 합하여, 강하면서 중정을 이룬 방도와 공손하면서도 이치에 순종하는 방도로 서로 흩어진 민심을 다스리는 데에 그 적합한 방도를 얻었다. 오직 사람들의 마음에 깊이 스며들어 감동하는 것에 달려 있으니, 그렇게 한다면 사람들은 순종한다. 마땅히 호령을 내려서 민심에 스며들기를 땀이 몸에 스며들듯이 할 수 있다면, 신뢰하고 복종하여 따를 것이다. 이와 같이 하면 세상의 민심이 흩어진 상황을 해결하여 왕의 지위에 걸맞게 되어 허물이 없을 것이다.

큰 명령이란 큰 정치 명령이다. 백성의 삶을 혁신할 수 있는 큰 명령과 흩어진 민심을 수습할 수 있는 큰 정치를 말한다. 다시 두 번째로 문장에서 '환渙'이라고 말한 것은 앞에서는 민심이 흩어질 때를 말한 것이고, 아래에서는 흩어진 민심을 처리하기를 이렇게 하면 허물이 없다는 점을 말한 것이다. 육사효에서는 "크게 길하다"고 말했으니, 구오효에서는 오직 "그 지위에 걸맞다"라고만 했다. 환괘의 육사효와 구오효를 통합적으로 말한 것은 환괘에서는 민심이 흩어지는 것이 가장 큰 피해 상황이 되기 때문이니, 그 상황을 해결하여 화합하게 하는 데에 군주와 신하가 공을 함께 하고 힘을 합치지 않는다면 어떻게 그런 상황을 해결할 수 있겠는가? 효의 뜻에서 보면 서로 의지하니, 이것이 그 때의 마땅함이다.

五與四君臣合德, 以剛中正巽順之道, 治渙得其道矣. 唯在浹洽於人心, 則順從也. 當使號令洽於民心, 如人身之汗浹於四體, 則信服而從矣. 如是, 則可以濟天下之渙, 居王位爲稱而无咎. 大號, 大政令也. 謂新民之大命, 救渙之大政. 再云渙者, 上謂渙之時, 下謂處渙如是則无咎也. 在四已言元吉, 五唯言稱其位也. 渙之四五通言者, 渙以離散爲害, 拯之使合也. 非君臣同功合力, 其能濟乎? 爻義相須, 時之宜也.

「상전」에서 말했다. 왕의 자리에 걸맞으니 허물이 없는 것은 올바른 지위라는 말이다.

象曰, 王居无咎, 正位也.

'왕의 자리'는 올바른 지위를 말하니, 군주의 존귀한 지위다. 구오효처럼 행할 수 있다면 존귀한 지위에 자리하는 것이 걸맞아서 허물이 없다.

王居, 謂正位, 人君之尊位也. 能如五之爲, 則居尊位爲稱而无咎也.

상구효는 민심이 흩어질 때에 그 피가 제거되고 두려움에서 벗어나면 허물이 없다.

上九, 渙其血去逖出, 无咎.

환괘의 여러 효는 모두 연계되어 호응하는 사람이 없으니, 또한 흩어지는 모습이다. 오직 상구효만이 육삼효에 호응하지만 육삼효는 위험에 빠진 극한적인 상황에 자리하니, 상구효가 아래로 내려와 이 육삼효를 따른다면 민심이 흩어진 상황에서 벗어날 수가 없다. 위험이란 피해를 입고 두려움에 빠지는 모습이므로, 피와 두려움이라고 했다.

그러나 상구효는 양강한 자질로 민심이 흩어진 상황의 밖에 처하여, 그런 상황에서 벗어난 모습이다. 또 공손함의 끝에 자리하여 상황의 이치에 공손하게 순종할 수 있으므로, 만약 그 피를 제거할 수 있고 두려움에서 벗어날 수 있다면 허물이 없다고 했다.

'기其'라는 것은 가지고 있다는 말이다. 민심이 흩어질 때에는 민심을 화합시키는 것이 공이겠지만, 오직 상구효는 민심이 흩어지는 극한적인 상황에 자리하여 연계되어 호응하는 사람이 없고 위험에 가까이 있으므로, 민심이 흩어지는 상황의 밖에 있으면서 피해를 멀리하는 것을 최선의 방도로 삼았다.

渙之諸爻皆无係應, 亦渙離之象. 惟上應於三, 三居險陷之極, 上若下從於彼, 則不能出於渙也. 險有傷害畏懼之象, 故云血惕. 然九以陽剛處渙之外, 有出渙之象, 又居巽之極, 爲能巽順於事理, 故云若能使其血去, 其惕出, 則无咎也. 其者, 所有也. 渙之時, 以能合爲功, 獨九居渙之極, 有係而臨險, 故以能出渙遠害爲善也.

「상전」에서 말했다. 민심이 흩어지는 때에 그 피를 제거하는 것은 피해를 멀리하는 것이다.

象曰, 渙其血, 遠害也.

만약 「상전」의 글과 같이 '환기혈渙其血'이라고만 하면 이는 둔괘의 '둔기고屯其膏'처럼 "은택이 베풀어지기 어렵다"는 식의 문장 형식처럼 번역되는 것같이 보이지만, 의미는 그렇지 않다. '혈血'이라는 글자 아래에 "제거한다"는 '거去'라는 자가 생략되었으니, "피가 제거되고 두려움에서 벗어난다"는 것은 피해를 멀리할 수 있다면 허물이 없음을 말한다.

若如象文爲渙其血, 乃與屯其膏同也, 義則不然. 蓋血字下脫去字, 血去惕出, 謂能遠害則无咎也.

1 '환渙'은 민심이 흩어져 떠나는 것이다: 호원은 "환은 분산되는 것이고, 떠나는 것이며, 풀어지는 것이다渙, 散也, 離也, 釋也"라고 말하면서 민심이 흩어지고 사람들이 분산되는 것이 형통한 이유를 다음과 같이 설명한다. "형통한 것은 이런 말이다. 위와 아래가 흩어지므로 백성들이 분열된다. 왜냐하면 도가 막히고 뜻이 통하지 않기 때문이다. 그래서 분산된다. 그러므로 군자는 이러한 때를 당하여 반드시 권변權變의 술수와 강명剛明의 덕으로 백성들의 위험과 고난을 풀어 없애서, 군중의 감정을 화합시키고 군중의 뜻을 인도하여 모두 모여들게 하니 형통함에 이른다. 그러므로 흩어짐은 형통하다고 했다亨者, 言上下所以渙散, 故民所以睽離. 蓋由道有所壅塞, 志有所不通. 是以渙散. 故君子當此之時, 必以權變之術, 剛明之德, 釋去民之險難, 以和衆情, 以導衆志, 使皆得萃聚而至于亨通. 故曰渙亨也."

2 여기서 말하는 중中이란 마음을 말하고 마음이 중도를 이룬 모습이다. 정이천은 뒤에서 중中을 '마음의 모습心之象'이라고 하고, 중에 있는 것을 중도를 얻은 것이라고 설명한다.

3 양효인 구九가 아래로 와서 (…) 사四의 위치에 자리하기 때문이다: 건乾☰괘에서 원래 사四의 자리에 에 있던 양효인 구九가 아래로 내려가 감坎☵의 이二의 자리에 위치하고, 곤坤☷괘에서 원래 이二의 자리에 있던 음효인 육六이 위로 올라가 손巽☴의 사四의 자리에 위치한다는 말이다.

4 췌萃괘에 자세하게 설명했다: 췌괘의 괘사도 "함께 모이게 하는 일은 형통하니 왕이 종묘를 두는 것에 이른다萃, 亨, 王假有廟"라고 되어있다. 이에 대해서 이천은 이렇게 설명하고 있다. "세상에서 사람들의 마음을 모으고 여러 사람의 뜻을 총괄하는 방도는 한 가지가 아니지만 그 지극히 위대한 방도로 종묘를 사용하는 것보다 더 뛰어난 방도는 없다. 그러므로 왕이 세상 사람들의 마음을 모으는 방도에서 종묘를 두는 것에 이르면 모으는 방도가 지극한 것이다." 췌괘 참조.

5 중中에 있는 것이다: 주희는 여기서의 중中을 구체적으로 "종묘의 가운데에 있는 것謂廟中"이라고 설명하고 있다.

6 『맹자』「이루상」, "걸왕과 주왕이 천하를 잃은 것은 백성을 잃었기 때문이니, 백성을 잃은 것은 민심을 잃은 것이다. 천하를 얻는 데에는 방도가 있으니 백성을 얻으면 천하를 얻는다. 백성을 얻는 데에는 방도가 있으니 민심을 얻으면 백성을 얻는다. 민심을 얻는 데에는 방도가 있으니 백성이 원하는 것을 위하여 모아 주고 백성이 싫어하는 것을 베풀지 말아야 할 뿐이다桀紂之失天下也, 失其民也, 失其民者, 失其心也. 得天下有道, 得其民, 斯得天下矣, 得其民有道, 得其心, 斯得民矣, 得其心有道, 所欲與之聚之, 所惡勿施爾也."

7 모두 구오효를 '기댈 곳'으로 생각했는데: 이전 유학자가 누구인지 모르겠다, 왕필과 공영달 모두 초육효를 '기댈 곳'으로 해석하고 있다. 호원도 마찬가지로 "기댈 곳은 사람이 기대어 의지하는 것이니, 초육효를 말한다机者, 人所倚憑, 謂初六也"라고 했다.

8 음유陰柔한 자질과 (…) 지위가 없는 자리에 있으니: 이 점에 대해서 호원은 이렇게 설명한다. "재능은 있는데 정치적 지위가 없거나, 정치적 지위는 있는데 재능이 없거나, 지위는 높은데 덕이 박하거나, 뜻은 위대한데 정치적 지위는 작을 경우

모두 세상에서 일을 도모하기에는 부족하다. 지금 육삼효는 음으로서 양의 위치에 자리하니 수행하는 곳이 올바른 것이 아니며, 민심이 흩어지는 때를 당하여 그 덕이 천하의 군중을 안정시킬 수가 없고, 그 재능이 세상의 어려움을 풀어낼 수 없고, 위험한 끝에 있어서, 후회가 있는 자다夫有才者, 或无位, 有位者, 或无才, 或位崇而德薄, 或志大而位小, 皆不足以有爲也. 今六三以陰居陽, 履非其正, 當渙散之時, 其德不能安天下之衆, 其才不能釋天下之難, 在險之終, 有悔者也."

60. 절제, 절도: 절節괘䷻

수택절水澤節이라고 한다. 괘의 모습이 감坎괘☵가 위에 있고, 태兌괘☱가 아래에 있기 때문이다.

절節괘에 대해서 「서괘전」은 다음과 같이 설명한다. "흩어짐이란 민심이 떠나는 것이니, 어떤 것도 끝까지 떠날 수는 없으므로, 절제를 상징하는 절괘로 받았다." 사물이 떨어져 흩어졌다면 마땅히 조절하여 멈춰야 하니, 절괘가 환渙괘 다음이 된다. 괘의 모습은 물을 상징하는 감坎괘가 위에 있고 연못을 상징하는 태兌괘가 아래에 있어서 연못 위에 물이 있는 모습이다. 연못의 용량에는 한계가 있어서, 연못 위에 물을 채우는 때에 물이 가득 차면 더 수용될 수 없으니, 절제가 된다.

節, 序卦, "渙者離也, 物不可以終離, 故受之以節." 物旣離散, 則當節止之, 節所以次渙也. 爲卦, 澤上有水. 澤之容有限, 澤上置水, 滿則不容, 爲有節之象, 故爲節.

절제는 형통하니, 괴로운 절제는 올바를 수가 없다.

節, 亨, 苦節不可貞.

어떤 일이든[1] 절제가 있다면 형통함에 이를 수가 있으므로, 절제에는 형통하다는 의미가 담겨 있다. 절제는 상황에 알맞게 적중하는 것이 가장 중요하니, 과도하게 되면 고통스럽다. 절제하면서 고통에 이른다면 어찌 오래도록 지속할 수 있겠는가? 굳게 지켜서 오래 지속할 수 없으므로, 올바를 수 없는 것이다.

事旣有節, 則能致亨通, 故節有亨義. 節貴適中, 過則苦矣. 節至於苦, 豈能常也? 不可固守以爲常, 不可貞也.

「단전」에서 말했다. "절제는 형통하다"는 것은 강함과 유함이 나뉘어서 강함이 적절한 중도를 얻었기 때문이다.

彖曰, 節, 亨, 剛柔分而剛得中.

절제의 도는 본래 형통할 수 있는 뜻이 담겨 있으니, 어떤 일이건 절제하면 형통할 수 있다. 또 괘의 자질 구조가 강剛함과 유柔함이 나뉘어서[2] 강함이 적절한 중도를 얻어 과도하지 않으니 또한 절제가 될 수 있고, 그래서 형통할 수 있다.

節之道, 自有亨義, 事有節則能亨也. 又卦之才, 剛柔分處, 剛得中而不過, 亦所以爲節, 所以能亨也.

"괴로운 절제는 올바를 수 없다"는 것은 그 도가 궁지에 몰리기

때문이다.

苦節不可貞, 其道窮也.

절제가 극한에 이르러 괴로우면 견고하게 오래 지속하여 지킬 수가 없으니, 그 도가 궁지의 한계에 다다른 것이다.

節至於極而苦, 則不可堅固常守, 其道已窮極也.

기뻐하면서 위험을 행하고, 합당한 지위를 감당해서 절제하고, 중정을 이루어 통한다.

說以行險, 當位以節, 中正以通.

괘의 자질 구조로 말한 것이다. 내괘는 기쁨을 상징하는 태兌괘이고 외괘는 위험 앞에서 멈춤을 상징하는 감坎괘이니, "기뻐하면서 위험을 행한다"[3]고 했다. 사람들은 기쁜 것에 대해서는 그칠 줄 모르고, 어려움과 위험을 만나서야 그칠 것을 생각한다. 그래서 기뻐하면서 그친다는 것이 절제의 뜻이다. "합당한 지위를 감당해서 절제한다"고 했는데, 구오효가 존귀한 지위에 있는 것이 합당한 지위를 감당한다는 것이고, 연못 위에서 절제가 있는 것이다. 합당한 지위를 감당해서 절제하니, 절제를 주관하는 자다. 처신하는 데에 중정中正의 도리를 얻으니, 절제하면서 통할 수 있다. 중정을 이루면 통하고, 과도하면 괴롭다.

以卦才言也. 內兌外坎, 說以行險也. 人於所說則不知已, 遇艱險則思止. 方說而止, 爲節之義. 當位以節, 五居尊當位也, 在澤上, 有節也. 當位而以節, 主節者也. 處得中正, 節而能通也. 中正則通, 過則苦矣.

하늘과 땅이 절도를 맞추어서 사계절을 이루니, 법도를 제정해서 절제하여, 재물을 손상하지 않고 백성에게 피해를 주지 않는다.

天地節而四時成, 節以制度, 不傷財, 不害民.

절제하는 도를 추론하여 말했다. 하늘과 땅에 절도가 있으므로 사계절을 이룰 수 있으니, 절도가 없으면 순서를 잃는다. 성인은 법도를 제정하여 절제했으므로, 재물을 손상하지 않고 백성에게 피해를 주지 않는다. 사람의 욕심은 끝없는데 법도를 제정하여 절제하지 않으면, 사치스럽게 남용하여 재물을 손상하고 백성에게 피해를 입히는 지경에 이른다.

推言節之道. 天地有節故能成四時, 无節則失序也. 聖人立制度以爲節, 故能不傷財害民. 人欲之无窮也, 苟非節以制度, 則侈肆, 至於傷財害民矣.

「상전」에서 말했다. 연못 위에 물이 있는 것이 절괘의 모습이니, 군자는 이 모습을 본받아 수數와 도度를 제정하며 덕과 행위를 의논한다.

象曰, 澤上有水, 節, 君子以制數度議德行.

연못이 물을 수용할 수 있는 데에는 한계가 있어서, 과도하면 가득 차서 넘치니, 그래서 절제가 있다. 그러므로 절괘다. 군자는 절제가 있는 모습을 관찰하여 수數와 도度의 기준을 제정한다. 어떤 사물의 크고 작음, 가볍고 무거움, 높고 낮음, 꾸밈과 바탕에는 모두 수와 도가 있으니, 그래서 절제하는 것이다. '수數'는 많고 적음이고 '도度'는 법으로 제정한 것이다.[4] "덕과 행위를 의논한다"고 했는데, 마음속에 보존된 것이 덕이고 겉으로 표현된 것이 행위가 되니, 사람의 덕과 행위가 의리에 합당하면 절도에 적중하는 것이다. "의논한다"는 것은 헤아려서 절도에 적중하는 균형점을 구하는 것이다.

澤之容水有限, 過則盈溢, 是有節, 故爲節也. 君子觀節之象, 以制立數度. 凡物之大小輕重高下文質, 皆有數度, 所以爲節也. 數, 多寡. 度, 法制. 議德行者, 存諸中爲德, 發於外爲行. 人之德行當義則中節. 議, 謂商度求中節也.

초구효는 문밖의 정원을 나가지 않으면 허물이 없다.

初九, 不出戶庭, 无咎.

'호정戶庭'이란 문밖의 정원이고, '문정門庭'은 문 안의 정원이다. 초구효는 양효로서 아래의 위치에 있고 위에 다시 호응하는 사람이 있으니, 절제할 수 있는 자가 아니다. 또 절제하는 시초에 있으므로, 신중하게 정도正道를 지켜서 문밖의 정원에 나가지 않으면 허물이 없다고 경계한 것이다. 처음에는 굳게 정도를 지킬 수 있으나, 끝에는 혹 변할 수 있다. 그래서 초기에 신중하게 삼가지 않으면, 어떻게 좋은 결말이 있겠는가? 그러므로 절제하는 시초에 경계함이 매우 엄격한 것이다.[5]

戶庭, 戶外之庭, 門庭, 門內之庭. 初以陽在下, 上復有應, 非能節者也. 又當節之初, 故戒之謹守, 至於不出戶庭, 則无咎也. 初能固守, 終或渝之. 不謹於初, 安能有卒? 故於節之初, 爲戒甚嚴也.

「상전」에서 말했다. 문밖의 정원에 나가지 않지만, 통하고 막히는 것을 알아야만 한다.

象曰, 不出戶庭, 知通塞也.

효사는 절제하는 초기에 조심스럽게 정도를 지키라고 경계했으므로, 문밖의 정원에 나가지 않으면 허물이 없다고 했다. 「상전」에서는 사람들이 말에 집착할 것을 근심했으므로, 다시 마땅히 조심스럽게 정도를 지켜서 문밖의 정원에 나가지 말아야 하지만 또한 반드시 때의 통함과 막힘을 알아야만 한다고 밝힌 것이다. 때가 통하면 행하고, 막히면 멈춰야 하니, 의리상 마땅히 나가야만 하면 나가야 하는 것이다.

미생尾生[6]의 약속에 대한 믿음은 물이 넘쳐오는데도 피하지 않았으니, 이는 때의 통함과 막힘을 알지 못했던 것이다. 그러므로 군자는 자신의 올바른 신념을 지키되 작은 신의에 집착하지 않는다.[7] 「계사전」에 이 효를 해석하기를[8] 오직 말을 가지고서 한 것은 사람에게서 절제해야 할 것이 오직 말과 행동인데, 말에서 절제를 하면 행위는 저절로 알 수가 있으니, 말이 우선시되어야만 한다.

爻辭於節之初, 戒之謹守, 故云不出戶庭則无咎也. 象恐人之泥於言也, 故復明之云, 雖當謹守, 不出戶庭, 又必知時之通塞也. 通則行, 塞則止, 義當出則出矣. 尾生之信, 水至不去, 不知通塞也. 故君子貞而不諒. 繫辭所解, 獨以言者, 在人所節, 唯言與行, 節於言則行可知, 言當在先也.

구이효는 문 안의 정원에 나가지 않으니, 흉하다.

九二, 不出門庭, 凶.

구이효가 강중剛中한 자질을 가졌더라도 음의 자리에 처했고, 기쁨에 자리하여 유한 자를 받들고 있다. 음의 자리에 처한 것은 올바르지 못한 것이고, 기쁨에 자리하는 것은 강함을 잃은 것이며, 유한 자를 받들고 있는 것은 올바르지 못한 사람을 가까이하는 것이다. 절제의 도는 마땅히 강하면서도 중정을 이룬 덕으로 행해야 한다. 구이효가 강중의 덕을 잃었으니, 구오효의 강하면서 중정을 이룬 덕과는 다르다. "문 안의 정원에 나가지 않는다"는 것은 밖으로 나가지 않는 것이니, 구오효를 따르지 않는 것을 말한다. 구이효와 구오효는 음과 양의 올바른 호응관계가 아니므로, 서로 따르지 않는다.

만약 강중의 도리로 서로 화합한다면 절제의 공을 이룰 수 있었을 것이다. 오직 그 덕을 잃고 때를 잃어버려서, 흉하다. 구오효와 화합하지 못하는 것이 곧 올바르지 못한 절제다. 강하면서 중정을 이룬 것으로 절제하는 것은 "분함을 억제하고 욕심을 막는다"[9]는 것과 과도한 것을 덜어내고 여유 있는 것을 억누르는 것과 같은 것이 그러하다. 올바르지 못한 절제는 씀씀이를 인색하게 절약하고 행동하는 데에 나약하게 절제하는 것과 같은 것이 그러하다.

二雖剛中之質, 然處陰居說而承柔. 處陰, 不正也, 居說, 失剛也, 承柔,近邪也. 節之道, 當以剛中正. 二失其剛中之德, 與九五剛中正異矣. 不出門庭, 不之於外也, 謂不從於五也. 二五非陰陽正應, 故不相從. 若以剛中之道相合, 則可以成節之功. 唯其失德失時, 是以凶也. 不合於五, 乃不正之節也. 以剛中正爲節, 如懲忿窒慾, 損過抑有餘是也. 不正之節, 如嗇節於用, 懦節於行是也.

「상전」에서 말했다. 문 안의 정원에 나가지 않아 흉한 것은 때를 잃은 것이 지극하기 때문이다.

象曰, 不出門庭凶, 失時極也.

위로 구오효의 강하면서 중정을 이룬 도를 따라 절제의 공을 이룰 수 없고 사사롭게 친한 음유한 자에 얽매여 있으니, 이는 때를 잃은 것이 매우 지극해서, 흉하다. 때를 잃은 것은 그 마땅한 바를 잃은 것이다.

不能上從九五剛中正之道, 成節之功, 乃係於私暱之陰柔, 是失時之至極, 所以凶也. 失時, 失其所宜也.

육삼효는 절제하지 않으면 한탄하니, 탓할 곳이 없다.

六三, 不節若則嗟若, 无咎.

육삼효는 중정을 이루지 못했으며, 강한 자를 타고서 위험에 임했으니, 실로 마땅히 허물이 있다. 그러나 유순하여 화합하고 기뻐하니, 만약 스스로 절제하여 마땅한 의리에 순종하면 허물이 없을 수 있다. 그렇지 않으면 흉함과 허물이 반드시 이를 것이니, 손상을 입고서 한탄할 만하다. 그러므로 절제하지 않으면 한탄한다는 것이니, 자신이 자초한 것이므로, 허물을 탓할 곳이 없다.

六三不中正, 乘剛而臨險, 固宜有咎. 然柔順而和說, 若能自節而順於義, 則可以无過. 不然, 則凶咎必至, 可傷嗟也. 故不節若則嗟若, 己所自致, 无所歸咎也.

「상전」에서 말했다. 절제하지 못하여 한탄하는 것이니, 또 누구를 탓하겠는가?

象曰, 不節之嗟, 又誰咎也?

절제하면 허물을 면할 수 있는데, 스스로 절제하지 못하여 한탄할 만한 지경에 이른 것이니, 누구를 탓하겠는가?

節則可以免過, 而不能自節, 以致可嗟, 將誰咎乎?

육사효는 절제하는 데에 편안한 것이니, 형통하다.

六四, 安節, 亨.

육사효는 강하면서 중정을 이룬 구오효의 도를 순종하면서 받드니, 이것이 중정으로써 절제하는 것이다. 음한 자질로 음한 위치에 자리했으니, 올바름에 안정을 이루었다. 지위를 합당하게 감당하는 것이 절제가 있는 모습이니, 아래로 초구효에 호응한다. 육사효는 감坎괘의 형체에 속해 있어서 물에 해당한다. 물이 위로 넘치는 것은 절제가 없는 것이고, 아래로 흘러내리는 것은 절제가 있는 것이다. 육사효와 같은 사람의 마땅한 의리는 억지로 절제하는 것이 아니라 절제가 안정을 이룬 것이므로, 형통함에 이를 수 있다. 절제는 안정을 이루는 것이 가장 좋다. 억지로 절제하면서 스스로를 지키려고 애를 써서 안정을 이루지 못하면 오래도록 지속할 수가 없으니, 어찌 형통할 수 있겠는가?

四順承九五剛中正之道, 是以中正爲節也. 以陰居陰, 安於正也. 當位爲有節之象, 下應於初. 四, 坎體, 水也. 水上溢爲无節, 就下有節也. 如四之義, 非強節之, 安於節者也, 故能致亨. 節 以安爲善. 強守而不安, 則不能常, 豈能亨也?

「상전」에서 말했다. 절제하기를 편안히 하여 형통한 것은 위의 도를 받드는 것이다.

象曰, 安節之亨, 承上道也.

육사효가 절제하는 데에 안정을 이루는 뜻은 한 가지가 아니지만, 「상전」에서 유독 그 중요한 점을 들었다. 위로 강하면서 중정을 이룬 사람의 도를 받들어 절제하니 형통하기에 충분하고, 나머지 좋은 점도 중정을 이룬 데서 벗어나지 않는다.

四能安節之義非一, 象獨擧其重者. 上承九五剛中正之道以爲節, 足以亨矣. 餘善亦不出於中正也.

구오효는 감미로운 절제라서 길하니, 그대로 가면 가상할 만한 일이 있다.

九五, 甘節吉, 往有尙.

구오효는 강하면서 중정을 이룬 덕으로 존귀한 지위에 자리하여 절제의 주체가 되었으니, 「단전」에서 말하는 "합당한 지위를 감당하여 절제하고 중정을 이루어 통한다"는 말이다. 자신의 입장에서는 안정을 이루어 행하고 세상 사람들은 기뻐하면서 따르니, 절제하는 것이 감미롭고 아름다운 것이라서[10] 그 길함을 알 수 있다. 이러한 방도로 행하여나가면 그 공이 크다. 그러므로 그대로 가면 가상할 만한 일이 있는 것이다.

九五剛中正, 居尊位, 爲節之主, 所謂當位以節, 中正以通者也. 在已則安行, 天下則說從, 節之甘美者也, 其吉可知. 以此而行, 其功大矣, 故往則有可嘉尙也.

「상전」에서 말했다. 감미로운 절제가 길한 것은 자리하고 있는 지위가 중도를 이루었기 때문이다.

象曰, 甘節之吉, 居位中也.

존귀한 지위에 자리하고 있고 또 중도를 얻었으니, 그래서 길하고 공이 있다. 절제는 중도를 이루는 것이 가장 중요하니, 중도를 얻으면 반드시 올바르지만, 올바름만 지킨다고 해서 중도를 다할 수 있는 것은 아니다.

既居尊位, 又得中道, 所以吉而有功. 節以中爲貴, 得中則正矣, 正不能盡中也.

상육효는 괴로운 절제이니, 올바르더라도 흉하고, 후회하면 흉함이 없어진다.

上六, 苦節, 貞凶, 悔亡.

상육효는 절제의 극한에 자리하니, 절제하는 데에 괴로운 것이다. 위험의 끝에 자리하니, 또한 괴로운 뜻이 있다. 고집스럽게 지키면 흉하고, 후회하면 흉함이 없어진다. "후회한다"는 것은 과도함을 덜어내고 중도를 따르는 것을 말한다. 절괘에서 "후회하면 흉함이 없어진다"는 뜻의 '회망悔亡'이라는 말은 다른 괘에서 말하는 '회망'과 글자는 같지만 뜻은 다르다.

上六居節之極, 節之苦者也. 居險之極, 亦爲苦義. 固守則凶, 悔則凶亡. 悔, 損過從中之謂也. 節之悔亡, 與他卦之悔亡, 辭同而義異也.

「상전」에서 말했다. 괴로운 절제이니 올바르더라도 흉한 것은 그 도가 궁지에 몰리기 때문이다.

象曰, 苦節貞凶, 其道窮也.

절제하는 데에 괴로운데 올바름을 고집스럽게 지키면 흉하니, 절제의 도가 궁극의 한계에 이른 것이다.

節既苦而貞固守之則凶, 蓋節之道至於窮極矣.

---

1 어떤 일이든: 호원은 개인에서부터 모든 인간관계, 국가경영의 모든 일과 세금과 부역, 신분 질서 등 모든 일에 절제가 필요하다고 설명한다.

2 강함과 유함이 나뉘어서: 후제 풍씨厚齋馮氏는 다음과 같이 설명하고 있다. "'강함과 유함이 나뉘었다'는 것은 건乾괘가 본래 순수한 강함이고 곤坤괘가 본래 순수한 유함이라서 강함과 유함이 절도가 없고 강함이 중도를 이루지 못하니 절개가 괴로워 형통하지 못했다. 지금은 곤괘에서 오효인 음효가 건괘의 삼효로 가서 건의 강함을 조절하고, 건괘에서도 역시 삼효의 강함이 곤괘의 오효로 가서 곤의 유함을 조절한다. 이것이 절제다剛柔分謂乾本純剛, 坤本純柔, 則剛柔无節, 剛不得中, 則節苦而不亨. 今坤分五之六以來三, 節乾之剛. 乾亦分三之剛以往五, 節坤之柔. 是之謂節也."

3 기뻐하면서 위험을 행한다: 호원은 이렇게 설명한다. "기뻐하면서 위험을 행할 수 있다. 왜냐하면 성인은 사람들의 실정과 감정을 바탕으로 해서 중도를 짐작하여 통하도록 제어하기 때문이다. 절제의 때에 위험과 장애가 있더라도 기뻐하면서 순조롭게 행할 수 있다면 사람들 역시 기쁘게 따른다說而能行於險也. 蓋言聖人緣人之情, 酌中, 以爲通制. 當節之時, 雖有險阻, 能以說順行, 則人亦樂從之也."

4 '수數'는 많고 적음이고 '도度'는 법으로 제정한 것〔法制〕이다: 호원은 "수는 명수이고 도는 제도다數者, 名數也, 度者, 制度也"라고 설명한다. 명수名數란 "이름 지워진 지위와 예의 조목들〔名位禮數〕"을 말한다. 제도制度란 법령과 예의 제정된 규범을 말한다.

5 매우 엄격한 것이다: 호원이 이 효를 해석하는 방식은 정이천과 다르다. "인지상정은 편안하고 안일하려고 하지, 절제하여 금지되는 것을 싫어한다. 여기서의 절제는 사람들의 사특한 감정을 절제하고, 사람들의 사사로운 욕심을 단속하고, 사람들의 잘못을 막고, 사람들의 거짓을 끊는 것이다. 그러나 감정을 절제하고 욕심을 단속하며 잘못을 막고 거짓을 끊는 것을 사람들이 싫어하지 않음이 없다. 그러니 절제의 시초에 전장典章이 갖추어지지 못했고 법도가 상세하지 못했다면, 반드시 신중하게 비밀로 해서 사람들에게 기밀을 누설해서는 안 된다. 행동이 비밀을 유지하지 못하면 반드시 사람들이 엿보고서 일을 망쳐서 일을 완성시키지 못한다. 이렇게 하면 법이 나오기도 전에 간사함이 생겨나고, 법령이 시행되기도 전에 거짓들이 일어나니, 이렇게 되면 반드시 절제할 수가 없다夫人之情, 莫不欲安逸, 而惡節制之爲禁. 此節者, 節人之邪情, 約人之私欲, 遏人之非, 絕人之僞. 然而節情約欲遏非絕僞, 人莫不惡之. 然當節制之始, 典章未備, 法度未詳, 必當愼密之, 不可洩機于人. 苟所行不密, 則必爲人所窺而敗壞成事. 如是則法未出而姦生, 令未下而詐起, 必不可以節制之也."

6 미생은 춘추시대 노나라 사람이다. 다리 밑에서 여자와 만날 약속을 했는데 큰

비가 와서 물이 넘치는데도 다리 밑에서 약속을 지키려고 하다가 물에 빠져 죽었다. 이를 미생지신尾生之信이라 하여, 고지식하게 말 그대로의 약속에 집착하는 어리석음을 말한다.

7 작은 신의에 집착하지 않는다: "군자는 자신의 올바른 신념을 지키되 작은 신의에 집착하지 않는다貞而不諒"는 『논어』 「위령공」에 나온 말이다. 주희는 이렇게 해석하고 있다. "'정貞'이란 올바르고 굳게 지키는 것이고, '양諒'이란 옳고 그름을 헤아려 선택하지 않고 신의에만 집착하는 것이다貞, 正而固也. 諒, 則不擇是非而必於信."

8 「계사전」에 이 효를 해석하기를: 「계사상」 8장, "혼란이 생겨나는 것은 말을 매개로 하여 이루어진다. 군주가 말을 주도면밀하게 살피지 못하면 신하를 잃고, 신하가 말을 주도면밀하게 살피지 못하면 자신의 몸을 잃으며, 틈새가 벌어진 일에서도 말을 주도면밀하게 처리하지 못하면 해를 당한다. 그래서 군자는 신중하고 주도면밀하게 살피면서 나가지 않는다亂之所生也, 則言語以爲階. 君不密則失臣, 臣不密則失身, 幾事不密則害成. 是以君子愼密而不出也."

9 분함을 억제하고 욕심을 막는다: 손損괘 「상전」, "「상전」에서 말했다. 산 아래에 연못이 있는 것이 손괘의 모습이니, 군자는 이것을 본받아 분노를 억제하고 욕심을 막는다象曰, 山下有澤, 損, 君子以懲忿窒欲."

10 자신의 입장에서는 (…) 절제하는 것이 감미롭고 아름다운 것이라서: 중국판본은 "在己則安, 行天下則說, 從節之甘美者也"로 되어 있고, 『주역대전』 구결은 "在己則安行, 天下則說從, 節之甘美者也"으로 되어 있다. 『주역대전』 구결을 따랐다.

61. 진실한 믿음: 중부中孚괘䷼

풍택중부風澤中孚라고 한다. 괘의 모습이 손巽☴괘가 위에 있고 태兌☱괘가 아래에 있기 때문이다.

중부中孚괘에 대해서 「서괘전」은 다음과 같이 설명한다. "절도를 지켜 믿으므로, 믿음을 상징하는 중부괘로 받았다." 절제란 절도를 조절하여 과도하게 넘치지 않게 하는 것이다. 믿음이 있은 뒤에야 행할 수 있으니, 윗사람이 믿음을 가지고 지킬 수 있다면 아랫사람들은 신뢰하면서 따른다. 윗사람들이 절도를 지키면 사람들이 믿게 된다. 그래서 중부괘가 절節괘 다음이다.[1] 괘의 모습은 바람을 상징하는 손巽괘가 위에 있고 연못을 상징하는 태兌괘가 아래에 있어서 연못 위에 바람이 분다. 바람이 연못 위에 불어서 물속에서 감동하게 되는 것이 중부괘의 모습이다. 감동한다는 뜻인 '감感'은 자극을 받아 감동한다는 말이다.

내괘와 외괘의 중심[이효, 오효]이 모두 꽉 차 있는 양효지만 전체적인 괘의 모습에서는 가운데 두 효[삼효, 사효]가 음효로서 텅 비어 있으니, 진실한 믿음을 상징하는 중부괘의 모습이다. 또 구이효와 구오효가 모두 양효이니 가운데가 꽉 차 있는 것도 또한 믿음의 뜻이다. 두 괘의 형체로 보면 내괘와 외괘의 가운데 효가 꽉 차 있는 양효이고 괘 전체적으로 보면 가운데 두 효가 음효로서 텅 비어 있으니, 가운데가 텅 비어 있는 것이 믿음의 근본을 상징하고, 가운데가 꽉 차 있는 것이 믿음의 바탕을 상징한다.

中孚, 序卦, "節而信之, 故受之以中孚." 節者爲之制節, 使不得過越也. 信而後能行, 上能信守之, 下則信從之, 節而信之也. 中孚所以次節也. 爲卦, 澤上有風. 風行澤上, 而感于水中, 爲中孚之象. 感 謂感而動也. 內外皆實而中虛, 爲中孚之象. 又二五皆陽, 中實, 亦爲孚義. 在二體則中實, 在全體則中虛. 中虛, 信之本, 中實, 信之質.

진실한 믿음이 돼지와 물고기에게까지 미치면 길하니, 큰 강을 건너는 것이 이롭고, 올바름을 굳게 지키는 것이 이롭다.

中孚, 豚魚, 吉, 利涉大川, 利貞.

돼지는 조급한 동물이고 물고기는 어리석은 것이니, 사물들 가운데 감동시키기 가장 어렵다. 진실한 믿음이 이러한 돼지와 물고기까지 감동시킬 수 있다면 그 감동의 영향력이 이르지 않음이 없는 것이니, 그래서 길하다. 내적인 진실과 믿음은 물과 불까지도 밟고 갈 수 있는데, 하물며 강을 건너는 것쯤이야 어떠하겠는가? 믿음을 지키는 방도는 올바름을 굳게 지키는 것에 달려 있으므로 올바름을 굳게 지키는 것이 이롭다고 했다.

豚躁魚冥, 物之難感者也. 孚信能感於豚魚, 則无不至矣, 所以吉也. 忠信可以蹈水火, 況涉川乎? 守信之道, 在乎堅正, 故利於貞也.

「단전」에서 말했다. 진실한 믿음은 유함이 안에 있고 강함이 중도를 얻었기 때문이다.

彖曰, 中孚, 柔在內而剛得中.

삼효와 사효 두 유柔한 효가 안에서 가운데가 텅 비어 있는 것이 진실의 모습이고[2] 이효와 오효 두 강剛한 효가 상체와 하체의 가운데 위치를 얻어서 중심이 꽉 찬 것이 믿음의 모습이니,[3] 그래서 괘가 진실한 믿음을 상징하는 중부괘다.

二柔在內, 中虛, 爲誠之象, 二剛得上下體之中, 中實, 爲孚之象, 卦所以爲中孚也.

기뻐하면서 공손하여, 진실한 믿음이 마침내 나라를 감화시킨다.

說而巽, 孚乃化邦也.

두 가지 괘의 형체로 괘의 작용을 말했다. 위는 손괘가 상징하는 공손함이고 아래는 태괘가 상징하는 기쁨이니, 윗사람이 지극한 진실과 정성으로 아랫사람에게 순종하고 공손하며 아랫사람은 믿음을 가지고 그 윗사람을 기뻐하면서 따르니, 이와 같이 하면 그 진실한 믿음이 온 나라를 감화시킨다. 만약 사람들이 기뻐하면서 따르지 않는다면 일의 이치를 어긴 것이니, 어떻게 세상을 감화시킬 수 있겠는가?

以二體言卦之用也. 上巽下說, 爲上 至誠以順巽於下, 下有孚以說從其上, 如是, 其孚乃能化於邦國也. 若人不說從, 或違拂事理, 豈能化天下乎?

돼지와 물고기에게까지 미치어 길한 것은 믿음이 돼지와 물고기에게 미친 것이다.

豚魚吉, 信及豚魚也.

믿음이 돼지와 물고기에게까지 미칠 수 있다면, 믿음의 도가 지극한 것이니, 그래서 길하다.

信能及於豚魚, 信道至矣, 所以吉也.

큰 강을 건너는 것이 이로운 것은 나무배를 타되 배가 비었기 때문이다.

利涉大川, 乘木舟虛也.

진실한 믿음으로 위험과 어려움을 건너면, 그 이로움이 마치 나무배를 타고 강을 건너는 데 빈 배를 쓰는 것과 같다. 배가 비었으면 침몰하거나 뒤집어질 근심이 없다. 괘에서 가운데가 텅 빈 것이 빈 배의 모습이다.

以中孚涉險難, 其利如乘木濟川, 而以虛舟也. 舟虛則无沈覆之患. 卦虛中, 爲虛舟之象.

진실한 믿음을 가지고 올바름을 굳게 지키는 것의 이로움은 마침내 하늘에 호응할 것이다.

中孚以利貞, 乃應乎天也.

진실한 믿음을 가지고 올바름을 굳게 지키면, 하늘에 호응할 것이다. 하늘의 도는 믿음을 가지고 올바름을 굳게 지키는 것일 뿐이다.

中孚而貞, 則應乎天矣. 天之道, 孚貞而已.

「상전」에서 말했다. 연못 위에 바람이 있는 것이 중부괘의 모습이니, 군자는 이것을 본받아 송사를 의논하고 사형집행을 늦춘다.

曰, 澤上有風, 中孚, 君子以議獄緩死.

연못 위에 바람이 불면 연못 속을 자극시켜 움직이게 한다. 물의 형체가 텅 비어 있기 때문에, 바람이 들어갈 수 있다. 사람의 마음이 텅 비어 있기 때문에 어떤 것이든 그 마음을 감동시킬 수 있다. 바람이 연못을 감동시키는 것은 어떤 것이든 마음을 감동시키는 것과 같으므로, 중부괘의 모습이다. 군자는 그 모습을 관찰하여 송사를 의논하고 사형집행을 늦춘다. 군자가 송사를 의논하는 데에는 그 충심을 다할 뿐이고, 사형집행을 결단하는 데에는 측은한 마음을 지극하게 할 뿐이므로 진실한 뜻은 항상 사형집행을 늦추려고 한다. 늦춘다는 것은 관대한 마음이다. 세상의 모든 일에 대해서 그 충심을 다하지 않음이 없지만, 송사를 의논하고 사형집행을 늦추는 일이 그 가운데 가장 큰일이다.

澤上有風, 感于澤中. 水體虛, 故風能入之. 人心虛, 故物能感之. 風之動乎澤, 猶物之感于中, 故爲中孚之象. 君子觀其象, 以議獄與緩死. 君子之於議獄, 盡其忠而已, 於決死, 極於惻而已, 故誠意常求於緩. 緩, 寬也. 於天下之事, 无所不盡其忠, 而議獄緩死, 最其大者也.

초구효는 헤아리면 길하니, 다른 마음을 가지면 편안하지 못하다.

初九, 虞吉, 有他不燕.

양효인 구九가 진실한 믿음의 시초에 있으므로, 믿을 만한 것을 살피라고 경계한 것이다. '우虞'는 헤아린다는 것이다. 믿을 만한 사람을 헤아린 뒤에 따른다. 지극한 믿음이 있을지라도, 마음의 안정을 얻지 못하면 후회와 허물이 있게 되므로, 헤아린 뒤에 믿으면 길하다. 믿을 만한 점을 얻었으면 마땅히 진실하고 일관되게 지켜야만 하니, 다른 마음을 두면, 편안한 안정을 얻지 못할 것이다.

'연燕'이란 안정된 여유를 말하고, '유타有他'란 뜻이 정해지지 않는 것이다. 사람의 뜻이 정해지지 않으면 의혹이 생기고 불안하다. 초구효는 육사효와 올바른 호응관계이고, 육사효는 손巽괘가 상징하는 공손한 형체에 있어 올바름에 자리하여 불선함이 없다. 그러나 초구효가 시작을 도모하는 뜻이 크기 때문에 서로 호응하는 관계라는 뜻을 취하지 않았다. 만약 호응관계라는 점을 적용한다면 헤아리는 경우가 아니다.[4]

九當中孚之初, 故戒在審其所信. 虞, 度也. 度其可信而後從也. 雖有至信, 若不得其所, 則有悔咎, 故虞度而後信則吉也. 旣得所信, 則當誠一. 若有他, 則不得其燕安矣. 燕, 安裕也. 有他, 志不定也. 人志不定, 則惑而不安. 初與四爲正應, 四巽體而居正, 无不善也. 爻以謀始之義大, 故不取相應之義. 若用應則非虞也.

「상전」에서 말했다. 초구효가 헤아리면 길한 것은 뜻이 변하지 않기 때문이다.

象曰, 初九虞吉, 志未變也.

믿음의 시초에는 뜻이 아직 무엇을 따라야 할지를 정하지 않아서,[5] 믿어야 할 바를 헤아리면 올바름을 얻으니, 그래서 길하다. 이는 그 뜻이 아직 변하여 움직이지 않았기 때문이다. 무엇을 따라야 할지에 대해서 뜻을 정했다면 이것은 이미 변하여 움직인 것이니, 헤아리더라도 올바름을 얻지 못한다. 시초에는 믿어야 할 것을 구하는 방도를 말했다.

當信之始, 志未有所從, 而虞度所信, 則得其正, 是以吉也. 蓋其志未有變動. 志有所從, 則是變動, 虞之不得其正矣. 在初言求所信之道也.

구이효는 우는 학이 그늘에 있는데 그 새끼가 화답한다. 내가 좋은 술잔이 있으니 너와 함께 나누고 싶다.

九二, 鳴鶴在陰, 其子和之. 我有好爵, 吾與爾靡之.

구이효는 강함이 마음속에 꽉 차 있으니, 믿음이 지극한 사람이다. 믿음이 지극하면 사람들을 감동시켜 통하게 할 수 있다. 학이 그늘지고 외딴 곳에서 울면 들리지 않지만, 그 새끼가 서로 호응하여 화답하니, 마음속에서 원하던 것이 서로 통했기 때문이다. 좋은 술잔을 내가 가지고 있는데 저쪽도 흠모하니, 좋은 술잔을 기뻐하는 뜻이 동일하다. 마음속에 동일한 신념이 있고 호응하지 않는 사람이 없는 것은 마음속의 진실이 같기 때문이다.

지극한 진실과 정성을 가진 사람끼리는 멀고 가까운 차이나 깊이 은거하고 있냐 아니냐의 차이가 없이 서로 통한다. 그래서 「계사전」에서는 "그 말이 선하면 천 리 밖에서도 호응하고 선하지 못하면 천 리 밖에서도 어긋난다"[6]고 했다. 이는 지극한 진실이 서로 통한다는 말이다. 지극한 진실과 정성이 사람을 감동시켜서 통하게 하는 것은 도를 아는 사람만이 식별할 수 있다.

二剛實於中, 孚之至者也, 孚至則能感通. 鶴鳴於幽隱之處, 不聞也, 而其子相應和, 中心之願 相通也. 好爵我有, 而彼亦係慕, 說好爵之意同也. 有孚於中, 物无不應, 誠同故也. 至誠无遠近幽深之間, 故繫辭云, "善則千里之外應之, 不善則千里違之." 言誠通也. 至誠感通之理, 知道者, 爲能識之.

「상전」에서 말했다. 그 자식이 화답하는 것은 마음속 깊은 곳에서 원하기 때문이다.

象曰. 其子和之, 中心願也.

마음속 깊은 곳에서 원했다는 것은 진실한 의도가 원한 것이므로, 통하여 서로 호응한다.

中心願, 謂誠意所願也, 故通而相應.

육삼효는 적을 얻어서 어떨 때는 북을 치고, 어떨 때는 그만두며, 어떨 때는 울고, 어떨 때는 노래한다.

六三, 得敵, 或鼓, 或罷, 或泣, 或歌.

'적敵'이란 짝이 되는 상대로,[7] 믿음을 교류하는 자를 말한다. 올바른 호응관계인 상구효가 그러하다. 육삼효와 육사효가 모두 괘의 가운데 위치에서 텅 비어 있는 것은 진실한 믿음의 주체가 되는 것이지만, 처신하는 바는 다르다. 육사효는 지위를 얻어서 올바름에 자리하므로 짝이 되는 사람의 신념에 구애되지 않고서 윗사람을 따르고, 육삼효는 중도를 이루지 못하여 올바름을 잃었으므로 짝이 되는 상대를 얻어서 그에게 자신의 뜻이 얽매이게 된다.

육삼효는 유약하면서 쉽게 기뻐하는 자질을 가지고, 얽매인 사람이 있어서 오직 상대가 믿는 바를 따르므로, 어떤 경우는 북을 치며 앞으로 나아가고 어떤 경우는 그만두고 포기하며 어떤 경우는 슬퍼서 울고 어떤 경우는 노래하며 즐거워하니, 모든 행동거지와 근심과 즐거움이 모두 상대가 믿는 바에 얽매여 있다. 오직 상대가 믿는 바에 얽매여 있으므로 길흉을 알지 못하지만, 현명하고 통달한 군자의 행위는 아니다.

敵, 對敵也, 謂所交孚者, 正應上九是也. 三四皆以虛中爲成孚之主, 然所處則異. 四得位居正, 故亡匹以從上, 三不中失正, 故得敵以累志. 以柔說之質, 既有所係, 唯所信是從, 或鼓張, 或罷廢, 或悲泣, 或歌樂, 動息憂樂, 皆係乎所信也. 唯係所信, 故未知吉凶, 然非明達君子之所爲也.

「상전」에서 말했다. 어떤 경우는 북을 치고 어떤 경우는 그만두는 것은 그 지위가 합당하지 못하기 때문이다.

象曰, 或鼓或罷, 位不當也.

자신이 감당한 자리가 합당하지 않기 때문에 자기 신념의 주체가 없어서, 오직 상대가 믿는 것을 따른다. 자신이 처신하는 것이 올바름을 얻으면, 믿는 것에 자기 방향이 있다.

居不當位, 故无所主, 唯所信是從. 所處得正, 則所信有方矣.

육사효는 달이 거의 가득 찬 것이니, 말의 짝을 잃으면 허물이 없다.

六四, 月幾望, 馬匹亡, 无咎.

구사효는 믿음을 이루는 주체가 되고, 군주와 가까운 지위에 자리하여 처신하는 데에 올바름을 얻고 윗사람이 지극하게 믿으니, 신뢰 관계의 소임을 담당한 사람이다. 마치 "달이 거의 가득 찬 것"과 같다는 것은 성대한 믿음이 지극한 것이다. 달이 거의 가득 차서 보름달이 되려고 하면 대적하려고 하니, 신하로서 군주에게 대적하면 재앙과 패배가 반드시 이른다. 그러므로 완전히 보름달이 된 것이 아니라 거의 가득 찬 상태가 지극한 성대함이 된다. "말의 짝이 없어진다"고 했는데 육사효가 초구효와 올바른 호응관계가 되니, 서로 짝[匹]이 된다. 옛날에 수레에 멍에를 맬 때 네 마리를 쓰니, 모든 말을 순일한 색깔로 구비할 수 없으면 가운데의 두 마리 말과 바깥쪽의 두 마리 말을 각각 동일한 색깔로 하고 또 크기도 반드시 서로 맞추었으므로, 말 두 마리를 '필匹'이라 하니, 상대를 이루는 짝이다.

말은 달리는 것이다. 초구효가 위로 달려 육사효에 호응하고 육사효 역시 달려가서 구오효를 따르니, 모두 위로 달려가는 것이므로 말로써 상징했다. 신뢰 관계의 도리는 하나로 집중하는 데 달려 있으니 육사효가 구오효를 따르고, 만약 다시 아래의 초구효에 얽매여 있다면 하나로 집중하지 못하여 신뢰 관계에 해를 끼치게 되니, 허물이 있다. 그러므로 "말의 짝을 잃으면, 허물이 없다"고 했다. 위로 구오효를 따르고 초구효에 얽매이지 않으면 이는 그 짝을 잃는 것이다. 초구효에 얽매여 있으면 나아가지 못하여, 믿음의 공을 이룰 수 없다.

四爲成孚之主, 居近君之位, 處得其正而上信之至, 當孚之任者也. 如月之幾望, 盛之至也. 已望則敵矣, 臣而敵君, 禍敗必至. 故以幾望爲至盛. 馬匹亡, 四與初爲正應, 匹也. 古者駕車用四馬, 不能備純色, 則兩服兩驂各一色, 又小大必相稱, 故兩馬爲匹, 謂對也. 馬者, 行物也. 初上應四, 而四亦進從五, 皆上行, 故以馬爲象. 孚道在一, 四旣從五, 若復下係於初, 則不一而害於孚, 爲有咎矣. 故馬匹亡, 則无咎也. 上從五而不係於初, 是亡其匹也. 係初則不進, 不能成孚之功也.

「상전」에서 말했다. 말의 짝을 잃는 것은 동류를 끊고 위로 나아가는 것이다.

象曰, 馬匹亡, 絶類上也.

동류를 끊고 위로 구오효를 따르는 것이다. 동류란 호응관계에 있는 사람을 말한다.

絶其類而上從五也. 類, 謂應也.

구오효는 믿는 것을 잡아 묶어두듯이 하면 허물이 없다.

九五, 有孚攣如, 无咎.

구오효는 군주의 지위에 자리한다. 군주의 도리는 마땅히 지극한 진실과 정성으로 세상 사람들을 감동시켜 통하게 하여, 세상 사람들의 마음이 믿도록 하되 마치 구금하듯이 견고하게 결속시키면 허물이 없다. 군주의 믿음이 세상 사람을 이와 같이 견고하게 결속시킬 수 없다면, 수많은 사람의 마음이 어떻게 떠나지 않도록 할 수 있겠는가?

五居君位. 人君之道, 當以至誠感通天下, 使天下之心信之, 固結如拘攣然, 則爲无咎也. 人君之孚, 不能使天下固結如是, 則億兆之心, 安能保其不離乎?

「상전」에서 말했다. 믿는 것을 잡아 묶듯이 하는 것은 지위가 올바르고 합당하기 때문이다.

象曰, 有孚攣如, 位正當也.

구오효는 존귀한 군주의 지위에 자리하여, 중정의 도로부터 행하여 마치 구금하듯이 견고하게 세상 사람들이 믿게 할 수 있어야 그 지위에 걸맞은 것이다. 군주의 도는 마땅히 이와 같아야 한다.

五居君位之尊, 由中正之道, 能使天下信之, 如拘攣之固, 乃稱其位, 人君之道當如是也.

상구효는 새 날갯짓 소리가 하늘로 올라가는 것이니, 올바르더라도 흉하다.

上九, 翰音登于天, 貞凶.

'새 날갯짓 소리翰音'[8]는 소리만 높이 날리고 그에 걸맞은 실제가 따르지 않는 것이다. 믿음의 마지막에 처하여 믿음이 끝나면 믿음이 쇠락하게 되어서, 충직함과 독실함이 마음속에서 상실되고 화려한 아름다움이 겉으로 드날리기 때문에 "새 날갯짓 소리가 하늘로 올라간다"고 했으니, 올바름 또한 없어진 것이다.

양의 성질은 위로 나아가고, 바람의 형체는 날아오른다. 상구효가 진실한 믿음의 때에 자리하여 가장 높은 자리에 처했으니, 위로 나아가려는 것만 믿고서 그칠 줄을 모르는 자다. 그 극단은 새 날갯짓 소리가 하늘에 올라가는 데에까지 이르렀으니, 이렇게 자신이 올바르다고 믿는 것을 고집하여 변화할 줄 모르면 흉함을 알 수 있다.[9] 공자는 "자신의 신념을 믿기만을 좋아하고 배우기를 좋아하지 않으면 그 폐단은 사람을 해치게 된다"[10]고 했으니, 고집스럽게 지키기만 하고 변통할 줄 모르는 것을 말한 것이다.

翰音者, 音飛而實不從. 處信之終, 信終則衰, 忠篤內喪, 華美外颺, 故云翰音登天, 正亦滅矣. 陽性上進, 風體飛颺. 九居中孚之時, 處於最上, 孚於上進而不知止者也. 其極至於羽翰之音, 登聞于天, 貞固於此而不知變, 凶可知矣. 夫子曰, 好信不好學, 其蔽也賊. 固守而不通之謂也.

「상전」에서 말했다. 새 날갯짓 소리가 하늘에 오르니, 어찌 오래 지속하겠는가?

象曰, 翰音登于天, 何可長也?

자신의 믿음만을 지키다가 궁지에 몰리는 극단적인 지경에 이르렀는데도 변통할 줄 모르니, 어찌 오래도록 지속할 수 있을 것인가? 고집스럽게 자신의 신념만을 지키려다가 변통할 줄 모르니, 이와 같다면 흉하다.

守孚至於窮極而不知變, 豈可長久也? 固守而不通, 如是則凶也.

1 중부괘가 절괘 다음이다: 호원은 이렇게 설명한다. "성현들이 절제의 도리를 행하는 데에 반드시 믿음을 가지고 행하여 오래 지속시켜서 변하지 않도록 했으니 만세의 모범이 될 수 있었다. 그러므로 중부괘가 절괘 다음이다. '중부中孚'에서

'부孚'란 믿음이니, 믿음이 마음속으로부터 나오므로 중부라고 한다聖賢之人, 爲節之道, 必當以信而行之, 使久而不變, 可以爲萬世之法. 故以中孚次于節. 謂之中孚者, 孚, 信也, 信由中出, 故曰中孚."

2 진실의 모습이고: 호원은 이렇게 설명한다. "유함이 안에 있는 것은 육삼효와 육사효를 말한다. 육삼효와 육사효는 유순한 덕으로 가운데 위치에 처했고 나머지 네 양효는 밖에 자리한다. 두 음효가 그 가운데 위치에 처했으니 그 가운데가 텅 빈 것이다. 이는 진실한 믿음의 도리가 마음속으로부터 드러나 밖으로 시행하여 세상 사람들이 모두 믿게 하는 것이다柔在內者, 謂六三六四也. 言三四以柔順處中, 而四陽居外. 二陰既處其中, 則是虛其中也. 言誠信之道, 發于中, 行于外, 使天下之人, 皆信之." 왜 진실의 모습인가? 진실이란 성誠이다. 성誠은 경敬을 통해 형성된다. 정이천은 그래서 마음속이 텅 빈 모습을 '경'과 연결해서 설명한다. 마음속에 혼란한 사려와 번민이 일어나는 것을 끊는 문제에 대해 그는 이렇게 답했다. "사람의 마음은 만물과 교감하지 않을 수가 없으니, 또한 사려하지 않기가 어렵다. 이것을 면하고자 한다면, 오직 이 마음에 주인이 있어야 한다. 어떻게 하면 주인이 되는가? 경敬할 뿐이다. 주인이 있으면 텅 비고, 텅 빈 데에는 사특함이 들어올 수가 없다人心不能不交感萬物, 亦難爲之不思慮. 若欲免此, 惟是心有主. 如何爲主? 敬而已矣. 有主則虛, 虛謂邪不能入(『이정집』 15권 169쪽)."

3 믿음의 모습이니: 호원은 이렇게 설명한다. "강剛함이 중도를 얻은 것은 구이효와 구삼효를 말한다. 두 효는 모두 강함으로 중립의 위치에 자리하여 올바름을 얻었다. 강하면서 중도를 이루지 못하고 올바르지 않으면 사사롭거나 난폭하게 되어 세상 사람들을 믿게 할 수 없다. 그러므로 강함은 중도를 얻는 것을 가장 중요하게 여긴다剛得中者, 謂九二九五也. 二爻, 皆以剛居中而得正, 夫剛而不中不正, 則爲私爲暴, 不可信于天下. 故剛以得中爲貴也." 경敬을 통해서 마음이 텅 비는 허虛를 이루고 허를 통해서 성誠이 형성되어 사특한 마음이 들어오지 않기 때문에 성이 가득차면 실實하게 되니, 그것이 믿음이 가득한 모습이다.

4 헤아리는 경우가 아니다: 이러한 정이천의 말은 호원의 해석을 염두에 두고 있는 듯하다. 호원은 육사효의 관계 속에서 이러한 말을 하고 있다. "이것은 기쁨의 시작에 자리하여 위로 육사효가 있으니 올바른 호응관계다. 그러나 가운데에 구이요화 육삼효가 자신의 호응 상대를 가로막고 있다. 그래서 초구효는 구사효의 올바른 호응관계를 헤아리고, 그 실정을 스스로 판단하여서 자신에게서 진실한 믿음을 얻으니, 구이효와 육삼효 때문에 그 뜻을 변화시키지 않는다. 스스로 헤아리고 판단하여 결국에는 지극한 진실과 정성으로 육사효를 대하므로 길함을 얻는다此居兌之始, 上有六四爲之正應. 然中有九二六三間隔已之應. 是以初九能度四之正應, 裁量其情, 以孚信于己, 不爲二三間隔而變其志. 自能虞度, 終以至誠待之, 故得吉也."

5 뜻에 아직 무엇을 따라야 할지를 정하지 않아서: 『주역대전』 구결은 "志未有所存"으로 되어 있는데 중국판본은 "志未有所從"으로 되어 있다. 뒤 구절과 함께 생각해본다면 중국판본이 옳다. 중국판본을 따랐다.

6 『역』「계사상」, "군자는 자기 집에 자리하여 말을 하는 데에 선하면, 천 리 밖에서도 호응하니 가까운 사람은 어떠하겠는가? 말은 몸에서 나와 백성에게 미치며, 행동은 가까운 데에서 일어나지만 먼 곳에서 그 영향력이 드러나니, 말과 행위는 군자의 중추적인 기능이다. 중추적인 기능을 발하는 것이 영화와 치욕의 주인이다. 말과 행위는 군자가 천지를 진동시키는 것이니, 신중하지 않을 수 있겠는가?君

子居其室, 出其言善, 則千里之外應之, 況其邇者乎? 居其室, 出其言不善, 則千里之外違之, 況其邇者乎? 言出乎身, 加乎民, 行發乎邇, 見乎遠, 言行, 君子之樞機. 樞機之發, 榮辱之主也. 言行, 君子之所以動天地也, 可不愼乎?"

7 짝이 되는 상대로: 호원은 육삼효와 육사효의 관계를 소인과 군자의 관계로 상정한다. "육삼효는 음한 자질로 양의 위치에 자리하고 올바름이 아닌 것을 시행하니, 소인인데, 육사효와 매우 가까이 있다. 육사효는 음의 자질로 음의 위치에 자리했으니 군자다. 소인이 군자와 가까이 있으면 반드시 군자를 위험에 빠트린다. 그래서 육삼효는 그 대적하는 상대를 갖는다. 그러므로 적대자를 얻었다고 했다. 적대자를 얻으니 반드시 싸운다六三以陰居陽, 履非其正, 小人者也, 切近于四. 四以陰居陰, 君子者也. 夫小人而近君子, 則必陷于君子. 是以六三得其所敵. 故曰得敵, 既敵必戰."

8 새 날갯짓 소리翰音: 한음翰音은 원래 닭과 관련된 말이다. "대체로 종묘제례에는 (…) 양은 유모柔毛라고 하고, 닭은 한음이라고 하며, 개는 갱헌羹獻(국을 끓여서 올린다)이라 한다凡祭宗廟之禮 (…) 羊曰柔毛, 雞曰翰音, 犬曰羹獻(『예기』「곡례하曲禮下」)." 후대에 그래서 '한음'이 닭의 의미가 된다. 여기서는 새가 높이 날아가는 소리를 의미한다. 호원은 이렇게 설명한다. "한翰이란 새의 날개가 높이 나는 것이다翰者, 鳥羽之高飛也." 실속은 없고 허장성세만 있으며, 내실은 없고 겉만 뻔드르르하게 꾸민 것을 말한다.

9 흉함을 알 수 있다: 호원은 이렇게 설명한다. "올바르더라도 흉하다고 했는데, 군자가 행하거나 일을 벌이는 데에는 반드시 그 순수한 진실과 돈독한 내실과 크게 빛남을 근본으로 해서 사람들을 감동시켜서, 사람들 역시 진실한 정성으로 그들을 받든다. 이것을 군자라고 한다. 지금은 실속이 없는 위치에 자리하고 진실함이 없는 소문에 의지하니, 정도로 볼 때 흉하다貞凶者, 君子之人所爲所作, 必皆本其純誠篤實光大, 以感于人, 而人亦以誠實奉之. 此君子之謂也. 今乃居无實之地, 任无誠之聲, 以正道觀之, 可謂凶矣.

10 『논어』「양화」.

62. 작은 것의 과도함: 소과小過괘䷽

뇌산소과雷山小過라고 한다. 괘의 모습이 진震☳괘가 위에 있고 간艮☶괘가 아래에 있기 때문이다.

소과小過괘에 대해서 「서괘전」은 다음과 같이 설명한다. "자신의 신념을 가지고 있는 사람은 반드시 행하게 되므로, 소과괘로 받았다." 사람의 신념이 있으면 반드시 행하고, 행하다 보면 한도를 넘어서게 되므로, 사소한 일을 과도하게 행함을 상징한 소과괘가 중부中孚괘를 이었다. 괘의 모습은 간艮괘가 상징하는 산 위에 진震괘가 상징하는 우레가 있다. 우레가 높은 곳에서 진동하면 그 소리가 평상시보다 과도하므로, 소과괘가 된다. 또 음효가 존귀한 지위에 자리하고 양효가 지위를 잃고 중도를 얻지 못했으니, 작은 것이 상도常道를 넘어선 것이다. 이것이 작은 것이 상도를 넘어선 것이고, 또 사소한 일을 과도하게 행하는 것이고, 또 과도한 것이 적은 것이다.

小過, 序卦, "有其信者必行之, 故受之以小過." 人之所信則必行, 行則過也, 小過所以繼中孚也. 爲卦, 山上有雷. 雷震於高, 其聲過常, 故爲小過. 又陰居尊位, 陽失位而不中, 小者過其常也. 蓋爲小者過, 又爲小事過, 又爲過之小.

작은 것의 과도함은 형통하니, 올바름을 굳게 지키는 것이 이롭다.

小過, 亨, 利貞.

'과도함'은 상도의 한도를 넘어선 것이다. 굽은 것을 바로잡는데 올바름이 과도한 것과 같으니, 과도한 것은 올바름을 성취하려는 과욕이다. 어떤 일이든 그렇게 과도한 것이 당연한 때가 있어서 과도하게 된 후에야 형통할 수 있는 경우가 있으므로, 사소한 일을 과도하게 행하는 것에는 본래 형통하다는 뜻이 있다. "올바름을 굳게 지키는 것이 이롭다"라는 말은 과도하게 행하는 방도는 그 이로움이 올바름을 굳게 지키는 것에 달려 있다는 것이다. 때의 마땅함을 잃지 않는 것이 바로 정도正道다.

過者, 過其常也. 若矯枉而過正, 過所以就正也. 事有時而當然, 有待過而後能亨者, 故小過自有亨義. 利貞者, 過之道利於貞也. 不失時宜之謂正.

사소한 일은 할 수 있지만 큰일은 할 수 없으니, 나는 새가 소리를 남기는데 위로 향하는 것은 마땅하지 않고, 아래로 향하는 것을 마땅히 하면 크게 길하다.

可小事, 不可大事, 飛鳥遺之音, 不宜上, 宜下, 大吉.

어떤 때에 과도하게 행하는 것은 중도를 취하여 얻기 위해서다. 과도하게 행하는 것이 사소한 일이니,[1] 어떻게 큰일을 과도하게 행할 수 있겠는가?[2] 대과大過괘에서 상세하게 논했다. "나는 새가 남기는 소리"[3]라는 것은 과도하게 행하기를 자신의 실제적인 능력에서 지나치게 벗어나지 말라는 말이다. "위로 향하는 것은 마땅하지 않고, 아래로 향하는 것을 마땅히 한다"는 것은 마땅히 이치를 따르는 것을 말한다. 이치에 순종하면 크게 길하니, 과도하게 행해서 올바름을 취하는 것이 바로 이치에 순종하는 것이기 때문이다. 과도하게 행해서 이치에 순종하면, 그 길함이 반드시 크다.

過, 所以求就中也. 所過者小事也, 事之大者, 豈可過也? 於大過論之詳矣. 飛鳥遺之音, 謂過之不遠也. 不宜上宜下, 謂宜順也. 順則大吉, 過以就之, 蓋順理也. 過而順理, 其吉必大.

「단전」에서 말했다. 작은 일의 과도함은 사소한 일을 과도하게 행했지만 형통하다.

彖曰, 小過, 小者過而亨也.

양은 크고 음은 작다. 음은 지위를 얻었고 강함은 지위를 잃어서 중도를 이루지 못했으니, 이것이 작은 것이 과도한 것이다. 그러므로 작은 일을 과도하게 행하는 것이고, 과도한 것이 적은 것이다. 작은 것과 작은 일은 어떤 때에는 과도한 것이 당연한 경우가 있고, 과도함 또한 적기 때문에 작은 일의 과도함이 된다. 어떤 일은 과도하게 행한 뒤에야 형통한 경우가 있으니, 과도하게 행하는 것이 형통할 수가 있는 것이다.

陽大陰小. 陰得位, 剛失位而不中, 是小者過也, 故爲小事過, 過之小. 小者與小事, 有時而當過, 過之亦小, 故爲小過. 事固有待過而後能亨者,過之所以能亨也.

과도하게 하되 올바름을 굳게 지키는 것이 이로운 것은 때에 따라서 행하는 것이다.

過以利貞, 與時行也.

과도하게 행하되, 올바름을 굳게 지키는 것이 이로운 것은 때에 따라서 행하는 것을 말한다. 어떤 상황에서 마땅히 과도하게 행해야 할 때 과도하게 행하는 것은 과도함이 아니라 때의 마땅함이고, 이것이 곧 정도다.

過而利於貞, 謂與時行也. 時當過而過, 乃非過也, 時之宜也, 乃所謂正也.

유한 것이 중도를 얻으니 그래서 사소한 일에는 길하고, 강한 것이 지위를 잃고 중도를 얻지 못했으니 그래서 큰일은 행해서는 안 된다. 괘에는 나는 새의 모습이 담겨 있다.

柔得中, 是以小事吉也, 剛失位而不中, 是以不可大事也. 有飛鳥之象焉.

작은 것의 과도함의 도는 사소한 일에서 과도하게 행하면 길한 것이니, 「단전」에서는 괘의 자질 구조로 길한 뜻을 말했다. "유한 것이 중도를 얻었다"는 것은 육이효와 육오효가 중中의 위치에 자리한 것이다. 음유한 자질이 지위를 얻어서 사소한 일의 길함에 이를 수 있을 뿐이고, 큰일을 해결할 수는 없다. "강한 것이 지위를 잃고 중도를 얻지 못했으니 그래서 큰일에는 행해서는 안 된다"라는 말에서 '큰일'은 강양한 자질의 사람이 아니라면 해결할 수 없다. 구삼효는 중도를 얻지 못했고 구사효는 지위를 잃었으니, 그래서 큰일은 행해서는 안 된다. 작은 것이 과도한 때에는 본래 큰일은 행해서는 안 되고, 괘의 자질 구조도 큰일을 감당할 수가 없으니, 때에 부합하는 것이다.

"나는 새의 모습이 담겨 있다"는 이 한 구절은 「단전」의 문체와 유사하지 않으니, 아마도 해석하는 자의 말이 잘못해서 「단전」 가운데로 들어간 듯하다. 가운데가 강한 효이고 바깥에 유한 효가 있으니, 나는 새의 모습이다. 이 괘에 이러한 모습이 있으므로 나는 새를 상징하여 뜻으로 삼았다.

小過之道, 於小事有過則吉者, 而彖以卦才言吉義. 柔得中, 二五居中也. 陰柔得位, 能致小事吉耳, 不能濟大事也. 剛失位而不中, 是以不可大事, 大事非剛陽之才不能濟, 三不中, 四失位, 是以不可大事. 小過之時, 自不可大事, 而卦才又不堪大事, 與時合也. '有飛鳥之象焉'此一句, 不類彖體, 蓋解者之辭, 誤入彖中. 中剛外柔, 飛鳥之象. 卦有此象, 故就飛鳥爲義.

"나는 새가 소리를 남기는데 위로 향하는 것은 마땅하지 않고, 아래로 향하는 것을 마땅히 하면 크게 길하다"는 것은 위로 올라가면 이치를 거역하고 아래로 내려오면 이치에 순응하기 때문이다.

飛鳥遺之音, 不宜上, 宜下, 大吉, 上逆而下順也.

어떤 일은 때에 따라서 과도하게 행해야만 하는 경우가 있다. 이는 마땅함을 따르기 위한 것이지, 어찌 지나치게 과도하게 할 수 있겠는가? 예를 들어 공손함을 과도하게 하고 슬픔을 과도하게 하고 검소함을 과도하게 하는 것과 같으니, 큰일을 과도하게 행하는 경우에서는 해서는 안 된다. 그래서 소과괘에 있는 것이니, 과도하게 행하기를 마땅히 새가 나는 소리를 남기듯이 해야 한다고 상징했다. 새가 빠르게 날아가면 소리가 나자마자 새는 이미 멀리 날아가고 없지만, 어찌 나는 소리의 명성과 새가 날아가는 실제가 서로 멀리 떨어져 있을 수 있겠는가? 일을 처리하는 데에 마땅히 과도한 것도 이와 같다. 몸이 행하는 실속은 명성과 멀리 차이가 나서는 안 되니 명실상부해야 하고, 일도 정상적인 한도에서 멀리 넘어서서는 안 되니 그 마땅함을 얻는 데 달려 있을 뿐이다.

"위로 향하는 것은 마땅하지 않고 아래로 향하는 것을 마땅히 한다"는 말은 다시 새의 소리를 가지고 마땅함을 따른다는 뜻을 취하여 상징했다. 과도하게 행하는 방도는 마땅히 나는 새가 소리를 남기듯이 명실상부해야 한다는 말이다. 소리는 바람을 거슬러 위로 향하면 큰 소리를 내기가 어렵고 바람을 따라 아래로 향하면 큰 소리를 내기가 쉽기 때문에, 산 위에서 소리를 내면 크게 들리니, 산 위에 우레가 있는 모습이 과도함을 행하는 것을 상징했다. 그래서 과도하게 행하는 방도는 이치를 따라서 행하면 길하니, 마치 나는 새가 소리를 남기듯이 하는 것과 같아서 마땅함을 따르는 것이다. 과도하게 행하는 이유는 마땅함을 따르기 위해서이니, 마땅함을 따를 수 있으므로 크게 길한 것이다.

事有時而當過. 所以從宜, 然豈可甚過也? 如過恭過哀過儉, 大過則不可. 所以在小過也, 所過 當如飛鳥之遺音. 鳥飛迅疾, 聲出而身已過, 然豈能相遠也? 事之當過者, 亦如是. 身不能甚遠於聲, 事不可遠過其常, 在得宜耳. 不宜上, 宜下, 更就鳥音取宜順之義. 過之道, 當如飛鳥之遺音. 夫聲逆而上則難, 順而下則易, 故在高則大, 山上有雷, 所以爲過也. 過之道, 順行則吉, 如飛鳥之遺音宜順也. 所以過者, 爲順乎宜也, 能順乎宜, 所以大吉.

「상전」에서 말했다. 산 위에 우레가 있는 것이 소과괘의 모습이니, 군자는 이것을 본받아 행동하는 데에 공손함을 과도하게 하고, 상례를 치루는 데에 슬픔을 과도하게 하고, 재물을 쓰는 데에 검소함을 과도하게 한다.

象曰, 山上有雷, 小過, 君子以行過乎恭, 喪過乎哀, 用過乎儉.

우레가 산 위에서 진동하면 그 소리가 평상시의 소리보다 더 과도하게 들리므로, 작은 것의 과도함이 된다. 세상의 일은 어떤 때에는 당연히 과도하게 행해야 하는 경우가 있지만 지나치게 과도해서는 안 되므로, 작은 것의 과도함이다. 군자는 소과괘의 모습을 관찰하여 마땅히 과도하게 해야 할 일일 경우에는 힘써 행하니, 행동하는 데에 공손함을 과도하게 하고 상례를 치르는 데에 슬픔을 과도하게 하고 재물을 사용하는 데에 검소함을 과도하게 하는 것이 그러하다. 당연히 과도해야 할 경우에는 과도하게 하는 것이 곧 마땅함이다. 그러나 마땅히 과도해야 할 경우가 아닌데도 과도하게 하는 것은 바로 과도한 과실이다.

雷震於山上, 其聲過常, 故爲小過. 天下之事, 有時當過, 而不可過甚, 故爲小過. 君子觀小過之象, 事之宜過者則勉之, 行過乎恭, 喪過乎哀, 用過乎儉是也. 當過而過, 乃其宜也. 不當過而過, 則過矣.

초육효는 나는 새이니, 흉하다.

初六, 飛鳥, 以凶.

초육효는 음유한 자질로 아랫자리에 있으니 소인의 모습이고, 또 위로 육사효와 호응하는데 육사효는 또 다시 진震괘가 상징하는 움직임의 형체에 있다. 소인은 조급하고 경솔한데 위로 호응해주어 도와주는 사람이 있어서, 당연히 과도하게 행해야 할 때에 반드시 지나치게 과도하게 행한다. 그런데 게다가 당연히 과도하게 행해서는 안 될 경우에 과도하게 행동하니, 어떠하겠는가? 그 과도함이 나는 새처럼 신속하고 빠르니, 그래서 흉하다.[4] 조급하고 빨리하기를 이렇게 하니 그래서 과도함이 신속하고 본분에서 멀어져서, 저지하려 해도 할 수가 없다.

初六, 陰柔在下, 小人之象, 又上應於四, 四復動體. 小人躁易而上有應助, 於所當過, 必至過甚, 況不當過而過乎? 其過如飛鳥之迅疾, 所以凶也. 躁疾如是, 所以過之速且遠, 救止莫及也.

「상전」에서 말했다. 나는 새이므로 흉한 것은 어찌할 수가 없는 것이다.

象曰, 飛鳥以凶, 不可如何也.

그 과도한 것의 빠름이 나는 새의 신속함과 같으니, 어떻게 저지할 틈이 있겠는가? 흉함이 마땅하다. "어찌할 수가 없는 것이다"라는 것은 막으려고 힘을 쓸 수 없다는 말이다.

其過之疾, 如飛鳥之迅, 豈容救止也? 凶其宜矣. 不可如何, 无所用其力也.

육이효는 할아버지를 지나가 할머니를 만나는 것이니, 군주에게 미치지 않고 신하의 도리에 합당하다면 허물이 없다.

六二, 過其祖, 遇其妣, 不及其君, 遇其臣, 无咎.

양으로서 위의 자리에 있는 것은 아버지의 모습이고, 아버지보다 더 높은 것은 할아버지의 모습이다. 구사효가 구삼효의 위에 있기 때문에, 할아버지다. 육이효와 육오효는 서로 호응하는 위치에 자리하여 함께 유중柔中한 덕을 공유하고 있으니, 뜻이 구삼효와 구사효를 따르지 않는다. 그러므로 구사효를 지나쳐서 육오효를 만나니, 이것을 "할아버지를 지나간다"고 상징했다.

육오효는 음으로서 존귀한 지위에 있으니, 할머니의 모습이다. 육오효가 육이효와 덕을 함께하면서 서로 호응하니, 다른 괘라면 음과 양이 서로를 구하지만 과도할 때에는 반드시 그 상도의 본분을 넘어서므로 다른 경우다. 과도하지 않음이 없으므로, 육이효가 육오효를 따르는 것에 대해 또한 그 과도함을 경계한 것이다. "군주에게 미치지 않고 신하를 만난다"는 것은 위로 나아가되 군주를 능멸하지 않고, 신하의 도리에 적합하게 행동하면 허물이 없다는 말이다. "만난다"는 말은 신하의 본분에 합당하다는 말이다. 신하의 본분에서 벗어나 과도하게 행동하면 그 허물을 알 수 있다.

陽之在上者, 父之象. 尊於父者, 祖之象. 四在三上, 故爲祖. 二與五居相應之地, 同有柔中之德, 志不從於三四, 故過四而遇五, 是過其祖也. 五陰而尊, 祖妣之象. 與二同德相應, 在它卦則陰陽相求, 過之時必過其常, 故異也. 无所不過, 故二從五, 亦戒其過. 不及其君, 遇其臣, 謂上進而不陵及於君, 適當臣道, 則无咎也. 遇, 當也. 過臣之分, 則其咎可知.

「상전」에서 말했다. 군주에게 미치지 않는 것은 신하의 본분을 넘어설 수 없기 때문이다.

象曰, 不及其君, 臣不可過也.

과도하게 행할 때에는 그 일이 그 상도常道의 본분을 넘어서기가 쉬우므로, 위로 나아가는 데에 그 군주에게 신하의 본분을 넘어서는 일이 생길 수도 있음을 경계한 것이니, 신하는 신하로서의 본분을 넘어서서는 안 된다.

過之時, 事无不過其常, 故於上進則戒及其君, 臣不可過臣之分也.

구삼효는 과도하게 방비하지 않으면 따라와서 간혹 해치므로 흉하다.

九三, 弗過防之, 從或戕之, 凶.

소과괘는 음이 과도하고 양이 지위를 잃은 때다. 그런데 구삼효는 홀로 올바른 위치에 자리했으나, 아랫자리에 있어서 일을 도모할 수 없고 음에게 시기와 미움을 받으므로 마땅히 과도하게 행해야 할 것이 있는 자이니, 그것은 소인을 과도하게 방비하는 일이다. 만약 과도하게 방비하지 않는다면 소인들이 따라와서 해치는 경우도 있으니, 이와 같으면 흉하다.

구삼효는 음이 과도한 때에 양한 성질로 강한 위치에 자리하여, 강함이 과도한 것이다. 과도하게 방비할 것을 경계했으면, 자신이 과도하게 강한 행동을 하는 것 또한 경계하는 내용에 들어 있다. 소인을 방비하는 방도는 자신을 바르게 하는 것이 가장 우선시되어야 한다. 구삼효가 올바름을 잃지 않았으므로 반드시 흉하게 되는 뜻은 없으니, 과도하게 방비하면 흉하게 되는 것을 피할 수 있다. 구삼효가 하체에서 가장 위에 있으니, 윗자리에 있으면서 아랫사람을 대하는 것이 모두 이와 같은 것이다.

小過, 陰過陽失位之時, 三獨居正, 然在下无所能爲, 而爲陰所忌惡, 故有當過者, 在過防於小人. 若弗過防之, 則或從而戕害之矣, 如是則凶也. 三於陰過之時, 以陽居剛, 過於剛也. 旣戒之過防, 則過剛亦在所戒矣. 防小人之道, 正己爲先. 三不失正, 故无必凶之義, 能過防則免矣. 三居下之上, 居上爲下, 皆如是也.

「상전」에서 말했다. 따라와서 혹 해치는 것은 흉함이 어떠한가?

象曰, 從或戕之, 凶如何也?

음이 과도할 때 반드시 양을 해치고, 소인의 도가 극성하면 반드시 군자를 해치니, 마땅히 과도하게 방비해야만 한다. 방비하는 것이 지극하지 않으면 해침을 당하므로 "흉함이 어떠한가?"라고 했으니, 그것이 매우 심하다는 점을 말했다.

陰過之時, 必害於陽, 小人道盛, 必害君子, 當過爲之防. 防之不至, 則爲其所戕矣, 故曰凶如何也, 言其甚也.

구사효는 허물이 없으니 과도하지 않아 적당한 것이라서, 그대로 가면 위태롭고 반드시 경계해야 하며, 오래도록 올바름을 고집하지 말아야 한다.

九四, 无咎, 弗過遇之, 往厲必戒, 勿用永貞.

구사효는 작은 것이 과도한 때를 당하여 강한 자질로 유한 위치에 처하니, 강함이 과도하지 않아서 허물이 없다. 과도하지 않으면 마땅함에 합치하므로 "적당하다"고 했으니, 그 중도를 얻은 것을 말한다. 만약 그대로 가면 위태로움이 있으니, 반드시 경계하고 두려워해야 한다. "그대로 간다"는 것은 유한 것을 버리고 강한 자세만 지니고 나아가는 것이다. "오래도록 올바름을 고집하지 말아야 한다"는 것은 양의 성질은 굳세고 강직하기 때문에 마땅함을 따라야만 하지만, 고집스럽게 지키지 말라고 경계한 것이다.

음이 과도한 때에 양강한 자질의 사람이 지위를 잃었다면, 군자는 마땅히 때를 따르고 이치에 순종할 일이지 평상시의 상도를 고집해서는 안 된다. 구사효는 높은 지위에 있지만 윗사람 아랫사람과의 교제가 없다. 그런데 육오효와 가깝고 초육효와 호응관계에 있더라도, 음이 과도한 때에 저들이 어찌 양을 따르려고 하겠는가? 그러므로 그대로 가면 위태로움이 있다.

四當小過之時, 以剛處柔, 剛不過也, 是以无咎. 旣弗過, 則合其宜矣, 故云遇之, 謂得其道也. 若往則有危, 必當戒懼也. 往, 去柔而以剛進也. 勿用永貞, 陽性堅剛, 故戒以隨宜, 不可固守也. 方陰過之時, 陽剛失位, 則君子當隨時順處, 不可固守其常也. 四居高位, 而无上下之交. 雖比五應初, 方陰過之時, 彼豈肯從陽也? 故往則有厲.

「상전」에서 말했다. 과도하지 않아서 적당한 것은 지위가 합당하지 않기 때문이고, 그대로 가면 위태로운 것은 끝까지 자라나서는 안 되기 때문이다.

象曰, 弗過遇之, 位不當也, 往厲必戒, 終不可長也.

"지위가 합당하지 않다"는 것은 강한 자질로 유한 위치에 처한 것을 말한다. 구사효는 과도한 때에 과도하게 강하지 않고 도리어 유한 위치에 자리해 그 마땅함을 얻은 것이므로 "적당하다"고 말했으니, 그 마땅함을 만난 것이다. 양효인 구九로서 음의 위치인 사四의 위치에 자리한 것은 지위가 합당하지 않지만, 유한 위치에 자리한 것이 바로 그 마땅함에 적합한 것이다.

음이 과도한 때에 양은 물러나 움츠려 스스로를 보존하면 족하니, 끝까지 어떻게 자라나면서 성대해질 수 있겠는가? 그러므로 그대로 가면 위태로움이 있으니 마땅히 경계해야만 한다. '장長'은 상성上聲이니, 평성平聲으로서의 '장구하다'는 뜻으로 보면 『역』의 뜻을 크게 잃는 것이다. 쾌夬괘와 박剝괘로 보면 알 수 있다. 쾌괘의 육효「상전」과는 글자는 같으나 음은 다르다.[5]

位不當, 謂處柔. 九四當過之時, 不過剛而反居柔, 乃得其宜, 故曰遇之, 遇其宜也. 以九居四, 位不當也, 居柔乃遇其宜也. 當陰過之時, 陽退縮自保足矣, 終豈能長而盛也? 故往則有危, 必當戒也. 長, 上聲, 作平聲則大失易意, 以夬與剝觀之可見. 與夬之象, 文同而音異也.

육오효는 빽빽하게 구름이 모였지만 비가 내리지 않는 것은 나의 서쪽 교외로부터 왔기 때문이니, 공이 저 구멍에 있는 것을 쏘아서 잡는다.

六五, 密雲不雨, 自我西郊, 公弋取彼在穴.

육오효는 음유한 자질로 존귀한 지위에 자리했으니, 과도하게 행하려고 하지만, 어떻게 공을 이룰 수 있겠는가? 마치 구름이 빽빽하게 모였으나 비를 내리게 하지 못하는 것과 같다. 비를 내리게 하지 못하는 것은 '서쪽 교외'로부터 왔기 때문이다. 음이 비를 내리게 할 수 없는 것은 소축小畜괘에서 이미 해석했다.[6] "공公이 저 구멍에 있는 것을 쏘아서 잡는다"는 말에서 '익弋'은 활을 쏘아서 잡는 것이니, '사射'는 다만 쏘는 것이고 '익'은 잡는다는 뜻이 있으며 '혈穴'은 산 속의 구멍으로, 가운데가 텅 빈 것이 구멍이니, 구멍에 있는 것은 육이효를 가리킨다.

육오효와 육이효는 본래 서로 호응하는 관계가 아니지만 활로 쏘아서 잡은 것이다. 육오효는 지위를 담당하므로 공公이라고 말했으니, 조정의 군주를 말한다. 그러나 같은 부류가 서로 취하여 얻었지만 두 음이 어떻게 큰일을 이룰 수 있겠는가? 이는 구름이 빽빽하게 모였지만 비를 내리게 할 수 없는 것과 같다.

五以陰柔居尊位, 雖欲過爲, 豈能成功? 如密雲而不能成雨. 所以不能成雨, 自西郊故也. 陰不能成雨, 小畜卦中已解. 公弋取彼在穴, 弋, 射取之也, 射止是射, 弋有取義, 穴, 山中之空, 中虛 乃空也, 在穴指六二也. 五與二本非相應, 乃弋而取之. 五當位, 故云公, 謂公上也. 同類相取, 雖得之, 兩陰豈能濟大事乎? 猶密雲之不能成雨也.

「상전」에서 말했다. 빽빽하게 구름이 모였지만 비가 내리지 않는 것은 이미 올라갔기 때문이다.

象曰, 密雲不雨, 已上也.

양이 내려오고 음이 올라가서 합치하면 화합하여 비를 이룬다. 음이 너무 위로 올라갔다면 구름이 빽빽하게 모였더라도, 어떻게 비를 이룰 수 있겠는가? 음이 과도하여 큰일을 이룰 수 없다는 뜻이다.

陽降陰升, 合則和而成雨. 陰已在上, 雲雖密, 豈能成雨乎? 陰過不能成大之義也.

상육효는 적당하지 않아 과도하니, 나는 새가 멀리 떠나가는 듯해서 흉하다. 이를 재앙과 인재라고 한다.

上六, 弗遇過之, 飛鳥離之, 凶, 是謂災眚.

육六은 음효이면서 진震괘가 상징하는 움직임의 형체에 속해 있으니, 과도함의 극한에 처하여 이치에 적당하지 않고 움직임이 모두 과도하다. 이치를 어기고 상도의 본분을 넘어서는 것이 마치 신속하게 나는 새와 같아서, 흉하다. "떠난다"는 말은 과도함이 상도에서 지나치게 멀리 벗어난 것이다. "이를 재앙과 인재라고 한다"라는 말은 당연히 재앙과 인재가 있다는 말이다. '재災'는 하늘의 재앙이고 '생眚'은 사람이 만든 것이다. 과도함의 극한에 이르렀으니, 어떻게 오직 인재만 있겠는가? 하늘의 재앙 역시 이른다. 그 흉함을 알 수 있으니, 하늘의 이치와 인간사가 모두 그러하다.

六, 陰而動體, 處過之極, 不與理遇, 動皆過之, 其違理過常, 如飛鳥之迅速, 所以凶也. 離, 過之遠也. 是謂災眚, 是當有災眚也. 災者天殃, 眚者人爲. 旣過之極, 豈唯人眚? 天災亦至. 其凶 可知, 天理人事, 皆然也.

「상전」에서 말했다. 적당하지 않아서 과도한 것은 지나치게 높은 것이다.

象曰, 弗遇過之, 已亢也.

과도함의 끝에 자리하여, 이치에 합당하지 않고 과도해서 그 과도함이 지나치게 극단적이니, 그 흉함이 지극한 것이 당연하다.

居過之終, 弗遇於理而過之, 過已亢, 極其凶, 宜也.

---

1 과도하게 하는 것은 사소한 일이니: 호원은 대과괘와 비교하면서 이렇게 설명하고 있다. "작은 일의 과도함이란, 대과괘의 상황은 네 양효가 안에 자리하고 두 음효가 밖에 있어서 본말이 모두 약하고 위와 아래가 모두 미약하므로 성현이 큰 재능과 큰 덕으로 정상적인 본분을 뛰어넘어 세상의 큰 혼란을 구제하는 것이다. 지금 이 소과괘는 네 음효가 밖에 있고 두 양효가 안에 자리하니, 기강이 완전히 타락하지 않았고 세상의 일에도 작은 오류들이 있으므로, 성현들은 사소한 일들을 과도하게 행하여 바로 잡는 것이다小過者, 蓋大過, 以四陽居內, 二陰在外, 本末皆弱, 上下皆微, 故聖賢之人, 以大才大德, 過越常分, 以救天下之大難. 今此小過, 以四陰在外, 二陽居內, 是綱紀未甚隳壞, 天下之事, 少有差忒, 故聖賢之人, 小小過行其事, 以矯正之." 대과괘 정이천의 설명 참조.

2 큰일을 어떻게 과도하게 할 수 있겠는가?: 큰일이 아니라 작은 일들을 과도하게 하는 이유를 호원은 이렇게 설명한다. "작은 것의 과도함의 때에는 본말本末이 심각하게 약해지지 않았고, 정치와 교화가 심각하게 타락하지 않았고, 천하의 일이 심각하게 어그러지지 않았으니, 군자는 마땅히 과도하게 해서 작은 일을 행하여 세속을 고치고 격려하여 대중大中의 도를 회복하게 하면 된다夫當小過之時, 本末未至甚弱, 政教未至甚頹, 天下之事小有所差, 君子固當過越而行其小小之事, 以矯世勵俗, 使復趨大中之道可也.

3 나는 새가 남기는 소리: 호원은 정이천과는 전혀 다르게 해석하고 있다. "새의 날개는 허공을 나는 때에 그 소리만 들리지 그 흔적은 보이지 않는다. 이것은 군자가 중도를 과도하게 넘어서 천하의 폐단을 교정하되, 다만 백성이 그것을 따르게만 하고 그것을 알게 못하게 한다는 것이다夫鳥之飛, 騰于空虛, 但聞其音而不見其跡, 謂如君子過越中道, 矯正天下之弊, 但使民由之, 而不使知之也."

4 그래서 흉하다: 호원이 설명하는 방식은 이렇다. "소과의 때는 군자가 작은 일을 과도하게 행하여 한때의 과실을 바로잡고 그 때의 폐단을 바르게 하니, 군중들이 하지 않고 자신이 홀로 해서 모두 자신에게 달려 있으므로, 나는 새의 상징을 취해서 밝혔다. 지금 초육효 한 효는 유柔한 자질로 아래 괘의 가장 아래 위치에 자리하지만, 호응하는 사람이 구사효이므로 마치 나는 새가 더욱 높이 난 뒤에 안착하는 곳이 없는 것과 같다. 그래서 흉하다. 왜 그러한가? 소과의 때는 마땅히 위로 향해서는 안 되니, 군자는 반드시 현실적 기미에 호응하여 적절하게 변하고, 상황의 때에 따라서 마땅함을 제어하면서 사람들의 실정에 근접하게 일을 진행한 후에 가능할 수 있다. 만약 그 행위가 너무 지나치고 그 일들이 너무 심하면, 지위가 아래에 있으면서 뜻만이 매우 높기 때문에 흉함을 얻는다小過之時, 是君子過行小事, 以矯一時之失, 正當時之弊, 衆所不爲而己獨爲之, 皆在于身, 故取飛鳥之象, 以明之. 今初六一爻, 雖以柔而居下卦之下, 然所應在四, 故如飛鳥之愈上而无所附著. 是以凶也. 何則, 蓋小過之時, 不宜上, 君子必須應機適變, 隨事制宜, 附近于人

情而後可也. 若其所行太過所爲已甚, 雖位在下而志愈上, 故獲凶也."

5 글자는 같으나 음은 다르다: 쾌夬괘 상육효 「상전」에서는 "울부짖어도 소용없는 흉함은 결국에는 장구할 수 없기 때문이다无號之凶, 終不可長也"라고 했다. 여기서의 '장'은 평성으로 장구한다는 의미다. 그러나 박剝괘의 「단전」에서 "박이란 소멸하는 것이니 유함이 강함을 변화시킨다. 함부로 나아가는 것은 이롭지 않다는 것은 소인의 세력이 자라나기 때문이다剝, 剝也, 柔變剛也. 不利有攸往, 小人, 長也"라고 했을 때의 '장'은 상성으로서 '자라난다'는 의미다.

6 소축괘에서 이미 해석했다: 소축괘의 괘사는 이렇다. "소축은 형통하니 구름이 빽빽이 모였지만 비가 내리지 않는 것은 나의 서쪽 교외로부터 왔기 때문이다小畜, 亨, 密雲不雨, 自我西郊." 여기서 비를 내리게 하지 못하는 이유를 이천은 이렇게 설명한다. "구름은 음양의 기운이다. 두 기운이 교접하여 조화하면 서로 저지하며 응고하여 구름이 된다. 양이 먼저 부르면 음이 화답하는 것이 순리이기 때문에 조화한다. 만약 음이 먼저 양을 부르면 순리가 아니기 때문에 조화되지 못한다. 조화되지 못하면 비를 내릴 수가 없다. 구름이 엉겨 모이는 것이 비록 빽빽해도 비를 내리지 못하는 것은 서쪽 교외로부터 오기 때문이다. 동북은 양의 방향이고 서남은 음의 방향이다. 음으로부터 먼저 부르기 때문에 조화되지 못하고 비를 내릴 수가 없는 것이다."

63. 성취, 완성: 기제既濟괘䷾

수화기제水火既濟라고 한다. 괘의 모습이 감坎☵괘가 위에 있고, 이離☲괘가 아래에 있기 때문이다.

기제既濟괘에 대해서 「서괘전」은 다음과 같이 설명한다. "과도한 것이 있다면 반드시 문제를 해결하므로, 성취를 상징하는 기제괘로 받았다." 평범한 것보다 과도할 수 있다면 반드시 문제를 해결할 수 있으므로, 소과小過괘 다음에 기제괘로 받았다. 괘의 모습은 감坎괘가 상징하는 물이 이離괘가 상징하는 불에 위에 있다. 물과 불이 서로 교류하면, 상호작용하게 된다. 각각 그 작용을 담당하므로 일을 성취할 수 있으니, 그래서 세상의 모든 일이 모두 성취된 때다.

既濟, 序卦, "有過物者必濟, 故受之以既濟." 能過於物, 必可以濟, 故小過之後, 受之以既濟也. 爲卦, 水在火上. 水火相交, 則爲用矣. 各當其用, 故爲既濟, 天下萬事已濟之時也.

일들이 성취된 때에는 형통할 것이 작은 일이라서, 올바름을 굳게 지키는 것이 이로우니, 처음에는 길하고 끝에는 혼란하다.

既濟, 亨小, 利貞, 初吉終亂.

모든 일이 성취된 때에는 큰일은 이미 형통했고 작은 일은 여전히 형통하게 될 가능성이 있다. 모든 일을 성취한 때일지라도 아직 형통하지 못한 작은 일이 없을 수가 없다. "작다"는 말이 "형통하다"는 말 아래에 있는 것은 어의상 당연하다. 만약 "조금 형통하다小亨"라고 말하면 그 의미는 형통할 것이 적다는 말이 된다.[1] "올바름을 굳게 지키는 것이 이롭다"는 것은 모든 일이 성취된 때에 이로운 것은 올바름을 견고하게 지키는 데 달려 있다는 말이다. "처음에는 길하다"는 것은 모든 일이 이제 막 성취된 때를 말하고, "끝에는 혼란하다"는 것은 성취의 극한에 이르면 뒤집어진다는 말이다.

既濟之時, 大者旣已亨矣, 小者尙有亨也. 雖既濟之時, 不能无小未亨也. 小字在下, 語當然也. 若言小亨, 則爲亨之小也. 利貞, 處既濟之時, 利在貞固以守之也. 初吉, 方濟之時也, 終亂, 濟極則反也.

「단전」에서 말했다. 일들이 성취된 때에 형통하다는 것은 작은 일들이 형통한 것이고, 굳센 올바름이 이로운 것은 강한 것과 유한 것이 올바르고 위치가 합당하기 때문이다.

彖曰, 既濟, 亨, 小者亨也, 利貞, 剛柔正而位當也.

일들이 성취된 때에 큰일들은 이미 형통하게 되었고 오직 작은 일들만이 형통하게 될 가능성이 있다. 일들이 성취된 때에 분명 마땅히 올바름을 굳게 지켜야만 한다. 괘의 자질 구조가 강한 것과 유한 것이 올바르고 그 위치가 합당해서, 위치가 합당한 것이 바로 상도常道의 본분이다.[2] 이것이 바로 올바름을 굳게 지킨다는 뜻이라서, 이와 같이 올바른 것이 이로운 것이다. 음과 양이 각각 올바른 지위를 얻었으니, 그래서 모든 일이 성취된다.

既濟之時, 大者固已亨矣, 唯有小者亨也. 時既濟矣, 固宜貞固以守之. 卦才剛柔正當其位, 當位者其常也, 乃正固之義, 利於如是之貞也. 陰陽各得正位, 所以爲既濟也.

처음에는 길한 것은 유한 것이 중도를 이룬 것이다.

初吉, 柔得中也.

육이효가 유순하면서 문명한 자질로 중도를 얻었기 때문에 일들을 성취하는 공을 이룰 수 있다. 육이효는 하체에 자리하니, 일들이 막 성취된 시초이고 또 잘 처신하기 때문에, 그래서 길하다.

二以柔順文明而得中, 故能成既濟之功. 二居下體, 方濟之初也, 而又善處, 是以吉也.

끝에서 그치면 혼란한 것은 그 도가 궁색해지기 때문이다.

終止則亂, 其道窮也.

세상일은 나아가지 않으면 물러나니, 하나로 고정된 이치는 없다. 모든 일이 성취된 끝에 나아가지 않고 그치지만, 항상 멈추어 있는 것은 없어서 쇠락과 혼란이 이르게 되니, 그 도가 궁색해져 극한에 이르렀기 때문이다. 구오효의 자질은 선하지 않은 것은 아니지만 때가 극한에 이르고 도가 궁색해졌으니 이치상 반드시 변해야만 한다. 어떤 사람은 이렇게 묻는다. "성인은 이러한 상황에서 어떻게 하는가?" 이렇게 답하겠다. 오직 성인만이 궁색한 지경에 이르지 않았을 때 변통을 해서 극한에 이르지 않도록 할 수 있으니, 요와 순이 그러하므로, 끝에 이르러서도 혼란이 없었다.

天下之事, 不進則退, 无一定之理. 濟之終, 不進而止矣, 无常止也, 衰亂至矣, 蓋其道已窮極也. 九五之才, 非不善也, 時極道窮, 理當必變也. 聖人至此奈何? 曰, 唯聖人爲能通其變於未窮, 不使至於極也, 堯舜是也, 故有終而无亂.

「상전」에서 말했다. 물이 불 위에 있는 것이 기제괘의 모습이니, 군자는 이것을 본받아 환난을 생각하여 미리 방비한다.

象曰, 水在火上, 旣濟, 君子以思患而豫防之.

물과 불이 교류해서 각각 그 작용을 얻은 것이 일들이 성취된 때다. 일들이 성취된 때에는 오직 환난과 해로움이 생겨나는 것을 우려해야만 하므로, 생각하여 미리 방비해서 환난이 이르지 않게 해야 한다. 예로부터 세상이 잘 다스려졌는데 재앙과 혼란이 일어나는 것은 사려하여 미리 예방하지 못했기 때문이다.

水火旣交, 各得其用, 爲旣濟. 時當旣濟, 唯慮患害之生, 故思而豫防, 使不至於患也. 自古天下旣濟而致禍亂者, 蓋不能思慮而豫防也.

초구효는 수레바퀴를 잡아당기고 꼬리를 적시면 허물이 없다.

初九, 曳其輪, 濡其尾, 无咎.

초구효는 양의 자질로 아래에 자리하여, 위로 육사효와 호응하고 불의 형체에 속해 있으니, 그 나아가려는 뜻이 날카롭다. 그러나 모든 일이 성취된 때에 나아가려고만 하고 그치지 않으면 후회와 허물에 이르므로, "수레바퀴를 잡아당기고 꼬리를 적시면" 허물이 없게 된다.

수레바퀴는 굴러가는 것이니, 거꾸로 잡아당겨 나아가지 못하게 하는 것이다. 짐승은 강을 건널 때 반드시 꼬리를 드니, 꼬리를 강물에 적시면 강을 건너갈 수가 없다. 모든 일이 성취된 시초에 그 나아감을 그칠 수 있다면 허물이 없으니, 그칠 줄 모르면 허물에 이르게 된다.

初以陽居下, 上應於四, 又火體, 其進之志銳也. 然時旣濟矣, 進不已則及於悔咎, 故曳其輪, 濡其尾, 乃得无咎. 輪所以行, 倒曳之使不進也. 獸之涉水, 必揭其尾, 濡其尾則不能濟. 方旣濟之初, 能止其進, 乃得无咎, 不知已則至於咎也.

「상전」에서 말했다. 수레바퀴를 잡아당기는 것은 의리상 허물이 없는 것이다.

象曰, 曳其輪, 義无咎也.

모든 일이 성취된 초기에 그 나아감을 적절한 곳에서 멈출 수 있으면 극한이 이르지 않으니, 그 의리상 저절로 허물이 없다.

既濟之初, 而能止其進, 則不至於極, 其義自无咎也.

육이효는 부인이 그 가리개를 잃은 것이니, 쫓아가지 않으면 7일 만에 얻는다.

六二, 婦喪其茀, 勿逐, 七日得.

육이효는 문명文明하고 중정을 이룬 덕을 가지고 위로 양강한 자질과 중정을 이룬 덕을 가진 군주인 구오효와 호응하고 있으니, 마땅히 그 뜻을 행할 수는 있다. 그러나 구오효가 이미 존귀한 지위를 얻었고 모든 일이 성취된 때라서, 다시 나아가 도모할 수 있는 일이 없으니, 아래 지위에 있는 현명한 자질을 가진 사람을 구하여 쓰려는 뜻이 있겠는가? 그러므로 육이효는 뜻을 행할 수 없는 것이다.

예로부터 모든 일을 성취하고 난 후에 사람을 등용한 자는 드물다. 당나라 태종[3]처럼 신하의 간언을 잘 적용했던 사람도 끝에 가서는 나태해졌는데, 하물며 그보다 못한 사람은 어떻겠는가? 이러한 때에 강중한 능력이 반대로 마음속의 교만함이 되어서, 감괘가 상징하는 물과 이괘가 상징하는 불이 교류하지 못하고 서로 어긋나게 된다. 사람이 때를 알고 변통할 줄 알면 『역』을 말할 수 있을 것이다.

육이효는 음한 자질이므로, 부인이라 말했다. '가리개'는 부인이 집을 나갈 때 스스로를 가리는 것이다. 그 가리개를 잃었다는 것은 밖으로 행할 수가 없다는 말이다. 육이효는 구오효가 구하여 등용하는 사람이 되지 못하면 자신의 뜻을 행할 수 없으니, 마치 부인이 가리개를 잃은 것과 같다. 그러나 중정의 도를 어떻게 없애버릴 수 있겠는가? 때가 지나가면 행할 수 있게 된다.

"쫓아간다"는 말은 어떤 것을 따르는 것이니, 어떤 것을 따르면 자신이 평소에 지키고 있던 것을 잃게 되므로, 쫓지 말라고 경고했다. 중도를 스스로 지키고서 잃지 않으면 7일 만에 당연히 다시 얻게 된다. 괘에는 여섯 자리가 있으니, 일곱 번째에 다시 변한다. "7일 만에 얻는다"는 것은 때가 변하는 것을 말한다. 윗사람에게 등용되어 쓰이지 못하지만 중정의 도는 끝내 없어질 이치가 없으니, 지금 행하지 못하더라도 다른 때에 반드시 행해질 것이다. 성인이 권면하고 경계한 것이 매우 깊다.

二以文明中正之德, 上應九五剛陽中正之君, 宜得行其志也. 然五既得尊位, 時已既濟, 无復進而有爲矣, 則於在下賢才, 豈有求用之意? 故二不得遂其行也. 自古既濟而能用人者鮮矣. 以唐太宗之用言, 尙怠於終, 況其下者乎? 於斯時也, 則剛中反爲中滿, 坎離乃爲相戾矣. 人能識時知變, 則可以言易矣. 二, 陰也, 故以婦言. 茀, 婦人出門以自蔽者也. 喪其茀, 則不可行矣. 二不爲五之求用, 則不得行, 如婦之喪茀也. 然中正之道, 豈可廢也? 時過則行矣. 逐者從物也, 從物則失其素守, 故戒勿逐. 自守不失, 則七日當復得也. 卦有六位, 七則變矣. 七日得, 謂時變也. 雖不爲上所用, 中正之道, 无終廢之理, 不得行於今, 必行於異時也. 聖人之勸戒深矣.

「상전」에서 말했다. 7일 만에 얻는 것은 중도로써 행했기 때문이다.

象曰, 七日得, 以中道也.

중정의 도가 그 때에 쓰이지 않았지만 끝까지 행해지지 않을 이치는 없으므로, 가리개를 잃은 지 7일 만에 다시 얻는 것은 스스로 그 중도를 지키면 다른 때에 반드시 행해진다는 점을 말하는 것이니, 그 중도를 잃지 않으면 올바른 것이다.

中正之道, 雖不爲時所用, 然无終不行之理, 故喪茀七日當復得, 謂自守其中, 異時必行也, 不失其中, 則正矣.

구삼효는 고종이 귀방을 정벌하여 3년 만에 이겼으니, 소인은 쓰지 말아야 한다.

九三, 高宗伐鬼方, 三年克之, 小人勿用.

구삼효는 모든 것이 성취된 때에 강한 자질로서 강한 위치에 자리했으니, 강함을 사용하는 것이 지극한 것이다. 모든 것이 성취되었는데 강함을 사용하는 것이 이와 같은 것은 바로 고종高宗[4]이 귀방鬼方을 정벌한 일이다. 고종은 분명히 상商나라의 고종일 것이다. 세상의 일이 모두 성취되었는데 포악하고 혼란한 자를 멀리 정벌하는 것이다. 위엄과 무력이 미칠 수 있어서, 백성을 구제하는 일을 마음에 두는 것이 바로 왕의 일이니, 오직 성현의 군주만이 가능하다.

그러나 만약 위엄과 무력을 휘두르면서 사람들이 복종하지 않는 것에 분노하고 토지를 탐욕하면 백성을 잔혹하게 해치고 자신의 욕심을 채우는 것이므로, "소인은 쓰지 말라"고 경계한 것이다. 소인은 탐욕스럽고 분노하는 사사로운 뜻으로 행하니 탐욕과 분노가 아니라면 하려고 하지도 않는다.

"3년 만에 이겼다"는 것은 매우 힘들고 피곤함을 드러낸 것이다. 성인은 구삼효가 모든 것을 성취했을 때에 강함을 사용했기 때문에 이러한 뜻을 드러내어 사람들에게 보여주었으니, 모범을 삼고 경계를 삼는 것이 어찌 얕은 견해가 미칠 수 있는 것이겠는가?

九三當旣濟之時, 以剛居剛, 用剛之至也. 旣濟而用剛如是, 乃高宗伐鬼方之事. 高宗, 必商之高宗. 天下之事旣濟而遠伐暴亂也. 威武可及, 而以救民爲心, 乃王者之事也, 唯聖賢之君則可. 若騁威武, 忿不服, 貪土地, 則殘民肆欲也, 故戒不可用小人. 小人爲之, 則以貪忿, 私意也, 非貪忿, 則莫肯爲也. 三年克之, 見其勞憊之甚. 聖人因九三當旣濟而用剛, 發此義以示人, 爲法爲戒, 豈淺見所能及也?

「상전」에서 말했다. 3년 만에 이긴 것은 피곤한 일이다.

象曰, 三年克之, 憊也.

"피곤하다"고 하여 그 일이 매우 어렵다는 점을 드러냈다. 고종이 그렇게 하는 것은 옳지만, 고종의 마음이 없다면 이는 탐욕과 분노로 백성에게 재앙을 주는 것이다.

言憊, 以見其事之至難. 在高宗爲之則可, 无高宗之心, 則貪忿以殃民也.

육사효는 물에 젖는 데에 헌옷을 마련하고, 종일토록 경계하는 것이다.

六四, 繻有衣袽, 終日戒.

육사효는 물을 건너는 것을 상징하는 괘에 있고 감坎괘가 상징하는 물의 형체에 속해 있으므로, 배의 상징을 취하여 뜻으로 삼았다. 육사효는 군주와 가까운 위치이니, 그 임무를 담당한 자다. 모든 것을 성취한 때에는 환난을 방지하고 변고를 생각하는 것을 시급한 일로 여겨야 한다. "물에 젖는다"라고 한 '수繻'는 당연히 '젖는다'는 뜻인 '유濡'가 되어야 하니, 배에 물이 샌다는 말이다. 배에 틈이 생겨 물이 새면, 헌옷으로 막아야 한다. 헌옷을 마련하여 물이 새는 것을 대비하고 또 종일토록 경계하고 두려워하여 태만하지 않으니, 환난을 염려하기를 마땅히 이와 같이 해야만 한다. 길하다고 말하지 않은 것은 이제 막 환난을 면했기 때문이다. 모든 것을 성취한 때에 환난을 면한 것만으로도 족하니, 어찌 더 바랄 것이 있겠는가?

四在濟卦而水體, 故取舟爲義. 四, 近君之位, 當其任者也. 當旣濟之時, 以防患慮變爲急. 繻 當作濡, 謂滲漏也. 舟有罅漏, 則塞以衣袽. 有衣袽以備濡漏, 又終日戒懼不怠, 慮患當如是也. 不言吉, 方免於患也. 旣濟之時, 免患則足矣, 豈復有加也?

「상전」에서 말했다. 종일토록 경계하는 것은 의심스러운 바가 있기 때문이다.

象曰, 終日戒, 有所疑也.

종일토록 경계하고 두려워하는 것은 항상 환난이 이르지 않을까 의심하기 때문이다. 모든 것을 성취했을 때에는 마땅히 두려워하고 신중하기를 이와 같이 해야만 한다.

終日戒懼, 常疑患之將至也. 處旣濟之時, 當畏愼如是也.

구오효는 동쪽 이웃의 소를 잡아 성대히 제사하는 것이 서쪽 이웃의 검소한 제사가 실제로 그 복을 받는 것만 못하다.

九五, 東鄰殺牛, 不如西鄰之禴祭, 實受其福.

구오효는 가운데가 꽉 찼으니 믿음이 가득하고 육이효는 가운데가 텅 비었으니 진실하므로, 모두 제사를 가지고 상징하여 뜻을 삼았다. '동쪽 이웃'은 양을 상징하니 구오효를 말하고 '서쪽 이웃'은 음을 상징하니 육이효를 말한다. "소를 잡는다"는 것은 성대한 제사를 상징하고, '약禴'은 검소한 제사다. 성대한 제사가 검소한 제사만 못한 것은 때가 다르기 때문이다.

육이효와 구오효는 모두 진실한 믿음과 중정의 덕을 가지고 있지만, 육이효는 '모든 것을 성취한 때'를 상징하는 기제괘의 아래 위치에 있어서 아직 나아갈 곳이 있으므로, 복을 받는다. 구오효는 기제괘의 끝에 자리하여 나아갈 곳이 없으니, 지극한 진실과 중정의 덕으로 지키면 뒤집히는 지경에 이르지 않을 뿐이다. 이치상으로 극한에 이르렀는데도 끝까지 뒤집히지 않는 것은 없다. 극한에 이르렀다면 잘 처신하더라도 어찌할 수가 없으므로, 육오효의 「상전」에서는 오직 그 때를 말한 것이다.

五中實, 孚也, 二虛中, 誠也, 故皆取祭祀爲義. 東鄰, 陽也, 謂五. 西鄰, 陰也, 謂二. 殺牛, 盛祭也, 禴, 薄祭也. 盛不如薄者, 時不同也. 二五皆有孚誠中正之德, 二在濟下, 尙有進也, 故受福. 五處濟極, 无所進矣, 以至誠中正守之, 苟未至於反耳. 理无極而終不反者也. 已至於極, 雖善處, 无如之何矣, 故爻象唯言其時也.

「상전」에서 말했다. 동쪽 이웃의 소를 잡아 성대히 제사하는 것이 서쪽 이웃의 때에 맞는 제사만 못하니, 실제로 그 복을 받는 것은 길함이 크게 오는 것이다.

象曰, 東鄰殺牛, 不如西鄰之時也, 實受其福, 吉大來也.

구오효의 재능과 덕은 선하지 않은 것은 아니지만, 육이효의 때만 못하다. 육이효는 아래 위치에 있어서 나아가는 때이므로, 중정을 이루고 진실한 믿음을 가지고 있으면 길함이 크게 오니, 복을 받는다는 말이다. "길함이 크게 온다"는 것은 모든 것을 성취한 때에 크게 오는 것이니, 괘사에서 말한 "형통할 것이 작은 일이라서, 처음에는 길하다"는 것이 그러하다.

五之才德非不善, 不如二之時也. 二在下, 有進之時, 故中正而孚, 則其吉大來, 所謂受福也. 吉大來者, 在旣濟之時爲大來也, 亨小初吉是也.

상육효는 그 머리를 적시는 것이니 위태롭다.

上六, 濡其首, 厲.

모든 것을 성취한 때의 극한은 실로 불안하고 위태롭다. 또 음유한 자질의 사람이 그곳에 처해 있고, 감坎괘가 상징하는 위험의 형체에서 가장 높은 곳에 있다. 감이란 물을 상징하고 건넌다는 것도 강물을 취하여 뜻을 삼았으므로, 그 궁지에 몰린 것이 강물에 빠져 머리를 적시는 지경에까지 이르렀다고 말했으니, 위태로움을 알 수 있다. 모든 것을 성취한 때의 끝에 소인이 처하면, 그것이 파괴되어 무너지는 것을 서서 기다릴 수 있다.

既濟之極, 固不安而危也. 又陰柔處之, 而在險體之上. 坎爲水, 濟亦取水義, 故言其窮至於濡首, 危可知也. 既濟之終, 而小人處之, 其敗壞可立而待也.

「상전」에서 말했다. 그 머리를 적셔 위태로운 것이 어떻게 오래 지속될 수 있겠는가?

象曰, 濡其首厲, 何可久也?

모든 것을 성취한 때가 궁지에 몰려서 그 위태로움이 강물에 빠져 머리를 적시는 지경에까지 이르렀으니, 그것이 오래도록 지속될 수 있겠는가?

既濟之窮, 危至於濡首, 其能長久乎?

---

1 형통할 것이 적다는 말이 된다: 호원은 잘못 쓰인 글자라고 하면서 '소형小亨'이 옳다고 한다. "'형소亨小'는 잘못 쓰인 오류다. 「단전」에서 '작은 일들이 형통하다'고 했으니, 여기서는 당연히 '소형小亨'이라고 해야 한다. 왜냐하면 모든 일이 성취된 때에 조정은 올바름을 실현했고 교화는 모두 시행되었으므로, 위와 아래, 멀고 가까운 곳, 미세하고 은미하여 지극히 작은 것까지도 모두 그 다스림을 얻어서 형통

하니, 하물며 큰 것은 어떠하겠는가?亨小者, 傳寫之誤. 按象曰小者亨也, 此當曰小亨. 蓋言既濟之時, 朝廷已盡正, 教化已盡行, 故上下, 遠近, 纖悉微隱, 至小之物, 皆得其所濟而亨通, 況其大者乎?"

2 상도常道의 본분이다: 호원은 이렇게 설명했다. "강함과 유함이 올바르고 지위가 합당한 것은 육이효와 육사효가 음으로 음의 위치에 자리하고 구삼효와 구오효가 양으로 양의 위치에 자리하니 모두 그 올바름 얻은 것이다. 인간사에 적용하자면 군자와 소인이 각각 그 본분을 얻고 귀천과 장유가 각각 그 차례를 얻으며, 군주는 군주답고, 신하는 신하다우며, 아버지는 아버지답고, 자식은 자식다우며, 지아비는 지아비답고, 지어미는 지어미다우며, 형은 형답고, 동생은 동생답다. 각각 합당한 위치를 얻으니 중국은 중국이 되고 오랑캐는 오랑캐가 되어 서로 혼란하지 않으며, 세상의 모든 일이 성취되지 않음이 없고 이롭지 않음이 없다剛柔正而位當者, 言六二六四以陰居陰, 九三九五以陽居陽, 皆得其正. 施之人事, 則是君子小人, 各得其分, 貴賤長幼, 各得其序, 君君臣臣, 父父子子, 夫夫婦婦, 兄兄弟弟, 各得其所, 則中國爲中國, 夷狄爲夷狄, 不相揉亂, 而天下萬事, 无所不濟, 无所不利也."

3 태종太宗 이세민李世民은 당나라의 제2대 황제다. 인물사전 참조.

4 고종高宗은 무정武丁으로 은나라 23대 왕이다. 귀방鬼方은 은나라 시대에 훈육薰育이라 불리던 산악민으로, 중국의 서쪽 변경에 살고 있던 이민족이다. 인물사전 참조.

64. 미성취, 미완성: 미제未濟괘䷿

화수미제火水未濟라고 한다. 괘의 모습이 이離☲괘가 위에 있고, 감坎☵괘가 아래에 있기 때문이다.

미제未濟괘에 대해서 「서괘전」은 다음과 같이 설명한다. "어떤 것도 궁극적으로 끝날 수는 없으므로, 미완성을 상징하는 미제괘로 받아서 끝마쳤다." 어떤 일을 성취했다는 것은 그 일의 끝이다. 어떤 일이 끝났는데 변하지 않으면, 멈추지 않을 이치가 없다. 그러나 역易은 변역變易하여 끝나지 않으므로, 기제旣濟괘의 뒤를 미제로 받아서 마쳤다. 성취하지 못했다면 끝나지 않은 것이니, 끝나지 않았다면 살리고 또 살리려는 뜻[1]이 있다. 괘의 모습은 불을 상징하는 이離괘가 위에 있고 물을 상징하는 감坎괘가 아래 있다. 불이 물 위에 있는 모습이니 상호작용을 이루지 못하므로, 미완성이다.

未濟, 序卦, "物不可窮也, 故受之以未濟終焉." 旣濟矣, 物之窮也. 物窮而不變, 則无不已之理. 易者變易而不窮也, 故旣濟之後, 受之以未濟而終焉. 未濟則未窮也, 未窮則有生生之義. 爲卦, 離上坎下. 火在水上, 不相爲用, 故爲未濟.

미완성은 형통하다. 어린 여우가 과감하게 강물을 건너는데 그 꼬리를 적시니, 이로울 것이 없다.

未濟, 亨, 小狐汔濟, 濡其尾, 无攸利.

미완성의 때에는 형통할 수 있는 이치가 잠재해 있고[2] 괘의 자질 구조도 다시 형통함을 이룰 수 있는 길이 있으니, 오직 신중하게 처신하는 데에 달렸을 뿐이다. 여우는 강물을 건너갈 수 있지만, 꼬리를 적시면 건너갈 수가 없다. 늙은 여우는 의심과 두려움이 많기 때문에 얼음을 밟고서 그 얼음 소리를 들어본다. 이는 빠질 것을 두려워하기 때문이고, 어린 여우는 아직 두려움과 신중함을 모르므로, 강을 건너는 데에 용감하다.

'흘汔'이라는 글자는 마땅히 '흘仡'이 되어야 하니, 씩씩하고 용맹한 모습이다. 『서』에 "씩씩하고 용맹한 용사仡仡勇夫"[3]라고 했다. 어린 여우가 과감하게 강물을 건너가면, 그 꼬리를 강물에 적셔서 건널 수가 없다.[4] 미완성의 때에 이를 해결하는 방도는 마땅히 지극히 신중하면 형통할 수 있을 것이다. 어린 여우처럼 과감하면, 강을 건너지 못할 것이다. 강을 건널 수 없다면 이로울 것이 없다.

未濟之時, 有亨之理, 而卦才復有致亨之道, 唯在愼處. 狐能度水, 濡尾則不能濟. 其老者多疑畏, 故履冰而聽, 懼其陷也, 小者則未能畏愼, 故勇於濟. 汔當爲仡, 壯勇之狀. 書曰, "仡仡勇夫." 小狐果於濟, 則濡其尾而不能濟也. 未濟之時, 求濟之道, 當至愼則能亨. 若如小狐之果, 則不能濟也. 既不能濟, 无所利矣.

「단전」에서 말했다. "미완성은 형통하다"는 것은 유한 것이 중도를 얻었기 때문이다.

彖曰, 未濟, 亨, 柔得中也.

괘의 자질 구조로 말했다. 형통할 수 있는 이유는 유함이 중도를 얻었기 때문이다. 육오효가 존귀한 지위에 자리하고 강한 위치에 자리하면서 강한 사람과 호응하여, 유연한 중도를 얻었다. 강함과 유함이 중도를 얻었으니, 미완성의 때에 처하여 형통할 수 있다.

以卦才言也. 所以能亨者, 以柔得中也. 五以柔居尊位, 居剛而應剛, 得柔之中也. 剛柔得中, 處未濟之時, 可以亨也.

"어린 여우가 과감하게 강물을 건넌다"는 것은 위험 가운데에서 벗어나지 못한 것이다.

小狐汔濟, 未出中也.

구이효를 근거해서 말한 것이다. 구이효는 강양한 자질로 감坎괘가 상징하는 위험 속에 자리하여 그 위험을 건너려는 자이고, 또 위로 육오효와 호응하고 있다. 위험한 상황은 안정될 수 있는 위치가 아니고 육오효에는 마땅히 따라야 할 이치가 있으므로, 과감하게 위험한 상황을 건너 육오효에게로 가려는 것이 마치 어린 여우와 같다. 과감하게 강물을 건너려고 하기 때문에 꼬리를 강물에 적시는 환난이 있으니, 위험 가운데에서 벗어날 수가 없다.

據二而言也. 二以剛陽居險中, 將濟者也, 又上應於五. 險非可安之地, 五有當從之理, 故果於濟如小狐也. 旣果於濟, 故有濡尾之患, 未能出於險中也.

"꼬리를 적시니, 이로울 것이 없다"는 것은 계속하여 끝마치지 못하기 때문이다.

濡其尾, 无攸利, 不續終也.

앞으로 나아가는 데에 날카롭게 신속한 사람은 물러서는 데에도 신속하니, 처음에는 용감하게 건넜지만 그 용기를 끝까지 지속시키면서 끝마치지 못하여, 어떤 일을 해도 이로움이 없다.

其進銳者其退速, 始雖勇於濟, 不能繼續而終之, 无所往而利也.

위치가 합당하지 못하지만, 강함과 유함이 서로 호응한다.

雖不當位, 剛柔應也.

비록 음과 양이 위치가 합당하지 않지만, 강함과 유함이 모두 서로 호응한다. 미완성의 때에 모두 함께 연대하고 있으니, 거듭해서 신중할 수 있다면 미완성을 해결할 수 있는 이치는 있다. 그러나 구이효가 과감하게 건너기 때문에 꼬리를 강물에 적시는 것이다. 괘의 여러 효가 모두 제 위치를 얻지 못했기 때문에 미완성이라고 했다. 「잡괘전雜卦傳」에 "미완성은 남자의 궁함이다"라고 했으니, 세 양이 모두 제 위치를 잃은 것을 말한 것이다. 이러한 뜻을 나는 성도의 은자[5]에게 들었다.

雖陰陽不當位, 然剛柔皆相應. 當未濟而有與, 若能重愼, 則有可濟之理. 二以汔濟, 故濡尾也. 卦之諸爻, 皆不得位, 故爲未濟. 雜卦云, "未濟男之窮也." 謂三陽皆失位也. 斯義也, 聞之成都隱者.

「상전」에서 말했다. 불이 물 위에 있는 것이 미제괘의 모습이니, 군자는 이것을 관찰하여 신중하게 사물을 분별하여 제 위치에 자리하게 한다.

象曰, 火在水上, 未濟, 君子以愼辨物居方.

물과 불이 교류하지 못하여 서로 도와서 상호작용을 이루지 못하므로, 미완성이다. 불이 물 위에 있는 것은 제 위치가 아니다. 군자는 합당하지 않은 위치에 처해 있는 모습을 관찰하여 신중하게 사물을 대처해서, 그 합당한 바를 분별하여 각각 제 위치에 자리하게 하니, 합당한 자리에 멈추는 것을 말한다.

水火不交, 不相濟爲用, 故爲未濟. 火在水上, 非其處也. 君子觀其處不當之象, 以愼處於事物, 辨其所當, 各居其方, 謂止於其所也.

초육효는 꼬리를 적셨으니, 부끄럽다.

初六, 濡其尾, 吝.

초육효는 음유한 자질로 아랫자리에 있고, 위험에 처하여 육사효와 호응한다. 위험에 처했으면 자리한 위치가 불안하고, 호응하는 사람이 있으면 뜻이 위로 가려고 한다. 그러나 자신이 음유한 자질이고 육사효는 중정을 이룬 자질이 아니니, 도와주어 혼란을 다스릴 수 없다. 짐승이 물을 건널 때에는 반드시 그 꼬리를 드는데 꼬리를 강물에 적셨으니, 강물을 건널 수가 없다. "강물에 꼬리를 적셨다"는 말은 강물을 건널 수가 없다는 말이다. 자신의 자질과 역량을 헤아리지 못하고 함부로 나아가서 결국에는 혼란을 다스릴 수 없었으니, 부끄러울 만한 것이다.

六以陰柔在下, 處險而應四. 處險則不安其居, 有應則志行於上. 然己既陰柔, 而四非中正之才, 不能援之以濟也. 獸之濟水, 必揭其尾, 尾濡則不能濟. 濡其尾, 言不能濟也. 不度其才力而進, 終不能濟, 可羞吝也.

「상전」에서 말했다. 꼬리를 적시는 것은 알지 못함이 지극한 것이다.

象曰, 濡其尾, 亦不知極也.

그 자질과 역량을 헤아리지 못하고 함부로 나아가서 강물에 꼬리를 적시는 지경에까지 이르렀으니, 이것은 알지 못함의 극치다.

不度其才力而進, 至於濡尾, 是不知之極也.

구이효는 수레바퀴를 잡아당기면, 올바르게 해서 길하다.

九二, 曳其輪, 貞吉.

다른 괘에서는 양효인 구九가 이二의 위치에 자리하는 것은 유한 위치에 자리하여 중도를 얻은 것이 되어, 과도하게 강한 뜻이 없었다. 그러나 미완성을 상징하는 미제괘의 경우는 성인이 괘의 모습을 깊이 취하여 경계해서, 윗사람을 섬기는 데에 공손하여 이치를 따르는 도리를 분명하게 밝혔다. 미완성은 군주의 도가 어려운 때다. 육오효는 유한 자질로 군주의 지위에 처했고 구이효는 강양한 자질로 서로 호응하는 위치에 자리했으니, 마땅히 등용되어 사용될 자다.

그러나 강함은 유함을 능멸하려는 뜻이 있고 물은 불을 이기는 모습이 있다. 군주가 어려운 때에 의지할 수 있는 것은 재능이 있는 신하일 뿐이니, 더욱 마땅히 공손하여 순종하는 도리를 다해야만 하므로, 수레바퀴를 잡아당기면 올바름을 얻어 길하다고 경계한 것이다. 수레바퀴를 뒤로 잡아당기듯이 자신의 기세를 줄이고 나아가려는 것을 늦춰야 하니, 과도하게 강한 방식으로 행동하는 것을 경계한 것이다. 강함이 과도하면 윗사람을 범하기를 좋아하게 되고 유순한 것이 부족하다.

당나라의 곽자의[6]와 이성李晟[7]은 어렵고 위태로운 미완성의 때에 공손하고 순종하는 태도를 다했으니, 그래서 올바름을 얻고 끝까지 길함을 보존했던 것이다. 육오효에서는 "올바르게 해서 길하고 빛이 빛난다"라고 말하여 군주의 도의 최선을 다했고, 구이효의 경우는 그 공손하고 이치에 순종할 것을 경계하여 신하의 도의 올바름을 다했으니, 윗사람과 아랫사람의 도리를 모두 실현한 것이다.

在他卦, 九居二爲居柔得中, 无過剛之義也. 於未濟, 聖人深取卦象以爲戒, 明事上恭順之道. 未濟者, 君道艱難之時也. 五以柔處君位, 而二乃剛陽之才, 而居相應之地, 當用者也. 剛有陵柔之義, 水有勝火之象. 方艱難之時, 所賴者才臣耳. 尤當盡恭順之道, 故戒曳其輪則得正而吉也. 倒曳其輪, 殺其勢, 緩其進, 戒用剛之過也. 剛過, 則好犯上而順不足. 唐之郭子儀李晟, 當艱危未濟之時, 能極其恭順, 所以爲得正而能保其終吉也. 於六五則言其貞吉光輝, 盡君道之善, 於九二則戒其恭順, 盡臣道之正, 盡上下之道也.

「상전」에서 말했다. 구이효가 올바르게 해서 길한 것은 중도로써 올바름을 행하기 때문이다.

象曰, 九二貞吉, 中以行正也.

구이효가 올바름을 얻어서 길한 것은 수레바퀴를 잡아당기듯이 해서 중도를 얻었던 것이 바로 정도正道이기 때문이다.

九二得正而吉者, 以曳輪而得中道乃正也.

육삼효는 미완성의 때에 가면 흉하지만, 큰 강을 건너는 것은 이롭다.

六三, 未濟, 征凶, 利涉大川.

"미완성의 때에 가면 흉하다"는 것은 위험에 자리하여 위험에서 벗어날 능력이 없으면서 가면 흉하다는 말이다. 반드시 위험에서 벗어난 뒤에 갈 수가 있다. 육삼효는 음유하고 중정을 이루지 못한 자질로 위험에 자리했으니, 위험을 해결하기에는 능력이 부족해서 해결할 수 있는 방도와 위험에서 벗어날 능력이 없는데도 함부로 가니, 그래서 흉하다.

그러나 미완성의 상황은 해결할 수 있는 방도가 있고 위험이 끝나면 위험으로부터 벗어날 이치는 있다. 위로 강양한 자질을 가진 호응해주는 사람이 있으니, 위험을 건너가서 그를 따른다면 미완성의 상황을 해결할 수 있을 것이다. 그러므로 "큰 강을 건너는 것이 이롭다." 그러나 음유한 자질의 육삼효가 어떻게 위험을 벗어나서 갈 수 있겠는가? 때가 불가능한 것이 아니라 그의 재능이 할 수가 없는 것이다.

未濟征凶, 謂居險无出險之用, 而行則凶也. 必出險而後可征. 三以陰柔不中正之才, 而居險不足以濟, 未有可濟之道出險之用, 而征, 所以凶也. 然未濟有可濟之道, 險終有出險之理. 上有剛陽之應, 若能涉險而往從之, 則濟矣, 故利涉大川也. 然三之陰柔, 豈能出險而往? 非時不可, 才不能也.

「상전」에서 말했다. 미완성의 때에 가면 흉한 것은 지위가 합당하지 않기 때문이다.

象曰, 未濟征凶, 位不當也.

육삼효가 가면 흉한 것은 지위가 합당하지 않기 때문이니, 음유한 자질로 중정을 이루지 못하여, 위험을 해결할 수 있는 재능이 없는 점을 말한 것이다. 만약 위험을 건너서 호응하는 사람을 따른다면 이로울 것이다.

三征則凶者, 以位不當也, 謂陰柔不中正, 无濟險之才也. 若能涉險以從應, 則利矣.

구사효는 올바르면 길하여 후회가 없어지니, 진동하여 귀방을 정벌해서 3년 만에야 대국에 상을 내린다.

九四, 貞吉, 悔亡. 震用伐鬼方, 三年有賞于大國.

구사효는 양강한 자질로 대신의 지위에 자리하고, 위로 마음을 비우고 현명하여 이치에 순종하는 군주가 있으며, 또 위험에서 벗어나서 미완성의 때가 이미 중반을 지났으니, 위험을 해결할 수 있는 길이 있다. 세상의 어려움을 해결하는 것은 강건한 재능이 아니라면 불가능하다. 구사효는 양한 자질이지만 사四의 지위에 자리했으므로 올바름을 굳게 지키면 길하여 후회가 없어진다고 경계했다. 올바르지 못하면 해결할 수 없어서, 후회가 있다.

'진동'이란 움직임이 지극한 것이다. 옛사람이 힘을 가장 많이 쓴 일은 귀방을 정벌한 일이었으므로, 그것으로 뜻을 삼았다. 힘을 몹시 들여 멀리까지 정벌하여 3년에 이른 후에야 공을 이루고 대국의 상을 행했으니, 반드시 이와 같은 노력과 정성을 들여야 세상의 미완성을 해결할 수 있다. 세상을 구제하는 도리는 마땅히 올바름을 굳게 지키는 것이 이와 같아야 하니, 사四의 지위에 유한 자질의 사람이 자리했으므로 이렇게 경계를 둔 것이다.

九四, 陽剛居大臣之位, 上有虛中明順之主, 又已出於險, 未濟已過中矣, 有可濟之道也. 濟天下之艱難, 非剛健之才不能也. 九雖陽而居四, 故戒以貞固則吉而悔亡, 不貞則不能濟, 有悔者也. 震, 動之極也. 古之人用力之甚者, 伐鬼方也, 故以爲義. 力勤而遠伐, 至于三年, 然後成功而行大國之賞, 必如是乃能濟也. 濟天下之道, 當貞固如是. 四居柔, 故設此戒.

「상전」에서 말했다. 올바름을 지키면 길하여 후회가 없어지는 것은 뜻이 행해진 것이다.

象曰, 貞吉悔亡, 志行也.

육사효와 같은 자질이 때에 적합하게 행하고 올바름을 굳게 지키기까지 하면, 그 뜻을 행하여, 길하고 후회가 없어질 수가 있다. 귀방의 정벌은 올바름의 지극함이다.

如四之才與時合, 而加以貞固, 則能行其志, 吉而悔亡. 鬼方之伐, 貞之至也.

육오효는 올바르게 해서 길하여 후회가 없으니, 군자의 빛에 진실이 있어서, 길하다.

六五, 貞吉无悔, 君子之光, 有孚, 吉.

육오효는 문명한 주인으로 강한 위치에 자리하고 강한 사람과 호응하며 그 처신하는 데에 중도를 얻었다. 그 마음을 비워 양한 자질의 사람이 보필해주니, 비록 유한 자질로 존귀한 지위에 자리했으나 처신하기를 지극히 올바르고 지극히 선하게 하여 부족할 것이 없다. 올바름을 얻었으므로 길하고 후회가 없다. 본래 가지고 있는 본성을 올바르게 지키라는 경계가 아니라, 이와 같이 올바르게 처신하여 이 상황을 해결한다면 해결하지 못할 것이 없으리라는 말이다.

육오효는 문명한 주인이므로 그 빛나는 군자를 말한 것이다. 지극히 빛나는 덕이 실제적인 공로와 걸맞은 것은 진실한 믿음이 있는 것이다. 위에서 말한 길함은 올바르기 때문이니, 유하면서 올바름을 굳게 지키는 것은 덕의 길함이다. 아래에서 말한 길함은 공을 이루었기 때문이니, 빛나고 진실한 믿음이 있다면 어떤 상황이든 해결할 수 있다.

五, 文明之主, 居剛而應剛, 其處得中, 虛其心而陽爲之輔, 雖以柔居尊, 處之至正至善, 无不足也. 旣得貞正, 故吉而无悔. 貞其固有, 非戒也. 以此而濟, 无不濟也. 五, 文明之主, 故稱其光君子. 德輝之盛, 而功實稱之, 有孚也. 上云吉, 以貞也, 柔而能貞, 德之吉也. 下云吉, 以功也, 旣光而有孚, 時可濟也.

상전에서 말했다. 군자의 빛은 그 광휘가 길한 것이다.

象曰, 君子之光, 其暉吉也.

빛이 성대하면 광휘가 있다. 광휘란 빛의 발산이다. 군자는 덕을 안으로 쌓아 가득하면 빛이 성대하여 광휘가 발산하게 되니, 선이 지극한 것이므로, 거듭해서 길하다고 말했다.

光盛則有暉. 暉, 光之散也. 君子積充而光盛, 至於有暉, 善之至也, 故重云吉.

상구효는 술을 마시는 데에 진실한 믿음이 있으면 허물이 없지만, 머리를 적시면 진실한 믿음을 둠에 옳음을 잃을 것이다.

上九, 有孚于飮酒, 无咎, 濡其首, 有孚失是.

상구효는 강한 자질로 가장 높은 자리에 있으니 강함의 극한이고, 이離괘가 상징하는 밝은 빛의 가장 높은 자리에 있으니 밝음의 극한이다. 강함이 지극하면서도 현명할 수 있다면 조급하게 행하지 않고 결단할 수가 있다. 현명하면 이치를 밝힐 수가 있고 강하면 의리를 결단할 수 있다. 그러나 미완성의 극한에 자리하여, 이 상황을 해결할 수 있는 지위를 얻은 것이 아니니, 해결할 수 있는 이치가 없다면 마땅히 천명을 즐겁게 받아들이고 순종할 뿐이다.

비否괘와 같은 경우에서는 "정체가 끝나면 기울어지게 된다"고 했는데, 이는 상황이 변화한 것이다. 그러나 미제괘의 경우에서는 극한에 이르렀다고 저절로 해결될 이치는 없다. 그러므로 단지 미완성의 끝에서는 지극한 진실과 정성으로 마땅한 의리와 천명을 편안하게 받아들이고 스스로 즐거워하면 허물이 없을 수 있다. "술을 마신다"는 것은 스스로 즐거워하는 것이다. 그 처지를 즐거워하지 않으면, 분하고 조급하여 자신감을 상실하여 곤궁해질 것이니,[8] 흉해지고 허물이 있을 것이다. 그렇다고 만약 즐거워하면서 방자한 것을 탐닉하고 예를 무시하여 머리를 물에 적시는 지경에 이른다면, 또한 그 처지를 편안하게 받아들이지 못한 것이다.

"진실한 믿음이 있다"는 것은 마음속에 자신감이 있는 것이다. "옳음을 잃었다"는 것은 그 마땅함을 잃은 것이다. 이와 같다면 진실한 믿음을 갖지 못한 것이다. 사람이 어려움과 곤란을 대처하는 때에, 그 상황의 어찌할 수 없음만 알고서 자신의 뜻을 내려놓고 다시 회복할 줄 모르는 자라면 어떻게 마땅한 의리와 천명을 편안하게 받아들이겠는가?

九以剛在上, 剛之極也, 居明之上, 明之極也. 剛極而能明, 則不爲躁而爲決. 明能燭理, 剛能斷義. 居未濟之極, 非得濟之位, 无可濟之理, 則當樂天順命而已. 若否終則有傾, 時之變也. 未濟則无極而自濟之理, 故止爲未濟之極, 至誠安於義命而自樂, 則可无咎. 飮酒, 自樂也. 不樂其處, 則忿躁隕穫, 入于凶咎矣. 若從樂而耽肆過禮, 至濡其首, 亦非能安其處也. 有孚, 自信于中也. 失是, 失其宜也. 如是則於有孚爲失也. 人之處患難, 知其无可奈何, 而放意不反者, 豈安於義命者哉?

「상전」에서 말했다. 술을 마시는 것과 강물에 적시는 것은 또한 절도를 모르는 것이다.

象曰, 飮酒濡首, 亦不知節也.

술을 마시거나 머리를 강물에 적시는 지경에까지 이르는 것은 모두 절제할 줄을 모르는 것이 심한 것이다. 이런 지경에까지 이른 것은 마땅한 의리와 천명을 편안하게 받아들이지 못했기 때문이니, 편안하게 받아들일 수 있다면 그 상도를 잃지 않을 것이다.

飮酒至於濡首, 不知節之甚也. 所以至如是, 不能安義命也. 能安, 則不失其常矣.

1 살리고 또 살리려는 뜻: '생생지의生生之義'를 해석한 것이다. 흔히 '생생生生'을 낳고 낳는다고 번역한다. 여기서는 생명을 죽이지 않고 끝까지 살리려고 하고 살려고 하는 생명의 의지를 드러내기 위해서 '살리고 또 살리려는'이라고 번역했다. 이것이 바로 역易 자체를 말한다.

2 미완성의 때에는 형통할 수 있는 이치가 잠재해 있고: 왜 형통할 수 있는 이치가 잠재해 있을까? 성인들이 다시 소생시키려는 노력을 하기 때문이다. 호원의 설명은 이렇다. "이미 성취된 후에 태평의 시대가 오래 지속되면 사람들의 마음은 태만해져서, 안정만 믿고서 위험을 생각하지 않고, 질서만 믿고 혼란을 생각하지 않으며, 즐거움이 그치지 않아 혼란이 이로부터 생겨난다. 그래서 머리를 적셔서 이미 다스려진 시대가 다스려지지 않은 미성취의 시대가 된다. 미성취의 시대란 세상의 법도가 무너지고 교화가 일어나지 않으므로 미성취의 시대라고 한다. 그런데 형통할 수 있다고 한 것은 성현 군자는 이러한 때에 다시 세상을 다스려서 민심을 안정시키고 교화를 일으켜서 인의의 도로 세상을 구제하려고 한다. 그래서 반드시 먼저 자신을 바르게 한 후에 조정을 바르게 하고 조정을 바르게 한 후에 세상을 바르게 해서, 세상의 백성과 사물이 각각 그 다스림을 얻도록 해서 형통함을 이룬다既濟之後, 治平已久, 人心怠忽, 恃安而不思其危, 恃治而不思其亂, 逸樂不已, 亂所由生. 是以濡其首, 反既濟而爲未濟也. 謂之未濟者, 是天下法度敗壞, 教化不興, 故曰未濟. 亨者, 聖賢君子, 當是時, 欲復有所濟, 使民心之安, 教化之興, 宜以仁義之道, 拯救之. 是必先正其身, 然後正朝廷, 朝廷正然後正天下, 必使天下人民事物, 各得其濟而獲亨通也."

3 『서』「주서周書·진서秦誓」.

4 그 꼬리를 강물에 적셔서 건널 수가 없다: 이러한 상징에 대해서 호원은 이렇게 설명한다. "인간사로 말하면, 세상이 아직 다스려지지 않아 태평의 공로를 일으키려 하고 세상의 어려움을 구제하려고 하면, 큰 재능과 큰 덕을 가진 성현에 의지하여 그들과 함께 힘을 합하고 마음을 함께하며, 뜻을 하나로 하여 사려를 다하며, 눈앞의 위험을 고려하지 않고서 분연하게 가서 다스리면 큰 공훈을 세우고 큰일을 도모하여 세상을 어려움에서 일으키고, 세상을 물과 불에서 벗어나도록 할 수 있다. 그러나 작은 재주와 작은 덕으로 지위가 낮고 세력이 없는 사람이 그것을 감당하여 세상의 위험을 구제하려고 하면 이것은 마치 어린 여우가 강물을 건너는 것과 같으니, 거의 강물을 건너는 데에 이르더라도 물에 빠지는 것을 면할 수가 없어서 어려움을 구제하는 데에 이로울 것이 없다以人事言之, 猶天下未濟, 欲興太平之功, 欲拯天下之難, 必藉大才大德, 聖賢之人與之, 戮力同心, 一志畢慮, 不顧險阻之在前, 奮然往而濟之, 則可以立大勳, 圖大業, 拔天下於困厄, 出天下于水火也. 苟以小才小德, 位卑勢寡之人, 當之, 欲濟天下之險阻, 是猶小狐之涉淵水, 雖僅至于濟, 不免濡溺, 无所利于拯難也."

5 성도의 은자: 조선 영조 때 이익李瀷이 쓴 『성호사설星湖僿說』 제26권 「경사문經史門」의 '성도고통成都箍桶'이란 조목에는 이렇게 적혀 있다. "『주역』 미제괘의 정전程傳에, '미제未濟는 남男의 궁窮이다. 삼양三陽이 다 위치를 잃었기 때문이다. 이 의義는 성도의 은자에게 들었다' 했다. 장경부張敬夫의 설에 의하면, '이천이 부주涪州에 있을 적에 바야흐로 『주역』을 읽는데 통을 매는 사람이 있어 이것

으로써 물었는데 이천이 대답을 못하자 그 사람이 이렇게 말했다' 했고, 주자는 '이천이 일찍이 잡서를 보지 못했기 때문에 그 말에 동요된 것이다. 이 말이 『화주림火珠林』 속에 이미 있다는 것을 알지 못한 까닭이다' 했다. 『화주림』이란 『통고通考』를 살펴보니 작자의 이름이 없다. 지금 점을 파는 자가 돈을 던져 괘를 점하는데 다 이 글을 이용하고 있으니 대개 복사가卜史家의 유다. 무릇 점이란 세응世應과 비복飛伏과 납갑納甲의 유가 모두 경방京房에게서 나와 마침내 흘러서 기예가 됨과 동시에 『주역』의 도는 날로 지리하고 비하하게 되었다. 이천이 『주역』을 좋아하면서도 이런 따위는 보지 않았으니 이것이 바로 이천이 된 까닭이다. 만약 잡가의 편곡偏曲된 자도 왕왕 한두 가지는 채택할 만한 것이 없지 않다. 그러나 넓게 보고 다 취하고자 한다면 너무도 산만하지 않겠는가? 『자휘字彙』에 어록語錄을 끌어 이르기를, '대자사大慈寺에 통을 매는 자가 있어 『주역』에 정통했다. 정모程某 형제가 나아가서 의심난 바를 질문하니, 그 응답에 막힘이 없었다. 그래서 그 성을 물었더니 대답하지 않았다'라 했다. 우연히 상고하게 되어 아울러 기록하는 바다"라고 기록하고 있다. 참조할 만하다. 이 내용의 번역은 고전번역원에서 나온 『성호사설』을 취했다.

6 사師괘 주 13번 및 인물사전 참조.

7 이성은 처음에는 변진邊鎭의 비장裨將이었으나 전쟁의 공로를 세워 우신책군도장右神策軍都將으로 승진했고 또 주차朱泚의 반란을 진압하여 서평군왕西平郡王에 봉해졌다. 인물사전 참조.

8 자신감을 상실하여 곤궁해질 것이니: 운확隕穫을 말한다. 이는 의지가 상실된 모습이다. "유자는 빈천에도 의지가 상실되지 않고, 부귀에도 충만하여 덕을 잃지 않으며, 군왕을 욕되게 하지 않고, 윗사람에게 누를 끼치지 않고, 유사를 근심하게 하지 않는다. 그러므로 유자다儒有不隕穫於貧賤, 不充詘於富貴, 不慁君王, 不累長上, 不閔有司, 故曰儒(『예기』「유행儒行」)." 이에 대해 정현은 "운확이란 곤란하고 궁색하여 뜻을 잃은 모습이다隕穫, 困迫失志之貌也"라고 설명하고 있다.

인물사전

/ 계啓 /

하나라의 2대 군주로 성은 사姒다. 우禹의 아들로 우를 이어 왕위에 올랐다. 원래 우는 지혜로운 백익을 천거했고 당시에는 선양하는 것이 전통적인 계승 방법이었는데 계는 아버지를 잇는 부자세습제를 주장하며 불복했다고 한다. 백익을 기산으로 몰아냈다는 말도 있고 백익이 사양하고 은거했다는 말도 있다. 사마천의 『사기』「하본기」에는 계가 왕위에 오른 뒤에 "유호씨 부락이 복종하지 않자 계왕은 그들을 정벌하려고 감甘이라는 지역에서 대규모로 전쟁했다有扈氏不服, 啓伐之, 大戰於甘"는 대목이 나온다. 『서』「감서甘誓」에 이 내용이 있다. 일설에 따르면 계는 우를 계승한 뒤 균태鈞台에서 각 지역의 부락 수령을 초대하여 연회를 개최했는데, 유호씨는 계가 선양제를 없애고 부자 계승제를 채택한 것에 불만을 품고 참석하지 않았다고 한다. 그래서 계왕 이후 부자세습제가 확립되었다고 한다.

•이離괘 구사효에 나온다.

/ 계씨季氏 /

노나라 권력의 실세인 세 가문 가운데 하나다. 계문자季文子, 계무자季武子, 계평자季平子 삼대가 계속해서 노나라 국정을 다스렸지만 그 당시 군주는 모두 어리석고 무능했다.

•췌萃괘 구사효에 나온다.

/ 고귀향공高貴鄉公 〔241~260〕 /

위나라 황제 조모曹髦를 말한다. 자는 언사彥士이며 위나라 문제 조비曹丕의 손자이자 동해정왕東海定王 조임曹霖의 아들이다. 제나라 왕 조방曹芳 때 고귀향공으로 봉해졌다. 당시 위나라의 대권은 사마사司馬師와 사마소司馬昭의 수중에 들어갔다. 사마사는 당시 제齊왕 조방曹芳을 폐위시키고 조모를 군주로 옹립했다. 어린 나이의 조모는 사마씨 형제의 전횡과 만행에 불만을 품고 사마소를 토벌하려 했지만 사마소의 모사였던 가충賈充이 이끄는 군사들에 의해 피살되었다. 그의 나이 20세였다.

• 둔屯괘 구호요에 나온다.

/ 고종高宗 〔?~기원전 1192〕 /

무정武丁을 말한다. 성은 자子이고 이름은 소昭, 은나라 23대 왕이다. 묘호廟號가 고종이다. 반경盤庚의 조카로 아버지는 소을小乙이다. 어렸을 때 백성들 사이에서 자라나 농사일 등 백성들의 사정을 잘 알고 있었다고 한다. 쇠락하는 은나라를 부흥시키려고 했지만 보좌할 사람을 얻지 못하여 3년 동안 말하지 않고 지냈다. 즉위한 후에 노예 부열傅說을 등용해서 보좌로 삼고 감반甘盤을 대신으로 삼아서, 농업생산을 중시하고 힘써 부강을 도모하여 훌륭한 정치를 폈다. 무정은 제후의 군대를 규합해, 연달아 국경을 침범해오던 서북지방의 강羌·귀방鬼方·토방土方, 남쪽 변방의 호방虎方·형초荊楚, 동남지방의 이夷를 차례로 토벌했는데 모두 크게 승리를 거두었다. 무정의 통치 기간은 은의 최고 번영기였다. 이를 '무정중흥武丁中興'이라 한다.

• 구姤괘 구오효, 기제旣濟괘 구삼효에 나온다.

/ 공명孔明 〔181~234〕 /

삼국시대 촉한蜀漢의 재상 제갈량諸葛亮을 말한다. 후한 말기 혼란한 시대를 피해 농사를 짓고 독서를 하면서 스스로를 관중管仲과 악의樂毅에 비유했다고 한다. 명성이 높아 와룡선생臥龍先生이라고 불렸다. 유비가 신야新野에 주둔했을 때 삼고초려하여 세상에 나와 유비의 모사가 되었다. 유비를 도와 오吳나라 손권과 연합하여 적벽赤壁의 싸움에서 조조의 대군을 대파했다. 유비가 대규모 군사를 조직하여 촉한을 건립하는 데 큰 역할을 한 뛰어난 정치가이자 전략가였다. 이후 그는 유비의 아들 후주後主 유선을 보좌했다. 위나라에 비하여 국력의 열세가 뚜렷한 가운데 오장원五丈原에서 위나라의 사마의와 대치하다가 병이 들어 사망했다. 위나라와 싸우기 위해 출진할 때 올린 「전출사표前出師表」와 「후출사표後出師表」는 천하의 명문으로 유명하다.

•수隨괘 구사효, 규睽괘 육오효, 건蹇괘 구오효, 풍豐괘 육이효에 나온다.

/ 곽자의郭子儀 〔697~781〕 /

당나라 때의 장군이자 정치가다. 현종玄宗·숙종肅宗·대종代宗·덕종德宗의 4대에 걸쳐 당조를 위해 일했다. 현종玄宗 때 안녹산의 난이 일어났는데 삭방절도사朔方節度使가 되어 하북河北에서 안사명史思明에게 패했다. 숙종肅宗 때에는 부원수副元帥로서 관군 총지휘를 맡았으며, 위구르回紇의 원군을 얻어 장안과 낙양을 수복했다. 환관 어조은魚朝恩 등의 배척으로 한때 실각했다가 대종代宗 때 티베트吐蕃의 복고회은僕固懷恩 등과 연합하여 장안을 치기 위해 다시 기용되어 단 4000명의 병력으로 위구르를 회유하고 티베트를 무찔렀다. 이 공으로 태종은 그에게 작위를 내리고 공주를 그의 막내 아들에게 시집보냈다. 덕종德宗은 곽자의를 상부尙父라 부르며 존경했다. 세간에서는 곽분양郭汾陽 혹은 곽영공郭令公이라고도 칭한다. 시호는 충무忠武다. 중국 민간신앙에서 곽자의는 각 지역이나 나라의 수많은 영웅과 마찬가지로 신과 동일시된다. 그는 6세기의 관리 양성陽成과 마찬가지로 대체로 행복의 신인 복성福星과 동일시되고 있다.

•사師괘 육오효, 수隨괘 구사효, 건蹇괘 구오효, 미제未濟괘 구이효에 나온다.

/ 관중管仲 〔기원전 723~645〕 /

이름은 이오夷吾이고 시호는 경중敬仲, 한漢족으로 영상潁上 사람이다. 포숙아鮑叔牙와의 관포지교管鮑之交로 유명하다. 춘추시기 제나라의 유명한 정치가, 군사가로, 처음에는 제 양공의 동생인 공자 규糾를 모셨다. 양공이 반란으로 피살당해 죽은 후 규와 그 동생 환공桓公이 군사를 이끌고 제나라로 돌아와 서로 권력 다툼을 벌였다. 이때 규의 가신으로 있었던 관중은 환공이 제나라로 돌아오는 길에서 기다렸다 죽이려 했지만 실패했다. 공자 규보다 먼저 제나라로 돌아와 즉위한 환공은 관중을 처형하려 했으나 친구 포숙아가 환공을 설득해 처벌을 면하고 등용되기에 이른다. 이후 관중은 제나라의 재상이 되어 개혁을 추진하고 최고의 강대국을 만들었다.

•풍豐괘 육이효에 나온다.

/ 기자箕子 /

상商나라 때 사람이다. 문정文丁의 아들이자 제을帝乙의 동생이며 주왕紂王의 숙부로서 태사太師로 기箕땅에 봉해졌다. 이름은 서여胥余다. 주왕이 폭정을 하자, 비간이 간언하다가 주왕에게 살해된다. 기자는 일부러 미친 척하여 노예가 되었으나 주왕이 잡아서 감옥에 가두었다. 주 무왕武王이 상나라를 멸한 뒤에 기자를 감옥에서 풀어주고 나라를 다스리는 데 자문을 구했다. 그의 사적은 『서』「홍범洪範」에 기록되어 있으나 많은 부분이 후세 사람들의 위작이라 여겨지고 있다.

•명이明夷괘 괘사와 육오효에 나온다.

/ 문왕의 비妃 /

태사太姒 혹은 대사大姒라고 한다. 서주西周시기 유신씨有莘氏의 여자로 주 문왕文王의 처이자 무왕武王의 어머니다. 호는 문모文母라 한다. 아침저녁으로 부인의 도리를 다하려고 노력했다 하여 태강太姜, 태임太任과 더불어 주 왕실의 3대 현모賢母로 칭한다. 『열녀전』 권1 참조.

•가인家人괘 구오효에 나온다.

/ 목생穆生 /

전한대의 노魯나라 사람이다. 초나라 원왕元王 유교劉交가 어릴 때 목생과 함께 부구백浮丘伯으로부터 『시』를 배웠다. 유교가 초나라 왕이 되었을 때 목생은 중대부中大夫가 되었다. 목생은 술을 좋아하지 않지만 원왕은 목생을 공경하여 항상 예를 갖추어 예주醴酒

를 준비했다. 후에 그의 아들이 즉위한 뒤 예주를 잊고 올리지 않자, 목생은 그 태만에서 어떤 위험의 기미를 느끼고 그 나라를 떠났다고 한다. 『한서』「초원왕유교전楚元王劉交傳」 참조.

• 명이明夷괘 초구효에 나온다.

/ **반경**盤庚 〔기원전 1290~1263〕 /

상商나라의 20대 군주다. 반경般庚이라고도 하며, 이름은 자순子旬이다. 탕왕湯王의 제9대손이자 양갑陽甲의 아우로서 양갑의 뒤를 이어 즉위했다. 기원전 14세기 말에서 13세기 초경에 걸쳐 재위했다. 상나라는 중정仲丁 이후로는 왕위계승을 둘러싼 분쟁으로 인해 정치가 부패하고 오랫동안 난이 많았으며, 자연재해가 잦아 국세가 기울었다. 이에 반경은 나라의 불안정한 국면을 변혁시키기 위해 대다수 귀족들의 반대를 무릅쓰고 엄奄에서 은殷으로 수도를 옮겼다. 이로써 쇠락해가던 상나라는 다시 부흥하여, 상나라를 은상殷商이라고도 한다. 정치에 힘쓰고 생산을 늘리며 주변 국가들에 대한 통제력을 강화함으로써 상나라 후기의 경제·문화 발전에 새로운 국면을 열었다. 이후 상나라는 8대 12왕에 걸쳐 273년간 수도를 은에 두었다. 그 유적지가 바로 유명한 은허殷墟다.

• 둔屯괘 구오효에 나온다.

/ **부열**傅說 /

이름은 태兌로 상나라 때 사람이다. 부열은 무정武丁의 재상이었다. 전설에 따르면 그는 부암傅巖이라는 곳에서 담장을 쌓고 있었는데 무정이 초빙하여 재상으로 삼았다고 한다. 『사기』「은본기」에 따르면 무정은 꿈속에서 성인을 만났는데 그의 이름이 열說이라서 찾아보라고 해서 그를 재상으로 맞이했다고 한다.

•건乾괘 구이효「문언전」, 구姤괘 구오효에 나온다.

/ 사마양저司馬穰苴 /

춘추시대 제나라의 장군이다. 성은 규嬀, 씨는 전田이며, 이름은 양저穰苴다. 재상 안영晏嬰의 추천으로 등용되어 제나라의 번영에 공적을 올리자 제 경공은 그를 대사마로 임명했고, 사마씨司馬氏로 칭하여 사마양저라 불렀다. 사마양저는 그의 신분이 미천하여 아랫사람들이 경시한다고 생각해 장가莊賈를 부관으로 임명하고 다음날 정오에 군문에서 모이기로 했으나, 장가는 나타나지 않았다. 이에 사마양저는 군법에 따라 장가를 처형했다. 경공이 장가를 용서하라고 했지만 사마양저는 "장군이 군중에 있을 때는 비록 주공의 명령이라도 받지 않는다"라는 유명한 말을 남겼다. 『사기』「사마양저열전」 참조.

•사師괘 괘사에 나온다.

/ 사안謝安 〔320~385〕 /

동진東晋 시기 진군陳郡 양하陽夏(지금의 허난 성 타이캉) 사람으로 자는 안석安石이다. 정치가이자 서예가로서 어렸을 때부터 이름을 날렸다. 애초부터 관직에는 뜻이 없어 취하지 않았고 왕희지王羲之, 허순許詢, 지둔支遁과 교류하며 지냈다. 40살이 넘어 비로소 관직에 올라 환온사마桓溫司馬가 되었다. 전진前秦의 부견苻堅이 침입했을 때 정토대도독이 되어 격퇴하고, 그 공에 의하여 태보太保로 승진해도독십오주 군사軍事가 되었다. 사후에 태부太傅로 추증되고 문정文靖이라 시호되었다.

• 돈遯괘 「단전」에 나온다.

/ 사흉四凶 /

순임금 때의 네 악인惡人인 공공共工·환도驩兜·삼묘三苗·곤鯀을 말한다. 『서』 「우서禹書·순전舜典」에 "공공共工을 유주幽州로 유배 보내고 환도驩兜를 숭산崇山에 귀양살이 보내고, 삼묘三苗를 삼위산三危山으로 축출하고 곤鯤을 우산羽山에 가두어 네 사람을 죄주니, 천하가 모두 복종했다流共工于幽洲, 放驩兜于崇山, 竄三苗于三危, 殛鯀于羽山, 四罪, 而天下咸服"고 했다. 『춘추좌씨전』 문공 18년에서는 순임금이 사흉인 혼돈渾敦·궁기窮奇·도올檮杌·도철饕餮을 사방의 먼 끝으로 버려 산중에 살며 사람을 해치는 괴물인 이매螭魅를 막게 했다고도 한다. 일설에는 궁기를 공공, 혼돈을 환도, 도철을 삼묘, 도올을 곤이라고 한다. 정이천은 사흉을 이렇게 평가한다. "사흉의 재능은 모두 쓸 수가 있다. 요임금 때 성인이 군주의 자리에 있어서 모두 그 재능으로 큰 지위에 등용했으므로 그들의 불선한 마음을 감히 드러내지 못했다. 요임금이 그들의 불선한 마음을 몰랐던 것은 아니니, 감추어져 있어서 성인도 벌할 수 없었다. 요임금이 필부 가운데 순에게 왕위를 선양하니, 네 사람이 비로소 분노와 원한과 불평의 마음을 품고서 그 악한 행동들을 드러내었다. 그러므로 순이 그 행적들에 따라서 벌하고 축출했다四凶之才皆可用. 堯之時聖人在上, 皆以其才任大位, 而不敢露其不善之心. 堯非不知其不善也, 伏則聖人亦不得而誅之. 及堯擧舜於匹夫之中而禪之位, 則是四人者始懷憤怨不平之心而顯其

惡, 故舜得以因其迹而誅竄之也(『이정집』 6권 90쪽)."

•태兌괘 구오효에 나온다.

/ 상象 /

순舜의 이복동생이다. 순의 아버지는 눈 먼 장님이라는 뜻의 고수瞽瞍다. 고수가 재혼을 하여 낳은 아들이 상象이다. 고수와 계모와 이복동생 상은 교만하고 방자하여 모두 순을 죽이려 했다. 그러나 순은 순종하며 도리를 잃지 않았고, 동생에게도 자애를 베풀었다. 상에 관한 일화는 『맹자』에 자세히 나온다.

•혁革괘 상구효에 나온다.

/ 상신商辛 /

상나라 말기의 주왕紂王을 말한다. 이름은 신辛이고 수受 또는 제신帝辛이라고도 한다. 제을帝乙의 아들로, 중국 역사상 가장 유명한 폭군이었다. 재력이 뛰어난 사람으로 맨손으로 맹수를 잡았다고도 한다. 술을 좋아하고 여자들과 노는 것을 좋아하며, 형벌을 무섭게 사용하고 세금을 무겁게 내려서 백성들의 원망을 샀다. 주나라 무왕의 연합군에게 토벌당하여 목야牧野에서 일전을 벌였으나, 주왕의 병사들이 패하고 스스로 자폭하여 상나라가 끝났다.

•혁革괘 상구효에 나온다.

/ 선왕宣王 〔?~기원전 782〕 /

주周나라 왕이다. 성은 희姬이고, 이름은 정靜이다. 아버지 여왕은 백성의 폭동으로 쫓겨났으나 선왕은 대신 소공邵公의 집에 숨어 있었으므로 다행히 목숨을 건질 수 있었다. 여왕이 죽은 후 제위에 올랐으며, 주공周公과 소공이 섭정했다. 관제를 정비하고 문文·무武·성成·강康 등 여러 왕의 유업을 계승하여 다시 제후들로부터 추대를 받았다. 또한 변경의 위협을 제거하기 위해 서북쪽 변방의 이민족 험윤玁狁·서융西戎을 경략하고, 동남지역의 이민족 회이淮夷·서융徐戎·형만荊蠻을 토벌하여 국세를 다시 일으켰다. 선왕의 재위 때에 몰락했던 서주의 국력이 단기간 회복되었는데 이를 역사가들은 '선왕중흥宣王中興'이라 칭한다. 그는 즉위 후에 정공定公, 소목공召穆公을 등용하여 정치를 보좌하게 했고 또 윤길보尹吉甫, 중산보仲山甫라는 현자들을 등용하여 조정을 다스리도록 했다. 그래서 주 왕실의 권위를 회복하고 제후들이 천자로 조회朝會했다. 그러나 재위 후반기에 대신을 억울하게 죽여 백성의 원망을 샀고, 무력으로 노魯나라의 제후를 폐하여 제후들의 불만을 일으켰다. 또한 강羌족·융戎족과의 전쟁에서 주의 군대가 전멸하는 등 끊임없는 정벌로 국력이 약해졌다. 그가 죽은 지 11년 후 그의 아들 유왕幽王 때 주나라는 마침내 이민족의 침략으로 멸망했다.

• 둔屯괘 구오효에 나온다.

/ 설방薛方 /

전한 말기 제齊나라 사람으로 자는 자용子容이다. 경학에 밝고 행동이 신중한 것으로 세상에 이름이 났으며 기산지절箕山之節(허유가 기산에 숨어 살면서 요임금의 왕위를 이어받지 않고 절조를 지켰다는 고사에서 유래한 말)로 유명하다. 왕망이 그에게 관직을 주려고 했으나 설방은 "요임금과 순임금 때 아래로 허유許由와 소부巢父가 있었는데,

지금 임금께서 요순시대의 덕을 드높이려 하시니 저는 기산의 절개를 지키려고 합니다堯舜在上, 下有巢由, 今明主方隆堯舜之德, 小臣欲守箕山之節也"라고 말하며 벼슬자리를 거절했다. 이때 왕망이 강요하지 않았기에 그는 집에서 학문을 가르칠 수 있었다. 『한서』「왕공양공포전王貢兩龔鮑傳」 참조.

• 명이明夷괘 초구효에 나온다.

/ **성왕**成王 〔기원전 1055~1021〕 /

주周나라의 왕이다. 성이 희姬이고 이름은 송誦, 화하華夏족 사람이다. 무왕武王의 아들이며 서주의 2대 천자였다. 무왕이 죽었을 때 성왕이 어렸기 때문에 무왕의 아우 주공 단周公旦이 섭정했다. 주공이 정사를 맡은 지 4년째 되던 해에 관숙과 채숙이 주왕紂王의 아들 무경武庚과 결탁하여 반란을 일으켰는데, 이를 삼감三監의 난이라고 한다. 주공은 군사를 이끌고 이들을 토벌하여 난을 평정했다. 그후로 성왕이 직접 통치하여 종법제로 통치하고 소공召公에게 명하여 하남의 낙읍洛邑에 새로 동도東都를 정했다. 또 주공에게 명하여 예악제도를 만들고 여러 가지 규범제도를 만들어 서주 왕조의 기틀을 세웠다. 성왕과 그의 아들 강왕康王이 통치하던 시기에는 사회가 안정되었고 백성들이 화목했다. 이 시기를 성강지치成康之治라고 부른다.

• 예豫괘 육오효, 고蠱괘 구이효와 육오효, 이頤괘 육오효, 규睽괘 육오효에 나온다.

/ 성탕成湯 〔?~기원전 1588〕 /

상나라를 세운 군주다. 자는 성姓이고 이름은 이履, 하남河南 상구商丘 사람으로 계契의 후예다. 상탕商湯, 무탕武湯, 천을天乙, 대을大乙이라고도 칭한다. 탕왕은 하나라 걸왕이 잔학무도하여 명조鳴条에서 크게 전쟁을 일으켜 걸왕을 대패시켰다. 하나라를 이어 박亳 땅에 상나라를 세운다.

• 비比괘 구오효에 나온다.

/ 소공昭公 〔기원전 560~510〕 /

노나라 24대 군주. 성은 희姬이고 이름은 주裯, 양공襄公의 아들이다. 기원전 542년 즉위했으나 소공이 겨우 열아홉 살의 어린 나이에 즉위했기 때문에 세상물정을 모르는 상태였고, 실질적인 정권은 모두 '계손, 숙손, 맹손'이라고 하는 삼환三桓의 수중에 있었다. 노나라 군주의 자리에 있었지만 실권을 빼앗긴 소공은 계손씨에게 불만을 품고 있었다. 그 가운데 계손씨 일족의 집안싸움이 일어났다. 결정적인 사건의 발단은 투계鬪鷄였다. 계평자季平子의 만행에 소공은 계평자를 반대하는 사람들과 연합하여 계손씨 가문을 축출하고 군주의 권위를 세울 수 있다고 생각하고 계평자를 죽이려 했다. 그러나 숙손씨와 맹손씨의 반격으로 오히려 소공은 제나라로 망명하게 된다. 이후 이곳저곳을 떠돌다 기원전 510년 진나라 건후乾候 땅에서 죽었으니 방년 51세였다.

• 둔屯괘 구오효에 나온다.

/ 소종昭宗 [867~904] /

당 소종 이엽李曄을 말한다. 성은 이李, 휘諱가 엽曄이다. 즉위하여 민敏으로 개명했다가 다시 엽曄으로 개명했다. 당나라의 제19대 황제로 의종懿宗의 아들이며 희종僖宗의 동생이다. 888년부터 904년까지 16년간 재위했다. 시호는 성목경문효황제聖圣穆景文孝皇帝다. 당시 당의 실권을 잡고 있던 환관 양복공楊復恭에 의해 옹립되어 실질적으로 실권이 없던 군주였다. 당의 재건을 추진하면서 양복공을 추방하고 군비 증강 등을 추진했으나, 황권의 강화를 두려워한 이무정李茂貞이 난을 일으켜 장안으로 피신했다. 소종의 개혁은 단기간에 실패로 끝나고, 그 충격으로 술에 빠져 숙청을 즐기는 잔혹한 인물로 변했다. 이후에 주전충이 보낸 사람에 의해 시해당했다.

• 둔屯괘 구오효에 나온다.

/ 숙손통叔孫通 /

한漢족으로 진秦나라 설현薛縣 사람이다. 진나라 말기에 박사가 되었고 시호는 직사군稷嗣君이다. 진이 망하는 것을 보고 설 땅으로 돌아가 항량項梁을 따랐다가 항량이 죽자 항우項羽를 따랐다. 여러 번에 걸쳐 주군을 바꾸다가 마지막으로는 한 고조 유방에게 붙었다. 늘 학자들이 입는 옷을 입었으나 고조 유방이 그것을 싫어한다는 것을 알자 곧 벗어버리고 강소 성 사람들이 즐겨 입는 단복으로 갈아입어 그곳 출신인 고조에게 환심을 샀다. 숙손통은 끊임없이 고조에게 진나라의 의법儀法을 없애고 간단한 규범을 세우고 유교의 예악제도를 세우도록 간언했다. 고조가 태자를 폐하려 하자 간언하여 막으려 했던 인물이기도 하다. 『사기』「유경숙손통열전」과 『한서』「숙손통」 참조.

•감坎괘 육사효에 나온다.

/ **순**舜 (?~기원전 2037) /

중국 삼황오제 가운데 하나다. 성은 도姚이고 이름은 중화重華, 자는 도군都君이다. 도허姚墟 혹은 제풍諸馮에서 태어났다. 전해지는 칭호는 유우씨有虞氏이고 시호가 순舜이다. 나라 이름을 우虞라고 해서 우순虞舜이라고도 칭해진다. 동이東夷 사람이다. 순은 어릴 때부터 계모와 계모의 아들 상의 핍박을 받았지만 부모에게 효를 다하고 동생을 잘 보살펴 백성들의 찬탄을 받았다. 순은 직접 역산歷山에서 농사를 짓고 뇌택雷澤에서 수렵했다. 미천한 신분이었지만 총명한 능력이 소문이 나서 사악四岳의 천거를 받고 나서, 요임금이 여러 가지 난관을 겪도록 시험한 후에 제위에 오르게 했다. 요임금은 왕위를 순에게 선양했고 국호를 유우有虞라고 했다. 제순帝舜, 대순大舜, 우제순虞帝舜, 순제舜帝가 모두 우순의 제호帝號다. 후세에 간단하게 순으로 칭했다.

•건乾괘 구이효와 구삼효, 몽蒙괘 구이효와 상구효, 무망無妄괘 구오효, 대과大過괘 괘사, 이離괘 구사효, 쾌夬괘 괘사, 췌萃괘 구오효, 혁革괘 상육효, 기제旣濟괘 「단전」에 나온다.

/ **순임보**荀林父 (?~기원전 593) /

중행씨中行氏이고 이름은 임보林父다. 중행의 장수를 맡았기 때문에 중행씨가 되었다. 죽은 후의 시호는 환桓이다. 그래서 중행백中

行伯, 중행환자中行桓子, 순환자荀桓子라고 칭해진다. 춘추시대 진나라 정경正卿으로 정치가이며 6경卿의 일원으로 관위는 중군원수에 이르렀다. 필 전투에서 대장을 맡았다가 전쟁에서 패하고, 진나라가 쥐고 있던 패권을 초 장왕에게 헌납했다.

•사師괘 구오효에 나온다.

/ 양웅揚雄 〔기원전 53~기원후 18〕 /

자字는 자운子雲, 한漢족이다. 전한의 관리이자 학자로, 전한 촉군蜀郡 성도 사람이다. 어릴 적부터 배움을 좋아해 박학했으며 사부辭賦에 능했다. 40세에 비로소 수도 장안을 구경하고 「감천甘泉」과 「하동河東」 등의 부賦를 올렸다. 성제成帝 때 급사황문랑給事黃門郎에, 왕망 때 교서천록각校書天祿閣에 임용되었다. 양웅은 사마상여 이후의 최고의 문필가였다. 왕망이 제위를 찬탈하고 나서 많은 유명 인사를 처형하거나 옥에 가둘 때 곧 잡힐 처지에 놓이게 되었는데, 이를 두려워한 그는 높은 건물의 창밖으로 몸을 던져 크게 다쳤다고 한다.

•명이明夷괘 초구효, 육오효에 나온다.

/ 여강呂強 〔?~184〕 /

후한시대 하남성 사람으로 자는 한성漢盛이다. 어릴 적부터 환관이었다. 후한을 망하게 한 대규모의 반란인 황건적의 난이 일어났을 때 환관들 가운데 황건적과 밀통하면서 나라를 망하게 했던 무리들이 있었다. 후한 환제 이래 사대부로 구성된 관료집단은 환관들과의 충돌에서 두차례 크게 패했다. 이 사건을 '당고의 화黨錮之禍'라고 부른다. 이 과정에서 여강은 공정하게 간언하고 일처리를 했다. 172년 환관들은 조정 관료들과 가까운 태학생 1000여 명을 하옥했다. 환관이었지만 여강은 국가의 기강을 바로잡기 위해 힘썼다. 장각이 황건의 난을 일으키자 여강은 사대부들을 사면하고 재등용하지 않으면 장각과 결탁할 가능성이 높아질 것이라고 간언했다. 영제靈帝가 이를 수락하자 수많은 사대부가 다시 국정에 참여하게 된다. 환관 가운데 황건적과 내통한 사람이 드러났을 때, 환관들은 엎드려 사죄하면서도 죄를 다른 사람에게 미루고 특히 여강이 당인黨人들과 내통하면서 음모를 꾸민다고 모함했다. 영제가 그를 불렀을 때, 여강은 화가 나서 자살했다고 전해진다.

• 박剝괘 육삼효에 나온다.

/ 여와女媧 /

와媧는 와蝸라고도 하고 왜娃라고도 한다. 여와씨, 영와靈媧, 포아炮媧, 여희女希, 여황씨女皇氏, 여제女帝 등으로 불린다. 성은 풍風이며 복희伏羲의 여동생이다. 전설상 복희씨伏羲氏와 혼인하여 인류를 창조했다고 한다. 『회남자淮南子』에 이르기를, 옛날 하늘을 받치던 기둥 넷이 넘어져 대홍수가 나서 큰 혼란이 일어났다. 이때 여와가 오색 돌을 반죽하여 뚫린 하늘을 메우고, 큰 거북의 다리로 하늘을 받치고, 갈대의 재를 산적하여 땅의 물을 흡수시켜 천지가 원래대로 되었다 한다. 『초사楚辭』나 『풍속통風俗通』에는 황토를 덩어리로 만들어 인간을 창조했다고 하며, 한漢대의 문헌에는 인면사신人面蛇身 또는 복희씨의 아내 혹은 누이동생이라고도 기록되어 있다.

• 곤坤괘 육오효에 나온다.

/ 영포英布 〔?~기원전 195〕 /

전한시대 육안六安 육현六縣 사람이다. 한나라 초기의 개국공신으로, 흔히 경포黥布라고 한다. 진나라 말기에 항량項梁을 도왔으나 항량이 죽자 항우를 도왔다. 전쟁에서 항상 적은 수의 군대로 대군을 물리쳤다고 한다. 항우를 따라 관중에 들어가 항우를 도와 구강왕九江王에 봉해졌다. 유방의 반간계에 넘어가 한나라에 투항하고, 회남왕에 봉해졌다. 유방을 따라 항우를 해하垓下에서 격퇴했다. 유방이 개국공신인 한신과 팽월을 죽이는 것을 보고 한나라에 반기를 들었으나 싸움에 져 죽임을 당했다.

•사師괘 상육효에 나온다.

/ 왕도王導 〔276~339〕 /

자는 무홍茂弘이고, 어릴 때 자는 아룡阿龍이다. 한漢족으로 낭야琅琊 임기臨沂 사람이다. 동진東晋 시기 유명한 대신이자 정치가, 서법가였다. 진나라 원제元帝, 명제明帝, 성제成帝에 걸쳐서 동진의 정치적 기초를 이룬 사람이다. 시호는 문헌文獻이고 조야朝野에서 중보仲父라고 불렀다. 서진西晉 말 낭야왕 사마예司馬睿의 안동사마安東司馬가 되었으며 군사전략 수립에 참여했다. 사마예에게 권해 건강建康으로 근거지를 옮기도록 했고 낙양이 무너지자 남북의 사족들을 연합시켜 사마예를 옹립해 동진 왕조를 건립하는 데 공을 세웠고 승상이 되었다. 왕도의 도움을 많이 받은 사마예가 그에게 옥좌에 같이 앉자고 제안한 적도 있어서 "왕씨와 마씨가 천하를 가졌다王與馬, 共天下"라는 말이 나왔다. 명제明帝 사마소司馬紹가 즉위하자 유조를 받들어 정치를 보좌했다. 왕도의 사촌형이자 개국공신이었던 왕돈王敦(266~324)이 반란을 일으켜 정치적 위기에 몰리게 되었지만 이를 평정하여 극복하고, 그 공으로 친족임에도 처벌을 면했다. 어린 성제成帝 사마연司馬衍이 즉위하자 유량庾亮과 함께 보필했는데 함화咸和 2년(327년), 역양내사 소준蘇峻이 반란을 일으키고 건강에 입성해 사마연을 가두고 권력을 장악하는 반란이 일어났다. 그러나 소준은 왕도를 존경하여 일체 해를 입히지 않았으며, 반란이 평정된 후 왕도는 다시 승상에 올랐다. 사마예, 사마소, 사마연까지 3대에 걸쳐 승상을 지내면서 동진 왕조의 강남 통치를 공고하게 했다.

• 건蹇괘 구오효에 나온다.

/ 왕망王莽 〔기원전 45~기원후 23〕 /

신新나라의 창건자. 자는 거군巨君으로, 전한 말 제남濟南 동평릉東平陵 사람이다. 신도新都 애후哀侯 왕만王曼의 둘째 아들이자 전한 제11대 황제 원제元帝의 황후 원후元后의 조카다. 왕망은 전한의 외척 왕씨 가문의 중요한 인물이고 겸손하고 검소하여 조야에서 명망이 높았다. 아버지가 일찍 죽었기 때문에 불우하게 지냈으나, 왕씨 내부의 권력항쟁에서 이겨 성제 말년에 대사마가 되었다. 기원전 7년 애제哀帝가 즉위한 뒤 한때 하야했으나, 애제가 후사 없이 급사하자 원후와 왕망은 쿠데타로 실권을 잡아 원제의 9살 손자를 평제平帝로 옹립하고 국정을 좌우했다. 서기 5년 평제를 독살하고 스스로 섭황제攝皇帝가 되었다.

• 곤坤괘 육오효에 나온다.

/ 왕윤王允〔137~192〕/

후한 말의 정치가. 자는 자사子師이고 병주幷州 태원군太原郡 기현祁縣 사람이다. 관환세가官宦世家 출신이다. 영제靈帝 때 예주자사豫州刺史를 맡아 황건족 진압에 참여했다. 소제少帝 때에는 대장군 하진何進이 환관들을 죽이려고 왕윤을 불러 함께 모의했는데 이때 종사중랑從事中郎과 하남윤河南尹을 역임했다. 하진이 환관들에 의해 주살되고 동탁이 실권을 장악할 때 그는 사도司徒와 상서겸령尙書兼令을 맡고 있었다. 왕윤은 정사를 잘 처리하고 겉으로 동탁에게 순종하는 척했기에 동탁은 왕윤을 의심하지 않았다. 왕윤은 남몰래 동탁을 제거할 틈을 노려 여포를 움직여 전횡을 일삼던 동탁을 죽였으나, 반격해온 동탁의 잔당에게 패하여 56세로 목숨을 잃었다. 그는 수양딸 초선貂蟬에게 동탁과 여포의 사이를 이간질하게 해서 여포가 동탁을 죽일 결심을 하게 만든다. 이숙을 동탁에게 보내 헌제가 동탁에게 선양하려 한다고 전하고 궁궐로 불러들여 동탁을 죽였다. 이것을 연환지계連環之計라 한다. 그러나 공을 세운 후 왕윤은 오만하고 소홀히 하여 동탁의 잔당에게 피살되었다. 『후한서』「왕윤전」 참조.

• 비否괘 구오효, 돈遯괘 「단전」, 건蹇괘 구오효 「상전」에 나온다.

/ 우禹 /

하나라의 개국군주. 성은 사姒, 이름은 문명文命이며 자는 밀密이다. 대우大禹, 제우帝禹라 불린다. 우는 황제黃帝의 현손玄孫이고 전욱顓頊의 손자이며, 곤鯀의 아들이다. 요임금이 숭崇 땅에 봉하여 백작伯爵이 되었다 하여 숭백곤崇伯鯀 혹은 숭백崇伯이라고도 칭한다.

치수사업으로 유명하며 순임금의 선양으로 제위를 계승하여 하나라를 세웠다. 이에 하우夏禹라고도 칭한다. 국가를 상징하는 구정九鼎을 주조했다고도 전해진다. 100살에 회계會稽에서 죽었다.

• 건乾괘 구이효 「문언전」에 나온다.

/ **원굉**袁閎 〔328~376〕 /

자는 하보夏甫, 원하袁賀의 아들이고 원팽袁彭의 손자다. 동진시대 진군陳郡 양하陽夏 사람이다. 어려서부터 지조 있는 행위로 유명하다. 아버지 원하가 팽성상彭成相으로 있다가 죽자, 형제들이 함께 영구를 맞이하러 갔지만 조의금은 받지 않았다. 추운 겨울에 관을 붙잡고 운구하니 용모는 야위고 손발에서 피가 흐르자 마음 아파하지 않는 사람이 없었다. 조종에서 초빙되었으나 응하지 않았다. 당고黨錮가 일어나기 전에 토실을 짓고 몸을 18년 동안 숨겨서 화를 모면했다고 한다.

• 명이明夷괘 초구효에 나온다.

/ **유비**劉備 〔161~223〕 /

자는 현덕玄德, 탁군涿郡 탁현涿縣 사람이다. 촉한 소열제昭烈帝로, 삼국시대 촉한의 제1대 황제였다. 후한 말기에 군사를 일으켜 황건족을 진압하고 적벽대전에서 손권과 연합하여 조조 군사를 대파하고 형주荊州를 차지했다. 220년 조비가 한나라 헌제의 양위를 받아 위의 황제가 되자, 221년 그도 제위에 올라 한의 정통을 계승한다는 명분으로 국호를 한漢(촉한)이라 하고 연호를 장무章武라 했다. 그러나 조조의 조위曹魏가 한의 정통을 이었다고 보아서 촉한의 선주

先主라고 칭한다. 223년 백제성百帝城에서 병으로 죽으니 향년 63세였다. 시호는 소열황제昭烈皇帝다.

• 돈遯괘 구삼효에 나온다.

/ **유선**劉禪 〔207~271〕 /

자는 공사公嗣이고 어릴 적 이름이 아두阿斗다. 유비의 아들로 촉한의 제2대이자 마지막 황제다. 선주 소열제 유비와 구별하여 유선을 후주後主라고 칭한다. 어릴 때 어려움을 많이 당했으나 다행히 대장군 조운趙雲이 두 차례나 구해주었다. 17세에 성도成都에서 즉위하여 승상 제갈량에게 내정과 외정을 총괄케 하고, 신료들을 감독하게 했다. 제갈량이 죽은 뒤 환관 황호黃皓를 총애하여 조정은 날로 쇠락해갔다. 264년에 등애鄧艾의 기습 공격으로 수도인 성도가 위태로워지자 그해 겨울에 항복했다. 이후 종회鍾會와 강유姜維가 위나라에 대한 반란을 꾀하다가 토벌된 뒤에 낙양에 압송되어 안락공安樂公에 봉해졌다. 후에 낙양에서 죽었다.

• 규睽괘 육오효, 건蹇괘 구오효에 나온다.

/ **이고**李固 〔94~147〕 /

자는 자견子堅, 후한시대 한중漢中 성고城固 사람이다. 어릴 때부터 학문을 좋아하여 박학했다. 충직한 신하로 이름난 그는 순제順帝 때 외척과 환관들이 전권을 휘두르는 폐단을 없앨 대책을 내놓았다. 형주자사荊州刺史와 태산군태수泰山郡太守 등을 맡으면서 양기梁冀 일파의 부패한 세력과 투쟁했다. 곧고 용감한 투쟁 정신으로 많은 사람이 찬양하는 인물이었다. 147년 양기의 무고에 의해서 피살

되었다.

•건蹇괘 구오효 「상전」에 나온다.

/ 이덕유李德裕 〔787~849〕 /

자는 문요文饒, 당나라 조군趙郡 찬황贊皇 사람이다. 이길보李吉甫의 아들로서 만당晩唐의 명재상이자 시인이었다. 작위는 위국공衛國公까지 올라서 호가 이위공李衛公이다. 당 말기인 9세기에 우승유牛僧孺, 이종민李宗閔 등을 영수로 하는 우당牛黨과 이덕유李德裕, 정담鄭覃 등을 영수로 하는 이당李黨이 서로를 공격하는 우이牛李의 당쟁이 40년간 지속되었다. 우당과의 당쟁에서 모함을 받고 유배를 당했다가 죽었다.

•비否괘 구오효에 나온다.

/ 이성李晟 〔727~793〕 /

자는 양기良器, 당나라 조주洮州 임담臨潭 사람이다. 주차朱泚가 반란을 일으켰을 때 경사京師를 수복하여 사도겸중서령司徒兼中西令에 제수되고 서평군왕으로 봉해졌다. 덕종德宗이 "하늘이 이성을 낳으니, 사직과 만민을 위해서이지 짐을 위해서가 아니다"라 할 정도로 충직했다. 선을 좋아하고 악을 미워했으며 가정을 엄격하게 다스리고 예에 달통했다고 한다.

•건蹇괘 구오효, 미제未濟괘 구이효에 나온다.

/ 이윤伊尹 /

이름은 윤伊이고 일설에는 지摯이며 어릴 적의 이름은 아형阿衡,

윤尹은 관명이다. 하나라 말기부터 상나라 초기에 걸쳐 활동한 정치가로 탕왕을 보좌하여 상 왕조 성립에 큰 공을 세웠다. 출생한 곳에 대해서는 하남河南 기현杞縣, 하남 숭현嵩縣 하남 이천현伊川縣, 산동山東 조현曹縣 등 학설이 많다. 기이한 출생 내력을 가지고 있다. 중국 고대의 걸출한 정치가이자 군사가, 사상가로 다방면에서 탁월한 업적을 남겼다. 요리 실력이 좋았던 이윤은 탕왕을 만나기 위해서 유신씨有莘氏의 잉신媵臣(고대에 귀족 집안의 여자가 시집갈 때 데리고 가는 남자 노비)이 되어 정鼎과 조俎를 메고 탕왕에게 갔다고 한다. 탕왕의 상나라 건립을 보좌한 걸출한 현상賢相이다. 탕왕이 죽고 나서 병임丙壬과 중임仲壬 두 군주를 보좌했다. 중임이 죽은 뒤 옹립된 태갑太甲이 탕법湯法을 따르지 않고 나라를 다스리려 하지 않자, 동桐으로 축출했다. 3년 후 태갑은 후회하고 다시 복귀했다. 옥정沃丁 때에 죽었다. 일설에는 태갑이 옹립되자 이윤이 지위를 찬탈하려고 태갑을 축출했고, 7년 후 복귀한 태갑에게 죽임을 당했다고 한다.

•건乾괘 구이효 「문언전」, 비比괘 육이효 「상전」, 수隨괘 구사효, 고蠱괘 상구효, 이頤괘 상구효, 건蹇괘 구오효에 나온다.

/ 자공子貢 〔기원전 520~기원전 446〕 /

성은 단목端木이고 이름은 사賜, 자는 자공子貢 또는 자공子贛이라고도 한다. 춘추시대 위나라 사람이다. 공문십철孔門十哲의 한 사람으로 재아宰我와 함께 언어에 뛰어났다. 정치적 수완이 뛰어나 노나라와 위나라의 재상을 지냈고 경제적 감각도 뛰어나 부를 축적하여 공자에게 경제적인 도움을 주었다. '단목유풍端木遺風'이란 말은 자공이 남긴 믿음으로 경제적 행위를 하는 풍조를 가리킨다.

•대유大有괘 초구효에 나온다.

/ **자사**子思 〔기원전 483~기원전 402〕 /

이름은 급伋이고 자는 자사子思로 공자의 손자다. 춘추시대 유명한 사상가로 공자의 고족高足 제자 증삼曾参에게 배웠다. 공자, 증삼, 자사, 맹자를 일컬어 후대에 사맹학파思孟學派라고 불렀다. 사서四書의 하나인 『중용中庸』의 저자로 알려져 있다.

•고蠱괘 상구효에 나온다.

/ **장량**張良 〔?~기원전 186〕 /

자는 자방子房이며 시호는 문성文成, 한漢족 영천潁川 사람이다. 진나라 말기부터 한나라 초기의 모사이자 대신으로 한신韓信, 소하蕭何와 더불어 한초삼걸漢初三杰이다. 진秦나라가 한韓나라를 멸망시키자 장량은 한나라를 회복하려고 활동하면서 박랑사저博浪沙狙에서 진시황을 공격했지만 이루지 못했다. 후에 이름을 고치고 도망다니다가 하비下邳에서 황석공黃石公을 만나 『태공병법太公兵法』을 얻어 지혜와 전략을 얻었다고 한다. 이후 한韓나라 왕이 항우에게 피살되자 유방을 따라 그의 모사謀士가 되었다. 유방이 함양에 입성했을 때 번쾌와 함께 도왔으며 홍문연에서는 유방이 위험에 빠질 때 구해주기도 했다. 한漢 고조 유방이 천하를 얻자 유후留侯에 봉해졌다. 만년에는 권력에 연연하지 않은 채 모든 것을 버리고 은거했으며, 황로학黃老學과 벽곡지술辟穀之術을 좋아했다고 한다. 『사기』 「유후세가留侯世家」와 『한서』 「장량전張良傳」 참조.

•감坎괘 육사효에 나온다.

/ 제을帝乙 /

상나라의 30대 왕. 성은 자子, 이름은 이羨로 상왕인 문정文丁, 즉 태정太丁의 아들이다. 여러 차례 이방夷方을 정벌했다. 첫째 아들 미자계微子啓는 어머니의 출신이 천하여 왕위를 잇지 못하고, 제을이 죽고 나자 둘째 아들 신辛이 왕위를 이었다. 그가 바로 주紂왕이다.

• 귀매歸妹괘 육오효에 나온다.

/ 주공周公 /

성은 희姬이고 이름은 단旦, 숙단叔旦이라고 칭하기도 한다. 주周 문왕文王 희창姬昌의 넷째 아들로서 주 무왕武王 희발姬發의 동생이다. 채읍采邑이 주周에 있기 때문에 주공 혹은 주공단이라고 칭한다. 무왕을 보좌하여 폭군 주왕을 토벌하고 주나라를 세우는 데 혁혁한 공을 세웠다. 그 공을 인정받아 곡부曲阜에 봉해지고 '노공魯公'이라 일컬어졌으나 그는 봉지에 그의 장남 백금伯禽을 대리 부임시키고 자신은 계속 무왕을 보좌했다. 무왕이 죽은 뒤 어린 성왕成王을 대신해 섭정하며 관숙과 채숙 등 삼감三監의 난과 동이東夷의 난을 평정했다. 봉건제를 시행하고 어린 성왕을 도와 왕실의 기초를 세웠으며 여러 문물제도와 예악을 정했다. 성왕이 장성한 후 주공은 정권을 성왕에게 돌려주고 신하를 자처하며 제후의 예를 갖추었다.

• 몽蒙괘 상구효, 사師괘 구이효, 겸謙괘 구삼효, 수隨괘 구사효, 고蠱괘 구이효, 무망無妄괘 구오효, 이頤괘 육오효와 상구효에 나온다.

/ 주의周顗 〔269~322〕 /

자는 백인伯仁으로 진晋나라 안성安城 사람이다. 주준周浚의 아들로 어릴 때부터 명성이 높아 약관의 나이에 무성후武城候라는 작위를 받았으며 형주자사荊州刺史를 거처 상서좌부사尙書左仆射에 이르렀다. 항상 술에 취해 있어서 당시 사람들이 삼일부사三日仆射라고 칭했다. 왕돈이 반란을 일으키자 주의는 봉지奉旨를 받들고 그를 꾸짖었다. 영창永昌 원년(322년) 왕돈이 형주에서 거병하여 유외劉隗를 죽이려 했다. 왕도王導가 대臺에 나가 석고대죄하였으나 유외는 왕씨 일가를 몰살하라고 했다. 이에 주의가 왕도를 위해 변호하여 왕도는 죽임을 면했으나 왕도는 이 사실을 알지 못했다. 왕돈에 의해서 주의가 피살 되었는데, 왕도는 그것을 말리지 않았다. 왕도는 주의가 자신을 위해 쓴 글을 보고 대성통곡을 하면서 "내가 비록 백인을 죽이지는 않았지만 나 때문에 백인이 죽었구나!"라고 했다.

•건蹇괘 구오효「상전」에 나온다.

/ 주창周昌 〔?~기원전 192〕 /

패군沛郡 사람이다. 전한의 대신으로 한나라 고조 때 어사대부御史大夫였다. 진秦나라 때는 사수졸사泗水卒史였는데, 진 말기 농민전쟁 중에 유방이 패沛에서 군사를 일으키자 관중에 들어가 진나라를 격퇴하고 중위中尉가 되었다. 이어 어사대부에 등용되고 분음후汾陰侯에 봉해졌다. 사람됨이 강직하여 직언을 잘했다. 한 고조가 여태후 소생의 태자를 폐하고 척희戚姬의 아들 여의如意를 태자로 삼으려고 했을 때에 대신들이 강력히 반대했지만, 누구도 한 고조의 뜻을 돌리지는 못했다. 그때 그것이 불가함을 간언했던 인물이다.

후에 조왕趙王 유여의劉如意의 재상이 되었으나 여의가 여후에게 피살되자 병을 핑계로 조회하지 않았다. 시호는 도悼다.

•감坎괘 육사효에 나온다.

/ 증자曾子 〔기원전 505~기원전 435〕 /

이름은 삼參이고 자는 자여子輿다. 남무성南武城 출신으로 증석曾晳의 아들이다. 공자의 만년의 제자로서 공자보다 46살 어리다. 효성이 두터웠다고 알려져 있다. 후에 증자의 학통은 자사, 맹자로 이어져 유가의 도통을 전하는 데 큰 역할을 했다.

•사師괘 구이효, 고蠱괘 상구효에 나온다.

/ 진항陳恒 /

진성자陳成子를 말한다. 이름은 항恒, 진리자陳釐子의 아들이다. 한漢나라 때 한 문제文帝 유항劉恒을 피휘하여 이름을 전상田常이라고 고쳤다. 그래서 전항田恒, 전성자田成子, 진성항陳成恒이라고 한다. 제나라 진씨陳氏 가문의 수령 가운데 한 사람이다. 기원전 485년 진성자는 제나라 대부 포식鮑息을 꼬드겨 제나라 도공悼公을 시해하게 하고 간공簡公을 옹립한다. 기원전 481년 진성자는 정변을 일으켜 간공을 죽이고 간공의 동생을 옹립했으니, 그가 바로 제나라 평공平公이다. 스스로 재상에 부임한 후 진항은 제나라의 권력을 잡고 국정을 전횡했다. 『사기』「전씨세가田氏世家」 참조.

•췌萃괘 구사효에 나온다.

/ 측천무후則天武后 〔624~705〕 /

일반적으로는 측천무후 혹은 무후武后, 그밖에 무조武曌, 무조武瞾, 무조武照 등으로 칭한다. 본명은 알 수 없다. 중국에서 여성으로서는 유일하게 황제가 되었던 인물로 당唐 고종高宗의 황후였지만 690년 국호를 주周로 고치고 스스로 황제가 되어 15년 동안 중국을 통치했다. 황위를 찬탈한 음탕하고 간악한 요녀라는 비난과 민생을 보살펴 나라를 훌륭히 다스린 여걸이라는 칭송을 동시에 받고 있다.

- 곤坤괘 육오효에 나온다.

/ 태갑太甲 /

상나라의 5대 군주로 이름은 자지子至다. 성탕成湯의 적장손이며 태정太丁의 아들이다. 중임中壬을 이어 즉위했다. 탕왕의 법을 준수하지 않고 폭정을 일삼자 즉위 후 3년 만에 이윤伊尹에 의해 동궁桐宮으로 추방당했다. 동궁에서 3년을 보내며 반성한 태갑은 그후 다시 재위에 올라 이윤에게 「태갑훈太甲訓」을 하사했다. 이후 태갑은 덕을 쌓아 백성들의 존경을 받았으며 정치는 안정되었다.

- 예豫괘 육오효, 고蠱괘 육오효에 나온다.

/ 태공망太公望 /

은 말기에서 주 초기의 현자 여상呂尙을 말한다. 강상姜尙이라고도 하며 자는 자아子牙다. 성은 강姜이고 씨가 여呂이며, 일명 망望이라고 하여 태공망 혹은 강태공姜太公이라고 부른다. 무왕이 그를 존중하여 사상보師尙父라고 했다. 세상을 피하여 위수 가까이에서 낚시를 하고 있다가 주나라의 문왕에게 등용되었다. 이때 문왕이

"태공이 당신을 기다린 지 오래다"라고 말했다고 해서 태공망이라고 한다. 후에 무왕을 보좌하여 은나라를 정복하는 공을 세운다. 집안이 가난한 가운데 천문지리와 군사모략, 치국의 도를 배웠지만 때를 만나지 못했다가 60세가 지나서야 문왕을 만나 공을 이룬다. 탁월한 전략가이자 군사가, 정치가다. 『사기』「제태공세가齊太公世家」 참조.

•고蠱괘 상구효, 건蹇괘 구호요, 구姤괘 구오효에 나온다.

/ **태왕**太王 /

고공단보古公亶父를 말한다. 성의 희姬이고 이름이 단亶, 빈豳 땅 사람이다. 주周나라 태왕太王으로, 문왕文王의 할아버지다. 후직의 13대 손이다. '단亶' 뒤에 붙인 보父와 앞의 고공古公은 존칭으로, 이름이 아니다. 주周족은 원래 황토고원에 거주하다가 공유公劉 때 융적戎狄의 침략을 받아 빈 땅으로 이주했다. 그후 300여 년이 지나 고공단보 때 융적의 압박을 받고 빈에서 기산岐山의 남쪽 주원周原으로 이주했다. 고공단보는 기산 아래 자리를 잡고 통치했다. 그래서 그 덕을 기려 고공단보를 주의 태왕太王으로 추존했다. 고공단보가 죽자 그의 어린 아들 계력季歷이 왕위에 올랐지만 상 왕조는 주족의 세력을 견제하기 위하여 이들을 정벌하고 계력을 죽였다. 이에 계력의 아들 창昌이 계위했는데 그가 바로 문왕이다. 문왕은 강태공 등의 인재를 등용하여 통치했다.

•수隨괘 상육효에 나온다.

/ 태종太宗 〔598~649〕 /

당나라 태종 이세민李世民을 말한다. 중국 당나라의 제2대 황제로 고조高祖의 둘째 아들이다. 이세민은 아버지인 고조 이연李淵을 알현하여, 형제들이 자기를 죽이려 모의한다고 했다. 이연은 지체없이 그들을 자신의 황궁으로 불렀고 그들이 황궁의 현무문玄武門으로 들어온 순간, 매복한 이세민의 군사들이 형 이건성과 동생 이원길에게 화살을 쏘아 살해했다. 이것이 바로 '현무문의 변'이다. 이렇게 즉위해 연호를 정관貞觀이라 했다. 당 태종은 유명한 정치가, 군사가였을 뿐 아니라 서법가書法家이자 시인이었다. 일찍이 아버지 이연을 따라 천하를 정벌하여 나라를 세우는 데 공을 세웠고 적극적으로 신하들의 의견을 받아들여 문치를 이루고자 힘썼다. 중국 역대 황제 중 최고의 성군으로 불리며 청나라 강희제와 비교되었으며, 그의 치세는 '정관의 치貞觀之治'라 불린다.

•기제既濟괘 육이효에 나온다.

/ 팽월彭越 〔?~기원전 195〕 /

자는 중仲, 전한 산양山陽 창읍昌邑 사람이다. 진나라 말기에 병사를 일으켰다. 예전에는 초패왕 항우의 장수였으나 초와 한의 전쟁 때 군사를 이끌고 한나라로 갔고 유방을 따라 해하 전투 때 큰 공을 세워 개국공신이 된다. 한신, 영포와 함께 3대 명장으로 칭해진다. 서한 건립 후에 양왕梁王에 봉해졌다. 모함을 당해 반란을 일으켰다가 유방에 의해서 3족이 몰살당하면서 효수되었다. 『사기』「위포팽월열전魏豹彭越列傳」 참조.

•사師괘 상육효에 나온다.

/ **호원**胡瑗 〔993~1059〕 /

자는 익지翼之, 북송시대의 유학자로서 이학理学의 선구자라 불릴 만하다. 사상가이며 교육자다. 협서로陜西路 안정보安定堡에 거해서 안정선생安定先生이라고 불린다. 경력慶歷 2년부터 가우嘉祐 원년까지 태자중사인太子中舍人, 광록시승光祿寺丞, 천장각시강天章閣侍講 등을 역임했다.

•대축大畜괘 상구효, 쾌夬괘 구삼효, 점漸괘 상구효에 나온다.

/ **환공**桓公 〔기원전 716~643〕 /

제齊 환공은 춘추시대 제나라 군주로 성은 강姜이고 씨는 여呂이며 이름은 소백小白이다. 강태공 여상의 13대손으로, 희공僖公의 셋째아들이자 양공襄公의 동생이다. 재위 시기 관중을 등용하여 개혁하는 등 현자들을 등용해 경제를 발전시켰다. 군정軍政 합일을 실행하고 병민兵民 합일의 제도를 만들었다. 기원전 681년 견甄 땅에 송宋, 진陳 등 제후들을 소집하여 회맹했다. 이로써 중국 역사상 첫 번째 맹주가 되었다. 당시 중원 땅은 이민족의 침략으로 고생이 끊이지 않았는데, '존왕양이'를 주장하며 북쪽 오랑캐를 공격하고 남쪽으로 초나라를 정벌하여 중원의 패주가 됨으로써 주 왕실의 상찬을 받았다. 관중이 죽은 뒤 말년에 환공은 이아易牙와 수초竪貂 등 소인배를 등용하여 결국에는 내란 가운데 아사했다.

•풍豐괘 육이효에 나온다.

/ **회음후**淮陰侯 〔기원전 231~196〕 /

회음후 한신韓信은 한漢족으로 회음淮陰 사람이다. 전한의 개국공신이며 걸출한 군사가로 소하蕭何, 장량張良과 더불어 삼걸三杰이라 불린다. 처음에는 항우를 따랐지만 등용되지 않자 나중에 유방에게 귀속했다. 소하의 추천을 받아 대장군에 임명되었고 유방의 부하로 수많은 싸움에서 승리해 유방의 패권을 결정지었다. 전한이 개국한 뒤에 초왕楚王으로 봉해졌으나 후에 모반을 꾀하려다가 여태후와 소하의 모략에 빠져 장락궁長樂宮에서 참수되었다. 토사구팽兎死狗烹으로 유명하다. 『사기』「회음후열전」 참조.

• 사師괘 괘사에 나온다.

/ 후예后羿 /

산동山東 덕주德州 사람이다. 덕주는 고대에 유궁국有窮國이었다. 후예는 하나라 초기의 초고 집정자 가운데 하나로, 하 왕조 유궁국의 군주였다. 본래 사예司羿라고도 하여, 중국의 각종 전설에 나오는 활 잘 쏘는 사람이다. 사司란 아버지를 이어서 물려받은 직업을 뜻하여, 사예란 세습되어 내려온 활 쏘는 사람을 의미했다. 우禹는 동이계의 익益에게 선양했으나 우의 아들 계啓가 익을 쫓아내고 왕위에 올랐다. 계는 왕위에 오른 후 음주와 가무, 사냥을 즐겼고 그 뒤를 이은 태강泰康도 정치를 돌보지 않아 동이계의 후예에게 쫓겨났다. 태강이 조정을 잘 다스리지 못하자 당시 왕궁의 호위를 담당하던 후예가 정변을 일으켜 태강의 다섯 형제를 축출하고 자신이 섭정했다. 더불어 전설에서 태양을 활로 쏘았다고 하는 영웅 예羿는 상아嫦娥의 남자 대예大羿로, 요순시기의 인물이다.

• 곤坤괘 육오효에 나온다.

/ **희종**僖宗 〔862~888〕 /

당唐 희종 이현李儇. 원래 이름은 이엄李儼으로, 의종懿宗의 아들이다. 당나라 제18대 황제(재위 873~888)로 873년 부친이 죽자 환관들에 의해 옹립되어 즉위했다. 그러나 희종은 어려서 정사를 돌볼 수가 없었고 이후에도 황제로서의 실권을 갖지 못한 채 유흥에 빠져 지냈다. 환관들이 정사를 전횡하면서 지방의 절도사들의 세력이 확대되었다. 875년 대규모 농민반란인 황소黃巢의 난이 발생하자 희종은 장안을 버리고 도피했다가 복귀했다. 이후에도 정사는 환관 양복공楊復恭 등이 장악했고 실질적으로 당은 멸망의 길을 걷게 되었다. 문덕文德 원년에 장안에서 죽었으니, 향년 27세였다. 시호는 혜성공정효황제惠聖恭定孝皇帝다.

• 둔屯괘 구오효에 나온다.

해제

가련한 처세處世를 위하여

이것은 『주역』이 아니다

『근사록집해』로 유명한 남송시대 학자 섭채葉采의 「늦은 봄에 즉흥적으로 짓다暮春卽事」라는 시가 있다.

쌍쌍이 날아다니는 참새 책상에 날아들고 雙雙瓦雀行書案
점점이 흩날리는 버드나무 꽃잎 벼루에 떨어지네 點點楊花入硯池
자그마한 창가에 한가롭게 앉아 『주역』을 읽으니 閒坐小窓讀周易
봄이 얼마나 지나갔는지도 알지 못했구나 不知春去幾多時

봄이 얼마나 갔는지도 모른 채 밤을 새워 『주역』에 흠뻑 빠질 수밖에 없었던 이유는 무엇이었을까? 단지 자신의 미래를 점치기 위해서 봄이 가는 줄 모를 정도로 『주역』을 읽지는 않았을 것이다. 그는 여기서 무엇을 읽었던 것일까.

『주역』은 중국 고대에서 점占으로부터 시작되었다. 역학사易學史

에서는 점서로부터 비롯된 역학의 발전을 크게 두 가지로 구별한다. 하나는 '점역占易' 혹은 상수역학象數易學이고, 다른 하나는 '학역學易' 혹은 의리역학義理易學이다. 점치는 것과 관련된 상수역의 중요한 문제는 '우주 운행의 변화'이고 의리역은 '인간과 역사의 변화'다.

상수역학이란 현대적 의미로 말하면 우주적 질서를 상징화하고 체계화하여 관찰하고 예측하려는 학문이다. 그런 점에서 유사 과학이라고 할 수 있다. 물론 이러한 관찰과 예측은 자연현상에 대한 과학적 관심이라기보다는 국가의 통치 문제들을 해결하려는 것이었다. 이는 한漢대에 천문학과 음양오행론, 괘기설卦氣說 등이 결합하여 급속도로 발전한다. 이러한 방식이 천간지지天干地支와 결합되어 세속화된 것이 인간의 운명을 점치는 명리학命理學이다. 일반적으로 알고 있는 점술이 바로 이렇게 세속화된 명리학이다.

이러한 흐름과는 다른 방향으로 발전한 것이 의리역학이다. 왕필은 『주역』에서 우주론적인 체계나 미래를 예측하는 기술 혹은 재난이나 자연의 이상 현상을 통해 인간의 삶을 예측하는 방법을 구하지 않았다. 그는 괘상卦象이나 효상爻象을 하나의 구체적인 정치적 상황으로 해석했다.

이런 해석 방식을 이어받은 사람이 송대 정이천程伊川이다. 그는 구체적 현실 속에서 자신이 처한 상황을 판단하고 대처할 수 있는 실천적 지침서로서 『주역』을 독해했다. 그가 해석한 『주역』의 괘들은 음과 양의 세력들이 길항하는 권력장이며 '애증 게임'이 벌어지는 무대다. 그 배경은 조야朝野라 할 수 있는데 즉 권력의 중심인 조정朝과 권력의 변방인 광야野다. 등장인물은 군주와 신하 그리고 광야를 떠도는 지식인들, 그들과 함께하는 백성들이다. 관객이면서 동시에 심판의 역할을 하는 것은 하늘이다. 이들이 하늘 아래 땅에서 벌이는 게임은 권력을 중심으로 한 애증의 소용돌이며 정치 세력이 흥망성쇠와 굴신왕래를 거듭하는 변화의 장이다. 그 속에서 사랑과 증오, 배신과 협력, 이별과 연대, 출사와 고독 등 인간사의 드라마가 펼쳐진다. 그 드라마 속의 인물들은 온갖 갈등과 고뇌 그리고 희로애락 속에서 결단하고 행한다. 거기에 길흉이 있고 그들의 운명이 있다.

섭채는 이렇게 펼쳐지는 인간 군상들의 운명을 흥미진진하게 독해하고 자신의 삶을 돌이키면서, 봄이 지나가는 줄도 모른 채 밤새도록 『주역』을 읽었던 것은 아니었을까? 송나라의 재상 조보趙普는 "『논어』를 반만 읽어도 천하를 통치할 수 있다半部論語, 治天下"고 했다. 과장만은 아니다. 이와 유사하게 당나라의 유명한 서예가이며 문학자인 우세남虞世南은 "『주역』을 읽지 않고서는 재상이 될 수 없다不讀易, 不可爲宰相"고 했다. 『주역』은 단순히 개인의 운명이나 점치는 명리서가 아닌, 사회·정치적 책임감을 느끼는 사람들의 통치와 처세의 책이었다. 생사를 넘나드는 이 현실 속에서 살아갈 수밖에 없는 인간의 운명과 그 마음의 행로를 『주역』을 통해 본 것이다.

정이천은 이렇게 말한다.

"옛날 사람이 점치는 것은 의심을 결단하기 위함이었다. 그러나 오늘날 사람들이 점치는 것은 그렇지 않다. 자신의 운명이 곤궁할지 성공할지를 계산하고 그 몸의 영달 여부를 헤아리려고만 할 뿐이다. 아! 또한 미혹되었구나!"[1]

가련한 처세를 위하여

처세술의 사전적 의미는 "세상일 또는 사람과의 관계를 풀어가는 수단과 방법"이다. 부정적인 의미에서 처세술은 자신의 이익과 목적을 위해서 온갖 수단과 방법을 가리지 않는 음흉하고 비열한 정치적 술수다. 그러나 긍정적인 의미에서 처세는 다른 사람들과 불화하지 않으면서도 올바르게 처신하는 방법일 수 있다. 문제는 자신만의 출세나 이익을 위해 권력자에게 아부하는 가식적인 행동이나 그를 위해 자존심까지 버리는 비굴한 태도다.

흔히 인간형을 이상주의자와 현실주의자로 구분하곤 한다. 명분과 의리를 중시하는 주자학적 분위기가 강한 한국사회는 실리만을 꾀하는 현실주의자를 좋아하지 않는다. 현실주의자들은 자신의 이득과 권력을 얻어내는 정치적 처세술에 능하기 때문이다. 이들에게 도덕적 진정성과 강직성을 기대하기란 어렵다. 때문에 도道덕을 고집하는 사람과 술術수에 능란한 사람은 서로 반목하고 증오하거나 냉소한다. 그래서 실리와 권력을 지향하는 정치술과 의리와 명분을 중시하는 도덕은 불화한다. 그러나 과연 도道와 술術은 반목할 수밖에 없을까?

흔히 중국철학의 특징을 내성외왕內聖外王이라고 규정한다. '내성'이란 안으로 궁극적인 도에 대한 깨달음을 얻은 성인을 말하고, '외왕'이란 그 도를 현실에서 실현할 수 있는 정치적인 능력을 가진 사람을 말한다. '내성외왕'은 『장자』에 나오는 말이다. 『장자』 첫 번째 편인 「소요유逍遙遊」의 첫 우화에는 두 마리 새가 나온다. 한 마리는 하늘을 뒤덮을 정도로 큰 날개를 가진 대붕大鵬이고, 한 마리는 좁아터진 작은 숲속의 나뭇가지를 폴폴 날아다니는 참새[2]다. 이때 대붕이 위대하고 참새가 좀스러운 것만은 아니다. 이런 표현에 주목하자. 대붕은 '분노하면서 날아갔다努而飛.' 자질구레한 이득과 권력에 집착하고 싸우는 추잡한 현실에 분노했던 것이다. 참새는 그런 대붕을 '비웃었다笑.' 분노하는 대붕을 이해할 수 없었다. 참새는 구만리는커녕 작은 숲조차 벗어나지 못하기 때문이다.

대붕을 이상주의자로 참새를 현실주의자로 독해한다면 좀 다른 시각을 가질 수 있다. 대붕은 분노하며 고원한 경지로 날아갔고 참새는 냉소하면서 좁은 세상을 날아다녔다. 대붕은 이상적인 도道를 고집한다. 참새는 실리를 취하는 술術에 능숙하다. 이상적 도만을 고집하고 자존의 콧대를 치켜세우는 오만도 추하지만, 코를 땅에 처박고 실리만을 추구하는 비굴도 추하기는 마찬가지다. 세상물정 모르는 이상은 옹고집의 분노가 되고 이상을 상실한 현실은 비굴한 냉소가 된다.

정이천은 누물累物과 망물忘物을 대비한다.

> 사람들은 사물에 대한 욕심에 얽매여 집착하는 것(累物)을 근심해서, 반드시 사물에 대한 욕심을 잊고 없애버리는 것(忘物)을 현명하다고 여긴다. 그러나 욕심에 얽매이는 것이나 욕심을 없애버리는 것이나 모두 잘못된 태도임은 마찬가지다.[3]

욕심에 얽매여 술수를 부리는 사람이나 욕심을 없애고 술수를 무시하는 사람이나 매한가지다. 권력 지향의 처세술을 혐오하는 사람이나 실리만을 추구하는 처세술에 능숙한 사람이나 매한가지다. 그러니 권력과 실리도 무시할 수 없고 도덕과 자존도 버릴 수 없는 이 현실에서의 처세가 어찌 가련하지 않을 수 있겠는가?

그러므로 이상과 자존을 잃지 않으면서도 이 현실에서 살아남을 수 있는 술수가 문제다. 현실의 집착을 버릴 수 없는 낭만적 이상가의 처세가 문제다. 정이천은 이런 말을 한다. "비분강개하여 죽음에 이르는 것은 쉽지만, 편안하며 여유롭게 마땅한 의로움을 취하는 것은 어렵다感慨殺身者易, 從容就義者難." 마땅하다면 취하고 마땅하지 않다면 거부하는 거취去就가 중요하다. 마땅한 실리라면 욕심내어 구할 수 있는 지혜와 연대가 필요하고, 마땅치 않은 실리라면 정중하게 거절할 수 있는 용기와 고독도 요구된다. 그래서 정이천이 말하는 성현의 처세는 세속의 속물성에 휩쓸리지도, 그렇다고 세속의 속물성과 단절하거나 그에 분노하지도 않으면서 이상을 간직하는 현실적인 처세다.

성현의 처세는 사람 사는 이치인 상도常道에 크게 동화되지 않음이 없지만 세속에서 동의하는 것에 대해서 때때로 홀로 다른 의견을 가지고 있으니, 떳떳한 상도에서는 같고, 세속의 잘못에 대해서는 다른 것이다. 세속과 크게 동화되지 못하는 자는 상도를 혼란하게 하고 이치를 깨뜨리는 사람이고, 홀로 다른 의견을 가지지 못하는 자는 세속을 따라서 잘못된 것을 답습하는 사람이니, 중요한 점은 세속과 동화하면서도 잘못에 대한 이견을 드러낼 수 있는 데 있을 뿐이다.[4]

애증 게임의 처세술

정이천은 『주역』을 진퇴존망進退存亡의 도리가 담긴 문헌으로 본다. 진퇴란 무엇인가? 정치권력의 핵심으로 나아갈 것인가 물러날 것인가를 선택하는 일이다. 정치적 태도며 입장의 문제다. 그러므로 곧 거리두기의 문제이며 협력의 문제이며 저항의 문제이기도 하다. 진퇴는 출사하느냐 은둔하느냐, 참여하느냐 물러나느냐, 협력하느냐 거부하느냐 하는 결단의 문제다. 출사냐 은둔이냐? 이는 이분법적 선택의 문제가 아니다. 출사할 만하면 하고 그렇지 않다면 은둔한다. 적절한 때와 타이밍의 문제다. 자공子貢이 공자에게 아름다운 옥을 상자에 넣어 보관할 것인지 좋은 상인을 만나 팔 것인지를 물었던 적이 있다. 아름다운 능력을 가진 공자가 왜 현실 정치에 참여하지 않느냐는 암시가 담긴 질문이다. 공자는 물론 팔 것이라고 대답하지만 조건이 있었다.

> 나는 좋은 상인을 기다리고 있다.
>
> 我待賈者也.

나는 처음에 이 '기다림待'의 의미를 이해하지 못했다. 그래서 자공이 속으로 언제까지 기다리시겠냐고 한탄하지 않았을까 상상했던 적이 있다. 현실을 부정하고 외면하는 옹고집이 아닐까 의심했던 것이다. 그런데 몽蒙괘의 괘사에 이런 말이 있다. "내가 어린아이의 어리석음을 찾아가는 것이 아니다. 어린아이의 어리석음이 나를 찾아오는 것이다匪我求童蒙, 童蒙求我." 어리석은 군주가 현자를 찾아와야지 현자가 먼저 어리석은 군주에게 가는 것이 아니다.

정이천은 이 구절을 이렇게 해석한다.

> 마땅히 도를 스스로 굳게 지켜서, 군주가 지극한 진실과 정성으로 자신을 찾아오기를 기다린 뒤에 그에 응하면, 자신의 도를 세상에 펼칠 수 있다
> 當以道自守, 待君至誠求己, 而後應之, 則能用其道.

정이천도 동일하게 '기다림待'을 말하고 있다. 군주가 예의와 공경을 다해 현자를 찾아오기를 기다리는 것이다. 이는 현자의 오만함과 자존심이 아니다. 천하를 다스리는 일을 함께할 군주가 도道를 진정으로 즐길 수 없다면 함께 정치를 펼 수 없기 때문이다. 이것이 권력관계에서 이루어지는 '애증 게임'의 첫 번째 원칙이다. 사랑은 구걸하는 것이 아니다. 경거망동하게 굽히고 들어갔다가는 치욕을 당할 수도 있을 뿐 아니라 군주의 사적인 욕심에 휩쓸리고 이용당할 수도 있다. 그러면 자신이 진정으로 세상에 펼치려 했던 일을 할 수가 없다. 이때 기다림이란 소극적인 방관이나 어리석은 기대가 아니다. 오히려 적극적으로 자신의 도를 드러내는 주장이며 현명하게 도와 자존을 지키는 저항이다. 도에 대한 믿음과 정치적 욕망을 버리지 않고 현실 속에서 자신의 위치를 지키는 것이다.

공자에 따르면 세상에 도가 있을 때 출사하고 없을 때 은둔한다. 『주역』에서 세상에 도가 없을 때를 상징하는 괘는 명이明夷괘다. 지화명이地火明夷라고 한다. 땅을 상징하는 곤坤☷괘가 위에 있고 불을 상징하는 이離☲괘가 아래에 놓여 결합된 괘이기 때문이다. 여기서 '이'의 불은 태양을 의미하며 곤은 땅을 상징한다. 태양이 땅

아래 있으니 어둠이다. 세상에 도가 없는 어둠의 시대다. 명이괘의 괘사는 간단하다. "이간정利艱貞." 현실의 어려움을 알아 올바름을 지키는 것이 이롭다는 것이다. 애증 게임의 첫 번째 원칙, 어리석은 자에게 먼저 사랑을 구걸하지 말라. 그러나 그렇다고 냉소하거나 부정하지도 말라. 두 번째 원칙, 현실을 외면하지 말고 직시하라. 세상물정에 밝아야 한다. 현실의 어려움을 알아야만 자신의 신념을 지킬 수 있다.

자신을 지키는 일은 냉소도, 부정도, 무모한 저항도 아니다. 현실적 형세와 시세를 명증하게 파악해야 한다. 그러한 세勢가 이를 수밖에 없었던 원인을 냉정하게 파악하는 현실주의적 태도를 견지할 때 자신의 신념을 실현할 잠재적 가능성을 '창조'할 수 있다. 기다림은 잠재적 가능성을 창조하기 위한 사소하지만 의미 있는 행위를 조금씩 해나가는 성숙의 과정이기도 하다. 그것을 통하여 자신에게 유리한 세를 형성할 조그마한 단초를 열어나갈 수 있다. 때문에 명이괘의 「단전」은 이러하다. "안으로 문명하면서 겉으로는 유순하여, 큰 환난을 이겨나간다內文明而外柔順, 以蒙大難." 문명文明이란 '문文'에 대해서 밝게 아는 것이다. '문'이란 법과 제도와 현실 구조를 의미한다. '문'에 밝다는 것은 세상물정에 밝다는 말이다. 더불어 부드러운 여유를 가지면 좋다. 까칠하고 강퍅한 태도는 예상치 못한 저항과 반감을 불러일으킨다.

태兌괘는 기쁨을 상징한다. 사람들에게 기쁨을 주는 것을 말한다. 태괘 「단전」은 이러하다. "안으로는 강직한 뜻을 가지고서 겉으로는 부드럽게 상대를 기쁘게 한다剛中而柔外." 정이천은 이렇게 설명한다.

타인과 관계하는 데에 조화롭고 유연하게 대하는 모습이므로, 남을 기쁘게 하면서도 스스로 올바름을 지킬 수 있다. '올바름을 지키는 것이 이롭다'는 것은 남을 기쁘게 하는 방도는 마땅히 올바르게 해야 한다는 말이다. (…) 남을 기쁘게 하면서도 올바름을 지킬 수 있어서 위로 천리를 따르고 아래로 인심에 호응하니, 사람들을 기뻐하게 만드는 도리가 지극히 바르고 지극히 선한 것이다.[5]

정이천이 남을 기쁘게 하면서 올바를 수 있다고 한 것은 구체적으로 어떻게 이해할 수 있을까? 올바른 도를 어기면서 사람들의 인정을 구하는 것은 구차한 일이다. 왕필의 해석은 구체적이다.

상대를 기쁘게만 하고 자신의 강직한 뜻을 어긴다면 아첨이고, 강직한 뜻만 지키려다가 상대를 감동시키지 못했다면 폭력이다.
說而違剛則諂, 剛而違說則暴.

애증 게임의 세 번째 원칙은? 자기를 사랑해주지 않는다고 해서 분노에 빠져 강퍅한 마음을 갖지 말 것. 그렇다고 비굴하지도 말 것. 인간에 대한 믿음을 잃지 말아야 한다. 꽁하게 닫힌 마음을 갖기보다는 현실의 변화에 따라서 변통할 줄 알아야 한다. 변통이란 조건을 변화시켜 세를 형성하고, 그것을 통하여 소통의 구조를 만들어내는 것이다.

돈遯괘는 은둔을 상징한다. 돈괘의 「상전」은 이러하다. "소인을 멀리하되 미워하지 않고 엄격한 태도를 취한다遠小人不惡而嚴." 참새와 같은 소인일지라도 분노하기보다는 인간에 대한 믿음을 버리지 않고 변화의 가능성을 모색해야 한다. 거리를 두면서 상대하되 증오하지 말고, 자신을 먼저 엄격하게 다스려야 한다. 그리고 소인을 감동시키고 변화시킬 수 있는 덕을 행하면서 기다려야 한다. 이상과 현실 사이에서 균형을 맞출 수 있는 감각이 필요하다. 이를 시중時中이라 할 수 있다. 이것이 중도中道다.

중도란 무엇인가?

중도中道처럼 애매하게 사용되는 말은 없다. 좌파냐 우파냐? 이런 질문에 흔히 '나는 좌파도 우파도 아닌 중도'라고들 한다. 이는 마치 짜장면이냐 짬뽕이냐? 아니다, 짬짜면이다, 라고 답하는 것과 같다. 시중時中을 의미하는 중도는 결코 그러한 타협이 아니다. 또한 권모술수와 같은 음기응변적인 처세술을 의미하지도 않는다. 중도中道는 정도正道와 대비되는 말이다. '상황에 가장 적절하고 합당한 행위' 혹은 '시의적절한 행위'라고 풀 수 있다. 너무 늦지도 빠르지도 않고, 너무 과하지도 부족하지도 않은 것이다. 때를 고려해 때에 맞게 하는 행위다. 자신이 서 있는 시공간적 좌표와 조건을 파악하고 시세를 헤아려 나아갈 방향을 판단하여 적절한 타이밍에 맞게 행하는 것이다.

> 중도를 이루면 정도가 아닌 적이 없지만, 정도를 고집한다고 해서 반드시 중도가 되는 것은 아니다.[6]
>
> 中則無不正也, 正未必中.

무엇보다도 정도正道를 지키는 것이 중요한데, 상황과 때라는 것은 일정치 않다. 그 상황의 합당함과 때의 마땅함을 잃지 않는 것이 중도다. 정도만을 고집하여 상황과 때를 고려하지 않으면 중도를 잃는다. 정도는 "그 때의 마땅함을 잃지 않아야 한다不失時宜之謂正."[7] 중도란 반드시 정도를 잃지 않는 것이다.

그래서 중도는 시중이라고 할 수 있다. '시중'이란 상황과 때에 적절한 도리인데, 이것은 단순히 시대적 흐름이나 대세를 따르는 것을 의미하지는 않는다. 시대적 가치나 흐름을 거부하거나 거역하는 것도 중도일 수 있다. 정도를 버리고 시세를 따르는 것은 비겁한 현실 추수적 태도일 뿐이다. 중도는 정도만을 고집하는 것이 아니라 변화하는 현실에서 정도를 지키며 길을 묵묵히 걸어나가는 일이다. 묵묵히 걸어가는 과정이란 자신의 신념 실현을 위한 잠재적 가능성을 '창조'할 수 있는 세勢를 조금씩 만들어가는 애씀이기도 하다. 때를 기다린다는 것은 세를 형성하면서 기회를 기다리는 것이다.

중도란 근본적 원칙을 타협하는 것이 아니라 근본적 원칙을 견지하면서도 현실적인 적합성과 유연성을 잃지 않는 것이다. 그것을 잃었을 때 흉하게 된다. 강직한 원칙과 그것을 실현하고 지키는 유연하고 적합한 스타일, 곧 형식의 문제다. 그 스타일이란 '기다림'의 인내다. 중도란 결코 짜장면이 먹고 싶은 내가 짬뽕을 고집하는 타인에게 그럼 짬짜면을 먹자고 타협하는 것이 아니다. 짜장면을 강제하지 않으면서도 짜장면의 진미에 대한 믿음을 잃지 않고, 상대가 짜장면을 먹고 싶도록 유혹하는 일이다. 그 유혹에는 짜장면의 진미에 대한 믿음과 인간에 대한 믿음 그리고 현실에 대한 명증한 이해 및 현실과 소통할 수 있는 변통 능력이 포함된다. 짜장면의 진미를 강제하지 않고 감동적으로 느끼게 해주는 일, 즉 상대가 그것을 진정으로 느낄 수 있을 때까지 인내하며 기다리는 일이다. 공자의 '기다림'은 믿음을 잃지 않으면서 강제하지 않는 것이었다. 이는 억지로 유혹하지 않으면서도 유혹하는 술수다.

그런 면에서 기다림이란 차마 버리지 못하는 이 세상에 대한 집착이며 의존이다. 세상에 대한 집착을 버리지 않고 사소한 일들로부터 다시 시작할 수 있는 용기다. 그 사소한 일들이 거대한 세勢를 형성할 수 있다는 믿음을 버리지 않는 것이다. 그래서 기다림은 단지 기다림에 그치지 않는다. 수需괘는 기다림을 상징하면서 동시에 성장을 상징한다. 기다리는 일은 자신의 신념과 능력을 성숙시키는 일이기도 하다. 수괘의 괘사는 이렇다.

기다림은 믿음을 가지고 있어 빛나고 형통하며, 올바름을 지키고 있어 길하니, 큰 강을 건너면 이롭다.
需, 有孚, 光亨, 貞吉, 利涉大川.

정이천은 이렇게 설명한다.

진실한 믿음이 있으면 매우 지혜롭고 형통할 수가 있고, 올바름을 굳게 지니고 있어 길하다. 이것으로서 기다린다면 무엇을 이루지 못하겠는가? 위험이 앞을 가로막고 있더라도 어려움이 없으므로 큰 강을 건너면 이롭다고 했다.[8]

그렇다면 『장자』의 이야기는 어떻게 끝이 났을까? 대붕과 참새의 우화는 세 단계의 사람을 구분하는 것으로 끝난다. 관직에서 공을 세우고, 마을에서 행실이 선량하고, 나라에서 덕행이 뛰어난 사람들은 현실에 만족하고 공을 세운다. 참새와 같은 이들이다. 송영자宋榮子는 이러한 사람들을 비웃는다. 그는 세속의 영욕에 초탈한 사람이다. 세속에 휩쓸려 허둥대지 않는다. 그러나 근본적인 삶의 의미가 서지 못한 사람이다. 그 다음은 열자列子라는 인물이 있다. 영욕뿐 아니라 행복에 대해서조차도 초연하다. 그러한 열자도 세상사의 번거로움에서 해방된 듯하지만 "아직 무엇엔가 의존함이 있다猶有所待者也."

여기서 '의존한다'고 번역된 말이 공자가 말하는 '기다림'으로서의 '대待'다. 장자가 말하는 성인이란 세상에 대한 집착과 의존, 그래서 기다림까지도 버린 사람이다. 무궁한 경지에서 '소요'하는 사람들은 어떠한 기다림도 집착도 없다. 하지만 기다림과 집착을 아쉬움 없이 망각할 정도로 인간은 강하지 못하다. 그래서 『주역』은 차마 세상에 대한 집착과 의존을 버리지 못하는 나약한 인간들의 모습들이 묘사된 가련한 처세술인지도 모른다.

정이천과 『역전』

이 책은 정이程頤(1033~1107)의 『역전』을 번역한 것이다. 정이의 자는 정숙正叔이고 사람들이 이천선생伊川先生이라고 불렀다. 정이천은 어릴 적부터 식견이 높았고 예가 아니면 행하지 않을 정도로 엄격했다.

유종주劉宗周(1578~1645)는 정이천을 타인에 대한 도덕적 감화력이나 영향력은 형 정명도程明道보다 못하지만 논리적으로 명철하게 깨달은 점이 있다고 평가한다. 유종주의 『인보유기人譜類記』에는 두 형제에 관한 재미난 고사가 실려 있다. 두 형제가 술을 마셨는데 두 명의 기생이 끼어 있었다. 정이천은 기생을 보자 자리를 박차고 일어났지만 정명도는 다른 손님과 끝까지 즐겼다. 다음날까지도 정이천은 노한 기색을 보였다. 명도는 이렇게 말했다고 한다. "그때 좌중에는 기생이 있었지만 내 마음속에는 원래 기생이 없었다. 동생아, 오늘 여기에는 본디 기생이 없는데, 네 마음속에는 도리어 아직까지 기생이 있구나."[9] 정이천은 부끄러움을 느꼈다.

황종희黃宗羲(1610~1695)는 정이천의 기질이 강직하고 방정했으며 문리文理를 세밀하게 관찰했다고 평가하면서 "깎아지른 절벽에 외로운 봉우리峭壁孤峯"라고 표현한다. 제자 장역張繹은 제문祭文에서 정이천을 이렇게 묘사한다.

> 선생은 외롭고도 외롭게 이 세상을 홀로 살았지만 세상 사람들은 먼 길을 돌아가는 어리석은 사람으로 여기었다. 오직 덕을 숭상하는 사람들은 선생을 뛰어난 절개를 행한 사람이라 여기고, 충심이 깊은 사람들은 믿음이 깊은 사람이라고 여기고, 의로움을 세운 사람들은 감히 범접하지 못할 사람이라 여기고, 권도權道에 통달한 사람들은 한 가지로 한정할 수 없는 사람이라고 여겼다.[10]

흔히 정명도는 춘풍春風(봄바람)과 같다고 하고, 정이천은 추상秋霜(가을 서리)과 같다고 한다. 엄격한 기품을 말한다. 정명도는 문인들과 강론을 하다가 뜻이 맞지 않는 경우가 있으면 '다시 한번 생각해봐라' 하고 여유 있게 대답했지만, 이천은 '그것은 그렇지 않다'고 단호하게 말했다고 한다.[11] 또한 사람들로부터 스스로를 공맹孔孟과 비교한다고 오해를 산 일화도 있다.[12] 어쩌면 이런 일화는 그의 독선적인 측면과 오만을 반증하는 것인지도 모른다. 그러나 다음과 같이 스스로를 좀벌레로 생각하는 정이천의 탄식에는 지식인으로서의 비애가 엿보인다.

> 농부는 매우 추운 겨울과 여름날 비가 오는 때에 깊이 밭을 갈고 김매어 오곡을 심으니 나는 그것을 얻어서 먹고, 백공들은 기예를 가지고 여러 기물을 만드니 나는 그것을 얻어서 사용하고, 군인들은 갑옷을 입고 무기를 들어 국토를 지키니 그것을 통하여 나는 편안하다. 이렇게 나는 한가로이 시간만 보내니 하늘과 땅 사이에 한 마리 좀벌레에 지나지 않는구나. 백성에게 미칠 공을 이룬 은택도 없고 또 다른 일도 이루지 못했으니 오직 성인이 남긴 글들을 모으고 고쳐서 보충할 수 있을 뿐이다.[13]

스스로를 한 마리의 좀벌레로까지 느끼는 그의 비애와 공맹과 비교한다고 오해를 살 정도의 그의 오만함을 어떻게 이해해야 할까? 정이천은 인종仁宗 가우嘉祐 4년(1059)에 진사시험을 쳤으나, 정시廷試에서 합격하지 못했다. 이후 이천은 다시 시험을 보지 않았다. 그는 과거시험에 별 흥미를 느끼지 못했다. 스스로도 "어릴 적부터 관직에 나아가기를 좋아하지 않았고 독서구도讀書求道를 나의 소임으로 여겼다"[14]고 하고, 또 "관직을 하게 되면 자신이 세운 뜻을 빼앗긴다"[15]고도 했다. 이러한 말을 과거에서 떨어진 사람의 자기변명에 불과하다고만 볼 수는 없다. 관직에 나아갈 기회가 없었던 것은 아니기 때문이다. 어쩌면 '기다림'을 버리지는 않았지만 관직이라는 정치권력을 통하지 않고서 다른 방식으로 자신의 도를 실현하기 위해서 '소요'하려했던 것은 아닐까?

정이천은 정치권에 나아가지 않았지만 그를 흠모하는 사람이 많았다. 그래서 그의 명성이 장안에 퍼지면서 사방에서 교류하려는 학자들이 날로 늘어났다.[16] 적지 않은 학자가 정이천의 이름을 흠모하여 배움을 묻고 그 문하가 되었다. 정이천은 정치권력에 나아가지는 않았지만 항상 정치권과 긴장관계를 유지하고 있었다. 당쟁에 휘말려 부주涪州로 유배를 가기까지 했다. 유배에서 돌아온 후에도 정치적 역정은 순탄치 않았다. 휘종徽宗 숭녕崇寧 2년(1103)에 정이천의 이름이 간당비奸黨碑에 올랐고 조정은 정이천의 제자들을 축출했다. 이에 정이천은 자신의 학관學館을 해산하고 제자들을 떠나보냈다. 그는 제자들과 이별할 때 "삼대三代의 치治는 다시 회복될 수 없다. 현명한 군주가 있더라도 소강小康에 이를 수 있을 뿐"이라 했다. 그의 마음속에 휘종은 도를 실현할 군주가 아니었고 시세는 기울었던 것이다.

정이천은 당시 형세의 위험을 생각하여 '용문龍門의 남쪽'으로 거처를 옮겼다. 제자들이 자신의 문하에 오는 것을 금하고, 단지 자신의 삶에 충실한 사람이 되기를 원했다. 그는 제자들에게 이렇게 말했다. "들은 바를 존중하고 아는 바를 행하면 그것으로 그만이다. 반드시 나의 문하에 와야 하는 것은 아니다."[17] 그가 죽었을 때 낙양 사람들은 당적에 들어갈까 무서워서 장례식에 참석한 사람이 없었다고 한다. 단지 윤돈尹焞, 장역張繹, 범역范域, 맹후孟厚 4인의 제자만이 참여했다. 소부邵溥는 다른 사람의 눈에 뜨일까 무서워 저녁 늦게 성 밖으로 나가 이천의 묘지에 갔다고 한다.[18] 정치적 박해가 얼마나 엄했던가를 짐작할 수 있다.

정이천은 세속의 사회, 정치 문제를 등지고서 초월적이고 고원한 정신의 경지를 추구하지도 않았고, 적극적으로 과거시험을 통하여 권력의 핵심에 나아가 정치를 시행하지도 않았다. 하지만 항상 정치권과 긴장관계를 이루면서 자신의 학풍을 열어나갔다. 정이천은 그의 『역전』을 부주涪州로 유배 갔을 때에 이미 완성했지만, 제자들에게 보여주지 않고 만년까지 끊임없이 개작했다.[19] 정이천이 유배로부터 돌아올 때, 그의 용모가 평소 때보다도 훨씬 나아진 모습을 본 제자들이 그 이유를 물었다. 정이천은 배움의 힘이라고 하면서, 배우는 사람은 반드시 환난과 빈곤함에 처하는 것을 배워야 한다고 했다. 부귀와 영달에 처해서는 배우려고 않는다.[20] 정이천의 『주역』 해석은 환난과 빈곤 속에서 이루어진 것이며, 삶의 여정 속에서 그의 절실한 깨달음이 녹아 있는 저작이다. 이 점을 주희는 분명하게 간파하고 있었다.

이천은 매우 거대한 도리를 깨달았다. 그가 깨달은 도리를 통해서 『역』을 해석한 것이지, 『역』 자체를 해석한 것은 아니다.[21]

이 책은 보기가 어렵다. 반드시 세상사를 많이 겪어서 알고, 사람의 감정과 사물의 이치를 안 뒤에야 비로소 이해할 수 있다.[22]

정이천의 『주역』 독해 방식은 『주역』 자체의 독해에 있었던 것이 아니라 오히려 그가 깨달은 삶의 도리를 『주역』이라는 경전을 통해서 재생산해냈다고 보는 것이 옳을지도 모른다. 그리고 『주역』이라는 경전은 자신의 도리를 표현하기에 적합한 문헌적 형식을 갖추고 있었다. 제자 윤돈은 이렇게 평가한다.

선생이 평생토록 힘쓴 것은 오직 『역전』에 있다. 선생의 배움을 구하고자 한다면 이 책을 읽으면 족하다. 어류와 같은 것들은 제자들의 기록을 통한 것이기 때문에 본 바가 얕고 깊음의 차이가 있을 수가 있다.[23]

정이천은 제자들에게 자신의 글을 불 질러 버리라고 했을 때 의아해하는 제자들에게 이렇게 말했다.

나에게 『역전』이 있으면 족하니, 어찌 다른 많은 글이 필요하겠느냐?[24]

정이천의 『역전』은 그의 고제자高弟子라고 할 수 있는 윤화정尹和靖과 양구산楊龜山에 의해서 송宋대에 유행하여 종지宗指로 삼은 사람이 많았다. 남송南宋대 곽충효郭忠孝는 정이천의 간艮괘에 나온 교훈을 가지고 호를 겸산兼山이라고 칭하고 『겸산역설兼山易說』을 썼다. 정동곡鄭東谷은 『익전翼傳』을 지었는데, 이는 『역전』을 보좌하는 날개라는 의미다. 성재誠齋 양만리楊萬里는 『역전』에 근거해서 역사적 인물들을 통해 구체적으로 증명하면서 이야기를 풀어나가고 있다.

주희는 『역전』을 "의리義理가 정밀하게 담겨 있지만 상수象數에 대해서는 결함이 있다易傳言理甚備, 象數卻欠在"고 평가하여 『본의本義』를 지었다. 이후 원명元明대에는 『역전』과 『본의』가 함께 병행하여 유행했다. 청清대에는 고염무顧炎武가 『일지록日知錄』에서 "정자가 아니라면 어떻게 역易의 대의를 밝힐 수 있었겠는가?"라고 평가했다. 황종희黃宗羲는 한대 유학자들이 말하는 상수의 폐해를 지적하고 역易은 의리로 돌아가야 한다는 점을 역설한다. 대동원戴東原도 『역』을 읽을 때에 마땅히 『정자역전』을 읽어야만 한다고 했다. 정우당丁柘堂은 만년에 『역전』에 깊이 매료되어 『술전述傳』 2권을 저술하여 정이천을 매우 존숭했다. 그는 이렇게 극찬한다.

> 정자의 학문은 정치에서 득실의 근원을 밝히고 있으며 몸과 마음에서 가장 일상적인 요점에 절실하다. 그래서 성인의 역을 배우려면 정자를 버리고는 들어갈 곳이 없다.[25]

『주역』을 어떻게 읽을 것인가?

『주역』은 음--과 양—이라는 부호가 서로 섞여서 이루어진 6획 괘로 구성되어 있다. 총 64괘다. 64괘에는 음양이 착종된 괘상이 있다. 괘의 모습이다. 괘는 6효로 이루어졌으니 총 384효다. 이 괘와 효에 괘의 모습을 설명하는 괘사와 각 효의 의미를 설명하는 효사가 달려 있다. 이 괘상과 괘사, 효사를 어떻게 해석할 것인가?

64괘와 384효를 우주의 운행을 상징하는 어떤 부호 체계로 해석한다면 『주역』은 우주의 신비한 과학적 원리를 담고 있는 비서祕書

가 된다. 정이천이 해석한 『주역』은 음양오행 이론, 간지, 율력 등 수數를 배합하여 일종의 '술수〔術〕'를 만들었던 여타의 점술과는 무관하다. 주희는 정이천이 『주역』을 주로 비유로 말하고 있다고 한다.[26] 『주역』에는 수많은 상징적 언어가 나온다. 무엇을 상징할까? 인간사다. 주희는 정이천의 『역전』을 이렇게 평가했다.

> 그는 『역』이라는 책을 인간사의 일을 다루는 것으로 확정했다. 그는 성인이 이 책을 만든 것은 단지 세상의 인간사에 수없이 다양한 변화의 양태가 있기 때문이니, 그래서 이 책이 나오게 되었다고 생각했다.[27]

정이천은 역을 '변역變易'이라고 하면서 "때에 따라서 변역하여 도를 따르는 것隨時變易以從道"이라고 했다. 인간사에서 상황과 때의 변화는 무궁무진하다. 『주역』은 세상사의 일들을 상象으로 상징한다. 이 상을 통해서 상황을 이해하고 판단한다. 동시에 그 상황에서 일어날 수 있는 여러 가지 가능성을 암시한다. 그래서 괘의 상은 하나의 그림이고, 괘와 효에 붙어 있는 말인 사辭는 한 편의 시다. 그림 가운데 가장 난해한 추상화이고, 시 가운데 가장 단순한 단시다. "시 속의 그림이요, 그림 속의 시다詩中畫, 畫中詩."

그렇다면 괘상과 괘효사를 통해 무엇을 독해해낼 것인가? '그림 이면에 담긴 의미象外之意'와 '언어 이면에 담긴 의미言外之意'를 이해해야 한다. 그림과 시 속에는 인간사의 파란만장한 이야기가 담겨 있다. 이야기가 숨어 있는 고도로 추상적인 상징 신화다. 그 이야기 속에는 인간의 마음을 감동시키는 의미들이 숨겨져 있다. 의미〔意〕

이며 의리義理다. 이 의미와 의리를 파악하는 데에 중요한 것을 정이천은 괘와 효에 달려 있는 사辭에서 찾고 있다.[28] 정이천은 이렇게 말한다.

> 이 사를 이해하고서도 그 속에 담긴 의미를 통달하지 못하는 사람은 있을 수 있지만, 사를 이해하지도 못하고서 그 속에 담긴 의미를 통달할 수 있는 사람은 없다.[29]

이야기의 핵심은 권력관계 속에서 자신에게 합당한 의리를 실천하는 일이다. 이야기란 군주와 신하 그리고 지식인들이 애증 게임을 벌이는 사회·정치적 상황에서 일어나는 일들이다. 괘상과 괘효사를 통해서 행위의 적절한 방향과 의미를 이해할 수 있다. 한 개인의 감정과 심리상태와 능력과 재능이 자신의 운명과 서로 어떻게 연관되어 있는가? 어떻게 주어진 시공간적 위치에서 행위 방식의 범위를 결정할 것인가? 어떻게 인간이 처한 위치와 처한 환경 조건이 행동의 양태를 결정하게 되는가? 어떻게 사람들은 상호 연관된 원인과 결과의 그물망 속에서 타인들과 관계할 수 있는가? 어떻게 한 상황이 필연적으로 다른 상황으로 변화되는가? 등등의 내용이 함축되어 있다. 이러한 사회·정치적 상황 속에서 일정한 행위 방식의 서술이 우주론적 전제 위에서 전개되고 있다. 당연히 우주의 운행 법칙과 사회·정치적 행위 방식이 동일한 원리에 의해서 전개된다는 사고를 전제한 것이다.

지금은 과학의 시대이지만 여전히 점집은 성황을 이룬다. 최첨단 과학조차도 예측하지 못하는 것이 사람의 행불행이고 우리 사회에는 사주카페 등 점술이 성행한다. 점집을 가는 사람들이 사주풀이나 역술가들의 예언이 비과학적이라는 것을 모를 만큼 어리석지는 않다. 그럼에도 불구하고 점집을 찾아가는 이유는 무엇일까? 하나의 답은 불안이다. 물어야 할 것은 불안이 일어날 수밖에 없는 사회·정치적 상황과 조건이고 그 상황을 받아들이는 우리의 마음이다. 『주역』이 미래를 예측할 수 있는 과학적 근거를 준다고는 생각지 않는다. 오히려 미래를 알고자 하는 그 욕망의 실체인 마음에 대해 알려주는 바가 있다. 미래를 예측하는 것보다 마음과 현실을 해석하는 일이 먼저다. 정이천은 마른 고목 같은 무아의 경지에 빠지거나 모든 것을 통달했다고 하면서 방자하고 기괴한 행동을 하는 선승들을 비판하면서 이렇게 말한다.

> 나의 도는 이와는 달리 오직 본성의 필연성을 따르는 것[率性]일 뿐이다. 이 도리는 『역』에 갖추어져 있다.[30]

정이천에게 『주역』은 인간이 살아가는 일상생활과 사회·정치적 상황 속에서 합당한 이치에 따라 삶을 살아가는 이상적인 방식을 제시해주는 경전일 뿐이다.

> 배움을 잘하는 사람은 말을 이해할 때 반드시 스스로 가장 가까운 자신의 경험 속에서 이해한다. 그 가까운 자신의 경험을 소홀히 하는 사람은 말을 아는 것이 아니다. 내가 전하는 것은 말인 사辭다. 사로부터 의미를 이해하는 것은 바로 인간 자신에게 달려 있다.[31]

의미를 해석하고 이해하는 것은 자신의 구체적인 삶의 경험을 통해서다. 그것은 인간 자신에게 달려 있을 뿐이다. 이것은 실존적인 사회·정치적 상황 속에서 역易의 이치를 깨닫고 실천할 수밖에 없다는 메시지다. 정이천은 문인들에게 자신의 『역전』을 주면서 이렇게 말했다.

> 내가 해놓은 것은 단지 70퍼센트에 불과하다. 너희는 이것을 바탕으로 다시 자신의 삶 속에서 스스로 체득해야 한다.[32]

정이천의 『역전』 해석은 주자의 말처럼 삶을 다방면에서 겪어 도리를 아는 것이 앞선다. 아직 삶의 경험과 깊이가 일천하여 나의 삶 속에서 체득하지 못했음을 고백한다. 여전히 암중모색 중이다. 혜량하시라.

감사드릴 분들은 헤아릴 수 없다. 격려를 아끼지 않으시는 글항아리 강성민 사장님과 더운 여름날 수고해주신 이두루 씨께 감사드린다. 생각지도 못했던 『주역』의 세계로 빠지게 해주신 지도교수 곽신환 교수님께 감사드린다. 아내 김영선과 딸 은호에게 감사와 사랑을 전하고 싶다. 이제껏 고생했다. 여전히 그리고 앞으로도라는 말이 없도록 더욱 정진해야겠다.

---

1 『이정집』「하남정씨유서」 25권 326쪽, "古者卜筮, 將以決疑也. 今之卜筮則不然, 計其命之窮通, 校其身之達否而已矣. 噫! 亦惑矣."

2 『장자』 원문은 조여학구蜩與學鳩나 척안斥鴳, 즉 매미나 작은 비둘기 혹은 메추라기이지만 여기서는 참새로 이야기를 풀었다.

3 『이정집』「이정수언二程粹言」1263쪽, "人以累物爲患, 必以忘物爲賢, 其失一也."

4 『역전』규睽괘, "夫聖賢之處世, 在人理之常, 莫不大同, 於世俗所同者則有時而獨異, 蓋於秉彝則同矣, 於世俗之失則異也. 不能大同者, 亂常拂理之人也, 不能獨異者, 隨俗習非之人也, 要在同而能異耳."

5 『역전』태兌괘, "接物和柔之象, 故爲說而能貞也. 利貞, 說之道宜正也. (…) 說而能貞, 是以上順天理, 下應人心, 說道之至正至善者也."

6 『이정집』「이정수언」1175쪽.

7 『역전』소과小過괘 단사彖辭.

8 『역전』수需괘, "有孚, 則光明而能亨通, 得貞正而吉也. 以此而需, 何所不濟? 雖險无難矣, 故利涉大川也."

9 『인보유기人譜類記』권하卷下, "某當時在彼與飮座中有妓, 心中原無妓. 吾弟, 今日處, 齋頭齋中, 本無妓, 心中却還有妓."

10 『이정집』「제문祭文」346~347쪽, "先生踽踽獨行斯世, 而衆乃以爲迂也. 惟尙德者以爲卓絕之行, 而忠信者以爲孚也, 立義者以爲不可犯, 而達權者以爲不可拘也"

11 『이정집』「하남정씨외서」11권 416쪽, "明道先生每與門人講論, 有不合者, 則曰'更有商量', 伊川則直曰, '不然.'"

12 『이정집』「하남정씨외서」11권 438쪽, "近有人說伊川自比孔孟" 물론 제자인 윤화정은 "이천은 항상 자신의 학문이 자신의 형인 명도에 비할 바가 못 된다고 하는 말로 미루어 보건대 그런 소문은 결코 헛소문"이라 대답하고 있다. 그러나 이러한 소문이 있다는 것은 분명한 사실이고 타인에게 이렇게 비친다는 것은 그의 오만함 때문인지도 모른다.

13 『이정집』「하남정씨유서」17권 175쪽, "農夫祁寒暑雨, 深耕易耨, 播種五穀, 吾得而食之. 今百工技藝作爲器用, 吾得而用之. 甲胄之士披堅執銳以守土宇, 吾得而安之. 却如此閒過了日月, 卽是天地間一蠹也. 功澤又不及民, 別事又做不得, 惟有補緝聖人遺書, 庶幾有補爾."

14 『이정집』「이정수언」1249쪽, "少不喜進取, 以讀書求道爲事, 于玆幾三十年."

15 『이정집』「하남정씨유서」15권 166쪽, "做官奪人志."

16 『이정집』「이천선생연보伊川先生年譜」338쪽, "旣而四方之士, 從游者日益衆."

17 『이정집』「이천선생연보」345쪽, "尊所聞, 行所知, 可矣, 不必及吾門也."

18 『이정집』, 장역張繹, 「제문祭文」347~348쪽, "先生之葬, 洛人畏入黨, 無敢送者, 故祭文惟張繹, 范域, 孟厚及焞四人. 乙夜, 有素衣, 白馬至者, 視之, 邵溥也, 乃附名焉. 蓋溥亦有所畏而薄暮出城, 是以後."

19 「연보」에 따르면 '소성紹聖 4년 12월 배주편관涪州編管으로 유배되었다'고 했고 원부元符 2년 정월正月(1099), 『역전』을 완성하여 서문을 썼다고 했다. 원부元符 3년 正月(1100)에 휘종徽宗이 즉위했다.

20 『이정집』「하남정씨외서」12권 430쪽, "伊川歸自涪州, 氣貌容色髭髮皆勝平昔.

門人問, '何以得此.' 先生曰, '學之力也, 大凡學者, 學處患難貧賤, 若富貴榮達, 卽不須學也.'"

21 『주자어류朱子語類』 권5, "伊川見得箇大道理, 卻將經來合他這道理, 不是解易."

22 「문공역설文公易說」 권19, "此書自是難看, 須經歷世故多識, 盡人情物理, 方看得入."

23 『이정집』「이천선생연보」 345쪽, "尹焞曰, '先生平生用意, 惟在易傳, 求先生之學者, 觀此足矣. 語錄之類, 出於學者所記, 所見有淺深.'"

24 「문공역설」 권19, "伊川爲中庸解, 疾革, 命焚於前, 門人問焉, 伊川曰, '某有易傳在足矣, 何以多爲.'"

25 『술전述傳』, "程子之學, 明於政治得失之原, 切於身心日用之要, 故學聖人之易, 舍程子無由入也."

26 『주자어류』 권67, 「역삼易三·강령하綱領下」, "伊川只將一部易來作譬喩說了, 恐聖人亦不肯作一部譬喩之書."

27 『주자어류』 권67, 「역삼·강령하」, "蓋他把這書硬定做人事之書. 他說聖人做這書, 只爲世間人事本有許多變樣, 所以做這書出來."

28 『이정집』「답장굉중서答張閎中書」 615쪽, "이理는 형체가 없다. 그래서 상象을 따라서 이理를 밝힌다. 그러나 이理가 이미 사辭에 드러나 있기 때문에 사辭를 통하여 상을 볼 수가 있는 것이다. 그래서 그 의미를 파악했다면 상象과 수數는 그 가운데 있다고 했다理無形也, 故因象以明理, 理旣見乎辭矣, 則可由辭以觀象, 故曰得其義則象數在其中矣."

29 『이정집』「역전서易傳序」, "得於辭, 不達其意者, 有矣, 未有不得於辭, 而能通其意者也."

30 『이정집』「하남정씨유서」 4권 74쪽, "故滯固者入於枯槁, 疏通者歸於肆恣, 此佛之敎所以爲隘也. 吾道則不然, 率性而已, 斯理也, 聖人於易備言之."

31 『이정집』「역전서」 689쪽, "故善學者求言必自近, 易於近者非知言者也, 予所傳者辭也, 由辭以得意, 則有乎人焉."

32 『이정집』「하남정씨외서」 417쪽, "伊川以易傳示門人曰, 只說得七分, 後人更須自體究."

주역

1판 1쇄 2015년 8월 10일
1판 7쇄 2024년 12월 27일

주해	정이천
옮긴이	심의용
펴낸이	강성민
편집장	이은혜
기획	노승현
마케팅	정민호 박치우 한민아 이민경 박진희 황승현
브랜딩	함유지 함근아 박민재 김희숙 이송이 박다솔 조다현 배진성 이서진 김하연
독자모니터링	황치영

펴낸곳 (주)글항아리 | 출판등록 2009년 1월 19일 제406-2009-000002호
주소 10881 경기도 파주시 회동길 210
전자우편 bookpot@hanmail.net
전화번호 031-941-5161(편집부) 031-955-2689(마케팅)
팩스 031-941-5163

ISBN 978-89-6735-230-1 03150

잘못된 책은 구입하신 서점에서 교환해드립니다.
기타 교환 문의: 031) 955-2661, 3580

www.geulhangari.com